KB041725

남효순 교수 정년기념논문집

한국민법과
프랑스민법 연구

남효순 교수 정년기념논문집 간행위원회

박영사

남효순 교수 근영

간행사

정 태 윤

　　법학교수로서 지난 29년간 서울대학교 법과대학과 법학전문대학원에서 후진을 양성하시면서 한국 민법학의 발전에 크게 기여하신 남효순 교수님께서 건강하신 모습으로 2021년 8월 정년퇴임을 맞이하시게 되었습니다. 이에 즈음하여 뜻을 같이하는 후학과 제자들이 모여서 그간의 교수님의 학문적 업적을 기념하기 위한 논문집을 헌정하기로 하고, 2020. 9. 7. 남효순 교수님 정년기념논문집 간행위원회를 결성하였습니다.

　　논문집의 체계는 9. 16. 간행위원회의 회의를 거쳐 크게 프랑스민법과 일반사법의 2개 분야로 나누는 것으로 정하였습니다. 이에 따라 그동안 교수님과 함께 프랑스민법연구회와 한불민사법학회를 통하여 프랑스민법을 공동으로 연구하신 분들과 그밖에 교수님과 각별한 학문적 인연을 맺어 오신 분들께 집필을 부탁드렸습니다. 이러한 과정을 거쳐 보내주신 31편의 귀중한 논문들을 『한국민법과 프랑스민법 연구』로 묶었습니다. 논문집의 제목은 간행위원회에서 제시한 안들을 기초로 교수님께서 직접 결정하셨습니다.

　　제1부 '일반사법'에는 교수님의 정년퇴임을 축하하고 그간의 업적을 기하기 위하여 민사법학계의 동료 및 후학들께서 헌정하신 일반논문 19편을 수록하였습니다. 이들 논문들이 다루는 분야는 광범위하여 민법 전 분야에 걸칠 뿐만 아니라, 더 나아가 노동법, 민사소송법, 국제사법의 분야에까지 이르고 있습니다. 이를 통하여 교수님의 학덕과 인품이 어디에까지 이르고 있는지를 능히 짐작할 수 있습니다. 다양한 방면에 걸쳐 심도 있는 논의를 전개하고 있는 이 논문들로 우리의 학계는 더욱 발전해 나갈 것을 믿어 의심치 않습니다. 코로나라는 엄중한 상황하에서도 개의치 않고 선뜻 집필을 맡아 주시고 옥고를 보내주신 집필자 모든 분들께 이 자리를 빌려 진심으로 감사드립니다.

논문집의 제2부 '프랑스민법'에는 프랑스민법학과 관련하여 교수님께서 한국민법학계에 남기신 빛나는 업적을 기리기 위하여 보내오신 12편의 논문이 수록되었습니다. 교수님께서는 지난 10여 년간 프랑스민법연구회를 실질적으로 이끌어 오시면서, 그리고 2017. 1. 한불민사법학회를 창립하시고 회장직을 맡으시면서, 프랑스민법학을 한국민법학계에 본격적으로 소개하는 작업의 주역을 맡아오셨습니다. 교수님의 정년을 맞이하여 헌정된 이들 논문들을 통하여, 최근의 프랑스민법학계의 동향을 파악할 수 있을 뿐만 아니라, 교수님의 헌신에 힘입어 비교법학분야에서 보다 성숙된 한국민법학계의 역량을 실감할 수 있습니다.

이 책이 발간되기까지에 이른 것은 많은 분들의 헌신적인 도움이 있었기 때문에 가능하였습니다. 특히 하사를 써 주신 김천수 한국민사법학회 회장님과 김재형 대법관님께 감사드립니다. 그리고 어려운 가운데 이 책의 출판을 흔쾌히 허락해 주신 박영사의 안종만 회장님과 안상준 대표님께도 감사의 뜻을 표합니다. 아울러 여러 사정으로 글을 쓰지 못하였지만, 물심양면으로 이 책자의 발간에 도움을 주신 여러 분들께 깊은 감사의 뜻을 전합니다.

2021년 10월
남효순 교수 정년기념논문집 간행위원장
이화여자대학교 법학전문대학원 교수 정 태 윤

남효순 교수님의 정년을 축하드리며…

김 천 수*

　　남효순 교수님과 나의 인연은 1980년대 초반으로 이어진다. 대학원 수업시간에 곽윤직 선생님께서 프랑스 민법 연구의 필요성을 강조하시면서 좋은 인재를 발견하신 것을 흐뭇하게 말씀하시던 모습이 지금도 눈앞에 선하다. 다른 법을 전공하던 학생과 지도교수를 설득해서 민법으로 전공을 바꾸도록 하셨다는 말씀을 덧붙이셨다. 그 학생이 바로 남효순 교수님이시다. 당시 석사과정 학생이던 나의 3년 선배이면서 박사과정 학생으로 대학원에서 같은 수업을 들을 기회도 가지면서 선후배의 관계에서 서울대 대학원에서는 흔하지 않은 호칭, 호형호제(呼兄呼弟)의 관계로 발전하였다. 형수님의 첫아기(당시 영세명 아브라함) 출산 당일 산부인과로 축하를 드리러 갔을 정도로 가까워진 형님은 몇 년 뒤 포스코 장학생(정확한 명칭은 기억나지 않음)으로 프랑스 유학을 떠났고 엽서로 소식을 주고받으면서 나는 나대로 박사과정을 거쳐 일찌감치 지방대에 자리를 잡았다. 남산의 Goethe Istitut를 다니면서 고교시절부터 꿈꾸던 독일 유학을 준비하던 나에게 유럽으로 공부하러 빨리 건너오라던 형의 강권이 담긴 엽서(葉書)를 뒤로 한 채 이른바 자의반 타의반 지방대로 부임하여 민법을 공부하고 가르치면서 세월을 보내던 어느 해 형은 드디어 프랑스 박사학위를 받고 귀국하였고 이내 모교 서울대 법대에 부임하셨다.

　　이렇게 정년을 맞이하신 형과 가깝게 지낸 지 벌써 40년 세월이 지났다. 형을 뵐 때마다 형의 엽서 생각이 난다. 형의 강권을 따르지 않고 어쩌다가 국내에서 너무 일찍이 교수입네 하고 지낸 세월에 대한 아쉬움이 늘 올라온다. 대개 유학한 나라의 실정법과 그곳 학설 및 판례에서 잘 벗어나지 못하는 경향이 있는데 형은 전혀

---

* 성균관대 법학전문대학원 교수, 한국민사법학회장

그렇지 않았다. 프랑스의 논의만 정리하여 소개하는 글도 학술논문으로 인정받는 분위기의 한국 사회에서 편하게 많은 논문을 쏟아낼 수 있음에도 형은 전혀 그렇게 하지 않았다. 지난 4. 28. 고별강연 제목에서 형의 학문적 경향을 읽을 수 있다. "물권은 지배권인가? — 전세금반환청구권은 물권적 청구권으로 물권에 속하는 권리 —"가 그것이다. 종래의 고정관념에 갇혀 창의성을 잃어버린 사람은 제목에서부터 벌써 내용은 제대로 읽지도 않고 저속한 마음으로 외면하기가 십상이다. '숭경(崇敬)에의 오류'에 빠진 사람, 이른바 수험법학에 매몰된 사람, 판례의 기억에 급급한 사람에게 이 글의 묵상을 권하면 나올 반응은 뻔하다. 나 역시 형의 주장을 아직 완전히 수용하지 못한다. 이러한 나도 그러한 사람 가운데 하나가 아닌가 점검을 해야겠다. 내가 후배와 제자들에게 자주 하는 말이다. '객관식 논문'을 쓰지 말라. 시간과 공간의 낭비이다. 객관식 논문이란 기존 견해들을 대충 나열하고 그 가운데 하나를 선택하는 글이다. 논문이랄 것도 없다. 설문에 대한 응답을 장황하게 쓴다. 논리도 없고 심지어 예의도 없는 글이 등장하기도 한다. 학문의 토양이 점점 척박해져 가는 민법학의 현실에서 자신의 생각을 다듬고 파고들고 하는 형의 접근 자세, 이 자체를 후배들이 배워야 한다. 우리 법학계에 학자 조로(早老)의 시대는 지나갔다고 평가할 근거가 될 분들이 몇 있다. 그 가운데 내가 형을 단연 꼽는 이유는 형의 겸손과 성실이다. 자신이 드러나기를 남보다 덜 좋아하는 형이다. 형은 생각하다가 귀찮다고 글을 대충 마무리하지 못하는 성격이다. 내 영광을 드러내려고 무리수를 두지도 않는다.

그렇다고 골방 샌님도 아닌 형이다. 한국민사법학회장을 맡아 봉사하였다. 일찌감치 프랑스민법연구회를 만들어 이끌었고 한불민사법학회를 만들어 최근 역작 「개정 프랑스채권법 해제」를 출간하였다. 그야말로 민법학이 사멸할 위기를 걱정한다. 제도의 탓이기도 하지만 그동안 민법학자들이 쌓은 업보이기도 하다. 누가 도입한 제도이든 그 안에서 기본에 충실한 민법학자들이 모여서 기본을 톺아보고 서로 격려하면서 함께 대양(大洋)을 항해해야 한다. 제도가 아니라 시류나 금류에 글을 팔아온 이 세대를 탓해야 할 것이다. 한국민사법학회가 민사판결독서회가 되지 않을까 걱정인 이 시대에 함께 공부하는 후배들을 아우르는 사람이 필요하다.

어느 학자에 대한 학문론과 인간론은 별반 다르지 않다. 그를 평가하는 척도는 그의 글이다. 지혜와 우매, 겸손과 교만, 성실과 태만 가운데 형은 어디에 속할까? 형의 글을 제대로 접해 본 사람이라면 잘 알 것이다. 형과 보낸 시간이 좀 되는 사람이라면 잘 알 것이다. 그러한 형의 인간미는 어디서 온 것일까? 부모님으로부터 물려받은 유전자가 우선 그러할 것이다. 부모님께서 주신 것을 단정하게 지켜온 형의 풍모는 마치 관악산 정상에서 젊은 시절 내가 발견한 나무와 같다. 산 정상에서 자연 정원 같은 바위틈새에 뿌리를 견고하게 내린 소나무를 보았다. 남산 위에 철갑을 두른 소나무와 느낌이 달랐다. 형은 자연이 조성한 분재와 같이 아름답고 단아한 정원에 조용히 서 있는 그 소나무와 같이 단정한 모습이다. 세상이 내려다보이는 정상에서 교만하기 쉽고 자기 영광을 구하기 좋은 자리에서 겸손하고 성실하게 한국 민법학에 대한 열정으로 교만과 자기 영광을 대신하는 형의 모습은 어쩌면 절대를 향한 구도자의 수련에서 나옴직도 하다. 나는 이제 수십 년 세월 형과의 대화에서 절대에 대한 구도의 주제가 간헐적으로 지속하여 왔음을 알아차린다. 절대자나 절대적 상태를 추구하는 순례자의 마음이 형에게 남아 있음을 알겠다. 절대를 자신에게 부여하고자 하는 사람도 있다. 자신의 상태를 절대의 그것이라고 여기는 사람도 있다. 이들은 절대인 자신을 따르라고 한다. 이러한 부류의 사람은 절대를 찾아가는 구도자의 험한 길을 걷지 않는다. 형과 같은 겸손과 성실은 인간의 민법학 이전에 구도자의 순례에서 나올지도 모른다는 생각에 이른다. 그의 음성에서 느끼는 따뜻함, 그 논변의 언어에서 나타나는 치밀함, 이들은 절대를 향하는 영적 순례, 절대자를 향한 소망, 절대의 상태를 지향하는 구도자의 모습이겠다. 거기서 정금(精金)과 같이 다듬어지는 영적 혜안을 법에 비추는 연구자, 이것이 형과 함께 우리가 추구할 모습이겠다.

달빛이 고즈넉하게 내리는 밤 단아한 분위기에서 조용히 플라이 낚시 즐기기 좋은 어느 이름 모를 강, 조용히 흐르는 물속에 잠겨 있는 수석(水石)을 고르듯이 정년 막바지 집중하여 천착하는 글이 나왔다. 후배들이 귀감(龜鑑)으로 삼을 학자의 자세이다. 민법학자들의 미완성교향곡을 향한 붓끝의 향배를 지켜보는 마음으로 형의 정년을 맞이한다. 평생 다듬어 온 글에서 끊임없이 보이는 오류와 누락을 보완하며 보낼 형의 인생에 내가 형수님의 자상한 내조를 잊었다는 생각에 미친다. 그저 자녀들의 효성 속에, 서울대와 맺은 인연 40여 년 세월 뒤, 남은 또 다른 40여 년 형수님 손 꼭 잡고 다시 절대를 향한 구도자로 몸과 마음 편히 쉬시며 보내시길 기원한다. "천수야, 정년 맞으니 정말 좋아. 너도 어서 정년 맞이해…" 또 한 장의 엽서를 기다린다.

내 연구실에 적어 놓은 '민민목목군자지능'(旼旼睦睦君子之能)을 형에게 드리면서 이 글을 맺는다.

2021년 10월
아우 천수 올림

축 사

김 재 형

늘 청춘이실 줄 알았던 남효순 선생님께서 정년을 맞이하셨습니다. 이를 기념하여 후학들이 선생님의 학문적 업적을 되새기고 가르침에 감사하는 마음을 담아 논문집을 헌정하는 것을 진심으로 축하합니다.

1990년대 초반에 선생님을 처음 뵈었을 때 당시로서는 매우 드물게도 프랑스 유학을 다녀오셨기 때문인지 서구적인 풍모가 느껴졌습니다. 서울대학교 법학교수에 임용되자마자 '매도인의 담보책임'에 관한 몇 편의 논문을 연달아 발표하셨습니다. 기존의 통설과 달리 담보책임의 본질을 채무불이행책임으로 보아야 한다면서 다양한 논거를 제시하고 명확한 주장을 펼치신 것에 감명을 받았습니다. 최근에 발표하신 '물권론의 재구성'에 이르기까지 민법의 근본적인 문제에 관하여 기존의 학설과 판례를 비판적으로 검토하고 치밀한 논증을 통하여 민법에 대한 새로운 시각을 제시해 주셨습니다. 별다른 의문이 제기되지 않던 주제에 관하여 새로운 방식으로 접근한 논문을 보면서 자연스레 그 원천이 어디에서 나왔을까 하는 생각을 하게 됩니다.

프랑스민법을 빼놓고는 선생님의 삶과 학문을 이야기할 수 없습니다. 우리나라 민법학 연구가 독일과 일본의 민법학에 크게 경도되어 있었던 상황에서 프랑스 낭시 제2대학교에서 법학박사학위를 취득하고 서울대학교 법과대학의 민법교수로서 프랑스민법 연구를 선도하셨습니다. 국내에 프랑스민법학을 소개하고 우리나라 민법에 맞게 수용할 수 있는지를 면밀하게 검토하는 비교법적 연구결과를 지속적으로 발표하셨을 뿐만 아니라, 한불민사법학회를 창립하고 앙리까삐땅 협회 한국지부 회장을 맡아 프랑스민법 연구의 토대를 구축하며 프랑스학자들과 교류를 이끌어오셨습니다. 2013년에는 한국민사법학회 회장을 맡아 이례적으로 프랑스, 독일, 일본의 교수를 각각 세 사람씩 초청하여 '채무불이행법의 국제적 동향'이라는 주제로 국제학술대회를 개최하셨고, 프랑스 대륙법재단과 한국법학원이 MOU를 체결하여 프랑스 법학자 등이 강연회를 개최하는 데도 큰 기여를 하셨습니다. 저는 당시 한국민사법학회 총무이사와 한국법학원 연구이사를 맡고 있었는데, 선생님께서는 프랑스학계와 지속적인 교류를 소중하게 생각하고 정성을 다하셨고 제가 조금이나마 도와드릴 기회를 가져 기뻤습니다. 선생님의 이러한 노력은 우리나라에서 프랑스민법 연구의 중요성을 인식시키는 데서 나아가 우리나라 민법학의 비교법적 지평을 넓히는 중요한 계기가 되었습니다.

선생님께서는 법무부 민법개정위원회 위원 또는 분과위원장을 맡아 민법개정작업에 애정을 가지고 열정과 헌신을 다하셨습니다. 분과위원장으로 일하실 때에는 위원들이 자유롭게 자신의 의견을 펼치도록 하셨습니다. 아마 선생님께서는 프랑스의 자유로운 분위기가 몸에 배어 학생들이나 교수들과 격의 없이 질문과 토론을 하시는 것을 즐기셨던 것으로 생각합니다.

선생님께서는 법학의 전문분야를 연구하는 데에도 큰 관심을 가지고 서울대학교 법과대학 전문분야 법학연구과정을 여러 차례 운영하셨습니다. 그 결과 '금융거래법강의', '인터넷과 법률', '통합도산법' 등 여러 권의 법학전문분야에 관한 책을 펴내게 되었습니다. 덕분에 저도 선생님과 함께 몇 권의 책자에 공동편저자로 참여하게 되었습니다. 민법학이 사회의 발전을 따라가지 못한 채 뒤처져 있어서는 안 되고 새로운 사회 현상을 규율할 수 있도록 민법학의 폭을 넓히고자 하셨던 것으로 생각합니다.

선생님과 함께했던 기억이 새롭게 다가옵니다. 제가 모교에 근무할 당시 선생님께서는 언제나 전폭적인 지원과 도움을 아끼지 않으셨습니다. 이제 정년퇴임을 하시니, 지난 5년 동안 모교에서 함께 지내지 못했던 것이 아쉽습니다. 선생님의 헌신적인 모습은 법학연구에 매진하고 있는 후학들에게 커다란 귀감이 될 것입니다. 항상 그러했듯이 학문에 대한 열정, 그리고 소년처럼 환한 웃음을 간직하며 건강하시기를 기원합니다. 감사합니다.

2021년 10월

대법관 김 재 형

남효순(南孝淳) 교수 연보·논저 목록

Ⅰ. 연 보

본   적 : 경상북도(영양)

생년월일 : 1956년 3월 3일

부 : 남조웅(南朝雄)   모 : 양기옥(梁基玉)

처 : 이순미(李淳美)   자 : 동진(東鎭), 유진(有鎭), 석진(錫鎭)

e-mail : hsn@snu.ac.kr

[학력]

1979. 2.	서울대학교 법과대학 법학사(LL.B.)
1983. 2.	서울대학교 대학원 법학석사(LL.M.)
1985. 2.	서울대학교 대학원 박사과정 수료(LL.D. Candidate)
1991. 2.	프랑스 낭시 제2대학교 법경대학 법학박사(Doctorat en droit)

[수상]

2021. 8.	대한민국 옥조 근정훈장

[학내경력]

1992. 8.~1994. 9.	서울대학교 법과대학 전임강사
1994. 10.~1998. 9.	서울대학교 법과대학 조교수
1996. 6.~1998. 6.	서울대학교 법과대학 사법학과장
1997. 11.~1999. 10.	서울대학교 대학원 법학과 사법학 전공주임
1998. 10.~2003. 9.	서울대학교 법과대학 부교수
2003. 10.~2021. 8.	서울대학교 법과대학/법학전문대학원 교수
2004. 6.~2006. 6.	서울대학교 법학도서관장
2011. 1.~2012. 12.	서울대학교 법학연구소장

[학외경력]

1998. 9.~2004. 2.	법무부 민법개정특별위원회 위원
2009. 2.~2013. 2.	법무부 민법개정위원회 분과위원장
2010. 6.~2014. 12.	대일항쟁기 강제동원 피해조사 및 국외 강제동원 희생자 등 지원위원회 분과위원장
2010. 9.~2013. 9.	공정거래위원회 약관심사위원회 위원
2011. 1.~현재	한국혈액암협회 이사
2011. 1.~2014. 12.	법제처 법령해석심의위원회 위원
2011. 1.~2014. 12.	외교통상부 여권정책심의위원회 위원
2011. 9.~2012. 3.	지식경제부 정전피해보상 전문위원회 위원
2013. 1.~2013. 12.	한국민사법학회 회장
2013. 1.~2018. 7.	대법원 사법지 편집위원
2016. 4.~2018. 12.	행정자치부 대일항쟁기 강제동원 후속사무 처리 관련 전문위원회 위원장
2017. 1.~현재	한불민사법학회 회장

[해외연구 및 국제교류]

1998. 9.~1999. 8.	프랑스 낭시 제2대학 교수

II. 논저 목록

1. 단행본(단독 및 공동)

- 『민법주해 VII (물권4)』(공저), 박영사(1996).
- 『한국법의 이해』(공저), 두성사(1996).
- 『민법주해 XIV (채권7)』(공저), 박영사(1996).
- 『민법주해 XV (채권8)』(공저), 박영사(1997).
- 『금융거래법 강의』(공편저), 법문사(1999).
- 『해외법률문헌조사방법』(공저), 서울대학교 출판부(2000).
- 『법률가의 윤리와 책임』(공저), 박영사(2000).

- 『금융거래법 강의 II』(공편저), 박영사(2001).
- 『노동법강의』(공편저), 법문사(2002).
- 『인터넷과 법률』(공편저), 법문사(2002).
- 『도산법강의』(공편저), 법문사(2005)
- 『인터넷과 법률 II』(공편저), 법문사(2005)
- 『통합도산법』(공편저), 법문사(2006).
- 『인터넷과 법률 III』(편저), 법문사(2010).
- 『일제강점기 강제징용사건판결의 종합적 연구』(공저), 박영사(2014).
- 『공동소유에 관한 연구』(공저), 박영사(2020).
- 『부당이득반환의 비교법적 연구』(공저), 박영사(2021).
- 『프랑스채권법 해제』(공저), 박영사(2021)
- 『새로운 물권론으로의 여정』, 박영사(2021)

2. 논문

- "프랑스민법에서의 매도인의 담보책임(I)", 『법학』 34-1(1993).
- "프랑스민법에서의 매도인의 담보책임(II)", 『법학』 34-2(1993).
- "담보책임의 본질(I)", 『법학』 34-3·4(1993).
- "가등기에 기한 본등기경료로 인한 매도인의 담보책임에 있어서 적용규정과 손해배상의 범위", 『민사판례연구』 [XIV](1994).
- "나뽈레옹법전(프랑스민법전)의 제정에 관한 연구", 『법학』 35-1(1994).
- "담보책임의 본질(II)", 『법학』 35-2(1994).
- "나뽈레옹과 프랑스민법전", 『법사학연구』 15(1994).
- "타인권리의 매매와 매도인의 담보책임", 『고시계』 39-6(1994).
- "저당부동산의 제3취득자의 법적 지위", 『고시계』 39-11(1994).
- "프랑스민법의 물권변동법리 - 물건의 인도와 물권변동 - ", 『사법연구』(1995).
- "특정물의 보존의무에 관한 소고", 『고시계』 40-7(1995).
- "프랑스민법에서의 행위채와 결과채무", 『민사법학』 13·14(1996).
- "동시이행관계의 본질 및 내용", 『후암 곽윤직선생 고희기념 민법학논총 2』(1996).

- "동시이행관계와 지체책임", 『민사판례연구』 [XVIII](1996).
- "프랑스법상 전매수인(소비자)의 직접소권", 『법학』 37-1(1996).
- "프랑스민법상의 점유제도", 『법학』 37-2(1996).
- "상사매수인의 검사의무, 통지의무", 『상사판례연구』 [I](1996).
- "동시이행 항변권 이론의 재구성", 『고시계』 42-8(1997).
- "혼인(중혼)취소의 소급효와 재산상의 법률관계", 『인권과 정의』 250(1997).
- "프랑스민법상의 대상청구권", 『판례실무연구』 [I](1997).
- "프랑스민법상의 점유 및 취득시효", 『판례실무연구』 [I](1997).
- "매매에 있어서 목적물의 과실과 대금의 이자의 관계", 『법정고시』 97-5(1997).
- "프랑스민법상의 타인행위책임", 『법학』 38-2(1997).
- "프랑스상속법에서의 혈족상속 – 계통상속 및 대습상속 – ", 『법학』 38-3·4, (1997).
- "프랑스의 민법상의 공동소유: 공유를 중심으로", 『법학』 39-1(1998).
- "계약금약정에 관한 몇가지 쟁점", 『법학』 39-2(1998).
- "프랑스법에서의 법인의 역사 – 법인론 및 법인에 관한 판례와 입법의 발달사", 『법학』 40-3(1999).
- "업무집행조합원의 위법행위로 인한 손해배상청구권의 귀속과 그 행사", 『상사판례연구』 [IV](2000).
- "채무인수행위의 상행위의 여부에 따른 인수채무에 대한 법적 규율 – 인수채무에 대한 소멸시효의 결정 – ", 『상사판례연구』 [IV](2000)
- "법률행위해석의 쟁점 – 법률행위해석의 본질 및 방법에 관하여 – ", 『법학』 41-1(2000).
- "약관의 해석", 『공정거래법강의II』(권오승 편), 법문사(2000).
- "프랑스민법상의 국적전속재판관할규정 – 프랑스판결의 국내법상의 집행에 있어서 상호보증요건의 검토", 『법학』 41-4(2001).
- "원인채권의 지급확보를 위하여 어음이 수수된 경우의 법률관계 – 어음채권의 행사에 의한 원인채권의 소멸시효의 중단을 중심으로 – ", 『민사판례연구』 [XXIII](2001).
- "매매법 개정의 착안점과 개정안", 『민사법학』 19(2001).
- "여행계약", 『민사법학』 20(2001).

- "이행거절권능의 법률관계 – 이행거절권능이 인정되는 법률관계의 비교 및 이행지체책임 불성립의 법리를 중심으로 – ",『법학』42 – 4(2001).
- "전자거래의 성립",『심당 송상현선생 화갑기념 논문집: 21세기 한국민사법학의 과제와 전망』(2002).
- "고용계약에 있어서 고용기간에 관한 제문제",『법학』43 – 3(2002).
- "민법(채권법) 개정안의 주요내용(Ⅱ)",『고시계』47 – 3(2002).
- "프랑스민법상의 동거계약에 관한 연구",『법학』44 – 1(2003).
- "약관의규제에관한법률상의 불공정약관조항의 효력",『공정거래와 법치』(권오승 편), 법문사(2004).
- "하자담보책임상 귀책사유가 있는 매도인의 손해배상책임 – 손해배상의 범위와 채무불이행책임의 경합",『판례실무연구』[Ⅶ](2004).
- "프랑스의 변호사자격시험에 관한 연구",『법학』45 – 4(2004).
- "전자상거래 등에서의 소비자보호에 관한 법률에 관한 몇 가지 쟁점",『민법의 현대적 양상』, 법문사(2006).
- "프랑스민법전의 과거, 현재와 미래",『법학』47 – 2(2006).
- "간접증명방식의 현행 인감증명법에서의 인감증명서의 본인추정력 – 인감증명의 본질과 인감증명서의 기능에 대한 분석에 기초하여 – ",『저스티스』95(2006).
- "프랑스민법전의 채권(제3권 제3편) 및 시효(제3권 제20편)의 개정시안",『민사법학』40(2008).
- "전세금과 전세권의 관계 – 전세권 요소의 법적 의미와 전세권의 법적 성질",『법학』49 – 3(2008).
- "용익기간 중의 전세금반환채권의 분리양도",『민사법학』43 – 1 별책(2008).
- "용익기간 중 전세물의 양도와 전세금반환의무의 이전 여부",『법학』49 – 4(2008).
- "대항요건을 갖추지 못한 동안 채권양도의 채무자에 대한 효력 – 양수인의 재판상청구를 중심으로",『민사판례연구』[XXXI](2009).
- "프랑스채권법 및 시효법 개정시안에서의 채권편이유서, 대리규정 및 제재규정",『민사법학』45 – 2 별책(2009).
- "민법상 이사의 대표권제한 – 대표권제한의 정관기재의 의미와 대표권제한의

등기 전 악의의 제3자에 대한 대항력의 유무 – ", 『법학』 50–3(2009).
- "프랑스민법상의 부동산우선특권 – 개정 담보법(2006)의 내용을 중심으로 – ", 『민사법학』 49–2(2010).
- "프랑스민법전의 개정의 역사", 『민사법학』 특별호(52호)(2010).
- "프랑스민법상 이혼의 원인과 절차", 『민사법학』 54–2(2011).
- "채권자대위권의 개정에 관한 연구", 『민사법학』 55–1(2011).
- "프랑스민법상 상속재산 분할의 효력 – 분할의 선언적 효력과 소급적 효력, 공동분할자의 담보책임 및 분할의 무효화소권과 보충소권 – ", 『민사법학』 59 (2012).
- "물권관계의 새로운 이해", 『민사법학』 63–1(2013).
- "일제징용시 일본기업의 불법행위로 인한 손해배상청구권의 소멸시효남용에 관한 연구 – 대법원 2012. 5. 24. 선고 2009다68620 판결 – ", 『법학』 54–3(2013).
- "Reforme du droit réel coréen – le droit de possession, le droit de proprieté et le démembrement de la proprieté – ", 『민사법학』 67(2014).
- "프랑스민법상 무체동산질권", 『법학』 55–3(2014).
- "공유물에 대한 관리행위(관리결정)의 승계여부 – 대판 2009. 12. 10. 선고 2009다54294을 중심으로 – ", 『저스티스』 144(2014).
- "고등학교 '법과 정치' 교과서의 분석과 개선 모색 – 민사법 분야 – ", 『법교육연구』 9–3(2014).
- "프랑스민법상 '채무참가를 시키는 제도'(채무참가제도)(Délégation)", 『민사법학』 71(2015).
- "프랑스민법상 자동차질권의 설정과 실행 – 우리나라의 자동차인도명령제도에 대한 시사점 – ", 『법학』 56–2(2015).
- "구시설대여업법 제13조의2 제1항(여신전문금융업법 제33조 제1항)에 의한 리스이용자명의 자동차이전등록의 법적 효력", 『민사판례연구』 [XXXVIII](2016).
- "프랑스채권법의 개정과정과 계약의 통칙 및 당사자 사이의 효력에 관하여", 『민사법학』 75(2016).
- "탄소배출권 및 탄소배출권거래제의 민사법적 고찰", 『환경법연구』 38–3(2016).
- "조합인 공동이행방식의 공동수급체의 채권의 준합유", 『법조』 720(2016).
- "우리 민법상 합유와 준합유의 강제 – 학설과 판례의 문제점 해결을 위한 합

유의 새로운 해석 - ",『저스티스』159(2017).
- "개정 프랑스민법상의 계약불이행의 효과 - 제1217조~제1223조, 제1231조~ 제1231조의7 - ",『비교사법』24-3(2017).
- "개정 프랑스민법전(채권법)상의 비채변제와 (협의의) 부당이득",『저스티스』 164(2018).
- "개정 프랑스민법전(채권법)상의 계약의 제3자에 대한 효력 - 계약의 상대효, 제 3자행위의 담보계약 및 제3자를 위한 계약을 중심으로 - ",『비교사법』25-1 (2018).
- "용익관계에 관한 입법의 변천과 판례, 우리 법 70년 변화와 전망 - 사법을 중심으로 - ",『청헌 김증한 교수 30주기 추모논문집』, 법문사(2018).
- "개정 프랑스민법전상의 채무의 목적과 급부에 대한 규율 - 프랑스민법 제 1306조~제1308조",『아주법학』12-3(2018).
- "프랑스민법상 별거제도 - 별거의 요건, 절차, 효력 및 종료", 경희법학 54-4 (2019).
- "프랑스민법전상 선의점유자의 과실수취권(제549조·제550조)과 개정 채권법 (제3권 제4편 제5장)상 반환관계에서의 과실반환의무 - 프랑스민법전상 반환 관계와 부당이득의 관계",『저스티스』177(2020).
- "전세권의 법적 성질과 본질 - 물권적 청구권인 전세금반환청구권과 피담보 채권의 차이",『저스티스』182-1(2021).
- "전세권의 본질에 비추어 본 전세권저당권의 제반문제의 검토 - 전세금반환 청구권은 채권적 청구권이 아닌 물권적 청구권으로 물권에 속하는 권리 - ", 『법학』62-1(2021).
- "물권론의 재구성 - 물권은 물건을 매개로 하는 권리로서 물건을 대상으로 하 는 지배권과 물건의 소유자(물권자)에 대한 청구권·형성권으로 구성 - ",『민 사법학』96(2021).

3. 번역

- "프랑스계약법: 근래의 변화와 미래의 전망"(베르나르 그로스, Bernard Gross), 『법학』38-3·4(1997).

- "무체재산에 대한 담보물권(새로운 재산)"(알랭 구리오, Alain Gourio), 『저스티스』141(2014).
- "유언의 자유"(미쉘 그리말디, Michel Grimaldi), 『저스티스』147(2015).

4. 기타 저술

[대법원 연구용역보고서]

- 책임연구원, "프랑스 부동산공시제도에 대한 연구", 대법원(2013. 12).

[법무부 발주 한불민사법학회 연구용역보고서]

- 책임연구원, 『프랑스민법전 중 물권법, 담보법)(제2권, 제4권)』(제515−14조~제710−1조, 제2284조~제2488−5조)의 번역(2017. 6~2017. 12).
- 책임연구원, 『개정 프랑스채권법(제3권 제3편)의 번역 및 해제』(제1100조~제1303−4조)(2017. 3~2017. 12).
- 책임연구원, 『프랑스민법전 중 상속, 무상양여(제3권 제1편, 제2편)』(제711조~제1099−1조)의 번역(2018. 6~2018. 12).
- 책임연구원, 『개정 프랑스채권법』(제3권 제4편, 제4편의乙)』(제1304조~제1386−1조)의 번역 및 해제(2018. 6~2018. 12).
- 책임연구원, 『프랑스민법전 중 序편 및 人(서편, 제1권 제1편~제6편)의 번역』(제1조~제309조)(2019. 5~2019. 11).
- 책임연구원, 『프랑스민법전 중 序편 및 人(제1권 제7편~제14편)의 번역』(제310조~제515−13조)(2019. 5~2019. 11).
- 책임연구원, 『프랑스민법전 중 제3권 제5편~제8편 제3장의 번역』(제1387조~제1799−1조)(2020. 6~2020. 11).
- 책임연구원, 『프랑스민법전 중 제3권 제8편 제4장~제21편의 번역』(제1800조~제2278조)(2021. 6~2021. 12).

[한국전력공사 연구용역보고서]

- 책임연구원, "전력산업 환경변화에 따른 전기수급거래 이론정립 연구", 서울대

학교 법학연구소(2005. 7).

- 책임연구원, "송변전설비 설치관련 특수보상제도의 합리와 방안연구", 기초전
력연구원(2006. 5).
- 책임연구원, "전력판매경쟁대응 전기공급약관 개선연구", 기초전력연구원(2007.
12).
- 책임연구원, "전력판매경쟁대비 경쟁력강화를 위한 전기공급약관 개선연구",
기초전력연구원(2013. 12).

[여신금융협회 연구용역보고서]

- 공동연구자, "자동차 집행의 실효성 확보방안", 여신금융협회(2015).

5. 학술회의 발표 및 초청강연

- "나뽈레옹과 프랑스민법전", 한림대학교 법학과(1993. 11. 22).
- "남북가족의 재결합에 따르는 사법적 법률문제와 해결방안", 남북교류협력법
제도 보완발전세미나, 통일원 교류협력국(1993. 12. 2).
- "민법총칙 손해사정인 재교육", 보험감독원(1993. 8.~1994. 1).
- "민법총칙 중견간부양성과정", 내무부(1994~1998).
- "프랑스민법의 제정", 한국법사학회 28차 학술발표회(1994. 1. 15).
- "구재산권회복에 관한 법적대응책", 남북교류협력법제도 보완발전세미나, 통
일원 교류협력국(1994. 5. 26).
- "프랑스민법에서의 행위채무와 결과채무 - 계약상 채무의 불이행책임의 체
계 -", 한국민사법학회 동계학술대회, 한국민사법학회(1995. 12).
- "민법 초임관리자과정", 내무부(1996. 8).
- "프랑스계약법: 근래의 변화와 미래의 전망(베르나르 그로스, Bernard Gross)",
세계화와 21세기를 위한 법 학술대회, 서울대학교 법학연구소(1997).
- "원인채권의 지급확보를 위하여 어음이 수수된 경우의 법률관계 - 어음채권
의 행사에 의한 원인채권의 소멸시효의 중단을 중심으로 -", 민사판례연구회
월례발표회, 민사판례연구회(2000. 3).
- "매매법개정의 착안점과 개정안", 한국민사법학회 하계학술대회, 한국민사법

학회(2000. 6).

- "여행계약에 관한 입법방향", 한국민사법학회 동계학술대회, 한국민사법학회 (2000. 12. 16).
- "여행계약에 관한 민법개정안", 한국비교사법학회 동계학술대회, 한국비교사 법학회(2001. 12. 15).
- "프랑스 도산법제의 동향과 시사점 – 도산법제의 현황과 효율적 운용방안", 한국비교사법학회 추계학술대회, 한국비교사법학회(2002. 9. 14).
- "다수의 담보제공자(공동담보제공자) 사이의 법률관계", 2003년 민사판례연구 하계심포지움, 민사판례연구회(2003. 8).
- "민법개정가안(채권법)에 관한 중요쟁점 및 내용", 서울대학교 BK21 법학연구 단 법제도비교연구센터 5차년도 제2회 학술대회, 서울대학교 BK21 법학연구 단(2003. 11).
- "온라인마켓플레이스의 민사법적 쟁점", On-line Marketplace의 법적 문제점, 서울대학교 기술과법센터(2004. 12. 2).
- "전자상거래등에서의 소비자보호에 관한 법률상의 몇 가지 쟁점", 2005 국제 심포지움, 서울대학교 BK21 법학연구단(2005. 10. 28).
- "프랑스민법전의 과거, 현재와 미래 – 프랑스민법제정 200주년을 맞이하여 –", 서울대학교 BK21 법학연구단(2005. 11. 28).
- "프랑스민법전의 채권(제3권 제3편) 및 시효(제3권 제20편)의 개정시안", 2007 국제학술대회, 한국민사법학회(2007. 11. 30).
- "설립등기 없는 사단과 재산의 법적 규율 전환기의 민법 어떻게 해석하고 개 정할 것인가?", 한국민사법학회 추계학술대회, 한국민사법학회(2009. 10. 24).
- "프랑스민법전의 개정의 역사 – 한국민법전 제정 50년에 대한 시사", 한국민 법 시행 50주년 기념 학술대회, 한국민사법학회(2010. 10).
- "민법 제48조 및 제60조의 개정 여부와 관련하여 민법개정의 방향", 한국민사 법학회 하계학술대회, 한국민사법학회(2010. 6. 18).
- "프랑스민법의 이혼의 원인과 절차", 한국민사법학회 춘계학술대회, 한국민사 법학회(2011. 4. 16)
- "채권자대위권에 관한 연구", 한국민사법학회 하계학술대회, 한국민사법학회 (2011. 6. 17).

- "프랑스민법상 상속재산분할의 효과", 한국민사법학회 춘계학술대회, 한국민사법학회(2012. 4. 21).
- "Réforme du droit reel coreen, 한국물권법 및 프랑스물권법 개정", 앙리까삐땅 한국협회 창립 기념 학술대회 , 한국민사법학회 · Association Henri Capitant Corenne(2012. 6).
- "소멸시효남용에 관한 연구 - 일제강점기 한국인 노무자의 불법행위로 인한 손해배상청구권과 미수금청구권에 대한 신일본제철의 주장에 대하여 -", 민사판례연구회 · 한국민사법학회(2012. 9. 8).
- "일제징용시 일본기업의 불법행위로 인한 손해배상청구권의 소멸시효남용에 관한 연구 - 대법원 2012. 5. 24. 선고 2009다68620 판결 -", 서울대학교 법학연구소 학술대회, 서울대학교 법학연구소(2013. 5. 10).
- "고등학교 법학관련 교과서의 분석과 개선 모색 : 민사법 분야", 서울대학교 법학연구소 · 사법정책연구원 공동학술대회, 서울대학교 법학연구소 · 사법정책연구원(2014. 11. 7).
- "한국에서의 채무불이행체계의 발전", 2014 제4회 동아시아민법국제학술대회, 재단법인 대만민법연구기금회(2014. 11. 29).
- "프랑스민법상의 채무참가제도", 한국민사법학회 · 프랑스민법연구회 공동학술대회, 한국민사법학회 · 프랑스민법연구회(2015. 2. 14).
- "구시설대여업법 제13조 제1항(여신전문금융업법 제33조 제1항)에 의한 리스이용자명의 자동차이전등록의 법적 효력", 한국민사판례연구회 9월 월례회, 민사판례연구회(2015. 9. 21).
- "프랑스민법전의 채무의 목적과 급부에 대한 규율", 한불민사법학회 추계학술대회, 한불민사법학회 · 아주대학교 법학연구소(2018. 10. 13).
- "프랑스민법상의 별거", 한불민사법학회 추계공동학술대회, 한불민사법학회 · 사법정책연구원 · 경희대학교 법학연구소(2019. 11. 23).

목 차

제 1 부
일반사법

제 2 부
프랑스민법

제 1 부

일반사법

민법에서의 인격권 보호 입법, 어떻게 할 것인가?

제 철 웅*

I. 서론

1. 필자는 2012년 민법개정위원회 제4기 제2분과위원장이었던 남효순 교수님과 함께 분과위원으로 물권법의 잔여과제 개정시안을 마련하는 일을 한 적이 있었다. 그 때 남효순 교수님께서 지도해 주신 말씀을 평소에도 깊이 간직하면서 항상 감사하는 마음으로 지내 왔다. 정년을 맞이한 남효순 교수님께서 학교를 떠나시지만 민사법학계의 원로로 남아 후학들에게 많은 지도를 해 주시기를 바라는 마음은 비단 필자만의 생각은 아닐 것이다. 이런 생각으로 인격권을 민법에 어떻게 입법할지에 관한 필자의 생각을 간단히 정리한 글을 정년기념논문집에 헌정하고자 한다. 인격권 관련 입법안은 당시 민법개정위원회 위원이었던 김재형 교수가 기초하여 제2기 민법개정위원회 제6분과위원회에 보고되었고, 그 후 제4기 민법개정위원회 제1분과위원회에서 논의된 뒤 민법개정위원회는 민법 제3조의2에 인격권 규정을 두는 개정안을 채택하였다. 김재형 위원은 당초 제3조의2만이 아니라 동조부터 제3조의8, 그리고 제394조의2, 제763조, 제764조의 규정에서 인격권 보호에 관한 규정을 둘 것을 제안하였다.[1] 그런데 민법개정위원회에서는 그 중 제3조의2만 입법할 것을 수용하였다.

---

* 한양대학교 법학전문대학원 교수

1 이에 대해서는 김재형, "인격권에 관한 입법제안", 민사법학 제57호(2011. 12), 41면 이하 참조. 김재

여기에서는 민법개정위원회에서의 논의를 되짚으면서 인격권에 관한 필자의 단상을 정리해 보고자 한다.

2. 인격권을 입법하고자 하는 시도는 이미 2004년 민법개정위원회에서 있었다. 당시 민법개정위원회는 제1조의2(인간의 존엄과 자율)를 신설하여 제1항에 "사람은 인간으로서의 존엄과 가치를 바탕으로 자신의 자유로운 의사에 좇아 법률관계를 형성한다."는 내용을 입법하고, 제2항에는 "사람의 인격권은 보호된다."는 내용을 입법할 것을 제안하였다. 반면 2014년 민법개정위원회는 제3조의2(인격권)를 신설하여 "사람은 생명, 자유, 신체, 건강, 명예, 사생활의 비밀과 자유, 성명, 초상, 개인정보, 그 밖의 인격적 이익에 대한 권리를 가진다."라는 내용을 입법할 것을 제안하였다.[2] 2004년 개정안은 변화된 사회환경에 대응하여 민법의 대원칙을 새롭게 추가하여 규정할 필요가 있다는 공감대 하에 입법제안을 한 것이고,[3] 2014년 개정안은 인격권의 내용을 좀 더 세부적으로 규정하고자 한 것이었다.

아래에서는 먼저 민법에 인격권에 관한 규정을 신설하는 것의 의미가 무엇인지를 역사적 맥락에서 살펴본 후, 인격권 보호를 위한 해외의 입법 및 입법시도를 살펴보고 민법에서 인격권 보호를 입법할 때의 필자의 견해를 제시하는 것으로 이 글을 마무리한다.

II. 인격권 보호의 역사적 맥락

1. 인격권 보호를 둘러싼 논의의 배경

(1) 주지하듯이 영국, 미국과 같은 common law 국가는 법전화 작업을 통해 민사법이 확립된 것이 아니기 때문에, 대륙법의 전통에 서 있는 우리에게 익숙한 권리

형교수의 안은 민법총칙 "인"의 편에 인격권의 인정(제3조의2), 인격권 침해의 위법성 조각사유(제3조의3), 침해에 대한 손해배상 및 중지 또는 예방청구를 통한 구제방법(제3조의4, 제3조의5), 명예훼손의 특칙(제3조의6), 사자의 인격권보호(제3조의7), 성명과 초상의 상업적 이용에 관한 사항(제3조의8) 등의 규정을 두고, 이에 입각하여 손해산정과 관련한 민법 제394조의2 신설 및 제394조의2를 준용하도록 제763조를 개정하는 것을 제안하는 것으로 요약할 수 있다.

2 이에 관해서는 법무부, 2014년 법무부 민법개정시안 해설: 민법총칙·물권편, 29면 이하 참조.

3 2004년 민법개정위원회에서의 논의과정에서 다양한 반대가 있었다. 이에 대해서는 법무부, 2004년 민법개정안: 총칙·물권편, 36면 이하 참조. 반대 주장을 보면 인격권 규정이 민법에 포함되어야 할 필요성이 있다고 인식할 수도 있을 것이다.

능력, 행위능력 등의 개념이 정립되어 있지는 않았다. 그러나 법전화작업을 거친 대륙법계 국가들에서의 근대 민법, 특히 프랑스 민법은 시민의 자유와 평등을 기반으로 한 시민혁명의 성과를 반영하여 모든 시민의 권리능력을 인정하고,4 예외적인 사유(행위무능력자로 인정되는 일부의 집단)를 제외하고는 성인의 행위능력을 인정하는 것에서 출발하였다.5 계몽군주제 또는 계몽주의 정신에 입각하여 제정된 근대민법인 오스트리아 민법, 독일 민법, 스위스 민법도 이런 원칙 하에 입법되었다.6 이들 법제에서는 권리능력과 행위능력을 갖춘 성인이 자유롭게 활동하면서, 권리를 취득하고 의무를 부담하는 관계인 법률관계의 규율이 상세히 규정되어 있었다. 법전화 작업 이전까지만 하더라도 이들 나라가 군주제였다는 것을 감안하면 권리능력과 행위능력의 인정은 인간의 자유를 전제로 한 것이어서 그 자체로 혁명적인 성격을 갖는 것이었다. 그러나 권리, 의무의 주체인 자연인(나아가 법인)의 자기 자신에 대한 권리, 권리주체의 완전성(integrity)이 제3자에 의한 침해로부터 보호받을 수 있는가의 문제는 이 당시 의미 있게 인식되거나 심도 있게 토의되지 않았다.

(2) 그런데 1970년대를 지나면서 인간의 존엄성, 인간으로서 완전성의 보장의 문제는 세계적으로 부각되기 시작하였다. 이와 같은 흐름에는 국제인권법에서의 진전이 자리 잡고 있었다. 유럽이 그 선두에 서 있었던 것을 부정할 수 없다. 1950년 제정되어 1953년 발효된 유럽평의회(Council of Europe)의 유럽인권조약, 유럽평의회의 1961년의 유럽사회헌장(Social Charter of Europe), 1957년 유럽공동체조약(EEC)에서부터 시작되어 유럽연합(EU)으로 발전하기까지 유럽연합에서의 인권의 강조 등이 한편에 자리 잡고 있다. 다른 한편에는 인권을 중심으로 세계정치질서를 재편하고자 하였던 유엔이 자리 잡고 있다. 세계인권선언 이후 유엔이 1966년 제정하여 1976년 발효된 경제적, 사회적, 문화적 권리에 관한 국제규약(A 규약), 시민적, 정치적 권리에 관한 국제규약(B 규약)은 비준국가가 보장하기로 약속한 인권 문제를 망라적으로 제시하고 있다. 그러나 A, B 규약 이후에도 유엔은 개별 인권 영역별로 인권조약을 확산시켜 왔다.7 개별 국가 차원에서 인권의 보장을 더 넓고 깊게 실현하기 위한 노력의 일환

---

4 프랑스 민법 제8조는 '모든 프랑스인은 사권을 향유한다.'고 규정하였다.

5 1973년 판 프랑스 민법 제388조는 21세에 달하지 않는 자는 미성년자로 규정하였는데, 미성년자녀는 부모의 친권에 따르고(제371조의1), 부모는 미성년자녀의 재산관리권과 수익권을 가진다(제382조).

6 독일민법 제1조는 "사람은 출생한 때로부터 권리능력을 갖는다."라고 규정하고 있다.

7 1978년 제정되어 1979년 발효된 인종차별철폐협약, 1979년 제정되어 1981년 발효된 여성차별폐지협약, 1984년 제정되어 1987년 발효된 고문방지협약, 1989년 제정된 아동권리협약, 2006년 제정되어

이었다. 가령 아동권리협약 제12조는 아동의 바램과 감정을 표현하도록 권장하고 거기에 법적 효력을 부여할 수 있도록 하는 것으로 해석될 수 있기 때문에,**8** 미성년자의 행위능력을 부정해 오던 개별 국가들의 법질서에 영향을 주고 있다. 이미 아동권리협약 이전에 영국에서는 16세 미만의 아동의 요청에 따라 피임약을 처방한 의료진의 행위를 적법한 것으로 판단한 Gillik 사건(Gillick v West Norfolk and Wisbech Area Health Authority, [1985] UKHL 7)은 아동이 자연적 이해력이 있다면 자기의 신상에 관하여 부모의 동의 없는 자기결정을 허용하는 계기가 되었다.**9** 이로써 전통적인 행위무능력 제도에 균열이 생기게 되었다. 1989년 제정되어 1990년 발효된 아동권리협약 제12조는 이런 흐름에 박차를 가할 수 있는 터전을 마련해 준 것이었다. 가령 영국에서는 아동이 연루된 공법상의 소송에서는 아동의 이익을 독립적으로 보장해 줄 수 있는 소송후견인(guardian ad litem)을 제공하도록 하는 것,**10** 아동과 관련된 아동법(the Children Act 1989) 사건에서는 아동이 당사자가 되도록 허용하는 것**11** 등이 아동이 연루된 사건에 아동의 의견이 충분히 반영될 수 있도록 하는 장치인 셈이다.

또 다른 흐름으로 전통적으로 의사무능력자로 간주되어 오던 정신질환자, 발달장애인 등에게도 행위능력을 인정하는 것을 들 수 있다. 국제사회에서는 이들의 인권을 새롭게 주목하게 된 계기는 1971년과 1975년 유엔총회에서 채택된 '정신지체자의 권리선언(the Declaration on the Rights of Mentally Retarded Persons)'과 '장애인권리선언(the Declaration on the Rights of Disabled Persons)'이었다. 이를 계기로 1981년 유엔은 국제장애인의 해를 선포하였고, 1982년 유엔총회는 세계장애인행동계획을 결의하였다. 그 후 국제장애인의 해 10년을 결산하면서 유엔총회는 1993년 4부 22개 준칙으

2008년 발효된 장애인권리협약 등 다수의 국제인권협약이 있다.

8 The Committee on the Rights of the Child, General Comment 12 on Art. 12, paras. 9 참조.

9 Emily Jackson, Medical Law, 4th edition(2016), pp. 299 참조.

10 영국 아동법(the Children Act 1989)에서는 지자체가 아동보호를 위해 친권행사에 개입하는 사안에서는 "아동 및 가정법원 자문지원서비스(the Children and Family Court Advisory Support Service= CAFCASS)"의 직원이 아동후견인으로 지정되어 변호사를 선임해서 아동의 의견이 반영되도록 하고 있다. 또한 이혼 등 가사사건에 아동 양육이 쟁점이 된 경우에도 CAFCSS를 아동후견인으로 지정해서 아동의 바램과 희망이 반영되도록 하고 있다. 그 내용 및 한계점은 Jonathan Herfing, Family Law, 8th edition(2017), pp. 506 참조.

11 가사소송규칙(the Family Proceedings Rules 1999) 제9.2.A조에서 아동이 소를 제기할 수있도록 하는데, 법원이 허가하거나 아동을 변호하는 변호사가 아동이 소송에서 자신을 지시할 수 있다고 판단하는 경우 소송능력을 인정한다. 연령이 아니라 아동의 이해력이 중요한 고려요소라고 한다. 이에 대해서는 Jonathan Herfing, Family Law, 8th edition(2017), pp. 504 참조.

로 구성된 '장애인을 위한 평등조치와 기회제공에 관한 표준준칙(the Standard Rules on the Equalization and Opportunities for Persons with Disabilities)'을 채택하였다. 구속력 있는 최초의 장애인 관련 국제규범인 표준준칙에서는 장애인의 탈시설, 지역사회 독립생활(independent living)을 포함한 장애인의 사회통합을 지향하였다.[12] 이런 기반 하에 2006년 장애인권리협약이 제정되었다. 장애인권리협약 제12조는 "장애"를 이유로 행위무능력제도를 즉각 폐지할 것을 요구하고 있고, 동 협약 제14조는 "장애"를 이유로 한 비자의입원, 특히 정신질환자의 강제입원의 즉각적 폐지를 규정하고 있다.[13] 장애인권리협약에 비준한 선진국은 행위능력을 제한하는 후견제도를 행위능력을 제한하지 않는 의사결정지원제도로 전환하고, 비자의입원을 최소화하거나 없애기 위한 여러 제도개혁을 수행하고 있다.[14]

국제인권조약이 비준국에 깊은 영향을 미칠 수 있는 이유는 비준국의 조약상의 의무 준수여부에 관하여 개인청원을 허용하는 선택의정서(optional protocols)의 비준을 통해 각종의 조약상의 기구(treaty bodies)가 일종의 사법적 심사가 가능하였기 때문이다. 이를 통해 비준국의 제도와 법률이 조약에 위반되었음을 판단함으로써 국내법의 개정에 깊은 영향을 미칠 수 있었던 것이었다. 그 중 가장 큰 역할을 하는 것이 유럽인권조약상의 기구인 유럽인권재판소의 활동이다.

국제인권법의 확산, 인권조약상의 기구의 사법심사를 통해 정치, 경제, 행정 등 국내 법질서에 깊이 남아 있던 인권 침해적 요소가 개선되어 가는 과정을 세계인들은 1970년대 이후 수없이 목격하게 되었다. 이 과정을 통해 "인권" 중시의 새로운 경향이 민사법 영역에도 영향을 미치게 되었다. "인권"은 곧 인간이라는 주체가 살아가는 전 과정, 달리 말하면 자기를 실현해 가는 전 과정을 곧 국가가 보호하고 신장해야 하는 권리로서의 성격이 있다는 것을 의미하는 것인데, 특히 독일법계 국가에서는 법적 인간, 인격(Persönlichkeit) 자체, 그의 활동 자체가 권리로서의 성격이 있다

12　이에 관해서는 제철웅, "장애인권리협약의 관점에서 본 정신적 장애인의 참정권 증진의 과제", 법조 제70권 제1호(2021. 2), 47면 이하 참조.

13　The Committee on the Rights of Persons with Disabilities, General Comment 1 on Art. 12, paras 26; The Committee on the Rights of Persons with Disabilities, Guidelines on Article 14 of CRPD, paras 6, 2015 참조.

14　정신적 장애인의 행위능력 제한에 대한 국제인권법에서의 새로운 흐름에 대해 개괄적인 것은 제철웅, "민법 제947조의2 제2항의 자유박탈조치의 개선 및 관련 사회보장법의 정비", 민사법학 제94호(2021. 3) 302면 이하 참조.

는 의미에서 인격권(Persönlichkeitsrecht)라는 주제 하에 논의가 활발하게 진행되어 왔다. 민사법질서에서 개인 및 개인의 활동이 "한" 인간으로 그리고 그의 활동으로 존중받지 못하는 일이 역사적으로 비일비재 하게 있었고, 지금도 진행되고 있기 때문이다.[15]

(3) 다른 한편 1980년대를 거치면서 발전된 생산력 하에 세계화가 급속히 진행되었다. 컴퓨터와 전기전자 기술의 발달로 인간은 전대미문의 새로운 사회환경에서 살아가게 되었다. 이 과정에서 인간은 전통적으로 자신을 실현해 가던 과정에서 당연히 보장된다고 생각하였던 자유, 즉 신체적, 심리적, 정신적 완전성이 급격히 침해되는 현상을 경험하게 되었다. 이에 대한 대응이라는 점에서도 인격권에 관한 논의가 심도 있게 진행되었다.

2. 인격권의 의미

(1) 1753년 마리아 테레지아(Maria Theresia) 여제에 의해 설립된 법전편찬위원회가 기초한 오스트리아 민법이 1811년 제정되었는데, 동법 제16조에는 다음과 같이 규정하고 있다. "모든 인간은 이성에 기초한 천부의 권리가 있고, 따라서 한 인간(eine Person)으로서 취급되어야 한다. 노예제 또는 인신구속 또는 그것에 기반한 권력의 행사는 이 나라에서 허용되지 않는다."[16] 이 규정은 그 뒤 300년 후 반포되었던 세계인권선언 제1조, 제4조, 제6조의 규정과 매우 흡사하다.[17] 모든 사람을 한 인간(eine Person)으로 인정해야 한다는 것은 세계인권선언 제6조에 있을 뿐 아니라, 다른

---

15 2004년 민법개정위원회에서 '사람의 인격권은 보호된다.'는 규정을 신설하는 것에 대해 당연하기 때문에 둘 필요가 없다거나, 헌법에 규정되어 있기 때문에 둘 필요가 없다는 이유로 반대하는 견해도 있었다. 민사법질서가 인격을 존중하지 않는 것에 대한 무감각은 아닌가라는 의문도 있다. 가령 2011년 개정 민법에 따른 성년후견제도가 광의의 장애인의 한 인간으로서 권리를 부당하게 침해하고 있고, 무엇보다도 우리나라가 비준한 장애인권리협약에 위반되는 내용으로 운영되고 있음에도 이에 대한 성찰이 없는 것도 그 한 예일 뿐이다. 이 점을 지적하는 것으로는 제철웅, "유엔 장애인권리협약의 관점에서 본 한국 성년후견제도의 현재와 미래", 가족법연구 제28권 2호(2014. 7), 222면 이하 참조.

16 Jeder Mensch hat angeborne, schon durch die Vernunft einleuchtende Rechte, und ist daher als eine Person zu betrachten. Sclaverey oder Leibeigenschaft, und die Ausübung einer darauf sich beziehenden Macht, wird in diesen Ländern nicht gestattet.

17 제1조 제1문은 "모든 인간은 태어날 때부터 자유로우며 그 존엄과 권리에 있어 동등하다."라고 규정하고 있고, 제4조는 "어느 누구도 노예상태 또는 예속상태에 놓여지지 아니한다. 모든 형태의 노예제도와 노예매매는 금지된다."라고 하며, 제6조는 "모든 사람은 어디에서나 법 앞에 인간으로서 인정받을 권리를 가진다."라고 규정한다.

인권조약에서도 한 인간으로 존중하여야 한다는 것이 계속 언급되고 있다. 이런 내용이 1811년의 민법전에 포함되어 있었던 것이다.

그런데 천부의 권리를 1811년의 오스트리아 민법은 어떻게 이해했을까? 오스트리아 민법전 제정 이전인 1797년 서갈라치아(Westgalazien) 지역에 시행되었던 민법[18] 제29조는 천부의 권리로 다음과 같은 내용을 열거하고 있었다. "생명을 유지할 권리, 생명 유지에 필요하 물건을 취득할 권리, 자신의 정신과 노동력을 기르고 가다듬을 권리, 자기를 방어할 권리, 평판을 유지할 권리, 소유권을 자유롭게 취득하고 관리할 수 있는 권리" 등이 그것이다. 생명권, 법률행위의 자유, 계약의 자유, 소유권의 보장 등등 인권조약의 핵심적 내용이 여기에 포함되어 있었던 것이었다. 이 규정은 오스트리아 법학자들에 의해 오스트리아 사법질서의 핵심규정으로 이해되고 있으며,[19] 현대적 의미의 일반적 인격권을 인정한 규정이라고 이해되고 있다.[20]

(2) 인격권은 한 사람이 권리와 의무의 주체로 인정받을 권리(=권리능력), 자유롭게 법률행위를 할 수 있는 권리(=행위능력)를 의미하는 것이자, 법적 주체의 신체적, 정신적, 심리적 완전성을 유지하는 것을 권리로 인정받는다는 것을 의미하고, 나아가 사회생활 속에서 완전성을 침해받지 않을 권리(사회구성원으로서의 통합을 저해받지 않을 권리)를 의미하기도 한다. 달리 말하면 한 인간으로서 존엄성을 인정받을 권리, 자신을 실현해 나갈 수 있는 자유를 보장받을 권리가 넓은 의미의 인격권이다.[21] 이런 권리를 인권법의 영역에서는 인권이라고 표현하며, 헌법의 영역에서는 기본권이라고 표현한다. 민사법의 영역에서는 이것을 인격권이라고 표현하는 것이다. 이 세 표현은 같은 실체를 다른 각도에서 관찰한 것이다. '인권'은 조약체결국가 상호간에 준수하여야 할 국가의 의무라는 각도에서 언급한 것이고, 기본권은 국가가 그 주권이 미치는 영역에 있는 국민이나 인격(법인격 있는 주체를 포함)과의 사이에서 국가의 의무라는 각도에서 언급한 것이다. 인격권이라고 할 때에는 사인 간에 보장받고, 존중하여야 할 영역이라는 각도에서 언급한 것이다.

---

18 이 민법은 오스트리아 민법 기초자인 Martens가 기초한 것으로 오스트리아 민법전 시행 이전에 그 일부가 갈라치아 지역에 시범적으로 시행된 효과가 있었다.

19 Schwimmann/Kodek hrsg., ABGB, 4. Aufl.(2011), § 16 Rn. 3 참조.

20 Schwimmann/Kodek hrsg., ABGB, 4. Aufl.(2011), § 16 Rn. 12 ff. 참조.

21 스위스 민법 제27조가 권리능력 및 행위능력의 향유의 보장을 인격권으로 인정하고 있는 것이 그 예이다. 이에 대해서는 Honsell/Vogt/Geiser, Hrsg., Basler Kommentar zum ZGB I, 2. Aufl.(2002), Art. 27, Rn. 8 ff. 참조.

(3) 인격권이란 넓은 의미에서 인간의 존엄성을 보장받을 권리, 신체적, 심리적, 정신적 완전성을 실현할 권리, 사회구성원으로 통합되어 살아갈 수 있는 권리를 의미하는 것이다. 여기에 해당되는지 여부는 그 때 그 때의 개별적 상황에 따라, 또 다른 사람의 인격권과의 충돌되는 지점에서 보장받는 인격권에 속하는지를 개별적으로 판단할 수 있다. 그러나 인격권 중에는 이미 그 내용이 구체적으로 확정되어 그 자체로 권리로서 인정하기에 손색이 없는 것들도 있다. 후자를 특별한 인격권이라고 하고, 전자를 일반적 인격권이라고 한다. 특히 일반적 인격권은 인간으로서의 존엄성을 실현하는데 필요한 이익을 망라적으로 언급하는 것이다. 인간의 존엄성은 언제나 타인과의 관계 속에서만 실현될 수 있기 때문에 다른 인간에게도 인정되는 존엄성의 실현과정에 의해 어떤 인간의 인격적 이익이 일반적 인격권으로 인정될 수 있는지가 비로소 구체적으로 확정될 수밖에 없다. 즉 다른 사람의 인격권과의 비교형량을 통해 그 내용이 확정될 수밖에 없다는 것이다. 그 점에서 다른 이익과의 비교형량 하에 인격권이 위법하게 침해되었는지가 판단될 수 있고, 그 때 비로소 침해받은 개인에게 구체적인 권리로 일반적 인격권이 확정될 수 있다.[22]

Ⅲ. 해외에서의 인격권 관련 입법

인격권에 관한 논의 자체가 독일법계를 중심으로 활발하게 논의된 것이기 때문에, 그것의 입법에 관한 논의도 독일법계에서 더 활발하게 논의되었다. 여기에 세 유형이 있다.

1. 스위스법

스위스는 인격의 보호에 관한 규정을 제27조, 제28조, 제28조의a에서부터 제28조의l, 제29조, 제30조까지의 규정에서 두고 있다. 그런데 제28조의a에서부터 제28조의l의 규정은 1983년 민법개정으로 보완된 것이었다. 1907년의 스위스 민법 제27조는 〈양도불가능〉이라는 표제 하에 "① 누구도 권리능력과 행위능력을 포기할 수 없다. ② 누구도 자신의 자유를 포기하거나, 법률 또는 양속을 위반하는 정도로 자유의

---

22 스위스 민법 제28조는 특별한 인격권을 언급함이 없이 "인격권" 침해의 위법성 요건에 대해 규정하고 있다. 즉 일반적 인격권의 침해 요건을 정한 것이다. 이에 대해서는 Honsell/Vogt/Geiser, Hrsg., Basler Kommentar zum ZGB I, Art. 28, Rn. 5 ff. 참조.

향유를 제한할 수 없다."라고 규정하고 있고, 이 규정은 그대로 있다. 제28조는 〈침해가 있을 때의 소송〉이라는 표제 하에 "① 자신의 인격적 관계가 권한 없이 침해당한 자는 그 방해의 제거를 소로써 구할 수 있다. ② 손해배상 또는 만족으로서의 금전의 지급을 구하는 소는 법률에 규정한 경우에만 적법하다."라고 규정하고 있었다. 위 두 규정은 권리능력에 관한 규정(스위스 민법 제11조), 행위능력에 관한 규정(스위스 민법 제12조부터 제16조), 행위무능력에 관한 규정(제17조부터 제19조), 주소에 관한 규정에 이어서 규정하고 있다. 위 규정에 이어 성명권에 관한 규정이 있다(제29조, 제30조). 제정 당시의 스위스 민법 제27조부터 제30조까지가 인격권에 관하여 규정한 것이었다. 이 규정에 이어서 자연인의 인격의 개시와 종료, 실종선고 등이 이어진다. 그러므로 제27조 이하는 법인격 자체의 보호에 관한 규정이고, 그 점 때문에 법인에도 준용될 수 있는 것으로 해석될 수 있는 것이다.

그런데 인격권에 관한 논의가 활발하게 진행되었던 20세기 후반인 1985년 스위스는 민법개정을 통해 제27조는 표제만 "과도한 구속으로부터 인격의 보호"라는 것으로 바꾸었고, 제28조는 "침해에 대한 원칙"이라는 표제 하에 "① 위법하게 인격이 침해된 자는 그 침해를 야기한 자를 상대로 인격의 보호를 위해 법원에 소구할 수 있다. ② 피해자의 동의, 더 중요한 사적 이익 또는 공적이익, 또는 법률에 의해 정당화되지 않을 경우, 그 침해는 위법하다."는 내용으로 개정하였다. 종전부터 제27조는 법률행위에 의한 인격권을 제한할 경우 그 법률행위를 무효로 만드는 근거규정으로 이해되고 있다.[23] 제28조는 종전 민법 규정의 "인격적 관계"를 "인격"으로 바꾼 것이었는데, 이로써 일반적 인격권이 제3자의 행위에 의해 침해될 경우의 구제수단에 관한 규정으로 이해되고 있다.[24] 그런데 제28조에서 말하는 침해가 있을 때 어떤 구제수단이 주어질지에 관하여 아무런 규정이 없었기 때문에 1985년 민법개정으로 그것을 제28조의a로부터 제28조의l까지의 규정으로 보완한 것이었다. 즉 제28조의a에서부터 제28조의l의 규정은 인격권침해에 대한 권리구제의 방법에 관한 것이었다.

스위스의 예를 보면, 이미 민법총칙에 일반적 인격의 보호에 관하여 기왕에 근거규정이 있었고(제27조), 그 근거규정을 토대로 위법성 판단의 기준을 변화된 사회현상을 반영하여 바꾸었으며(제28조), 이를 근거로 피해구제의 상세한 내용을 총칙편에 규정할 수 있었음을 알 수 있다. 또한 인격권 침해는 법률행위에 의해서도 성립

---

23 Honsell/Vogt/Geiser, Hrsg., Basler Kommentar zum ZGB I, Art. 27 Rn. 1 ff. 참조.

24 Honsell/Vogt/Geiser, Hrsg., Basler Kommentar zum ZGB I, Art. 28 Rn. 5 ff. 참조.

할 수도 있고, 제3자의 위법행위에 의해서도 성립할 수 있음을 알 수 있다. 민법총칙에서는 그 점에서 인격권 침해에 대해 전반적인 내용을 규정한 것으로 이해할 수 있을 것이다. 또한 위 규정은 일반적 인격권을 전제하고 그 보호와 침해에 대한 구제를 규정한 것이었기에 민법총칙에 규정할만한 성격임을 알 수 있다.

2. 오스트리아법

오스트리아의 경우도 스위스와 유사한 점이 많다. 1811년의 오스트리아 민법 제16조에서 인격보호에 관한 일반규정을 두고 있었고(위 규정의 번역은 위 2. 참조), 제17조에서는 "천부의 자연적 권리에 적합한 것은 이 권리의 적법한 제한이 입증되지 않는 한, 존속하고 있는 것으로 인정된다."[25]고 규정하고 있었다. 또한 제20조에서는 "국가의 수반(das Oberhaupt des Staates)에 관한 것이지만 그의 사소유권 또는 민법에 기반한 취득 방법에 관한 법률행위는 법률에 따라 법관의 재판 대상이 된다."라고 규정하고 있었다. 이 규정은 시민과 국가의 평등한 관계가 인정되는 영역에 관한 규정이었다. 제16조는 일반적 인격권에 관한 것을 규정한 것으로 해석되었고, 제17조는 일반적 인격권의 제한, 즉 침해가 있을 때에는 적법하지 않은 것으로 추정되는 규정으로 이해될 수 있었다. 이 규정들은 인격의 보호를 명시적으로 규정한 것으로 오스트리아 민법의 가장 중요한 특징을 나타낸 것으로 이해되었다.

이처럼 자유롭게 자신의 인격을 전개할 권리를 이미 민법 제정에서부터 규정하고 있었기 때문에, 그 이후 시대의 변화에 따라 인격권보호를 위한 보다 구체화된 규정을 입법하고자 할 때 위 규정들에 이어서 또는 위 규정의 일부를 시대상황에 맞게 개정하여 입법할 수 있을 것이다. 그 점이 잘 드러나는 것이 2020년 인터넷 등에서의 증오선동에 대한 대응으로써 인격보호를 위해 민법 및 여타 관련 법률를 개정하기 위한 작업이었다. 이 때 민법 제17조의a를 신설함으로써 인격권보호를 보다 명료하게 표현하였다. 동조 제1항은 인격권은 본질상 양도할 수 없는 것으로 정하였고, 제2항에서는 인격권 침해에 대한 동의는 그것이 양속위반이 아닐 경우에만 허용된다고 규정하면서 인격권의 핵심의 침해에 대한 동의는 법률로 달리 정하지 않는 한, 판단능력 있는 인격권의 보유자가 할 수 있다고 하였다. 제3항에서는 사후에도 인격권이 소멸하지 않는다는 점에 관하여 규정하였다.[26] 한편 종전의 제20조를 시대

---

25 Was den angebornen natürlichen Rechten angemessen ist, dieses wird so lange als bestehend angenommen, als die gesetzmäßige Beschränkung dieser Rechte nicht bewiesen wird.

상황에 맞게 개정하여 인격권 침해가 있을 때의 부작위청구권, 방해배제청구권을 새로 규정하였다.27 이 개정 민법은 2021년 1월 1일부터 시행되고 있다.

26 § 17a. ① 인격권은 그 본질에서 양도할 수 없다(Persönlichkeitsrechte sind im Kern nicht übertragbar). ② 인격권의 침해는 그것이 양속에 위반되지 않는 한 동의할 수 있다. 인격권의 본질에 대한 침해에 대해서는, 법률에 달리 정하지 않은 한, 판단능력 있는 인격권 보유자에 의해서만 동의할 수 있다(In den Eingriff in ein Persönlichkeitsrecht kann nur eingewilligt werden, soweit dies nicht gegen die guten Sitten verstößt. Die Einwilligung in den Eingriff in den Kernbereich eines Persönlichkeitsrechts kann nur vom entscheidungsfähigen Träger des Persönlichkeitsrechts selbst erteilt werden, soweit gesetzlich nichts anderes bestimmt ist).
③ 사람의 인격권은 사망 후 그를 추모하기 위해 계속하여 존속한다. 추모의 침해는 사망자가 생존하였을 시점에서 그와 1촌의 친족과 생존 배우자, 등록된 파트너 또는 생활상의 동반자가 이를 주장할 수 있고, 여타의 존속 또는 비속의 친족은 사망한 때로부터 10년 동안만 행사할 수 있다. 어떤 경우이든 자료수집 목적, 학문적 목적, 그리고 예술적 목적 등 공익에 따른 침해는 적법하다(Die Persönlichkeitsrechte einer Person wirken nach dem Tod in ihrem Andenken fort. Verletzungen des Andenkens können die mit dem Verstorbenen im ersten Grad Verwandten und der überlebende Ehegatte, eingetragene Partner oder Lebensgefährte Zeit ihres Lebens geltend machen, andere Verwandte in auf- oder absteigender Linie nur für zehn Jahre nach dem Ablauf des Todesjahres. Jedenfalls zulässig sind im öffentlichen Interesse liegende Eingriffe zu Archivzwecken, zu wissenschaftlichen und zu künstlerischen Zwecken).

27 ① 인격권이 침해되거나 그런 침해의 우려가 있는 자는 그 침해의 중지와 위법한 상태의 제거를 소로써 청구할 수 있다. 부작위청구는 부작위의무에 반하는 상태의 제거청구권도 포함한다. 제17조의a 제3항에 규정한 사람도 그 요건 하에 소로써 청구할 수 있다(Wer in einem Persönlichkeitsrecht verletzt worden ist oder eine solche Verletzung zu besorgen hat, kann auf Unterlassung und auf Beseitigung des widerrechtlichen Zustandes klagen. Der Anspruch auf Unterlassung umfasst auch den Anspruch auf Beseitigung eines der Unterlassungsverpflichtung widerstreitenden Zustandes. Unter den Voraussetzungen des § 17a Abs. 3 können auch die dort genannten Personen klagen).
② 근로자 또는 피용자가 그의 행위와 관련하여 언론에서 그의 평판과 사적 영역에 침해를 받고, 그 행위가 고용주로 하여금 그 근로자나 피용자를 업무에 종사하게 할 가능성을 상당한 정도로 침해하거나 고용주의 평판을 상당한 정도로 손상시키는 경우, 그 고용주는 근로자 또는 피용자와 별개로 자신의 부작위청구와 방해배제청구권을 갖는다. 법인의 명예직 활동이나 기관에 대해서도 준용한다. 고용주의 청구권의 행사는 근로자 또는 피용자의 동의에 좌우되지 아니한다. 근로자 또는 피용자에 관련된 인격권침해에 관하여 근로계약상의 보호의무에 근거하여 고용주가 소송상 권리를 행사할 의무가 있지는 않다(Wird in einem Medium im Zusammenhang mit der Tätigkeit eines Arbeit- oder Dienstnehmers dieser in seinem Ansehen oder seiner Privatsphäre verletzt und ist dieses Verhalten geeignet, die Möglichkeiten des Arbeit- oder Dienstgebers, den Arbeit- oder Dienstnehmer einzusetzen, nicht unerheblich zu beeinträchtigen oder das Ansehen des Arbeit- oder Dienstgebers erheblich zu schädigen, so hat dieser unabhängig vom Anspruch des Arbeit- oder Dienstnehmers einen eigenen Anspruch auf Unterlassung und Beseitigung. Entsprechendes gilt für ehrenamtlich Tätige und Organe einer Körperschaft. Die Geltendmachung des Anspruchs des Arbeit- oder Dienstgebers ist nicht von der Zustimmung

오스트리아의 예에서도 민법총칙에 특별한 인격권에 대한 언급 없이, 일반적 인격권의 보호에 관하여 규정하고 있었고, 그것을 토대로 일반적 인격권 침해에 대한 권리구제를 입법하고 있다는 점이 특징이라는 것을 알 수 있다. 학설과 판례는 이것을 근거로 일반적 인격권의 구체적 예를 사안별로 확정해 가고 있다. 이와 별도로 생명,건강, 신체적, 정신적 완전성, 자유, 성명권, 초상 등등 특별한 인격권이 전통적으로 인정되고 있음은 물론이다.[28]

3. 독일법

1873년부터 기초작업이 시작되어 1896년 황제가 반포하여 1900년부터 시행된 독일 민법은 법관 또는 법률가를 위한 전문법전으로서의 성격이 강하다. 수범자를 고려하여 읽기 쉽거나 이해하기 쉬운 표현은 찾아보기 힘들다는 점에서 같은 독일법계의 법전인 스위스 민법이나 오스트리아 민법과도 비교될 수 있다. 제정 독일 민법은 권리능력에 관한 규정, 성인의 요건, 미성년의 행위능력, 행위능력의 박탈 내지 제한에 이어 주소에 관하여 규정하였다. 이어서 법인에 관한 규정을 두고 있다. 그 점에서 보면 우리 민법 역시 독일 민법의 이런 입법양식을 이어받았다고 해도 과언이 아니다.[29] 그 점에서 보면 독일 민법은 권리주체의 인격, 특히 일반적 인격의 보호에 관하여는 민법 어디에서도 규정하지 않았다. 다만 불법행위법에 "생명, 신체,

---

des Arbeit- oder Dienstnehmers abhängig. Eine Pflicht zur gerichtlichen Geltendmachung für den Arbeit- oder Dienstgeber bezüglich die den Arbeit- oder Dienstnehmer betreffende Persönlichkeitsrechtsverletzung insbesondere aufgrund der arbeitsrechtlichen Fürsorgepflicht besteht nicht).
③ 인격권을 침해하거나 그러한 침해를 위협하는 자가 중개자의 서비스를 이용하는 경우, 이 중개자를 상대로 부작위와 방해제거 소송을 제기할 수 있다. 중개자에게 전자상거래법에 따른 책임 배제의 요건이 있는 경우, 그럼에도 불구하고 최고 이후에는 그를 상대로 소를 제기할 수 있다. 전자상거래법 제13조에 따른 서비스 제공자는 이 규정에 따른 중개자로 간주되지 아니한다(Bedient sich derjenige, der eine Verletzung eines Persönlichkeitsrechts begangen hat oder von dem eine solche Verletzung droht, hiezu der Dienste eines Vermittlers, so kann auch dieser auf Unterlassung und Beseitigung geklagt werden. Liegen beim Vermittler die Voraussetzungen für einen Ausschluss der Verantwortlichkeit nach dem E-Commerce-Gesetz vor, kann er jedoch erst nach Abmahnung geklagt werden. Diensteanbieter nach § 13 E-Commerce-Gesetz gelten nicht als Vermittler im Sinne dieser Bestimmung).

28 Schwimmann/Kodek hrsg., ABGB, § 16 Rn. 16 ff. 참조.

29 다만 우리 민법은 법원이나 신의성실의 원칙에 관한 규정이 있지만 독일 제정 민법에는 이런 규정은 없었다.

건강, 자유"를 고의 또는 과실로 침해한 행위에 대해 손해배상책임이 있도록 규정한 것(제823조 전단), "진실에 반하여 어떤 사실을 주장하거나 유포하는 행위"를 통해 타인의 "신용"을 위태롭게 하는 것을 불법행위로 보고 손해배상책임을 규정한 것(제824조), 책략, 위협, 종속지 지위의 남용을 통해 여성으로 하여금 혼인외적 성관계를 갖게 하는 것을 불법행위로 보고 손해배상책임을 규정한 것(제825조) 등이 있었다. 즉 특별한 인격권에 관하여, 당시 사회관념상 보호할 법익으로 명확하게 인정되었던 인격권에 관하여 불법행위법에 규정하고 있었다. 그러나 독일 민법 어디에도 어떤 한 인격이 가진 포괄적인 권리의 보호에 관하여는 아무런 규정도 두지 않았다.

스위스와 오스트리아의 경우 민법총칙에 특별 인격권이 아닌 일반적 인격권에 관하여 규정하였던 것에 반하여, 독일 민법에서는 일반적 인격의 보호에 관하여 민법총칙에 아무런 규정을 두지 않은 상태에서 불법행위법에서 특별 인격권에 관한 규정만 두고 있었다. 그 결과 민법전에 특별 인격권으로 언급되어 있지 않은 여타의 인격적 이익의 침해에 대한 구제를 해결할 방법으로 독일 연방대법원은 1954년 '일반적 인격권'이라는 개념을 창안하였다.[30] 변호사가 그의 고객인 전직 제국은행장인 Schacht의 이름으로 Schacht에 관한 기사의 정정을 요구한 편지를 신문사가 편집자에게 보내는 독자의 편지(Leserbrief)로 표시하고 게재하였는데, 변호사는 신문사를 상대로 자신이 보낸 서한은 편집자에게 보내는 편지가 아니라, 변호사의 자격으로 자신이 직접 작성한 것임을 게재해 줄 것을 청구하는 소를 제기하였다. 이 소에서 대법원은 인간의 존엄성을 규정한 독일 기본법 제1조를 근거로 인격의 자유로운 전개는 헌법에서 보장하는 기본권이며, 이것은 사법에서도 일반적 인격권으로 인정되어야 한다는 것을 근거로 변호사의 청구를 인용하는 판결을 하였다. 그 이후 일반적 인격권을 근거로 불법행위법에 의해 보호되는 인격적 법익이 발전되어 왔다. 독일 연방헌법재판소는 이런 흐름 하에 1989년 체외수정으로 출생한 아이가 자신의 생물학적 부모를 알고자 하는 권리를 일반적 인격권에 근거하여 인정하기도 하였다.[31] 이 판결에 특히 주목하게 되는 것은 법제도가 일반적 인격권을 침해하는 것이라면 그 규정의 위헌심판을 통해 그 권리를 보호할 수 있다고 본 점이다.

일반적 인격권이 가지는 광범위한 규범적 효력을 충분히 반영하고자 하였던 시도는 이미 1959년 독일 법무부가 제출한 민법상의 인격권과 명예보호를 위한 민법개

---

30 BGH 13, 334.
31 BVerfGE 79, 256. 그 후 2008년 독일 민법 1598조의a에 관련 규정이 입법되었다.

정안이었다.[32] 성명권을 규정한 독일 민법 제12조에 일반적 인격권의 침해에 대한 보호와 사자의 인격권 보호를 규정하고,[33] 제13조부터 제19조까지 인격권의 전형적인 개별 사안을 열거하면서 그 침해가 있을 때의 구제를 규정하였다. 제13조는 권한 없이 타인의 생명, 신체, 건강 또는 자유를 침해하는 사안, 제14조는 무시를 통한 모욕과 사실에 관한 명예침해적 주장으로 진실하다는 것을 입증하지 못하는 사안, 제15조는 타인의 사생활 및 가족생활이 무시되는 사안과 비공개 문서의 보호의 사안, 제16조는 성명권 보호, 제17조는 초상권 보호, 제18조와 제19조는 공개되지 않은 대화의 보호에 관하여 규정하고 있었다. 제20조는 타인의 인격권을 침해할 수 있는 사실을 공개적으로 주장한 경우 반론의 보도에 관하여 규정하였다.[34] 이어서 1959년의 개정안은 불법행위법 제823조 제1항의 규정에 '일반적 인격권 침해 또는 소유권 기타의 권리를 고의과실로 위법하게 침해한 경우' 손해배상청구권이 성립하도록 하였다. 이어서 제825조를 삭제하고, 제824조를 간단하게 정비하고, 제847조에 인격권 침해를 이유로 한 위자료 규정을 두도록 하였다. 이 개정안은 언론자유를 침해한다는 이유로 거센 비판을 받고 결국 입법되지 못하였다. 이후 독일 법무부는 더 이상 이런 류의 상세한 내용의 인격권 보호 입법보다는 일반적 인격권 보호를 입법하고자 시도하였다. 어떤 인격권을 보호하고자 할 때 그것과 충돌하는 다른 인격적 이익과의 비교형량 하에 비로소 보호적격성이 판단될 수 있기 때문에 인격권보호는 탄력적이어야 하고 새로운 상황에 대응할 수 있는 것이어야 한다는 점에서 개별 인격권을 열거하는 것이 바람직하지 않다는 견해가 지배한 것으로 보인다.[35]

그 후 독일에서의 인격권 보호를 둘러싼 입법논의는 불법행위법에 집중되어 진

---

32 이 개정안은 김재형 교수가 제안한 인격권 입법안과 유사하다.

33 제1항은 다음과 같이 규정하고 있었다. "위법하게 타인의 인격권을 침해한 자는 그 침해를 제거할 의무가 있다. 제13조부터 제19조의 사안에서도 동일하다. 장래의 침해가 우려되는 경우 피해자는 부작위를 소구할 수 있다. 인간의 공동생활에서 이해할 수 있는 관념에 따를 경우 수인하여야 할 침해는 고려되지 아니한다(Wer widerrechtlich einen anderen in seiner Persönlichkeit verletzt, ist ihm zur Beseitigung der Beeinträchtigung verpflichtet; dies gilt insbesondere in den Fällen der §§ 13 bis 19. Sind weitere Beeinträchtigungen zu besorgen, so kann der Ver; etzter auch auf Unterlassung klagen, Beeinträchtigungen, die mach verständiger Auffassung im menschlichen Zusammenleben hinsunehmen, bleiben asusser Betracht)." 제2항과 제3항은 사자의 인격권 보호에 관한 내용을 규정하고 있었다.

34 Bundestag Drucksache. III/1237 참조.

35 Christian von Bar, Deliktsrecht, in: Gutachten und Vorschläge zur Überarbeitung des Schuldrechts Bd.II (1981), 1751 f. 참조.

행되었다. 1967년에도 불법행위법 개정안이 제안되었다. 이 때에도 민법 제823조에 "인격권"을 위법하게 침해한 경우를 추가하는 개정안이었다. 제824조에는 진실에 반하는 사실의 주장도 불법행위로 인정하는 내용을 개정안에 포함하였다.[36]

1981년 채권법 개정안에서도 인격권 관련 불법행위법 개정안이 제안되었다. 이 개정안의 특징은 제825조에 "인격권침해"라는 표제 하에 "①고의 또는 과실로 타인의 인격을 위법하게 침해한 자는 그로 인해 생긴 손해를 배상하여야 한다. ② 인격권 침해는 법익의 형량에 의해 비로소 위법성이 인정된다. 형량에 있어서 침해의 양태, 전개, 동기 그리고 침해로 추구하고자 하는 목적과 침해의 심각성 간의 상호관계를 고려하여야 한다."는 내용이었다.[37]

4. 소결

위에서 살펴본 바와 같이 독일법계 내에서도 인격의 보호에 대한 입법 방식은 다양하다는 것을 알 수 있다. '인격의 보호'에 대해 민법에서 이미 어떤 규정을 하고 있었는가에 따라 인격권에 관한 규정을 민법전 어디에 포함시킬 것인지를 달리 판단할 수 있다는 것을 알 수 있다. 권리능력과 행위능력의 인정을 법인격을 가진 자(법인 포함)의 보호와 연관하여 민법에 규정하고 있는 스위스나 오스트리아와 같은 경우에는 변화된 사회환경에 따른 인격보호를 위한 법적 규율을 종전의 인격보호의 연장선상에서 단행할 수 있었을 것이다. 그러나 권리능력 및 행위능력을 인격보호의 수단으로 민법전에 별도로 규정하지 않고 해석론으로만 구현하는 독일에서는 권리능력 또는 행위능력에 관한 규정을 두고 있는 민법총칙 부분에 인격 보호의 새로운 규정을 입법하는 대신 불법행위법에 관련 규정을 포함시킬지 여부를 검토하였던 것이다. 그런데 공통된 특징은 새로운 입법에서는 '특별 인격권'에 관한 규정을 민법전에 포함시키는 것이 아니라, 일반적 인격권(persönlichkeitsrecht라고만 언급하지만 일반적 인격권의 의미)의 침해요건과 법률효과를 정하고 있다는 것이다. 이렇게 하는 이유는 인권의식의 변화, 기술환경의 변화에 따라 보호받는 인격적 이익은 끊임없이 확대될 것이기 때문에 그것에 대한 대응을 가능하게 하기 위한 것이다.

---

36 그 내용은 Christian von Bar, Deliktsrecht, in: Gutachten und Vorschläge zur Überarbeitung des Schuldrechts Bd.II (1981), 1754 ff. 참조.

37 Christian von Bar, Deliktrecht, in: Bundesminister von Justiz hrsg., Gutachten und Vorschlage zur Uberarbeitung des Schuldrechts Bd. II (1981), S. 1760 ff. 참조.

Ⅳ. 민법 개정안(민법 제3조의2)에 대한 사견

1. 인격권의 내용에 관한 사항

민법 개정안인 제3조의2에서는 특별한 인격권을 열거하고 있다. 이런 입법안은 인격권 논의의 역사적 맥락에 비추어 보면 이례적이다. 무엇보다도 지속적으로 법의 보호를 받아야 할 인격권의 항목을 확대해 나갈 수 있는 여지를 보장하였다기 보다는 오히려 그 여지를 좁힐 위험성도 있을 것이다. 제3조의2에서 는 '생명, 자유, 신체, 건강, 명예, 사생활의 비밀과 자유, 성명, 초상, 개인정보, 그 밖의 인격적 이익'이라고 규정하고 있는데, "그 밖의 인격권"은 새로운 인격권의 보호를 인정할 때 앞서 열거된 특별한 인격권과 마찬가지로 그 권리의 내용과 범위가 명확한 어떤 것이어야 한다고 해석할 여지가 있기 때문에 새로운 인격적 이익의 확대를 제한하는 것으로 이해될 수 있을 것이다. 현행 독일 민법 제823조가 특별한 인격권을 예시한 뒤 "그 밖의 권리"가 규정되어 있음에도 불구하고, 그 밖의 권리의 해석론이 아니라 '일반적 인격권'이라는 개념을 새롭게 창안함으로써 인격적 이익에 대한 법적 보호를 넓혀 온 것에 비추어 보더라도 "그 밖의"라고 하는 형식의 입법은 적극적 자세를 입법한 것으로 평가하기 어렵다. 독일에서의 입법적 논의에서도 독일 민법 제823조와 별도로 "인격권" 침해가 불법행위로 인정되기 위한 요건을 별도로 신설하고자 한 것도 바로 이런 이유 때문이다.

한편 민법총칙이 민법의 모든 분야에 적용되는 일반원칙을 정하는 것이라는 점, 인격권이란 권리주체에 고유하게 인정되는 천부의 권리를 표현하기 위한 개념임을 감안하면 개정안에서 예시적으로 열거하는 형식의 입법안은 민법총칙에 두기에는 적절하지 않을 것이다. 협소한 범위의 인격적 이익은 보호의 범위가 명확하기 때문에 침해가 있을 때 피해구제에 대해 어떤 의문을 제기하기가 쉽지 않은 것이다. 즉 용이하게 그 권리성이 인정될 수 있는 것들이다. 그렇기 때문에 이런 권리는 민법총칙이 아니라 불법행위법에 규정하는 것이 적절할 것이다.

그런데 어떤 인격이 가진 천부의 권리는 훨씬 더 근원적이고 중요하기 때문에 민법총칙에 규정할 수도 있다. 그런 정도의 천부의 권리는 경우에 따라 다른 개인에 의해 침해되지는 않지만, 제도적 침해가 있는 경우도 있는 그런 성질의 것이기도 하다. 또한 당사자 간의 합의에 의해 제한되지만 그것을 법질서에서 용인하지 않을 수 있는 성질의 것일 수 있다. 가령 성인을 행위무능력자 또는 제한행위능력자로 만들어 자기 삶의 주인이 되지 못하게 하는 것은 인격적 이익을 제도적으로 침해하는 것 중의 하나이다. 이런 내용의 일반적 인격권의 보호를 민법총칙에 포함시킬 수 있을 것이다.

결론적으로 보면, 제3조의2에서 열거한 인격권은 특별한 인격권으로서 불법행위법에서 보호법익이 되기에는 충분한 것이다. 그러나 그런 내용을 불법행위법에 입법하는 것도 국제적 흐름이나 시대정신에 비추어 보면 참신하지 않고 낡은 방식이다. 입법이 필요한 부분은 특별한 인격권이 아니라-특별한 인격권은 오히려 저작권법, 특허법, 언론법 등 특별법에 규정하는 것이 더 바람직할 것이다-, 일반적 인격권이다. 그 점에 비추어 보면 민법총칙 제2장 "인"의 앞부분에 자리할만한 정도로 민법의 지도이념으로서의 "일반적 인격권에 대한 보호"의 천명과는 거리가 멀다. 달리 말하면 여기에 포함될 인격의 권리=인격권이란 "인간의 존엄성, 신체적, 심리적, 정신적 자유와 완전성, 사회구성원으로서 통합성" 등과 같이 좀 더 지도적 원칙으로서의 일반적 인격권(권리능력과 행위능력을 향유할 수 있는 지위를 포함)을 규정하는 것이 더 바람직할 것이다.

2. 규정의 위치

민법 개정안에서 특별한 인격권(일반적 인격권과 대비되는 의미에서)이 아니라 일반적 인격권의 보호를 규정한다고 하더라도 그 권리의 침해에 대한 구제의 일반원칙을 같이 규정하는 것도 바람직할 것이다.[38] 민법총칙에 일반적 인격권의 보호에 관한 규정을 두고 있는 스위스나 오스트리아의 경우에도 권리침해에 대한 구제를 같이 규정한 것도 시사적일 수 있다. 그런데 권리구제수단이 함께 연결되어 있다고 가정할 경우, 그 규정은 민법총칙이 아니라 불법행위법에 두는 것이 더 바람직할 것이다. 민법총칙 그것도 제2장 제3조에 이어서 둘 규정은 아니다. 무엇보다도 민법 개정안 제3조의2와 같은 특별한 인격권을 제3조의2에 위치하게 되면, 어떤 인격에게 인정되는 천부의 권리를 민법에서는 지나치게 협소하고 낮은 단계의 권리로 강등한다는 메시지를 전달하고, 또 그렇게 규율하는 효과도 있을 것이다. 더구나 제3조의2에서 열거한 특별한 인격권은 성질상 자연인에게만 인정되는 것을 제외한다면 법인에게도 인정되는 것이 명확한 구체적 권리인데 그것을 제3조에 이어서 "사람은"이라고 규정하

---

38 원래 김재형 교수가 제시한 안에서 권리구제가 포함된 것도 바로 이런 이유 때문일지 모른다.

는 것은 올바른 입법방식이 아닐 것이다.

만약 인격권에 관한 규정을 민법총칙 중 '인'에 관한 부분에 두고자 한다면 가령 (예시임) "사람은 인간으로서의 존엄성과 신체적, 심리적, 정신적 자유와 완전성을 향유한다."라는 정도의 일반적 인격권이어야 할 것이다. 그 위치는 권리능력, 행위능력, 행위능력의 제한에 이어서 규정하여야 할 것이다. 그 위치는 제17조의2가 더 나을 수도 있을 것이다. 왜냐하면 권리능력, 행위능력(1900년 시행된 독일 민법과 유사하게 민법 제4조가 행위능력의 법적 인정이라고 이해한다는 전제에 설 경우) 자체가 근대사회 모든 시민에게 천부의 권리로 인정된다는 것을 선언한 것이기 때문이다. 그 자체가 일반적 인격권의 일부를 포함하고 있다는 것이다. 그러나 이런 천부의 권리 중 일부인 행위능력을 법률에 의해 제한하는 것을 제5조부터 규정하고 있다. 그것에 이어서 그보다 넓은 범위의 천부의 권리를 규정할 수 있다는 것이다. 스위스 민법이 이러한 유형의 규율을 하고 있다. 그러나 이 경우에도 스위스 민법이나 개정 오스트리아 민법처럼 일반적 인격권이 법률행위나 타인의 위법행위로부터 보호받을 수 있다는 점, 침해에 대한 구제수단(불법행위법적 구제수단이 아닌)에 대해서도 같이 규율하는 것이 더 바람직할 수 있을 것이다.

V. 결론

인권을 중시하는 변화된 정치환경, 과학의 급속한 발전이라는 변화된 사회환경을 고려한다면 인격적 법익의 보호에 관한 내용이 민법총칙에 규정되는 것이 필요할 것이다. 그런 관점에서 보면 2004년의 민법개정안 제1조의2를 새롭게 조망해 볼 필요가 있을 것이다. 제1항에서는 "사람은 인간으로서의 존엄과 가치를 바탕으로 자신의 자유로운 의사에 좇아 법률관계를 형성한다."고 하고, 제2항에는 "사람의 인격권은 보호된다."고 규정하고 있다. 제2항에서 특별한 인격권이 아니라 '일반적 인격권'을 규정하고 있다는 점을 높이 평가하여야 할 것이다. 지금과 같은 시대에 필요한 입법이 바로 인격적 법익의 보호범위를 넓혀 갈 기반이 될 수 있는 일반적 인격권을 규정하는 것이기 때문이다. 특히 제1항에서 '인간의 존엄과 가치'를 언급하고 있는 점도 높이 평가하여야 할 것이다. 일반적 인격권은 인간의 존엄성과 불가분적으로 결합된 권리이기 때문이다.

그러나 2004년 민법 개정안의 "자율"이라는 표제는 시대적 한계가 노정된 개념이기 때문에 더 이상 유지하기에는 부적절하다고 판단된다. 왜냐하면 자율은 일반적으로 자유주의적 자율성, 즉 J.S. Mill의 자유론에 근거한 자율을 의미하는 것이기 때문이다. 현대사회의 변화된 사회환경을 반영한다면 자율성 개념 대신 인간의 상호의존성, 상호협력성, 상호지원성이 훨씬 더 중요하게 강조되어야 할 시민사회의 구성원리로 볼 수 있기 때문이다. 지속적으로 변화하는 국제인권법의 흐름을 보면 어렵지 않게 이런 새로운 시대적 요구를 읽을 수 있을 것이다. 따라서 "자율"이라는 부분은 제외하는 것이 바람직할 것이다.[39] 그러나 일반적 인격권의 보호를 입법하고 권리구제도 같이 언급하는 것은 민법총칙에 어울리지 않다고 보는 견해도 있을 것이다. 2004년 민법개정안이나 2014년 민법개정안에서 모두 권리구제에 관한 내용이 포함되지 않은 것이 바로 이런 관점이 반영되었다고 볼 여지도 있다. 그렇다면 2014년 민법개정안 같은 특별한 인격권을 규정하기 보다는 2004년 민법개정안처럼 제1장 통칙, 제1조의2에 일반적 인격권의 보호를 민법의 지도이념으로 규정하는 것이 더 바람직한 입법일 수 있을 것이다. 만약 그렇게 한다면 '인간 존엄의 보장'이라는 표제하에 민사법의 관점에서 본 인권보호를 규정할 수 있을 것이다. 가령 "사람은 인간으로서의 존엄성과 신체적, 심리적, 정신적 자유와 완전성을 향유한다. 국가, 사회, 각인은 한 인간이 사회 구성원으로서 통합되어 살아갈 수 있게 지원하고 협력하여야 한다."는 것과 같은 내용이 시대정신에 더 맞을 것이고, 또 총칙으로서 제 역할을 할 수 있을 것이다. 이런 원칙의 선언이 있다면, 특별한 인격권을 보호를 넘어서서 일반적 인격권의 보호를 위한 입법부 및 사법부의 진지한 노력을 견인할 수 있을 것이다. 요컨대 우리 민법의 규정 특성에 비추어 보면 민법총칙의 통칙편에 인간의 일반적 인격권을 규정하고자 하였던 2004년 민법개정위원회의 문제의식을 더 적극적으로 탐구할 필요가 있을 것이다.

---

[39] 근대법의 자유주의적 자율성 개념이 민사법의 기본 이념이 될 수 없는 근거에 대한 간단한 언급은 제철웅/박현정, 아일랜드의 후견제도의 개혁입법, 민사법학 제95호(2021.6), 381면 -384 참조.

법률행위와 의사능력*
- 성년후견에 있어서 의사능력의 판정 -

곽 민 희**

Ⅰ. 序

2011년 우리 민법이 종래 금치산·한정치산자 제도를 폐지하고 요보호 성인의 자율 지원과 보호를 위해서 성년후견제도를 도입한 이래, 다양한 관점에서 성년후견 제도에 관한 연구가 행해져 왔다.1 예컨대, 성년후견심판을 받은 자, 즉 피성년후견 인의 관점에서 피성년후견인이 할 수 있는 법률행위와 그 한계 및 그의 자율적 의사를 보호·지원하는 구체적 절차나 방안에 대한 것이거나, 후견인의 법률행위 동의·대리의 범위 및 효과에 대한 문제 등에 관한 논의가 적극적으로 이루어져 왔다. 비교법적 연구에서도 외국의 성년후견 제도 자체를 소개하거나 이들 제도의 장단을 검토하여 한국에의 도입가능성 및 시사점을 분석하는 연구가 주류를 이룬다. 그런데

---

* 본 논문은 2019년 12월 13일 한국가족법학회 동계학술대회에서 "가족법상의 법률행위와 의사능력"이라는 주제로 발표한 내용을 기초로 작성된 논문임.

** 숙명여자대학교 법학부 교수, 법학박사.

1 박인환, "고령인지장애인의 인권보호와 성년후견", 저스티스 통권 146-1(2015); 윤일구, "성년후견제도의 시행에 따른 문제점과 과제", 전남대 법학논총 35(2)(2015); 김형석, "성년후견감독인", 성년후견 제2권(2014); 오호철, "성년후견제도에 따른 현황과 개선과제", 법이론실무연구 4(1)(2016); 현소혜, "법정후견제도의 유형과 활용방안", 성년후견 제1권(2013); 배광렬, "한국 성년후견제도에 있어서 후견대체제도(임의후견 및 후견신탁)", 성년후견 제3권(2015); 이지은, "임의후견제도의 활용 및 전망에 대한 소고(小考)", 성년후견 제1권(2013) 등 여러 문헌이 있다.

성년후견제도를 능력판정 및 성년후견 심판의 프로세스(front end)와 후견심판 받은 자에 대한 재산관리·신상감호 프로세스(back end)로 준별한다면, 지금까지의 학문적 논의는 후자의 각론적 관점에 관한 논의에 집중된 것이라고 할 수 있다. 이에 대해서 상대적으로 전자의 관점, 즉, 정작 성년후견제도의 토대라고 할 수 있는 의사능력의 개념과 그 능력 판정과 같은 총론적 문제에 대해서는 적극적인 논의가 이루어지고 있다고 보기는 어렵다.[2]

  그러나 성년후견은 본래 사무처리 능력이 부족하거나 결여된 자의 행위능력을 지원하는 제도로써, 원칙적으로 능력 개념과 그 무능력 판정의 토대 위에서 성립하는 제도이다. 우리 민법상 성년후견과 같은 제한능력제도는 의사능력을 획일적으로 제도화한 것이므로 성년후견 판단시의 능력도 기본적으로 민법상의 의사능력을 전제로 개념화 된 것이라고 할 수 있다.[3] 그런데 우리 민법 제9조 이하에서는 성년후견 심판 시 판정의 대상이 되는 능력에 관해 질병, 장애, 노령 그 밖의 사유로 인한 정신적 제약으로 사무를 처리할 능력으로 규정하고, 법원은 이 법문상의 능력 개념을 전제로 구체적 사안에서 다양한 증거 조사와 감정 등을 통해 능력의 판정을 행한다. 이처럼 성년후견제도가 기초하는 입법 체계의 근간 ─ 적어도 전통적 이해에 따르면 ─ 을 전제로 하면 성년후견 심판에 있어서 능력 판정의 대상은 「의사능력」그 자체가 되어야 하지만, 실제로 법문에서는 소위, '사무처리 능력'이라는 개념 요소가 도입됨으로써, 성년후견에서의 능력 개념의 명확화, 즉 민법총칙 상의 의사능력과 성년후견에서의 사무처리 능력이라는 개념과의 관계 정립이 필요하게 된 것이다. 생각건대, 성년후견에서 사무처리 능력이라는 개념이 도입된 것은 사람의 의사능력 판단이 추상적·획일적으로 정해지기 어려운 측면이 있어 개별적·구체적 사안에서 성년후견제도의 취지에 좇은 목적적 판단에 의존할 수밖에 없는 문제이기 때문이라고 할 수 있다. 물론 이러한 목적적 판단에 따른 취지를 고려하더라도 앞서 민법상 전통적 이해의 그늘 하에서 성년후견제도를 적절히 설명하기 위해서는 그 개념의 문제를 지적할 수밖에 없는 것이다. 성년후견은 기본적으로 의사능력의 부족·결여를 이유로 타자의 간섭이 법적으로 정당화되는 제도이다. 그러므로 성년후견 심판 단계에서 판정

---

2 다만, 성년후견에서 의사능력의 개념적 문제를 직접 논의의 주제로 삼고 있는 것은 아니지만, 의사능력과 행위능력의 관계에 대해서 유의미한 논의를 담고 있는 문헌으로 이진기, "법률행위능력과 의사능력제도에 대한 비판적 검토", 민사법학 제46권(2009) 참조.

3 곽윤직, 민법총칙(제7판), 박영사, 85면.

의 대상이 되는 능력, 즉 의사능력 개념에 대한 고찰은 본인의 의사결정 영역에의 타자 간섭의 정당성을 근거지우는 중요한 선결 문제이기 때문이다. 나아가 성년후견 제도는 인간의 능력과 자유의사에 관한 진지한 접근을 통해서만 그 제도의 목적이 달성될 수 있는 것이다. 요컨대, 성년후견제도가 제한적 행위능력 제도로써 이해되고 행위능력제도는 「의사능력」을 토대로 성립하는 제도라는 점을 고려할 때, 그 총론적 논의의 중요성이 간과되고 있는 것은 아닐까하는 아쉬움이 있다.

따라서 이 글은 우선, 전통적으로 법률행위능력의 토대를 이루는 의사능력의 개념에 대해서 검토하고, 이를 기반으로 구축된 성년후견제도 있어서 능력판정 시 고려되는 의사능력에 관한 지금까지의 논의에 대해 살펴본다. 다음으로, 비교법적으로 성년후견제도를 가지고 있는 다른 법체계에서 논의되는 능력의 의미와 그 판정 기준에 관해서 검토한다. 그 검토의 대상으로 영국, 독일, 캐나다, 일본의 입법 및 실무에서의 논의를 소개하고 우리법상 의사능력의 개념과 능력 판정에 관한 시사점에 대해서 생각하고자 한다.

II. 우리 민법상 의사능력의 개념과 성년후견제도

1. 의사능력과 제한적 행위능력(성년후견) 제도

우리 민법상 행위능력은 적극적인 정의 규정이 없고 다만, 소극적으로 미성년자, 성년후견 제도 등을 통하여 그 '행위능력이 제한'되는 제도가 존재하고 있을 뿐이다. 이처럼 성년후견제도는 행위능력을 제한 또는 보완하기 위한 제도라고 할 수 있으므로, 성년후견제도의 체계상 심판에 있어서는 문제 된 자의 능력, 즉 그 자의 행위능력의 여부가 판정의 대상이 되는 것으로 보인다. 그런데 이러한 제한적 행위능력 제도의 하나인 성년후견 제도의 기조가 되는 행위능력 개념은 실재하는가. 우선, 법률 문언 상으로도 행위능력의 개념은 존재하지 않는다. 이에 관한 전통적인 학설의 설명에 따르면, 제한(행위)능력 제도는 「의사능력」 제도에 뿌리를 두고 발전한 제도로서,[4] 이러한 의사능력은 표의자가 행위 당시에 의사능력이 없었다는 것을 입증해야 하는데 그와 같은 입증이 쉽지 않고 특히 그의 입증 여부에 따라 행위의 상대방이나 기타의 제3자는 예측할 수 없는 손해 입을 수 있다. 그러므로 이러한 손해

---

4 이영준, 민법총칙, 박영사(2007), 862면.

를 될 수 있는 한 가볍게 하고 획일적 기준에 의해 구체적인 경우 표의자의 정신 상태나 행위의 어려움과 쉬움을 묻지 않고, 바꾸어 말해 표의자가 당해 법률행위를 할 때에 의사능력을 가지고 있었는지 여부를 문제 삼지 않고 그가 단독으로 행한 법률행위를 취소할 수 있도록 하는 제도가 현행의 제한행위능력 제도라고 설명된다.5 요컨대, 제한행위능력 제도는 개인의 의사능력을 입증할 필요가 없이 객관적·획일적 기준, 즉 연령이나 성년후견 선고 등의 기준에 의해 의사능력을 객관적으로 획일화한 제도라고 이해된다.6 그러므로 제한행위능력 제도에 있어서 행위능력이란, 의사능력의 입증이 곤란을 구제하고 의사능력의 입증 없이 우리 법상 취소7를 주장할 수 있는 권한 내지 자격으로 법률상 실재하는 개념처럼 느껴지지만, 사실은 의사능력의 입증 곤란을 위한 의식적·편의적 제도 개념에 불과한 것이다.8

그 실질적 개념 내용에 있어서도 우리 학설과 판례는 의사능력이란, '자신의 행위의 의미나 결과를 정상적인 인식력과 예기력을 바탕으로 합리적으로 판단할 수 있는 정신적 능력 내지 지능'이라고 설명하면서, 실제로 행위무능력(현행의 제한행위능력) 판단에 있어서 능력 판정의 대상이 되는 능력은 이러한 의사능력 판정을 행하고 있다. 예컨대, 구법 하의 금치산 선고의 요건에 관해 판시한 판결로서, '심신상실의 상태에 있는 자'라고 함은 자기행위의 결과에 대하여 합리적인 판단을 할 능력 즉 의사능력이 없는 자를 의미하고 한정치산 선고의 요건으로서 '심신이 박약하거나 재산의 낭비로 자신이나 가족의 생활을 궁박하게 할 염려가 있는 자'라고 함은 정신장애의 정도가 심신상실자와 같이 의사능력을 완전히 상실할 정도에 이르지 아니하지만 그 판단능력이 불완전한 자나 사려 없이 재산을 낭비하는 성벽이 있는 자를 의미한

---

5 곽윤직(註3), 85면.

6 곽윤직(註3), 85면.

7 비교법적으로 행위무능력자의 행위를 무효로 이해하는 법제가 있다. 사견으로는 오히려 이러한 입법례의 경우가 우리 학계의 전통적 이해에 따른 의사능력과 행위능력 제도의 관계를 설명함에 있어서는 명쾌한 측면이 있다고 생각된다. 이에 반해, 우리 법제가 제한능력자의 행위를 '취소'로 하는 것은 기본적으로 제한능력자의 행위의 법률행위 효과는 유효를 원칙으로 하고 있고 위 법체계와 차이가 있음을 지적하면서, 따라서 현행 제한능력제도는 원칙적으로 의사능력이 있는 자의 행위인 것을 전제로 한다고 설명하는 견해도 있다(이진기(註2), 261면). 이에 따르면 전통적인 의사능력과 행위능력 제도의 관계에 대한 설명에 괴리가 생긴다.

8 행위능력이 의사능력의 입증곤란을 위한 제도라는 설명에 대해서 부적절함을 지적하는 의견도 있다. 이진기(註2), 261면에 따르면 행위무능력이 증명곤란의 구제를 위한 제도라는 설명은 옳지 않으며 이는 다만 행위무능력제도의 반사적 효과일 뿐이라고 한다. 그러나 전통적 견해와 일치된 실무의 이해에 따르면 본문과 같이 설명될 수밖에 없을 것이다.

다고 하여 통상의 의사능력과 행위무능력 판단시의 능력개념이 거의 일치하고 있음을 알 수 있다. 이러한 의미에서 기존의 전통적 설명이나 대법원 판례에 있어서 언급되는 「의사능력」은 실질적으로 그 개념 정의와 법률효과에서 「행위능력」과 전혀 차별되지 않는다고 설명하는 견해도 있다.9

즉, 우리 민법상 행위능력의 개념 자체는 공허한 제도적 개념으로 의사능력의 토대 위에 성립하는 개념이라고 할 수 있다. 바꾸어 말하면, 의사능력은 '불완전한 행위능력의 개념적 표지'10라고 할 수 있다.11 그러므로 「의사능력」은 구체적인 법률행위에 관하여 행위자를 기준으로 주관적으로 확정되는 행위능력제한을 위한 능력판정의 전제요건이 된다. 이러한 개념 구조에 따른다면, 성년후견제도를 행위능력의 제한이라고 설명하거나 자율지원과 보호의 관점에서의 행위능력 보완 제도로 설명하든 간에, 그 성년후견 선고 여부의 전제가 되는 「능력」 판정은 본질적으로 「의사능력」에 대한 판단이 문제 됨을 의미한다. 민법학계에서는 이러한 점을 별 의문 없이 그대로 수용하면서도 이론적으로 행위능력 제도와의 관계 정립에 관심을 두거나, 이하에서 지적하는 의사무능력 무효 법리의 재검토, 제한행위능력 취소 제도와의 논리적 관계, 경합의 문제 등 해석상 파생할 수 있는 문제 등에 대해서는 적극적으로 인식하려고 하는 것 같지는 않다.

2. 의사능력의 개념과 의사무능력자의 법률행위 효과

(1) 의사능력의 개념

우리 민법전은 행위능력제도를 구성함에 있어서, 2011년 개정되기 이전까지는 구프랑스 민법전(1968년 개정)을 참고로 하여 미성년자·금치산자(현행의 피성년후견인)·한정치산자(현행의 피한정후견인)를 「무능력자」(현행의 제한능력자)로 규정하면서, 이들 「무능력자」의 법률행위를 원칙으로 하여 「취소할 수 있다」는 규정을 두고 있었고

9 이진기(註2), 281면.
10 이 표현은 이진기(註2), 282면.
11 다만, 의사능력이 없는 자와 행위능력이 제한된다고 선고된 자의 법률행위에 대해 법률상 부여되는 효과상의 차이가 존재할 뿐이다. 즉, 우리 민법의 해석상 의사무능력자의 법률행위는 무효이고 제한 (행위)능력자의 법률행위는 취소할 수 있다고 하여 그 법률효과상의 차이가 있다. 그러나 법률효과상의 차이, 즉 무효와 취소의 문제는 원칙적으로 행위능력이 제한되는 것으로 선언된 경우, 즉 성년후견심판에 의해서 성년후견이 선고된 사람의 법률행위의 효과 문제이다. 따라서 성년후견 선고 이전에 능력 판정의 단계에서 판정의 대상인 능력의 개념 자체를 논의하는 때에는 그 법률효과상의 차이는 일단 문제 삼지 않는다.

성년후견으로 개정된 현행법상으로도 마찬가지이다. 현행 실정법상으로는 「의사능력」이라는 개념은 존재하지 않는다. 반면, 독일 민법의 「절대적 행위무능력자」(동 제104조·제105조 제1항) 또는 스위스 민법의 「판단무능력자」(동 제16조·제18조) 등에 관한 규정을 살펴보면, 그러한 자의 법률행위는 실체법상 당연히 「無」와 동일한 의미에서의 「무효」가 되어야 한다는 취지의 규정을 두고 있다. 사실, 「의사능력(Sillensfahigkeit)」라는 개념 그 자체는 19세기 중엽 이후의 독일 보통법학상의 문헌에서 종종 나타나고(Wachter, Vangerkeit), 작센 민법전(1863년 공포·65년 시행)을 비롯하여 명문으로써 의사무능력자의 법률행위가 무효로 되어야 한다는 취지의 규정을 하였었는데(동 제81조 제1항·제89조), 이 개념 및 법리는 우리 민법학자에게도 충분히 알려져 있다고 할 수 있다. 그리하여 「의사능력」이라는 개념은 '자기가 하는 행위의 의미나 결과를 정상적인 인식력과 예기력을 바탕으로 합리적으로 판단할 수 있는 정신적 능력 내지 지능'[12] 혹은 '자기의사를 결정할 수 있는 정신적 능력' 등으로 설명되고 우리 판례[13] 역시 이러한 개념을 채용·인정하고 있다.

(2) 의사무능력자의 법률행위의 효과

민법상 규정은 없지만, 위와 같이 의사능력의 개념을 인정하는 전제에서 의사무능력자가 한 법률행위의 효과는 「무효」라는 것이 일반적 설명이다. 즉, 사인 사이의 법률관계 형성의 기본 수단이 되는 것은 개인의 「의사」이므로 개인의 자유를 최대한 보장하려면 그러한 개인 의사의 실현에 법은 노력해야 한다. 그러므로 개인의 사법상의 권리·의무의 변동은 당사자 자신의 의사에 의해서만 일어나야 한다는 사적 자치의 원칙이 민법의 기본원칙이고 여기에서 말하는 의사는 권리·의무의 변동을 목적으로 하는 의사이므로, 권리·의무의 변동이라는 결과(법률효과)를 이해 내지 판단할 수 있는 능력을 전제로 한다. 따라서 이러한 의사능력을 가지지 못하는 자, 즉 의사무능력자의 행위에 대해서는 법률적 효과가 인정되지 않고 「무효」라는 데 학설은 완전히 일치하고 있다.[14] 이는 사적자치 원칙 하에서 의사무능력은 곧 의사결여(혹은 부존재)를 의미하고 이는 의사표시(법률행위)의 무(無)로써 민법상 무효라는 사고방식의 표명으로 19세기 독일 보통법에서 유래하는 공식이라고 할 수 있다. 당시의 독일 보통법 하에서는 법률관계를 종국적으로 개인의 의사로 환원하려고 하는 법사상이

---

12 곽윤직(註3), 84면.
13 대법원 2009. 1. 15. 선고 2008다58367 판결; 대법원 2006. 9. 22. 선고 2006다29358 판결 등.
14 곽윤직(註3), 84면; 이영준(註4), 863면.

지배적이었고, 그와 같은 지배적 사상에 근거하여, 의사무능력자는 「이성사용을 할 수 없는 자」로서 「자유의사」를 가지지 않고 자유의사를 가지지 않기 때문에 그 발동인 의사표시(법률행위)도 할 수 없다고 이해하였다. 즉, 의사능력은 자유의사의 존재에 불가결한 전제이고 또한 의사표시(법률행위)는 이 「의사」를 그 본질적 구성요소로 하기 때문에 의사무능력자의 의사표시는 「의사 결여」를 이유로 하여 논리필연적으로 「無」와 동일한 의미에서의 「無效」가 되는 것이다. 따라서 의사능력 유무의 판단에서 이미 법적 효과 발생의 적성(適性)을 가지는 「의사」의 유무가 판정되고 이 「의사」가 존재하지 않으면 당연히 의사표시(법률행위)의 「無效」로 귀결된다는 「의사」 중심의 일관된 논리의 귀저가 그 특징이다. 그리하여 이러한 논리는 법률행위론의 평면에서는 완벽하게 자기완결하고 있다.[15] 이처럼 의사능력 유무 판정의 국면에서 법적 효과 발생(또는 부여·귀속)의 유무 판정이 행해진다는 사정은 오늘날에도 실무에서도 여전히 통용되고 있다. 즉, 실무상 우선 「의사능력」 개념에 대한 설명, 예컨대, 정신의 미숙 또는 장해로 인해 「다른 사람과 동렬의 심리작용」이 불가능하게 된 자를 의사무능력자라고 한다는 식의 개념 설명이 먼저 이루어지고, 그와 같은 설명은 다시 의사무능력자에게는 법적 구속력을 부여하는 적합한 의사가 없다는 결론의 근거로 인용되고 있다.

    그러나 「의사결여가 곧 의사표시의 무효」라는 공식은 오늘날 일반적으로 유지된다고 보기 어렵다. 즉, 현재 법률행위에 관한 설명에 따르면 통상 표시로부터 추단되는 표의자의 의사가 우선 확정되고, 이 표시상의 효과의사와 표의자 내심의 진의가 불일치하거나 하자가 있는 경우 어떠한 법적 처리가 이루어져야 하는지는 표의자와 상대방·제3자와의 이익의 비교형량·귀책성의 유무·강약 등을 고려하여 가치 선택적·법정책적으로 결정되어야 한다.[16] 이러한 판단에 따라 우리 민법은 무효 또는 취소의 법률 효과를 부여하거나 때로는 제3자 보호를 위해 유효로 한다(민법 제107조 내지 제110조). 즉, 소위 의사이론의 부정에 따라 내심의 의사의 존재 유무가 법률행위의 효과의 존재 방식을 직접적·일의적으로 결정하는 것은 아니라는 사실이 승인되면서 의사무능력자의 법률행위를 곧 무효로 봐야 한다는 논리적 필연성은 상실하고 대신에 의사무능력자의 보호의 필요성이라는 보다 실질적인 근거가 등장하였다. 이에 수반하여 우리 민법에서도 의사무능력을 이유로 하여 인정되는 「무효」의 법적

---

15 이상의 설명은 須永醇, 『意思能力と行為能力』, 日本評論社(2010), 4頁 참조.

16 須永醇(註15), 5頁 참조.

성질에 관해 「보호」의 관점에서 재검토가 필요하다고 생각된다.17 다만, 의사무능력자의 행위의 무효가 재검토될 필요가 있다고 해서, 반대로 의사무능력자의 행위에 법적 구속력을 인정하는 것은 아니다. 이는 상술한 개념구성에 따라 의사무능력자는 정신의 미숙 또는 장해로 인해 「다른 사람과 동렬의 심리작용」에 근거한 의사결정이 불가능하게 된 자라고 해석한다면, 그와 같은 자의 「의사」에 법적 구속력을 인정하고 정신능력에 문제가 없는 성년자와 동일하게 그 「의사」(법률행위)에 법적 효과를 인정하는 것은 이들을 사적 자치의 희생으로 삼거나 오히려 사적 자치의 정상적인 운용을 저해할 수도 있기 때문이다.18

나아가 이 문제는 현행의 성년후견제도를 포섭하는 제한행위능력 제도와도 밀접한 관련이 있다. 즉, 우리 민법은 의사능력이나 행위능력의 개념에 관한 어떠한 정의규정도 두지 않으면서도 의사능력, 즉 정신적 판단능력이 결여되거나 부족한 자를 보호한다는 이념 하에, 의사능력을 객관화·획일화한 제도로 「제한행위능력」 제도를 두고 있다.19 그런데 의사능력이 행위능력제도의 개념적 표지를 구성하고 있다는 점

---

17 일본에서 의사무능력 무효의 법적 성질에 대한 논의는 須永醇·四宮和夫·能見善久, 『民法總則』(第5版), 弘文社, 34頁 참조. 內田貴, 『民法總則』, 東京大学出版会(2000), 101頁에 따르면 무효의 의미는 원래 절대적 무효라는 취지였지만 표의자 보호의 제도라는 점이 강하게 인식되고 착오와 마찬가지로 본인 이외의 자는 주장할 수 없는 무효로 해석해야 한다고 주장한다. 즉, 의사무능력자의 법률행위가 「무효」로 되는 것은 의사무능력자 보호를 위한 것임이 일반적으로 승인됨에 따른 것으로 여기에서의 소위 「무효」는 이를 주장할지 여부가 무능력자측의 선택에 맡겨지는 성질의 것이고 이것이 일본의 현재의 통설이라고 한다. 이와 달리, 의사무능력이었던 자 측으로부터의 추인을 기다려서 소급적으로 유효화시킬 수 있는 여지가 있는 만큼의 「무효」-「무권대리행위의 무효」 즉, 일본 민법 제113조·제116조에서의 무효와 동일한 성질의 것-라고 해석하는 소수설(川井健)이 존재한다. 그러나 학설의 대세는 의사무능력자측에서만 주장할 수 있는 성질의 「무효」-의사무능력자측으로부터 무효의 주장이 없는 한 상대방·제3자는 유효한 것으로서 대처해야 한다-라고 해석하는 경향이 있고, 또한 이 후자가 의사무능력자의 프라이버시 보호의 요청에 적합한 것으로서 타당하다고 설명한다. 즉, 의사무능력을 주장·입증하는 데에는 표의자의 내적 정신상태의 결함·장해도 주장·입증할 것을 요하기 때문이다(자세한 설명은 須永醇, 「意思無能力者の法律行為の『無効』の法的性質に関する一視点」, 法学志林 83(3) (1986) 참조. 여기에서 문제는 이 「무효」와 행위능력을 이유로 하는 「취소」와의 차이를 인정해야 하는지의 여부인데 여기에 대해서는 이 무효에 취소에 관한 규정을 전면적으로 유추적용해야 한다고 하여 양자의 차이를 인정하지 않는 견해와 반대의 견해로 나뉜다.

18 이진기(註2), 272면 각주 49에 따르면 행위무능력자의 의사표시를 절대적 무효로 하는 독일 민법은 그 자에 의한 이익행위의 가능성을 전면적으로 도외시하여 과잉금지의 침해로 헌법에 위반한다는 비판이 있다고 한다.

19 우리 판례는 "행위무능력자 제도는 사적자치의 원칙이라는 민법의 기본이념, 특히, 자기책임 원칙의 구현을 가능케 하는 도구로서 인정되는 것이고, 거래의 안전을 희생시키더라도 행위무능력자를 보호하고자 함에 근본적인 입법 취지가 있다"는 점을 일관되게 명시하고 있다(대법원 2007. 11. 16. 선고

을 고려한다면, 의사무능력 무효의 법적 성질의 규명뿐만 아니라 이를 전제로 의사
무능력 무효 법리와 제한행위능력 취소의 관계[20]에 대해서 보다 정치한 논리적 설명
이 필요할 것이다.[21] 입법론적으로 의사무능력에 가까운 피성년후견인의 행위 효과
를 취소가 아니라 무효로 해야 한다는 주장[22]도 궁극적으로는 위와 같은 문제의식에
서 이루어지는 논의라고 할 수 있다.[23] 예컨대, 성년후견선고를 받은 자(피성년후견인)

2005다71659, 71666, 71673 판결).

20 이 문제에 관해 직접 다루는 문헌은 많지 않지만, 후술하는 바와 같이 우리 민법서에는 의사무능력무
효법리와 제한행위능력제도에 의한 취소와의 경합, 소위, 이중효를 당연히 인정할 수 있다는 정도의
언급이 존재할 뿐이다(곽윤직(註3), 86면) 그러나 일본에서는 이와 같은 논의에 대해서 일찍부터 심도
있는 논의가 행해졌으므로 이 문제를 다루는 데 상당한 참고가 된다. 일본법의 해석상 통설은 의사무
능력을 이유로 하는 무효에 대한 제126조의 준용을 인정하지 않으므로 행위무능력을 이유로 하는 취
소가 인정되지 않게 된 후에도 의사무능력을 이유로 하는 무효가 인정될 여지가 있다고 하여, 양자의
경합을 또한 인정한다. 그러나 행위무능력을 이유로 하는 취소가 가능한 한 특별히 의사무능력을 이
유로 하는 무효가 인정되어야 하는 것의 필요성은 존재하지 않는다는 점을 지적하는 소수설이 있고,
나아가 행위무능력자의 법률행위에 대해서 소정의 보호기관의 동의가 있는 경우에는 행위 시의 의사
무능력을 입증해서 무효를 주장하는 것을 인정해서는 안 된다는 주장도 있다. 즉, 보호기관이 행위무
능력자 스스로 행위를 하도록 해도 특단의 위험이 없다고 판단해서 동의했을 것임에도 불구하고, 현
실적으로 의사무능력 상태가 생겼다고 해서 그것은 보호기관에 의한 일종의 판단미스에 불과하므로
그에 수반하는 불이익을 상대방에게 전가하는 것은 의사무능력자의 보호라는 관점에만 너무 편중된
것으로 부당하다는 것을 근거로 한다. 이 점에 대해서는 須永醇(註15), 406頁~411頁의 논의 참조.

21 즉, 종래 「의사무능력→의사결여→의사표시(법률행위)의 무효」라는 공식이 통용되던 시기에 인정되
었던 의사무능력무효법리와 제한행위능력 제도와의 관계에 대해서는 어떤 식으로든 근본적 재검토가
필요하다는 생각이다. 이는 나아가 성년후견제도의 근간을 이루는 능력의 개념적 지표와 체계 적합
성을 설명하는 데 있어 필요한 이론적 전제가 되기 때문이다.

22 이진기(註2), 270면에 따르면 심신상태를 원인으로 금치산선고를 받은 자의 법률행위를 언급하는 것
자체가 처음부터 적절하지 않다고 지적한다. 그리고 심신상실 사태에 있는 자로서 금치산선고를 받
은 자의 법률행위를 무효화하지 않고 오히려 법률행위의 문은 열어두면서 법정취소권을 부여하는 입
법 방향에 비난이 집중된다고 한다. 즉 금치산자의 의사표시를 무효로 하지 않고 취소의 대상으로
하는 입법 태도에 따르면 예컨대, 제146조의 취소기간의 경과로써 금치산자의 법률행위를 더 이상
취소할 수 없는 것으로 할 수 있기 때문이라고 설명한다.

23 피성년후견인은 사무처리능력이 지속적으로 결여된 상태이므로 바꾸어 말하면 의사무능력 상태로 볼
수 있으므로 입법적으로 「무효」로 처리해야 한다는 의견은 경청할 만하다. 그러나 취소를 인정하는
「현행의 입법상태」 하에서는 해석상 무효와 취소의 경합을 인정하거나, 아니면 취소의 효과가 인정되
는 피성년후견인의 행위는 의사무능력이 아닌 의사능력이 회복된 경우로만 제한적으로 해석함으로써
직접 경합 문제로 처리하지 않을 수도 있다(이진기(註2), 272면(각주49)). 그러나 사실상 의사무능력자
이면서 동시에 제한행위능력자(특히, 피성년후견인)인 사안에 대해서는 종래부터 특별한 설명 없이 단
순히 이중효를 인정하고 있지만, 앞으로 성년후견의 총론적 관점의 연구가 보다 적극적으로 이루어진
다면 의사무능력 무효와 제한행위능력 취소의 경합 문제에 관한 논의를 회피하기는 어렵다고 생각된
다. 나아가 피한정후견인·피특정후견인이 의사무능력자인 경우도 마찬가지이다. 이와 같이, 사실상 의

는 기본적으로 성년후견심판 시 의사능력 유무의 판정에 의해 그 능력의 지속적 결여가 인정된 자이지만, 성년후견제도는 제한행위능력제도의 일환으로 획일적으로 그 법률행위의 효력을 취소로 정한다. 그러나 이처럼 성년후견선고를 받은 자, 즉 제한행위능력자이더라도 동시에 의사무능력자인 경우 그 의사무능력을 이유로 하는 「무효」와 성년후견과 같은 제한행위능력자 행위의 「취소」(현행 제4조 이하)가 경합하게 된다.**24** 이에 대해 종래의 설명은 의사능력과 행위능력은 모두 법률행위의 유효요건이고, 행위무능력자가 동시에 의사무능력인 경우에는 그 자가 행한 법률행위에 관해 행위무능력을 이유로 취소하거나 또는 의사무능력을 이유로 무효를 주장할 수 있다고 하여 별다른 설명 없이 이중효 또는 그 경합을 인정한다.**25** 사실 이 문제에 대해서는 그동안 우리 민법학에서 적극적으로 연구가 행해졌다고 할 정도는 아니다. 의사능력과 행위능력과의 관련성을 생각할 때 앞으로 심도 있는 연구가 행해져야 한다고 생각하지만, 이 문제는 비단 성년후견에 한정된 논의라 할 수 없고 의사능력과 행위능력에 관한 이론 정립과 관련된 것으로 향후 심도 있는 논의가 이루어져야 할 것이고 이 글에서는 우선 이 정도의 문제의식을 제시하는데 그치고자 한다.

3. 의사능력 유무의 판단

우리나라에서 의사능력은 '자기가 하는 행위의 의미나 결과를 정상적인 인식력과 예기력을 바탕으로 합리적으로 판단할 수 있는 정신적 능력 내지 지능'으로 이해되고 그 의사능력 유무의 판정은 하나하나의 구체적인 경우에 개별적으로 판단된다. 우리 판례도 일관하여 위와 같이 의사능력을 개념 정의하고 그 '의사능력의 유무는 구체적인 법률행위와 관련하여 개별적으로 판단하여야 하므로 특히 어떤 법률행위가 그 일상적인 의미만을 이해하여서는 알기 어려운 특별한 법률적 의미나 효과가 부여된 경우 의사능력이 인정되기 위해서는 그 행위의 일상적 의미뿐만 아니라 법률적 의미나 효과에 대해

사무능력자이면서 제한행위능력자(성년후견심판을 받은 사람)의 행위에 대한 법률 효과의 이중효 문제는 앞으로 보다 심도 있는 이론적 검토가 필요하다는 점을 지적하고자 한다. 참고로 우리 실무에서는 의사무능력자인 미성년자에 대한 법정대리인의 대리행위 유효성이 검토된 사례(대법원 1976. 12. 14. 선고 76다2191 판결)가 있을 뿐이다.

24 이와 같은 관점에 기초하여 오늘날 일반적으로 의사무능력 무효법리에 관해서 의사무능력을 이유로 해서 인정되는 「무효」의 법적 성질도 이러한 관점에서 재검토하고, 즉, 이러한 경우의 「무효」를 「無」와 동일한 의미에서의 「무효」로는 해석하지 않는다는 견해가 제시되고 있다.

25 곽윤직(註3), 86면. 그러나 이에 대해 이진기(註2), 283면 각주 81은 무효의 주장과 취소의 경합을 허용하는 현실적 이익은 의문이라고 하여 그 경합을 부정하는 취지를 서술하고 있다.

서도 이해할 수 있을 것을 요한다'고 판시하고 있다.[26] 이러한 의사능력은 외부에서 확실하게 알기 어려운 내적인 심리적 정신능력일 뿐만 아니라 표의자의 정신적 발달의 정도·행위 당시의 정신상태·대상이 되는 행위의 어려움과 쉬움에 따라서 그 유무는 상대적으로 다르다.[27] 의사능력의 유무가 문제 되는 상황으로는 예컨대, 유언능력, 혼인·입양에 있어서의 능력, 계약상 법률행위 능력, 소송능력 등 다양한 상황이 상정될 수 있고, 성년후견에서 능력 판정도 그러한 개별적·구체적인 문제 상황의 하나라고 할 수 있을 것이다. 나아가 동일한 법률행위에 관해 문제 되더라도 판단능력, 즉 의사능력이 다투어지는 '당해 사례'에서 필요하다고 인정되는 능력의 정도가 달라질 수도 있다. 이처럼 의사능력 유무의 판단은 「개별적·구체적 판단」과 「유형적 판단」이 병존한다.[28] 실제 사례에 있어서는 그 유형적 특성과 사례의 개별성에 의해 의사능력 유무의 판단에 있어서 고려해야 하는 요소들이 다양할 것이다.

이처럼 의사능력 유무의 판단은 특정한 법률행위 시에 그 행위를 행함에 있어서 객관적으로 고려되는 의사능력을 본인에 관한 제반 정보에 비추어 능력이 있다·없다로 판단함을 의미한다. 그 경우 본인에 관한 제반 정보에 대해서의 평가가 결론을 좌우하는데, 우리나라의 실무에서는 의학적 판단을 기초로 하는 접근이 이루어지고 있다. 즉, 판례는 구법 하의 금치산선고 등을 설명하면서, "금치산선고나 한정치산선고는 정신적 능력이 불충분한 자의 법률행위를 제한하기 위한 법률제도로서 금치산 선고를 받은 자는 그의 법률행위를 취소할 수 있게 되고 한정치산을 선고 받은 자는 미성년자와 같은 행위능력을 갖게 되는 바, 이와 같은 금치산이나 한정치산의 선고 여부를 결정함에 있어서는 의학적 견해를 기초로 앞서 본 법률제도(행위무능력제도)의 취지에 따라 결정해야 한다"고 판시한 바 있다.[29] 이 점에 대해서는 의학의 발달로 인해 정신 능력에 대한 감정이 객관적으로 좀 더 용이하고 확실해졌지만, 이러한 의학적 소견이 직접 의사능력의 법률적 판단으로 직결되는 것은 아니다. 성년후견에 있어서 정신능력, 즉 의사능력의 판단은 기본적으로 사실문제[30]이지만, 최종적으로는 법관의 법률적 판

---

26 대법원 2009. 1. 15. 선고 2008다58367 판결; 대법원 2002. 10. 11. 선고 2001다10113 판결.

27 곽윤직(註3), 85면.

28 菅冨美枝, 『イギリス成年後見制度に見る自立支援の法理』, ミネルヴァ書房(2010), 61頁.

29 서울가정법원 2000. 11. 29.자 99브130 결정.

30 법률문제인가 사실문제인가에 따라 상고이유가 되는가의 논의실익이 있지만, 의사능력의 유무의 판정은 기본적으로 사실문제라는 것이 일반적 견해이다. 이에 대해서는 이영섭/이재철, 신민법총칙, 박영사(1973), 68면 이하. 일본의 실무에서도 사실문제로 이해한다(須永醇(註15), 393頁).

단에 의해 결정된다. 여기서 의사능력 유무를 법률적으로 판단한다는 의미는 그러한 정신적 장애의 존재가 실제로 당해 행위에 있어서 본인의 판단과정에 영향을 미쳤는지의 여부, 바꾸어 말하면 의사결정이 실제로 정신적 장애에 의해서 방해되었는지의 판단이다. 이러한 의미에서 의학적으로 「인지적인 장애가 있다」는 것과 그것이 법적으로 「의사결정에 영향을 미쳤다」는 판단 사이에는 간극이 존재할 수 있다. 정신적 장애가 의학적으로 인정된다고 해서 항상 그 자의 판단능력, 즉 의사능력이 결여되었다고 할 수는 없다. 본인의 당해 행위에 관한 이해도(본인에 관한 객관적 요소)를 추인할 수 있는 하나의 자료가 의학상의 평가, 즉 정신적 장애의 존부, 그 내용, 정도이고 이는 어디까지나 행위자의 심신의 상황을 설명하는 것에 그치는 것이다. 여기서 의미하는 바는 당사자가 의사결정을 행함에 있어서 의학적 인지 장애가 있더라도 그 의사결정 과정의 각 단계에서 적절한 조언이나 지원을 받는다면 적절한 의사결정이 가능하고 이것이 법률적으로 의사무능력으로는 평가되지 않을 수 있음을 의미한다. 따라서 판단능력, 즉 의사능력이 부족한 자를 보호한다는 관점이 중요하고 이는 성년후견법제를 이해하는 데 있어서도 중요한 개념적 지표가 된다. 성년후견심판에서 의사능력이 있다·없다는 판단에 있어서 영국법에서 개념화된 「지원된 의사결정능력」이 강조되는 이유이기도 하다.

이하에서는 이러한 의사능력 개념 및 그 유무 판정의 특성을 고려할 때, 비교법적으로 성년후견에 있어서 문제 되는 능력 개념과 그 유무 판단에서 구체적으로 어떠한 개념 요소가 중시되는 것인지에 대해서 살펴보고자 한다. 이를 통해 그 능력 판정에서 성년후견에서의 고유한 능력 개념의 정의가 가능할 것이고 몇 가지 중요한 개념 요소들이 부각될 수 있을 것이다.

Ⅲ. 성년후견심판에 있어서 의사능력에 관한 비교법적 고찰

1. 영국

영국의 경우 성년후견심판에서 의사능력과 관련한 법제는 2005년의 의사능력법 (Mental Capacity Act 2005)을 들 수 있다. 비교법적으로 영국의 의사능력법은 성년후견 제도의 패러다임이 의사결정대행에서 의사결정지원으로 전환되면서 가장 주목받는 법제로 다른 법체계의 모델이 되고 있다는 점에서 검토의 의의가 있다.[31] 영국법상

---

31 우리나라에서 영국의 의사능력법에 관해 소개하는 논문으로는 대표적으로 오호철, "장애인권리협약에

의사능력 개념은 문제 되는 행위에 대하여 각 개별법에서 규정되는데, 통상 유언작
성, 계약체결, 지속적 대리권수여증서 작성 등의 법률행위의 수행능력, 즉 스스로의
재산에 관한 사항의 관리처분능력을 말한다.[32] 즉, 커먼로에 따르면 이러한 능력은
개별적으로 행위유형별로 판단되므로 우리 법제에서와 같이 일반적인 능력 개념이
정립되어 있는 것은 아니다. 다만, 영국법상 능력추정의 원칙의 귀결로 반증이 없는
한 사람은 능력이 있다고 추정된다.[33] 성년후견에 있어서도 의사능력은 성년후견 심
판 결정을 위한 개별적 능력 개념을 전제로 하는데, 영국의 의사능력법은 재산관리
뿐만 아니라 신상보호에 관한 사항까지 폭넓은 의사결정에 있어서의 능력을 판정하
는 기준이 됨으로써 커먼로상의 능력개념은 의사결정법에 의해 더욱 구체화되고 명
확화 되었다고 할 수 있다. 사실, 의사결정능력의 유무에 관한 판단은 후견을 행하
기 위한 목적이지만 「본인의 영역에 타인이 간섭하는」 것의 법적 정당성과 직접 관
련이 있다는 점에서 중요하다. 즉, 능력추정의 원칙에 대한 예외로써, 개인적 자율
의 관점에서 후견 제도를 정당화하는 근거가 되므로 이와 같은 자율 관점이 무시된
경우에는 설령 후견을 통해 본인을 이롭게 하는 결과를 우연히 얻을 수 있다고 하
더라도 이는 부당한 것으로 간주된다.[34] 의사결정능력의 유무에 관한 판단은 능력이
부정된 때에는 「타자에 의한 결정관여」, 보다 구체적으로 말하면 「결정의 대행」을
초래할 수 있다는 점에서 의학적 관점이나 심리적 관점에서 능력 판정을 행하는 것
은 목적과 그 효과의 양 측면에서 상호 다른 것으로 파악된다. 이러한 사고방식에
기초하여 2005년 의사결정능력법은 종래 커먼로의 입장을 받아들여 의사능력의 개
념과 판정에 기능적 관점(functional approach)을 도입한 것으로 평가된다.[35] 이는 영국
의 의사결정능력법의 입법과정에서 제안되었던 개혁안에서 자세히 설명하고 있는

따른 성년후견제도의 의사결정지원 고찰 — 영국의 Mental Capacity Act 2005를 중심으로 — ", 법학
연구 제60권(2015), 140면 이하; 이명현, "영국 성년후견법을 통해 본 복지사회 구상 — 의사능력결정법
(Mental Capacity Act)의 자기결정 지원을 중심으로 — ", 민주주의와 인권 제12권 제3호(2012) 등.

32 新井誠·赤沼康弘·大寬正男, 『成年後見法制の展望』, 日本評論社(2011), 95頁.

33 증명책임에 대해서는 일반원칙에 따라 어떤 사실의 존재를 주장하는 측에 부과되므로, 무능력을 주
장하는 측, 또는 무능력으로부터의 회복을 주장하는 측이 입증해야 한다. 이러한 증명의 기준에 대해
서는 민사절차상의 일반적 기준인 「개연성의 비교형량기준」으로 족하다고 한다.

34 한편, 의사결정능력의 유무를 리스크관리의 관점에서 파악할 것을 주장하는 입장도 있다.

35 이에 따르면 모든 사람은 진단서의 존재에 의해서 일률적으로 능력을 부정당함이 없이 또한 연령이
나 외관, 태도에 의해서 능력을 판단 받아서는 안 된다는 것이다. 이와 같은 내용은 후술하는 「최선
의 이익(best interest) 원칙」의 「체크리스트」에 구체적으로 반영되었다.

데,36 우선, 커먼로 상의 원칙인 「능력추정의 원칙」은 제정법상의 추정규정으로서 유지되어야 한다는 점을 전제로 본인에의 간섭을 필요최소한의 범위에 그쳐야 한다는 법리에 따른 것이다. 기능적 접근은 기본적으로 사람 능력의 가변성을 전제로 하여, 특정한 의사결정 시점에 있어서의 본인의 개인적 능력과 본인의 주관적인 의사결정과정에 역점을 두고 본인이 스스로 의사를 결정하도록 하고 타인에 의한 관여를 최소화하기 위해서는 「일반적인 능력판단」이 아니라 왜 지금 애당초 능력판단을 행할 필요가 있는가라는 것도 포함해서 의사결정능력의 유무에 대해서 판단이 요구되어지는 문맥에 주목하는 것이 불가결하다. 즉, 「의사결정능력이 없다」는 판단은 「당해 시점」(at the material time)에 있어서, 「당해 결정」이나 「당해 문제」(in relation to the matter)에 관해서만 한정적 판단을 내리는 데 그쳐야 한다는 것이 영국 성년후견법의 기본자세이다.

이에 따라, 영국의 의사결정능력법상 「의사결정능력(mental capacity)」이란 '각 상황·국면에 한정해서(「결정 한정적」(decision-specific)), 특정 시점에서(시간 한정적(time-specific)), 자기의 의사를 결정할 수 있는 능력(decision making abilities)'을 가리킨다. 이때, 능력 판단의 대상(capacity to~)은 어디에 사는지, 어떠한 치료나 재활을 받는지, 누구와 관계를 맺고 있는지, 누구와 휴가를 보내는지, 어떤 식사를 하는지, 치료행위의 동의·거절 등이 넓게 포함된다. 「의사결정능력」은 계약, 증여, 결혼, 유언, 소송에 관한 능력(이들은 커먼로에 있어서 특히 법적인 것으로서 주목되어 왔다)에 더해서 사실행위에 관한 결정을 포괄하는 넓은 개념으로서 파악되고 있다는 점이 주목된다. 결론적으로 영국법에 있어서 「의사결정능력(mental capacity)」은 법률행위에 대한 「판단능력」만을 가리키는 우리 민법상의 「의사능력」의 사정 범위를 넘는 보다 일반적인 판단능력을 가리킨다. 영국법과 같이 성년후견법의 사정 범위를 넓게 파악하는 의도는 본인이 「판단」할 수 없음을 이유로 주변의 타인이 위반적인 개입을 행할 위험성을 인식하고 모든 사항에 대해서 타자 관여의 정당성·타당성을 절차상 엄격하게 묻기 위한 것이라고 한다. 또한, 여기서 「의사결정(decision-making)」을 행한다는 구체적 의미37는 자기가 놓인 상황을 객관적으로 인식하고 의사결정을 행할 필요성을 이

36 여기서는 현행 의사결정능력법 입법과정에서 제2개혁안은 제1개혁안에서의 권고를 받은 형태로 제출되었던 정부초안을 이어 받아 의사결정능력법에서 「의사결정」의 개념 형성에 영향을 주었으므로 이에 관한 내용을 참고로 인용한다(Making Decisions C.M.4465, 1999). 기능적 관점에 관한 제2개혁안의 내용은 新井誠·西山詮,『成年後見と意思能力』, 日本評論社(2002), 28頁.
37 新井誠,『高齢社会の成年後見法「改正版」』, 有斐閣(2000), 152頁~154頁.

해하고, 그러한 상황과 관련된 정보를 이해하고 보유·비교·활용해서 무엇을 하고 싶은지, 어떻게 해야 하는지에 대해서 자기 의사를 결정하는 것을 의미한다. 결과로 서의 「결정(decision)」이 아니라 결정하는 행위 그 자체(making)가 주목된다는 점이 특 징이다. 이처럼 의사능력의 개념을 의사결정과정(decision-making process)에 초점을 맞추어 파악하는 경우에는 판정의 각 단계에서 타인의 지원을 얻으면서 의사결정을 하는 「지원된 의사결정(assisted decision-making)」의 개념이 실현되기 쉽다는 이점이 있다.38 즉, 능력 판단에 있어서 단적으로 일정한 능력의 유무에 대해서 결론을 내는 것이 아니라 가급적 능력이 「있다」는 결론을 내기 쉽도록 적극 지원할 필요가 있다 는 점이 강조된다. 다시 말하면, 그 결론(decision)이 본인에게 유리한 것인가에 중점 이 있기 보다는 그것을 결정하는 행위(making) 자체가 중요한 것이다.

이처럼 영국의 성년후견법제는 「능력 판정」을 계기로 본인의 권리비호 (empowerment)를 시도하고 있다고 평가할 수 있다. 영국의 2005년 의사결정능력법의 가장 큰 의의는 「상처입기 쉬운(vulnerable)」 사람들을 「비호(empower)하기」 위한 보 호적 환경을 구축하는 법적 틀을 정비하고 그 「예외적」 대처 방법으로 「누가」 「어떠 한 상황에 한정해서」 본인을 대신하여 의사결정을 할 권한을 부여받고 이 경우 타자 관여가 구체적으로 어떻게 행해지고 반대로 언제 관여가 금지되는가를 명확히 하였 다는 점에서 찾을 수 있다. 소위, 권리비호(empower) 체제와 최선의 이익(best interest) 주의의 통합이다. 나아가 이 법은 절차적으로 후견에 있어서 당해 행위는 본인의 최 선의 이익에 적합한 것이라고 합리적으로 믿었을 것이 증명될 수 있을 것을 조건으 로 해서 당해 행위에 정당성이 부여되는 절차적 메커니즘을 확립하였다. 이러한 내 용을 기초로 의사결정능력법에 규정된 5대 원칙은 다음과 같다.

【영국 의사결정능력법상의 5대 원칙】
첫째, 사람은 의사결정능력을 가지지 않는다(lacks capactiy)는 확고한 증거가 없는 한 의사결정능력이 있다고 추정되어야 한다(제1원칙: 의사결정능력 존재의 추정의 원칙 MCA 1(2)).
둘째, 사람은 스스로 의사결정을 행해야 하고 가능한 지원을 받은 전제에서 그것 이 이루어지지 않았던 경우에만 의사결정을 할 수 없다(unable to make a

---

38 이와 관련해서, 의사결정능력 판단을 행함에 있어서는 본인의 이해력, 집중력, 기력이 가장 저하해 있는 시기, 시간대나 장소를 피하고, 나아가 적어도 호조건이 되도록 본인의 이해를 보조하는 방법 (예: 간단한 언어나 시각의 이용)을 선택하는 등 능력의 하한보다 상한이 주목된다(MCA 1(3)).

decision)고 판단된다(제2원칙: 권리비호의 원칙 MCA 1(3)).

셋째, 객관적으로는 불합리하게 보이는(unwise) 의사결정을 행하였다는 사실만으로 본인에게 의사결정능력이 없다고 판단되어서는 안 된다(제3원칙 MCA 1(4)).

넷째, 의사결정능력이 없는(고 법적으로 판단된) 본인을 대신하여 행위를 행하거나 의사결정을 함에 있어서는 본인의 최선의 이익에 적합하도록 행위 해야 한다(제4원칙: 최선의 이익 원칙 MCA 1(5)).

다섯째, 나아가 그러한 행위나 의사결정을 행함에 있어서는 본인의 권리나 행동의 자유를 제한하는 정도가 보다 적은(less restrictive) 선택지가 없는지가 고려되어야 한다(제5원칙: 필요최소한의 개입의 원칙 MCA 1(6)).

　제1, 제2, 제3의 원칙은 본인에게 '의사결정능력이 없다'는 법적 판단은 매우 신중해야 한다는 것이고, 이러한 능력판정의 신중성을 전제로 제4와 제5의 원칙은 예외적으로 다른 사람이 본인의 의사결정을 대행하지 않을 수 없는 상황에서 타인 관여의 구체적 존재 방식을 규율하고 있다. 영국의 실무에서 실제로 개개의 후견행위, 예컨대, 법적·공식적인 것뿐만 아니라 관련된 지원행위 등 사실적인 것도 포함하여, 그 정당성이 문제 되는 경우 사전·사후를 불문하고 이러한 규정의 문언이나 취지에 비추어 정당성을 판단한다. 앞서, 능력 개념과 관련해서는 능력 판단과 의사결정지원을 의식적으로 관련시키는 제1원칙, 제2원칙, 제3원칙이 중요하다. 이들 원칙은 본인에게 '스스로 의사를 결정할 능력이 없다'는 판단, 즉 의사무능력의 개념과 판단과 직접 관련되고 이는 영국법의 성년후견제도의 기본 원칙인 권리비호(empowerment) 체제를 구성한다.

　한편, 권리비호 체제는 최선의 이익(best interest) 주의와의 통합하여 최종적으로 성년후견제도를 완성한다. 즉, 제1원칙부터 제3원칙의 배경을 이루고 구체적으로 표명된 능력 개념－의사결정능력－을 전제로 종국적으로 「후견개시」와 그 내용을 결정하고 그 행위의 정당성을 판단함에 있어서는 제4원칙과 제5원칙의 판단기준, 즉 최선의 이익(best interest)이 기준이 된다. 구체적으로는 이는 다양한 의사결정 지원을 시도해도 본인에 의한 의사결정이 현실적으로 불가능한 경우와 관련하고 있다. 그러한 경우에는 예외적으로 필요최소한의 범위에서(제5원칙) 타자결정이 행해 질 것이 법적으로 용인되는데, 그 요건이 되는 것이 제4원칙에서 나타난 「최선의 이익(best interest)」에의 적합성이다. 다만, 의사결정능력법에서는 대행 제도와 그 정당성을 규율하는 「최선의 이익」 개념에 관해서는 명문의 규정을 두고 있지 않다. 그 이유는 동법의 대상이 되는 결정의 범위가 다기에 걸쳐 있거나 성년후견법이 다루는 사람들의 상황이 각양각색이기 때문에 그 정의가 곤란하고 나아가 각인의 다양한 사정 및 급변하는 상황에 맞는 퍼스널한 의사결정을 실현하기 위해서이다. 앞서 성년후견에서의 의사능력 판정에서와 마찬가지로 그에게 최선의 이익이 되는지의 여부는 당해 후견을 필요로 하는 자에게 있어서, 그 시점에서의 최선의 이익을 추구하는 것이고, 이는 최선의 이익에 대한 추상적 정의에 의해 판단될 수 있는 성질이 아니다. 참고로 영국법에서는 이 최선의 이익을 판단하기 위한 구체적인 예로써 몇 가지 요소를 추출하여 다음과 같이 체크리스트39를 제시하고 있다.

> **【영국 의사능력결정법상 최선의 이익 판단을 위한 체크리스트】**
> (1) 본인의 연령이나 외관, 상태, 모습에 의해서 판단이 좌우되어서는 안 된다 (Equal consideration and non–discrimination).
> (2) 당해 문제와 합리적으로 관련되는 모든 사정을 고려해서 판단해야 한다 (Considering all the relevant circumstances).
> (3) 본인이 의사결정능력을 회복할 가능성을 고려해야 한다(Regaining capacity).
> (4) 가능하면 본인이 스스로 의사결정에 참가하고 주체적으로 관여할 수 있는 환경을 조성해야 한다(Permitting and encouraging participation).
> (5) 존엄사 희망를 명시적으로 문서에 기재한 자에 대해서는 의료조치를 해서는 안 된다. 한편, 그러한 문서가 없는 경우에는 본인이 죽고 싶어 한다는 동기에 영향을 받아 판단해서는 안 된다(Special consideration for life–sustaining treatment).
> (6) 본인의 과거 및 현재의 의향, 심정, 신념이나 가치관을 고려해야 한다(The person's past and present wishes and feelings, beliefs and values).
> (7) 본인이 상담자로서 지명한 자, 가족·친구 등의 가까운 관계의 개호자, 법정후견인, 임의후견인 등의 견해를 고려해서 판단해야 한다(The view of other people).

2. 캐나다

다음으로 캐나다에 있어서 능력 개념에 대해서 개관한다.40 여기에서는 1992년 온타리오주 대행결정법(The Substitute Decisions Act)을 소개한다.41 우선 대행결정법은

---

39 Section 4 (1)~(7) of the Mental Capacity Act 2005.
40 이하의 캐나다법에 관한 상세한 내용은 新井誠·西山詮(註36), 26頁 참조.
41 Office of Public Guardian and Trustee Ontario Ministry of the Attorney General, Guidelines of

의사능력을 근본적으로 「인식기능(cognitive function)」으로서 파악해야 한다는 견해에 입각하고 있다. 이러한 전제에서 동법은 의사능력을 「결정하는 것에 관련된 정보를 이해하고 또한 결정하는 것 혹은 결정하지 않은 것으로부터 생기는 합리적으로 예견 가능한 결과를 인식하는 능력」으로 정의한다. 여기에서 능력은 영국법에서와 마찬가 지로 기능적 관점에서 정의되고, 「이해할 능력(ability of understand)」과 「(결과를) 인식 할 능력(ability of appreciate)」의 두 가지 개념 요소에 중점을 둔다. 나아가 이해할 능 력에서의 '이해'란, 의사결정에 필요한 정보를 실제로 이해하는 것뿐만 아니라 그 의 사결정에 필요한 동안 이를 기억해 둘 것까지를 의미한다. 또한, '인식'이란 의사결 정에 필요한 정보를 합리적으로 처리하고 이를 실현에 기인한 방법으로 평가하는 것 을 의미한다. 이 경우 실제로 도출된 결과의 타당성 그 자체가 아니라 본인의 주관 적인 의사결정의 추론과정에 초점이 맞추어져 있다는 사실이 중요하다.

대행법은 실제의 능력판정에 있어서 유의해야 하는 다섯 가지의 기본원칙을 규 정하고 있다. 첫째, 자기결정권의 존중이다. 대행법의 목적은 무능력자 보호를 위한 지원을 강화함과 동시에 개인의 자율을 촉진하는 것에 있다. 그 결과 대행법은 개인 의 존중과 위험한 결정을 행할 권리가 이 결정으로 인해 야기되는 잠재적인 위험으 로부터 본인을 보호한다는 요청에 우선되는 경우가 있음을 인정한다. 둘째, 능력판 정의 원칙의 인용이다. 사람은 반증이 없는 한 능력자로 추정되고 능력판정을 법적 으로 강제하는 것도 허용되지 않는다. 따라서 어떤 사람에 대해서 정식의 능력판정 을 개시하기 위해서는 이러한 자의 결정능력을 문제 삼는 데 족한 합리적인 근거가 있어야 한다. 셋째, 획일적인 의학적 판정의 편중으로부터 탈각 요청이다. 즉, 의사 능력의 유무가 단순히 의학적 내지 정신의학적 진단에만 의거해서 행해져서는 안 된 다는 점이다. 넷째, 무능력 인정범위의 개별화 혹은 한정화이다. 대행법은 포괄적인 무능력이라는 개념을 거절하고 그 대신에 사람의 능력은 특정한 결정 혹은 특정한 타입의 결정에 한정되어야 한다는 소위 「영역에 의한 한정화」를 강조한다. 특히 재 산관리능력과 신상케어능력을 대조적으로 상호 명확히 구분한다는 점에 주목할 필 요가 있다. 다섯째는 후견을 최후의 수단(last resort)으로 삼는 것이다. 즉, 법률상의 선택지인 후견제도의 이용은 다른 기존의 사회복지 서비스나 사적인 원조 등에서는 무능력자의 복지의 확보를 충분히 행할 수 없는 경우에만 한정되어야 한다는 것이

Conducting Assessments of Capacity, 1996 참조.

다. 캐나다법상 의사능력 유무의 판정에서는 위와 같은 다섯 가지 원칙 혹은 판단 요소에 근거하여 후견 개시 여부가 결정된다.

3. 미국

미국에서 성년후견 판정에 있어서 능력 개념은 1982년 통일후견보호절차법의 개정에 의해서 성립된 1997년 통일후견보호절차법(Uniform Guardianship and Protective Act)에 의해서 규율되므로 이하에서는 이 법의 내용을 기초로 검토한다.**42** 1997년 통일후견보호절차법의 전신인 1982년 통일후견보호절차법상의 능력 개념은 다음과 같은 두 가지의 기준에 의해 판정되었다. 먼저, 본인이 정신병이나 정신지체 등의 장해를 가지고 있을 것, 둘째, 본인이 이러한 장해로 인해 「책임 있는 결정(responsible decision)」을 행하기 위해서나 이를 전달하기 위해 충분한 이해력을 결한 상황에 있을 것이다. 그러나 전자에 대해서는 장해의 정도에 너무 초점이 맞추어져 있고, 본인의 후견에 대한 현실의 니즈나 기능할 수 있는 능력, 특히 잔존능력에 대한 관점이 간과되어 있다는 비판이 있었다. 후자에 대해서도 능력 판정에 있어서 「책임 있는 결정」을 행할 수 있는 능력을 강조하는 것은 조사의 대상을 본인의 지원에 대한 현실적 필요성을 넘어설 우려가 있다는 점이 지적되었다. 이처럼 1982년의 통일후견보호절차법상의 능력 개념은 상당한 비판을 받았기 때문에 1997년의 법 개정에 있어서 의사능력의 개념적 정의 문제는 매우 중요한 개정 대상이었다고 할 수 있다. 결론적으로 1997년 통일후견보호절차법은 영국법에서와 같이 능력추정의 원칙에 근거하여 타인의 지원을 요하는 자더라도 특정한 행위능력, 즉 잔존능력이 여전히 남겨져 있을 가능성이 있음을 전제로 그 능력에 관한 개념을 기능적 관점에 의거한 정의로 대체한 것이다. 마찬가지로 이는 영국법에서도 채용된 관점이지만, 미국의 1997년 통일후견보호절차법은 캐나다법에 좇아 재산관리를 위한 후견과 신상보호를 위한 후견을 이념적·제도적으로도 명확히 분리하였다. 이러한 분리를 채택한 배경에는 제3자의 지원을 요하는 자라고 하더라도 반드시 자기의 모든 사항에 관한 전면적인 지원을 필요로 하는 것은 아니고 오히려 재산관리를 위한 지원 혹은 신상케어를 위한 지원의 어느 하나에 대한 수요를 가지는데 불과한 것이 통상이라는 인식에 기초하였기 때문이다. 가령, 신상케어에 관한 무능력의 의미는 「본인이 정보를 인식하고 이

---

42 이하, 미국법에 관한 상세한 내용은 NAELA Quarterly, v.11, n.2, 1998, p. 3 이하: 新井誠·西山詮 (註36), 26頁~40頁 참조.

를 평가할 수 없거나 결정할 수 없는지 혹은 결정을 전달할 수 없었음으로 인해서 가령 적절한 기술적 지원을 받았다고 하더라도 본인 자신으로서는 신체의 건강, 안전 또는 셀프케어에 있어서 불가결한 요소를 충족할 수 없는 상태에 있을」것이라고 정의한다. 나아가 1997년 통일후견보호절차법은 이러한 기능적 정의의 전제로서 능력 판정의 대상이 되는 행위에 따라서는 필요한 법적능력의 정도가 다를 수 있다는 점, 본인의 의학적인 장해의 성질과 법적무능력과의 사이에 직접적인 결합관계가 없다는 점 등을 인정한다.

4. 일본

일본법은 의사능력을 '자기 행위의 법적 결과를 인식·판단할 수 있는 능력, 유효하게 의사표시를 할 수 있는 능력'[43]이라고 한다. 이에 따라 성년후견에 있어서도 판정 대상이 되는 능력은 위 전제가 되는 의사능력의 개념 표지인 정신상의 장해에 의해 '사리를 변식할 능력'으로 규정한다.[44] 이 때 성년후견심판의 종국적 판단은 통상의 의사능력 여부에서 나아가 어떠한 범위의 사람들의 거래에 제한을 가할 것인가, 제한을 받은 사람은 어떻게 거래를 할 것인가, 제한을 위반한 자는 어떻게 할 것인가에 관한 것을 고려하여 판단한다. 결론적으로 일본에서는 성년후견의 능력 판정은 의사능력 판정, 즉 사리변식능력(의사능력) 개념을 전제로 판단되고 그것이 성년후견 판정에서도 유사한 개념으로 법문화되어 있다.

의사능력의 판정과 관련하여 일본은 성년후견법을 제정하면서 그와 동시에 능력 판정의 중요성을 인식하고, 감정서와 진단서 작성을 위한 지침을 최고재판소에서 작성하여 배포하였다. 그것이 바로 최고재판소의 성년후견제도에 있어서 감정서 작성 지침[45] 및 진단서 작성 지침[46]이다. 이는 실제로 능력판정이 의사능력이라는 사실문제를 다룸에 있어서 최종적 법률적 판단이 내려질 때까지 고려해야 할 요소를 지적하고 반영한 것으로 매우 유용한 비교법적 참고자료라고 생각된다. 이는 앞서 지적한 바와 같이, 성년후견에서의 능력판정은 의학과 법학의 인터페이스라는 측면을 극명히 보여주는 것으로 의사능력의 개념적 판단요소를 어떻게 구성하고 있는지를 간

---

43 内田貴, 『民法 1』, 東京大学出版会(2000), 101頁.

44 항상 결여 시에는 성년후견, 현저히 불충분시에는 보좌, 불충분시에는 보조 심판을 한다.

45 http://www.courts.go.jp/vcms_lf/16.h29kannteitebiki.pdf(2017년 10월판).

46 http://www.courts.go.jp/vcms_lf/18.h29sinndannsyotebiki.pdf(2017년 10월판).

취할 수 있다는 점에서 의미가 있다.

　우선 이러한 감정서는 당사자가 신청하는 경우에는 원칙적으로 공개되고 이해관계를 소명한 제3자가 신청하는 경우에는 원칙적으로 비공개이다(일본 가사사건절차법 제47조). 구체적으로 의사능력 판정을 위한 감정서 작성 지침은 감정서의 기재 사항은 7가지(사건의 표시, 본인, 감정사항 및 감정주문, 감정경과, 가족력 및 생활력, 기왕증 및 현재의 병증, 생활 상황 및 현재의 심신 상황)로 구성된다. 이에 대한 가이드라인을 보면, 감정사항은 사안별로 법원이 정하므로 법원이 당해 사건에서 명한 감정사항을 기재하는 것이 원칙이다. 기재되는 감정사항의 예를 세 가지 들고 있는데, 첫째, 정신상의 장해의 유무, 내용 및 장해의 정도, 둘째, 자기 재산을 관리·처분할 능력, 셋째, 회복의 가능성이다. 이 중 자기 재산을 관리·처분할 능력은 다시 네 가지 사항으로 나뉘는데 (a) 자기의 재산을 관리·처분할 수 없음, (b) 자기 재산을 관리·처분하는 데에는 항상 원조가 필요함, (c) 자기 재산을 관리·처분하는 데에는 원조가 필요한 경우가 있음, (d) 자기 재산을 단독으로 관리·처분할 수 있음으로 나뉘고, 형식적으로는 일본 민법상 각 성년후견, 보좌, 보조에 상응하는 내용으로 구성되어 있다. 세 번째의 회복가능성은 자기 재산을 관리·처분할 수 있는 능력의 회복 가능성을 의미한다. 첫 번째와 세 번째는 그야말로 각각 생물학적·심리적 요소라는 의학적 판단에 기초하고 있지만 이것이 곧바로 법률적으로 의사능력을 부정하는 것과 직결되는 것은 아니고 법률적 판단은 두 번째 요소와 결합하여 독립적으로 결정된다고 한다.[47] 또한, 두 번째 판단 요소의 세분화된 카테고리가 일본법상 법정후견, 즉 성년후견·보좌·보조라고 하는 유형에 대응하여 이에 링크하는 형식으로 기준이 세분화 되어 있는데, 그렇다고 해서 그 기준에 따라 곧바로 법률적 판단, 즉 후견의 여부를 포함하여 후견의 유형 판단이 직결되는 것은 아니라고 한다.[48] 이러한 감정서 지침은 어디까지나 의학적 견지를 기준으로 한 감정의견이므로 위와 같은 지적은 법원이 이러

47　新井誠·西山詮(註36), 42頁의 설명에 따르면, ①에 기재되어야 하는 내용은 예컨대, 「지적 장해, 정신연령 8세 정도」라고 하는 그야말로 의학적 진단명과 같은 소위, 「생물학적 요소」이다. 또한 ②의 내용은 이는 일응 「심리적 요소」라고 할 수 있다. 다만, 주의해야 할 것은 ①과 ②의 평가를 단순히 직결시켜서 결정해서는 안 된다는 점을 지적한다. 즉, 특정한 의학적 진단결과(①)가 나왔다고 해서 이를 곧바로 ②의 네 가지 카테고리 중 하나에 자동적으로 분류해서는 안 된다. ②의 카테고리 판단에 있어서는 ①에서 얻어진 생물학적=의학적 평가에 더해서 「본인보호의 필요성」, 「리스크의 대소」, 「복지적 니즈」 등의 여러 요소를 고려하여 독립적으로 판단을 행할 필요가 있다고 한다(즉, ①은 ②의 평가의 한 소재에 지나지 않아야 한다).

48　新井誠·西山詮(註36), 42頁.

한 감정서에 완전히 종속되는 것에 대한 경계·주의에 따른 것으로 보인다. 한편, 감정사항 이외에도 감정서 기재사항은 가족력·생활력을 비롯하여 기와증이나 현재 병증, 생활 상황 및 현재의 심신상태까지도 판단해야 하는 것으로써, 완전히 의학적 판단에 종속한 감정서가 되지 않도록 하고 있다. 즉, 법원이 평가해야 하는 것은 어디까지나 본인의 「법적 능력」의 판단이므로 이러한 감정의견을 기초로 하면서도 법원이 법적(법학적) 견지에서 의사능력을 독자적으로 판단해야 한다는 점을 감정서 지침을 통해서 제시하고 있는 것이다. 이러한 점에 비추어 감정서 지침은 일본에서 성년후견 판정에 있어 의사능력의 구체적 판단 요소가 어떤 것인지 객관적으로 알 수 있는 지침을 마련하였다는 점에 의의가 있다고 할 수 있다.

Ⅳ. 結

이상으로 우리 법상 제한행위능력의 개념적 지표가 되는 의사능력의 개념에 대해서 살펴보았고, 각국에 있어서 성년후견법상 의사능력의 개념과 판단에 관해서 개관하였다. 비교법적 검토에 따르면 의사능력의 개념적 지표상 일정한 공통적 인식이 관찰된다. 즉, 능력을 「인식기능」이라는 전제에서 그 구체적 개념을 「이해하는 능력」과 「(결과를) 인식하는 능력」으로 파악하는 것이 그것이다. 또한 능력에 대해서 재산관리능력과 신상능력을 구분하고, 그 유무를 각각 별도의 각도에서 검토하는 방법이 중시되는 것도 비교법적 공통점이라고 할 수 있다. 이러한 일정한 방향성 내지 공통적 인식에 비추어 성년후견에서 의사능력 개념의 설정은 일반적 능력판단이 아니라 의사결정능력의 유무에 대해서 판단이 요구되어지는 문맥에 주목해야 할 필요가 있다. 예컨대, 성년후견에 있어서의 의사능력은 후술하는 영국법상 소위 「의사결정능력」 개념과 같이 일반적 의사능력 개념보다 폭넓은 개념으로 파악하는 것도 고려할 수 있다. 여기에서의 의사결정능력이란 각 상황, 장면에 한정해서(결정 한정적)·특정의 시점에 있어서(시점 한정적)·자신의 의사를 결정할 수 있는 능력(decision making ability)을 의미함은 전술하였다. 나아가 의사결정능력에서의 '의사결정(decision-making)'은 의사결정과정(decision making process)에 초점이 있는 개념으로, 특히 영국법에서 말하는 「지원된 의사결정(assisted decision-making)」의 개념에 주목하고자 한다. 이는 비교법적으로 본인의 의사결정에 대한 타인의 개입은 갈수록 최소화되는 방향성을 보이고 있는데, 결국 성년후견의 보호의 취지는 판단능력이 저하된 상황이라고 하더라도 사회생활을 계속할 수 있도록 본인을 지원할 수 있도록 하는 것이므로, 성년후견의 판정 대상이 되는 의사능력은 「지원된 의사결정능력」으로 이해되어야 함을 의미한다.**49** 결국 성년후견에서 판정의 대상으로서의 의사무능력 개념은 성년후견제도의 기능적 관점에서 파악되어야 하고, 심판단계에서의 사실상 의사무능력자를 「보호」한다는 측면에서도 기존의 의사무능력 개념과 법리를 성년후견제도의 적용에 있어 과용하는 것도 궁극적으로 성년후견제도의 근본이념에 저촉할 수 있다.

　　의사능력 유무의 판정에 있어서도 과거에는 의학적 진단결과에 편중함과 동시에 능력판정에 대해서 포괄적으로 유무를 결정하는 방식이 지배적이었다고 할 수 있다. 그러나 현재는 영국법 및 캐나다에서 제시된 원칙에서 나타난 바와 같이, 자기결정권의 존중, 능력추정의 원칙(잔존능력의 활용의 중시), 능력의 유무에 관한 개별적(영역별) 구체적 판단의 도입, 법정후견제도의 최종 수단성의 확인(임의후견 등을 포함한 임의적 수단 우선원칙의 채용) 등으로 그 무게 중심이 이행되었다고 할 수 있다. 즉, 의사능력 개념의 상대성을 인식하고 특히, 성년후견에 있어서는 자율지원과 잔존능력 활용 가능성 등에 초점을 두고 그 기능적 관점이 중시되고 있다. 성년후견에서의 의사능력을 구체적 행위나 영역별로 해당 시점에서의 상대적·기능적 개념으로 이해한다면, 그 개념 판단에 있어서는 「자기비호 혹은 자기결정권의 존중」, 「본인의 잔존능력 및 회복가능성의 고려」, 「당해 상황에 적합한 복지적 수요의 내용 파악」이라는 개념적 판단 요소가 도출될 수 있을 것이다. 이러한 개념적 요소에 근거하여 의사능력의 개별적·구체적 판단은 성년후견제도에 있어 각 이용자 유형의 구체적인 특성에 적합해야 하고, 당해 시점, 당해 사안이라는 한정적 능력 판단이 행해져야 한다. 예컨대, 치매성 고령자, 정신장해자, 지적장해자 등 다양한 판단능력 저하군에 대해, 그 의학적 능력의 수준이나 등급에 법률적 의사결정능력 판단을 획일화·계량화하는 시도는 바람직하지 않다고 생각된다.**50** 이러한 사람들의 의사능력 판단은 의학적으

---

49 British Medical Association, Assessment of Mental Capacity, 1995, pp. 95-98. 능력평가에 있어서 본인 능력의 항진(enhance)과 잔존능력의 활용이라는 시점을 의사능력 판정에 고려해야 한다는 전제에서 영국에서는 능력판정을 행하는 의사(醫師)에게는 본인의 능력을 최대한까지 이끌어낼 의무(duty to maximise capacity)가 있다는 논의도 있다. 이러한 의사(醫師) 또는 관련자의 지원을 전제로 하는 의사능력 개념의 중요성이 또한 강조된다.

50 다만, 일본 최고재판소의 감정·진단실무 지침과 같은 능력판정을 위한 일정한 실무 지침은 필요하다고 생각된다. 성년후견법이 제정된 이후 우리 실무에서도 이러한 감정이나 진단의 실무에서 의사능

로 일정 정도 이상의 인지능력 저하가 인정되지만, 그러한 능력의 저하가 법률적 판단에 있어 의사결정에 영향을 미치는 정도는 개별 사안에서 요구되는 보호·지원의 내용에 따라 다를 수 있음을 인정해야 하기 때문이다. 성년후견에서 의사능력의 판정은 법학과 의학 간의 인터페이스로써 양자의 적극적인 상호 이해 및 공동 작업에 의해 그 구체적 체계를 구축해 나가야 할 것이다.

력 판단을 위한 기초적 지침이 마련되는 노력이 시도되고 있는데, 일본에서와 같이 모두가 이를 공유하고 활용할 수 있도록 공식적인 형태로의 발간이 필요할 것이다.

비영리법인의 합병·분할에 관한 소고*

장 지 용*

I. 서론

　　법인(法人, juristische Personen)은 법률에 의하여 권리능력이 인정된 단체 또는 재산을 말한다.1 법인제도는 단체 또는 재산의 집합에 대하여 독립된 법인격을 부여함으로써 그 법률관계를 간편하게 취급하기 위한 법기술이다.

　　이러한 법인, 특히 사단법인은 헌법 제21조가 보장하고 있는 결사의 자유가 실질적으로 발현된 것으로 볼 수 있는데,2 이러한 결사의 자유 내지 법인제도의 연장으로 복수의 법인이 하나의 법인으로 되는 합병, 하나의 법인이 복수의 법인이 되는 분할제도가 있다. 이는 법인의 설립, 해산을 간이화한 제도이지만 다른 한편으로는 법인에게 자연인의 결사의 자유와 유사한 권리를 인정한 것으로 볼 수도 있다.

　　우리 상법과 일부 특별법에서는 회사나 특수법인의 합병·분할에 관한 규정을 두고 있지만, 민법에는 법인의 합병·분할에 관하여 규정하고 있지 않다. 이에 따라

---

　* 2010년 민법개정안이 논의될 때 남효순 선생님께서 연구과제로 주셨는데, 필자의 부족함으로 인하여 완성하지 못하였다. 정년퇴임을 맞이하여 죄송함과 부끄러움을 함께 담아 기고한다.
　** 수원고등법원 고법판사
　1　이영준, 민법총칙(개정증보판), 박영사, 2007, 900면.
　2　남효순, "프랑스법에서의 법인의 역사: 법인론 및 법인에 관한 판례와 입법의 발달사", 법학 제40권 제3호(1999), 서울대학교 법학연구소, 154면에 의하면 프랑스의 역사상 법인의 역사는 국가와 개인 사이에 존재하는 단체를 규제하려는 국가와의 투쟁의 역사라고 한다.

민법상 법인은 조직변경의 현실적 필요가 있음에도 해산, 청산을 거쳐 새로운 법인을 설립하는 등, 사실상 합병·분할과 동일한 효과를 얻는 우회적 방법을 이용할 수밖에 없었다.

비영리법인에 대하여도 합병·분할을 가능케 하는 방향의 민법개정이 검토되기도 하였는데, 법인의 합병·분할에 관한 일반론을 살펴본 다음 법인에 대한 일반 총칙규정인 민법의 총칙편에 법인의 분할·합병에 관한 규정이 도입될 경우 발생할 수 있는 여러 가지 쟁점에 대하여 검토하고자 한다.

II. 법인 일반론

1. 법인의 의의

법인은 법률에 의하여 권리능력이 수여된 특정한 목적을 위해서 만들어진 조직체이다. 인간이 인간으로서 존재할 수 있는 것은 '인간과의 관계'를 유지할 수 있기 때문이라는 Gierke의 말[3]과 같이 인간은 혼자서는 생활할 수 없기 때문에 단체를 구성하려고 하며 단체의 역사는 인류의 역사와 궤를 같이 한다.[4] 단체 중에서도 특히 법인제도를 통하여 인간의 사회생활이 튼튼한 기반 위에 영구적으로 발전할 수 있게 되었다.[5]

민법 제34조는 "법인은 법률의 규정에 좇아 정관으로 정한 목적의 범위 내에서 권리와 의무의 주체가 된다"고 규정하고 있다.[6] 법인제도에 의하여 구성원과는 별개로 단체 자체에 독자적인 권리주체로서의 자격인 법인격을 부여받게 된다는데 법인제도의 가장 큰 의의가 있다(분리의 원칙: Trennungsprinzip).[7]

---

3 Otto von Gierke, Das deutsche Genossenschaftsrecht 1, 1913, 1면.

4 윤철홍, "비영리법인설립에 관한 입법론적 고찰", 민사법학 47호(2009. 12), 한국사법행정학회, 722면.

5 김교창, "민법 중 재산편의 개정의견", 법률신문 2924호(2000. 10. 23.)는 법인제도의 창설을 인간의 위대한 업적이라 평가하고 있다.

6 가정준, "영미법상 법인의 권리능력과 행위능력에 대한 고찰(Ultra Vires Doctrine을 중심으로)", 민사법학 48호(2010. 3.), 한국사법행정학회, 35면에 의하면, 의용민법 규정은 영국회사법상 Ultra Vires 이론(능력외이론)을 도입한 것으로 이와 동일한 민법 제34조도 영미법의 연원을 갖고 있다고 한다.

7 이에 따라 단체의 재산과 개인의 재산이 분리되게 된다.

2. 법인의 분류

전통적으로 법인을 공법인과 사법인으로 분류하며, 사법인은 사단법인과 재단법인으로 구별하는데, 여기서는 사법인의 합병·분할에 한하여 논의하기로 한다. 또한 아래와 같이 규율하는 법에 따라 법인을 일반법인과 특수법인으로 분류하기도 한다.

(1) 일반법인

법인의 설립과 운영에 관한 사항을 규정하고 있는 일반법으로 민법과 상법이 있다.[8] 민법은 비영리사단법인과 비영리재단법인에 대하여 규정하고 있으며, 영리사단법인에 대해서는 상법상 회사에 대한 규정을 준용하도록 하고 있다. 상법은 회사 등 상사법인에 대하여 규정하고 있다.

(2) 특수법인

공익법인의 설립 및 운영 등에 관한 법률,[9] 사립학교법, 사회복지사업법, 정부출연연구기관 등의 설립·운영 및 육성에 관한 법률 등 특별법의 규정에 의하여 설립된 법인을 통상 특수법인이라 한다. 특수법인은 그 성격에 따라 ① 민법상 사단법인 또는 재단법인에 관한 규정을 기본으로 하면서 다른 사항을 추가한 것으로 비영리성이 강조되는 유형, ② 상법상 주식회사에 관한 규정을 기본으로 하면서 다른 사항을 추가한 것으로 공익성 외에 영리추구도 목적으로 하는 유형[10]이 있다.[11][12]

---

8 윤장근, "법인법제의 입안심사요령", 법제 648호(2011. 12.), 법제처, 28면.

9 제1조에서 법인의 설립·운영 등에 관한 민법 규정을 보완하여 법인으로 하여금 그 공익성을 유지하며 건전한 활동을 할 수 있도록 함을 목적으로 한다고 하여 민법에 대한 특별법임을 분명히 하였다.

10 공공기관의 운영에 관한 법률에 의한 공기업에 그 예가 많다.

11 조정찬, "특수법인의 등기 관련 규정의 입법모델 검토", 입법모델 II, 법제처 2002, 122-125면.

12 공공기관의 정보공개에 관한 법률에 따라 정보를 공개할 의무가 있는지에 대한 판단과 관련하여 대법원 2010. 12. 23. 선고 2008두13101 판결은 "어느 법인이 '특별법에 의하여 설립된 특수법인'에 해당하는지 여부는, 해당 법인에게 부여된 업무가 국가행정업무이거나 이에 해당하지 않더라도 그 업무 수행으로써 추구하는 이익이 해당 법인 내부의 이익에 그치지 않고 공동체 전체의 이익에 해당하는 공익적 성격을 갖는지 여부를 중심으로 개별적으로 판단하되, 해당 법인의 설립근거가 되는 법률이 법인의 조직구성과 활동에 대한 행정적 관리·감독 등에서 민법이나 상법 등에 의하여 설립된 일반 법인과 달리 규율한 취지, 국가나 지방자치단체의 해당 법인에 대한 재정적 지원·보조의 유무와 그 정도 등을 종합적으로 고려하여야 한다"고 판시하였다.

3. 법인의 본질에 관한 학설 대립

(1) 법인의제설

권리의무의 주체는 자연인에 한정된다는 전제하에 법인은 국가의 법률적 목적상 권리능력이 인위적으로 자연인으로 의제된 것으로 보는 견해이다.[13] 자연법론자에 의하면 모든 법제도의 원천과 종착점은 개인이었고, 국가의 명시적인 입법이 없는 한 국가와 개인 사이에 권리의 주체로 인정될 대상이 존재하지 않았으므로, 국가의 입법이 있는 경우에만 법인이 존재할 수 있었던 것이 역사적 배경이다.[14][15]

(2) 법인실재설

법인실재설은 법인을 생래적으로 실재하는 존재로 보아 그 생래적 본성의 한계에서 권리능력과 행위능력이 자연인과 다를 수 있지만 기본적으로 자연인과 법인을 같은 인격으로 보고 있다.[16] 이러한 법인실재론에는 심리실재론,[17] 유기체실재론,[18] 조직체실재론,[19] 법기술실재론[20]이 있다.[21]

---

13 박준서 대표집필, 주석민법 민법총칙(1), 한국사법행정학회, 187면; 곽윤직 대표집필, 민법주해[I], 박영사, 1992, 454면.

14 남효순(註 2), 159면에 따르면 나폴레옹 법전은 법인에 관한 일반규정을 두지 않았기 때문에 프랑스에서는 종래 권리란 개인에게 특유한 것으로 파악되었다고 한다. 법인의제론은 19세기의 주류적 학설이었다.

15 법인의제설을 보다 더 이론화한 것으로 법인부인설이 있다. 일정한 목적에 바쳐진 무주의 재산, 법인으로부터 이익을 얻고 있는 다수의 개인 또는 현실적으로 법인재산을 관리하고 있는 자가 법인의 본체로 남는다고 본다. 이영준(註 1), 902면.

16 이는 Beseler와 Otto von Gierke에 의하여 주장되었다.

17 단체는 구성원의 개별적 의사와 구별되는 독립한 단체의사를 가진다는 점에서 실재의 근거를 찾는다.

18 법인을 인체에 비교하여 단체는 하나의 독립한 몸체이고 자연인은 구성원이 됨과 동시에 단체 속에 용해된다는 점에서 실재의 근거를 찾는다.

19 인간이 단체생활을 계속하는 과정에서 특정의 필요에 의하여 자치적인 실체가 출현하게 되고, 조직체는 목적과 구조에 있어서 자연인과 구별되는 과정에서 어느 순간 권리주체성을 취득하게 된다고 한다.

20 권리라는 개념 자체로부터 출발하여 법인의 실재를 파악하는 견해로, 이익의 세계에는 개별이익과 단체이익이 있고 개별이익의 주체가 자연인이라면 단체이익의 주체가 법인이라는 것이다.

21 남효순(註 2), 161면에 따르면 현재 프랑스에서는 법기술실재론이 법인실재론의 통설이자 법인론의 통설의 위치를 차지하고 있다고 한다.

(3) 양이론의 비교 및 검토

구체적으로 법인의제설은 법률과 정관으로 규정함 범위 내에서만 권리능력이 존재함을 인정하고, 법인실재설은 자연인과 같은 권리능력을 인정하고 모든 능력의 존재를 가능한 한 자연인과 동일시하려고 한다.[22] 우리나라에서는 종래 법인실재설이 중심이 되었으나, 근래에는 법인의제설이 주장됨으로써 양이론이 대립하게 되었다. 비법인사단 등의 존재를 법인실재설의 근거로 드는 견해도 있으나, 법인격이란 법이 일정한 입법정책에 의하여 단체에게 인정하는 일종의 의제라는 것이 가장 적당한 설명이라고 생각된다. 단체 자체는 입법 이전부터 존재하였다고 하더라도 이에 법인격을 부여하는 것은 어디까지나 입법에 의한 것이기 때문이다.

(4) 영미법상의 법인론

영미법상 사단법인과 재단법인의 분류는 명확하지 않지만, 일응 사단법인은 corporation으로, 재단법인은 foundation으로 비견될 수 있다.[23] 영미법계에서는 foundation 중 자선 또는 공익을 목적으로 한 신탁은 법인격을 갖는다고 보지 않는다.[24]

통상 영미법의 경우 법인의 본질을 의제적으로 보고 법인의 권리능력은 ultra vires 이론(목적 외 이론)상 정관목적에 따라 제한될 수 있는 것으로 설명한다.[25] 그러나 영미법에서 법인이 자연인과 분리되어 권리와 의무의 주체가 될 수 있는 것은 법인격의 취득 여부로 결정되는 것이 아니고, 특정인으로부터 분리된 조직이 의사결정을 하는지 여부에 의하여 결정된다. 법인이 실재하느냐 의제되느냐에 대한 이론적

---

22 박찬주, "법인의 능력", 저스티스 108호(2008. 12.), 한국법학원, 77면에 의하면 대체로 의제설에서 실제설로 옮겨가면서 법인의 능력은 점점 넓어져 가는 경향이 있고, 이는 법인에 인격을 인정하는 이유가 법인이 담당하는 사회적 가치에 있다고 볼 경우 사회적 작용의 범위에서 법인의 능력을 관대하게 인정하기 때문이라고 한다.

23 가정준(註 6), 39면에 의하면 corporation은 영리를 목적으로 하는 회사(for-profit corporation)를 중심으로 발전하였고, foundation은 비영리를 목적으로 하는 신탁(trust)를 중심으로 발전하였다고 한다. 신탁은 재산의 출연방법을 중심으로 한 개념이고 그 결과물에 해당하는 것이 재단(foundation) 이라고 한다. 재단법인의 설립에 있어서 대륙법계에서는 복잡한 절차와 승인이 필요하지만 영미법계에서는 사법상 일정한 요식행위로 설립되는데, 대륙법계에서는 재단법인 설립에 있어 법적 실체를 인정하는 것이지만, 신탁을 중심으로 한 영미법계에서는 지정된 자에게 재산권이 이전되는 행위가 재단설립의 중요한 내용이 될 뿐 법적 실체 인정 여부와는 관련이 없기 때문이라고 한다.

24 가정준(註 6), 41면. 이는 수탁자가 출연된 재산을 보유하고 출연된 목적에 대한 권리와 의무를 행사하는 대리인으로 보기 때문이라고 한다.

25 이영준(註 1), 903면; 송호영, "독일법상 법인실체파악이론의 운용과 우리 법에의 시사점", 비교사법 14권 3호 상(통권 38호, 2007. 9.), 한국비교사법학회, 618면.

논의보다는 법인(단체와 foundation)이 어느 시점부터 개인으로부터 분리될 수 있느냐에 대한 논의가 중심을 이루고 있다.[26]

III. 법인 합병·분할의 의의 및 성질

1. 법인의 합병

법인의 합병이란 2개 이상의 법인이 계약 또는 법률 등에 의하여 하나의 법인으로 합쳐지는 것을 말한다. 합병에는 모든 법인의 법인격이 소멸하고 그 권리의무가 새로이 설립되는 법인으로 포괄적으로 이전되는 신설합병(consolidation)과 하나의 법인격이 소멸하고 그 권리의무가 존속하는 다른 법인에 포괄적으로 이전하는 흡수합병(merger)의 2종류가 있다. 즉 합병은 1개 이상의 법인의 소멸과 권리의무의 포괄적 이전을 생기게 하는 법률요건이다.[27] 다만, 신설합병의 경우 기존 법인이 전부 소멸하지만, 흡수합병의 경우 일부 법인이 존속한다는 점에 차이가 있다. 다만 합병으로 인하여 법인격이 소멸하는 법인의 경우에도 해산과 달리 청산절차를 거치지 않는다.[28] 소멸회사의 사원은 합병시 특별한 경우를 제외하고는 원칙적으로 합병계약상의 합병비율과 배정방식에 따라 존속회사 또는 신설회사의 사원이 된다(대법원 2003. 2. 11. 선고 2001다14351 판결 참조).

합병의 성질과 관련하여 회사법에서는 ① 인격의 합일화 내지 인격합병을 합병의 본질로 보는 인격합일설, ② 해산하는 회사의 영업전부를 존속회사나 신설회사에 현물출자함으로써 이루어지는 자본증가 또는 회사설립으로 이해하는 현물출자설(현물출자설에도 소멸해사의 전 사원이 그 지분을 존속회사 또는 신설회사에 현물출자하는 것이라고 보는 사원현물출자설, 사원의 수용이라는 사단법적 측면과 재산의 포괄적 이전이라는 재산법적 측면 중 후자를 강조하여 소멸회사의 재산이 존속회사 또는 신설회사에 합일되는 것이라고 보는 재산합일설이 있다)이 있으며, 인격합일설이 통설이다.[29] 민법상 비영리법인의 합병의 성질은 인격의 합일로 해석할 수밖에 없을 것으로 보인다.

26 가정준(註 6), 42면.
27 정찬형, 상법강의(상)(제14판), 박영사, 2011, 466면.
28 권오복, 법인 아닌 사단과 재단의 성립과 해산(제2판), 육법사(2014), 352면.
29 정찬형(註 27), 468-469면. 송호영, 법인론(제2판), 신론사, 2015, 319-320면.

2. 법인의 분할

법인의 분할이란 하나의 법인이 계약 또는 법률에 의하여 2개 이상의 법인으로 나누어지는 것을 말한다. 분할에는 분할법인은 그대로 존속하면서 그 일부의 권리의무를 신설법인이 승계하는 방법이 있고(단순분할), 분할된 일부분이 기존의 다른 법인에 흡수합병되거나 기존의 법인들과 신설합병될 수 있다(분할합병).

분할의 성질과 관련하여 회사법에서는 재산법적인 면에서 그 성질을 파악하여야 한다는 견해, 상법상의 특수한 제도로 이해하는 견해, 물적분할은 예외적인 현상이고 상법이 회사의 분할을 재산출자의 측면에서만 규정하고 있지 않는 점 등을 근거로 인격의 분할로 보는 견해가 있다.[30] 민법상 비영리법인의 분할의 성질은 합병의 경우와 마찬가지로 인격의 분할로 보아야 할 것이다.

Ⅳ. 외국의 입법례

1. 일본

일본은 법인제도를 전면적으로 개혁하였다.[31] 종래 일본민법은 독일민법이나 우리 민법과 달리 민법상 법인을 공익법인, 비공익법인으로 나누어 공익법인에 한하여 민법상의 법인격을 취득할 수 있도록 하였다. 이 때문에 영리를 목적으로 하지 않으나 공익을 추구하는 것도 아닌 단체의 규율이 문제되어 1998년 특정비영리활동촉진법(소위 NPO법)을 제정하고, 2001년에는 중간법인법을 제정하였다.[32][33] 그러나 여전히 비영리단체에 관한 법인제도와 공익법인제도 등 복합적인 문제들이 발생하자, 비

---

30 정찬형(註 27), 488면.

31 한편 회사와 관련해서는 금융기관을 중심으로 경영의 효율성을 제고하고 대외적 경쟁력을 확보하기 위하여 기업조직을 유연하게 재편성할 수 있는 법제도를 정비하였는바, 이러한 제도개선의 일환으로 1997년에 합병법제의 합리화를 위한 상법의 개정이 이루어졌고, 1999년에는 지주회사의 설립을 위한 주식의 교환 및 이전제도의 도입을 위해 상법을 개정하였으며, 2000년에 상법개정을 통하여 비로소 회사의 분할제도를 도입하였다.

32 윤철홍(註 4), 726-727면.

33 권철, "민법의 관점에서 바라본 민법 개정안의 법인제도(비영리단체·법인 제도의 바람직한 상에 대한 각서)", 비교사법 17권 4호(통권 51호, 2010. 12.), 한국비교사법학회, 68면은 일반법인법의 지배구조는 회사법 규정을 많이 참고하여 사원을 중심(사원이 없는 일반재단법인의 경우는 평의원, 평의원회)으로 구성한 것으로 분석하고 있다.

영리단체에 관한 법인제도와 공익법인제도 등 여러 가지 복합적인 문제들을 근본적
으로 해결하기 위한 방안으로 2006. 6. '일반사단법인 및 일반재단법인에 관한 법률'
(이하 '일반법인법'이라 한다)**34**과 '공익사단법인 및 공익재단법인의 인정 등에 관한 법
률'(이하 '공익인정법'이라 한다),**35** '일반법인법 및 공익인정법의 시행에 따르는 관계법
률의 정비 등에 관한 법률'(이하 '법인정비법'이라 한다)**36**이 제정되어 2008. 12. 1.부터
시행되었다.**37**

　　일반법인법**38** 제5장에서 합병에 대하여 규율하고 있으나,**39** 법인의 분할에 관하
여는 규정하고 있지 않다.**40** 일반사단법인 또는 일반재단법인은 다른 일반사단법인
등과 합병할 수 있다(일반법인법 제242조). 합병에는 흡수합병과 신설합병이 있고, 일
반사단법인 또는 일반재단법인이 주식회사 등 다른 법률에 따라 설립된 법인과도 합

34　일반법인법은 일반적인 법인제도의 기본법으로서 잉여금의 분배를 목적으로 하지 않는 사단 및 재단
　　에 대하여 공익성 유무와 관계없이 준칙주의(등기주의)에 의하여 법인격을 취득할 수 있는 일반법인
　　제도를 창설하였다. 권철, "일본의 새로운 비영리법인제도에 관한 소고: 최근 10년간의 동향과 신법
　　의 소개", 비교사법 제14권 제4호(통권 39호, 2007. 12.), 한국비교사법학회, 138면에 따르면 잉여금
　　분배를 목적으로 하지 않으나 수익사업을 할 수 있다는 점에서 비영리법인이라는 용어 대신 일반법
　　인이라는 용어를 사용하였다고 한다.

35　일반법인은 공익적 사업은 물론이고 수익사업도 할 수 있는데, 일반법인법에 의하여 새롭게 설립될
　　수도 있고, 종래의 공익법인 등이 법인정비법에 의하여 일반법인으로 이행할 수도 있다. 또한 이러한
　　일반법인이 공익성 인정을 받는다면 공익인정법이 규율하는 공익법인으로 전환될 수도 있다. 최성경,
　　"일본의 법인정비법", 한양법학 제20권 제2집(2009. 5.), 한양법학회, 216면에 의하면 일반법인과 공
　　익법인의 연속성 내지 전환성이 일본의 법인법 개혁의 한 특징이라고 한다.

36　이에 따라 중간법인법은 폐지되고 민법전의 법인규정이 대폭 삭제되는 등 법인제도에 대변혁을 가져
　　왔다.

37　과거 일본 민법은 법인을 공익법인과 영리법인(영리의 사단법인)의 두 가지 종류로 구분하고 있었는
　　데 공익도 영리도 목적으로 하지 않는 법인들이 민법의 규율 밖에 놓이게 되었고, 이들 법인을 규율
　　하기 위한 개별입법이 생겨났다. 허가주의로 인한 공익법인으로서의 법인격취득의 곤란, 공익성 판단
　　기준의 불명확성 등의 문제를 해결하기 위하여 위와 같은 공익법인개혁 관련 3법이 제정되었다. 최
　　성경(註 35), 215면.

38　공익인정법은 공익목적사업을 불특정 다수의 사람의 이익 증진에 기여하는 것으로 정의하고 있는데,
　　주무관청의 허가주의를 행정청과 민간이 공익성 인정에 참여하는 공익성인정주의로 전환하였으며 공
　　익성 인정의 재량판단 여지를 축소하였다.

39　합병에 관한 장은 통칙(제242조-제243조), 흡수합병(제244조-제253조), 신설합병(제254조-제260조)
　　의 3절(29개 조문)로 구성되어 있다. 흡수합병의 등기(일반법인법 제306조)와 신설합병의 등기(일반
　　법인법 307조)에 관하여는 제6장(잡칙) 제4절(등기)에 별도의 조문을 두고 있다.

40　일본은 2000년에 회사분할제도를 도입하면서 일반적인 회사분할과 물적분할을 모두 인정하였으나,
　　2005년 회사법에서는 물적분할만을 두었다. 이철송, 회사법강의 제26판, 박영사, 2018, 1109면.

병할 수 있다.[41] 일반사단법인과 일반재단법인이 합병하는 경우 일반사단법인이 합병계약체결일까지 기금의 전액을 반환하지 않는 경우 흡수합병존속법인 또는 신설합병설립법인은 일반사단법인이어야 한다(일반법인법 제243조 제2항). 합병은 합병계약체결, 합병계약 승인절차, 채권자 보호절차, 합병 등기의 순으로 진행된다. 합병계약의 승인시 사원총회의 정족수를 3분의 2로 규정하고 있다(일반법인법 제49조, 이는 정관변경 및 해산의 경우도 마찬가지이다). 또한 합병으로 인하여 소멸하는 일반재단법인의 평의원회의 결의(사단법인의 경우 사원총회의 결의)에 의하여 합병계약의 승인을 받도록 규정하고 있다.[42]

법인정비법은 특례민법법인[43]끼리 '흡수'합병[44]할 수 있도록 규정하고 있다(법인정비법 제66조 제1항). 합병을 하는 특례민법법인은 흡수합병계약을 체결하여야 하고(법인정비법 제66조 제2항), 특례사단법인은 사원총회의 결의에 의하여 흡수합병계약의 승인을 받고,[45] 특례재단법인은 정관변경의 예에 의하여, 정관에 정관변경에 관하여 정한 바가 없으면 구주무관청의 승인을 받아 이사가 정한 절차에 의하여 흡수합병계약의 인정을 받아야 한다.[46] 그 후 합병 후 존속하는 특례민법법인의 구주무관청의 인가를 받아야 효력이 발생한다(법인정비법 제69조 제1항).

한편 2007년부터 새로 시행된 일본의 신탁법은 신탁[47]의 합병과 분할을 명문으로 규정하고 있다. 신탁법에서는 신탁합병에 있어서 채권자보호를 위해 일정기간 내

---

41 能見善久·加藤新太郎, 論點体系 判例民法 1, 總則(第2版), 제일법규, 2013, 175면.

42 제247조(흡수합병계약의 승인) 흡수합병 소멸법인은 효력발생일의 전일까지 사원총회 또는 평의원회의 결의에 따라 흡수합병계약의 승인을 받아야 한다.
제257조(신설합병계약의 승인) 신설합병 소멸법인은 사원총회 또는 평의원회의 결의에 따라 신설합병계약의 승인을 받아야 한다.

43 기존의 공익법인이 신제도 하의 공익법인으로 이행하지도 않고 일반법인으로 이행하는 등기도 마치지 않은 상태로 존재할 수 있는데, 이를 법인정비법에서는 특례민법법인이라고 부른다. 법인정비법은 5년의 이행기간을 부여하고 있는데, 이행기간 내에 이행의 인정 또는 인가를 받지 않은 특례민법법인은 이행기간의 만료일에 해산한 것으로 간주된다(법인정비법 제46조).

44 특례민법법인의 경우 신설합병은 불가능하다. 이는 신설합병을 허용할 경우 민법 제34조에 의하여 새로이 법인을 설립하는 것과 같은 효과를 가져오기 때문이라 한다. 최성경(註 35), 222면.

45 정관에 달리 정하지 않는 한 총사원의 4분의 3 이상의 찬성이 있어야 한다(법인정비법 제67조 제1항).

46 평의원설치 특례재단법인은 평의원회의 결의에 의하여 흡수합병계약의 인정을 받아야 한다(법인정비법 제67조 제3항).

47 신탁은 어떤 재산을 다른 재산과 독립한 존재로 만드는 제도로서 재단법인과 관련되어 있고, 또한 공익신탁은 공익법인과 유사한 기능을 하고 있다. 권철, "일본의 새로운 비영리법인제도에 관한 소고(최근 10년간의 동향과 신법의 소개)", 비교사법 제14권 제4호(통권 39호, 2007. 12.), 한국비교사법학회, 136면.

에 채권자가 이견을 진술하지 않는 경우 신탁 합병을 승인한 것으로 보고, 이견을 진술한 경우에는 수탁자가 신탁병합이 채권자에게 해를 끼칠 염려가 없음을 증명하지 않는 이상 변제 또는 상당한 담보를 제공하거나 상당한 재산을 신탁하여야 한다(신탁법 제152조). 또한 신탁법은 흡수신탁분할, 신규신탁분할의 2종류의 신탁분할을 규정하고 있다.

2. 독일

독일의 경우 민법에 비영리 법인의 합병과 분할에 관한 규정을 두고 있지는 않고, 조직재편법(Umwandlungsgesetz)에서 사단법인에 한하여 합병·분할을 인정하고 있는데 여기에는 민법상 사단법인도 포함되어 있다. 조직재편법은 합병에 있어서 흡수합병과 신설합병을 인정하고 있으며(조직재편법 제2조), 복수합병(Mehrfachverschmelzung)[48]과 혼합합병(Mischverschmelzung)도 규정하고 있다.[49] 조직재편법은 회사분할을 소멸분할(Aufspaltung), 존속분할(Abspaltung), 물적분할(Ausgliederung)의 세가지로 구분하고 있다.[50]

3. 프랑스

프랑스에서는 사단법인과 재단법인에 대한 법인정책을 차별화하고 있다. 개인주의가 중시된 나폴레옹 민법전에서는 단체개념에 적대적이었으나, 비영리사단계약법(1901. 7. 1. 법률)에 의하여 비영리 사단법인에 대한 사전허가를 폐지함으로써 비영리 사단 설립의 자유를 확대하였다. 위 비영리사단계약법에 의하여 공익성을 인정받은 법인은 넓은 법인격(grande capacité)[51]이 인정된다.[52] 그러나 재단에 대하여는 사단과

---

48 수개의 피흡수법인 또는 소멸법인이 동시에 존속법인 또는 신설법인으로 합병되는 형태이다.

49 독일은 2002. 7. 15. 재단법현대화법에 의하여 출연의 자유를 강화하는 방향으로 민법이 개정되어 재단법인의 설립에 있어 기존의 허가(Genehmigung) 대신 승인(Anerkennung)을 채택하였다. 윤철홍(註 6), 724면.

50 우리나라의 물적분할 제도(상법 제530조의12)는 독일 조직재편법상의 Ausgliederung을 본받은 제도이다. 이철송(註 40), 1109면.

51 단순히 신고된 비영리 사단이 현실증여나 공공기관으로부터의 증여는 받을 수 있을 뿐 기타 사유에 기초한 재산권의 무상취득이 금지되는 것에 반하여, 공익성이 인정된 비영리사단은 민법 제910조에 따라 수증능력이 인정된다.

52 박수곤, "프랑스법에서의 민사법인에 대한 규율(공익성이 인정된 사단 및 재단법인을 중심으로)", 경희법학 제45권 제1호(2010), 경희대학교, 89면에 의하면, 재단법인은 국사원의 데크레에 의한 공익성

는 달리 허가주의를 고수함으로써 여전히 엄격한 통제를 가하고 있다.[53]

프랑스 민법 및 비영리사단계약법은 법인의 합병·분할에 대한 규정은 두고 있지 않다. 다만 프랑스 회사법에서는 합병과 분할제도를 인정하고 있다. 특히 회사분할(scission)제도는 프랑스가 1966년 회사법에 도입한 후 다른 불법계 국가에 계수되었고, 유럽연합(EU)의 1982년 제6차 지침에 따라 다수의 EU 회원국들이 회사분할제도를 도입하였다.[54] 프랑스 구 회사법에서는 회사분할을 단순분할(scission)과 합병분할(fusion−scission)으로 구분하였으나 1988년 개정시 구분을 없애고 같은 절차를 적용하도록 하였다.[55]

V. 현행법상 법인의 합병·분할

1. 개관

법인의 합병·분할에 대하여도 법인성립법정주의(민법 제31조)가 적용되기 때문에 그 근거법률이 있는 경우에만 합병·분할이 가능하다.[56] 현행법상 법인의 합병·분할을 인정하는 규정은 각종의 법률에 산재되어 있다. 영리법인의 합병·분할에 대하여는 상법이 이를 규정하고 있으며 금융기관에 대하여 별도의 특별법이 있다. 비영리법인에 대하여는 일반법은 없고 각종의 특별법에서 법인의 분할·합병을 인정하거나 합병만을 인정하는 규정을 두고 있다.

2. 상법상 회사의 합병·분할

(1) 합병

상법은 회사편 제1장(통칙)에서 합병의 가능성과 제한, 신설합병시의 설립위원에 관한 두 개의 조문을 두고(제174조, 제175조), 각 회사별로 합병절차를 규정하고 있다.

의 인정이 있어야만 법인격을 취득할 수 있으므로, 프랑스법상 법인으로 인정되는 재단은 원칙적으로 공익법인이라고 한다.

53 박수곤(註 52), 79-81면.
54 이철송(註 40), 1101면.
55 이철송(註 40), 1113-1114면. 분할에 준하는 것으로 독립적으로 가동할 수 있는 영업의 일부를 다른 회사에 출자하는 영업일부의 출자(l'apport partiel d'actif) 제도가 있다고 한다.
56 송호영(註 29), 317면.

상법은 합명회사의 합병에 관해 그 효력발생시기, 효과, 무효판결의 효력 등의 상세한 규정을 두고(상법 제230조부터 제240조까지), 합자회사와 유한책임회사에서는 합명회사의 규정을 준용하고 있으며, 주식회사의 장에서는 합명회사의 합병에 관한 규정을 준용하면서 주식회사에 특유한 절차를 별도로 규정하고 있다(상법 제522조부터 제529조까지). 이에 따르면 주식회사의 합병절차는 합병계약 ⇨ 합병결의(주주총회의 승인)**57** ⇨ 합병계약서등의 공시 ⇨ 주주 및 채권자보호절차 ⇨ 합병등기 순으로 이루어지며, 합병의 효력은 등기시 발생한다.**58**

합병의 방법으로 흡수합병과 신설합병을 규정하고 있으며, 회사는 원칙적으로 상법상 어떠한 종류의 회사와도 합병할 수 있다. 합병으로 인하여 존속회사 이외의 당사회사는 소멸하며, 존속회사 또는 신설회사는 소멸회사의 모든 권리·의무를 포괄적으로 승계한다. 피합병회사의 권리·의무는 성질상 이전을 허용하지 않는 것을 제외하고는 사법상의 관계나 공법상의 관계**59**를 불문하고 모두 합병으로 인하여 존속한 회사에 승계된다(대법원 2019. 12. 12. 선고 2018두63563 판결 등 참조). 그러나 형사처벌은 그 성질상 이전을 허용하지 않으므로 합병으로 인하여 소멸한 법인의 형사책임은 이전되지 않는다.**60** 또한 합병에 의하여 소멸회사의 사원은 존속회사나 신설회사의 사원이 되는데, 합명회사가 합자회사를 흡수합병한 경우에는 합자회사의 유한책임사원도 합명회사의 사원이 된다.**61**

합병에 대하여 다투기 위하여는 합병등기 후 6월 내에 형성의 소인 합병무효의 소를 제기하여야 한다. 합병무효판결은 제3자에게도 효력이 있으며, 소급효가 제한되어 장래에 향해서만 효력이 있고(상법 제240조), 합병무효의 판결이 확정된 때에는

---

57 간이합병, 소규모합병의 경우 이사회의 결의로 갈음할 수 있다.
58 합병의 효력은 합병후 존속하는 법인 또는 합병으로 인하여 설립되는 법인이 그 본점소재지에서 변경등기 또는 설립등기를 함으로써 효력이 생긴다(상법 제530조 제2항, 제234조)
59 공정거래법에 따라 부과된 이행강제금도 승계된다. 또한 감사인지정 및 감사인지정제외와 관련한 공법상의 관계, 손해배상공동기금 및 그 추가적립과 관련한 공법상의 관계도 합병 후 존속법인에게 승계된다(대법원 2004. 7. 8. 선고 2002두1946 판결).
60 양벌규정에 의한 법인의 처벌은 어디까지나 형벌의 일종으로서 행정적 제재처분이나 민사상 불법행위책임과는 성격을 달리하는 점, 형사소송법 제328조가 '피고인인 법인이 존속하지 아니하게 되었을 때'를 공소기각결정의 사유로 규정하고 있는 것은 형사책임이 승계되지 않음을 전제로 한 것이라고 볼 수 있는 점 등에 비추어 보면, 합병으로 인하여 소멸한 법인이 그 종업원 등의 위법행위에 대해 양벌규정에 따라 부담하던 형사책임은 그 성질상 이전을 허용하지 않는 것으로서 합병으로 인하여 존속하는 법인에 승계되지 않는다고 봄이 상당하다(대법원 2007. 8. 23. 선고 2005도4471 판결).
61 법원행정처, 상업등기실무[I], 2017, 517면.

등기를 하여야 한다.62

(2) 분할(주식회사)

상법은 주식회사에 있어서만 회사분할을 인정하고 있는데, 회사분할에 의한 조직개편방법은 단순분할,63 분할합병, 신설 및 분할합병, 물적분할64의 4종류로 나뉜다. 분할을 위해서는 이사회결의, 주주총회결의65를 거쳐야 한다.

단순분할의 절차는 분할계획서 작성 ⇨ 주주총회승인66 ⇨ 회사설립(주식인수, 현물출자의 조사) ⇨ 분할등기 ⇨ 분할공시이며, 분할합병의 경우 분할합병계약서를 작성하여 주주총회의 승인을 얻어야 된다.

분할의 경우 합병과 달리 법인격이 승계되는 현상은 발생하지 않는다. 분할 또는 분할합병으로 인하여 설립되는 회사 또는 존속하는 회사는 분할 또는 분할합병전의 회사채무에 관하여 연대하여 변제할 책임이 있고(상법 제530조의9),67 분할분할계획서 또는 분할합병계약서가 정하는 바에 따라 분할하는 회사의 권리와 의무를 승계한다(상법 제530조의10).

(3) 합병·분할시 이해관계인 보호

단순분할의 경우 책임재산은 그대로 유지되고 신설회사들이 연대책임을 지므로68 채권자보호를 위한 절차가 필요하지 않지만, 합병 및 분할합병의 경우 양 회사가 책임재산을 공유하게 되어 자력에 변동이 생길 수 있으므로 주주 및 채권자보호

62　존속회사는 변경등기를, 신설회사는 해산등기를, 소멸회사는 회복등기를 하여야 한다(상법 제238조, 269조, 제530조 제2항, 제603조).

63　단순분할에는 분할회사가 소멸하는 소멸분할과 분할회사가 소멸하지 않는 존속분할이 있다.

64　신설회사 또는 합병상대방회사의 주식을 분할회사의 주주에 귀속시키지 않고 분할회사가 그대로 소유하는 제도를 말한다.

65　분할에 관련되는 각 회사의 주주의 부담이 가중되는 경우 그 주주 전원의 동의가 있어야 한다(상법 제530조의3).

66　상법은 간이분할합병과 소규모분할합병의 경우 주주총회의 승인결의를 이사회의 결의로 갈음할 수 있도록 규정하고 있다.

67　예외적으로 분할에 의하여 설립되는 회사가 출자한 재산에 관한 채무만을 부담할 것을 정할 수 있는데, 이 경우 일반적인 단순분할과 달리 채권자보호절차를 거쳐야 한다.

68　다만, 채권자 이의절차를 거친 경우 연대책임을 배제할 수 있다(상법 제530조의9 제4항, 제527조의5). 또한 단순분할신설회사는 분할회사의 채무 중에서 분할계획서에 승계하기로 정한 채무에 대한 책임만을 부담하는 것으로 정할 수 있고, 이 경우 분할회사가 분할 후에 존속하는 경우에는 단순분할신설회사가 부담하지 아니하는 채무에 대한 책임만을 부담한다(상법 제530조의9 제2항).

절차를 거치게 된다.

3. 기타 법령에 따른 법인의 합병·분할

(1) 사회복지법인

사회복지사업법 제30조는 시·도지사[69]의 허가를 받아 다른 사회복지법인[70]과 합병할 수 있도록 하고 있으나, 분할에 관한 규정은 두고 있지 않다.

(2) 사립학교법인

사립학교법은 제36조에서 제41조까지 사립학교법인[71]의 합병에 관한 조문을 두고 있으나, 사립학교법인의 분할에 관한 규정은 두고 있지 않다. 합병시 이사 정수의 3분의 2 이상의 동의를 얻어 교육부장관의 인가를 받아야 하며, 인가 통지를 받은 날로부터 15일 이내에 재산목록과 재무제표를 작성하여야 하고 채권자들에게 공고, 최고하여야 한다(사립학교법 제36, 37조).

(3) 협동조합

농업협동조합법 제7절(제75 내지 89조)은 지역농업협동조합의 합병·분할의 근거와 절차(계약서작성, 총회의결 등), 채권자보호절차 등을 규정하고 있다. 산림조합법, 수산업협동조합법, 새마을금고법, 중소기업협동조합법, 신용협동조합법, 소비자생활협동조합법 등도 유사한 합병·분할에 관한 규정을 두고 있다.

(4) 법무법인

변호사법은 법무법인의 합병에 관한 근거규정을 두고 있지만(변호사법 제55조), 분할에 관한 규정은 두고 있지 않다. 법무법인(유한)의 합병에 대하여는 명시적인 규정을 두고 있지 않으나 변호사법 제58조의14의 해산사유와 변호사법 제58조의15에서 법무부장관의 통지사유로 합병을 들고 있으며, 제58조의17에서 상법 중 유한회사에 관한 규정을 준용하고 있으므로 합병이 인정된다고 볼 것이다.[72]

---

69 서로 다른 시·도에 주된 사무소가 소재한 사회복지법인의 경우 보건복지부 장관의 허가를 받아야 한다(사회복지사업법 제30조 제1항).

70 사회복지법인의 성격은 사단법인과 재단법인 모두 가능하다.

71 학교법인의 법적 성질은 재단법인이다.

72 이와 관련하여 송호영, "공익법인의 합병과 분할에 관한 일고", 민사법학 70호(2015. 3.), 한국사법행정학회, 110면은 법무법인에 관한 규정을 준용하면서 합병에 관한 규정을 누락한 것은 입법의 불비로 보고 있다.

(5) 신탁법

2011. 7. 25. 신탁법 개정으로 일본처럼 우리나라에도 신탁의 합병·분할 제도가 도입되었다. 합병73 및 분할74의 효과를 규정하고 있으며, 신탁을 합병하려는 경우 수탁자는 신탁의 합병계획서를 작성하여야 하며, 합병계획서를 공고하여야 한다. 합병, 분할, 분할합병시 이의를 제출한 채권자가 있는 경우 수탁자는 그 채권자에게 변제하거나 적당한 담보를 제공하거나 이를 목적으로 하여 적당한 담보를 신탁회사에 신탁하여야 한다(신탁법 제92, 96조).75 또한 수익자집회의 결의로 신탁의 합병·분할·분할합병 계획서의 승인을 받도록 하고 있으며, 신탁의 합병, 분할 및 분할합병시 이를 승인하지 아니한 수익자는 수탁자에게 수익권의 매수를 청구할 수 있다(신탁법 제91, 95조).

4. 일반 규정의 부재로 인한 문제점

(1) 현실적 필요성

일반법인 민법에 비영리법인의 합병·분할에 관한 조항이 없기 때문에 발생하는 불편함으로 한국공인중개사협회와 대한공인중개사협회의 합병시 대한공인중개사협회를 해산하는 절차를 진행하였던 사례를 예로 들고 있다.76 또한 서울대학교 내에서도 유사한 목적을 가진 법인의 합병이 문제된 경우가 있었다.77

(2) 비법인 사단 관련 문제

현재 교회의 분열과 관련하여 대법원 2006. 4. 20. 선고 2004다37775 전원합의체 판결로 법인 아닌 사단의 분열을 인정하지 않고 있다. 또한 수개의 비법인 사단이 통합하여 비법인 사단을 성립시키는 것이 금지된다고 볼 수 없다는 견해가 있으

---

73 합병 전의 신탁재산에 속한 권리·의무는 합병 후의 신탁재산에 존속한다(신탁법 제93조).

74 분할되는 신탁재산에 속한 권리·의무는 분할계획서 또는 분할합병계획서가 정하는 바에 따라 분할 후 신설신탁 또는 분할합병신탁에 존속한다(신탁법 제97조). 또한 동조는 수탁자는 분할하는 신탁재산의 채권자에게 분할된 신탁과 분할 후의 신설신탁 또는 분할합병신탁의 신탁재산으로 변제할 책임이 있다고 규정하고 있다.

75 다만, 신탁의 합병으로 채권자를 해칠 우려가 없는 경우에는 그러하지 아니하다. 채권자보호절차를 거쳐야 한다.

76 송호영, "비영리법인의 합병·분할에 관한 입법론적 연구", 민사법학 47호(2009. 12.), 한국사법행정학회, 589면. 송호영(註 29), 346-348면.

77 법무부, 민법(재산편) 개정 자료집, 2004, 115면.

나,78 대법원은 소종중이 통합하여 통합종중을 이룬 경우 통합전 소종중의 객관적 실체가 없어지는 것은 아니고, 통합 전 소종중원의 총유에 속하는 재산의 처분에 관하여는 그 소종중의 규약 또는 종중총회결의에 따른 적법한 처분절차를 거쳐야 한다고 하여 비법인 사단의 합병을 인정하지 않고 있다(대법원 2008. 10. 9. 선고 2008다41567 판결 등 참조).

법인 아닌 사단에 대하여는 사단법인에 관한 민법규정 중 법인격을 전제로 하는 것을 제외하고는 이를 유추적용하므로(대법원 1996. 9. 6. 선고 94다18522 판결 등 참조), 민법에 사단법인의 합병·분할에 관한 규정이 마련될 경우 비법인 사단에 대하여도 준용하여 비법인사단의 통합·분열에 관한 문제해결에 도움이 될 수 있다.

Ⅵ. 민법개정 관련 논의

1. 2004년 대한변호사협회의 개정의견

법무부는 1999년부터 민법개정특별분과위원회를 구성하여 2004. 6. 민법 재판편 개정 법률안을 마련하였는데, 법인의 합병·분할은 개정작업에 포함시키지 않고 장기연구과제로 분류하기로 하였다.79 당시 대한변호사협회는 법인에 관한 기본법인 민법에 합병·분할의 의의, 방법, 절차, 효과 등 기본적인 규정을 두는 것이 옳다는 이유로 법인의 합병·분할에 관한 5개 조문80의 신설을 제안하였다.81

---

78 권오복(註 28), 355-356면. 이 경우 사단법인의 해산결의에 관한 민법 제78조를 유추 적용하여 각 총 구성원의 4분의 3 이상의 동의를 필요로 한다고 보고 있다.

79 법무부, 민법(재산편) 개정 자료집, 2004, 115면(2003. 6. 25. 제47차 전체회의).

80 제76조의1(합병·분할·분할합병) 복수의 법인이 합병에 의하여 하나의 법인이 될 수 있고, 하나의 법인이 분할에 의하여 마찬가지로 복수의 법인이 될 수 있으며, 하나의 법인이 분할하여 다른 법인 또는 다른 법인의 일부와 합병에 의하여 마찬가지로 하나의 법인이 될 수 있다.
제76조의2(합병계약서·분할계획서) ① 당사법인들은 합병의 경우 합병계약서, 분할의 경우 분할계획서, 분할합병의 경우 분할계획서와 합병계약서를 작성하여야 한다. 위 계약서, 계획서에는 계속 이용할 상호, 주사무소, 등기 및 합병기일을 반드시 기재하여야 한다. ② 당사법인들은 위 계약서, 계획서에 대하여 최고의사결정기관의 승인을 얻어야 한다.
제76조의3(채권자보호) ① 당사법인들은 채권자들에게 위 승인일로부터 2주내에 1월 이상의 기간을 두고 합병 등의 이의가 있으면 이를 제출할 것을 공고하고, 알고 있는 채권자들에게 최고하여야 한다. ② 이의를 제출하는 채권자가 있으면 당사법인은 그 채무를 변제하거나 상당한 담보를 제공하거나 또는 신탁회사에 이를 목적으로 하는 상당한 재산을 신탁하여야 한다.
제76조의4(합병 등의 등기) 합병 등을 한 경우 합병 등 후의 법인은 계속 이용하기로 한 등기부에는

2. 법무부의 2010년 민법개정안

2009년도 민법개정위원회 제3분과위원회는 법인관련규정의 개정안을 검토하였고, 비영리법인에 관하여 합병·분할 제도를 도입하는 내용의 민법 개정안이 2010년에 마련되어 2011. 6. 14. 국무회의를 통과하고 같은 달 22. 국회에 제출되었으나, 18대 국회의 회기가 2012. 5. 29.에 만료됨에 따라 자동폐기되었다.

2010년 민법개정안은 민법총칙편 제3장 제4절(법인의 해산과 청산) 다음에 제4절의 2(합병과 분할)를 신설하는 것으로 14개 조문으로 구성되어 있었다.[82]

변경등기를, 그 이외의 등기부에는 합병 등으로 폐쇄한다는 폐쇄등기를, 신설법인은 설립등기를 각 신청하여야 한다.
제76조의5(효과) 합병에 참가한 모든 회사의 권리의무는 해체됨이 없이 합병으로 인한 합병 후의 법인에 그대로 귀속된다. 분할 전 법인의 권리의무는 분할로 분할된 모든 법인에 그대로 귀속된다.

[81] 기존의 합병제도를 모범형으로 승화하기 위하여 합병에 참가하는 모든 법인들의 권리의무를 승계과정에서 분해함이 없이 모두 존속법인으로 정하여 그들의 권리의무가 그대로 합병 후의 법인에 귀속되는 것으로 규정하는 것이 바람직하다고 주장하였다.

[82] 제96조의2(합병·분할) ① 사단법인은 다른 사단법인과 합병하거나 복수의 사단법인으로 분할할 수 있다. ② 재단법인은 다른 재단법인과 합병하거나 복수의 재단법인으로 분할할 수 있다. 다만, 합병 또는 분할은 제45조 제1항 또는 제46조에서 정한 요건이 갖추어진 때에만 할 수 있다.
제96조의3(합병·분할의 절차) ① 법인이 합병하는 때에는 합병계약서를 작성하여야 하고, 분할하는 때에는 분할계획서를 작성하여야 한다. ② 사단법인은 사원총회에서 총사원 4분의 3 이상, 재단법인은 총이사의 4분의 3 이상의 동의로 합병계약서 또는 분할계획서의 승인을 받아야 한다. 그러나 정수(定數)에 관하여 정관에 다른 규정이 있는 때에는 그 규정에 따른다. ③ 법인은 제2항의 승인을 받은 합병계약서 또는 분할계획서를 제출하여 주무관청의 인가를 받아야 한다.
제96조의4(합병계약서의 기재사항) ① 합병할 법인의 한쪽이 합병 후 존속하는 경우에는 합병계약서에 다음 각 호의 사항을 기재하여야 한다. 1. 제96조의3 제2항의 합병승인을 위한 회의예정일 2. 합병을 할 날 3. 존속하는 법인이 합병으로 인하여 정관을 변경하기로 정한 때에는 그 규정 4. 존속하는 법인에 취임할 이사의 성명과 주민등록번호 5. 존속하는 법인에 취임할 감사를 두기로 한 때에는 그 성명과 주민등록번호 ② 합병으로 법인을 설립하는 경우에는 합병계약서에 다음 각 호의 사항을 기재하여야 한다. 1. 설립되는 법인의 정관에 기재할 사항 2. 제96조의3 제2항의 합병승인을 위한 회의예정일 3. 합병을 할 날 4. 설립되는 법인의 이사의 성명 및 주민등록번호 5. 감사를 두기로 한 때에는 그 성명과 주민등록번호
제96조의5(분할계획서의 기재사항) ① 분할에 의하여 법인을 설립하는 경우에는 분할계획서에 다음 각 호의 사항을 기재하여야 한다. 1. 설립되는 법인의 정관에 기재할 사항 2. 설립되는 법인에 이전될 재산과 그 가액 3. 설립되는 법인의 이사의 성명과 주민등록번호 4. 설립되는 법인의 감사를 두기로 한 때에는 그 성명과 주민등록번호 ② 분할 후 법인이 존속하는 경우에는 존속하는 법인에 관하여 분할계획서에 다음 각 호의 사항을 기재하여야 한다. 1. 분할로 설립되는 법인에 이전할 재산과 그 가액 2. 정관변경을 하여야 하는 그 밖의 사항
제96조의6(합병계약서 등의 공시) ① 법인은 제96조의3 제2항의 승인을 위한 회의예정일의 2주 전

부터 합병·분할의 효력이 발생한 날 이후 6개월이 경과하는 날까지 다음 각 호의 서류를 주된 사무소에 갖추어두어야 한다. 1. 합병계약서 또는 분할계획서 2. 각 법인의 최종의 재산목록과 대차대조표 ② 사원 또는 법인의 채권자는 업무시간 안에는 언제든지 제1항 각 호의 서류의 열람을 청구하거나, 법인이 정한 비용을 지급하고 그 등본 또는 초본의 교부를 청구할 수 있다.

제96조의7(채권자보호) ① 법인은 주무관청으로부터 합병의 인가를 받은 날부터 2주일 안에 채권자에 대하여 합병에 이의가 있으면 일정한 기간 안에 이의를 제출할 것을 공고하고, 알고 있는 채권자에 대하여는 이를 개별적으로 최고하여야 한다. 공고와 최고의 기간은 2개월 이상이어야 한다. ② 채권자가 제1항의 기간 안에 이의를 제출하지 아니한 때에는 합병을 승인한 것으로 본다. ③ 이의를 제출한 채권자가 있는 때에는 법인은 그 채권자에 대하여 채무를 변제하거나 상당한 담보를 제공하여야 한다.

제96조의8(합병·분할의 등기) ① 합병의 경우에는 제96조의7에 따른 절차가 종료된 날부터 3주일 안에 주된 사무소 및 분사무소 소재지에서 합병의 등기를 하여야 한다. 이 경우 합병으로 존속하는 법인은 변경등기를, 소멸하는 법인은 해산등기를, 신설되는 법인은 설립등기를 하여야 한다. ② 분할의 경우에는 분할인가를 받은 날부터 3주일 안에 주된 사무소 및 분사무소 소재지에서 분할의 등기를 하여야 한다. 이 경우 분할로 인하여 소멸하는 법인은 해산등기를, 분할 후에도 계속 존속하는 법인은 변경등기를, 분할 후에 신설된 법인은 설립등기를 하여야 한다.

제96조의9(합병·분할의 효력발생) 법인의 합병은 합병 후 존속하는 법인 또는 합병으로 신설되는 법인이, 법인의 분할은 분할 후에 존속하는 법인 또는 분할로 신설된 법인이 그 주된 사무소 소재지에서 제96조의8의 등기를 함으로써 그 효력이 생긴다.

제96조의10(합병·분할의 효과) ① 합병 후 존속하는 법인 또는 합병으로 인하여 신설된 법인은 합병으로 인하여 소멸된 법인의 권리와 의무를 승계한다. ② 분할로 인하여 신설된 법인 또는 존속하는 법인은 분할되는 법인의 권리와 의무를 분할계획서가 정하는 바에 따라 승계한다. 분할로 신설되는 법인 또는 존속하는 법인은 분할 전의 법인채무를 연대하여 변제할 책임이 있다.

제96조의11(합병·분할무효의 소) ① 합병 또는 분할의 무효는 각 법인의 사원·이사·감사·청산인·관리인·파산관재인 또는 합병을 승인하지 아니한 채권자에 한하여 소로써만 주장할 수 있다. ② 제1항의 소는 제96조의8에 따라 등기한 날부터 6개월 안에 제기하여야 한다. ③ 제1항의 소는 법인의 주된 사무소 소재지의 지방법원의 관할에 전속한다.

제96조의12(합병·분할무효의 등기) 합병 또는 분할을 무효로 한 판결이 확정된 때에는 주된 사무소 소재지 및 분사무소 소재지에서 합병이나 분할 후 존속한 법인의 변경등기, 합병이나 분할로 소멸된 법인의 회복등기, 합병이나 분할로 신설된 법인의 해산등기를 하여야 한다.

제96조의13(합병무효판결확정의 효과) ① 법인의 합병을 무효로 한 판결이 확정된 때에는 합병후 존속법인이나 신설법인이 부담한 채무에 대하여 합병 전의 상태로 복귀한 법인이 연대하여 변제할 책임이 있다. ② 합병후 존속법인이나 신설법인이 취득한 재산은 합병 전의 상태로 복귀한 법인의 공유로 한다. ③ 제1항과 제2항의 경우에 각 법인의 협의로 그 부담부분 또는 지분을 정하지 못한 경우에는 법원은 그 청구에 의하여 합병한 때의 각 법인의 재산상태 그 밖의 사정을 참작하여 이를 정한다.

제96조의14(분할무효판결확정의 효과) ① 법인의 분할을 무효로 한 판결이 확정된 때에는 분할 후 존속법인이나 신설법인이 부담한 채무에 대하여 분할 전의 상태로 복귀한 법인이 변제할 책임이 있다. ② 분할 후 존속법인이나 신설법인이 취득한 재산은 분할 전의 상태로 복귀한 법인에게 귀속한다.

제96조의15(판결의 효력) ① 합병 또는 분할무효의 판결은 제3자에 대하여도 그 효력이 있다. ② 제1항의 판결은 그 확정 전에 생긴 법인과 사원 및 제3자 사이의 권리·의무에 영향을 미치지 아니한다.

법무부는 제안이유에서, ① 종래 비영리법인의 경우 해산·청산 후 신설이라는 우회적 방법으로만 조직을 변경할 수 있어 법인 운영의 자유를 저해하는 문제점이 있었고, ② 합병·분할제도를 도입함으로써 우회적인 방법이 아닌 직접적인 조직 변경이 가능하게 되고, ③ 해산·청산 후 신설이라는 우회적 과정에 소요되는 사회·경제적인 비용을 감소시키고 법인 운영의 자유를 실질적으로 보장함과 동시에 조직변경 후 법인을 둘러싼 법률관계가 명확해지는 효과가 기대된다고 하였다.

3. 법무부의 2013년도 민법개정안

비영리법인의 설립을 허가에서 인가로 변경하는 등의 내용이 포함되었으나 비영리법인의 합병·분할에 관한 규정은 제외된 법인 관련 민법개정안이 2013년도에 마련되어 2014. 10. 21. 국무회의를 통과하여 2014. 10. 24. 제안되었으나, 위 법안도 19대 국회가 2016. 5. 29. 임기만료로 폐기되었다. 이 후 21대 국회에 이르기까지 법인에 관한 민법개정안은 정부안으로 제안되지 못하였다.

4. 민법개정시 검토 사항

(1) 조문의 위치

법인의 합병·분할에 관한 조항의 위치와 관련하여 비교법적으로 민법전에 명문규정을 둔 예를 찾을 수 없다는 점에서 논란의 여지가 있다.[83] 일본과 같이 별도의 법인에 관한 법률을 만드는 방안도 고려할 수 있겠지만,[84] 이미 법인의 합병·분할 규정을 두고 있는 개별 법률이 산재해 있고, 대부분 민법상 법인 규정을 준용하는 등 민법이 비영리법인에 관한 일반법으로서의 위상을 유지하고 있는 점에 비추어 볼 때 민법총칙편에 규율하는 것이 타당하다고 생각된다.[85] 민법총칙편에 합병·분할에

---

83 권철(註 33), 66-68면은 현행 우리민법전의 기본적인 태도가 필요최소한의 규정을 두는 것이므로, 현실적인 필요성이 많지 않고 선행연구도 거의 없는 상황에서 민법전에 수십 개의 조문을 신설한다는 것은 전체적인 균형을 생각하면 무리가 있어 보인다고 한다.

84 고상룡, "법인·시효제도 개선에 관한 민법개정안 소고①", 법률신문 제3913호(2011. 2. 21.)는 민법에 방대한 조항을 신설하여야 할 절실한 또는 긴박한 사유가 있는지 의문을 제기하며, 이러한 사유가 있다면 사단법인 및 재단법인에 관한 법률(가칭)과 같은 특별법에서 다루어야 한다는 견해를 취하고 있다.

85 송호영(註 29), 350면은 일본민법상 법인편이 사실상 유명무실해진 것과 달리 우리 민법은 여전히 일반법으로서의 위상을 유지하고 있으므로 민법에서 합병·분할에 관한 일반원칙을 규정하고, 상세한 규정은 특별법에서 규율함이 타당하다고 한다.

대한 조문을 상세히 둘 경우 타조문과 전체적인 균형이 위치시키기 어려우므로 변호사협회의 2004년 개정시안처럼 5개 이내의 조문을 두는 것이 적정해 보인다.[86]

(2) 합병·분할의 인정 범위

(가) 재단법인

독일의 조직재편법은 사단법인의 합병·분할만을 인정하고 재단법인의 합병·분할에 대하여는 규정하고 있지 않다. 또한 일본의 일반법인법은 사단법인과 재단법인의 합병만 인정하고 분할에 대하여는 규정을 두고 있지 않다.[87] 앞서 본 바와 같이 우리나라의 일부 특별법에서도 재단법인의 합병을 인정한 예도 있고, 이에 대하여 규정하지 아니하여 부정한 예도 있다. 다만 재단법인의 분할을 인정한 예는 보이지 않는다.

합병·분할의 대상을 사단법인에 한정할 것인지, 재단법인도 포함시킬 것인지는 법리적 결과에 따른 것이 아니라 입법정책상의 문제라 할 것이다.[88] 재단법인의 경우 설립자의 의사가 존중되어야 한다는 점에서 재단법인의 분할을 인정하는데 의문의 여지가 있기는 하나, 현실적 필요와 해산·청산 후 신설이라는 우회적 절차에 소요되는 사회·경제적 비용 감소라는 입법취지를 고려할 때 이에 반대할 이유는 없다고 보인다. 또한 재단법인제도와 신탁제도의 연관성을 고려할 때 최근 신탁법의 개정을 통하여 신탁의 합병·분할을 인정한 것과의 균형을 위하여서도 사단법인뿐만 아니라 재단법인의 경우에도 합병·분할을 인정할 필요가 있다고 생각된다. 다만 법인성립법정주의의 원칙상 사단법인은 사단법인간의 합병·분할만을 인정하고 재단법인은 재단법인간의 합병·분할만을 인정하여야 할 것이다.[89]

(나) 분할의 인정 여부

지금까지의 개정안에 대한 논의는 모두 합병과 분할 모두를 인정하는 것을 기초로 하였다. 그러나 위에서 보는 바와 같이 재단법인의 분할을 인정한 예가 없고, 상

---

86 1~2개의 조문만 두고 있는 특별법도 있으며, 합병등기 등에 관한 사항은 법인의 등기에 관한 조문을 수정하는 방식으로 규정하는 것도 가능할 것이다.

87 송호영(註 29), 351면.

88 송호영, "비영리법인의 합병·분할에 관한 입법론적 연구", 민사법학 47호(2009. 12.), 한국사법행정학회, 595면; 송호영(註 29), 351면.

89 2010년 민법개정안 제96조의2는 이를 명확히 하고 있다. 상법 제174조 제2항은 합병을 하는 회사의 일방 또는 쌍방이 주식회사 또는 유한회사인 경우에는 합병 후 존속하는 회사나 합병으로 설립되는 회사는 주식회사, 유한회사 또는 유한책임회사이어야 한다고 규정하고 있다.

법에서도 주식회사에만 분할을 인정하고 있는 점, 사회복지사업법, 사립학교법, 변호사법 등에서도 합병에 대한 조문만을 두고 있는 점, 상법처럼 분할시 연대채무의 예외를 인정할 경우 채권자 보호에 취약할 수 있는 점 등을 고려할 때 일반법인 민법에서는 합병에 관한 조문만을 두는 방안도 고려해 볼 수 있을 것이다. 합병의 형태로 분할합병을 인정할 경우 분할을 인정하지 않음으로 인한 단점은 상당 부분 해소될 수 있을 것으로 보인다.[90]

(3) 이해관계인의 보호

(가) 채권자의 보호

2010년 민법개정안 제96조의4는 2주일 내에 채권자로 하여금 이의를 제출하도록 하고 이의를 제출한 채권자가 있는 경우 채무를 변제하거나 공탁하도록 규정하고 있고, 제96조의7은 분할시 법인채무에 대하여 연대책임을 지도록 규정하고 있다. 분할시 분할로 신설되는 법인 또는 존속하는 법인이 분할전 법인의 채무에 대하여 연대책임을 지고 이에 대한 예외가 인정되지 않으므로(제96조의10), 분할시 별도의 채권자보호규정을 두지 않은 것으로 보인다.[91]

(나) 사원의 보호

2010년 민법개정안은 특별히 합병·분할에 반대하는 사원을 보호하는 규정을 두고 있지 않다. 상법에서는 주주가 주식에 대하여 출자의무를 부담하는 대신 이익배당을 받을 수 있는 경제적 속성을 가지는데 반하여, 민법상 법인에서의 사원권은 법인의 비영리 활동에 참여하고 시설을 이용할 수 있는 정도의 권리이므로 합병·분할에 따른 보상을 요구할 수 있는 권리를 인정하지 않은 것으로 보인다.[92] 사단법인의 사원에게 주식회사의 주주와 유사한 권리를 인정할 수는 없을 것이다. 민법상 비영리사단법인의 개인의 인적 결합체라는 성격이 강조되는 측면이 있기는 하지만, 주주와 달리 그 지위의 경제적 가치를 평가하기가 어렵고 타인에게 양도할 수 있는 권리도 아니므로, 결국 법인으로부터 탈퇴할 수 있는 권리를 인정함에 그칠 수밖에 없을 것이다.

---

90 다만, 송호영(註 29), 352-353면은 민법에서는 합병·분할의 일반적인 모습만 인정하면 충분하며, 흡수합병과 신설합병 외에 분할합병까지 인정할 필요는 없다고 주장한다.

91 분할합병의 경우에 분할에 있어서도 채권자보호가 필요할 수 있겠지만, 민법개정안은 분할의 기본형태인 소멸분할과 존속분할만을(합병의 경우에는 흡수합병과 신설합병) 염두에 둔 것으로 보이므로 분할에 있어서의 채권자보호규정은 불필요해 보인다.

92 송호영, "비영리법인의 합병·분할에 관한 입법론적 연구", 민사법학 47호(2009. 12.), 한국사법행정학회, 607면.

(4) 합병 절차 관련 문제

(가) 정족수 문제

2010년 민법개정안은 정관에 다른 규정이 없는 한 사단법인은 사원총회에서 총 사원 4분의 3 이상, 재단법인은 총이사의 4분의 3 이상의 동의로 합병계약서 또는 분할계획서의 승인을 받도록 규정하고 있다(제96조의2 제2항). 사단법인의 해산시 총 사원 4분의 3 이상의 동의로 해산결의가 있어야 되는 점(민법 제78조)과의 균형상, 민 법상 비영리사단법인의 합병·분할에 총사원 4분의 3 이상의 동의로 사원총회의 결 의를 요하는 민법개정안 제96조의3 제2항은 일응 타당한 것으로 보인다.[93]

재단법인의 경우 일본과 같은 평의원, 평의원회를 두고 있지 않으므로 부득이하 게 총이사의 4분의 3 이상의 동의를 통한 승인을 규정한 것으로 보이고, 재단법인의 이사회는 총회의 하위기관인 이사회와는 격이 다르다는 견해[94]에 의할 경우 사단법 인과 달리 재단법인의 경우 이사회의 결의를 거치도록 한 민법개정안의 취지에 수긍 이 가는 면도 있다. 그러나 결의에 있어 정족수를 총이사의 4분의 3으로 정한 이유 와 재단법인을 해산하는 경우에 총이사 4분의 3 이상의 동의를 요하지 않음에도 합 병·분할의 경우에만 이를 요구하는 것이 균형에 맞지 않아 보인다.

(나) 주무관청의 인·허가 관련 문제

민법상 법인의 설립에 있어 주무관청의 허가를 요하고 있다(민법 제32조). 이러한 허가주의는 법인설립의 심사에 있어 주무관청의 과도한 개입으로 헌법상 기본권인 결사의 자유를 필요 이상으로 제한한다는 비판을 받아왔다. 이에 따라 허가주의를 폐지하고 인가주의를 취하여 인가요건을 갖추면 특별한 사정이 없는 한 주무관청이 설립인가를 하도록 하는 민법개정안이 두 차례 제출되었으나 개정에 이르지는 못하 였다(이하에서는 인가와 허가를 합하여 인·허가라고 통칭한다).

2010년 민법개정안 제96조의3 제3항은 사원총회 또는 총이사 4분의 3의 결의로 승인을 받은 합병계약서 또는 분할계획서를 제출하여 주무관청의 인가를 받도록 규 정하고 있다. 각기 다른 목적으로 설립되어 주무관청이 서로 다른 법인이 합병하거 나, 하나의 법인이 다른 목적으로 나뉘어 각각 다른 주무관청의 관할에 속하는 경우

---

93 송호영(註 29), 358-359면은 정족수를 명문화하지 않고 민법 제45, 46조의 해석론에 맡겨두는 것이 낫다고 한다.

94 김교창, "민법 중 법인의 장에 관한 개정의견", 인권과정의 373호(2007. 9.), 대한변호사협회, 173면. 이 견해는 그 명칭도 달리 지어 재단운영회로 부를 것을 제안하고 있다.

어느 주무관청이 인·허가권을 가지는지가 문제될 수 있는데, 민법개정안은 이에 대하여 명확히 규정하지 않고 있다.

이에 대하여 합병의 경우 소멸하는 각 법인의 설립 당시의 주무관청, 신설법인은 민법 제32조에 따른 주무관청에 각 합병의 인·허가를 받아야 하고, 분할의 경우 분할되는 법인은 설립 당시의 주무관청으로부터, 분할로 신설 혹은 존속하는 법인은 민법 제32조의 규정에 의한 주무관청으로부터 분할의 인·허가를 받아야 한다는 견해가 있다.[95]

사단법인의 정관변경, 재단법인의 목적 등 변경에 있어서 주무관청의 인·허가를 요구하고 있지만[96][97] 이는 법인의 존속을 전제로 한 규정이다. ① 법인의 해산에 주무관청의 인·허가를 요하지 않는 점, ② 합병, 분할 후 존속하는 법인은 합병 후 목적에 따른 주무관청으로부터 인·허가를 받음으로써 충분한 점, ③ 민법개정안이 인가주의로 전환한 주된 이유가 주무관청의 과도한 개입을 방지하고 법인설립의 자유를 통한 결사의 자유를 보장하기 위한 것인 점 등을 고려해 볼 때, 합병에 있어서 소멸하는 법인과 신설되는 법인 모두 주무관청의 인·허가를 받도록 하는 것은 지나친 제한이라고 생각된다. 따라서 합병으로 인하여 존속 또는 신설될 법인의 주무관청으로부터 합병에 대한 인·허가, 분할로 인하여 신설 또는 존속할 법인의 주무관청으로부터의 분할에 대한 인·허가를 받음으로써 족하고 소멸할 법인의 주무관청으로부터의 인·허가는 요구하지 않아야 한다고 생각한다.[98] 일본의 경우 허가주의에서 준칙

---

95 송호영(註 92), 599면; 송호영(註 29), 354-356면. 기본적으로는 민법 제32조의 해석론으로 처리할 문제라고 본다.

96 민법 제42, 46조, 민법개정안 제42, 46조. 김중권, "민법개정시안상 법인설립 등에 대한 국가개입에 관한 소고", 법률신문 제3944호(2011. 6. 20.)는 설립시 인가와 정관변경 등에서의 인가의 법적 성질을 구분하여, 설립시 인가는 설권행위(특허)이므로 승인이라는 용어가 보다 적절하고, 정관변경 등에서의 인가는 추인에 해당하므로 인가라는 용어가 적절하다고 한다.

97 현행 민법상 법인설립 허가의 법적 성질에 관하여 윤진수, "사법상의 단체와 헌법", 비교사법 제15권 제4호(통권 43호, 2008. 12.), 15면은 행정법상 특허로 파악하고 있으며, 고상현, "민법상 비영리법인의 설립에서 인가주의와 준칙주의에 관한 시론", 법학 제51권 제2호(2010. 6.), 서울대학교 법학연구소, 108-109면에 의하면 현행 민법상 허가를 강학상 허가로 볼 수는 없으며, 사권형성적 행정행위인 인가로 볼 여지가 있다고 하고 있다.

98 2010년 민법개정안 제96조의3 제3항의 문언(법인은 제2항의 승인을 받은 합병계약서 또는 분할계획서를 제출하여 주무관청의 인가를 받아야 한다)상 기존의 법인이 인가를 받아야 하는 것처럼 보이나 이는 법인 설립의 경우 설립전 사단과 마찬가지로 기존의 법인이 합병 또는 분할 후 법인을 위하여 인가를 받는 것으로 보아야 할 것이다.

주의(등기주의)로 전환함에 따라 주무관청의 인·허가 문제는 발생하지 않게 되었지만 법인정비법은 일반민법법인으로 전환하지 않은 특례민법법인의 합병에 있어서 합병 후의 업무의 감독을 행하는 구주무관청의 인가를 받도록 정하고 있다.

Ⅶ. 결론

이상에서 법인의 본질 및 합병·분할의 성질, 외국의 입법례, 현행법상 법인의 합병·분할 제도, 2010년 민법개정안을 중심으로 한 비영리법인의 합병·분할 등에 대하여 살펴보았다. 법인의 본질, 합병·분할의 성질에 대해서 학설이 대립하고 있으나 법인격은 입법에 의하여 의제, 인정된 것이고, 법인의 합병·분할은 이러한 법인격이 합일하거나 나누어지는 것으로 이해하여야 할 것이다.

종래 민법상 비영리법인의 경우 해산, 청산 후 신설이라는 우회적 방법을 통하여만 하였던 번거로움 및 민법상 법인에 있어서 조직변경의 현실적 필요성 등을 고려할 때 민법에 법인의 합병에 관한 총칙규정을 신설하되, 그 조문의 수와 내용은 최대한 간이하게 규정하는 것이 바람직하다. 재단법인에 있어서도 합병을 인정할 것인지 여부는 입법정책의 문제이기는 하지만, 개정 신탁법과의 연관 및 균형 등을 고려할 때 사단법인뿐만 아니라 재단법인의 합병도 인정하여야 한다고 생각된다. 이해관계인의 보호와 관련하여 비영리법인에서의 사원권을 주주의 권리와 동일시할 수는 없으므로 합병시(분할의 경우 연대하여 법인채무를 부담하므로 채권자보호 규정이 필요없다)의 채권자보호로 충분할 것이다.

또한 재단법인에서 합병계약서의 승인에 별도로 정족수를 규정할 필요는 없고, 주무관청의 인·허가를 규정한 부분은 법인설립에 있어서 인가주의로 전환 등 개입을 최소화 하려는 움직임 등을 고려해 볼 때 합병·분할 후 존속하는 법인의 주무관청의 인허가만으로 충분하다고 생각한다.

공유자의 보존행위의 제한에 관한 단상
- 한국과 일본 판례의 비교를 포함하여 -

이 상 헌*

Ⅰ. 서론

　우리나라와 일본민법은 공유자가 지분권의 과반수(우리 민법 제265조) 내지 지분 가격의 과반수(일본민법 제252조)로 공유물을 관리할 수 있다고 하면서도 보존행위의 경우에는 예외적으로 단독으로 행사할 수 있음을 규정하고 있다. 이에 따라 우리나라와 일본의 법원은 공유자가 단독으로 행사할 수 있는 보존행위에 관한 다수의 판결을 내고 있으며, 공유자가 다른 공유자 내지 제3자를 상대로 공유물 명도청구 또는 공유물에 대해 행해진 등기의 말소청구를 인용함에 있어서 보존행위를 원용하고 있다. 그런데 공유자가 보존행위를 함에 있어서 다른 공유자(침해자인 공유자는 물론이고 침해하지 않은 다른 공유자)와의 이해관계가 상충되는 경우에 한국과 일본의 법원은 공유자의 보존행위를 부인하는 태도를 취하고 있다.

　특히 대법원 2020. 5. 21. 선고 2018다287522 판결은 공유자가 공유물을 독점적으로 점유하는 다른 공유자를 상대로 명도청구한 것에 대해서 공유자와 다른 공유자와의 이해상충이 있어서 보존행위에 해당하지 않는다는 점을 들어 청구를 기각한 바 있다. 이와 같은 판례의 취지를 일관해서 공유자가 다른 공유자를 상대로 보존행위를 하는 것은 곧바로 이해관계가 상충하는 것으로 보아 인정되기 어렵다는 입장도 가능하다. 하지만 일본민법 제정당시 공유자의 보존행위 규정을 둔 취지는 프랑스민

---

* 경북대학교 법학전문대학원 교수

법과는 달리 공유자가 다른 공유자의 동의 없이도 공유물 보존을 위한 행위를 단독으로 행사할 수 있도록 하기 위한 것이었음을 감안하면 이와 같이 공유자가 다른 공유자를 상대로 하는 보존행위가 공유자간에 이해가 상충한다는 이유로 모두 기각되는 것으로 해석하는 것이 타당한 것일까라는 의문이 남는다.

아래에서는 우선 공유자의 권리주장 형태를 둘러싼 한국과 일본의 판례의 태도를 살펴보고(Ⅱ), 한국과 일본 민법의 해석상 관리행위와 보존행위를 어떻게 이해하는지를 살펴본 후(Ⅲ), 마지막으로 한국과 일본 민법의 해석상 보존행위의 제한, 즉 보존행위를 제한하는 사유로서 단지 공유자와 다른 공유자간의 이해상충만으로 충분한지 여부(Ⅳ)도 살펴보기로 한다.

Ⅱ. 공유자의 권리주장 형태: 한국와 일본 판례의 태도

1. 각 공유자의 제3자에 대한 권리

(1) 단독으로 행사할 수 있는 경우

(가) 등기말소청구

① 일본의 경우

일본 최고재판소는 공유물에 대해 아무런 권리를 가지지 않은 제3자가 등기명의를 가지고 있는 경우 공유지분권자는 단독으로 제3자를 상대로 제3자가 가진 등기의 말소를 청구할 수 있다고 한다. 즉, 아래의 最判 昭和 31年 5月 10日(民集 10卷 5号 478頁) 판결에서 공유지분권자는 자기의 지분권이 제3자의 등기에 의해 침해를 받고 있음을 이유로 보존행위로서 단독으로 등기 말소를 청구할 수 있다고 판단하고 있다.[1]

[最判 昭和 31年 5月 10日(民集 10卷 5号 478頁)]

요지) 부동산의 공유자중 1인이 그 지분에 기하여 당해 부동산의 소유자가 아닌데도 등기부상 소유명의인이 되어 있는 자에 대하여 그 등기의 전부말소청구를 구하

---

1 田中淳子, 不動産の共有者の持分権に関する一考察−最高裁平成15年7月11日判決を素材として, 産業經濟研究所紀要第15号(2005年 3月), 92頁. 最判 昭和 33年 7月 22日(民集 12卷 12号 1805頁) 역시, "어떤 부동산의 공유권자 중 한 사람이 그 지분에 근거하여 해당 부동산에 대해 등기부상 소유명의인 자에 대해 그 등기의 말소를 요구하는 것은 방해 배제의 청구에 다름 아니라 이른바 보존행위에 속하는 것이라고 해야 하기 때문에 민법에서 조합재산의 성질을 전술한 바와 같이 해석함에 있어서는 그 지분권자 중 한 명은 단독으로 부동산에 대한 소유권 이전 등기의 전부를 말소할 것을 요구할 수 있다."라고 하고 있다.

는 것은 방해배제의 청구에 다름이 아니고, 이른바 보존행위에 속한다.

사안) 피상속인인 A는 본건 부동산을 자신명의로 가지는 경우에 과세되는 것을 두려워하여 동생인 상고인 Y명의로 가장의 소유권이전등기를 하였다. 그 후 A가 사망하자, A의 본건 부동산은 A의 처인 피상고인 X와 A의 어머니인 B가 공유한다. 이에 X가 Y에 대하여 소유권이전등기말소청구를 구하는 사안이다.

최고재판소) A의 사망에 의해 그 부동산은 상속인인 X와 B의 공유에 속하는 것이고, X는 Y에 대하여 본건부동산에 대한 소유권말소등기절차를 구할 권리가 있다. 즉, 어떤 부동산의 공유권자 1인이 그 지분에 기초하여 당해 부동산에 대한 등기부상 소유명의자에 대하여 그 등기의 말소를 청구하는 것은 방해배제의 청구에 다름아닌 이른바 보존행위에 속하는 것이다. 따라서, 공동상속인중 1인이 단독으로 본건 부동산에 대한 소유권이전등기의 전부의 말소를 요구할 수 있다는 취지의 원심판결은 정당화될수 있기 때문에, Y로부터의 상고를 기각하는 것이다.

한편, 最判 平成 15年 7月 11日 判決(民集 57卷 7号 787頁)은 부동산의 공유자중 1인이 그 지분권에 기하여 공유부동산에 대한 방해배제청구를 할 수 있기 때문에, 당해 부동산에 대해서 실체상의 권리를 가지지 않고도 지분이전등기를 경유하고 있는 자에 대해서 단독으로 그 말소등기절차를 구하는 것이 가능하다고 하였다. 이 판결은 원고의 청구를 인용하면서도 공유자의 보존행위를 근거로 말소등기청구를 인용하지는 않고 있다는 점에서 앞에서 살펴본 最判 昭和 31年 5月 10日(民集 10卷 5号 478頁)에서 공유지분권자가 보존행위로서 말소등기청구를 할 수 있다고 본 것과는 차이를 보이고 있다.

[最判 平成 15年7月11日 判決 民集 57卷 7号 787頁)

요지) 부동산의 공유자중 1인이 그 지분권에 기하여 공유부동산에 대한 방해배제청구를 할 수 있기 때문에, 당해 부동산에 대해서 실체상의 권리를 가지지 않고도 지분이전등기를 경유하고 있는 자에 대해서 단독으로 그 말소등기절차를 구하는 것이 가능하다.

사안) 복수의 토지(총 12필지. 총액 100억엔에 이름)를 소유한 A는 1993년 1월 18일 친자 B에게 살해되었다. B를 포함한 A의 자녀 4명이 A의 사망에 의해 본건 토지를 공동 상속하였다(항소심 구두변론 종결 시에는 아직도 B의 현주건조물 방화죄, 살인죄가 확정되지 않았기 때문에 상속 결격자는 아니었지만, 그 후 본건이 상고심 계속 중인 2000년 12월에 B에 대해 무기징역형이 확정되었다). 그러한 가운데 폭력단 간부 Y에게 3,500만엔의 채무를 지고 있던 B는 사전에 Y의 지시를 받아 준비해 둔 서류를 사용해, 같은 달 25일에 A의 상속인인 4명의 지분을 각 4분의 1로 하는 상속등기를 하고, 같은 달 18일 대물변제를 원인으로 B의 지분을 Y에게 이전하는 등기를 했다. 그 결과, 본건 토지의 등기부상의 지분 비율은 B를 제외한 다른 공동상속인 3명 및 Y가 각각 각 4분의 1이 되었다. 그래서 본건 토지의 각 4분의 1의 지분 등기를 가진 공동상속인 X등 2명이 Y에 대해 B로부터 Y에 대한 대물변제는 통정허위표시 또는 미풍양속 위반에 의해 무효라고 주장하며, Y에게 경료된 4분의 1의 지분이전 등기의 말소등기절차를 청구하였다.

최고재판소) 부동산의 공유자중 1인은 지분권에 기하여 공유부동산에 대하여 가해진 방해를 배제하는 것이 가능하다. 그런데 부실의 지분이전등기가 되어있는 경우에는 그 등기에 의해 공유부동산에 대한 방해상태가 생기고 있는 것이어서, 실체상의 권리를 가지지 않으면서도 지분이전등기를 경료한 자에 대해 공유자는 지분권에 기초하여 지분이전등기의 말소등기절차를 청구하는 것이 가능한 것이다.

위의 最判 平成 15年7月11日 判決은 i) 공유지분권자가 공동상속인중 1인이 살인죄 등의 유죄판결을 받아 상속결격자라고 확정될 때까지는 자신의 지분권이 침해를 받는 상태에 있지 않으면서도 지분이전등기의 말소등기청구가 가능한 것으로 인정받은 점, ii) 공유지분권자의 등기말소청구를 인용한 근거로서 보존행위를 근거로 하지 않았다는 점에서 특이성을 찾을 수 있다. 공유지분권자의 지분권이 침해되지 않았음에도 불구하고 등기말소청구를 인용한 이유는 제3자의 '부실한 등기' 그 자체가 공유 부동산에 방해 상태를 낳고 있다고 본 것으로 해석되고, 공유지분권자의 말소청구를 인용한 근거로서 보존행위를 근거로 하지 않은 이유는 공유지분권자가 공유부동산 전체에 관한 제3자의 등기를 단독으로 말소 청구하는 것이 다른 지분권자에게도 이익이 된다고 생각하고 있었기 때문으로 해석되고 있다.[2]

② 우리나라의 경우

우리나라 대법원 역시 일본 최고재판소와 유사한 입장에 서있다. 즉, 대법원은 부동산의 공유자의 1인은 목적 부동산에 관해 제3자 명의로 원인무효의 소유권이전등기가 경료되어 있는 경우 공유물에 관한 보존행위로서 제3자에 대하여 그 등기 전부의 말소를 구할 수 있다고 해석하고 있다(대법원 1993. 5. 11. 선고 92다52870판결).

---

2 田中淳子, 前揭論文, 94頁.

(나) 명도청구

① 공유물을 점유한 제3자가 점유의 권원을 가지지 못한 경우

일본 학설은 공유물을 점유한 제3자가 점유의 권원을 가지지 못한 경우, 공유자 중 일부는 다른 공유자의 동의를 받지 않고도 단독으로 불법점유자에게 명도청구를 할 수 있다고 본다.[3] 이때 공유자는 보존행위를 근거로 단독으로 불법점유자에 대한 명도청구를 할 수 있다고 해석한다.

우리 대법원 역시 "공유물을 점유할 아무런 권리가 없는 제3자에 대해서는 소유자 또는 공유물에 대한 지분권자로서 공유물을 점유할 권원이 있는 자신에게 그 반환을 청구할 수 있다.'고 한다. 즉, 공유자가 제3자에 대해 인도청구를 하는 경우에는 그 지분권이 물건 전체에 미치는 공유자로서 물건을 점유할 아무런 권원이 없는 제3자를 상대로 하는 것이어서 공유물 인도청구가 가능하다고 본다(대법원 2020. 5. 21. 선고 2018다287522 전원합의체 판결).

② 공유물을 점유한 제3자가 점유의 권원을 가진 경우

일본 최고재판소에 따르면, 소수지분권자는 다수지분권자로부터 점유사용을 승인받은 제3자에 대해서 자기의 지분권에 기초하여 공유물의 명도를 청구할 수 없다(最判 昭和 57年 6月 17日. 判時 1054号 85頁). 이 사안에서는 4분의 3의 지분권자로부터 공유지의 일부를 매수하고, 건물을 건축소유하고 있는 제3자에 대해서, 4분의 1의 지분권자가 부지부분의 명도를 청구하였지만 원고의 청구는 인정되지 않았다.

우리나라 대법원도 같은 취지를 판결을 하고 있다. 즉, 공유물을 배타적으로 사용, 수익하는 소수 지분권자가 공유물을 제3자에게 임대하는 경우에 다른 소수 지분권자가 그 제3자를 상대로 목적물의 인도를 구할 수 있는지에 대해서 대법원은 "공유물을 타인에게 임대하는 행위는 공유물의 관리행위에 해당하므로 지분의 과반수 결의로써 결정해야 하고 만일 소수 지분권자가 임의로 공유물을 제3자에게 임대하였다면 다른 공유자들은 그 임차인을 상대로 공유물 인도를 청구할 수 있다."고 한다(대법원 2010. 5. 27. 선고 2010다569판결). 또한, 대법원은 과반수지분권자로부터 공유물을 임차한 제3자에 대해서는 "과반수 지분의 공유자가 그 공유물의 특정 부분을 배타적으로 사용, 수익하기로 정하는 것은 공유물의 관리 방법으로서 적법하다고 할 것이므로, 과반수 지분의 공유자로부터 사용, 수익을 허락받은 점유자에 대하여 소

---

3 大村敦志,「基本民法 物權編」, 有斐閣, 128頁.

수 지분의 공유자는 점유자가 사용, 수익하는 건물의 철거나 퇴거 등 그 점유의 배제를 구할 수 없다."고 하고 있다(대법원 2002. 5. 14. 선고 2002다9738 판결). 결국 대법원은 제3자의 배타적 점유가 공유자 중 누구와의 임대차 계약 등에 기인하는지를 중요한 요소로 평가하고 있다고 할 수 있다.

(다) 공유지분권의 확인

공유자가 자신의 공유물에 대한 지분권을 부인하고 있는 제3자를 상대로 공유지분권의 확인을 구하는 경우, 공유자는 자신의 지분권의 확인만을 구할 수 있고, 다른 공유자의 지분권의 확인을 구하는 것은 허용되지 않는다. 다른 공유자의 지분의 확인을 구하는 것은 확인의 이익이 없기 때문이다.

이에 대해, 일본 최고 재판소는 토지의 각 공유자는 토지의 일부가 자기의 소유에 속하는 것을 주장하는 제3자에 대해서, 단독으로 계쟁토지가 자기의 공유지분권에 속한다는 것의 확인을 소구할 수 있다고 한다(最判 昭和 40年 5月 20日 民集 19卷 4号 759頁).

우리 대법원 역시, '공유자는 그 지분을 부인하는 제3자에 대하여 각자 그 지분권을 주장하여 지분의 확인을 소구하여야 하는 것이고, 공유자 일부가 제3자를 상대로 다른 공유자의 지분의 확인을 구하는 것은 타인의 권리관계의 확인을 구하는 소에 해당한다고 보아야 할 것이므로 그 타인 간의 권리관계가 자기의 권리관계에 영향을 미치는 경우에 한하여 확인의 이익이 있다고 할 것이다.'라고 하고 있다(대법원 1994. 11. 11. 선고 94다35008 판결).

(2) 공유자 전원이 아니면 행사할 수 없는 경우

(가) 공유권 확인

공유자가 어떤 물건에 대해서 공유관계가 있는 것을 주장하는 경우에는 공유자 전원이 지분권을 행사해야 한다. 즉, 토지의 공유자 전원이 공동원고로서 공유권에 기초하여, 그 공유권을 다투는 제3자를 상대방으로 공유권의 확인 및 소유권이전등기절차를 구하는 경우는 고유필요적공동소송이 된다(最判 昭和 46年 10月 7日 民集 25卷 7号 885頁).

(나) 소유권이전등기

일본 최고재판소에 따르면 공유지분권자가 단독으로 무권리자인 소유명의자를 상대로 소유권이전등기를 청구하는 것이 부정된다(最判 平成 22年 4月 20日 判時 2078号 22頁). 예를 들어, 공유지분권자(B)가 단독으로 무권리자인 소유명의자(D)를 상대로 공유지분권자(B,C)에게 소유권이전등기 할 것을 청구할 수는 없다. 그 경우 공유지분권자(B)는 단독으로 B의 지분에 의해서만 이전등기를 청구할 수 있는 것에 지나지 않고, 그 결과 등기부에는 D와 B의 공유가 기재된다. 결국 실체적권리관계를 바르게 표시하기 위해서는 공유지분권자인 C 또한 D에 대해서 자기의 지분에 관한 이전등기청구를 할 필요가 있다. 이와 관련하여 아래 평성 22년 4월 20일 판례를 보자.

[最判 平成 22年 4月 20日 判時 2078号 22頁]

사안) 건물에 관하여 공동상속인 X1이 1/2, X2가 1/4, A가 1/4의 지분을 가진 경우, 등기부상은 X1이 1/4, X2가 1/8, 무권리자 Y가 1/2의 지분을 가진 것으로 공유등기(보존등기)가 되어 있기 때문에, X1 및 X2(A가 참가하지 않고 있다)가 Y를 상대방으로 공유지분권에 기해서 본건 보존등기 중에서 Y의 지분에 관한 부분을 말소해서, 등기를 실체적권리에 합치하도록 경정할 것을 청구한 사안임.

최고재판소) 부동산의 공유지분을 가지지 않는 자가 공유자로 소유권보존등기가 되어 있는 경우, 다른 공유자 1인이 그 지분에 기반하여 등기를 실체적권리에 합치하게 하기 위해, 방해배제로서 지분을 가지지 않는 등기명의인을 상대로 자기의 지분에 의한 경정등기절차를 구하는 것이 가능하지만, 다른 공유자(여기서는 A)의 지분에 의한 경정등기절차까지를 구하는 것은 가능하지 않다고 하고 있다.

(다) 경계확정의 소

인접한 토지의 일방 또는 쌍방이 여러 사람의 공유에 속한 경우의 경계확정의 소는 각 공유자전원으로 하는 것을 요한다(最判 昭和 46年 12月 9日 民集 25卷 9号 1457頁). 즉, 인접지와의 경계확정이 문제가 되는 경우는 사안의 성질상 공유자전원에 의해 합일하여 확정되지 않으면 안 되기 때문이다.[4]

2. 공유자 상호간의 관계

(1) 목적물의 사용

(가) 일본의 경우

공유자는 공유물에 대한 지분에 따라 사용할 수 있는데 그치고 다른 공유자와의 합의를 경유하지 않고 당연히 공유물을 단독으로 사용할 권원을 가지는 것은 아니다. 하지만, 공유자간의 합의에 의해 공유자의 1인이 공유물을 단독으로 사용할 수

---

4 安永正昭,「講義 物権, 担保物権法」, 有斐閣, 169頁.

있도록 정한 경우, 합의에 의해 단독사용을 인정받은 공유자는 합의가 변경되거나 또는 공유관계가 해소되기 전에는 공유물을 단독으로 사용할 수 있어서, 사용에 따른 이익에 대해서 다른 공유자에 대해서 부당이득 반환의무를 지지 않는다(最判 平成 10年 2月 26日 民集 52卷 1号 255頁5). 이와는 반대로, 공유자중 1인이 단독으로 점유할 권원없이 공유부동산을 단독점유하고 있는 것에 의해 지분에 상응하는 사용을 방해 받고 있는 다른 공유자는 점유하고 있는 점유자를 상대로 지분비율에 상응하는 점유 부분에 해당하는 지대상당액의 부당이득금 내지 손해배상금의 지급을 청구할 수 있다(最判 平成 12年 4月 7日 判時 1713号 50頁)

(나) 우리나라의 경우

우리 대법원도 같은 태도를 취하고 있다. 즉, 대법원은 공유자 중 1인이 공유물을 배타적으로 지배하는 경우 그 공유자에게 부당이득 또는 손해배상을 청구할 수 있다고 하면서(대법원 2002. 10. 11. 선고 2000다17803판결), 수익중 자신의 지분을 초과하는 부분에 대해서는 법률상 원인 없이 취득한 부당이득이 되어 이를 반환할 의무가 있고, 또한 다른 공유지분권자의 사용, 수익을 침해한 불법행위가 성립되어 그 손해를 배상할 의무가 있다고 한다.

(2) 명도청구

(가) 공유물 사용방법에 관한 합의가 있는 경우

공유자간에 공유물 사용방법에 관한 합의가 있는 경우에는 그 합의에 따른다. 일본 판례로서는 공유자간에 공유물 사용방법에 관한 합의가 있는 것으로 본 사안으로 最判 平成 8年 12月 17日 民集 50卷 10号 2778頁을 들 수 있다.

[最判 平成 8年 12月 17日 民集 50卷 10号 2778頁]

사안) 오토바이점을 운영하는 M이 사망하고, 그의 유산 중에 점포가 있는 건물과 부지(총칭하여 갑 부동산)가 있다. 상속인 중에 Y외 2명(각 지분 2/12)은, M의 생전사업의 중심적 존재로서 M사망 후에도 갑 부동산에 거주하고 있다. 유산 분할전에 다른 공동상속인 X등(다수지분권자)이 Y등을 상대방으로, 갑 부동산에 대해 임차상당액의 지급청구(부당이득반환청구)를 했다. 원심은 그의 청구를 인용했고, Y등이 상고하여 최고재판소는 원심을 파기환송했다.

---

5 이 사안은, 내연의 부부가 거주 또는 공동사업에 사용해온 공유부동산에 대해서, 그의 일방이 사망한 후에 타방이 단독으로 사용을 하는 취지의 합의가 성립했다고 인정한 사례이다.

최고재판소) 공동상속인중 1인이 상속개시전으로부터 피상속인의 허락을 얻어 유산에 있는 건물에서 피상속인과 함께 동거해 온 때에는 특단의 사정이 없는 한 피상속인이 사망하여 상속이 개시된 후에도, 유산분할에 의해 건물의 소유관계가 최종적으로 확정하는 때까지는, 계속해서 동거하는 상속인에게 그것을 무상으로 사용하게 하는 취지의 합의가 있는 것으로 추정된다. 따라서 피상속인이 사망한 경우에는 그 때로부터 최소한 유산분할까지에는 피상속인의 지위를 승계하여 다른 상속인등이 대주가 되고, 동거하는 상속인을 차주로 하는 건물의 사용대차계약관계가 존속하는 것이 되는 것이다.

(나) 공유물 사용방법에 관한 합의가 없는 경우

① 일본의 경우

일본 최고재판소에 의하면, 공유지분의 가격이 과반수를 넘는 자라도 공유물을 단독으로 사용하는 다른 공유자에 대해서 당연히 그의 명도를 청구할 수 있다는 것은 아니라고 보고 있다(最判 平成 41年 5月 19日 判タイムズ 193호 91貢)[6]

最判昭和 41년 5월 19일, 判タイムズ 193호 91貢)은, 합의를 경료하지 않아서 공유자가 당연히 공유물을 단독으로 점유하는 권원을 가진다고 말할 수는 없지만 그렇다고 해서 다수지분권자가 당연히 그 명도를 청구할 수 있다는 것은 아니라고 한다. 그 이유는 '소수지분권자가 자기의 지분에 의해, 공유물을 사용, 수익하는 권원을 가지고, 거기에 기초해서 공유물을 점유하는 것도 인정되기 때문'이라고 한다. 또한 '그 경우, 다수지분권자가 소수지분권자에 대해서 공유물의 명도를 구하는 것이 가능하기 위해서는, 그 명도를 구하는 이유를 주장, 입증해야 한다'고 하고 있다. 학설은 본 판결에서 말하는 '명도를 청구하는 이유'로서, 공유자간에 사용방법에 대한 특단의 합의가 존재하는 경우를 들고 있다. 따라서 어떤 공유자가 공유자간의 합의에 반하여 점유하는 경우에는 다른 공유자는 그 합의를 주장, 입증해서 명도를 청구할 수 있다고 한다.[7] 결국, 일본 판례에 의하더라도 공유자간에 공유물 사용방법에 관한 합의가 없는 경우에는 다수지분권자라고 하더라도 소수지분권자에 대해서 공유물 명도를 청구할 수는 없다고 해석되는 것으로 생각된다.

다만, 다른 공유자들이 독점적으로 목적물을 점유하는 공유자에 대해 명도청구를 하지 못한다고 하더라도, 목적물을 점유하는 공유자가 그것을 단독으로 점유하는

---

6 片山直也. 共有者相互間の明渡請求,「民法判例百選I(總則, 物權)」, 有斐閣, 151貢.

7 片山直也. 前揭論文, 151貢.

것이 가능한 권원을 주장, 입증하지 못하는 한 목적물을 점유하는 공유자는 다른 공유자에 대해서 자신의 점유부분에 대한 지대상당액의 부당이득금 내지 손해배상금을 지급해야 할 것이다(最判 平成 12年 4月 7日 判時 1713号 50頁). 결국 이와 같은 태도는 공유자가 단독으로 목적물을 점유하고 있는 경우에도 다른 공유자가 목적물을 점유하는 공유자로부터 목적물을 명도받아 공유자 간의 분쟁을 해결하도록 하기 보다는, 공유물을 분할하도록 하는 방법으로 문제를 처리하라고 하도록 하려는 취지로 생각된다.8

　　이와는 다른 경우를 살펴볼 수 있다. 즉, 수인이 공동으로 부동산을 매입한 경우에는 공유자들간에 그 목적물의 점유를 두고 발생한 분쟁을 공유물의 분할을 통해 해결하기 곤란한 경우가 있기 때문이다. 가령, 수인의 공유자간의 관계는 단순한 공유가 아닌 계약(예를 들어 조합계약)이 있는 것이 보통이어서, 그 계약을 바탕으로 부동산을 공동으로 이용하는 것을 상정하고, 공유물 분할을 전제로 하는 해결방법을 취하는 것이 곤란하다. 이 경우 공유자 일부가 공유물을 단독으로 점유하는 경우에 다른 공유자로서는 자신이 스스로 공유물을 사용하게 해달라고 청구하는 것이 된다. 그것은 공유자간의 계약에 따라 공유물을 사용하도록 청구하고 있는 것이 된다. 계약내용이 불명확한 경우도 많이 있지만, 그 경우에는 계약해석의 문제가 될 것이다.9

　　② 우리나라의 경우

　　우리나라 대법원은 과반수지분권자가 공유물을 배타적으로 점유 및 사용·수익하는 경우, 다른 소수지분권자는 과반수 지분권자에게 공유물 인도청구 내지 방해배제를 청구할 수 없다고 보고 있다(대법원 2002. 5. 14. 선고 2002다9738판결 등). 그 근거로는 과반수 공유지분을 가진 자는 공유자 사이에 공유물의 관리방법에 관하여 협의가 미리 없었다고 하더라도 공유물의 관리에 관한 사항을 단독으로 결정할 수 있으므로 공유토지에 관하여 과반수 지분권을 가진 자가 그 공유토지의 특정된 한 부분을 배타적으로 사용, 수익할 것을 정하는 것은 공유물의 관리방법으로서 적법하기 때문이라고 한다. 이 경우 과반수 지분권자는 지분을 가지고 있으면서 사용수익을 하지 못하고 있는 소수지분권자에 대해서 그 지분에 상응하는 임료 상당의 부당이득을 반환할 의무가 있다고 보고 있다(대법원 2014. 2.27. 선고 2011다42430판결 등).

　　한편, 우리나라에서는 소수 지분권자가 공유물을 배타적, 독점적으로 사용, 수익

8　大村敦志, 前揭書, 130頁.
9　大村敦志, 前揭書, 130頁.

하는 경우, 다른 소수지분권자가 공유물의 보존행위로서 독점적으로 사용, 수익하는 소수 지분권자를 상대로 공유물의 인도 및 방해배제를 청구할 수 있는지 여부를 두고 논란이 되어 왔다.[10] 종래 1994년 대법원 전원합의체 판결(대법원 1994. 3.22. 선고 93다9392, 9408 전원합의체 판결)로 소수지분권자가 공유물의 보존행위로서 공유물을 독점적으로 사용, 수익하는 소수 지분권자에 대한 명도청구를 인용해 왔으나, 2020년 대법원 전원합의체 판결(대법원 2020.5.21. 선고 2018다287522 전원합의체 판결)은 소수 지분권자의 명도청구를 허용하지 않는 태도를 취하고 있다. 1994년 판결과 2020년 판결은 명도청구에 찬성하는 의견과 반대하는 의견이 다수의견과 소수의견만을 달리하여 동일한 내용으로 제시되어 있다.[11]

(3) 등기말소청구

일본 최고재판소는 공유자중 1인이 다른 공유자를 상대로 그 공유지분에 대한 방해배제로서 실체적 권리관계로 등기를 합치시키기 위해 등기 전부의 말소청구를 하는 것은 허용하고 있지 않다.

예를 들어, 피상속인 M로부터 목적물을 상속받아 공유자가 된 A,B,C(지분 각 1/3)

---

10 대법원 1994. 3.22. 선고 93다9392, 9408 전원합의체 판결: 대법원 2020.5.21. 선고 2018다287522 전원합의체 판결.

11 공유물 인도 및 방해배제를 부정하는 의견은 다음을 근거로 들고 있다. ⅰ) 원고의 인도청구를 허용하는 것은 피고인 소수지분권자가 적법하게 보유하는 '지분비율에 따른 사용, 수익권'까지 근거 없이 박탈하는 결과가 된다. ⅱ) 통설 및 판례는 공유자의 지분이 소유권의 분량적 일부라고 한다는 점에서, 공유물을 점유하는 공유자 역시 자신의 소유권에 근거하여 공유물을 점유하고 있다고 한다. ⅲ) 대법원은 공유자 중 1인이 공유물을 배타적으로 지배하는 때에도 다른 공유자에게 부당이득 또는 손해배상을 청구할 수 있다고 하면서(대법원 2002. 10. 11. 선고 2000다17803판결), '수익중 자신의 지분을 초과하는 부분에 대해서는 법률상 원인 없이 취득한 부당이득이 되어 이를 반환할 의무가 있고, 또한 다른 공유지분권자의 사용, 수익을 침해한 불법행위가 성립 되어 그 손해를 배상할 의무가 있다'고 하여, 소수지분권자의 독점적 점유가 그 지분 비율만큼은 위법하지 않다는 것을 전제로 하고 있음을 든다(대법원 1991. 9. 24. 선고 91다23639판결) 이에 대해 공유물 인도 및 방해배제를 긍정하는 의견역시 팽팽하게 맞서 있다. 즉, ⅰ) 공유물 관리에 대한 공유자 간의 합의나 결정 없이 한 소수지분권자의 독점적 점유는 전체가 위법한 것으로 보아야 하고, 공유자의 지분을 초과하는 부분만 위법하다고 보는 것은 부당하다고 한다. ⅱ) 소유권자로서의 물권적 청구의 요건은 소유권자(공유의 경우에는 공유지분권자)가 물건을 점유할 권리를 가지지 않는 제3자에게 행사할 수 있는 것인데 본건에서 원고는 공유지분권자이고, 피고는 물건을 배타적으로 점유할 권리를 가지지 않는 제3자이므로 원고는 피고를 상대로 인도청구 즉 물권적청구권을 행사할 수 있다고 보아야 한다. ⅲ) 또한, 공유자들 사이에 합의나 결정에 의하여 공유자들이 가지는 '사용, 수익권'이 구체적으로 특정되지 않았다면 지분권자로서 피고가 가지는 사용, 수익권은 단지 관념적인데 불과하므로 공유물 인도를 구하는 것이 피고의 권리를 침해하는 것은 아니라고 한다.

중 1인인 C가 임의로 M으로부터 C로 소유권전부를 이전등기한 경우, 공유자인 A가 단독으로(B는 소송에 참가하지 않음) M과 C간의 소유권이전등기의 말소청구를 함으로써 A,B,C간의 공유등기를 실현할 수 있는가에 관한 판결이 있다. 이에 관해서 일본 판례는 '공유자중 1인이 그 공유지분에 대한 방해배제로서 등기를 실체적권리로 합치시키기 위해 그 명의인(여기서는 C)에 대해 청구하는 것이 가능한 것은, 자기의 지분에 의해서만 일부말소(경정) 등기절차를 할 수 있다고 해석하는 것이 상당하다"(最判 昭和 59年 4月 24日 判時 1120号 38頁)고 함으로써 부정적인 입장을 보이고 있다.[12]

우리나라 대법원은 일본 최고재판소와는 다소 차이를 보이고 있다. 즉, "상속에 의하여 수인의 공유로 된 부동사에 관하여 그 공유자 중의 1인이 부정한 방법으로 공유물 전부에 관한 소유권이전등기를 그 단독명의로 경료함으로써 타의 공유자가 공유물에 대하여 갖는 권리를 방해한 경우에 있어서는 그 방해를 받고 있는 공유자 중의 1인은 공유물의 보존행위로서 위 단독명의로 등기를 경료하고 있는 공유자에 대하여 그 공유자의 고유지분을 제외한 나머지 공유지분 전부에 관하여 소유권이전등기말소등기절차의 이행을 구할 수 있다'고 하고 있다(대법원 1988. 2. 23. 선고 87다카961판결).

Ⅲ. 공유자의 보존행위의 제한

1. 일본민법과 우리 민법상 관리행위, 보존행위에 관한 해석

(1) 일본 민법

일본 민법은 공유물의 관리에 관한 사항은 각 공유자의 지분의 가격에 따라 과반수로 결정한다고 하면서, 다만 보존행위는 각 공유자가 할 수 있다고 규정한다(제252조). 공유자가 공유물의 사용, 수익에 관한 방법(예를 들어, 각 공유자가 공유물을 1주간 교체로 사용한다든지, 토지 공유자 ABC중에서 A가 단독으로 토지위에 건물을 지어서 거주하고, BC에게 사용료를 지급한다는 등)을 정하는 것은 관리행위에 해당하여 지분의 가격의 과반수로 정하는 것이 가능하다. 다만 보존행위는 공유물의 현상을 유지, 보존하는 것이어서 공유자가 단독으로 하는 것이 가능한데(동법 제252조 단서), 공유물을 물리적으로 유지하기 위한 행위, 공유물에 대한 방해배제를 청구하는 등이 보존행위에 해당한다.[13]

---

12 安永正昭, 前揭書, 169頁.

(2) 우리 민법

민법상 공유물의 관리에 관한 사항은 공유자의 지분의 과반수로써 결정하지만, 보존행위는 각자가 할 수 있다(제265조). 동조에서 공유물의 관리행위는 공유물의 변경, 처분에까지 이르지 않은 정도로서 공유물을 이용, 개량하는 행위를 의미한다고 설명하는 견해가 있다.[14] 이 견해는 민법 제265조 본문이 관리행위를 규정하고, 동조 단서가 보존행위를 규정하는 것으로 새기는 것이다. 이에 대해서 공유물의 관리란 공유물의 처분, 변경에 이르지 아니하는 정도로 그 물건을 보존, 이용, 개량하는 것을 말한다고 하면서 이중에서 보존행위에 대해서는 민법 제265조 단서에서 규정하는 것으로 보는 견해가 있다.[15] 그런데 공유물의 보존행위는 공유물의 훼손, 멸실을 방지하여 현상을 유지하기 위해서 하는 사실상, 법률상의 행위로서,[16] 공유자가 단독으로 보존행위를 할 수 있게 한 것은 보존행위가 다른 공유자에게도 이익이 되는 것이 보통이고, 또 긴급을 요하는 경우도 많기 때문일 뿐이다.[17] 결국, 공유자로서는 공유자의 지분의 과반수를 충족하여 공유물을 보존, 이용, 개량하는 행위를 할 수도 있고, 만일 공유자의 지분의 과반수를 충족하지 못하는 경우에도 다른 공유자에게 이익이 되고 긴급을 요하는 경우라면 보존행위를 할 수 있는 것으로 새길 수 있을 것이다. 우리 대법원은 공유물의 보존행위를 넓게 인정해왔다. 즉, 대법원은 공유자 1인의 말소등기청구권, 공유물방해배제청구권, 공유물반환청구권, 손해배상청구권 모두를 보존행위에 해당하는 것으로 해석하고 있다. 대법원이 보존행위로 인정하는 사례로는 다음과 같다.

① 부동산의 공유자의 1인은 목적 부동산에 관해 제3자 명의로 원인무효의 소유권이전등기가 경료되어 있는 경우 공유물에 대한 보존행위로서 제3자에 대하여 그 등기 전부의 말소를 구할 수 있다(대법원 1993. 5. 11. 선고 92다52870판

---

13 安永正昭, 前揭書, 170頁.

14 이영준, 「물권법」, 박영사, 2009년, 596면.

15 양창수·권영준, 「권리의 변동과 구제」, 박영사, 2020년, 323면.

16 김증한·김학동, 「물권법」, 박영사, 2004년, 313면. 여기서의 보존행위가 민법 제118조가 규정하는 '보존행위'와 같은 것이라는 설명도 있다(이영준, 전게서, 598면). 대법원 1995.4.7.선고 93다54376판결; 대법원 2019. 9.26., 선고 2015다208252판결.

17 곽윤직·김재형, 「물권법」, 박영사, 290면; 김상용, 「물권법」, 화산미디어, 2018년, 426-427면; 김증한·김학동, 전게서, 313면. 이영준, 전게서, 598면. 대법원 1995. 4. 7. 선고 93다54376판결; 대법원 2019. 9. 26., 선고 2015다208252판결 등

결). 또한 공유자 중 1인이 부정한 방법으로 공유물 전부에 관한 소유권이전
등기를 자신의 단독명의로 경료함으로써 다른 공유자 1인이 단독명의 공유
자의 공유지분을 제외한 나머지 공유지분 전부에 관하여 소유권이전등기말
소등기를 청구하는 경우에도 공유자의 보존행위를 인용하고 있다.[18]

② 제3자가 원인없이 불법점유를 하는 경우 제3자에 대하여 명도를 청구하는 경
우를 보존행위로 해석하고 있다.[19] 공유자중 일부는 다른 공유자의 동의를
얻지 않고도 제3자를 상대로 명도청구하는 것이야말로 보존행위 규정을 둔
취지에 부합한다고 생각한다.

③ 나아가, 공유 부동산의 불법점유자에 대하여 손해배상을 청구하는 것도 보존
행위에 해당하는 것으로 본 판례도 있다.[20] 하지만 공유자는 지분권에 기한
물권적 청구권에 의하여 단독으로 이를 행사할 수 있는 것이므로 '보존행위'
개념에 무리하게 위 모든 경우를 포함시키려 할 필요는 없고,[21] 공유물의 침
해를 이유로 하는 손해배상청구 등과 같이 과거의 침해로 인한 결과를 시정
하는 것은 보존행위에 해당하지 않는다고 생각한다.[22]

④ 한편, 대법원은 공유자가 공유물의 취득시효를 중단시키는 것에 대해서 이를
공유관계의 확인을 구하는 것과 함께 "공유관계의 대외적 주장"으로서, 공유
자 전원이 공동으로 해야 한다는 태도를 취한다.[23] 하지만 이는 보존행위에

---

18 대법원 1988.2.23. 선고 87다카961판결.

19 대법원 1996.10.15. 선고 96다23283판결. 지분권자의 제3자에 대한 공유물 인도 및 말소등기청구도
    보존행위가 될 수 없다고 하는 견해로 이동진, "민법중 공유에 관한 규정의 입법론적 고찰",「공동소
    유에 관한 연구」, 39면. 이 견해는 지분권자가 제3자에 대한 공유물 인도 및 말소등기청구를 하는
    경우에 이해충돌이 되는 것은 아니지만, 청구가 모두 보존목적을 초과한다고 한다. 즉, 공유자 일부
    가 제3의 불법점유자를 상대로 해서는 공유자 일부가 다른 공유자들과의 사이에서 공동점유 창출을
    요구하는 것을 생각하기는 어렵다는 점에서 단독점유이전을 청구할 수 밖에 없는데, 이는 불가분채
    권 유사관계로 구성할 수 밖에 없다고 한다.

20 대법원 1962. 4. 12. 선고 4294민상1242판결: 이에 의하면 '명도할 때까지의 불법점거로 인한 손해금
    의 청구를 하는 것은 방해배제의 청구이고, 이는 이른바 보존행위에 속하다 할 것이며, 손해금이 금
    전이라고 하여 결론에 아무런 영향이 없다.'고 한다.

21 이영준, 전게서, 600면은, 특히 공유물에 대한 불법행위를 이유로 손해배상청구를 하는 경우, 공유자
    는 그 지분에 대응한 비율의 한도에서만 손해배상청구를 할 수 있고 타인의 지분에 대해서는 손해배
    상청구를 할 수 없다고 한다(대법원 1970. 4. 14. 선고 70다171판결).

22 양창수·권영준, 전게서, 329면.

23 대법원 1979. 6. 26. 선고 79다639판결.

해당하므로, 단독으로 제3자에 대하여 공유물의 반환 또는 등기 전부의 정정을 청구하면 공유물 전부에 대하여 취득시효가 중단된다고 보는 것이 타당하다고 본다.24 공유자 중 1인은 공유물을 보존하기 위해 자기의 권리를 행사한 것일 뿐이지만 보존행위라는 법률의 규정을 통해서 다른 권리자의 권리에도 영향을 미친 것으로 보아야 할 것이기 때문이다.25

2. 보존행위의 인정 여부를 둘러싼 한국과 일본 판례의 비교

아래에서는 공유자의 보존행위에 해당하는 것으로 이해했던 사안중에서 공유물의 명도청구와 등기말소청구를 둘러싼 한국과 일본의 판례의 태도에 주목해 본다.

(1) 일본의 경우

(가) 제3자에 대한 청구

일본 최고재판소는 最判 昭和 31年 5月 10日(民集 10卷 5号 478頁) 판결에서 공유지분권자는 자기의 지분권이 제3자의 등기에 의해 침해를 받고 있음을 이유로 보존행위로서 단독으로 등기 말소를 청구할 수 있다고 판단하고 있다.26

또한, 위에서 본 바와 같이 공유물에 대한 공유자가 제3자를 상대로 공유목적물에 대한 명도청구를 하는 경우에도 보존행위를 근거로 하는 것으로 해석되고 있다.

(나) 다른 공유자에 대한 청구

일본 최고재판소는 공유자중 1인이 그 공유지분에 대한 방해배제로서 실체적 권리관계로 등기를 합치시키기 위해 등기 전부의 말소청구를 하는 것을 허용하고 있지 않다(最判 昭和 59年 4月 24日 判時 1120号 38頁).

한편, 일본 최고재판소는 다수 지분권자가 소수지분권자에 대해서 명도청구를 하는 경우에는 명도청구를 하는 이유를 제시할 것을 요구하고 있다(最判 平成 41年 5月 19日 判タイムズ 193호 91頁). 즉 공유지분권자가 보존행위를 근거로 다른 공유지분권자에게 명도청구하는 것을 허용하고 있지 않은 것으로 보인다.

---

24 양창수·권영준, 전게서, 329면.

25 같은 취지로, 최준규, 「김용덕 대표집필, 주석민법(물권2)」, 한국사법행정학회, 박영사, 2019년, 265면. 반대하는 견해로서 민일영, 「곽윤직 대표집필, 민법주해V(물권2)」, 박영사, 1992년, 575면.

26 위에서 본 바와 같이 最判 平成15年7月11日判決은 보존행위를 근거로 하고 있지 않다.

(2) 우리나라의 경우

(가) 제3자에 대한 청구

우리 대법원은 공유자 일부가 제3자에 대해서 등기말소를 청구하는 경우 보존행위를 근거로 해석하고 있고(대법원 1993.5.11. 선고 92다52870판결), 제3자에 대해 명도청구하는 경우에도 보존행위를 근거로 해석하고 있는 것으로 보인다(199.3.22. 선고 93다9392, 9408 전원합의체 판결, 대법원 2020.5.21.선고 2018다287522 전원합의체 판결).

(나) 다른 공유자에 대한 청구

우리 대법원은 소수 지분권자는 다수 지분권자에게 공유물 명도청구를 할 수 없는 것은 물론(대법원 2002. 5. 14. 선고 2002다9738판결), 소수 지분권자가 다른 소수 지분권자에게 공유물 명도청구를 하는 것도 보존행위에 해당하지 않는다는 점을 들어 명도청구를 부인하고 있다(대법원 2020. 5. 21. 선고 2018다287522 전원합의체 판결). 특히 우리 대법원은 공유자의 보존행위가 다른 공유지분권자의 이익과 상충이 발생하지 않아야 함을 근거로 하고 있다는 점에서 공유자 일방이 다른 공유자를 상대로 **보존행위**를 주장하는 것은 부인하는 입장을 가진 것으로 생각된다.

한편, 우리 대법원은 "공유자 중의 1인이 부정한 방법으로 공유물 전부에 관한 소유권이전등기를 그 단독명의로 경료함으로써 타의 공유자가 공유물에 대하여 갖는 권리를 방해한 경우에 있어서는 그 방해를 받고 있는 공유자 중의 1인은 공유물의 보존행위로서 위 단독명의로 등기를 경료하고 있는 공유자에 대하여 그 공유자의 고유지분을 제외한 나머지 공유지분 전부에 관하여 소유권이전등기말소등기절차의 이행을 구할 수 있다'고 하고 있고 있어서(대법원 1988. 2. 23. 선고 87다카961판결), 일본 판례와 다른 차이를 보이고 있다.

(3) 소결론

위에서 본 바와 같이 일본과 우리 법원에서 공유물을 둘러싼 분쟁에서 보존행위의 채택이 논의되고 있는 영역은 주로 명도청구와 말소등기청구로 정리할 수 있다.

이중에서 일본과 우리 법원은 공유 지분권자가 제3자를 상대로 명도청구 또는 말소등기청구를 하는 경우에는 그 근거로서 보존행위를 드는 것에 대해 차이점을 보이지 않는다.

또한, 일본과 우리 법원은 공유 지분권자가 다른 공유 지분권자를 상대로 명도청구를 하는 경우에 그 근거로서 보존행위를 드는 것에 대해서 부인하고 있다는 점에서도 유사한 태도를 보이고 있다. 다만, 일본 법원이 공유자중 1인이 그 공유지분에 대한 방해배제로서 실체적 권리관계로 등기를 합치시키기 위해 다른 공유자를 상대로 등기 전부의 말소청구를 하는 것을 허용하지 않는 반면에 우리 법원은 보존행위임을 들어 이를 긍정한다는 점에서 차이를 보이고 있다.

3. 공유자의 보존행위 제한과 관련하여

(1) 대법원의 태도

위에서 본 바와 같이 우리 대법원은 공유물의 보존행위는 공유물의 멸실, 훼손을 방지하고 그 현상을 유지하기 위하여 하는 사실적, 법률적 행위라고 하면서, 민법 제265조 단서가 이러한 공유물의 보존행위를 각 공유자가 단독으로 할 수 있도록 한 취지는 그 보존행위가 긴급을 요하는 경우가 많고 다른 공유자에게도 이익이 되는 것이 보통이기 때문이라고 판단하고 있다(대법원 2019. 9.26, 선고 2015다208252판결).

이에 따라 대법원은 공유자간에 이익이 상충하는 경우 일방 공유자는 보존행위를 할 수 없다고 보고 있다. 이에 관한 대법원 판례를 살펴보면 다음과 같다.

(가) 피해자인 공유자와 침해자 아닌 공유자 사이에 이해상충하는 경우

가령, 피해자인 공유자(A)가 원고가 되어 침해자인 공유자(C)를 대상으로 소를 제기하는데, 침해자 아닌 공유자(B)와의 이해관계가 상충되는 경우를 들 수 있다.

① 대법원 1995.4.7. 선고 93다54376판결은 공유자인 원고가 다른 공유자인 피고를 상대로 소유권이전등기 말소소송을 청구한 때, 다른 공유자인 소외자가 피고의 소유권이전등기에 관한 주장이 사실임을 증언한 경우, 원고가 공유물의 보존행위로서 이 사건 부동산중 소외자의 지분에 해당하는 부분까지 말소를 구하는 것은 소외자의 이해와 충돌되는 것이라고 본 바가 있다.

② 대법원 2019. 9.26, 선고 2015다208252판결은 아파트 입주자대표회의 회장, 동대표 및 그 배우자 원고들이 도시가스 사업자인 피고 회사를 상대로 정압기실의 철거와 부지인도를 구하는 소를 제기하면서 관리단집회의 결의를 거치지 않은 사안에서, 정압기실이 아파트 구분소유자들이 도시가스를 공급받기 위한 필수적인 시설로서 이를 철거할 경우 도시가스 공급에 지장을 줄 수 있고, 도시가스의 공급 없이는 원만한 주거생활이 어렵다는 점에서 원고의 청구가 다른 구분소유자의 이익에 반할 수 있다는 점에서 보존행위에 해당하지 않는다고 하였다.

(나) 피해자인 공유자와 침해자인 공유자 사이에 이해상충하는 경우

가령, 피해자인 공유자(A)가 원고가 되어 침해자인 공유자(C)를 상대로 소를 제기하는데, 피해자인 공유자(A)와 침해자인 공유자(C) 사이에 이해관계가 상충하는 경우를 들 수 있다.

① 대법원 2020. 5. 21 선고 2018다287522 전원합의체 판결은 공유자 일부가 공유물을 배타적으로 사용하고 있는 다른 공유자를 상대로 명도청구를 한 사안에서, 공유자 일부의 명도청구는 공유물을 배타적으로 사용하는 피고의 이해와 충돌된다는 점에서 보존행위라고 할 수 없다고 하면서, 명도청구를 받아들이지 않았다. 다만 이 판결에서 대법원은 공유물을 독점적으로 점유하는 공유자는 다른 공유자의 지분권에 기초한 사용, 수익권을 침해하는 것이라고 하면서, 공유자는 자신의 지분권 행사를 방해하는 행위에 대하여 민법 제214조에 따른 방해배제청구권을 행사할 수 있다고 보았다.

② 이 판결에 이은 대법원 2020. 10. 15. 선고 2019다245822 판결에서도 '원고는 이 사건 건물부분의 공유자로서 그 중 유리문 등이 설치된 부분을 독점적으로 점유하는 또 다른 공유자인 피고들을 상대로 이 사건 건물부분의 인도를 청구할 수 없지만 원고는 공유자의 지분권에 기초한 방해배제로서 이 사건 건물부분에 설치된 유리문 등 지상물의 철거를 청구할 수 있다.'고 하였다.

(2) 판례에 관한 단상

(가) 소수지분권자의 방해배제청구는 보존행위를 행사하는 방식으로 행사해야 하는가?

대법원 2020. 5. 21 선고 2018다287522 전원합의체 판결은 공유자가 다른 공유자를 상대로 '방해배제청구'하는 것을 두고 이를 보존행위로 행사할 수 있는지 여부에 관해서는 논하지 않았다. 그러면서도 공유자가 공유물을 독점적으로 점유하는 다른 공유자에 대해서 자신의 지분권에 기하여 방해배제청구를 할 수 있다고 함으로써, 공유자 사이에 이해관계가 상충하는 경우에도 방해배제청구가 가능하다는 취지의 판결을 하고 있다.

그런데 우리 민법 제265조에 의하면 공유물의 관리에 관한 사항은 공유자의 지분의 과반수로 해야 하고 다만 보존행위의 경우만 각자가 할 수 있다. 그렇다면 소수지분권자가 관리행위를 하기 위해서는 자신이 지분의 과반수를 취득하던지 아니면 다른 지분권자와 합하여 지분의 과반수를 구성해야 하는 것이다. 하지만 그 예외로서 소수 지분권자가 하려는 행위가 보존행위에 해당하는 경우에만 단독으로 할 수 있다는 것이다. 결국, 과반수의 지분을 스스로 또는 타인과 합하여 확보하지 못한 소수지분권자가 관리행위를 하고자 하는 경우에 그 관리행위가 보존행위에 해당되지 않는다면 결국 그 소수지분권자는 당해 관리행위를 시행할 수 없는 것이다. 대법원 2020. 5. 21 선고 2018다287522 전원합의체 판결은 어떤가? 이 전원합의체 판결에서는 소수지분권자가 하고자 하는 명도청구와 방해배제청구중에서 명도청구는 보존행위에 해당하지 않음을 분명히 하면서도 방해배제청구가 보존행위에 해당하는지 여부에 관해서 언급하지 않고 있다.27 그렇다면 소수지분권자에 불과한 원고로서는 자신이 행사하려고 하는 방해배제청구가 보존행위에 해당하지 않는 한, 방해배제청구를 할 수 없다고 판단하는 것이 타당하지 않을까 생각한다. 그렇다면 대법원 2018다287522판결 이전의 판례는 방해배제청구를 보존행위로 행사할 수 있는지에 관해서 어떤 태도를 가지고 오고 있었을까? 대법원 1996. 2. 9. 선고 94다61649판결을 보면, 공동상속인들 중의 일부가 공동상속재산에 관한 원인무효등기 전부의 말소28를 청구할 수 있다고 하면서, 그 근거로서 공유자가 공유물에 대한 보존행위를 하고 있음을 들고 있다. 즉, 공유자중 일부가 방해배제청구를 하고자 하는 경우에는 그 방해배제청구가 보존행위에 해당하여야 한다는 고려를 하고 있는 것이다. 그렇다면 2020. 5. 21. 선고 2018다287522 전원합의체 판결이 소수지분권자가 (보존행위를 할 수 있는지 여부에 관해서는 논하지 아니한 채) 방해배제청구를 할 수 있다고 판단한 것은 다소 재고할 점이 있다고 생각한다.29

(나) 공유자 간의 이해상충의 경우에는 언제나 보존행위를 행사할 수 없다고 보아야 하는가?

우리 대법원은 공유자 간의 이해상충의 경우에는 보존행위가 허용되지 않는다고 보고 있다. 위에서 본 바와 같이 공유자 간의 이해상충의 경우는 두 가지로 나누어 볼 수 있다. 첫째는 피해자인 공유자와 침해자 아닌 공유자 사이에 이해가 상충되는 경우(대법원 1995. 4. 7. 선고 93다54376판결, 대법원 2019. 9. 26, 선고 2015다208252판결)이고, 둘째는 피해자인 공유자와 침해자인 공유자 사이에 이해가 상충하는 경우(대법원

---

27 공유자의 권리행사를 설명하기 위해 보존행위 개념을 끌어들이지 않고 공유지분권의 행사로 충분하다는 견해로, 김재형, "공유물에 대한 보존행위의 범위", 민법론 I (2004), 231-232면.

28 등기말소청구는 소유권자가 타인에 대해서 소유권의 방해를 배제할 것을 청구하는 물권적청구권으로 이해하는데 이견이 없다. 이에 관해서 곽윤직·김재형, 전게서, 140면.

29 동지, 장병주, "공유자1인의 독점적 공유물 점유와 소수지분권자의 권리-대법원 2020. 5. 21. 선고 2018다287522판결", 민사법의 이론과 실무 학회, 민사법의 이론과 실무 제23권 제3호(2020.8.), 149면.

2020. 5. 21 선고 2018다287522 전원합의체 판결, 대법원 2020. 10. 15. 선고 2019다245822 판결)
이다. 두 경우 모두 대법원은 공유자 사이의 이해상충을 이유로 보존행위가 허용되
지 않는다고 보고 있다.**30**

그렇다면 대법원의 견해대로 공유자와 다른 공유자 사이에 이해가 상충된다면
반드시 보존행위를 행사할 수 없다고 보아야 하는가? 이에 관한 우리 학설을 간단히
정리해보면 공유자와 다른 공유자와 사이에 이해가 상충하는 경우에도 보존행위를
행사할 수 있다고 보는 견해로서, ① 원만한 공유관계를 실현하는 물권적 청구권의
행사를 보존행위에 해당하는 것으로 보아 타인이 공유물을 무단으로 점유할 때 그
배제를 구하는 것도 보존행위에 해당한다고 보는 견해,**31** ② 공유물의 현상을 유지
하기 위하여 필요한 사실적, 법률적 행위를 하는데 있어서 공유자가 다른 공유자들
의 의사와 무관하게 행사할 수 있다고 보는 견해**32**(공유물을 보존하는 것이 공유자 본인
의 지분권을 보호하기 위하여 필요함을 근거로 든다)와 보존행위를 행사할 수 없다고 보는
견해로서, ③ 공유물을 배타적으로 점유하는 공유자에게 인도청구를 한 결과 상대방
공유자가 가지는 이익을 침해하는 경우에는 보존행위로 볼 수 없다는 견해**33**가 제시
되어 있다.

본래 일본 민법상 공유자의 보존행위를 규정한 취지는 프랑스 민법의 영향을 받
은 보아소나드 초안 538조 3항에서 '각 공유자는 그 물건의 보존에 필요한 관리행위
를 행하는 것'에서 유래하였다. 당시의 프랑스민법전은 공유자가 보존행위를 할 수
있는지에 관한 규정을 두고 있지 않았다. 또한 자유주의적인 공유관계를 기반으로
하고 있었던 프랑스 민법에서는 공유자는 공유물에 관해 단독으로 법률행위와 사실
행위를 할 수 없다고 해석하고 있었다.**34** 하지만, 공유물 보존에 해당하는 행위까지

---

30 이와 같은 취지로, 이동진, 전게논문, 39면.

31 양창수, 권영준, 전게서, 박영사, 329면.

32 장보은, "공유자간 이해의 충돌, 해결방안과 그 한계", 법조 제69권 제4호(2020. 8.), 395면. 이에 따
르면, 각 공유자의 이익이나 의사가 중요한 행위라면 공유물에 대한 보존행위라기 보다는 관리행위
에 해당하여 지분의 과반수로써 결정해야 한다고 본다. 하지만, 보존행위는 지분의 과반수 여부에도
불구하고 공유물의 현상을 유지하기 위하여 다른 공유자의 동의를 얻지 않고도 행사할 수 있다는 점
에서 의미를 가지는 것으로 새기는 것이 타당하다고 본다.

33 정병호, "소수지분권자에 의해 공유토지점유로부터 배제된 다른 소수지분권자의 점유회복 방법과 로
마법-대법원2020.5.21. 선고 2018다287522판결-", 법조 제69권 제5호(통권제743호), 법조협회(2020.
10.), 409면.

34 Aubry et Rau; Cours de droit civil français d'après méthode de Zachariæ, tome2, 4 éd., 1869,

단독으로 할 수 없다고 해석하는데 따른 부적합을 회피하기 위해서 묵시적 위임(공유자의 1인이 행하는 행위를 다른 공유자가 알고 있었음을 조건으로 당해 행위에 대한 묵시적 위임이 있는 것으로 보는 것)과 사무관리(공유자 1인의 행위를 사무관리로 해석하여 다른 공유자에 대한 일정한 의무를 부담하도록 하는 것)로 보는 이론구성이 이루어졌다.[35] 일본 민법 제정과정중 보와소나드 민법초안에서 보존행위라고 하는 개념이 발생한 것은 묵시의 위임이나 사무관리라고 하는 법적구성을 이용하여, 보존행위를 허용하게 되었던 프랑스의 판례, 학설을 참조했기 때문인 것으로 설명되고 있다.[36]

결국, 공유관계에 있어서 공유자가 '보존 행위'를 한다는 점을 강조하는 이유는 공유자 중 한 사람이 다른 공유자에 속하는 지분권에 간섭할 것을 정당화하기 위한 것으로 해석된다.[37]

이와 같은 연혁에 비추어 보면 일본민법상 공유자의 보존행위에 관한 규정(제252조)과 여기서 유래된 우리 민법 제265조를 해석함에 있어서, 특히 보존행위에 해당하는지 여부를 판단함에 있어서는 공유자 일부가 다른 공유자의 지분권에 간섭할 것을 정당화할 수 있는지 여부를 판단하는 것이 중요하다고 생각한다.

그런데 위에서 본 바와 같이 우리 대법원은 공유자와 다른 공유자 사이에 이해가 상충하는 경우에는 공유자중 일부가 주장하는 보존행위를 부인하는 태도를 취하고 있다. 그렇게 된다면 공유자 일부, 특히 소수 지분권자는 다른 지분권자의 어떠한 침해행위에 대해서도 보존행위를 할 수 없게 되는 것은 아닐까? 본래 공유자의 보존행위를 인정하게 된 이유가 공유자 일부가 다른 공유자의 지분권에 간섭하는 것을 정당화할 만한 이유가 있는지에 달려있다는 점을 감안하면 단지 공유자 사이에 이해가 상충한다는 이유만으로 보존행위를 부인하는 것은 타당하지 않다고 본다. 그렇다면 보존행위로 인하여 다른 공유자에게 이익이나 불이익이 발생하는 경우에도 ① 그와 같은 공유물 전체의 관리방법이나 ② 공유에 이른 경위나 목적 등에서 ③ 물건의 객관적 가치를 유지하는 방법으로 최적의 방법을 취하고 있는지 여부를 가지고 보존행위의 허용여부를 고려하는 해석론도 가능하다고 생각한다.[38]

---

§221, p.406. 山田誠一, 共有者間の法律関係-共有法再構成の試み(3) 法学協会雑, 1985年 102巻 3号 505頁에서 재인용.

35 松下朋弘, 共有持分權論-保存行為の権限からの再検討-. 慶應法學第36号(2016.12.), 451頁.

36 松下朋弘, 前揭論文, 452頁.

37 田中淳子, 前揭論文, 90頁; 이진기, "'대법원 전원합의체 판결'과 법이론의 부조화-대판(전합) 2020. 5. 21. 선고 2018다287522의 평석-", 민사법학 제92호(2020.9.), 17면도 같은 취지로 보임.

다시 대법원 2020. 5. 21 선고 2018다287522 전원합의체 판결로 돌아온다. 이 사안에서 소수 지분권자와 다른 소수지분권자의 이해가 상충되기는 하지만 소수 지분권자가 보존행위로서 방해배제청구를 한 경우에도 그 소수 지분권자의 주장를 부인해야 할 이유는 없다고 생각한다.

즉, 이 사건에서 피고는 상속 이후에 이 사건 토지 일부에 소나무를 심어 그 부분을 독점적으로 점유해온 것인데 원고는 그 점에 대해서 이견을 가지고 소나무 기타 일체의 시설물을 수거해 줄 것을 요구한다는 점에서 공유물을 관리하는 방법에 관해서 이견이 발생한 것이다(**공유물 전체를 관리하는 방법상의 분쟁 발생**).

또한, 원고와 피고는 모두 상속으로 이 사건 토지를 공유하게 된 것으로서, 공유에 이른 경위나 목적이 자신들의 자의에 기인한 것은 아닌 것으로서, 일부 공유자가 공유물 관리방법에 관해 이견을 보인 것을 존중해 줄 필요가 있는 것이다(**공유에 이른 경위나 목적의 고려**).

또한 소수지분권자인 원고로서는 피고가 이 사건 토지에 관해서 배타적으로 소나무 기타 시설물을 설치하는 것이 물건의 객관적 가치를 유지하는데 더 이상 적합지 않다는 주장을 한다는 점(**물건의 객관적 가치를 유지하는 방법으로 최적의 방법 여부**)을 고려해야 할 것으로 생각한다.

그렇다면 대법원 2018다287522 전원합의체 판결에서 이 사건 토지의 객관적 가치를 유지하기 위해서 피고가 독점적으로 심어서 점유하던 소나무 기타 일체의 시설물을 수거할 것을 청구하는 것은 원고인 소수 지분권자와 피고인 소수 지분권자의 이해가 충돌되는 것을 전제하더라도, 이를 보존행위에서 배제할 이유가 될 수는 없다고 생각한다. 이렇게 본다면, 결국 원고인 소수 지분권자가 방해배제청구(그 내용으로 피고가 소나무 기타 시설물을 수거하도록 함)를 하는 것을 인용함으로써, 공유 토지에 관한 피고 소수 지분권자의 독점적 점유 상태를 해소하는 데 있어서 그 근거로서 원고가 보존행위를 하고 있음을 드는 것이 타당한 결론이라고 생각한다.

Ⅳ. 결론

위에서는 공유자의 보존행위를 둘러싸고 우리나라와 일본 법원에서 논의되었던

---

38 같은 취지로, 松下朋L. 共有持分權論-保存行為の権限からの再檢討-. 慶應法學第36号(2016.12.), 443頁.

분쟁 중에서 주로 명도청구와 말소등기청구를 중심으로 차이점을 비교해 보았다.

이중에서 일본과 우리 법원은 공유 지분권자가 제3자를 상대로 명도청구 또는 말소등기청구를 하는 경우에는 그 근거로서 보존행위를 드는 것에 대해 차이점을 보이지 않는다. 또한, 일본과 우리 법원은 공유 지분권자가 다른 공유 지분권자를 상대로 명도청구를 하는 경우에 그 근거로서 보존행위를 드는 것에 대해서 부인하고 있다는 점에서도 유사한 태도를 보이고 있다. 다만, 일본 법원이 공유자중 1인이 그 공유지분에 대한 방해배제로서 실체적 권리관계로 등기를 합치시키기 위해 다른 공유자를 상대로 등기 전부의 말소청구를 하는 것을 허용하지 않는 반면에 우리 법원은 이를 긍정한다는 점에서 차이를 보이고 있다.

이중에서도 2020. 5. 21. 선고 2018다287522 전원합의체 판결이 소수 지분권자인 원고가 보존행위로서 청구한 명도청구가 다른 소수지분권자인 피고와의 이해상충을 이유로 부인되면서도, 소수지분권자인 원고가 청구한 방해배제청구는 (보존행위 여부를 논의하지 않은 채) 인용된 점에 주목했다.

본 논문에서는 우리 민법상 다수 지분권자가 아닌 소수 지분권자가 다른 공유자를 상대로 명도청구 내지 방해배제청구를 하는 것이 허용되려면 보존행위에 해당되어야 한다는 점에서 논의를 시작하였다. 이렇게 해석해야 우리 민법 제265조가 관리행위를 지분 과반수로서 결정하도록 하면서도 보존행위를 단독으로 하도록 규정한 취지를 살릴 수 있다고 본다.

또한, 소수 지분권자와 다른 소수 지분권자 사이에 외면적으로 이해관계가 상충하는 모습을 보이는 것만으로 보존행위를 부인하는 것은 부족하다는 결론에 이르렀다. 오히려 보존행위로 인하여 다른 공유자에게 발생하는 이익이나 불이익이 발생하는 경우에도 그와 같은 공유물 전체의 관리방법이나 공유에 이른 경위나 목적 등에서 물건의 객관적 가치를 유지하는 방법으로 최적의 방법을 취하고 있는지 여부를 가지고 보존행위의 허용여부를 고려하는 해석론이 필요하다고 생각한다.

이렇게 보았을 때, 2002. 5. 21. 선고 2018다287522 전원합의체 판결에서 공유자 일부가 다른 공유자를 상대로 제기한 명도청구 내지 방해배제청구 주장 중에서 어떤 것이 보존행위로서 허용될 수 있을까에 관해서도 살펴보았다. 원고가 청구한 명도청구 부분은 다른 소수 지분권자인 피고의 점유를 완전히 배제하는 것으로서 이해관계가 상충함은 물론 공유물의 객관적 가치를 유지하기 위한 최적의 방법이라고 하기도 곤란할 것이지만, 원고가 청구한 방해배제청구는 비록 원고와 피고의 이해관계가 상충하기는 하지만 공유물의 객관적 가치를 유지하기 위한 최적의 방법이라고 할 수 있다는 점에서 보존행위로서 인정될 수 있다고 생각한다.

'합유와 조합', '합유 아닌 조합'에 관한 시론(試論)
- 물권법정주의와 계약자유의 원칙,
법률해석과 계약해석의 경계(境界) -

옥 도 진*

I. 서 론

1. 문제의 제기와 연구의 목적

공동소유는 인류 사회를 지탱해 온 중요한 기본적인 제도인 동시에 공통인식
(consensus)이다.1 그런 이유로 '공유의 비극'은 경제학자들에게 중요한 연구 과제이
다.2 민법학에서는 공동소유의 권리의무관계를 어떻게 입법, 해석, 적용할 것인지의

---

* 해군 법무실장. 서울대학교 법과대학 박사과정(민법) 수료.
1 남효순, 이동진, 이계정 공저, 공동소유에 관한 연구, 2020. 10. 1~2면도 같은 취지.
2 '공유의 비극(tragedy of commons)'이라는 문제는 자원고갈, 환경파괴 등 모든 종의 생존과 번식을
  위한 지구 환경의 문제이고, 행동경제학의 관점에서는 인간의 이기적 혹은 이타적 행동의 문제이다.
  경제학자들은 사소유의 강화와 사회주의적 공유제라는 정반대의 극복 방안을 제시했었다. Harold
  Demsetz, "Toward a Theory of Property Rights", The American Economic Review, Vol. 57, No.
  2, Papers and Proceedings of the Seventy-ninth Annual Meeting of the American Economic
  Association. May, 1967, pp. 347-359; Garrett Hardin, "The Tragedy of the Commons", Science,
  New Series, Vol. 162, No. 3859, Dec. 13, 1968, pp. 1243-1248. 최근에 최초 여성 노벨경제학상 수
  상자인 엘리너 오스트롬(Elinor Ostrom)은 공유체계에 대한 합리적인 협력과 (자치)규범의 진화발전
  을 통하여 비극을 극복할 수 있다는 통합적 주장을 제시하였다. Elinor Ostrom, Governing the
  Commons; The Evolution of Institutions for Collective Action, Cambridge University Press,

문제로 된다. 우리 민법은 공동소유의 형태로 공유, 합유, 총유를 규정하고(민법 제262조, 제271조, 제275조), 소유권 이외의 재산권에 대해서도 준공동소유3를 규정하고 있다. 민법은 '조합체'는 합유,4 '법인 아닌 사단의 사원 집합체'는 총유5 그리고 그 밖의 인적 결합의 경우는 공유6로, "**공동소유주체의 인적 결합관계에 따라7 그 공동소유의 형태가 결정되는**" 체계로 규율되어 있다.8 '민법상 공동소유체계에 관한 일반이론'이라는 주제는 한 편의 논문에 담기에는 너무 크다. 그래서 본 논문은 '물권관계론9'을 기저(基底)로 '합유와 조합' 그리고 '합유 아닌 조합'의 문제만을 검토한다.

1990(한국어판 윤홍근·안도경 옮김, 공유자원 관리를 위한 제도의 진화 공유의 비극을 넘어, 2010).

3 「민법 제278조(준공동소유) **본 절의 규정**은 소유권 이외의 **재산권**에 준용한다. 그러나 **다른 법률**에 특별한 규정이 있으면 그에 의한다.」 여기서의 '본 절의 규정'은 '민법 제2편 물권 제3장 소유권 제3절 공동소유'를 의미하고, '재산권'에는 채권도 포함된다고 해석하는 것이 일반적이다. ※ 이하 별도의 법률 표시가 없으면 민법의 조문을 의미함. 필자가 강조하는 부분은 굵은 글씨로 표시함(이하 같음).

4 제271조(물건의 합유) ① **법률의 규정 또는 계약에 의하여 수인이 조합체로서** 물건을 소유하는 때에는 **합유로 한다.** 합유자의 권리는 합유물 전부에 미친다. 제704조(조합재산의 합유) 조합원의 출자 기타 조합재산은 **조합원의 합유로 한다.**; 합유에 관해 논란이 많지만 공동소유의 형태에 관한 선택의 폭을 넓혀 주었다는 의미에서 바람직하다는 평가는 김재형, "조합에 대한 법적 규율", 민사판례연구 XIX, 1997.['김재형, 1997년 논문'으로 인용함. 김재형, 민법론 Ⅱ, 재수록 논문을 기준으로 인용함. 이하 각 김재형의 논문 같음] 144면 주 10).

5 제275조(물건의 총유) ① **법인이 아닌 사단의 사원이 집합체로서** 물건을 소유할 때에는 **총유로 한다.**

6 제262조(물건의 공유) ① 물건이 지분에 의하여 **수인의 소유로 된 때에는** 공유로 한다.

7 **舊民法은 조합재산을 공유로 규정**하였으나(第668조) 물권편에 규정된 공유와는 다른 것이 아닌가 하는 논의가 있었다고 한다. 양창수, "공동소유 — 민법 제정과정에서의 논의와 그 후의 평가를 중심으로—", 韓國民法理論의 發展: 李英俊 박사 華甲紀念論文集, 1999, 민법연구 6 재수록, 110-111면. 특히 金曾漢의 인간의 결합관계의 4유형 포섭과 민법 제정과정에서 합유와 총유가 규정된 경과에 관하여는 122~125면 참고(이하 '양창수, 1999년 논문'이라 인용함).

8 郭潤直, 物權法[民法講義 Ⅱ], 1963(初版), 2002(제7판). 282면은 "민법이 규정하는 공유, 합유, 총유라는 세 가지의 공동소유의 모습은, 하나의 물건을 다수인이 공동으로 소유한다고 할 때에, **그 다수인의 주체 사이의 법률관계에 따른 분류이다.** 즉, 공동소유는 소유하는 **주체의 인적 결합관계가 물권법에 반영된 것**이라고 할 수 있다."고 한다. ※ 이 책은 2014년 제8판부터는 곽윤직·김재형 공저의 형태로 출판되었는데 (누구의 주장인지 명확한) 곽윤직 단독 저서(제7판)를 인용하기로 한다(이하 '곽윤직, 2002년 물권법'이라 인용함).

9 물권관계론은 남효순 교수님께서 다음과 같은 4편의 논문을 통해서 주창(主唱)하신 물권법이론이다. 남효순, "용익기간 중 전세물의 양도와 전세금반환의무의 이전 여부 — 물권 및 물권적청구권 개념에 대한 새로운 이해의 단초", 서울대학교 법학 제49권 제4호(통권 제149호), 2008(이하 '남효순, 2008년 논문'이라 인용함); "물권관계의 새로운 이해 — 물권 및 물권적 청구권 개념에 대한 새로운 이해의 단초2—", 민사법학 제63-1호, 2013. 6(이하 '남효순, 2013년 논문'이라 인용함); "공유물에 대한 관리행위(관리결정)의 승계여부 — 물권 및 물권적 청구권에 대한 새로운 이해의 단초3 — 대판 2009. 12. 10. 선고 2009다54294을 중심으로—", 저스티스 통권 제144호, 2014. 10(이하 '남효순, 2014년

종래 합유에 관해서는 **물권법상의 합유 규정**(제272조)**과 채권법상 조합 규정**(제706조 제2항)**은 법규 충돌의 입법 상 오류이고,**[10] 따라서 해석론(解釋論)으로 풀기 어려운 문제(難問)[11]라는 주장이 지속되어 왔다. 최근에는 **법원리**(물권법정주의와 계약자유의 원칙)**의 문제**[12]라는 **확장된 논쟁 양상**이 나타나고 있다.[13] 역설적이게도 이 문제를 **입**

논문'이라 인용함); "우리 민법상 합유와 준합유의 강제 — 학설과 판례의 문제점 해결을 위한 합유의 새로운 해석 — — 물권 및 물권적 청구권개념에 대한 새로운 이해의 단초4 — ", 저스티스(통권 제 159호), 2017. 4(이하 '남효순, 2017년 논문'이라 인용함).

10 합유와 조합에 대한 문제 제기는 오래도록 지속되어 온 과제이다. 곽윤직, 2002년 물권법, 300면 및 이호정, "우리 민법상의 공동소유제도에 관한 약간의 의문", 서울대학교 법학 제24권 제2·3호, 1983. 9, 103면 이하; 민일영 집필부분, 民法注解V, 1992, 96면 이하; 김재형, "조합채무", 민법학논총·第二(厚嚴郭潤直先生古稀紀念), 1995. 및 "조합 해산시의 잔여재산분배청구권", 민사판례연구 XVII, 1996[이상 각 민법론 Ⅱ 재수록 논문을 인용하며, '김재형, 1995(혹은 1996)년 논문'으로 인용함]. 그리고 앞서 인용한 김재형, 1997년 논문, 각 참고. 특히 김재형, 1997년 논문, 144면은 "우리 민법에 특유한 문제라고 할 수 있는 데 **立法上의 잘못**으로 인하여 조합에 관한 규정들 사이에 '**法規의 衝突**'이 발생하고 있다."고 한다(이를 이하에서는 '**규범충돌**'이라 한다).

11 난문(難問)의 연원에 대해서는 양창수, 1999년 논문, 125~134면(특히 132면); 합유와 조합에 관한 개정 논의는 윤진수, 2014년 논문, 136~150면 각 참고.

12 남효순, 2017년 논문, 163면은 이를 "합유에 대하여 물권법의 규정을 두고 있음에도 불구하고 채권계약의 자유라는 이름으로 배제할 수 있는가 하는 **커다란 의문**이 제기된다."라고 한다.

13 이는 민법 개정논의 과정에서 표면화 되었다. 법무부, 민법(재산법) 개정 자료집, 2014, 363~364면 제272조와 제706조 제2항의 문제에 관한 담당위원이었던 소재선은 제706조 제2항이 일본민법의 입장을 그대로 받아들인 것인 반면 다른 나라에서는 볼 수 없는 합유에 대한 통일적 규정을 물권편에 두면서 모순이 발생하였다고 하였고, **조합재산을 처분·변경함에 조합원 전원의 동의가 필요하도록 개정하자는 의견**(남효순)**과 제272조를 준용하자는 의견**(소재선) 그리고 업무집행조합원의 유무에 따라 나누어 규율하자는 의견(서민)이 있었으나 결국 장기연구과제로 분류되어 개정 대상에서 제외되었다. 당시 법무부 민법개정위원회의 분과위는 제706조에 제4항 "조합재산의 처분, 변경, 관리와 보존에 관하여는 제2항 및 제3항 본문에도 불구하고 제264조, 제265조 또는 제272조에 의한다."을 신설한다는 개정시안을 제시하였다. 이는 제272조와 제706조 제2항의 모순 충돌을 해결한 방법으로 1) **조합계약에서 달리 정할 수 있음을 명시하는 방안** 2) **조합재산에 대하여는 물권법의 법리를 관철시키는 방안**을 생각해 볼 수 있는 데 분과위의 안은 후자를 선택한 것이다. 첫 번째 방안은 앞서 종래 학설과 그 비판에서 이미 언급한 바와 같이 합유 규정이 적용되는 것으로 **민법이 예정한 유일한 계약유형인 조합에 있어서 조차 그 적용이 배제되고 당사자의 합의에 의하여 물권의 내용이 변경되어 물권법정주의에 반하는 결과를 초래하는 난점**이 있다. 반면, 두 번째 방안은 **물권법의 법리를 관철시킬 수 있는 장점**이 있는 반면 조합의 업무집행 중 중요한 내용인 조합재산의 처분, 변경 등을 곤란하게 하고 부담을 가중시킨다는 지적이 있었고, 2014. 2. 17. 제4기 제11차 전체회의는 이러한 지적을 받아들여 전원의 동의를 원칙으로 하되 계약으로 과반수에 의할 수 있도록 하는 것을 위원단장회의에서 실무위안이 다수의견으로 채택되었고 결국 전체회의로 개정시안으로 확정하였다고 한다. 남효순, "합유·총유의 개정시안." 민법개정위원회 제4기 제11차 전체회의 자료(미공간) 및 윤진수, 2014년 논문, 138~141면 참고. 이에 대하여 2016년 민사법학회 동계학술대회에서 양창수의 강한 반론에

법론(立法論)으로 해결할 수 있을지 여부는 해석론에 관한 학자들의 의견이 일정하게 수렴되는지에 달려 있다.[14] '합유와 조합'을 둘러싼 종래 견해들은 부분적인 (체계·논리적)해석론에 매몰되어 있고, 비판적 견해들과 그 이후의 논쟁 과정은 해석론은 물론 입법론에 있어도 극렬하게 대립하는 부초(浮草)같은 상황이라 할 수밖에 없다. 현재 다양한 성격의 '조합'이라는 이름으로 대규모의 공동사업들이 진행되고 있고,[15]

도 불구하고 남효순, 2017년 논문, 164면은 "2013년 설치된 제4기 분과위원회(이하 분과위)는 물권법정주의에 따르는 개정시안을 마련하였고, 2014년 전체회의(제11차)는 물권법정주의를 부정하는 개정안을 마련하였다."라고 평가한다.

14 민법 개정논의 과정은 남효순, "합유·총유의 개정시안." 민법개정위원회 제4기 제11차 전체회의 자료(미공간); 윤진수, 2014년 논문 및 남효순, 2017년 논문 등 참고 득히 남효순, 2014년 논문 164면은 "2013년 설치된 제4기 분과위원회(이하 분과위)는 물권법정주의에 따르는 개정시안을 마련하였고, 2014년 전체회의(제11차)는 물권법정주의를 부정하는 개정안을 마련하였다."고 신랄(辛辣)하게 비판하고 있다. 이를 "한 그릇 내에 있지만 방법론상 전혀 통일적 이론이 존재하지 않고 물과 기름처럼 서로 배척하는(승리한 해석을 입법에 반영하거나 입법된 규범을 해석하는)해석론과 입법론의 문제"라는 지적으로는 옥도진, "민법상 부양의 체계 ― 원리로서의 부양과 제도로서의 부양의 준별(峻別) ―", 윤진수 교수 정년기념 민법논고: 이론과 실무, 박영사, 2020. 6, 534면 참고. 이는 법학에서 보편적인 문제라는 생각이 든다.

15 예컨대 「이촌동 00아파트 리모델링 사업 조합 제 규정집 ― 2017년, 2004년 제정 3차례 개정 ―」을 살펴보면 제9조(조합원의 자격 등) 제4항은 "양도·상속·증여 및 판결 등으로 조합원의 권리가 이전된 때에는 조합원의 권리를 취득한 자로 조합원이 변경된 것으로 보며, 권리를 양수받은 자는 조합원의 권리와 의무 및 종전의 권리자가 행하였거나 조합이 종전의 권리자에게 행한 처분, 청산 시 권리·의무에 관한 범위 등을 포괄적으로 승계한다."고 규정하여 사업시행구역 공동주택 등의 구분소유자로서 조합설립에 동의한 자, 즉 조합원(동조 제1항)의 재산권 행사(사업진행 중 종전 소유 아파트) 및 그를 통한 수익창출을 보장하고 있다. 조합원은 본인 소유의 아파트와 공용부분에 관한 권리 그리고 현금으로 개인부담금[제5조(시행방법) 제1항] 등을 출자하게 된다. 출자한 조합재산은 합유(혹은 준합유)의 잠재적 지분으로 되지 않고 마치 공유와 같이 자신의 지분을 (포괄적으로) 처분할 수 있게 구성되어 있다. 공동주택이 존재하는 구역의 리모델링 공동사업을 경영한다는 점에서는 조합의 형식을 띠고 있지만 출자된 재산은 제한받지 않고 처분할 수 있다는 점, 사업목적(리모델링)에 의한 제한(예컨대 양수인이 리모델링을 반대하면서 탈퇴 혹은 지분분할 주장 등을 할 수 없다는 것 등)을 포괄적 권리의무로 승계한다는 점에 특수성이 있다고 해석된다(이는 합자조합의 유한책임조합원의 경우와 유사하다. 상법 제87조의7 제2항 및 제3항 참고). 이 리모델링 조합의 사업시행구역의 면적은 36,675.37제곱미터에 이르고 표준공시지가(최근아파트 부지 기준 제곱미터당 약 1,300만원)로 계산하여도 토지 가격만 4천 6백억이 넘는 규모이다. 이러한 리모델링 조합 역시 비전형조합으로 민법에 의해 규율되는 영역은 당해 조합계약의 해석을 통해서만 가능하다. 이처럼 '조합'이라는 명칭을 가진 다양한 성격의 단체들과 관련된 대규모 분쟁 발생의 가능성이 높으나 그 연구는 지극히 부족한 상태이다. 위 리모델링 조합의 경우에도 종래 공유부분 중 일부(단지 간 연결부분)에 신축에 해당하는 가구들이 발생하며, 그것을 분양하여 수익을 높이는 것이 예정되어 있다고 하는데 이의 귀속에 관하여 분쟁이 나는 경우 합유로 분양완료 전에 지분관련 주장을 할 수 없는지 아니면 기존 소유 아파트와 마찬가지로 각 자신의 지분을 처분할 수 있는 지 다툼이 생기는 경우 등을 가정해 볼 수 있다; '공동

분쟁 발생 위험도 높다. 그러나 위와 같이 '합유와 조합'에 관한 법적 규율은 입법론
과 해석론 모두 혼란한 상태에 있는 것이다. 본 논문의 목적은 분쟁을 해결하기 위
한 **조합계약의 효력통제 및 내용통제라는 역동적 해석론에 기한 체계적 판단과정**
(judging process)을 제시하는 것이다. 그 과정에서 **법원리 및 규범 간 충돌을 성급하게**
인정하는 것이 타당하지 않다는 점을 지적하고, **'합유와 조합'에 관한 새로운 통합적**
해석을 제시한다.

2. 검토의 범위와 순서

'조합 아닌 합유'[16]나 '특정 조합원의 단독 소유나 일부 조합원의 공동소유 문
제'[17]는 검토할 실익이 적어 제외한다. 또한 조합재산의 소유형태에 관한 비교법적인
연구는 이미 이루어져 있다.[18] 법률에 명시된 물권법정주의(민법 제185조)와 이미 내재
적 가치로 받아들여진 계약자유의 원칙에 관한 역사적·이론적 검토 역시 제외한다.
그리고 채권·채무의 준합유 혹은 준공유 강제의 문제도 논의의 대상에서 제외한다.[19]

투자'와 관련해서도 마찬가지의 위험이 있다. 최근 민법학의 논문으로는 정재오, "조인트벤처에 관한
연구", 서울대학교 박사학위논문, 2016이 있다. 단행본으로 정재오, 「조인트벤처」, 서울대학교 법학연
구소 법학연구총서 65, 2017이 출간되었다.

16 '조합 아닌 합유'를 인정하는 것에 대해서는 윤진수, 2014년 논문,147면은 조합의 실체가 없음에도
불구하고 합의 또는 특별법이 합유를 인정하고 있다는 주장에 대해서 합유를 조합과 같은 인적 결합
을 전제로 하지 않고, 당사자의 약정만으로 인정하는 입법례는 찾기 어렵고, 당사자의 약정에 의한
합유를 인정할 실익도 찾기 어렵다고 한다. 남효순, 2017년 논문, 178면 역시 "합유를 규정하는 조합
이외의 계약이 이론상으로는 가능하지만, 현재는 조합만 존재한다."고 한다. 따라서 '조합 아닌 합유'
의 문제는 논의의 실익이 없다는데 일치하므로 논외로 한다.

17 윤진수, 2014년 논문, 143~146면 참고. "'조합의 소유관계가 반드시 합유'라는 식의 인식이 있는 듯
하다"고 하면서, 그것은 합유 규정이 강행규정이라는 판례 탓이 아닌가 하는 의문을 제기하면서, **채**
권법 상 조합 규정은 임의규정이고 따라서 조합의 소유관계도 합유가 아닐 수 있다고 지적하고 있
다. 동 논문, 145면은 제704조 개정안(改正案)으로 "그러나 다른 약정이 있는 때에는 조합원의 공유
로 할 수 있다"가 제기되었다가 '합유와 공유'로 한정할 이유가 없고 필요에 따라서는 **한 조합원이**
단독소유하거나 일부 조합원만의 공유로 하는 것도 허용할 필요가 있어서 "다른 약정이 없으면"이라
는 문구를 삽입하는 것으로 되었다는 설명도 담고 있다. 그러나 이러한 단독소유 혹은 일부조합원들
의 공유는 그것이 타당한 해석인지 여부와 별개로 공동소유체계에 관한 본 논문에서 다루어야 할 실
익이 없음은 분명하므로 논외로 한 것이다.

18 남효순, 이동진, 이계정 공저, 공동소유에 관한 연구, 2020. 10, 70~78면. 다만, 합유와 조합 문제는
우리 민법 규정 체계로 인한 고유한 문제로써 비교법적인 검토로부터 얻을 수 있는 시사(示唆)는 크
지 않다.

19 종래 민법 제278조 제2문은 "그러나 다른 법률에 특별한 규정이 있으면 그에 의한다."라고 규정한
것에 대하여 통설은 수인의 채권자 및 채무자(민법 제3편 제1장 제3절) 규정은 제278조의 단서가 정

검토의 순서는 우선 '합유와 조합'에 관한 종래의 논쟁들을 간명하게 정리하고 그에 대한 **비판적 견해들의 시사(示唆)와 그 한계(限界)**를 살펴본다(Ⅱ장). 다음으로 **물권법정주의 내용강제의 의미와 합유물권의 핵심적 내용 및 강행규정의 범위** 그리고 **계약자유의 원칙과의 관계**를 검토한다. 이러한 검토 및 **법률해석과 계약해석의 경계(境界)**에 대한 검토를 바탕으로 '합유와 조합'에 관한 새로운 **통합적 해석**(조합계약의 효력통제 및 내용통제라는 역동적 해석·적용론)을 제시한다(Ⅲ장). 결론에서는 필자의 해석론을 간명하게 정리하고, 종래 문언해석방법 및 법원리의 적용에 관한 문제의식을 제시하는 것으로 마무리한다(Ⅳ장).

Ⅱ. '합유와 조합'

1. 종래 견해 대립

'합유와 조합'에 관한 종래의 견해들은 제272조 제1문과 제706조 제2항의 규정이 충돌하는 것으로 보고, 어느 조문이 우선하여 적용되는지의 문제(체계적 해석 혹은 일반규정과 특별규정의 문제[20])로 검토 및 대립하였다. 학설은 조합재산의 처분·변경이

하는 "다른 법률에 특별한 규정이 있는" 경우에 해당하므로, 다수당사자의 채권이 채권의 준공동소유의 특칙이 된다고 본다. 반면 남효순은 다수당사자의 채권에 관한 민법상의 규정이 제278조상의 "다른 법률에 특별한 규정"이 될 수는 없다는 이유로 이를 비판한다(남효순, 2017년 논문, 197~198면). 이동진, "건설공사공동수급체의 법적 성격과 공사대금청구권의 귀속", 민사판례연구 XXV, 민사판례연구회, 2013; 남효순, "조합인 공동이행방식의 공동수급체의 채권의 귀속형태 — 준합유: 분할채권은 조합재산인 채권의 귀속형태가 될 수 있는가?-대법원 2012. 5. 17. 선고 2009다105406 전원합의체 판결 —", 法曹 最新判例分析 2016·12(Vol.720) 및 2017년 논문 등 비교 참고. 이 문제는 그 채권채무관계를 규율하는 계약 및 관련 법률(하도급공정화에 관한 법률, 상가임대차보호법, 주택임대차보호법, 친족상속법 등)의 해석·적용을 통해 (채권 총칙의 일부인) 수인의 채권자 및 채무자 규정들(민법 제3편 제1장 제3절)에 의해 결정되어야 할 문제이다. 채권채무는 '소유'하는 것이 아니므로 준합유 또는 준공유가 준용된다고 해서 그 귀속여부가 물권법정주의에 의한 강제의 문가 되는 것은 아니다. 민법 제278조가 준공동소유에 공동소유 규정을 '준용한다.'는 취지는 그 귀속 관계를 규율함에 준용한다는 것일 뿐 외부 관계까지 물권법으로 정하겠다는 것이 될 수는 없다. 따라서 채권채무가 준합유 혹은 준공유 된다고 해서 그 상대방인 채권자 혹은 채무자에 대하여 당연히 불가분 혹은 가분 채권·채무가 된다는 해석은 있을 수 없다. 이로써 대법원 2012. 5. 17. 선고 2009다105406 전원합의체 판결과 대법원 2021. 1. 28. 선고 2015다59801 판결의 법리구성은 설명될 수 있다. 다만 판례는 '특별한 사정'을 요구한다는 점에서 필자의 생각과 차이가 있다. 대법원 2012. 5. 17. 선고 2009다105406 전원합의체 판결; 대법원 2021. 1. 28. 선고 2015다59801 판결.

20 이에 대해 김재형, 2017년 논문, 164면은 "학설들에서 […] 정도의 차이는 있지만, 제272조와 제706조 제2항의 규정 중의 하나가 특별규정이라고 하여 결론을 도출한다. 그러나 위 두 조문은 규정형식

조합의 업무집행에 해당하는지, 그것이 특별사무인지 혹은 존립과 관련된 기본적인 재산의 처분·변경인지, 업무집행자21가 있는 경우인지 등에 따라 여러 가지로 나뉘었다.22

    판례23는 제706조 제2항을 적용한다는 견해를 따르고 있는 것이라는 이해가 일반적이었다.24 다만, 판례가 민법상의 전형 계약에 의한 조합(이하 '전형조합'이라 한다)

    만으로 어느 규정이 특별규정인지 단정할 수 없다. 법률에서 특별법이라고 명시하는 경우는 별다른 문제가 없지만, 그렇지 않은 경우에는 단순히 규정형식이나 내용에 따라 논리적으로 판단할 수 있는 것은 아니다."라고 비판한다.

21 '업무집행조합원'이라는 용어가 쓰이기도 하는데 민법상 문언은 '업무집행자'(제706조) 혹은 '업무집행자인(업무를 집행하는) 조합원'(제707, 708, 709조)이다. 조합의 업무집행자가 반드시 조합원이어야 할 필요는 없다. 따라서 논문 혹은 판례를 인용하는 경우에는 사용된 그대로 '업무집행조합원'이라는 용어를 불가피하게 유지한 경우가 아니라면 '업무집행자'라는 포괄적 용어를 사용하였다(이하 같음).

22 종래 학설 대립의 간명한 정리는 김재형, 1997년 논문, 159~163면 및 윤진수, 2014년 논문, 137~138면 참고.

23 대법원 2010. 4. 29. 선고 2007다18911 판결. "민법 제272조에 따르면 합유물을 처분 또는 변경함에는 합유자 전원의 동의가 있어야 하나, 합유물 가운데서도 조합재산의 경우 그 처분·변경에 관한 행위는 조합의 특별사무에 해당하는 업무집행으로서, 이에 대하여는 특별한 사정이 없는 한 민법 제706조 제2항이 민법 제272조에 우선하여 적용되므로, 조합재산의 처분·변경은 업무집행자가 없는 경우에는 조합원의 과반수로 결정하고, 업무집행자가 수인 있는 경우에는 그 업무집행자의 과반수로써 결정하며, 업무집행자가 1인만 있는 경우에는 그 업무집행자가 단독으로 결정한다."; 대법원 2000. 10. 10. 선고 2000다28506, 28513 판결. "조합재산의 처분·변경에 관한 행위는 다른 특별한 사정이 없는 한 조합의 특별사무에 해당하는 업무집행이며, 업무집행조합원이 수인 있는 경우에는 조합의 통상사무의 범위에 속하지 아니하는 특별사무에 관한 업무집행은 민법 제706조 제2항에 따라 원칙적으로 업무집행조합원의 과반수로써 결정한다."; 대법원 1998. 3. 13. 선고 95다30345 판결. "업무집행자의 선임에 조합원 전원의 찬성이 있을 것을 요하지 아니하고 업무집행자는 업무집행에 관하여 대리권 있는 것으로 추정하도록 한 민법 제706조, 제709조의 규정 취지에 비추어 볼 때, 업무집행자가 없는 경우에도 조합의 업무집행에 조합원 전원의 동의는 필요하지 않다고 하여야 할 것이고, 한편 조합재산의 처분·변경도 조합의 업무집행의 범위에 포함된다고 할 것이므로, 결국 업무집행자가 없는 경우에는 조합의 통상사무의 범위에 속하지 아니하는 특별사무에 관한 업무집행은 원칙적으로 조합원의 과반수로써 결정하는 것이고, 조합재산의 처분·변경에 관한 행위는 다른 특별한 사정이 없는 한 조합의 특별사무에 해당하는 업무집행이라고 보아야 한다." 등

24 윤진수, 2014년 논문, 138면 참고. 김재형, 1997년 논문, 민법론 II 재수록 [後記] 196~198면은 대법원 1998. 3. 13. 선고 95다30345 판결과 대법원 2000. 10. 10. 선고 2000다28506, 28513 판결을 소개하고 있다(두 판결 모두 건물의 신축, 분양·임대 목적 동업계약에 관한 것이고 후자는 전자를 참조판례로 인용하고 있음). "업무집행자의 선임에 조합원 전원의 찬성이 있을 것을 요하지 아니하고 업무집행자는 업무집행에 관하여 대리권 있는 것으로 추정하도록 한 민법의 규정 취지에 비추어 볼 때, 업무집행자가 없는 경우에도 조합의 업무집행에 조합원 전원의 동의는 필요하지 않다고 하여야 할 것이고, 한편 조합재산의 처분·변경도 조합의 업무집행의 범위에 포함된다고 할 것이므로, 결국 업무집행자가 없는 경우에는 조합의 통상사무의 범위에 속하지 아니하는 특별사무에 관한 업무집행

과 비전형 계약에 의한 조합(이하 '비전형조합'이라 한다)을 먼저(先決的) 준별(峻別)하여 법리를 전개(展開)하고 있지 않고,25 조합재산의 처분·변경만이 아니라 채권채무의 준합유(혹은 다수당사자의 채권채무 관계)의 문제로까지 확장해 보면 대법원이 이 문제에 관해 정리된 일관된(체계적) 유권해석을 내놓고 있다고 단정하기 어렵다.26

은 원칙적으로 조합원의 과반수로써 결정하는 것이고, 조합재산의 처분·변경에 관한 행위는 다른 특별한 사정이 없는 한 조합의 특별사무에 해당하는 업무집행이라고 보아야 할 것이다. 다만, 조합의 업무집행 방법에 관한 위와 같은 민법규정은 임의규정이라고 할 것이므로 당사자 사이의 약정에 의하여 조합의 업무집행에 관하여 조합원 전원의 동의를 요하도록 하는 등 그 내용을 달리 정할 수 있고, 그와 같은 약정이 있는 경우에는 조합의 업무집행은 조합원 전원의 동의가 있는 때에만 유효하다"(95다30345 판결). 이에 대해 김재형은 전원 동의 업무집행의 약정이 있는 경우로 선례로 의미가 없다(197면)고 하지만 후자 2000다28506, 28513 판결은 명확히 "조합재산의 처분·변경에 관한 행위는 다른 특별한 사정이 없는 한 조합의 특별사무에 해당하는 업무집행이며, 업무집행조합원이 수인 있는 경우에는 조합의 통상사무의 범위에 속하지 아니하는 특별사무에 관한 업무집행은 민법 제706조 제2항에 따라 원칙적으로 업무집행조합원의 과반수로써 결정하는 것이므로(대법원 1998. 3. 13. 선고 95다30345 판결 참조)"라고 판시하여 선례로 따르고 있다. 이에 대해 김재형은 "이러한 결론에는 찬성할 수 없다. 이 사건 정관에서도 […] 반드시 조합원총회의 의결을 거쳐야만 한다고 규정되어 있기 때문에, 기본 재산을 처분하는 것 등 중요한 업무를 업무집행조합원들이 과반수로 결정할 수 없다. […] 제반사정에 비추어 위와 같은 채권양도를 업무집행조합원에게 맡겼는지 여부에 따라 결정하여야 할 것이다."라고 비판하고 있다(198면). 두 판결의 판시를 종합하면 민법학자들이 종래 쟁점으로 삼아온 이른바 '합유와 조합'의 문제에 대한 대법원의 해석(이 통설과 일치함)을 알 수 있다.

25 김재형, 1997년 논문, 145면은 "우리 사회에서 조합계약이 체결되는 경우가 적지 않은데다가, 조합은 단체의 가장 기초적인 모습이라고 할 수 있기 때문에, 그 법률관계를 밝히는 것은 단체법의 발전을 위해서 매우 중요하다. 그러나 조합에 관한 연구는 대단히 미미한 실정이다."라고 조합에 대한 연구가 부족하다는 점을 지적하면서, 148면에서는 전형적 조합과 비전형적 조합을 나누고 "비전형적 조합의 경우에는 전형적 조합과는 법적 규율이 달라질 것이다. 이러한 비전형적 조합에는 一時的 組合 (Gelegenheitsgesellschaft), 支分的 組合(Gesellschaft nach Bruchteilen), 財産없는 組合(Vermögenlose Gesellschaft), 內的 組合 등이 있다."고 한다. 내적 조합에 대한 대법원판결로는 대법원 1988. 10. 25. 선고 86다카175 판결; 대법원 1984. 12. 11. 선고 83다카1996 판결; 대법원 1983. 5. 10. 선고 81다650 판결 참고. "내부관계에 있어서는 민법상의 일종의 조합이라고 할 수 있을 것이나, 대외적으로는 조합원들의 합유인 조합재산이 없고 을이 대외적인 법률행위를 함에 있어서는 조합원인 갑을 대리할 필요없이 자기명의로 단독으로 하고 이를 위한 권리의무가 을에게 귀속되는 점에서 **민법상의 통상의 조합과 구별되는 일종의 특수한 조합**이라 할 것이고, 이러한 특수한 조합에 있어서는 대외적으로는 오로지 영업을 경영하는 을만이 권리를 취득하고 채무를 부담하는 것이어서 **민법 제711조 내지 제713조가 적용될 여지가 없다.**"고 한다(위 86다카175 판결).

26 우선 대법원 2012. 5. 17. 선고 2009다105406 전원합의체 판결(조합인 공동수급체의 채권은 분할채권관계라는 판결); 대법원 2021. 1. 28. 선고 2015다59801 판결(공유관계인 공동상속인의 상속채무는 불가분채무관계라는 판결); 대법원 2002. 6. 14. 선고, 2000다30622 판결; 대법원 2006. 4. 13. 선고, 2003다25256 판결; 대법원 2009. 12. 24. 선고 2009다75635, 75642 판결 등 참고. 김재형, 2017년 논문, 165면은 "대법원도 조합재산의 처분에는 조합원 전원의 동의가 있어야 한다는 것을 전제로 한 바 있다."고 하면서 대법원 1990. 2. 27. 선고 88다카11534 판결; 대법원 1991. 5. 15. 선고 91마

이 문제는 입법상의 잘못 즉 "민법 제정 당시 제272조를 비롯한 합유에 관한 일
반규정을 신설하였는데도, 이러한 규정이 없었던 구민법 아래서의 제670조를 현행
민법 제706조로 그대로 답습하였기 때문"27에 발생한 혼란이므로, 위와 같은 견해
대립은 이를 조화롭게 해석하기 위한 노력이라고28 긍정적 평가할 수도 있다.

2. 비판적 견해

종래의 견해들은 결국 '합유 강제'를 인정할 것인지 여부를 논의하지 않고(인식
하지 못하고), 체계·논리적 해석론에만 관심을 두고 있었다. 이에 대해 다음과 같은
비판적 견해들이 등장하였다.

(1) 김재형의 견해

김재형은 "조합재산이 합유라고 하면서, 그 **처분 또는 변경을 다수결로 할 수
있다면, 더 이상 합유라고 할 수 없을 것이다.**"라고 하면서,29 결국 **제272조를 신설**

---

186 판결을 예시(例示)하고 있다. 나아가 같은 166면은 "이러한 해석은 입법자의 의사에도 부합한다.
제706조는 일본문법에서 유래하는 것인데, 일본민법에서는 조합재산을 공유로 하고 있었다. 그런데
우리 민법 제정 당시 독일민법의 태도를 본받아 조합재산을 합유로 한데다가 처분·변경에 전원일치
를 요구하는 제272조를 신설하였다. 이러한 입법과정을 볼 때 조합재산의 처분을 엄격하게 하려던
것이 입법자의 의사라고 할 수 있는 것이다."라고 한다.[다만 민법론 II, 196~198면은 후기(後記)로
대법원 1998. 3. 13. 선고 95다30345 판결 및 대법원 2000. 10. 10. 선고 2000다28506 판결을 소개
하면서 "조합재산의 처분·변경도 조합의 업무집행의 범위에 포함된다고 할 것이므로, 결국 업무집행
자가 없는 경우에는 조합의 통상사무의 범위에 속하지 아니하는 특별사무에 관한 업무집행은 원칙적
으로 조합원의 과반수로써 결정하는 것"(95다30345 판결)이나 "조합재산의 처분·변경에 관한 행위
는 다른 특별한 사정이 없는 한 조합의 특별사무에 해당하는 업무집행이며, 업무집행조합원이 수인
있는 경우에는 조합의 통상사무의 범위에 속하지 아니하는 특별사무에 관한 업무집행은 민법 제706
조 제2항에 따라 원칙적으로 업무집행조합원의 과반수로써 결정한다."(2000다28506, 28513 판결)에
대해 선례로서 의미가 없거나(197면) 결론에 찬성할 수 없다(198면)고 한다.]; 서종표, "공동수급체
의 법률관계 —제3자와의 관계 중심으로", 민사법연구 제18집. 2010. 12; 이동진, "건설공사공동수급
체의 법적 성격과 공사대금청구권의 귀속", 민사판례연구 XXV, 민사판례연구회, 2013; 남효순,
2016 및 2017년 논문 등 비교 참고.
27 김재형, 1997년 논문, 163면 등.
28 김재형, 1997년 논문, 163면.
29 김재형, 1997년 논문, 164면. 나아가 "총유와 합유의 가장 큰 차이는 재산을 처분할 때 과반수의 결
의로 가능한지, 아니면 전원의 동의가 있어야 하는지에 있기 때문이다. **조합재산을 합유로 해놓고 그
재산의 처분이 과반수의 결의로 가능하다고 한다면, 우리 민법에서 합유라는 개념 자체를 존속시킬
필요성이 없을 것이다.** 당사자들이 조합계약을 체결했으며, 조합부분의 규정을 적용을 받으려는 의사
가 있다고 보아야 한다고 하나, 이와 같이 볼 근거는 없다. 오히려 당사자들이 조합계약을 체결하였
으면, 그 재산을 합유로 하고 그 처분·변경에는 전원일치를 요하도록 의도하였다고 보는 것이 당사

한 입법자의 의사에 비추어도 업무집행자가 있는 경우에도 조합재산의 처분·변경은 조합원 전원의 동의가 필요하다는 결론에 이른다.[30] 다만 "조합계약에서 업무집행조합원에게 조합재산의 처분·변경에 관한 권한을 부여할 수 있음은 당연하다. 제272조와 제706조는 모두 任意規定이기 때문이다."라고 한다.[31] 김재형의 견해를 간명하게 정리하면 조합재산의 귀속은 합유로 (강제)되기 때문에 원칙적으로 그 처분·변경은 제272조에 따라 조합원 전원의 동의가 필요한 것이 된다. 이는 업무집행조합원원이 있는 경우에도 마찬가지라고 한다.[32] 다만 제272조와 제706조는 모두 任意規定이기 때문에 조합계약에서 업무집행조합원에게 조합재산의 처분·변경에 관한 권한을 부여할 수 있다고 한다.[33][34]

　　김재형의 견해는 '조합재산의 귀속과 처분·변경에서의 조합원 전원의 동의 강제'를 인정하지만 그 강제의 범위는 '조합계약에 의해 업무집행조합원에게 권한을 부여하는 것'까지 무효로 하지 않는다는 절충적 견해라고 할 수 있다. **여기서 주의할 점은 그의 '강제'는 강행규정에 의한 규범적 강제가 아니라는 점이다.** 김재형은 이를 물권법정주의와 계약의 자유라는 법원리의 문제 혹은 강행규정과 임의규정의 구별 문제로 이해하는 것이 아니라 **임의규정과 계약해석(및 그 구속력)의 문제로 보고 있는 것이다.**[35] 이는 종래의 견해들 중에서 임의규정인 채권법상의 조합규정을 우선시하

　　자의 의사에 더욱 부합할 것이다."라고 한다.

30 김재형, 1997년 논문, 165~166면. 165면은 대법원 1990. 2. 27. 선고 88다카11534 판결 및 대법원 1991. 5. 15. 선고 91마186 판결을 소개하면서 "이 판결들은 조합재산의 처분에 관하여 제272조로 해결하려는 입장에 서 있고, 제706조를 전혀 고려하지 않고 있다. 제706조에 따라 판단하는 것이라며, 과반수의 결의가 없어 무효라고 판시했을 것이다."라고 한다. 또한 "등기실무도 합유물을 처분하기 위하여는 그 등기신청서에 합유자 전원의 동의와 인감증명의 첨부가 있어야 한다."는 등기선례요지집의 내용을 소개하고 있다.

31 김재형, 1997년 논문, 166면. 또한 "실제로도 조합계약에서 **사소한 재산의 처분·변경**은 모든 조합원의 동의가 필요없다고 정하거나, 그러나 합의가 있다고 볼 수 있는 경우가 많을 것이다."라고 한다.

32 김재형, 1997년 논문, 165~166면. "업무집행조합원이 선임되어 있다고 하여 조합원의 결의를 거치지 않아도 된다고 하면, 그 구성원의 개성이 비법인사단보다 강하게 나타나는 것과 맞지 않게 된다. […] 따라서 **업무집행조합원이 있는 경우에도 조합원 전원이 동의하지 않으면 그에게 조합재산의 처분·변경에 관한 권한이 없다**고 보아야 한다."고 한다.

33 김재형, 1997년 논문, 163~166면.

34 김재형, 1997년 논문, 148면은 "조합에 관한 민법의 규정들은 **거의가** 임의규정"이라고 할 뿐 강행규정과 임의규정의 범위를 명확히 밝히고 있지 않다. 다만 166면은 "**제272조와 제706조는 모두 任意規定**"이라고 명확히 밝히고 있다.

35 조심스럽지만 아마도 "제271조(물건의 합유) ① **법률의 규정 또는 계약에 의하여** 수인이 조합체로서

는 견해들과 결이 다르며, 합유에 관한 물권법 규정을 모두 강행규정으로 보고 합유 강제를 인정하는 (후술하는)남효순의 견해와도 다르다.

위와 같은 김재형의 견해는 종래의 논의가 **명백한 민법**(제271조 제1항 및 제704조)**상의 문언 즉, "합유로 한다." 및 합유에 관한 규정을 신설한 입법자의 의사에 대한 고민이 부족했음을 각성(覺醒)시켰다**는 점에 의미가 있다(문언해석과 입법자의 의사에 따른 해석). 다만 조합계약의 해석에 의해 '묵시적 합의'까지 인정하게 된다면36 결국 종래의 채권법상 조합규정을 우선시하는 견해들과 결론에서 간극(間隙)은 그리 넓어 보이지 않는다. 그리고 **법률해석과 계약해석의 경계(境界) 문제**에 대한 설명이 없다는 점, 제272조까지 임의규정으로 보는 것이 과연 어떤 근거로 타당한지 설명이 없다는 점(**강행규정과 임의규정의 구체적 구별의 문제**) 등의 의문은 여전히 해소되지 않은 채 남겨져 있다.37

물건을 소유하는 때에는 **합유로 한다**. 합유자의 권리는 합유물 전부에 미친다." 및 "제704조(조합재산의 합유) 조합원의 출자 기타 조합재산은 **조합원의 합유로 한다**."는 규정 내용에 비추어 조합계약에 명시적으로 밝힌 바 없다면 계약해석과 관련된 민법 제105조(및 제106조)에 따라야 한다는 결론에 이른 것이 아닌가 싶다. 최근의 공동수급체와 관련한 유사한 견해로는 황태윤, "조합계약, 조합체, 합유의 관계 — 대법원 2012. 5. 17. 선고 2009다105406 전원합의체 판결 —", 東北亞法研究 第13卷 第3號, 2020이 있다. 596면은 "조합계약의 해석 문제로 접근했어야 한다. 조합계약에 의해 만들어진 조합체가 체결한 도급계약의 묵시적 약정은 정당한 논거가 될 수 없다. 조합계약에 명시적으로 드러난 의사표시가 없고 사실인 관습에 해당하는 거래관행이 없는 경우, 임의규정에 따라 해석해야 한다."고 하여 명확히 계약해석의 문제로 접근하고 있다는 점은 흥미롭다. 다만 동, 585~586면이 "사단으로 보아 민법의 사단법인 규정이 정하는 법률효과를 인정하는 것이 적합한 단체인지, 아니면 조합으로 보아 민법의 조합 규정의 법률효과를 인정하는 것이 적합한 단체인지에 대하여 단체의 실질에 따라 정하는 것이 타당한 결과를 도출할 수도 있다. 생각건대, 조합인지 비법인사단인지를 먼저 결정하는 것이 중요하고, 그 판단의 기준은 분쟁 해결에 조합법리(합유의 적용)와 비법인사단법리(총유의 적용)무엇이 타당한 것인지가 그 기준이 되어야 할 것이고, 일단 조합으로 정하였으면 합유 규정을 적용하여야 하고, 비법인사단으로 정했으면 총유 규정을 적용하여야 할 것이다. 그렇지 않고, 민법상 조합으로 보면서도 분쟁해결의 필요에 따라 그들 사이의 관계를 총유관계 내지 공유관계로 파악하는 것은 그리 바람직하지 않다고 볼 것이다. 기본적으로 민법은 인적결합과 소유형태를 연결시키고 있기 때문이다."라고 하여 어떤 결론이 적합한지를 두고 해석론을 전개하는 것에는 동의하기 어렵다.

36 김재형, 1997년 논문, 166면은 "실제로도 조합계약에서 사소한 재산의 처분·변경은 모든 조합원의 동의가 필요없다고 정하거나, 그러나 합의가 있다고 볼 수 있는 경우가 많을 것이다."라고 한다. 묵시적 합의 인정에 대한 비판으로는 황태윤, "조합계약, 조합체, 합유의 관계 — 대법원 2012. 5. 17. 선고 2009다105406 전원합의체 판결 —", 東北亞法研究 第13卷 第3號, 2020. 593~596면 참고.

37 합유로 해석된 조합계약에 조합재산의 처분·변경에 대하여 달리 정하고 있다면 '조합은 합유'라는 강제가 과연 어떤 의미가 있는 것인지, 강행규정과 임의규정의 범위를 확정하지 않고[법률해석과 계약해석의 경계(境界)를 설정하지 않고] 이 문제를 해결할 수 있는지 등에 대한 검토가 없다.

(2) 남효순의 견해

남효순은 "통설은 제271조 제2항을 근거로 제272조~제274조를 임의규정으로 본다.[38] 따라서 조합재산을 합유로 정하고 있는 채권편 제704조도 마찬가지로 본다. 통설은 제272조~제274조의 적용에 앞서 다른 법률의 규정 또는 조합계약이 우선적으로 적용된다고 한다. 그러나 이러한 해석은 광업법 등의 규율의 실제에 부합하지 않는다는 문제점이 있다. 무엇보다도 우리 민법이 알고 있는 **물권법정주의**(제185조)**에 반하는 것이다**. 또 당사자가 민법과 다른 합유를 정한다고 하더라도 민법이 정하는 물권을 기재도록 하고 있는 부동산등기법상 등기가 가능한지가 의문이다. 따라서 **제271조 제2항에 대하여는 우리 민법상의 물권법정주의에 부합하는 새로운 해석이 필요하다**"라고 비판한다.[39]

위와 같은 관점에서 남효순은 **"물권편으로 합유를 통일적으로 규율하려는 것은 입법적으로 가장 앞선 태도"**[40]이고, "우리 민법의 경우도 제271조 제2항이 "계약에 의하는 외"라는 규정이 마치 민법의 합유와 다른 약정을 허용하는 것으로 통설이 해석하고 있지만, […] 현재의 법상황에서는 합당한 해석이 아니라고 할 것이다. 따라서 우리 민법의 경우는 합유자의 권리·의무는 당사자의 약정에 의하지 않고 **전적으로 물권편의 규율에 따르게 된다**."고 한다. 그는 물권법정주의에 기초하여 **"우리 물권편의 합유에 관한 개별규정들은 당사자의 약정을 허용하지 않는다."**라고 하여[41] 합유 강제를 관철시킬 뿐만 아니라 조합재산인 채권·채무의 귀속 형태에 대해서도 준합유 강제를 관철시킨다.[42] 남효순의 견해를 간명하게 정리하면 조합의 재산의 귀

---

[38] 남효순, 2017년 논문은 별도로 인용하고 있지 않지만 예를 들면 곽윤직, 2002년 물권법, 300면은 "합유자의 권리, 즉 지분은 합유물 전부에 미친다(제271조 제1항 전단). 그 밖에 합유관계의 자세한 내용은, 합유자 사이의 계약에 의하여 정하여지나, 그러한 특별한 계약이 없으며 제272조 내지 제274조의 원칙에 의하여 규율된다(제271조 제2항). 따라서 제272조 내지 제274조의 규정은 임의규정인 것이다."라고 서술하고 있다. 그러므로 통설은 제271조 제2항 "합유에 관하여는 전항의 규정 또는 계약에 의하는 외에 다음 3조의 규정에 의한다."에 근거하여 임의규정으로 이해하고 있는 것으로 보인다.

[39] 남효순, 2017년 논문, 163면. 결국 남효순은 제271조 제2항은 합유를 규율하는 법률의 실제나 조합계약의 실제에 비추어 볼 때, 불필요한 규정으로서 마땅히 삭제되거나 또는 "합유에 관하여는 다음 3조의 규정에 의한다."로 개정되어야 한다는 결론에 이른다(204면).

[40] 남효순, 2017년 논문, 170~171면.

[41] 남효순, 2017년 논문, 171면. 남효순의 이러한 문제의식은 '합유와 조합'이라는 쟁점이 법률해석과 계약해석의 경계(境界)를 설정하는 문제 혹은 강행규정과 임의규정을 구별하는 문제로 이어져 있음을 보여주는 것이라는 면에서는 조금 더 전진해 있다고 평가할 수 있다.

속형태 및 그 내용은 물권법정주의에 따라 강제되므로 그 처분·변경 그리고 보존에
관해서도 물권법상의 규정이 적용되고, 소유권 이외의 재산권(특히 채권·채무의 귀속)
에도 준용된다[43]는 것이다.

남효순의 견해는 물권법정주의에 따른 강행규정성을 근거로 물권법 합유 규정의
채권법 조합규정에 대한 우선 적용을 전면적으로 인정하고 있어 그 결론은 아주 간
명(簡明)하다. 이 견해는 종래 다수 견해들이 왜 채권법 규정이 물권법 규정보다 우
선하는지에 대해 답변하지 못하는 것을 비판한 것이고, 정책적 고려(조합의 업무집행
을 비롯한 효율적 운영의 보장)로 법률 해석을 정당화할 수 없다는 맥락에 비추어 보면
경청할 바가 있다. 그러나 물권법정주의가 주된 법원리로 작동하는 물권법의 영역이
라고 해서 모든 규정이 강행규정으로 바로 해석될 수 있는지, **물권법정주의의 내용
강제**에서 과연 그 '내용'이라는 것이 당해 물권에 관한 어떤 핵심적 내용을 의미하는
지 등에 대해 검토하고 있지 않다. 또한 (김재형과 마찬가지로) **법률해석과 계약해석의
경계(境界) 문제**와 **강행규정과 임의규정의 구체적 판단기준**에 관한 검토가 없다는 점
에서 아쉽다.

---

42 남효순, 2017년 논문, 164면은 "통설과 판례는 '수인의 채권자 및 채무자(제3편 제1장 제3절)'의 규정
이 채권의 준합유(준공동소유)의 특칙을 이룬다고 한다. 제 278조의 단서는 '다른 법률에 특별한 규
정이 있으면 그에 의한다.'고 하는데, 수인의 채권자 및 채무자에 관한 규정이 바로 다른 법률의 규
정에 해당한다고 한다. 판례도 '공동 이행방식의 공동수급체'에 대하여 조합의 소유로서 준합유 대신
채권의 분할적 귀속을 허용하는 것은 분할적 귀속이 특칙이 된다고 보는 것을 전제로 하는 것이다.
이러한 통설과 판례는 우리 민법제정자들이 물권의 합유(공동소유)의 규정을 채권의 준합유(준공동
소 유)에 준용하여 규율하려는 의도를 전면적으로 부인하는 것이 된다. 수 개의 채권의 성립과 어느
채권자에 의한 채권의 행사를 예정하는 '수인의 채권자 및 채무자'의 법률관계가 하나의 채권의 성립
과 그 채권의 공동행사를 전제로 하는 '채권의 준합유(준공동소유)'의 법률관계의 특칙이 될 수 있는
가 하는 근본적인 의문이 제기된다."고 하고, 197면은 "다수당사자의 채권에 관한 민법상의 규정이
제278조상의 '다른 법률에 특별한 규정'이 될 수는 없다"고 하며, 198~199면은 "조합이 아닌 공유공
동체도 얼마든지 존재할 수 있기 때문이다. 예를 들면, 판례는 부동산의 공동매수인들이 '공동사업을
경영할 목적'이 아니라 단지 전매차익을 얻으려는 '공동의 목적 달성'을 위해 상호 협력한 것에 불과
한 경우 조합관계를 인정하지 않고 공유관계를 인정하고 있다(대법원 2010. 2. 11. 선고 2009다
79729 판결; 대법원 2007. 6. 14. 선고 2005다5140 판결). […] 당사자들 사이에 조합이 성립하지 않
더라도 하나의 채권을 취득하려는 의사가 있을 경우 채권의 준공유의 성립을 인정할 수 있는 것이
다. 또 반대로 이른바 조합계약으로 다양한 형태의 조합을 인정하더라도 이러한 인적 결합의 차이가
조합재산인 채권이 준합유가 된다는 사실에는 아무런 영향을 미치지 않는다."고 한다.

43 최근 같은 취지의 견해로는 김세준, "조합의 재산관계와 합유", 비교사법, 제25권 제1호(통권 80호),
2018, 219~248면. 특히 235면은 "조합원의 지분은 관념적 권리에 지나지 않는 것이므로 그 지분에
해당하는 실체로서의 채권을 독립적으로 갖는 것이 아니다. 따라서 조합채권과 조합채무는 모두 준
합유관계로 보아야 한다."고 한다.

3. 비판적 견해의 시사(示唆)와 그 한계(限界)

(1) 문언, 논리(체계), 입법자의 의사에 기한 해석

문언 및 논리적 추론과정으로 정리해 본다. 만약 'p = q'가 참이라면 그 대우명제(對偶命題)인 'non q = non p'는 참이 된다. 즉 **"수인이 조합체로서 물건을 소유하는 때에는 합유(제271조 제1항)"** 혹은 **"조합원의 출자 기타 조합재산은 조합원의 합유(제704조)"**(p=q)라면, 그 단체의 공동소유관계가 합유가 아니라면(non q) 그 단체는 조합이 아니라는 것(non p)이 참이 된다.**44** 따라서 「제271조 제1항은 "…수인이 組合體로서 물건을 소유하는 때에는 합유로 한다"고 규정하므로, 조합재산에 관하여 물권편의 합유규정이 적용되지 않는다는 것은 곤란할 것이다. 그리고 조합재산이 합유라고 하면서, 그 처분 또는 변경을 다수결로 할 수 있다면, 더 이상 합유라고 할 수 없을 것이다.」**45**라는 김재형의 견해는 문언 및 체계적(논리적) 해석방법에 부합하는 것이다. 또한 공유만 규율하던 구민법과 달리 합유에 관한 물권법상 규정을 신설한 입법자의 의사에도 부합하는 해석이다.**46** 따라서 제271조 제1항이 강행규정이라는 점을 부정할 수는 없다. 이 점은 물권법정주의에 근거하여 강행규정성을 인정하는 남효순의 견해와 같은 결론에 이른다.

그러나 제704조에 대해서는 임의규정으로 인정하는 김재형의 견해는 물권법정주의에 의하여 제271조 제1항 및 제704조가 모두 강행규정이므로 이른바 '합유 아닌 조합'은 인정될 수 없다는 위 남효순의 (합유 강제)견해와 충돌하게 된다. 언뜻 보아서는 문언 및 논리추론에 의한 해석에 비추어 본다면 남효순의 견해가 더 간명하다. 그러나 두 견해는 **접근 방법47이 다르므로 추가적인 검토가 요구된다.**

---

44 반면 p=q가 참이라고 해서 non p=non q가 반드시 참이 되는 것은 아니다. 즉 '조합이 아니면 합유가 아니다'라는 논리는 반드시 참인 것은 아니다. 앞서 살펴본 바와 같이 '조합 아닌 합유'를 인정하는 것에 대해서는 윤진수, 2014년 논문, 147면은 조합의 실체가 없음에도 불구하고 합의 또는 특별법이 합유를 인정하고 있다는 주장에 대해서 합유를 조합과 같은 인적 결합을 전제로 하지 않고, 당사자의 약정만으로 인정하는 입법례는 찾기 어렵고, 당사자의 약정에 의한 합유를 인정할 실익도 찾기 어렵다고 하고, 또한 남효순, 주 4)의 2017논문, 178면 역시 "합유를 규정하는 조합 이외의 계약이 이론상으로는 가능하지만, 현재는 조합만 존재한다."고 하여 논외로 하였다. 논리추론도 결론은 같다.

45 김재형, 주 10)의 1997년 논문, 민법론Ⅱ, 164면.

46 김재형, 1997년 논문, 166면 역시 제272조를 신설한 입법자의 의사에 비추어도 업무집행조합원이 있는 경우에도 조합재산의 처분·변경은 조합원 전원의 동의가 필요하다는 결론에 이른다.

47 김재형은 문언, 체계, 입법자의 의사에 기한 해석방법을 택한 반면 남효순은 물권법정주의라는 법원

(2) 법률해석에 작동하는 법원리(물권법정주의)

법원리는 그 자체로 구체적인 제도 혹은 규범이 될 수 없고(되어서도 안 되며) 각 제도규범들이 해석·적용되는 과정에 정당화의 기저(基底), 해석의 기준, 적용의 지향 등을 결정하는데 작동할 뿐이다.[48] 따라서 물권법정주의가 지배하는 물권법 규정이라고 해서 해석 없이 바로 강행규정으로 단정할 수는 없다. 민법 제185조는 물권의 종류를 임의로 창설할 수 없다고 명문으로 규정하고 있다. 이로써 물권법정주의는 내재적 가치를 넘어 실정법상의 당위−규범인 문언으로 실정법적 효력을 가지게 된다.[49] 따라서 우리는 "~한 계약 내용은 민법 제185조가 규정하고 있는 물권법정주의에 반하므로 무효"라고 할 수 있다. 이것이 법원리가 법률상 명문의 규정으로 실정법(實定法)이 된 경우와 그렇지 않은 경우의 차이다.[50] 민법이 공동소유의 종류(種類)

리에 기한 해석을 택하고 있다.

48 김형석, "법발견에서의 원리의 기능과 법학방법론 — 요제프 에써의 [원칙과 규범]을 중심으로 —", 서울대학교 법학 제57권 제1호, 2016. 3. "원리가 법질서에서 가지는 지위와 역할을 해명하기 위해서는 우선 규범과 대비되는 원리의 개념을 규정할 필요가 있다."(10~11면), "원리는 잠복기를 거쳐 본보기가 되는 사안에서 의식의 문턱을 넘어 법학적 사유 속으로 돌파하여 들어온다."(11~12면); 옥도진, "민법상 부양의 체계", 윤진수교수정년기념논문집 민법논고 — 이론과 실무 —, 2020. 6. 5. **원리는 일반적 당위로서, … 특정 해석 문제에 대한 직접적 구속력을 가지는 것이 아니며 다만 규범의 해석론 혹은 입법론에 있어서 그 근거, 기준, 정당화의 기저(基底)로서 작동할 뿐이다.** […] 민법의 근본 원리로부터 … 민법상 제도화된 규범의 해석을 위한 목적이 바로 도출될 수는 없고, 그 규범 목적을 확인하는 과정을 이끄는 역할을 할 뿐인 것 이다."(530~531면) 등은 같은 맥락이다.

49 반면 계약자유의 원칙은 민법에 내재된 (나아가 헌법 제10조의 일반적 행동의 자유권에 포함되는)가치임에는 분명하지만 실정법에 명문으로 규정되어 있지는 않다. 따라서 "~라는 계약 내용은 계약 자유의 원칙에 부합하기 때문에 유효(더 나아가 반하기 때문에 무효)"라고 바로 말할 수는 없다. 계약자유의 원칙을 침해하는 경우 그것을 무효화하기 위해서는 우리는 민법 제1조, 제103조, 제104조 등의 실정법상의 근거를 제시해야만 한다. 이러한 구별은 켈젠과 에써의 법원리에 대한 상반된 시각과도 연결된다. 남기윤, 법학방법론, 2015. 39면은 "**신의칙과 같은 일반조항**, 사적 자치나 신뢰 원칙과 같은 법의 배후의 **실정화되지 않은 정당성 기준인 여러 원리들**을 통해 법적 결정과정에서 실질적 타당성을 확보하려는 것"이라고 에써의 방법론(법원리와 규범의 구별)을 두 가지(실정화된 법원리와 내재적 가치인 법원리)를 구별하지 않고 설명한다. 그러나 에써의 방법론을 비판하는 켈젠의 입장(김성룡(형사법) 역, 켈젠, 규범의 일반이론1, 2, 2016, 231~244면; 윤재왕 역, 켈젠, 순수법학, 2018, 81면, 121면)에서 보면 양자를 동일 평면에 두고 논의할 수 없다.

50 이 문제에 관하여 대법원은 간접적으로 다룬 바 있다. 대법원 2013. 12. 18. 선고 2012다89399 전원합의체 판결은 "단체협약 등 노사합의의 내용이 근로기준법의 강행규정을 위반하여 무효인 경우에, <u>무효를 주장하는 것이 신의칙에 위배되는 권리의 행사라는 이유로 이를 배척한다면 강행규정으로 정한 입법 취지를 몰각시키는 결과가 될 것이므로, 그러한 주장이 신의칙에 위배된다고 볼 수 없음이 원칙</u>"이라고 판시하면서도 "노사합의의 내용이 근로기준법의 강행규정을 위반한다고 하여 노사합의의 무효 주장에 대하여 예외 없이 신의칙의 적용이 배제되는 것은 아니다. 신의칙을 적용하기 위한

로 합유를 규정하고 있음은 **명백하다**(종류강제). 그러므로 합유 규정 중 어느 범위까지가 강행규정이 되는지의 문제는 "민법이 정(定)하고 있는 물권인 '합유'의 핵심적 내용은 무엇인가?"로 환원된다(**내용강제**).

'내용강제'가 물권법정주의에 포함된다는 일반적인 설명에 대해 구체적으로 '내용강제'가 무슨 의미인지 설명하는(의문을 제기하는) 견해는 찾지 못하였다.[51] 아마도 **'종류강제'를 형해화(形骸化)하는 정도의 내용변경**은 방지되어야 하므로 당연히 인정(포함)되는 것으로 이해되고 있는 듯하다. 따라서 '내용강제'란 **그 물권의 핵심적(본질적) 내용[52]을 변경하는 것을 금지한다는 의미**로 이해할 수 있을 것이다. 그렇다면 과

일반적인 요건을 갖춤은 물론 근로기준법의 강행규정성에도 불구하고 신의칙을 우선하여 적용하는 것을 수긍할 만한 특별한 사정이 있는 예외적인 경우에 한하여 노사합의의 무효를 주장하는 것은 신의칙에 위배되어 허용될 수 없다."고 한다. 이에 대해 강행규정을 계약에 의해서 배척할 수 있는 결과가 과연 신의칙으로 정당화될 수 있는지 여부에 의문이 제기되고 있다(박은정, "강행법규를 위반한 통상임금 노사합의와 신의성실의 원칙", 인권과 정의 제443호, 2014 등 참고. 반면 '여러 이해관계자와 복잡한 관계를 맺고 있는 기업이라는 특수성이 있는 노동법관계'를 근거로 지지하는 견해도 있다. 전형배, "노동관계소송에서 신의칙과 권리남용금지", 인권과 정의 제451호, 2015, 63면). 그러나 위 판례의 사안도 계약(합의)이 강행규정과 그 해석에 영향을 미친 것은 아니라 위반하였으나 그 예외적으로 그 효력이 신의칙에 의하여 유지된 것일 뿐이다. 즉 민법 제103~105조가 규정하고 있는 강행규정-임의규정과 계약 통제 및 해석의 체계와 충돌하지 않는다. **예외적인 경우이지만 '강행규정이 된 법원리'는 단순한 강행규정의 효력을 제압하는 경우가 인정될 수 있는 것으로 구성될 수 있다.**

51 예컨대 한국사법행정학회[손철우 작성 부분], 주석 민법 [물권 1] §185~§261, 2019(제5판), 173~174 면은 각 "물권의 종류는 […] 개개인은 법률등이 정한 물권 이외의 새로운 종류의 물권을 임의로 만들 수 없다. 이를 종류 강제 또는 유형 강제하고 한다." 및 "물권의 내용은 법률등에 의하여 정해지고, 개개인은 법률등이 정하고 있는 물권의 내용을 다른 내용으로 바꿀 수 없다. 이를 내용 강제 또는 내용 한정이라고 한다."라고 설명할 뿐 민법 제185조가 명시하고 있지 않은 내용 강제가 왜 물권법정주의의 내용에 포함되는지, 그것이 어느 범위까지인지 구체적으로 검토하고 있지 않다. 이는 다른 교과서들도 다를 바 없다(예컨대 곽윤직, 2002년 물권법은 23면에 '내용' 강제를 인정하면서도 그에 관한 구체적 설명은 없다). 다만 한국사법행정학회[손철우 작성 부분], 주석 민법 [물권 1] §185~§261, 2019(제5판), 174~175면의 내용 강제 위반의 법률행위의 경우에는 "일부무효의 법리(민법 제137조) 또는 무효행위의 전환 법리(민법 제138조)에 의하여 무효의 범위를 정하는 것이 타당" 하다는 설명, 175면의 사용수익권이 포함된 저당권 설정의 경우 일반 저당권 설정으로는 유효하다는 설명 그리고 186면의 담보지상권의 인부 및 187면의 영구지상권 인부에 관한 설명 등에 비추어 보면 내용 강제가 결국 종류 강제를 관철하기 위한 것으로 제185조의 해석상 (당연히) 인정된다는 취지로 읽힌다.

52 한국사법행정학회[손철우 작성 부분], 주석 민법 [물권 1] §185~§261, 2019(제5판), 185면은 "담보지상권은 용익권을 **본질적 내용**으로 하는 고유한 지상권 개념과 합치되지 않으므로, […] 부동산의 담보 가치의 확보만을 목적으로 하는 담보지상권의 설정을 원인으로 하는 등기는 원칙적으로 무효" 라는 견해를 소개하고 있다. 이러한 설명에 비추어 보면 '내용 강제'란 각 물권의 '본질적 내용'을 변경하는 것으로 이해하는 것으로 읽힌다. 그런데 각 물권의 핵심적(본질적)인 내용이 어디까지 인지에

연 합유는 어떤 내용이 핵심적(본질적) 내용으로 강제되는가? 남효순의 견해는 물권법정주의라는 실정법화 된 법원리에 기하여 합유를 물권의 한 종류로 인정한 이상 그 합유의 내용을 법정(法定)하여야 하며, 그것의 강행규정성을 기반으로 이루어진 주장이라는 점에서 기본적 타당성을 확보하고 있다. 다만 위에서 살펴 본 바와 같이 그 강행규정의 범위가 과연 어디까지인지의 문제는 추가적인 검토가 있어야 한다.

(3) 소결

'합유와 조합'의 문제에 관한 김재형과 남효순의 비판적 견해는 **문언·체계해석 및 입법자의 의사에 기한 해석에 충실할 필요가 있다는 점**, **물권법정주의와 계약자유의 원칙이라는 법원리의 관점에서 접근해야 한다는 점을 간파(看破)**했다는 의미에서 그 가치가 크다. 그러나 무엇이, 왜 강행규정으로 해석되어야 하는지 또한 그것이 계약해석과 어떤 관계에 놓이게 되는지에 대하여 명확한 추가적인 논의를 하지 않았다는 점에 한계가 있다.

Ⅲ. 물권법정주의와 계약자유의 원칙, 법률해석과 계약해석의 경계(境界)

1. 합유의 법정(法定)과 조합계약의 자유

합유의 핵심적인 내용은 (제703조, 공동사업을 경영하기 위한) **민법상 조합이 존재하는 동안 합유자의 권리는 합유물 전부에 미치므로 조합원의 지분은 잠재적인 것에 불과하고, 그것을** (그 결합관계가 끝나기 전에는) **분할, 양도할 수 없다는 것이다**(제271조 제1항, 제704조). 이러한 핵심적 내용 강제에 반하는 계약은 물권법정주의(제185조)에 위반이고, 강행규정으로 해석되는 민법 제271조 제1항에 반하여 무효가 된다. 특히 이러한 점은 통설이 제272조 내지 제274조를 임의규정으로 이해하는 근거인 **제271조 제2항의 문언**에 (오히려) 명확히 규정(실정법화)되어 있다. 즉 **"전항의 규정 또는 계약에 의하는 외에 다음 3조의 규정에 의한다."**라는 문언에서 **"전항의 규정"이 제271조 제1항 제1문 및 제2문 전부를 의미한다는 것은 명백하다.**[53] 따라서 이러한 문

대한 구체적인 설명을 담고 있는 문헌은 없는 듯하다.

53 이에 대해 '전항의 규정'은 제1항의 '법률의 규정'을 의미한다는 주장을 생각해 볼 수 있다. 그러나 민법 상 '전항의 규정'은 예외 없이 바로 앞의 항을 가리키는 것으로 사용되고 있다(제5조 제2항, 제45조 제2항, 제114조 제2항, 제178조 제2항, 제191조 제2항, 제201조 제3항, 제220조 제2항, 제242조 제2항, 제320조 제2항 등. 반면 전항의 특별한 내용만을 지시하는 경우에 민법은 '전항의 ~: 허

언(文言)은 제271조 제1항은 계약에 의해 달리 정할 수 없음을 규정하고 있는 것이다.[54] 나아가 이러한 해석은 인적 결합 관계에 따른 공동소유물권을 규정한 체계 및 입법자의 의사에도 부합한다. 즉 공동소유물권의 '공동'의 내용인 '공동소유자들의 인적 결합 관계'가 그 물권의 핵심적 내용을 이루므로 법정(法定)된 것이라는 해석은 논리적으로 타당하다.[55] 결국 "조합체로서 소유하는 때에는 합유로 한다."는 규정은 문언·체계·입법자의 의사·규범목적[56]에 기한 해석에 의하건, 물권법정주의(내용강제)라는 법원리에 비추어 보건 강행규정으로 해석된다(이 점에서는 김재형 및 남효순의 의견이 결론에 있어 동일하다).[57] 또한 "합유자의 권리는 합유물 전부에 미친다."는 제2문 역시 제1문 "조합체로서의 합유"의 (다른 공동소유형태와 다른) 본질적인 성질을 형성하므로 이 역시 강행규정으로 보아야 함은 다툼의 여지가 없다.

그렇다면 제704조에 대해서 위에서 살펴본 바와 같은 문언, 논리(체계), 입법자의 의사에 의한 해석이 가능한가? 문언상으로는 제704조도 제271조 제1항과 마찬가지로 "합유로 한다."로 되어 있다. 따라서 같은 문언이 사용되었으므로 일견(一見) 같은

락, 명령, 사단법인, 등기사항, 기간 내, 청구, 등기, 직무, 공고, 의사표시, 점유권, 청구권, 통행권자, 공작물, 인수' 등으로 정확히 표시하여 혼동을 예방하고 있다). 또한 이러한 주장은 스스로 해석 대상(제271조 제2항) 자체의 존재 의미를 상실시키는 자기 모순적 해석이 되므로 타당하지 않다.

54 제271조 제2항의 '다음 3조'(제272, 273, 274조)가 임의규정임을 선언하고 있는 동시에 '전항의 규정'인 제271조 제1항이 강행규정이라는 점도 규정하고 있는 것으로 보아야 한다. 즉 '전항의 규정(제271조 제1항 제1,2문)' 〉 '계약에 의하는 (외)' 〉 '다음 3조'의 순위를 담고 있는 것으로 해석된다. 나아가 강행규정인 제271조 제1항은 합유의 핵심적 내용을 이루므로 '다음 3조'(제272~274조) 역시 제271조에 반하지 않는 의미·내용으로 해석되어야 한다.

55 이에 대해서도 총유, 합유, 공유는 소유권의 하부 형태에 불과하고 다른 종류의 물권이 아니라는 주장을 생각해 볼 수 있다. 그러나 이러한 주장으로 물권법정주의의 종류강제를 회피한다고 해도 공동소유의 형태는 "인적 결합 관계"에 의해 결정되는 것으로 이해하는 한(限) 이것이 각 공동소유를 구별하는 핵심적 내용에 해당한다는 '내용강제'까지 회피할 수는 없다. 결국 이러한 주장 역시 스스로의 공동소유에 관한 이해에 반하는 자기 모순적인 주장이 되어 동의할 수 없다.

56 '합유 강제'는 조합체의 (존립 기반인) 재산 귀속의 안정성을 보장하여 공동사업 경영을 가능토록 한다는 규범목적에도 부합한다.

57 강행규정과 임의규정의 구별기준에 관하여 종래의 통설은 민법 제105조(임의규정)의 문언에 따라, "법령 중 선량한 풍속 기타 사회질서에 관계"없는 규정은 임의규정, 관계있는 규정은 강행규정이라는 (불확정 개념을 다수 포함하고 있어서 질문에 대해 질문으로 답변하는)추상적 기준을 제시해 왔다. 따라서 제103조의 해석과 당해 조문의 해석을 모두 거쳐야만 그것이 강행규정인지 여부가 결정될 수 있으며, 비로소 그에 위반된 계약은 (일부)무효가 된다. 물권법정주의가 제103조의 사회질서에 포함된다고 해석됨은 물론이며 그 실정법적 반영이 제185조인 것이다. 따라서 제271조 제1항(의 해석)에서 물권법정주의, 즉 종류강제와 내용강제가 무엇인지 확인되므로 그 조문은 강행규정일 수밖에 없는 것이다.

규범적 효력(즉 강행규정성)이 인정되어야 하는 것으로 보인다. 그러나 이러한 논리 추론(문언 및 체계적 해석)은 채권편 조합계약 부분에 규정되어 있는 "합유로 한다."의 경우(제704조)에 그대로 적용하기 어렵다. 즉 제704조를 임의규정으로 본다면 조합계약으로 합유가 아닌 소유관계(특정 조합원의 단독소유나 조합원의 공유 등)를 규정할 수 있는다는 주장58이 타당하게 되는데 제271조 제1항(그 해석)과 모순충돌을 피할 수 없게 된다. 물권법정주의와 계약자유라는 각 다른 법원리에 의한 접근이 각 다른 결론에 이른다는 것이 된다. 그렇다면 규범충돌을 넘어 법원리간 충돌이 발생하고 있는 것인가? 여기서 우리는 질문을 역(逆)으로 해볼 필요가 있다. **우리는 왜 법원리 상호간에 모순·충돌이 발생하고 있다고 생각하는가? 왜 우리는 임의규정 상호간에 규범 충돌이 가능하다고 생각하는가?** 규범충돌이란 문언 상호간의 충돌인가 아니면 규범효력간의 충돌을 의미하는 것인가? 법원리의 모순·충돌이란 법원리가 직접·구체적 효력을 가진다고 가정해야만 가능한 것이 아닌가?

2. 물권법정주의와 계약자유의 원칙의 관계

민법은 조합의 재산귀속에 대해 "조합체로서 […] **합유로 한다.**"[제271조(물건의 합유) 제1항], "조합원의 **합유로 한다.**"[제704조(조합재산의 합유)]라고 명확히 규정하고 있다. 전자가 강행규정이라는 점은 앞서 검토한 바와 같다. 그런다면 채권법에 위치한 후자는 어떠한가? **우선 '합유 아닌 조합을 설립하는 계약'을 다른 종류의 물권을 창설하는 계약으로 볼 수 없음은 명백하다. 따라서 이러한 계약이 민법 제185조의 종류 강제를 위반하는 것이 아니라는 점도 다툼의 여지가 없다**(계약자유의 원리는 멈추지 않는다). 그렇다면 제704조는 임의규정인가?

여기에는 몇 가지 오해(誤解)가 자리 잡고 있다. 물권법정주의는 물권법에만, 사적자치의 일부를 이루는 계약자유의 원칙은 채권법에만 적용되는 법원리라는 인식이다. 또한 물권법정주의를 따르는 물권법은 강행규정이고, 계약자유의 원칙을 따르

---

58 윤진수, 2014년 논문, 143~146면은 '조합의 소유관계가 반드시 합유'라는 식의 인식이 있는 듯하며, 그것은 합유 규정이 강행규정이라는 판례 탓이 아닌가 하는 의문을 제기하면서, 채권법 상 조합 규정은 임의규정이고 따라서 조합의 소유관계도 합유가 아닐 수 있다고 지적하고 있다. 동 논문, 145면은 제704조 개정안으로 "그러나 다른 약정이 있는 때에는 조합원의 공유로 할 수 있다"가 제기되었다가 '합유와 공유'로 한정할 이유가 없고 필요에 따라서는 한 조합원이 단독소유하거나 일부 조합원만의 공유로 하는 것도 허용할 필요가 있어서 "다른 약정이 없으면"이라는 문구를 삽입하는 것으로 되었다는 설명도 담고 있다. 이러한 이해는 독일민법상 조합재산에 대해서도 같다고 한다.

는 채권법은 임의규정이라는 인식이다. 이러한 인식으로 인해 "물권법에서는 계약자
유의 원칙이 인정되지 않는다."는 잘못된 설명59이 등장하게 되는 것이다. 성급한 일
반화의 오류가 자리 잡고 있다. **소유권보장(所有權保障)과 사적자치(私的自治)라는 근
대사법의 내재적 가치(기본원리)에서 연원60하는 두 법원리가 민법의 일부에만 미친
다는 것은 잘못된 인식임에 명백하다.**61 법원리는 그 자체로 구체적인 제도 혹은 규
범이 될 수 없고(되어서도 안 되며) 각 제도규범들이 해석·적용되는 과정에 정당화의
기저(基底), 해석의 기준, 적용의 지향 등을 결정하는데 작동하는 것이므로, 다만 다
른 법원리가 시작되는 곳에서 멈추어 서는 것이다.62 즉 다른 법원리가 더 강하게 작
동하게 되면 제한받을 뿐인 것이다.63 법원리는 규범·제도(혹은 그 해석)에 의해서 제
한되지 않으며(될 수 없으며) 물권법이라서 계약자유의 원칙이 인정되지 않는다거나
채권법이어서 물권법정주의와 무관하다는 논리는 타당하지 않다.64 또한 이러한 성

---

59 곽윤직, 2002년 물권법, 23면은 "<u>물권법에 있어서는, 채권법에 있어서와 같이 계약자유의 원칙이 인
    정되지 않으며</u>"라고 서술하고 있다.

60 곽윤직, 2002년 물권법, 23~24면은 물권법정주의를 취하는 근거 내지 이유로 첫째「자유로운 소유권」
    의 확립, 둘째「공시의 원칙 관철」두 가지를 꼽고 있다.

61 이는 민법 문언 상으로도 드러나 있다. 예컨대 논의의 대상인 제271조(물건의 합유) 제1항 자체도
    "법률의 규정 또는 <u>계약에 의하여</u> 수인이 조합체로서 물건을 소유하는 때에는 합유로 한다."라는 문
    언을 사용하고 있다. 이때의 계약은 '조합체를 성립시키는 계약' 즉 조합계약이다. 그러므로 물권법에
    있어서는 계약자유의 원칙이 인정되지 않는 것이 아니라 물권의 종류와 그 내용은 법률에 의하여 정
    해지므로 그것은 계약의 대상이 되지 않는다는 것이 정확한 설명이다. 소유권이 매매라는 계약에 의
    하여 거래되는 것은 말할 것도 없고 특히 '합유'라는 물권은 조합계약에 의해서 비로서 창설된다. 물
    권법에도 당연히 계약자유의 법원리는 작동하고 있는 것이다. 마찬가지로 채권법 제704조(조합재산
    의 합유)는 "조합원의 출자 기타 조합재산은 조합원의 <u>합유로 한다.</u>"라고 규정하고 있다. 여기서의
    합유가 물권법상의 공동소유 형태 중 하나인 합유를 의미한다는 것은 다툼의 여지가 없다. 채권법
    역시 물권법정주의를 당연히 전제(前提)된 법원리로 알고 있는 것이다.

62 예컨대 한국사법행정학회, 주석 민법 [물권 1] §185~§261, 2019(제5판), 169~170면 "사적 자치의 원
    칙과 계약 자유의 원칙은 근대 사법을 지배하는 기본 원리이다. […] **물권법의 영역에서는 사적 자치
    의 원칙과 계약 자유의 원칙은 물권법정주의에 의하여 제한된다.** 그 결과 재권법에 규정된 전형 계
    약은 예시적인 성격을 갖는 데 불과하지만 물권법에 규정된 물권은 한정적·확정적인 성격을 갖는
    다."라고 설명하고 있다.

63 원리는 비처럼 넓은 대지를 적시는데 가끔 다른 원리가 우산(雨傘)이 되면 그 아래의 대지는 적시지
    못하는 것이다.

64 물권법정주의 혹은 계약자유의 원칙에 물권법(물권관련 규범 및 제도) 혹은 채권법(채권·채무관련
    규범 및 제도)에 영향을 미치는 것이지 그 반대로 물권법이므로 계약자유의 원칙이, 채권법이므로 물
    권법정주의가 인정되지 않는다거나 적용되지 않는다는 생각은 '꼬리가 개를 흔드는(Wag the Dog)'
    오류이다.

급한 일반화의 오류는 (理論的 論辯에서의 惡循環에 그치는 것이 아니라) 물권법정주의의 내용인 '물권의 종류와 그 내용 강제'의 범위에 대한 검토가 필요함에도 이를 간과하게 한다.65 앞서 살펴 본 바와 같이 문언 및 체계(논리), 입법자의 의사 그리고 물권법정주의라는 제185조에 실정법이 된 법원리에 비추어 보아도 민법상의 전형계약인 조합계약으로 설립되는 조합의 공동소유형태는 합유로 강제되고 있다는 것은 다툼의 여지가 없다(계약자유의 법원리는 물권법정주의라는 다른 법원리가 강행규정의 모습으로 더 강하게 적용되는 범위에서만 멈추는 것이다). 그 핵심적 내용인 지분의 잠재적 성질로 인한 분할 및 분리양도의 금지 역시 강제된다는 점은 명백한 것이다(제271조 제1항 제1문 및 제2문). 민법 제271조 제1항의 "계약에 의하여"라는 문언의 "계약"은 "조합계약"임에 분명하다. 우리 민법 제13절은 "조합계약"과 그 계약을 통해 성립하는 단체인 "조합"을 구별하여 규정하고 있다.66 그리고 조합계약이란 "2인 이상이 상호 출자하여 **공동사업을 경영**할 것을 약정"하는 계약이라고 개념을 정의해 두고 있다(제703조 제1항). 또한 조합재산은 출자에 의한 재산과 기타(즉 조합 성립 이후에 공동사업의 경영을 통하여 취득하는)재산으로 이루어진다는 점도 명확히 규정하고 있다(제704조). 그러므로 **"합유로 한다."**라고 **채권법 제704조에 다시(재강조를 위해) 규정되었다고 달리 볼 이유는 없다.** 채권법에서도 물권법정주의는 작동하며 따라서 **제704조 역시 강행규정**인 것이다. 계약자유의 원리와 충돌하는 것이 아니다.

논의의 평면은 **물권법정주의의 내용강제는 무엇을 의미하며, 그에 따라 강행규정으로 해석되는 것은 과연 무엇인지**(제271조 제1항, 제704조)를 검토했고(계약자유의 원칙이 멈추어 서는 것이 어디인가 확인하는 것), 그 다음에야 비로소 **계약 해석의 문제로** 전환된다(될 수 있다). 이해의 편의를 위해 후술할 내용을 간명하게 환언해 두면 '**체계적 법률해석에 의한 강행규정**(제271조 제1항, 제704조)**의 조합계약효력통제'**와 '**임의규정**(제272조 제1문 및 제706조 제2항)**에 의한 조합계약해석(내용)통제'**라고 할 수 있다.

---

65 즉 물권법 및 채권법의 개별 규정에 대하여 강행규정인지 임의규정인지 여부에 대해 구체적으로 해석·검토하지 않게 된다. 예컨대 "제704조는 계약자유의 원칙이 지배하는 채권법의 규정으로 임의규정이다."라거나 "제271조 제2항은 물권법정주의에 따라 강행규정이다."라고 서술하는 것이다.

66 이 점에 대해서는 이미 김재형, 1997년 논문, 142면 주 3) 및 곽윤직, 채권각론, 新訂(修正版), 2002, 362면 "조합과 조합계약을 혼동해서 사용하는 일이 종종 있다. 그러나 이는 부당하며, 구별해서 사용하여야 한다. 「組合」이라는 단체를 설립하기 위한 계약을 「組合契約」이라고 하고, 이 組合契約에 의하여 창설되는 團體를 「組合」이라고 부르는 것이 옳다고 생각한다. 민법의 규정도 이러한 구별을 하고 있다."고 지적하고 있다.

3. 제272조 제1문과 제706조 제2항의 규범충돌 여부

이제 문제는 종래의 학설들이 논쟁의 대상으로 삼아 온 제272조 제1문과 제706조 제2항의 규정의 경우이다. 제272조 제1문인 **"합유물을 처분 또는 변경함에는 합유자 전원의 동의가 있어야 한다."**가 제271조 제2항의 "다음 3조의 규정"에 포함됨은 명백하기 때문에 **"계약에 의하는 외에"**라는 문언의 수식을 피할 수 없다. 따라서 일응 합유물의 처분과 변경은 계약에 의하여 전원의 동의가 아니라 계약으로 달리 정할 수 있다고 해석이 된다. 그렇다면 제706조 제2항 **"조합의 업무집행은 조합원의 과반수로써 결정한다.** 업무집행자 수인인 때에는 그 과반수로써 결정한다."는 문언과 관련하여 **합유물의 처분과 변경이 조합의 업무집행에 속한다면**(앞서 살펴본 바와 같이 이는 판례, 통설임) 상호 모순 혹은 충돌되는 것이 아닌가라는 의문이 제기된다.

그러나 이곳에도 오해(誤解)가 자리 잡고 있다. 위와 같이 제272조 제1문이 임의규정이라면 역시 임의규정에 불과한 제706조 제2항은 **조합계약의 해석 기준으로 작동할 뿐 규범 효력 간의 충돌일 수 없다.**[67] 문제가 되는 경우란 **조합계약에서 이를 명시적으로 정하지 않고 있는 경우**에는 어느 규정에 의하여 계약을 해석하는 것이 타당한 것인가 정도이다. 그리고 이는 (임의규정의)체계적 혹은 논리적 해석(규범 조화적 해석)에 의하여 혹은 계약해석에 투사되는 과정에서 해결하면 족한 문제이다. **법**

---

[67] 규범충돌이라는 성급한 단정은 여기서의 '현행법의 체계' 혹은 '현행법의 해석'은 임의규정의 체계 및 해석으로 **계약해석을 위한**(혹은 계약에 명시하지 않은 것을 보충하는) 것에 불과하다는 점을 간과한 것이다. 이를 임의규정(default rule)의 **거래비용을 줄여주는 기능**과 공정성 지표가 되는 지도형상(Leitbild)의 기능이라 표현하기도 한다. 윤진수, "계약법의 법경제학", 김일중·김두얼 편, 법경제학 이론과 응용, 도서출판 해남, 2011, 민법논고Ⅳ 재수록, 125면 본문 및 주 11) 참고; **규범충돌이란 단순한 문언(文言)간의 충돌이 아니라 그 규범의 효력(效力) 사이에 발생하는 충돌이어야 한다.** 이는 규범충돌에 관한 켈젠의 견해와 일치한다. Hans Kelsen, Allgemeine Theorie der Normen, 쿠르트 링호퍼/로베르트 발터 편저, 1979; 규범의 일반이론, 김성룡 옮김, 2016. 245~253면(특히 248면은 **"규범충돌은 충돌하는 양 규범들이 유효하다는 것을 전제로 한다.** 양 규범의 효력에 관한 진술들이 참이라는 것이다. […] **규범충돌은 논리적인 모순이 아니며,** 전혀 논리적인 모순과 비교될 수 있는 것이 아니다."라고 하고 다시 249면은 "규범충돌은 […] **상호 반대되는 방향에서 작용하는 힘들과 비교될 수 있다."**고 설명하고 있다) 참고; 같은 문언을 쓰고 있는 경우라도 다른 제도에서 다른 의미로 쓰였다면 상호간에 긴장관계(규범의 충돌, 교착 등)는 발생할 수 없다. 또한 만약 동일한 계약 사안에 적용될 동일한 문제에 관해 전혀 다르게 규정한 임의규정이 (상상하기 어렵지만)존재한다면 그것은 규범충돌이 아니라 편집상의 과오일 뿐이다. 결국 **임의규정 문언 간 일견(一見) 충돌(논리모순)로 보이는 경우란 규범 조화적 해석이 필요한 경우이거나 계약의 해석과정으로 수렴되어 해소될 문제이거나 편집상의 과오일 뿐 규범 효력 간의 충돌(규범충돌)이 될 수 없다.**

률해석과 계약해석의 경계(境界)에 임의규정이 있다.

임의규정은 계약해석을 위한(혹은 계약에 명시하지 않은 것을 보충하는) 것으로 그 구속력은 계약해석에 투사(投射)될 때에만 발현된다. 따라서 임의규정의 해석은 계약의 유효를(혹은 유효하도록 함을) 전제(前提)로 이루어진다.68

조합체로서 소유하고 있는 합유물 전부의 처분이나 변경으로 조합 계약을 새로 체결하는 것과 마찬가지의 상황(종래 조합계약을 해산하는 혹은 조합의 존립과 직접 관련된 재산을 양도하는 수준)이 된다면 그것은 **조합원 전원의 동의**가 필요한 것으로 해석하는 것을 (합유물권을 창설한) **조합 계약은 그 성질상 당연히 전제(前提)로 하고 있는 것이다.**69 즉 이러한 물권관계에 관련된 조합계약의 해석에 제271조 제1항 제1문(및 제2문)이 (그에 반하는 계약의 유효성 판단을 위해) **적용되는 것이다.** 이에 반하는 조합계약

---

68 반면 강행규정은 법률해석의 영역에 속하고 그에 위반된 계약을 무효로 판단하는 경우에만 계약해석과 만나게 된다. 임의규정은 계약해석(내용통제) 규칙에 그치지만 강행규정은 계약에 대한 효력통제 규범(sollen)이다.

69 곽윤직, 2002년 물권법, 286~287면은 공유는 공동소유자 사이의 유대(紐帶)를 약화시키고, 공동목적에 의한 구속을 주지 않으므로, 목적의 달성이 거의 불가능하게 되기 때문에 그 결합관계가 끝난 경우에만 지분 처분의 자유와 분할의 자유가 현실화하는 합유의 존재의의가 있다고 한다. 예를 들면 조합 재산 중 사업 경영에 필수적인 재산을 양도하는 경우 그 조합계약의 목적인 "공동사업을 경영"하는 것(제703조 제1항)이 불가능해 지는 경우를 들 수 있다. 또한 합유인 물권관계를 조합원의 공유로 변경하는 것도 비전형 조합계약을 다시 체결하는 것이므로 조합원 전원의 동의가 필요함은 명백한 것이다. 이러한 해석이 가능한 것은 (이론적으로는) 당위-규범 문언인 강행규정과 달리 **임의규정이 존재(사실)-진술 문언에 해당하고, 그것이 계약해석의 문제로 이어지기 때문이다.** 또한 (실정법상 근거로는 제271조 제1항 외에) 제274조 제1항은 "합유는 **조합체의 해산 또는 합유물의 양도로** 인하여 **종료한다.**"라고 규정하며, 제2항은 "**전항의 경우에** 합유물의 분할에 관하여는 **공유물의 분할에 관한 규정을 준용**한다."라고 규정하여 합유가 종료되는 경우(비로소) 공유물의 분할 규정이 적용되도록 규정하고 있다는 점도 이를 시사(示唆)한다. 조합계약에 계약당사자들(조합원들)이 강행규정에 반하지 않는 범위에서 더 엄격한 혹은 더 유연한 조합업무집행의 내용을 명시하였다면 그에 따르는 것 역시 계약자유의 법원리에 의하여 당연한 것이다. 그러므로 **명시되지 않은 내용에 관해서는 임의규정의 해석과 적용에 따라 계약해석이 이루어져야 하는 것이다.** 이러한 방법론을 기초로 (문자해석만이 아니라)체계적 해석의 도움을 받은 문언해석, 합유와 조합의 규범목적 그리고 추정되는 입법자의 의사에 따른 해석을 시도해 보면 이 같은 해석의 정당성은 확인된다. 실무에서는 그 처분·변경이 조합의 존속과 관련되어 있다고 판단되어 집행결정에서 소외된 조합원들의 이의(혹은 무효 주장의 소제기)의 모습으로 현실화될 것이다. 김재형, 1997년 논문, 162~163면의 제5설(李容勳의 견해)과 맥락은 유사하지만 제272조를 특별규정으로 볼 필요가 없다는 점에서 다르다. 여기서 '현행법의 해석'은 임의규정의 해석으로 계약해석을 위한 것에 불과하다는 점이 간과된 것이다. 조합계약이 목적으로 한 '공동사업의 경영'에 비추어 그 재산이 조합의 존속과 관련되는지 여부가 판단될 수밖에 없기 때문에 존재(사실)-진술 문언인 임의규정 간의 문제로 앞서 언급한 바와 같이 규범충돌은 없는 것이다.

은 (일부)무효이다.**70** 반면에 **그 처분과 변경으로 조합의 존속에 별다른 영향이 없는 것**이라면 **조합원의 2/3에 의하여** 선임된 업무집행자 단독으로 처리하거나(제706조 제1항) **조합원(혹은 업무집행자)의 과반수로** 처리한다는 것이다(제706조 제2항 제1, 2문).**71**

이러한 해석에 대해 **제272조 제1문의 존재의의가 무엇인지** 의문이 든다고 비판할 수 있다. 그러나 만약 제272조 제1문이 없다면 (하물며 있음에도 묵시적으로 완화된 합의를 인정하는 해석론이 있는데) 과연 제271조 제1항(및 그 해석)만으로 조합의 업무집행에 조합의 존립과 관련된 재산의 처분·변경을 포함시켜 조합계약의 목적인 공동사업의 경영을 형해화하는 묵시적 합의가 있었다는 계약해석을 방지할 수 있었을 것인가? **민법은 이러한 위험을 방지하기 위해** 채권법 제704조에 '**합유**'임을 재강조(**강행규정**)하고, 제272조는 (강행규정이 아니라) **임의규정**(공정성지표 및 묵시적 합의의 해석기준)으로 두어 **그 처분·변경의 대상인 조합재산이 어떤 성격의 재산인지 여부를 실**

---

70 이에 대하여 거래안전에 반할 위험이 크다는 비판이 가능해 보인다. 「합유등기의 사무처리에 관한 예규」 제정 1998. 1. 14. [등기예규 제911호, 시행]에 따르면 합유자 전원이 등기부에 현출되며, 등기부상 각 합유자의 지분을 표시하지 아니한다고 한다. 또한 합유자 중 일부가 나머지 합유자들 전원의 동의를 얻어 그의 합유지분을 타에 매도 기타 처분하여 종전의 합유자 중 일부가 교체되는 경우, 잔존 합유자가 수인인 경우 합유자 중 일부가 그 합유지분을 잔존 합유자에게 처분하고 합유자의 지위에서 탈퇴한 경우, 잔존 합유자가 1인이 된 경우합유자 중 일부가 탈퇴하고 잔존 합유자가 1인만 남은 경우, 합유자 중 일부 또는 전부가 그 합유지분 중 일부를 제3자에게 처분하여 제3자가 합유자로 추가된 경우 등의 변경등기신청과 등기기록례를 구체적으로 규정하고 있다. 특히 합유자 중 일부가 사망한 경우 합유자 사이에 특별한 약정이 없는 한, 사망한 합유자의 상속인은 민법 제719조의 규정에 의한 지분반환청구권을 가질 뿐 합유자로서의 지위를 승계하는 것이 아니므로, 사망한 합유자의 지분에 관하여 그 상속인 앞으로 상속등기를 하거나 해당 부동산을 그 상속인 및 잔존 합유자의 합유로 하는 변경등기를 할 것은 아니고, 4가지의 경우로 나누어 잔존합유자로의 귀속과 그 등기기록례에 대하여 구체적으로 규정하고 있다. 이처럼 합유 등기 실무는 합유 등기에 대한 공시(公示)를 강화함으로써 거래안전에 기여하고 있다. 예규를 거래당사자들이 찾아보는 경우는 드물다는 문제점이 있으므로 이를 (보다 강화된 내용으로) 부동산등기법 혹은 그 시행령에 반영하는 개정은 필요하다고 본다. 그러나 거래안전이라는 정책적 이유만으로 강행규정에 대한 해석을 달리할 정당성이 당연히 주어진다고 할 수는 없다.

71 제271조 제2항의 보존행위를 조합원 각 자가 할 수 있도록 허용하고 있는 것 역시 조합계약의 목적에 비추어 **조합의 유지와 그 공동사업의 경영이 원활히 이루어지도록 하려는** 입법자의 의사를 추정할 수 있다. 이로부터 「전원의 동의〉2/3수권〉과반수〉단독(제272조 제2문, 제706조 제3항)」으로 조합의 업무를 처리할 수 있도록 하고 게다가 각 자가 할 수 있는 보존행위 또는 통상사무에 대해서도 '**완료전**'이라면 이의할 수 있고, 이의가 있으면 '**즉시 중지**'하도록(제706조 제3항 제2문) 매우 정밀하고도 체계적으로(심지어 '아름답게!' 즉 완료된 것은 안정을 진행 중인 것은 중지와 소통설득의 과정을 거치도록 한!) 입법되어 있는 것을 알 수 있다. 우리 민법에 대해 "물권편으로 합유를 통일적으로 규율하려는 것은 입법적으로 가장 앞선 태도"라고 한 남효순의 평가(남효순, 2017년 논문, 170~171면)는 "합유와 조합에 관하여 물권법과 채권법 모두에 걸쳐 **안정적이면서 동시에 역동적인** 가장 앞선 입법"이라고 확장하여도 과하지 않을 것이다.

제 사건에서 구체적 타당성을 기하여 판단할 수 있도록 의도적으로 유보해 둔 것이라고 해석할 수 있다(즉 조합원들의 이의가 없거나 그 밖의 재산에 불과하다면 그대로 유효하게 할 수 있다). 이러한 **"조합 설립 자체에 준하는(조합의 존립과 직접적인 관련이 있는) 재산의 처분·변경은 조합원 전원의 동의에 의하지 않는다는 계약은 '무효'이고**(제271조 제1항), **그 밖의 중요한 재산의 처분·변경은 명시적으로 정한 바 없다면 전원동의가 요구되는 묵시적 합의로 '해석'하는 것이 타당하다**(제272조 제1문)."

4. 소결: 역동적 해석·적용론

위와 같은 역동적[72] 해석·적용론은 임의규정의 기능에 부합하는 것이며, 입법상의 오류(혹은 규범충돌이)라는 주장보다 설득력이 있다고 생각한다.[73]

간략하게 표로 정리하면 다음과 같다.

강행규정(제271조 제1항, 제704조) ➔ 계약의 (일부)무효(**효력통제**)

➔ 계약의 유효(**내용통제**) ➔ 계약에 명시된 규율/신의칙

➔ 제272조 제1문: 전원의 동의

➔ 제706조 제2항: 과반수 동의

---

[72] 여기서 '**역동적 해석**'이라 함은 강행규정과 임의규정의 기능(규범목적)을 고려하지 않는 (평면적, 고착된) 법률해석과 구별짓기 위해 필자가 만든 개념이다. (법률의 해석을 넘어 그 적용의 영역에서) **계약에 대한 효력통제와 내용통제라는 입체적 해석**을 한다는 것이다. 종래의 입법론과 해석론이라는 2분법적 사고를 벗어나 '**적용론'의 영역이 있으며 방법론상 차별성이 있다**는 점을 시사(示唆)하고 있는 견해로는 옥도진, "부양의 원리와 부양적 기여분의 판단기준 — 대법원 2019. 11. 21.자 2014스44,45 전원합의체 결정에 대한 비판적 검토—", 가족법연구 제34권 2호(통권 제68호), 2020. 397~403면(특히 403면은 "**단순한 규정의 해석을 넘어 그 적용에서 규범 목적이 보다 효율적으로 달성될 수 있도록 하는 것**은 가치 있는 일"이라고 한다)은 행동경제학적 연구 성과를 민법 해석의 '적용'에의 도입을 시도하고 있다; 이러한 해석에 대하여 존립기반이 되는 재산, 중요한 재산, 그 밖의 재산으로 나눌 기준과 법적인 근거가 무엇인지 의문을 제기할 수 있다. 그러나 이러한 해석은 제217조 제1항과 제704조를 강행규정으로 보고, 제272조 제1문과 제706조 제2항을 임의규정으로 보는 한 불가피한 것이다. 즉 강행규정에 의한 효력통제와 계약해석에 의한 내용통제가 각 다른 평면(규범과 사실)에서 작동한다는 것이다. 이러한 해석의 법적인 근거는 제703조의 '공동사업의 경영'이 조합계약의 목적으로 되어 있는 것과 '조합재산의 처분·변경'과 '업무집행'을 각 규정한 체계가 될 것이다. 이러한 해석이 '제272조 제1문과 제706조 제2항을 모두 임의규정'으로 보면서 양자가 충돌하는 입법상의 오류라는 종래 견해들은 (규범 조화적해석이 가능함에도) 입법자의 의사를 성급하게 오류로 단정하므로 타당하지 않다.

[73] 자유의 제한은 최소한으로, 적정한 방법에 의해서 이루어지도록 하는 역동적 과정의 한 모습으로 볼 수 있다고 생각한다. 입법자의 놀랍고도 아름다운 의사(배려)라고 해석하는 것이다.

이러한 해석이 가능한 것은 주로 실정법상의 효력을 가진 당위－규범 문언으로 이루어진 강행규정과 달리 **임의규정은 존재(사실)－진술 문언에 해당하고, 그것이 계약해석의 문제로 이어지기 때문이다.**[74] 조합계약에서 당사자들(조합원들)이 **강행규정에 반하지 않는 범위에서** 더 유연한 업무집행의 결정 방법을 명시하였다면 그에 따르는 것 역시 계약자유의 원칙에 비추어 자명(自明)한 것이다. 즉 **계약체결에 의하여 정할 수 있는 내용은 물권법정주의의 내용강제의 법원리에 따라 강행규정인 제271조를 그 상한**(上限: 위반하는 계약은 무효라는 의미)**으로 하고, 묵시적으로는 제272조 제1문 및 제706조 제1항, 제706조 제2항 제1문, 제2문에 따르는 것으로 해석되어야 한다.** 이는 앞서 언급한 바와 같이 임의규정이 거래비용을 줄여주는 기능과 공정성 지표가 되는 지도형상의 기능을 가지는 것이고 또한 민법 제105조에 의하여 계약 해석의 기준이 되기 때문이다.[75] 그러므로 조합계약에 명시되지 않은 내용에 관해서는 임의규정의 해석과 적용에 따라 계약해석이 이루어져야 하는 것이다. 이러한 방법론을 기초로 (문자해석만이 아니라) 체계적 해석의 도움을 받은 문언해석, 합유와 조합의 규범목적 그리고 추정되는 입법자의 의사에 따른 해석을 시도해 보면 위와 같은 해석의 정당성은 확인된다. 실무에서는 그 처분·변경이 조합의 존속과 관련되어 있다고 판단되어 집행결정에서 소외된 조합원들의 이의(혹은 무효 주장의 소제기)의 모습으로 현실화될 것이다.[76] 그 밖의 재산에 대해서는 위 임의규정의 내용보다 완화된 결

---

74 계약해석이 존재(사실) 영역의 문제라는 것을 명시적으로 언급한 국내 문헌은 찾지 못하였다. 다만 그것을 시사(示唆)하는 설명으로는 윤진수, "계약법의 법경제학", 김일중·김두얼 편, 법경제학 이론과 응용, 도서출판 해남, 2011, 민법논고Ⅳ 재수록, 145면의 **"계약의 해석에서 문언을 얼마나 중요시 할 것인가, 문언 외의 다른 증거를 어느 정도 고려할 것인가는 상황에 따라 달라져야 할 것**으로 생각된다."라는 설명이 있다. 또한 최준규, 계약해석의 방법에 관한 연구－계약해석의 규범적 성격을 중심으로－, 서울대학교 법학연구소 법학연구총서 89, 2020, 17~21면은 계약해석의 계약법상 위상에 대해 검토하면서 "① **계약해석은 계약과 계약법을 매개하는 연결고리**이자, ② 당사자들의 권리의무 관계를 결정함으로써 계약을 체결하려는 자들에게 구체적 지침을 주는 틀로서, 결국 계약법의 핵심적 문제 나아가 계약법 그 자체라고 할 수 있다."라고 설명하고 있다.

75 공동사업에 필수적인 조합재산의 특정 조합원 단독 처분·변경을 내용으로 하는 조합계약은 (일부) 무효에 해당한다. 업무집행자가 수행할 업무에 이를 포함시키는 것 역시 무효로 보아야 한다.

76 필자의 해석은 김재형 및 李容勳의 견해[김재형, 1997년 논문, 162~163면(제5설) 참고]와 그 맥락은 유사하지만 제272조를 특별규정으로 볼 필요가 없다는 점에서 다르다. 여기서 '현행법의 체계 혹은 그 해석'은 임의규정의 체계 혹은 해석으로 계약해석을 위한 것에 불과하다는 점이 간과된 것이다. 조합계약이 목적으로 한 '공동사업의 경영'에 비추어 그 재산이 조합의 존속과 관련되는지 여부가 판단될 수밖에 없기 때문에 존재(사실)－진술 문언인 임의규정 간의 문제로서 통설이 이해하는 바와 같은 규범충돌은 없는 것이다. 조합원 전원의 동의가 요구되는 처분과 변경 그리고 2/3의 수권(혹은 수

정방법을 조합계약에 포함시킬 수 있지만 이 역시 한계는 있다. 임의규정이 공정성의 지표가 된다는 점에 비추어 보면 (조합의 존속과는 관계없지만) 중요한 재산의 처분·변경을 일부조합원(예를 들면 1/3)의 임의로77 가능하도록 한 경우에는 원칙적으로 유효하지만 민법 제1조 신의칙, 제109조 착오로 인한 의사표시 등78이 검토될 수 있다.

　　위와 같은 검토의 기저(基底)에 관해 한 가지 짚어 둘 것이 있다. 문언해석방법론과 관련된 문제이다. 우리 민법학은 민법상 "문언"이 다른 성질의 것으로 구성되어 있다는 점을 명확히 인식하지 못하고 있다. 다만 같은 문언을 사용하더라도 그것이 다른 의미를 가질 수 있다는 점에 대해서만 종종 지적되어 왔다.79 그런데 이를 조금 더 유심히 성찰해 보면 Kelsen의 법학방법론인 "존재와 당위의 구별" 문제를 간과한 경우가 (의외로 자주)있음을 알 수 있다. 바로 **당위-규범 문언과 존재**(사실) – **진술 문언의 준별**(峻別) 문제이다.80 Kelsen은 존재와 당위를 분별(分別)하여야만 과학

　　인의 업무집행자의 과반수)나 조합원의 과반수 동의가 요구되는 업무집행이 있는 것이며 이는(이러한 임의규정들의 내용은) **각 조합계약의 해석과정에서 수렴**(收斂)**되어, 규율을 형성하면서 해소되는 것이다.** 간명하게 압축하면 '조합계약해석수렴론'이라 할 수 있겠다.

77　조합계약에 특정된 일부 조합원들에 의하여 임의로 처분·변경할 수 있다고 규정한 경우를 의미한다. 1/3 이상의 찬성에 의하여 중요 재산의 처분·변경이 가능하도록 조합계약으로 정하고 모든 조합원에게 통보되고 의견제시를 받아 처분·변경 가능 재산으로 인정된 상태에서 표결되어 그 재산이 1/3의 찬성을 얻는 경우와는 다르다. 반면 조합 자체의 존립기반에 해당하는 재산이라면 이러한 조합계약은 제271조 제1항에 위반되어 (일부)무효로 된다.

78　그 밖에 제107조 진의 아닌 의사표시, 제108조 통정한 허위의 의사표시 등이 문제될 수도 있을 것이다. 신의칙 등에 의하여 (일부)무효로 된 경우에는 계약으로 정함이 없는 경우와 마찬가지로 제272조 제1문에 따라 전원의 동의에 의하여 처분·변경하여야 하는 것으로 해석(적용)되게 된다.

79　예를 들면 김재형, "채권자취소권의 본질과 효과에 관한 연구", 인권과 정의 제329호(2004. 1), 민법론 2 재수록, 33면은 채권자취소권의 취소와 민법총칙에 나오는 법률행위의 '취소권'과는 본질적으로 다른 것인데도, 동일한 용어를 사용하고 있어 혼란(채권자 취소권 행사의 효과가 일반적 의사표시 하자에 의한 취소와 마찬가지로 소급 무효라는 주장)이 있다고 한다. 민법총칙상의 취소권은 의사표시 자체의 하자에 기한 취소권이고 채권자취소권은 채권자가 채무자의 책임재산을 보존하기 위하여 채무자의 사해행위를 취소하는 것으로 본질적으로 다르다는 점을 지적하고 있는 것이다. 이에 대해 필자의 "민법상 부양의 체계 — 원리로서의 부양과 제도로서의 부양의 준별(峻別) —", 윤진수 교수 정년기념 민법논고:이론과 실무, 박영사, 2020. 6, 520면 주 74)는 "이처럼 동일한 용어를 사용한 경우에도 다른 의미를 지닐 수 있는 것이 법률 체계상 언제든지 발생할 수 있는 문제라는 것이다. 이는 법적언어논증이 가진 방법론적 한계를 보여주는 한 례"라고 지적하고 있다(**동일 용어 다른 의미 문제의 일반성**). 동 논문 역시 제도로 규범화된 "부양"과 부양의 원리가 반영된 과거 사실인 "부양"이 다른 문언임에도 같은 판단기준 즉 '1차적 부양과 2차적 부양의 구별'이라는 기준에 의하여 해석·적용되고 있는 것은 타당하지 않다고 지적하고 있다.

80　제도로 규범화된 민법 제974조의 **"부양의무"**와 부양의 원리가 반영된 과거 사실인 민법 제1008조의

적 법학방법론이 형성될 수 있고, 이는 자주 혼동을 일으키므로 지극히 주의하여야 한다는 점을 반복적으로, 다양한 경우를 들어 지적하고 있다.[81] 본 논문에서는 **"합유로 한다."** 그리고 **"조합"**과 **"조합의 업무집행"**이라는 문언의 해석과 관련되어 있다. 또한 **임의규정 및 계약해석 과정**과도 관련되어 있다. 전통적인 논의 과정은 "합유물의 처분과 변경이 조합의 업무집행에 속한다."는 것을 인정할 것인지 여부에서 일차로 해석이 갈라지고 다시 이를 인정한다면(제272조 '전원의 동의'와 제706조 제2항 '조합원의 과반수') 어떻게 조화롭게 해석할 것인지를 두고 견해가 대립하고 있다. **논쟁의 중심에 있는 "합유로 한다."는 당위─규범 문언이다.** 반면에 **"조합"**과 **"조합의 업무집행"**이라는 문언은 그렇지 않다. 나아가 제272조 '**전원의 동의**'나 제706조 제2항 '**조합원의 과반수**'라는 문언은 그 규정방식이 '있어야 한다.' 혹은 '로써 결정한다.'라는 표현을 쓰고 있지만 두 조문 모두 임의규정이기 때문에 결국 계약해석의 과정으로 수렴되어 당위─규범 문언이 될 수 없는 것이다. **당위─규범 문언과 존재(사실)─진술 문언의 문언해석방법론이 같을 수 없다**는 것이 필자의 의견이다. 자세한 것은 아쉽지만 후속의 논문에 미루어 둔다.

분쟁해결을 위한 조합계약의 역동적 해석·적용론에 기한 결론을 정리하면 『**조합 계약에 의하여 창설되는 공동소유물권인 합유에 대하여 조합 설립 자체에 준하는** (조합의 존립과 직접적인 관련이 있는) **재산의 처분·변경은 조합원 전원의 동의에 의하지 않는다는 계약은 '무효'이고**(제271조 제1항), **그 밖의 중요한 재산의 처분·변경은**

2(기여분) 제1항의 "특별히 **부양하거나**"이 다른 문언임을 지적하고 있는 옥도진, "민법상 부양의 체계 ─ 원리로서의 부양과 제도로서의 부양의 준별(峻別) ─", 윤진수 교수 정년기념 민법논고:이론과 실무, 박영사, 2020. 6의 경우 511~512면에서 **"부양적 기여분에서의 부양은 기여분을 인정하기 위하여 검토되는 내용(요건)**이지 부양의 필요성 또는 부양능력 등의 검토를 요구하는 제도적 부양이 아니"라고 지적하고, 이 논문의 후속·확장 연구인 같은 필자의 "부양의 원리와 부양적 기여분의 판단 기준 ─ 대법원 2019. 11. 21.자 2014스44, 45 전원합의체 결정에 대한 비판적 검토 ─", 가족법연구 제34권 2호(통권 제68호), 2020, 363면은 "배우자의 5할 가산의 상속분은 […] '배우자가 생전에 피상속인을 **부양하였는지**' 여부와 **관계없이** 인정되는 것"이라고 하고, 365면에서는 "부양적 기여분은 **과거의 부양**에 대한 평가를 통하여 사후부양을 위한 상속분을 형평에 맞도록 조정하는 것"이라고 하며, 358면은 "민법상 부양제도는 부양이 필요한 가족에 대한 미래의 부양이고, 기여분을 인정하기 위해 평가되는 '특별한 부양'은 **이미 이행된 과거의 부양**으로 서로 일치하는 개념일 수 없다"고 지적하였다. 이는 명확히 언급하지는 않았지만 당위─규범 문언과 존재(사실)─진술 문언을 구별하는 Kelsen의 방법론을 수용하여 **"당위─규범"문언과 "존재(사실)─진술"문언의 해석에 방법론적 차이가 발생할 수밖에 없음**을 염두에 두고 논의를 전개한 것이다.

81 한스 켈젠 지음, 쿠르트 링호퍼·로베르트 발터 공편저, 김성룡 옮김, 규범의 일반이론 1, 2016 참고.

명시적으로 정한 바 없다면 전원동의가 요구되는 묵시적 합의로 '해석'하는 것이 타당하고(제272조 제1문), (명시적 계약이 없다면)사소한 재산의 처분을 포함한 업무도 업무집행자의 독단적(獨斷的) 의사결정을 예방하기 위하여 조합원 2/3의 수권을 요구함에 의하여(혹은 다수의 업무집행자를 두어 그 과반수에 의하여), **업무집행자가 없다면 조합원의 과반수에 의하며**(제706조 제2항), **보존행위 또는 통상사무는** (조합원 또는 업무집행자가)**단독**(제272조 제2문, 제706조 제3항)**으로 처리할 수 있지만**, 이에 대해서도 '완료 전'이라면 이의할 수 있고 이의가 있으면 '즉시 중지'(제706조 제3항 제2문)하는 방식으로 조합의 업무를 처리하도록, 즉 "공동사업을 경영"(제703조 제1항)할 수 있도록 체계적으로 규정(혹은 조합계약이 해석 되도록)하고 있는 것』이 된다.82

이로써 종래의 견해들과 비판적 견해들의 논의 평면을 넘어 새로운 공동소유체계에 대한 모색에 한 발 더 가까이 갈 수 있다. 여기서 주의할 점은 **위와 같은 해석은 민법상 전형조합에 그친다는 점이다.**83 비전형조합은 그 명칭을 '조합'이라고 사용하고 있지만 합유가 강제되는 민법상의 조합이라고 할 수 없다. 이는 **"조합 개념의 다양성과 그 규율"의 문제로 별도로 검토되어야 할 것**이지 민법상 '합유와 조합'의 문제에 포함시켜 물권법정주의에 반하는지 여부를 검토할 문제는 아니다. 결국 민법상 조합의 합유 강제는 인정된다. 그러나 민법상 조합이 아닌 비전형조합에는 합유 강제를 인정할 이유가 없다. 따라서 **'합유 아닌 조합'은 인정되지만 그것은 합유로 강제되는 민법상 조합은 아니다.** 이로써 비판적 견해, 즉 문언해석과 입법자의 의사에 충실한, 물권법정주의에 반하지 않는 해석이 이루어져야 한다는 주장은 통합될 수 있다. 이제 우리는 **'합유 아닌 조합'의 공동소유는 어떻게 규율하는가?** 즉 "조합 개념의 다양성과 그 규율"이라는 문제를 살펴보아야 할 것이다.

---

82 아마도 김재형, 1997년 논문, 166면이 "실제로도 조합계약에서 사소한 재산의 처분·변경은 모든 조합원의 동의가 필요 없다고 정하거나, 그러한 합의가 있다고 볼 수 있는 경우가 많을 것이다."라고 서술하고 있는 것은 같은 취지로 읽힌다. 다만 임의규정의 공정성 지표 기능 및 합유와 조합 규정의 체계에 비추어 '그러한 합의가 있다고 볼 수 있는 경우' 즉 묵시적 합의까지 포함하는 것은 동의하기 어렵다.

83 당해 계약이 전형조합의 설립계약인지 비전형조합의 설립 계약인지 판단하는 것은 계약의 목적, 출연 재산의 귀속 방식, 업부집행에 관한 조합규약의 규율 내용 등을 종합적으로 판단해야 할 것이지만 조합 공동사업 경영을 위한 기본적인 출연재산이 부동산인 경우에는 그 등기를 '합유'로 하였는지 여부가 중요한 요소로 고려될(되어야 할) 것이다.

5. '합유 아닌 조합': 조합 개념의 다양성과 그 규율의 문제

민법을 비롯한 다양한 법률에서 다른 성질의 단체가 '조합'이라는 문언으로 사용되고 있다.[84] 또한 일상의 계약에서도 '조합'이라는 용어는 다양한 의미로 사용되고 있다. 조합이라는 명칭을 사용하지만 법인격을 가지고 있는 특별법상 조합은 노동조합, 농업협동조합, 수산업협동조합 등이 있다. 이 경우에는 조합에 관한 민법 규정이 적용될 여지는 없다. 상법상 익명조합(상법 제78조 이하)은 '조합'이라는 명칭을 사용하지만 민법상 조합의 실질을 가지지 않으며, 합명회사(상법 제178조 이하)처럼 그 실질은 조합이지만 법인격을 가지고 있고 내부관계에서 상법에 다른 규정이 없는 경우에 한하여 민법의 규정이 준용되는 경우도 있다(상법 제195조).[85] 조합이라는 명칭을 가지고 있지 않지만 조합으로서의 실체를 가지고 있는 계약상의 단체 역시 조합규정이 적용될 수 있음은 물론이다. 민법을 기준으로 하면 전형계약에 의한 조합과 비전형계약인 조합 두 가지로 분류할 수 있다. 전형조합은 그 재산의 귀속은 합유로 강제되고, 민법상 합유와 조합 규정이 적용된다.

반면 **비전형조합의 규율**은 조합계약과 그 해석에 의해서 결정되는 사실 증명의

---

84 협동조합기본법상 협동조합과 그 연합회는 법인으로 하고 있다(동 법 제4조). 소비자생활협동조합법은 법인으로 규정하고 있지 않고 인가와 등기를 요구하고(제21조, 제22조), 동법이 규정한 사항 외에는 민법상 사단법인 규정을 준용한다(제12조). 출자(제15조)와 사업(제45조)을 하므로 민법상의 전형조합에 가까운 성질도 보인다(특히 부칙 제2조는 유사목적 기설립 사단법인의 조합전환을 규정하고 있다). 소비자생활협동조합은 민법상 조합과 사단법인의 중간 쯤 위치하는 특별법상 비전형조합이라고 할 수 있다. 반면 재개발·재건축 조합에 대한 규제를 피하기 위해 최근 많이 활용되고 있는 주택법상 주택조합(동법 제2조 11호 지역주택조합, 직장주택조합, 리모델링주택조합이 있고 특히 리모델링주택조합의 경우에는 서울 등 대도시 재건축·개발사업에 대규모로 활용되고 있다) 조합규약에 따라 전형조합 또는 비전형조합으로 분류할 수 있을 것이다. 농어촌의 경우에는 별도의 법률(농어촌마을 주거환경 개선 및 리모델링 촉진을 위한 특별법)로 농어촌마을정비조합(동법 제13조)을 규정하고 있다. 서론 부분에서 언급한 「이촌동 00아파트 리모델링 사업 조합」은 그 규정집에 비추어 보면 기존 소유 아파트에 대하여 조합 공동사업 경영관련 계약 당사자 지위 승계 외에 처분 등 권리행사에 제한이 없다는 점에서 비전형조합의 일종이라고 할 수 있다.

85 또한 2011년 개정 상법은 제86조의2 이하에 "조합의 업무집행자로서 조합의 채무에 대하여 무한책임을 지는 조합원과 출자가액을 한도로 하여 유한책임을 지는 조합원이 상호출자하여 공동사업을 경영할 것을 약정"하는 합자조합을 신설하였다. 이는 미국의 LP(Limited Partnership)와 유사한 공동기업형태로서, 1인 이상의 업무집행자로서 조합의 채무에 대하여 무한책임을 지는 조합원(업무집행조합원)과 출자가액을 한도로 하여 유한책임을 지는 조합원(유한책임조합원)이 상호출자하여 공동사업을 경영할 것을 약정함으로써 성립하는데 법인격이 없는 조합으로 법인세를 회피할 수 있고 또한 일반 투자자들은 유한책임조합원으로 참여하는 이점이 있다.

영역이다. 계약에 명시되지 않은 경우에는 민법상 임의규정인 조합관련 조문들이 해석에 고려되는 것이고, 합유나 준합유 강제가 아니라 그 계약이 정하고 있는 재산귀속의 방법에 따르게 된다. 부동산 등 등기를 요하는 경우에는 그 등기 내용에 따라 자동차 등 등록을 요하는 경우에는 그 등록 내용에 따라 재산 귀속의 형태가 정해질 것이고 동산이나 채권 기타 재산권의 경우에는 계약으로 이를 **정하지 않고 있는 경우에는 가장 기본적인 공동소유의 형태인 '공유'관계로 해석하는 것이** (민법상 공동소유체계에 비추어) **타당하다**는 것이 필자의 의견이다.[86]

이상의 논의를 간략하게 정리하면 다음과 같다.

계약의 해석[87] ➔ 전형 조합계약 ➔ 합유 강제, 전원 동의(설립·해체, 처분·변경)
　　　　　　　　　　　　　　　➔ (묵시적) 전원동의, 2/3 수권 집행, 과반수 의결 집행
　　　　　　　　　　　　　　　➔ (명시적) 완화 / 신의칙
　　　　　　　➔ 비전형 조합계약 ➔ 계약 내용과 그 해석에 의한 규율 / 개별법률

Ⅳ. 결론

이상의 논의를 정리하면 다음과 같다.

1. '합유와 조합'에 관한 김재형과 남효순의 비판적 견해는 문언·체계해석 및 입법자의 의사에 기한 해석, 물권법정주의와 계약자유의 원칙이라는 법원리의 관점에서의 접근 등을 제시했다는 점에서 시사(示唆)하는 바가 크다.

2. **물권법정주의의 '내용강제'란 그 물권의 핵심적(본질적) 내용을 변경하는 것, 즉 '종류강제'를 형해화(形骸化)하는 정도의 내용을 변경하는 것을 금지한다는 의미이다.** 합유의 핵심적인 내용은 공동사업(共同事業)을 경영(經營)하기 위한 민법상 조합이 존재하는 동안 합유자의 권리는 합유물 전부에 미치므로 조합원의 지분은 잠재적인

---

86 민법은 공유에 관하여 '수인의 소유로 된 때'라고 하고 있을 뿐(제262조 제1항), 합유 및 총유와 달리 공유하는 인적 결합이 어떤 성질의 단체(결속력을 지닌 관계)인지 규정한 바 없다. 민법은 다양한 공유관계를 규정하고 있다. 민법상 공유의 체계에 관한 연구는 후속 논문에 미루어 둔다.

87 예컨대 공동이행방식의 공동수급체에 대해 민법상 조합으로 보는 견해(이동진, "건설공사공동수급체의 법적 성격과 공사대금청구권의 귀속", 민사판례연구 제35권, 529면)와 (비전형 계약에 의한) 지분적 조합으로 보는 견해(서종표, "공동수급체의 법률관계 ― 제3자와의 관계 중심으로", 민사법연구 제18집. 2010. 12, 124면) 등으로 나뉘었는데 판례(대법원 2012. 5. 17. 선고 2009다105406 전원합의체 판결 등)는 민법상 조합으로 보고 있다.

것에 불과하고, 그것을 (그 결합관계가 끝나기 전에는)분할, 양도할 수 없다는 것이다(제 271조 제1항, 제704조). 이러한 핵심적 내용 강제에 반하는 계약은 물권법정주의(제185 조)에 반하는 것이고, 강행규정으로 해석되는 민법 제271조 제1항에 위반되어 무효가 된다. "조합체로서 소유하는 때에는 합유로 한다."는 규정을 강행규정으로 보는 것은 그 문언자체(및 동조 제2항의 문언) 뿐만 아니라 인적 결합 관계에 따른 공동소유물권 을 규정한 체계 및 입법자의 의사에도 부합한다. 즉 공동소유물권의 '공동'의 내용인 '공동소유자들의 인적 결합 관계'가 그 물권의 핵심적 내용을 이룬다고 해석하는 것 은 논리적으로 타당하다. 결국 "조합체로서 소유하는 때에는 합유로 한다."는 규정은 문언·체계·입법자의 의사·규범목적에 기한 해석에 의하건, 물권법정주의(내용강제) 라는 법원리에 비추어 보건 강행규정으로 해석된다. "합유자의 권리는 합유물 전부 에 미친다."는 제2문 역시 제1문 "조합체로서의 합유" 법정(法定)의 본질적인 내용을 형성하는 것이므로 이 역시 강행규정으로 보아야 한다.

  3. **물권법정주의와 계약자유의 원칙은 소유권보장(所有權保障)과 사적자치(私的自治)라는 근대사법의 내재적 가치(기본원리)에서 연원하는 법원리(法原理)이다. 그러므로 물권법정주의와 계약자유의 원칙은 상호 모순·충돌할 수 없다.** "합유로 한다."라는 규범이 채권법 제704조에 다시(재강조를 위해) 규정되어 있다고 달리 볼 이유는 없는 것이고 이 역시 강행규정이다.

  4. **제272조 제1문과 제706조 제2항은 모두 임의규정이고 조합계약의 해석 기준으로 작동할 뿐 규범 충돌일 수 없다.** 문제가 되는 경우란 조합계약에서 이를 명시적으로 정하지 않고 있는 경우에는 어느 규정에 의하여 계약을 해석하는 것이 타당한 것인가 정도이다. 그리고 이는 (임의규정의)체계적 혹은 논리적 해석에 의하여 (계약해석에 투사되는 과정으로)해결할 문제이다. 우리 민법은 『**조합 계약에 의하여 창설되는 공동소유물권인 합유에 대하여 조합 설립 자체에 준하는**(조합의 존립과 직접적인 관련이 있는) **재산의 처분·변경은 조합원 전원의 동의에 의하지 않는다는 계약은 '무효'이고**(제271조 제1항), **그 밖의 중요한 재산의 처분·변경은 명시적으로 정한 바 없다면 전원동의가 요구되는 묵시적 합의로 '해석'하는 것이 타당하고**(제272조 제1문), (명시적 계약이 없다면)**사소한 재산의 처분을 포함한 업무도 업무집행자의 독단적(獨斷的) 의사결정을 예방하기 위하여 조합원 2/3의 수권을 요구함에 의하여**(혹은 다수의 업무집행자를 두어 그 과반수에 의하여), **업무집행자가 없다면 조합원의 과반수에 의하며**(제706조 제2항), **보존행위 또는 통상사무는** (조합원 또는 업무집행자가)**단독**(제272조 제2문, 제

706조 제3항)으로 처리할 수 있지만, 이에 대해서도 '완료 전'이라면 이의할 수 있고 이의가 있으면 '즉시 중지'(제706조 제3항 제2문)하는 방식으로 조합의 업무를 처리하도록, 즉 "공동사업을 경영"(제703조 제1항)할 수 있도록 체계적으로 규정(혹은 조합계약이 해석 되도록)하고 있는 것』이다. 이러한 강행규정해석에 의한 효력통제와 임의규정과 조합계약 해석에 의한 내용통제의 평면을 역동적으로 살피게 되면 '합유와 조합'에 관한 민법의 규범 체계는 법규충돌이나 입법상의 오류가 아니라 매우 정교하고 균형적인 규범체계임을 알 수 있다.

임의규정은 계약해석을 위한(혹은 계약에 명시하지 않은 것을 보충하는) 것으로 거래비용을 줄여주는 기능과 공정성 지표가 되는 지도형상의 기능을 가지는 것이고, 그 구속력은 계약해석에 투사(投射)될 때에만 발현된다. 따라서 임의규정의 해석은 계약의 유효를(혹은 유효하도록 함을) 전제(前提)로 이루어진다. 법률해석과 계약해석의 경계(境界)에 임의규정이 있다.

5. 위와 같은 해석은 민법상 전형조합에만 적용된다. 비전형조합은 "조합 개념의 다양성과 그 규율"의 문제로 별도로 검토되어야 할 것이지 민법상 '합유와 조합'의 문제에 포함시켜 물권법정주의에 반하는지 여부를 검토할 문제가 아니다. 결국 **민법상 조합의 합유 강제는 인정된다.** 그러나 민법상 조합이 아닌 비전형조합에는 합유 강제를 인정할 이유가 없다. **비전형조합은 사실증명과 계약해석에 의해 구체적으로 규율되어야 할 문제이다.**

이상의 논의 과정에서 우리는 민법학방법론에 관한 두 가지의 사실을 마주서게 된다. 첫 번째는 당위―규범 문언과 존재(사실)―진술 문언의 준별(峻別) 문제이다. 두 번째는 법원리와 규범을 분별(分別)하여야 하고 법원리가 작동 모습에 대해 (규범의 적용과 같은 것으로) 혼동하지 말아야 한다는 것이다. 전자는 Kelsen의 방법론이 시사(示唆)하는 바이다. Kelsen은 존재와 당위를 구별하여야만 과학적 법학방법론이 형성될 수 있고, 이는 자주 혼동을 일으키므로 지극히 주의하여야 한다는 점을 반복적으로, 다양한 경우를 들어 지적하고 있다. 후자는 Esser의 방법론이 시사(示唆)하는 바이다.

임의규정은 계약해석을 위한(혹은 계약에 명시하지 않은 것을 보충하는) 것으로 그 구속력은 계약해석에 투사(投射)될 때에 발현된다. 강행규정은 계약의 효력통제 규범이고, 임의규정은 계약해석과 함께 계약내용을 보충하는 규범이다. 법률상의 당위―규범 문언과 존재(사실)―진술 문언의 해석방법론이 같을 수 없다는 것이 필자의 생

각이다.[88]

---

[88] 이에 관해서는 옥도진, "'부양의 의무가 있다'와 '특별히 부양하거나'라는 문언의 성질 차이 — 통설·판례의 방법론에 대한 비판과 부양기여 특별성의 판단기준 구체화 —", 가족법연구 제35권 제2호, 2021. 7. 참고.

민법학자로서 바라본 협동조합법의 쟁점과 전망 .

송 재 일*

I. 들어가며

　　남효순 선생님의 정년기념 논문을 준비하면서 어떠한 논문을 써야 할지 처음엔 막막했다. 이렇게 동참할 수 있다는 것만 해도 큰 영광이기에 좋은 주제와 내용이 담긴 논문으로 보답해드리고 싶었기 때문이다. 이 글은 순수한 민법은 아니고 협동조합이란 특별한 영역을 다룬다. 물론 협동조합도 민법학자가 다루어야 할 법인법의 영역이다. 대학원시절 남효순 선생님은 민법도 중요하지만, 우리나라에서 특별한 법영역의 연구가 중요하다고 하시면서 프랑스의 농업법제(Code rural)나 전기 등 에너지법제 (Code de l'énergie)를 예로 들어 말씀해주셨다. 이에 힘입어 저자는 민법학자로서 대학원시절부터 농식품법이나 협동조합법을 상당한 기간 연구하였다. 2012년에 UN이 정한 국제협동조합의 해를 맞이하여 우리나라에서도 협동조합기본법이 제정, 시행되었는데 당시 입법자들은 협동조합이 잘 발달된 유럽, 특히 프랑스의 협동조합법제를 많이 참조하였다. 프랑스처럼 협동조합공통의 일반법과 개별협동조합법들로 우리 법제를 구성하였고 프랑스의 사회적협동조합도 받아들이는 등 많은 법리를 계수하였다. 이 무렵 저자는 감사하게도 명지대학교에 부임하여 민법학자로서 강단에 설 수 있었는데, 2014학년도부터는 명지대학교 법과대학에서 협동조합법을 개설하여 강의를 하여 왔

---

* 명지대학교 법과대학 교수

다. 민법과목 강의도 사실 많이 해야 하는 현실에서 협동조합법 강의를 별도로 한다는 것은 여러모로 쉽지 않았지만, 가장 궁극적인 일반법인 민법을 연구 강의하는 사람으로서 협동조합법을 통해 우리나라가 선진국이 된다면 좋겠다는 사명감을 가지고 하였다. 2021년에 이르러 협동조합은 양적으로나 질적으로나 발전하여 왔다. 기획재정부의 통계를 보면, 2018년 현재 14,526개의 기본법협동조합이 설립되었으며, 점차 증가하고 있는 추세이며,[1] 관련 법제도도 확충되었다. 반면, 이에 비례하여 시행착오도 많았다고 본다. 저자는 그 동안 협동조합법의 연구성과를 논문으로 또는 학술대회 발표를 통해 알리는 노력을 하였는데, 감사하게도 이러한 제안을 반영하여 협동조합 관련 법령이 개정되기도 하여 학자로서 큰 보람을 느꼈던 순간도 있었다.[2]

따라서 남효순 선생님의 정년을 기념하는 이 글에서는 선생님의 훌륭한 학문적 세계를 존경하는 후학이자 민법학자로서 우리나라에 도움이 될 협동조합법이 무엇인지 소개하고 그 법적 쟁점을 좀 더 파악한 다음, 향후 미래 모습을 전망하는 것으로 선생님의 크신 은혜에 보답하려고 한다.

협동조합기본법이 2012년 제정된 이후, 우리나라에서 '협동조합의 2.0'에 비유될 만큼 긍정적인 변화가 늘어났다. 협동조합기본법으로 인하여 이제는 사회적 연대나 공동선을 추구하는 것이 어색하거나 이상하게 보이지 않게 되었으며, 8개 개별 협동조합법에 더하여 협동조합기본법이 제정 시행되어 협동조합법제가 풍성해졌으며, 2012년 전후하여 실제로 많은 관련 법령들이 제정되어 시행되어 이른바 '협동조합과 사회적 경제 관련 법체계'를 통합적으로 형성해주고 있다. 또한 협동조합에 참여하거나 관련된 사람들이 지역과 전국 차원에서 사회적 경제를 형성하고 있으며, 이로 인해 2012년 이전에는 경험하지 못한 현상들이 나타나 실제 시민들의 삶의 수준까지 높

---

1 협동조합기본법에 따른 협동조합의 현황에 관하여는 기획재정부의 제18차 협동조합정책심의위원회를 위한 제4차 협동조합 실태조사 결과 및 제3차 협동조합 기본계획 보도자료 참고; 이에 따르면, 2018년 말 신고·인가 기준으로 14,526개의 협동조합이 설립되었고, 일반협동조합은 13,267개(91.3%), 사회적협동조합은 1,185개(8.2%), 연합회는 74개(0.5%)라 한다. 일반협동조합은 사업자협동조합 9,767개 (73.6%), 다중이해관계자협동조합 2,532개(19.1%), 직원협동조합 536개(4.0%) 등으로 구성된다고 한다(출처: https://www.coop.go.kr/COOP/bbs/pressReleaseDetail.do 2021. 7. 21 방문)

2 대표적으로는 중소기업협동조합에 대한 독점규제법 적용제외를 담은 중소기업협동조합법 개정(관련 문헌은 송재일, "중소기업협동조합 공동사업에 대한 독점규제법 적용배제: 중소기업 공동사업 활성화를 위한 법 개정방안 도출", 한국협동조합연구, 37(3), 2019, pp.45-66.), 중소기업협동조합의 중소기업자 지위인정에 관한 중소기업기본법의 개정(관련 문헌은 송재일, "중소기업기본법상 중소기업협동조합의 중소기업자 지위 연구", 한국협동조합연구, 39(1), 2021, pp.189-223.)을 들 수 있다.

여주고 있다. 실로 협동조합기본법은 우리나라 협동조합의 모습을 다양하게 바꾼 것
으로 토머스 새뮤얼 쿤(Thomas Kuhn)의 과학혁명사(The Structure of Scientific Revolutions)
에서 나오는 '패러다임의 전환(paradigm shift, radical theory change)'에 비견될 수 있겠다.

　　근대적 협동조합의 효시인 로치데일 협동조합(The Rochidale Society of Equitable
Pioneers, 1844) 이래, 협동조합은 시장에서 독과점을 견제하며 사회적 경제적 약자들
이 민주적 의사결정과 협동에 기반한 사업방식을 가진 사업체를 소유, 운영, 관리함
으로써 조합원의 경제적·사회적·문화적 필요를 충족한다는 것을 목적으로 하며, 일
반 주식회사와 같이 영리 추구를 궁극적 목적으로 하지 않는다. 조합원의 필요를 충
족한다는 방식은 일반기업과 다른 협동조합만의 독특한 성격으로서, 조합원이 협동
조합의 사업을 이용함으로써 조합원의 목적과 협동조합의 목적을 동시에 달성하게
된다. 즉 이용자로서 조합원이 중심에 있고, 이러한 '이용자가 소유하는 기업
(Patron-owned firms, IOF)'형태에 해당한다.

　　이 글에서는 협동조합과 협동조합법제가 갖는 의의를 먼저 살펴보고(제2장), 협
동조합 법제 개선을 위한 법적 쟁점을 모색하며(제3장), 디지털 전환 시대에서 협동
조합법제의 미래도 예측한 다음(제4장), 글을 맺기로 한다(제5장).

II. 민법과 협동조합법제

1. 협동조합의 의의

　　협동조합은 사단법인이다. 사단법인이라는 점에서 민법상 2인 이상이 상호출자
하여 공동사업을 경영할 것을 약정하는 조합계약(민법 제703조 이하)과는 일단 구별된
다. 협동조합은 대부분 인가주의에 따라 설립되지만(농업협동조합, 중소기업협동조합, 사
회적협동조합 등), 신고만으로도 설립되기도 한다(협동조합기본법상 일반협동조합).

　　협동조합이란 특별한 사단법인을 이해하기 위해서는 먼저 협동조합이란 무엇인
지 개념 정의를 하는 것, 이른바 협동조합의 정체성을 밝히는 것이 선결과제일 것이
다. 협동조합의 정체성에 관하여 협동조합 관련 국제기구이자 UN의 자매기구인 국
제협동조합연맹(International Cooperatives Association, ICA)에서는 1995년에 "ICA 협동조
합의 정체성에 관한 선언(ICA Statement on the Co-operative Identity 1995)"을 통해, "협
동조합의 정의, 가치 그리고 원칙(Co-operative identity, values & principles)"이라는 3가
지로 협동조합의 정체성을 밝힌 바 있다.[3]

- 협동조합의 정의: 공통의 경제적·사회적·문화적 필요와 욕구를 충족시키고자 하는 사람들이 공동으로 소유하고 민주적으로 운영하는 사업체(enterprise)를 통해 자발적으로 결성한 자율적인 조직(autonomous association)
- 협동조합의 가치: 협동조합은 자조, 자기책임, 민주, 평등, 형평성 그리고 연대의 가치를 기반으로 하며 조합원은 협동조합선구자들의 전통에 따라 정직, 공개, 사회적 책임, 타인에 대한 배려 등의 윤리적 가치를 신조로 한다.
- 협동조합의 원칙:
  1원칙: 자발적이고 열린 조합원제도(Voluntary and Open Membership)
  2원칙: 조합원에 의한 민주적 관리(Democratic Member Control)
  3원칙: 조합원의 경제적 참여(Member Economic Participation)
  4원칙: 자율과 독립(Autonomy and Independence)
  5원칙: 교육, 훈련 및 정보 제공(Education, Training and Information)
  6원칙: 협동조합 간 협동(Co-operation among Co-operatives)
  7원칙: 지역사회에 대한 기여(Concern for Community)

우리 협동조합기본법에서도 협동조합은 "5인 이상의 조합원 자격을 가진 자가 설립하는"(제15조), "재화 또는 용역의 구매·생산·판매·제공 등을 협동으로 영위함으로써 조합원의 권익을 향상하고 지역 사회에 공헌하고자 하는 사업조직"(제2조 제1항)으로, "자발적으로 결성하여 공동으로 소유하고 민주적으로 운영되어야 한다."(제6조 제2항)고 규정하여 ICA의 협동조합 정의와 대체로 일치함을 알 수 있다.

그렇다면 협동조합의 정의에서 도출한 협동조합의 법적 의미는 무엇인지 살펴본다. 먼저 협동조합이 되려면, "공통의 경제·사회·문화적 필요와 욕구를 충족하고자 하는 사람들"이라는 제1요건을 충족해야 한다. 사람들의 모임이라는 점에서 협동조합은 단체, 그중에서도 공동의 목적을 가진 사람들의 모임이라는 점에서 사단법인이다. 그런데 재단법인이든지 사단법인이든지 법인은 그 설립과 운영의 '목적'이 중요하다. 목적이 달성되지 못하는 경우 법인은 해산되기에, 목적 부도달은 법인의 해산 사유이다. 협동조합에서도 '공동의 목적(common needs)'이 중요하며, 정관으로 공동의 목적이 무엇인지를 밝히는 작업이 필요하다.

다음으로 협동조합에서는 "공동으로 소유하고 민주적으로 운영되는 사업체"라

---

3 원문 참조 출처 http://ica.coop/en/whats-co-op/co-operative-identity-values-principles

는 제2요건이 중요하다. 공동 소유, 민주 통제, 인적 단체라는 점에서 협동조합의 정체성은 잘 드러난다. 이 점에서 협동조합은 일반적인 사업체가 아닌 민법상 법인,[4] 1주 1의결권이라는 '자본 다수결' 원칙을 취하는 상법상 주식회사나 단독으로 소유되는 자선단체와 다르다. 협동조합이 사업체(enterprise)라는 점은 시장경제의 주체로서 자본주의의 대안모델이라는 의미이다.

끝으로 협동조합이란, "자발적으로 결성한 자율적인 조직"이라는 제3요건을 갖추어야 한다. 이 점에서 협동조합은 공법인이 아닌 '사법인'이며, 사법관계에 관한 법규범의 적용을 받는다. 따라서 협동조합에 관한 분쟁은 민사소송으로 처리되며, 사문서위조죄 등이 적용된다. 또한, 협동조합에는 타인에 의한 지배가 아니라 스스로가 스스로를 지배하는 자기지배, 즉 사법의 최고원리인 '사적자치'가 협동조합의 운영원칙이 된다. 사적자치가 단체에 투영되면 '단체자치'라는 형태로 나온다. 이 가운데 단체의 목적, 사업, 조직에 관한 근본규범을 정한 정관을 단체 스스로 제·개정할 수 있고, 정관이 선량한 풍속 기타 사회질서에 반하지 않는 한 어떠한 내용이라도 정할 수 있으며 정관에 따라 단체가 운영되는 것이 바람직하다는 '정관자치'가 도출된다. 공서양속에 반하지 않는 한, 또한 강행법규에 반하지 않는 한 임의규정으로 협동조합 법인의 운영규범을 정립할 수 있다는 의미이다.

한편 협동조합은 투자자 소유회사, 시민단체, 공기업 등과 다음과 같은 점에서 구분된다.

첫째, 투자자소유회사(IOF, Investor-owned Firm)는 영리법인으로서 소유자인 주주에게 최대의 투자자 이익(출자배당, 주가차익)을 제공함을 목적으로 운영된다. 반면 협동조합(이용자소유회사)는 소유자인 조합원에게 최대의 이용자 편익(최선의 가격)을 제공하는 것이 목적이며, 이용자 편익은 영리회사와의 시장경쟁을 통해 실현된다. 협동조합은 조합원의 이용자 편익을 위해 영리법인인 투자자소유회사와 경쟁하는 사업을 영위하는 사업체이다. 우리나라에서 상법상 '회사'의 조직구조와 사업전략을 살펴보면, 협동조합의 정체성을 좀 더 분명하게 인식할 수 있을 것이다. 회사의 형식적인 개념은 "회사라고 설립등기가 되어 있는 영업주체"를 말한다. 현실적으로 회사라는 징표는 등기 여부의 판단으로 충분하다. 그러나 회사의 실질적인 개념은 논자에 따라 여러 가지가 있을 수 있으나, 일반적으로 "영리를 목적으로 하는 사단법인"

---

4 민법상 법인은 모두 비영리법인이다.

이라고 정의하고, 그 개념요소로서 영리성, 사단성, 법인성 세 가지를 든다. 우리나라 상법상 회사 유형으로는 합명회사, 합자회사, 주식회사, 유한회사, 유한책임회사 등이 있고, 회사 전체의 95% 가량은 '주식회사'가 압도적인 비중을 가지고 있다.5 주식회사의 조직구조는 투자자가 소유자라는 점에서 협동조합과 차이가 있으며, 사업전략은 1주1표라는 자본주의(capitalism) 방식에 따라 주주이익의 극대화, 이윤 극대화, 영리성을 추구한다는 점이 협동조합과 차이가 있다.

둘째, 시민단체(NGO)는 회원의 공동 이익을 위한 압력단체로서 활동하지만, 회원의 이익을 위해 영리회사와 경쟁하는 경제활동은 수행하지 않는다. 협동조합은 경쟁적 사업(business)을 영위하는 회사라는 점에서 시민단체나 협회 조직과는 명확하게 구별된다.

셋째, 공기업(예, 우리나라의 한국전력)은 주로 경쟁이 없는 독과점 사업을 효율적으로 운영하여 국민 대중에게 최선의 가격으로 편익을 제공한다. 협동조합은 조합원의 편익을 위해 경쟁적 사업을 영위하는 회사라는 점에서 공기업과도 명확하게 구분된다. 즉 협동조합과 공기업은 사업목표는 유사하지만 사업영역이 서로 다르며 사업편익의 수혜자가 누구인가라는 점에서 확실하게 구별된다.

요컨대 협동조합은 기업체와 운동체의 성격을 띤 혼합적 성격의(hybrid) 법인이다. 또한 인간은 서로 돕는 존재라는 인간관에서 출발하였으며, 1인1표의 의사결정 시스템을 갖춘 민주주의 조직이며, 협동조합제도는 가입의 자유, 민주적 관리, 조합원의 경제적 참여, 자율과 독립, 교육·훈련 및 홍보, 협동조합간 협동, 지역사회에 대한 기여 등에 적합하도록 가장 창의적이고 인본주의(humanism)적인 발명품이라 할 것이다.

2. 협동조합의 특성

(1) 법인의 목적: 조합원의 공동의 필요(Common needs) 충족

협동조합(協同組合)은 일정한 사람들이 경제적·사회적 지위 향상을 위한다는 공동의 목적을 가지고 모인 사단법인이다. 국제협동조합연맹(ICA)에서는 협동조합을 "공통의 경제적·사회적·문화적 필요와 욕구를 충족시키고자 하는 사람들이 공동으

---

5 우리나라에서 주식회사의 비중이 높은 것은 세계 다른 나라와 견주어 봤을 때 이례적이다. 송옥렬, 상법강의, 박영사, 2010, 647면에서는 우리나라에서 개인기업이나 가족기업도 형식상으로는 주식회사로 해두는 경우가 대부분이라고 지적한다.

로 소유하고 민주적으로 운영하는 사업체를 통해 자발적으로 결성한 자율적인 조직"
이라고 정의하고 있다.

(2) 재산관계: 이용자소유기업(POF, Patron-Owned Firm)

조합원은 협동조합의 구성원을 말하며, 협동조합 연합회 단계의 조합원은 회원
이라고 부르기도 한다. 조합원은 협동조합의 주체로서 인적 결합체인 협동조합을 구
성하는 가장 중요한 요소가 되기에 조합원이 없는 협동조합은 존재할 수 없다. 조합
원은 협동조합의 소유자인 동시에 이용자이며, 운영자가 된다. 반면 주식회사의 주
주는 자본의 일부만 출자할 뿐 주식회사의 운영에 참여할 기회가 거의 없으며 주식
회사를 이용할 의무도 없다. 조합원은 단순히 협동조합의 활동에 대한 이익을 얻는
피동적 구성원이 아니라 직접 일정한 목적사업을 협동으로 영위하고 그 결과로써 일
정한 권리와 이익을 향유할 수 있는 지위에 있는 자뿐만 아니라, 실제로 그와 같은
권익을 얻기 위해서는 직접 그와 같은 활동을 영위하는 경제활동의 주체를 말한다.
한편 비조합원이라 함은 조합원이 아닌 자를 말하며, 개인·단체나 법인을 불문한다.
협동조합기본법상 임원으로서의 자격과 관련하여 특별한 제한을 두지 않고 있기 때
문에 비조합원도 임원이 될 수 있다. 다만 정관으로 이러한 자격을 제한할 수 있음
은 물론이다. 비조합원도 협동조합의 사업을 예외적으로 이용할 수 있다. 요컨대, 조
합원이 소유자, 통제자, 수익자라는 점에서 이용자소유기업(POF)로서 투자자소유기
업(IOF)와 구분되는 특성을 가진다.

(3) 거래관계: 조합원의 공동사업 이용과 수익의 환원(User-benefit)

2012년 협동조합기본법 이전에는 기존의 8개의 개별법에 의한 협동조합을 제외
하고는 협동조합적인 방법으로 사업을 하고자 하는 사람들이 자유롭게 협동조합을
설립할 법적 근거가 없었다. 기존의 협동조합법제하에서는 1차 산업 및 금융, 소비
부문의 협동조합만 설립이 가능하였는데, 오늘날에는 2차 산업과 3차 산업이 절대적
인 비중을 차지하고 있기 때문에 새로운 산업분야에서의 협동조합의 설립 필요성이
제기되었다. 협동조합기본법은 기존의 법제가 충족시키지 못했던 새로운 경제·사회
적 욕구를 반영한 것으로 기존의 8개의 개별법에 의한 협동조합 이외에 협동조합적
인 방법으로 사업을 운영하고자 하는 사람들도 분야에 관계없이 누구든지 협동조합
의 설립이 가능하게 되었다.

【표 1】 법인의 법적 근거

상법상 법인	민법상 법인	특별법상 법인	기본법상 법인
주식회사, 유한회사	사단법인	특수법인 (공익법인, 개별협동조합)	협동조합
합명회사, 합자회사	재단법인		사회적협동조합

3. 해외의 협동조합 법제

(1) 국가별 협동조합법제

세계 각국의 협동조합법률은 몇 가지 형태로 구분된다. 한 나라의 모든 협동조합 유형에 공통적으로 적용되는 '협동조합기본법'이 가장 일반적인 형태일 뿐만 아니라 증가하는 경향을 보이고 있다. 협동조합기본법을 채택하고 있는 나라들은 대부분 별도의 협동조합 통합관리부서를 가지고 있으며, EU도 협동조합부가 별도로 존재하여 각국의 협동조합섹터를 통합적으로 지원 및 관리하고 있다.6 외국의 협동조합법제는 국가별로 형태가 다르다. 입법형태로 분류하면, ① 민법, 상법 등 성문법의 일부로 구성하는 입법형식, ② 일반법으로 단일의 협동조합법을 제정하는 입법형식, ③ 산업정책상의 필요에 따라 특별법을 제정하는 입법형식, ④ 개별법과 공통법이 공존하는 입법형식 등으로 유형을 구분할 수 있으며, 그 밖에 국가별 특성에 따른 특수한 사례들이 존재한다.7 심지어 일반적인 조직법의 특수조항을 적용하는 경우, 헌법에 특별조항을 명시하는 경우, 협동조합법률이 없는 경우 등도 존재한다.

【표 2】 국가별 협동조합법 체계의 분류

법체계 유형	해당 국가
민법, 상법 등 성문법의 일부를 협동조합과 관련하여 구성	이탈리아, 영국, 스위스, 멕시코, 벨기에, 체코, 기니, 뉴질랜드
기본법만 제정(공통법으로써 단일 협동조합법을 제정)	독일, 스웨덴, 핀란드, 스페인, 캐나다, 포르투갈, 브라질, 코트디부아르, 헝가리, 인도, 요르단, 케냐, 멕시코, 태국
개별법과 공통법이 공존	**한국(기본법 제정 후), 프랑스, 러시아, 대만**

---

6 협동조합연구소, 협동조합기본법 제정에 대한 연구, 국회 연구용역보고서, 2010. p.1.

7 김두년, "협동조합기본법의 필요성과 입법구상,"「한국협동조합연구」제20집 1호, 한국협동조합학회, 2002. 7; 김두년, "세계협동조합법의 신조류-협동조합 기본법을 중심으로-,"「비교사법」제9권 2호, 비교사법학회, 2002. 8. 참조; ILO 2001의 내용을 추가하여 정리.

법체계 유형	해당 국가
개별법만 제정 (산업정책상 필요에 의해)	한국(기본법 제정 전), 일본, 루마니아, 우루과이
기타 (관련 법률 없음)	덴마크, 노르웨이, 미국[8]

첫째, 일반법으로 협동조합법을 별도로 제정하는 대신 민법과 상법 등의 일반법에 협동조합에 관한 규정을 포함하는 국가들이 있다. 스위스의 채무법, 멕시코의 회사법, 벨기에의 회사법, 이탈리아[9]의 민법 등은 협동조합에 관한 조항을 포함하고 있다. 이들 국가에서는 협동조합을 '회사'의 한 형태로 보고, 협동조합의 경제활동 행위를 일반회사와 같은 상거래로 인식하기 때문에 별도의 일반법을 두지 않고 있다. 다만, 이들 국가에서도 정책적 목적을 위하여 기존의 법에서 포괄하지 못하는 사항에 대해서는 별도 개별법으로 특별입법을 한 경우도 있다.

둘째, 일반법 형태의 단일한 협동조합법으로써 모든 형태의 협동조합을 규제하는 형태는 가장 일반적인 협동조합 입법의 형태로서, 독일의 '산업 및 경제조합법'(1889), 스웨덴의 '경제조합법'(1951, 전면개정 1987), 핀란드의 '협동조합법'(1954, 전면개정 1989), 스페인의 '협동조합법'(1987), 캐나다의 '협동조합법'(1988), 포르투갈의 '협동조합법'(1996)이 있다. 이들 법에서는 협동조합의 정의와 활동범위를 규정하며 협동조합을 설립하고 해산하기 위한 기본적 절차, 협동조합을 촉진하기 위한 정부의 의무 조항이 있다.

셋째, 일반법 형태의 단일한 협동조합법과 개별법이 함께 공존하는 경우도 있다. 프랑스는 성문법전인 '사단법'(1867)에 기본규정을 두고 모든 협동조합에 공통적으로 적용되는 공통법으로 '협동조합의 공시에 관한 법률'(1944), '협동조합제도의 지위를 정하는 법률'(1947)이 있지만, 각 종류별 협동조합에 관한 법률도 존재한다. 러시아도 '소련 협동조합법'(1988)이 있었지만, 향후 1996년에 개별법의 분리가 이루어졌다. 대만의 경우는 '합작사법'을 공동협동조합법으로 가지고 있어 모든 업종의 협

---

8 미국은 캘리포니아 주 등 일부 주에서만 주법으로 협동조합 관련 법 조항을 규정하고, 연방차원에서 캐퍼볼스테드법은 협동조합의 독점금지법 적용제외만 규정하고 있다.

9 이탈리아는 협동조합법제에서 모범국가이다. 먼저 헌법 제45조에서 협동조합조항이 있다("공화국은 상호부조의 성격을 갖고 사적 투기를 지향하지 않는 협동조합의 사회적 기능을 인정하고, 협동조합의 특성과 목적을 보장하기 위하여 헌법은 적절한 수단을 통해 협력을 증진하고 장려한다."). 그리고 이탈리아 민법전은 민법 상법, 노동법의 통합법적 성격의 법적인데, 협동조합에 관한 38개 조항도 있다.

동조합 설립을 보장하고 있지만, 농업협동조합과 관련된 '농회법'을 특별법으로 가지고 있다.

넷째, 특별법으로서 개별 협동조합법을 제정하여 입법하는 형태로 협동조합기본법 제정 이전의 한국과 일본이 대표적 국가이며, 에티오피아, 루마니아, 우루과이와 같은 국가들도 이에 해당된다. 이들 국가는 기본법이 없는 대신 각각의 특별법에서 업종별 협동조합에 관한 내용들을 규정하고 있다. 한국의 '독점규제 및 공정거래에 관한 법률' 제60조, 일본의 '사적독점 금지 및 공정거래의 확보에 관한 법률' 제24조에 협동조합의 일반적 성격을 규정하는 유사한 조문이 포함되어 있지만, 이는 협동조합 거래행위에 대한 극히 일부의 사항만 규정하고 있다.

최근에는 기존 특별법 체제를 가지고 있는 국가에서도 다양한 형태의 협동조합을 규율하는 단일 기본법을 제정하는 나라들의 숫자가 늘고 있다. 기본법을 통하여 모든 형태의 협동조합을 포괄하고, 각 산업별 부처 소관에서 단일 정부부처나 정부기구의 관할 아래에 두어 육성하는 등의 단일 기본법 체제의 장점이 부각되고 있다. 이에 따라 특별법 체제를 가지는 많은 국가에서 일반법으로서의 단일 협동조합법 체제 수립에 대한 논의가 늘어나고 있는 상황이다.

(2) 유럽연합의 기업법제와 통일화 경향

유럽연합에서는 각료이사회(집행위원회) 규칙(Council Regulation)[10]을 통해 각 분야에 걸쳐 유럽연합 회원국에서 공통으로 적용할 수 있는 일련의 유럽 공통법 제정 움직임이 계속 이어져 왔다. 기업법 분야에서는 2001년에 유럽회사법(Council Regulation on the statute for a European Company; 이하 SE)[11]을 제정하였고, 2003년에 유럽협동조합법(라틴어 Societas Cooperativa Europaea의 약칭, Council Regulation on the Statute for a European Cooperative Society; 이하 SCE)[12]을 제정하였다. 요컨대 SE법과 SCE법은 유럽연합 내에서 양대 기업법제를 구성하고 있다.

유럽협동조합법(SCE)은 유럽연합 내 2개국 이상을 사업구역으로 활동하는 협동조

---

10 EU 법령체계에서 유럽각료이사회가 원안을 작성한 규칙(Council Regulation)은 가맹각국의 국내법 제정 없이, 직접 가맹국에 적용되는 규범을 말한다. 따라서 규칙 자체가 EU 역내의 각국정부나 민간 활동을 규제하는 법령이다. 세계법제정보센터 '유럽연합법의 체계와 검색방법' 참고.

11 유럽회사 규정이라고 부르기도 한다.

12 유럽협동조합 규정이라고 부르기도 한다. 이에 관한 연구로는 정성숙, "유럽협동조합(SCE)의 설립방법과 지배구조에 관한 연구", 「비교사법」, 1(2), 2009, pp. 467-492 참조.

합 설립을 위한 근거법으로 20여 년에 걸쳐 제정작업을 하였으며, 유럽회사법(SE법)과 더불어 주요 기업 모델 중 하나로 협동조합을 인식한 것이다. SCE법은 2006년 8월부터 시행되었는데 이로 인해 유럽연합 역내에서 국경을 넘는 협동조합 설립이 가능해졌다. 이 법에 따르면, 다국적 영리기업에 경제적 대항력을 지녀야 하는 일반 협동조합은 규모의 경제를 통해 경쟁력을 높이는 방향으로 육성하는 반면, 사회서비스 제공, 경제·사회적 약자에게 교육, 일자리를 제공하는 사회적 목적의 협동조합은 활동분야나 접근성을 중시하였다. 5명 이상의 유럽연합 시민권자 또는 2개 이상 법인이 이 법에 따라 협동조합이나 그 자회사를 설립할 수 있으며, 3만 유로 이상의 최저자본금 조항, 협동조합 서비스를 이용하지 않으며 이들의 지분과 의결권은 제한되는 투자조합원 조항, 다국적기업과 마찬가지로 대우하며 영구적으로 사업소를 둔 나라에 납세하는 과세조항 등을 두고 있다. 또한 기본적으로 1인 1표의 의결권을 행사하나 특정 환경 하 사업 분량에 따른 의결권의 가중 배분은 가능하다. 거버넌스 구조는 이원제 이사회, 또는 일원제 이사회를 선택할 수 있다. 이는 유럽회사법과 공통된 것으로 정관자치를 존중한다는 입장이 강하게 반영되었다. 유럽연합 내 협동조합들 간 시장접근성, 규모의 경제, R&D 활동 촉진이 주된 입법목적이다. 오늘날 SCE법에 따라 많은 협동조합들이 설립 운영되고 있으며, 독일처럼 각 회원국은 이 법에 따라 국내 협동조합법도 개정하기도 한다. SCE법은 나라별 협동조합 과세제도가 다르고 노동법 적용 사례가 다른 것이 단점인 반면, 유럽연합 역내를 사업구역으로 한다는 이미지가 분명하고 국경을 넘은 합작투자에서 SCE 법인격의 채용은 강점이라고 본다.13

　　유럽협동조합법(SCE)의 시행에 따라 각국마다 다른 협동조합법을 비교 연구하여 공통의 규범으로 만들려는 것이 유럽협동조합법원칙(The Principles of European Cooperative Law, 이하 약칭 PECOL) 연구작업의 주요 목적이다. 참고로 유럽연합은 계약법 분야에서도 오랜 작업을 거쳐, 2003년에 유럽계약법원칙(The Principles of European Contract Law, 이하 약칭 PECL)을 마련하였는데, 이는 유럽연합 회원국의 계약법을 비교분석하여 통일된 기준을 마련한 것으로서 향후 유럽연합 역내뿐만 아니라 유럽연합과 교역하려는 다른 나라들에게도 법적 판단의 기준이 될 수 있기에 중요하다고 인식

13　REPORT FROM THE COMMISSION TO THE EUROPEAN PARLIAMENT, THE COUNCIL, THE EUROPEAN ECONOMIC AND SOCIAL COMMITTEE AND THE COMMITTEE OF THE REGIONS The application of Council Regulation (EC) No 1435/2003 of 22 July 2003 on the Statute for a European Cooperative Society (SCE) /* COM/2012/072 final */

된다.14 이처럼 유럽협동조합법원칙(PECOL)도 유럽협동조합법(SCE) 및 회원국 국내 협동조합법의 제정(동유럽 회원국들 대부분은 부재) 또는 개정에서 기준이 되는 공통법 근거가 될 수 있다. 이는 ① '협동조합의 법적 정체성' ② 유럽연합 내에서 새로 설립되는 사회적 목적을 지닌 다양한 기업형태에 관한 법제도 정비 시 PECOL을 입법 모델로 삼도록 하고, ③ 학술 논쟁의 도구로서의 정식화를 시도한 것이다. 이 작업을 위해 2013년부터 유럽협동조합법연구모임(SGECOL, Study Group on European Cooperative Law)15이 결성되었고, 국제협동조합연맹(ICA)의 「협동조합 10년을 향한 청사진(The Blueprint for a Co-operative Decade)」에서 제기된 '협동조합 특질에 맞는 법제도'의 기본원칙으로서 유럽협동조합법원칙(PECOL) 작성에 착수하였다. 그 결과 2015년 5월 PECOL 초안16이 공표되고, 초안에 대한 피드백을 거쳐 최종안을 마련하여 2017년 10월 4년여의 연구 결실을 단행본17으로 출간하였다.

(3) 검토

각국의 협동조합 법제를 비교하면, 협동조합의 운영원리와 원칙을 법제로 구체화시키는 것은 나라마다 다양하며 그 이유로는 다음과 같은 점을 들 수 있다.

---

14 PECL 작업은 1970년대에 시작되었고, 유럽 각국을 대표하는 여러 학자와 실무가들이 참여하였다. Lando 교수가 위원장으로 있는 유럽계약법위원회는 1995년에 유럽계약법원칙 제1부(이행, 불이행과 구제수단)를 발표하였고, 그 후 계약의 성립, 대리, 계약의 유효성, 해석, 내용과 효력에 관한 제2부를 완성하였는데, 제1부의 내용을 수정하고 제2부와 합하여 2000년에 유럽계약법원칙 제1부와 제2부를 하나로 묶어 출간하였다. 2003년에 나온 제3부는 수인의 채권자 및 채무자, 채권양도, 채무인수 및 계약인수, 상계, 소멸시효, 법률 위반, 조건, 복리이자 등을 다루고 있다. PECL에 관하여 자세히는 Lando, Ole; Beale, H. G; Commission of European Contract Law, Principles of European contract law. Parts I and II, The Hague; Boston : Kluwer Law International, c2000; 올 란도·휴 빌 편, 김재형 역, 『유럽계약법원칙 제1·2부』, 박영사, 2013.

15 https://www.euricse.eu/study-group-on-european-cooperative-law/; SGECOL은 유럽 각국의 협동조합법 연구진들의 모임으로 유럽협동조합법에 비추어 회원국 간 협동조합 법제의 비교연구를 추진하였다. 그 목적은 회원국, 유럽연합, 그리고 세계적 차원에서 협동조합법제에 관한 이해를 촉진하는 데 있었다. 사무국을 이탈리아 트렌티노에 위치한 '유럽 사회적기업 및 협동조합 연구소(EURICSE)'에 두었으며, PECOL 초안 집필자들은 Gemma Fajardo(스페인), Antonio Fici(이탈리아), Hagen Henrÿ(핀란드), David Hiez(프랑스), Deolinda Aparício Meira(포르투갈), Hans-H. Münkner (독일), Ian Snaith(영국) 등이다.

16 초안은 EURICSE(https://www.euricse.eu/wp-content/uploads/2015/04/PECOL-May-2015.pdf) 2020. 10. 12 방문.

17 Isabel Gemma Fajardo García, Antonio Fici, Hagen Henrÿ, Deolinda A. Meira, David Hiez, Hans-H. Münkner, Ian Snaith, Principles of European Cooperative Law: Principles, Commentaries and National Reports, Intersentia, 2017.

첫째, 국가 간에 사업조직 전체에 대한 법체계가 차이가 나기 때문이다. 예를 들어 북유럽의 경우는 이미 상법이나 사업조직을 다루는 일반법에서 협동조합과 관련한 조항을 삽입하고 있기 때문에 별도의 협동조합법이 필요 없지만, 일반법을 제정할 때 협동조합과 관련한 조항을 삽입하지 않은 나라는 별도의 협동조합법을 제정해야 한다. 좀 더 세부적으로 보면 사업별로도 이런 문제는 발생한다. 1금융과 2금융의 구별이 어느 정도인가를 결정하는 금융산업 법제의 체계에 따라 협동조합의 상호금융을 규정하는 법제도도 차이점을 보이게 된다. 각국의 세제 차이에 따라 협동조합에 부여되는 면세범위나 세금 혜택의 범위도 차이가 난다.

둘째, 협동조합이 각국에 미치는 사회적 영향력의 격차나 일반적인 사업조직을 바라보는 관습에 따라 법제도에서 차이가 발생한다. 유럽의 경우 대부분의 나라는 협동조합의 정체성을 "Company"로 해석하고 있다. 유럽은 이미 협동조합의 설립과 운영의 역사가 상당히 높으며, 주택협동조합이나 공제협동조합 등이 전체 사업계에서 차지하는 비중이 높고 그 산업을 주도하는 사례도 많다. 일반적인 국가운영이 조합주의적 성격을 높게 띠고 있는 나라에서는 협동조합이라고 해서 다른 사업조직에 비해 특별히 보호받아야 한다거나, 일반적인 기업과 다른 공적 성격을 강조할 필요가 없기 때문에 '기업'과 거의 동일한 협동조합법제를 선택하게 되는 것이다. 반면 개발도상국은 시장이 발달하지 않는 산업영역에서 국가의 정책을 활성화하고, 해당 산업종사자나 해당 산업의 발전을 정부 주도로 촉진하기 위해 협동조합을 제도적으로 설립하게 된다. 이에 따라 협동조합 법제는 유럽에 비해 훨씬 공적인 성격을 띠고 그만큼 지원이 많아지며, 지원이 많아지는 만큼 행정적 규제도 높아질 수밖에 없다. 이러한 협동조합은 단순한 기업이 아닌 일종의 비영리조직(Non-Profit Organization)으로 취급된다. 한 사회가 협동조합을 사업조직(기업)과 비영리조직 중 어떤 조직으로 받아들이느냐에 따라 법과 제도가 다르게 적용된다.

셋째, 현재 각국이 운영하고 있는 협동조합의 법제는 각국의 독자적인 법제의 역사성에 규정받게 된다. 우선출자를 둘러싼 각국 법제도의 차이나 국가의 재정적 지원 범위, 해산 시 적립금 배분 등의 조항은 기존의 법제도의 관행이 현행 법제도에도 영향을 미치고 있는 것이다.

4. 우리나라 협동조합법제

(1) 협동조합법제와 법원(法源)

협동조합법제란 일련의 성문법 체계, 즉 헌법상 협동조합 관련 조항(경제민주화에 관한 헌법 제119조, 농어민과 중소기업의 자조조직 육성에 관한 제123조 5항, 소비자보호활동 보호에 관한 제124조)－각 협동조합법률(협동조합기본법 및 개별 8개 협동조합법)－각 협동조합법률의 시행령, 시행규칙, 조례, 규칙, 그리고 불문법 체계인 관습법과 조리, 나아가 협동조합 내부의 자치규범(정관 포함)까지 널리 포괄하여 이르는 것이다.

협동조합에 적용할 법원(法源)은 자치법인 정관, 협동조합에 관한 특별법이나 조약, 협동조합법(협동조합기본법 또는 각 8개 개별법), 협동조합관습법, 상법 또는 민법(민사 자치법, 민사특별법령, 민법전, 민사관습법)의 순으로 적용된다. 즉 법률분쟁이 발생할 경우 법원의 분쟁해결기준의 적용순서로서 기능한다. 요컨대 협동조합에서 정관은 성문의 제정법보다 분쟁해결에서 먼저 적용되는 것으로서 중요한 역할을 수행한다.18 각 협동조합법에서는 '다른 법률과의 관계' 또는 '다른 법률의 준용'이라는 조항을 두어 다른 법률의 준용이나 적용제외 문제를 해결하고 있다. 예를 들어 협동조합기본법에서는 협동조합에 대하여 상법 제1편 총칙, 제2편 상행위, 제3편 제3장의2 유한책임회사에 관한 규정이 준용된다(제14조 제1항).19 사회적협동조합에 관하여는 민법 제1편제3장 법인에 관한 규정을 준용하며, 이 경우 사단법인은 사회적협동조합등으로, 사원은 조합원등으로, 허가는 인가로 본다(동조 2항).

(2) 8개 협동조합 개별법과 협동조합기본법

우리나라에서 협동조합법률로는 8개의 개별법과 1개의 협동조합기본법, 총 9개의 협동조합법이 있다. 단체라는 면에서 봤을 때, 각 협동조합법률은 단체의 조직이나 운영 등을 규율하는 단체법이고, 민법(법인에 관한 제3장)의 특별법20인 반면, 협동

---

18 실제 소송에서 증거제출과 관련하여 협동조합이 원고가 된 경우에는 갑 제1호증으로, 피고가 된 경우에는 을 제1호증으로 협동조합의 정관이 제시될 수 있다. 이때 법원은 정관을 가장 먼저 고려하여 재판한다.

19 협동조합기본법 제14조(다른 법률의 준용).

20 한편 협동조합법과 상법 또는 노동법과의 관계에서는 어느 법이 특별법은 아니며, 상법 또는 노동법의 일부 규정을 준용하는 것으로 본다. 한편 협동조합기본법에 따른 협동조합의 경우, 영리와 비영리를 경우에 따라 추구하는 즉 민법과 상법의 중간형태라 볼 수 있다. 협동조합기본법 제14조(다른 법률의 준용)을 보면, 일반협동조합은 상법의 규정을 준용하고, 사회적협동조합은 민법규정을 준용한다.

조합이란 면에서 봤을 때 2012년에 제정된 협동조합기본법이 모법(일반법)이며 그 이
전에 순차적으로 제정된 8개 협동조합 개별법이 특별법이 된다.

【표 3】 우리나라 9개 협동조합법에 따른 협동조합 현황

구분	산업	협동조합(주무관청)	근거법	제정년도
생산자협동조합	1차산업	농협(농식품부)	농업협동조합법	1957
		수협(해양수산부)	수산업협동조합법	1962
		엽연초조합(기재부)	엽연초협동조합법	1963
		산림조합(산림청)	산림조합법	1980
	2차산업	중기협(중소기업청)	중소기업협동조합법	1961
	3차산업	신협(금융위)	신용협동조합법	1972
		새마을금고(행안부)	새마을금고법	1982
소비자협동조합		소비자생협(공정위)	소비자생활협동조합법	1999
일반협동조합 사회적 협동조합	1,2,3차 산업	일반협동조합(기재부) 사회적협동조합(기재부)	협동조합기본법	2012

(3) 협동조합자치법규

협동조합 자치법규란 협동조합이 스스로 제·개정하며 협동조합의 내부관계를
규율하는 자율규범으로서 법령과는 달리 원칙적으로 직접적인 대외적 효력을 갖지
못하며, 협동조합 내부(구성원 간)에 대해서만 효력을 가진다. 이 가운데 정관은 협동
조합이 제정한 자치법규로서 실질적으로 협동조합의 조직, 운영, 사업에 관한 최고
의 자치법규이다.[21] 그 내용이 강행법규에 반하지 않는 한 협동조합의 내부관계에
관한 최고법규범으로서 발기인뿐만 아니라 협동조합의 출자자인 조합원 및 그 기관
을 구속하는 효력이 있다. 정관은 법인의 조직, 활동 등에 대하여 기본적인 사항을
정한 것으로 법인의 성립요건이며 존속요건이므로 정관 없이는 법인이 설립되거나

---

21 정관은 자치법규의 최상위규범으로서 '협동조합의 헌법'이라고 한다. 日本生活協同組合聯合會, 『生協
法解說』, 昭和53년(1978년), p. 61(黃迪仁·廉基富, 『經濟法 講座 Ⅳ 協同組合法』, 法經出版社, 1995,
p. 151에서 재인용).

존속될 수 없다. 정관은 하위자치법규–규약, 규정, 준칙, 업무방법 등–의 작성에 대한 수권(위임)을 한다. 이에 따라 규약, 규정, 준칙, 업무방법의 순으로 효력이 정해진다.

따라서 정관을 누가 어떠한 내용을 정할 수 있는지는 협동조합의 자율성과 직결되는 문제이며, 최대한 자율성을 인정하여야 한다는 것이 '정관자치(定款自治)'의 문제이다. 협동조합의 자율성은 사법에서는 私的 自治 이념과 통하는 것으로 보기에, 정관에 따라 처리하게 하는 것이 가장 바람직하다고 본다(법 제59조). 그런데 사회적 협동조합의 해산하는 경우, 그 재산을 정관에서 국고에 귀속하는 것도 방안의 하나로 정해두고 있는데,22 협동조합 내에서 인수하는 것이 바람직하다고 본다. 또 다른 문제로는 우리나라에서 주무부처의 장관이 협동조합 관련법에 근거하여 작성, 고시한 모범 정관안인 정관례가 정관자치를 제한하기도 한다. 정관례는 행정법규이며, 정관은 아니다. 협동조합은 이 정관례를 참고하여 조합의 정관(안)을 작성한 후 총회에서 의결하여 정관을 제개정하게 되는데, 유의할 점은 우리와 달리 일본에서는 정부가 아닌 각 협동조합중앙회가 정관례를 작성하고 있는데, 협동조합의 자율성과 관련하여 주목해야 한다.23

5. 협동조합법제의 중요성: 사회적경제의 핵심기업

협동조합은 최근 화두가 된 사회적경제의 핵심기업으로서 우리나라의 경제질서에 기여한다. 우리 헌법상 경제질서가 자본주의인가?" 결론부터 말하자면 아니다. 왜냐하면 우리 헌법에는 자본주의라는 용어가 없기 때문이다. 물론 우리 헌법상의 경제질서를 어떻게 파악할 것인가에 대하여 견해의 대립이 있지만,24 우리 헌법에서는 "대한민국의 경제질서는 개인과 기업의 경제상의 자유와 창의를 존중함을 기본으로 한다"(제119조 제1항)고 규정하여 시장경제를 기본으로 한다고 선언하고 있다.25

---

22 협동조합기본법 제104조(잔여재산의 처리) 사회적협동조합이 해산할 경우 부채 및 출자금을 변제하고 잔여재산이 있을 때에는 정관으로 정하는 바에 따라 다음 각 호의 어느 하나에 귀속된다. 1. 상급 사회적협동조합연합회 2. 유사한 목적의 사회적협동조합 3. 비영리법인·공익법인 4. 국고.

23 예컨대 일본농협의 경우 2001년 6월 농협법 개정을 통해 모범정관례의 작성권한이 정부로부터 중앙회로 이관되었다(일본 농협법 제73조의22 제3항). 과거 우리나라 협동조합 교과서에서는 이러한 부분을 주목하지 않았는데, 실제 협동조합의 운영에서 이러한 자치법규의 작성권한은 중요 논점이다.

24 지배적인 견해는 사회적 시장경제(또는 수정자본주의적 경제질서)라고 보며, 헌법재판소의 견해도 이와 유사하다, 헌법재판소 1996.4.25 선고, 92헌바47 참조. 이에 반하여 자본주의적 자유시장경제질서나 사회주의적 계획경제질서와는 다른 제3의 경제질서, 즉 혼합경제체제로 보는 견해도 있다.

시장경제의 반대개념은 계획경제라할 것이다. 현행 헌법은 국가가 "균형있는 국민경제의 성장 및 안정과 적정한 소득의 분배를 유지하고, 시장의 지배와 경제력 남용을 방지하며, 경제주체 간의 조화를 통한 경제의 민주화를 실현하기 위하여" 경제에 관한 규제와 조정을 할 수 있도록 하고 있다(제119조 제2항). 나아가 국가는 "농업과 어업을 보호 육성하기 위하여"(제123조 제1항), "지역간의 균형있는 발전을 위하여"(제123조 제2항), "중소기업을 보호 육성하고"(제123조 제3항), "소비자보호운동을 보장하며"(제124조), "대외무역을 육성하기 위하여"(제125조) 경제에 대한 규제와 조정을 할 수 있게 하고 있다.

이렇게 볼 때 시장경제에는 자본주의 시장경제와 호혜연대주의 시장경제가 있다. 자본주의 시장경제를 대표하는 기업형태가 주식회사라면, 호혜연대주의 시장경제를 대표하는 기업형태는 협동조합과 사회적 기업일 것이다. 호혜연대주의 시장경제는 사회연대경제(社會連帶經濟 social and solidarity economy, SSE)**26** 또는 사회적 경제(社會的 經濟, social economy)라고 한다. 오늘날 자본주의 시장경제는 시장의 실패를 겪은 뒤, 수정자본주의 형태를 취하였고, 호혜연대주의 시장경제는 자본주의의 단점이나 문제점을 치유하는 기능이 있기에 선진국에서는 오래 전부터 보편화되어 있었다.

우리나라에서도 최근에는 사회적 경제라는 용어가 현행 법령, 특히 최근 지자체 조례 등에서 많이 등장하고 있다.**27** 법령에서는 사회연대경제 또는 사회적 경제 가운데 후자를 더 많이 쓰고 있으며, 예를 들어 고양시 협동조합 육성에 관한 조례 제2조 제6호에 따르면, "사회적 경제"란 "사회구성원의 공동의 삶의 질과 복리수준의 향상 및 지역경제 활성화 등 공공의 이익이라는 사회적 가치 실현을 위하여 협력과 호혜를 바탕으로 사회적 경제 조직들이 생산, 교환, 분배, 소비가 이루어지는 경제시스템"으

---

25 권오승, 「경제법」, 법문사, 2005, 44면.

26 사회적 연대 경제 또는 사회적 경제란, OECD에서는 "국가와 시장의 중간에 있는, 사회적 요소와 경제적 요소를 가진 모든 조직"으로서 협동조합, 공제조합, 사회적기업, NPO, 일반재단·사단법인을 포괄하는 개념으로 보고 있다. 이에 따르면, 사회적 경제=사회적기업+협동조합+생활관련 NPO(+기업·노조·종교단체 등의 사회공헌 기능)을 포괄하는 개념으로서, 기존의 시장의 실패, 정부의 실패를 견제하고 보완하는 조직으로서 새로운 내발적 성장과 복지 전달체계 기능을 함으로써 서민들의 살고자 하는 노력과 사회 속에 존재하는 각종 선의를 경제적으로 조직화시킨 것으로 볼 수 있다. OECD Social Economy: Building Inclusive Economies, 2007 참조; 국내문헌에서는 협동조합 활성화를 위한 지방정부의 역할과 민관협력방안, 협동조합 활성화 포럼 자료집, 2017. 4, 김종걸 지정토론 부분, 33면. 참조; 국제연합(UN)의 사회연대경제에 관하여는 http://www.unrisd.org/sse 참조.

27 대표적으로는 고양시 협동조합 육성에 관한 조례[시행 2013.6.7.] [경기도고양시조례 제1505호, 2013. 6.7., 제정]

로 정의된다.28 즉 사회적 경제는 협동조합 생태계보다는 더 큰 개념으로 협동조합말
고도 사회적 기업, 마을기업, 비영리단체(Non−profit organization, NPO), 일반기업의 사
회적 책임 활동 등도 포괄하며, 이를 둘러싼 법적·사회경제문화적 제도를 말한다.

Ⅲ. 협동조합법제 개선을 위한 쟁점

1. 개요

협동조합은 조합원의 경제적·사회적·문화적 필요를 충족한다는 것을 목적으로
하며, 일반 주식회사와 같이 영리 추구를 궁극적 목적으로 하지 않는다. 조합원의 필
요를 충족한다는 방식은 일반기업과 다른 협동조합만의 독특한 성격으로서, 조합원
이 협동조합의 사업을 이용함으로써 조합원의 목적과 협동조합의 목적을 동시에 달
성하게 된다. 즉 이용자로서 조합원이 중심에 있고, 이러한 이용자가 소유하는 기업
형태에 해당한다. 그래서 협동조합이 한층 더 발달하여 국가사회 경제 전체적으로
순기능을 극대화하기 위하여는 조합원의 사업이용을 도모하고 법인으로서 활동하는
데 필요한 법제도와 세제를 정비하는 것이 핵심적인 과제라 할 것이다.

그런데 우리나라의 협동조합 법제 하에서는 여러 가지 관련 문제들이 있어서 정
리 및 개선이 필요하다. 예를 들면, 기본법 협동조합과 개별법 협동조합을 통일적으
로 인식하지 못하는 문제점이 있고, 법인의 성격에서 영리와 비영리에 대한 혼선이
존재하며, 조합원거래와 비조합원거래(원외 거래)에 대한 인식의 한계, 협동조합 회계
의 독자성이나 적립금의 특성을 더 고려하여 재구성해야 하는 등의 문제를 들 수 있
다. 한편 제도 개선을 하면서 관점이나 예측도 중요하다. 해외 사례도 살펴야 하지
만, 사회경제시스템이 나라마다 상이하다는 점에서 우리나라의 유사사례도 살펴 실
무에서 원활하게 작동할 수 있는 우리만의 협동조합 법제도가 필요함은 당연할 것이
다. 또한 미래사회의 협동조합을 전망하여 지속가능성을 담보하는 것도 필요하다.

---

28 사회적 경제와 관련된 자치법령은 서울특별시 사회적경제 기본 조례 [시행 2014.5.14.] [조례 제5709
호, 2014.5.14., 제정] 등 33건에 이르고 있다. 주로 육성, 지원과 관련된 내용이며, 서울특별시 사회
적경제기업 제품 구매촉진 및 판로지원에 관한 조례 [시행 2014.5.14.] [조례 제5709호, 2014.5.14.,
타법개정]등 유통지원과 관련된 것도 있다.

2. 협동조합기본법과 개별협동조합법의 관계

2012년 이전에 우리나라 협동조합법은 국가의 산업정책적 필요와 민간의 요구에 따라 그때그때 개별 협동조합을 규정하는 법률들을 만들어 왔다. 1957년 농업협동조합법 제정 이후 협동조합입법이 시작되었으나 자생적이고 자율적인 발전을 충분히 이루지 못한 반면, 협동조합으로서의 법인격을 요구하는 많은 공익활동 관련 단체들을 수용할 수 있는 법률적 근거가 부재하였다. 특별법상의 각종 협동조합법에서도 협동조합의 운영에 관한 규정을 세세하게 규정하였는데 역설적으로 협동조합의 자율성을 키워주지 못하였고, 또한 협동조합에 대한 전반적인 정책을 수행할 총괄부서와 협동조합의 실태에 대한 파악이 제대로 이루어지지 않아 협동조합을 활성화하기 어려운 상황이었다. 이에 그 동안의 입법적 불비상태를 정비하고, 자주·자립·자치적인 협동조합 활동을 촉진함으로써 사회통합과 국민경제의 균형 있는 발전에 기여하기 위하여 협동조합의 설립·운영에 관한 기본적인 원칙을 규정하기 위한 기본법이 2012년 제정된 협동조합기본법이다. 이러한 점은 해외법제, 그 중에서도 공통법과 개별법 양체계를 갖춘 프랑스법제의 계수라는 점에서 의미가 크다고 할 것이다.

그런데 협동조합법들간의 관계에 관하여 협동조합기본법 제13조[29]에서 규정을 두고 있다. 문언상으로는 개별협동조합은 기본법의 적용을 받지 않으나, 협동조합 전반의 설립과 운영을 위한 입법에서 기본법이 일반법이자 모법(母法)의 성격을 지향한다고 볼 수 있다. 하지만 동조 제1항도 두어 개별협동조합법과의 관계에서는 사실상 보충적인 성격에 머무르는 한계도 보인다.

생각건대, 향후 협동조합의 유형이 기본법 제정 당시 논의되었던 생산자협동조합, 소비자협동조합, 직원협동조합, 다중이해관계자협동조합, 사회적협동조합을 넘어서 에너지협동조합, 학교협동조합, 과학기술자협동조합, 프랜차이즈협동조합 등 다

---

29 제13조(다른 법률과의 관계) ① 다른 법률에 따라 설립되었거나 설립되는 협동조합에 대하여는 이 법을 적용하지 아니한다.
② 협동조합의 설립 및 육성과 관련되는 다른 법령을 제정하거나 개정하는 경우에는 이 법의 목적과 원칙에 맞도록 하여야 한다.
③ 대통령령으로 정하는 요건에 해당하는 협동조합등 및 협동조합연합회등의 행위에 대하여는 「독점규제 및 공정거래에 관한 법률」을 적용하지 아니한다. 다만, 불공정거래행위 등 일정한 거래분야에서 부당하게 경쟁을 제한하는 경우에는 그러하지 아니하다. 〈개정 2020. 3. 31.〉
④ 협동조합연합회등의 공제사업에 관하여는 「보험업법」을 적용하지 아니한다. 〈신설 2014. 1. 21., 2020. 3. 31.〉

양한 유형의 협동조합개별법이 나올 것으로 보이며, 이러한 현상은 제4차산업혁명이나 디지털전환경제, 공유경제 등으로 인하여 선진국이나 유럽 등에서 최근 등장하는 것처럼 플랫폼 기업의 독과점에 맞서는 플랫폼협동조합까지 이를 것으로 예측된다. 미래의 협동조합을 대비하여 협동조합기본법은 이 경우 기본법의 지위를 더 강화하여 일반법으로 기능하는 것이 바람직하다고 생각한다.

3. 협동조합의 영리, 비영리 논쟁

민법상 법인은 비영리이고, 상법상 법인은 영리법인이다. 이에 따라 조직, 사업, 규제, 지원, 회계나 세제 등에서 많은 차이를 보이고 있다. 물론 그 중간법인도 존재한다. 개별 협동조합법에서 협동조합은 대체로 비영리법인으로 규정된 반면, 기본법에서는 협동조합을 영리법인으로 보면서 그 법적 성격에 관한 논쟁이 촉발되었다. 협동조합기본법에서는 협동조합등은 법인으로 하며, 사회적협동조합등은 비영리법인으로 한다고 규정하고 있다(제4조). 사회적협동조합은 기존의 사회적기업과 비영리단체, 비영리법인이 행하던 사회적 목적사업을 협동조합이 수행할 수 있는 길을 열어두었다. 이와 관련 비영리법인성에 대하여 기획재정부의 입법설명자료에는 협동조합이 영리법인으로 보았다. 협동조합은 조합원의 복리를 증진하고 지역 사회에 공헌하기 위한 사업조직으로 경제·사회·문화 모든 분야에서 설립 가능하며(제2조, 제5조), '협동조합'과 '협동조합연합회'는 각각 법인으로 하고, 영리를 목적으로 하지 않는 '사회적협동조합'과 '사회적협동조합연합회'는 비영리법인으로 한다(제2조, 제4조)

【표 4】 (일반) 협동조합과 사회적협동조합

	협 동 조 합	사회적협동조합
법 인 격	(영리)법인	비영리법인
설 립	시도지사 신고	기획재정부(관계중앙행정기관) 인가
사 업	업종 및 분야 제한 없음 * 금융 및 보험업 제외	공익사업 40% 이상 수행 - 지역사회 재생, 주민 권익 증진 등 - 취약계층 사회서비스, 일자리 제공 - 국가·지자체 위탁사업 - 그 밖의 공익증진 사업
법정적립금	잉여금의 10/100 이상	잉여금의 30/100 이상
배 당	배당 가능	배당 금지
청 산	정관에 따라 잔여재산 처리	비영리법인·국고 등 귀속

협동조합기본법에 관하여 비판적으로 살펴보자면, 이 법은 일반협동조합과 사회적협동조합이라는 다소 이질적인 성격의 협동조합을 한 법에 담고 있는 데서 나오는 내부모순적 법체계를 가지고 있다. 물론 남유럽 등의 사회적협동조합 사례를 우리 법에 담고자 하는 점에서 입법 당시 장점도 있었을 것이다. 하지만 전혀 다른 원리의 협동조합을 단지 협동조합이라는 이름이 같다는 이유로 한 법에 두는 것은 향후 많은 문제를 불러일으킬 소지가 크다. 우리나라와 같은 상황에서는 협동조합의 생명인 민주성과 자율성이 국가에 의해 크게 훼손될 여지가 클 수 있다. 그런데 협동조합기본법에서는 일반협동조합에 대하여 영리법인으로서 성격을 부여하고 설립신고주의를 통한 설립의 자유 보장 등 많은 혜택을 통해 되도록 많은 협동조합이 설립될 수 있도록 조장하고 있다. 예컨대 상인, 나아가 대기업이 유사협동조합을 만들어 기존 8개 협동조합과 경쟁을 하는 경우, 기존 협동조합의 조합원은 뜻하지 않은 피해를 입을 우려가 크다. 실무에서 일반협동조합의 영리법인으로의 성격 규정은 문제가 많으며, 시급한 법 개정이 필요한 부분이다.[30]

비교법적으로 보면, 먼저 유럽연합 차원의 협동조합 공통법에 해당하는 유럽협동조합법원칙(PECOL)에서는 제1.1조 제2항에서 협동조합에는 "영리를 궁극적 목적으로 추구하지 않는(without profit as the ultimate purpose)"이라는 소극적 요건(negative element)을 명시하였다. 동일한 입법례가 영국 CCBSA 제2(3)조이다. 따라서 협동조합의 비영리추구 목적은 조합원에 대한 수익의 분배와 관련된 것이며, 수익의 창출이 아니다. 협동조합이 오로지 자본 평가를 하는 목적으로 조합원에 대한 수익 분배를 하는 구조라면 일정한 규제를 받지만, 그렇지 않은 경우에는 원칙적으로 아무런 규제를 받지 않는다. 협동조합은 기업과 같은 영리 단체 그리고 협회, 재단, 자선단체와 같은 비영리 단체와도 구별되어야 한다. 기업과 달리 협동조합은 상호부조 목적의 결과, 자본 평가에서 제한을 받고, 비영리단체와 달리 협동조합은 사업의 경제적 결과를 조합원들에게 분배할 수 있다. 즉 "출자 배당(dividends on the subscribed/invested capital)"보다는 원칙적으로 그리고 주로 "협동조합 이용실적 배당(cooperative refund)"으로 분배한다.[31] 한편 유럽에서 신협은 조합원에 의하여 소유되기 때문에 소유자와

---

30 이와 관련하여 일본 농협법에서는 비영리법인 규정을 삭제하고, 조합원에 대한 최대봉사는 남겨두었는데, 그 배경에 관하여 일본농협 직원이 조합원을 위해 일 열심히 하지 않은 것이 이유라고 한다. 한편 중간지원조직의 역할이나 협동조합 보조금 역할도 생각할 수 있겠다.

31 송재일, "유럽협동조합법원칙(PECOL) 상 협동조합의 정의와 목적 조항으로 살펴본 협동조합의 정체성과 역할", 한국협동조합연구, 38권 3호, 한국협동조합학회, 2020, pp.197~198.

이용자는 본질적으로 분리되어 있지 않으며, 신협의 조합원은 총회의 구성원이고, 이사회 구성원의 선거에 참여하며, 이러한 지배구조는 기본적으로 1인 1표에 기초해 있다. 협동조합의 출자증권은 거래되지 않는다. 그러므로 신협의 자본금은 거의 내부유보금에 의존하고 있다. 대부분의 유럽 협동조합은행과 일부 신협에서의 자본은 궁극적인 소유자가 없는 "세대간 기금(intergenerational endowment)"이라고 할 수 있다. 즉 신협의 자본은 현재의 조합원에 의하여 소유되는 것이 아니라 협동조합 그 자체에 의하여 소유된다. 이러한 점에서 볼 때, 신협의 경영자는 이러한 자본금의 세대간 이전의 관리자라고 할 수 있다. 이러한 점에서 유럽의 협동조합은행은 비영리조직적 성격에 가깝다고 할 수 있다.

구체적으로 프랑스 사례를 살펴보면, 20세기 초반 이래 營利(but lucratif)라는 기준은 收益(bénéfices)의 추구와 분배로 전제되었다. 그러나 법에서는 별도로 영리(bénéfice)의 개념을 특정하지는 않았다. 따라서 1914년 3월 11일 파기원 판결[32]이 영리에 관한 유명한 정의를 내렸다. 이는 조합원에게 대부를 해준 신용협동조합인 '마니고 농촌금고(la Caisse Rurale de Manigod)'[33]의 稅務(administration fiscale)와 관련된 사건이다. '마니고 농촌신협(la Caisse Rurale de Manigod)' 사례에서 파기원은 "조합원의 재산을 증가시키는(« qui ajoute à la fortune des associés »)" 재정적 또는 물질적 혜택을 수익(le bénéfice)으로 정의했다. 이후 그 회원들에게 저축을 하게 하거나 지출을 회피하게 하는 모든 단체(groupements)에는 소시에떼 법인격이 원칙적으로 부여될 수 없었다. 이러한 수익 개념의 제한적 이해는 단체법인의 성질 결정에서 입법개선이 이루어졌다(1947년 9월 10일 법률에 따른 협동조합, 건축조합, 협동농장 소시에떼 등).[34] 게다가 이는 새로운 법적 구조인 '경제이익단체(le groupement d'intérêt économique: GIE)'를 완전히 만들어냈는데(1967년 9월 23일 오도낭스[35]), 이는 중간법인의 성격을 지닌다. 여기서는 어떤 회사가 수익을 발생할 본질적 의도로 설립되지 않을지라도 정신적 친밀감(personnalité morale)을 주는 단체라도 일정 요건을 충족하면 법인격을 부여한다. 요컨

---

32 Cour de Cassation, Chambres réunies, du 11 mars 1914, Inédit.
33 프랑스 알프스 산악지대(론 알프스 레지옹)에 위치한 라 오트 사부아 데파트망(département de la Haute-Savoie)에 위치한 콤뮨(Commune)을 관할구역으로 하는 농촌형 신협. 출처 http://www.manigod.com/
34 (sociétés coopératives (loi du 10 septembre 1947), sociétés de construction, société d'intérêt collectif agricole, etc.).
35 le groupement d'intérêt économique(ordonnance du 23 septembre 1967).

대 프랑스 민법전 제1832조를 개정한 1978년 1월 4일 법률은 "또는 이윤을 분배하기로(« ou de profiter de l'économie »)"라는 표현을 추가하였는데, 이윤의 실현은 수익의 추구와 같기 때문이다.

한편 미국의 캐퍼볼스테드법36에서는 협동조합이 독점규제법 적용제외를 받기 위한 요건의 하나로, "주식 및 출자액에 대한 배당은 연 8%를 초과하지 못한다"고 규정하고 있다(제1조 제3항). 출자배당이 많아질 경우, 주식회사와 구별이 어렵기 때문이다.

이러한 외국사례가 우리의 영리, 비영리 논쟁에 도움이 될 거라고 본다. 아울러 협동조합의 영리, 비영리 논쟁은 사실 협동조합에 대한 회계나 세무기준이 명확하게 설정되지 않은 데 연유하므로,37 협동조합에 고유한 회계나 세법이 함께 정비될 필요가 있다.

4. 협동조합의 공동사업

협동조합의 목적은 조합원 간 상호성과 조합원에 대한 수익분배에 있으며, 공동행위를 통한 공동사업은 핵심이다. 공동사업 중에서 협동조합의 공제사업에 대한 규율도 제각각 차이를 보이고 있다. 협동조합기본법은 일반협동조합에 대해서는 금지하고 있으며, 오로지 사회적협동조합에 대해서만 소액대출과 상호부조 등 사업을 할 수 있도록 규정하고 있다(제94조). 그러다가 2014년 개정에서 협동조합연합회에 한하여 공제사업이 허용되었고, 2020년 개정에서는 이종협동조합연합회에 대하여 공제사업을 허용하였다. 개별협동조합법 가운데 중소기업협동조합법에서 제35조의2 공제규정을 마련하고 있는데, 다만 중소벤처기업부장관의 인가가 필요하다.

---

36 현재 미 연방법전 제15편 제13장 제521~522조에 수록되어 있다(United States Code - Title 15: Commerce and Trade - Chapter 13A: MONOPOLIES AND COMBINATIONS IN RESTRAINT OF TRADE §§ 521~522). 캐퍼볼스테드법의 정식명칭은 "농산물 생산자 단체의 권리를 위한 법(An Act to Authorize Association of Producers Of Agricultural Products)"이다. 제521조가 캐퍼볼스테드법의 제1조, 제522조가 동법의 제2조에 해당한다. 자세히는 송재일, "독점규제법 제60조에 관한 연구-미국사례와 한국사례의 비교를 중심으로-", 한국협동조합연구, 25(1), 2007, pp. 211-247 참조.

37 이에 관하여 협동조합에 대한 영리/비영리 논쟁의 배경에는 기본법 제정 당시 어떤 세법을 적용할건지에 대해 (일반)협동조합에는 보통의 법인세법을 적용한 것이 그 원인 중 하나이고, 이 논쟁은 뒤에서 다루는 협동조합의 세무 회계 문제와도 연관이 된다고 보면서, 협동조합에 고유한 회계기준이 정립되고 통일된 세법이 적용되어서야 영리/비영리 논쟁이 정리되지 않을까 본다는 견해(아이쿱연구소 신창섭사무국장)도 있다. 전적으로 타당하다고 본다.

유럽협동조합법원칙(PECOL)에서도 협동조합의 목적은 조합원의 이익을 궁극적
으로 추구하는 것을 목적으로 하며(ultimate purpose), 이러한 목적을 실현하기 위해 특
정한 사업을 개발할 수 있다고 조문이 구성되어 있다. 협동조합은 투자수익 극대화
가 아니라 재화와 용역 또는 노동을 "최선의 조건으로(best possible conditions)" 공급하
거나 얻으려는 조합원의 필요와 욕구를 위해 사업한다. 공제사업은 그러한 공동사업
중 대표적인 것이며, 협동조합기본법 시행령 제11조(협동조합등의 조합원 또는 회원이
아닌 자의 사업 이용)에 따라 비조합원은 이용할 수 없는 핵심사업이다. 따라서 우리
법제에서도 공제사업이 협동조합의 상호성을 증진하는 한, 허용을 늘리는 방향의 입
법개선이 필요하다.

5. 협동조합에 대한 독점규제법 적용제외

우리나라 독점규제법에서는 협동조합에 대한 적용제외 조항을 제60조에 두고
있고 일견 미국의 일련의 반독점법제(Anti-trust law)을 계수한 것으로 보이지만, 실제
로는 일본법의 문언을 빌려와서 협동조합이 독점금지법 적용제외를 받으려면, 소규
모성 요건을 넣었다. 문제는 독점규제법의 혜택을 받는 협동조합이 없다는 것이다.
협동조합기본법 시행령 제5조에서도 독점규제법 제60조와 같은 4가지 요건을 두어
서, 실제로 적용배제의 혜택을 받는 협동조합은 없다. 나아가 공정거래법 제60조 단
서에서는 "다만, 불공정거래행위 또는 부당하게 경쟁을 제한하여 가격을 인상하게
되는 경우에는 그러하지 아니하다."라고 규정되어 있는 반면, 협동조합기본법 제13
조 제3항에서는 "다만, 불공정거래행위 등 일정한 거래분야에서 부당하게 경쟁을 제
한하는 경우에는 그러하지 아니하다."라고 규정하여 협동조합의 공동행위로 가격인
하되는 경우까지 독점금지법의 적용을 받아 공동행위가 사실상 금지될 수 있다. 현
행법은 협동조합의 발달을 저해하고 있다.

따라서 협동조합의 시장경쟁촉진기능에 대한 이해에 기반하여 규모가 일정 정도
되는 협동조합에 대해서도 협동조합의 기업으로서 확대성장이나 규모화를 위해 공
정거래법 제60조의 적용을 배제하는 조항을 규정하는 방안을 고려함이 타당하다.

6. 조합원거래와 비조합원거래

비조합원과 연관된 활동은 협동조합은 그 정체성의 측면에서 조합원과 연관된
활동이 핵심이기 때문에 협동조합에서 여러 가지 규율 문제를 야기한다. 이와 관련

하여 세계적인 협동조합 학자 뮌크너(Hans-H. Münkner)는 "협동조합이 비조합원과 무제한으로 거래한다면, 조합원의 자조조직으로서 특성을 상실할 것이고 일반 기업으로 변질될 것이다"라고 우려하였다.38 하지만, 원외이용은 많은 장점도 있다. 먼저 비조합원과도 거래한다는 것은 재화, 용역, 일자리의 조합원 기여의 부족분을 치유할 수 있다. 협동조합의 사업 아이디어를 확장할 수 있다. 조합원 증대에 노력할 수 있다. 또는 비조합원에게도 혜택을 주기를 원할 수 있다. 따라서 일반적으로 비조합원 활동은 사전적으로 금지될 수 없고, 일정한 요건 하에서만 제한된다. 즉 협동조합이 상호성을 실현하는 데 자극이 될 수 있어야 하고, 사업조직의 정체성을 명확하게 하는 데 도움을 주어야 한다.39 실제 유럽에서 국가별로 원외이용 제한 사항은 다양하지만 대체로 위와 같은 전제에 서 있는 것 같다(표 참조).

【표 5】 EU 국가별 협동조합의 원외이용 제한사항

구분	원외이용(제3자거래) 제한
오스트리아	정관에 따름. 단, 이해관계에 따른 것이어야지 이익 추구여서는 안됨.
벨기에	허용
덴마크	일반적으로 미허용
핀란드	법률상 미허용. 단, 정관으로 명시한 경우 허용 가능.
프랑스	일부 협동조합은 미허용. 농협은 전체 매출액의 20% 이내
독일	허용
그리스	법률이 조합원에게 지원해주지 못하는 분야만 허용.
아일랜드	허용
이탈리아	엄격한 룰은 없음. 신협은 '원칙적으로'는 미허용. 농협은 엄격히 제한.
네덜란드	허용
포르투갈	미허용이지만, 실제로는 용인
스페인	조합원 활동의 50%까지 허용. 그 이상은 노동부 승인시 가능.
영국	농협은 전체 판매가의 1/3 이내. 원외이용 제한은 영국법상 정해져 있지만 강제력이 없어 많은 소비자가 회원이 아님.
SCE (EU)	미허용 (회원국 규정이 있는 경우는 그에 따름)

출처: EUROPA(b), op.cit.; 한국협동조합연구소, 협동조합기본법 제정에 대한 연구, 국회보고서, 2010.10 재인용.

---

38 Hans Münker, CR Germany, p.270.

39 송재일, "유럽협동조합법원칙(PECOL) 상 협동조합의 정의와 목적 조항으로 살펴본 협동조합의 정체성과 역할", 한국협동조합연구, 38권 3호, 한국협동조합학회, 2020, pp.197~198.

나아가 유럽연합 차원의 협동조합 공통법에 해당하는 유럽협동조합법원칙(PECOL)에서는 제1.5조(비조합원 협동조합 거래)에서 규율하고 있다. 먼저 비조합원 협동조합 거래(Non-member cooperative transactions)란, 협동조합과 비조합원 간 협동조합 조합원에게 제공되는 것과 동일한 재화, 용역 또는 일자리의 공급을 위한 거래라고 정의한 다음(제1항), 제1.4조(조합원의 협동조합 거래)에 반하지 않는다면, 협동조합은 그 정관에서 달리 정하지 않는 한 비조합원거래에 참여할 수 있다고 한다(제2항). 이 때 비조합원 거래에 참여하는 협동조합은 비조합원에게 이용 조합원(cooperator members)이 될 선택권을 부여하여야 하고 그에 관한 정보를 제공하여야 한다(제3항). 협동조합이 비조합원 거래를 실행하는 경우, 협동조합은 그러한 거래의 별도 계정을 관리하여야 한다. 사회적 협동조합에 해당하는 일반이익 협동조합(general interest cooperative)도 이와 비슷하게 할 수 있다(제4항). 비조합원 거래로 인한 수익은 비분할 적립금(indivisible reserves)에 들어간다(제5항).[40]

한편 미국의 캐퍼볼스테드법에서는 협동조합이 독점규제법 적용제외를 받으려면, "비회원 생산물 취급액이 회원의 생산물 취급액보다 초과해서 운영될 수 없다"고 간결하게 규정되어 있다(제1조 제4항).

생각건대, 유럽연합협동조합법제(PECOL)은 비조합원 활동은 일정한 제한과 조건 하에서 허용된다고 보아 비조합원 거래에 대하여 협동조합의 정체성 보호와 실익을 함께 도모하려고 한다는 점에서, 비조합원이용에 대하여는 원칙적으로 협동조합의 정체성을 해치지 않는 선에서 입법자들이 긍정적으로 규율하고 있다고 본다. 또한 미국의 경우에도 원외거래의 한도를 명확히 한 것이라고 본다.

우리나라 협동조합기본법에는 "일부 사업을 제외하고는 정관으로 정하는 바에 따라 비조합원도 협동조합의 사업을 이용하게 할 수 있다"고 포괄적으로 규정하여 (제46조), 법령 또는 정관으로 정하는 바에 따라 비조합원거래를 허용하고 있다. 개별 협동조합법을 살펴보면, 먼저 농업협동조합법은 협동조합기본법과 달리 정관으로 특

---

40 Isabel Gemma Fajardo García, Antonio Fici, Hagen Henrÿ, Deolinda A. Meira, David Hiez, Hans-H. Münkner, Ian Snaith, Principles of European Cooperative Law: Principles, Commentaries and National Reports, Intersentia, 2017; PECOL(Principles of European Cooperative Law)의 해설과 관련하여서는 송재일, "유럽협동조합법원칙(PECOL) 상 협동조합의 정의와 목적 조항으로 살펴본 협동조합의 정체성과 역할", 한국협동조합연구, 38권 3호, 한국협동조합학회, 2020, pp.197~198. 참조; 원문은 EURICSE 홈페이지 아래 링크를 통해 열람 및 다운로드 가능 https://www.euricse.eu/wp-content/uploads/2015/04/PECOL-May-2015.pdf.

정 사업들에 대해서만 제한할 수 있도록 규정하는 방식을 취하고 있다(제58조). 또한 조합원과 동일 세대에 속한 사람, 다른 조합 또는 다른 조합의 조합원 등이 사용하는 경우에는 그 조합원이 이용한 것으로 본다는 간주조항을 두고 있다. 반면 소비자 생활협동조합법은 원칙적으로 비조합원의 사업이용을 금지하고, 예외적으로 총리령으로 정하는 경우에 한하여 비조합원도 사업이용을 가능케 하고 있다(제46조). 동법 시행규칙(총리령)에서는 비조합원 이용액을 조합원 이용액의 10% 이내로만 제한적으로 허용하고 있어서 타 협동조합법이나 외국사례에 견주어 보면, 아주 엄격한 규제라고 볼 수 있다. 끝으로 신용협동조합법(제40조)은 조합원의 이용에 지장이 없는 범위라는 다소 불확정개념을 사용하고 있으며 원칙적으로 대통령령에 따라 비조합원의 사업이용을 허용한다.

생각건대, 비조합원거래에 관하여는 다양한 입법태도가 보이는데, 과도하게 허용할 경우 협동조합의 발전을 저해하므로 상당성과 합리성 기준에 따라 어느 정도 유연하게 접근할 필요가 있다.

7. 기타 협동조합 세무 회계와 적립금 등

협동조합은 민주성과 상호성을 추구하지만 민주적 조직구조가 갖는 의사결정비용(influence cost)가 영리주식회사에 비해 많이 발생하며, 주식시장과 같은 기업평가를 쉽게 할 수 있는 구조가 없어서 자본조달에서 어려움이 내재되어 있다. 또한 우리나라에서는 금융기능을 갖고 있지 못한 개별협동조합(예, 중소기업협동조합, 생협)에서 법제 불비로 인한 법률리스크가 상당하다. 예를 들면, 최근 생협의 경우, 조합원 직접 자금은 법적인 안정성 취약으로 인해 유사수신이라는 법률 리스크를 초래하기에, 이를 위해 우선출자주 제도, 투자조합원제도 등을 도입할 필요가 있다. 잉여금 배당에 우선적 지위를 가지나 선거권·의결권이 없는 우선출자(우선주 개념) 제도를 도입하여 협동조합의 자기자본 조달 어려움을 해소하고 신규사업을 용이하게 할 수 있도록 성장을 도모할 수 있다. 이 경우 우선출자는 자기자본 또는 납입출자금의 30% 이내로 제한하고, 경영의 투명성과 재무상태가 양호한 협동조합만 우선출자 할 수 있도록 입법하는 것이 필요하다. 우선출자는 2020년 개정으로 기본법에 도입되었지만, 실행을 위해서는 구체적인 기준 마련이 필요한 상황이다.

유럽협동조합법(PECOL)에서는 조합원을 이용조합원(cooperator members)과 비이용조합원(non-cooperator member)으로 두 가지 범주로 구성하고 있다. 이용조합원은 협동조합기업의 소비자, 공급자 또는 노동자로서 협동조합 거래에 참여하는 자연인 또는 법인을 말한다. 비이용조합원은 협동조합 거래에는 참여하지 않으면서 협동조합 목적의 추구에는 관심이 있는 투자자, 자원봉사자, 공적 기구와 같은 자연인 또는 법인을 말한다. 이용조합원이 원칙적인 조합원이며, 비이용조합원은 협동조합 정관에서 따로 정하는 경우에만 예외적으로 조합원자격이 인정된다. 이렇듯 유럽협동조합법에서는 투자조합원에 관한 규정이 있는데, 협동조합의 상품을 생산하거나 서비스를 이용할 것으로 예상되지 않는 사람을 투자(비이용) 조합원으로 정관에서 승인할 수 있고, 투자조합원의 의결권 총수는 25%를 넘지 않는다는 규정이 있다. 2006년 개정된 독일 협동조합법에서도 협동조합 목적규정의 변경, 소규모 협동조합의 설립 용이화, 자본조달과 그 유지의 용이화 등을 위해 개정되었다. 자본조달의 용이화를 위하여 투자조합원 제도를 도입: 협동조합의 이용 또는 노동의 제공을 하지 않는 사람을 각 조합은 정관으로 투자조합원으로 인정하였다.**41** 또한 유럽연합(EU) 내의 복수 국가에 걸쳐서 활동하는 협동조합에 대한 법률인 유럽협동조합법이 2003년에 제정되어 2006년부터 동법을 바탕으로 조합 설립이 가능하게 되면서 이에 대한 경쟁력 확보가 독일 협동조합법 개정의 주된 이유로 독일의 투자조합원 제도 도입은 유럽협동조합법을 의식한 것이다.**42**

주식회사와 비교하여 협동조합에 대한 차별적 규제가 존재한다. 협동조합의 특성을 고려한 별도의 기준(예, 회계기준, 평가기준, 사회적 가치평가 등)이 필요하다. 우리나라 협동조합에 대하여 맞춤식 별도 입법이나 기준이 없기 때문에, 준용사례가 많다. 예를 들면, 사업자 협동조합에 대하여는 상법상 회사에 적용하는 상법 조항을 준용하거나 협동조합의 공제사업에 대하여는 보험법을 준용한다. 이에 관하여는 선진국 사례를 참고하여 시정해 나가야 할 것이다. 나아가 협동조합별로 상이한 차별적 규제가 존재한다. 같은 사업을 하는 협동조합이라도 주무부처와 근거법에 따라 상이한 규제를 한다. 협동조합 관련 거버넌스가 논의되어야 하며, 협동조합청이나 기획

---

41 유럽 투자조합원에 관하여는 송재일, "유럽협동조합법원칙(PECOL) 상 협동조합의 정의와 목적 조항으로 살펴본 협동조합의 정체성과 역할", 한국협동조합연구, 38권 3호, 한국협동조합학회, 2020, pp.197~198. 참조; 조합원자격 법제에 관하여는 송재일, "지역사회 연대의 관점에서 본 농협의 조합원자격 법제의 개선 -유럽 및 일본의 법제를 중심으로-", 한국협동조합연구, 30권 3호, 2012, pp.83~120. 참조.

42 독일협동조합법제에서 정관자치의 내용은 斉藤由理子, "多様な組合員の意思決定への参加--独仏の協同組合の事例から", 『農林金融』, 60(5), 2007, pp. 223-224 참조.

재정부의 총괄조정기능을 모색할 시점이라고 본다.

협동조합이 협동조합 설립취지에 맞게 운영할 경우, 세제 혜택을 부여할 필요가 있다. 우리나라의 법인세제는 IMF 이후 규제 완화에만 초점을 맞추어 이미 합리적인 수준을 넘었다고 본다. 예를 들어 우리나라에서는 부동산 개발 및 임대를 주된 목적으로 하는 법인에 대하여도 동일한 세율을 부여하는데 이는 선진국 사례와 배치된다. 적어도 이러한 부동산 법인에 대하여는 제조업 법인보다 고율이 되어야 적정한 자원 배분과 부의 재분배에도 도움이 될 것이다. 이와 관련하여 협동조합 세제를 별도로 정비할 필요가 있다. 협동조합은 시장경쟁 촉진을 통한 독과점 방지, 소비자 후생 증진, 원가경영을 통한 조합원 혜택, 지역사회 기여 등 순기능을 감안하여 평가를 할 필요가 있기 때문이다. 선진국에서는 이러한 협동조합의 순기능을 계량적으로 평가하여 이에 걸맞는 세제 지원을 해주고 있고 국가경제 전체의 포용과 상생에도 많은 도움이 되고 있다.

Ⅳ. 디지털 전환 시대 협동조합법제의 미래

1. 미래학과 미래예측

미래학의 대가인 하와이 주립대학의 짐 데이터(Jim Dator) 교수에 따르면, 다음과 같이 미래학의 3법칙이 있다고 한다.[43] (1) 제1법칙: 미래는 예언할 수 없다. (2) 제2법칙: 다양한 미래는 예측할 수 있다. (3) 제3법칙: 선호하는 미래는 실현할 수 있다. 따라서 협동조합의 미래도 미리 알 수는 없으나, 다양한 미래가 존재할 것이고 짐작도 할 수 있다는 것이다. 그리고 협동조합이 선호하는 미래가 있다면 충분히 실현할 수도 있다는 것이다. 이에 따라 (1) 미래를 예측하고, (2) 여러 가지 발생 가능한 미래(가능미래)에 대비하여 현재 해야 할 일을 도출하고, (3) 많은 미래 중 우리가 원하는 미래(선호미래)로 가기 위한 전략을 수립하는 단계를 거쳐 협동조합의 미래 전략을 수립하는 작업이 필요하다.

---

43 Dator, J. A. (2009), Alternative Futures at the Manoa School, *Journal of Futures Studies*, 14(2), 1-18.; 박성원, 미래공부, 글항아리, 2019.

2. 디지털 전환(Digital Transformation)과 플랫폼기업(Platform Business)

최근 2016년 이후 다보스 포럼으로 널리 알려진 제4차산업혁명 이후 세계는 디지털 전환(Digital Transformation) 시대에 들어가고 있다. AirBnB, Uber, Google, Facebook, Amazon과 같은 디지털 과학기술에 기반한 기업들은 플랫폼(Platform) 기업으로 데이터 독과점을 통해 플랫폼 자본주의를 실현하고 있다. 향후 더욱 이러한 시장과 산업이 커질 것으로 예상된다. 플랫폼 비즈니스 모델은 한 면으로는 사용자가 원하는 콘텐츠나 검색 기능을 제공하여 다수의 사용자를 플랫폼으로 모으고, 다른 면으로는 이를 바탕으로 광고주를 끌어들여 수익을 추구하는 것이다. 문제는 소비자의 편의만 강조돼 노동자들의 불안정성, 분절화, 고립이 더욱 커지고, 시장의 독점화로 인한 문제가 심각해질 가능성이 있다. 디지털 플랫폼을 소유한 기업은 대부분 고용 안정성을 해치는 임시계약직 경제(gig economy, 긱 경제)를 확산하고, 구조적 불평등을 심화시키며, 데이터 감시와 수집을 조장하고, 노동력을 착취하며, 시장을 독점한다. 이러한 시스템 속에서 수많은 서비스 제공자와 이용자들이 이익을 만들어내고, 그 이익은 아마존, 페이스북, 구글 같은 글로벌 기업과 소수의 소유주에게 귀속되며, 이렇게 금전적 착취와 개인정보의 부당한 이용을 통해 수익을 창출하는 독점 구도가 형성한다. 또 다른 문제점은 알고리즘(Algorithm)을 통한 오류와 편향성이 플랫폼 자본주의를 통해 증폭되는 것이다. 알고리즘의 자동화된 의사결정에서 우선순위 결정 −분류 −관련짓기 −필터링 등 과정을 거치는데, 이 과정에서 인간의 의사 개입에 따른 오류, 편향성, 검열 등을 내포한다. 알고리즘은 이용자나 객체와의 상호작용 속에서 끊임없이 수정, 조정되므로 개발자의 편견, 선입견이 반영될 수 있다. 알고리즘은 과거로부터 쌓여온 데이터를 학습하면서 인종차별, 성차별 등 역사적 편향성을 반영할 수 있기 때문이다. 법학자 Lawrence Lessig는 1999년 저서("Code is Law")에서 알고리즘이 현실의 법처럼 기능하면서 알고리즘이 과연 공정하고 중립적이고 객관적인가에 의문을 제기하였다. 따라서 이러한 기업형태가 많아질수록 Super Digital Platform, 데이터 자본주의가 공고화되는데 이는 역설적으로 사회의 민주성과 혁신을 저해할 수 있다.

3. 플랫폼 협동주의(platform cooperativism)와 플랫폼 협동조합(platform cooperatives)

디지털 독점에 대한 해결책으로는 데이터 공유 의무제나 공유경제(Sharing economy)에 협동조합을 접목한 '플랫폼 협동주의(platform cooperativism)'를 제시할 수 있는데, 이를 중심으로 필요한 법제를 생각해본다. 먼저 플랫폼 협동조합(platform cooperatives)이란, 2015년 뉴욕 뉴스쿨의 트레버 숄츠(Trebor Scholz) 교수와 네이튼 슈나이더(Nathan Schneider) 교수에 의해 '플랫폼 개발자, 서비스 제공자, 이용자, 노동조합, 지역사회가 주인이 되어 플랫폼 운영방향을 함께 결정하고 수익을 공정하게 공유하자'는 사회운동이 제안되었다.**44** 이후 세계 곳곳에서 기술·사회변화·협동조합 부문의 사람들을 중심으로 '플랫폼 협동조합운동'이 활성화되었다. 이는 디지털경제의 문제점을 해결할 수 있는 유용한 대안이지만, 그 법적 정의나 규율이 각국마다 형성 중에 있다. 플랫폼 자본주의가 낳은 부정적 영향을 해소하고자 하는 방안의 하나이다.

플랫폼 협동조합의 특성으로는 재화와 서비스의 거래가 이루어지는 네트워크라는 점에서 표면적으로는 거대 기술기업들이 운영하는 기존 플랫폼과 비슷하다. 즉 우버나 에어비엔비가 활용하는 디지털 플랫폼의 기술적 핵심은 수용하지만, 공동으로 소유하고 민주적으로 운영된다는 점에서 차이가 있다. 또한 가치적인 측면에서 다음과 같은 특성을 지니고 있다.

- 민주적 가치를 지키기 위해 소유와 분배구조를 바꾼다(민주적 거버넌스).
- 플랫폼의 소유와 운영에 대해 사회적 연대(Solidarity)를 최우선으로 한다.
- 소수의 이익이 아닌 공동의 이익이라는 관점에서 혁신과 효율성 개념을 재설정한다(공동설계).

이렇게 하면 디지털 독과점이나 플랫폼 주식회사의 폐해를 방지하고, 플랫폼 협동조합을 통해 노동자와 소비자 모두 실질적인 이익을 얻을 수 있다고 한다.

요컨대 제4차산업혁명 중 주로 긱경제나 공유경제에서 간과되기 쉬운 문제를 해

---

44 Scholz, T. and N. Schneider, (eds.) Ours to Hack and to Own. The Rise of Platform Cooperativism: A New Vision for the Future of Work and a Fairer Internet, New York: OR Books, 2016.

결하기 위해 흔히 3가지를 생각할 수 있다. (1) 프리랜서 협동조합의 등장, (2) 플랫폼 협동조합의 등장, (3) 공동체 증진형 협동조합의 확산 등이 대안으로 제시되고 있다.45 첫째, 프리랜서 협동조합은 노동, 고용, 사업의 세 측면을 융합한 혁신모델이 될 수 있는데, 노동착취가 주인노동으로 대체되는 기적이 협동조합에서는 가능한 것이라는 의미이다. 둘째, 플랫폼 협동조합은 플랫폼 기업의 폐해를 몰아내고 새로운 미래기업모델로 자리잡을 것이라고 본다. 플랫폼 기업 중에서도 우버는 상당히 부정적 여론이 많은 것 같다. 우리나라도 우버를 검토하였다가 결국 합법화하지 않는 것으로 되었는데, 이는 이윤추구를 제1목표로 삼는 투자자소유기업과 비슷한 사업목적을 추구하기 때문이라는 이유도 크다고 본다. 반면 플랫폼 협동조합은 플랫폼 기업에 디지털 민주주의를 융합한 모델로 협동조합 생태계와 결합할 경우 많은 순기능을 초래할 것으로 생각한다. 셋째, 공동체 증진형 협동조합은 기술을 넘어 사람이 우선인 세상을 지향한다. 다만 개인 중심(me-centered) 사회에 대하여는 인간은 사회적 존재이자 개인주의와 공동체주의라는 양 날개를 가진 이성적 존재이기 때문이다. 흔히 개인주의는 공동체주의와 양립할 수 없다고 오해하지만, 서구 시민사회의 지적 전통은 이에 기반하여 형성되어 있고 그 외연에 있는 이기주의나 전체주의와는 불관용으로 배척한다는 점에서 공동체와 개인을 대척점에 두는 태도는 지양하여야 한다.

전통적 협동조합 이론을 넘어선 새로운 협동조합이론의 개발이 절실하고, 법제도의 형성은 쉽지 않지만 해결해야 할 문제이다. 미래는 기술혁명으로 가시화되고 있지만, 그 근저에는 역시 인간이라든지 사회 등을 보는 철학이 필요하며, 미래의 철학으로서 협동조합이 지향하는 철학이 여전히 나아가 꼭 필요하다. 전통적 협동조합 이론 중에서 협동조합 도그마(dogma)라고 생각하고 순수성에 집착하여 그 본래 취지를 잘못 생각하는 점을 제4차산업혁명을 통한 변화가 허물어뜨릴 가능성은 점점 커질 것이다.

생각건대, 협동조합은 조합원의 관점을 잘 파악하는 것이 중요하다. 이용자인 조합원은 조합사업에 참여하고 통제하며 투자하는 성격에서 참여적 관점이 훨씬 유용한 툴을 제공해줄 수 있다고 본다. 조합자본의 형성, 의사결정, 수익 분배에서 조합원의 참여를 이끌어내고 평가와 환류에 반영하여야 한다. 그런데 조합원의 관점은 수시로 변동되는 동적인 성격을 가지고 있어서 쉼 없이 조합원의 Common Needs를

---

45 장종익, "제4차 산업혁명과 협동조합 4.0 시대의 도래: 플랫폼협동조합과 프리랜서협동조합의 등장", 한국협동조합연구 36권 3호, 한국협동조합학회, 2018.12, 117-134면.

파악하여 정관에 반영하는 것이 필요하다. 끝으로 협동조합은 물처럼 움직이고 유동적인 성격을 기본적으로 가지고 있기에 기존 틀에 얽매이지 말고 기능적으로 조직구조와 사업전략을 수립하는 것이 필요하다.

V. 맺으며

이제까지 협동조합과 협동조합법제의 특성을 살펴보면서, 협동조합법제 개선을 위한 법적 쟁점과 디지털 전환시대에서 예측할 수 있는 협동조합법제의 미래준비까지 살펴보았다. 1960년 농협법을 시작으로 8개 개별협동조합법이 인가주의에 따라 협동조합의 설립과 운영을 도왔다면, 2012년에는 UN이 정한 국제협동조합의 해를 맞이하여 우리나라에서도 협동조합기본법이 제정, 시행되었는데 프랑스의 협동조합법제를 많이 참조하여 협동조합공통의 일반법과 개별협동조합법들로 구성하였고 사회적협동조합을 받아들인 점 등 많은 점을 계수하였다. 협동조합기본법이 2012년 제정된 이후, 우리나라에서는 '협동조합 2.0'에 비유될 만큼 긍정적인 변화가 늘어났다. 사회적 연대나 공동선을 추구하는 많은 관련 법령들이 제정되었으며, 협동조합과 사회적 경제는 삶의 수준을 높여주고 있다. 협동조합기본법은 우리나라 협동조합의 모습을 다양하게 바꾼 것으로, 과학사에서 패러다임의 전환에 비견될 수 있겠다.

하지만 우리나라의 협동조합 법제 하에서는 여러 가지 관련 문제들이 있어서 정리 및 개선이 필요하다. 예를 들면, 기본법 협동조합과 개별법 협동조합을 통일적으로 인식하지 못하는 문제점이 있고, 법인의 성격에서 영리와 비영리에 대한 혼선이 존재하며, 조합원거래와 비조합원거래(원외 거래)에 대한 인식의 한계, 협동조합의 독점규제법 적용제외, 협동조합 회계의 독자성이나 적립금의 특성을 더 고려하여 재구성해야 하는 등의 문제를 들 수 있다. 법제도 개선을 하면서 어떠한 관점에서 봐야 하는지도 중요하다. 해외 사례도 살펴야 하지만, 사회경제 시스템이 나라마다 상이하다는 점에서 우리나라 유사사례도 살펴 실무에서 원활하게 작동되는 우리만의 협동조합 법제도가 필요함은 당연할 것이다. 또한 사회적 경제에서 주된 역할을 하는 미래의 협동조합을 전망하여 지속가능성을 담보하는 것도 필요하다.

끝으로 디지털전환 경제에서 디지털 독점이나 플랫폼 기업의 부작용이 문제되는데 그 대안으로 협동조합의 가치가 주목되고 있다. 가치지향적인 협동조합에 대하여 살펴본다면, 협동조합은 주주이익만 추구하는 영리주식회사와 달리 공동선(共同善)을 지향하여야 한다. 플랫폼 협동조합은 빅데이터의 Value에 대하여 플랫폼독점기업과 다른 관점을 견지하여야 하고 이것이 정관에 담겨져 있어야 한다. 또한 협동조합 법인의 평가에서도 이러한 점을 고려하여야 하고, 소비자후생이나 경제민주화에 얼마나 기여하였는지를 계량화하는 방식이 별도로 마련되어야 한다.

미국 담보법의 리엔(lien)과 판결집행

전 원 열*

I. 서론

1. 한국의 담보권과 미국의 security interest

계약법과 불법행위법상의 이슈에 관하여 미국의 자료를 찾아보면 한국의 당해 문제에서 그 검색결과가 어느 정도 참고될 수 있지만, 물권법 그 중에서도 특히 담보권의 이슈에 관하여 미국의 자료는 한국의 문제해결에 그다지 도움이 되지 않는 경우가 많다. 담보권법의 기본체계가 워낙 다르기 때문이다. 하지만 지구상에서 거대한 법계를 이루고 있는 영미법계의 기본 법개념을 이해해 두는 일은, 현재 국제거래의 양이 막대하고 또한 한국의 판결을 영미법계 국가에서 집행한다든지 하는 일이 생기는 점을 고려하면, 버리고 넘어갈 수 있는 일은 아니다.

한국에서 '담보권'이라는 단어에 대응하는 영어 단어는 대략 'security interest'라고 할 것이지만,1 위 두 용어에서 양쪽 법률가들이 받는 느낌에는 차이가 있어 보인다. 한국에서 담보권이라고 하면 민법상의 제한물권인 담보물권을 중심으로 하여 양도담보 등 비전형담보를 포함하고 나아가서 더 넓게는 인적 담보까지 포함하는 개념

---

* 서울대학교 법학전문대학원 교수.

1 "security right"는 영미에서 담보권이라는 의미로 사용되지 않는다. 오히려 '안전할 권리'라는 의미이다.

이 연상된다. 그러나 영어에서 'security interest'는 외연이 더 넓다. 예컨대 "확정판결이 집행대상 재산에 확보하는 이익"을 두고 '담보권'이라는 단어를 떠올리는 한국 법률가는 없을 터이다. 한국법상으로는 집행절차상 압류의 효력은 민사집행법에서 설명될 뿐이고, 한국 법률가들이 이를 두고 '담보'라는 생각은 잘 하지 않는다.2 하지만, 영미에서는 위 이익이 당연히 'security interest'의 일부로 관념된다. 즉 확정판결이 집행대상 재산상에 확보하는 이익이 바로 '판결리엔'(judgment lien)이고 이는 영미법상 당연히 'security interest'에 속한다. 이러한 개념의 외연의 차이에도 불구하고, 'security interest'에 대응시킬 한국어가 '담보권' 외에는 마땅하지 않으므로, 일단 담보권으로 대응시켜 설명하기로 한다.

그런데 미국의 담보권(security interest) 중에서도 리엔(lien)은 특히 어렵다. 아래 II.3.에서 살펴보겠지만, 리엔(lien)은 도저히 기존의 한국 법률용어 내지 대륙법상의 어느 법률용어를 대응시키거나 변경·조합해서 표현해 내기가 곤란한 미국의 법률용어이다. Lien에 대해서 영독법률용어사전은 "dingliches Sicherungsrecht; Zurück-behaltungsrecht; Pfandrecht; Grundstücksbelastung"이라고 여러 용어를 나열할 뿐이고,3 일본의 사전도 "先取特權; 優先辨濟權; 擔保權; 物的擔保" 등을 나열할 뿐이다.45 앞에서 든 판결리엔(judgment lien)이라는 용어에서 알 수 있듯이, 영미법에서는 확정판결 등 집행권원이 채무자의 재산상에 확보하는 우선권을, 실체법상의 담보물권들과 별종의 것으로 취급하는 것이 아니라, 동종의 개념으로 취급한다.67 이렇듯 리엔 개념은

---

2 그러나 곰곰이 생각해 보면, 저당권 같은 전형적 담보물권이 대상 부동산에 대하여 획득하고 있는 이익과 금전지급판결이 집행대상 부동산에 대하여 획득하는 이익은 — 특히 優先主義 집행법 하에서는 — 그 성격상 별다른 차이가 없다. 한국의 담보물권이 반드시 먼 미래의 이행기를 가진 채무만을 전제로 하는 것이 아니며, — 변제기 도래 전의 채무에 대해서만이 아니라 — 변제기 후에 담보물권을 설정하는 일도 있음을 생각해 보면 더욱 그렇다. 요컨대 우선변제라는 기능에 있어서는, 저당권·질권 등 담보권의 기능과 집행권원 획득채권자가 압류로써 확보하는 우선권의 기능 사이에 큰 차이가 있지는 않다.
3 Dietl/Lorenz, Wörterbuch Recht, Wirtschaft & Politik Englisch-Deutsch 7.Auf., C.H.Beck (2016) 중에서 "lien" 항목.
4 小山貞夫, 英米法律語辭典, 研究社(2011) 중에서 "lien" 항목.
5 한국은 의용민법에 있던 '선취특권'을 한국 민법 제정시에 수용하지 않았으므로, 한국에서 이 용어를 사용하여 리엔(lien)을 설명하기는 더욱 곤란하다.
6 영국법에서 담보물권과 집행압류의 우선권을 어떻게 이해하고 있는지에 관해서는 Peter Birks, English Private Law, Vol.1, Oxford University Press(2000), p. 435 참조.
7 이처럼 '실체법상의 담보물권'과 '집행법상의 집행권원이 집행대상재산에 확보하는 우선권'을 동종으

파악하기 어렵다. 그래서, 차후에 한국 법률가들 사이에 'Lien'의 번역어에 대한 합의가 성립될 때가 있을지 모르겠으나, 본고에서는 그냥 '리엔'이라고 표기하기로 한다.8

2. 본고의 검토범위 및 순서

영미법상의 담보권법 문헌을 이해하고 그 이해결과를 한국 법률문제에 대한 고찰의 재료로 삼으려면, 영미법상 담보권(security interest)에 속하는 각 개념의 전반에 대한 기초적인 이해가 선행하여야 한다. 하지만 이 글에서 영미법상 담보권 전체를 설명함은 당연히 불가능하고, 담보권 중에서 가령 리엔 하나만을 다루는 일도 글의 목적과 분량에 비추어 벅차다.

더구나 아래에서 다시 언급하겠지만, 영미법계라고 해도 각 국가별로 (재판관할별로) 하나의 용어에 대하여 서로 다른 의미를 부여하기도 한다. 예컨대 리엔의 개념은 나라마다 조금씩 달라서, 리엔이 영국법에서는 (equitable lien을 제외하면) 주로 動産에 대한 占有 담보권을 가리키지만, 미국에서는 훨씬 넓은 범위에서 '리엔'이라는 용어를 사용하고 주로 非占有 담보권을 의미한다. 이처럼 담보권에서 영국법과 미국법의 차이는 상당히 커서, 같은 단어를 영국과 미국이 다르게 쓸 뿐만 아니라, 심지어 기타 영미법계 각 국가마다 다르게 사용하기도 한다. [더 나아가면 미국 내에서도 모기지(mortgage)에 대한 관념이 주별로 좀 다르다.] 따라서 소논문에서 여러 나라에 걸친 검토를 하기는 어렵다.

그래서 본고는 영미법계 국가들 중에서도 미국에 집중하여 검토하기로 한다. 미국법의 유래와 연혁을 살펴보는 부분에서 영국법에 잠시 언급하는 것 외에는, 영국법은 따로 설명하지 않는다. 미국법 중에서도, 이 글은 담보물권 중 리엔과 판결집행

로 묶어서 파악하는 것은 독일법에서도 마찬가지이다. 이는 독일의 민사집행법이 영미와 마찬가지로 우선주의를 취하고 있는 점과 관련이 있을 터이다. 이에 관해서는 전원열, "민사집행법상 평등주의의 재검토", 법조 제69권 제3호(2020. 6.), 21면 이하 참조.

8 영미법에 관한 기존의 한국 문헌들을 살펴보면, ─ 용감하게도 ─ 리엔을 단순히 '유치권'이라고 번역한 사례들이 있다. 가령 이상윤, 영미법, 박영사(2009) 352면. 그러나 본고의 II.에서 보듯이, 한국의 유치권과 영미법상의 리엔은 너무 다르다(다만 영미법상의 리엔 중 mechanic's lien에 한정하면 한국의 유치권과 유사하다고 볼 수 있다). 기존의 한국의 영미법 개설서들은 주로 공법적 영역에서 미국·영국의 정부구성과 사회제도 등을 해설하고 있을 뿐, 민사법 영역에서 특히 물권법의 상황을 이해하게 해 주는 문헌은 없다고 해도 과언이 아니다. 영미 물권법은 한국과 근본적 차이가 있어서 전체적인 제도 설명이 긴요함에도 불구하고, '영미법'이라는 이름의 책들은 물권법 전체에 대해서 불과 몇 페이지를 할애할 뿐이다.

에 관하여 살펴보려 한다. 이하에서는 우선, 미국법상 담보권(Security Interest)이라는 개념이 무엇을 가리키는지를 개략적으로 살펴본 다음에(Ⅱ), 그 담보권의 일종인 판결리엔과 관련하여 판결의 집행절차에 대하여 검토하고, 그 과정에서 미국법상 담보권과 판결집행 사이의 관계를 살펴보며(Ⅲ), 그 후에 마무리를 하겠다(Ⅳ).

Ⅱ. 미국법상 담보권(Security Interest)과 리엔(Lien)

1. 미국법상 담보권의 연혁

미국의 법률가들 사이에서도 '담보권(security interest)' 개념의 내포와 외연이 명확히 통일되어 있지는 않은 듯하다. 그 이유를 보면, 근본적으로 이런 민사실체법상의 개념은 ― 미국 전체에서 통일되어야 하는 것이 아니라 ― 각 재판관할(jurisdiction)별로, 즉 각 州별로 결정되어야 하는 사항이라고 보기 때문이다. 하지만 미국법상 담보권(security interest)이라는 용어 하에서 대체로 공통적으로 인정되는 권리들이 존재하므로, 그 권리들의 의의·기능을 중심으로 검토를 해 보겠다.

(1) 영국법상의 담보권

먼저 미국의 담보권의 연원인 영국법의 상황을 간단히 보자. 영국법상 담보권(Security Interest; Security)에는 물적 담보(Real Security)와 인적 담보(Personal Security)의 양쪽이 모두 포함되어 있다. 가령 현재 영국 민사법의 대표적 해설서 중 하나인 옥스퍼드대 출판부의 Peter Birks, English Private Law를 보면,[9] 제1편 제3장 중 "5. 담보권(Security)"은 부동산에 대한 물적 담보(Real Security over Land) 및 동산에 대한 물적 담보(Real Security over Moveables) 외에도 인적 담보(Personal Security)의 제목 하에 보증인(Guarantor)의 채무를 설명하며, 1868년에 초판이 나온 이래 2019년에 무려 제34판이 출간된 영국 민사법의 고전적 해설서인 "Snell's Equity"[10] 역시 제4부 담보권(Security)에서 물적 담보(Mortgages, Charges, Pledges, Liens)와 함께 인적 담보로서 보증(Suretyship)을 설명하고 있다.

하지만 역시 담보권 중 핵심은 물적 담보 쪽에 있고, 그에 한정하여 보면, 전통적으로 영국에서는 4종류가 설명되어 왔다. 모기지(mortgage), 챠지(charge), 플레지

---

9 Peter Birks, op.cit., xiv.

10 John McGhee, Steven Elliott, Stuart Bridge, Matthew Conaglen, Paul S. Davies, et al, Snell's Equity 34th ed, Sweet & Maxwell Ltd (2019).

(pledge), 리엔(lien)이 그것이다.11 [이 4단어의, 현대 미국법상 개념에 관해서는 아래 Ⅱ.2.에서 본다.] 그런데 성문 민법전을 가진 대륙법 국가에서와는 달리, 영국에서는 위 4가지 담보물권의 구체적인 의미나 내용이 1800년대 이후에도 현재에 이르기까지 시대에 따라 지속적으로 변해 왔다.12 오랜 역사를 가진 위 4가지 중에서 현대 영국의 담보물권의 중심은 모기지(mortgages)13에 있다.

(2) 미국의 담보권법의 역사

미국도 영국의 담보법을 승계하여 물적 담보를 위와 같이 넷으로 구분하였지만, 기존 법률용어의 개념을 변형하여 사용하기도 하고, 또한 위 4가지 외의 다양한 담보거래 방식이 등장함으로써, 영국의 담보권법과 미국의 담보권법 사이에 차이가 발생하게 되었다.

아래 II.3.에서 자세히 보겠지만, 미국에서는 우선 리엔의 개념이 변경되어 — 영국에서처럼 리엔이 점유담보권인 경우도 예외적으로 있지만 — 주로 이는 비점유담보권을 의미하게 되었다. 뿐만 아니라, 리엔 개념의 외연이 점차 확대되어 담보권 전반을 지칭하는 식으로도 용어가 사용되게 되었다. 그리고 영국법상 전통적으로, 모기지는 커먼로상의 모기지와 형평법상의 모기지로 구분되어 있었는데, 20세기 초에 커먼로와 형평법 절차가 통합되면서, 위 두 모기지 간의 구별의 필요성과 기준에 관한 논의가 진전되어, 그 구별은 그다지 중요하지 않은 문제가 되었다. 한편 개인이 주택구입시에 은행에서 대출을 받는 경우에 행해지는 담보거래에서 '신탁증서'(deed of trust; trust deed)의 사용이 20세기 이후 크게 증가하였다.14

한국의 질권에 대응하는 플레지(pledge, 아래 II.2.(3))는, 미국에서 19~20세기에도 여전히 흔히 이용되었지만, 동산저당(chattel mortgage)의 거래가 점점 늘어났고, 창고증권(warehouse receipt)을 유가증권형으로 발행하여 담보용으로 사용하는 경우도 증가하였다.15 증가한 동산저당을 규율하기 위하여 동산저당법(Chattel Mortgage Act)이 제

---

11   과거 영국에서의 이 용어들의 개념에 관해서는 植田淳, "イギリス担保物権法の特質について" 神戸外大論叢 第52卷 3号 (2001.9.) 119면 이하를 참조.

12   가령 커먼로상 모기지(true common law mortgage)는, 영국에서 2002년 토지등기법(Land Registration Act 2002)에 의하여 제정법상의 모기지로써 완전히 대체되었다.

13   Peter Birks, op.cit., p.385 ff.

14   신탁증서에 관한 자세한 내용은 아래 II.2.(6)을 참조.

15   이에 대한 규율이 통일상법전(UCC) Aritcle 7에 마련되어 있다. UCC(Uniform Commercial Code)에 관해서는 아래 II.1.(3)을 참조.

정되었다. 한편 동산담보와 관련하여 조건부 매매 내지 소유권유보부 매매(conditional sale)가 한때 발달하였으나, 현재는 그다지 이용되지 않고 있다.16

한국 법률가가 주목해야 하는 한 가지 점은, 미국 물권법상 — 소유권 이전에서와 마찬가지로 — 담보물권이 등기·등록·점유를 요하는 경우에, 그 등기·등록·점유는 (당해 담보물권의 성립요건으로서가 아니라) 대항요건으로서 작용한다는 점이다. 그리고 미국 담보법상 담보권리자가 담보목적물에 대하여 (등기·등록을 경료하여 대항요건을 충족함으로써) 우선권을 확보하는 것을 'perfection' 또는 'perfected 되었다'고 말한다. 주로 이 perfection은 제3채권자에게 당해 담보권을 알리는 법적 절차를 밟음으로써 이루어진다.17 점유 담보권인 경우에는, 채권자가 대상물을 점유하면 대개 perfection이 이루어졌다고 본다. 비점유 담보권이라서 담보목적물이 채무자에게 남아 있을 때에 perfection을 하려면, 관할관청에 담보권 내지 담보설정의 증서(deed)를 등기·등록하는 조치가 필요하다.

(3) 미국 통일상법전 제9편

위와 같이 다양한 담보제도가 발전하고, 또한 판례법을 따르는 커먼로 국가로서의 성격이 더해져 현대 미국의 담보법은 참으로 복잡해졌다. 州마다 판례가 조금씩 달랐다는 점도 어려움을 가중시켰다.

그래서 통일주법 위원회 전국회의(National Conference of Commissioners on Uniform State Laws)와 미국 법학원(American Law Institute)이 각 주의 상거래법의 통일을 위하여

---

16 조건부 매매(conditional sale)의 이론 및 실무의 전개과정은, 기존의 법률제도 및 이에 대응하여 거래를 발달시키는 실무의 모습, 그리고 그런 실무에 다시 대응하는 입법과 그것이 실무를 변형시키는 상황 등에 있어서 흥미롭고, 법사회학의 연구주제가 될 만하다. 그 개요를 살펴보면 다음과 같다. 이 조건부 매매는 19세기 말과 20세기 전반에 미국에서 특히 많이 이용되었다. 그렇게 활발하게 이용된 주요 이유는, 첫째 대부분의 주에서 채무자 보호를 위해서 동산저당(chattel mortgages)에 대해 갖가지 번거로운 제약을 부과했기 때문이고, 둘째, 당시 모든 주에 고리대금 금지법(anti-usury laws)이 있어서, 소비재 매수인에 대하여 매도인이 직접 신용을 줄 수 없었기 때문이다. 법원이 조건부 매매의 유효성을 인정하여, 매수인의 할부대금 지급조건을 위반하는 경우에 매도인이 그 계약을 해제하고 원상회복을 요구하고 물품을 환수해 갈 수 있는 권리를 인정해 주자, 이 조건부 매매가 20세기 전반에 활발하게 이용되었던 것이다. 그러나 이처럼 이용이 활발해지자, 미국의 연방의회는 실질적 고이율로 소비자들이 불이익을 받는 것 아니냐는 관점에서 여러 입법을 통해서 조건부 매매계약의 내용을 통제하기 시작했고, 그 결과 이 제도는 과거에 이것이 회피하려 했던 담보권들의 복잡한 모습과 마찬가지로 복잡한 것이 되어버렸다. 결국 20세기 후반에 와서는 조건부 매매가 거래계에서 급격히 감축하여 버렸다.

17 대항요건이 갖추어진 리엔은 선의의 재산 취득자에게도 대항할 수 있으며, 채무자가 도산절차에 들어가더라도 관재인에게 대항할 수 있다.

1944년에 모델법률의 작성을 시작하였을 때에, 담보법의 개선 및 통일은 주요 과제 중의 하나였다. 1952년에 통일상법전(Uniform Commercial Code; UCC)이 만들어졌고, 그 후 각 주가 이를 채택하는 입법을 함으로써 위 법통일작업은 소기의 성과를 거두었는데,[18] 통일상법전 중에 제9편(Article 9)이 "담보거래"(Secured Transactions)라는 제목으로 담보법의 통일을 꾀하였다.[19]

위 법통일 작업을 시작하였을 때에 미국의 법조는, 전통적인 커먼로상의 담보권 구별이 구태의연하고 무의미하며 효용이 낮다는 합의에 이른 상황이었다. 어느 유형의 담보권인지, 그리고 채권자가 과연 적합한 유형의 담보를 선택한 것인지에 관하여 따지느라고 필요없이 많은 소가 제기되고 있었다. 법통일을 위한 검토과정에서 미국의 법률가들은, 특정채권자가 우선권을 확보하는 담보권 설정은 거래상의 자연스러운 필요에 따라 발생하는 것이라는 점, 그리고 법률가들이 기존의 담보제도의 틀 속에 담보설정거래를 끌어넣으려고 애쓰더라도 채권자와 채무자는 어떻게든 (서로 다른 유형을 결합하든 혹은 전혀 새로운 약정을 통해서든) 대여금의 담보에 필요한 수단을 찾아내려 한다는 점을 깨닫게 되었다. 즉 채권자의 담보요구에 응하여 채무자가 (기존에 없었던) 형태의 담보를 만들어 제공하는 것에 대하여 법원이 이를 부정한다고 해서 채무자가 금전차용을 위해 채권자에게 담보를 제공하는 일이 중단되지는 않는다는 점을 깨달았다.[20] 법률가들이 해야 할 일은 담보권법을 최대한 명백하고 단순하게 만드는 쪽으로 노력하는 것뿐이었다.

담보거래 중에서 부동산의 담보거래는, 소액 거래가 드물고, 개인이 거래당사자가 되는 경우에도 신중하게 거래에 임하는 편이었으므로, 오히려 규제의 필요성이 적다고 보았다. 그래서 통일주법 위원회 전국회의에서 당시 주법을 개혁하고 통일하는 대상으로 지목된 것은 인적 재산(personal property)[21]의 담보에 관한 법이었다. 그 결과 통일상법전 제9편은 동산 등 인적 재산(personal property) 및 부동산에 부합한 동산(fixture)의 담보권을 규율하는 것으로 한정되었다.[22][23]

---

18 1960년대에 이미 미국 대부분의 주가 채택하였고 현재는 모든 주에서 채택하여 시행하고 있다.

19 그 기초작업의 주도자가 Grant Gilmore 교수와 Allison Dunham 교수였다.

20 Gerard McCormack, Secured Credit under English and American Law, Cambridge University Press (2004), p.50.

21 personal property 라고 하면 채권만을 가리키는 것이 아니다. 동산도 가리키고, 그 외에 부동산(real property) 아닌 재산의 대부분을 가리킨다.

22 부동산 담보권은 여전히 비통일적인 법(statute이든지, 판례법이든지 혹은 둘 다이든지)에 의하여 규

우선 통일상법전은 — 법률가들이 그 전에 다양한 개별 담보제도를 나열하여 설명하던 것에서 벗어나 — 채무자가 "채무의 변제·이행을 담보하기 위하여 자신의 재산상 제공하는 일체의 권리"를 "security interest"라는 통합개념으로 파악하였다.24 25 [즉 광의의 security interest는 담보권 일반을 가리키고, 협의의 security interest는 통일상법전 제9편이 정한 담보권을 가리킨다.] 그리고 이 담보권(security interest)의 개념정의에 뒤이어 — 위와 같은 定義 문구로 끝마치는 것이 아니라 — 그에 속할 수 있는 여러 상황을 열거하여 설명하는 것으로 하였다.26 즉 이 개념이 포괄하는 범위는 상당히 넓다.27 이와 같이 통일상법전 제9편이 종래의 여러 담보권들을 통합하여 규율하게 됨으로써, 예컨대 종래에는 별개의 제도로 존재하던 소유권유보부매매와 동산저당이 하나로 담보권 안으로 통합되었다.28

그리고 통일상법전은 담보권법에 관련한 용어를 통일하였다. 담보약정(security agreement), 담보권자(secured party), 담보설정자(debtor), 담보물(collateral),29 채무자(obligor)가 그것이다. 대개 미국 법률문헌에서 debtor를 채무자로 해석하면 맞지만, 담보권법에서는 본래의 채무자와 물상보증인이 함께 등장하는 상황에서 용어의 혼란을 없애기 위하여, 통일상법전은 debtor라고 하면 물상보증인만을 가리키고, 애초

율되는데, 이는 주별로 상당히 다르다. 현재 미국에서 부동산담보를 설정하는 주된 방법은 2가지인데, deed of trust와 모기지가 그것이다.

23 이 통일상법전 제9편이 정한 인적담보(personal security), 특히 그 등기의 인적 편성주의는 한국이 2010년에 '동산·채권 등의 담보에 관한 법률'을 제정할 때에 주요 참고대상이었음은 주지하는 바와 같다.

24 Grant Gilmore, Security Interests in Personal Property, Little, Brown & Co. (1965), pp. 288~294.

25 담보권(security interest)의 개념 조항은, 통일상법전 제9편이 아니라 — 개념들을 모아둔 총칙 규정에 들어가야 하므로 — 제1편 201조(§28:1-201)에 있다.

26 위 정의에 뒤이어서 다음과 같이 설명이 계속된다. "담보권에는, 물건의 매도인이 권원을 (양도하지 않고) 유보하는 것도 포함된다. 또한 이 용어는, 제9편에 따라 계정·동산증서·계약상권리를 매수하는 자의 권리도 포함한다…" 등등.

27 아래 II.3.에서 보듯이, 미국에서 "security interest"라는 단어는 종종 "lien"으로 대체되어 사용된다. 즉 미국에서는 lien의 개념범위가 영국 등 다른 영어권 국가보다 훨씬 넓다. 하지만 또한 이 lien이 미국에서는, 담보물이 인적 재산이 아니라 물적 재산일 때에 주로 사용된다는 점에서 차이가 있다.

28 미국의 통일상법전 제9편에 대한 근래의 가장 포괄적이고 권위 있는 설명으로는 James J. White, Principles of Secured Transactions, Thompson/West (2007)를 참조.

29 담보부 채권자는, 채무자가 의무를 이행하지 않는 경우에 그 collateral 에 대한 권리를 실행할 이익을 보유한다. 채무자가 파산하면, 담보부 채권자는 그 분배시에 무담보채권자보다 우선하는 권리를 가진다.

의 채무자는 obligor라는 용어로써 지칭하는 것으로 정했다.

통일상법전 제9편에 따르면, 담보권은 담보약정(security agreement)으로써 성립하고, 이에 따라 채무자는 자신의 재산을 담보물로 제공하여 채무의 이행을 담보한다. 담보권자는, 대여금의 미변제 등의 일정한 사유가 발생하면 그 담보물에 관하여 조치를 할 수 있게 된다. 채권자는 피담보채무의 이행 대신에 담보물을 점유할 수도 있으며, 공개경매(public auction) 또는 사적 매각(private sale)으로 그 재산을 매각할 수 있다. 매각대금이 피담보채무를 충당하고 남으면, 잉여금은 채무자에게 귀속된다. 매각대금이 모자라면, 담보권자는 부족액판결(deficiency judgment)을 획득할 수 있는데, 이에 의하면 판결채권자는 ─ (책임재산을 담보목적물에만 한정하는) 비소구(non-recourse) 채권[30]이 아니었던 이상 ─ 전액을 변제받기 위하여 추가적 법적 절차로 나아갈 수 있다.

담보권자는 담보설정사실을 고지함으로써 담보권의 대항요건을 갖출 수 있다(perfection). 대항요건은 대개 관할관청에 필요서류를 제출함으로써 갖추어진다. 또한 담보물이 유체물인 경우에는, 그 담보물의 점유를 획득함으로써 대항요건을 갖출 수도 있다. 채무자가 채무를 불이행하는 경우에 (그리고 파산신청을 하지 않는 경우에) 통일상법전 규정에 의하면, 채권자는 채무자를 피고로 소제기를 할 수도 있고, 곧바로 공경매나 사적 매각에 부칠 수도 있다.

(4) 미국의 부동산담보법

하지만 이러한 동산담보법의 통일에도 불구하고, 부동산 담보권은 여전히 비통일적인 법으로 남아 있다. 주에 따라서 부동산담보에 관하여 제정법을 마련한 곳도 있고, 아닌 곳도 있다. 즉 부동산담보는 제정법(statute) 또는 판례법(common law)에 의하여, 혹은 둘 다에 의하여 규율되는데, 주별로 다르다. 현재 미국에서 부동산담보를 설정하는 주된 방법은 2가지인데, 모기지(mortgage)와 신탁증서(deed of trust)가 그것이다(아래 II.2.(6)에서 본다). 이하에서는 ─ 통일상법전 제9편의 담보권을 제외하고 ─ 미국의 물적 담보권에 관해 중점적으로 살펴본다.

---

30 미국에서 모기지 채권은 종종 비소구 채권이다.

2. 미국법상 담보권의 종류

(1) 개요

위의 연혁적 설명에서 알 수 있듯이, 연혁적으로 영미법에 있어서 '물적 담보권'으로서 관념되어 온 권리로는 mortgage, charge, pledge, lien의 4종류가 있는 한편, 20세기 중반 이래, 각종의 다양한 동산·채권 담보를 포괄하기 위하여 미국의 통일상법전 제9편이 사용하는 용어인 'security interest'가 있다. 금전대여시에 이런 담보권들이 이용된다고 일단 생각할 수 있지만, 미국에서 담보권이 금전대여에서만 이용되는 것은 아니며, 금전대여 외에서도 담보를 설정하는 경우가 종종 있다.[31] 이 용어들은 각각 광의로 쓰일 때와 협의로 쓰일 때가 있어서 종종 문맥을 잘 살펴보아야 한다.

앞에서 간략히 살펴본 통일상법전 제9편의 담보권(security interest)을 제외하고 나면, 전통적인 담보물권의 개념을 일단 파악해야 하므로, 아래에서는 이 4가지를 차례로 설명한다.[32]

(2) 모기지(mortgage)[33]

영국법상 애초의 모기지는, 借主가 貸主에게 차용금의 담보를 위하여 자신의 재산의 소유권을 양도하는 것을 가리켰다. 담보목적물(collateral)은 부동산이 대상인 경우가 많았지만, 동산도 대상이 될 수 있었고, 현재의 모기지 대상물도 그러하다.[34]

위와 같이 모기지가 애초 출범시에 소유권이전형이었다는 점 때문에, 한국과 일본에서는 전통적으로 이를 종종 '讓渡抵當'이라고 번역해 왔다.[35] 영미에서도 여전히

---

31   가령 합작투자 등의 주주간계약에서 주주들은 서로 자신의 의무이행에 대한 담보로서 자신의 주식을 상대방에게 제공하고, 이로써 서로가 제3자에게 주식을 매각하지 못하도록 하는 장치로 삼는다. 또한 은행이 회사에게 금전을 대여할 때에 유동담보(floating charges)를 취득하는 이유는 때때로, 변제확보 조치로서보다는, 다른 은행이 그 회사에게 대출을 해 주지 못하도록 하기 위해서라는 별도의 목적이 있다.

32   위 4가지 외에 미국의 해설서에서 종종 분류되어 나오는 담보권으로 hypothecation이 있다. 실제로 흔히 이용되는 담보권은 아니다. 이 hypothecation 즉 trust receipt는 비교적 드문 담보권이며, 여기서 대상재산은 — 전통적인 질권설정방식처럼 목적재산의 인도에 의해서가 아니라 — 목적재산의 권리증서의 인도로써 담보설정된다. hypothecation은 선하증권과 관련하여 흔히 등장하며, 여기서 담보권자는 (담보가 담보설정자에 의하여 환수되지 않는 이상) 그 선하증권을 인도받음으로써 목적물에 대한 권리를 주장할 수 있다.

33   모기지의 개념에 관하여 상세한 내용은, 전원열, "미국의 등기제도 및 저당권(mortgage)에 대한 검토", 자율과 정의의 민법학, 양창수 교수 고희기념논문집, 박영사(2021), 1050면 이하를 참조.

34   Peter Birks, op.cit., pp. 415.

모기지의 개념으로부터 '양도'를 떨쳐 내지 못하고 있다.**36** 그러나 후순위 모기지가 인정되는 데다가, 현재 모기지의 실거래상의 쓰임새는 한국의 저당권과 흡사하므로, '양도저당'이라는 번역어는 현재로서는 적절하지 않다고 생각된다. 현대 미국법상의 모기지 관념을 고려해 보면, 이를 그냥 '저당권'으로 번역해도 무방하다고 생각된다. 하지만, 위와 같은 연혁을 참고하여, 본고에서는 원음대로 모기지라고 표기한다. 이 것이 현재 미국에서 가장 많이 이용되는 물적 담보권이다.

모기지설정자를 mortgagor, 모기지권자를 mortgagee라고 하고, 借主가 채무를 변제하여 貸主로부터 당해 담보목적물을 되찾아 올 수 있는 권리를 "還收權"(equity of redemption)이라고 한다. 환수권을 상실시키고 모기지를 실행함으로써 貸主가 대여 금을 회수하는 절차를 foreclosure**37**라고 한다.

1세기 전에는 모기지에 대한 설명이, 항상 커먼로상 모기지('true' legal mortgage)**38** 와 형평법상 모기지(equitable mortgage)로 나누어 행해졌다. 그러나 미국에서 커먼로와 형평법이 통합되고,**39** 영국에서도 1925년 토지법 대개정시에 등기제도를 전면적으로 개혁하고 토렌스 시스템을 받아들임과 함께 등기되는 모기지 제도를 정비하면서, 커 먼로상의 모기지와 형평법상의 모기지를 구분하는 일의 중요성이 현격히 감소하였다.

현대 미국의 모기지는 위와 같은 역사적인 배경을 무시해도 대체로 이해할 수 있다. 모기지는 현재 미국법상 담보물권의 대표이며, 가장 많이 이용되는 담보물권 이다. 오늘날 미국의 각 주들은 모기지의 법률구성에 관하여 2가지 접근법을 취하는 데, 하나는 리엔 이론(lien theory)이고 다른 하나는 權原 이론(title theory)이다.**40** 권원

---

35 가령 小山貞夫, 英米法律語辭典, 硏究社 (2011) 중에서 "mortgage" 항목.

36 가령 미국의 대표적인 물권법 교과서 중의 하나인 Jesse Dukeminier, et. al., Property, 7th ed. Wolters Kluwer (2010)를 보면, Part IV의 토지이전(Transfers of Land)의 한 부분으로 Mortgages 를 설명한다. 그리고 위키피디아에서 "Property Law"를 검색하면, 여러 하위 테마가 나오는데, 물권 법의 하위 테마 중에서 소유권양도거래(Conveyancing) 중의 한 주제로 Mortgage가 들어 있다.

37 한국어의 번역으로는 '환수권상실절차'로 하겠다.

38 과거에는 진정한 커먼로상 모기지(true legal mortgage)가 되려면, 그 부동산이전방법 자체가 커먼로 상의 방법이어야 했다. 그리고 변제기 도과시에 대주는 담보목적물을 ― 마치 流抵當처럼 ― 자신의 소유로 귀속시키거나 직접 제3자에게 매각할 수 있었다.

39 미국에서는 뉴욕주가 1848년에 민사소송법을 제정하면서 커먼로와 형평법의 통합이 개시되어 각 주 로 퍼져나갔고, 연방대법원이 1938년에 연방법원 차원에서 양 절차를 통합하면서 커먼로와 형평법이 같은 법원에서 같은 절차로 다루어지게 되어 ― 각 청구권 및 제도의 연원상의 구별을 제외하고는 ― 양 절차는 통합되었다고 볼 수 있다

40 Christopher Serkin, The Law of Property 2nd ed., Foundation Press (2016), p.141.

이론 하에서는, 모기지의 존속기간 동안 모기지권자(貸主)가 소유권 명의를 가진다. 반면에 리엔 이론 하에서는 목적물의 소유권 명의가 모기지 설정자(借主)에게 남아 있으며, 그 대신 모기지권자는 그 목적물에 제한물권으로서의 리엔을 가진다. 이 리엔은 등기·등록되는 담보권이며, 이에 기하여 채권자가 환수권상실조치(foreclose)를 할 권능을 가지게 된다. 현재 다수의 州가 리엔 이론을 취하고 있고, 권원 이론을 취하는 주는 10개 전후로 남아 있다고 한다.[41]

(3) 질권(pledge/pawn)

미국의 4가지 담보권 중에서 한국 담보물권 개념에 그나마 쉽게 대응시켜 설명할 수 있는 것이 "pledge"이다. 한국의 "질권"에 해당한다. "pawn"(典當)이라는 용어로도 사용하고, 아직도 미국의 곳곳에 전당포(pawn shop)가 있다. 동산을 담보목적물로 삼는 담보권이며, 이는 커먼로상 인정되는 것이다. 한국의 질권과 마찬가지로 점유이전형이다. 그리고 점유이전형이므로, 질권설정된 재산은 물리적으로 질권자(pledgee)에게 인도되어야 한다. 질권은 상거래 특히 기본품(commodity)거래에서 이용되고 있다.

질권자는 커먼로상 미변제시 매각권을 가진다. 매각권이 행사되면, 질권자는 피담보채무의 변제를 넘는 잉여금을 정산하여야 한다. 질권에서, 관리인을 임명하거나 자기소유로 할(=협의의 foreclosure를 할) 권한은 없다.

주지하듯이 질권의 가장 큰 제도적 결함은 질권자가 물리적으로 그 질물을 점유해야 한다는 것이고, 사업상의 질권설정자를 곤란하게 만든다. 질권자가 질권설정자의 소재지에서 그 질물을 점유하고 나면, 즉 일단 담보물이 이전되고 나면, 질권설정자는 사업을 영위하지 못하게 되고 채무를 변제할 수익을 창출하지 못하게 된다. 여러 나라의 법률가들이 이 문제를 우회할 방안들을 창안하려 했고, 그래서 소유권유보부 매매 또는 trust receipts 같은 도구를 만들어냈으며, 결국에는 앞에서 본 바와 같이 통일상법전 제9편의 제정에 이른 것이다.

(4) 챠지(charge)

'Charge'라는 단어는 일상용어일 뿐만 아니라, 원래 아주 다양한 의미로 쓰인다.[42] 담보물권법에서 사용될 때에도, 그 의미는 종종 막연하다. 챠지는 커먼로에서

---

41 문헌마다 이러한 州의 숫자에 관해서 다르게 적고 있어서 정확한 숫자는 알기 어렵다.

42 문맥에 따라서, (업무와 관련하여) 책임, 담당, 과제, 임무, (행위의 묘사로서) 비난, 습격, 돌격, 채워

비롯한 것이 아니라 형평법에서 비롯한 담보제도이다. 챠지는 설정자와 담보권자 간에 담보목적물(collateral)의 소유권이 이전되지 않는 것이고, 원래 非占有 담보권이며, 그 고유한 의미에서는 담보목적물의 매각권을 포함하지 않는다. 챠지는 합의에 의해 성립할 수도 있고, 법률에 의해 성립할 수도 있다.[43] 채무자의 미변제시에 챠지권자가 담보목적물에 대하여 할 수 있는 조치는, 법원에 대하여 매각을 요청하거나 그 담보목적물에 대하여 관리인을 임명하는 것이다. 챠지권자는 법원의 결정 없이는 담보권실행으로 나아가지 못한다.

잠시 영국으로 돌아가서, 당사자의 동의 없이도 성립하는, 즉 법률상 성립하는 챠지의 예를 보자면 우선, 판결금 채권을 확보하기 위하여 법원에 의하여 부과되는 경우가 있다.[44][45] 또한 매매계약을 체결했으나 대금을 아직 지급받지 못한 매도인은 그 매매목적물에 대해 챠지를 가지며, 신탁재산이 권한 없이 처분된 경우에도 챠지가 성립할 수 있다.

당사자 간의 합의로써 챠지를 성립시키는 것도 물론 가능한데 이러한 합의에 의한 챠지(charge by consent)는, 특정물 챠지(fixed charge)와 유동 챠지(floating charge)로 나누어 볼 수 있다. 위 둘은 담보목적물의 구성에 변동을 허용하느냐의 차이 외에도, 특정물 챠지권자는 담보목적물에 대한 매각권이 없지만, 유동 챠지권자는 — 챠지설정자의 통상의 업무진행 범위 내에서는 — 매각권을 가진다는 차이도 있다.[46] 합의에 의한 챠지에서는, 담보설정계약 후에 설정자가 취득하는 재산을 담보물에 포함시킨다고 약정할 수도 있으므로, 이렇게 약정한 특정물 챠지는 유동 챠지와의 경계가 모호해진다.[47] 유동 챠지가 변제기 도달 또는 청산절차 개시 등으로 담보물이 고정되는 것을 '結晶化(crystallise)'된다고 표현한다.

챠지 중에 다수의 경우에서 영국법은 이를 등록(registration)할 것을 요구한다. 개인 또는 조합이 담보설정자인 경우에는 Bills of Sale Acts 1878 & 1882가, 그리고 회사가 담보설정자인 경우에는 Companies Act 1985가 그 등록에 관해 정한다.[48] 이러

넣음, (상거래에서) 요금, 과금, (형사절차상) 고발, 기소, (군사적으로) 공격, 돌격, (감정의 묘사로서) 흥분, 감동, (전기의) 충전, (총알의) 장전 중 어느 것으로나 번역될 수 있다.

43 Peter Birks, op.cit., p. 423.

44 영국의 Charging Orders Act 1979.

45 이런 경우를 두고 영국에서 'equitable lien'이라고 부르기도 한다. Peter Birks, op.cit., p. 423.

46 Peter Birks, op.cit., p. 424.

47 특정물 챠지와 유동 챠지의 장단점 등에 관해서는 Peter Birks, op.cit., p. 425 참조.

한 등록의 번거로움 등의 이유로, 현재 영국에서도 개인·조합이 챠지를 설정하는 일은 거의 없다고 한다.

이상이 주로 영국법상의 챠지에 관한 설명이다. 한국 법률가가 정확히 그 개념을 파악하기 어려운 이 "챠지" 담보권이 — 다행히도 — 현대 미국에서는 잘 이용되지 않는 편이다. 영국의 유동 챠지(floating charge)에 대응하여, 미국에서는 주로 유동 리엔(floating lien)이라는 용어를 사용한다. 미국의 유동 리엔은 — 영국의 유동 챠지와는 달라서 — 법인뿐만 아니라 개인 채무자도 어렵지 않게 설정할 수 있다. 이 "챠지"라는 담보권을 한국어로는 도저히 대응시킬 수 없으므로, 본고에서는 그냥 챠지라고 하겠다.

(5) 리엔(Lien)

리엔은 특히 복잡하고, 영국에서 미국으로 건너오면서 이 단어의 사용범위가 넓어졌다. 리엔은 III.에서 검토할 판결집행절차와도 관련이 있으므로, 아래 II.3.의 별도 항목에서 좀 더 자세히 보도록 하겠다.

(6) 신탁증서

한편 미국의 담보거래에서는 20세기 이후 '신탁증서'(deed of trust; trust deed)의 사용이 증가하였다. 개인의 주택구입시에 은행으로부터 대출을 받는 경우 등 부동산 관련하여 채무를 부담하게 되는 경우에 담보권설정수단으로서 전국적으로 신탁증서의 사용이 활발해지면서, 21세기 현재 전체 50개 주 중에서 약 20개 주에서는 (전통적 담보거래방식인) 모기지보다 신탁증서의 사용이 오히려 더 흔한 거래방식이 되었다. 신탁증서를 이용한 부동산 담보설정방법은 다음과 같다. 대여자(신탁법상 수익자)가 차용자(신탁자)에게 담보목적물의 매입대금을 교부하고, 차용자(신탁자)는 이 돈을 매도인에게 제공하며, 매도인은 그 목적재산을 차용자(신탁자)에게 양도한다는 부동산양여증서(grant deed)를 실행하고, 차용자(신탁자)는 즉시 담보신탁증서(trust deed)를 실행하여 그 재산을 수탁자에게 교부하여 그로 하여금 대여자(수익자)를 위하여 그 재산을 보관하게 하는 구조이다.[49] 즉 모기지 담보거래가 2당사자 간의 거래인 데 반하여, 신탁증서는 3당사자 간의 거래이다.

---

[48] 상세한 내용은 Peter Birks, op.cit., pp. 430-431 참조.

[49] 실무상으로는 에스크로 업자가 항상 이용되고, 에스크로 업자가 금전, 부동산양여증서, 담보신탁증서를 모두 수령하고 나야 거래가 완성된다.

이 신탁증서로써 제3자가 담보목적물의 소유권을 가지게 되는데, 수탁자가 실제로는 (모기지 거래에서의) 에스크로 담당자처럼 행동한다. 만약 차용자가 채무를 갚지 못하면, 위의 제3자는 위 목적물의 소유권 명의를 담보권자에게 이전하도록 지시받는다. 물론, 차용자가 변제를 하면 위의 제3자는 그에게 소유권 명의를 반환해 준다. 이렇게 되면 이론적으로는, 담보권자로서는 미변제시에 목적물의 소유권을 획득하기 위하여 법원절차를 밟을 필요가 없다.

3. 리엔(lien)

(1) 리엔의 개념 및 연혁 - 영국 및 기타 영미법계 국가

리엔은, 채무변제를 확보하기 위하거나 기타 의무의 이행을 확보하기 위하여 재산상에 설정되는 담보권의 일종이다. 리엔을 설정해 주는 그 재산의 소유자를 Lienee라고 하고, 그 리엔의 혜택을 받는 자를 Lienor 혹은 Lien holder라고 한다. 리엔을 위와 같이 정의하기만 하면, 너무 막연하고, 類概念인 담보권 중에서 어떤 種差를 가지는지 설명되지 않지만, 리엔이라는 용어는 영미법계 국가 안에서도 나라마다 설명이 다르고 개념범위가 다르므로 일단은 이렇게 막연하게 정의할 수밖에 없다고 보인다.

과거 영국법상 리엔, 그 중에서도 맨 먼저 등장한 legal lien, 즉 커먼로상 리엔이란, 채무가 이행될 때까지 채권자가 채무자의 動産을 점유할 권리를 가리키는 말이었다. 다시 말해서, 수백년 전에는 동산만이 커먼로상 리엔의 담보목적물이었고,[50] 그 목적물을 채무자의 변제시까지 유치할 권리였으므로 이는 한국의 동산 유치권에 가까운 것이었다.[51] 즉 커먼로상 리엔은, 점유를 기초로 하여 성립한다. 또한 커먼로상 리엔은 목적물의 매각권한을 가지지 않는 것이었다.[52] 그 후 형평법상의 리엔(equitable lien)이 생겨났는데, 이것은 목적물의 점유를 요건으로 하지 않는 권리로 이해되었다.[53] 커먼로 리엔이 대세효를 가짐에 대하여, 형평법상 리엔은, 선의 유상의 커먼로상 권리의 취득자에 대하여 대항하지 못한다.[54]

---

50 현재는 이 동산의 개념에, 일정한 경우에는 문서화된 무형재산을 포함한다.

51 植田淳, "イギリス担保物権法の特質について" 神戸外大論叢 第52卷 3号 (2001.9.) 134면.

52 현재 영국에서는, 제정법상 일정한 경우에 한하여 매각권이 부여된다.

53 영국법으로도 이 형평법상의 리엔(equitable lien)의 의미는 그리 명확하지 않다고 설명된다. 가령 Peter Birks, op.cit., p. 422는, 이 개념이 있기는 하지만, 형평법상의 챠지(equitable charge)와 잘 구별되지 않는다고 한다.

그러나 이 리엔이라는 담보법상 개념이 여러 영미법계 국가로 퍼져나가면서, 그 의미는 변형되고 확대되었다. 영국·미국 외의 다른 영미법계 국가에서는 리엔이란, 담보권 중 일부 특수한 유형을 가리키는 것으로 이해되고 있다. 이들 다른 영미법계 국가에서는, 대체로 (미국법상의 개념보다는) 영국법상의 개념과 유사하게 리엔을 파악하며, 채무의 변제·이행시까지 담보목적물을 보유(retain)하면서 다만 매각권은 없는 수동적인 담보권을 가리킨다. 즉 기타 영미법계 국가에서 리엔은 (영국에서처럼) 완전한 점유담보권을 가리킨다. 그래서 목적물의 점유를 상실하면, 리엔은 소멸한다. [하지만 다른 영미법계 국가들도 "형평법상 리엔(equitable lien)"이라고 하는 非占有 담보권을 인정하기도 한다]

(2) 미국에서의 개념변화 – 협의와 광의

이 리엔이 미국으로 넘어와서는, 먼저 점유 요건을 버리게 되었다. 즉 리엔의 개념이 영국과 다르게 변경되어— 영국에서처럼 리엔이 점유담보권인 경우도 예외적으로 있지만— 주로 이는 비점유담보권을 의미하게 되었다. 뿐만 아니라, 그 담보목적물에 부동산도 포함하여, 이 용어를 사용하게 되었다.

급기야 20세기 이후에는 리엔 개념의 외연이 점차 확대되어 '담보권 전반'을 지칭하는 식으로도 용어가 사용되게 되었다. 그리고 리엔의 종류가 점점 늘어났다. 수십 가지의 세분화된 리엔이 판례에 의하여 인정되면서 아주 복잡해졌다.

요컨대 현대 미국에서는 리엔을 주로 넓은 의미로 사용하며, 그 개념의 범위는 너무 넓어서 재산권에 대한 여러 부담을 모두 포괄하기도 하고, 때로는 모기지나 챠지 중 일정 유형까지 가리키기도 한다. 그래서 리엔이라는 단어가 영국에서와 같은 "동산의 점유담보권"이라는 의미는 거의 가지지 않고 있고, 오히려 미국에서 리엔은 주로 비점유 담보권을 뜻한다.

연방법률상 리엔을 정의한 조항을 찾아볼 수 있다. 연방도산법 §101 제37호에 정의가 있어서, "The term 'lien' means charge against or interest in property to secure payment of a debt or performance of an obligation."라고 정한다. 즉 이에 의하면, 리엔은 채무변제를 확보하기 위하거나 기타 의무의 이행을 확보하는, 재산상 설정되는 권리자의 권익 일체를 가리키는 말로서, 담보물권 전반을 가리키는 것으로 해석된다.

---

54 John McGhee, et.al., op.cit., p. 512.

(3) 미국법상 리엔의 종류

위의 (1)에서 본 것처럼 일단 커먼로상 리엔과 형평법상 리엔으로 구분할 수 있지만,[55] 현대에 와서는 이 구분 자체가 많은 점을 알려주지는 않는다. 또 당사자의 의사에 기한 리엔인지 여부에 따라서, 합의에 의한 리엔과 합의 외에서 성립하는 리엔으로 구별할 수 있다. 합의 외에서 성립하는 리엔은, 법률 또는 커먼로의 적용으로 발생한다.

그 외에 특정적 리엔(particular lien)과 일반적 리엔(general lien)으로 분류할 수도 있다. 특정적 리엔(particular lien)은 당해 특정동산에 관련한 채무의 담보를 위하여 채권자가 이를 유치할 수 있는 권리이고, 일반적 리엔(general lien)이란 당해 동산(=목적물)에 관련한 채권인지 아닌지를 불문하고 동산을 유치할 권리이다.

미국에서 이와 같이 리엔이 확장되면서 수십 가지 종류가 생겨났지만, 기타의 영미법계 국가에서도 각 법원이 인정하는 리엔이 추가로 생겨났다. 그래서 현재는 전 세계에 걸쳐, 아주 많은 유형의 리엔들이 있다.[56] 하지만 리엔이라는 법률개념을 인정하는 영미법 국가이더라도, 앞의 각종 리엔들을 모두 인정하지는 않아서, 나라마다 인정하는 리엔의 종류가 다르다. 이들 중에서 현대 미국에서 흔히 등장하는 리엔 몇 가지를 들면 다음과 같다. ⓐ 조세채무를 담보하기 위한 tax lien,[57] ⓑ 주택소유자협회(Homeowner Association; HOA[58])가 취득하는 lien, ⓒ 어떤 물건에 대해 행한

---

55 미국법에서 형평법상 리엔이 발생하는 경우는 4가지라고 설명된다. ① 부동산의 점유자가, 자신의 소유자라고 선의로 믿고, 수리 기타 비용지출로써 그 부동산의 가치를 증가시킨 경우. ② 공유자 중 일부가 위와 같이 가치를 증가시킨 경우, ③ 生涯不動産權者(tenant for life)가 당해 부동산에 대해 영구적 개선을 가한 경우, ④ 토지 기타 재산이 채무의 변제 등에 종속하여 제3자에게 이전된 경우. (https://en.wikipedia.org/wiki/Lien#Equitable_lien_(U.S.); 2021.4.28. 방문)

56 그런 리엔의 종류를 몇 개 들어보면, 다음과 같다. accountant's lien/ agent's lien/ agister's lien/ agricultural lien/ architect's lien/ attachment lien/ attorney's lien/ banker's lien/ blanket lien/ carrier's lien/ choate lien/ common-law lien/ concurrent lien/ consummate lien/ conventional lien/ deferred lien/ demurrage lien/ dragnet lien/ environmental lien/ equitable lien/ execution lien/ factor's lien/ first lien/ floating lien/ garnishment lien/ general lien/ healthcare lien/ hospital lien/ hotelkeeper's lien/ inchoate lien/ involuntary lien/ judgment lien/ judicial lien/ junior lien/ landlord's lien/ manufacturer's lien/ maritime lien/ mechanic's lien/ mineral lien/ mortgage lien/ municipal lien/ possessory lien/ second lien/ secret lien/ solicitor's lien/ special lien/ statutory lien/ tax lien/ vendee's lien/ vendor's lien/ voluntary lien/ warehouser's lien/ workers' compensation lien.

57 조세리엔(tax lien)이 현대 미국인에게 가장 익숙한 리엔이다.

58 Homeowner association, 즉 주택소유자협회를 가리킨다. HOA가 구성되어 있는 곳에서는, 주택소유

작업의 비용을 담보하기 위한 mechanic's lien, ⓓ 판결금의 지급을 담보하기 위한 judgment lien, ⓔ 해상법상 선박에 대해 부과되는 maritime lien, ⓕ 금전지급판결의 채권자가 판결채무자의 재산상에 취득하는 judgment lien, ⓖ 이사업자가 이사비용을 변제받기 위하여 고객의 이사물품상에 가지게 되는 mover's lien.[59]

Ⅲ. 미국의 금전지급판결에 기한 부동산에 대한 집행절차

1. 판결집행절차

(1) 기본원칙

미국 법원에서 민사판결의 집행을 관할하는 법원은— 원래 일반적 재판권이 州에 있으므로 — 주법원이다. 연방법원에서 선고된 민사판결이라도 그 집행은 주법원에서 관할한다.[60] 다만 연방법원판결을 주법원 관할 하에 집행하는 절차를 어느 정도 통일적으로 규율하기 위하여 연방법률이 제정되어 있고, 그것이 28 USC[61] §§2001~2007의 7개 조문이다.[62]

미국에서 집행채권자(execution creditor) 중에서 금전지급을 명하는 판결에 기한 판결채권자를 judgment creditor 이라고 하고, 그 판결채무자를 judgment debtor 이라고 하며, 'writ of execution'은 — 번역하면 執行令狀이 될 터인데 — 한국의 執行文에 대응하는 것이다.[63] 미국 법원에서 선고를 받은 민사판결, 그 중에서도 금전지급을 명한 판결을 가지고서 집행을 하려면, 먼저 그것이 집행할 수 있는 종국판결(final judgment)인지 여부를 검토해야 한다.[64]

자가 매년 관리비를 내야 한다.

59   이사업자의 이 리엔은 통일상법전(UCC) §7-307/308에 규정되어 있다. 이는 점유 담보권이며, 비합의 유형의 리엔이다. 이는 이사업자들에 의해 종종 악용된다고 한다.

60   주법원에서 행해지는 구체적인 절차의 모습에 관해서는, 田中健治, "アメリカ (ミシガン州デトロイト、テキサス州ダラス、ニューヨーク州ニューヨーク) における抵当権実行手続及び強制執行手続の実態", 判例タイムズ 1000号 (1999), 230면 이하를 참조. 일본의 田中健治 판사가 디트로이트, 댈러스, 뉴욕의 3개 시를 방문하여 조사한 민사집행절차를 구체적으로 기술하고 있다.

61   U.S.C.는 미국 정부의 공식 법률집인 United States Code의 약칭이다.

62   미국 연방법률집(USC) 중에서 '司法 및 司法節次에 관한 법률'(Judiciary and Judicial Procedure)은 USC의 Title 28인 §§1961~2200이다.

63   이성호, "미국법상 담보권실행 및 강제집행절차와 채권자의 청구금액 확장에 관한 문제" 법조 46권 2호(1997.2.), 50면.

또한 文書化된 판결서가 있어야만 집행에 착수할 수 있다. 미국 연방소송규칙 (FRCP)65 제58조는 "모든 판결은 별도의 문서로 제시되어야(set out) 한다."고 정하고 있는데, 이는 집행권원이 되는 판결을 법원이 내놓는 중간결정이나 중간명령(opinion or memorandum)과 구별하기 위해서이며, 이를 "별도문서 원칙"(separate-document rule)이라고 부른다.66 연방소송규칙 제58조의 이 별도문서 원칙은 예외 없이 기계적으로 적용되어야 한다.67

(2) 연방정부가 판결채권자인 경우

연방정부가 금전지급판결의 원고로서 승소판결을 받는 경우는 대부분 — 주법원의 판결이 아니라 — 연방법원의 판결일 터이지만, 이런 연방법원 판결도 주법원에서 집행을 해야 하므로, 그 절차를 정하기 위하여 만들어진 연방법률이 연방채권집행절차법(FDCPA; Federal Debt Collection Practices Act)이다.68 이 법률은, 민사판결에 기한 집행뿐만 아니라, 연방정부가 채권자인 집행권원에 기한 집행 전반에 대해 적용된다. 즉 조세채권, 벌금채권 등의 집행에도 이 법률이 적용되며, 그뿐만 아니라 도산법상 채권, 해사채권 등등에도 적용된다. 이 법률은 이와 어긋나는 州法을 저지(preempt)한다.69

(3) 판결리엔의 발생

승소판결을 획득한 채권자가 채무자의 집행대상 재산이 소재하는 카운티 내의 토지등기소(county land recorder's office)70에 판결을 등록하면(recording), 판결리엔이 발생한다.71 주법이 정한 대로, 판결을 카운티의 토지등기소에 제출하여 접수시키는 것

---

64 James Brown, Judgment Enforcement Practice and Litigation, Wiley Law Publications (1994), p. 4.

65 Federal Rules of Civil Procedure.

66 James Brown, op.cit., p.4.

67 ibid., p.4.

68 Federal Debt Collection Procedures Act of 1990.

69 28 USC §3003(d).

70 미국의 각 카운티에 소재하는 land recorder's office를 '등기소'로 번역함에는 의문이 있을 수 있다. 미국의 부동산 등기는 — 한국 법률가의 눈에는 상당히 후진적으로 보이는데 — 권리 자체를 등기하는 것이 아니라 (거래의 주요 증거인) 날인증서(deed)를 등록해 두는 제도일 뿐이다. 한국의 등기와 유사한 토렌스 시스템은 별로 활용되지 않는다. 이 문제는 별도의 상세한 설명 및 논의를 필요로 하는 것이므로, 본고의 맥락에서는 (한국 법률가의 이해의 편의를 위하여) land recorder's office를 그냥 '등기소'로 적었다.

71 James Brown, op.cit., p. 16.

을 'docketing'이라고 부르는데,72 이로써 판결이 등록되는 것이고, 그 등록으로써 리엔이 발생한다. 더 구체적으로 말하면, 승소판결을 받은 채권자가 법원에 대하여 강제집행신청서를 제출하는 한편, 집행대상 재산이 소재하는 카운티 내의 토지등기소에 판결의 認證抄錄(certified abstract of the judgment)을 제출하면, 그 판결은 그 등기소에 등록된다(recording).

이렇게 토지등기소에 승소판결이 등록되면, 이로써 한국법상 압류등기가 행해진 것과 유사한 효과뿐만 아니라, 이로써 당해 재산에는 '판결리엔'(judgment lien)이라는 채권자의 '물권적 우선권'이 확보된다. 즉 카운티의 토지등기부에 판결리엔이 기입되면, 부동산상의 판결리엔 보유자는 그 부동산에 대한 그 후의 매수자 또는 담보권자에 대한 관계에서 우선하게 된다.73 물론 판결리엔은, 그 부동산에 먼저 등기된 모기지 등의 담보권보다는 열후이다. 그리고 이와 같이 리엔을 취득한 판결채권자는 그 판결리엔의 만족을 위하여 당해부동산을 매각할 권한을 가진다.74

집행권원이 연방법원 판결인 경우에도 집행법원은 주법원이므로, 역시 집행대상 재산이 소재하는 주의 법절차에 따라서 판결을 카운티의 토지등기소에 등록(recording)해야 한다. 그런데, 연방법원 판결은 곧바로 그 판결을 카운티 토지등기소에서 등록(recording)할 수 있는 것이 아니라, 그 전단계로 판결의 登載(registration)를 해야 한다. 이를 정한 것이 연방등록법75인 28 USC §1963이다. 즉 연방법원판결이 집행권원이고 판결채무자의 특정 재산이 소재한 주의 등기소에서 당해 연방법원판결을 등록하려는 경우에는, 그 전에, 당해 주법원의 사건부(court docket)에 연방법원판결을 등재(register)해야 한다.76

(4) 현금화 절차

구체적인 현금화 절차는 각 주별로 다르고, 때로는 같은 주 내에서도 카운티별로 차이가 나기도 한다. 한국과 마찬가지로 주된 집행대상은 부동산(real property)과 동산(personal property),77 그리고 채무자의 제3채무자에 대한 채권이다.

---

72 ibid., p.16. 靑木則幸, アメリカ不動産担保法における後順位担保権の位相(1), 早稻田法學 92(1), (2016. 11.), 51면도 참조.

73 이러한 판결리엔은, 전국적으로 통일되어 있지는 않지만, 대개 5년간 유효하고 5년 경과시에는 갱신(renew)해야 한다.

74 James Brown, op.cit., pp. 16~17.

75 Federal Rgistration Statute.

76 James Brown, op.cit., p. 15.

　　미국에서는 집행절차의 유형 중에서 집행채무자 외에 제3자가 개입되는 집행절차를 'garnishment'라고 한다.[78] 가장 대표적인 것은 물론 채무자의 제3채무자에 대한 금전채권이 집행대상재산이 될 때이지만, 그 외에도 제3자가 채무자의 동산·부동산을 점유하고 있을 때 그 동산·부동산에 대한 압류 등 집행절차도 garnishment라는 용어로써 포괄한다.[79][80]

　　여기서는, 부동산을 집행대상으로 할 경우의 절차를 간단히 본다.[81] 집행영장(writ of execution) 즉 한국법상의 집행문을 법원에서 받고, 위 (3)에서 본 것처럼 채권자가 목적 부동산에 대하여 판결리엔을 획득하고 나면, 대개의 채권자는 강제경매로 진행하지 않고 채무자의 임의변제를 기다린다고 한다. 즉 미국의 민사집행법이 취하고 있는 優先主義 하에서는, 판결채권자가 일단 목적부동산상에 등기만 마치고 나면 자신의 담보의 우선순위가 확보되므로, 그 다음에 성급하게 목적물을 환가할 필요성이 감소하게 된다.[82]

　　집행채권자의 매각신청이 있는 경우에는, 감정인(appraiser)의 부동산평가를 거친 다음에, 매각을 위임받은 카운티의 sheriff 등이 경매를 행하는 일시·장소, 매각대상 부동산의 상황을 기재한 통지를 그 카운티의 공공장소(public place)에 게시하도록 되어 있다. 세부적인 점에서는 한국과 여러 차이가 있지만 (그리고 미국 내에서도 통일되어 있지도 않지만), 경매절차의 진행의 큰 틀은 마찬가지이다.[83] 한편 미국에서는 주택을 경매로써 환가하고 나면, 그 매득금으로부터 (당장의 주거비를 위하여) 채무자에게

77　다만 personal property 라고 하면 동산뿐만 아니라 채권도 가리키는 등 부동산(real property) 아닌 재산의 대부분을 가리킨다는 점은 앞의 II.1.(3)에서 본 바와 같다.

78　FRCP §64 참조.

79　가장 넓은 의미에서 일반적인 압류를 가리키는 단어는 seizure이다.

80　미국의 채권집행에 대한 개괄적 절차해설은 田中健治, "アメリカ（ミシガン州デトロイト、テキサス州ダラス、ニューヨーク州ニューヨーク）における抵当権実行手続及び強制執行手続の実態", 判例タイムズ　1000号(1999), 236면 참조.

81　참고로 미시간 주에서는 채무자의 동산·채권의 집행 후에 비로소, 즉 부동산 외에는 집행대상재산이 없음이 밝혀져야, 부동산집행에 착수할 수 있다고 한다.

82　독일법에서도 마찬가지이다. 즉 우선주의 법제 하에서 압류채권자는 일단 압류가 행해지고 나면 자신의 우선적 지위가 확보되므로 그 다음 단계의 절차로 서둘러 나아갈 필요가 없으며, 이로써 채무자로서는 숨돌릴 여유가 생긴다. 전원열, 앞의 논문, 31면 참조.

83　미국의 판결의 강제집행절차에 관한 세부적인 설명은 田中健治, "アメリカ（ミシガン州デトロイト、テキサス州ダラス、ニューヨーク州ニューヨーク）における抵当権実行手続及び強制執行手続の実態", 判例タイムズ 1000号(1999), 236면 이하 참조.

일정금액을 먼저 지급하는 제도가 있음이 특기할 만하다.

2. 모기지가 설정된 부동산에 대한 판결채권자의 집행

앞의 II.2.(2)에서 보았듯이, 원래 모기지의 역사적 개념은 담보목적물 소유자가
채무담보를 위하여 그 소유권을 넘겨주는 것이었다. 그래서 어느 부동산에 일단 모
기지가 1회 설정되면, 그로써 당해 부동산의 소유권이 貸主에게 넘어갔다고 관념되
었고, 따라서 모기지설정자에 대한 판결채권자가 과연 그 목적물에 대해 강제집행을
할 수 있는지가 논란의 대상이 되었다.

하지만 피담보채권액이 모기지 설정부동산의 가액보다 적은 경우에는, 모기지설
정자에 대한 판결채권자가 그 부동산에 대해 경매를 신청할 수 있어야 한다고 보는
것이 상식적이므로, 영국과 미국에서는 일찍부터 이를 어떻게 법률구성할 것인지가
논의되었다. 또한 형평법과 커먼로가 통합되기 전에는, 이 강제집행의 관할법원이
형평법원인지 커먼로 법원인지도 다투어졌다.

모기지 설정 후에 그 설정자가 가지는 형평법상의 還收權(equity of redemption)을
커먼로 법원이 강제집행의 대상으로 삼아서, 모기지설정자의 판결채권자가 경매를
신청할 수 있는지에 관한 1804년의 미국 판결이 Waters v. Stewart 판결이다. 이 판
결의 결론은 그런 강제집행을 긍인하는 것이었는데, 이 논거는 ― 법이론적으로가 아
니라 ― 오히려 이미 식민지정책상 그런 부동산에 대해 영국정부가 집행을 했었다는
실무관행으로부터 나왔다.[84] 요컨대 19세기에 이미, 모기지설정자에 대한 판결채권
자가 그 모기지 목적물에 대해 강제집행을 할 수 있다는 점, 그리고 이는 "모기지설
정자가 당해 부동산에 대해 가지는 형평법상의 환수권"을 매각하는 것이라고 해석되
고 있었던 것이다.

위 판결 등을 계기로 하여, 모기지설정이라는 것이 과연 그 설정자가 모기지권
자에게 "소유권 자체"를 넘기는 것이냐에 대한 의문이 제기되면서, 모기지의 법률구
성에 대한 논쟁이 시작되었고, 이것이 오늘날까지 이어지는 ― 앞의 II.2.(2)에서 본
― 權原 이론(title theory) 對 리엔 이론(lien theory) 간의 대립이다.

사실상 오늘날에는 실무상 모든 주에서 제2, 제3 순위 모기지 설정이 허용되고
있고, 또한 모기지설정자에 대한 채권자가 모기지 목적물을 집행대상재산으로 삼아

---

84 판결사안의 자세한 소개 및 설명은 靑木則幸, アメリカ不動産担保法における後順位担保権の位相(1),
早稲田法學 92(1), (2016. 11), 27면 이하 참조.

서 경매신청을 하는 것이 활발히 허용되고 있으므로, 과거와 같이 그런 채권자의 집행대상재산이 과연 법률상 무엇인지의 의문이나, 모기지의 법률적 구성을 어떻게 설명할 것인지는 별다른 중요성을 가지지 못한다. 하지만, 모기지 개념을 보다 정확히 이해하는 데에는, 영미에서 과거에 이러한 논쟁이 있었음을 알아둘 필요가 있을 터이다.

Ⅳ. 결론

이상에서 미국법상 담보권을 개관해 보고, 그 중에서 리엔(lien)의 개념을 연혁적으로 살펴본 후 현대 미국에서의 그 광의와 협의를 살펴보았다. 그리고 미국에서 금전지급판결에 기한 부동산에 대한 강제집행절차가 어떻게 진행되는지 개요를 검토해 보았다.

이 영역은 그 구체적 법률개념들이 한국법과 상당히 다른 영역이지만, 집행권원인 판결을 가지고서 채권자가 채무자의 재산을 압류하고 현금화하는 과정은 크게 보아 대동소이하다. 뚜렷이 차이나는 부분은, 미국 집행법의 優先主義가 낳는 관념상의 차이들이다. 우선주의 하에서 집행대상물에 집행권원이 확보하는 우선권 때문에, 미국에서 집행채권자가 집행대상물에 압류로써 확보하는 우선권(즉 집행리엔)은 거래상 발생하는 담보물권(mechanic's lien, mover's lien 등 기타의 각종 리엔)과 同種으로 관념되고 있는 것이다. 민사집행법상 평등주의를 당연한 것으로만 받아들이는 한국 법률가들에게 사고의 지평선을 넓히도록 하는 계기가 될 수 있다고 생각된다.

일본 개정민법 제415조(채무불이행에 의한 손해배상)의 입법취지*
- 손해배상책임의 귀책구조를 중심으로 -

서 희 석**

I. 서론

본고의 목적은 2017년 6월 2일에 공포되어 2020년 4월 1일부터 시행되고 있는 일본의 개정민법(이하 "개정민법"이라고 한다) 중, 제415조(채무불이행에 의한 손해배상)의 개정내용과 그 입법취지를 검토하기 위한 것이다. 일본의 개정민법은 1898년에 일본 민법이 시행된 이래 실로 120년만에 이루어진 대개정에 의해 성립한 것으로서 민법 총칙을 포함하여 채권법 분야 전반(법정채권은 제외)을 대상으로 한다.[1]

일본 민법전 제3편 채권은 제1장 총칙의 제2절에 '채권의 효력'에 관한 규정을 두고 있는데(이것은 한국민법전도 같다), 여기에는 채무불이행책임 등(제1관), 채권자대

---

* 본고는 남효순 교수님의 정년을 기념하고 축하하기 위하여 작성된 것입니다.
** 부산대학교 법학전문대학원 교수

[1] 일본의 개정민법 전반을 소개하는 문헌으로서, 정태윤, "일본 개정민법(채권관계) 중 주요 부분에 관한 개관", 민사법학 제82호(2018.2), 255면 이하; 서희석, "일본 민법(채권법) 주요 개정사항 개관―민법총칙을 중심으로―", 비교사법 제24권 3호(2017.8)(이하 "서희석, 일본 민법(채권법) 주요 개정사항 개관"으로 인용), 1069면 이하(개정배경 및 경위, 민법총칙을 중심으로 한 검토문헌임)를 참조. 아울러 개정조문 전체를 신구조문 비교형식으로 번역한, 서희석, "자료: 일본 민법(채권법) 개정조문 시역(試譯)", 민사법학 제79호(2017.6), 123면 이하도 참조.

위권(제2관), 사해행위취소권(제3관)에 관한 내용이 포함된다.2 개정 전 제415조(한국민법 제390조에 상당)는 문언상 이행불능에서만 귀책사유를 필요로 하는 것으로 규정되어 있었으나(아래 〈표 1〉 참조), 종래의 통설은 독일민법의 이른바 학설계수의 영향으로 채무불이행을 '3유형론'에 따라 이해하고 아울러 그 3가지 유형에서 모두 귀책사유를 필요로 하는 것으로 해석해왔다. 그런데 이번 개정으로 제415조에 대한 중요한 변화가 실현되었다. 즉, 개정민법은 후술하는 바와 같이 종래의 통설에 대한 비판론의 입장을 받아들여 제415조를 채무불이행에 의한 손해배상책임의 발생에 관한 일반적·포괄적 규정으로 위치시킨 후, 채무불이행에 의한 손해배상책임의 발생요건으로서의 '귀책사유'에 관하여 종래의 통설의 입장인 이른바 '과실책임의 원칙' 내지 '과실책임주의'(귀책사유="고의·과실 또는 신의칙상 이와 동등시하여야 할 사유")를 탈피하여 당사자가 합의한 계약내용에 따라 귀책사유의 존부를 판단하여야 한다는 새로운 입장을 입법에 반영한 것이다.

아래에서는 일본민법 제415조의 개정 전후의 내용을 비교하는 것에 중점을 두어 검토한다. 우선 개정 전 민법 제415조에 관하여 그 입법취지를 밝힌 후 제415조에 대한 학설의 전개를 종래의 통설과 그에 대한 비판론으로 나누어 각각 검토한다(Ⅱ). 이어서 개정민법 제415조가 기존의 내용에 '이행에 갈음한 손해배상(전보배상)청구권'의 발생요건에 관한 제2항을 새롭게 추가한 점을 반영하여 제1항(Ⅲ)과 제2항(Ⅳ)을 나누어 각각 검토하기로 한다. 여기서는 개정과정에서의 논의를 살펴본 후 이어서 개정내용과 그 입법취지를 검토한다. 마지막으로 결론에 갈음하여 이상의 검토를 정리한 후, 우리민법의 해석론과 관련한 시사점을 찾아보기로 한다(Ⅴ).

【표 1】 일본민법 제415조의 신구비교

개정 전 민법	개정민법
제415조(채무불이행에 의한 손해배상) 채무자가 그 채무의 본지에 따른 이행을 하지 아니한 때에는, 채권자는 그로 인하여 생긴 손해의 배상을 청구할 수 있다. 채무자의 책임으로 돌릴 사유[귀책사유]에 의하여 이행을 할 수 없게 된 때에도 같다.	**제415조(채무불이행에 의한 손해배상)** ① 채무자가 그 채무의 본지에 따른 이행을 하지 아니한 때 또는 채무의 이행이 불능인 때에는, 채권자는 그로 인하여 생긴 손해의 배상을 청구할 수 있다. 다만, 그 채무의 불이행이 계약 기타 채무의 발생원인 및 거래상의 사회통념에 비추어 채무자의 책임으로 돌릴 수

---

2 제2절의 내용을 제1관~제3관 형태로 구분하기 시작한 것은 2004년의 민법개정(이른바 "현대어화 개정")에서이다.

개정 전 민법	개정민법
(신설)	<u>없는</u> 사유로 인한 것일 때에는 그러하지 아니하다. ② 전항의 규정에 의해 손해배상의 청구를 할 수 있는 경우에 다음 중 어느 하나에 해당하는 때에는, 채권자는 채무의 이행에 갈음한 손해배상의 청구를 할 수 있다. 1. 채무의 이행이 불능일 때. 2. 채무자가 그 채무의 이행을 거절하는 의사를 명확하게 표시한 때. 3. 채무가 계약에 의해 발생한 것인 경우에 그 계약이 해제되거나 또는 채무의 불이행에 의해 계약의 해제권이 발생한 때.

II. 개정 전 민법 제415조

1. 입법취지

개정 전 민법 제415조는 그 전단(1문)에서 채무자가 '채무의 본지(本旨)'에 따른 이행을 하지 아니하는 경우에 채권자가 채무자에 대하여 손해배상을 청구할 수 있음을 규정하고, 이어서 후단(2문)에서 채무자의 책임으로 돌릴 사유(責めに帰すべき事由)에 의하여 이행을 할 수 없는 경우(=이행불능)에도 채권자는 채무자에 대하여 손해배상을 청구할 수 있음을 규정하고 있었다.

이 규정의 의의에 관하여는 다음 두 가지 점이 문제되었다.[3] <u>첫째, "채무의 본지에 따른 이행을 하지 아니하는"</u> 것(본지불이행)의 의미이다. 본지불이행은 채무자가 이행기가 되어도 이행을 하지 않는 '이행지체'(제412조)를 의미하는 것인지, 이행지체뿐만 아니라 채무자가 이행을 할 수 없는 '이행불능'(제415조 후단)을 포함하는 포괄적인 의미로 규정된 것인지가 문제된다. 이에 대하여는 우선 제415조가 채무불이행에 의한 손해배상청구의 요건을 포괄적으로 정하는 규정으로서 이행지체(제412조)[4]도 제

---

3 大村敦志=道垣內弘人編『解說·民法改正のポイント』(有斐閣, 2017) (이하, "大村=道垣內, 民法改正のポイント"로 인용) 109~110頁[加毛].

4 개정 전 민법 제412조(이행기와 이행지체) ① 채무의 이행에 대해 확정기한이 있을 때에는 채무자는 그 기한이 도래한 때부터 지체의 책임을 진다.
   ② 채무의 이행에 대해 불확정기한이 있는 때에는 채무자는 그 기한이 도래한 것을 안 때부터 지체의 책임을 진다.

415조에 해당하는 것으로 설명되었다.5 또한 제415조가 전단과 후단으로 나뉜 것도 "이행을 하지 아니하는"(전단)이라는 문언에서 "이행을 할 수 없는"(후단)의 의미를 읽어내기가 곤란하였기 때문으로 설명된다.6 원래 일본 민법 제415조의 원안은 민법 기초위원의 일인인 호즈미 노부시게(穗積 陳重)가 기초한 것으로, 후단은 "다만, 그 불이행이 채무자의 책임으로 돌릴 수 없을 때에는 그러하지 아니하다"라고 단서형식 으로 규정되어 있었으나(호즈미원안), 뒤에 다른 민법기초위원인 토미이 마사아키라 (富井政章)가 수정안을 제출하여 그 형식(전단＋후단)과 내용대로 확정된 것이다. 개정 안을 낸 이유에 관하여 토미이는 "채무자의 과실에 의하거나, 또한 그 지체 후에 이 행이 불능이 된 때 손해배상책임을 생기게 하는 것은 어느 나라나 같다. 그러나 원 안 그대로는 이행불능이 포함되기가 어렵다. 채무자의 과실에 의하여 이행을 할 수 없게 된 경우를 '이행을 하지 아니한'이라는 말에 포함시키는 것은 [일본어표현상] 좀 무리가 있다고 생각되기 때문"이라고 설명한다.7 다시 말하면 포괄규정으로서의 전 단에 후단의 의미가 포함되지 않는 것으로 해석될 위험을 피하기 위하여 후단을 주 의적으로 규정한 것이라는 뜻이다.8 이것은 요컨대 일본민법(메이지민법＝개정 전 민 법)의 기초단계에서 채무불이행에 의한 손해배상책임에 관하여 이행지체나 이행불능 이라는 하위유형을 설정할 의도는 없었다는 것을 의미하는 것으로,9 개정 전 제415 조는 이행이 지체된 경우이든 이행이 불가능한 경우이든 (또는 이행이 불완전한 경우이 든) 채무의 본지에 따른 이행이 이루어지지 않은 모든 경우에 있어서 손해배상청구 의 요건을 포괄적으로 정한 규정으로서 입법된 것으로 이해할 수 있다.10

둘째, '채무자의 책임으로 돌릴 사유'(귀책사유)에 관하여는 우선 그 의미가 문제 되며, 제415조 후단만이 채무자의 귀책사유를 요건으로 규정하고 있는 것도 문제된

---

③ 채무의 이행에 대해 기한을 정하지 않은 때에는 채무자는 이행의 청구를 받은 때부터 지체의 책 임을 진다.

5　廣中俊雄·編著 『民法修正案(前三編)の理由書』 (有斐閣, 1987) 405頁.

6　大村＝道垣內, 民法改正のポイント, 110頁〔加毛〕.

7　정기웅, "일본 메이지 민법과 우리 민법에 있어서 손해배상 규정에 관한 비교연구", 민사법학 제63권 (2013.9)(이하 "정기웅, 비교연구"로 인용), 487면 및 그곳에서 인용하는 일본어 문헌을 참조.

8　潮見佳男 『新債権総論Ⅰ』 (信山社, 2017)(이하, "潮見, 新債権総論Ⅰ"으로 인용) 363頁.

9　大村＝道垣內, 民法改正のポイント, 110頁〔加毛〕.

10　北川善太郎 「日本法学の歴史と理論」 (日本評論社, 1968) 34頁; 奧田昌道編 『新版注釈民法(10Ⅱ)』 (有 斐閣, 2011) 11頁〔北側善太郎＝潮見佳男〕; 中田裕康 「民法415条·416条(債務不履行による損害賠償)」 広中俊雄·星野英一編 『民法典の百年Ⅲ』 (有斐閣, 1998)(이하 "中田, 民法415条"로 인용) 6頁 등.

다. 먼저 귀책사유의 의미에 관하여는 민법기초위원 간의 의견은 일치하지 않았는데, 가령 호즈미는 일본 민법 제415조 후단의 원안인 "다만, 그 불이행이 채무자의 책임으로 돌릴 수 없을 때에는 그러하지 아니하다"에 표현된 '채무자의 책임으로 돌릴 수 없는 사유'(면책사유)를 '불가항력 등'(天災·事變 등)을 의미하는 것으로 폭넓게 이해하고 있었고,11 다른 민법기초위원인 토미이는 채무자의 귀책사유란 채무자의 '과실' 또는 '지체 후의 불능'이라고 표현하고 있었다.12 한편 또 다른 민법기초위원인 우메켄지로(梅謙次郎)는 [그 설명은 난해하지만] 귀책사유의 의미를 [고의·과실이 아닌 보다] 폭넓은 개념으로 이해하고 있었던 것으로 보인다.13 요컨대 민법기초위원 3인간의 귀책사유에 대한 이해는 일치하지 않았고, 적어도 3자 모두 귀책사유를 고의·과실과 동의어로 이해한 것은 아니었다.14 다음으로, 제415조 후단(이행불능)만이 채무자의 귀책사유를 요건으로 규정하고 있는 것과 관련하여 제415조 전단에 기초한 손해배상청구에 대하여 채무자의 귀책사유가 요건인지 아닌지가 문제된다(문언상으로는 귀책사유를 요건으로 하지 않는 것으로 읽힌다). 이에 대하여는 귀책사유는 이행불능만의 요건이라고 이해하는 견해도 있었으나(민법 입법 후 우메의 저작 등), 토미이는 제415조 전단이 채무자의 귀책사유에 대해 규정하지 않은 것은 문언의 반복에 의해 조문이 길어지는 것을 피하기 위한 것이라고 설명한다.15 이에 의하면 채무자의 귀책사유는 제415조 전단에 있어서도 손해배상청구의 요건이 되는 것이다.16 이와 같이 후자의 견해(토미이)에 의하면 채무자의 귀책사유가 채무불이행 일반에 있어서 손해배상청구의 요건이 된다고 해석하게 될 것이지만, 귀책사유가 채무불이행 일반의 요건인지는 입법 당시 반드시 명확한 것은 아니었다고 할 것이다.17 그리고 채무자의 귀책사유는 채무불이행책임을 면하려고 하는 채무자가 그 부존재를 증명할 책임을 지는 것으로 설명되었다.18

---

11 中田, 民法415条, 10頁; 潮見, 新債権総論Ⅰ, 371頁.
12 中田, 民法415条, 10頁; 富井政章, 民法議事三, 642頁 (大村=道垣内, 民法改正のポイント, 110頁〔加毛〕에서 재인용).
13 中田, 民法415条, 10頁.
14 中田, 民法415条, 10頁.
15 富井政章, 民法議事三, 642頁 (大村=道垣内, 民法改正のポイント, 110頁〔加毛〕에서 재인용).
16 大村=道垣内, 民法改正のポイント, 110頁〔加毛〕.
17 中田, 民法415条, 10頁.
18 富井政章, 民法議事三, 641頁 (大村=道垣内, 民法改正のポイント, 110頁〔加毛〕에서 재인용). 中田, 民

2. 종래의 통설

(1) 3유형론 – 독일민법이론의 학설계수

개정 전 민법 하의 통설은 채무불이행을 이행지체 · 이행불능 · 불완전이행 내지 적극적 채권침해의 3유형으로 나누어 이해하고 있었다(이른바 3유형론 또는 3분체계). 그런데 개정 전 민법 제415조는 프랑스민법에 유래한다는 성립사[19]로부터도 명확한 것처럼 3유형론을 채용한 것은 아니다. 3유형론은 개정 전 민법 제415조와는 관계없이 독일민법이론을 도입한 결과로서 구축된 것이다.[20]

2001년에 채무법이 대개정되기까지 독일민법전은 19세기 후반의 판덱텐법학의 영향을 받아 이행불능 개념이 채물불이행의 주축을 이루고 있었다. 거기에서의 채무불이행의 구조는 이행불능과 이행지체를 동등한 두 개의 불이행 유형으로 구성하는 것이었다(독일 구민법 280조 · 286조 · 325조 · 326조). 이와 같은 체계가 형성된 것은 이행불능론을 중심으로 한 채무불이행이론의 통일이 19세기 후반의 독일 판덱텐법학에서 완성되고 이윽고 독일민법전에 정착하게 되었다는 역사적 사실에 유래한다.[21] 당시의 독일의 채무불이행 체계는 이행불능과 이행지체라는 소극적 행위에 의한 불이행의 경우, 즉 이행하는 것이 불가능한 경우와 이행하지 않는 경우만을 규정하고 있었다. 이에 대해 적극적 행위에 의해 급부를 하였으나 채권자를 해한 경우, 예를 들어 채무자가 병든 사과를 급부하였는데 채권자가 소유하던 다른 사과에도 전염되어버린 경우에 이를 불이행으로 취급하는 일반적 규정을 결하고 있었다. 이러한 문제점을 지적하면서 이행불능, 이행지체와는 구별되는 제3의 불이행유형으로서 이른바 '적극적 계약침해(positive Vertragsverletzung)'을 제창하는 견해(1902년, Samuel Herman Staub)가 등장하였고 이후 급속하게 세력을 확산하게 되었다('적극적 채권침해론'으로 발전).[22]

일본민법학은 메이지(明治) 시대(1968년~1912년) 말기에서 타이쇼(大正) 시대(1912

법415条, 10頁도 같은 취지이다.

19   일본의 개정 전 민법(메이지민법) 제415조는 이른바 '구민법'(브와소나드민법) 제383조를 수정하는
　　 형태로 입법되었다. 구민법 제383조는 브와소나드가 프랑스민법 제1142조 · 제1147조를 참조하여 입
　　 안한 것이었는데, "개정 전 민법(메이지민법) 제415조는 구민법 제383조보다도 한층 프랑스민법에
　　 가까운" 것으로 "프랑스민법을 모법으로 하는 규정"이라고 평가된다(中田, 民法415条, 6頁 · 11頁).
　　 국내문헌으로 정기웅, 비교연구, 486~488면도 참조.

20   潮見, 新債権総論 I, 364頁.

21   이상, 潮見, 新債権総論 I, 364頁.

22   이상, 潮見, 新債権総論 I, 364頁.

년~1926년) 초기에 걸쳐 오로지 학문적 관심에서 20세기 초두에 시작하는 독일민법 이론의 비교적 초기 단계의 채무불이행이론을 도입하였다. 게다가 그 당시 독일 채무불이행이론을 독일민법의 해석론으로서가 아니라 개정 전 민법 제415조의 해석론으로서 일본민법에 내재적으로 흡수하여 정착시키는 조작을 하였다.[23] 개정 전 민법 제415조를 어떻게 읽어도 도출해내기 어려움에도 불구하고 채무불이행에는 이행지체, 이행불능 그리고 불완전이행(적극적 채권침해)의 3유형이 있다고 설명되었고, 더욱이 개정 전 민법 제415조에는 이 3유형의 채무불이행이 규정되어 있다고 설명되었다.[24] 여기에서 일본민법 제415조 하에 3분체계로 불리우는 분류법의 확립을 보게 된다(독일민법이론의 '학설계수').[25] 이후 이것이 통설적 지위를 점하게 되었다.

(2) 귀책사유

한편 '채무자의 책임으로 돌릴 사유'(귀책사유)의 의의에 관하여도 독일민법학의 영향 하에 통설이 형성되었다. 이에 의하면 채무자의 귀책사유는 불법행위의 경우와 마찬가지로 고의 또는 과실을 의미하는 것으로 이해되었다. 채무자가 채무불이행에 의한 손해발생을 용인하고 있었던 경우에는 '고의', 주의의 흠결이 있었던 경우에는 '과실'이 있는 것이다.[26] 행위자에게 과실이 없는 한 손해배상책임을 지지 않는다는 의미에서 이를 '과실책임주의' 내지 '과실책임의 원칙'이라고 명명할 수 있을 것이다.

그렇다면 귀책사유의 의의에 관하여 입법 당시의 이해와는 달리 과실책임주의 내지 과실책임의 원칙(귀책사유=고의·과실)이 채용된 이유는 무엇일까? 학설계수 당시 독일(구)민법 제276조는 "별단의 정함이 없는 한, 채무자는 고의 및 과실에 대해 그 책임을 진다"고 규정하고 있었는데, 여기서는 채무불이행을 이유로 하는 손해배상책임의 귀책사유(Vertretenmüssen)로서 유책성(Verschulden)이 관념되었고, 그 결과 동 책임은 '과실책임의 원칙'에 입각하고 있다고 설명되었다.[27] 학설계수에 의해 이러한

---

23 潮見, 新債権総論 I, 365頁.

24 潮見, 新債権総論 I, 365頁. 일본에서 독일의 '적극적 채권침해'에 관한 해석론을 받아들여 '불완전이행'으로 위치시킨 논고로서 岡松參太郎 「所謂『積極的債権侵害』ヲ論す」 法学新報16巻1号(1906) 70~71頁을 참조. 이 논고를 포함하여 적극적 계약침해론의 일본에서의 학술계수와 한국에서의 논의 상황을 정리한 국내문헌으로 성승현, "적극적 계약침해론의 학설계수와 그 현대적 의의", 법학논총 (전남대) 34권 3호(2014), 7면 이하를 참조.

25 潮見, 新債権総論 I, 365頁; 北川善太郎 「日本法学の歴史と理論」 (日本評論社, 1968) 34頁.

26 鳩山秀夫 『増訂改版·日本債権法総論』 (岩波書店, 1925年) 155頁, 157~158頁 (大村=道垣内, 民法改正のポイント, 111頁[加毛]에서 재인용).

설명이 일본민법학의 해석에 영향을 미친 것인데, 그 배경에는 다음과 같은 이해가
있었다.

즉, 전통적인 통설은 채무자의 손해배상책임을 채무불이행과 불법행위에 대한
공통의 제재로 생각하였다. 그리고 불법행위와 채무불이행에 공통하는 귀책의 구조
를 행위자의 '행동의 자유의 보장(과실 없으면 책임도 없다)'이라는 기본원리로 정당화
하려고 하였다. 그 결과가 "행위자(여기서는 채무자)에게 고의·과실이 없으면 행위자
는 손해배상책임을 지지 않는다"는 과실책임의 원칙의 승인이었다.[28]

이와 같이 전통적인 통설은 채무불이행에 있어서 채무자에게 손해배상책임을 부
과하기 위해서는 채무불이행이 있었다는 사실만으로는 부족하고 여기에 '과실'이 추
가됨으로써 비로소 손해배상책임을 부과하는 것이 정당화된다는 이해에 기초해 있
었다.[29] 이를 바탕으로 행위자의 행동의 자유의 보장과 결합한 과실책임의 원칙을
채무불이행을 이유로 하는 손해배상책임의 정당화원리(귀책근거)로 하는 입장(과실책
임주의)이 채용되었고, 그것이 통설의 지위를 차지하게 된 것이다.[30] 과실책임주의에
의하면, 명문의 규정이 있는 이행불능뿐만 아니라 채무불이행 일반에 채무자의 과실
이 요구된다. 또한 (불법행위와는 달리) 채무자가 귀책사유(과실)의 부존재를 증명할 책
임을 부담하고(무과실의 항변), 채무자의 무과실은 면책사유로 위치지워지게 되었다.[31]

한편, 전통적인 통설은 채무자의 귀책사유에 관하여 '채무자의 고의·과실' 외에
'신의칙상 이와 동등시하여야 할 사유'를 포함하고 있었는데, 그 이유는 구체적으로
이른바 '이행보조자의 고의·과실'을 채무자의 귀책사유로 동등시하여야 할 필요가
있었기 때문이었다. 과실책임주의의 전제에는 사람은 자기의 행위에 대해서만 책임
을 진다는 생각이 존재한다. 문제는 채무자가 채무의 이행에 타인을 이용한 경우이
다. 타인의 행위에 의해 채무불이행이 생긴 경우에 채무자는 (어떤) 책임을 지는지가
문제되는 것이다. 논의를 심화시킨 계기는 1929년에 나온 두 개의 大審院判決[32]이었

---

27 潮見, 新債権総論 I, 372頁.

28 더욱이 전통적인 통설은 이러한 귀책의 근거를 손해배상뿐만 아니라 해제의 경우에도 타당한 것으로
    생각하였다. 이상, 潮見, 新債権総論 I, 372頁.

29 潮見, 新債権総論 I, 372頁.

30 潮見, 新債権総論 I, 372~373頁.

31 鳩山秀夫 『増訂改版·日本債権法総論』 (岩波書店, 1925年) 136~137頁, 160頁 (大村=道垣内, 民法
    改正のポイント, 111頁[加毛]에서 재인용).

32 大判昭和4 [1929]年3月30日民集8卷363頁; 大判昭和4 [1929]年6月19日民集8卷675頁.

는데, 이들 판결에서는 전대차에서 전차인의 행위에 의하여 임차인의 임대인에 대한 목적물반환의무가 불이행에 빠진 사례에 관하여 임차인의 손해배상책임을 긍정하였다.[33]

이에 대해 유력한 학설은 채무의 이행에 타인을 이용한 경우를 유형화한 위에 일정한 경우(아래 ⅲ))에 채무자의 손해배상책임을 제한하여야 한다고 주장하였다.[34] 채무자가 채무의 이행에 타인을 이용한 경우는 그 타인이 채무자로부터 독립성을 갖는지 여부에 따라 네 가지로 유형화할 수 있고 그에 따라 채무자의 책임의 성부와 내용이 결정된다. 즉, ⅰ) 채무자로부터 독립성을 갖지 않는 '협의의(원래의) 이행보조자'의 경우, 채무자는 이행보조자의 과실을 자기의 과실로서 책임을 진다. ⅱ) 타인이 채무자 대신에 채무의 이행을 인수한 '이행대행자(이행대용자)'의 경우에는 그 이용이 채권자와의 관계에서 금지되어 있었던 경우에는 그 이용 자체가 채무불이행에 해당하기 때문에 채무자는 이행대행자의 과실을 문제로 할 필요도 없이 손해배상책임을 진다. 이에 대해 ⅲ) 이행대행자의 이용이 명시적으로 허용되는 경우(채권자가 동의나 승낙을 하는 경우)에는 민법(개정 전) 제105조[35] 등의 규정에 비추어 그 선임·감독에 과실이 있는 경우에 한하여 채무자는 손해배상책임을 진다. 마지막으로 ⅳ) 이행대행자의 이용에 관하여 명시적인 금지나 허용이 없는 경우에는 민법(개정 전) 제106조[36]를 참조하여 '협의의 이행보조자'의 경우(ⅰ)와 마찬가지로 이행대행자의 과실을 자기의 과실로서 책임을 진다.

이 학설이 이후에 통설의 위치를 차지하게 되었는데, 채무자의 귀책사유는 "채무자의 고의·과실 또는 신의칙상 이와 동등시하여야 할 사유"[37]로 정식화되었다. 채

---

33 大村=道垣内, 民法改正のポイント, 112頁〔加毛〕.

34 我妻栄「履行補助者の過失による債務者の責任」同『民法研究Ⅴ』 127~128頁 (初出 1937年)(大村=道垣内, 民法改正のポイント, 112頁〔加毛〕에서 재인용).

35 개정 전 민법 제105조(복대리인을 선임한 대리인의 책임) ① 대리인이 전조의 규정에 의해 복대리인을 선임한 때에는 그 선임 및 감독에 관하여 본인에게 책임을 진다.
② 대리인이 본인의 지명에 따라 복대리인을 선임한 때에는 전항의 책임을 지지 않는다. 다만 그 대리인이 복대리인의 부적임 또는 불성실함을 알면서 그 취지를 본인에게 통지하거나 복대리인을 해임하는 것을 태만히 한 때에는 그러하지 아니하다.

36 개정 전 민법 제106조(법정대리인에 의한 복대리인의 선임) 법정대리인은 자기의 책임으로 복대리인을 선임할 수 있다. 이 경우 어쩔 수 없는 사유가 있을 때에는 전조 제1항의 책임만을 진다.

37 我妻栄『新訂債権総論〈民法講義Ⅳ〉』(岩波書店, 1964)〔初版1940年〕(이하 "我妻, 債権総論"으로 인용) 105頁(大村=道垣内, 民法改正のポイント, 113~114頁〔加毛〕에서 재인용).

무의 이행에 타인을 이용한 경우의 채무자의 책임은 '신의칙'을 귀책의 근거로 삼은 것이다.[38]

3. 통설에 대한 비판론

(1) 3유형론에 대한 비판론 – 채무불이행 일원론

이와 같은 통설의 해석에 대하여 의문을 제기하는 견해(비판론)가 대략 2차대전의 종전 이후부터 등장하기 시작하였다. 우선 전술한 것처럼 채무불이행을 이행지체·이행불능·불완전이행의 3유형으로 구별하여 이해하는 것은 이행지체와 이행불능의 규정만을 갖는 독일민법 특유의(특수 독일적인) 사정에 유래하는 것이고, 채무불이행에 관한 포괄적 요건(제415조 전단)을 갖는 일본법과는 전제가 되는 법적 구조가 다르다는 점이 지적되었다.[39]

또한 3유형론의 해석론상의 의의에 대해서도 의문을 제기하는 견해가 등장하였다. 우선 **이행지체와 이행불능의 구별의 의의**에 관하여, 일반적으로 이행불능의 경우에는 채권자가 이행청구에 갈음하는 전보배상청구를 할 수밖에 없음에 반해, 이행지체의 경우에는 채권자는 이행청구와 함께 지연배상을 청구할 수 있는 한편 전보배상을 청구하기 위해서는 계약의 최고해제(개정 전 민법 541조; 한국민법 544조에 상당=필자 주)에 의해 이행청구권을 소멸시킬 필요가 있다고 설명된다. 그러나 판례·실무에서는 이행지체의 경우에 이행의 최고와 상당기간의 도과가 있으면 해제의 의사표시가 없어도 전보배상청구가 인정되고 있고,[40] 학설도 이를 지지한다(이행지체에서 전보배상청구의 인정).[41] 이 때문에 이행지체와 이행불능을 확연히 구별하기는 어렵다는 것이다.[42] 다음으로 **불완전이행이라는 유형에 대해서는**, 채권자가 채무자로부터 완전한 이행을 받음으로써 계약을 체결한 목적을 달성할 수 있다면 이행지체에 준하여 생각하면 되고, 이미 계약의 목적을 달성할 수 없게 되었다면 이행불능에 준하여 생각하면 된다는 점이 지적되었다.[43] 또한 불완전이행에는 다양한 사례가 포함될 수

38　大村=道垣内, 民法改正のポイント, 113頁〔加毛〕.

39　北川善太郎『契約責任の硏究』(有斐閣, 1963) 304~305頁, 318頁 (大村=道垣内, 民法改正のポイント, 113頁〔加毛〕에서 재인용).

40　大判昭和8〔1933〕年6月13日民集12巻1437頁.

41　我妻, 債権総論, 114頁(大村=道垣内, 民法改正のポイント, 113~114頁〔加毛〕에서 재인용).

42　大村=道垣内, 民法改正のポイント, 113~114頁〔加毛〕.

43　川島武宜=平井宜雄「契約責任」石井照久外編『企業責任』(ダイヤモンド社, 1968年) (이하, "川島=

있기 때문에 불완전이행 개념은 공허한 집합명사에 지나지 않는다는 점도 지적되었다.[44] 그밖에 3유형론에서는 모든 채무불이행 사례를 포섭할 수 없다는 점(가령 이행기전 이행거절 사례 등) 및 하나의 채무불이행 사례를 복수의 유형으로 분류가능한 경우도 있기 때문에 법기술적으로 부적절하다는 점,[45] 3유형론은 이른바 '주는 채무'를 염두에 두고 있다는 점에서 하는 채무(작위채무)나 부작위채무의 불이행에 대한 대응으로서는 취약한 것이라는 점도 비판의 대상이 되었다.[46]

이러한 의문과 함께 비판론은 오히려 채무불이행책임의 판단에 있어서 중요한 것은 불이행의 태양이 아니라, '계약(합의)의 내용'이라고 하여야 하며, 따라서 채무불이행을 3유형으로 구별하는 것이 아니라 '일원적'으로 이해하면서 계약의 내용에 비추어 무엇이 "채무의 본지에 따른 이행을 하지 아니한" 것에 해당하는지를 논의하여야 한다고 지적하였다.[47] 이러한 지적은 이후 계약내용·채무내용의 확정 프로세스와 관련시켜 채무불이행을 '본지불이행'으로 일원화하고, 그 위에 필요한 한도에서 개개의 국면마다 유형적인 처리를 하는 방향으로 더욱 진화하였다(채무불이행 일원론).[48]

이와 같이 3유형론에 대하여는 비판론이 유력하게 전개되었고, 개정 후 민법 제415조는 후술하는 바와 같이 기본적으로 이와 같은 채무불이행 일원론의 시각을 받아들인 것이다.[49] 다만 주의할 점은 채무불이행 일원론은 어디까지나 채무내용을 사상(捨象)하여 유형화하는 수법을 비판하는 것으로서 유형적 사고를 배제하는 것은 아니라는 점이다. 즉 개개의 국면에 있어서 채무의 내용을 고려하고 또한 각종 불이행 유형을 관념하여 그 유형에 적합한 책임규범(하위준칙)을 설정하는 것을 부정하는 것은 아니다.[50]

平井, 契約責任"으로 인용) 265頁(大村=道垣内, 民法改正のポイント, 114頁〔加毛〕에서 재인용).

44 潮見, 新債権総論 I, 366頁.
45 潮見, 新債権総論 I, 366頁.
46 潮見, 新債権総論 I, 365頁.
47 川島=平井, 契約責任, 267~268頁(大村=道垣内, 民法改正のポイント, 114頁〔加毛〕에서 재인용).
48 潮見, 新債権総論 I, 365頁.
49 民法(債権法)改正検討委員会編『詳解·債権法改正の基本方針·II』(商事法務, 2009)(이하 "詳解·債権法改正の基本方針"으로 인용) 243頁.
50 潮見, 新債権総論 I, 366頁; 詳解·債権法改正の基本方針, 243頁. 가령, 이행에 갈음한 손해배상(전보배상)을 규정한 개정민법 제415조 제2항 및 해제의 요건을 정한 개정민법 제541조 이하에서 현저한 것처럼, 개정민법에서는 ① 채무불이행을 일원적으로 규정하면서 동시에 ② 개개의 장면에서 각각의 요건·효과에 따라 문제유형마다 채무불이행을 다양하게 유형화하는 수법이 채용되어 있다(潮

(2) 귀책사유(귀책의 근거) – 과실책임주의에서 계약의 구속력으로

통설에 대한 비판은 귀책사유의 의의에 관한 과실책임주의에 대하여도 이루어졌다. 즉 일본민법상 채무자의 귀책사유를 "채무자의 고의·과실 또는 신의칙상 이와 동등시하여야 할 사유"로 이해하여야 할 필연적인 이유는 없으며, 오히려 중요한 것은 채무자의 책임으로 돌릴 사유의 내용을 계약(당사자의 합의)의 해석에 기초하여 명확히 하는 것이라는 생각이 등장하였다.[51] 이후 이러한 생각을 계승하여 1990년을 전후하여 채무불이행을 이유로 하는 손해배상책임의 귀속근거는 채무자가 고의·과실로 행동하였다는 점에서 구할 것이 아니라 채무자가 계약에 의해 채무를 부담하였다는 점에서 구하여야 한다는 입장 — 손해배상책임의 발생근거는 계약이라는(채무자는 계약에 구속됨에도 불구하고 계약을 지키지 않았기 때문에 손해배상책임을 진다는) 입장 — [52]이 유력하게 전개되었다. 그 배경에는 다음과 같은 인식이 존재한다.[53]

채무자의 귀책사유에 관한 전통적인 통설의 입장인 과실책임주의는 채무자의 행동의 자유를 보장한다는 관점에서 손해배상책임을 채무자에게 부과하는 것의 당부를 묻는 것이었다. 그러나 계약에 의한 채무에서 그 불이행이 문제가 되는 국면에서는 채무자는 계약에서 약정된 내용(채무의 내용)의 실현을 스스로 인수하였다는 점에 주목할 필요가 있다. 여기서 채무자는 계약에 구속되는 것이어서 사람의 일반적인 행동의 자유가 타당한 상황은 존재하지 않는다. 그렇다면 계약에 의해 채무내용을 실현하도록 의무를 부담한 결과로서 그 행동의 자유에 스스로 제약이 있는 채무자에 대하여 일반적인 행동의 자유에 기초한 과실책임의 원칙을 채무불이행에 의한 손해배상책임에 대한 정당화원리 내지 귀책근거로 삼는 것은 타당하지 않다. 오히려 채무불이행에 의해 채권자에게 생긴 손해에 대해 채무자에게 그 배상책임을 귀속시키는 근거는 '계약의 구속력', 따라서 채무자가 채권자에 대하여 채무내용의 실현을 계약에 의해 인수하였다는 점에서 구하여야 한다. 채무자는 계약에 구속되는바, 계약을 지키지 않았다는 점에서 손해배상책임을 지는 것이다.

見, 新債権総論Ⅰ, 368頁 각주 14).

51 川島=平井, 契約責任, 276頁(大村=道垣内, 民法改正のポイント, 115頁[加毛]에서 재인용).

52 森田宏樹 『契約責任の帰責構造』 (有斐閣, 2002)(이하 "森田, 契約責任の帰責構造"로 인용) 54頁; 潮見佳男 『債権総論Ⅰ〔第２版〕』 (信山社, 2003) 270頁; 小粥太郎 「債務不履行の帰責事由」 ジュリスト1318号(2006) 119頁等.

53 이하 潮見, 新債権総論Ⅰ, 373~374頁.

    이러한 비판론에 의하면 손해배상책임의 귀속근거는 계약의 구속력에 있는 것이
기 때문에 계약에서 채무자가 어떠한 내용의 채무를 부담한 것인지에 기초하여 그러
한 합의의 내용으로부터의 일탈이 있으면 채무자에게 손해배상책임을 귀속시키는
것이 정당화된다(채무자의 귀책사유가 인정되게 된다).**54** 가령 채무자가 일정한 결과의
실현을 약속한 경우에는 그 결과가 실현되지 않음으로써 — 불가항력의 경우를 제외
하고 — 채무자에게는 귀책사유가 있는 것이 된다. 이에 대해 채무자가 일정한 결과
의 실현을 위해 노력할 것을 약속한 경우에는 그 결과가 실현되지 아니한 것에 대해
채무자에게 일정한 행위의무 위반이 있는 때에 한하여 채무자의 귀책사유가 인정된
다.**55** 나아가 비판론은 채무자가 채무의 이행에 타인을 이용한 경우 전통적 통설이
일정한 경우에 손해배상책임의 성립을 제한하여야 한다고 해석하고 있는 것에 대해
서도 비판한다. 통설에 의하면 채권자의 이익이 일방적으로 침해될 가능성이 있다는
것이다. 오히려 채무자는, (타인에 의한 이행이 가능한 채무에 있어서) 스스로의 의사에
기초하여 타인에 의한 채무이행을 선택한 이상, 그에 따른 책임을 부담하여야 한다
는 것이다. 요컨대 비판론에 의하면 타인을 채무의 이행에 이용한 경우의 채무자의
책임의 귀속근거도 또한 당사자의 합의내용을 기초로 하여 파악하는 것이 가능하게
되는 것이다.**56**

    그런데 손해배상의 귀책근거 내지 귀책사유를 위와 같이 해석하는 것은 채무불
이행을 이유로 하는 손해배상책임을 '결과책임'(무과실책임)으로 이해하는 것 — 채무
불이행이 인정되면 일체의 면책의 여지를 인정하지 않는 것 — 을 의미하는 것은 아
니라는 점에 주의할 필요가 있다.**57** 즉, 채무자가 채무불이행을 이유로 하는 책임을
지는 것은 "채무자가 계약에 의해 채권자에 대하여 채무로서 부담한 것을 하지 아니
하였기 때문"이라는 점을 의미하는 것일 뿐, 채무자는 채무불이행의 사실이 인정되
어도 일정한 경우(면책사유가 있는 경우)에는 면책이 인정된다. 채무자의 면책을 정당
화하는 근거 내지 면책사유는 채무자의 책임귀속을 정당화하는 근거 내지 귀책사유
와 마찬가지로 계약 내에서 찾아야 한다.**58**

54　大村=道垣内, 民法改正のポイント, 115頁〔加毛〕.

55　森田宏樹「結果債務・手段債務の区別の意義について」同・契約責任の帰責構造・47頁(初出 1993年);
　　大村=道垣内, 民法改正のポイント, 115~116頁〔加毛〕.

56　森田宏樹「わが国における履行補助者責任論の批判的検討」同・契約責任の帰責構造・164~168頁 (初
　　出 1997年); 大村=道垣内, 民法改正のポイント, 116頁〔加毛〕.

57　潮見, 新債権総論 I, 374頁.

즉, 채무불이행이 발생한 경우에도 그 채무불이행을 발생시킨 원인이 되는 사태
(불이행원인·장애원인=채무의 본지에 좇은 이행이 이루어지지 않은 원인 내지 이유)가 계약
에서 상정(예상)한 것이 아니고 또한 상정(예상)될 것도 아니었던 경우, 다시 말하면
계약의 내용에 비추어 양당사자가 채무불이행을 발생시킨 그와 같은 사태가 생기리
라고 상정(예상)할 수 없었던 때에는 채무불이행에 의한 손해를 채무자에게 부담시키
는 것은 계약의 구속력으로부터 정당화될 수 없다.[59] 계약은 지켜져야 하며 채무자
는 채무불이행으로부터 발생한 책임을 부담하여야 하지만 당해 계약에서 상정(예상)
할 수 없었던 사태(불이행원인·장애원인)에 대해서까지 계약의 구속력이라는 이름 하
에 채무자에게 그 리스크(불이행리스크)의 부담을 강요할 수는 없다. 여기에서 채무불
이행에는 해당하지만 계약내용에 비추어 채무자가 손해배상책임으로부터 면책되는
상황이 발생할 수 있게 된다. 이 경우에 채무자의 면책을 불러오는 사유가 '면책사
유'이다.[60]

이와 같이 비판론은 채무불이행에 의한 손해배상책임에 관하여 통설의 과실책임
주의 및 그 예외로서 무과실을 면책사유로 하는 생각(무과실의 항변론)을 배제하고 손
해배상책임의 귀속근거 내지 정당화원리를 '계약의 구속력'에서 구하며, 아울러 채무
불이행이 인정되는 경우에도 예외적으로 당사자간에 합의된 리스크분배 또는 계약
유형과 결합된 리스크분배를 넘는 장애에 대해서만 채무자의 면책을 인정하는 방향
의 채무불이행책임론을 제시하였다는 점에 특징이 있다. 비판론의 이러한 논의는 개
정민법 제415조의 이론적 배경이 되었다.

Ⅲ. 개정민법 제415조 제1항 - 채무불이행 일원론과 손해배상책임의 귀책 구조

1. 서설

개정민법 제415조는 채무불이행에 의한 손해배상책임에 관한 일반규정·포괄규
정으로서의 성격을 유지하되 개정 전 민법에 대한 전술한 비판론의 입장을 반영함

---

58 潮見, 新債権総論Ⅰ, 377頁.
59 潮見, 新債権総論Ⅰ, 377頁.
60 潮見, 新債権総論Ⅰ, 377頁.

(제1항)과 동시에 아울러 채무불이행에 의한 손해배상책임으로서 전보배상청구권의 발생요건을 신설하였다(제2항). 후자는 일본민법이 지연배상청구권의 발생요건에 관한 규정(제412조)은 두고 있지만 전보배상청구권의 발생요건에 관하여는 명시적 규정이 없다는 점을 반영한 개정이다. 여기서는 먼저 제1항의 개정내용을 살펴보고 다음 장에서 제2항의 내용을 검토하기로 한다.

개정민법 제415조 제1항은 본문과 단서로 구성되는데(이것은 개정 전 민법이 전단과 후단의 병렬구조로 이루어진 것과는 구별되는 것이다), 본문에서는 채무불이행에 의한 손해배상책임이 발생하기 위한 요건을, 단서에서는 채무불이행책임의 면책사유를 각각 규정한다.

아래에서는 먼저 제415조 제1항이 개정되기까지의 논의과정을 조감해본 후, 제415조 제1항을 본문과 단서로 나누어 각각의 개정내용과 그 의의를 살펴본다. 아울러 개정민법 제413조의2는 이행지체 중에 당사자 쌍방의 책임없는 사유에 의한 이행불능이 발생한 경우 채무자의 귀책사유가 의제된다는 취지로 신설된 조문인데, 이것은 이행지체 중에 발생한 당사자 쌍방의 책임없는 사유에 의한 이행불능에 대하여 제415조 제1항 단서(면책사유)의 적용을 배제하는 것이기 때문에 여기서 함께 살펴보기로 한다.

2. 논의과정

이번 일본민법의 개정작업은 2006년 10월에 발족한 '민법(채권법) 개정검토위원회'가 마련한 〈채권법개정의 기본방침〉[61]에 의한 연구 및 개정제안으로부터 시작된다고 할 수 있는데, 그 결과물은 그대로 2009년 11월에 시작된 법무성 법제심의회(민법(채권관계)부회)에 의한 공식적인 개정논의로 연결되었다.[62] 이후 법제심의회에서의 논의의 중간적인 결과물로서 개정의 대상과 방향을 집약적으로 제시한 "중간시안"[63]이 공표되었는데 이것은 최종적인 개정을 위한 중요한 전환점이 되었다. 이후 이 중간시안에 대한 집중적인 논의를 거친 결과가 법제심의회의 "개정요강"으로 채택되어

---

61 民法(債権法)改正検討委員会編『債権法改正の基本方針』(商事法務, 2009)
62 2017년 일본민법의 개정 배경 및 과정에 관하여는, 서희석, 일본 민법(채권법) 주요 개정사항 개관, 1072~1078면을 참조.
63 중간시안은 商事法務編『民法(債権関係)の改正に関する中間試案の補足説明』(商事法務, 2013)(이하 "中間試案の補足説明"으로 인용)에 개요 및 취지(보족설명)와 함께 제시되어 있다.

법무성에 제출되었고, 법무성에서 이를 바탕으로 민법 개정안을 작성·국회에 제출함으로써 민법개정이 실현되게 되었다(2017년 6월 2일 공포, 2021년 4월 1일 시행).

아래 〈표 2〉는 개정민법 제415조 제1항이 입법되기까지의 논의과정을 정리한 것이다. 논의과정으로서 채권법개정의 기본방침과 중간시안의 내용을 검토하기로 한다(개정 전 민법 제415조와 개정민법 제415조의 조문은 전술한 〈표 1〉을 참조).

【표 2】 일본민법 제415조 제1항의 개정을 위한 논의과정

채권법개정의 기본방침	중간시안
【3.1.1.62】(채무불이행을 이유로 한 손해배상) 채권자는 채무자에 대하여 채무불이행으로 생긴 손해의 배상을 청구할 수 있다.	**제10 채무불이행에 의한 손해배상** **1. 채무불이행에 의한 손해배상과 그 면책사유(민법 제415조 전단 관련)** (1) 채무자가 그 채무의 이행을 하지 아니한 때에는 채권자는 채무자에 대하여 그 불이행으로 생긴 손해의 배상을 청구할 수 있다.
【3.1.1.63】(손해배상의 면책사유) 〈1〉 계약에서 채무자가 인수(引受)하지 않은 사유에 의해 채무불이행이 생긴 때에는 채무자는 【3.1.1.62】의 손해배상책임을 지지 않는다. 〈2〉 채무자가 【3.1.1.54】(이행청구와 동시이행의 항변권) 또는 【3.1.1.55】(이행청구와 불안의 항변권)의 항변권을 갖고 있는 때에는 채무자는 【3.1.1.62】의 손해배상책임을 지지 않는다.	(2) 계약에 의한 채무의 불이행이 당해 계약의 취지에 비추어 채무자의 책임으로 돌릴 수 없는 사유에 의한 것일 때에는 채무자는 그 불이행에 의해 생긴 손해를 배상할 책임을 지지 않는다. (3) 계약 이외의 원인에 의한 채무의 불이행이 그 채무의 발생원인인 기타 사정에 비추어 채무자의 책임으로 돌릴 수 없는 사유에 의한 것일 때에는 채무자는 그 불이행에 의해 생긴 손해를 배상할 책임을 지지 않는다.

(1) 채권법개정의 기본방침

제안 **【3.1.1.62】**는 채무불이행의 효과로서 손해배상청구권이 발생함을 나타낸 것으로, 비교법적으로는 CISG 제45조 제1항(b)를 참조한 것이다.[64] 여기서는 채무불이행을 이유로 하는 손해배상에 대하여 '채무불이행 일원론'의 생각을 기초로 하고 있다. 이것은 전술(Ⅱ.2·3)한 바와 같이 독일민법의 학술계수를 통해 형성된 통설인 이른바 '3유형론'에 대한 비판론의 입장을 받아들인 것이다.[65] 다만 이러한 제안이 특정의 불이행유형에만 타당한 하위준칙의 정립을 부정하는 것은 아니다.[66]

---

64 詳解·債権法改正の基本方針, 242頁.

65 詳解·債権法改正の基本方針, 242~243頁.

66 詳解·債権法改正の基本方針, 243頁.

이어서 제안 【3.1.1.63】은 계약상의 채무불이행을 이유로 하는 손해배상책임의 장애요건을 정한 것이다. 즉, 채무자는 채권자에 대하여 '**계약의 구속력**'에 근거하여 채무(신의칙상의 의무를 포함)를 부담하고 있는바, 채무자가 그 채무를 이행하지 않는 때(채무불이행)에는 채권자에 대하여 손해배상책임을 진다(【3.1.1.62】). 그러나 채무불이행을 불러온 사태(불이행원인)가 계약에서 상정되어 있지 않거나 상정할 수도 없는 것이었다면 채무불이행에 의한 손해를 채무자에게 부담시키는 것은 계약의 구속력으로부터 정당화할 수 없다. 이러한 생각에서 제안 〈1〉에서는 당해 계약에서 채무자가 인수하지 아니한 사유에 의해 채무불이행이 생긴 경우에 채무자는 손해배상책임을 지지 않는(면책되는) 것으로 한 것이다.[67]

【3.1.1.63】의 〈1〉에서는 개정 전 민법에서의 "**채무자의 책임으로 돌릴 사유**"(귀책사유)라는 표현을 삭제하고 있는데, 이것은 독일민법상의 "과실책임의 원칙(귀책사유=고의·과실)"을 채용하지 않는다는 취지를 명확히 하기 위한 것이다.[68] 즉 개정 전 민법에서 채무자가 '무과실'(과실책임의 원칙에서 말하는 무과실)을 증명하기만 하면 면책된다는 법리를 회피한 것이다. 바꾸어 말하면 제안 〈1〉은 손해배상책임으로부터의 면책의 구조를 독일적인 과실·무과실로부터 계약에서의 이행장애 리스크의 인수로 변경한 것이라 할 것이다.[69]

이어서 【3.1.1.63】의 〈2〉는 채무자가 채무의 이행을 하지 않는 것이 동시이행의 항변권(개정 전 민법 제533조에 대한 개정제안) 또는 불안의 항변권(신설제안)에 의해 정당화될 때에는 채무자는 손해배상책임을 지지 않는다(면책된다)는 것을 나타낸 것이다. 채권에 동시이행의 항변권이나 불안의 항변권이 붙어 있는 때에는 채무자에 의한 이행거절이 정당화되기 때문에 채무불이행을 이유로 한 손해배상책임을 지지 않는다는 점을 명확히 하기 위하여 이러한 준칙의 신설을 제안한 것이다(다만 〈2〉는 중간시안 이후 개정논의에서는 삭제되었다).

(2) 중간시안

중간시안은 개정 전 민법 제415조를 3개의 부분으로 나누고 있는데, (1) 채무불이행에 의한 손해배상책임의 발생에 관한 부분(제415조 본문), (2) 계약에 의한 채무가 불이행된 경우의 면책요건(사유)에 대한 부분, (3) 계약 이외의 원인에 의해 발생한

---

67 詳解·債権法改正の基本方針, 244頁.
68 詳解·債権法改正の基本方針, 244頁.
69 詳解·債権法改正の基本方針, 244~245頁.

채무가 불이행된 경우의 면책요건(사유)에 대한 부분이 그것이다. (1)이 개정 전 민법 제415조의 전단에 해당하고, (2)와 (3)이 후단에 해당한다.

(1)은 채무불이행에 의한 손해배상에 관한 일반적·포괄적 근거규정으로서 개정 전 민법 제415조 전단의 규율내용을 유지하는 것이다. 다만 '(채무의) 본지에 따른 (이행)'라는 표현은 손해배상의 요건으로 채무불이행의 태양 등을 한정하는 취지로 오독(誤讀)될 가능성이 있기 때문에 이러한 가능성을 회피하고자 이를 삭제하였다(채무의 이행). "채무의 이행을 하지 아니한 때"에는 전혀 이행하지 않는 경우(무이행) 외에, 일정한 이행은 하였으나 필요한 수준에 미치지 않는 경우(불완전이행)도 포함된다.[70]

(2)와 (3)은 채무불이행에 의한 손해배상의 일반적인 면책요건을 정하는 것이다. 일반적인 면책요건이기 때문에 지연배상(412조)과 전보배상(중간시안 제10.3, 개정민법 제415조 제2항)의 경우에도 적용된다. 개정 전 민법에서는 규정만으로는 제415조 후단(이행불능)에 있어서만 귀책사유가 필요한 것으로 되어 있지만, 채무불이행의 원인이 일정한 요건을 충족함(귀책사유의 부존재 또는 면책사유의 존재)를 채무자가 주장입증한 때에는 손해배상의 책임을 면한다는 점에 대해서는 異論이 없는바, 이를 조문상 명기한 것이다. 다만 그 표현에서는 〈채권법개정의 기본방침〉이 제415조 후단의 '채무자의 책임으로 돌릴 사유'(귀책사유)라는 표현을 삭제하고 있는 것과는 달리 여기서는 이를 유지하되, '채무자의 책임으로 돌릴 사유'가 아니라 '채무자의 책임으로 돌릴 수 없는 사유'(면책사유)로 규정함으로써, (비판론의 입장에 따라) 채무불이행의 원인에 대해 채무자가 그 리스크를 부담하여야 했다고 평가할 수 있는지 여부에 따라 면책의 가부를 판단한다는 취지를 나타내었다. 그리하여 (2) 계약에 의한 채무(약정채권)의 경우 그 기본적인 판단기준이 당해 "계약의 취지"[71]에 비추어 판단된다는 점을 명확히 하였다. 이에 반해 (3) 계약 이외의 원인에 의한 채무(법정채권)의 경우에는, 채무불이행의 원인에 대해 채무자가 그 리스크를 부담하여야 했는지 여부가 그 채무 발생의 원인이 되는 사실 및 그를 둘러싼 일체의 사정("채무의 발생원인 및 기타 사정")에 비추어 판단된다는 점을 명확히 하였다.[72]

---

70 中間試案の補足說明, 110~111頁.

71 '계약의 취지'는 "계약의 성질, 계약을 한 목적, 계약체결에 이른 경위 기타 사정에 기초하여 거래통념을 고려하여 정해진다"(중간시안 제8. 1. 특정물 인도시의 주의의무(제400조 관련) 참조). 다만 개정민법에서 '계약의 취지'는 "계약 및 거래상의 사회통념"으로 표현이 변경되었다(제415조 제1항 참조).

72 이상, 詳解·債権法改正の基本方針, 111頁.

3. 개정내용

(1) 제415조 제1항 본문 – 채무불이행 일원론의 명확화

이상의 논의과정을 거쳐 개정민법 제415조가 입법되었다. 개정민법 제415조 제1항은 "채무자가 채무의 본지에 따른 이행을 하지 아니한 때 또는 채무의 이행이 불능인 때에는, 채권자는 그로 인하여 생긴 손해의 배상을 청구할 수 있다. 다만, 그 채무의 불이행이 계약 기타 채무의 발생원인 및 거래상의 사회통념에 비추어 채무자의 책임으로 돌릴 수 없는 사유로 인한 것일 때에는 그러하지 아니하다."고 규정한다. 여기서 본문은 채무불이행을 이유로 한 손해배상의 성립요건을 정한 것이고, 단서는 채무불이행을 이유로 한 손해배상의 면책사유를 규정한 것이다.

본문은 개정 전 민법 제415조 전단에 "또는 채무의 이행이 불능인 때"(하선부분)가 추가된 형태인데, 이것은 일본민법 제415조의 입법 당시와 마찬가지로 오로지 "이행을 하지 아니한 때"라는 표현 속에 이행불능이 문언상 포함되기 어렵다는 점을 회피하기 위한 것으로(부회자료 83-2, 8항),[73] 이행불능을 채무불이행의 독자의 유형으로 정립할 의도에서 규정된 것은 아니다.[74] 또한 본문은 '채무불이행 일원론'의 입장을 채택한 것으로 설명되는데,[75] 그 근거로서 위 단서 중 "그 채무의 불이행"(하선부분)이라는 표현이 사용된 것을 들 수 있다.[76] 본문의 "채무의 이행을 하지 아니한 때" 또는 "채무의 이행이 불능인 때"를 통칭하여 '그 채무의 불이행(=채무불이행)'으로 표현하였기 때문이라는 의미로 이해된다. 따라서 개정민법 제415조 제1항 본문은 개정 전 민법 제415조에 대한 해석(비판론)에 변경을 가하는 것은 아니다.[77]

한편 〈채권법개정의 기본방침〉과 〈중간시안〉에서는 개정 전 민법상 "(채무의) 본지에 따른 (이행)"이라는 표현이 생략되어 있는데, 개정민법에서는 이 제안을 받아들이지 않고 개정 전 민법의 표현("본지에 따른")을 유지하였다. 〈채권법개정의 기본방침〉과 〈중간시안〉에서 '채무의 본지' 개념을 삭제할 것을 제안한 취지는 '본지(本旨)'

---

73 潮見佳男『民法 (債権関係) 改正法案の概要』(金融財政事情研究会, 2015)(이하, "潮見, 概要"로 인용) 60頁.

74 大村=道垣内, 民法改正のポイント, 117頁〔加毛〕.

75 潮見, 概要, 60頁. 아울러 詳解·債権法改正の基本方針, 242~243頁 및 中間試案の補足説明, 110~111頁도 참조.

76 潮見, 概要, 60頁.

77 潮見, 概要, 60頁.

라는 표현이 오늘날 '본질(本質)'이라는 의미로 사용되는 경우가 있는바, 이 표현으로 인해 손해배상의 요건으로서 채무불이행의 태양 등을 한정하는 취지로 오해될 소지가 있기 때문이었다.[78] 그런데 중간시안 이후 개정논의의 마지막 단계(요강가안 단계)에서 그동안 삭제에 대해 이견이 없었던 '채무의 본지' 개념이 (사무국에 의한 요강가안 제출시) 별다른 설명없이 부활하였고 그대로 개정민법으로 되었다.[79] 채무의 본지 개념이 부활·유지된 취지를 어떻게 이해할 것인지가 문제되는데, 이에 대하여는 개정민법에 의하면 채무불이행이 성립하는지 아닌지는 "계약 (기타 채무의 발생원인) 및 거래상의 사회통념에 비추어"(제415조 제1항 단서) 확정되는 '채무의 내용'에 따라 판단되어야 하는바, '채무의 본지'는 바로 그와 같은 의미에서의 '채무의 내용'으로 이해할 수 있다는 견해가 유력하다.[80]

(2) 제415조 제1항 단서 – 손해배상책임의 면책사유

제415조 제1항 단서는 "다만, 그 채무의 불이행이 계약 기타 채무의 발생원인 및 거래상의 사회통념에 비추어 채무자의 책임으로 돌릴 수 없는 사유로 인한 것일 때에는 그러하지 아니하다."고 규정한다. 이 규정은 손해배상책임의 면책사유를 —그 주장·입증책임이 채무자에 있음을 나타냄과 동시에 — 정한 것이다.[81] 개정 전 민법 제415조에 규정되었던 "채무자의 책임으로 돌릴 사유"(귀책사유)를 "채무자의 책임으로 돌릴 수 없는 사유"(면책사유)로 바꾸고 여기에 "계약 기타 채무의 발생원인 및 거래상의 사회통념에 비추어"라는 수식어를 명시적으로 부가함으로써 여기서의 면책사유가 채무의 발생원인에 입각하여 판단되어야 한다는 점, 따라서 계약의 경우에는 면책의 가부가 계약의 취지에 비추어 판단되어야 하며 "귀책사유＝과실"을 의미하는 것이 아님(과실책임의 원칙의 부정)을 명확히 한 것으로 설명된다(부회자료 68A, 6면).[82] 이것은 채무자의 귀책사유의 부존재를 면책사유로 이해하는 종래의 통설·판례의 입장과 일치하는 것이지만, 채무자의 귀책사유를 계약(당사자의 합의)의 내용에 기초하여 판단하여야 한다는 비판론의 영향이 나타난 것이라고 평가된다.[83]

---

78 中間試案の補足説明, 110~111頁.

79 潮見, 新債権総論Ⅰ, 370頁.

80 潮見, 新債権総論Ⅰ, 370頁.

81 潮見, 概要, 60頁.

82 潮見, 概要, 60頁.

83 大村＝道垣内, 民法改正のポイント, 118頁〔加毛〕 참조.

한편 중간시안에서는 '계약 이외의 원인에 의한 채무'(법정채무)를 계약에 의한 채무(약정채무)와 분리하여 그 채무의 불이행에 의한 손해배상책임의 면책사유에 대해 규정하고 있었는데 개정민법에서는 양자를 통합하여 단서에서 함께 규정하였다 ("계약 기타 채무의 발생원인"). 또한 '채무의 발생원인'(계약, 법률의 규정) 외에 '거래상의 사회통념'이 면책사유를 판단할 때 고려하여야 할 요소로 병기(竝記)되었는데, 이것은 특히 계약책임과 관련하여 면책사유의 존부가 당사자의 주관적 의사만에 의해 정해지는 것이 아니라 계약의 성질, 계약의 목적, 계약체결에 이른 경위 기타 사정도 고려하여 정해질 수 있다는 점을 나타내기 위한 것이다.[84] 다만 (채무발생원인으로서의) '계약'을 고려함이 없이 '거래상의 사회통념'만으로 면책사유가 판단될 수 있다는 취지는 아니라는 점이 강조되고 있다.[85]

이와 같이 개정민법 제415조 제1항 단서는 형식적으로는 채무불이행에 의한 손해배상책임의 면책사유를 규정한 것이고, 그것이 종래의 통설·판례의 태도에 어떤 변경을 가한 것은 아니라고 설명되지만, 실질적으로는 손해배상책임의 '귀책사유'에 관한 종래의 통설·판례의 입장(=과실책임주의)을 탈피하여 비판론의 입장을 이론적으로 수용한 것이라는 점에 특징이 발견된다. 이러한 이유 때문에 조문의 이해가 반드시 용이한 것은 아니다.

개정민법 제415조 제1항 단서의 취지는 '손해배상책임의 귀책구조'라는 관점에서 논리적으로 다음과 같이 정리할 수 있을 것으로 생각한다.

첫째, 개정민법 제415조 제1항 단서는 "귀책사유의 부존재 = 면책사유"라는 점을 명확히 한 것이다. 개정 전 민법에서는 전단(1문)과 후단(2문)의 병렬구조 하에 채무자의 귀책사유가 이행불능의 경우에만 손해배상책임의 요건인 것처럼 규정되어 있었지만(후단), 통설·판례는 독일민법의 학설계수의 영향으로 이행불능뿐만 아니라 채무불이행 전반에 있어서 손해배상책임이 성립하기 위해서는 '귀책사유=고의·과실'이 필요하며, 또한 채무자가 과실(=귀책사유)의 부존재를 증명할 책임을 진다고 해석하여 결국 채무자의 무과실을 면책사유로 이해하고 있었다.[86] 개정민법은 통설·판례의 이와 같은 이해를 명문으로 규정하여 명확히 한 것이다.[87]

---

84 潮見, 新債権総論Ⅰ, 379頁.

85 潮見, 概要, 60頁; 山本敬三 「契約責任法の改正―民法改正法案の概要とその趣旨」 曹時 68巻5号 (2016) (이하, "山本, 契約責任法の改正"으로 인용) 1232頁.

86 大村=道垣内, 民法改正のポイント, 111頁〔加毛〕.

87 大村=道垣内, 民法改正のポイント, 108頁〔加毛〕.

둘째, 개정민법은 제415조 제1항 본문에서 귀책사유를 요건으로 규정하지 않고 그 단서에서 면책사유를 규정하고 있기 때문에, "귀책사유를 요건으로 하지 않는 손해배상책임"을 채용한 것으로 해석될 여지가 있으나 그렇게 해석할 것은 아니다. 이것은 후술하는 바와 같이 신설된 제413조의2(이행지체 중의 이행불능과 귀책사유)에서 채무자의 이행지체 중에 당사자 쌍방의 책임으로 돌릴 수 없는 사유로 인한 이행불능이 발생한 경우에 채무자의 귀책사유를 의제하는 조항(제1항)88을 둔 것으로부터 유추할 수 있다. 이 조항은 표제에서 '귀책사유'라는 용어를 사용하고 있을 뿐만 아니라 그 내용에 의하면 위와 같은 경우에 채무자는 개정민법 제415조 제1항 단서에 의한 면책을 주장할 수 없게 되고,89 결국 이행불능에 의한 손해배상책임을 부담하게 되는데,90 이것은 채무불이행을 이유로 한 손해배상책임은 귀책사유를 그 요건으로 한다는 점을 전제로 하는 것이기 때문이다. 따라서 개정민법은 귀책사유를 채무불이행을 이유로 한 손해배상청구권이 발생하기 위한 요건이 된다는 점을 당연한 전제로 하고 있다고 이해할 것이다.91

셋째, 귀책사유를 채무불이행책임이 성립하기 위한 요건이라고 이해할 경우 귀책사유와 면책사유의 관계를 어떻게 이해할 것인지가 문제된다. 면책사유가 제415조 본문에 대한 단서로 규정된 것으로부터 증명책임의 전환이 있는 것이고, 채무자가 귀책사유의 부존재(=면책사유)를 증명하여야 한다는 점을 강조한다면 귀책사유(=면책사유의 부존재)는 채무불이행책임 성립의 소극요건이라고 해석하게 될 것이다.92 그러나 이러한 해석에 의하면 채무불이행 사실에 대하여 채무자는 다만 면책사유를 주장·증명함으로써 면책되는 것이기 때문에 결국 개정민법은 "귀책사유를 요건으로 하지 않

88 개정민법 제413조의2(이행지체 중 또는 수령지체 중의 이행불능과 귀책사유) ① 채무자가 그 채무에 대해서 지체의 책임을 지고 있는 동안에 당사자쌍방의 책임으로 돌릴 수 없는 사유로 그 채무의 이행이 불능으로 된 때에는, 그 이행의 불능은 채무자의 책임으로 돌릴 사유[귀책사유]에 의한 것으로 본다.
89 山本, 契約責任法の改正, 1236頁; 大村=道垣内, 民法改正のポイント, 118頁[加毛].
90 潮見, 槪要, 56頁.
91 이러한 시점은 〈채권법개정의 기본방침〉에 의한 제415조의 개정제안([3.1.1.63]) 단계에서 이미 제시된 것이다. 즉, 개정민법(제안)은 "과실을 귀책사유로 하는 손해배상"에서 "계약에 의한 채무부담을 귀책사유로 하고, 불이행원인(이행장애사유)이 계약에서 채무자에 의해 인수되지 않았음을 면책요건으로 하는 손해배상"으로 그 귀책구조를 바꾸었다는 것이다(詳解·債権法改正の基本方針, 252頁 참조).
92 증명책임의 소재와 관련하여 법률요건은 적극요건과 소극요건으로 분류할 수 있고, 후자는 일정한 법률요건의 성립을 저지하는 권리장애사실에 해당한다는 점에 관하여는, 지원림, 민법강의[제18판], 홍문사(2021), 164면([2-175])을 참조.

는 손해배상책임"을 인정한 것이라는 결론에 이르게 될 가능성이 있다.[93] 이러한 결론은 채무불이행의 개념(귀책사유 또는 면책사유와 채무불이행의 관계)에 관한 이론상의 논의[94]와도 관련되는 것이지만, 귀책사유가 채무불이행책임의 성립요건이라는 점을 전제로 한다면 이론적 정합성을 결하는 것이다. 생각건대 채무자가 채무를 부담한 이상은 (계약의 해석 또는 법률의 규정에 의하여) 원칙적으로 귀책사유는 존재하는 것이고, 다만 예외적으로 면책사유가 증명되는 경우에 한하여 귀책사유가 소멸하여 채무불이행책임이 성립하지 않는 것으로 이해[95]하는 것이 개정민법의 취지에 부합할 것으로 본다.[96]

　　넷째, '채무자의 책임으로 돌릴 사유'(귀책사유)가 무엇을 의미하는 것인지는 조문상으로는 명확하지 않으나, "계약 기타 채무의 발생원인 및 거래상의 사회통념"에 비추어 면책사유의 존부를 판단하여야 한다는 점이 조문화되었다는 점에서 종래의 통설의 입장인 과실책임주의(귀책사유＝고의·과실 또는 신의칙상 이와 동등시하여야 할 사유)는 부정된 것으로 해석할 것이다.[97] 이것은 계약의 구속력을 손해배상책임의 귀책근거로 이해하는 비판론의 입장이 민법개정을 위한 논의과정에서 일관되게 유지되어왔기 때문에 그러한 입법기초자의 의사가 입법에 반영된 것으로 이해할 수 있고, 무엇보다 종래의 통설이 이행보조자의 고의·과실("신의칙상 이와 동등시하여야 할 사유")을 관념할 때, 채권자가 이행보조자의 사용에 동의나 승낙을 한 경우 채무자의 책임은 이행보조자의 선임·감독에 한정된다는 주장의 근거 규정으로 활용된 개정 전 민법 제105조[98]가 이번 개정에서 삭제되었는데, 이것은 종래의 통설의 근거의 하나가 사라진

93　실제로 개정민법 제415조의 입법에 깊이 관여한 潮見 교수는 채무불이행을 이유로 하는 손해배상청구권의 발생요건(채권의 발생원인, 채무의 불이행, 손해의 발생, 인과관계)과 채무불이행을 이유로 하는 손해배상책임으로부터 면책되기 위한 요건(면책사유)을 구별하면서, 전자에 있어서 '귀책사유'를 요건으로 포함하지 않고 있다(潮見佳男『［プラクティス民法］債権総論・第5版』(信山社, 2018) 95頁; 潮見, 新債権総論Ⅰ, 379頁).

94　이에 대해서는 中田裕康『債権総論』(岩波書店, 2008) (이하 "中田, 債権総論"으로 인용) 126頁 참조. 한국민법에서 관련 논의의 개괄적인 상황은 송덕수, 채권법총론[제6판], 박영사(2021), 107면([59])을 참조.

95　이러한 해석론을 시사하는 것으로, 中田, 債権総論, 127~128頁 참조.

96　다른 해석으로 채무불이행 사실이 발생하고 면책사유도 증명되었다면 귀책사유는 존재하지 않는 것이므로 손해배상책임은 성립하지 않는 것이고, 면책사유가 증명되지 않았다면 귀책사유가 (처음부터) 존재하는 것으로 보아 손해배상책임의 성립을 인정할 수 있다는 해석도 가능할 것이다.

97　潮見, 概要, 60頁.

98　개정 전 민법 제105조(복대리인을 선임한 대리인의 책임) ① 대리인이 전조의 규정에 의해 복대리인

것을 의미하는 것이기 때문이다.99 이러한 생각에 의할 때 계약책임에서 귀책사유의 존부는 (과실의 존부를 판단하는 것이 아니라) "계약 및 거래상의 사회통념에 비추어", 즉, 당사자가 합의한 채무의 내용이나 사정범위에 비추어100 또는 불이행원인이 계약상 채무자에게 상정가능한 범위 내의 것이었는지 여부에 비추어101 판단하게 될 것이다.

(3) 제413조의2 제1항 – 이행지체 중 이행불능과 채무자의 귀책사유의 의제

이번 개정민법에서 채무불이행과 관련한 조문 중에는 제415조에 앞서는 규정102과 관련하여 두 가지 새로운 조문이 신설되었다. 즉, '이행불능'에 관한 제412조의2와 '이행지체 또는 수령지체 중의 이행불능과 귀책사유'에 관한 제413조의2가 그것이다. 전자는 '이행기와 이행지체'에 관한 제412조(한국민법 제387조에 상당)에 이어서 이행불능의 경우에 이행청구를 할 수 없다는 점(제1항) 및 이른바 '원시적 불능'의 경우에 제415조에 의한 손해배상청구가 방해받지 않는다는 취지(제2항)를 규정한 것이다.103 104 후자는 이행지체 중에 이행불능이 발생한 경우에는 그 이행불능이 당사자 쌍방의 책임으로 돌릴 수 없는 사유에 의한 것이라 하더라도 그 이행불능이 채무자의 귀책사유에 의한 것이라는 점(제1항) 및 채권자가 수령지체에 빠졌는데 이행제공 이후에 당사자 쌍방의 책임으로 돌릴 수 없는 사유로 발생한 이행불능은 채권자의 귀책사유에 의한 것이라는 점(제2항)을 규정한 것이다.105

을 선임한 때에는 그 선임 및 감독에 관하여 본인에게 책임을 진다.

② 대리인이 본인의 지명에 따라 복대리인을 선임한 때에는 전항의 책임을 지지 않는다. 다만 그 대리인이 복대리인의 부적임 또는 불성실함을 알면서 그 취지를 본인에게 통지하거나 복대리인을 해임하는 것을 태만히 한 때에는 그러하지 아니하다.

개정민법에서 개정 전 민법 제105조의 삭제에 대해서는, 졸고, 일본 민법(채권법) 주요 개정사항 개관, 1100~1101면을 참조.

99　大村=道垣内, 民法改正のポイント, 111頁[加毛]; 潮見, 概要, 61頁.

100　森田, 契約責任の帰責構造, 55頁.

101　潮見佳男 『債務不履行の救済法理』(信山社, 2010) 89頁以下.

102　제412조(이행기와 이행지체), 제413조(수령지체), 제414조(이행의 강제).

103　**개정민법 제412조의2(이행불능)** ① 채무의 이행이 계약 기타 채무의 발생원인 및 거래상의 사회통념에 비추어 불능인 때에는, 채권자는 그 채무의 이행을 청구할 수 없다.

② 계약에 기초한 채무의 이행이 그 계약의 성립시에 불능이었던 때에는 제415조의 규정에 의해 그 이행의 불능에 의해 생긴 손해의 배상을 청구하는 것을 방해하지 아니한다.

104　개정민법 제412조의2 제1항의 내용을 소개하는 국내문헌으로서, 박영복, "이행청구권의 한계사유로서의 「이행불능」—일본 개정 민법을 주요 소재로 한 비교법적 검토—", 외법논집 44권 1호(2020.2), 125면 이하가 있다.

이 중에서 제413조의2 제1항은 이행지체 중의 이행불능에 대하여 당사자 雙방의 책임으로 돌릴 수 없는 사유(불가항력 기타 우발적 사고 등)로 채무의 이행이 불능이 된 경우에 그 이행불능이 "채무자의 책임으로 돌릴 사유(=귀책사유)"에 의한 것이었다고 의제함으로써 이행불능을 이유로 하는 손해배상청구권을 채권자에게 부여하는 것이다.106 이 조항은 개정 전 민법(메이지민법)의 기초과정 이후 실무·학설이 전제로 해온(지금까지 異論이 없었던) 해석을 명문화한 것이라고 설명되는데,107 한국민법상으로는 '이행지체 중의 책임가중'에 관하여 규정한 제392조(이행지체 중의 손해배상)에 상당한 조항이다. 다만 '의제'의 대상은 채무자의 귀책사유에 한정되기 때문에, ⅰ) 이행지체에 빠지지 않았더라도 같은 결과가 되는 경우(채무불이행(이행불능)과 손해발생 사이에 인과관계가 없는 경우)나, ⅱ) 이행불능이 채권자의 귀책사유에 의해 발생한 경우에는 이행불능에 대한 손해배상책임은 발생하지 않는다.108

이와 같이 제413조의2 제1항은 이행지체 중에 채무자에게 귀책사유가 없는 이행불능이 발생한 경우에도 채무자는 원칙적으로 그 이행불능에 대한 책임을 부담한다는 취지를 규정한 것이지만, 전술한 바와 같이 제415조를 이해하는데 있어서 '귀책사유'가 채무불이행에 의한 손해배상책임의 성립요건이라는 점을 전제로 하는 조항이라는 점에서도 그 의의를 발견할 수 있다.

Ⅳ. 개정민법 제415조 제2항-전보배상청구권의 발생요건

1. 서설

개정 전 민법 제415조 후단(2문)은 채무자의 귀책사유에 의한 이행불능의 경우에

---

105 개정민법 제413조의2(이행지체 중 또는 수령지체 중의 이행불능과 귀책사유) ① 채무자가 그 채무에 대해서 지체의 책임을 지고 있는 동안에 당사자쌍방의 책임으로 돌릴 수 없는 사유로 그 채무의 이행이 불능으로 된 때에는, 그 이행의 불능은 채무자의 책임으로 돌릴 사유[귀책사유]에 의한 것으로 본다. ② 채권자가 채무의 이행을 받는 것을 거절하거나 받을 수 없는 경우에 이행의 제공이 있었던 때 이후에 당사자쌍방의 책임으로 돌릴 수 없는 사유로 그 채무의 이행이 불능으로 된 때에는, 그 이행의 불능은 채권자의 책임으로 돌릴 사유[귀책사유]에 의한 것으로 본다.

106 潮見, 槪要, 56頁.

107 大村=道垣内, 民法改正のポイント, 119頁[加毛]; 道垣内弘人 「第4章 債務不履行、解除、危険負担」 中田裕康=大村敦志外 『講義·債権法改正』(商事法務, 2017)(이하 "道垣内, 講義·債権法改正"으로 인용) 94頁.

108 大村=道垣内, 民法改正のポイント, 119頁[加毛]; 潮見, 槪要, 57頁.

도 전단(1문)과 마찬가지로 채권자에게 손해배상청구권이 발생함을 규정하는 것이었다. 개정민법 제415조는 전술한 바와 같이 제1항에서 채무불이행 일원론에 입각하여 채무자가 채무의 본지에 따른 이행을 하지 아니한 때 또는 채무의 이행이 불능인 때에 채권자에게 손해배상청구권이 발생한다는 점을 규정하였고(제1항), 제2항에서는 (이행불능을 포함하여) 채권자가 채무의 이행에 갈음한 손해배상(=전보배상)을 청구하기 위한 요건을 새롭게 정하고 있다(제2항). 이것은 채무불이행에 의한 손해배상의 유형에는 '지연배상'(이행과 함께 하는 손해배상)과 '전보배상'(이행에 갈음한 손해배상)이 포함되는바, 전자에 관하여는 민법 제412조(이행기와 이행지체)에서 그 요건을 규정하고 있음에도 불구하고 후자에 관하여는 그 요건에 관한 명시적 규정이 존재하지 않고 해석론에 맡기고 있었던 것을, 이행불능을 포함하여 전보배상이 인정되기 위한 구체적 요건을 정함으로써 입법적으로 해결한 것이다(채무불이행에 의한 손해배상 요건의 구체화).

아래에서는 우선 개정민법 제415조 제2항이 입법(신설)되기까지의 논의과정을 〈채권법개정의 기본방침〉과 〈중간시안〉을 통하여 검토하고, 이어서 개정의 구체적 내용을 살펴보기로 한다.

2. 논의과정

【표 3】 일본민법 제415조 제2항의 신설을 위한 논의과정

채권법개정의 기본방침	중간시안
【3.1.1.62】(채무불이행을 이유로 한 손해배상) 【3.1.1.63】(손해배상의 면책사유)	제10 채무불이행에 의한 손해배상 1. 채무불이행에 의한 손해배상과 그 면책사유(민법 제415조 전단 관련)
【3.1.1.64】(이행지체를 이유로 한 손해배상)	2. 이행지체의 요건(민법 제412조 관련)
【3.1.1.65】(이행에 갈음한 손해배상) 〈1〉 채권자는 다음 각호의 사유가 생긴 때에는 【3.1.1.62】 하에 채무자에 대해서 이행에 갈음한 손해배상을 청구할 수 있다. 〈가〉 이행이 불가능한 때, 기타 이행을 하는 것을 계약의 취지에 비추어 채무자에게 합리적으로 기대할 수 없는 때 〈나〉 이행기 도래의 전후를 묻지 않고, 채무자가 채무의 이행을 확정적으로 거절할 의사를 표명한 때 〈다〉 채무자가 채무의 이행을 하지 않는 경우에 채	3. 채무의 이행에 갈음한 손해배상의 요건(민법 제415조 후단 관련) (1) 다음의 어느 하나에 해당하는 경우에 채권자는 채무자에 대하여 채무의 이행에 갈음하여 그 불이행에 의한 손해의 배상을 청구할 수 있다. 가. 그 채무에 대해 이행청구권의 한계사유가 있을 때 나. 채권자가 채무불이행에 의한 계약의 해제를 한 때 다. 상기 나.의 해제가 이루어지지 아니한 경우에도 채권자가 상당한 기간을 정하여 채무의 이행을 최고하고 그 기간 내에 이행이 없을 때 (2) 채무자가 그 채무를 이행할 의사가 없음을 표시

채권법개정의 기본방침	중간시안
권자가 상당한 기간을 정하여 채무자에 대하여 이행을 최고하였음에도 불구하고 그 기간 내에 이행이 이루어지지 아니한 때 〈라〉 채무를 발생시킨 계약이 해제된 때 〈2〉 이행에 갈음한 손해배상청구권의 채권시효는, (이하 생략)	하거나 기타 사유에 의해 채무자가 이행을 할 가능성이 없음이 명백할 때에도 상기 (1)과 같다. (3) 상기 (1) 또는 (2)의 손해배상을 청구한 때에는 채권자는 채무자에 대하여 그 채무의 이행을 청구할 수 없다.

(1) 채권법개정의 기본방침

제안 【3.1.1.65】는 제안 【3.1.1.62】에 의한 채무불이행을 이유로 한 손해배상청구 중 이행에 갈음한 손해배상청구(전보배상청구)가 가능한 경우를 규정하고(〈1〉) 아울러 이행에 갈음한 손해배상청구권의 채권시효의 기산점을 규정한 것이다(〈2〉. 다만 〈2〉는 중간시안 이후 삭제되었는바 본고에서는 구체적인 검토를 생략한다).

이행에 갈음한 손해배상청구가 가능한 경우로서 〈1〉에서는 〈가〉 이행이 불가능하거나 기대불가능한 경우(【3.1.1.56】(이행청구를 할 수 없는 경우)[109] 참조), 〈나〉 (이행기전의 이행거절을 포함하여) 채무자에 의한 확정적 이행거절의 의사표명이 있었던 경우, 〈다〉 채무자가 이행을 하지 아니한 경우에 채권자의 최고 후 상당한 기간이 경과한 경우 및 〈라〉 계약이 해제된 경우를 들고 있다.[110] 이중에서 〈가〉(이행불능)와 〈라〉(해제)의 경우에 이행에 갈음한 손해배상(전보배상)을 청구할 수 있다는 점에 대하여는 학설·실무상 異論이 없다.[111] 이들 경우에는 이행청구권이 이행불능 또는 계약해제를 원인으로 하여 전보배상청구권으로 전형(轉形)한다고 보기 때문이다(이른바 '전형론'). 전형론에 의하면 이행청구권이 존속하고 있는 상황 하에서는 전보배상청구권은 발생하지 않는다.[112]

반면에 종전부터 채무의 본지에 따른 이행이 이루어지지 않고 있는 동안에 채권자가 채무자에 대하여 상당한 기간을 정하여 이행을 최고하였으나 그 기간 내에 이행이 이루어지지 아니한 경우에 채권자는 채무자에 대하여 (계약을 해제하지 아니하고)

---

109 【3.1.1.56】(이행청구를 할 수 없는 경우) 이행이 불가능한 경우 기타 이행을 하는 것이 계약의 취지에 비추어 채무자에게 합리적으로 기대할 수 없는 경우, 채권자는 채무자에 대하여 이행을 청구할 수 없다.

110 詳解·債権法改正の基本方針, 258頁.

111 詳解·債権法改正の基本方針, 259頁.

112 詳解·債権法改正の基本方針, 259頁.

전보배상을 청구할 수 있다는 점이 학설에 의해 인정되었고,[113] 판례도 이를 인정하는 것이 있다.[114] 사실상 위와 같은 경우라면 채권자는 계약을 해제하고 전보배상을 청구할 수 있기 때문에 계약을 해제하지 아니한 상태에서의 전보배상의 인정은 필요 없다는 견해도 있지만, 계속적 공급계약의 급부의무의 일부에 불이행이 있는 경우와 같이 계속적 공급계약 자체는 해제하지 않고 불이행채무만의 전보배상을 청구하고자 하는 장면이나, 특정물과 특정물의 교환계약과 같이 채권자가 자신의 급부의무(반대채무)를 이행하면서 상대방의 급부에 대해서는 이행에 갈음한 손해배상(전보배상)을 획득하고자 하는 장면에서는 채권자가 계약의 해제를 하지 않고 전보배상을 청구할 수 있는 가능성을 채권자에게 인정할 실익이 발견된다.[115] 나아가 이행기 도래의 전후를 묻지 않고, 채무자가 이행거절의 의사를 확정적으로 표명한 경우에는 해제를 기다릴 필요도 없이 채권자에게 전보배상청구권을 인정해도 좋을 것이다.[116]

이러한 생각에서 제안 〈1〉의 〈나〉와 〈다〉에서는 확정적 이행거절의 경우(〈나〉)와 채무자의 이행지체 중에 채권자의 최고 후 상당한 기간이 경과한 경우(〈다〉)에도 채권자는 채무자에 대하여 이행에 갈음한 손해배상(전보배상)을 청구할 수 있는 것으로 규정하였다.[117] 〈나〉와 〈다〉를 강학상 '확정적 불이행'[118]이라고도 하는데, 여기서는 이행청구권과 전보배상청구권의 병존이 인정된다. 따라서 채권자는 이행청구를 할 수도 있고 이행에 갈음한 손해배상을 청구할 수도 있다(선택적 행사).[119] 이것은 이행청구권이 소멸하지 아니한 단계에 전보배상청구권이 성립하는 것을 인정하는 것으로 전술한 '전형론'을 부정함을 의미하는 것이다.[120]

(2) 중간시안

중간시안 제10의 3.은 개정 전 민법 제415조 후단의 '이행불능에 의한 손해배상'에 상당한 규정으로서 이행불능을 포함하여 채권자가 채무자에 대하여 그 채무의 이행에 갈음하여 불이행에 의한 손해배상(전보배상)을 청구하기 위한 요건을 정한 것이

---

113 가령 我妻, 債権総論, 114頁.
114 大判昭和8[1933]年6月13日民集12巻1437頁.
115 詳解·債権法改正の基本方針, 259~260頁.
116 詳解·債権法改正の基本方針, 260頁.
117 詳解·債権法改正の基本方針, 260頁.
118 森田, 契約責任の帰責構造, 258頁.
119 詳解·債権法改正の基本方針, 261頁.
120 詳解·債権法改正の基本方針, 261頁.

다. 전보배상의 구체적 요건에 대해서는 개정 전 민법에는 명문규정이 없는바 일반적인 해석 등을 참작하여 규율을 보충하는 것이다.[121]

　전보배상청구권의 구체적 발생요건의 내용((1)가~다, (2))은 채권법개정의 기본방침의 경우((〈가〉~〈라〉)와 기본적으로 같다. 다만, 요건의 순서를 조정하여(이행불능, 해제, 해제권만 발생한 경우, 확정적 이행거절) 이행청구권과 전보배상청구권이 병존하는 경우는 뒤의 두 경우((1)다, (2))로 위치를 변경하였고, 일부 표현상의 변화가 있을 뿐이다(가.의 경우 이행불능을 '이행청구권의 한계사유'로 표현하였는데 이것은 중간시안 제9. 2[122]의 표현을 반영한 것이다). 한편 (3)은 (1) 또는 (2)에 의해 이행에 갈음한 손해배상의 청구를 한 후에는 이행청구권을 행사할 수 없다는 취지를 규정한 것이다.[123] 이행청구권과 전보배상청구권이 병존하는 경우((1)다, (2))에 본래의 이행청구와 전보배상청구의 어느 쪽을 이행할지가 불확정하다면 채무자가 불안정한 지위에 놓여지게 된다는 점을 고려한 것이다.[124]

2. 개정내용

　개정민법 제415조 제2항은 "전항의 규정에 의해 손해배상의 청구를 할 수 있는 경우에 다음 중 어느 하나에 해당하는 때에는, 채권자는 채무의 이행에 갈음한 손해배상의 청구를 할 수 있다."고 규정하면서 채무의 이행에 갈음한 손해배상(전보배상)의 청구권이 발생하는 경우로 다음 3가지를 규정한다. 즉, 1. 채무의 이행이 불능일 때, 2. 채무자가 그 채무의 이행을 거절하는 의사를 명확하게 표시한 때, 3. 채무가 계약에 의해 발생한 것인 경우에 그 계약이 해제되거나 또는 채무의 불이행에 의해 계약의 해제권이 발생한 때가 그것이다. 그런데 제3호는 다시 계약이 해제된 때와 채무불이행으로 해제권이 발생한 때로 나누어 파악할 수 있으므로, 제415조 제항은 결과적으로 전보배상청구권이 발생하는 요건으로 4가지 사유를 규정한 것으로 이해

121　中間試案の補足説明, 115頁.
122　제9 이행청구권 등 2. 계약에 의한 채권의 이해청구권의 한계사유: 계약에 의한 채권(금전채권을 제외한다)에 관하여 다음의 어느 하나의 사유(이하 "이행청구권의 한계사유"라 한다)가 있을 때에는 채권자는 채무자에 대하여 그 이행을 청구할 수 없다. 가. 이행이 물리적으로 불가능한 때, 나. 이행에 요하는 비용이 채권자가 이행으로 얻는 이익에 비하여 현저히 과대한 것일 때, 다. 기타 당해 계약의 취지에 비추어 채무자에게 채무의 이행을 청구하는 것이 상당하지 않다고 인정되는 사유.
123　中間試案の補足説明, 116頁.
124　中間試案の補足説明, 116頁.

할 수 있고, 이것은 전술한 채권법개정의 기본방침이나 중간시안의 입장과 기본적으로 같은 것이다(다만 규정의 순서와 통합 여부—해제의 경우—및 약간의 표현에 차이가 있을 뿐이다).

개정민법에 의하면 확정적 이행거절의 경우(제2호)와 채무불이행으로 해제권이 발생한 경우(제3호 후단)에는 이행청구권과 전보배상청구권이 병존하게 된다. 채무불이행으로 해제권이 발생한 경우(제3호 후단)는 가령 이행지체 후에 채권자가 상당한 기간을 정하여 채무의 이행을 최고하였으나 그 기간 내에 채무의 이행이 없는 경우(중간시안 3. (1) 다. 참조)가 대표적인 예로서 채권자가 아직 계약을 해제하지 않고 있는 경우를 상정한 것이다(이행지체를 이유로 한 전보배상).[125]

주의할 점은 개정민법에서는 중간시안의 3.(3)을 삭제하였다는 점이다. 중간시안의 3.(3)은 이행청구권과 전보배상청구권이 병존하는 경우에 채권자가 손해배상을 청구한 때에는 채권자는 채무자에 대하여 이행청구를 할 수 없다고 규정하고 있었는데, 이것은 본래의 이행청구와 전보배상청구의 어느 쪽을 이행할지가 불확정하다면 채무자가 불안정한 지위에 놓여지게 된다는 점을 고려한 것이었다.[126] 개정민법에서는 중간시안의 위 규정을 삭제하였기 때문에 양청구권이 병존하는 경우에 채권자가 이행에 갈음한 손해배상(전보배상)을 청구한 경우라도, 이행이 가능하다면 채권자는 채무자에 대해 채무의 이행을 청구할 수 있다고 해석해야 할 것이다.[127] 채무자에 대하여 전보배상을 청구하였다는 사실만으로 자기의 이익의 만족을 얻지 못하였음에도 불구하고 채권자가 이행청구권을 상실한다고 하는 것은 적절하지 않기 때문이다.[128] 이행청구권이 소멸하는 것은 채무자로부터 채권자에 대하여 전보배상이 현실로 이루어진 때이고, 전보배상청구권이 소멸하는 것은 채무자로부터 채권자에 대하여 이행이 현실로 이루어진 때이다.[129]

---

125 潮見, 槪要, 61~62頁.
126 中間試案の補足説明, 116頁.
127 潮見, 新債權総論Ⅰ, 482頁.
128 潮見, 新債權総論Ⅰ, 482頁 각주 145.
129 潮見, 新債權総論Ⅰ, 482~483頁.

V. 결론에 갈음하여

1. 개정민법의 취지(요약)

이상, 개정민법 제415조(채무불이행에 의한 손해배상)의 입법취지에 관하여 검토해 왔다. 개정민법 제415조는 형식적으로는 원래의 내용에 제2항을 추가하는 형태로 구성되었고, 제1항은 전단(1문)과 후단(2문)의 구조에서 본문과 단서의 구조로 재편되었다. 이러한 변화를 반영하여 본론의 검토를 요약하면 다음과 같이 세 가지 논점으로 정리가 가능할 것이다.

첫째, 개정민법 제415조 제1항 본문은 '채무불이행 일원론'의 입장에 따라 채무불이행에 의한 손해배상책임을 재구성한 것이다. 개정민법은 "채무의 본지에 따른 이행을 하지 아니한 때"가 개정 전 민법 제415조 후단의 '이행불능'을 포함하는 의미인지 명확하지 아니하다는 점을 고려하여 "채무의 본지에 따른 이행을 하지 아니한 때 또는 채무의 이행이 불능인 때"로 주의적으로 규정하였고,[130] 아울러 본조 제1항 단서가 본문을 받아 "그 채무의 불이행"이라고 표현함으로써 본조가 채무불이행에 의한 손해배상책임에 관한 일반적·포괄적 규정임을 명확히 하였다. 이것은 개정 전 민법(메이지민법)의 입법취지에 보다 가깝게 개정한 것으로 종래의 통설의 입장인 3유형론의 입장을 극복하는 의미가 있다고 생각된다.

둘째, 개정민법 제415조 제1항 단서는 "그 채무의 불이행이 계약 기타 채무의 발생원인 및 거래상의 사회통념에 비추어 채무자의 책임으로 돌릴 수 없는 사유로 인한 것일 때에는 그러하지 아니하다."고 규정하는데, 이것은 개정 전 민법에서 채무자의 귀책사유의 부존재가 면책사유로 위치지워진다고 해석한 종래의 통설·판례의 입장을 명문화하는 것임과 동시에(손해배상책임의 면책사유의 명문화), 귀책사유의 판단기준이 "계약 기타 채무의 발생원인 및 거래상의 사회통념"이라는 점을 명확히 한 것이다(귀책사유의 판단기준의 명확화). 계약책임에서 귀책사유의 판단기준을 계약 및 거래상의 사회통념에서 구하는 것은 귀책사유의 존부를 불법행위에서의 과실과 마찬가지로 판단하는 종래의 통설의 생각(과실책임주의)을 탈피하는 것이라는 점에 의미

---

130 이러한 구성은 결과적으로 만주국민법의 그것과 같은 것이다.
　　만주국민법 제377조 채무자가 채무의 본지에 따른 이행을 하지 아니한 때 또는 이것을 할 수 없을 때에는 채권자는 그 손해의 배상을 청구할 수 있다. 다만. 그 불이행이 채무자의 고의 또는 과실에 의한 것이 아닐 때에는 그러하지 아니하다.

가 있다. 따라서 개정민법 하에서는 귀책사유의 존부 판단이 객관적·일반적인 '과실'의 존부 판단에서 계약(채무) 내용으로부터의 귀책사유의 존부 판단으로 보다 개별화·구체화될 것으로 생각된다.

<u>셋째, 개정민법 제415조 제2항은 이행에 갈음한 손해배상(전보배상)청구권의 발생요건을 구체화한 것이다.</u> 동항은 제415조가 포괄적·일반적 손해배상책임에 관한 규정이라는 점을 고려하여 지연배상청구권의 발생요건에 관한 규정(412조)과 보조를 맞추기 위한 목적에서 신설된 것이다(채무불이행에 의한 손해배상 요건의 구체화). 동항에서는 이행불능(제1호)과 확정적 이행거절(제2호) 및 계약이 해제된 경우와 (해제되지 않고) 채무불이행으로 해제권이 발생한 경우(제3호)를 전보배상청구권의 발생요건으로 규정하는데, 확정적 이행거절(제2호)과 채무불이행으로 해제권이 발생한 경우(제3호 후단)에는 이행청구권과 이행에 갈음한 손해배상(전보배상)청구권이 병존한다는 점에 의의가 있다. 이 경우에 채권자는 어느 권리를 행사할지를 선택할 수 있고, 채권자가 전보배상을 청구한 경우라도 이행이 가능하다면 채권자는 채무자에 대해 채무의 이행을 청구할 수 있다고 해석된다.

2. 한국민법에의 시사점

(1) 한국민법과의 비교

우리민법 제390조는 일본의 개정 전 민법과 유사하지만 형식과 내용 양면에서 차이가 존재한다. 일본의 개정 전 민법과 같이 "채무의 내용(본지)에 좋은 이행을 하지 아니한 때"와 (귀책사유에 의해 수식되는) '이행불능'을 구별하는 구조라는 점에서는 같지만, 형식적으로 전단(1문)과 후단(2문) 형태의 일본의 개정 전 민법과 달리 본문과 단서의 형식으로 되어 있고, 내용적으로도 (단서에서) 귀책사유(고의나 과실)가 없는 경우의 이행불능의 면책을 규정하고 있다는 점에서 (후단에서) 귀책사유에 의한 이행불능이 본문과 같이 손해배상청구권의 발생요건이라는 점을 규정하는 일본의 개정 전 민법과 다르다. 그러나 이러한 차이점에도 불구하고 종래 우리민법의 해석상으로도 채무불이행에는 3유형이 존재하며 귀책사유(고의나 과실)는 이행불능뿐만 모든 유형에서 채무불이행책임의 성립을 위해 필요하다는 해석이 지배적이었다. 이러한 해석은 독일민법의 학술계수의 영향을 받은 일본의 종래의 통설과 같은 것이다.

이러한 점을 전제로 할 때 전술한 일본의 개정민법 제415조의 세 가지 입법취지 중에서 우리민법 제390조의 해석과 관련하여 가장 문제가 되는 것은 두 번째 입법취지이고 그중에서 특히 "귀책사유의 판단기준의 명확화"라고 생각된다.

우선 첫 번째 입법취지는 우리민법에서도 최근에는 제390조의 일반규정적 성격 내지 이른바 '열린유형론에 따라 채무불이행의 유형이나 체계를 파악하는 견해[131]가 유력하기 때문에 채무불이행 일원론에 입각한 개정이 우리민법의 해석론에 특별한 시사를 주는 것은 아니다. 다만 일본민법 제415조 제1항의 개정은 채무불이행 일원론과의 이론적 정합성을 확보하기 위한 표현의 개정이라고도 할 수 있기 때문에(단서의 '이행불능'을 본문에 포함한 것) 특히 우리민법 제390조의 단서[132]가 일반규정 내지 열린유형론의 구조에 정합적인지의 관점에서의 입법론적 검토는 필요하다고 생각한다.

다음으로 세 번째 입법취지는 우리민법에서 적어도 해석론에 의해 이미 구현되어 있다고 할 수 있다. 즉 전보배상청구권의 발생요건으로 개정민법 제415조 제2항에 새롭게 규정된 4가지 사유 중 '이행불능'(390조)과 '해제'(551조)의 경우에 전보배상청구권이 인정된다는 점에 관하여는 해석론상 異論이 없고, '채무불이행으로 해제권이 발생한 경우'에 관하여는 그 대표적인 사례라 할 수 있는 이행지체에서의 전보배상청구권이 우리민법 제395조(이행지체와 전보배상)에 이미 입법되어 있는 상태이며, 또한 '확정적 이행거절'의 경우는 "채무자가 채무를 이행하지 아니할 의사를 명백히 표시한 경우에 채권자는 신의성실의 원칙상 이행기 전이라도 이행의 최고 없이 채무자의 이행거절을 이유로 계약을 해제하거나 채무자를 상대로 손해배상[이행에 갈음한 손해배상]을 청구할 수 있다"는 판례법리가 형성되어 있기 때문이다.[133]

한편 두 번째 입법취지와 관련하여서 우리민법 제390조는 그 단서에서 고의 또는 과실이 없는 경우(=무과실)를 '면책사유'로 규정하고 있다고 할 수 있기 때문에 개정민법 제415조 제1항 단서가 손해배상책임의 면책사유를 규정하였다는 것은 결과적으로 우리민법의 태도와 같아진 것을 의미한다.[134] 따라서 일본의 개정민법이

---

131 가령 곽윤직 편집대표, 민법주해 제9권 · 채권(2), 박영사(1995), 221면 이하(양창수 집필).

132 우리민법 제390조 단서는 고의나 과실 없는 '이행불능'이 면책된다는 구조이다.

133 대법원 2005. 8. 19. 선고 2004다53173 판결; 대법원 2007. 9. 20. 선고 2005다63337 판결 등.

134 이것은 만주국민법에서도 마찬가지다. 만주국민법 제377조는 그 단서에서 "다만, 그 불이행이 채무자의 고의 또는 과실에 의한 것이 아닐 때에는 그러하지 아니하다."고 규정하는데, 이것은 귀책사유의 부존재를 손해배상책임의 면책사유로 규정한 것으로 볼 수 있다. 다만 만주국민법은 이행불능을 본문으로 위치시키고 있기 때문에 단서는 채무불이행 전반에 타당한 반면("그 불이행이~"), 우리민법은 단서를 이행불능에만 적용되는 것으로 규정하였다는 점에 차이가 있다. 이에 대해 일본의 개정민법은 귀책사유의 판단기준을 과실책임의 원칙에서 탈피하여 계약 및 거래상의 사회통념에서 구했다는

면책사유를 명문화한 것이 우리민법의 해석에 어떠한 시사를 준다고 할 수는 없다. 그러나 일본의 개정민법이 계약책임에서 귀책사유의 판단기준을 "계약 및 거래상의 사회통념"에서 구하는 것으로 정한 것은 "귀책사유＝고의·과실"을 전제로 규정되어 있는 우리민법과는 이질적인 것이다. 일본의 개정민법이 종래의 통설의 입장인 과실책임주의에서 탈피하였다는 점이 강조되고 있음에 반해 우리민법은 과실책임주의에 입각하여 그에 충실한 조문을 두고 있기 때문이다(제390조 단서, 제391조, 제392조, 제397조 제2항, 제401조 등).

(2) 계약책임의 귀책구조

이와 같이 일본의 개정민법 제415조는 우리민법의 해석론과 관련하여서는 귀책사유의 판단구조를 기존의 과실책임주의(귀책사유＝고의·과실)에 따른 과실의 존부 판단에서 "계약 및 거래상의 사회통념"이라는 기준에 따른 귀책사유의 존부 판단으로 개정한 점에서 우리민법과의 근본적인 차이점을 발견할 수 있고, 그러한 점이 또한 우리민법의 해석론에 주는 시사점이 될 수 있다고 생각된다.

그렇다면 일본 개정민법에서 채무불이행에 의한 손해배상책임에서 과실책임주의를 탈피하였다는 것은 구체적으로 어떠한 의미가 있는 것인가? 그것은 종래의 과실의 존부 판단과 개정민법상 귀책사유의 존부 판단의 異同을 검토함으로써 유추가 가능할 것으로 본다.

종래 일본의 통설은 채무자의 과실에 대하여, "채무자의 직업, 그가 속하는 사회적·경제적 지위 등에 있는 자로서 일반적으로 요구되는 정도의 주의(선량한 관리자의 주의)를 결여하였기 때문에 채무불이행이 발생한다는 점을 인식하지 못한" 것이라고 파악하고 있었다[135](추상적 과실개념). 그러나 이와 같이 이른바 '추상적 과실'을 전제로 과실을 채무자의 '심리상태'로 파악하는 경향은 그 후 채무자의 행위태양을 문제로 하는 방향으로 전개되어, 과실의 주요한 요소는 "채무자가 그 채무불이행과의 관련에서 행하여야 했던 구체적인 행위를 해태한 것"이라고 이해되었다.[136] 이에 의하면 '과실＝구체적 주의의무 위반'으로 관념된다(객관적 과실개념). 이에 반해 개정민법

점에 근본적인 차이가 있다.

135 我妻, 債権総論, 105~106頁 (荻野奈緒 「債務不履行による損害賠償(1)─要件」 潮見佳男外編 『詳解·改正民法』(商事法務, 2018)(이하, "荻野, 要件"으로 인용) 151頁에서 재인용).

136 奥田昌道編 『注釈民法(10)』 (有斐閣, 1985) 398·400頁以下[北川善太郎](荻野, 要件, 151頁에서 재인용).

에 의하면 계약상 채무의 불이행에 대한 귀책사유는 채무자에게 과실이나 주의의무
위반이 존재하는지 여부가 아니라 "계약 및 거래상의 사회통념"에 비추어 그 존부를
판단하게 된다(제415조 제1항 단서). 즉, 여기서는 당사자가 계약에서 합의한 내용뿐만
아니라 계약의 성질, 계약을 한 목적, 계약체결에 이른 경위 등 계약을 둘러싼 일체
의 사정과 함께 거래상의 사회통념에 따라 채무불이행을 채무자의 책임으로 귀속시
키는 사유가 존재하는지 여부가 규범적으로 판단된다. 종래의 통설에서의 과실 판단
이 채무자의 직업이나 그가 속하는 사회적·경제적 지위 등에 있는 자로서 일반적으
로 요구되는 정도의 주의(선량한 관리자의 주의)를 결여하였는지 여부가 문제되는 **일반
적·추상적인 판단**이었다면 개정민법 하의 귀책사유의 존부 판단은 계약에서 당사자
가 합의한 내용을 중심으로 책임귀속을 정당화하는 사유의 존부에 관한 **개별화·구
체화된 판단**이라는 점에 차이가 존재한다. 이것은 불법행위법상의 귀책구조와의 차
별화를 의미하는 것이기도 하다.[137]

반면에 '과실=구체적 주의의무 위반'으로 관념하는 견해는 '구체적 주의의무'의
내용을 판단하는 방법에 따라서는 개정민법으로의 연결성을 발견할 여지도 있다. 가
령 채무자의 주의의무의 내용이 계약에서 당사자가 합의한 내용에 따라 구체적으로
정해지는 것이라고 이해한다면 개정민법상 귀책사유는 과실 개념을 매개로 하여서
도 판단할 수 있다는 결론에 이르기 때문이다.[138]

이와 같이 일본 개정민법 제415조는 귀책사유에 관하여 기존의 과실책임주의에
입각한 과실의 존부 판단에서 계약 및 거래상의 사회통념에 따른 귀책사유의 존부
판단으로 그 판단구조를 바꾼 점에 큰 특징이 발견된다. 우리나라에서도 가령 유럽
계약법원칙 제9:501조 제1항[139] 등을 근거로 계약위반의 책임을 채무자의 과실 여부
와 관계없이 엄격한 책임으로 구성하자는 입법적 제안이 이루어져 있다.[140] 불법행

---

137 山野目章夫 『新しい債権法を読みとく』(商事法務, 2017)(이하, "山野目, 新しい債権法を読みとく"로 인용) 90頁.
138 같은 취지, 荻野, 要件, 151頁("개정민법이 과실책임의 원칙을 부정하였다고 평가할 수 있을지는 동원칙 내지 과실 개념을 어떻게 이해할지 여부에 달려있다고 생각된다").
139 **유럽계약법원칙 제9:501조 제1항** 불이행을 당한 당사자는 그 불이행이 제8:108조에 의해 면책되는 경우를 제외하고 상대방의 불이행으로 야기된 손해의 배상을 청구할 수 있다.
   제8:108조 제1항 당사자 일방의 불이행이 그 당사자의 통제 밖에 있는 장애사유로 인한 것이고 또한 계약체결 당시 그 장애사유를 고려하거나 또는 장애 내지 그 결과를 회피하거나 극복할 것을 합리적으로 기대할 수 없었을 것임이 그 당사자에 의해 증명된 경우 그 불이행은 면책된다.
140 김동훈, "계약법에서 과실책임주의의 의미", 비교사법 제6권 2호(1999), 253면; 박영복, "계약책임의

위책임과 달리 채무자 스스로 채권자의 급부이익을 위해 자발적으로 그 의무와 이행
상의 위험을 인수하였다는 계약책임의 특별한 사정에 비추어 무과실의 엄격책임으
로 구성할 필요가 있다는 것이다.[141] 이에 대해서는 입법론적 차원에서도 과실책임
의 원칙을 견지하려는 것이 대체적인 견해로 보여진다.[142]

　　일본민법 제415조의 개정은 실무에 끼치는 영향은 한정적일 것으로 보이지만 이
론적으로는 채무불이행을 이유로 한 손해배상책임(계약책임)의 귀책구조에 관한 최근
의 국제적인 계약규범 등(CISG, PECL 등)을 통한 논의를 전격적으로 수용하였다는 점
에서 신선한 충격으로 다가온다. 본고의 검토가 계약책임의 귀책구조에 관한 논의를
활성화시키는 작은 계기라도 될 수 있다면 큰 기쁨이겠다.

　　귀책요소로서 보증", 민사법학 제30호(2005), 363면.

141　다만 일본의 개정민법이 '무과실의 엄격책임'으로 구성되었다고 평가할 수 있는지에 관하여는 부정적
인 견해가 지배적이라는 점에 주의할 필요가 있다. 제415조 제1항 단서에서 귀책사유의 판단기준을
계약 및 거래상의 사회통념으로 바꾸었을 뿐 면책가능성을 폭넓게 열어두고 있다는 점에서 그러하며
(荻野, 要件, 150~151頁; 潮見佳男 「債権法改正と『債務不履行の帰責事由』」 曹時68卷3号(2016) 635
頁以下; 山野目, 新しい債権法を読みとく, 91頁 등), 또한 같은 맥락에서 실무운용과 관련하여 개정민
법은 "채무자가 계약에 의해 어떠한 채무를 부담하였는지를 확정한 후에 어떠한 사태에 대해 채무자
가 손실의 부담을 지지 않는 것으로 하면 좋을지를 계약내용에 입각하여 판단하고 '채무자의 책임으
로 돌릴 사유'의 유무를 평가하고 있는 종전 실무의 처리방법을 명확히 한 것일 뿐 이것과 모순하는
것은 아니다."라는 평가(詳解·債権法改正の基本方針, 245頁)나, "귀책사유의 존부 판단이 '계약 기타
채무의 발생원인 및 거래상의 사회통념에 비추어'로 수정된 것은 큰 개정이 이루어진 것으로 해석될
여지도 있으나, 실제의 소송에서 무엇이 다투어질 것인지를 생각해보면 현시점과 달라진 것은 아무
것도 없다"라는 평가(道垣內, 講義·債権法改正, 93頁)에서 보는 것처럼 개정민법이 실무운용에 큰
변화를 가져오는 것은 아니라는 견해가 유력하다는 점에서 그러하다.

142　김용덕 편집대표, 주석민법[제5판], 한국사법행정학회(2020), 741면[김상중 집필]. 아울러 같은 문헌
에서 엄격책임 구성에 대한 반대론의 논거도 참조(741~742면[김상중 집필]).

존속기간을 정하지 않은 계속적 계약의 임의해지

권 영 준*

I. 서론

계약 해지는 계속적 계약의 당사자가 일방적 의사표시로 그 계약의 효력을 장래에 향하여 소멸시키는 법률행위이다. 계약 해지권은 계약 또는 법률에 의거하여 발생한다(민법 제543조 제1항). 계약에 따른 해지권을 약정해지권, 법률에 따른 해지권을 법정해지권이라고 한다. 그런데 다음 상황을 상상해 보자. 갑(甲)과 을(乙)은 계속적 공급계약관계를 맺었다. 향후 거래 전개 양상을 미리 예측하기 어려워 존속기간은 별도로 정하지 않았다. 갑과 을은 상호 신뢰의 토대 위에 거래를 개시하였고, 장차 필요하면 원만한 협의를 통해 화기애애하게 거래를 종료할 수 있으리라 믿었다. 계약서에는 약정해지조항을 별도로 두지 않았다. 거래기간 중 갑과 을 누구도 채무불이행에 빠지지 않았다. 현저한 사정변경이나 중대한 신뢰파괴와 같은 사유가 있지도 않았다. 그런데 갑은 여러 가지 사정상 더 이상 을과 거래하기가 힘들어졌다. 하지만 갑의 이러한 뜻을 전해 들은 을은 거래관계 중단에 반대하였다. 이 경우 갑은 을의 동의 없이 계약을 일방적으로 해지할 수 있는가?[1] 아니면 채무불이행과 같은 법정해지사유나 쌍방의 합의 없이는 계약이 영구적으로 존속하게 되는가? 계속적 계약관계에 관한 기본적인 질문이지만 의외로 이에 관한 우리 법의 해석론은 명확하지 않다.

---

* 서울대학교 법학전문대학원 교수

1 이러한 해지를 이 글에서는 '임의해지'라고 부르기로 한다.

이러한 문제 상황은 다음 질문들과 연결되어 있다. 존속기간을 정하지 않은 계약관계는 영구적인가? 아니면 당사자는 존속기간을 정하지 않은 계약관계에서 일방적으로 탈퇴할 자유 또는 계약관계를 일방적으로 해소할 권리를 누리는가? 만약 일방이 그러한 권리를 누린다면 계약관계가 존속되리라는 타방의 신뢰는 어떻게 보호되어야 하는가? 계약탈퇴의 자유와 계약신뢰보호의 요청을 조화롭게 반영할 방법이 있는가? 이 문제에 관하여 개별 계약 유형별로 존재하는 법률 조항들은 얼마나 일반화될 수 있는가? 이 문제는 법률행위의 해석 차원에서 풀어야 하는가? 아니면 법 조항 내지 법 원칙의 적용 차원에서 풀어야 하는가? 이 글에서는 이러한 질문들을 염두에 두고 존속기간을 정하지 않은 계속적 계약의 임의해지 문제에 관하여 다룬다. 먼저 이 문제에 관한 우리나라의 판례와 학설을 살펴보고(Ⅱ. 우리나라 해석론 현황), 외국의 관련 입법과 해석론(Ⅲ. 국제적 동향)을 소개한다. 그 이후 필자가 타당하다고 생각하는 해석론을 전개한다(Ⅳ. 분석).

Ⅱ. 우리나라 해석론 현황

1. 관련 민법 조항

존속기간을 정하지 않은 계속적 계약의 임의해지는 다른 법률에서 특별히 정한 바가 없으면 민법에 의해 규율될 문제이다. 그런데 우리 민법은 이 점을 일반적으로 규율하는 조항을 두고 있지 않다. 해제권과 해지권에 관한 일반 조항(제543조)이 있기는 하지만, 존속기간을 정하지 않은 계속적 계약의 임의해지에 대해서는 침묵하고 있다. 그 대신 우리 민법은 사용대차, 임대차, 고용, 위임, 임치, 조합에 관하여 아래와 같이 개별적인 조항들을 두고 있다.

【사용대차】
제613조(차용물의 반환시기) ① 차주는 약정시기에 차용물을 반환하여야 한다.
② 시기의 약정이 없는 경우에는 차주는 계약 또는 목적물의 성질에 의한 사용, 수익이 종료한 때에 반환하여야 한다. 그러나 사용, 수익에 족한 기간이 경과한 때에는 대주는 언제든지 계약을 해지할 수 있다.

【임대차】
제635조(기간의 약정없는 임대차의 해지통고) ① 임대차기간의 약정이 없는 때에

는 당사자는 언제든지 계약해지의 통고를 할 수 있다.

② 상대방이 전항의 통고를 받은 날로부터 다음 각호의 기간이 경과하면 해지의 효력이 생긴다.

1. 토지, 건물 기타 공작물에 대하여는 임대인이 해지를 통고한 경우에는 6월, 임차인이 해지를 통고한 경우에는 1월

2. 동산에 대하여는 5일

【고용】

제660조(기간의 약정이 없는 고용의 해지통고) ① 고용기간의 약정이 없는 때에는 당사자는 언제든지 계약해지의 통고를 할 수 있다.

② 전항의 경우에는 상대방이 해지의 통고를 받은 날로부터 1월이 경과하면 해지의 효력이 생긴다.

③ 기간으로 보수를 정한 때에는 상대방이 해지의 통고를 받은 당기후의 일기를 경과함으로써 해지의 효력이 생긴다.

【위임】

제689조(위임의 상호해지의 자유) ① 위임계약은 각 당사자가 언제든지 해지할 수 있다.

② 당사자 일방이 부득이한 사유없이 상대방의 불리한 시기에 계약을 해지한 때에는 그 손해를 배상하여야 한다.

【임치】

제699조(기간의 약정없는 임치의 해지) 임치기간의 약정이 없는 때에는 각 당사자는 언제든지 계약을 해지할 수 있다.

【조합】

제716조(임의탈퇴) ① 조합계약으로 조합의 존속기간을 정하지 아니하거나 조합원의 종신까지 존속할 것을 정한 때에는 각 조합원은 언제든지 탈퇴할 수 있다. 그러나 부득이한 사유없이 조합의 불리한 시기에 탈퇴하지 못한다.

② 조합의 존속기간을 정한 때에도 조합원은 부득이한 사유가 있으면 탈퇴할 수 있다.

위에서 살펴본 민법의 개별 조항들은 다음 세 가지 유형으로 나뉜다. 첫째, 존속기간을 정하지 않은 계약은 아무런 제한 없이 임의해지할 수 있고, 해지와 동시에 계약관계가 해소되도록 하는 조항들이다(즉각적 임의해지형). 사용대차(제613조), 임치

(제699조)에 관한 조항들이 그러하다. 둘째, 존속기간을 정하지 않은 계약은 아무런 제한 없이 임의해지할 수 있지만, 해지 통고 후 일정한 기간이 경과해야만 계약관계가 해소되도록 하는 조항들이다(기간경과부 임의해지형). 임대차(제635조), 고용(제660조)에 관한 조항들이 그러하다. 셋째, 상대방이 불리한 시기에는 임의해지할 수 없거나, 임의해지할 경우 손해배상책임을 부담하도록 함으로써 임의해지의 자유를 일정 정도 제한하는 조항들이다(제한적 임의해지형). 위임(제689조), 조합(제716조)에 관한 조항들이 그러하다.

이처럼 개별 조항들이 있는 개별 계약의 임의해지는 각각의 조항이 정하는 바에 따라 규율하면 충분하다. 문제는 이러한 개별 조항이 존재하지 않는 유형의 계약이다. 계속적 공급계약이나 계속적 배급계약, 계속적 보증계약 등이 대표적 유형이다. 이러한 계약은 현실적으로 빈번하게 체결되고 있는데, 그중에는 여러 가지 이유로 존속기간을 정하지 않는 경우가 흔하게 있다. 그런데 이때 계약의 임의해지가 가능한지에 대해 민법은 침묵하고 있다. 따라서 이 문제는 해석론으로 해결할 수밖에 없다. 그렇다면 우리나라에는 이에 관한 해석론이 존재하는가? 학설상으로는 여러 갈래의 논의가 있고, 판례의 태도에는 불분명한 면이 있다. 즉 이 점에 관하여 확립된 해석론이라고 할 만한 것은 존재하지 않는다. 아래에서 좀더 자세하게 살펴본다.

2. 학설

(1) 임의해지 인정설

우선 존속기간을 정하지 않은 계속적 계약의 임의해지를 인정해야 한다는 입장이 있다(임의해지 인정설). 예컨대 김형배 교수는 "기간을 정하지 않은 계속적 채권계약이 체결된 경우에는 … 해지자는 그가 원하는 때에 언제든지 (임의로) 해지를 통고할 수 있는 것이 원칙이다. 그러나 해지의 통고가 있은 뒤부터 해지의 효력이 발생할 때까지는 일정한 기간이 경과되어야 하는 것이 원칙이다."라고 서술하였다.2 김증한 교수와 김학동 교수는 "계약의 존속기간을 정하지 않은 경우에는, 양 당사자는 언제든지 해지를 하여 계약관계를 종료시킬 수 있도록 해야 한다."라고 서술하였다.3 김상용 교수는 "기간의 약정이 없는 계속적 계약에서는, 원칙적으로 각 당사자가 임의로 해지할 수 있기 때문에(제635조, 제60조), 해지권 유보의 약정이나, 법률의 규정이 없더라도 각 당사자는

---

2 김형배, 채권각론:계약법, 박영사(2001), 265면.
3 김증한·김학동, 채권각론, 제7판, 박영사(2006), 179면.

계약을 해지할 수 있다."라고 서술하였다.[4] 이은영 교수는 해지의 자유가 인정되는 경우로서 기간의 약정이 없는 경우를 들면서, "계약에서 존속기간을 약정하지 않은 경우에 언제든지 해지통고를 할 수 있지만, 이때 상당한 유예기간(또는 법률이 정하는 유예기간)을 부여한 후 계약을 종료시켜야 한다(임대차: 법 제635조, 고용: 법 제660조)."라고 서술하였다.[5] 조일윤 교수는 "기간을 정하지 않은 계속적 계약에서는 특성상 해지권 유보 약정이나 급부 장애가 없더라도 기본적 채권관계를 종료시킬 수 있는 가능성"이 주어져야 한다고 하면서, 이때 인정되는 해지에는 어떤 특별한 사유가 필요하지 않고 해지자는 원하는 때에 언제든지 특별한 사유 없이도 해지할 수 있는 것이 원칙이라고 서술하였다.[6] 한편 남효순 교수는 "계속적 계약의 경우 기간의 정함이 없으면 해지의 자유를 인정하고 있다. 사용대차의 임의해지(제613조 제2항), 임대차의 임의해지(제635조), 고용의 임의해지(제660조), 고용의 경우 묵시의 갱신 후의 임의해지(제662조), 위임의 경우 임의해지(제689조), 임차인의 임의해지(제699조)가 그러하다."라고 서술하였는데,[7] 일반적인 임의해지를 인정하자는 취지인지는 분명하지는 않으나 일단 이러한 임의해지의 가능성을 열어 놓은 것이라고 이해한다. 지금까지 살펴 본 입장은 각 서술의 강약과 뉘앙스에는 차이가 있지만 계속적 계약의 임의해지를 원칙적으로 인정한다는 공통점을 가진다.

(2) 임의해지 부정설

반면 존속기간을 정하지 않은 계속적 계약의 임의해지는 원칙적으로 인정할 수 없다는 입장도 있다. 지원림 교수는 임의해지 인정설에 대해 "이 견해에 의하면 기간의 정함이 없는 계속적 채권관계에서 계약의 구속력은 전혀 무의미하게 되는바, 과연 그렇게 볼 것인가? 그리고 가령 제689조와 같이 해지의 자유를 규정하는 조항이 무의미하게 되지는 않을까? 판례는 가령 계속적 보증에 관하여 이러한 해지를 인정하지 않는다."라고 서술하며 임의해지 인정설에 의문을 표시하였다. 이는 계속적 계약의 임의해지 원칙에 대해 온건하게나마 반대하는 입장으로 이해된다.[8] 또한 김

---

4 김상용, 채권각론, 개정판, 법문사(2003), 161면.

5 박준서 편, 주석 민법, 채권각칙(2), 제3판, 한국사법행정학회(1999), 50-51면(이은영 집필부분).

6 조일윤, "민법개정안 제544조의3(채무불이행과 해지)의 재검토", 민사법이론과 실무 제8권 제1호 (2004. 6), 78-79면.

7 김용담 편, 주석 민법, 채권각칙(2), 제4판, 한국사법행정학회(2016), 96면(남효순 집필부분).

8 지원림, 민법강의 제15판, 홍문사(2017), 1374면.

영신 교수는 "계속적 계약관계에서 기간의 정함이 없는 경우 해지권에 관한 민법의 규정들을 일반화하여 모든 계약유형에 관하여 적용하는 것은 무리인 것으로 생각되고, 임치와 같이 계약상 급부의 모습이 특수한 것, 혹은 조합이나 위임과 같이 당사자 사이에 신뢰관계가 특별히 강하게 요구되는 계약유형에 한하여 이러한 비교적 자유로운 해지권에 관한 규정들을 유추할 수 있는 것으로 여겨진다."라고 서술한다.9 이 역시 존속기간을 정하지 않은 계속적 계약의 임의해지는 일반적으로 인정할 수 없다는 토대 위에 서 있는 입장으로 이해된다.

한편 양창수 교수는 "기간의 약정이 없으면서 다른 한편으로 정상적인 해지의 가능성이 없는 경우에는, 무제한한 계약상의 구속으로 말미암아 당사자의 活動自由 (Bewegungsfreiheit)를 과도하게 제약하는 결과를 발생시킬 우려가 높으므로, 해지권의 발생 여부를 판단함에 있어서는 이 점에 대하여 특별히 고려를 하여야 할 것"이라고 하면서도, 계속적 보증계약의 해지에 관한 박병대 전 대법관의 논문10 등을 인용하며 기간의 유무라는 단 하나의 징표에 의하여 해지권 유무를 판단하는 것은 타당하지 않다는 입장을 취한다.11 이는 임의해지의 가능성을 부정하는 것은 아니나 기간의 정함이 없다는 이유만으로 임의해지를 할 수 없다는 입장으로 이해된다.12

(3) 절충설

장보은 교수는 "기간의 정함이 없는 계속적 계약이라고 하여 일방 당사자가 어느 경우에나 자유롭게 계약을 해지할 수 있도록 한다면 계약의 구속력은 사실상 매우 약화될 수 있다."라고 지적하면서,13 "특별한 사정이 없는 이상 계약관계를 영원히 유지하여야만 한다고 보기는 어려울 것이고, 어느 정도까지는 신뢰를 보호해 줄 정당하고 합리적인 사유가 있다면, 그 기간이 지나고 난 이후에는 계약관계를 해소할 수 있도록 하는 것이 타당하다."라고 서술하였다.14 이는 임의해지를 널리 허용하

---

9 김영신, "계속적 계약관계 및 그 해지에 관한 고찰", 민사법학 41호(2008. 6), 39면.

10 박병대, "계속적 보증에 관한 고찰", 사법논집 제18집(1987), 44-47면.

11 곽윤직 편, 민법주해(Ⅰ), 박영사(1992), 157-158면(양창수 집필부분).

12 다만 양창수·김재형, 계약법(민법 Ⅰ), 박영사(제2판), 2015, 581면에서는 "계속적 계약은 우선 존속기간의 만료로 종료된다. 그러나 존속기간의 정함이 없는 경우에는 당사자는 통상 계약을 언제라도 해지할 수 있다."라고 서술하고 있다.

13 장보은, "계속적 계약의 해지와 손해배상의 범위 — 대상판결: 대법원 1999. 6. 25. 선고 99다7193 판결", 저스티스 통권 제158-1호(2017. 2), 286면.

14 장보은(주 13), 287면.

는 것을 경계하면서도 신뢰 보호에 필요한 기간이 경과된 이후에는 임의해지를 허용할 수 있다는 입장으로서 일종의 절충설에 해당한다.

3. 판례

(1) 계속적 계약의 해지에 관한 대법원 판결의 일반적 흐름

계속적 계약의 해지에 관한 대법원 판결들은 대체로 위에서 살펴 본 개별 조항들에 기초한 계약 해지에 관한 것이거나, 현저한 사정변경[15] 또는 신뢰관계 파괴[16]로 인한 해지에 관한 것들이다. 그러나 이러한 해지는 존속기간이 정해져 있지 않다는 상황에 초점을 맞춘 해지가 아니다. 이러한 상황을 의식한 판결들은 대부분 기간을 정하지 않은 '계속적 보증계약'의 법률관계에 관한 것이다. 이 판결들에서 반복하여 판시된 법리에 따르면 보증인의 주채무자에 대한 신뢰가 깨지는 등 보증인으로서 보증계약을 해지할 만한 상당한 이유가 있다면 보증인은 일방적으로 보증계약을 해지할 수 있다.[17] 이러한 보증인의 해지권은 주채무자와의 신뢰관계 파괴 등을 고려하여 신의칙에 기초하여 허용되는 권리이지, 존속기간을 정하지 않았다는 사정으로부터 곧바로 도출되는 권리는 아니다. 또한 이 판결들은 여신(與信) 과정에서 보증이 핵심적인 인적 담보로 기능하여 왔던 우리나라의 금융 현실을 수용하면서도, 과도한 책임으로부터 보증인을 보호할 현실적 필요성을 함께 고려하여 선고된 것들이다. 즉 이 판결들은 계속적 보증계약에 특유한 사정들을 염두에 두고 탄생하였다. 그러므로 이 판결들만으로는 계속적 보증계약을 넘어서서 일반적인 계속적 계약에서 존속기간을 정하지 않은 경우에 임의해지가 인정되는가에 관한 답변을 곧바로 찾기 어렵다.

(2) 계속적 공급계약의 해지에 관한 대법원 판결

기간을 정하지 않은 계속적 공급계약(가스공급계약)의 해지 문제를 다룬 대법원 2013. 4. 11. 선고 2011다59629 판결은 앞서 본 판결들과 비교할 때 이 글의 주제와 좀더 밀접하게 관련된다.[18] 대법원은 이 판결에서 "계속적 계약은 당사자 상호간의

---

15 대법원 2017. 6. 8. 선고 2016다249557 판결은 사정변경으로 인한 계속적 계약 해지 문제를 다루고 있으나, 해당 사안은 존속기간의 정함이 있는 계약에 관한 것이었다.

16 대법원 2018. 3. 27. 선고 2015다12130 판결.

17 대법원 1978. 3. 28. 선고 77다2298 판결; 대법원 1986. 9. 9. 선고 86다카792 판결; 대법원 1992. 7. 14. 선고 92다8668 판결; 대법원 2002. 2. 26. 선고 2000다48265 판결; 대법원 2003. 1. 24. 선고 2000다37937 판결.

18 참고로 존속기간을 정한 계속적 계약에 관한 유사한 판시를 담고 있는 판결로는 대법원 1995. 3. 24.

신뢰관계를 기초로 하는 것으로서, 당해 계약의 존속 중에 당사자 일방의 부당한 행위 등으로 인하여 계약의 기초가 되는 신뢰관계가 파괴되어 계약의 존속을 기대할 수 없는 중대한 사유가 있는 때에는 상대방은 계약을 해지함으로써 장래에 향하여 효력을 소멸시킬 수 있다."라고 판시하였다. 아울러 해당 사안에 관하여 대법원은 신뢰관계 파괴에 따른 중대한 사유를 인정할 수 없다고 보아 신뢰관계 파괴에 따른 계약 해지를 인정한 원심 판결을 파기 환송하였다.

이 판결에 판시된 내용이 완전히 새로운 것이라고 할 수 없다. 그 이전에도 이와 유사한 판결들이 선고된 바 있기 때문이다. 다만 종전 판결들은 "계약상 의무 위반"이 해지 요건인 것처럼 판시하였는데 이러한 해지는 신뢰관계 파괴 그 자체로 인한 계약 해지라기보다는 채무불이행으로 인한 계약 해지의 한 유형으로 이해될 여지가 있었다.19 반면 이 판결은 아마도 의도적으로 "계약상 의무 위반"이라는 표현을 삭제하고 "부당한 행위 등"이라고만 언급하였다는 점을 주목해야 한다. 이를 통하여 대법원은 채무불이행과 무관하게 신뢰관계 파괴 그 자체로 인한 계약 해지를 다루는 것임을 명확히 하였다.

한편 만약 당사자가 기간을 정하지 않은 계속적 공급계약을 임의해지할 수 있다면 굳이 채무불이행 또는 신뢰관계 파괴를 이유로 한 계약 해지가 가능한지 여부를 따지지 않고도 쉽게 계약관계를 해소할 수 있었을 것이다. 그런데도 대법원은 "신뢰관계가 파괴되어 계약의 존속을 기대할 수 없는 중대한 사유가 있는 때"에 계약을 해지할 수 있다고 한정적으로 선언한 뒤, 해당 사안에서 신뢰관계 파괴가 이루어지지 않았으므로 해지가 불가능하다고 함으로써 간접적으로 계속적 계약관계의 임의해지를 부정한 것이 아닌가 하는 생각이 들기도 한다. 그러나 다른 한편 '존속기간을 정하지 않은 계속적 계약의 임의해지' 문제가 해당 사건에서 주장되지 않아 정면으로 판단의 대상이 되지 않았을 가능성도 있다. 결국 이 판결만으로 대법원이 일반론으로서 임의해지 가능성을 전면 부정하는 입장을 확고하게 취하였다고 말하기는 부족하다.

(3) 존속기간을 정하지 않은 계속적 계약의 임의해지에 관한 판례의 불명확성

선고 94다17826 판결, 계약상 의무 위반을 요건으로 한 판결로는 대법원 2002. 11. 26. 선고 2002두5948 판결이 있다.

19 대법원 1995. 3. 24. 선고 94다17826 판결; 대법원 2002. 11. 26. 선고 2002두5948 판결. 또한 대법원 2010. 10. 14. 선고 2010다48165 판결도 그 사실관계를 살펴보면 계약상 의무 위반을 이유로 한 해지가 문제되었다.

결국 현재까지의 대법원 판례들을 살펴보면 ① 개별 조항에 따른 계속적 계약의 임의해지는 인정된다는 점, ② 개별 조항이 없더라도 현저한 사정변경이 있다는 점을 근거로 계속적 계약을 해지할 가능성이 열려 있다는 점, ③ 개별 조항이 없더라도 신뢰관계 파괴를 근거로 계속적 계약을 해지할 가능성이 열려 있다는 점은 인정되나,[20] 이러한 사정이 없더라도 존속기간을 정하지 않은 계속적 계약임을 이유로 해지할 수 있다는 법리는 아직 인정되지 않는다. 하지만 이러한 임의해지가 정면으로 부정된 것인지, 아니면 이 점에 관한 판례의 태도는 여전히 회색 지대에 머물러 있는 것인지는 분명하지 않다. 앞서 학설상으로도 견해가 통일되어 있지 않았다는 점을 감안하면 이 문제에 관한 우리나라의 해석론은 불명확한 셈이다.

III. 국제적 동향

이처럼 이 문제에 대해 우리나라에 확립된 해석론이 존재하지 않는 상황에서 외국의 관련 입법이나 해석론은 중요한 참고 가치를 가진다. 물론 외국의 입법이나 해석론은 외국의 법제적, 역사적, 문화적 맥락과 밀접하게 관련되어 있으므로, 이러한 맥락을 달리하는 우리나라에 기계적으로 적용할 수는 없다. 그러나 계약법(특히 상거래에 관한 계약법)은 다른 법 분야에 비해 보편성과 국제성이 두드러지고, 이러한 특성을 지향하는 경향도 있다. 존속기간을 정하지 않은 경우 이들의 법률관계를 어떻게 파악할 것인가는 법 권역이나 국가의 특수성에 크게 좌우될 성격의 문제가 아니다. 특히 계속적 공급계약이나 계속적 배급계약 등 이 문제가 주로 등장하게 되는 계약은 대부분 상인들 사이에서 체결된다. 이러한 계약에 기한 거래는 국경을 넘어서서 행해지는 경우가 많다. 따라서 그 거래에 적용될 규범 역시 국제적으로 보편성을 획득할 것을 요구하게 된다. 이러한 배경을 염두에 두고 아래에서는 국제규범의 태도를 먼저 살펴본 후 개별 국가의 법제나 해석론을 살펴본다.

1. 국제규범

이 글에서 국제규범은 법 통일 또는 법 조화의 요청을 염두에 두고, 국경을 넘어서서 적용되거나 참고될 목적으로 마련된 규범을 통칭하는 말로 사용하기로 한다.

---

20 이중 ②와 ③에 따른 해지는 신의칙에 기초한 것이다.

국제규범은 조약 내지 협약의 형태로 존재하기도 하고, 모델법의 형태로 존재하기도 한다. 모델법은 국제기구에 의하여 작성되기도 하고, 학자들로 구성된 단체에 의하여 작성되기도 한다. 이러한 모델법은 법적 구속력을 가지지 않지만 각국의 입법과 해석론을 토대로 하되 각국의 특수성을 넘어서서 보편적으로 합리적인 규범을 제시하고자 한다. 이러한 보편적 합리성에 대한 추구라는 점에서는, 모델법은 특정한 사회적·역사적·문화적·법률적 환경과 결부될 수밖에 없는 특정 국가의 입법보다 참고할 가치가 더 크다고 평가할 수 있다.

(1) 국제상사계약원칙(Principles of International Commercial Contract)

국제상사계약원칙(Principles of International Commercial Contract, PICC로 약칭)은 『사법 통일을 위한 국제기구(International Institute of the Unification of Private Law, UNIDROIT로 약칭)』가 작성한 모델법이다. UNIDROIT는 사법(私法) 분야 법 규범의 통일을 위해 1926년 국제연맹 부속기구로 창설되었다. 1971년부터 국제상사계약 분야에 대한 통일법 제정 노력을 기울여 왔고, 1994년에 국제상사계약원칙 초판을, 2004년에 제2판을, 2010년에 제3판, 2016년에 제4판을 발표하였다. PICC는 나중에 살펴 볼 PECL, DCFR, CESL과 달리 유럽 등 특정 지역이 아니라 전 세계를 적용 대상으로 상정하여 작성된 것으로서 영미법계와 대륙법계를 아울러 규율하고자 하는 특성을 가지고 있다. 이처럼 PICC는 전 세계에 표준적으로 적용될 수 있는 계약법 원리를 담아 놓았다는 점에서 일종의 계약법의 국제적 리스테이트먼트(International Restatement of Contract Law)라고도 말할 수 있다.[21]

PICC 5.1.8조는 기간을 정하지 않은 계약의 종료(Termination of a contract for an indefinite period)에 대하여 규정하고 있는데, 그 내용은 아래와 같다.

【원문】

5.1.8. Termination of a contract for an indefinite period

A contract for an indefinite period may be terminated by either party by giving notice a reasonable time in advance. As to the effects of termination in general, and as to restitution, the provisions in Articles 7.3.5 and 7.3.7 apply.

---

21 이는 PICC에 관한 저명한 해설서에 붙여진 제목이기도 하다. Michael Joachim Bonell, An International Restatement of Contract Law: The UNIDROIT Principles of International Commercial Contracts, 2005 참조.

【번역】

5.1.8. 기간을 정하지 않은 계약의 종료

기간을 정하지 않은 계약은 어느 한 당사자가 미리 합리적 기간을 두어 통지함으로써 종료될 수 있다. 종료 효과에 관한 일반론 및 원상회복에 대해서는 7.3.5조 및 7.3.7조가 적용된다.

이 조항에 대한 주석(comment)에서는 기간을 정하지 않은 계약은 일방 당사자가 합리적 시간을 두어 통지함으로써 종료할 수 있다는 원칙을 확인한 뒤 '합리적 시간(reasonable time)'은 그 당시까지의 계약 존속기간, 계약관계에서 투자가 가지는 중요성, 새로운 계약 상대방을 물색하는 데 필요한 시간 등을 고려하여 결정해야 한다고 설명한다.[22] 또한 이러한 규칙은 계약 당사자들이 계약 존속기간을 정하지 못한 경우에 그 공백을 메우기 위한 조항으로 이해될 수 있다고 설명한다. 아울러 이러한 규칙은 계약 당사자는 계약에 영구히 구속되어서는 안 된다는 광범위하게 인정되는 원칙에 관련된 것이고, 설령 영구히 지속된다고 정한 계약이 체결되었더라도 일방 당사자는 언제든지 합리적 시간을 두어 통지함으로써 그 계약관계에서 벗어날 수 있다고 설명한다.

(2) 유럽계약법원칙(Principles of European Contract Law)

유럽계약법원칙(Principles of European Contract Law, PECL로 약칭)은 유럽계약법위원회(Commission on European Contract Law)가 작성한 유럽 차원의 모델 계약법이다. 유럽계약법위원회는 유럽연합(European Union, EU)의 회원국에서 모인 법률가들로 구성된 위원회이고, 덴마크의 올 란도(Ole Lando) 교수가 위원장을 맡았다. 이러한 위원회나 그 위원회의 성과물이 EU로부터 어떤 공식적인 지위를 부여받은 것은 아니다. 하지만 PECL은 EU 회원국들의 계약법에 대한 광범위한 조사와 분석을 기초로 작성된 EU의 모델 계약법으로서 유럽의 계약법 통일을 향한 중요한 진보로 평가받고 있다. 아울러 현재 계약법의 모습이 유럽에서 발원, 형성되었다는 점에서 PECL은 유럽을 넘어서서 전 세계 계약법의 중요한 참고 자료로 여겨지고 있다.

PECL 6:109조는 기간을 정하지 않은 계약에 대하여 규정하고 있는데, 그 내용은

---

22 UNIDROIT PRINCIPLES OF INTERNATIONAL COMMERCIAL CONTRACTS, UNIDROIT, 2016, 164면. 이하 본문의 관련 설명도 같은 문헌의 같은 면에 수록되어 있다. http://www.unidroit.org/english/principles/contracts/principles2016/principles2016-e.pdf 참조.

아래와 같다.

【원문】

6:109 Contract for an Indefinite Period

A contract for an indefinite period may be ended by either party by giving notice
of reasonable length.

【번역】

6:109 기간을 정하지 않은 계약

기간을 정하지 않은 계약은 어느 한 당사자가 합리적 유예기간을 두고 통지함으
로써 종료될 수 있다.

이 조항에 대한 주석(comment)에서는 이 조항이 영구히 지속될 것으로 예정된
계약 및 기간을 정하지 않은 계약에 모두 적용된다고 하면서 다음 두 가지 원칙을
담고 있다고 설명한다.23 첫째, 영구히 지속될 것으로 예정된 계약이라도 종료될 수
있고, 어떤 당사자도 상대방에게 무기한 의무를 부담하지 않는다는 원칙, 둘째, 이러
한 계약이나 기간을 정하지 않은 계약을 종료시키려면 어느 한 당사자는 합리적 유
예기간을 두고 통지를 하여야 한다는 원칙이 그것이다. 아울러 주석에서는 합리적
유예기간의 길이를 판단할 때에는 계약이 지속된 기간, 상대방이 계약을 이행하는데
쏟은 노력과 투자, 상대방이 다른 누군가와 또 다른 계약을 체결하는 데 걸리는 시
간을 고려하여야 하고, 이러한 기간은 종종 관행에 의하여 정해진다고 설명한다.

(3) 공통참조기준초안(Draft Common Frame of Reference)

공통참조기준초안(Draft Common Frame of Reference, DCFR로 약칭)은 유럽연합(EU)
에 설치된 유럽위원회(European Commission)의 위탁에 따라 연구자들이 유럽 사법의
내용을 기본원리, 개념 및 모델규칙의 형태로 작성한 모델법이다. DCFR 중간판
(Interim Outline Edition)은 2007년 12월 유럽위원회에 제출되어 2008년 2월 출판되었
고, DCFR 최종판(Outline Edition)은 2008년 12월 유럽위원회에 제출되어 2009년 2월
출판되었으며, 조문별 해설과 비교법적 검토결과까지 담은 DCFR 종합판(Full Edition)
이 2009년 9월에 출판되면서 DCFR의 작성이 일단락되었다. DCFR은 학자들의 주도

---

23 올 란도, 휴빌(공)편, 김재형 역, 유럽계약법원칙: 제1·2부, 박영사(2013), 482-483면.

로 작성되었지만 EU가 향후 법 통일의 틀로 삼기 위해 공식적으로 재정 지원을 하여 탄생하였다는 특징을 가지고 있다.

DCFR Ⅲ.−1:109조는 기간을 정하지 않은 계약에 관하여 규정하고 있는데, 그 내용은 아래와 같다.

【원문】

Ⅲ.−1:109 Variation or termination by notice

(1) A right, obligation or contractual relationship may be varied or terminated by notice by either party where this is provided for by the terms regulating it.

(2) Where, in a case involving continuous or periodic performance of a contractual obligation, the terms of the contract do not say when the contractual relationship is to end or say that it will never end, it may be terminated by either party by giving a reasonable period of notice. In assessing whether a period of notice is reasonable, regard may be had to the interval between performances or counter−performances.

(3)항 이하는 생략

【번역】

Ⅲ.−1:109 통지에 의한 변경 또는 종료

(1) 채권, 채무 또는 계약관계는 계약 내용 중에 정한 경우에는 그 정한 바에 따라 일방 당사자의 통지로 변경 또는 종료될 수 있다.

(2) 계약상 채무의 계속적이거나 정기적인 이행에 관한 경우, 계약 내용이 계약관계의 종료 시점을 규정하고 있지 않거나 계약관계가 종료하지 않는 것으로 규정하고 있는 때에는, 일방 당사자는 합리적인 기간의 통지를 두고 이를 종료할 수 있다. 통지의 기간이 합리적인지를 판단함에 있어서는 이행 또는 반대이행 간 시간적 간격이 고려될 수 있다.

(3)항 이하는 생략

위 조항 (2)항은 계속적 계약을 특정하여 규정하고 있다는 점에서 주목할 만하다. 한편 (2)항은 이에 대응하는 PECL 6:109조와는 다소 다른 표현으로 구성되어 있다. 그러나 위 조항 (2)항의 주석(comment)에는 PECL 6:109조에 대한 주석과 대동소이한 내용을 담고 있다.[24] 이는 DCFR 중 계약법 부분은 PECL의 토대 위에서 작성되었기 때문이다. 결국 기간의 정함이 없는 계약의 종료에 대해서는 DCFR이 PECL의 태도를 재확인하였다고 평가할 수 있다.

2. 개별 국가

(1) 미국

미국은 주별로 다른 계약법을 가지고 있다. 그러므로 미국의 입장이 어떠하다고 한 마디로 말하기는 어렵다. 다만 국제규범의 경우가 그러하듯 연방제인 미국 역시 모든 주에 적용되리라고 상정하여 작성된 통일법 또는 모델법을 살펴봄으로써 미국의 입장이 대체로 어떠한지를 추단해 볼 수 있다. 미국 통일상법전(Uniform Commercial Code, UCC로 약칭)은 주법(州法) 통일을 위한 전국 위원장 회의(National Conference of Commissioners on Uniform State Law)와 전미법률협회(American Law Institute)가 각 주(州)의 거래 관련 법을 통일하기 위해 만든 모델법이다. 이 법은 각 주가 채택함으로써 비로소 주법(州法)으로서의 구속력을 가지게 된다. UCC는 모두 9개편으로 구성되어 있는데, 그 중 제2편은 물품 매매(Sale of Goods)에 관한 편으로서 UCC의 대표 주자라고 할 수 있다. UCC 제2편은 프랑스법계 주(州)인 루이지애나주를 제외한 모든 주에서 채택하였다. 그 결과 UCC 제2편이 사실상 미국 전역에 적용되는 매매법의 지위를 가지고 있다. 또한 국제 거래에서는 미국법이 준거법으로 활용되는 경우가 많다. 그러므로 UCC 제2편은 미국 국경을 넘어서는 의미와 비중을 가지고 있다.

한편 UCC 제2편 §2-309조는 기간을 정하지 않은 계속적 계약의 종료에 관한 조항이다.

【원문】

§2-309 Absence of Specific Time Provisions; Notice of Termination.

(1) The time for shipment or delivery or any other action under a contract if not provided in this Article or agreed upon shall be a reasonable time.

(2) Where the contract provides for successive performances but is indefinite in duration it is valid for a reasonable time but unless otherwise agreed may be terminated at any time by either party.

(3) Termination of a contract by one party except on the happening of an agreed event requires that reasonable notification be received by the other

---

24 Christian von Bar, Eric Clive (ed.), Principles, Definitions and Model Rules of European Private Law: Draft Common Frame of Reference (DCFR) Full Edition (2009), Volume Ⅰ, pp. 705-706.

party and an agreement dispensing with notification is invalid if its operation would be unconscionable.

【번역】

§2-309 기간을 정하지 않은 경우; 해지 통지

(1) 계약에 따른 선적, 배송 기타 행위에 대한 기간이 이 편에 규정되어 있지 않거나 달리 합의되지 않은 경우 그 기간은 합리적 기간이다.

(2) 계속적 이행을 목적으로 하는 계약에서 기간을 정하지 않은 경우 그 계약은 합리적 기간 동안 유효하고, 달리 정하지 않는 한 일방 당사자에 의해 언제라도 해지될 수 있다.

(3) 합의된 사유가 발생하는 경우를 제외하고, 일방 당사자가 계약을 해지하고자 하는 경우에는 상대방에게 합리적 통지를 하여야 하고, 이러한 통지 요건을 무효화하는 비양심적인 합의는 효력이 없다.

§2-309조 (2)항은 계속적 매매계약이라는 특정한 계약 유형을 다루고 있다는 점에서 계속적 계약 일반에 대하여 다루는 PICC, PECL, DCFR 등의 국제규범들보다 적용 범위가 좁다. 한편 (2)항은 계속적 계약의 기간을 정하지 않은 경우에도 그 계약은 합리적 기간 동안 유효하다고 규정한다. 그런데 (3)항은 이와 별도로 계약을 해지하기 위해 '합리적 통지'를 해야 한다고 규정한다. 이는 합리적 유예기간을 두어 통지를 하여야 한다는 의미이다. 여기에서 (2)항과 (3)항의 관계가 문제된다. 즉 (2)항에서 규정한 합리적 유효기간 동안에는 임의해지가 불가능한 것인지, 아니면 (2)항에서 규정한 합리적 유효기간 동안에도 합리적 유예기간을 두고 통지하면 임의해지가 가능한지가 문제된다.

이에 대해서는 합리적 유효기간 중에는 임의해지가 불가능하다는 판결[25]과 합리적 유예기간을 둔 통지를 한다면 그러한 임의해지도 가능하다는 판결[26]이 공존한다. 후자의 판결은 계약이 합리적 기간 동안 유효하다는 것과 그 기간 동안 언제라도 그 계약을 해지할 수 있다는 것이 양립 가능하다는 입장을 취하였다. 어떤 계약이 유효한가 하는 문제와 유효한 계약을 종료할 수 있는가의 문제는 다른 차원의 문제이다.

---

[25] 예컨대 Montana Millwork, Inc. v. Caradco Corp., 648 F. Supp. 88, 2 U.C.C. Rep. Serv. 2d 921 (D. Mont. 1986).

[26] 예컨대 Circo v. Spanish Gardens Food Mfg. Co., Inc., 643 F. Supp. 51, 2 U.C.C. Rep. Serv. 2d 839 (W.D. Mo. 1985).

또한 임의해지를 하더라도 합리적 유예기간을 설정함으로써 상대방의 신뢰를 보호할 수 있다. 그러므로 후자의 판결에 따른 해석론이 더욱 타당하다고 생각된다. 이러한 해석론에 따르면 UCC의 입장도 앞서 살펴 본 PICC, PECL, DCFR의 입장과 일치하게 된다.

(2) 독일

독일 민법은 존속기간을 정하지 않은 계속적 계약의 해지 문제를 일반적으로 규정한 조항을 별도로 두고 있지 않다. 다만 제313조 제3항에서 계속적 계약관계가 해제가 아닌 해지의 대상임을 언급하는 한편, 제314조에서 아래에 보는 바와 같이 중대한 사유에 기한 계속적 계약관계의 해지를 규정하고 있다.

【원문】

§314 Kündigung von Dauerschuldverhältnissen aus wichtigem Grund

(1) Dauerschuldverhältnisse kann jeder Vertragsteil aus wichtigem Grund ohne Einhaltung einer Kündigungsfrist kündigen. Ein wichtiger Grund liegt vor, wenn dem kündigenden Teil unter Berücksichtigung aller Umstände des Einzelfalls und unter Abwägung der beiderseitigen Interessen die Fortsetzung des Vertragsverhältnisses bis zur vereinbarten Beendigung oder bis zum Ablauf einer Kündigungsfrist nicht zugemutet werden kann.

(2)항 이하 생략

【번역】

제314조(중대한 사유에 기한 계속적 계약관계의 해지)

(1) 계속적 계약관계의 각 당사자는 중대한 사유가 있는 경우에는 해지기간을 두지 아니하고 그 계약관계를 해지할 수 있다. 개별적인 경우의 모든 사정을 고려하고 양 당사자의 이익을 형량하면 해지 당사자에게 약정된 종료시기까지 또는 해지기간이 경과할 때까지 계약관계의 존속을 기대할 수 없는 때에는 중대한 사유가 있는 것이다.

(2)항 이하 생략

당사자의 채무불이행이 없더라도 당사자 간에 신뢰관계가 파괴되어 더 이상 계약관계의 존속을 기대할 수 없는 때에는 존속기간 중에도 계속적 계약을 해지할 수 있다는 우리나라의 법리는 독일 민법 제314조 또는 이를 참조한 일본의 관련 법리로부터 영향을 받은 것으로 보인다. 그런데 이 조항은 계약관계의 존속을 기대할 수 없는 중대한 사유가 발생하였음을 이유로 행사하는 해지권에 관한 조항으로써 존속 기간을 정하지 않았다는 점을 이유로 행사하는 임의해지권과는 다른 성격의 해지권 을 다룬다. 이 조항에 따른 해지권은 주로 존속기간을 정하였으나 그 기간 중에 해 지하고자 할 때에 주로 활용된다.

독일에서는 존속기간을 정하지 않았다는 점을 이유로 행사하는 임의해지권을 통 상해지권(ordentliche Kündigung)이라고 일컫는다. 계속적 계약에서의 통상해지권은 채 무불이행이나 신뢰관계 파괴 등 어떤 중대한 사유가 있어야만 인정되는 것이 아니고 당사자가 언제든지 임의로 할 수 있는 것이다.[27] 그 점에서 통상해지권은 중대한 사 유가 있어야 가능한 해지, 즉 특별해지권(Außerordentliche Kündigung)과는 구별된다. 이 권리는 이 글에서 논의하고 있는 임의해지를 할 수 있는 권리에 해당한다.

통상해지권은 계약자유의 원칙 또는 계약의 자기결정권에 근거를 두고 있다.[28] 한편 통상해지권은 임대차(제542조 제1항, 제568조, 제573조 이하), 고용(제620조 내지 제 623조), 위임(제671조)과 같은 개별 계약 유형에 관한 법률 조항에 의하여 인정되기 도 한다. 그렇다면 이러한 개별 조항이 존재하지 않는 경우— 예컨대 계속적 공급 계약— 에는 통상해지권이 배제되는가? 독일에서는 그렇게 새기지 않는다. 즉 위 개 별 조항들은 통상해지권에 관한 특칙일 뿐,[29] 이러한 법률 조항이 있어야만 비로소 통상해지권이 인정되는 것은 아니라는 것이다. 가령 독일 연방대법원은 이러한 법률 조항이 존재하지 않는 계속적 의료계약에서 존속기간을 정하지 않은 경우 임대차나 고용, 조합 등에서 규정된 통상해지권을 인정한 바 있다.[30] 이 법리는 계속적 공급계 약 사안에서 재확인되었다.[31] 이러한 통상해지권을 행사할 때에는 합리적 유예기간 을 두어야 한다.[32]

(3) 프랑스

프랑스 민법은 본래 존속기간을 정하지 않은 계속적 계약의 해지에 대한 일반

---

27 Medicus/Lorenz, Schuldrecht Ⅰ, Allgemeinter Teil 21. Auflage, C.H.Beck, 2015, S.302.

28 Oetker, Das Dauerschuldverhältnis und seine Beendigung, Mohr Siebeck, 1994, S.284 ff.

29 Brox/Walker, Allegemeines Schuldrecht, 32. Auflage, C.H.Beck, 2007, S.149.

30 BGH Urteil vom 20. 7. 2006 - Ⅲ ZR 145/05, BeckRS 2009, 9390.

31 BGH Beschluss vom 15.9.2009 - Ⅷ ZR 241/08, BeckRS 2009, 86578.

32 Medicus/Lorenz, Schuldrecht Ⅰ, Allgemeinter Teil 21. Auflage, C.H.Beck, 2015, S.302

조항을 두고 있지 않았다. 그런데 2016년 개정된 프랑스 민법에서는 제1210조 내지 제1215조에서 계약의 기간에 관하여 규정하면서, 영구적 계약을 금지하는 한편(제 1210조),**33** 기간을 정하지 않은 계약을 체결한 경우 합리적 기간을 부여하고 언제든 지 계약을 해지할 수 있다는 원칙(제1211조)을 선언하였다.**34** 즉 존속기간을 정하지 않은 계속적 계약의 임의해지권을 명문으로 인정한 것이다.

【원문】

Art. 1211 Lorsque le contrat est conclu pour une durée indéterminée, chaque partie peut y mettre fin à tout moment, sous réserve de respecter le délai de préavis contractuellement prévu ou, à défaut, un délai raisonnable.

【번역】

제1211조 기간의 정함이 없는 계약이 체결되었을 경우 각 당사자는 계약에서 정한 예고기간 또는 그렇지 않을 경우 합리적인 기간을 두어 언제든지 계약을 종료할 수 있다.

이러한 임의해지권은 2016년 민법 개정 전부터 이미 판례와 학설을 통해 인정되어 왔다.**35** 프랑스 민법은 본래 계약 기간에 관한 일반적인 규정들을 두지 않았고,**36** 이러한 상태가 이번 개정 시점까지 이어져 왔다. 이번 개정 과정에서도 까딸라 초안에는 계약 기간 관련 조항들이 포함되어 있지 않았다.**37** 반면 떼레 초안은 계약 기간 관련 조항들을 두면서 PECL의 예에 준하여 기간을 정하지 않은 계약의 임의해지에 관한 조항도 포함시켰다.**38** 개정 민법은 후자의 태도를 취하였다. 이러한 임의해지에 대한 민법의 태도는 다음에 설명하듯이 존재하지 않던 법리를 명문화한 창설적 의미를 가지는 것이 아니라 이미 존재하던 법리를 명문화하였다는 점에서 확인적인 의미를 가진다.**39**

---

33 Y. Buffelan-Lanore et V. Larribau-Terneyre, Droit Civil: les obligations, 16e édition, Sirey, 2018, n° 1761에 따르면 개정 전 프랑스민법 제1780조나 제1838조 등 개별 조항에 기초하여 계약 일반에도 영구적 계약금지 원칙이 적용된다는 점을 도출할 수 있는가를 놓고 다툼이 있었다.

34 이에 대한 소개로 한불민사법학회, 개정 프랑스채권법 해제, 박영사(2021), 285면(송재일·이은희 집필부분) 참조.

35 G. Chantepie et M. Latina, Le nouveau droit des obligations, 2e édition, Dalloz, 2018. n° 583.

36 Y. Buffelan-Lanore et V. Larribau-Terneyre(주 33), n° 1758.

37 G. Chantepie et M. Latina(주 35), n° 576.

38 G. Chantepie et M. Latina(주 35), n° 576.

즉 프랑스는 판례와 학설을 통해 법률이나 계약에 정한 바가 없어도 일방 당사자는 재량에 따라 자유롭게 계약을 해지할 수 있다는 법리를 발전시켜 왔다.[40] 일찍이 1932년에 저술된 Colin과 Capitant의 민법 개설서에서는 기간을 정하지 않은 계속적 계약의 경우 각 당사자는 계약을 일방적으로 해지할 수 있는 권리를 가진다고 설명하기도 하였다.[41] 또한 이러한 계약 해지의 자유를 출발점으로 삼되 남용적인 계약 해지로부터 상대방을 신의칙으로부터 보호하려는 이론적 시도도 있었다. 예컨대 파기원은 1965년 10월 7일 Clinique de Bourgogne c. Perrin 판결[42]에서 이러한 임의해지권 행사에 권리남용의 이론이 적용될 수 있으므로 해지권의 남용에 대한 책임이 발생할 수 있다고 판시하였다. 또한 보르도 상사 법원은 1997년 1월 27일 기한의 정함이 없는 계약에서 임의해지권을 행사할 때에도 신의칙이 적용되므로 합리적 예고기간을 두어야 한다는 취지로 판시하였다.[43]

정리하자면, 프랑스에서는 존속기간을 정하지 않은 계약은 임의로 해지할 수 있지만 합리적 예고기간[44] 및 권리남용금지 원칙이라는 일정한 제한 메커니즘이 함께 작동하고 있었고, 민법 개정을 통해 영구적 계약금지 원칙, 임의해지 허용 원칙 및 합리적 예고기간 설정의 제한이 명문화되었다.

(4) 일본

일본 민법은 우리 민법과 마찬가지로 해제권과 해지권에 관한 일반 조항을 두고 있고, 존속기간을 정하지 않은 계속적 계약의 해지에 대한 일반 조항은 두고 있지 않으며, 개별 계약에 관한 조항들을 두고 있을 뿐이다. 따라서 우리나라와 마찬가지로 존속기간을 정하지 않은 계속적 공급계약을 임의해지할 수 있는가에 대해서는 민

---

39 Y. Buffelan-Lanore et V. Larribau-Terneyre(주 33), n° 1759.

40 이 문단에 소개된 문헌 및 판결들은 조일윤, "계속적 계약의 해지에 관한 연구", 동아대학교 박사학위논문, 2004, 135-144면 및 박현정, "프랑스 민법학상 신의칙(bonne foi)에 관한 연구", 서울대학교 박사학위논문, 2006, 196-200면에서 재인용한 것이다.

41 A. Colin et H. Capitant, Cours elementaire de droit civil francis, t. Ⅱ. 7c. ed. 1932, n° 68.

42 Cass. 1ʳᵉ civ., 7 oct 1965, Clinique de Bourgogne c. Perrin, Bull. civ. Ⅰ, n° 520.

43 T. com. Bordeaux, 27 janv. 1997, Marie Brizard c. Wlliam Grant, cité par P. MOUSSERON, JCP Ⅰ 1997, 617, n° 9.

44 한편 2019년 개정된 프랑스 상법 Art. L. 442-1, Ⅱ에서는 합리적 예고기간의 장단을 일률적으로 규정하지는 않으면서도 하나의 판단 기준으로 18개월의 기간을 두었다면 충분하다고 규정하고 있다. https://www.legifrance.gouv.fr/dossierlegislatif/JORFDOLE000038411406/. 참조. 이는 임의규정이므로 당사자의 합의로 달리 정할 수 있다.

법 조항으로부터 바로 결론을 도출할 수 없는 상황이다. 필자가 살펴본 바로는 이 점을 정면으로 다룬 일본 최고재판소 판결은 아직 없다. 관련 문헌들은 존속기간을 정하지 않은 계속적 공급계약에서 계약의 존속을 희망하지 않는 당사자가 상대방의 승낙 유무와 관계 없이 해약을 통고함으로써 계약이 해소된다는 일반적인 설명을 하고 있으나,45 이 설명이 해약 통고에 관한 개별 조항이 있는 경우에 국한된 것인지, 아니면 개별 조항의 유무와 무관하게 계속적 계약에 일반적으로 적용되는 것인지는 분명하지 않다. 다만 계속적 계약관계에 대해 심층적인 연구를 하여 온 나카타 히로야스(中田裕康) 교수는 존속기간을 정하지 않은 계속적 계약은 일방 당사자의 해약 통고에 의하여 임의로 종료할 수 있다는 해석론을 전개한다.46 나카타 교수는 이러한 해약 통고는 계약에 별도의 규정이 없더라도 당연히 인정되는 것으로서 존속기간을 정한 계속적 계약의 기간 만료에 대응하는 것이라고 설명한다.47 또한 이는 개인의 자유를 보호하고자 하는 요청에 기한 것이라고 설명한다.48

(5) 기타

슬로바키아 민법 제582조는 존속기간을 정하지 않은 계속적 계약은 기간을 정하여 통고함(기간을 정하지 않은 경우에는 3개월)으로써 해지할 수 있다고 규정한다.49 폴란드 민법 제365조과 체코민법 제582조 역시 존속기간을 정하지 않은 계속적 계약은 통고를 통하여 종료할 수 있다고 규정한다.50 이러한 일반 원칙은 덴마크법, 스코틀랜드법, 프랑스법, 벨기에법, 룩셈부르크법, 이탈리아법, 포르투칼법 등 여러 국가의 법에서 발견된다고 한다.51 남아프리카공화국 판례 역시 합리적 기간을 두고 해지통고를 함으로써 존속기간을 정하지 않은 계속적 계약을 해지할 수 있다는 입장이다.52

3. 정리

지금까지 살펴 본 외국 입법 및 해석론을 개관하여 추출한 경향성은 다음 세 가

---

45 가령 我妻 榮 外, 我妻·有泉, コメンタール 民法 (總則·物權·債權), 第4版, 日本評論社(2016), 1029면.

46 中田裕康, 繼續的取引の研究, 有斐閣(2003), 134면.

47 中田裕康(주 46), 134면.

48 中田裕康(주 46), 136면.

49 Christian von Bar, Eric Clive(주 24), p. 708.

50 Christian von Bar, Eric Clive(주 24), p. 708.

51 올 란도, 휴빌(공)편, 김재형 역(주 23), 483-484면.

52 Plaaskem (Pty) Ltd v Nippon Africa Chemicals (Pty) Ltd (574/13) [2014] ZASCA 73.

지 명제로 정리할 수 있다.

(1) 존속기간을 정하지 않은 계속적 계약은 당사자가 임의로 해지할 수 있다.

(2) 존속기간을 정하지 않은 계약의 해지 상대방이 계약관계 존속에 대해 가지는 정당한 신뢰는 보호되어야 한다.

(3) 이러한 신뢰 보호를 위해 해지권 행사는 일정한 범위에서 제한될 수 있는데, 합리적 유예기간을 두어 해지하도록 하는 것이 대표적인 제한방식이다.

IV. 분석

1. 출발점 – 계약 자유의 원칙과 계약 해석

이 문제 해결을 위한 출발점은 계약자유 원칙이다. 계약자유 원칙은 자기의 법적 운명은 자기가 스스로 결정한다는 자기결정(自己決定), 자기가 스스로 결정한 사항에 대해서 법적 구속을 받는다는 자기구속(自己拘束)을 핵심 이념으로 삼는다. 그 중 자기구속(自己拘束)의 이념은, 바꾸어 말하면 법률에 달리 정함이 없는 한 누구도 자신이 스스로 결정하지 않은 사항에 구속되지 않는다는 원칙을 담고 있기도 하다. 이처럼 계약은 당사자를 구속하는 근거이므로 당사자는 계약에서 정한 사항에 관해서는 법적 구속을 받지만, 계약에서 정하지 않은 사항에 관해서는 아무런 법적 구속도 받지 않는다. 계약에서 정하지 않은 사항을 규율하는 별도의 법률 조항이 있을 때에 비로소 그 조항에 따른 규율을 받을 뿐이다.

이러한 원리는 존속기간을 정하지 않은 계속적 계약에도 그대로 적용된다. 계속적 계약을 체결하면서 존속기간을 정하지 않았더라도 계약의 당사자, 목적물, 대금 또는 대금을 정하는 기준 등 계약의 본질적 구성 부분에 대해 당사자들의 의사가 합치되면 일단 계약은 유효하게 성립한다. 그 계약은 당사자들이 스스로 구속되기로 합의하여 결정한 범위 내에서 당사자들을 구속하게 된다.

그렇다면 당사자들이 존속기간을 정하지 않았다는 사정으로부터 도출될 수 있는 구속력의 시간적 범위는 어떠한가? 우선 이러한 사정으로부터 당사자들이 영구적으로 계약에 구속되기로 하였다는 의사를 당연히 끌어낼 수는 없다. 존속기간을 정하지 않았다는 점과 영구적으로 계약에 구속되기로 합의하였다는 점은 서로 다른 차원에 있는 문제이기 때문이다. 그렇다면 존속기간을 정하지 않은 당사자들은 어떤 의사를 가진 것일까? 이는 계약 해석의 문제이므로 일률적으로 단정할 수는 없다. 어느 한쪽이라도 더 이상 계약관계의 존속을 원하지 않으면 언제라도 계약관계를 해소할 수 있다는 의사일 수도 있다. 계약관계를 언제라도 해소할 수 있으나 계약관계의 해소를 표명한 시점부터 실제로 계약관계가 해소될 때까지 일정한 기간이 지나야 한다는 의사일 수도 있다. 일정한 기간 동안은 계약관계에 구속되나 그 이후에는 계약관계에서 벗어날 수 있다는 의사일 수도 있다. 드물기는 하지만 어떤 경우에는 영구히 계약관계를 유지하겠다는 의사일 수도 있다. 즉 여러 형태의 의사가 존재할 수 있다.

일반적, 합리적으로 상정할 수 있는 당사자의 의사는 어떠한가? 사용대차에 관한 민법 제613조, 임대차에 관한 민법 제635조, 고용에 관한 민법 제660조, 위임에 관한 민법 제689조, 임치에 관한 민법 제699조, 조합에 관한 민법 제716조는 각각의 계약 유형에 관하여 상정되는 계약 당사자의 합리적 의사를 임의조항의 형태로 규정하고 있다. 그런데 이러한 조항들 중 그 어느 것도 존속기간을 정하지 않았다는 사정을 곧바로 영구적인 계약관계에의 구속으로 연결시키지 않고 있다. 오히려 현존하는 민법의 모든 관련 조항들은 비록 그 요건과 제한 사항이 다르기는 하나 일방 당사자가 계약을 임의해지할 수 있도록 허용하고 있다. 영구적 계약에 관한 경계심은 국제적 동향에서도 나타난다. 앞서 살펴본 것처럼 PECL, DCFR, PICC은 영구적 계약은 허용되지 않는다는 점을 규정화하지는 않았지만 주석에서 이 원칙을 설명하였다. 개정 프랑스 민법은 제1210조에서 영구적 계약 금지 원칙을 명문화하였다.

결국 민법에 개별 조항이 존재하지 않는 유형의 계약에서도 존속기간을 정하지 않은 계약 당사자의 의사를 탐구함으로써 계약 구속력의 시간적 범위를 확정해야 한다. 이는 존속기간을 정하지 않은 계약의 임의해지 문제가 본질적으로 사안 중심적으로 해결되어야 함을 의미한다. 다만 일반적으로 말하자면 계약 당사자는 존속기간을 정하지 않았다고 하여 계약에 영구적으로 구속될 의사를 가진다고 하기는 어렵다.[53] 계약에 영구적으로 구속된다는 것은 계약 당사자가 계약을 체결하지 않을 자유, 또는 그 사후적 발현 형태로서의 계약관계에서 벗어날 자유를 과도하게 제한하기 때문이다.[54] 특히 계속적 공급계약은 기본계약과 개별계약의 이중 구조로 이루어진 경우

---

[53] 남아프리카공화국 판례인 Plaaskem (Pty) Ltd v Nippon Africa Chemicals (Pty) Ltd (574/13) [2014] ZASCA 73도 당사자가 영구히 계약에 구속될 의도를 가지지는 않는다고 보았다.

[54] 존속기간을 정하지 않은 계속적 계약의 임의해지권이 계약자유의 원칙에서 도출된다는 설명으로

가 많은데, 계속적 공급계약에서 기간을 정하지 않았는데도 계약관계의 존속을 강제함으로써 결과적으로 계속 개별계약을 체결하도록 강제하는 것은 계약을 체결하지 않을 자유를 침해하는 측면이 있다.

이는 효율성의 관점에서도 그러하다.[55] 예컨대 공급업자가 더 좋은 조건을 제시하는 거래처를 찾았다고 가정해 보자. 바꾸어 말해 공급되는 물품에 더 높은 효용을 부여하는 거래처가 있다고 가정해 보자. 이때 공급업자는 기존 계속적 공급계약을 해지하고 새로운 거래처에 물품을 공급하는 쪽이 더 유리하다. 더 높은 대금을 받을 수 있기 때문이다. 이는 사회 총 효용을 증가시키는 길이기도 하다. 물론 공급업자가 자유롭게 해지하도록 허용하면 공급업자를 믿던 기존 거래처는 손해를 입을 수 있다. 결국 기존 거래처가 입는 손해와 새로운 거래처가 받는 효용을 비교하여 후자가 더 크면 계약 해지를 허용할 수 있다.[56] 다만 기존 거래처가 입는 손해는 손해배상 등의 방법으로 전보되어야 한다. 이는 효율적 계약위반(efficient breach of contract)과 유사한 논리이다.

그러므로 기간을 정하지 않은 계약은 달리 이를 계약 자체에서 명백하게 금지하는 등 달리 해석해야 할 사정이 존재하지 않는 한 일방 당사자가 임의로 해지할 수 있다고 보아야 한다. 앞서 살펴본 국내외 입법과 해석론의 지배적인 경향도 그러하다. 이러한 입장에 대해서는 임의해지권을 인정할 명문의 법적 근거가 없다는 비판이 가해질 수 있다. 민법 개정 전 프랑스나 현재의 독일 역시 존속기간을 정하지 않은 계약의 임의해지를 일반적으로 규율하는 명문 조항이 없는데도 이러한 임의해지권을 인정하였다. 그러므로 임의해지권을 정면으로 규정한 법 조항이 없다는 이유만으로 위와 같은 결론을 도출할 수 없는 것은 아니다. 우리 법에서 이러한 임의해지권을 인정할 수 있는 법적 근거는 무엇인가? 1차적으로는 계약 해석(특히 규범적 해석), 2차적으로는 임의 해지를 가능하게 하는 각종 개별 조항들로부터 유추되는 법의 일반 원칙(전체 유추)이다.[57]

Oetker,Das Dauerschuldverhältnis und seine Beendigung, Mohr Siebeck, 1994, S.284ff.

55 Filomena Chirico & Pierre Larouche (Eds.), Economic Analysis of the DCFR: The Work of the Economic Impact Group Within the CoPECL network of excellence, 2010. p. 206 이하.

56 Filomena Chirico & Pierre Larouche(주 55), p. 208.

57 앞서 살펴본 개별 조항인 민법 제613조(반환시기에 관한 약정이 없는 경우로서 사용, 수익에 족한 기간이 경과한 때에는 대주가 언제든지 계약을 해지할 수 있다는 조항), 제635조(기간의 약정 없는 임대차의 경우 각 당사자는 언제든지 계약 해지 통고를 할 수 있다는 조항), 제660조(기간의 약정이

2. 신뢰 보호 방안

그런데 존속기간을 정하지 않은 계속적 계약은 임의해지할 수 있다는 대원칙은 신뢰의 관점에서 제한될 수 있다. 비록 계약의 존속기간에 관하여 구속력을 부여할 만한 계약상 근거를 마련하거나 증명하는 데에 실패한 당사자라도, 계약관계의 존속을 합리적으로 신뢰하였다면 상대방의 갑작스런 계약관계 탈퇴로부터 정당한 범위 내에서 보호받을 필요성이 있기 때문이다. 이러한 신뢰보호의 실정법적 근거는 신의 성실의 원칙을 규정한 민법 제2조에서 찾을 수 있다. 계속적 계약의 임의해지에 대한 개별 조항들(민법 제613조, 제635조, 제660조, 제689조, 제699조, 제716조)은 기간을 정하지 않은 계속적 계약은 임의로 해지할 수 있다는 공통 원칙 위에서 그 해지권의 행사를 제한하는 신의칙의 적용 여부와 범위에 대한 특칙을 둔 조항들이다. 이러한 특칙이 없는 경우에는 신의칙 일반론에 기하여 신뢰 보호 방안을 모색하여야 한다.

임의해지에 따른 신뢰 보호 방안으로는 ① 상대방의 신뢰를 보호하는 데 필요한 최소한의 기간이 경과하여야 비로소 해지를 할 수 있도록 하는 방안(최소존속기간 설정 방안), ② 언제든지 해지를 할 수 있도록 허용하되 상대방의 신뢰를 보호하는 데 필요한 합리적 기간이 경과하여야 해지의 효과가 발생하도록 하는 방안(해지통고기간 설정 방안), ③ 언제든지 해지를 할 수 있도록 허용하되 상대방의 정당한 신뢰를 침해하여 상대방에게 손해가 발생하였다면 그 손해를 배상하도록 하는 방안(손해배상을 통한 전보 방안)을 생각할 수 있다. 우리나라 민법의 개별 조항들 중 임대차 해지에 관한 제635조와 고용 해지에 관한 제660조는 ② 유형(해지통고기간 설정 방안), 위임 해지에 관한 제689조는 ③ 유형(손해배상을 통한 전보 방안)에 각각 해당한다. 그 외 유형에 속하는 계속적 계약의 임의해지에 따른 신뢰 보호 방안에 대해서는 아무런 조항이 없다. 어떤 신뢰 보호 방안이 타당한지를 획일적으로 말할 수는 없다. 이는 1차적으로는 계약 해석의 문제로 환원되어 개별적으로 검토되어야 한다. 2차적으로는 계

없는 고용의 경우 각 당사자는 언제든지 계약 해지 통고를 할 수 있다는 조항), 제689조(위임계약의 경우 각 당사자는 언제든지 해지를 할 수 있다는 조항), 제699조(기간의 약정이 없는 임치의 경우 각 당사자는 언제든지 계약을 해지할 수 있다는 조항), 제716조(존속기간을 정하지 않은 조합계약의 경우 각 조합원은 언제든지 탈퇴할 수 있다는 조항)는 세부적인 요건과 내용에 차이가 있지만 결국 기간을 정하지 않은 계약관계로부터 탈퇴할 당사자의 자유를 토대로 한 조항들이다. 이처럼 위 개별 조항들의 배후에 존재하는 공통 이념은 이러한 개별 조항이 존재하지 않는 계속적 계약 유형에도 전체 유추의 방식으로 적용될 수 있다.

약 당사자와 계약 내용의 특성이 가미되어 결정되어야 한다.

하지만 굳이 원형(原型)을 찾아야 한다면 그것은 무엇일까? 앞서 살펴 본 국내외의 경향을 살펴보면 ② 유형이 대세를 점하고 있다. 즉 국내 학자들은 물론이고, PICC, PECL, DCFR, CESL 등 주요 국제 규범이나 미국의 UCC, 독일민법이나 프랑스민법의 해석론 등에서 동일하게 나타나는 신뢰 보호 방안이 바로 ② 유형이다. 필자도 이 유형이 존속기간을 정하지 않은 계속적 계약의 임의해지에 따른 신뢰 보호 방안의 원형(原型)이라고 생각한다. 이처럼 자유롭게 해지를 허용하되 그 해지권을 행사함에 있어서 상대방의 신뢰를 고려하여 합리적 예고 기간을 두도록 배려하도록 하는 것은 신의칙이 발현되는 전형적인 모습이기도 하다. 물론 ① 유형이나 ③ 유형을 통해서도 상대방의 신뢰를 보호할 수 있다. 그러나 이 유형들을 신뢰 보호 방안의 원형이라고 말하기에는 다음과 같은 부족함이 없지 않다.

① 유형은 존속기간에 관하여 아무런 계약상 정함이나 법률 조항이 없는데도 일정한 기간 동안 계약의 존속을 강제하는 방안인데, 이처럼 계약의 존속을 강제할 법적, 이론적 근거가 약하다는 한계를 지닌다. 신의성실의 원칙상 계약의 존속이 강제된다고 말할 수 있을지 모른다. 하지만 신의성실의 원칙은 일반적으로 이미 법률 또는 계약에 의해 발생한 권리 행사와 의무 이행 과정에 작동하면서 그 내용을 확정, 보충하거나 제한하는 기능을 수행한다. 따라서 신의칙이 존속기간을 정하지 않은 계약에서 존속기간을 정해 주는 기능까지 수행하여 결과적으로 존속기간을 정하지 않을 자유를 박탈하기에 이르는 것이 타당한지는 의문스럽다.

③ 유형 역시 해지권 행사 자체가 채무불이행이나 불법행위에 해당하지 않고, 위임에 관한 제689조처럼 손해배상청구권을 인정하는 법률 조항이 존재하지 않는 경우에도 손해배상청구권을 발생시키는 근거가 무엇인지 불명확하다는 한계를 지닌다. 또한 ③ 유형은 합리적 기간 동안 계약관계 자체를 존속시킴으로써 신뢰를 보호하려는 ① 유형이나 ② 유형보다 간접적이고 보충적인 신뢰 보호 방안에 그친다는 한계도 지닌다. 그러므로 임의해지에 따른 신뢰 보호는 ② 유형에 따라 합리적 예고 기간을 두어 해결하는 것이 가장 원칙적인 모습이다. 이처럼 ② 유형이 상대방의 신뢰 보호 기능을 대부분 수행하더라도 ① 유형이나 ③ 유형 역시 보충적인 신뢰 보호 기능을 수행할 수 있다.

① 유형은 명시적인 존속기간은 정하지 않았지만 묵시적으로 존속기간을 정하였다고 인정할 수 있는 사안에서 힘을 발휘할 수 있다. 계속적 공급계약은 일반적으

로 상거래 주체에 의하여 체결된다. 상거래 주체가 계속적 공급계약 관계를 개시할 때에는 상거래의 구체적인 모습과 그 상거래가 자신에게 미칠 영향에 대해 미리 충분히 고려한다. 이 고려 대상에는 상거래 상대방, 상거래 내용과 규모, 상거래 기간 등이 포함된다. 그러므로 계속적 공급계약의 당사자들 사이에는 거래 공동체 또는 당사자들 간의 관행이나 관습에 기초하여 당해 계약이 최소한 존속하여야 할 기간에 대한 공통된 상호 이해를 가질 수 있고, 그 상호 이해가 묵시적 합의로 평가될 수 있는 경우도 있다.[58] 가령 계약관계의 개시와 존속을 위해 한 쪽이 설비 투자를 하여야 하는 경우 아무리 존속기간을 명시적으로 정하지 않았더라도 계약 체결 바로 다음 날 계약을 해지할 수 있다고 상호 이해하였을 가능성은 매우 낮을 것이다. 이러한 경우에는 양 당사자가 암묵적으로 의도한 존속기간 중 공통되는 기간만큼은 계약관계 존속에 대한 의사 합치가 이루어졌다고 평가할 수 있을 것이다. ① 유형의 정신은 이러한 묵시적 합의의 발견과 평가 과정을 통해 실현될 수 있다. 또한 모든 권리는 신의칙 또는 권리남용금지 원칙에 따른 제한을 받을 수 있고(민법 제2조), 그 법리의 적용 결과 해지권의 행사가 신의칙 또는 권리남용금지 원칙에 위반되는 경우도 있을 수 있다. 이러한 예외적인 경우에는 결과적으로 일정한 기간 동안에는 해지권을 행사할 수 없게 되어 ① 유형이 추구하는 바에 이를 수도 있다.

　③ 유형은 ② 유형에 따른 신뢰 보호가 충분히 관철되지 못할 때에 보충적으로 등장하여 효용을 발휘할 수 있다. 예컨대 합리적 예고 기간을 두지 않은 채 해지하고 더 이상 계약에서 요구되는 행위를 하지 않음으로써 상대방의 정당한 신뢰를 침해하여 손해를 입혔다면 손해배상을 통하여 그 신뢰 침해를 전보할 수밖에 없다. 또한 해지하는 당사자가 합리적 예고 기간을 두었다고 주장하나 사실은 그 예고 기간이 충분히 합리적이지 못하였다는 점이 사후에 판명되었고 이로 인하여 상대방의 정당한 신뢰가 침해되어 손해를 입었다면 이 역시 손해배상을 통하여 해결하여야 한다. 아울러 합리적 예고기간은 주로 상대방의 신뢰 보호를 염두에 두고 산정되는 것이지만, 그 외에도 그 동안의 계약관계 존속기간이나 계약관계에서 조속히 탈퇴하여야 할 객관적인 필요성이나 정당성도 함께 고려되어야 하므로 이 과정에서 객관적으로는 합리성을 인정받지만 상대방의 신뢰를 온전히 보호하는 데에 다소 부족한 기간이 설정될 수도 있다. 이러한 경우에 위임에 관한 민법 제689조를 유추 적용하는 등의 방

58　이때 묵시적 합의의 존재는 계약관계 존속을 주장하는 당사자가 증명하여야 한다.

법으로 손해배상이 이루어져야 하는 것이 아닌가 하는 논의도 생각해 볼 수 있다.

V. 결론

이 글의 내용을 요약하면 다음과 같다.

(1) 우리나라에는 존속기간을 정하지 않은 계속적 계약의 임의해지 문제를 일반적으로 다루는 민법 조항은 없다. 이 문제에 대한 해결은, 계약 당사자는 법률에 별도의 정함이 없는 한 계약에서 정하지 않은 사항에 관해서는 법적 구속을 받지 않는다는 계약법의 일반 원칙에서 출발하여야 한다. 이러한 일반 원칙에 비추어, 당사자들이 일반적으로 가졌을 합리적 의사나 영구적 계약관계 존속이 초래할 수 있는 위험성을 고려해 보면, 존속기간을 정하지 않은 계속적 계약은 원칙적으로 당사자가 임의로 해지할 수 있다. 이러한 원칙은 1차적으로는 계약 해석(특히 규범적 해석), 2차적으로는 임의 해지를 가능하게 하는 각종 개별 조항들로부터 유추되는 법의 일반 원칙(전체 유추)에 의해 뒷받침된다.

(2) 다만 계약관계의 존속을 합리적으로 신뢰한 상대방을 보호할 필요성이 있다. 이러한 보호는 민법 제2조의 신의칙에 기초하여 이루어진다. 임의해지에 따른 상대방의 신뢰 보호 방안으로는 ① 상대방의 신뢰를 보호하는 데 필요한 최소한의 기간이 경과하여야 비로소 해지를 할 수 있도록 하는 방안(최소존속기간 설정 방안), ② 언제든지 해지를 할 수 있도록 허용하되 상대방의 신뢰를 보호하는 데 필요한 합리적 기간이 경과하여야 해지의 효과가 발생하도록 하는 방안(해지통고기간 설정 방안), ③ 언제든지 해지를 할 수 있도록 허용하되 상대방의 정당한 신뢰를 침해하여 상대방에게 손해가 발생하였다면 그 손해를 배상하도록 하는 방안(손해배상을 통한 전보 방안)을 생각할 수 있는데, 그 중 ② 유형이 원칙적인 모습이다. 이에 따르면, 존속기간을 정하지 않은 계속적 계약을 임의해지하는 당사자는 합리적 예고 기간을 두어야 한다. 다만 계약 해석의 결과 ① 유형에 따라 신뢰가 보호되어야 하는 경우도 있을 수 있고, ③ 유형에 따라 신뢰보호가 보강되어야 하는 경우도 있을 수 있다. 즉 ② 유형은 ① 유형과 ③ 유형에 의해 대체되거나 보강될 수도 있다.

미국 국가계약법상 임의해지와 신뢰이익 배상[*]

김 기 환^{**}

Ⅰ. 서론

채무불이행 시 채무자의 손해배상은 계약이 완전히 이행된 것과 동일한 이익을 배상하는 것이 원칙이다.[1] 이것은 이행이익 배상 원칙으로 우리 대법원의 입장이기도 하다.[2][3] 그러나 실제로 개별사례에서 어떠한 것이 이러한 배상원칙에 부합하는지

---

* 이 글은 한국재산법학회에서 발간하는 재산법연구 제38권 제2호(2021. 8)에도 게재되었다.

** 충남대학교 법학전문대학원 조교수, 법학박사.

1 이에 대한 최근의 논의로 권영준, "이행이익, 신뢰이익, 중복배상-지출비용과 일실이익의 배상청구와 관련하여-", 인권과 정의 통권 491호(2020. 5), 125면.

2 대법원 1967. 5. 18. 선고 66다2618 전원합의체 판결(타인의 권리를 매매한 매도인은 불능 당시의 시가를 표준으로 그 계약이 완전히 이행된 것과 동일한 경제적 이익을 배상할 의무가 있다고 판시하였다.); 대법원 2008. 12. 24. 선고 2006다25745 판결. 정진명, "헛되이 지출한 비용의 배상", 민사법학 제70호(2015. 3), 한국민사법학회, 212면. 2013년 민법 개정시안 제392조의2에서도 다음과 같이 규정하여 신뢰이익 배상의 규정을 시도하고 있다. "채무불이행의 경우에 채권자는 채무가 이행될 것을 믿고 지출한 비용의 배상을 청구할 수 있다. 그러나 그 배상액은 채무가 이행되었더라면 받았을 이익액을 넘지 못한다."

3 이행이익배상에 갈음하여 신뢰이익배상을 청구하는 것도 가능하다. 대법원 2007. 1. 25. 선고 2004다51825 판결. "채무불이행을 이유로 계약해제와 아울러 손해배상을 청구하는 경우 그 계약이행으로 인하여 채권자가 얻을 이익 즉 이행이익의 배상을 구하는 것이 원칙이고, 다만 일정한 경우에는 그 계약이 이행되리라고 믿고 채권자가 지출한 비용 즉 신뢰이익의 배상도 구할 수 있는 것이지만, 중복배상 및 과잉배상 금지원칙에 비추어 그 신뢰이익은 이행이익에 갈음하여서만 구할 수 있고, 그

에 관하여는 논란이 있다. 특히 우리 대법원은 아래 판결(이하 "상가임대차 판결"이라고
한다)의 설시와 같이 임대인이 상가임대차계약상 의무를 불이행한 경우 임대인이 배
상하여야 할 임차인의 손해를, 기존의 상가를 대신할 다른 상가를 구하기까지 필요
한 기간 동안의 휴업손해로 한정하고 있다.

> "임대인의 방해행위로 임차인의 임대차 목적물에 대한 임차권에 기한 사용·수익
> 이 사회통념상 불가능하게 됨으로써 임대인의 귀책사유에 의하여 임대인으로서의
> 의무가 이행불능되어 임대차계약이 종료되었다고 하는 경우에도, 임대인이나 제3
> 자의 귀책사유로 그 임대차계약의 목적물이 멸실되어 임대인의 이행불능 등으로
> 임대차계약이 종료되는 경우와 마찬가지로, 임차인으로서는 임대인에 대하여 그
> 임대차보증금 반환청구권을 행사할 수 있고 그 이후의 차임 지급의무를 면하는
> 한편 다른 특별한 사정이 없는 한 그 임대차 목적물을 대신할 다른 목적물을 마련
> 하기 위하여 합리적으로 필요한 기간 동안 그 목적물을 이용하여 영업을 계속하
> 였더라면 얻을 수 있었던 이익, 즉 휴업손해를 **그에 대한 증명이 가능한 한** 통
> 상의 손해로서 배상을 받을 수 있을 뿐이며(그 밖에 다른 대체 건물로 이전하는 데
> 에 필요한 부동산중개료, 이사비용 등은 별론으로 한다.), 더 나아가 장래 그 목적
> 물의 임대차기간 만료시까지 계속해서 그 목적물을 사용·수익할 수 없음으로 인
> 한 일실수입 손해는 이를 별도의 손해로서 그 배상을 청구할 수 없다."[4]

범위도 이행이익을 초과할 수 없다."

4 대법원 2006. 1. 27. 선고 2005다16591,16607 판결. 이 사건의 원심은 임대차계약 만료 시까지의 영
 업이익 전부를 배상하라고 판단하였다. "원고가 이 사건 건물 부분에서 퇴거한 뒤 이 사건 건물을 대
 신할 다른 건물을 마련하여 학원 영업을 다시 시작하기 위하여 합리적으로 필요한 기간 동안 이 사
 건 건물 부분을 이용하여 영업을 계속하였더라면 얻을 수 있었던 이익, 즉 휴업손해를 배상할 책임
 을 인정하는 데에서 벗어나 이 사건 임대차계약의 만료시까지 학원을 정상적으로 운영하였다면 얻을
 수 있었던 영업이익 전부를 배상할 책임이 있다". 즉 "원고가 수강생들로부터 수령한 총 수강료가
 2001. 12.에는 금 399만원, 2002. 1.에는 511만원, 2002. 2.에는 469만원, 2002. 3.에는 308만원 등으
 로 위 기간동안 원고의 평균 월소득이 4,596,666원이었던 사실, 당시 매월 원고의 학원 운영에 필요
 한 경비가 약 300만원 정도 지출되었던 사실이 인정되고, 당심 법원의 (상세지명 생략) 학원연합회에
 대한 사실조회결과에 의하면 당시 (행정구역명 생략)에서 원고가 운영하던 학원과 규모가 유사한 입
 시학원 운영자의 월수입 등을 감안할 경우 예상되는 당시 원고의 월수입이 최소한 3백만원 이상인
 사실을 인정할 수 있으므로, 원고는 이 사건 임대차계약기간 동안 학원 운영을 통하여 최소한 원고
 가 주장하는 월 금 1,596,666원 상당의 수입은 올릴 수 있었다고 봄이 상당하다. 그러므로, 피고는
 원고에게 위 기간 동안 얻을 수 있었던 학원 운영으로 인한 영업이익 상당액인 금 49,658,500원
 (=1,596,666원×12×946/365)을 지급할 의무가 있다"고 판단하였다. 창원지방법원 2005. 2. 3. 선고
 2003나6693(본소), 2003나6709(반소) 판결.

이와 같이 우리 대법원은 일실수입 손해를 해당 계약기간 전체에 대하여는 인정하지 않고 있다. 위 판결은 임대인이 임차인에게 목적물을 사용, 수익하게 할 의무를 이행하지 않고 오히려 임차보증금 잔금 800만원의 미지급을 이유로 적법한 최고 없이 바로 해제를 통보하고 전기를 차단하는 등 위법하게 임차인의 사용, 수익을 방해하여 결국 임차인이 목적물에서 퇴거한 사안이다.[5] 이행이익배상의 법리에 의하면 계약상 의무를 위반한 임대인은 임대차계약이 그 내용대로 이행되었을 때 임차인이 얻을 수 있었을 이익을 배상하여 주는 것이 맞을 것이다.[6]

또한 우리 민법은 "수급인이 일을 완성하기 전에는 도급인은 손해를 배상하고 계약을 해제할 수 있다."라고 규정하여 일의 완성 전 도급인의 해제권을 인정하고 있다 (제673조). 이 규정의 손해배상 기준에 대하여 우리 대법원은 다음과 같이 판시하였다.

> "민법 제673조에서 도급인으로 하여금 자유로운 해제권을 행사할 수 있도록 하는 대신 수급인이 입은 손해를 배상하도록 규정하고 있는 것은 도급인의 일방적인 의사에 기한 도급계약 해제를 인정하는 대신, 도급인의 일방적인 계약해제로 인하여 수급인이 입게 될 손해, 즉 수급인이 **이미 지출한 비용**과 **일을 완성하였더라면**

---

5 "피고는 이미 원고와의 사이에 이 사건 건물에 대한 임대차 계약을 체결한 후 보증금 중 일부인 금 200만원을 수령하였고, 원고가 위 건물에서 학원 운영에 필요한 시설을 마친 후 학원 운영을 시작하였음을 알고 있었으므로, 피고로서는 임대인으로서 이 사건 임대차계약에 따라 원고로 하여금 이 사건 건물을 사용, 수익하도록 하여야 할 의무가 있음에도 불구하고, 원고가 나머지 보증금의 지급을 지체한다는 이유만으로 적법한 최고 절차도 거치지 아니한 채 일방적으로 이 사건 임대차계약의 해제를 통보하고 위 보증금의 수령도 거절하였으며, 이 사건 건물의 명도를 요구하면서 전기를 차단하는 등의 비정상적인 방법으로 원고의 학원 운영을 방해하고, 이 사건 건물을 포함한 (건물명 생략)빌딩 전체를 소외인 외 2인에게 다시 임대함으로써 결국 이 사건 건물을 포함한 빌딩 전체의 병원개축공사에 따라 원고가 강제로 이 사건 임대차계약상의 임차기간 중에 학원 운영을 중단하고 이 사건 건물 부분에서 퇴거하도록 하였던 바, 피고는 이로 인하여 원고가 입은 손해를 배상할 책임이 있다." 창원지방법원 2005. 2. 3. 선고 2003나6693(본소),2003나6709(반소) 판결.

6 이러한 입장을 취하는 경우 그 임대차계약 기간 안에 임차인이 새로 상가를 얻어서 영업이익을 얻었다면, 이러한 새로운 영업 이익은 손익상계의 대상이 되는가 하는 문제가 발생한다. 새로운 영업을 하여 얻은 이익은 피해자(임차인)의 노력과 기여에 의한 이익이므로 손익상계의 대상은 될 수 없다고 보아야 할 것이다. 이와 같이 보는 것이 다수설의 입장이다. 이소은, "손익상계에서 '공제되어야 할 이익'에 관한 연구", 비교사법 제28권 제1호(2021. 2), 비교사법학회, 289면(같은 문헌 292면에서는 피해자가 가해행위와 독립적인 부수적 원인에서 얻은 이익은 이를 손해액에서 공제해서는 안된다는 미국의 부수적 이득 비공제 법리를 소개하고 있다.). 그러나 판례는 이를 부정하는 입장이다. "근로자가 사용자에게 제공하였어야 할 근로를 다른 직장에 제공함으로써 얻은 이익이 사용자의 고용의무 불이행과 사이에 상당인과관계가 인정된다면, 이러한 이익은 고용의무 불이행으로 인한 손해배상액을 산정할 때 공제되어야 한다." 대법원 2020. 11. 26. 선고 2016다13437 판결.

얻었을 이익을 합한 금액을 전부 배상하게 하는 것이라 할 것이므로, 위 규정에 의하여 도급계약을 해제한 이상은 특별한 사정이 없는 한 도급인은 수급인에 대한 손해배상에 있어서 **과실상계나 손해배상예정액 감액을 주장할 수는 없다.**"[7]

이 판결에서 설시하는 '이미 지출한 비용'과 '일을 완성하였더라면 얻었을 이익'은 각각 신뢰이익과 이행이익에 해당한다고 보여진다.[8] 문제는 도급인의 계약해제 시 수급인이 신뢰이익 배상과 이행이익배상을 모두 청구할 수 있는가 하는 것이다. 우리 대법원은 이행이익의 한도에서 신뢰이익의 배상청구를 할 수 있고 다만, 이러한 경우 일실이익은 제반비용을 공제한 순이익에 한한다고 판단하였다.[9]

도급인의 임의해지 시 과실상계를 할 수 없다는 위 대법원의 판단에 대하여는 도급인의 손해배상책임이 채무불이행나 불법행위로 인한 것 모두 아니고, 제673조의 손해배상에도 손익상계는 가능한데[10] 이에 더해 과실상계까지 인정하는 것은 도급인에게 지나치게 유리하다는 점에서 과실상계를 부정하는 것이 타당하다고 평가하는 견해가 있다.[11] 생각건대 제673조의 손해배상은 도급인의 귀책사유 유무를 묻지 않고 손해배상을 인정한다는 점에서 채무불이행책임 보다 도급인의 책임이 경한 측면이 있다. 따라서 채무불이행책임 보다 도급인의 손해배상범위를 확대할 필요까지는 없다고 생각한다. 제673조의 손해배상에서 과실상계를 부정한다면 도급인의 입장에서는 차라리 이행거절을 하여 채무불이행책임으로 손해배상을 하는 것이 더 유리해진다는 평가모순이 발생하게 될 것이다.

채무불이행시 이행이익 배상에 관한 이러한 논의를 극명하게 보여주는 비교법적 예는 미국의 국가계약법(Government Contract Law)상[12] 인정되는 임의해지(Termination

---

7 대법원 2002. 5. 10. 선고 2000다37296, 37302 판결.

8 이우진, "일의 完成 前 都給人의 契約解除와 損害賠償", 성균관법학 제19권 제3호(2007), 735면.

9 "계약의 일방 당사자가 상대방의 이행을 믿고 지출한 비용도 그러한 지출사실을 상대방이 알았거나 알 수 있었고 또 그것이 통상적인 지출비용의 범위 내에 속한다면 그에 대하여도 이행이익의 한도 내에서는 배상을 청구할 수 있으며 다만 이러한 비용 상당의 손해를 일실이익 상당의 손해와 같이 청구하는 경우에는 중복배상을 방지하기 위하여 일실이익은 제반 비용을 공제한 순이익에 한정된다고 보아야 한다(대법원 1992. 4. 28. 선고 91다29972 판결)."

10 대법원 2002. 5. 10. 선고 2000다37296, 37302 판결.

11 이우진, 위의 논문, 747면.

12 연방기관의 조달을 주로 규율하는 듯 보인다. 정부계약, 공공계약으로 번역하는 것도 가능하다. 편의상 국가계약으로 칭하기로 한다.

for Convenience)[13]라고 할 수 있다. 이는 정부의 이익을 위하여 계약담당공무원이 임의로 계약업체와 체결한 계약을 해지하고 그에 따른 계약업체의 지출비용 등의 손해를 보상하여 주는 제도이다.[14] 임의해지를 인정하는 실익은 계약위반으로 인한 손해배상의 경우 계약상대방의 이행이익(이윤)[15]을 배상하여야 하지만, 임의해지의 경우에는 아직 이행하지 않은 부분에 대한 이행이익은 지급하지 않아도 된다는 점에 있다. 위 상가임대차 판결에서 휴업손해를 배상하면 족하다고 하는 것은 임의해지에 따른 보상과 같은 맥락에 서 있다. 즉 계약당사자 일방의 유책사유에 의한 채무불이행이 있는 경우에는 계약 종료 시까지의 이행이익을 배상하는 것이 타당하고, 계약상대방이 지출한 비용을 보상하는 것으로 배상의 범위를 제한하기 위해서는 임의해지권의 행사라는 별도의 법적 근거가 필요하다는 것이다. 위 상가임대차 판결에서 임대인이 고의적으로 채무를 이행하지 않은 상황에서 그로 인한 손해를 바로 임차인에게 전가시키는 것은 예외적으로만 인정되어야 할 것이고 그러한 예외적 사정에 대한 법리를 발달시켜 나가는 노력이 필요하다고 생각한다. 그러한 예외적 사정이 없는 경우에는 임차인이 손해의 계속적 발생에 기여하였다는 점에서 과실상계를 적용하거나 임차인이 다른 상가를 임차하여 영업이익을 얻은 부분은 손익상계를 적용하여 배상액을 감액하는 방안을 고려해 볼 수 있을 것이다. 이러한 경우 과실상계는 법원이 직권으로 판단하고[16] 손익상계도 당사자의 주장을 기다리지 않고 법원이 손

---

13 이를 편의적 계약해지라고 번역하는 문헌으로 김대인, "정부조달에 있어서 구속력의 한계", 행정법연구 제15호(2006. 5), 행정법이론실무학회, 125면. '편의'라는 표현은 법률에서는 잘 사용하지 않는 용어이다. 정부가 자신의 이익을 위해서 자유롭게 계약을 해지할 수 있다는 의미에서 임의해지로 번역하는 것이 타당하다고 생각한다. 임의는 임의규정, 임의대리, 임의후견, 임의출석, 임의대위 등 매우 빈번하게 사용되는 용어이다.

14 신뢰이익 배상과 지출비용 배상이 개념적으로 구별되고 국가에 따라서도 조금씩 다른 의미를 가진다는 점을 상세히 설명하는 견해로 김영희, "계약이론사에서 신뢰이익 배상과 지출비용 배상", 법조 제69권 제2호(2020. 4), 법조협회, 179-181면. 본고에서는 양자의 개념적 차이에 주목하지 않고, 신뢰이익 배상이 이루어지는 일련의 예를 제시하여 구체적인 손해배상 사례의 해결에 있어 약간의 통찰력을 제공하는데 초점을 두고자 한다.

15 이를 기대이익(expectation interest)으로 표현하기도 한다. 박영복, 가정준, "미국 계약법상 손해배상의 범위", 민사법학 제35권(2007. 3), 한국민사법학회, 378, 412면.

16 대법원 1996. 10. 25. 선고 96다30113 판결. "민법상의 과실상계제도는 채권자가 신의칙상 요구되는 주의를 다하지 아니한 경우 공평의 원칙에 따라 손해의 발생에 관한 채권자의 그와 같은 부주의를 참작하게 하려는 것이므로 단순한 부주의라도 그로 말미암아 손해가 발생하거나 확대된 원인을 이루었다면 피해자에게 과실이 있는 것으로 보아 과실상계를 할 수 있고, 피해자에게 과실이 인정되면 법원은 손해배상의 책임 및 그 금액을 정함에 있어서 이를 참작하여야 하며, **배상의무자가 피해자의**

해를 산정함에 있어 이를 공제할 수 있다는[17][18] 점에서 위 상가임대차 판결에서 임차인이 손해액에 대한 증명책임을 부담하는 것과는 중대한 차이가 있게 된다.

II. 미국 국가계약법상 임의해지

1. 개념

정부의 필요가 있는 경우 계약 상대방의 과책이 없는 경우에도 정부가 일방적으로 계약을 해지할 수 있는 권리를 정부에 부여하는 제도이다.[19]

2. 연혁

이는 주요 전쟁의 종료에 따라 전쟁 수행과 관련된 막대한 규모의 조달계약을 해지시키는 수단으로 발전되었다.[20] 처음 임의해지 논의가 시작된 것은 남북전쟁 이후였다.[21] 전쟁의 상황 변화 또는 종전이 발생한 경우 정부 입장에서는 기존의 국방조달계약을 해지할 필요가 있었다.[22] 임의해지의 적용범위는 처음에는 전쟁물자 관련 계약에서 시작하였지만, 20세기 들어 점차 정부의 모든 계약으로 확대되었다.[23] 제1차 세

과실에 관하여 주장하지 않는 경우에도 소송자료에 의하여 과실이 인정되는 경우에는 이를 법원이 직권으로 심리·판단하여야 한다."

17 대법원 2002. 5. 10. 선고 2000다37296, 37302 판결. "채무불이행이나 불법행위 등이 채권자 또는 피해자에게 손해를 생기게 하는 동시에 이익을 가져다 준 경우에는 공평의 관념상 그 이익은 **당사자의 주장을 기다리지 아니하고** 손해를 산정함에 있어서 공제되어야만 하는 것이므로, 민법 제673조에 의하여 도급계약이 해제된 경우에도, 그 해제로 인하여 수급인이 그 일의 완성을 위하여 들이지 않게 된 자신의 노력을 타에 사용하여 소득을 얻었거나 또는 얻을 수 있었음에도 불구하고, 태만이나 과실로 인하여 얻지 못한 소득 및 일의 완성을 위하여 준비하여 둔 재료를 사용하지 아니하게 되어 타에 사용 또는 처분하여 얻을 수 있는 대가 상당액은 당연히 손해액을 산정함에 있어서 공제되어야 할 것이다."

18 종래 학설은 배상의무자가 이를 증명하여야 한다고 보는 견해가 유력하였다. 오종근, "손익상계", 아세아여성법학 제3권(2000), 아세아여성법학회, 306면.

19 연방정부의 임의해지권의 이론적 근거를 주권면제에 찾는 문헌으로 Marc Pederson, "Rethinking the termination for convenience clause in federeal contracts", 31 Pub. Cont. L. J. 86.

20 John Cibinic et al., Administration of Government Contract, 5th ed., 2016, p. 941. [이하 Cibinic으로 인용]

21 Marc Pederson, *op. cit.*, p. 87.

22 전쟁 종료에 따라 군함 제조 및 무장 계약을 해지하고 보상을 정산한 재판례로 United States v. Corliss Steam Engine Co., 91 U.S. 321 (1875).

23 Marc Pederson, *op. cit.*, p. 88.

계대전 중인 1917년 미국 의회는 긴급결핍세출법(Urgent Deficiency Appropriation Act)을 제정하여 대통령에게 평화 협정 체결 후 6개월 내에 현재 또는 장래의 전시 계약을 수정, 정지, 취소할 수 있는 권한을 부여하였다.24 제2차 세계대전 중에는 확정가격 공급 계약에 대하여 오늘날 임의해지조항에 해당하는 강제 해지조항을 삽입하였다.25

정부에게 그 전부터 해지권한이 인정되었는데 다만 이는 계약 위반(breach of contract)으로 취급되었다. 계약위반으로 처리되는 경우 정부는 계약위반자로서 계약업체에게 이행이익 전부를 배상하여야 하는 부담이 있었다.26 이를 극복하여 정부의 해지가 계약위반으로 되지 않고 아직 이행되지 않은 부분에 대하여는 그 비용만을 상환하는 것으로 그치는 제도가 임의해지로 창안되었다. 즉 임의해지는 계약위반이 아니기 때문에 계약업체의 미이행된 부분에 대한 이익까지 배상할 필요는 없는 것이었다.

3. 적용범위

원칙적으로 대부분의 국가계약에 적용된다[확정가격계약(fixed-price contracts)과 건설계약에 대해서는 연방조달규정(Federal Acquisition Regulation, 이하 "FAR"이라고 한다.) 49.502, 용역계약에 관해서는 FAR 52.249-4]. 비영리에 기반을 둔 교육기관이나 비영리기관의 연구개발, 건축공학용역계약에 대하여는 임의해지 조항을 포함하지 않을 수 있다. 공사계약에서 그 대금이 단순조달기준($250,000)을 넘는 경우에는 임의해지 조항을 삽입하여야 한다. 단순조달기준을 넘지 않는 경우에는 철거공사에 국한하여 임의해지 조항 삽입이 강제된다(FAR 49.502(a)(2)). 상업 용품 계약의 일반 조건에도 이러한 내용이 포함되어 있다.27 비용상환계약(cost-reimbursement Contracts)에 있어서도 임의해지조항이 삽입된다(FAR 52.249-6). 비용상환계약에서는 확정가격계약에 비하여 임의해지와 불이행해지 사이의 차이가 작은 편이다.28 양자 모두에서 업체는 이행과정에서 소요된 합리적인 비용과 계약수수료(contract fee)의 일부를 지급받을 수

---

24 40 Stat. 182, 183. 예컨대 "The President is hereby authorized and empowered, within the limits of the amounts herein authorized (...) (b) To modify, suspend, cancel, or requisition any existing or future contract for the building, production, or purchase of ships or material."

25 Torncello v. United States, 681 F. 2d 765 (Ct. Cl. 1982).

26 박영복, 가정준, 위의 논문, 385면.

27 Steven Feldman, Government Contracts in a nutshell, 6th ed., 2016, para. 49.8. [이하 Feldman으로 인용]

28 John Cibinic et al., Cost-reimbursement Contracting, 4th ed., 2014, p. 817.

있다. 임의해지의 경우 수수료는 기성고(완성된 비율)에 기반하여 산정되는 반면, 불이행해지에 있어서는 정부에 인도되고 정부의 검사를 통과한 부분에 대하여 수수료가 지급된다. 또한 불이행해지를 위해서는 업체에게 미리 통지하여 10일간의 치유기간을 부여하여야 한다.29 이를 위반한 경우에는 임의해지로 전환된다.

계약담당공무원은 임의해지조항을 계약에 포함시켜야 한다(FAR 49.502). 이러한 조항은 다른 내용이 없다면 이에 대하여 언급이 없더라도 자동적으로 계약에 포함된다.30 이것은 공공조달정책에서 중요한 의미를 가지는 연방규정의 내용은 계약에서 의도치 않게 생략된 경우에도 자동적으로 계약 내용에 편입된다는 소위 크리스천 이론(the Christian Doctrine)이다.31 1963년 청구권 법원(Court of Claims)에 의하여 인정되었다.32 업체는 루이지애나 Leesville 근방에 있는 Fort Polk의 관사를 건설하는 계약을 체결하였는데 해당 부대의 비활성화 결정에 따라 계약이 해지되었고 업체는 비용보상을 청구한 사안이었다. 법원은, 해당 계약에서 명시적으로 임의해지에 대한 조항을 포함하고 있지는 않지만, 4개의 조항에서 임의해지 조항을 지시하고 이미 오랫동안 미이행 부분에 대한 이윤은 보상하지 않았고 업체도 이를 알고 있었을 것이라고 판단하였다. 또한 계약담당공무원이 법률의 효력을 가지는 연방규정에 따르지 않는 계약을 체결할 권한이 없다는 점을 설시하였다.

4. 정부의 재량권

임의해지권 행사에 대하여 정부는 광범위한 재량권을 갖는다.33 정부의 수요(requirements)의 중대한 변경이나 조달 물품에 대한 필요성 감소에 국한되지 않는다.34 청구권 법원은 정부가 기존 계약 조건보다 더 유리한 계약 조건을 발견한 경우에는 기존의 계약을 임의해지하고 새로운 계약을 체결하는 것도 가능하다고 판단하였다.35 이에 대하여는 계약의 목적물의 가격이 하락한 경우에도 정부의 임의해지를 인정한다면 계약업체의 입장에서는 다른 민간의 당사자에게 이를 매각하였더라면

---

29 FAR 52.249-6 (a) (2).

30 Feldman, para. 49.8.

31 Terrence O'Connor, Understanding Government Contract Law, 2nd ed., 2018, p. 166.

32 G. L. Christian & Associates v. United States, 312 F.2d 418(Ct. Cl 1963).

33 Pearlman & Goodrich, Termination for Convenience Settlements, 10 Pub. Cont. L.J. 5 (1978).

34 Feldman, para. 49.8.

35 Colonial Metals Co. v. United States, 204 Ct. Cl. 320, 331, 494 F.2d 1355, 1359 (1974).

입지 않았을 손해를 정부와 계약을 체결하였다는 이유로 인하여 입게 된다는 문제가 있다는 비판이 제기되었다.**3637**

계약업체는 정부가 신의칙에 위반하여 재량을 행사하였거나 재량권을 남용하였다는 점을 증명하여야 한다. 신의칙 위반은 정부가 계약업체를 해하려는 특정한 의도를 가지고 행동하였다는 점을 증명하여야 하고, 재량권 남용은 임의해지가 정부의 최선의 이익과 관련이 없다는 점을 증명하여야 한다.**38** 정부가 처음부터 이행할 의도가 없이 계약을 체결하였다는 점을 증명한다면 신의칙 위반이 인정된다.**39** 이러한 증명을 함에 있어서는 명확하고 설득력 있는 증거(by clear and convincing evidence) 에 의할 것을 요구한다. 실제로 신의칙 위반으로 임의해지의 효력이 상실한 재판례는 거의 없는 것으로 설명되고 있다.**40**

이러한 재량권 남용의 판단은 조달공무원의 신의칙 위반, 결정의 합리성, 조달공무원에게 부여된 재량의 범위를 기준으로 한다.**41** 정부가 신의칙을 위반하거나 재량권을 남용하여 임의해지를 한 경우 이는 계약 위반이 되고 정부는 계약위반의 책임을 부담한다.

이러한 일방적 해지권의 인정이 미국 계약법상 약인(consideration) 이론에 위반하는 것이 아닌가하는 논의가 있다. 즉 일방적으로 해지할 수 있는 계약은 계약이 될 수 없다는 것이다.**42** 연방항소법원은 Sylvan 사건에서 정부는 해지 시 상당한 기간 내에 취소통지를 하여야 하므로 약인이 없다고 할 수 없다고 판단하였다.**43** 계약항소위원회(BCA, Board of Contract Appeals)**44**는 Montana 사건에서**45** 약인이 결여되었다

36 　Pearlman & Goodrich, *op. cit.*, p. 6.

37 　이러한 임의해지조항이 언뜻 보기에는 정부에게 유리한 것처럼 보이지만, 결국에서 계약대금인상을 통해 정부가 리스크 회피의 대가를 치러야 한다는 주장이 있다. Marc Pederson, op. cit., p. 95. 청구권법원에서도 업체의 이윤보상청구를 기각하면서 업체는 입찰 당시 임의해지의 위험성을 인수한다는 것을 알고 높은 가격으로 입찰에 참가하였을 것이라고 설시하였다. Meyer Scale & Hardware Company v. the United States, 57 Ct. Cl. 26, 49 (1922).

38 　Feldman, para. 49.9.

39 　Feldman, para. 49.9.

40 　Pearlman & Goodrich, *op. cit.*, p. 7.

41 　Feldman, para. 49.9.

42 　Cibinic, p. 949.

43 　Sylvan Crest Sand & Gravel Co. v. United States, 150 F.2d 642(2d Cir. 1945).

44 　1978년의 계약분쟁법률에 따라 분쟁에 대하여 심사하고 결정하기 위해 조달기관에 설치된 행정위원회이다. 연방정부와 계약업체 사이의 분쟁에 대하여 심사하고 결정한다. 연방계약을 이행하는 과정에

는 주장을 배척하였다. 해당 계약에서는 정부에서 최소한 구매하기로 확약하는 물량이 있었는데 임의해지 시에는 이러한 최소 물량에 대하여는 보상이 이루어져야 하기 때문에 이러한 것이 약인이 될 수 있다고 판시하였다.

청구권 법원은 Kalvar 사건에서 임의해지는 신의칙위반(bad faith)이나 정부의 재량권남용(abuse of discretion)의 경우에 한하여 제한될 수 있다고 판단하였다.[46]

그러나 청구권법원은 Torncello 사건에서 그러한 통지의 의무만으로는 약인이라고 할 수 없고, 신의칙위반이 임의해지권의 유의미한 제한이 될 수는 없고, 계약체결 시 존재하였던 사정이 변경된 경우에 한하여 임의해지를 할 수 있다고 판단하였다.[47]

연방항소법원은 Krygoski 사건에서 Torncello 사건의 사정변경 주장을 기각하고 정부의 임의해지권은 정부가 계약 이행의도 없이 계약을 체결한 경우에 한하여 제한된다고 판단하였다.[48] 이 사건의 사실관계는 다음과 같다. 계약당시 예상한 것보다 많은 석면 제거가 요구된다는 점이 밝혀지자 계약담당공무원은 해당 계약을 임의해지하기로 결정하였다. 계약담당공무원은 이러한 추가 작업이 계약에 있어 중대한 변경에 해당한다고 생각하였다. 청구권 법원은 이것은 중대한 변경에 해당하지 않는다고 판단하여 정부의 임의해지는 계약위반에 해당한다고 보았다. 또한 계약담당공무원이 계약이 요구하는 작업의 확장이 중대한 변경에 해당한다는 점을 증명하지 못하였으므로 재량권남용이라고 설시하였다. 그리하여 정부는 계약업체에게 $1,400,000를 배상하여야 한다고 결정하였다. 이는 예상되는 이행이익을 포함한 금액이었다. 연방항소법원은 이 판결을 파기하였다. 신의칙위반이나 재량권남용이 없다면 계약담당공무원의 임의해지는 종국적이고 이는 법원에 의해 방해받지 않아야 한다는 것이었다. Torncello 사건에서의 법원의 입장은 정부가 처음부터 계약의 이행의사 없이 계약을 체결한 경우에 국한하여 적용되어야 한다고 설시하였다.

서 발생하는 분쟁에 대하여 관할을 가진다[41 USC §7105(e)]. 개별법률과 기관위임에 의하여 관할을 가지는 경우도 있다. 일반서비스(General Service Administration), 군사(Armed Services), 민간기관(Civilian Agency) 등 다양한 분야에 걸쳐 계약항소위원회가 설치되어 있다. 군사계약항소위원회가 23명의 행정법관으로 구성되어 가장 규모가 크다. 민간기관 계약항소위원회는 15명의 행정법관으로 구성되어 있는데 농업, 에너지, 치안, 주택 및 도시개발, 내무, 노동, 교통, 보훈에 관한 부처의 사건을 다룬다. Nash & O'Brien-Bebakey, *the Government Contracts Reference Book*, 2013, p. 60.

45 ASBCA 50515, 00-1 BCA ¶30,694.

46 Kalvar Corp. v. United States, 543 F.2d 1298 (Ct. Cl. 1976).

47 Torncello v. United States, 681 F. 2d 756 (Ct. Cl. 1982).

48 Krygoski Constr. Co. v. United States, 94 F.3d 1537 (Fed. Cir. 1996).

5. 임의해지의 철회

계약담당공무원이 임의해지된 물품이 필요하다고 결정하고 그러한 임의해지의 철회가 정부의 이익에 부합하는 경우에는 정부는 임의해지를 철회하고 해지된 계약 부분을 회복시킬 수 있다.[49] 이 경우 계약업체의 서면 동의를 받아야 한다.

6. 효과

계약업체는 임의해지로 인하여 손해를 입지 않도록 보호된다. 이행과 관련된 비용이 보상되고 '이미 이행된 부분'에 대하여는 기대되는 이익까지 보상된다.[50] 해지 후 비로소 발생한 비용(post-termination costs)과 정산 비용(settlement expenses)도 보상의 대상이 된다.

임의해지 시 보상되는 금액은 다음과 같다.[51] 해지 시점까지 발생한 이행비용, 해지 후 비용 중 일정 부분, 정산 또는 합의 비용, 기 이행된 부분에 대한 이익(고정가격계약의 경우) 또는 이윤(비용상환계약의 경우). 발생한 직접 비용의 상환은 계약 대금을 상한으로 제한된다.

정부와 계약업체 모두 해지의 원인을 제공한 경우에는 계약업체는 전액 보상을 받을 수 없다.[52]

7. 비용의 증명정도

정부의 계약담당공무원이 임의해지에 따른 비용정산서를 작성하면 업체 측에서는 이보다 많은 금액이 비용으로 발생하였다는 사실을 증명할 책임을 부담한다.[53] 증명의 정도는 상대방보다 우월한 증거(preponderance of evidence)를 제시하여야 한다.

---

49 Feldman, para. 49.9.
50 Feldman, para. 49.8.
51 Feldman, para. 49.12.
52 Feldman, para. 49.12.
53 Clary Corp., ASBCA 19274, 74-2 BCA ¶10,947. 업체가 5대의 연방 증권 원거리프린터를 $22,125에 제공하기로 하였는데 2개월 후 정부가 임의해지한 사안이다. 업체는 이윤과 정산비용 항목으로 $4,339를 청구하였는데 증명에 실패하였다.

8. 절차

임의해지는 서면통지에 의하여야 한다.[54] 서면통지에는 다음의 사항이 기재되어야 한다.[55] 계약이 임의해지된다는 점, 해지의 효력발생일, 해지의 범위, 현재 진행 중인 작업에 대한 특별한 지시, 임의해지로 계약업체의 인력이 크게 줄어드는 경우 계약업체가 그 임의해지의 영향을 최소화하기 위해 취할 조치.

다른 한편 법률의 규정에 의하여 임의해지가 의제되는 경우가 있다. 불이행 해지가 그 요건을 갖추지 못하여 임의해지로 전환되는 경우와 계약, 결정(award) 등을 취소되는 경우가 그러하다.

임의해지 시 계약업체가 준수해야 할 절차도 임의해지 통지서에 포함된다. 계약업체가 이를 엄격하게 따르지 않는 경우 보상 비용이 감액될 수 있다.[56] 계약업체가 따라야 할 내용은 일반적으로 다음과 같다.[57]

① 계약 해지 부분에 대한 작업을 즉시 중지하고 하도급도 중단할 것
② 임의해지 부분에 관한 하도급계약 해지와 작업 중단을 제한하는 특별한 상황은 계약해지 담당공무원(Termination Contracting Officer, TCO)에게 즉시 통지할 것
③ 해지가 부분적인 경우 해지가 되지 않은 부분은 계약이행을 계속하고 형평에 부합하는 조정안을 즉시 제출할 것
④ 정부가 지분이나 이익을 가지는 재산을 보호하기 위한 조치를 취할 것
⑤ 임의해지된 부분에 관한 하도급 계약 등 법적 의무로부터 발생하는 법적 문제를 계약해지 담당공무원에게 즉시 통지할 것
⑥ 하청업체의 청구에 대하여 계약해지 담당공무원으로부터 필요한 동의 및 승인을 얻어 합의를 할 것
⑦ 임의해지 발효일부터 1년 내에 합의안과 세부일정을 정부에 제출할 것
⑧ 계약해지 담당공무원의 지시 및 승인에 따라 해지된 재고 물품을 처분할 것.

---

54 Feldman, para. 49.9.
55 Feldman, para. 49.10.
56 Feldman, para. 49.10.
57 Feldman, para. 49.10.

9. 상업용품의 경우

FAR의 표준 국가계약 해지 규정이 상업용품의 해지에는 적용되지 않는다. 그러나 여전히 계약 공무원은 이 규정이 FAR 상업 용품 정책 및 계약 조건과 충돌하지 않는 범위에서 이 규정상 절차를 지침으로서 따라야 한다.[58]

III. 해지 시 보상금액

1. 사업 유형의 구분

비용 문제를 검토하기에 앞서서 사업 유형을 명확히 구분하고 생각을 전개할 필요가 있다. 사업 유형에 따라 비용의 발생 형태가 매우 상이하기 때문이다. 사업 유형을 몇 가지 전제한 후에 미국에서의 비용보상 논의를 살펴본다면 보다 비판적인 시각에서 접근할 수 있을 것이다. 첫째, 상업 용품 생산 유형이다. 책상, 컴퓨터 등 시중에서 판매되고 있는 물품을 정부에 납품하는 유형이다. 이러한 사업의 경우에는 계약의 규모가 매우 커서 해당 계약을 위하여 특별히 대규모 설비 증설이 필요하다고 인정되지 않는 경우에는 별도의 창업비용, 시설비용, 간접비 등을 인정하기 어려울 것이다.

둘째, 특수 용품 생산 유형이다. 군복, 군화, 총 등 해당 정부기관이 아니면 달리 처분이 어려운 물품을 생산하는 경우이다. 이러한 경우 해당 계약을 위하여 특별히 시설을 구입하였을 것이기 때문에 이에 관한 비용을 보상하여야 한다.

셋째, 건설 유형이다. 건설 유형은 위의 특수 용품 생산 유형에 가깝게 처리하여야 한다. 설계비, 현장사무소 운용비, 현장근로자 고용비, 하도급대금 등 해당 건설 계약의 이행을 위하여 특별히 소요되는 비용이 많기 때문이다.

2. 재고방식과 총비용방식

고정계약의 임의해지 시 보상금액을 계산할 때에는 두 가지 방법이 있다. 재고(inventory)를 기준으로 하는 것과 총비용(total cost)을 기준으로 하는 것이 그것이다. 재고를 기준으로 하는 방법이 선호되는데 이는 항목별로 비용을 산정하는 방법이다. 예컨대 계약의 목적이 되는 제품을 생산하는데 철과 같은 원자재가 필요하고, 부속

---

58 Feldman, para. 49.11.

품의 조달이 이루어져야 하고, 인건비가 투입되어야 하고, 장비를 구입하여야 할 것
이다. 이들 원자재, 부품, 작업, 도구 등과 같은 개별 항목에 대하여 계약자의 비용을
할당하는 것이 재고를 기준으로 하는 방법이다. 여기에 초기 비용, 관리 비용, 하청
업체와의 정산 비용을 각 추가하고 이익 및 손실을 조정한 뒤 정부가 이미 지급한
어음 등 지급수단을 공제하면 최종적인 순 정산금액이 도출된다.[59]

총비용을 기준으로 하는 방법은 재고 별로 비용을 할당하지 않고 계약 이행과
관련하여 투입된 모든 비용을 계산하는 방법이다. 재고 비용을 계산할 회계시스템이
구비되어 있지 않은 경우에 보충적으로 총비용 방법으로 택하게 된다.

다음의 항목은 총비용 산정 시 보상되어야 할 비용에 포함된다.[60] 직접재료, 직
접노동, 간접공장지출, 틀·장치·정착물 등 도구, 기타비용, 일반 및 행정 비용이 그
것이다. 이러한 항목에 추가하여 이윤, 정산지출, 하청업체와의 정산이 포함된다. 해
당 계약의 목적이 된 완성물이 판매된 경우에는 그 판매대금은 보상금액에서 공제되
어야 한다.

재고를 기준으로 하는 방법은 비용을 계약의 해지된 부분에 할당하여 계산하는
반면 총비용으로 계산하는 방법은 계약업체가 해지 일을 기준으로 해당 계약에 관하
여 발생한 모든 비용을 합한 뒤 완성품 가격을 공제하여 계산한다.[61] 통상 계약 공무
원은 총비용 방법에 의한 계산을 승인하지 않기 때문에 계약업체는 최대한 재고 방법
을 사용하려고 하고 재고항목에 포섭되지 않는 비용은 기타 비용 항목에 할당한다.[62]

3. 투입된 비용 보상 원칙

해지 시 정산금액에 대한 기본원칙은 이행되었을 경우의 가치보상이 아니라 이
행에 들어간 비용을 보상하는 것이다.[63] 계약항소위원회는 간접손해배상(consequential
damages)은[64] 배제된다고 판단하였다.[65] 해당 결정의 사안을 보면 업체는 1972. 3. 정
부와 계약을 체결하여 1972. 3.부터 1973. 2.까지 정부에 업체의 실린더에 의해 압축

---

59 Feldman, para. 49.12.
60 Pearlman & Goodrich, *op. cit.*, p. 9.
61 Pearlman & Goodrich, *op. cit.*, p. 10.
62 Pearlman & Goodrich, *op. cit.*, p. 10.
63 Cibinic, p. 977.
64 consequential damage를 간접손해로 번역하는 문헌으로 박영복, 가정준, 위의 논문, 393면.
65 Aerdco, Inc., GSBCA 3776, 77-2 BCA ¶12,775, recons. denied, 78-1 BCA ¶12,926.

된 헬륨가스를 공급하기로 하였다. 업체는 정부의 광물부처로부터 획득한 헬륨가스만을 공급하기로 약정하였는데 정부는 업체가 이러한 약정을 비롯한 몇 가지 규정을 준수하지 않았다고 주장하였다. 그리하여 정부는 1972. 8. 해당 계약을 해지하였다. 업체의 계약위반 사유는 근거 없는 것으로 드러나 위 불이행 계약해지는 임의해지로 전환되었다. 계약항소위원회는 업체가 청구한 비용 중 다음 사항은 모두 보상의 대상에서 제외된다고 보았다. 임의해지 후 업체의 파산비용($26,838), 기존의 사업 상실에 따른 이윤 상당의 손해($78,020), 장래 이익 상실($1,500,000), 장비교체로 소요된 비용 중 업체의 파산절차에서 장비를 매각하여 취득한 금액을 공제한 차액($277,347.07), 보험금채권 상실($154,916.67).

또 다른 사안에서 계약항소위원회는 장례계약의 상실, 기업의 위상과 평판 저하, 신용 손상(loss of credit standing), 생산 손실은 보상 대상이 되지 않는다고 판단하였다.[66]

보상이 이루어지는 비용의 구체적 내용은 다음과 같다.

4. 해지 전 비용

(1) 창업비용 및 시설비용

창업비용 내지 사전 계약 비용(precontract costs)은 계약의 직접 비용은 아니라는 점에서 해당 사업을 위하여 창업을 하였다는 등, 이를 보상하여야 할 특별한 사정이 없는 한 보상의 범위에 포함된다고 보기 어렵다.[67] 장비와 시설비용의 경우에도 해당 계약을 위해 특별히 필요한 것이라는 사정이 없는 한 통상 보상범위에 포함되지 않는다.

이에 관하여 계약 전 시점에 물품 개발 및 생산에 소요된 비용에 관한 법원의 결정이 있다. 문제가 된 업체는 전자장비제조를 하였는데 암호화된 데이터의 전송과 수신 과정에서 발생하는 오류를 잡아주는 장비(TD-12)를 생산하였다. 국제암호규격의 변경 등의 이유로 이 업체의 장비는 더 이상 사용할 수 없게 되었고 업체는 1969년 경 생산을 중단하였다. 미공군 통신서비스는 1967년 경 이동통신작업에 TD-12을 사용할 수 있는 가능성에 대해 이 업체와 논의하였다. 원고는 공군이 원하는 장비 개발에 성공하였고 1971. 3. 25. $92,592에 7대를 공급하는 내용으로 계약이 체결

---

66 H & J Constr. Co., ASBCA 18521, 75-1 BCA ¶11, 171, recons. denied, 76-1 BCA ¶11, 903.
67 Feldman, para. 49.12.

되었다. 그러나 정부는 1971. 4. 15. 이 계약을 임의해지 하였다. 해지시점까지 인도
된 물품은 없었다. 업체는 정부에게 계약이 아직 체결되기 전인 1968. 9.부터 1970.
2.까지 사이에 물품 개발 및 생산에 들어간 비용을 청구하였다. 계약항소군복무위원
회(ASBCA, Armed Services Board of Contract Appeals)는 이는 보상의 대상에 포함되지 않
는다고 판단하였다.**68** 계약 협상 과정에서 직접 발생한 비용이 아니고 계약 기간 내
물품을 인도하는데 필요한 내용도 아니라는 점에서 DAR 15−205.30의 보상 가능한
계약 전 비용에 포함되지 않는다고 그 이유를 설시하였다.

　그러나 청구권법원의 판사는 이러한 결정을 파기하는 취지로 의견을 제시하였
다. ASPR 8−301**69**에서 근본적인 공정성을 확정가격의 임의해지 시 정산에 있어 최
우선 기준으로 규정하고 있다는 점을 근거로 제시하였다.

　판사의 의견에 대하여 정부 측에서 재검토를 청구하였다. 청구권법원은 판사의
의견을 채택하지는 않았지만, 이 사건에 대하여 구술심리를 한 뒤, 사건을 군복무위
원회로 환송하였다.

(2) 초기 생산 비용(Initial Costs)

　일회성 노동이나 물자, 이와 관련 간접비는 생산의 초기 단계에 발생하였고 다
음의 요소에 의하여 초래된 경우에는 보상비용에 포함되지 않는다.**70**

- 미숙련노동으로 인한 과도한 손상,
- 테스트 생산에 따라 발생한 하자 있는 제품 생산 및 시간 소요,
- 훈련비용,
- 제품, 물자, 생산과정에 대한 친숙함 또는 경험 부족.

　해지된 계약의 이행을 준비하는 과정에서 발생한 비용은 보상비용에 포함된다.
공장의 재배치 및 변경, 관리, 인력 조직, 생산 계획이 여기에 해당한다.**71** 특별한 기

68　Codex Corp., ASBCA 17983, 74-2 BCA ¶10,827, recons. denied, 75-2 BCA ¶11,554, remanded,
　　226 Ct. Cl. 693 (1981).

69　Armed Services Procurement Regulations의 약자이다. 이것은 FAR 49.201과 유사한 내용이다.
　　Cibinic, p. 979.

70　FAR 31.205-42(c)(1).

71　FAR 31.205-42(c)(2). 다만, 일부 해지의 경우 해지된 부분에 흡수되지 않은 비용은 일괄 금액(lump
　　sum)으로 분류하여 보상될 수 있다. 185 Ct. Cl. 528, 539-540, 401 F.2d 1012, 1019 (1968). 정부가

계, 장비, 초기선적에 따른 비용에 여기에 포함되지 않는다. 이러한 초기 비용은 그것이 정산 제안서에 직접 비용으로 이미 포함되었다면 이중으로 계산될 수 없다.[72] 엔지니어링, 도구, 훈련, 시설재배치에 소요되는 비용은 다른 작업에도 공통으로 소요되는 비용으로 초기에는 간접비로 취급되어 보상대상에서 제외되었지만, 이제는 정산 시 직접 비용(direnct charges)으로 보상대상에 포함된다.[73] 사안은 장갑차에 화염방사기를 공급하는 계약에 관한 것이다.

목록 기반 비용 계산을 하는 경우라면 이러한 초기비용은 통상 해지 직접 계약에 의해 요청되는 총 최종물품(total end items)에 할당된다.[74] 최종 물품이 다양한 경우에는 기계나 노동시간에 할당된다.

통상 제품 생산에 있어 초도생산물량의 경우 비용이 많이 들고 후속생산의 경우에 비용이 낮아지는 구조를 가진다.[75] 따라서 계약 이행 도중 정부가 계약을 임의해지하는 경우 정부는 계약이 모두 이행되었더라면 하나의 물건 당 소요되었을 비용을 기준으로 계산하여서는 안 되고 초기의 높은 비용을 보상하여야 한다.[76]

(3) 하자 있는 물품 생산 비용

초기에 계약항소위원회는 채무의 내용에 부합하지 않은 제품의 생산 비용은 보상금액에 포함되지 않는다고 판단하였다.[77] 가스켓(gaskets) 제조 공급 계약 사안인데, 임의해지 시 해당 제품이 제원에 맞게끔 수리될 수 있다는 점을 제시하지 않고서 바로 불완전이행의 효력이 무효로 된다고 하는 것은 논리적이지 않다는 점을 그 이유

임의해지를 하자, 업체는 특별한 준비비용(special tooling)에 대한 보상을 청구하였다. 일부 해지가 되지 않았다면 인도된 물품의 양이 많았을 것이므로 거기에 할당될 수 있는 비용이라는 것이었다. 임의해지 시 보상할 금액은 임의해지로 증가된 비용이므로 해지되지 않은 물품에 대하여 증가된 특별한 준비 비용도 보상되어야 한다고 주장하였다. 그러나 법원은 해지된 부분에 흡수되지 않은 이러한 비용도 해지된 부분에 일괄 금액으로 산정하여 보상하면 되고 해지되지 않은 부분에 포함시킬 것은 아니라고 판단하였다.

72 FAR 31.205-42(c)(3).

73 Condec Corp., ASBCA 14234, 73-1 BCA ¶9808.

74 FAR 31.205-42(c)(5).

75 Pearlman & Goodrich, *op. cit.*, p. 11.

76 수령한 물품에 발생한 평균 노동비용과 해지가 없었더라면 발생하였을 평균노동비용의 차액에 수령한 물품의 수량을 곱하여 계산된 금액을 보상하여야 한다고 설명하고 있다. Pearlman & Goodrich, *op. cit.*, p. 12 (1978).

77 Chris Kaye Plastics Mfg. Co. ASBCA 3667, 56-2 BCA ¶1124, at 2924.

로 설시하였다.

그러나 계약항소위원회는 이러한 입장을 변경하여 하자 있는 물품 생산이 비합리적인 것이 아니라면 그러한 비용도 보상된다고 판단하였다.[78] 계약이 임의해지되지 않았다면 계약업체는 그러한 하자 있는 물품을 개선하여 계약에 부합하는 제품을 제공할 수 있고 계약대금은 그러한 하자 제거 비용까지 포함하여 책정된 것인데 임의해지에 의하여 계약업체에게 그러한 기회를 박탈하기 때문에 이를 보상하여야 한다고 설명한다. 연방청구권 법원도 계약이 의제 해지된 사안에서 해지물품이 요구되는 제원을 충족하지 않는 경우에도 그러한 하자가 계약업체의 계약의 의무의 중대한 해태에 기인하지 않는다면 그 비용을 보상받을 수 있다고 판단하였다.[79] 일반서비스 계약항소위원회(General Services Board of Contract Appeals, GSBCA)도 논문(monograph)를 제공하는 계약에서 초안이 만족스럽지 않아 정부가 임의해지를 한 사안에서 계약업체의 초안의 준비 비용 청구를 인용하였다.[80] 하자 있는 물품 생산의 경우에 이를 보상하는 것과 마찬가지로 논문 작성의 경우에도 그 비용을 보상하여야 한다고 판시하였다. 사안에서

---

[78] Caskel Forge, Inc. ASBCA 7638, 1962 BCA ¶3318 at 17,108.(업체가 총 83,350개의 렌치(볼트나 너트를 죄는 공구의 일종. 스패너와 유사)를 $16,386.61에 정부에 제공하는 계약이다. 1600개의 렌치가 인도된 후 정부는 업체의 불이행을 이유로 계약을 해지하였다. 업체는 이에 항소하였고 계약항소위원회는 업체의 불이행 사유가 없다고 판단하여 임의해지로 전환되었다. 업체는 $25,423.25의 비용 보상을 청구하였으나 계약담당공무원은 $4000만 인정하였다. 정부는 21,792개의 렌치에 대하여 제원에 부합하지 않는다고 거절하였고 업체도 이 렌치가 수리할 수 없다고 인정하였다. 계약항소위원회는 우선 비용 산정 방식에 대하여 판단하였다. 정부는 재고를 기준으로 하여야 한다고 주장하였으나 계약이행에 사용된 비용 중 계약요건을 충족하는 1600개의 렌치에 할당되는 비용과 그렇지 않은 비용을 구별하기 어렵다는 점에서 이를 받아들이지 않고 총비용을 기준으로 하여 비용을 산정하는 방식을 채택하였다. 또한 동위원회는 임의해지시에는 렌치 중 제원에 맞지 않고 수리할 수 없어 정부가 거절한 것에 대해서도 생산 비용을 보상하여야 한다고 판단하였다. 그것이 정부의 과책에 기인하지 않은 경우에도 보상하여야 한다고 판단하였다. 계약 조항에 그러한 구분을 하고 있지 않기 때문에 제원에 부합하지 않는 제품이 수리가능한지 여부, 정부의 과책에 기인한지 여부는 문제되지 않는다고 설시하였다.); Best Lumber Sales, ASBCA 16737, 72-2 BCA ¶9661.(업체가 미 해군 탄약창에 4789개의 폭탄 운반대(bomb pallet adapters)를 공급하기로 하는 고정가격계약이 임의해지된 사안이다. 업체는 $5,650.55의 비용 보상을 청구하였는데 정부는 $998.29만 인정하였다. 정부가 업체의 청구를 감액한 이유는 업체의 원재료, 작업, 제품 등이 계약의 요건에 맞지 않았기 때문이다. 계약항소위원회는 하자율을 15%만 인정하고 이는 이러한 종류의 계약에 있어서 통상적인 수준의 하자율이라고 판시하였다. 제공된 물품이 계약의 요건에 부합하지 않더라도 합리적이고 할당가능하며 허용될 수 있는 비용은 보상하여야 한다는 기존의 확립된 법리에 따라 15%의 하자 있는 물품에 대하여도 보상하여야 한다고 판단하였다.

[79] Best Foam Fabricators, Inc. v. United States, 38 Fed. Cl. 627, 640 (1997).

[80] Arnold H. Leibowitz, GSBCA No. CCR-1, 76-2 BCA ¶11,930.

항소인은 미국 인권위원회를 위하여 푸에르토 리코 주민에 관한 논문을 $12,650에 작성해 주기로 하는 계약을 체결하였다. 그 대금은 1달에 $6,000로 대략적으로 계산한 것이었다. 인권위원회는 항소인이 제출한 논문 초안에 대하여 만족하지 못하였고 결국 계약을 임의해지하였다. 이에 따라 항소인은 $11,150의 비용보상을 청구하였으나 계약담당공무원은 $5,000만을 제시하였다. 일반서비스 계약항소위원회(GSBCA)는 원고 초안의 작성에 200~240시간이 소요되었다고 판단하고 $10,000를 인정하였다.

(4) 훈련비

계약이행을 위하여 피고용인들을 훈련시킨 비용을 보상할 수 있는가? 여기서 문제는 훈련을 시킨 시점이 계약체결통지가 있기 이전이란 점에 있었다. 계약항소위원회는 처음에는 계약체결통지가 있은 후에도 훈련을 시킬 충분한 시간이 있었다는 점에서 이를 보상 비용에서 제외하였다.[81] 그러나 환송 후 다시 이 문제를 판단할 때에는 보상대상에 포함된다고 설시하였다. 최저가입찰결정이 된 후에는 정부가 언제든지 계약을 체결할 수 있고 계약업체는 이를 철회할 수 없고, 계약업체가 계약체결을 기대하고 이러한 비용을 지출하였다는 점을 근거로 제시하였다.

(5) 임차료

임차료의 경우 해당 계약을 이행하기 위하여 동산이나 부동산을 임차한 경우 그러한 차임은 보상비용에 포함된다. 그러나 계약기간 및 그에 이은 합리적인 기간에 대한 합리적인 가격의 차임이어야 하고 업체는 임차비용을 줄이기 위하여 합리적인 노력을 하여야 한다.[82]

계약항소위원회는 장기 임차로 인한 할인료는 보상될 비용에서 공제되어야 한다고 판단하였다.[83] 문제가 된 사건의 사실관계를 보면, 업체는 계약이행을 위하여 1987. 5. 15.부터 1992. 5. 14.까지 5년간 차임은 월 $6,421.50로 하여 건물을 임차하였다. 계약기간은 27개월이었다. 기본 차임은 초기 11개월 동안 면제되어 1988. 4. 15.부터 부과되었고 17개의 주차장에 대한 사용료도 1987. 5. 15.부터 1988. 4. 15.까지 기간에 대하여는 면제를 받았다. 업체는 임의해지를 당한 후 해당 건물을 전차하여 $32,451.96를 수령하였다. 정부는 임의해지를 한 후 1989. 3.부터 같은 해 9.까지

---

81 Bennie J. Meeks, GSBCA 6605-REM, 85-2 BCA ¶17,947.

82 DCAAM 12-305.5 (a).

83 Qualex Corp., ASBCA 41962, 93-1 BCA ¶25,517.

7개월 동안의 차임에 대하여는 보상한다고 결정하였다. 계약항소위원회는 계약기간
인 27개월을 기준으로 하여 해당 건물을 임차하였을 때 산정되었을 차임 초과분과
주차장 비용을 계산하여 $45,277.14를 추가로 업체에 보상하여야 한다고 판단하였다.

(6) 이익

이미 이행된 계약부분에 대하여는 이익도 보상되어야 한다.[84] 이행된 계약 부분
의 의미에 대하여는 물리적인 이행이 없는 경우라도 그에 관한 비용이 지출된 경우
에는 이행된 부분으로 해석하고 있다. 즉 작업이 이루어졌거나 그에 관한 준비가 이
루어진 부분이 모두 이행된 부분으로 해석되고 이에 대하여는 이익 보상이 이루어져
야 한다는 것이다. 그러나 개별 해지 조항에서는 이루어진 작업에 대하여만 이익 보
상이 이루어진다고 규정하는 경우도 있다.[85] 사안을 보면, 업체가 미시간에 있는 보
훈병원 유리창을 교체하는 계약을 정부와 체결하였는데 입찰자 중 일부가 입찰조건
을 잘못 해석하여 이의를 제기하였다. 기존의 창틀을 제거하고 새로운 유리창을 설
치하는지에 관하여 착오가 있었다. 이에 따라 정부는 업체와의 계약을 임의해지하였
다. 업체는 비용과 일실이익으로 $46,130.35를 청구하였고 이 중 $44,132.92가 일실
이익에 대한 부분이다.

계약항소군사위원회는 계약업체가 지출한 비용이 없다면 보상되어야 할 이익도
없다고 결정하였다.[86] 매일 햄버거번 2500개 등을 클럽에 1년간 공급하는 계약이
1970. 7. 9. 체결된 사안이었다. 클럽은 1971. 2. 18. 계약담당공무원을 통하여 임의
해지 의사를 통지하였다. 공급업체는 장래 판매 이익 보상까지 포함하여 $19,860의
지급을 청구하였다. 계약담당공무원은 장래 이익에 대한 청구는 제한된다는 규정을
근거로 업체의 청구를 기각하였다. 업체는 계약항소위원회에 항소하였다. 항소도 기
각되었다.

FAR 49.202(a)는 해지일을 기준으로 아직 하청업체로부터 인도되지 아니한 물자
나 용역에 대하여는 보상되지 않는다고 규정하고 있다. 이정표를 설치한 것만으로는
인도가 되었다고 볼 수 없다. 계약항소위원회는 미공군과 TRW사가 1987. 7. 30.
$700,000,000 상당의 국방지원프로그램 우주선 제작 계약을 체결하고 TRW사는 1986.
10. 1. 하청업체와 인공위성에 들어가는 레이저크로스링크체계를 제작하는 하청계약

---

84 FAR 49.202(a); Cibinic, p. 999.

85 Advanced Window Sys., Inc., VACAB 1276, 78-1 BCA ¶13,126.

86 Shin Enters., Inc., ASBCA 16542, 72-1 BCA ¶9,391.

을 체결한 사안에서, 하청업체가 제공한 데이터에 대하여 별도의 가격이 매겨지지는 않았지만 여기에 합리적인 가치가 부여될 수 있다면 이에 대한 이익은 보상될 수 있다고 판단하였다.[87]

5. 해지 후 비용

(1) 하청업체와의 합의비용

이를 보상하는 것이 공정하고, 테스트 장비 손실은 가격에 국한되지 않으며, 하청업체와의 합의 비용은 소송을 했을 때 드는 비용보다 낮다는 점을 들었다.[88] 계약상 승인된 작업을 수행하는 과정에서 발생한 비용도 보상되어야 한다.[89]

(2) 일반 물품 비용

다른 작업에도 사용될 수 있는 일반 물품(common items)은 보상의 대상이 되지 않는다.[90] 이를 보상받기 위해서는 계약업체가 해당 물품을 손실을 입지 않고서는 유지할 수 없다는 점을 증명하여야 한다. 그러한 경우 계약 공무원은 이를 반박하기 위하여 해당 물품이 계약업체의 다른 작업에 합리적으로 사용될 수 있다는 점을 보여주어야 한다.

이는 그 계약업체를 기준으로 하는 것으로서 해당 물품이 그 계약업체의 다른 작업에는 사용될 수 없으나 다른 업체에서는 사용될 수 있고 중고가격으로 재판매되는 것은 가능하다고 하더라도 이는 여전히 임의 해지의 보상비용에 포함된다고 보아야 한다.[91] 이 사안에서 업체는 대만 업체였는데 1966. 1. 28. 미국 정부와 구체적인 작업량은 정하지 않고 1966. 2. 1.부터 1966. 12. 31.까지의 기간에 일정 구역에 있는 가사물품에 대하여 포장하고 싣고 운반하고 내리고 포장을 푸는 작업, 즉 포장이사에 대한 확정가격 계약을 체결하였다. 1966. 4. 19. 정부는 불이행 해지를 하였는데 그때까지 2달반 동안의 기간 동안 업체는 총 $101,957.06의 계약대금 중 11%에 해당하는 $11,010.40를 수령하였다. 업체의 과실 사유가 없다고 판명되어 불이행 해지는 임의해지로 전환되었다. 해지 후 업체는 무자력이 되어 대만 타이베이 지방법원은

---

87 TRW, Inc., ASBCA 51003, 00-2 BCA ¶30,992.
88 Cibinic, p. 981.
89 Cibinic, p. 981.
90 Cibinic, p. 982.
91 American Packers, Inc., ASBCA 14275, 71-1 BCA ¶8846.

해당 업체의 재산을 매각하여 채권자들에게 배당하였다. 미 정부는 $2,982.66 만큼만 비용으로 인정하였는데 계약항소위원회에서 $7,039.77가 추가로 더 인용되었다. 동 위원회는 상자, 포장용품 등의 임의해지로 이한 가치상실금액을 $3,000로 산정한 것이 합당하다고 판단하였다.

해당 물품이 다른 작업에도 사용되는 경우에는 그러한 다른 작업에 소요되는 양을 초과하는 부분에 대해서만 임의해지 시 보상되는 비용으로 인정될 수 있다. 해당 물품의 총량 중 현재 진행 중이거나 진행이 예상되는 계약을 위해 필요한 용량을 계산하여 할당하고 남은 부분을 임의해지된 계약 부분에 할당하는 것이다.[92] 이는 해지된 계약목록에 포함된 물품과 유사한 제품을 생산하기 위한 물자 및 조달 계산서를 검토하고, 해당 물품이 다른 작업에 사용되고 있는지 확인하기 위하여 재고 기록(stock records)을 검토함으로써 이루어진다.

군의 제트엔진과 같이 표준이 없는 물품도 그것이 상업용 제트엔진 생산에 사용될 수 있다면 공통물품이 될 수 있다.

(3) 해지 후 계속비용

계약업체의 상당한 노력이 있음에도 해지일 이후 바로 중단할 수 없는 비용은 보상의 대상이 된다.[93] 계약업체의 고의 또는 과실에 의한 비용은 보상의 대상에 포함되지 않는다. 배치인력의 전환에 소요되는 비용도 보상될 수 있다.[94] 임의해지로 인하여 인력의 95%를 해고하여야 하는 상황이라면 이를 처리하기 위하여 인사부서 인력의 노동비용(fringe benefit cost)도 보상받을 수 있다.[95] 해당 물품의 생산이 이미 열처리나 전기도금의 단계에 있는 경우 계약업체가 작업을 중단하지 않고 그냥 제품의 완성을 하는 경우도 있는데 이러한 경우에는 열처리 등의 비용도 보상될 수 있다.

특별한 도구, 기계, 장비의 이용가치 상실은 다음의 조건을 충족하는 경우 보상될 수 있다.[96]

첫째, 업체의 다른 작업에 합리적으로 사용될 수 없을 것.

---

92 DCAAM(Defense Contract Audit Agency Manual) 12-304.5(b).
93 FAR 31.205-42(b).
94 DCAAM 12-305.7(a)(1).
95 Pearlman & Goodrich, op. cit., p. 16.
96 FAR 31.205-42(d).

둘째, 권리의 이전, 기타 계약담당공무원에 의해 적당하다고 간주되는 방법으로
　　　정부의 이익이 보호될 것.
셋째, 해지된 계약 부분이 전체 계약에 대하여 차지하는 비율에 국한하여 사용가
　　　치상실이 계산될 것.

공간이나 장비의 임차료도 다음 조건을 충족한다면 남은 임차가치를 공제한 후
보상되어야 한다.[97]

첫째, 임차 가액이 계약기간 동안 임차된 재산의 합리적인 가액을 초과하지 아니
　　　할 것.
둘째, 추가 기간은 합리적인 범위 내의 것일 것,
셋째, 업체가 그러한 임차 비용을 줄이기 위하여 필요한 모든 합리적인 노력을 할 것.

임의해지로 필요 없게 된 항공기를 재매각시까지 18개월 동안 사용하지 못한 경
우 그에 따른 가치저하, 보험, 유지비용, 시설비용, 간접비, 광고비용, 행정비용은 보
상비용에 포함된다. 해당 기간 동안 항공기를 임차하였더라면 얻을 수 있었을 이익도
보상내용에 포함된다.[98] 사안을 보면 업체는 1985. 10. 15. 연방항공행정청과 1년 동
안 항공기를 사용할 수 있도록 하는 계약을 체결하였다. 업체는 이 계약을 이행하기
위하여 중고 항공기를 $430,000에 구입하였다. 계약 기간이 개시된 후 6개월이 경과하
여 연방항공행정청은 예산문제로 이 계약을 임의해지하였다. 계약항소위원회는 감가
상각 $21,499.98, 보험 $6,818.00, 유지보수비용 $8,799.00, 장비시설비용 $18,205.00,
간접비 $5,085.03, 광고비 $230.00, 이윤 $787.63으로 하여 총 금액을 $61,374.64으로
인정하였다.

중요 피고용인을 유지하기로 결정함에 따른 비용은 장래 작업을 위한 것이기 때
문에 보상비용으로 인정될 수 없다.[99] 사안에서 업체는 공군기지의 전자장비의 유지
보수를 위하여 1971. 12. 30부터 1972. 12. 29.까지 0001 물품을 위한 6명의 기술자와
0002 물품을 위한 1명의 기술자를 각각 $130,793.04와 $21,798.84에 제공하기로 한
계약을 체결하였다. 1명당 1달 기준 대금은 $1,816.57였다. 정부는 1972. 8. 14. 계약

97　FAR 31.205-42(e).

98　Aviation Specialists, Inc., DOTBCA 1967, 91-1 BCA ¶23,534.

99　Engineered Sys., Inc., ASBCA 18241, 74-1 BCA ¶10,492.

을 일부 해지하고 0001 물품을 위한 1명의 기술자와 0002 물품을 위한 1명의 기술자가 더 이상 필요 없다고 통지하였다. 업체는 이러한 통보를 받은 후에도 해당 기술자들을 해고하지 않고 고용을 유지하였다. 프로젝트 종료 시에 바로 기술자를 해고하는 것은 업계의 일반적인 관행이 아니고 계약이 정상적으로 끝까지 유지되었다면 해당 기술자들은 업체의 다른 프로젝트에 활용할 수 있었다고 주장하며 $8,223.92의 비용을 ASPR 15-205.42(b)를 근거로 청구하였다. 이는 1명 기술자의 3개월 치 임금, 다른 1명 기술자의 1개월 치 임금과 이와 관련된 간접비와 일반 및 행정 비용이었다. 정부는 이러한 업체의 청구를 기각하였다. 계약항소위원회도 업체의 청구를 기각하였다. 이들 기술자의 고용 유지는 임의 해지된 계약부분을 위한 것이 아니고 업체가 작업 능력을 유지하고 장래 체결할 계약을 이행하기 위한 것이라고 설시하였다.

비용보상의 대상이 되는 기간은 어떻게 결정하는가? 이는 계약업체의 합리적인 사업판단을 기준으로 한다. 하청업체가 계약 종료 이후 감독청의 비용 심사를 위하여 필요한 직원을 유지한 것은 합리적인 사업판단에 해당하는가. 사안을 보면 업체가 메디케어 및 메디케이드 서비스 센터를 위하여 하청업체를 통해 환자의 병원등록 시 종이 설문서 시스템을 만들어주는 계약을 체결하였다. 정부는 2011. 3. 18. 계약 일부를 임의해지하였다. 하청업체는 계약종료 후에도 방위계약감독청(Defense Contract Audit Agency, DCAA)의 감사를 대비하여 필요한 인력을 계속 고용하였는데 업체는 2012. 10. 23.까지 간헐적으로 계속 이 인력의 고용 비용을 정부에 청구하였다. 이에 대하여 민사계약항소위원회는 업체의 주장을 받아들이며 정확한 비용을 계산하라고 판단하였다.[100] 계약업체가 해당 물품을 처분할 기회가 있었는데 보다 높은 가격을 받기 위하여 이를 놓쳐버린 경우 이는 합리적인 사업판단에 해당할 수 있고 비용 보상에서 제외되는 것은 아니다.[101]

(4) 정산비용

정산비용는 임의해지를 정산하는데 필요한 수수료이다. 이는 통상 간접비용에 해당하는데 FAR은 이를 명시적으로 비용에 포함하고 있다. 다음 비용이 이에 해당한다.[102]

---

100 Group Health, Inc. v. Dep't of Health & Human Servs., CBCA 3407, 2015 BCA ¶35,859.

101 Baifield Indus. Div. of A-T-O, Inc., ASBCA 20006, 76-2 BCA ¶12,096, recons. denied, 76-2 BCA ¶12,203.

102 Feldman, para. 49.12.

- 정산청구 및 근거자료를 준비하는데 필요한 회계, 법률, 사무 비용.
- 하도급 해지 및 정산을 준비하는데 필요한 회계, 법률, 사무 비용.
- 계약 관련 재산의 보관, 운송, 보호, 처분 비용

정산 관련 급여 및 임금 비용. 이 비용은 급여 관련 세금(payroll taxes), 부가혜택, 점유비용, 직접감독 비용에 국한된다.

(5) 간접비(overhead), 일반 및 행정지출(G&A, general and administrative expenses)

해지 후의 간접비(유지비)에 대하여는 직접적으로 정산비용에 포함될 수 있는 경우를 제외하고 원칙적으로 보상의 대상이 되지 않는다고 설명한다.[103] 엔지니어 비용 중 연구개발비가 이미 직접비용으로 정산비용계산에 포함된 경우 추후 이를 간접비로 중복하여 계산할 수는 없고 나머지 엔지니어 비용에 국한하여 간접비로 계산할 수 있다.[104] 계약항소위원회에서는 이것은 예상이익과 유사한 것이고 계속비용으로서 보상될 수 없다고 판단하였다.[105] 사안은 업체가 정부와 총 $982,000에 달하는 계약을 체결하였는데 이행기간은 1966. 7. 1.부터 18개월 동안이다. 업체는 1966. 10. 21. 정부로부터 작업 중단 통보를 받았다. 업체는 인건비로 직접 포함되지 않은 임의해지 후 간접비에 대하여 정부에 청구하였으나 계약담당공무원은 이를 거절하였고 계약항소위원회에서도 이를 기각하였다. 계약해지 이후에도 인건비로 지출된 간접비가 크게 변동되지 않았다는 점을 이유로 하였다.

계약항소위원회는 생산시설이 오로지 해당 계약의 이행을 위하여 취득한 것이 아님에도 불구하고 그것이 생산 효율을 극대화하고 시설변경비용을 최소화하기 위하여 필요한 것으로 인정된 경우에는 보상가능하다고 판단하였다.[106] 업체는 1968. 11. 29. 미 육군 자동화 탱크 사령부와 2000개의 밴 컨테이너를 인도하는 계약을 체결하였다. 총 계약금액은 $2,354,000였다. 업체는 처음 계약상으로는 루이지애나 주에 있는 Shreveport의 공장에서 물품을 생산하기로 하였다가 텍사스 주에 있는

---

103   Nolan Bros., Inc. v. United States, 437 F.2d 1371, 1389 (Ct. Cl. 1971); Cibinic, p. 998.

104   Pearlman & Goodrich, *op. cit.*, p. 19.

105   Technology, Inc., ASBCA 14083, 71-2 BCA ¶8956, recons. denied, 72-1 BCA ¶9281.

106   Baifield Indus., Div. of A-T-O, Inc., ASBCA 20006, 76-2 BCA ¶12,096, recons. denied, 76-2 BCA ¶12,203.

Lufkin의 공장이 더 효율성이 좋다고 주장하였고, 정부도 이를 받아들여 결국 물품 생산을 Lufkin의 공장에서 하기로 하였다. 이 계약이 임의해지된 후 업체는 Lufkin의 공장을 물품생산에 맞게 개선하는데 소요된 $10,595의 비용을 "초기비용 및 준비비용(initial costs and preparatory expense allocable)"으로 청구하였다. 정부는 공장 이동에 따른 추가비용은 업체가 부담한다는 약정을 들어 청구를 기각하였다. 계약항소위원 회는 위 약정은 공장이동에 따른 정부의 추가비용을 보상하는 것이고 업체의 비용보 상에 대한 규정은 아니라고 판단하였다. 고정가격계약이기 때문에 업체의 비용에 대 하여는 약정을 둘 필요가 없었던 것이다. 또한 임의해지를 염두에 둔 비용보상 약정 도 체결한 정황이 없다는 이유로 결국 업체의 비용 보상 청구를 인용하였다.

시설 유지 비용와 같은 간접비의 보상여부는 해당 시설이 다른 계약의 이행을 위하여 일반적으로 사용될 수 있는지 여부에 따라 달리 판단하여야 할 것이다. 이는 공통물품에 대한 처리와 유사하다고 생각된다. 계약금액이 크고 해당계약을 위하여 특별히 구입한 시설에 대하여는 해지 후 상당기간 동안의 운영유지비용은 보상의 범 위에 포함하여야 할 것이다. 그러나 계약금액이 작고 해당 시설을 다른 계약의 이행 을 위하여 바로 전용할 수 있는 상황이라고 한다면 이에 대한 유지비용을 해지로 인 한 보상의 범위에 포함된다고 보기는 어려울 것이다.

다른 한편 1년 중 일부 기간에 대해서만 계약이행이 된 경우에 1년 기간 전체에 대하여 간접비 지출이 된 것으로 계산할 수 있는지 문제된다. 업체 쪽에서는 다른 비용으로 흡수되지 않은 간접비를 보상비용에 포함하기 위하여 1년의 전체 기간으로 계산하여야 한다고 주장할 수 있다. 이에 대하여 계약항소위원회에서 판단한 사례가 있다.

첫 번째 사례에서, 업체는 1965. 6. 30. 푸른 게를 처리하는 기계를 개발하는 계 약을 정부와 체결하였다.[107] 이 개발 계획은 수산업국에 의해 추진되었는데 최저임 금의 상승으로 인해 푸른 게 어업이 어려움에 봉착한 데 따른 것이었다. 1965. 11. 30.까지 계약을 완료하기로 계약하였지만 이행이 지체되었다. 계약은 비용과 일정한 수수료를 더하여 대금을 지급하는 형태였다. 간접비는 인건비의 110%, 일반 행정 지 출은 계약비용의 25%로 정해져 있었다. 업체의 회계연도는 1965. 7. 31.에 종료됨에 따라 1965년의 회계연도와 1966년 회계연도의 처음 4개월 동안의 기간(8월부터 11월

---

107 American Scientific Corporation, IBCA No. 576-666, 67-2 BCA ¶6670.

까지)에 기반하여 간접비와 일반행정지출의 계산이 이루어졌다. 1965년 회계연도의 간접비는 101.03%이고 1966년은 106.12%였다. 일반행정지출의 경우에는 각각 38.54%와 22.69%였다. 이에 대하여 업체는 1965. 7. 31.까지의 비용 계산에 대하여도 1966년 회계연도의 비율을 적용하여야 한다고 주장하였다. 그러나 계약항소위원회는 업체의 이러한 주장이 회계 관행에 어긋나는 것이고 이러한 관행의 적용이 형평에 어긋나는 결과를 초래한다는 특별한 사정이 없는 한 관행에 반하는 내용의 업체의 주장을 받아들일 수는 없다고 판단하였다.

두 번째 사례에서, 업체는 1967. 5. 27. 특별한 형태의 플라스틱 포장용기의 제작하여 공급하기로 하는 계약을 정부와 체결하였다.[108] 계약은 초도 생산과 대량 생산(172,710개)의 두 부분으로 구성되었다. 계약은 후에 일부 해지되어 최종 생산량은 103,841개로 축소되었다. 업체는 1968. 9. 30. 이후의 계약이행기간 중 발생한 간접비에 대한 심사를 요구하였다. 업체는 1970. 1. 23. 1969년 동안의 간접비로 $34,312.55를 청구하였다. ASPR 15-203(e)는 간접비 계산을 위한 기본 기간은 1회계 연도이지만 계약이행이 그보다 짧은 기간 동안 이루어졌거나 그 산업에서의 실무가 그보다 짧은 기간을 이용하는 것이라면 보다 짧은 기간이 할당될 수 있다고 규정하고 있다. 정부는 1969년 하반기 동안 노동비용으로 사용된 돈이 없다는 점을 들어 이 기간에 대한 간접비를 청구하는 것은 타당하지 않다고 주장하였다. 그러나 계약항소위원회는 정부의 주장을 받아들이지 않고 업체의 청구를 인용하였다.

개별사례에서 간접비를 이행 기간에 한정하여 계산할지 1년 기간 전체에 대하여 계산할지 여부에 대하여 명확한 답을 얻기는 어렵다고 지적하는 견해가 있다.[109]

Ⅳ. 우리 법에의 시사점

상대방의 손해를 전보해 주고 계약을 일방적으로 해지할 수 있는 임의해지제도는 우리 법에 있어 다음과 같은 시사점을 준다.

첫째, 유책사유가 없는 경우에도 사정변경 등을 이유로 계약을 해지할 필요가 있는 상황이 발생할 수 있다. 이러한 상황에서 이행이익 배상을 요구하는 것은 계약의 일방 당사자에게 지나친 부담을 주기 때문에 타당하지 않다. 사정변경 원칙에 대

---

108   Nash Hammond, Inc., ASBCA No. 15563, 71-2 BCA ¶9166.

109   Pearlman & Goodrich, *op. cit.*, p. 22.

해서는 우리 대법원이 "계약 성립의 기초가 된 사정이 현저히 변경되고 당사자가 계약의 성립 당시 이를 예견할 수 없었으며, 그로 인하여 계약을 그대로 유지하는 것이 당사자의 이해에 중대한 불균형을 초래하거나 계약을 체결한 목적을 달성할 수 없는 경우에는 계약준수 원칙의 예외로서 사정변경을 이유로 계약을 해제하거나 해지할 수 있다."라고 판시하여 이제는 어느 정도 확립된 법리라고 할 수 있다.[110] 그러나 그 효과에 관하여는 계약의 수정 또는 해제·해지를 할 수 있다는 정도만 언급되고 있을 뿐 구체적인 손해배상 기준에 대하여는 논의가 부족한 실정으로 보인다.[111]

　　사정변경으로 계약이 해제·해지되는 경우는 당사자 일방의 유책사유를 전제로 하는 것이 아니므로[112] 이행이익 배상을 기준으로 할 수 없으며 신뢰이익 배상이 보다 적절하다고 할 것이다. 따라서 임의해지에 따른 비용보상의 법리는 사정변경에 따른 해제·해지에 중요한 시사점을 줄 수 있다. 계약 체결 당시 계약당사자의 합의로 임의해지권 조항을 계약에 삽입하여 두고 이에 따라 임의해지권을 행사한 경우와 사정변경에 따른 해제·해지가 된 경우에 임의해지의 비용보상 법리를 적용하여 규율하는 것은 중요한 의미가 있다고 할 것이다. 해지권을 행사하는 입장에서는 이행이익까지 배상하지 않아서 유리한 측면이 있고 상대방의 입장에서도 투입된 비용을 보상받을 수 있기 때문에 계약에 따른 손해를 면할 수 있다는 점에서 유리한 측면이 있다. 투기적 성격의 매매의 경우에는 이행이익 배상이 당사자에게 중요한 의미가 있을 것이고 이러한 계약에서는 임의해지조항이 적당하지 않을 것이다. 그러나 물품제조공급계약이나 건축토목공사계약과 같은 도급계약의 경우에는 계약목적물의 시가상승을 목적으로 하는 것이 아니므로 계약이행에 투입된 비용과 해지시점까지의 이윤보상으로도 해지 상대방에게 충분한 피해회복이 된다고 볼 수 있으므로 임의해지조항이나 사정변경원칙을 적극적으로 활용할 여지가 있다고 할 것이다. 미국의 국가계약상 임의해지에 대한 내용은 이러한 지점을 정확하게 포착하여 해결하여 주고 있다는 점에서 우리 법에 있어서도 큰 시사점이 있다고 할 것이다. 도급 관련 표준

110　대법원 2017. 6. 8. 선고 2016다249557 판결.

111　송덕수, "사정변경의 원칙에 관한 현안의 정리 및 검토", 법학논집 제23권 제1호(2018. 9), 이화여자대학교 법학연구소, 118면.

112　우리 민법 개정안에서도 유책사유를 요하지 않는다는 입장이다. 김재형, "계약의 해제·해지, 위험부담, 사정변경에 관한 민법개정안", 서울대학교 법학 제55권 제4호(2014. 12), 51면. 현행법의 해석에 있어 이러한 입장을 취하면 채무자에게 유책사유가 있는 경우에는 채무불이행에 의한 해지와 사정변경에 의한 해지가 경합할 수 있다.

계약서에 이러한 내용을 삽입하여 임의해지권 조항이 널리 사용될 수 있도록 장려하는 방안도 생각해 볼 수 있을 것이다.

둘째, 미국 국가계약법상의 임의해지에 대한 내용은 임의해지에 따른 비용보상에 관하여 매우 상세한 규정과 사례를 제공하고 있다. 우리나라에서는 손해배상의 범위에 대하여 아직까지 신뢰이익손해, 이행이익손해와 같은 일반적인 논의를 중심으로 전개하고 있는데 반해 미국에서는 구체적으로 어떠한 사항에 대하여 보상을 해줄 수 있느냐에 대하여 세밀한 논의를 하고 있다. 예컨대 수급인이 지출한 창업 및 시설 비용은 그것이 임의해지가 된 당해 계약을 이행하기 위해 지출된 것이라는 특별한 사정이 있는 경우에 한하여 보상을 한다는 내용과 당해 계약을 이행하기 위하여 준비한 건물, 시설, 설비의 경우에도 임의해지 후 더 이상 다른 용도로 사용할 수 없게 된 경우에 한하여 임의해지시 정부의 보상 대상에 포함된다는 내용은 우리법에서도 수용할 만한 측면이 있다고 생각한다. 평판저하에 따른 손해, 장래 계약체결 기회의 상실, 임의해지로 인하여 업체가 파산하여 소요된 파산비용 등은 간접손해로서 그 비용을 보상하지 않아도 된다는 내용도 우리에게 주는 시사점이 크다고 판단된다. 하자 있는 물품을 제공한 경우에도 하자를 제거할 기회를 보장하여야 한다는 측면에서 그 비용을 보상할 필요가 있다는 판단도 경청할 필요가 있다. 임의해지 후 업체의 노력에 불구하고 바로 지출을 중단할 수 없는 비용은 보상대상에 포함된다는 내용도 설득력이 있다.

또한 수급인이 해지 통보를 받은 경우 해지된 계약 부분의 이행을 중단하고 이와 관련된 하도급계약의 이행도 중단하여야 하고 그 과정에서 발생하는 제반문제에 대하여 도급인과 협의하여야 한다는 내용도 참고할 가치가 있다. 이러한 내용은 향후 신뢰이익배상이 문제되는 영역에서 풍성한 논거자료가 될 수 있을 것이다.

계약과 기간: 사적자치와 인간의 자유*

황 재 훈**

I. 서 론

사람은 자유와 끊임없는 선택을 통해 자신의 본질을 형성하는 능동적인 존재이다. 사람은 누구나 포기할 수 없는 고유한 자유를 가지므로, 사회는 이를 마땅히 존중해야 하며, 그러므로 개인의 자유에 대한 사회규범의 범위와 내용은 일정한 한계를 갖는다.

사회규범이 인간의 원초적인 욕구를 제대로 반영하지 못하면, 개개인의 선택은 규범상, 나아가 사실상 제한되며, 결국 각자는 사회가 규정한 허구에 얽매여 본연의 자신을 추구하기보다는 타인의 도구적 존재로 전락한다.

모든 사람은 유한한 존재이므로, 사회가 각자를 규범의 틀로 구속할 때에도, 그 시적 한계를 명확히 하여, 그 자의 존재의 이유이자 근거를 영구히 박탈해서는 곤란하다. 그러므로 개인 역시 자신의 자유를 포기할 자유가 일정부분 제한된다. 그것이 바로 자율의 한계이다.

그럼에도 사법상 계약은 점차 더 당사자의 자유보다는 규범의 안정이라는 사회

---

 * 이 글은 파리13대학교 박사학위논문 중 제2부 제1편 제1장 '영구적인 선택권'에서 다룬 내용 중 일부를 간략히 수정한 내용이다. 박사학위논문 주제를 선정해 주신 남효순 선생께 이 지면을 빌어 감사의 인사를 올린다.
** 법무법인(유) 로고스 변호사

의 이익을 추구하고 있다. 즉, 사회의 구성원은 자신의 자유를 좀 더 자유롭게 포기하고, 이는 계약의 구속력의 강화로 나타나며, 사회는 이를 바탕으로 더 큰 효용을 추구할 수 있다. 그러나 개인의 경제적 자유 역시 불가침적으로 보호받아야 할 고유의 영역을 가진다.[1]

그러므로 사적자치로 표현되는 계약의 자유는 개인으로서의 자신이 장래에 누릴 자유에 대한 포기가 가능한 범위 내에서 작동한다.

II. 계약과 기간

> "Forever is a long, long time.
> And time has a way of changing things."
> ―W. Disney―

계약은 사회의 작은 부분을, 임시적으로 규율하는 법적 도구이다. 법률 역시 사회를 규율하는 임시적 도구이나, 계약은 더 미세하고 능동적으로 사회의 변화를 추구한다. 법률은 각 개인에게 사적자치의 권능을 부여하여, 법질서의 형성에 참여하도록 이끌고 있다.

한편, 기간이란 '시기부터 종기까지 사이의 사건의 집합'이다. 다른 말로 기간은 일정한 시간이며, 시간은 '사건의 연속' 내지 '사건의 집합'을 의미한다. 그러므로 기간이 길어지면 길어질수록 사건의 수는 비례하여 증가하며, 기간 사이에도 길고 짧은 것을 비교할 수 있다. 그리고 인간은 유한한 시간에 걸쳐서만 존재를 이어간다. 그렇다. 인간은 무한한 사건을 접하지만, 유한한 시간을 경험한다. 더 먼 장래에 관한 내용일수록, 유한한 인간의 능력으로는 점점 더 이를 예측하기 어려워진다. 아무리 짧은 기간이라도 셀 수 없이 많은 사건을 포함하므로, 장래는 언제나 확정적이지 않다.

계약이 인간의 사회를 규율하는 이상, 기간은 중요한 개념이 된다. 법은 개인의 자유를 보장하기 위하여 지나치게 긴 기간 동안 계약이 구속력을 가지는 것을 별로 좋아하지 않는다. 반면, 때때로는 계약이 지나치게 짧아지는 것을 피하기도 하는데, 이는 계약이 우리의 삶에 안정을 선물하기 때문이다. 여기서는 전자의 경우에 대해서 살펴본다.

---

1 곽윤직, 민법총칙[민법강의 I], 박영사, 제7판, 2006, 217면.

1. 영구와 영원

'영구(perpétuité)'의 유사 개념으로 '영원(éternité)'을 들 수 있다. '영원'이라는 용어는 연인 사이에서 원시적으로 기대하는 주관적인 관계의 계속을 꾸밀 때, 주로 사용된다. '영원'의 개념은 종교적이거나 비논리적인 영역에서 자주 사용되며, '영구'와 달리 때때로 그 시기조차 가늠할 수 없을 때, 이 용어가 쓰이곤 한다. 때문에, 영원(永遠)은 법률용어가 아니라 종교나 예술의 영역에서 쓰이는 용어이다. 반면, 영구(永久)는 법률용어이나 원칙적으로는 끝없이 오랜 것을 의미하진 않는다. 프랑스 법률사전에서도 영구적(perpétuel)이라는 용어는 종신적이라는 의미로 주로 쓰이지만, 나아가 종신을 넘어서 상속 및 이전의 대상이 된다는 뜻으로 쓰이기도 하고, 소유권과 같이 불행사로 인하여 권리가 소멸되지 않음을 일컫기 위해 사용되기도 한다.[2]

우리 실정법상에서는 영구가 영원의 의미와 같게 쓰이는 경우가 있는데, 원자력안전법 제2항 제24호상 영구정지가 그러하고, 개인정보보호법 제16조 제1항 제1호가 전자적 파일 형태인 개인정보를 파기할 때 "복원이 불가능한 방법으로 영구 삭제"라고 할 때 사용하는 용례이다. 여기에서 '영구'는 원자로의 정지나 정보의 삭제가 잠정적이거나 일시적이지 아니함을 의미하는데, 엄밀히 말하면 원자로의 정지나 개인정보의 삭제행위는 일시적이나 그로 인한 부존재의 상태가 '영원'하다. 다른 예시로는 습지보전법 제2조 제1호가 「"습지"란 담수(淡水: 민물), 기수(汽水: 바닷물과 민물이 섞여 염분이 적은 물) 또는 염수(鹽水: 바닷물)가 영구적 또는 일시적으로 그 표면을 덮고 있는 지역으로서 내륙습지 및 연안습지를 말한다.」라고 하여 '일시적'의 반의어로 '영구적'이라는 표현을 쓰고 있다. 이처럼 정보나 문서의 보관에 관하여 '영구'가 사용되는 경우가 있다. 이는 문서보관의무자에게 기간의 정함이 없이 오랜 시간동안 보관해야 함을 의미한다. 예컨대, 「가족관계의 등록 등에 관한 규칙」 제82조는 호적용지로 작성된 제적부 및 색출장, 특종신고서류편철장, 가족관계등록부책보존부, 예규문서편철장 등의 보존 기간을 '영구'로 정한다. 「가정보호심판규칙」 제72조 역시 제1심법원에게 확정된 배상명령의 재판정본을 영구보존하도록 규정한다. 「감사원 소관 비영리법인의 설립 및 감독에 관한 규칙」제10조 제2항은 감사원 소관 법인에 대하여 정관, 임원 및 직원의 명부와 이력서, 총회 및 이사회 회의록에 대하여 영구적

---

2 Cornu, V. perpétuel, p. 759.

으로 보존토록 하고 있다. 다만, 문서보관의무자가 존속하는 한도에서 이러한 보관의무가 존재하는 것이므로, 영원과는 일정부분 구분된다. 또 「공공기록물 관리에 관한 법률」 제27조 제2항 역시 영구기록물관리기관이 기록물의 보존가치를 재분류하여 폐기하는 방안을 마련하고 있다.

법인 등의 소멸까지 부과되는 의무를 영구라 하는 것과 유사하게, 개인에 대하여 영구는 종신의 의미로 쓰인다. 「공공주택 특별법 시행령」 제2조는 영구임대주택을 "국가나 지방자치단체의 재정을 지원받아 최저소득 계층의 주거안정을 위하여 50년 이상 또는 영구적인 임대를 목적으로 공급하는 공공임대주택"으로 정의한다. 영구임대주택은 양도나 상속 등과 친하지 않으므로, 동법은 영구의 의미를 50년 이상의 기간 혹은 종신의 의미로 쓰고 있다. 노동력의 영구적인 손실 역시, 종신을 의미하는 용례이다. 판례에서는 '한시적'의 반대 용어로 흔히 쓰이고 있고, 「대일항쟁기 강제동원 피해조사 및 국외강제동원 희생자 등 지원에 관한 특별법 시행령」 제2조는 이에 대해서 규정을 두고 있기도 하다.

인(人)과 관련이 없고, 객체에 영구라는 수식어가 쓰이기도 한다. 예컨대, 「공유재산 및 물품 관리법 시행령」 제13조는 공유재산에 '영구시설물'을 설치하는 경우를 규정하는데, 이는 건물, 도랑·교량 등 구조물과 비슷한 수준의 수명을 가지는 시설물을 일컫는 것으로 보인다. 「2018 평창 동계올림픽대회 및 동계패럴림픽대회 지원 등에 관한 특별법」 제79조 제2항은 영구시설물의 설치를 50년의 임대기간에 준하는 것으로 규정한다. 또, 「간척지의 농어업적 이용 및 관리에 관한 법률 시행령」 제23조 제1항은 영구시설물을 축조하기 위한 토지의 경우에는 임대기간을 30년 이내로 함을 정하고 있다. 다만, 5년 단위로 기간의 갱신이 가능하다. 「건설산업기본법」 제42조 제2항은 건설사업자에게 건설에 참여한 자들의 상호 및 대표자의 성명 등을 적은 표지판을 영구적으로 설치할 의무를 부과시키는데, 이는 해당 건설공사의 객체가 남아있는 기간 동안 유지되는 의무이다.

형법에서도 종신형인 무기징역이 있지만, 형법 제72조 제1항은 가석방을 배제하지 않고 있다. 하고 있다. 다만 2010년 개정, 즉 2010. 4. 10.자 법률 제10259호를 통해 가석방 심사를 위한 최소기간을 10년에서 20년으로 상향하였다.

2. 사법상의 영구

시작이 있으면 끝이 있고, 태어나면 죽듯이, 개인이 형성한 법률관계도 결국은 소멸한다. 이는 사회가 변화하는 결과이자, 변화의 원동력이다. 그러므로 정의의 추구는 '영원'할지언정, 이를 추구해가는 방법과 내용은 물론이고, 정의의 개념도 시대에 편승한다. 이러한 사실은 사법에서도 당연히 적용된다.

소유권은 영구적인 권리라고 하지만, 이는 소유권의 목적이 되는 재산, 즉 소유권의 목적물을 잠시 떠난 사고이다. 동산도 부동산도 현실의 세계에 존재하는 한, 유한하다. 소유권은 단지 다른 권리에 비해 상대적으로 더 오랜 기간 존속할 뿐이다.

법인은 법이 만든 가상의 인이므로, 자연인과 달리 법이 정하는 수명을 갖는다. 우리 법은 법인의 존속기간에 대해 별다른 제한을 가하고 있지 않지만, 프랑스 민법전 제1838조는 회사의 존속기간은 99년을 초과할 수 없음을 규정하고 있다. 이는 인간의 수명이 100년을 넘는다는 것이 기적으로 불리던 시절에 만들어진 규정인데, 백세시대가 도래한 오늘 날에도 이 규정은 그대로 유지되고 있다(물론, 앙리까뻬땅학회와 알리앙스 프랑세즈 등 공익목적으로 세워진 법인은 그 존속기간이 무제한이다).

반면, 우리 민법과 상법은 설립 당시에 존속기간은 상대적 기재 사항으로 취급한다(민법 제49조 제5호, 상법 제180조 제3호 등). 우리법은 원시적으로 회사의 종기를 정할 수도 있게 하지만, '휴면회사의 해산제도'를 이용하여 후발적으로 최후의 등기 후 5년을 경과한 회사에 대하여 해산을 의제하는 제도를 두고 있다(상법 제520조의2). 이로써 아무 활동도 하지 않는 법인들이 불필요하게 쌓이면서 사회적 관리비용이 커지는 것을 영리하게 막고 있다.

III. 지나치게 긴 기간을 정한 계약

L'homme est condamné à être libre
— J. −P. Sartre —

계약은 불확실한 미래를 조금 더 예측가능하게 만들면서 사회의 효용을 높이지만, 그 계약이 유지되는 동안은 개인의 자유 역시 제한된다. 우리는 한 개인이 계약을 통해 스스로 자유를 포기하거나 제한할 수 있는 기간 역시 제한해야 한다. 즉, 각자가 스스로 자신의 자유(liberté)를 포기할 수 있는 자율(autonomie)은 무제한적이지 않다.

1. 지나치게 긴 기간을 정한 계약에 대한 대응 현황

법원에서는 자주 연예인들의 전속계약에 관해 계약기간이 문제된다. 대법원 2010. 7. 29. 선고 2010다29584 판결로 확정된 서울고등법원 2010. 3. 17. 선고 2009나38065 전속계약효력부존재확인의 소에서는 10년 이상의 기간동안 일방적으로 해지불가능한 전속계약의 효력을 부정하였다. 동 판결은 "원고는 이 사건 전속계약에서 정한 계약기간 동안 이 사건 전속계약에 심히 종속되어 그 활동의 자유가 지나치게 장기간 동안 부당하게 제한받을 수밖에 없는 상황이므로, 이 사건 전속계약 중 제3조 제1항·제2항, 제12조 제2항3은 그 내용이 민법 제103조에서 정한 선량한 풍속 기타 사회질서에 위반한다."라고 판시하였다.

비전형계약의 경우에는 기간이 지나친지 여부를 법원에서 판단해야 하고, 그 기간이 지나친 경우에는 원칙적으로 전부 무효가 된다. 그러나 입법자는 전형계약에 관해서는 특별한 규율과 해결방안을 두기도 한다.

민법 제659조는 장기간의 고용약정에 관하여, 그 기간이 3년을 넘거나 어떤 자의 종신까지로 정한 때에는 3년을 경과한 후에는 언제든지 계약해지를 통고할 수 있음을 정하고 있다. 또한 민법 제716조 제1항은 조합계약으로 조합원의 종신까지 존속한 것을 정한 때에는 각 조합원은 언제든지 탈퇴할 수 있음을 정한다. 이는 상법 제217조 제1항에서도 유사한 규정을 찾아볼 수 있다. 즉, 입법자는 일정기간 경과된 이후에 계약당사자에게 해지권을 부여함으로써, 당사자에게 자유를 회복시킬 방도를 마련하고 있다.

민법 제312조 제1항은 전세권의 존속기간에 관한 약정기간이 10년을 초과하는 경우에는 이를 10년으로 의제하는 조항을 두고 있다. 마찬가지로 임대차에 관한 민법 제651조도 토지임대차의 약정기간이 20년을 초과하는 경우에 이를 20년으로 단축하는 규정을 두고 있었다. 그러나 헌법재판소는 2013. 12. 26. 2011헌바234 결정으로 위 조항이 위헌을 선언하였다. 대법원은 민법 제651조 제1항의 입법 취지가 '너무 오

---

3 [제3조 계약기간] ① 이 사건 전속계약은 계약 체결일부터 개시하며, 첫 번째 음반 출반일부터 만 10년까지 존속하는 것으로 한다.
② 전항의 계약기간 중 원고가 장기 국외 출장이나 군복무 및 건강상의 요양, 기타 사유로 인하여 장기간 연예활동을 할 수 없는 경우에는 같은 기간만큼 계약기간이 자동 연장된다.
[제12조 계약의 해제] ② 피고는 이 사건 전속계약 체결 후 1년 내에 연예인으로서의 자질을 발견하지 못한 경우에는 이 사건 전속계약을 해지할 수 있다.

랜 기간에 걸쳐 임차인에게 임차물의 이용을 맡겨 놓으면 임차물의 관리가 소홀하여지고 임차물의 개량이 잘 이루어지지 않아 발생할 수 있는 사회경제적인 손실을 방지하는 데 있다'고 하여 동규정을 강행규정으로 해석한 바 있다. 그러나 임대차 계약의 기간이 길면 길수록, 자금의 여력이 있는 임차인이 자신의 이익을 위하여 관리와 개량에 투자를 할 수 있다는 점을 고려하면 대법원의 설시는 설득력이 떨어진다.

한편, 일본은 2017년도 개정을 통해, 일본민법 제604조의 임대차기간의 상한을 20년에서 50년으로 상향했다.[4] 위에서 살펴본 헌법재판소의 황당한 결정 이후에, 민법의 임대차 상한은 명확한 제한이 없다. 그러므로 일본과 달리, 우리나라에서는 법원이 사후적인 관점에서 구체적·개별적으로 당사자 사이에 체결된 임대차계약의 기간이 강행규정을 위배했는지 여부를 심사한다.

민법 제651조 제1항은 기본적으로 목적물의 소유자인 임대인을 위한 강행규정이라 생각한다. 한편으로, 동규정은 소유권의 권능 중 사용·수익권이 장기간 분리됨으로써 허유권이 되는 것을 방지하는 역할을 한다고 볼 수 있고, 다른 한편으로, 임대차계약은 임대인에게 '하는 의무'를 부담시키므로, 그 기간을 제한한다고 볼 수도 있다. 즉, 인간은 누구나 자기 운명을 스스로 결정할 수 있는 자기결정권은 가지고 있지만, 법은 스스로의 존엄을 해하면서까지 자기결정권을 행사한 경우에는 그 효력을 부정해야 한다.

우리법은 허유권을 금지하고 있는가? 사용·수익권을 소유권으로부터 분리가능한 기간에 대하여 아무런 제한이 없다면, 소유권을 이전하는 주는 계약인 매매, 증여 등과 하는 계약인 임대차의 구분은 상대적이 된다. 한 예로, 도서정가제가 시행되자 사업자들은 편법으로 전자책을 10년 내지 50년을 대여하기 시작했는데, 이는 법률의 제한을 회피하기 위한 수단이었다. 이후 '건전한 출판유통 발전을 위한 출판/유통업계 자율협약'의 시행 세칙에 따라, 전자책 서점에서 판매중인 모든 전자책 대여 기간이 최대 90일로 변경되었다.[5] 그러나 우리 민법은 지상권과 관련하여 영구계약을 인

---

4 김영주, "임대차의 존속기간에 대한 고찰 — 민법 제651조 제1항에 대한 위헌결정(2011헌바234)을 계기로 —", 민사법학, 제72호(2015. 9), 150면에서는 '30년 이상의 기간이 경과한 후로부터 해지권을 인정하는 것이 적당하다'고 한다.

5 대한출판문화협회 홈페이지 참조, "[건전한 출판·유통 발전을 위한 자율협약]주요 내용 안내" (2021. 7. 26. 최종방문)
http://member.kpa21.or.kr/kpa_bbs/%EC%A3%BC%EC%9A%94-%EB%82%B4%EC%9A%A9-%EC%95%88%EB%82%B4/

정하고 있기 때문에, 장기간 소유권이 공허해지는 것을 반드시 금지하지 않는다고 생각한다.

그렇다면, 우리는 임대차의 '하는 계약'의 특성에 주목해볼 필요가 있다. 소유권은 사용·수익·처분 권능을 포괄하며(민법 제211조), 임대차는 임대인에게 임차인이 목적물을 사용·수익하게 할 의무를 부담시킨다. 그러므로 임대차 기간이 존속하는 동안 소유자인 임대인은 처분 권능만을 행사할 수 있으며, 사용·수익에 관해서는 오히려 계약에 의해 일정한 의무를 부담하는 처지에 있게 된다. 즉, 소유자로서는 목적물에 관한 사용과 수익을 포기할 권능도 있는 것이지만, 임대인이 되는 순간 목적물의 사용·수익이 가능한 상태를 유지하게 할 의무를 부담한다. 그러므로 임대차 계약의 기간이 무제한으로 인정된다면 소유권은 공허를 넘어, 임대인은 가혹한 상태에 빠진다. 임대인은 이에 대한 대가로 계약체결 시에 정한 차임을 청구할 수 있을 뿐이다(민법 제618조).

물론, 임대차 계약보다 하는 계약의 특성이 더 적은 전세권 설정계약을 생각하면, 입법이 정교하게 되었다고 생각하진 않는다. 전세권의 존속기간을 정한 민법 제312조는 존속기간이 10년을 넘는 전세계약을 전세권의 존속기간이 10년인 계약으로 본다. 본조 역시 당연히 강행규정이며, 2014년 헌법재판소의 결정 이후에도 효력을 유지하고 있다. 이 규정이 다퉈지지 않고 있는 것에는, 부동산등기법 제72조가 제1항 단서가 전세권의 존속기간에 약정이 있는 경우에 이를 등기사항으로 하고 있고, 이를 등기하기 위해서는 등기신청서에 기간을 정해야 하는데, 10년을 넘는 경우에 이러한 신청이 거부될 것이기 때문이다. 물론, 이러한 거부처분에 대해서 행정소송으로 다투면서, 그 거부처분의 전제가 되는 민법 제312조의 위헌성을 다툴 수는 있겠지만, 전세권은 그렇게 인기 있는 물권이 아니다. 하지만, 헌법재판소의 판단근거에 따르면, 민법 제312조가 동법 제625조와 달리 합헌적으로 해석될 근거는 그리 크지 않아 보인다. 과연 헌법재판소는 전세권의 존속기간의 상한을 정한 것도 위헌이라 판단할 수 있을까? 전세권의 존속기간은 물권법정주의 영역이 아닐까?

2. 기간을 제한하는 요소

(1) 절대권의 보호

사적자치의 근간은 개인의 의사로부터 국가가 그 구속력을 인정하는 사회적 합의에 있다. 이는 결국, 한 개인이 자신이 한 언행에 의해 스스로 자신의 장래의 자유를 일정부분 양보 혹은 포기함을 의미한다. 그러므로 '계약'이라는 사법제도는 한 개인이 자신이 누릴 장래의 자유를 특정한 시점에서 자유롭게 포기할 권능을 부여한다. 하지만 법제도는 이 충동적인 자유를 일정범위 내에서 제한해 왔으며, 인간에게 포기하거나 양도할 수 없는 자유가 존재함은 인간의 역사에서 계속해서 확인되어 왔다.

개인의 자유 중에서도 재산권과 관련된 자유는 인격권에 준하여 보호받아 왔다. 그리하여 소유권은 절대권이라는 입지를 견고히 지켜왔다. 재산권의 확장과 관련된 경제적 활동 역시 강력한 보호를 받아왔는데, 이로써 경제적 활동을 제한하는 법률행위도 유효성에 관해 특별히 검토되어야 한다.6 경제적 활동 중에서도, 유한한 인간이 직업활동을 할 수 있는 기간은 그 중에서도 일부이므로, 직업활동과 관련된 기간은 더 엄격하게 다뤄진다. 즉, 헌법 제15조가 부여한 권한은 쉽사리 포기될 수 있는 권능이 아니다.

재산권의 대표적인 소유권은 목적물에 대한 지배권이다. 소유자는 목적물에 대하여 배타적인 수익을 할 수 있으며, 목적물에 대한 전적인 권능을 행사할 권한이 있다. 이에 따라 민법은 단독소유를 원칙적인 모습으로 상정하여, 공유관계의 임시성을 강행규정으로 관철시킨다(민법 제268조 제1항). 민법 제268조 제1항 단서는 5년 내의 기간으로 분할하지 아니할 것을 공유자들이 약정할 수 있다고 규정하고, 동조 제2항은 분할금지약정의 갱신의 경우에도 그 기간은 갱신한 날로부터 5년을 넘지 못한다고 정하므로, 공유자가 자신의 분할청구권에 대한 행사를 제한하는 기간은 결단 시로부터 5년간이다. 판례는 주주들 사이에서 회사의 설립일로부터 5년 동안 주식을 제3자에게 매각·양도할 수 없다는 내용의 약정은 이를 정관으로 규정하였다고 하더라도 무효라고 판시한 바 있다.7 이는 주주의 투하자본회수의 가능성을 전면적으로 부정하기 때문이며, 회사에 대해서 뿐 아니라 주주 사이에서도 효력이 없다. 상법은 주주 사이에서 주식양도를 제한하는 방식으로 정관으로 이사회의 승인을 규정하는 방안을 이미 제시하고 있으므로(상법 제335조 제1항 단서), 판례의 태도는 일응 타당하

---

6 곽윤직, 민법총칙[민법강의 I], 박영사, 제7판, 2006, 217면, 다만, 필자는 '독점적 지위 내지 우월한 지위'를 이용하여 과도한 반대급부를 얻는 경우를 특별한 사회질서 위반 행위로 보고 있다. 그러나 강요된 의사도 결국 자발적 의사이므로, 두 논점은 구분될 수 있다. 그러나 당사자가 실질적으로 얼마나 동등한 지위에서 계약을 체결하는지 여부가 강력한 구속력의 근거가 될 수 있다는 점에서 '자발성'과 '비자발성'은 상대적인 개념이다. 그러므로 어떤 계약이 장기간에 걸쳐 어떤 한 개인의 자유를 구속할 때, 우리는 그 계약이 얼마나 강력하게 형성되었는지를 되돌아 볼 필요가 있다.
7 대법원 2000. 9. 26. 선고 99다48429 판결 참조.

다고 볼 수 있다. 민법 제591조는 또 환매기간과 관련하여 부동산은 5년, 동산은 3년을 상한으로 정하고 있다.

(2) 사회경제적 관점

직업의 자유는 각 개인의 사익을 추구하기 위한 기본권이지만, 사회적으로도 큰 의미를 갖는다. 그리하여 직업의 자유에 관한 계약은 원칙적으로 유효하되, 언제나 유효하지만은 않다.8 어떠한 직업을 수행해야 하는 계약, 예컨대 고용도 3년을 넘어서는 그 구속력이 다하고, 특정직업을 수행하지 못하는 기간도 당연히 무제한일 수 없다. 예컨대, 경업을 하지 않겠다는 계약은 개인의 경제적 자유를 특별히 침해할 가능성이 있다.9

대법원은 다른 약정이 없는 경우에 영업 양도인에게 10년간 동종영업행위의 금지를 정한 상법 제41조 제1항을 영업양수인을 보호하기 위한 규정으로 해석한다(대법원 2015. 9. 10. 선고 2014다80440 판결). 이는 영업양도가 일종의 매매라고 보면, 일종의 매도인의 담보책임을 구체화한 규정이므로 대법원의 의견은 일견 타당하다. 그러므로 매수인의 보호의 관점에서 동조는 강행규정이 아닌 임의규정으로 읽어야 한다. 이와 달리 동조 제2항은 매도인의 보호 관점에서 규정된 조항이며 강행규정이다. 상법 제41조 제2항은 지역적 한계와 시간적 한계를 동시에 두고 있다. 그러므로 상법 제41조 제2항에 위반하여 인접하지 않은 장소 혹은 20년을 초과한 기간을 넘어 영업양도인의 경업금지의무를 규정한 경우에는, 그 법정한도를 초과한 부분의 약정은 무효이다. 이 규정은 계약의 자유와 매도인의 직업선택의 자유를 비교형량한 규정이다. 직업선택의 자유가 지나치게 제한되면, 경쟁이 저하되면서 우리 사회에 비효율이 발생하기 때문에, 입법목적은 그 정당성을 가진다. 일본 상법 제16조 제2항은 30년을 그 한계로 정하고 있는데, 30년은 직업수명의 거의 전부라 볼 수 있다. 즉, 우리 입법자는 직업의 자유에 실질적으로 더 큰 무게를 부여했다.

지속적인 경쟁과 변화는 사회를 건강하게 한다.10 예컨대, 이사의 임기에 관한 규정은 회사의 경영의 건전화뿐만 아니라, 공익적 견지에서 규정한 것이다.11 상법

---

8 W. DROSS, *Clausier*, 3ᵉ éd., LexisNexis, 2016, p. 497.

9 곽윤직, 앞의 책, 217면.

10 F. TERRE et al., *Droit civil, Les obligations*, 12ᵉ éd., Dalloz, 2018, 733면 역시, '영구계약 금지원칙은 개인의 자유를 지키고, 경쟁을 활성화 한다.'고 한다.

11 주석상법(Ⅲ) [회사(2)], 한국사법행정학회, 1999, 375면.

제383조 제2항은 이사의 임기에 관하여 3년을 그 상한으로 정한다. 의용상법은 이사의 임기를 최고 2년으로 정하였으나, 1984년 상법 개정 시에 기업경영의 안정과 능률화를 기하기 위하여 이를 3년으로 연장하였다. 민법은 이사의 임기에 관하여 별도의 상한을 마련하지 않고 있지만, 공익법인의 설립·운영에 관한 법률 제5조 제3항은 이사의 임기는 4년을, 감사의 임기는 2년을 상한으로 정하고 있다.

3. 헌법재판소의 태도

2014년 헌법재판소는 이른바 '신촌역사' 사건에서, 임대차 기간의 상한을 정한 민법 제651조의 위헌결정을 했다. 헌법재판소는 그동안 임대차와 관련해 발달해온 사적자치의 성장을 입법자가 심각하게 방기하고 있었다고 비판하며, 입법의 영역에 적극적으로 관여했다. 민법 제651조는 고도의 이익형량이 이뤄져야 할 성격의 조항임에도, 이를 비판하는 학설은 여전히 보이지 않는다.

헌법재판소는 '건물 기타 공작물 임대차나 동산 임대차(이하 '건물 등 임대차'라 한다) 및 견고하지 않은 건물 기타 공작물의 소유를 목적으로 하는 토지임대차와 관련하여 역시 임대차의 최단기 제한은 두지 않으면서 최장기간을 20년으로 제한한 취지에 대하여는 국회의 입법과정에서 토의되거나 검토된 사항을 확인할 수 없다'는 사실을 확인하였는데, 대법원 2003. 8. 22. 선고 2003다19961 판결은 이에 대해서 '오랜 기간에 걸쳐 임차인에게 임차물의 이용을 맡겨 놓으면 임차물의 관리가 소홀하여지고 임차물의 개량이 잘 이루어지지 않아 발생할 수 있는 사회경제적인 손실'이 발생할 수 있다고 그 입법이유를 설시하였다.

헌법재판소는 '임대차계약을 통하여 합리적이고 효과적인 임차물의 관리 및 개량방식의 설정이 가능함에도 불구하고, 임대인 또는 소유자가 임차물의 가장 적절한 관리자라는 전제하에 임대차의 존속기간을 강제함으로써 임차물 관리·개량의 목적을 이루고자 하는 것은 임차물의 관리소홀 및 개량미비로 인한 가치하락 방지라는 목적 달성을 위한 필요한 최소한의 수단이라고 볼 수 없다. 관련 조항이 임대인을 위한 것인지, 임차인을 위한 것인지조차 불분명하여 입법취지가 명확하지 않다'고 설시하며, 해당 조항이 위헌이라고 선언하였다.

그러나 본 조항은 소유권이라는 절대권을 허유권화 시키는 임대차 계약의 한계를 선언한 조항으로, 단순히 임차물의 사회적 효용만을 생각한 조항은 아니다. 입법자가 사적자치의 한계를 결단으로 정한 사항으로, 이는 마땅히 존중받아야 할 입법재량의 영역이다. 예컨대 우리 입법자가 일본의 예에 따라서 50년을 임대차 계약의 상한으로 정하더라도, 헌법재판소의 법리에 따르면 이 또한 위헌성을 당연히 피할 수는 없다.

결과적으로도, 우리나라의 임대차계약기간의 명시적인 입법 상한은 존재하지 않는다. 그러므로, 각 임대차 계약의 상한은 민법 제103조를 해석하는 법원의 재량에 속하게 되었다. 사적자치를 입법자가 법률로 제한할 것인지, 법원의 재량으로 제한할 것인지의 차이인 셈이다. 그렇다면 어느 것이 더 우수한 체재인지는 논할 것이 없다. 만약, 법원이 이러한 개입도 하지 않는다면, 이는 지나치게 신자유주의적 태도이다.

Ⅳ. 기간의 정함이 없는 계약

계약의 종기가 정해지지 않았고, 계약의 성질상 계약의 계속적 이행이 가능할 때, 그 계약의 당사자들은 언제까지 그 구속의 틀에 갇혀야 할 것인가? 만약, 기간이 정해지지 않은 계약에 대해, 각 당사자가 자신의 의지로서 그 구속력으로부터 벗어날 수 없다고 한다면, 이는 정의로운가? 계약의 종기를 정하지 않았다는 것은 자유의 포기에 대한 단호한 결정인가? 아니라면, 사소한 계약으로 치부했다는 것일까?

1. 기간의 정함이 없는 계약에 대한 개별계약상 해지권

민법은 개별 전형계약에서 각 계약의 종기가 별도로 없는 때에는, 양 당사자 또는 일방 당사자에게 계약의 구속력으로부터 벗어날 수 있는 해지권을 부여하고 있다.

예컨대, 민법 제603조 제2항은 소비대차에 관하여 반환시기의 약정이 없는 때에는, 대주는 상당한 기간을 정하여 반환을 최고할 수 있음을 정하고 있다. 입법자가 차주에게 이러한 해지권을 부여하지 않은 데에는, 반환시기의 약정이 없는 때에는 차주는 언제든지 소비대차를 해지할 수 있기 때문이다.

사용대차에 관해서는 소비대차에 관한 규정이 다소 변형되어 적용되는데, 민법 제613조 제2항은 "시기의 약정이 없는 경우에는 차주는 계약 또는 목적물의 성질에 의한 사용, 수익이 종료한 때에 반환하여야 한다. 그러나 사용, 수익에 족한 기간이 경과한 때에는 대주는 언제든지 계약을 해지할 수 있다."고 하여 시기의 약정이 없더라도 당사자의 의사로부터 이를 추단하여 일정한 기간을 정하고,[12] 그 기간이 도

---

12 약정으로 계약의 기간을 정하지 않았더라도, 기간을 정할 수 있는(la durée est déterminable) 계약이라면 이는 기간의 정함이 있는 계약으로 볼 수 있으므로, 기간의 정함이 있는 계약과 없는 계약의

과한 후에는 이를 기간의 정함이 없는 계약으로 보아 대주에게는 해지권을 부여하고, 차주에게는 반환의 의무를 부과하고 있다.

임대차에 관해서는 민법 제635조 제1항이 "임대차기간의 약정이 없는 때에는 당사자는 언제든지 계약해지의 통고를 할 수 있다."라고 하여 쌍방에게 계약의 해지권을 부여하고 있다. 더 정확히는 해지의 통고권인데, 일반적인 해지권과 달리 해지의 통고권은 일정한 기간이 지난 후에 해지의 효력이 생긴다. 마찬가지로 기간의 약정이 없는 고용의 경우에도 양 당사자에게 해지통고권을 부여하고 있다.

임치 계약에서도 기간의 약정이 없는 경우에는 각 당사자는 언제든지 계약을 해지할 수 있다(민법 제699조 제1항). 다만 창고업자가 임치기간의 정함이 없는 임치물을 반환하고자 하는 때에는 적어도 6월이 경과한 후에 2주간전에 예고를 하여야 한다(상법 제163조 참조).

해지권과는 성격이 다르지만, 현상광고와 관련해서도 행위의 완료기간을 정하지 않은 때에는, 현상광고자에게 광고의 철회권을 부여한다(민법 제679조).

조합과 관련해서도, 조합계약으로 조합의 존속기간을 정하지 아니한 때에는 각 조합원은 언제든지 탈퇴할 수 있다(민법 제716조 제1항). 다만 상법상 익명 조합의 경우에는 각 당사자는 영업연도말에 6월전에 예고함으로써 해지할 수 있다(상법 제83조 제1항 참조). 이는 합명회사의 경우에도 마찬가지이다(상법 제217조 제1항).

상법상 대리상 계약과 관련해서도 당사자가 계약의 존속기간을 약정하지 아니한 때에는 각 당사자는 2월전에 예고하고 계약을 해지할 수 있다(상법 제92조 제1항).

2. 기간의 정함이 없는 계약에 대한 개별계약상 해지권

기간의 정함이 있는 경우라도, 새로이 체결되어 계속되는 계약과 묵시적으로 계속되는 계약의 구속력을 같게 평가할 수는 없다.

이에 따라 임대차 기간이 만료한 후 임차인이 임차물의 사용, 수익을 계속하는 경우에 임대인이 상당한 기간내에 이의를 하지 아니한 때에는 전임대차와 동일한 조건으로 다시 임대차한 것으로 보지만, 당사자는 기간의 정함이 없는 임대차 계약과 마찬가지로 해지의 통고를 할 수 있다(민법 제639조 제1항 참조). 이는 고용의 경우에도 마찬가지이다(민법 제662조 제1항).

구분도 절대적이지는 않다. V˚ MALAURIE, Ph., AYNES, L. et STOFFEL-MUNCK, Ph., D*roit des obligations*, 8ᵉ éd., LGDJ, 2016, p. 214.

3. 기간의 정함이 없는 계약에 대한 일반적인 해지권

기간의 정함이 없는 계약에서 각 당사자에게 임의해지권을 인정하지 않으면, 당사자는 끊임없이 계약의 효력에 구속되어 기간이 과도한 계약과 마찬가지의 상태에 빠지게 된다.[13] 이는 당연히 개인의 자유를 해한다.[14]

제정 프랑스 민법전은 '기간의 정함이 없는 계약의 해지권'에 관해 일반규정을 두지 않았으며, 혁명의 정신에도 불구하고 이 일반 원칙에 대해 무지하였다. 다만, 임대차와 고용에 관한 몇몇 규정들이 이 권리의 발견에 단초를 제공하였으며, 타당하게도 파기원은 이 법리의 영역을 지속적으로 확장해왔다.

우리나라에서 기간의 정함이 없는 계약과 관련하여 학설은 기간의 정함이 없는 계약 고유의 해지권이 인정된다고 보는 긍정설[15]과 부정설이 나뉜다. 부정설은 이러한 해지권을 일반적으로 인정할 경우에는 계약에 부여된 구속력이 무의미함을 지적한다.[16] 그러나, 이는 당사자가 '그 수준의 구속력만 부여하기로 했다'고 해석하면 이해할 수 있다. 사람의 인생이 다양하듯이 계약도 다양하고, 계약의 구속력도 천차만별이다.

프랑스에서는 부정설을 거의 찾아볼 수 없고, 개정채권법에서 명시되기도 하였지만, 우리법에서 부정설이 득세할 가능성은 있다. 이는 판례가 사정변경으로 인한 비채무불이행적·후발적 해지권을 강행규정으로 해석하기 때문이다. 바로 '부득이한 사유'로 자주 표현되는 해지권들이다. 예컨대, 독일민법전은 기간의 정함이 없는 일반적인 계약의 해지권은 알지 못하지만, 일반적인 사정변경으로 인한 해지권을 알고 있다.

국사원과 달리 파기원은 사정변경의 적용에 극도로 부정적인 태도를 보였다. 크라퐁 운하 사건이 이를 대변한다. 마침내 개정채권법 제1195조가 사정변경에 관한

---

13 마찬가지로, 서울고법 2010. 3. 17. 선고 2009나38065, 판결은 '전속기간이 길더라도 해지권이 인정돼 계약종료 전이라도 원고가 전속계약의 구속력에서 벗어날 수 있다면 지나치게 오랜 기간 구속한다는 불공정성은 상당히 완화될수 있겠지만, 이 계약상 원고는 연예활동을 포기하는 외에는 벗어날 방법이 없다.'고 판시한 바 있다.

14 Ph. Malinvaud, D. Fenoillet et M. Mekki, Droit des obligations, 14e éd., LexisNexis, 2017, 267면은 영구계약에 따른 계약의 전면적인 무효 대신 입법자는 해지권을 부여한 것으로 본다.

15 양창수/김재형, 민법 Ⅰ 계약법, 제3판, 박영사, 2020, 618면.

16 지원림, 민법강의 제12판, 홍문사, 2014, 1402면.

일반적인 해지권을 부여하였지만, 프랑스의 입법자는 이 규정이 임의규정임을 천명한다. 그렇다면, 비채무불이행적·후발적 해지권은 당사자의 의사로 완전히 배제될 수 있다는 말이다. 그렇다면 비채무불이행적·원시적 해지권이 당연히 중요해지는데, 만약 기간의 정함이 없는 계속적 계약에 대하여 사정변경에 관한 해지권을 배제한다면, 이는 영구계약으로 이어지게 될 가능성이 농후하다. 그리하여 학설은 기간을 정하지 않은 계약의 해지권은 영구계약의 금지와 바로 이어진다고 본다.

독일법계를 따르는 경우에도 계약이 반드시 영구히 존속하지는 않는다. 다만, 영구히 존속될 가능성을 배제하지 못할 뿐이다. 그러므로 '부득이한 사유' 등이 발생하기를 기다려 계약의 구속력을 배제하면 영구계약의 금지는 위배되지 않는다고 볼 수도 있다. 다만, 이러한 방식은 계약의 구속력은 강하게 할지언정 계약을 사행적으로 만든다. 어떠한 방식이 더 바람직한지는 입법자의 선택인 셈이다. 결국, 계약이 이행 외의 방식으로 종결될 가능성을 열어두면 규범은 사회의 변화에 적응할 수 있으므로, 입법자가 계약의 구속력과 그 한계를 어떤 모습으로 그릴 것인지의 문제이다. 생각건대, 당사자의 자유의지에 의해 계약의 구속력으로부터 벗어나는 법제와 우연한 사건이 도래함으로 인하여 구속력으로부터 탈출할 수 있게 되는 것 중 어느 것이 더 사람을 위한 제도인지는 논할 필요가 없다.

한편, 이태원의 한 호텔의 휘트니스클럽의 갑작스런 운영종료를 둘러싼 회원들의 손해배상청구를 다뤘던, 대법원 2017. 6. 8. 선고 2016다249557 판결의 원심인 서울중앙지방법원 2015. 9. 10. 선고 2013가합551650 판결은 '기간의 정함이 없는 계속적 계약의 해지권'에 관한 주장에 대해 우리법상 법률적 근거가 없다며 주장을 배척한 바 있다. 그러나, 이는 "영구계약 금지 원칙"이 우리법상 존재하지 않는다는 판시와 같다.[17]

4. 기간의 정함이 없는 계약에 대한 고유의 해지사유

기간의 정함이 없다고 해서 계약이 무작정 흘러가는 것은 아니다. 기간은 단순히 만료를 위한 종기가 없다는 뜻이지, 계약은 조건의 성취 등으로 얼마든지 종결될

---

17   B. FAGES, *Droit des obligations*, 5e éd., LGDJ, 2015, p. 293. 물론, 프랑스법 역시 2016년도 개정 전까지만 하더라도, 영구계약 금지원칙(le principe de prohibition perpétuels)가 명문으로 규정되어 있지는 않았다. V° G. CHANTEPIE et M. LATINA, *La réforme du droit des obligations - Commentaire théorique et pratique dans l'ordre du Code civil*, 1ère éd., Dalloz, 2016, p. 495.

가능성을 가지고 있을 수 있다.

　기간을 정하지 않은 경우에, 오로지 불안한 것은 바로 계약의 당사자들이다. 계약의 당사자는 자신의 채무가 언제까지 이어질지 모르는 매우 불안한 지위에 서게 되기 때문이다. 그러므로 이러한 불안 자체도 바로 계약 해지의 원인이 될 수 있다.

　따라서 당사자들이 계약의 기간을 정하지 않은 각 개별계약에 대하여 우선 입법자는 일정한 기간을 정한 것으로 의제하는 입법기술이 가능하다. 예컨대, 지상권의 경우에 지상권의 존속기간을 정하지 아니한 때에는 그 기간을 최단존속기간으로 정해버린다(민법 281조 제1항 참조). 환매기간을 정하지 아니한 때에는 그 기간은 부동산은 5년, 동산은 3년으로 한다(민법 제591조 제3항). 상인간의 상호계산과 관련해서도, 당사자가 상계할 기간을 정하지 아니한 때에는 그 기간은 6월로 한다(상법 제74조).

　그러나 모든 당사자에 의한 기간의 정함이 없는 계속적 계약에 대하여 법에서 기간을 정하는 것이 바람직하진 않다. 또한 조건을 통한 기한이 정해진 경우에는 기간을 정하는 것이 오히려 당사자의 의사에 반하기도 한다. 그러므로 이러한 경우에는 기간의 정함이 없는 계약 고유의 불안정성이 대두되는데, 프랑스의 경우에는 '공사의 완공'을 조건으로 하는 계약에 대하여 기간의 정함이 없는 계약의 법리를 적용한다.[18] 이는 기간이 지나치게 길다는 이유에서라기보다는, 기간의 종기가 불확실함을 이유로 하는 구속력의 배제라고 생각한다.

V. 결어

歲寒然後 知松栢之後凋

— 孔子 —

　계약은 한 개인이 다른 개인의 자유를 법적질서를 이용하여 제한하는 도구이기 때문에, 무한정할 수 없다. 법은 인간을 위해 존재하고, 인간은 그 자체로 자유롭기 때문이다. 때문에, 당연히 법은 지나치게 긴 기간 동안 계약이 구속력을 가지는 것을 별로 좋아하지 않는다.

　물론, 계약은 미래를 불안정을 제거하여 사회적으로 더 큰 가치를 창출할 수 있게 돕는다. 그만큼 개인의 자유를 희생하였기 때문이다. 이러한 측면에서 인간은 도

18　황재훈, "프랑스 마크롱 정부의 노동법 개혁 — 특정사무를 위한 기간의 정함이 없는 노동계약 —", 국제노동브리프(2018. 3), 한국노동연구원, 64면 참조.

구적으로 활용되기도 한다. 하지만 인간은 본질적으로 목적이 된다. 그리하여 한 개인이 스스로 자유를 포기하는 데에도 당연히 한계는 있고, 인간은 유한한 존재이므로 기간은 특히 중요한 제한요소가 된다.

법원에 따르더라도 지나치게 기간이 긴 계약은 민법 제103조에서 정한 선량한 풍속 기타 사회질서에 위반된다. 이러한 개념은 불확정 개념이므로, 입법자는 전형계약에 대하여 입법적 결단으로 그 기간을 정하기도 한다. 고용은 3년의 기간동안 구속력을 강력하게 유지할 수 있으며, 전세권의 존속기간에 관한 약정기간이 10년을 초과하는 경우에는 이를 10년으로 줄어들기도 한다.

법은 직업의 자유라던가 사회적 효용을 추구하기 위해 계약의 기간을 제한하기도 하지만, 절대권적 성격을 유지하기 위하여 그 기간을 제한하기도 한다. 법원은 '기간의 정함이 없는 계속적 계약의 해지권'에 관한 주장에 대해 우리법상 법률적 근거가 없다며 주장을 배척한 바 있지만, 개별법은 그러한 원칙에 기반을 두고 이를 선언하고 있다.

물건의 하자를 이유로 하는 담보책임의 특질

김 형 석*

I. 문제의 제기

1. 매매계약의 효력에 따라 매도인은 매수인에게 매매의 목적인 재산권을 이전할 의무를 부담하며(민법 제563조, 제568조 제1항[1]), 그러한 재산권이 물건의 점유를 내용으로 하는 때에는 목적물의 점유를 이전할 의무도 부담한다. 그러므로 물건의 소유권 이전을 내용으로 하는 물건의 매매에서 매도인은 매수인에게 목적물 인도의무를 부담한다. 그런데 인도된 목적물이 매수인이 예정하는 사용·수익을 방해하는 성질을 가지고 있어 매수인이 불이익을 입는 경우, 매수인은 어떠한 구제수단을 가지는지가 문제될 수 있다. 민법은 이 경우에 대해 특별규정을 두어 매수인의 구제수단을 정한다(제580조 내지 제582조). 이러한 매도인의 책임을 물건의 하자(Sachmangel)를 이유로 하는 담보책임이라고 하며(제559조 제1항 참조), 줄여서 하자담보책임이라고도 한다(제580조 표제 참조).

일반 채무불이행책임과 비교할 때, 매도인의 하자담보책임은 그것이 무과실책임으로 규정되어 있으며 원시적 불능의 경우에도 계약을 유지하면서 매수인에게 해제권을 부여한다는 점 그리고 이를 위해 매수인에게 선의·무과실이 요구된다는 점에 특징이 있다. 그리고 단기의 제척기간 역시 특별한 내용이다. 한편 외국의 민법은 통

---

*   서울대학교 법학대학원 교수
1   아래에서 특별한 법명의 지시 없이 인용하는 규정은 민법의 규정이다.

상 하자담보책임에 기해 매수인에게 대금감액청구권을 인정하고 있는데 이를 명시적으로 언급하지 않고 손해배상만을 규정하고 있는 태도는 우리 민법의 독특한 사항이다.[2]

2. 매도인의 하자담보책임의 법적 성질에 대해서는 종래부터 많은 논의가 있었다. 이 논의에서 주목할 만한 점은 종래 통설이었던 법정책임설이 1990년대 이후 점차 자취를 감추면서 하자담보책임을 채무불이행책임으로 이해하는 견해가 통설적 지위를 차지하게 되었다는 사실이다.[3] 이 견해에 따르면 하자담보책임은 입법자가 매매의 유상성을 고려하여 매수인 보호를 위해 인정하는 채무불이행책임의 성질을 가지고 있는 특칙적 책임으로 이해된다. 이러한 인식은 우리 민법학이 도달한 하나의 성과로, 이후 논의의 출발점으로 의지할 수 있다고 생각된다.

그러나 세부적으로 들어가면 종래 채무불이행책임설 내지 계약책임설의 논의에도 아쉬운 점이 없지 않았다. 무엇보다 이 견해가 법정책임설에 대해 하자담보책임의 계약책임성을 강조하는 과정에서, 그에 수반하여 논의되어야 할 여러 쟁점에 대해서는 다소 소략하게 다룬 것은 아닌지 하는 인상을 피하기 어렵다. 예컨대 매매의 유상성을 고려하여 특칙을 규정한 것이라고 하는데, 구체적으로 하자담보책임 규율의 어느 부분이 어떻게 특별한 것인가? 그 배후에 있는 규범목적은 무엇인가? 하자손해는 구체적으로 어떠한 모습으로 배상되는가? 일반 채무불이행책임이 하자담보책임과 경합한다고 하는데, 그 관계를 세부적으로 살펴보면 어떠한가? 하자 없는 물건을 청구할 때 법률관계는 어떠한가? 하자담보책임이 생산적으로 적용되기 위해서는 이러한 질문들에 대한 보다 구체적인 해답이 필요하다고 생각된다. 본고는 우리 민법학이 도달한 채무불이행책임설의 입장에서 출발하면서 이러한 쟁점들을 살펴보고자 한다.

관련해 이러한 과제를 수행할 때 주의해야 할 방법론적인 태도에서 대해서는 이미 다른 곳에서 서술한 바 있으므로[4] 여기에서는 반복하지 않는다. 요컨대 개별적인

---

2 김용담 편집대표, 주석 민법 채권각칙(3), 제4판, 2016, 129면(김대정).

3 그동안 학설의 논의에 대해서는 상세한 전거를 포함하여 우선 김대정, 매도인의 담보책임에 관한 연구, 성균관대 박사학위논문, 1990, 200면 이하; 남효순, "담보책임의 본질론(Ⅰ)", 서울대 법학, 제34권 제3·4호, 1993, 210면 이하; 오종근, "특정물매매에서의 하자담보책임에 관한 학설사", 한국 민법이론의 발전(이영준 박사 화갑기념), 1999, 836면 이하; 홍성재, "특정물의 하자로 인한 담보책임의 본질", 저스티스, 제34권 제4호, 2001, 11면 이하 등 참조.

4 김형석, "권리의 하자를 이유로 하는 담보책임의 성질", 한양대 법학논총, 제35권 제2호, 2018, 283-

해석의 결과는 당해 규정의 의미와 목적으로부터 도출되는 것이지 담보책임의 "본질"이 법정책임인지 계약책임인지에 따라 연역할 수는 없으며, 책임의 "본질"이 아닌 개별 규정에서 추구되고 있는 입법목적이 책임의 요건과 효과를 결정한다는 것이다.

　3. 정년을 맞으시는 남효순 선생님께서는 하자담보책임의 성질에 관한 논의를 주도한 연구자들 중 한 분이시다. 필자는 선생님으로부터 법과대학 채권각론 수업에서 하자담보책임에 대해 배웠을 뿐만 아니라, 이후 대학원에서 프랑스 민법 문헌을 읽는 훈련을 받았다. 이 작은 글로 정년을 축하드리고자 한다.

II. 하자담보책임의 성질

1. 문제의 소재

　하자담보책임이 법정책임인지 아니면 채무불이행책임인지에 관한 해묵은 논쟁은 매도인에게 매매계약에 기초해 하자 없는 물건을 인도할 의무가 있는지 여부에 따라 결정된다.

　만일 매도인이 하자 없는 물건을 인도할 의무를 부담한다면, 매수인은 원칙적으로 일반 채무불이행 기타 계약 관련 규정에 따라 자신의 권리를 행사할 수 있고, 이로써 보호를 받을 수 있다(아래 IV. 1. (2) 참조). 그럼에도 민법이 하자담보책임을 규정하는 것은 사안유형의 어떠한 특수성을 고려하여 하자의 존재에 대해 선의·무과실인 매수인을 단기간 동안 특별히 보호하고자 하는 취지로 설명될 수 있다. 이러한 관점에서 출발할 때 하자담보책임은 계약책임의 성질을 가지는 특별한 책임으로 이해된다.[5] 이 입장에서 선다면, 일찍이 라벨이 지적한 대로, "담보책임은 단지 근소한 범위에서만 법률에 의한 명시적인 배려를 필요로 하는 계약법의 한 부분"에 지나지

　284면 참조.

5　관련해 우리 문헌에서는 하자담보책임이 본질은 계약책임이나 연혁적으로 법정책임으로 규정되었다는 지적이 있다. 곽윤직, 채권각론, 제6판, 2003, 136면 이하; 송덕수, 채권법각론, 제4판, 2019, 184면. 그러나 연혁적으로 특별한 요건과 효과가 정해졌다고 해서 그 성질을 "법정"책임이라고 말할 수는 없다. 입법자는 일반 계약책임에서도 필요한 경우 추가적인 요건을 정할 수 있고(예컨대 전보배상을 청구하려 할 때 최고, 제395조), 또한 요건을 완화하거나 효과를 제한할 수 있다(예컨대 금전채무의 지연배상에 대해 제397조 참조). 중요한 점은 매도인에게 하자 없는 물건을 인도할 의무가 있어 그 위반이 채무불이행에 해당하는지 여부이다. 그러한 의무를 인정하는 이상 책임의 요건·효과에 입법적 수정이 있더라도 이는 성질상 채무불이행책임에 다름 아니다. 같은 취지로 남효순(주 3), 219면 주 46 참조.

않는다.6

　반면 매도인이 하자 없는 물건을 인도할 의무를 부담하지 않는다면, 매수인은 하자 있는 물건을 수령하였더라도 일반 채무불이행 규정에 따른 구제수단을 가지지 못하게 될 것이다. 그런데 이러한 결과를 받아들인다면, 매수인은 하자 있는 물건을 보유해야 하면서 매매대금은 전액을 지급하는 부당한 결과가 발생한다. 이는 당사자들이 하자 없는 물건과 매매대금을 등가로 평가한 주관적 등가성에 반한다. 따라서 이러한 관점에서 출발할 때, 하자담보책임은 입법자가 매매의 유상성을 고려하여 계약책임에 따른 구제수단을 가지지 못하는 매수인에게 특별히 인정한 예외적인 구제수단이라고 이해된다. 즉 하자담보책임은 법률이 정하여 특별히 인정되는 법정책임으로 파악된다.

2. 매도인의 하자 없는 물건 인도의무

　그렇다면 우리 민법의 해석상 매도인에게 하자 없는 물건의 인도의무가 인정되는가?

　(1) 종류물의 경우 하자 없는 물건의 급부의무는 법률에 명백히 규정되어 있으므로(제581조 제2항) 다툼의 여지가 거의 없다. 종류물 매매에서 매도인의 책임은 채무불이행 책임이다. 반면 특정물의 매매에서도 매도인에게 하자 없는 물건을 급부할 의무가 있는지 여부는 적어도 민법의 규정만으로는 반드시 분명한 것은 아니다(제580조 참조).

　특정물의 경우 그 성질상 매매목적물은 성상에 대한 지시 없이 동일성만으로 특정되므로 하자 없는 물건을 급부할 의무는 생각할 수 없고, 설령 성상의 합의가 있더라도 원시적 불능을 내용으로 하므로 무의미하다는 견해 즉 그 적대자들에 의해 이른바 특정물 도그마라고 불리던 견해는 이제는 극복된 것으로 보아도 좋을 것이다. 이에 대해서는 우리 문헌에서도 상세한 논의가 있으므로 여기에 반복할 필요는 없다고 보인다.7 독일의 학설에서도, 1940년대에 플루메가 매매목적물의 합의는 성상에 대한 합의를 포함할 수 있으며 그러한 경우 성상에 대해 정해진 바는 매매의

6　Rabel, *Das Recht des Warenkaufs*, 2. Band, 1958, S. 132.

7　김형배, "하자담보의 성질", 민법학연구, 1986, 247-248면; 김대정(주 3), 242면 이하; 남효순(주 3), 230면 이하; 홍성재(주 3), 19면 이하 등. 또한 北川善太郎, 契約責任の研究, 1963, 173면 이하도 참조.

내용이 된다는 점을 설득력 있게 보인 이후,8 특정물의 매매에서도 매매목적물에 대한 성상 합의가 계약의 내용이 된다는 점에 대해서는 이론적으로 더 이상 의문을 제기하기 어렵게 되었다.9 플루메의 논증에서 명백하게 되었듯, 특정물 매매의 경우에도 목적물은 그 동일성만으로 지시되는 것이 아니라 일정한 성상을 가진 물건으로서 지시되므로, 매매계약은 일정한 성상을 가진 물건을 그 목적물로 한다.10

이에 대해 종래 이른바 특정물 도그마는 원시적 불능 법리를 들어 그러한 성상 합의는 무효라고 주장하였다. 그러나 이는 원시적 불능 법리가 법질서에서 자연법칙과 같은 자명성을 가지고 있을 때에나 가능한 반론이며, 그렇지 아니함은 이제 주지되어 있는 바이다.11 법질서가 정책적 고려에 따라 이행청구권이 아닌 다른 제재(예컨대 손해배상)를 정하여 원시적 불능급부를 목적으로 하는 채권을 유효하게 취급할 수 있음이 인정되는 이상,12 그러한 고려가 하자담보책임에 적용되지 않을 이유가 없다. 제580조는 명백히 특정물매매에 대해 계약 전체를 유효하게 유지하면서 그에 고유의 제재를 정하고 있으므로, 원시적 불능을 이유로 성상 합의에 따른 매도인의 하자 없는 물건 인도의무를 부정할 수는 없다.13 그리고 이렇게 특정물매매에서도 매도인의 완전물 급부의무를 인정함으로써, 제580조라는 같은 규정의 적용을 받는 종류매매와 특정물매매가 일관성 있게 설명될 수 있다.14 그리고 우리 판례도 채택하고 있는15 주관적 하자개념 역시 그러한 성상 합의를 전제할 때 무리 없이 일관된 설명이 가능함은 물론이다.16

　　(2) 더 나아가 특정물 매도인의 하자 없는 물건 인도의무는 제462조를 근거로 해서

8　Flume, *Eigenschaftsirrtum und Kauf*, 1948/1975, S. 17ff.

9　Ernst in *Historisch-kritischer Kommentar zum BGB*, Band III/1, 2013, §§ 434-445 Rn. 14 참조. 그리고 주지하는 바와 같이, 이러한 인식은 이후 2002년의 채권법 대개정에 반영되기에 이르렀다(독일 민법 제433조, 제434조 참조).

10　Rabel, "Zu den allgemeinen Bestimmungen über Nichterfüllung gegenseitiger Verträge", *Gesammelte Aufsätze*, Band III, 1967, S. 163: "일반적으로 전제된 사용에 부적합한 물건의 급부가 '계약위반'이 아니라는 점을 어떻게 영국인에게 이해시킬 수 있을 것인가!"

11　Huber in Soergel, *Bügerliches Gesetzbuch*, Band III, 12. Aufl., 1991, Vor § 459 Rn. 154.

12　양창수, "원시적 불능론", 민법연구, 제3권, 1995, 163면 이하; 北川(주 7), 177면.

13　김대정(주 3), 243면; 남효순(주 3), 232-233면도 참조.

14　김형배(주 7), 248, 250면; 남효순(주 3), 231면.

15　대법원 2002. 4. 12. 선고 2000다17834 판결, 공보 2002, 1076 등 참조.

16　Soergel/Huber(주 11), § Vor 459 Rn. 155도 참조.

도 부정될 수 없다. 물론 종래 학설은 제462조의 체계상 위치를 근거로 특정물의 경우 하자가 있더라도 이행기의 현상 그대로 인도되면 변제로서 효력을 가지며, 채권자는 하자의 발생 시점에 따라 하자담보책임(제580조)이나 손해배상책임(제390조, 제374조)을 부담하거나 위험부담의 문제(제537조, 제538조)가 제기된다고 이해하고 있었다.[17] 그리고 바로 이러한 해석이 채무불이행책임설과는 잘 부합하지 않기 때문에, 반대 입장에서는 이 규정을 목적론적으로 축소해석하여 특정물의 법적 동일성에 변화를 주지 않는 변화의 경우에만 적용되는 규정으로 파악하고자 하였던 것이다.[18] 그러나 이러한 목적론적 축소해석에 대해서는 제462조를 공허하게 만든다는 비판이 제기되고 있었다.[19]

　　이러한 혼란은 제462조가 변제나 채무불이행 판단에 대해 어떤 의미를 가지는 규정이라고 상정하고 있기 때문에 발생한다. 그러나 제462조는 그러한 규율 내용을 의도하고 있는 규정은 아니다. 동조는 2016년 개정되기 전 프랑스 민법 제1245조로 소급하는 규정이다. 개정전 프랑스 민법은 한편으로 동법 제1136조, 제1137조(현재 제1196조, 제1197조)에서 특정물 채무자에게 선량한 관리자의 주의의무를 부과하여 그 위반으로 인한 손상이 있는 경우 손해배상 책임을 인정하는 한편, 동법 제1245조(현재 제1342−5조)에서 책임 없는 손상의 경우에는 현상대로의 인도만으로 충분하며 그 밖의 책임은 없음을 정하고 있다. 따라서 우리 제462조에 상응하는 개정전 프랑스 민법 제1245조는 말하자면 특정물의 물건의 위험(Sachgefahr)을 채권자가 부담한다는 내용의 규정으로 이해되고 있을 뿐이다.[20] 그리고 이 규정은 그러한 취지로 일본 구민법 재산편 제462조 제1항[21] 그리고 의용민법 제483조에 받아들여졌다. 특히 의용민법의 제정과정에서 채무자에게 과실이 있는 경우에 계약책임의 가능성을 언명하는 구민법 재산편 제462조 제2항은 당연한 규정이라는 이유로 삭제되었다.[22] 그러므로 이상의 연혁을 살펴보면 우리 제462조가 규정하는 바는 특정물의 경우 물건의 위험이 채권자에게 있다는 내용 이상도 이하도 아니며, 실제로 그러한 의미로 동조의

17　문헌지시와 함께 곽윤직 편집대표, 민법주해[XI], 1995, 52-55면(김대휘).

18　문헌지시와 함께 김용담 편집대표 주석 채권총칙(4), 제4판, 2014, 87면 이하(정준영).

19　박희호, "우리나라 하자담보책임의 본질에 관한 재론", 민사법학, 제34호, 2006, 115면.

20　Ghestin, Billiau et Loiseau, *Traité de droit civil. Le régime des créances et des dettes*, 2005, n° 563. 특히 재산권을 이전하는 계약의 경우 특정물의 소유권이 이미 이전되어 있을 것이므로(의사주의) *res perit domino*의 원칙이 표현된 것으로 설명되고 있다.

21　Boissonade, *Projet de code civil*, tome II, nouvelle éd., 1891, n° 473.

22　未定稿本, 民法修正案理由書, 서울대 도서관 소장본, 400면.

문언을 읽어도 전혀 무리가 없다. 즉 특정물의 경우 손상이 있더라도 그에 대한 물건의 위험은 채권자가 부담하고, 원칙적으로 채무자에게 조달하거나 보수할 의무는 없다는 것이다.[23] 동시에 제462조는 특정물의 경우 물건의 위험이 채권자에게 있다는 선언에 그치며, 나머지 부분만으로 적법한 변제의 제공이 되는지 아니면 계약책임이 성립할 수 있는지 등의 문제는 전혀 염두에 두고 있지 아니하다.[24] 그러므로 이 규정에서 매도인에게 하자 없는 물건을 인도할 의무가 없다는 내용을 읽어내는 것은 그 규범목적을 고려하지 않는 해석으로 타당하지 않다.

　　제462조를 둘러싼 기존의 논쟁은 하자담보책임 규정의 의미와 목적을 음미하기보다는 하자담보책임의 법적 성질론으로부터 결론을 연역하려는 개념법학적 오류에서 기인한 것이라고 해야 한다(앞의 주 4 및 본문 참조). 제580조, 제581조의 해석에서 출발하면, 하자담보책임의 법적 성질을 어떻게 파악하든 같은 결과가 도출될 수밖에 없다.[25] 그것은 하자가 매매의 목적을 달성할 수 없게 할 정도라면 매수인은 목적물의 수령을 거절할 수 있지만, 그렇지 않은 경우에는 하자가 있더라도 목적물을 수령해야 한다는 것이다.[26] 법정책임설에서 출발하더라도, 하자가 계약의 목적을 달성할 수 없게 할 정도인 경우 매수인이 목적물을 수령한 다음 바로 계약을 해제할 수 있다면(제580조 제1항, 제575조 제1항), 매수인이 아예 수령을 거부한 다음 계약을 해제함으로써 불필요한 반환절차를 생략하려는 정당한 이익을 부정할 이유가 전혀 없다. 전자가 허용된다면, 후자는 더욱 허용되어야 한다. 반면 채무불이행책임설을 채택하더라도, 하자가 계약목적 달성을 좌절시킬 정도가 아니라면 매수인은 목적물을 보유하면서 손해배상만을 청구할 수 있으므로(제580조 제1항, 제575조 제1항), 매수인은 사소한 하자 있는 물건을 수령해야만 한다.[27] 그리고 법적 성질을 어떻게 이해하든, 종

23 　남효순(주 3), 236면.

24 　김대정(주 3), 249면; 홍성재(주 3), 25-26면. 판례도 같은 취지이다. 대법원 2016. 5. 19. 선고 2009 다66549 전원합의체 판결, 공보 2016, 769는 "민법 제374조와 제462의 규정이 매매목적물에 하자가 있음에도 매도인이 이행기의 현상대로 인도한 것만으로써 모든 책임을 면한다는 취지가 아니라고" 본 원심을 시인하였다. 그리고 이 견해가 이제는 일본에서도 우세하다. 平井宜雄, 債權總論, 第2版, 1994, 178면; 潮見佳男, 債權總論 I, 第2版, 2003, 52면; 田中裕康, 債權總論, 第3版, 2013, 319면; 大村敦志, 新基本民法 債權編, 2016, 28면 등.

25 　Soergel/Huber(주 11), Vor § 459 Rn. 168, 233 참조.

26 　같은 취지로 곽윤직 편집대표, 민법주해[XIV], 1997, 536면(남효순); 안춘수, "하자담보법상의 문제 점", 민사법학, 제11·12호, 1995, 433면.

27 　같은 취지로 안춘수(주 26), 434면. 매수인이 사소한 하자 있는 물건을 수령해야 하는 경우 그는 손

류물 매매에서 매수인이 하자 없는 물건의 급부를 청구할 수 있는 때에는(제581조) 그 전제로서 하자 있는 물건의 수령을 거절할 수 있어야 함은 당연하다. 그러므로 매수인의 수령거절에 관한 문제에서는, 사후적인 법률구성이나 이 쟁점을 염두에 두고 있지 않은 제462조가 아니라, 바로 당해 문제를 정면으로 다루고 있는 제580조, 제581조가 해답을 주고 있는 것이다.

(3) 그런데 특정물이 매매된 경우, 당사자들이 성상에 대해 합의하여 매도인에게 하자 없는 물건의 인도의무가 있다고 하더라도, 특정물의 성질상 현실적으로 매수인이 하자 없는 물건의 인도를 청구하여 이행되는 것은 생각하기 어렵다. 따라서 이행청구권을 현실적으로 상정할 수 없음에도 그에 상응하는 의무를 유의미하게 인정할 수 있을 것인지의 물음이 제기될 수 있다.

예컨대 플루메는 개정전 독일 민법을 전제로 성상 합의가 매매계약의 내용이 된다고 이해하면서도, 특정물매매의 경우에는 목적물의 유일성 때문에 하자 없는 물건을 인도할 의무가 발생할 수는 없다고 설명하여 하자담보책임을 채무불이행책임으로 파악하고 있지는 않다. 즉 성상 합의는 계약의 내용은 정하지만 매도인의 급부의무를 발생시키지는 않는다. 따라서 하자담보책임은 그러한 계약내용의 위반에 대한 제재를 정하는 책임으로서 채무불이행책임 아닌 계약책임에 해당한다. 당사자들의 성상 합의가 있더라도 법질서가 그에 개입하여 급부의무 성립을 부정한 다음 하자담보의 효과만을 발생시킨다는 것이다.[28] 우리 학설에서도 이 주장에 따라 하자 없는 특정물을 급부할 의무는 없다고 이해하는 견해가 주장되며, 특히 독일 민법에서는 존재하지 않는 특정물의 현상인도에 관한 제462조를 그 근거로 제시한다.[29] 이에 따르면 제462조는 하자 있는 특정물의 인도를 계약이행으로 하지는 않지만 적어도 채무자의 하자 없는 물건 인도의무는 부정하는 취지로 이해될 것이다.

그러나 제462조는 그러한 주장의 근거가 될 수 없다. 즉 특정물의 경우 채권자에게 물건의 위험이 있어 채무자는 현상대로 인도할 수밖에 없다는 사물의 본성을 확인하는 규정으로부터(바로 앞의 (2) 참조) 채무자에게 완전물 급부의무가 없다는 결

해배상청구권을 대금채무와 상계(제492조)할 수 있을 것이다. 도급계약에서 하자담보책임에 대해 대법원 1996. 7. 12. 선고 96다7250, 7267 판결, 공보 1996, 2480 참조.

28 Flume(주 8), S. 41, 48 참조.

29 박희호(주 19), 112면 이하. 또한 박영목, "특정물 매매와 하자 없는 물건에 대한 급부의무", 민사법학, 제44호, 2009, 233면도 참조.

론을 도출하는 추론은 전혀 필연적이지 않기 때문이다. 그것은 예컨대 임차인이 용익 중에 상태가 악화된 물건을 그대로 반환할 수밖에 없다는 사정으로부터 임차인에게는 처음부터 임차목적물을 원래 상태대로 반환해야 할 급부의무가 없었다는 추론을 내리는 것과 다르지 않다.

하자 있는 물건이 인도되었음을 이유로 채무자가 어떠한 계약책임을 부담하는 이상, 그러한 책임의 전제로서 급부의무를 상정하는 것은 충분히 가능하다. 오히려 이른바 특정물 도그마를 부정하여 당사자들이 매매목적물의 성상을 합의할 수 있다는 점을 받아들인다면, 합의된 성상을 가진 목적물을 그 대상으로 하는 매도인의 급부의무가 발생한다는 설명이 보다 자연스럽다. 계약에서 매도인이 일정한 성상이 있는 목적물을 급부하기로 약속하였음에도 그로부터 아무런 급부의무가 발생하지 않는다는 논법은 계약의 구속력(*pacta sunt servanda*) 원칙의 관점에서 부적절하다.[30] 앞서 원시적 불능과 관련해서 서술한 바와 같이(바로 앞의 (1) 참조), 이행청구를 상정할 수 없더라도 다른 제재(예컨대 손해배상)가 유의미하게 법률효과로서 연결될 수 있는 이상 급부의무의 존재를 인정하는 것에는 아무런 법논리적 장애도 존재하지 않는다.[31] 이 견해는 이행청구가 가능하지 아니한 급부의무를 상정하는 법률구성이 무가치하다고 말하지만, 그렇다면 급부의무를 발생시키지 못하는 성상 합의를 상정하는 법률구성도 그에 못지않게 무가치하다고 인정해야 하지 않겠는가?[32] 계약불이행과 채무불이행을 구별하는 것은 적어도 전통적인 도그마틱의 관점에서는 가능하지 않다. 계약불이행은 바로 계약에서 발생한 급부의무의 불이행이기 때문이다.[33] 따라서 특정물의 성상이 매매에서 합의될 수 있는 이상, 매도인은 합의된 성상의 목적물을 급부할 의무를 부담한다. 합의의 구속력에 예외를 인정할 합리적인 근거는 발견할 수 없다.

---

30 Herberger, *Rechtsnatur, Aufgabe und Funktion der Sachmängelhaftung nach dem Bürgerlichen Gesetzbuch*, 1974, S. 77-79 참조.

31 Soergel/Huber(주 11), Vor § 459 Rn. 173f. 여기서 울리히 후버는 예컨대 커먼로에서 강제가능한 이행청구권이 구제수단으로 주어지지 않더라도 손해배상의 전제로서 채무자의 이행의무가 상정되고 있음을 지적한다.

32 Reinicke/Tiedtke, *Kaufrecht*, 6. Aufl., 1997, Rn. 260.

33 Larenz, *Lehrbuch des Schuldrechts*, Band II/1, 13. Aufl., 1986, S. 68 Fn. 109.

3. 소결

이상에서 살펴본 바와 같이, 매도인은 매매계약에 기초해 하자 없는 매매 목적물을 인도할 의무를 부담한다. 하자 있는 목적물을 인도한 경우, 그는 계약상 채무를 위반한 것이다. 따라서 이 경우를 규율하는 하자담보책임은 채무불이행책임의 성질을 가진다.[34] 판례도 하자담보책임이 성립하는 경우에도 채무불이행책임의 성립을 인정함으로써 하자 없는 물건의 인도의무를 상정하므로 같은 입장이라고 해야 한다(아래 III. 2. 참조). 물론 제580조에 따른 손해배상의 내용에 관하여 구체적으로 어떠한 결과가 해석상 도출되는지 그리고 이들 구제수단이 일반 채무불이행 책임과 경합하는지 등에 대한 해답은 하자담보책임이 채무불이행 책임이라는 사실로부터는 예단되지 않는다. 구체적 해석론은 개별 규정의 의미와 목적에 따라 결정된다(주 4 참조). 이에 대해 아래에서 살펴본다.

III. 매수인이 가지는 구제수단

수령한 목적물에 하자가 있는 경우 매수인은 매도인을 상대로 하자로 인한 손해배상을 청구할 수 있다(제580조, 제575조, 제581조 제1항). 이는 계약의 해제 여부와 무관하므로, 계약을 해제하면서 손해배상을 결합할 수도 있고, 해제권이 인정되지 않는 경우 또는 계약을 해제하지 않는 경우 손해배상만을 청구할 수도 있다. 더 나아가 종류매매의 매수인은 해제 또는 손해배상의 청구를 하지 않고 하자 없는 물건의 인도를 청구할 수도 있다(제581조 제2항). 해제권의 내용은 제548조 이하의 규율에 따르므로, 아래에서는 하자 없는 물건을 급부할 매도인의 의무에서 출발하여 나머지 두 구제수단에 대해 살펴본다.

1. 제580조에 따른 손배배상

(1) 손해배상의 내용

제580조에 따른 손해배상의 내용에 대해서는 종래 학설에서 많은 논의가 있었

---

34 김형배, 채권각론(계약법), 신정판, 2001, 318면; 김대정(주 3), 254-255면; 남효순, "담보책임의 본질론(II)", 서울대 법학, 제35권 제2호, 1994, 229면; 이은영, 채권각론, 제5판, 2007, 307면; 홍성재(주 3), 32-33면 등.

다. 종래의 법정책임설은 본조의 손해배상을 신뢰이익의 배상으로 해석하고 있었고,[35] 채무불이행책임설에서도 마찬가지로 해석되기도 하지만,[36] 한편 채무불이행이라는 관점에서 이행이익 배상이라는 견해,[37] 매도인에게 귀책사유가 있으면 이행이익 배상이라는 견해,[38] 또한 동조의 손해배상은 대금감액의 의미로 축소해석해야 한다는 견해[39] 등도 주장되고 있다.

그런데 이미 지적하였지만(주 4의 본문 참조), 이 문제는 담보책임의 성질론과 필연적인 관련을 가지고 있는 것은 아니다. 예컨대 채무불이행책임설을 취하면서도 특별규정성을 강조하여 손해배상의 내용을 제한적으로 해석할 수도 있고, 법정책임설을 취하면서도 법률의 취지상 이행이익 배상이 허용되어야 한다고 해석할 수도 있다(예컨대 제135조 참조). 그러므로 손해배상의 내용은 민법 규정들의 입법목적을 고려하여 해석으로 판단되어야 하며, 사후적인 법률구성으로부터 예단되어서는 안 된다.

우선 제580조의 손해배상이 이행이익 전부의 배상을 내용으로 할 수는 없다고 생각된다.[40] 첫째로, 이는 단기의 제척기간(제582조)을 고려할 때 그러하다. 이 규정은 명백하게 하자담보로 인한 분쟁을 극히 짧은 기간 내에 조속히 종결하려는 것을 목적으로 하고 있는데, 만일 이에 이행이익을 내용으로 하는 분쟁을 포함시킨다면 매수인은 일반적인 채권자의 지위와 비교할 때 지나치게 그 권리에서 제약을 받게 된다. 그러므로 제580조의 손해배상이 예정하는 손해는 단기간에 해결되는 것이 바람직하고, 제척기간 도과 후에 손해배상이 배제되더라도 매수인과 매도인의 이익 균형을 결정적으로 교란하지는 않는 성질의 손해이어야 한다. 둘째로, 매도인이 무과실책임을 부담한다는 사정을 고려할 때, 이행이익 배상을 제580조에 포함시키는 것은 여러모로 체계상 균형을 상실한다. 여기서도 매도인이 무과실책임을 부담하는 사실과 이익 균형이 유지되는 성질의 손해가 배상된다고 이해해야 하는 것이다.[41] 셋

---

35 남효순(주 3), 210-212면에 인용된 전거 참조.

36 김형배(주 34), 356-357면.

37 김주수, 채권각론, 제2판, 1997, 199면; 박영복, "매도인의 하자담보책임", 고시계, 제46권 제3호, 2001, 48-49면; 이은영, "하자로 인한 확대손해의 배상", 법률신문, 제2609호, 1997, 14면.

38 김증한·김학동, 채권각론, 제7판, 2006, 246-247면; 김상용, 채권각론, 제2판, 2014, 196면; 조규창, "물건의 하자담보책임", 고려대 법학논집, 제21집, 1983, 263-264면.

39 주석 채권각칙(3)(주 2), 181면(김대정).

40 그러나 재판례에서는 하자담보책임을 인정하면서 확대손해에 해당하는 이행이익 배상이 명해진 경우도 없지 않다. 대법원 1995. 6. 30. 선고 94다23920 판결, 공보 1995, 2544에 인용된 원심의 손해 인정 참조.

41 이호정, "매매 목적물의 하자로 인한 손해의 배상", 법정, 제20권 제11호, 1965, 40면; 서광민, "매도

째, 더 나아가 제580조에 따른 손해배상청구권은 제581조에 규정된 하자 없는 물건에 대한 인도청구권과 대체가능한 동등한 차원의 권리로 규정되고 있다는 사실에 주목할 필요가 있다.[42] 즉 종류물 매수인이 하자 없는 물건을 청구하여 인도받는 경우의 이익 상태와 비교할 때 그와 교체 가능한 구제수단으로 규정된 손해배상이 모든 이행이익 특히 확대손해를 포함할 수는 없다고 생각되는 것이다.

　　그러나 그렇다고 해서 제580조에 따른 손해배상이 모든 신뢰이익이라고 일반적으로 해석할 수도 없다고 생각된다. 우선 신뢰이익은 계약의 부존재·무효·취소를 전제로 그 유효함을 믿음으로써 받은 손해이므로(제535조 참조), 매수인이 계약을 해제하지 않고 손해배상을 청구하는 경우 그 손해를 신뢰이익이라고 말하기는 어렵다.[43] 물론 입법자는 유효한 계약의 효과로 신뢰이익의 배상을 정할 수 있으며(제601조,[44] 제689조 제2항,[45] 제806조[46] 등 참조), 그러한 의미에서 매수인이 하자를 인식해 매매를 체결하지 않았을 경우와의 비교를 통해 산정되는 손해를 신뢰이익이라고 이 맥락에서 따로 정의할 수 있을지도 모른다. 그러나 가급적 일관된 개념을 사용하는 것이 바람직하다는 점은 부정할 수 없을 것이다. 그리고 그렇게 선해하면서 계약이 해제된 경우를 전제로 하더라도, 제580조에 따른 매도인 책임이 무과실책임이라는 사실을 전제로 할 때, 모든 신뢰이익이 배상된다고 해석하는 것 역시 매도인에게 지나치게 가혹한 결과를 발생한다. 이미 학설에서 지적된 바와 같이,[47] 원시적 불능의 경우에 그 존재에 대해 알았거나 알 수 있었던 계약 당사자가 신뢰이익에 대한 배상의무가 있는 것에 비추어(제535조), 하자의 존재를 알 수도 없었던 매도인이 마찬가지로 모든 신뢰이익 배상을 해야 한다는 것은 체계상 균형을 상실하기 때문이다.

　　올바른 해석의 단서는 손해배상청구권이 매수인의 해제권 및 하자 없는 물건 인도청구권과 동등한 차원에서 규정되고 있다는 사실이다.[48] 해제와 하자 없는 물건의

　　인의 하자담보책임", 민사법학, 제11·12호, 1995, 173, 176면.
42　서광민(주 41), 175면.
43　이호정(주 41), 40면; 서광민(주 41), 179면; 이상광, "하자담보책임의 기본문제", 비교사법, 제5권 제1호, 1998, 303면.
44　곽윤직 편집대표, 민법주해[XV], 1997, 7면(김황식) 참조.
45　대법원 2015. 12. 23. 선고 2012다71411 판결, 공보 2016, 167.
46　윤진수 편집대표, 주해 친족법, 제1권, 2015, 108면(윤진수) 참조.
47　서광민(주 41), 181면.
48　서광민(주 41), 175-176면; 이상광(주 43), 305-306면. 안법영, "매매목적물의 하자로 인한 손해배

인도는 매매에서 당사자들이 그들의 의사로 실현한 주관적 등가성을 회복하는 구제
수단이다. 즉 당사자들이 매매 목적물의 가치와 매매대금을 그들 사이에서는 동등한
것으로 평가하여 실현시킨 교환에서, 하자로 인해 그러한 등가성이 교란된 것으로
나타나는 경우(매매계약의 관점에서 매수인은 받은 물건의 가치에 비해 많은 대금을 지급한
셈이다), 이를 회복하도록 예정된 구제수단인 것이다. 이는 한편으로 계약을 "물림"으
로써도 가능하지만(해제에 따른 원상회복), 하자 없는 "새 물건"을 받음으로써도 가능
하다(하자 없는 물건의 인도). 그렇다면 이들 구제수단과 같은 차원에서 규정된 제580
조에 따른 매도인의 무과실책임 역시 그러한 주관적 등가성의 장애(Äquivalenzstörung)
를 정정하는 수단에 그쳐야 한다. 이것이 제580조, 제581조의 체계적 해석에서 나오
는 결과일 뿐만 아니라, 하자담보책임의 연혁에 비추어도 정당화되는 내용이다.49

(2) 손해배상의 구체적 모습

구체적으로 손해배상의 내용은 경우를 나누어 살펴보아야 한다.

(가) 하자가 계약목적을 좌절하지 아니하여 매수인이 계약을 해제할 수 없거나,
하자가 중대하여 해제가 가능함에도 매수인이 물건의 보유를 원하는 경우, 매수인은
물건을 보유하면서 손해배상만을 청구할 수 있다. 이 때 주관적 등가성의 교란을 교
정하는 손해배상은 논리적으로 두 가지 관점에서 이루어질 수 있다. 하나는 하자를
이유로 목적물의 가치가 하락한 부분을 금전적으로 평가하여 그 금액을 손해배상을
받는 방법으로, 말하자면 대금의 액수를 낮추는 방법이다. 이는 기본적으로 가치하
락의 비율을 구한 다음, 그 비율에 따라 매매대금을 감액하여 행해진다. 다른 하나는
제거 가능한 하자의 경우 매수인이 하자보수비용을 산정하여 그 금액을 손해배상으
로 받는 방법으로, 말하자면 목적물의 가치를 높이는 방법이다.50 하자보수비용의 산
정은 매수인이 이미 하자를 제거하고 지출한 비용이 있으면 일응 그것이 기준이 될
것이지만, 객관적인 견적이 존재한다면 그에 따라 산정하는 것도 가능하다. 통상 좁
은 의미의 대금감액은 전자만을 의미할 것이지만, 우리 민법은 구제수단으로 손해배

상", 민사법학, 제11 · 12호, 1995, 204-205면도 참조.

49 김대정(주 3), 21면 이하; 이상광, 하자담보책임론, 2000, 7면 이하 참조.

50 대법원 1990. 6. 12. 선고 89다카28225 판결, 공보 1990, 1460; 대법원 2004. 7. 22. 선고 2002다
51586 판결, 공보 2004, 1431; 대법원 2011. 10. 13. 선고 2011다10266 판결, 공보 2011, 2339; 수
원지법 1996. 10. 24. 선고 95가합17789 판결, 하집 96-2, 102; 대전지법 2009. 8. 11. 선고 2007가
단37506 판결, 각공 2009, 1536 등.

상이라고만 정하고 있으므로 전자에 한정할 것은 아니며 후자도 포함한다고 해석해야 한다.[51] 그리고 후자 역시 보수비용만큼 매매대금에서 공제한다는 관점에서 살펴본다면 역시 대금감액적 성질을 가지고 있다고 말할 수 있다.[52] 그렇다면 계약을 해제하지 아니하고 행사하는 매수인의 손해배상청구권은 대금감액적 성질의 손해배상이라고 설명되어야 한다.[53] 그리고 주관적 등가성의 관점에서 이루어지는 대금감액적 배상이라고 이해하는 한, 감액배상이나 하자보수비용의 청구는 매매대금의 한도에서만 가능하다고 해석된다.[54] 하자보수비용이 이를 넘어선다면, 이는 완전성이익 배상의 관점에서 배상받을 수밖에 없다(아래 III. 2. (4) 참조).

(나) 하자가 계약목적을 좌절하여 매수인이 계약을 해제하는 경우, 기본적으로 주관적 등가성의 교란은 해제에 따른 원상회복으로 대체로 회복된다. 그러므로 해제의 경우 손해배상은 원상회복에도 불구하고 주관적 등가성의 관점에서 완전히 복구되지 아니하는 불이익을 전보하는 것에 그쳐야 한다. 특히 이 경우 논리적으로는 신뢰이익 배상을 상정할 수 있겠지만 그럼에도 모든 신뢰이익 배상이 인정된다고 볼수는 없다.[55] 신뢰이익 중에는 주관적 등가성의 회복이라는 관점을 넘어서는 손해도 포함되기 때문이다. 이는 특히 일실이익으로서의 신뢰이익이 그러하다.[56] 예컨대 하

---

51 실제로 제580조가 참조한 의용민법 제570조와 관련해 입법관여자들은 동조의 손해배상이 대금감액적 기능을 하도록 예정되어 있으나, 다만 하자로 인한 감액 비율을 산정하기 어렵기 때문에 이를 손해배상으로서 달성하고자 한 것이라고 말하고 있다. 未定稿本 民法修正案理由書(주 22), 492면; 梅謙次郎, 民法要義, 卷之三, 1909, 526면 참조. 그렇다면 이러한 하자보수비용을 청구할 가능성을 부정할 이유는 없다고 할 것이다. 이 점에서 예컨대 입법자가 명시적으로 그러한 가능성을 거부한 독일 민법과 차이가 있다. Loodschelders, *Schuldrecht. Besonderer Teil*, 14. Aufl., 2019, § 4 Rn 25 참조.

52 공간된 재판례를 살펴보면 하자에 따른 가치감소분의 감액보다는 하자보수비용을 청구하는 경우가 더 많은 것으로 보인다. 이는 아마도 불확실할 수 있는 가치감소분 산정 보다는, 현실적으로 지출하였거나 견적이 나오는 하자보수비용을 기초로 하는 것이 손해 입증에서 보다 용이하기 때문이 아닌가 추측된다.

53 서광민(주 41), 182면; 사동천, "최근 국제적 동향에서 바라 본 우리 민법상의 매도인의 하자담보책임에 관한 연구", 민사법학, 제24호, 2003, 29-30면; 이상광(주 43), 303-304면; 안법영(주 48), 220면; 문용선, "매매 목적물의 하자로 인한 확대손해에 대한 책임 추급", 민사판례연구[XXI], 1999, 283면; 송인권, "매도인의 담보책임과 채무불이행책임의 경합", 법조, 제595호, 2006, 233면; 주석 채권각칙(3)(주 2), 181면(김대정).

54 수급인의 담보책임에 대해 대법원 2016. 8. 18. 선고 2014다31691 판결, 공보 2016, 1336 참조.

55 그러나 신뢰이익 배상이며 이행이익으로 한정된다는 재판례로 서울민사지법 1988. 11. 9. 선고 88나1621 판결, 하집 88, 108.

56 서광민(주 41), 186면.

자 있는 물건을 목적으로 하는 매매를 체결하였다는 이유로 다른 유리한 매수청약을 거절한 매수인이 나중에 하자를 이유로 매매를 해제하고 그 다른 유리한 매매에서 얻을 수 있었을 이익을 손해배상으로 청구한다면, 그 이익은 하자 있는 매매에서의 주관적 등가성과는 무관한 이익을 하자담보책임으로 회복하려는 것으로서 받아들여 서는 안 된다. 이 경우 매수인은 하자로 인한 불이익 전보를 초과하는 이익을 받아 유리한 결과에 도달할 수도 있기 때문이다. 그러므로 하자 있는 물건의 매수인이 계 약을 해제한 경우, 배상되어야 할 손해는 일반적으로 적극적 손해에 해당하는 신뢰 이익 부분 중에서 매매의 성립과 직접 관련되는 손해, 즉 매수인이 매매가 유효할 것이라고 전제하고 지출한 합리적 비용으로 파악해야 한다. 이는 통상 계약체결과 관련된 비용이 해당할 것이고,**57** 주관적 등가성의 관점에서 정당화된다. 왜냐하면 매 수인은 계약체결비용을 매매대금과 함께 목적물을 취득하기 위해 지출하는 총비용 으로 파악할 것이고, 그 총비용과 목적물의 가치를 주관적으로 등가로 평가한 것이 기 때문이다. 그리고 이러한 내용은 계약비용 상환의무를 정하는 각국의 민법전의 규율과 비교할 때에도 그 타당성이 인정된다(개정전 독일 민법 제467조 제2문, 프랑스 민 법 제1646조 등). 그러나 동시에 적극적 손해에 해당하는 신뢰이익이 모두 제580조에 따른 배상범위에 들어온다고는 말할 수 없다. 매수인은 매매 성립을 전제로 매매의 성립과는 직접 관련이 없는 사치비를 미리 지출할 수도 있기 때문이다(예컨대 해제권 을 발생시키는 중대한 하자 있는 자동차의 매수인이 고급 자동차용 카 오디오를 미리 구입한 후 경우). 그러한 비용은 매수인의 주관적 위험 영역에 속하여 매매에서 전제된 주관적 등가성과는 무관하며, 제580조에 따라 배상되지 않는다. 요컨대 적극적 손해에 해당 하는 신뢰이익 중에서 매수인이 목적물 취득을 위한 직접적 비용으로 평가할 수 있 는 부분만이 배상가능한 손해가 된다.

(3) 과실상계

판례에 따르면, "매도인의 하자담보책임은 법이 특별히 인정한 무과실책임으로 서 여기에 제396조의 과실상계 규정이 준용될 수는 없다 하더라도 담보책임이 민법 의 지도이념인 공평의 원칙에 입각한 것인 이상 하자발생 및 그 확대에 가공한 매수 인의 잘못을 참작하여 손해배상의 범위를 정함이 상당하다"고 하면서, "하자담보책 임으로 인한 손해배상사건에 있어서 배상권리자에게 그 하자를 발견하지 못한 잘못

57　서광민(주 41), 186면; 안법영(주 48), 219면; 송인권(주 53), 233면.

으로 손해를 확대시킨 과실이 인정된다면, 법원은 손해배상의 범위를 정함에 있어서 이를 참작하여야" 한다고 한다.58

일단 이 설명의 이유제시는 부당하다. 매도인의 책임이 무과실책임이라고 하더라도, 매도인(채무자)의 과실이 아닌 매수인(채권자)의 부주의를 손해배상에 고려되는 것에 장애가 있을 이유는 없기 때문이다. 과실상계는 자신의 부주의로 손해가 발생하거나 확대되었음에도 그 배상을 주장하는 것이 부당하다는 관점에서 이루어지는 것이므로, 상대방의 책임이 과책을 전제로 하는지 여부는 문제되지 않는다. 제580조에 따른 법률효과가 손해배상인 이상, 손해배상에 대해 규정하는 제396조는 준용이 아니라 그대로 적용되어야 한다.

물론 제580조의 손해배상이 매수인의 무과실을 요건으로 하는 대금감액적 배상인 이상, 인도된 목적물에 하자가 존재하고 이로써 감액할 정도의 가치하락이 있다면 손해는 존재하는 것이고, 매수인의 손해 발생에 대한 과실은 고려할 여지가 거의 없을 것이다.59 그러나 손해 확대에 대해서는 매수인의 과실을 참조할 가능성이 존재한다. 예컨대 하자가 물건의 가치 하락을 진전시키는 성질인 경우, 매수인이 매매 당시에는 선의·무과실이었다고 하더라도, 목적물 수령 이후에 부주의하게 하자의 발견을 늦춘 사정이 있다면 이는 손해배상에서 고려할 여지가 있다. 또한 하자를 보수하고 그 비용을 청구하는 매수인이 수급인과의 교섭에서 부주의하게 다액의 비용을 지출한 정황이 있다면 이 점도 배상액 결정에 참작될 수 있을 것이다.

2. 일반 채무불이행책임과의 경합

(1) 문제의 제기

이상과 같이 해석할 때, 하자담보책임에 따른 손해배상은 하자로 인해 발생한 주관적 등가성의 교란에 해당하는 손해 이른바 하자손해만을 대상으로 한다. 그러므로 하자로 인하여 이를 넘어서는 손해가 발생한 경우(확대손해), 이는 제580조에 따른 배상범위에 들어오지 않는다. 그렇다면 제580조에 따라 배상되지 않는 확대손해에 대해 매수인이 일반 채무불이행책임에 기초하여 이를 청구할 수 있는지 여부의 문제가 발생한다(제390조).

하자 없는 물건을 인도할 매도인의 의무를 부정한다면, 하자 있는 물건을 급부

---

58 대법원 1995. 6. 30. 선고 94다23920 판결, 공보 1995, 2544.
59 남효순(주 34), 237면.

하여도 채무불이행은 존재하지 않으므로 일반 계약책임에 따라 손해배상을 청구할 수 있는 가능성은 원칙적으로 존재하지 않는다. 물론 일정 범위에서 매도인의 보호의무를 상정하여 그 위반이 있는 경우 이로부터 발생한 완전성이익 침해에 대한 손해배상은 가능하다고 해석할 수 있을 것이다. 그러나 급부의무의 불이행이 부정되는 이상 이행이익 배상은 가능하지 않다.**60** 반면 채무불이행책임설의 입장에서는 하자 없는 물건을 급부할 채무가 존재하므로, 하자 있는 물건이 인도된 경우 채무의 내용에 좇은 이행이 없는 것이므로 다른 요건이 충족되면 채무불이행을 이유로 하는 손해배상은 원칙적으로 가능해야 한다.**61** 다만 이 경우에도 제580조, 제581조를 일반 규정을 배제하는 특칙으로 본다면 이로써 전보가 이루어지는 하자에 상응하는 부분의 손해(이른바 하자손해)에 대해서는 경합이 없다고 해석할 것인지 아니면 이 부분에도 경합을 허용할 것인지 여부가 문제될 수 있다.**62** 아래에 살펴보는 것처럼 판례는 일반 채무불이행책임에 따른 매도인의 손해배상을 긍정하고 있다(아래 III. 2. (4) 참조).

(2) 경합의 인정

매수인이 일반 채무불이행 법리에 따라 손해배상을 청구할 수 있다고 해석하는 견해가 타당하다. 하자담보책임은 유상계약에서 목적물의 하자로 인하여 급부와 반대급부의 가치 사이에 불균형이 발생한 경우 이를 조정하고자 하는 특별 규정이다. 즉 하자가 있는 경우 가치의 불균형을 짧은 시간 내에(제582조 참조) 하자손해에 한정된 손해배상으로 해결하는 것이 하자담보책임의 취지인 것이다. 이에 대해 매도인에게 하자 없는 물건을 인도할 채무가 인정되는 이상(앞의 II. 참조), 이러한 급부의무의 위반으로 그 보호범위에 있는 손해가 유책하게 야기되었다면 일반 채무불이행 책임을 부정할 이유는 찾을 수 없다.**63** 아무런 근거 규정 없이 이를 부정하는 것은 일반적인 책임 법리에 반하여 적절하지 않다. 양자는 인정 근거 및 요건도 달리한다. 하자담보책임은 매도인의 귀책사유를 전제로 하지 않으면서 주관적 등가성 장애(아래 IV. 1.에서 살펴보는 대로 견련성 이익)를 교정하는 것을 목적으로 하는 반면, 채무불이행

---

60 이것이 종래 다수설의 입장이다. 곽윤직(주 5), 150면; 이호정(주 41), 40면.
61 김형배(주 34), 322면; 남효순(주 34), 238면; 문용선(주 53), 285-286면; 서광민(주 41), 188면; 이상광(주 43), 308-309면; 안법영(주 48), 223면; 안춘수(주 26), 441면; 주석 채권각칙(3)(주 2), 191면 이하(김대정).
62 서광민(주 41), 188면 주 31; 송인권(주 53), 225-226면 참조.
63 Soergel/Huber(주 11), Vor § 459 Rn. 55, 57.

법은 매도인의 책임 있는 사유에 기초해 계약의 보호범위에 있는 손해의 배상(이행이
익)을 명한다. 그런 의미에서 양자는 일부 중첩은 있을 수는 있지만 기본적으로 목적
과 적용범위를 달리하는 제도이고, 그러므로 하자담보책임이 채무불이행을 배제하는
특칙이라고는 말할 수 없다.**64**

과거 개정전 독일 민법의 해석론에서 일반 채무불이행을 이유로 하는 이행이익
배상이 제한되었던 것은 로마법 이래의 연혁적인 이유로 매도인의 보증 또는 악의의
경우 외에는 이행이익 배상을 배제하는 명문의 규정이 있었기 때문이었다(개정전 독
일 민법 제463조). 그러나 그러함에도 불구하고 독일의 학설과 판례가 이른바 적극적
계약침해 이론에 의해 채무불이행법과의 경합을 인정하고 완전성이익 배상 외에도
일정한 이행이익 배상을 가능하게 하고 있었음은 잘 알려진 바이다.**65** 그리고 악의
의 매도인에 대해 같은 취지의 규정을 가지고 있는 프랑스 민법에서(동법 제1645조 참
조) 판례가 영업적 매도인의 경우 악의를 간주하여 이행이익 배상을 허용하고 있음
도 마찬가지로 주지의 사실이다.**66** 그렇다면 이와 같은 제한적 규정이 없는 우리 민
법에서 하자 없는 물건을 인도할 의무를 인정하는 이상 그 불이행으로 발생하는 손
해에 대해 일반 계약책임을 부정할 이유는 찾을 수 없는 것이다.

(3) 매도인의 귀책사유

그러므로 하자 있는 물건을 수령하여 손해를 입은 매수인은 매도인의 책임 있는
사유를 전제로 제390조에 따라 손해배상을 청구할 수 있다. 이는 하자 없는 물건을

---

64 본문에서 그리고 아래 IV. 1.에서 살펴보는 대로 하자담보책임은 유상성 내지 견련성 이익을 보장하고
일반 채무불이행은 이행이익을 보장하는 제도로 서로 규범목적과 적용범위를 달리한다. 그러한 의미
에서 하자담보책임이 채무불이행책임이라면 그 특별법적 성격 때문에 병존이 불가능하다고 지적하는
송덕수(주 5), 185면은 타당하지 않다. 특별법이 일반법을 배제한다는 이치는 두 규범 중 전자의 적용
범위가 온전히 후자의 적용범위에 포함되는 경우에만 긍정될 뿐이다. 반면 한 규범의 요건이 다른 규
범의 요건의 하위개념으로 이해될 뿐 그밖에 적용범위에 불일치가 있는 경우에는 그 배척관계는 단정
할 수 없으며 규범의 기능을 고려해 개별적으로 해석해야 한다(Wank, *Juristische Methodenlehre*,
2020, § 16 Rn. 183, 185 참조). 그런데 일반 채무불이행책임과 하자담보책임이 규범목적과 적용범
위를 고려할 때 앞서 언급한 것과 같은 그러한 중복 관계에 있지 않다는 것은 본문의 서술로부터 명
백하다. 이는 예컨대 귀책근거와 요건을 달리하는 특별법에 따른 제조물책임과 불법행위법에 따른
제조물책임의 병존에 대해 누구도 의문을 제기하지 않는 것과 다를 바 없다. 그러므로 앞서의 지적
은 특별법과 법조경합에 관한 기본적인 논의를 간과하고 있다고 해야 한다.

65 Huber, "Zur Haftung des Verkäufers wegen positiver Vertragsverletzung", *AcP* 177 (1977),
281ff.

66 Malaurie, Aynés et Gauthier, *Les contrats spéciaux*, 10ᵉ éd., 2018, n° 411.

급부할 주된 급부의무의 불이행(이른바 불완전이행)을 이유로 하는 채무불이행이며, 매도인의 책임 있는 사유를 전제로 한다.[67]

　매도인의 책임 있는 사유는 특정물 매매의 경우 매도인이 하자 있는 목적물이 인도된다는 것을 알았거나 알 수 있었다는 사정에 있게 된다. 반면 종류물 매매의 경우에는 다소 문제가 없지 않다. 통상 종류물 매매의 경우 매도인은 시장에 물건이 존재하는 한 물건을 급부할 조달위험을 인수함으로써 과실이 없어도 계약위반에 책임을 부담하므로(제375조 제2항 참조),[68] 같은 법리에 따라 하자 확대손해를 배상할 경우에도 매도인은 중등품질 물건을 조달할 위험에 기초해(동조 제1항 참조) 무과실책임을 부담하는 것은 아닌지 의문이 제기될 여지가 있기 때문이다.

　상세한 고찰이 필요한 쟁점이나, 여기서는 우선 다음과 같이 해석하는 것이 적절하다고 생각된다. 종류물의 매도인은 인도 이후에도 계속 매수인의 완전물 급부청구권(제581조 제2항)에 직면하고 있으므로, 하자 없는 물건에 대한 조달위험의 인수는 종국적인 급부에 한정되어야 할 것으로 보인다. 그러므로 완전물 급부청구에 따른 인도가 아니라 매매에 따른 최초의 인도의 경우에는 조달위험에 따른 무과실책임은 인정할 수 없고 고의·과실을 전제로 하여 책임을 진다고 해석해야 한다.[69] 즉 특정물 매도인과 마찬가지로 이후 특정된 목적물에 대해 하자를 알았거나 알 수 있었는지 여부를 기준으로 귀책사유를 판단한다. 이는 계약해석상 종류물 매매에 따른 조달의무 자체로부터 언제나 하자 없음에 대한 보증이 포함된다고 단정하기 어렵기 때문이다. 종류물을 거래하는 매도인의 유형은 다양하므로, 그중에는 자신이 판매하는 물건에 대해 상당한 품질 통제를 할 수 있는 매도인도 있지만, 반대로 그 활동이 단순히 물건을 공급받아 그대로 판매하는 것에 한정되는 단순 판매자도 있다. 이러한

67　대법원 1997. 5. 7. 선고 96다39455 판결, 공보 1997, 1702.

68　곽윤직, 채권총론, 제6판, 2003, 31면; 김형배, 채권총론, 제2판, 1998, 64면 등 참조.

69　전거와 함께 Faust in Bamberger/Roth/Hau/Poseck, *Bügerliches Gesetzbuch*, Band 1, 4. Aufl., 2019, § 437 Rn. 96. 비판적인 입장으로 Kötz, *European Contract Law*, 2nd ed. tr. by Mertens and Weir, 2017, p. 248. 네덜란드의 판례는 공업 생산품을 영업적 매도인이 매도하는 경우 하자가 그의 영역 밖에서 발생하였고 그가 하자를 알 수 없었다고 하더라도 네덜란드 민법 제6:75조에 따라 사회관념상 귀책이 인정되어 배상책임을 부담한다고 한다. HR 27 april 2001, *NJ* 2002/213에 대해 Olthof in Nieuwenhuis et al. ed., *Tekst & Commentaar Burgerlijk Wetboek*, Boeken 6, 7, 8, en 10, Tiende druk, 2013, Art. 6:75 aan. 4 (p. 2894) 참조. 영업적 매도인의 악의를 간주하는 프랑스 판례에 따를 때에도 같은 결과에 도달할 것이다(주 66 및 본문 참조). 유엔 통일매매법(CISG) 제79조 제1항의 해석으로 논란은 있으나 마찬가지로 Schwenzer in Schlechtriem/Schwenzer/Schroeter, *Kommentar zum UN-Kaufrecht*, 7. Aufl., 2019, Art. 79 Rn. 29.

차이를 고려하지 않고 조달되어 공급되는 종류물에 대해 매도인의 하자 조사·검사 의무가 항상 인정된다고 말하기는 쉽지 않다고 생각된다.[70] 그러므로 매도인의 과실은 제반사정에 따라 하자의 조사·검사의무가 인정되는 경우에 긍정할 수 있다. 우리 판례도 종류물 매매에서 최초의 인도에 따른 손해배상의 경우 고의·과실의 의미에서 매도인의 귀책사유를 요구하고 있어 기본적으로 같은 태도라고 추측된다.[71] 그러나 완전물 급부청구를 받은 이후에는 매매계약의 해석상 조달위험에 기초해 인도되는 물건의 하자 없음에 대해 무과실책임을 부담한다고 해야 한다.[72] 이미 하자 있는 물건을 인도하여 추완을 청구받은 매도인은 거래의 원만한 진행을 위한 마지막 기회를 부여받는 것이므로 추완으로 인도하는 목적물에 하자가 없다는 보증이 매매에 내재하고 있다고 보아도 무리가 없기 때문이다.

(4) 손해배상의 내용

하자 있는 물건의 급부에 의해 발생하는 손해배상(제390조)에서, 문제되는 손해는 이행이익일 수도 있지만 완전성이익일 수도 있다.

이행이익이 문제되는 사안으로 예컨대 하자 있는 감자 종자가 급부되어 매수인이 작황에 피해를 입은 경우가 해당한다. 이 경우 주관적 등가성 회복을 이유로 하는 구제수단은 아무런 의미를 가질 수 없다. 그러므로 매수인은 하자 있는 종자의 보유를 전제로, 하자 없는 종자가 급부되었을 경우 있었을 재산액과 현재 재산액의 차이를 구하는 방식으로 손해배상을 청구해야 하며, 이는 이행이익의 배상이다. 그러므로 "손해는 원고가 감자를 식재, 경작하여 정상적으로 얻을 수 있었던 평균수입금에서 원고가 실제로 소득한 금액을 제한 나머지"이며 "원고가 실제로 들인 비용에서 원고가 소득한 금액을 공제한 금액을 기준으로 할 것은 아니다."[73] 후자의 손해는 계약체결 이전의 재산 상태로 돌리는 손해배상으로, 원만한 계약이행을 기준으로 산정하는 이행이익과는 합치할 수 없는 것이다.

그러나 하자를 이유로 하는 확대손해는 완전성이익을 내용으로 할 수도 있다. 예컨대 비닐하우스에 쓰이는 농업용 난로 부품인 커플링의 하자로 작물에 냉해가 발생한 사건에서 귀책사유 입증의 실패로 책임이 부정되었다.[74] 그러나 매도인의 과실

---

70 Grunewald, *Kaufrecht*, 2006, § 9 Rn. 87; BRHP/Faust(주 69), § 437 Rn. 96.

71 대법원 1997. 5. 7. 선고 96다39455 판결, 공보 1997, 1702.

72 BRHP/Faust(주 69), § 437 Rn. 96, 104.

73 대법원 1989. 11. 14. 선고 89다카15298 판결, 공보 1990, 34.

이 인정된다고 한다면, 냉해로 손상을 입은 작물을 이유로 하는 일실소득의 배상은 매수인의 소유권 침해를 이유로 하는 완전성이익의 배상이 될 것이다. 또한 다음 사안도 매수인의 기타 재산 침해를 이유로 하는 완전성이익이 문제된 것으로 볼 수 있다. 갑이 을(지방자치단체이다)에게 자신의 토지를 매도하였는데, 보다 많은 매매대금을 받을 목적으로 토지의 높이를 올리기로 하고 토지의 지하에 다량의 유해한 쓰레기를 매립하였다. 소유권을 이전받은 을은 이 사실을 발견하였고, 소유자로서 관계 법규에 의하여 이를 제거할 의무가 있어 쓰레기를 모두 제거하였다. 매매대금은 대략 87억 5천만 원이었으나, 쓰레기 제거비용은 163억 5천만 원이 소요되었다. 이 사안에서 매수인이 하자담보법상의 손해배상을 구한다면 대금감액 또는 해제와 결부된 계약비용을 내용으로 할 것이다. 그런데 이미 쓰레기로 인하여 토지의 가치가 거의 없으므로 감액의 내용은 이미 지급한 87억 5천만원을 한도로 할 수밖에 없을 것이다(앞의 III. 1. (2) (가) 참조). 그런데 이것만으로는 매수인의 손해는 전보되지 아니한다. 따라서 매수인은 제390조의 요건을 입증하여 손해배상을 청구할 수 있다. 즉 채무의 적합한 이행이 있었으면 있었을 재산 상태 즉 아무런 쓰레기 없는 토지를 받았으면 있었을 재산 상태가 창출되어야 하므로, 을은 갑에게 163억 5천만원을 손해배상으로 구할 수 있는 것이다.[75] 만일 이 사안에서 이러한 하자로 가령 을의 병에 대한 전매가 좌절되어서 전매차익을 상실하거나 병에 대해 위약금을 지급하는 등의 손해를 입었다면, 이는 이행이익에 해당할 것이다.[76]

---

[74] 대법원 1997. 5. 7. 선고 96다39455 판결, 공보 1997, 1702. 또한 대법원 2003. 7. 22. 선고 2002다 35676 판결, 공보 2003, 1762.

[75] 대법원 2004. 7. 22. 선고 2002다51586 판결, 공보 2004, 143. 관련해 비슷한 사실관계에서 상법 제 69조에 따라 하자담보책임은 물을 수 없으나 불완전이행을 이유로 손해해상을 허용한 대법원 2015. 6. 24. 선고 2013다522 판결, 공보 2015, 1035도 참조.

[76] 그런데 대법원 2004. 7. 22.(주 75)와 마찬가지로 폐기물이 매립된 토지가 인도되었고 이로써 매수인이 매매대금(57,368,000원)보다 높은 폐기물 처리 비용(60,925,170원)을 지출할 수밖에 없었던 사안에서, 대법원 2021. 4. 8. 선고 2017다202050 판결, 공보 2021, 950은 "매매 목적물인 토지에 폐기물이 매립되어 있고 매수인이 폐기물을 처리하기 위해 비용이 발생한다면 매수인은 그 비용을 민법 제390조에 따라 채무불이행으로 인한 손해배상으로 청구할 수도 있고, 민법 제580조 제1항에 따라 하자담보책임으로 인한 손해배상으로 청구할 수도 있다"고 하면서 하자담보책임을 적용하여(설시를 살펴보면 하자 판단만이 이루어지며, 매도인의 귀책사유는 전혀 고려되지 않고 있다) 폐기물 처리 비용 전액의 손해배상을 인정하였다. 이는 명백하게 부당하다. 앞서 살펴보았지만(앞의 III. 1. (1) 참조), 하자담보책임에 따른 손해배상은 그와 같은 수준에서 인정되는 구제수단인 해제 및 완전물급부청구와의 균형상 매매대금을 초과하는 금액을 내용으로 할 수 없다. 이론적으로도, 종래 통설이 지적하고 아래에서 확인하는 대로(아래 IV. 1. 참조) 제580조 제1항의 손해배상이 매매의 유상성 내지 견련성

(5) 하자담보책임과의 관계

(가) 이들 사례에서 하자담보책임에 기한 대금감액적 손해배상과 일반 채무불이행을 이유로 하는 손해배상을 동시에 청구할 수 있는가? 이는 사안의 내용이 따라 달라질 것이다.

우선 채무불이행을 이유로 하여 이행이익이 청구되는 경우에는 하자 없는 물건이 인도되어 이를 보유하는 경우를 가정하여 손해를 산정하는 것이므로, 대금감액 배상까지 포함하면 이중배상이 된다. 양자는 논리적으로 서로를 배척하며, 따라서 일반 채무불이행책임으로 이행이익의 배상을 청구하는 이상 하자담보책임에 따른 대금감액적 손해배상을 동시에 주장할 수는 없다.[77] 예를 들어 전염병에 걸린 닭들을 인도하여 매수인의 축사에서 매매 목적물로 인도된 닭들이 죽은 경우, 매수인이 닭으로부터 발생하였을 일실이익을 청구할 때에는(제390조) 별도로 대금감액적 손해배상을 청구할 수 없다. 그는 하자 없는 닭이 인도되었더라면 받았을 재산 상태를 기준으로 손해를 청구하고 있기 때문에,[78] 이 경우 대금감액에 해당하는 하자손해까지 배상받으면 이중의 배상이 일어나기 때문이다.

그러나 하자 없는 물건의 인도가 지연됨으로써 발생하는 지연손해나 완전성이익

을 근거로 하여 무과실책임으로 구성되어 있다면, 그로부터 발생하는 손해배상이 당사자가 계약에서 주관적 등가로 설정한 급부 범위를 초과할 수 없음은 당연한 귀결이다(견련관계가 교란되는 경우에 관한 제537조의 법률효과를 생각해 보라). 만일 대법원 2021. 4. 8.(주 76)이 판시하는 대로 매수인이 매매대금을 초과하는 손해를 제580조 제1항에 따라 청구할 수 있다면, 이는 당사자들이 매매에서 등가로 교환하기로 한 급부이익을 넘어서는 확대손해의 배상에 대해 무과실책임을 인정하는 것이어서 매도인에게 지나치게 가혹하다. 이행이익 또는 완전성이익을 내용으로 하는(본문의 III. 2. (4) 참조) 그러한 확대손해의 배상은 주관적 등가성의 교정이라는 "하자"(제580조 제1항)의 보호범위에 들어오지 않는다. 이는 매도인의 책임 있는 사유를 전제로 하는 "채무불이행"(제390조)의 보호범위에 들어간다. 그래서 이 사건에서 예컨대 (이전 소유자에 의해 폐기물 매립이 이루어져) 매도인이 과실이 없는 경우를 생각해 보라. 그가 목적물의 하자를 이유로 계약을 해제당하거나 매매대금 전액을 손해배상하는 등 계약을 "물리는" 효과를 받는 것이야 납득할 수 있겠지만, 자신이 예견할 수도 없었던 사정을 이유로 매매대금을 초과하는 폐기물 처리 비용 전부를 부담시키는 결과는 과실책임을 원칙으로 하는 우리 민법의 채무불이행 체계에 반한다고 하지 않을 수 없다. 이행이익 및 완전성이익의 배상에 관한 일관된 판례의 태도에 따라(주 73, 74, 75 참조), 이 사건에서도 매매대금을 초과하는 폐기물 처리 비용은 매도인의 귀책사유를 전제로 제390조에 따른 손해배상으로 청구해야 한다. 매도인에게 고의 또는 과실이 없는 경우, 전보받지 못하는 손해에 대해 매수인은 대법원 2016. 5. 19. 선고 2009다66549 전원합의체 판결, 공보 2016, 769가 적절하게 판시하듯 폐기물을 매립한 자를 상대로 불법행위 책임을 물어야 한다.

77　BRHP/Faust(주 69), § 437 Rn. 181 참조.
78　대법원 1989. 11. 14. 선고 89다카15298 판결, 공보 1990, 34.

의 배상은 하자담보책임에 따른 대금감액적 배상과 양립할 수 있다.[79] 양자는 서로 중첩되지 아니하는 손해 항목이기 때문이다. 예컨대 앞서 언급한 병든 닭 인도 사례에서, 인도된 병든 닭은 살아 있으면서 축사에 있던 매수인 소유의 기존 닭들이 전염되어 사망하였다면, 그는 소유권 침해를 이유로 하는 완전성이익 배상을 청구하며(제390조) 병든 닭에 대해 대금감액청구나 완전물 급부청구 등을 할 수 있어야 한다. 두 이익은 중복하지 않는다. 또한 판례에서 문제된 쓰레기 매립 토지 사례에서(바로 앞의 (4) 참조),[80] 만일 매수인이 스스로 쓰레기를 제거한 결과 토지의 높이가 원래대로 낮아져 가치가 낮아지게 되었다면, 하자제거 비용을 채무불이행에 따른 손해배상으로 청구한 것에 더하여 대금감액을 내용으로 하는 손해배상도 청구할 수 있어야 하는 것이다.

(나) 하자담보책임과 일반 채무불이행책임과의 경합과 관련되어 제기되는 또 하나의 쟁점은 전자에 대해 제척기간(제582조)이 도과된 경우 그것이 채무불이행책임을 묻는 것에도 영향을 주는지 여부이다.[81]

기본적으로 양자는 서로 목적과 적용범위를 달리하는 제도이므로, 하자담보책임의 제척기간이 도과하였다고 해서 채무불이행을 이유로 하는 책임도 함께 배제될 이유는 없다. 전자는 주관적 등가성장애를 단기간에 조정하기 위해 인정되는 제척기간이므로, 그 규범목적에 비추어 채무의 보호범위 실현을 위해 매도인의 과책을 전제로 이행이익 또는 완전성이익이 청구되는 일반 채무불이행책임에는 유추될 여지가 없기 때문이다. 두 배상이 서로 상이한 목적을 추구하고 있다는 점은, 바로 앞서 살펴보았지만(위의 (가) 참조), 이행이익의 배상을 청구할 때에는 대금감액적 배상은 문제될 여지가 없지만 완전성이익 배상을 청구할 때에는 대금감액적 배상의 경합을 인정할 필요가 있을 수 있다는 사실에서 잘 나타난다. 쓰레기를 매립한 토지 매매 사례에서(바로 앞의 (4) 참조),[82] 대금감액적 하자 손해는 하자를 제거하는 비용으로 나타남에 반해, 완전성이익의 손해는 법령상 오염을 제거해야 하는 의무로부터 발생하는 불이익이다. 바로 그렇기 때문에, 앞서 보았지만, 후자의 경우 법령상 의무에 좇았다고 하더라도 예컨대 토지의 높이가 낮아져 가치가 하락한다면 여전히 하자는 존재할 수 있다. 여기서

---

79 BRHP/Faust(주 69), § 437 Rn. 182 참조.

80 대법원 2004. 7. 22. 선고 2002다51586 판결, 공보 2004, 143.

81 긍정하는 견해로 김증한·김학동(주 38), 282면; 서광민(주 41), 188-189면; 김동훈, "하자담보책임에 관한 매수인의 권리행사기간", 고시연구, 제30권 제10호, 2003, 106면.

82 대법원 2004. 7. 22. 선고 2002다51586 판결, 공보 2004, 143.

분명하듯, 하자담보책임과 일반 채무불이행책임은 접근하는 규범의 관점이 다르므로 경합을 인정해도 무방하다. 전자는 매도인의 과책과 무관하게 목적물의 하자에 해당하는 불이익을 대금에서 공제한다는 관점에서 이루어지는 것임에 반해, 후자는 매도인의 책임 있는 사유를 전제로 하자 있는 물건을 급부함으로써 매수인의 재산에 가해하였다는 관점에서 이루어지는 것이다. 그러므로 제582조의 제척기간이 도과하였다고 하더라도, 일반 채무불이행책임을 청구하는 것에는 장애가 없다고 해야 한다.

3. 종류매매에서 하자 없는 물건의 청구

(1) 완전물급부청구권

하자 있는 목적물을 급부받은 종류물 매수인은 계약을 해제하거나 손해배상을 청구하지 않는 대신 하자 없는 물건의 급부를 청구할 수 있다(제581조 제2항). 이를 강학상 완전물급부청구권이라고도 한다. 매도인은 매매계약에 따라 하자 없는 물건을 급부할 의무가 있을 뿐만 아니라(앞의 II. 2. 참조) 종류물 매매의 경우 하자 없는 물건은 시장에서 조달할 수 있으므로, 민법은 매수인에게 하자 없는 물건의 급부를 청구할 권리를 인정하는 것이다. 그러므로 완전물급부청구권은 하자 없는 물건이 시장에서 조달가능함을 전제로 한다. 예컨대 설계상의 문제로 시장에 존재하는 물건 모두에 하자가 존재하는 경우 또는 제한종류매매(재고매매)가 체결되었는데 매도인의 재고에 있는 종류물 모두에 하자가 있는 경우에는 완전물급부청구권은 인정되지 않는다. 이익상황은 특정물에 하자가 있는 경우와 마찬가지이므로, 매수인은 해제권과 손해배상청구권을 행사하여 구제를 받아야 한다.

매수인이 완전물급부청구권을 선택하면, 계약의 해제 또는 대금감액적 손해배상은 더 이상 문제되지 않는다. 그러나 완전물급부를 선택할 때까지 하자로 인하여 발생한 이행이익 또는 완전성이익의 손해가 있다면 일반 채무불이행책임으로 그 배상을 청구할 수 있음은 물론이다(제390조; 앞의 III. 2. 참조).[83] 마찬가지로 매수인이 계약해제를 선택하거나 손해배상을 선택하면, 당연히 완전물급부청구권은 고려되지 않는다. 매수인은 매매의 해소 또는 수령한 목적물의 보유 의사를 밝힌 것이기 때문이다. 한편 매도인이 완전물을 제공하는 이상 채무불이행은 치유되므로 매수인은 계약을 해제할 수 없다.[84]

---

[83] 송덕수(주 5), 200면; 이은영(주 34), 340면.
[84] 김형배(주 34), 359면.

(2) 권리의 성질과 내용

(가) 매도인은 하자 없는 물건을 급부할 의무를 부담하므로(앞의 II. 2.참조), 완전
물급부청구권은 하자 있는 물건의 인도 이후 변화된 형태로 존속하고 있는 이행청구
권의 성질을 가진다. 완전물급부청구권은 하자담보책임법의 취지에 비추어 새로 성
립한 권리처럼 취급되기는 하지만,[85] 실질은 이행청구권의 연장이다. 그러므로 매도
인의 완전물급부의무는 매매계약에 따른 재산권이전의무 및 인도의무에 상응하며(제
563조, 제568조), 일반 채권법의 규율이 적용된다. 예를 들어 완전물급부의 비용은 원
칙적으로 매도인이 부담하고(제473조),[86] 다른 의사표시가 없는 한 채권자의 주소지
또는 영업소에서 이행되어야 한다(제467조).[87] 매수인이 아직 매매대금을 지급하지 않
은 상태에서 그 지급기일이 도래한 경우 매도인은 완전물급부와 관련해 동시이행의
항변(제536조)을 할 수 있고,[88] 반대로 매도인의 완전물급부청구가 이행되지 않는 한
매수인은 이행기가 도래한 매매대금의 지급을 거절할 수 있다.[89] 완전물의 급부가
그 성질에 따른 상당한 기간 내에 이루어지지 아니하는 경우 이행청구권의 이행지체
에 해당하여 지체책임이 발생할 수 있다.[90] 새로 특정되어 급부된 물건에 하자가 발
견된 경우, 매수인은 그 물건에 대해 다시 하자담보책임에 따른 구제수단을 행사할
수 있다.

(나) 매도인이 하자 없는 물건을 급부하는 경우, 그에 상응하여 매수인은 이미

---

85 그래서 예컨대 시효기간은 하자 있는 물건 인도 시점에 새로 기산한다. 대법원 2011. 10. 13. 선고
2011다10266 판결, 공보 2011, 2399.

86 관련해 독일에서는 특히 소비자매매와 관련하여, 하자 있는 물건을 건축 등에 사용·설치함으로써 하
자가 비로소 발견되는 경우, 매도인이 하자 있는 물건을 분리하는 비용이나 하자 없는 물건을 설치
하는 비용도 부담해야하는지 여부에 대해 논란이 있다. 이에 대해 상세한 내용은 우선 김화, "매수인
의 추완청구권에 있어서 그 이행범위의 확정", 비교사법, 제22권 제3호, 2015, 963면 이하 참조.

87 BGH 189, 196 참조. 이 판결 및 배경에 대해 김화, "독일 매매법에서 매수인의 추완이행의 장소에
관한 고찰", 민사법학, 제65호, 2015, 717면 이하 참조.

88 Looschelders, *Schuldrecht. Besonderer Teil*, 14. Aufl., 2019, § 4 Rn. 3.

89 대법원 1993. 7. 13. 선고 93다14783 판결, 공보 1993, 2273 참조.

90 주석 채권각칙(3)(주 2), 211-212면(김대정); Schmidt in Prütting/Wegen/Weinreich, *Bürgerliches
Gesetzbuch*, 14. Aufl. 2019, § 437 Rn. 36 참조. 예컨대 하자보수가 문제된 사건이기는 하지만(아래
III. 3. (4) 참조), 매매의 목적물인 고가의 외국산 차량이 신호 대기 중 시동이 꺼지는 등 사고가 발
생하여 차량이 회수되어 수리에 들어갔으나 사고 발생일로부터 11개월이 소요된 경우, "통상적인 수
리에 소요되는 기간"이 도과하였음을 이유로 지연배상이 성립할 수 있다는 것으로 대법원 2016. 6.
10. 선고 2013다13832 판결, 공보 2016, 920.

수령한 하자 있는 물건을 반환해야 한다. 두 의무는 동시이행관계에 있다(제583조).[91] 채무의 이행으로 수령하는 완전물급부에 상응하여 반환의무가 인정되는 것이므로, 이는 부당이득의 성질을 가지고 있다고 해야 한다(제741조). 그러므로 멸실 등으로 하자 있는 물건의 반환이 불능이 된 경우, 그 가액이 배상된다(제747조 제1항). 그러나 그러한 멸실이 바로 목적물의 하자로 인해서 발생한 경우에는 반환할 목적물의 가치는 하자의 존재에 의해 이미 감축된 상태였으므로 그 한도에서는 가액반환의무는 성립하지 않을 것이다. 한편 완전물을 급부받을 때까지의 사용이익 및 과실은 반환될 필요가 없다. 매수인은 유효한 매매에 기초해 매매대금을 지급해야 하므로, 그 범위에서 목적물의 사용·수익과 관련된 이익을 종국적으로 보유하는 것에 대해 법률상 원인이 있다고 해야 하기 때문이다.

(다) 완전물급부를 선택한 매수인이 매도인의 변제제공이 있기 전까지 선택을 변경하여 계약을 해제하거나 손해배상을 청구할 수 있는가? 계약해제나 손해배상은 견련성을 관철하는 수단으로 매도인에게도 각별히 불리하지 아니하므로, 매수인은 선택에 구속되지는 않고 변경이 가능하다고 해석할 것이다. 특히 완전물급부가 성질상 요구되는 기간을 넘어 지연되는 경우(주 90 참조) 매수인은 굳이 상당한 기간을 정하여 최고하는(제544조) 대신 바로 계약을 해제할 이해관계를 가지는데, 이 경우 완전물급부청구를 받은 매도인에게 채무 이행의 "두 번째이자 마지막 기회"를 부여한다는 제544조 제1항의 취지는 잘 들어맞지 않는다. 매도인은 이미 두 번째이자 마지막 기회를 허비한 것이다. 그러나 예외적으로 매도인이 하자 없는 물건을 급부하는 것에 대해 정당한 신뢰를 가지게 되는 경우, 선행행위와 모순되는 행태 금지의 관점에서(제2조) 예외적으로 매수인의 선택 변경이 부인되는 사안도 상정될 수는 있을 것이다.

(3) 완전물급부청구의 제한

제581조 제2항의 문언은 계약해제 및 손해배상과 완전물급부청구를 선택적인 관계에 두고 있으므로, 일응 하자로 인한 계약목적 달성 여부와는 무관하게 매수인은 하자의 존재만을 들어 완전물의 급부를 청구할 수 있다고 해석할 여지가 있다. 그러나 계약목적을 좌절시키지 않아 매도인이 하자를 보수하거나 대금을 감액해 줌으로써 매수인의 이익이 고려될 수 있는 정도의 하자의 경우에도 과연 매수인에게 완전물급부청구권을 허용해야 하는지 여부가 다투어진다. 민법이 아무런 제한을 두

---

91 대법원 1993. 4. 9. 선고 92다25946 판결, 공보 1993, 1358 참조.

고 있지 않으므로 신의칙에 의해 제한되는 외에는 원칙적으로 완전물의 청구가 인정
된다는 견해도 주장되나,92 반대로 경미한 하자는 대금감액이나 하자보수에 그치며
중대한 하자에 한하여 완전물급부가 허용된다는 견해도 주장된다.93

후자의 견해가 타당하다. 전자의 견해에 따를 때 매수인이 과도한 보호를 받는
경우가 발생하는 것을 피할 수 없어94 결국은 권리남용 법리에 의지할 수밖에 없는
데(제2조) 이는 법적으로 불명확한 부분을 남긴다. 더 나아가 민법의 체계적·목적론
적 해석으로도 제한적 해석이 정당화된다. 실제로 완전물급부청구는 수령한 물건을
반환한다는 점에서 계약을 해제하고 동일한 조건의 재매매를 강제하는 구제수단으
로 기능하는데, 그렇다면 체계적 해석상 하자를 이유로 매매를 해제하는 경우와 비
교할 때 평가모순적 결과가 발생해서는 안 된다. 즉 제580조 제1항, 제575조 제1항의
취지에 따라 하자에 따른 계약의 목적달성 좌절 여부가 신중하여 고려되어야 한다.
실제로 우리의 실정법이기도 한 유엔 통일매매법에서도 하자가 계약목적을 좌절시
키는 본질적 불이행에 해당하는 때에만 완전물급부청구권을 인정한다(CISG 제46조 제
2항 참조). 따라서 사소한 하자에 완전물급부청구를 매도인에게 강제할 수 있다는 결
론은 하자담보책임의 다른 구제수단과 균형을 상실해 쉽게 긍정할 수는 없다고 보아
야 한다. 그리고 이러한 방향으로 추완청구를 제한하는 취지는 도급계약에 대한 제
667조 제1항에도 표현되어 있다. 그러므로 법률에 반영된 이상의 고려에 기초할 때
하자가 사소해 계약목적 달성에 영향이 없고 새로운 물건의 급부가 매도인에게 과도
한 비용을 발생시키는 때에는 완전물급부청구는 허용되지 않는다고 목적론적으로
축소해석해야 한다.95 판례도 기본적인 방향에서는 마찬가지이며,96 이는 비교법적으

---

92 사동천(주 53), 27면; 민법주해[XIV](주 26), 553-554면(남효순).

93 이은영(주 34), 340-341면; 주석 채권각론(3)(주 2), 209-210면(김대정).

94 예를 들어 대법원 2014. 5. 16. 선고 2012다72582 판결, 공보 2014, 1188에서, 시가 6240만 원에 매
    매되어 인도된 자동차에서 속도계 바늘이 움직이지 않는 하자가 발견되었는데, 수리비용은 140만 원
    정도 소요되지만 가치하락분은 상당하고(예컨대 비슷한 차종의 경우 100km 운행시 990만 원 정도)
    운전자는 헤드업 디스플레이로 속도를 확인하며 정상운행하고 있었던 사안이 문제되었다. 이 경우
    매도인의 하자보수 제안에도 불구하고 매수인이 새로운 물건의 인도를 고집하는 것은, 제581조 제2
    항에 대한 제한적 해석을 채택하지 않더라도, 이미 시카네에 해당하는 권리남용(제2조)으로 평가될
    여지가 크다.

95 학설에서는 이러한 제한의 근거를 신의칙에서 찾는 경우도 있다. 김재형, 민법판례분석, 2015, 261-
    262면; 송덕수·김병선, 민법 핵심판례 210선, 2019, 295면 등. 공평의 원칙을 근거로 드는 대법원
    2014. 5. 16.(주 94)도 유사하다. 그러나 이러한 추상적 법원칙에 따른 제한은 한편으로 모호하여 법적
    으로 불안정성을 발생시킬 뿐 아니라, 다른 한편으로 극히 예외적인 경우에만 완전물급부청구를 제한

로도 정당화된다.[97]

여기서 고려되는 평가요소는 매매목적과 관련한 하자의 경미성 및 매도인에게 발생하는 과도한 비용이다(제581조, 제580조, 제575조, 제667조). 일단 계약목적 좌절이 인정되면, 그것만으로 완전물급부청구권은 정당화된다. 그리고 계약목적 좌절이 인정되어 완전물급부청구권이 성립하고 행사된 이상, 추가적인 조달비용이 요구된다 하더라도 매도인은 원칙적으로 이를 부담해야 한다고 생각된다(제375조 제2항). 이는 어차피 매도인이 처음 계약을 체결하면서 인수한 위험이기 때문이다.[98] 그러나 계약목적의 달성이 가능한 경미한 하자의 경우에는 매도인에게 발생하는 비용이 의미를 가진다. 즉 하자가 경미하더라도 물건의 교체에 따른 비용이 미미하다면 매도인은 완전물급부에 응해야 할 것이지만(예컨대 서점에서 한 두 페이지의 사소한 낙장이 있는 책을 새 것으로 교환해 주지 않을 이유는 찾을 수 없다), 완전물급부가 매도인에게 현저한 불이익을 발생시킨다면 매수인은 대금감액적 손해배상 또는 하자보수로 만족해야 한다.

(4) 하자보수청구권

(가) 매수인은 하자 없는 물건의 급부를 청구하는 대신 인도된 물건을 보수하여 하자를 제거할 것을 청구할 수 있는가? 당사자들 사이에 명시적 약정이 있는 경우에는 물론이지만,[99] 그렇지 않더라도 매도인에게 하자 없는 물건을 급부할 의무가 있

하는 방향으로 나아가기 쉬워 매도인의 이익을 적절히 고려하기 어렵다. 오히려 민법의 규정에 반영된 가치평가를 반영하여 목적론적으로 축소해석하는 것이 해석론적으로 온당한 방법이라고 생각된다.

96 대법원 2014. 5. 16.(주 94): "매매목적물의 하자가 경미하여 수선 등의 방법으로도 계약의 목적을 달성하는 데 별다른 지장이 없는 반면 매도인에게 하자 없는 물건의 급부의무를 지우면 다른 구제방법에 비하여 지나치게 큰 불이익이 매도인에게 발생되는 경우와 같이 하자담보의무의 이행이 오히려 공평의 원칙에 반하는 경우에는, 완전물급부청구권의 행사를 제한함이 타당하다고 할 것이다. 그리고 이러한 매수인의 완전물급부청구권의 행사에 대한 제한 여부는 매매목적물의 하자의 정도, 하자 수선의 용이성, 하자의 치유가능성 및 완전물급부의 이행으로 인하여 매도인에게 미치는 불이익의 정도 등의 여러 사정을 종합하여 사회통념에 비추어 개별적·구체적으로 판단하여야 한다." 동의하는 평석으로 장지용, "완전물급부청구권의 제한", 민사판례연구[XXXVII], 2015, 300면 이하.

97 이 주제에 대해 비교법적으로 비교법실무연구회 편, 판례실무연구 [XI](하), 2015, 제7편에 수록된 논고(가정준, 안병하, 박수곤) 참조.

98 다만 매매에서 인수된 매도인의 조달위험을 범위를 넘어설 정도의 비용을 발생하게 하는 사정이 발생한 경우에는, 예외적으로 사실적 불능(생산 중단 등으로 물건의 조달이 크게 어려워진 경우) 또는 사정변경 법리(당사자들이 매매에 반영한 주관적 등가관계가 이후 사정변경으로 유지될 수 없는 경우)에 의해 완전물급부의무가 배제되는 사안이 상정될 수는 있을 것이다.

99 대법원 1993. 7. 13. 선고 93다14783 판결, 공보 1993, 2273 참조.

는 이상 매도인이 하자를 제거할 수 있는 능력을 가지고 있다면 매매계약에 따른 급부의무로서 하자보수의무는 인정되어야 한다.100 매수인이 스스로 또는 타인을 통해 보수하고 그 비용을 손해배상으로 청구할 수 있는 이상(제580조 제1항) 하자 없는 물건을 급부해야 하는 매도인에게 스스로 또는 타인을 통해 보수하는 부담에 상당하는 의무를 지우는 것을 부정할 이유는 없다. 또한 제581조 제2항이 새로운 물건을 급부할 의무를 지우는 것에 비추어도 하자의 제거를 내용으로 하는 하자보수는 원칙적으로 긍정될 수 있는데, 이는 질적으로 감축된 완전물급부청구권으로 이해될 수 있기 때문이다(a maiore ad minus). 그러므로 말하자면 완전물급부청구권은 (매매의 해제와 재체결 강제의 실질을 가지므로) 해제에 상응하는 매수인의 이행청구권임에 반해, 하자보수청구권은 (손해배상의 부담을 현실 이행의 형태로 매도인에게 넘기므로) 하자손해배상 부분에 대응하는 매수인의 이행청구권이라고 말할 수 있을 것이다. 물론 당사자들이 계약을 체결하면서 하자 없는 물건의 급부를 배제하고 하자보수만이 가능하다고 약정하거나 그 반대로 정하는 것도 원칙적으로 가능하다(다만 제584조, 약관의 규제에 관한 법률 제7조 제3호 참조).

매도인이 (예컨대 영업적 매도인이어서) 하자보수의 능력을 가지고 있는 경우에는 매수인의 청구에 따라 매도인이 하자를 제거하는 모습이 일반적일 것이다. 그러나 반드시 매도인이 하자보수의 능력을 가지고 있어야 하는 것은 아니며, 제3자를 통해 하자를 보수하는 것을 거래관념상 기대할 수 있는 이상 매수인은 하자보수를 청구할 수 있다. 완전물급부청구에 대해 매도인이 다른 종류물을 보유하지 않은 경우에도 조달의무를 부담하는 것처럼, 기대할 수 있는 하자보수청구의 경우 매도인이 이를 직접 수행할 수 없다면 타인을 통한 하자보수에 대해 조달의무를 부담한다고 말할 수 있기 때문이다.101

(나) 그러나 예외적으로 매수인의 하자보수청구권이 제한되는 경우도 물론 상정될 수 있다.

우선 하자보수가 불능에 해당하는 경우가 그러하다. 이는 목적물의 성질상 아예 보수가 불능인 경우도 상정될 수 있으나(예컨대 인도된 농산물이 썩어 있는 경우), 스스로 보수하거나 그러한 능력 있는 제3자를 조달하는 것이 지나치게 어려워 매도인의 상황(특히 영업적 관계)을 고려할 때 이를 기대할 수 없는 사실적 불능의 경우도 포함

---

100 사동천(주 53), 24-25면.

101 김화, "매수인의 추완이행청구권의 제한원칙에 관한 고찰", 민사법학, 제70호, 2015, 526면 참조.

한다(예컨대 하자보수를 위해 해외의 전문 인력을 어렵게 초빙해야 하는 경우).

그러나 더 나아가 사실적 불능의 수준에 이르지는 않다고 하더라도, 하자보수청구권은 매도인에게 발생하는 불이익을 고려해 제한될 수 있다. 앞서 보았지만, 하자보수청구권은 질적으로 감축된 완전물급부청구권으로서 이행청구권의 수준에 있는 권리이므로, 극단적인 경우에도 하자보수비용이 하자 없는 물건의 가치를 초과하는 일은 있어서는 안 된다(이는 하자손해배상이 물건의 가치를 초과할 수 없는 것과 마찬가지이다; 앞의 III. 1. (2) (가) 참조). 그러한 경우 매도인은 완전물을 급부함으로써 하자보수를 회피할 수 있는 정당한 이익을 가진다. 그런데 이익상황에 비추어 본다면 매도인이 하자보수를 하지 않고 하자 없는 물건을 인도할 이익은 하자보수 비용이 하자 없는 물건의 가치를 초과하는 경우에만 긍정되는 것은 아니다. 하자보수 비용이 하자 없는 물건의 가치에는 미달하더라도 매도인의 정당한 이익을 고려할 때 하자 없는 물건을 인도하는 것이 보다 적당한 경우는 충분히 상정될 수 있다. 앞서의 예를 다시 들자면(앞의 III. 3. (3) 말미 참조), 한 두 페이지의 사소한 낙장이 있는 책에 대해 매도인이 해당 페이지를 복사해 매수인에게 교부하는 것보다는 그냥 새 책으로 교환해 주는 것이 매매 당사자 모두의 이익에 적절할 수 있는 것이다. 그러므로 사실적 불능의 수준에 이르지 않더라도, 하자보수의 비용이 매도인의 이익을 고려할 때 상당한 수준에 이르고, 그 대신 하자 없는 물건을 제공하는 비용이 완전물급부청구를 제한할 수준(앞의 III. 3. (3) 참조)에는 이르지 않은 경우, 하자보수는 배제되고 매수인은 완전물급부청구만을 할 수 있다고 해석해야 한다. 이는 완전물급부청구권이 배제되지 않는 한 매도인은 하자보수에 상당한 비용이 발생하는 경우 후자를 거절하고 하자 없는 물건을 급부할 수 있음을 의미한다. 물론 하자 없는 물건의 가치와 대비할 때 어느 정도의 비용이 하자보수를 재고하게 만들 정도인지 여부는 선험적으로 결정되기 어려우며, 개별 사안의 제반사정을 고려해 판단해야 할 것이다.[102]

그런데 하자보수의 비용이 상당함에도 불구하고 완전물급부의 비용도 상당하여 후자에 대해 제한 기준이 적용될 수 있어(앞의 III. 3. (3) 참조) 일응 양자 모두 배제될 수 있는 것처럼 보이는 경우에는 어떻게 처리되는가? 추상적으로 제기되는 이러한 질문은 그러나 현실에서는 등장하지 않을 것으로 예상된다. 왜냐하면 이미 보았지만(앞의 III. 3. (3) 참조) 완전물급부의 비용이 상당하다는 판단은 특히 하자보수 비용과

---

102 독일 민법에서의 논의에 대해 김화(주 101), 527면 이하 참조.

의 관련 하에서 내려지므로 완전물급부가 배제된다고 인정된다면 이는 통상 하자보수는 기대 가능하다는 점을 전제로 할 것이기 때문이다. 그러므로 완전물급부가 배제되는 이상, 상당한 수준의 비용이 발생하더라도 하자보수는 허용되어야 한다. 물론 하자가 목적달성을 좌절시킬 정도는 아니지만, 완전물급부의 비용이 상당해 완전물급부청구권이 배제되면서 하자보수의 비용 역시 물건의 가치를 초과하는 극단적인 경우에는, 양자 모두 배제된다고 볼 수밖에 없을 것이다. 매수인은 계약을 해제하거나, 그럼에도 물건을 보유하고자 한다면 하자보수 비용을 (매도인의 귀책사유를 전제로) 일반 채무불이행책임에 근거해 청구해야 할 것이다.

Ⅳ. 하자담보책임의 "특수성"

이상의 내용에 따를 때, 매도인의 하자담보책임과 일반 채무불이행법과의 관계는 어떠한가?

1. 매매의 견련성에 기초한 조정

(1) 지금까지 보았지만, 매도인의 귀책사유와 무관하게 인정되는 해제, 하자손해를 내용으로 하는 손해배상, 종류매매에서 하자 없는 물건의 청구는 매매계약에서 설정된 급부와 반대급부 사이의 유상성(주관적 등가성) 교란을 교정하는 기능을 수행한다. 이는 매매계약이 쌍무계약으로서 가지는 견련성을 고려할 때 어려움 없이 정당화된다. 쌍무계약에서 급부와 반대급부의 교환이라는 사정은 단순한 동기가 아니라 계약의 핵심적 내용으로, 매수인이 대금지급 의무를 부담하는 근거는 바로 합의된 성상의 물건을 취득하기 위한 것이라는 견련성에 있다.[103] 그러므로 "불이행에 따른 급부장애는 […] 채권자의 이행이익의 장애만을 야기하는 것이 아니라, 그 장애가 견련적 계약의 범위에서 발생하는 한에서는 견련관계의 장애도 야기한다. 이로써 쌍무계약에서 급부장애법의 과제는 확인된 불이행을 이유로 발생한 이러한 장애를 제거하는 것만큼 확대된다. […] 전보배상이 채권자의 침해된 이행이익의 전보를 위한 것인 한편, 다른 구제수단은 장애가 생긴 견련적 이익의 청산을 위한 것이다." 그리고 하자담보책임은 바로 이러한 견련적 이해관계를 관철하기 위한 "다른 구제수단"

---

103 Soergel/Huber(주 11), Vor § 459 Rn. 171. 정진명, "등가성 장애에 관한 연구", 민사법학, 제62호, 2013, 110면도 참조.

의 하나이다.**104** 하자담보책임에서 매도인의 귀책사유가 고려되지 않는 이유는 바로 매수인이 견련관계에 기초하여 구제수단을 행사하거나(제536조, 제537조 참조) 이행청구권의 연장선상에서 권리를 주장한다는(제389조 제1항 참조) 사실로부터 자연스럽게 해명된다.

(2) 이러한 설명은 하자담보에 관한 규정이 없었다면 관련 사안이 어떻게 해결될 것인지를 검토하면 보다 쉽게 납득될 수 있다. 만일 법률에 제580조, 제581조가 없었다면 하자담보의 사안은 물건의 종류, 하자의 시점, 매도인의 귀책사유에 따라 일반 채권법 법리 즉 원시적 불능, 부당이득, 이행청구, 계약해제, 손해배상, 위험부담 등으로 해결되었을 것이다.

우선 매매 목적물이 특정물인 경우, 그러한 하자는 통상 원시적 질적 일부불능에 해당한다.**105** 그러므로 하자 있는 목적물이더라도 그것이 매수인에게 의미를 가지는 한 불능 부분 즉 하자에 상응하는 부분에서 계약은 일부 무효가 되고(제137조 단서), 그에 상응하여 매수인은 대금지급의무를 면하므로 이미 지급한 대금이 있다면 그는 매도인을 상대로 대금감액에 상응하는 부당이득반환을 청구할 수 있을 것이다(제741조). 반면 그러한 하자가 매수인의 계약목적을 좌절시킬 정도라면 매매는 전부 무효로 취급되어(제137조 본문) 부당이득에 따른 원상회복이 행해질 것이다(제741조). 그리고 어느 경우나 그러한 하자를 알았거나 알 수 있었던 자는 그렇지 아니한 상대방에 대해 신뢰이익의 배상 의무를 부담하게 될 것이다(제535조).

반면 매매 목적물이 종류물인 경우, 하자 있는 물건이 인도되었다면 적법한 변제가 있다고 하기 어려우므로(제357조 제1항 참조) 매수인은 하자 없는 물건의 인도를 청구할 수 있고, 상당한 기간을 정하여 이행을 최고하였음에도 하자 없는 물건이 인도되지 않는 경우 매매를 해제하고 손해배상을 청구할 수 있을 것이다(제543조, 제544조, 제551조). 앞서 보았지만 이러한 추완이행의 경우 하자 없는 물건이 시장에서 조달 가능한 이상 매도인에게는 원칙적으로 귀책사유가 인정된다(앞의 주 72 및 본문 참조). 그러나 사소한 하자 또는 그 밖의 사정으로 이행청구 또는 해제가 가능하지 않거나 매수인의 이익에 적절하지 아니한 경우, 매수인은 하자 있는 물건을 보유하면

104 Gillig, *Nichterfüllung und Sachmängelgewährleistung*, 1984, S. 132 (생략은 필자). 또한 비슷한 접근으로 加藤雅信, "賣主の瑕疵擔保責任", 現代民法學の展開, 1993, 390면 이하("위험부담적 대금감액청구권설") 참조. 보다 일반적인 관점에서 정진명(주 103), 110면.

105 특정물의 후발적 하자에도 담보책임을 인정하는 경우, 일반 규정에 따른 취급은 이행청구가 가능하지 않다는 점을 제외하면 기본적으로 아래 살펴볼 종류물 매매에서의 법률관계와 마찬가지이다.

서 귀책사유 있는 매도인을 상대로 손해배상을 청구할 수 있을 것이다(제390조; 귀책사유에 대해 주 69 및 본문 참조). 매도인에게 귀책사유가 없다면 하자는 쌍방 책임 없는 후발적 질적 일부불능에 해당할 것인데, 대가위험의 부담에 따라 하자에 상응하는 대금 부분에 대해 부당이득이 성립한다고 보아야 한다(제537조, 제137조, 제741조).

이상의 내용을 도표로 요약하면 다음과 같다.

물건의 종류	불이행 유형	하자의 모습	매도인의 귀책사유	선의·무과실 매수인의 구제수단	대금감액의 실질을 가지는 경우	해제의 실질을 가지는 경우
특정물	원시적 질적 일부불능	경미한 하자	✕	하자 부분 일부 무효(제535조, 제137조) → 해당 부분 대금의 반환(제741조)	◇	
		경미한 하자	○	하자 부분 일부 무효(제535조, 제137조) → 해당 부분 대금의 반환(제741조) + 신뢰이익 배상(제535조)	◇	
		중대한 하자	✕	매매 전부 무효(제535조, 제137조) → 원상회복(제741조)		□
		중대한 하자	○	매매 전부 무효(제535조, 제137조) → 원상회복(제741조) + 신뢰이익 배상(제535조)		□
종류물	특정 이후 후발적 질적 일부불능	경미한 하자	✕	하자 부분에 대해 일부 실효 → 해당 부분 대금의 반환(제537조, 제137조, 제741조)	◇	
		경미한 하자	○	이행이익 배상(제390조: 하자손해가 통상손해)	◇	
		중대한 하자	—	기간 정하여 하자 없는 물건 최고 후 해제하고 원상회복(제544조, 제548조) + 이행이익 배상(제390조)		□

(3) 이상의 내용을 배경으로 하자담보책임에 따른 구제수단의 기능을 검토하기로 한다.

우선 해제에 관해서 살펴본다. 일반 규정에 따를 때 전면적 원상회복은 매도인의 귀책사유에 따라 부당이득 또는 해제에 따라 결정된다(표의 □ 부분). 그런데 하자의 시점 및 상대방의 귀책사유 등은 매수인이 잘 알기도 어려울 뿐만 아니라 통상 관심도 없는 사정이어서 그에 따라 법률관계를 나누어 처리하는 것은 번잡하며 매수인에 게 불리하다. 한편 견련성이 보장하는 매수인의 원상회복 이익은 매도인의 고의·과 실과 무관하게 보장되는 바이다(제537조, 제741조 참조). 그러므로 제580조가 목적물에 하자가 있는 경우 매수인의 원상회복을 위해 계약목적 달성을 기준으로 하는 해제일 원론을 규정한다면,[106] 이는 일반 계약법리가 적용되는 경우와 비교하여 거의 동일 한 결과에 도달한다.

이러한 사정은 대금감액의 실질을 가지는 손해배상에서도 기본적으로 마찬가지 이다. 하자손해에 상응하는 매수인의 불이익은 담보책임 규정이 없더라도 매도인의 귀책사유에 따라 원시적 불능, 부당이득, 일반 계약책임에 의하여 어차피 매수인에 게 전보될 수밖에 없다(표의 ◇ 부분). 그러한 의미에서 하자담보책임에 따른 대금감 액적 손해배상은 매매의 쌍무계약성과 일반적 계약책임을 고려할 때 도출되는 통상 적인 결과에서 거의 벗어나지 않는다(제537조 참조). 즉 일반 계약법리에 따르더라도 대금감액적 전보는 매도인의 귀책사유와 무관하게 매수인에게 원칙적으로 보장된 다.[107] 그러나 일반 계약법리에 따른 해결의 전제가 되는 하자의 시점 및 매도인의 귀책사유는 매수인의 관점에서 알기도 어렵고 관심도 없는 사항이어서 그에 따라 법 률관계를 나누어 처리하는 것은 번잡하며 매수인에게 불리하다. 또한 매수인의 대금 감액에 대한 이익은 매매의 교란된 견련성에 기초를 두고 있으므로, 그 구제는 매도 인의 고의·과실을 고려하지 않고 주어지는 것이 타당하다. 그러므로 제580조는 매수 인을 위하여 이상의 효과를 단일한 무과실책임으로 달성하도록 규율한다. 즉 입법자 는 간이한 법률관계의 처리를 위해 물건의 하자로 침해된 견련성 이익을 무과실 손 해배상의 형태로 관철할 수 있도록 정하는 것이다. 그리고 이러한 책임은 하자 없는 물건의 인도의무라는 계약상 의무의 불이행을 전제로 하므로 계약책임의 성질을 가 지고 있다고 설명할 수 있다.

마지막으로 종류물 매매에서 매수인이 가지는 완전물급부청구권은 성질상 이행 청구권이 변화된 형태로 존속하는 것이므로(앞의 III. 3. (2) 및 IV. 1. (2) 참조) 매매의 효력에 기초해 자연스럽게 설명될 수 있음은 명백하다.

---

[106] 김형석(주 4), 294-295면 참조.

[107] 유럽계약법원칙 제9:401조 등과 관련해 Boosfeld in Jansen and Zimmermann, *Commentaries on European Contract Law*, 2018, Art. 9:401 n. 3: "대금감액의 구제수단은 과책을 요건으로 하지 않 으며 불이행이 면책되는 때에도 인정된다."

2. 하자담보책임의 특칙성

그러므로 일반 계약법리에 대한 하자담보책임의 특수성은 —일반 책임 법리에 따른 결과와 실질에서 큰 차이를 보이지 않는 해제·손해배상·완전물급부청구라기보다는— 매수인의 무과실 요건 및 단기의 제척기간에 있다.[108]

하자담보책임이 성립하기 위해서는 매매의 시점에[109] 하자의 존재에 대해 매수인이 선의·무과실이어야 한다(제580조 제1항 단서). 여기서 책임을 성립시키는 하자는 평균인이 해당 목적물에 대해 통상적인 주의를 기울이더라도 발견할 수 없는 성질의 하자를 의미한다. 이러한 선의·무과실 요건의 취지는 계약의 이행이 완결되었다는 사실에 대한 매도인의 신뢰를 보호하는 것이다. 하자의 존재를 알면서 매수하는 매수인의 경우, 그는 매매대금의 합의를 통해 하자를 고려하였음을 밝히는 것이어서, 목적물을 인도받은 이후 새삼 하자담보책임을 주장하는 것은 금지되는 선행행위와 모순되는 행태에 해당할 것이다(제2조 참조).[110] 그리고 평균인이라면 인식할 수 있는 하자의 경우, 매수인이 하자를 인식하지 못하였더라도 이를 인식할 수 있었던 평균

---

[108] 같은 취지로 박영복(주 37), 42면. 물론 계약을 해제하는 경우 계약비용의 배상은, 일반 규정에 따를 때에는 매도인의 과책을 전제로 하지만(제390조, 제535조; 대법원 1999. 7. 27. 선고 99다13621 판결, 공보 1999, 1771 등 참조; 위 표에서 손해배상이 인정되는 경우에만 가능할 것이다) 하자담보책임에서는 무과실로 이루어진다는 것도(앞의 III. 1. (2) (나) 참조) 일종의 특칙으로 언급할 수 있을 것이다. 그러나 이는 책임의 성질을 좌우할 정도의 중요한 사항은 아니라고 생각된다.

[109] 매수인의 선의·무과실은 매매계약의 성립 시점을 기준으로 판단된다(사동천(주 53), 21-22면; 이상광(주 43), 310면; 주석 채권각칙(3)(주 2), 164면(김대정) 등 참조). 즉 매수인은 매매계약을 체결할 시점에 하자의 존재를 알 수 없었고 평균인의 주의로 이를 발견할 수 없었어야 한다. 매매 이후에 매수인이 하자를 발견하였거나 발견할 수 있었다는 사정은 책임 성립에 영향이 없다. 한편 매매계약 이후 목적물을 인도 받기 전에 하자가 발견된 경우는 어떠한가? 이때 매수인의 구제수단은 그가 이후 목적물 인도의 수령을 거절할 수 있는지 여부에 따라 좌우될 것이다(앞의 II. 2. (2) 참조). 하자가 중대하여 계약목적을 좌절시킬 정도에 이르는 경우, 매수인은 목적물의 수령을 거절하고 일반 채무불이행 책임에 의해서만 구제를 받아야 한다. 중대한 하자를 알았음에도 아무런 이의 없이 수령한 다음 새삼 하자담보책임을 주장해 계약을 해제하는 것은 선행행위와 모순되는 행태금지에 해당할 것이기 때문이다(제2조). 매수인의 행태는 하자를 감수한 것으로 해석된다. 물론 합리적인 이유가 있는 경우에는 담보책임을 유보하고 수령한 다음 해제하는 경우도 상정할 수 있겠지만 흔하지는 않을 것이다. 그러나 하자가 사소하여 매수인이 목적물을 수령하지 않으면 수령지체에 빠지게 되는 때에는, 그는 목적물을 수령한 다음 하자담보책임에 따른 권리도 주장할 수 있다. 법률이 수령을 요구하면서 그 효과로 인정되는 구제수단을 부정하는 것은 평가모순일 것이기 때문이다.

[110] 김형배(주 34), 355면; 이상광(주 43), 299면; 대법원 1980. 7. 22. 선고 79다1519 판결, 공보 1980, 13072; 서울고법 1970. 7. 3. 선고 69나3684 판결, 고집 70-2, 10 등 참조.

적 매도인은 매수인이 하자의 존재를 감수하고 매수한다고 평가하여 이행으로 거래 관계가 종결되었다고 믿을 것이므로 이러한 계약 완결에 대한 매도인의 신뢰를 보호하여 이후의 담보책임 주장을 차단하는 것이다(프랑스 민법 제1642조 참조).

그런데 평균인의 주의를 가지고도 인식할 수 없는 하자의 경우, 일반적으로 매수인 뿐만 아니라 매도인 역시 하자의 존재를 인식하지 못한다(제584조 참조). 이러한 "숨은" 하자의 경우,[111] 이를 둘러싼 분쟁은 매매의 이행이 종료한 다음 상당한 시간이 지난 이후에 제기될 수 있다. 그리고 그러한 분쟁은 매도인에게 매우 불리한 결과를 가져올 수 있다. 매도인은 입증의 어려움을 겪을 수 있으며, 이를 예방하기 위한 조치들은 불완전할 뿐만 아니라 거래비용을 발생시킨다. 특히 매도인으로서는 상당한 기간이 지난 이후에는 하자가 인도 시점에 이미 존재하였는지 아니면 이후 매수인의 지배 영역에서 발생하였는지 여부를 입증하는 것 자체가 극히 어렵다. 그러나 이러한 숨은 하자는 매수인도 인식할 수 없었으므로, 그에게 매매의 주관적 등가성을 견련성의 관점에서 관철시킬 구제수단을 마냥 부정할 수만은 없다. 그렇다면 민법이 채택해야 하는 태도는 양자의 이익 사이에 적절히 균형을 부여하는 일이며, 이는 다음과 같이 이루어지고 있다. 즉 숨은 하자의 경우 이를 인식할 수 없었던 매수인에게 견련성에 기초한 권리를 행사할 가능성을 부여하되, 다만 마찬가지로 하자를 인식할 수 없었던 매도인 역시 매매가 원만히 이행되어 계약이 종결되었을 것이라고 신뢰할 수 있으므로 그의 보호를 위해 하자담보책임의 구제수단은 매수인이 하자를 안 날로부터 6개월이라는 단기간 내에만 행사하도록 규율하는 것이다.[112] 이러한 취지는 상법이 정하는 매수인의 검사의무와 비교할 때 그 구조적 유사성으로부터 보다 명확하게 나타난다.

	매수인의 조사의무	행사기간
제580조, 제581조	매매시 평균인의 주의	하자를 안 때로부터 6개월
상법 제69조	수령시 상인의 지체 없는 검사	검사로 하자를 안 때로부터 즉시, 발견하기 어려운 하자의 경우에도 인도 후 6개월

---

111 의용민법 제570조는 프랑스 민법 제1641조를 좇아 "숨은 하자"를 요건으로 하고 있었는데, 우리 민법은 "숨은"의 의미를 매수인의 선의·무과실로 정리하여 규율한 것이다. 민의원 법제사법위원회 민법안소위, 민법안심의록, 상권, 1957, 338면 참조.

112 설명 방법은 다르지만 비슷한 관점을 고려하는 森田宏樹, 契約責任の歸責構造, 2002, 306면 이하 참조.

이렇게 이해한다면 일반 계약책임에 대한 하자담보책임의 특수성은 다음과 같이 설명할 수 있다. 매도인의 원만한 계약 완결에 대한 신뢰를 보호하기 위해, 매매의 견련성에 기초한 매수인의 구제수단 행사는 숨은 하자의 경우에만 그리고 일정한 단기간에만 허용된다는 것이다. 이는 물건의 숨은 하자의 경우 그 발견이 쉽지 않아 사후적으로 입증과 관련해 분쟁이 착잡해질 수 있다는 사실에 대한 정책적 고려에 근거한다.113 이렇게 이해할 때 라벨이 말한 하자담보책임에서 "근소한 범위에서만" 필요한 "법률에 의한 명시적인 배려"(앞의 주 6 및 본문 참조)가 무엇인지도 자연스럽게 해명된다.

V. 마무리

이상의 결론을 요약하면 다음과 같다.

1. 매매계약에 기하여 매도인은 하자 없는 물건을 인도할 의무를 부담하며, 하자담보책임은 그러한 의무의 불이행의 효과로 발생하며 채무불이행책임의 성질을 가진다(Ⅱ.). 하자담보책임에 따른 손해배상의 내용은 주관적 등가성의 교란을 정정하는 기능을 수행한다(Ⅲ. 1. (1)). 이는 매매를 해제하는 경우 계약비용의 배상, 해제하지 않는 경우 대금감액적 배상으로 나타나며, 후자는 특히 하자보수비용 청구의 형태로도 가능하다(Ⅲ. 1. (2)). 종류매매에서 하자 없는 물건을 청구할 권리는 이행청구권의 연장으로 파악되나(Ⅲ. 3. (1), (2)), 다른 구제수단과의 균형상 매도인에게 과도한 부담을 지우는 경우에는 부정된다(Ⅲ. 3. (3)) 관련해 하자보수청구권도 원칙적으로 긍정된다(Ⅲ. 3. (4)).

2. 매도인의 고의·과실에 대한 고려 없이 매수인의 견련성 이익을 보장하는 하자담보책임과 매도인의 귀책사유를 전제로 이행이익을 보장하는 일반 채무불이행책임은 경합하며, 서로 배척하는 관계에 있지 않다(Ⅲ. 2. (1), (2), (3)). 하자를 이유로 하는 일반 채무불이행책임은 이행이익과 완전성이익을 내용으로 할 수 있으며, 어느 것을 청구하는지 여부에 따라 대금감액적 배상과의 병존이 결정된다(Ⅲ. 2. (4), (5)).

3. 이러한 하자담보책임에 따른 구제수단은 매수인의 견련성 이익을 일원적 해제, 일원적 손해배상, 이행청구권이 변형된 완전물급부청구로 관철할 수 있도록 규

---

113 본문의 서술에도 불구하고 하자를 안 날로부터 기산하는 6개월의 기간이 매수인에게 불리할 정도로 단기인 것은 아닌지의 법정책적 의문은 물론 충분히 제기될 수 있다.

정된 것으로(Ⅳ. 1.), 하자담보책임의 일반 계약책임에 대한 특수성은 매도인의 계약
완결에 대한 신뢰와 매수인의 견련성 이익을 조화시키고자 하는 매수인의 무과실 요
건과 단기의 제척기간에 있다(Ⅳ. 2.).

Covid-19 팬데믹하 상가임대차에 있어서 차임의 조정
- 차임증감 및 차임감액 청구를 중심으로 -

박 인 환*

Ⅰ. 서언

2019년 12월 중국의 우한(武漢)에서 처음 확인된 코비드 19(Covid-19) 바이러스의 전세계적 대유행(pandemic)으로 21세기 들어 인류는 미증유(未曾有)의 시련을 겪고 있다. 감염환자가 폭발적으로 증가한 나라들에서는 병상 부족 등으로 제때 치료를 받지 못하고 사망하는 사람들이 속출하는 등 참담한 상황이 벌어졌다. 코비드 19 바이러스 대유행으로 인한 심각한 방역(防疫) 위기에 직면하여 우리 정부도 백신(vaccine)의 확보와 접종을 서두르는 한편, 감염병의 예방과 확산 방지를 위하여 강력한 공중보건상의 조치들을 단계적으로 발동하였다. '사회적 거리두기'라는 이름으로 시행되는 공중보건상의 조치들은 감염병의 예방 및 관리에 관한 법률(이하 감염병예방법으로 약칭함) 제49조[1] 등에 근거한 것으로 주로 특정 영업장소에 대한 집합금지 및

---

  * 인하대학교 법학전문대학원 교수

  1 제49조(감염병의 예방조치) ① 질병관리청장, 시·도지사 또는 시장·군수·구청장은 감염병을 예방하기 위하여 다음 각호에 해당하는 모든 조치를 하거나 그에 필요한 일부 조치를 하여야 하며, 보건복지부장관은 감염병을 예방하기 위하여 제2호, 제2호의2부터 제2호의4까지, 제12호 및 제12호의2에 해당하는 조치를 할 수 있다. 1. 관할 지역에 대한 교통의 전부 또는 일부를 차단하는 것, 2. 흥행, 집회, 제례 또는 그 밖의 여러 사람의 집합을 제한하거나 금지하는 것, 2의2. 감염병 전파의 위험성이

제한, 영업 제한 및 사적모임의 제한 조치 등을 포함한다.[2] 이러한 공중보건상의 조치들은 감염병의 급격한 확산을 방지하기 위한 불가피한 것이지만, 다른 한편으로 시민들의 사회경제활동을 크게 위축시켜서 그로 인한 경제적 손해가 우리 사회에 전방위적으로 확산되었다.[3] 그중에서도 특히 경제적 피해가 극심하게 나타나고 있는 계층이 지역사회에서 소비생활의 재화와 서비스를 공급하는 중소규모 상인들과 자영업자들이다. 사회적 거리두기의 단계에 따라 집합금지 및 영업시간 제한, 사적모임 제한 등의 조치가 단속적(斷續的)으로 이어지면서 지역사회의 중소규모 상인들과 자영업자들은 극단적 매출 감소로 인한 경제적 고통에 시달리고 있다.[4] 이들은 고용인원 감축 등 각종 고정비용을 최소화하는 자구적 노력을 통하여 경제활동이 정상화될 때까지 영업을 유지하고자 하지만, 고정비용의 가장 큰 비중을 차지하는 영업 장

있는 장소 또는 시설의 관리자·운영자 및 이용자 등에 대하여 출입자 명단 작성, 마스크 착용 등 방역지침의 준수를 명하는 것(이하 각호 및 제2항 내지 제6항 생략). 특히 집합금지명령은 제49조 제1항 제1호에 근거하여 발령되며 이를 위반한 영업주와 시설 이용자에 대해서는 동법 제80조 제7호에 의거하여 300만 원 이하의 벌금이 부과되고 확진자 발생에 따른 치료비 및 방역비 등이 청구될 수 있다.

2   집합금지나 영업제한 명령이 카페나 음식점, 노래방, 유흥주점 등 주로 특정 업태의 공중접객업소에 대하여 발령되는 데 반하여 사적모임의 제한조치(가령 사회적 거리두기 4단계의 경우, 5인 이상(오후 6시 이후 3인 이상) 사적 모임 금지)는 전국민에게 보편적으로 적용된다는 점에서 차이가 있다. 누구를 수범자로 하는 것인가와 관계없이 이러한 조치들이 위와 같은 업종들의 매출에 결정적인 영향을 미친다는 점은 의심의 여지가 없다.

3   산업연구원이 2021년 5월 9일 공표한 "코로나 팬데믹 이후 1년의 한국경제 경제적 영향의 중간평가" 보고서에 따르면, 실제 코로나 19 위기가 산업별로 미치는 영향은 크게 달랐다. 대면형 서비스업은 크게 위축됐으나 반도체와 바이오, 온라인 유통업은 오히려 호황을 누렸다. 그러나 전체적으로는 코로나 19 경제위기로 지난 해(2020) 고용과 민간소비가 1998년 외환위기 이후 두 번째로 많이 줄어들었으며 성장률도 금융위기(2009) 수준의 피해를 입은 것으로 조사되었다. 산업연구원은 코로나 위기로 지난 해 고용이 45만 7000명 가량 줄어든 것으로 추정하였고, 민간소비는 7.41% 포인트, GDP(국내총생산) 성장률은 3.7% 포인트 하락했다. "코로나 19, 자영업자 피해 가장 커.. 보상해야", 2021년 5월 9일 머니투데이 기사〈https://news.mt.co.kr/mtview.php?no=2021050910272197377〉.

4   전국가맹점주협의회 주관으로 진행된 코로나 19가 자영업자들에게 미친 영향에 관한 실태조사(2021. 2. 5~3. 25. 진행)에 따르면, 조사 참여 자영업자 1천 545명 중 1천 477명(95.6%)이 지난 해 1월 코로나 발생 전과 비교해 매출이 감소했다고 답했으며, 이들의 평균 매출 감소 비율은 53.1%였다. 그중에서 수도권 평균 매출 감소율은 59.2%로 수도권 자영업자들의 매출 하락 폭이 두드러졌다. 그리고 코로나 19 방역을 위한 영업시간의 제한, 집합 제한 및 금지 등의 조치로 영향을 받았다고 답변한 자영업자는 전체 응답자의 89.8%(1천 387명)로 나타났다. 그로 인하여 응답자의 81.4%(1천 257명)는 부채가 증가했으며, 이들의 평균 부채 증가액은 5천 132만 원으로 집계되었고, 평균 고용인원은 코로나 이전 4명에서 코로나 이후 2.1명으로 감소했다. "코로나 이후 자영업자 96% 매출하락... 44%는 폐업 고려", 2021년 3월 29일 연합뉴스 기사〈https://www.yna.co.kr/view/AKR20210329091700004〉.

소에 관한 임차료의 부담 때문에 결국 견디지 못하고 폐업하는 경우가 허다하다.[5] 어쩔 수 없이 폐업하게 된 중소 상공인과 자영업자들은 영업개시 당시 투입한 가맹비, 시설비, 권리금 등 투자비용을 회수할 기회를 상실하고 차임 미지급으로 인하여 중요 영업자본인 점포 보증금을 상각(償却) 당하는 등 회복하기 어려운 경제적 손실을 입게 된다. 점포에 관한 임차료 부담이 팬데믹하 중소 상공인과 자영업자들을 옥죄는 커다란 굴레가 되어 이들의 경제생활을 진퇴양난의 질곡(桎梏)에 빠뜨리고 있는 것이다.

역사상 유래가 없을 정도로 사회경제적으로 심대한 파장을 일으키고 있는 Covid-19 팬데믹 사태에 직면하여 특히 중소 상인이나 자영업자 등의 영업용 부동산 임대차계약관계에 있어서 계약의 구속력과 위험부담에 관한 일반원칙을 그대로 관철하는 것이 법적 사회적으로 정당한가에 대한 의문을 갖게 된다. 세계 여러 나라에서 이에 대응하여 특별입법의 형태로 팬데믹에 의하여 균형이 깨어진 당사자들의 계약관계를 재조정하는 등의 입법적 대응에 나서고 있는 이유이다.[6] 우리나라에서도

---

5 2021년 8월 5일 중소벤처기업연구원과 통계청에 따르면, 올해 6월 자영업자는 558만 명으로 전체 취업자 2,763만 7,000명 중 20.2%를 차지했다. 이는 1982년 7월 관련 통계가 나온 이후 가장 낮은 수치다. 특히 고용원이 있는 자영업자는 전년 동월 대비 6.1% 줄면서 31개월 연속 감소했다. 역량이 있는 자영업자가 계속 폐업을 하거나 고용원을 없애고 있기 때문이다. 이는 자영업의 경영환경이 정말 안 좋아지고 있다는 의미라며 "한국 사회엔 도소매업과 숙박업, 음식점 등 생계형 창업의 비중이 높은데, 이들 업종은 코로나에 취약할 수밖에 없다"고 진단했다. 심지어 "폐업마저 부러운 눈으로 바라보는 자영업자도 많다. 폐업 시 소상공인 대출금과 임대료 등을 일시 상환해야 하는데, 그런 여력조차 없어 손해를 감수하면서 장사를 하는 자영업자들이다." 라고 한다. 2021년 8월 7일 중앙일보기사〈https://news.joins.com/article/24123170〉.

6 독일에서는 「민사, 도산 및 형사절차에서의 코로나19 대유행의 영향을 완화하기 위한 법률(Gesetz zur Abmilderung der Folgen der Covid-19-Pandemie im Zivil-, Insolvenz- und Strafverfahrensrecht vom 27. März 2020)을 제정하여 같은 해 4월 1일부터 시행하고 있다. 동법은 소비자나 영세사업자의 보호를 목적으로 하여, 생활이나 사업의 기반 유지에 필수적인 급부의 대가에 관한 지급거절권의 부여, 부동산 차임의 지급 연체를 이유로 하는 해약고지권의 배제, covid-19의 유행에 따른 수입 감소에 의하여 차임금의 변제가 기대불가능하게 된 경우에 지급거절권의 부여 및 해약고지권의 제한 등을 내용으로 한다. 이에 대한 상세한 소개로서 김진우, "독일의 코로나계약법 — 우리 입법에 대한 시사점을 덧붙여 —", 재산법연구 제37권 제1호(2020. 5), 119 이하 참조. 그 밖에 캐나다에서 임차인의 퇴거집행의 유예 등을 내용으로 하는 입적 대응에 대해서는 김제완·최예린·신송이, "코로나19 특별재난 상황에서 임차인의 보호: 캐나다의 퇴거 집행 유예(eviction order moratorium) 제도를 중심으로", 국민대 법학논총 제33권 제1호(2020. 6), 45 이하 참조; 그 밖에 팬데믹에 사태에 대응하기 위한 다양한 계약법리의 적용가능성과 불가항력적 사태에 대비한 계약 설계의 중요성을 강조하며, 각국의 특별법에 의한 대응 동향을 간략히 개관하는 것으로 권영준, "코비드 19와 계약법", 민사법학 제94호(2021. 3), 223 이하 참조; 한편 일본에서는 기존의 개별적 계약내용을 수정하는 방법에

팬데믹의 영향에 의한 소상공인의 피해를 완화하기 위하여 감염병예방법상 감염병 예방조치에 따른 집합금지, 영업제한 등으로 소상공인에게 경영상 심각한 손실이 발생한 경우 이를 보상하는 것을 내용으로 하는 소상공인 보호 및 지원에 관한 법률을 개정7하는 한편, 중소 상공인과 자영업자에게 큰 부담이 되고 있는 차임지급의무를 경감하기 위하여 차임연체에 대한 특례 규정의 신설과 차임 등의 증감청구권 사유에 '제1급 감염병 등에 의한 경제사정의 변동'을 명시하는 상가건물임대차보호법(이하 상가임대차법으로 약칭함) 개정을 단행하였다.8

의한 공적구제는 하지 않고 지급유예나 감면 등의 조치는 조세나 사회보험료 등의 공조공과(公租公課) 및 전기, 가스, 전화 등의 공공요금에 한하여 실시하고 있다. 그 밖에 Covid-19에 의한 생활이나 사업에의 영향을 완화하기 위한 지원책으로는 각종 급부금을 폭넓게 지급하고 있다. 가령 개인이나 중소 사업자에 대한 지원으로서 사업수입이 전년비 2분의 1 이하가 되어 사업의 계속이 곤란한 사업자에 대한 지속화급부금, 부동산임료에 의한 부담을 경감하기 위한 차임지원급부금 등의 지급이 실시되고 있다. 石川博康, "パンデミックによる事情変更と契約改訂", ジュリスト 제1550호, 29.

7 개정 소상공인 보호 및 지원에 관한 법률(2021. 7. 7. 법률 제18292호로 개정되어 2021. 10. 8. 시행 예정)은 감염병 확산에 따른 집합금지·영업제한 조치로 인하여 소상공인의 경영상 심각한 손실이 발생한 경우 이에 대한 보상 근거를 신설하고, 이 법이 공포되는 날 이전 코로나19와 관련하여 「감염병의 예방 및 관리에 관한 법률」 제49조 제1항 제2호에 따른 집합금지, 영업제한 등 행정명령으로 인하여 발생한 심각한 피해에 대해서는 조치 수준, 피해규모 및 기존의 지원 등을 종합적으로 고려하여 피해를 회복하기에 충분한 지원을 하는 것을 목적으로 한다. 동법에 따르면, 중소벤처기업부장관은 감염병의 예방 및 관리에 관한 법률 제49조 제1항 제2호에 따른 집합금지 조치 등으로 인하여 소상공인의 경영상 심각한 손실이 발생한 경우 해당 소상공인에게 손실보상을 하여야 한다(제12조의2 제1항). 손실보상의 대상과 절차 등에 관하여 필요한 사항은 대통령령으로 정하고, 손실보상의 기준, 금액 및 시기 등에 관한 구체적인 사항은 손실보상 심의위원회의 심의를 거쳐 중소벤처기업부장관이 고시한다(제12조의2 제6항). 중소벤처기업부에 손실보상 심의위원회를 두고, 심의위원회의 위원은 손실보상 또는 방역 관련 분야 전문가, 소상공인 대표자 등으로 구성하고(제12조의4), 중소벤처기업부 장관으로 하여금 손실보상 업무를 위하여 전담조직을 설치할 수 있다(제12조의6). 입법 과정에서 법 개정 전 발생한 손실에 대한 소급 적용 여부를 둘러싸고 중소 상공인들과 정치계, 재정당국 사이에 논란이 벌어졌으나 소급 적용 대신 피해지원금을 지급하는 것을 내용으로 강행 처리되었다. 일부에서는 특정 업종에 대한 집합금지나 영업제한이 아닌 전국민을 대상으로 하는 조치(가령 사적모임제한 조치 등)에 대해서는 손실보상의 대상으로 하지 않는다는 점에 대하여 우려를 제기하였다. 중소벤처기업부는 소상공인 손실보상제도 시행 첫 날인 10월 8일 손실보상심의위원회를 열어 올해 3분기 손실보상기준을 의결하였다. 그에 따르면 코로나 19 방역조치로 영업손실을 입은 소상공인 자영업자에 대한 손실보상 비율은 80%로 결정되었고, 분기별 보상금의 상한액은 1억 원, 하한액은 10만 원으로 결정되었다.

8 2020. 9. 29. 법률 제17490호로 개정된 상가건물임대차보호법으로서 3기의 차임연체로 인한 임차인의 불이익을 배제하는 임시적 특례(제10조의9), 차임 등의 증감청구권 사유에 '제1급 감염병 등에 의한 경제사정의 변동'을 명시(제11조 제1항), 제1항에 의한 감액 부분을 향후 차임증액 청구시 증액상한의 기초에서 제외하는 것(동조 제3항)을 내용으로 한다. 아래 Ⅱ. 3. 참조.

다른 한편으로 우리 민법은 계약 당사자들이 장래 발생할 수 있는 경제사정의 변동을 상정하여 당초 계약상 합의 내용을 변경할 수 있는 몇 가지 특별규정을 마련해 두고 있다. 임대차계약은 통상 장기간 지속되기 때문에 계약 체결 당시에 예측하기 어려운 사회경제적 환경의 변화가 있을 수 있고, 그로 인하여 과거에 체결된 임대차계약의 조건이 더 이상 합당하지 않게 되는 경우가 적지 않다. 이러한 경우에 대비하여 우리 민법 제628조는 "임대물에 대한 공과 부담의 증감 기타 경제사정의 변동으로 인하여 약정한 차임이 상당하지 아니하게 된 때에는 당사자는 장래에 대한 차임의 증감을 청구할 수 있다."고 규정하고 있다. 상가임대차법 제11조의 차임증감청구권은 민법 제628조 규정 취지를 보다 구체화한 것이다. 이에 대하여 학설은 우리 민법이 일반적으로는 명문화하지 않은 사정변경의 원칙을 임대차관계에 있어서 특별히 명문화한 것이라고 이해하고 있다.9 그동안 명문화되지 않은 사정변경의 원칙이 판례에 의하여 수용되는 등 해석론적 변화가 없지 않았으나 민법 제628조 및 상가임대차법 상의 차임증감청구권의 요건과 사정(射程)에 관한 판례나 논의는 별로 없었다. 작금 (昨今)의 팬데믹 사태를 계기로 하여 우리 민법상 사정변경 원칙과 민법 제628조 및 개정 전후의 상가임대차법 제11조에서 규정하고 있는 차임증감청구권의 요건과 적용범위에 관하여 검토해 볼 필요가 있다.10 다른 한편으로 covid−19에 의한 팬데믹은 임대차계약의 목적 실현에 중대한 지장을 초래하는 경우가 속출하였는바, 그로 인한 불이익을 계약관계의 누구에게 귀속 또는 분담시킬 것인가라는 관점에서도 검토할 필요가 있다. 코비드 19에 의한 팬데믹에 대하여 누구도 예측할 수 없는 사변(事變)으로 임대차계약의 당사자 어느 누구의 책임으로도 돌릴 수 없다고 한다면, 이는 민법 제537조 위험부담의 법리에 의하여 처리되어야 한다. 그런데 우리 민법은 특히 임대차계약의 위험부담에 관하여 임차인 과실 없는 멸실 등에 관한 제637조를 두고 있다. 따라서 팬데믹하 방역을 위한 집합금지 및 영업제한 등 공중보건상의 조치로 인하여 임대차 목적물의 사용·수익 불능의 사태가 초래된 데에 대하여 민법 제537조 위험부담에 관한 일반 법리나 민법 제627조 임차물 멸실로 인한 차임감액청구권과 관련하여 임차인의 차임지급의무를 경감할 수 있는지에 대하여도 검토해 볼 필요가 있다.11

---

9 편집대표 곽윤직, 민법주해(15), 박영사, 1997, 106(민일영); 곽윤직, 채권각론, 박영사, 2000, 261; 김형배, 채권각론, 박영사, 2001, 454; 김상용, 채권각론, 법문사, 2003, 327.

10 독일법에서 팬데믹하 상가건물 임대차를 둘러싼 동향을 소개하며 사정변경으로 인한 차임감액청구권을 통한 구제를 제안하는 것으로서 김진우, "코로나 19 사태와 상가임대차 관련 법률문제", 일감부동산법학 제21호(2020. 8), 3 이하.

필자는 대학원 박사과정에 입학한 때 소장학자이셨던 남효순 선생님을 처음 뵈었고, 그 이래로 대학원 수업과 논문심사에 이르기까지 많은 가르침과 격려를 받았다. 정년을 맞이하신 남효순 선생님께 보잘 것 없는 소품(小品)으로나마 학은(學恩)에 대한 감사의 마음을 표하고자 한다.

II. 팬데믹하 상가임대차에 있어서 사정변경과 차임증감청구권

1. 코비드-19 팬데믹과 사정변경의 원칙

우리 민법은 사정변경에 관한 명문의 일반규정을 두고 있지 않다. 종래 우리 판례는 계약 체결과 잔대금 지급 사이에 장구한 세월이 흘러 화폐가치의 변동이 극심한 경우에도 사정변경의 원칙의 적용을 부인하는 등 명문에 없는 사정변경의 원칙을 적용하는 데에 대하여 소극적 태도로 일관하여 왔다.[12] 다만 1990년대부터 계속적 보증계약에 있어서만큼은 사정변경을 이유로 하는 계약의 해제를 인정하였다.[13] 그 밖에 1996년 대법원은 차임 부증액의 특약이 있더라도 그 특약을 유지시키는 것이 신의칙에 반한다고 인정될 정도의 사정변경이 있다고 보여지는 경우에는 형평의 원칙상 임대인에게 차임증액 청구를 인정한 바 있다.[14] 그 후 2000년대 들어서 사정변경의 원칙에 대한 판례의 태도가 전향적으로 변화하였다. 2007년 대법원은 당해 사안에서는 부인되었으나 사정변경으로 인한 계약 해제의 가능성을 인정하면서 처음으로 사정변경 법리의 적용요건을 명확히 설시하였다.[15] 즉, "사정변경을 이유로 하는 계약해제는, 계약성립 당시 당사자가 예견할 수 없었던 현저한 사정의 변경이 발생하였고 그러한 사정의 변경이 해제권을 취득하는 당사자에게 책임 없는 사유로 생긴 것으로서, 계약내용대로의 구속력을 인정한다면 신의칙에 현저히 반하는 결과가 생기는 경우에 계약준수 원칙의 예외로서 인정되는 것이고, 여기에서 말하는 사정이

---

11 천병주·김제완 "코로나 19 특별재난에서 상가임대차에 관한 '임대료멈춤법'의 법리적 근거", 비교사법 제28권 제1호(2021. 2), 177 이하는 집합금지명령으로 건물을 사용 수익할 수 없게 된 경우 이를 임대인의 급부의무의 불능으로 보아 차임채무가 소멸한다고 주장하면서, 이를 전제로 이른바 '임대료 멈춤법의 입법적 정당성을 주장하고 있다.

12 대법원 1963. 9. 12. 선고 63다452 판결; 대법원 1991. 2. 26. 선고 90다19664 판결 등.

13 대법원 1990. 2. 27. 선고 89다카1381 판결; 대법원 2002. 5. 31. 선고 2002다1673 판결 등 다수.

14 대법원 1996. 11. 12. 선고 96다34061 판결.

15 대법원 2007. 3. 29. 선고 2004다31302 판결.

라 함은 계약의 기초가 되었던 객관적인 사정으로서, 일방당사자의 주관적 또는 개인적인 사정을 의미하는 것은 아니다. 또한, 계약의 성립에 기초가 되지 아니한 사정이 그 후 변경되어 일방당사자가 계약 당시 의도한 계약목적을 달성할 수 없게 됨으로써 손해를 입게 되었다 하더라도 특별한 사정이 없는 한 그 계약내용의 효력을 그대로 유지하는 것이 신의칙에 반한다고 볼 수도 없다." 라고 하였다. 이와 같이 대법원판결을 통하여 정식화된 사정변경의 법리는 이후 다수 판결에 의하여 답습되고 있다.16 그러나 유의할 것은 사정변경의 법리 그 자체를 인정한 것과는 별개로 실제 사정변경의 주장을 인정하여 계약해제나 (계속적 보증계약 외에서) 해지를 인정한 사례는 매우 드물다는 점이다.17 이론적 혹은 법리적으로 사정변경의 법리 그 자체는 민법에 명문이 없더라도 인정될 수 있지만, 실제 사정변경의 법리가 적용되는 요건에 대해서는 매우 엄격히 판단하고 있음을 엿볼 수 있다.

그렇다면 코비드 19 팬데믹 상황에 의한 매출의 격감 등을 이유로 사정변경의 원칙에 의거하여 임차인이 계약의 해지나 차임지급채무 등의 경감을 주장할 수 있을 것인가?

먼저 사정변경의 원칙을 적용하기 위한 요건으로서 코비드 19에 의한 팬데믹이 사정변경에 해당하는지 여부를 검토해 보아야 한다. 위 대법원의 사정변경 원칙의 정식화에 따르면 계약 체결 당시 ① 그 성립의 기초가 된 사정에 대하여 변경이 있어야 하고 ② 그것이 계약 체결 당시 예견 불가능하였고 ③ 그 사정변경에 대하여 이를 주장하는 당사자에게 귀책사유가 없어야 하며, ④ 당초 계약 내용대로 이행을 강제하는 것이 신의칙에 현저히 반하는 부당한 결과가 되어야 한다. 상가 임대차계약 체결 당시 당사자들로서는 정상적인 경제활동이 가능한 조건(사정)하에서 발생하는 매출액 등을 고려하여 임대차 목적물의 대가(차임)를 결정하였을 것이므로 코비드 19 팬데믹에 의한 경제사정의 급격한 변동은 ①의 요건을 충족한다는 판단에는 무리

---

16 대법원 2013. 9. 26. 선고 2012다13637 전원합의체 판결; 대법원 2013. 9. 26. 선고 2013다26746 전원합의체 판결; 대법원 2014. 5. 16. 선고 2011다5578 판결; 대법원 2014. 6. 12. 선고 2013다75892 판결; 대법원 2015. 5. 28. 선고 2014다24327 판결; 대법원 2017. 6. 8. 선고 2016다249557 판결; 대법원 2020. 5. 14. 선고 2016다12175 판결; 대법원 2020. 5. 14. 선고 2017다220058 판결 등.

17 갑 등이 해외이주 알선업체인 을 주식회사와 미국 비숙련 취업이민을 위한 알선업무계약을 체결한 후 이민허가를 받고 이에 따라 을 회사에 국외알선 수수료를 모두 지급하였는데, 주한 미국대사관이 갑 등에 대한 이민비자 인터뷰에서 추가 행정검토 및 이민국 이송 결정을 하여 비자발급 절차가 진행되지 않고 중단된 사안에서, 갑 등은 사정변경을 이유로 위 계약을 해지할 수 있다고 한 최근 판결이 있을 뿐이다. 대법원 2021. 6. 30. 선고 2019다276338 판결 참조.

가 없어 보인다. 그리고 ② 코비드 19에 의한 팬데믹의 발생에 임대차계약 당사자에게 귀책사유가 없다는 점 또한 명백하다. 다음으로 사정변경에 대한 계약 당사자들의 예견불가능성의 요건을 충족하는가 하는 문제이다.

코비드 19 팬데믹 그 자체에 대하여 예견할 수 있었는가에 대해서는 2003년 동남아시아발 중증급성호흡기증후군(SARS)의 유행, 2009년 신종인플루엔자의 유행, 2015년 국내에서 발생한 중동호흡기증후군(MERS)의 유행[18] 등이 있었으므로 호흡기관련 바이러스에 의한 감염병의 대유행 그 자체를 전혀 예상할 수 없었다고는 말할 수 없을지 모른다. 그러나 종래의 호흡기 감염병의 유행과는 비교할 수 없을 정도의 전파력으로 전세계와 국내에 영향을 준 감염병의 대유행(pandemic)은 처음이라는 점에서 사정변경의 심각성과 그 파급력을 고려하면 예견 불가능성의 요건을 충족한다고 말할 수 있을 것이다. 나아가 예견가능성이 필요한 사정변경을 팬데믹 그 자체가 아니라 그로 인한 공중보건상의 조치로서 집합금지, 영업(시간)제한 등이 발령되는 사태에 초점을 맞춘다면 예견 불가능성의 요건을 인정하는 것은 더 용이할 수 있다.[19] 다음으로 당초 계약의 내용대로의 효력을 인정하는 것이 임차인에게 신의칙상 현저히 부당한 결과를 초래하는가 라는 판단이 남는다. 그동안 전쟁 등으로 인한 화폐가치의 급락에 있어서도 사정변경에 의한 구제를 부인하였고 사정변경의 법리 그 자체를 승인한 현재까지도 실제 사정변경의 법리에 의한 구제(계약의 해제)를 인정한 예가 극히 드문 판례의 태도에 비추어 이에 대하여 어떤 판단을 할지는 쉽게 예측하기 어렵다.

다음으로 사정변경의 법리에 의한 주된 구제수단인 계약의 해제나 해지가 코비드 19에 의한 팬데믹 때문에 매출 격감으로 고통을 받고 있는 임차인에게는 적합한 구제수단인가라는 점에 대해서도 고려해 보아야 한다. 팬데믹하 임차인에게 임대차계약의 해지권이 인정되더라도 시설투자비용이나 영업권 등에 대한 투자회수를 위해서는 그에 합당한 권리금을 지급할 의향이 있는 새로운 임차인을 찾을 수 있어야 한다. 그러나 지금같이 팬데믹의 종료 시점을 쉽게 예측할 수 없는 상황에서 선뜻 매출 급감으로 정리하는 점포에 만족할 만한 권리금을 지급하고 입주하려는 사업자를 찾기는 매우 어려울 것이다. 그리고 실제 월세를 지급하는 상가임대차의 경우, 비교적 짧은 일 년 단위로 임대차계약을 체결하고 그에 대하여 임대차계약기간을

---

18 2015년 5월 20일 여러 날에 걸쳐 중동 지역을 방문한 남성으로부터 대한민국의 첫 발병 사례가 확인된 이후 2015년 6월 15일까지 총 150명의 환자가 발생하였고, 같은 해 16명이 사망하였다.

19 石川博康, "パンデミック似寄る事情変更と契約改訂", ジュリスト 제1550호, 36.

갱신하는 방법20으로 존속기간을 연장하여 온 경우가 다수이다. 따라서 팬데믹 시작 이래 일 년 이내에 이미 임대차계약 종료의 기회가 있었을 것으로 추측된다. 물론 그 사이에 사업적 판단의 변경에 따라 사정변경의 법리에 의거하여 임대차계약의 해지를 주장할 필요가 있는 경우도 있을 것이다. 그럼에도 불구하고 어찌 되었든 임대차계약을 존속시키고자 하는 임차인에게는 사정변경의 법리에 의거하여 임대차관계의 종료 즉 해지보다는 매출의 격감으로 큰 비용부담이 되고 있는 차임의 감액을 주장하는 것이 더 적절한 구제수단이 될 수 있다. 그러나 사정변경의 효과 면에서 계약의 해제가 아니라 차임의 감액을 인정하는 것은 사정변경에 의한 권리구제의 인정에 있어서 더 높은 허들(hurdle)이 될 수 있다. 사정변경의 원칙의 효력으로서 계약의 해제나 해지는 사정변경에 의하여 계약의 효력이나 그 지속 여부에 대한 가부의 판단으로 족한 데 반하여 임대차계약에 있어서 사정변경을 이유로 하는 차임의 감액은 사용수익과 차임지급이라는 임대차에 있어서 급부와 반대급부의 대가관계의 조정(Angleichung)을 요하는 것으로서 법원 등 제3자가 결정하는 것이 적절한가 나아가 무엇을 근거로 그 수액을 확정할 수 있는가 라는 문제가 있기 때문이다. 왜냐하면 계약상 급부에 대한 대가관계의 결정은 계약의 본질적 부분으로서 당사자의 합의에 의해서만 결정될 수 있는 성질의 것이기 때문이다. 물론 위 사정변경의 법리가 적용되는 요건의 충족을 전제로 법원이 그 구제수단의 판단에 있어서도 적극적인 판단을 해 줄 여지가 없다고는 할 수 없다. 그러한 경우 감액된 차임은 아마도 변경된 사정하에서 그 밖의 사정을 감안하여 계약 당사자들이 합의하였을 대가(차임)를 추론하는 방식으로 산정될 것이다. 그러나 앞서 살펴본 바와 같이 사정변경의 법리의 적용요건의 엄격성 등을 고려하면 실무적으로 상가임대차법 제11조의 차임증감청구권에 의한 감액을 주장하는 것이 요건 면에서나 효과 면에서 훨씬 유리할 것임은 분명하다.

2. 민법 제628조 및 상가임대차법 제11조의 차임증감청구권

우리 민법 제628조는 "임대물에 대한 공과 부담의 증감 기타 경제사정의 변동21

---

20 상가임대차법 제10조 제2항은 최초 임대차기간을 포함한 전체 임대차기간이 10년을 초과하지 아니하는 범위에서 임차인에게 계약갱신청구권을 보장하고 있다.

21 개정 전 상가임대차법 제11조는 "임차건물에 관한 조세, 공과금, 그 밖의 부담의 증감이나 경제 사정의 변동"이라고 하여 차이가 있으나 실질적으로는 동질의 것이라고 생각된다.

으로 인하여 약정한 차임이 상당하지 아니하게 된 때에는 당사자는 장래에 대한 차임의 증감을 청구할 수 있다."고 규정하고 있다. 앞서 언급한 바와 같이 이 규정에 대하여 학설은 우리 민법이 명문으로는 인정하고 있지 않은 사정변경의 원칙을 임대차계약에 있어서 명문화한 것이라고 설명하고 있다.[22] 차임증감청구권의 입법 취지가 사정변경의 원칙을 임대차관계에 있어서의 구체화한 것이라고 한다면 차임증감청구권의 요건을 인정하는 데에 있어서 사정변경의 원칙에 있어서의 요건의 엄격성을 유지하여야 할 것이다.[23] 그러나 반드시 그렇게 해석하여야 할 이유는 없다고 생각된다. 만약 사정변경의 원칙에서와 같은 엄격한 요건하에서만 차임증감청구가 인정될 수 있다고 한다면 민법 제628조 및 상가임대차법 제11조 차임증감청구권의 규정 의의는 실무적으로 유명무실화될 것이기 때문이다. 애당초 우리 판례가 사정변경의 원칙 자체에 대하여 회의적이었을 뿐 아니라 이론적으로 그 법리를 수용한 다음에도 지속적 보증계약 이외에는 정면에서 계약의 해제나 해지를 인정한 사례가 매우 드물다는 사실이 이를 뒷받침한다. 생각건대, 사정변경의 법리의 요건 가운데 ① 계약 성립의 기초가 된 사정이라는 점 그리고 ③ 누구의 귀책사유도 없어야 한다는 점에 관해서는 차임증감청구권의 요건과 공통된다고 할 수 있다. 그러나 ② 사정변경의 예견불가능성과 ④ 계약의 구속력의 신의칙에 반하는 현저한 부당성에 관해서는 달리 평가할 여지가 있다.

　원칙적으로 임대차계약 체결 이후의 경제적 사정의 변동 가능성에 대해서는 스스로 예측 평가하여야 하고 그 실패에 대하여도 스스로 책임을 져야 한다. 그럼에도 불구하고 임대차계약은 장기간 계속되는 경우가 많고 기간이 장기화될수록 경제사정의 변동을 정확히 예측하기 어려워진다. 장래 예측하기 어려운 경제적 사정의 변동으로 인한 임대차계약상 대가관계의 불균형 리스크를 단지 판단 실패의 결과로서 어느 당사자 일방에게 전적으로 귀속시키는 것은 합리적이지 못하다. 장기간 계속되는 임대차관계에서 장래 발생한 경제사정의 변동을 정확히 예측하고 그것이 임대차

22　주 9) 각 문헌 참조. 이와 유사하게 사정변경의 원칙을 명문화한 조항으로 민법 제218조, 제286조, 제557조, 제627조, 제628조, 제661조, 제689조 등이 열거된다. 곽윤직·김재형, 민법총칙, 박영사, 2013, 79.

23　김진우(주 10), 13은 그러한 취지에서 사정변경의 예측가능성(예견불가능성을 의미하는 것으로 이해된다. 필자 첨가)과 현저성에 관해서는 민법 제628조 및 상가임대차법 제11조의 상당성 요건에 포섭시킬 수 있다고 한다. 그 이유는 계약 준수의 원칙이 너무 쉽게 깨뜨려지는 상황은 통제되어야 하기 때문이라고 한다.

관계에 미치는 영향을 평가하기 어려우므로 어떤 의미에서는 일종의 투기적 결과를 용인하는 결과가 될 수도 있기 때문이다. 따라서 임대차에 있어서 차임증감청구권은 이러한 장래 불확실한 경제사정 변동의 리스크를 차임의 불상당성을 근거로 하여 장래 조정할 수 있는 권리를 임대차 당사자들에게 유보하는 제도라고 평가하는 것이 타당하다. 그러므로 엄격한 의미에서의 경제적 사정변동의 예견불가능성은 차임증감청구권에 있어서는 요건이 아니다. 왜냐하면 공과부담의 증감이나 통상의 경제사정의 변동은 계약 체결 당시에 계약 당사자들이 차임에 관한 합의를 함에 있어서 그 불확실성 자체를 고려할 수 있기 때문이다. 반대로 차임증감청구권은 장래 그 발생의 개연성을 예측할 수는 있으나 발생 여부와 그 영향의 정도를 정확히 예상할 수는 없는 불확실한 경제사정의 변동으로 차임이 상당하지 않게 되었을 경우에 일방의 의사표시에 의하여 그 당시에 변화된 경제사정에 맞게 차임을 재조정할 권리일 뿐이다. 이러한 관점에서 차임증감청구권은 경제적 사정변동의 불안정성의 리스크를 당사자들의 재교섭을 통하여 합리적으로 조정하기 위한 제도라고 평가할 수 있다. 따라서 차임의 불상당성 요건 역시 사정변경의 법리에서 요구되는 신의칙에 현저히 반하는 부당성으로 엄격히 평가[24]할 필요가 없다. 계약 당시에 합의했던 대가관계의 균형이 상당한 정도로 상실되었다면 차임증감청구권을 행사할 수 있다고 보아야 할 것이다. 이와 같이 전혀 예상할 수 없었던 불측의 사정변경에 적용되는 사정변경의 원칙과 장래의 불확실성을 예상하고 이를 재교섭을 통하여 조정할 것을 예정한 차임증감청구권은 그 제도 목적과 취지를 달리하는 별개의 제도로 파악하는 것이 타당하다.

차임증감청구권을 이와 같이 파악할 때에는 코비드 19 팬데믹 사태에 있어서 임차인의 구제라는 관점에서 극단적 예외적 사태에 대비한 사정변경의 법리보다는 민법 제628조 내지 상가임대차법 제11조의 차임증감청구권의 인정이 훨씬 용이할 수 있다. 차임부담의 경감을 위한 구제라는 관점에서도 주로 계약의 해제나 해지를 구제수단으로 하는 사정변경의 법리보다는 차임의 감액 그 자체를 목표로 하는 차임증감청구권의 행사가 훨씬 적합하다. 요건면에서 민법 제628조와 종래 상가임대차법 제11조는 약간의 문언상의 차이에도 불구하고 실질적인 차이는 없다. "공과 부담의 증감 기타 경제사정의 변동"이든, "임차건물에 관한 조세, 공과금, 그 밖의 부담의 증감이나 경제 사정의 변동"이든 이는 모두 차임의 상당성에 영향을 주는 경제사정

---

24 김형배(주 9), 454은 심히 공평성과 합리성을 상실한 것으로 당사자를 계속 구속시키는 것이 신의칙에 반하는 것이 되어야 한다고 설명하는 것이 그러하다.

의 변동을 일으키는 사정들을 열거한 것에 지나지 않는다.**25** 그러나 과연 팬데믹으로 인한 경제사정의 변동에 대하여 차임증감청구권의 원인으로 인정할 것인지에 대하여 의문이 없지 않다. 과거 대법원은, 한국공항공단을 통하여 국유재산인 공항 여객청사 내 식당 운영자로 입찰하여 낙찰받은 식당 운영 사업자가 입찰 직후 발생한 IMF로 인한 여객 수 감소와 소비위축으로 그 수입이 식당 등의 사용료에 미치지 못한다고 주장하여 감액청구를 주장한 사건에서, 임차인이 식당 운영자의 영업실적이 예상보다 저조하다고 하더라도 이는 경영예측과 이에 따른 투자의 실패로서 차임감액청구를 인정한 일부 인용한 원심을 파기한 바 있다.**26** 다만 그 이유로서 식당 등의 구체적 영업실적 및 여객수 감소와 영업실적 감소와의 상관관계를 알 수 있는 자료가 전혀 없고 여객 수 변동폭도 크지 않다는 등의 이유를 들고 있어서 입증이 부족한 것도 패소의 원인이 되었던 것으로 보인다. 결국 코비드 19 팬데믹에 의한 매출 감소 등을 차임감액청구의 원인으로 인정할 것인지 여부에 대하여 단정적으로 평가하기는 어렵다. 결국 이러한 의구(疑懼) 때문에 상가임대차법 제11조 차임증감청구권의 행사 요건으로 조세, 공과금, 그 밖의 부담의 증감과 나란히 제1급 감염병 등을 경제사정의 변동의 원인으로 열거하는 상가임대차법 개정이 이루었다. 개정 내용은 다음과 같다. 먼저 개정 전 상가임대차법에 따르면 차임연체액이 3기의 차임액에 달하는 경우 등은 계약의 해지, 계약갱신의 거절 또는 권리금 회수기회 제외 사유에 해당하여 많은 임차인이 소득 감소에 따른 차임연체로 영업기반을 상실할 위기에 처하게 된다. 이 점을 고려하여 개정 법은 개정 법 시행 후 6개월의 기간 동안 연체한 차임액은 계약의 해지, 계약갱신 거절 등의 사유가 되는 차임연체액에 해당하지 않는 것으로 보도록 함으로써 경제적 위기 상황 동안 임대인의 계약 해지 등을 제한하는 임시적 특례를 두었다(제10조의9). 그리고 팬데믹하 상가건물 임차인에게 가장 큰 고충이 되고 있는 임대료 부담을 완화시키기 위하여, 차임 등의 증감청구권 사유에 '제1급 감염병 등에 의한 경제사정의 변동'을 명시하고(제11조 제1항), 제1급 감염병에 의한 경제사정의 변동으로 차임 등이 감액된 후 임대인이 증액을 청구하는 경우에는 증액된 차임 등이 감액 전 차임 등의 금액에 달할 때까지는 증액 상한이 적용되지 않도록 하는 특례를 신설하였다(제11조 제3항). 코비드 19로 인한 팬데믹을 이유로 차임감액청구가 가능하다는 점을 명시하는 한편, 이것이 이례적 일시적 사태에 대응하

---

25 민법주해(15)(주 9), 106; 곽윤직(주 9), 261; 김형배(주 9), 455; 김상용(주 9), 327 이하.
26 대법원 2004. 1. 15. 선고 2001다12638 판결.

는 것이니만큼 이 사태가 종식된 다음에는 감액된 차임을 증액 상한의 기초에서 제외하여 원래의 차임으로 회복할 수 있도록 한 것이다.

이와 같은 입법의 경위와 규정의 문언으로부터 상가임대차법 제11조에 있어서 코비드 19 팬데믹으로 경제사정의 변동을 차임감액청구의 원인으로 인정할 수 있다는 취지를 명문화한 것으로 이해할 수 있다. 이로써 차임감액청구가 당연히 인정되는 것은 아니지만 임차인의 차임증감청구권의 행사가 보다 용이해졌음은 분명하다. 구체적인 차임증감청구권의 행사에 있어서 중소 상인이나 자영업자의 점포 임대차에 있어서 환산보증금의 기준 등에 따라 상가임대차법 제11조에 의한 차임증감청구권을 행사하는 경우가 많을 것으로 예상되지만 환산보증금의 기준을 충족하지 못하는 점포 임대차에 대해서는 민법 제628조에 의한 차임증감청구권을 행사하여야 한다. 이때 민법 제628조에 의한 차임감액청구에 있어서도 특별법인 상가임대차법 제11조의 개정 취지를 고려할 필요가 있다. 동 개정 취지는 상가임대차에 특유한 새로운 입법적 결단을 한 것이라기 보다는 종래 규정의 취지를 보다 명확히 하기 위한 주의적(注意的) 개정으로 보아야 할 것이기 때문이다. 그 밖에 차임증감청구권은 형성권으로서 재판상 재판 외에서 행사할 수 있고 청구의 의사표시가 상대방에 도달한 때로부터 장래의 차임이 객관적으로 상당한 금액까지 증액 또는 감액된다고 해석한다. 여기서 '장래의 차임'은 경제사정의 변동이 있었던 때로부터의 차임이 아니라 증액 또는 감액 청구의 의사표시가 있었던 때로부터 장래에 향하여 발생하는 차임을 의미한다.**27** 따라서 증액 또는 감액의 소급효는 없다. 차임증감청구권은 임차인을 위한 편면적 강행규정이다(민법 제652조).

코비드 19 팬데믹의 영향에 차임감액 청구시에 구체적으로 어느 정도의 감액을 인정할 것인가 나아가 감액의 수액을 결정하기 위하여 어떤 사정들을 고려하여야 하는가가 문제이다. 이에 대하여 코비드 19 팬데믹의 영향에 의한 매출감소의 정도가 우선 고려되어야 할 것이지만, 나아가 사업자로서 임차인이 매출감소에 대한 자구책의 마련에 어떤 노력을 기울였는지(가령 음식점 방문손님의 감소에 대응하여 포장이나 배달서비스의 실시 등) 나아가 차임이 임대인의 대여금채무 원리금 상환의 수단인지 여부 나

---

27 곽윤직(주 9), 261; 김형배(주 9), 455는 차임 증감 상당액을 둘러싼 당사자의 다툼을 예상하여 법원이나 특별기관으로 하여금 증감당액을 승인 또는 확정하게 하는 제도를 두는 것이 바람직하다고 한다. 이에 대해서 상가임대차법(제20조 제2항 제1호), 주택임대차보호법(제14조 제2항 제1호)의 개정으로 각 지역에 상가건물임대차분쟁조정위원회와 주택임대차분쟁조정위원회가 설치 운영되고 있다. 단 김상용(주 9), 328은 이를 청구권이라고 본다.

아가 공적지원금의 수급 여부 등도 고려하여야 한다는 견해도 있다.[28] 임차상가의 사용수익과 매출액 감소의 정도 등을 중심으로 제반 사정을 고려할 수 있을 것이다. 다만 감액의 평가는 당초 합의된 차임과 그 합의에 고려된 사정들을 전제로 하여 코비드19 팬데믹에 의한 매출 감소의 영향을 비율적으로 참작하여 결정할 필요가 있다.

차임증감청구권은 장래의 차임에 대해서만 그 증감의 청구가 가능하다는 점에서 이미 이 규정에 의거하여 차임의 감액을 청구하지 않은 임차인은 다만 장래에 대해서만 감액을 주장할 수 있다는 점에서 한계가 있다. 팬데믹에 의한 집합금지 및 영업제한으로 인한 피해가 이미 일 년 반 이상 계속되고 있는 상황에서 이미 6개월 이상 차임 연체 등의 상황에 빠져 있는 경우도 적지 않을 것으로 예상되기 때문이다. 따라서 민법 제627조 임차물의 일부 멸실 등을 이유로 하는 차임감액청구권의 적용 가능성에 대해서도 살펴볼 필요가 있다.

III. 위험부담과 민법 제627조 차임감액청구권

1. 위험부담의 원리와 민법 제627조 차임감액청구권

임대차계약에서 임대인은 목적물을 임차인에게 인도하고 그 사용수익에 적합한 상태를 유지해 줄 의무를 진다(민법 제623조). 계약 당사자의 귀책사유 없이 목적물의 멸실 등으로 사용수익이 불가능하게 되면, 민법 제537조 채무자위험부담주의의 원칙상 채무자인 임대인의 급부의무의 불능에 대하여 그 대가관계에 있는 차임지급채무도 소멸한다. 다른 한편으로 민법 제627조 제1항에서는 "임차물의 일부가 임차인의 과실 없이 멸실 기타 사유로 인하여 사용, 수익할 수 없는 때에는 임차인은 그 부분의 비율에 의한 차임의 감액을 청구할 수 있다."고 규정하고, 제2항에서 "전항의 경우에 그 잔존부분으로 임차의 목적을 달성할 수 없는 때에는 임차인은 계약을 해지할 수 있다."고 규정하고 있다. 학설은 제1항의 취지를 민법 제537조에 의한 위험부담의 원칙이 임대차계약에 반영된 것으로 본다.[29] 즉, 사용수익에 적합한 상태로 유지시켜 줄 임대인의 의무가 임차물의 일부멸실로 부분적으로 불능이 된 경우, 반대급부인 임차인의 가분(可分)의 차임지급의무도 일부멸실에 상응하는 비율로 당연 소

---

28 김진우(주 10), 22.
29 편집대표 곽윤직, 민법주해(13), 박영사, 1997, 60(최병조)

멸하다는 점에서 임대차계약에 있어서 일부불능에 대한 위험부담을 정한 것으로 이해하는 것이다. 이때 감액 평가의 기준시점은 계약체결시가 된다.[30]

그렇다면 코비드 19 팬데믹에 의한 영향에 대하여 민법 제627조 제1항에 의한 차임의 감액 나아가 그로 인하여 임대차의 목적을 달성할 수 없는 경우에는 제2항에 의한 해지를 주장할 수 있는가? 이에 대하여 우선 민법 제627조는 임차물의 일부를 용익할 수 없는 경우에 대한 것인 데 반하여, 임차인은 코로나 19 사태로 인하여 임차물 전부를 용익하지 못하는 것이므로 코로나 19 사태와 관련해서는 동조의 적용이 그다지 적합하지 않다는 견해가 있다.[31] 그러나 가령, 매장 면적 대비 입장인원 제한 명령이 있는 경우, 공석(空席)으로 두어야 하는 면적만큼 임차물의 일부를 사용수익할 수 없게 되었다고 볼 수 있고, 영업시간의 제한의 경우에도 임차물의 사용수익이 일부 시간대에 제한을 받는다는 점에서 이를 임차물의 시간적 일부를 사용수익할 수 없게 된 때로 보지 못할 것은 아니다. 따라서 그러한 이유만으로 민법 제627조의 적용을 배제하는 것은 아직 이르다. 보다 중요한 것은 코비드 19 팬데믹의 영향으로 임차물의 사용수익이 제한된 경우, 민법 제627조 제1항의 '멸실 기타의 사유'에 해당하는 것으로 볼 수 있는가 여부이다. 민법 제627조 제1항을 임대차계약에 있어서 채무자위험부담주의를 명문화한 것이라면 이는 결국 코비드 19 팬데믹으로 인한 사용수익의 불능을 계약당사자의 귀책사유 없는 임대인의 급부불능으로 볼 수 있는가의 문제이다.

이와 관련하여 코비드 19 팬데믹하 사회경제활동의 감소와 같은 일반적 영향으로 인한 매출감소는 임차물의 사용수익 그 자체와는 무관한 것이므로 위험부담 따라서 민법 제627조의 사정(射程)에서 처음부터 벗어난 사정(事情)임을 확인할 필요가 있다. 그러한 것은 아마도 위에서 살펴 본 사정변경의 원칙이나 민법 제628조 차임증감청구권에서 고려되는 경제적 사정의 변동과 관련될 수 있을 뿐이다. 민법 제627조의 사용수익의 불능은 사정변경의 원칙의 적용이나 민법 제628조 차임증감청구권의 발생요건인 경제적 사정의 변동의 하나로 고려될 수 있으나 그 반대는 성립하지 않는다. 코비드 19 팬데믹하에서 감염병예방법상 국가나 지방자치단체의 행정명령으로 집합금지를 하거나 영업시간을 제한하여 목적물을 일정 기간 사용수익하지 못하게 되었을 경우에만 이를 민법 제627조에서 규정하고 있는 '멸실 기타의 사유'로 사용수익할 수 없는 때에 해당한다고 볼 수 있는가가 문제된다.

---

30 민법주해(13), 99(최병조).

31 김진우(주 10), 10.

이에 대하여는 이미 회의적인 견해가 제시된 바 있다.[32]

"임대인은 임차인이 목적물을 용익할 수 있도록 할 적극적 의무를 부담하지만, 그것은 목적물인도의무, 방해제거의무, 수선의무, 비용상환의 의무에 그치고 아울러 목적물에 하자가 있는 경우 손해배상 기타의 책임(담보책임)을 질 뿐이다. 이들 파생적 의무와 담보책임은 모두 목적물 그 자체에 대한 것이다. 특히 방해제거의무는 임차인의 용익에 대한 제3자의 점유침탈 등 방해를 배제하는 것을 내용으로 하는데, 전염병 확산을 막기 위한 행정당국의 시설폐쇄·집합금지 명령 또는 사회적 거리두기 시행은 공익적 차원의 것이어서 제3자의 방해라고 할 수 없다."는 것이다. 요컨대 임대인이 임차물을 임차인의 사용수익에 적합한 상태로 제공할 의무는 모두 임차물 그 자체에 대한 것이므로, 임차목적물 그 자체가 아무런 하자 없이 임차인에게 제공된 이상 그 수익을 얻는 것에 관한 위험(Gewinnerzielungsrisiko)과 그 사용에 관한 위험(Verwendungsrisiko)은 원칙적으로 임차인이 부담하여야 하므로, 목적물 그 자체와 관련이 없는 행정당국의 시설폐쇄, 집합금지명령, 영업제한 등의 조치에 의한 위험은 임차인에게 속한다는 것이다.

위 견해는 민법 제627조 제1항 "임차물의 일부가 임차인의 과실없이 멸실 기타 사유로 인하여 사용, 수익할 수 없는 때"에 있어서 '기타의 사유'는 일부 멸실과 마찬가지로 임차물 그 자체에 대한 것으로 제한이 된다는 것으로 해석하는 것으로 이해된다. 따라서 코비드 19 팬데믹하에서의 집합금지명령이나 영업시간제한 등의 조치는 임차물 그 자체에 대한 것은 아니므로 민법 제627조를 적용할 여지는 없다는 것이다. 그러나 위 견해와 같이 임대인의 급부의무는 임차물의 제공 그 자체에 관한 것이라고 하더라도 그것을 반드시 임차물의 물리적 이용관계에 한정하여 이해하여야 하는 것인지는 의문이다. 임차물은 물리적으로는 아무런 하자 없이 제공이 되었다고 하더라도 행정명령 등에 의하여 그 사용수익이 제한이 되었다면 임차인은 규범적으로 임차물의 일부를 사용수익할 수 없게 된 것이고 이를 물리적 일부 멸실과 구별하여 달리 취급하여야 할 근거는 분명하지 않다. 민법 제627조 제1항 "임차물의 일부가 임차인의 과실없이 멸실 기타 사유로 인하여 사용, 수익할 수 없는 때"의 규정 취지를 밝히기 위하여 우선 동 조항의 연혁과 비교법적 검토를 수행할 필요가 있다.

---

32 김진우(주 10), 7-8.

2. 민법 제627조의 연혁과 비교법적 검토

민법 제627조는 의용민법 제611조를 답습(踏襲)한 조문이다. 소략(疏略)하나마 관련 입법자료를 참조하면, 민법안심의록에서는 민법원안 제616조(현행 제627조)는 의용민법 제611조와 같은 취지라고 하고 있다. 참조 외국민법으로는 독일민법 제537조, 제542조, 프랑스민법 제1722조, 중화민국민법 제435조, 만주민법 제595조를 열거하고 특히 만주민법 제595조에 대해서는 최유사(最類似)라고 부기하였다. 그리고 다른 외국민법 조문은 역문을 열거하면서도 만주국민법에 대해서는 초안과 동일하다고만 표시하고 있다.[33] 그런데 당시의 의용민법 제611조 제1항[34]에서는 우리 민법 제627조에 멸실과 함께 병기되어 있는 '기타의 사유'가 빠져 있었다. 위 심의록의 기재로 볼 때 우리 민법 제627조 제1항 '기타의 사유'는 만주국 민법 제595조[35]를 참고하여 첨가된 것이다. 이러한 차이에도 불구하고 우리 민법의 입법자들은 민법 제627조가 의용민법 제611조와 같은 취지라고만 기술하고 있다. 이러한 경위로부터 우리민법의 입법자들이 의용민법과는 다른 새로운 입법적 결단을 의식하며 '기타의 사유'를 첨가한 것은 아니라고 생각된다. 만주국민법이 1930년대 성숙된 일본민법의 해석론적 도달점을 집약한 것이라는 점에서 당시 이미 의용민법의 제611조의 해석론으로서도 일부 '멸실'을 좁게 해석하지 않고 그 밖에 이에 준하는 사정을 포함하는 해석론이 확립되어 있었던 것은 아닌가 추측된다.

그리고 이러한 해석론은 일본메이지민법(의용민법) 제611조 입법 경위로부터도 어느 정도 추측할 수 있다.

일본민법수정안이유서에는 일본메이지민법 제611조의 규정 취지에 대하여 다음과 같이 설명하고 있다.[36]

---

33 민의원 법제사법위원회 민법안심의소위원회, 민법안심의록(상권), 1957, 363.

34 제1항 "임차물의 일부가 임차인의 과실에 의하지 않고 멸실한 때에는 임차인은 그 멸실한 부분의 비율에 따라 차임의 감액을 청구할 수 있다." 제2항은 "전항의 경우에 잔존하는 부분만으로는 임차인이 임차를 한 목적을 달성할 수 없는 때에는 임차인은 계약을 해제할 수 있다."

35 만주국민법 제595조(日文)는 다음과 같다. "제1항 임차물의 일부가 임차인의 과실에 의하지 아니하고 멸실 기타 사유에 의하여 사용 또는 수익을 할 수 없게 된 때에는 그 사용 또는 수익을 할 수 없는 부분의 비율에 따라 차임의 감액을 청구할 수 있다. 제2항 전항의 경우 잔존하는 부분만으로는 임차인이 임차를 한 목적을 달성할 수 없는 때에는 임차인은 해약을 청구할 수 있다." 司法省調査部 滿洲國民法典(司法資料 第233號), 1937.

36 廣中俊雄(編), 民法修正案(前三編)の理由書, 有斐閣, 1987, 585-586.

본조는 기성법전(브아소나드민법) 재산편 제131조[37] 제2항 및 동 제146조[38]를 병합하여 수정한 것이다. 제146조의 성문(成文)을 보면 임차물이 일부멸실한 때에는 임차인은 제131조의 조건에 따라 임대차를 해제하거나 차임의 감소(減少)를 요구할 수 있다. 그리고 제131조에는 방해 때문에 매년 수익이 3분의 1 이하로 손실을 입은 때에는 차임의 감소를 청구할 수 있다. 위 방해가 3개년에 이른 때에는 임대차의 해제를 청구할 수 있다고 하였다. ... 계약을 해제하거나 또는 차임을 감소할 수 있는지 여부의 경계는 수익의 감소가 3분의 1인가 여부에 있는 것으로 하였으나 차임의 감소는 오히려 언제나 임차물이 멸실한 부분의 비율에 따라야 하는 것으로 하여야 하고 아무리 차임을 감소시키더라도 잔존 부분만으로는 임차를 한 목적을 달성할 수 없는 때에는 계약을 해제할 수 있는 것으로 하여 가능한 한 사실에 기하여 실제의 편의에 맞도록 하여야 한다. 이것이 본조의 규정을 둔 까닭이다. 제146조 제2항에는 임차물의 일부분이 징수(徵收)된 때에는 임차인은 언제나 차임의 감소를 요구할 수 있도록 하였다. 그 이유는 공용징수(公用徵收) 시에는 임대인은 언제나 그 배상을 얻을 수 있으므로 그 차임이 감소되어도 된다는 데에 있으나 공용징수 시에는 임차인도 역시 상당한 배상을 얻을 것이므로 그 이상으로 다시 차임을 감소시킬 필요는 없다. 따라서 특별히 감소의 규정을 하지 않는 것이 가(可)하다. 특별 규정이 없으므로 본조는 모든 경우에 적용됨은 물론이다. 위 제131조 제2항에는 건물의 일부분이 훼손된 경우에 관하여 규정하는 바가 있으나 이 경우에도 역시 본조를 적용하는 것이 가(可)하다고 생각하여 이를 삭제하였다.

여기서 주목되는 것은 일본 구민법 제146조 제2항에서 제1항의 일부 멸실 이외에 관청에 의한 공용징수로 임차물을 사용수익하지 못하는 경우도 일부 멸실의 경우와 마찬가지로 차임의 감액을 청구할 수 있는 것으로 규정했었다는 점이다. 다만 일본메이지민법 제611조는 이를 삭제하였는데 그 이유는 임차인 역시 공용징수에 의하여 배상을 얻을 수 있기 때문이라고 하였다. 비록 일본메이지민법의 성립과정에서

---

37 일본 구민법 재산편 제131조 1. 방해가 전쟁, 한발(旱魃), 홍수, 폭풍, 화재와 같이 불가항력 또는 관(官)의 처분에 의하여 생기고 그 때문에 매년 수익의 3분의 1 이상의 손실에 이른 때에는 임차인은 그 비율에 따라 차임의 감소를 요구할 수 있다. 단 지방의 관습이 이와 다른 때에는 그 관습에 따를 수 있다. 2. 또한 위 방해가 계속해서 3개년에 이른 때에는 임차인은 임대차의 해제를 청구할 수 있다. 건물 일부의 소실 기타 훼멸의 경우 소유자가 1개년 내에 이를 재조(再造)하지 않은 때에도 같다.

38 일본 구민법 재산편 제146조 1. 의외(意外) 또는 불가항력의 원인에 의하여 임차물의 일부가 멸실한 때에는 임차인은 제131조에 기재된 조건에 따라 임대차의 해제를 요구하거나 임대차를 유지하고 차임의 감소를 요구할 수 있다. 2. 공용을 이유로 임차물의 일부가 징수된 때에는 임차인은 언제나 차임의 감소를 요구할 수 있다.

공용징수가 삭제되고 일부 멸실만 남게 되었으나 그 이후 일본의 판례와 학설에서는 일부 멸실에 준하는 사실로서 공용징수 등의 경우를 열거하여 차임의 감액청구를 인정하였다.**39**

그런데 흥미로운 2017년 일본 채권법 대개정에 의하여 의용민법 제611조도 개정되었는데 그 개정 내용은 우리 민법 제627조와 흡사(恰似)하게 되었다는 점이다.

즉, 일본민법 제611조는 2017년 채권법 대개정에 의하여 다음과 같이 개정되었다. 제1항 "임차물의 일부가 멸실 <u>기타의 사유</u>에 의하여 사용 및 수익을 할 수 없게 된 경우에 있어서 그것이 임차인의 <u>책임으로 돌릴 수 없는 사유</u>에 의한 것인 때에는 임료는 그 사용 및 수익을 할 수 없게 된 부분의 비율에 따라 <u>감액된다.</u>" 제2항 "임차물의 일부가 멸실 <u>기타의 사유</u>에 의하여 사용 및 수익을 할 수 없게 된 경우에 있어서 잔존하는 부분만으로는 임차인이 목적을 달성할 수 없게 된 때에는 임차인은 계약의 해제를 할 수 있다."(밑줄은 개정 부분임)

그 개정의 취지는 다음과 같이 설명되고 있다.

본조 제1항은 개정 전 민법 제611조 제1항이 "멸실"의 경우를 대상으로 규율을 두고 있던 것에 대하여 ①이 규정의 수비범위(守備範圍)를 멸실 이외의 사유에 의한 것도 포함하여 "사용 및 수익을 할 수 없게 된 경우"로 확장하면서 ②"임차인의 과실에 의하지 아니하고"라는 문언을 '임차인의 책임으로 돌릴 수 없는 사유에 의한 것인 때에는'으로 고치고, ③ "그 멸실한 부분의 비율에 따라"라고 하는 문언을 "그 사용 및 수익을 할 수 없게 된 부분의 비율에 따라"로 개정하였다. 나아가 ④임차인이 임료의 감액을 "청구할 수 있다"고 규정하고 있었던 것을 "감액된다"로 수정하였다. 임료는 임차물이 임차인에 의한 사용·수익이 가능한 상태에 의하여 그 일부의 사용·수익이 불가능하게 된 때에는 임료도 그 일부의 비율에 따라 당연히 발생하지 않는다고 보아야 하기 때문이라고 한다.**40** 다만 규율의 구조(일부멸실등에 의한 당연감

---

39 我妻榮, 債權各論 中卷一, 岩波書店, 1957, 468은 예를 들면 소작지의 일부가 홍수로 유실된 때, 임차가옥의 일부가 소실된 때, 임차택지의 일부가 수용되거나 혹은 구획정리로 감소하여 이용가치가 줄어든 때를 그 재판례(大判 昭和(1932). 7. 12. 裁判例 (六) 214; 大判 昭和(1933). 6. 30. 民 1979) 와 함께 열거하고 있다. 星野英一, 民法概論IV(契約), 良書普及會, 1986, 204도 멸실이라고 하지만 판례는 구획정리나 환지처분에 의한 감평(減坪)을 포함하고 있다고 설명한다. 하지만 星野英一, 借地借家法, 有斐閣, 1969, 222에서는 대심원판결은 구획정리나 환지처분에 의한 평수 감소를 포함하고 있는 것이 있는 반면 하급심판결에는 감액청구를 부정한 것이 있다고 설명하였다.

40 法制審議會, 民法(債權関係)部会資料 第69A[民法(債權関係)の改正に関する要綱案のたたき台(4)], 56. 구법하에서는 사용수익이 일부불능이 되더라도 임차인이 청구하지 않으면 감액되지 않았으나 임료는

액)는 개정 전 일본민법 제611조와 같다고 평가된다.[41]

특히, 멸실 이외의 사유로 임료감액의 경우를 확장한 것에 대해서는 이미 구법의 해석론으로도 임차인이 임차물을 충분히 사용수익할 수 없게 되는 것은 임차물의 일부 멸실의 경우에 한하지 않고, 보다 널리 사용수익을 할 수 없는 경우 일반적으로 임료의 감액을 인정하는 것이 합리적이고 일반적으로 그와 같이 해석되었다는 점이 지적되었다.[42] 다만 멸실 이외 "그 밖의 사유"에 구체적으로 어떤 사유가 포함되는지에 대해서는 해석에 맡겨져 있다.[43] 개정법의 최신 해석론으로서 여기에서 "그 밖의 사유에 의하여 임차인이 임차물의 사용수익을 할 수 없게 된" 경우에는 예를 들면 임대인이 수선의무를 이행하지 않아서 임차물의 일부를 사용할 수 없게 된 경우, 토지의 임대차로 임차지의 일부에 대하여 토지수용이 된 경우, 제3자가 임차물의 사용을 방해함으로써 임차물의 일부를 사용할 수 없게 된 경우가 있다는 견해가 제시되고 있다.[44]

3. 팬데믹하 집합금지 또는 영업제한 등 조치에 의한 임차물의 사용·수익 제한과 민법 제627조 차임감액청구권

그렇다면 다시 우리의 문제로 돌아와서 코비드 19 팬데믹하 감염병 예방을 위한 집합금지 및 영업제한 등의 조치로 인하여 임차상가 등의 사용·수익이 제한된 경우를 민법 제627조 "임차물의 일부가 임차인의 과실없이 멸실 기타 사유로 인하여 사용, 수익할 수 없는 때"라고 볼 수 있는가?[45] 이에 대하여 임대인의 임차물을 사용·

임차인이 목적물을 사용수익할 수 있는 것에 대한 대가(對價)이므로 사용수익할 수 없는 이상은 당연히 임료가 감액되는 것으로 하는 것이 합리적이라는 것이다. 다만, 구법하에서도 일반적으로 임료감액의 청구권이 행사되면 청구의 시점이 아니라 일부멸실의 시점으로 소급하여 임료가 감액된다고 해석하였다. 따라서 임료감액청구가 되는 경우에 관해서는 신법과의 사이에 그다지 큰 차이는 없다 (筒井健夫 외, 一問一答 民法(債權關係)改正, 商事法務, 2018, 322).

41 潮見佳男, 民法(債権関係)改正法の概要, 金融財政事情研究会, 2017, 301 이하.

42 筒井健夫 외(주 40), 322.

43 日本辯護士連合會, 實務解說 改正債權法, 弘文堂, 2017, 439(丸山裕一).

44 潮見佳男, 新契約各論 I, 信山社, 2021, 393.

45 이 문의에 답하기 전에 앞서 살펴본 바와 같이, 팬데믹하 사회전반의 경제활동의 위축에 대한 매출감소는 ─ 사정변경 또는 민법 제628조나 상가임대차법 제11조에 의한 차임증감청구권의 요건으로는 검토될 수 있으나 ─ 민법 제627조의 요건과는 직접 관련이 없으며, 집합금지 또는 영업제한으로 임차물 전부를 일시적으로 사용수익할 수 없게 된 경우도 임차물의 물리적 일부를 사용·수익할 수 없게 된 것과 마찬가지로 취급될 수 있다는 점을 다시 한 번 확인해 둔다.

수익에 적합한 상태로 제공할 의무는 임차물 그 자체에 관한 사항에만 미치고 이를 넘어서는 임차물의 사용·수익에 관한 리스크는 본디 임차인에게 속하는 것이므로 민법 제627조의 적용을 부인하는 견해가 있다.**46** 그러나 위에서 임차물을 사용·수익에 적합한 상태로 제공해 줄 의무는 임차물 그 자체의 물리적 상태에 그치는 것이라고 할 수 없다. 임차물 그 자체는 물리적으로 사용·수익에 적합한 상태로 제공되고 있으나 규범적으로 사용·수익할 수 없는 상태라면 임대차계약의 목적인 임차인의 사용·수익은 실현될 수 없다는 점에서 급부불능에 해당한다고 보아야 한다. 임대차에 있어서 급부불능 여부의 판단 역시 일반적 거래관념에 의하여야 하며 물리적 개념에 의할 것은 아니기 때문이다.**47** 따라서 감염병예방법상의 집합금지나 영업제한 등으로 임차인이 임차물을 사용·수익할 수 없게 되었다면, 이러한 사태는 임차물의 멸실(물리적 불능)과 동시되어야 할 불능(규범적 불능)이라고 보아야 한다. 우리 민법 제627조가 임차물의 일부 멸실과 함께 열거하고 있는 '기타의 사유'는 임대차계약의 당사자 누구의 과실도 없이 발생한 이러한 규범적 급부불능 사태를 포섭하는 것이라고 볼 것이다. 우리의 학설도 일본의 학설과 마찬가지로 공용징수의 경우를 대표적인 임차물의 멸실과 동시(同視)되어야 할 '기타의 사유'로 들고 있다.**48** 감염병예방법상의 집합금지나 영업제한 등으로 임차인이 임차물을 사용·수익할 수 없게 된 경우, 그 보상 여부와는 관계없이 임대차관계에 미치는 영향은 공용징수의 그것과 다르지 않다. 결론적으로 작금의 방역상의 강제조치에 의하여 임차물을 사용·수익하지 못하게 된 경우 민법 제627조 제1항에 의한 차임의 감액을 청구할 수 있다고 보아야 한다. 다만, 여기서 유의할 것은 방역상의 집합금지 및 영업제한 명령은 영업 업종에 따라 달리 적용된다는 점이다. 임차물을 어떤 업종의 영위를 위하여 용익할 것인가는 임차인 자신의 고유한 결정에 맡겨져 있다. 이점에 있어서 영업업종에 따라 달리 적용되는 팬데믹하 집합금지 및 영업제한 명령에 의한 임차물의 용익 불능은 임차인이 부담하여야 하는 전형적인 사용수익위험(Gewinnerzielungs– und Verwendungsrisiko)이 아닌가 라는 의문이 있을 수 있다. 그러나 임대차계약의 목적인 임차인의 사용수익을 보장하기 위하여 임대인이 그 급부의무로서 제공하여야 할 사용·수익에 적합한 상태는 임차건물의 건축법령상의 용도에 따라 임차인의 원하는 업종의 영위에 적

46　김진우(주 10), 7-8.

47　민법주해(15)(주 9), 103(민일영)

48　민법주해(15)(주 9), 104(민일영); 곽윤직(주 9), 260; 김형배(주 9), 453.

합한 것이어야 하고, 이는 임대차계약 내용을 구성한다. 임차인이 임차물을 어떤 영업의 영위를 위하여 사용할 것인가에 대하여 당사자들이 명시적으로 합의를 한 경우는 물론이거니와 그러한 명시적 약정을 한 바가 없더라도 임대차계약은 특정 또는 일정한 범위의 업종의 영위를 묵시적 전제로 체결되는 것이 보통이다. 임차건물에서 임차인이 영위할 업종에 대하여 임대인이 특별한 제한을 두지 않는 경우에는 임차인의 업종 선택을 용인하는 합의를 추정할 수 있다. 통상 임차인이 임차건물을 어떤 업종의 영위를 위하여 사용·수익하는가 하는 것은 통상 임대차계약의 일부를 구성하는 것으로서 임대인의 사용·수익에 적합한 상태로 유지할 의무의 내용에 영향을 미친다. 만약, 임차인이 임대차계약 체결 당시에 합의된 업종 이외에 다른 업종의 영위를 위하여 용익한 경우에는 임대차계약의 위반이다. 이때에는 당초 약정한 업종 이외의 다른 업종을 영위하여 받게 된 영업제한명령으로 인한 사용·수익 불능의 위험을 임대인에게 전가할 수 없음은 명백하다. 민법 제627조 차임감액청구권은 임차인의 청구에 의하여 효력이 발생하지만 그 권리의 성질은 형성권으로서 차임감액의 효력은 사용·수익을 하지 못하게 된 때부터 소급하여 발생한다.**49** 역시 형성권이지만 차임 증감의 효력이 장래에 향하여 발생하는 민법 제628조 차임증감청구권과는 다르다. 따라서 민법 제627조 차임감액의 청구에 있어서는 그 사이에 이미 차임을 지급한 경우에도 과지급한 차임의 반환을 청구할 가능성이 있다. 팬데믹에 의한 집합금지 및 영업제한에 의하여 중소상인이나 자영업자가 임차건물에서의 영업을 제한받기 시작한지 일년 반 이상이 경과한 시점에서 민법 제627조 차임감액청구권 행사의 장점이 될 수 있다.

Ⅳ. 맺음말

미증유의 감염병 대유행에 직면하여 중소상인이나 자영업자들의 매출 감소로 인한 경제적 고통을 가중시키고 있는 것이 임차점포에 대한 차임의 부담이다. 이전부터 중소상인과 자영업자들은 경기변동의 위험에 매우 취약한 지위에 있었다. 특히 이례적으로 높은 부동산 가격과 그에 준하는 차임의 부담은 중소상인과 자영업자가 수많은 영업상의 리스크를 감수하면서 얻은 얼마 안 되는 수익을 진공청소기처럼 빨

---

49 민법주해(15)(주 9), 105(민일영); 곽윤직(주 9), 261; 김형배(주 9), 453; 김상용(주 9), 327.

아들이고 있다. 건물주들은 거의 모든 리스크를 임차인에게 전가하면서 안정적으로 수익을 확보하여 왔다. 오죽하면 하느님 위에 건물주가 있고, 미래를 위하여 도전하여야 할 젊은이의 꿈이 건물주이겠는가. 경제활동과정에서 발생하는 리스크는 그것이 예측 가능한 것인지 여부와 관계 없이 경제활동을 통하여 수익을 얻는 사람들에게 공평하게 분담되어야 한다.

　우리 민법의 사정변경의 원칙이나 민법 제628조 및 상가임대차법 제11조의 차임증감청구권, 민법상의 위험부담법리(민법 제537조) 및 제627조 차임감액청구권 모두 거래과정에서 발생한 예상하지 못한 리스크를 공평하게 분담시키는 원리에서 나온 것이다. 이러한 문제의식으로부터 사정변경의 법리와 민법 제628조 및 상가임대차법 제11조의 차임증감청구권의 적용 가능성과 위험부담법리에 입각한 민법 제627조의 적용가능성에 대하여 살펴 보았다. 사회적 거리두기 등의 영향으로 사회일반의 사회경제활동의 위축으로 인한 매출 격감에 대해서는 우선 '제1급 감염병 등에 의한 경제사정의 변동'을 명문화한 개정 상가임대차법 제11조에 의한 차임감액의 청구를 고려할 수 있다. 환산보증금을 기준으로 하는 동조 적용범위를 넘어서는 임대차에 대해서는 민법 제628조에 의한 차임의 감액을 청구할 수 있을 것이다. 이러한 조문들은 민법의 신의칙상 예외규범인 사정변경의 법리를 입법화한 것이라는 것이 통설적 견해이다. 그러나 민법 제628조 및 상가임대차법 제11조의 차임증감청구은 계약 당사자가 장래의 불확실한 경제적 변동 리스크의 분담을 장래에 향하여 재조정할 수 있는 권리를 유보한 임대차계약 내부의 리스크 분담계획이라는 점에서 계약준수의 원칙에 대한 예외규범인 사정변경의 법리와는 그 계열을 달리하는 제도로 보는 것이 타당하다. 따라서 민법 제628조 및 상가임대차법 제11조 차임증감청구권의 적용에서는 사정변경법리의 예측불가능성이나 계약구속력의 현저한 부당성까지는 요구하지 않는다고 보아야 한다. 이로써 차임증감청구권의 사정(射程)을 실효적 수준으로 확장할 수 있을 것이다.

　감염병 예방을 위하여 발령되는 집합금지나 영업제한 조치는 임차물의 공간적 일부(거리두기를 통한 입장 인원의 제한 등) 또는 시간적 일부(영업시간의 제한)에 관하여 임차인이 사용수익할 수 없게 함으로써, 임대차계약에 있어서 임대인과 임차인의 합의하거나 전제한 임차인의 영업활동(업종)의 영위(사용수익)에 적합한 상태로 임차물을 유지시켜야 할 임대인의 급부의무를 귀책사유 없이 일부불능의 상태에 빠뜨린다. 이러한 관점에서 팬데믹하 집합금지 및 영업제한 명령은 임차물의 일부 멸실 및 공용징수에 준하는 민법 제627조 제1항의 '기타의 사유'에 해당하므로 동조에 의한 차임감액청구가 가능하다고 보아야 한다.

공평이 화두(話頭)인 시대이다. 상가임대차에 있어서 코비드 19 팬데믹에 의하여 초래된 리스크를 어떻게 분배하는 것이 공평한 것인가?

경영성과급의 임금성에 관한 소고
- 판례 분석을 중심으로 -

유 병 택*

I. 서론

'18년 하반기 대법원에서 공공기관 경영평가성과급이 임금이므로 퇴직금 산정의 기초가 되는 평균임금에 포함된다는 판결들1이 선고되었다. 이러한 대법원 판결들이 선고되자, 경영성과급(기업의 경영성과에 따라 지급되는 성과급)을 지급하는 회사에서 퇴직한 근로자들이 해당 회사들을 상대로 퇴직급여 산정 시 경영성과급을 포함시키지 않은 점이 부당하다며 이를 포함시켜 재산정한 퇴직급여와의 차액 및 지연이자를 청구하는 소송을 연달아 제기하였다.

그런데 공공기관 경영평가성과급과는 달리, 회사(사기업)의 경영성과급은 임금이 아니므로 퇴직급여 산정의 기초가 되는 평균임금에 포함되지 않는다는 하급심 판결들이 계속 선고되다가 최근에는 회사(사기업)의 경영성과급도 임금에 해당하므로 퇴직급여 산정의 기초가 되는 평균임금에 포함되어야 한다는 하급심 판결도 선고되었다.

한편, 경영성과급의 임금성에 대한 혼란은 퇴직급여 산정의 기초가 되는 평균임

---

* 변호사

1 대법원 2018. 10. 12. 선고 2015두36157 판결(한국감정원 사건); 대법원 2018. 12. 13. 선고 2018다231536 판결(한국공항공사 사건); 대법원 2018. 12. 28. 선고 2016다239680 판결(주택도시보증공사 사건); 대법원 2018. 12. 28. 선고 2018다219123 판결(한국산업인력공단 사건).

금에 포함되는지 여부로 나타나며, '고정성'이 인정되기 어려운 경영성과급의 특성상 통상임금에 포함되는지 여부와는 별다른 관계가 없다. 경영성과급의 임금성에 관한 쟁송도 모두 퇴직급여 산정의 기초가 되는 평균임금에 포함되는지 여부인 것으로 보인다.

종래 판례는 개인성과급(개인의 실적·성과에 따라 지급되는 성과급)의 경우 임금에 해당하지만, 집단성과급(부서·기업의 경영성과에 따라 지급되는 성과급)의 경우 임금에 해당하지 않는다고 판결하여 왔으나, 대법원이 '18년 하반기 집단성과급인 공공기관 경영평가성과급의 임금성을 인정한 이후 이와 같이 집단성과급인 경영성과급의 임금성에 대한 혼란이 지속되고 있는 것이다.

이에 본문에서는 우선 임금이란 무엇인지를 분석한 다음 개인성과급과 집단성과급의 임금성에 관한 학설과 판례를 살펴본 후, 경영성과급은 임금에 해당하는지 여부 즉, 경영성과급의 임금성에 대하여 판례 분석을 중심으로 검토하고자 한다.

II. 임금

1. 임금의 의의

근로기준법에 의하면 임금이란 사용자가 근로의 대가로 근로자에게 임금, 봉급, 그 밖에 어떠한 명칭으로든지 지급하는 일체의 금품을 말한다(제2조 제1항 제5호). 다시 말해서, 사용자가 근로자에게 지급하는 금품이 임금에 해당하려면 그 금품이 근로의 대가(대상(對償))[2]로 지급되는 것이어야 한다.

이와 같이 근로기준법은 임금에 대해 ① 사용자가 근로의 대가로 근로자에게 지급하는 것이면, ② 그 명칭과는 관계 없이 임금이라는 규정을 두고 있을 뿐이다. 따라서 어떤 금품이 임금에 해당하는지는 '근로의 대가'에 대한 해석을 통해 임금성을 판단하는 것으로 귀결된다.

2. 임금성 - 임금의 본질과 법적 성격

임금성의 핵심인 근로의 대가성에 관한 대표적인 학설로는 근로대가설과 근로관

---

2 근로기준법은 임금을 '근로의 대상'으로 표현했었으나, 2007년 근로기준법 전부개정에 의하여 '근로의 대가'로 변경하였다.

계대가설, 그리고 임금이분설이 있다.

근로대가설은 노동대가설이라고도 하는데, 근로제공과 임금 사이의 쌍무적 견련성을 바탕으로 구체적인 근로제공에 대한 대가가 임금에 해당한다고 보는 견해이다. 근로관계대가설은 노동력대가설이라고도 하는데, 임금을 근로자가 자신의 노동력 자체의 처분을 사용자의 지휘·감독 하에 두고 있는 것에 대한 대가로 보는 견해이다.[3]

한편, 임금이분설은 임금을 구체적 근로와 직접 결부되어 있는 교환적 임금 부분과 그렇지 않은 보장적 임금 부분으로 구분하는 견해인데, 이는 근로계약의 본질을 근로자 지위를 취득하게 하는 신분계약의 성격과 근로제공에 대한 대가로서 일정한 보수 지급을 약정하는 교환계약의 성격을 동시에 지닌 것으로 파악하는 견해이다.[4]

대법원은 한때 임금이분설의 입장을 취하기도 하였으나,[5] 이후 전원합의체 판결로 견해를 바꾸어 모든 임금은 근로의 대가로서 '근로자가 사용자의 지휘를 받으며 근로를 제공하는 것에 대한 보수'를 의미한다고 보았다.[6] 이는 임금이분설을 폐기하고 근로대가설을 따른 것으로 볼 수 있다.

3. 임금성 판단 기준

(1) 근로의 대가성 – 근로제공과의 직접·밀접 관련성

위에서 검토한 바와 같이, 어떤 금품이 임금에 해당하는지는 '근로의 대가'에 대한 해석을 통해 임금성을 판단하는 것으로 귀결되는데, 판례는 다음과 같이 근로의 대가성을 근로제공과 직접적으로 관련되거나 그것과 밀접하게 관련된 것으로 볼 수 있는지 여부로 판단하고 있다.[7]

> "여기서 어떤 금품이 근로의 대상으로 지급된 것이냐를 판단함에 있어서는 그 금
> 품지급 의무의 발생이 근로제공과 직접적으로 관련되거나 그것과 밀접하게 관련된

---

3 박지순·이진규, "경영성과급의 임금성에 관한 연구", 「노동법논총」 제49집, 한국비교노동법학회, 2020, 171면.

4 이정, "상여금(경영성과급)의 법적 성격에 관한 연구 — 일본과의 비교법적 고찰을 중심으로 — ", 「외법논집」 제44권 제2호, 한국외국어대학교 법학연구소, 2020, 148면.

5 대법원 1992. 3. 27. 선고 91다36307 판결 등.

6 대법원 1995. 12. 21. 선고 94다26721 전원합의체 판결.

7 '금품지급 의무 발생이 근로제공과 직접적으로 관련되거나 그것과 밀접하게 관련된 것'을 판단기준으로 삼는 것은 임금이분설을 폐기한 대법원 판례와 배치된다는 견해도 있다(김기선, "개인 실적에 따라 지급되는 성과급의 임금성", 「노동법률」 2014년 9월호, ㈜중앙경제, 81면.).

것으로 볼 수 있어야 할 것이고, 이러한 관련 없이 그 지급의무의 발생이 개별 근로자의 특수하고 우연한 사정에 의하여 좌우되는 경우에는 그 금품의 지급이 단체협약·취업규칙·근로계약 등이나 사용자의 방침 등에 의하여 이루어진 것이라 하더라도 그러한 금품은 근로의 대상으로 지급된 것으로 볼 수 없다 할 것이다."[8]

"근로자에게 지급되는 금품이 평균임금 산정의 기초가 되는 임금 총액에 포함될 수 있으려면 그 명칭의 여하를 불문하고, 또 그 금품의 지급이 단체협약, 취업규칙, 근로계약 등이나 사용자의 방침 등에 의하여 이루어진 것이라 하더라도 그 지급의무의 발생이 근로제공과 직접적으로 관련되거나 그것과 밀접하게 관련된 것으로 볼 수 있는 것, 즉 근로의 대상(對償)으로 지급된 것으로 볼 수 있어야 할 것이고…(후략)"[9]

(2) 계속적·정기적 지급 및 지급의무

그런데, 판례는 다음과 같이 계속적·정기적 지급이고 지급의무가 있는지 아니면 지급사유의 발생이 불확정적이고 일시적 지급인지 여부를 통해 임금성을 판단하는 경우도 있다.

"임금이라 함은 사용자가 근로의 대가로 근로자에게 지급하는 일체의 금원으로서, 근로자에게 계속적·정기적으로 지급되고 그 지급에 관하여 단체협약, 취업규칙 등에 의하여 사용자에게 지급의무가 지워져 있다면 그 명칭 여하를 불문하고 모두 그에 포함된다."[10]

"상여금이 계속적·정기적으로 지급되고 그 지급액이 확정되어 있다면 이는 근로의 대가로 지급되는 임금의 성질을 가지나 그 지급사유의 발생이 불확정이고 일시적으로 지급되는 것은 임금이라고 볼 수 없다."[11]

한편, 다음과 같이 근로제공과의 직접·밀접 관련성, 계속적·정기적 지급, 지급의무를 모두 언급하면서 임금성을 판단하는 판례도 있다.

---

8 대법원 1995. 5. 12. 선고 94다55934 판결.
9 대법원 1995. 5. 12. 선고 97다5015 전원합의체 판결.
10 대법원 1999. 9. 3. 선고 98다34393 판결.
11 대법원 2005. 9. 9. 선고 2004다41217 판결.

"평균임금 산정의 기초가 되는 임금총액에는 사용자가 근로의 대상으로 근로자에게 지급하는 일체의 금품으로서, 근로자에게 계속적·정기적으로 지급되고 그 지급에 관하여 단체협약, 취업규칙 등에 의하여 사용자에게 지급의무가 지워져 있으면 그 명칭 여하를 불문하고 모두 포함된다. 한편 어떤 금품이 근로의 대상으로 지급된 것인지를 판단함에 있어서는 그 금품지급 의무의 발생이 근로제공과 직접적으로 관련되거나 그것과 밀접하게 관련된 것으로 볼 수 있어야 하고, 이러한 관련 없이 그 지급의무의 발생이 개별 근로자의 특수하구 우연한 사정에 의하여 좌우되는 경우에는 그 금품의 지급이 단체협약·취업규칙·근로계약 등이나 사용자의 방침 등에 의하여 이루어진 것이라 하더라도 그러한 금품은 근로의 대상으로 지급된 것으로 볼 수 없다."[12]

(3) 소 결

결국 판례는 어떤 금품의 임금성 판단과 관련하여 ① 근로의 대가성(근로제공과의 직접·밀접 관련성), ② 계속적·정기적 지급, ③ 지급의무를 그 판단의 기준으로 하고 있는 것으로 볼 수 있는데, 이러한 기준 간의 상호 관계를 어떻게 볼 것인지가 문제이다.

이에 대하여 ②와 ③은 ①을 판단하기 위한 지표로 보는 견해[13]가 있는 한편, 어떤 금품이 임금에 해당되기 위해서는 ①, ②, ③이 모두 요구된다고 보는 견해[14]도 있다.

그러나 근로기준법이 임금을 '사용자가 근로의 대가로 지급하는 금품'이라고 정의하고 있고, 근로계약이 근로자의 근로제공 의무와 사용자의 임금지급 의무가 쌍무적 견련관계에 있는 쌍무유상계약이라는 점을 고려하면, 임금성의 본질적(핵심적) 판단 기준은 ①이라고 보는 것이 타당할 것이다. 그리고, 임금은 계속적·정기적으로 지급되고 사용자에게 지급의무가 있는 것이 통상적이므로 ②와 ③은 ①을 판단하기 위한 요소로 고려될 수는 있지만, ②와 ③이 인정된다고 하여 논리필연적으로 ①이 인정되는 것은 아니라고 보는 것이 타당하다.

대법원 판례도 같은 취지로 ①, ②, ③ 판단 기준 간의 상호 관계에 대하여 다음과 같이 판단하고 있다.

---

12 대법원 2011. 7. 14. 선고 2011다23149 판결.

13 김형배, 「노동법」, 박영사, 2018, 352면.

14 문무기·윤문희·이철수·박은정, 「임금제도 개편을 위한 노동법적 과제」, 한국노동연구원, 2006, 10면.

"이와 같이 볼 때, 사용자가 근로자에게 지급하는 임금은 계속적·정기적으로 지급되는 것이 통상적이므로 그 지급사유의 발생이 확정되어 있지 않고 일시적으로 지급되는 것은 근로의 제공과 관련 없이 지급되는 것으로 판단받을 여지가 많기는 하지만, 그렇다고 하여 반드시 계속적·정기적으로 지급되어야만 근로제공과 관련된 것이고 그렇지 않은 것은 근로제공과 무관한 것이라는 논리필연적인 관계가 있는 것은 아니므로, 드물게나마 계속적·정기적으로 지급되는 것이 아니라 하더라도 다른 사정을 종합하여 사용자가 근로자의 근로제공과 관련하여 지급하는 것으로 볼 수 있으면 임금에 해당하고, 이와 달리 어느 금품이 계속적·정기적으로 지급되는 것이라 하더라도 근로의 제공과 관련 없이 지급되는 것이라면 그 금품의 지급이 단체협약, 취업규칙, 근로계약 등에 의하여 지급의무가 발생한 것이라 하더라도 임금에 포함시킬 수 없을 것이다."[15]

Ⅲ. 개인성과급과 집단성과급의 임금성

1. 개인성과급의 임금성

개인성과급은 개인의 실적이나 성과에 따라 지급되는 성과급을 의미하며, 그 특성상 개인의 근로제공과 직접적으로 관련되거나 그것과 밀접하게 관련된 것으로 볼 수 있을 것이므로 임금성이 인정된다고 보는 것이 타당할 것이다.

대부분의 판례도 개인성과급의 임금성이 문제된 사안에서 그 임금성을 인정하고 있다.

(1) 개인성과급의 임금성을 인정한 판례

판례는 구두류 제품판매를 주업으로 하는 회사가 상품권을 판매한 직원에게 그 판매실적에 따라 지급하여 온 개인포상금의 임금성에 대하여 "상품권판매는 구두류 제품판매를 주업으로 하는 피고가 역점을 두는 사업이므로 직원들이 상품권판매를 위하여 하는 영업활동은 결국 피고에 대하여 제공하는 근로의 일부라고 볼 수 있어 포상금은 근로의 대가로 지급되는 것"이라는 점을 들어 임금에 해당한다고 판시한 바 있다.[16]

---

15 대법원 2006. 8. 24. 선고 2004다35052 판결.
16 대법원 2002. 5. 31. 선고 2000다18127 판결.

또한 판례는 병원이 소속 의사들에게 지급한 '진료포상비'의 임금성이 문제가
된 사안에서, "피고가 소속 의사의 실적을 판단하는 기준으로 삼은 진료와 특진, 협
진 등의 업무는 매달 이를 수행하는 횟수에 차이는 있을지언정 그 자체는 의사 고유
의 업무로서 병원을 운영하는 피고에게 제공된 근로의 일부이므로, 그에 대한 보상
비는 근로의 대가로 지급된 것으로 보아야 할 것"이라는 이유로 진료포상비의 임금
성을 인정한 바 있다.[17]

자동차 판매 수량에 따른 인센티브(성과급)의 임금성에 대하여 "차량판매는 피고
회사의 주업으로서 영업사원들이 차량판매를 위하여 하는 영업활동은 피고 회사에
대하여 제공하는 근로의 일부라 볼 수 있어 인센티브(성과급)는 근로의 대가로 지급
되는 것"이라고 판시하여 임금성을 인정한 판례[18]도 있다.

(2) 개인성과급의 임금성을 부정한 판례

한편, 개인성과급에 대한 판례 중에는 다음과 같이 개인성과급의 임금성을 부정
한 것으로 보이는 대법원 판결도 있다.

> "피고 회사가 영업직원에게 지급하는 이 사건 성과급은 근로자 개인의 실적에 따
> 라 그 지급 여부와 지급액수가 결정되는 것인바, 근로자 개인의 실적에 따라 결정
> 되는 성과급은 지급조건과 지급시기가 단체협약 등에 정하여져 있다고 하더라도
> 지급조건의 충족 여부는 근로자 개인의 실적에 따라 달라지는 것으로서 근로자의
> 근로제공 자체의 대상이라고 볼 수 없으므로 임금에 해당된다 할 수 없다."[19]

다수의 문헌에서 위 대법원 판결을 개인성과급의 임금성을 부정한 판례로 들고
있으나,[20] 위 대법원 판결의 원심 판결[21]에는 "그 구체적인 액수는 개인의 근무성적과
피고회사의 경영상황 등에 의하여 좌우되고 그 지급률 및 지급일은 노사간의 합의에
의하여 결정되는 것"이라는 내용이 있어, 해당 성과급의 성격이 개인성과급에 해당하
는지 여부가 명확하지 않은 것으로 보이며 오히려 집단성과급으로 볼 여지도 있다.

---

17 대법원 2011. 3. 10. 선고 2010다77514 판결.
18 대법원 2011. 7. 14. 선고 2011다23149 판결.
19 대법원 2004. 5. 14. 선고 2001다76328 판결(동원증권 사건).
20 권혁, "임금의 개념으로서 근로 대가성 판단에 관한 소고", 「노동법포럼」 제28호, 노동법이론실무학
   회, 2019, 196면; 박지순·이진규, 앞의 논문(註 3), 190면 등.
21 서울고등법원 2001. 10. 19. 선고 2001나10092 판결.

2. 집단성과급의 임금성

집단성과급은 부서·기업의 경영성과에 따라 지급되는 성과급을 의미하며, 그 특성상 개인의 근로제공과 직접적으로 관련되거나 그것과 밀접하게 관련된 것으로 볼 수 없을 것이므로 임금성이 부정된다고 보는 것이 타당할 것이다.

반면, 회사의 목표나 성과 달성 그리고 이를 위한 근로동기와 의욕을 고취하고 정려하기 위하여 집단적인 성과급을 지급하는 것이라면 이 성과급은 협업의 질까지를 포함하여 회사가 요구하는 근로의 질을 높인 것에 대한 대가이므로 임금성이 인정된다는 견해[22] 및 성과의 측정 단위가 개인이 아닌 집단으로 커지더라도 그 성과는 개개인의 근로자들의 노동 제공을 통해 이루어졌으며, 배분된 성과금도 근로자들에게 개별적으로 귀속되고 있으므로 근로의 대가인 임금으로 보는 것이 타당하다는 견해[23]도 있다. 다만, 이 견해는 임금성은 인정하면서도 경영목표의 달성에 따라 지급 여부나 지급 정도가 달라지는 상여금 등을 평균임금에 포함시키는 것은 근로자의 통상의 생활임금을 사실대로 산정한다는 기본원리에 비추어 부적절한 면이 있다면서, 임금성을 인정하면서도 평균임금으로부터 배제시키는 판례 법리가 형성될 가능성을 부정할 수 없다고 한다.[24]

한편, 대부분의 판례는 집단성과급의 임금성이 문제된 사안에서 그 임금성을 부정하고 있다.

(1) 집단성과급의 임금성을 부정한 판례

판례는 회사가 노동조합이 설정한 생산목표 달성을 전제로 지급하는 성과금에 대하여 "목표당설 성과금은 매년 노사간 합의로 그 구체적 지급조건이 정해지며 그 해의 생산실적에 따라 지급 여부나 지급률이 달라질 수 있는 것이지 생산실적과 무관하게 계속적·정기적으로 지급된 것이라고 볼 수 없어 피고 회사에 그 지급의무가 있는 것이 아니다"는 이유로 이러한 성과금은 퇴직금 산정의 기초가 되는 평균임금에 산입될 수 없다고 판시한 바 있다.[25]

---

22 심재진, "공기업 경영평가성과급의 임금성 — 대법원 2018. 12. 13. 선고 2018다231536 판결 — ", 「노동리뷰」 2019년 2월호, 한국노동연구원, 82면.

23 김홍영, "상여금의 임금성 여부", 「노동법연구」 제21호, 서울대노동법연구회, 2006, 76면.

24 김홍영, 앞의 논문(註 23), 79면.

25 대법원 2005. 9. 9. 선고 2004다41217 판결.

또한 판례는 경영실적이나 무쟁의 달성 여부에 따라 그 지급 여부나 지급 금액이 달라지는 성과금의 임금성이 문제된 사안에서, "피고 회사가 원고들에게 지급한 성과금은 경영실적이나 무쟁의 달성 여부에 따라 그 지급 여부나 지급 금액이 달라지는 경영성과의 일부 분배로 볼 수 있을 뿐, 근로의 대상으로서의 임금이라 할 수 없다"는 이유로 그 성과금의 임금성을 부정한 바 있다.26

장기성과급(Long Term Incentive, 'LTI')의 임금성에 대하여 "지급사유의 발생이 불확정적이고 지급조건이 경영성과나 노사관계의 안정 등과 같이 근로자 개인의 업무실적 및 근로의 제공과는 직접적인 관련이 없는 요소에 의하여 결정되도록 되어 있어 그 지급 여부 및 대상자 등이 유동적인 경우에는 이를 임금이라고 볼 수 없다"고 판시하여 그 임금성을 부정한 판례27도 있다.

(2) 집단성과급의 임금성을 인정한 판례

한편, 집단성과급에 대한 판례 중에는 회사에 당기순이익이 발생하는 경우 당기순이익의 25% 이내에서 별도 기준에 따라 지급하는 특별성과상여금이 임금에 해당한다고 본 대법원 판결28과, 회사의 경영성과에 연동하여 경영실적에 따라 지급하는 성과배분상여금이 임금에 해당한다고 본 대법원 판결29도 있다.

그러나, 이 판결들은 부당해고 기간 동안 지급받았어야 할 임금이 얼마인지를 결정하는 차원에서 판단된 것임을 고려할 필요가 있다. 위 특별성과상여금에 관한 대법원 판결이 인용하고 있는 대법원 판결30 및 그 원심 판결31은 의례적·호의적 급여로서 임금이 아닌 것이 명백한 회갑 경조금이나 결혼 경조금도 '부당해고 기간의 임금'에 해당한다고 보았는데, 이는 '부당해고 기간의 임금'에 대하여는 부당해고 근로자에 대한 전보배상이라는 차원에서 판단한 것이라고 이해하는 것이 타당할 것이다.

왜냐하면 불법행위로 인해 근무를 하지 못했을 경우는 '차액설'에 따라 정상 근무하였더라면 받을 수 있었던 모든 금품이 손해배상액에 포함되는데, 부당해고의 경우에만 사용자가 지급해야 하는 미지급 금품이 근로기준법상 '임금'에 한정된다고

---

26 대법원 2006. 2. 23. 선고 2005다54029 판결.
27 대법원 2013. 4. 11. 선고 2012다48077 판결.
28 대법원 2018. 10. 4. 선고 2018다25540 판결.
29 대법원 2011. 10. 27. 선고 2011다42324 판결.
30 대법원 2012. 2. 9. 선고 2011다20034 판결.
31 서울남부지방법원 2011. 1. 13. 선고 2010나9486 판결.

보아야 할 법적 근거는 없기 때문이다.

Ⅳ. 경영성과급의 임금성

1. 공공기관 경영평가성과급의 임금성

위에서 검토한 바와 같이, 종래 판례는 대체로 개인성과급의 임금성은 인정하고 집단성과급의 임금성은 부정하여 왔다. 그런데, 대법원은 '18년 하반기 집단성과급인 공공기관 경영평가성과급의 임금성을 인정하는 판결들을 연달아 선고하였다.

(1) 공공기관 경영평가성과급의 임금성 인정 판결과 그 의의

(가) 공공기관 경영평가성과급의 임금성을 인정한 대법원 판결들

대법원은 '18년 10월 한국감정원의 잔여 성과상여금은 임금의 성질을 가지므로, 근로복지공단이 산재보상급여를 지급하기 위한 평균임금 산정 시 포함되어야 한다고 판결하였다.

> "이 사건 잔여 성과상여금은 계속적·정기적으로 지급되고, 지급대상과 지급조건 등이 확정되어 있어 사용자에게 지급의무가 지워져 있으므로 근로의 대가로 지급되는 임금의 성질을 가진다고 보아야 한다. 같은 취지에서 이 사건 잔여 성과상여금이 평균임금 산정의 기초가 되는 임금 총액에 포함된다고 본 원심 판단은 정당하다."[32]

대법원은 같은 해 12월 위 한국감정원 대법원 판결을 인용하면서, 한국공항공사 경영평가성과급을 근로의 대가로 지급된 임금으로 보아야 한다고 판결하였다.

> "공공기관 경영평가성과급이 계속적·정기적으로 지급되고 지급대상, 지급조건 등이 확정되어 있어 사용자에게 지급의무가 있다면, 이는 근로의 대가로 지급되는 임금의 성질을 가지므로 평균임금 산정의 기초가 되는 임금에 포함된다고 보아야 한다(대법원 2018. 10. 12. 선고 2015두36157 판결 등 참조).
> 한편 2012년부터는 공공기관 경영평가성과급의 최저지급률과 최저지급액이 정해져 있지 않아 소속 기관의 경영실적 평가결과에 따라서는 경영평가성과급을 지급

---

[32] 대법원 2018. 10. 12. 선고 2015두36157 판결(한국감정원 사건).

받지 못할 수도 있다. 이처럼 경영평가성과급을 지급받지 못하는 경우가 있다고 하더라도 성과급이 전체 급여에서 차지하는 비중, 그 지급 실태와 평균임금 제도 의 취지 등에 비추어 볼 때 근로의 대가로 지급된 임금으로 보아야 한다."[33]

이후에도 대법원은 주택도시보증공사, 한국산업인력공단의 경영평가성과급 임 금성에 관하여도 이를 인정하는 판결을 선고하였다.

> "경영평가성과급이 계속적·정기적으로 지급되고 지급대상, 지급조건 등이 확정되 어 있어 사용자에게 지급의무가 있다면, 이는 근로의 대가로 지급되는 임금의 성 질을 가지므로 평균임금 산정의 기초가 되는 임금에 포함된다고 보아야 한다. 경 영실적 평가결과에 따라 그 지급 여부나 지급률이 달라질 수 있다고 하더라도 그 러한 이유만으로 경영평가성과급이 근로의 대가로 지급된 것이 아니라고 볼 수 없다."[34]

(나) 위 대법원 판결들의 의의

집단성과급인 공공기관 경영평가성과급의 임금성을 인정하는 위 대법원 판결들 이 선고됨에 따라, 대법원이 임금성 판단에 관한 기존의 입장을 변경한 것인지 의문 이 든다.

위 대법원 판결들은 종래 대법원 판결들과는 달리 공공기관 경영평가성과급이 집단성과급에 해당함에도 그 임금성을 인정했을 뿐만 아니라, '계속적·정기적 지급' 과 '지급의무'라는 요건이 충족되면 근로의 대가성 즉, 근로제공과의 직접·밀접 관 련성을 따지지 않고 임금성을 인정했기 때문이다.

그런데 위 대법원 판결들이 선고된 이후 대법원은 복지포인트의 임금성이 문제 된 사안에서 전원합의체 판결을 통해 임금성의 판단 기준에 관하여 다음과 같이 판 단하였다(다수의견).

> "사용자가 근로자에게 지급하는 금품이 임금에 해당하려면 먼저 그 금품이 근로 의 대상으로 지급되는 것이어야 하므로 비록 그 금품이 계속적·정기적으로 지급

---

33 대법원 2018. 12. 13. 선고 2018다231536 판결(한국공항공사 사건).

34 대법원 2018. 12. 28. 선고 2016다239680 판결(주택도시보증공사 사건); 대법원 2018. 12. 28. 선고 2018다219123 판결(한국산업인력공단 사건).

된 것이라 하더라도 그것이 근로의 대상으로 지급된 것으로 볼 수 없다면 임금에 해당한다고 할 수 없다. 여기서 어떤 금품이 근로의 대상으로 지급된 것이냐를 판단함에 있어서는 그 금품지급의무의 발생이 근로제공과 직접적으로 관련되거나 그것과 밀접하게 관련된 것으로 볼 수 있어야 한다."[35][36]

즉, 대법원은 위 전원합의체 판결을 통해 어떤 금품이 임금에 해당하는지에 대한 본질적(핵심적) 판단 기준은 근로의 대가성(근로제공과의 직접·밀접 관련성)이라는 기존의 입장을 다시 한번 명확하게 확인한 것이라고 볼 수 있을 것이다.

(2) 공공기관 경영평가성과급의 임금성이 인정된 원인

대법원이 임금성 판단에 관한 기존의 입장을 변경한 것이 아니라면, 집단성과급인 공공기관 경영평가성과급의 임금성이 인정된 원인은 공공기관 경영평가성과급의 특성에서 찾아야 할 것이다.

(가) 공공기관 내 연봉규정 등에서 경영평가성과급을 평균임금에 포함

공공기관 경영평가성과급의 경우 해당 공공기관의 연봉규정 등에 의하여 경영평가성과급이 평균임금 산출 시 포함되도록 규정되어 있었다.

한국감정원 사건의 경우 원고의 아들인 소외인은 한국감정원에 입사하여 근무하던 중 업무상 재해로 사망하였는데, 근로복지공단이 산재보상급여를 지급하기 위한 평균임금 산정 시 경영평가성과급을 제외한 것과 달리 한국감정원은 소외인이 사망한 이후 퇴직금을 지급할 때 경영평가성과급을 모두 포함하여 평균임금을 산정하였다.[37]

한국공항공사 사건의 경우 한국공항공사의 직원연봉규정 등에 의하여 경영평가성과급이 평균임금 산출 기초에 포함되어 있었고, 법원은 한국공항공사가 기획재정부의 2012년도 공기업·준정부기관 예산편성지침에 따라 경영평가성과급을 퇴직금 산정 기준이 되는 평균임금에서 제외하여 왔고 직원들이 이의를 제기하지 않았다고

---

35 대법원 2019. 8. 22. 선고 2016다48785 전원합의체 판결.

36 소수의견은 "근로자가 사용자와 맺은 근로계약에 따라 근로를 제공하고 사용자로부터 지급받는 금품은 다른 특별한 사정이 있는 경우가 아닌 한 근로제공과 직접적으로 관련되거나 그것과 밀접하게 관련된 것이라고 이해하는 것이 타당하다. 여기서 '다른 특별한 사정이 있는 경우'란 해당 금품이 실비변상 또는 은혜적인 이유로 지급되거나, 개별 근로자의 근로제공과 무관한 특수하고 우연한 사정에 의해 지급되는 경우 등을 예로 들 수 있을 것"이라면서 계속적·정기적으로 지급되고 지급에 관하여 단체협약이나 취업규칙 등에 근거하여 사용자에게 의무가 지워져 있는 금품은 근로의 대가로 지급되는 금품이라고 한다.

37 서울행정법원 2014. 8. 13. 선고 2013구단4289 판결(한국감정원 사건의 1심).

하더라도, 그러한 사정만으로 경영평가성과급이 평균임금에 포함되지 않는다고 할 수는 없다고 판단하였다.[38]

한국산업인력공단 사건의 경우 한국산업인력공단의 보수규정이나 연봉제 시행 규칙에서 경영평가성과급을 평균임금에서 제외하지 않았다.[39]

(나) 공공기관 경영평가성과급의 지급대상, 지급기준

공공기관 경영평가성과급의 경우 해당 공공기관의 연봉규정 등에 의하여 경영평가성과급을 평가대상 기간에 재직한 직원에 대하여 지급하되, 평가대상 기간에 실제 근무한 일수에 따라 일할 계산하여 지급하도록 규정되어 있었다. 이는 소위 '재직자 조건' 즉, 지급기준일 현재 재직자에 한하여 지급한다는 규정이 있는 경우와 비교한다면 근로제공과의 관련성이 강한 것이라고 할 수 있다.

한국공항공사 사건의 경우 한국공항공사의 직원연봉규정, 직원연봉규정 시행세칙 등에 평가대상 기간에 재직한 직원에게 경영평가성과급을 지급하되, 신규임용, 휴직, 복직 및 퇴직하는 직원에 대한 성과급은 그 발령일을 기준으로 일할 계산한다고 규정되어 있었다.[40]

주택도시보증공사의 경우 주택도시보증공사의 보수규정 및 연봉제시행규정 등에 경영평가성과급은 지급대상연도에 근무한 일수에 비례하여 지급하여야 하고, 퇴직 해당 연도의 경영평가성과급을 퇴직 다음연도에 지급하여야 한다고 규정되어 있었다.[41]

한국산업인력공단 사건의 경우 한국산업인력공단의 연봉제 시행규칙 등에 평가대상 기간에 재직한 직원에 대하여 경영평가성과급을 지급하도록 규정되어 있었다.[42]

(다) 공공기관 경영평가성과급의 지급 여부 및 지급액 확정 여부

공공기관 경영평가성과급은 전년도에 대한 경영평가 결과에 따라 당해 연도에 지급되는 것이 특징이라고 할 수 있다. 예컨대, '20년도의 경영평가에 따른 성과급은 '21년도에 지급되는 것이다.

이는 전년도에 대한 경영평가 결과에 따라 당해 연도에 특정 액수의 경영평가성

---

38 서울고등법원 2018. 4. 17. 선고 2017나2053447 판결(한국공항공사 사건의 2심).

39 울산지방법원 2017. 9. 27. 선고 2016가합22048 판결(한국산업인력공단 사건의 1심).

40 서울남부지방법원 2017. 8. 18. 선고 2016가합109360 판결(한국공항공사 사건의 1심).

41 서울중앙지방법원 2015. 9. 4. 선고 2014가합543847 판결(주택도시보증공사 사건의 1심).

42 울산지방법원 2017. 9. 27. 선고 2016가합22048 판결(한국산업인력공단 사건의 1심).

과급 지급 여부가 이미 확정된 상태라고 할 수 있고, 따라서 경영평가성과급은 그 지급 여부나 지급액이 확정적인 것이라고 볼 수 있다.

이에 대해서는 한국산업인력공단 사건의 1심 판결이 다음과 같이 보다 상세하게 설시하고 있다.

> "피고의 전년도 경영평가 결과에 따라 당해 연도에 특정한 액수의 경영평가성과급의 지급 여부가 이미 확정된 상태이므로, 당해 연도에 경영평가성과급을 지급할 시기에는 그 지급 여부나 지급액이 확정적이라고 볼 수 있는 점, …(중략)…비록 피고가 경영평가등급에서 D 등급 이하의 등급을 받을 경우 경영평가성과급의 기준지급률이 0%가 되는 사정은 인정되나, 앞서 본 바와 같이 경영평가성과급은 이미 확정된 전년도 경영평가실적에 따른 금액이고, 단지 그 지급만 당해 연도에 이루어지는 것인바, 성과급의 기준지급률이 0%인지 여부는 원칙적으로 전년도에 확정되어 있다고 할 것인 점(단지 절차적인 이유로 당해 연도에 평가가 확정·통보되는 것에 불과함)…(후략)"[43]

위에서 검토한 바와 같이, 판례 중에는 계속적·정기적 지급이고 지급의무가 있는지 아니면 지급사유의 발생이 불확정적이고 일시적 지급인지 여부를 통해 임금성을 판단하는 경우도 있다. 즉, "상여금이 계속적·정기적으로 지급되고 그 지급액이 확정되어 있다면 이는 근로의 대가로 지급되는 임금의 성질을 가지나 그 지급사유의 발생이 불확정이고 일시적으로 지급되는 것은 임금이라고 볼 수 없다"[44]는 것인데, 이러한 측면에서 보면, 공공기관 경영평가성과급은 전년도 경영평가 결과에 따라 당해 연도에는 지급사유의 발생(지급 여부)과 지급액이 이미 확정된 상태이므로 임금이라고 인정될 여지가 있는 것이다.

(3) 소 결

'18년 하반기 집단성과급인 공공기관 경영평가성과급의 임금성을 인정하는 대법원 판결들이 선고되었으나, 대법원이 임금성 판단에 관한 기존의 입장을 변경하였다고 보는 것은 타당하지 않다.

위 대법원 판결들이 선고된 이후 대법원은 전원합의체 판결을 통해 임금성 판단

---

43 울산지방법원 2017. 9. 27. 선고 2016가합22048 판결(한국산업인력공단 사건의 1심).
44 대법원 2005. 9. 9. 선고 2004다41217 판결.

에 관한 기존의 입장을 재확인하였으며, 따라서 집단성과급인 공공기관 경영평가성 과급의 임금성이 인정된 원인은 공공기관 경영평가성과급의 특성에서 찾는 것이 타당할 것이다.

한편, 대법원은 한국공항공사 사건45에서 경영평가성과급을 임금으로 보아야 한다고 판결하면서 "성과급이 전체 급여에서 차지하는 비중, 그 지급 실태와 평균임금 제도의 취지 등에 비추어 볼 때 근로의 대가로 지급된 임금으로 보아야 한다"고 설시하였는 바, 이러한 설시는 대법원이 공공기관 경영평가성과급의 특성을 고려하여 임금성을 인정한 것이라는 점을 뒷받침하는 근거로 볼 수 있을 것이다.

2. 경영성과급의 임금성

위에서 검토한 바와 같이, 어떤 금품이 임금에 해당하는지에 대한 본질적(핵심적) 판단 기준은 근로의 대가성 즉, 근로제공과의 직접·밀접 관련성이므로, 경영성과급의 임금성에 대하여도 이러한 판단 기준이 적용되어야 할 것이다.

그런데, 어떤 경우에 근로제공과 직접·밀접 관련성이 있다고 볼 수 있는지 판례상 명확하지는 않으므로, '근로제공과의 직접·밀접 관련성'을 어떻게 해석할 것인지가 문제이다.

(1) 근로계약 – 근로제공과 임금 지급의 쌍무적 견련관계

근로기준법은 근로계약을 '근로자가 사용자에게 근로를 제공하고 사용자는 이에 대하여 임금을 지급하는 것을 목적으로 체결된 계약'이라고 정의하고 있으며(제2조 제1항 제4호), 이어 임금을 '사용자가 근로의 대가로 근로자에게 임금, 봉급, 그 밖에 어떠한 명칭으로든지 지급하는 일체의 금품'이라고 정의하고 있다(제2호 제1항 제5호).

즉, 근로기준법상 임금의 핵심 개념은 '근로의 대가'인 것이며, 근로계약이 근로자의 근로제공 의무와 사용자의 임금지급 의무가 쌍무적 견련관계에 있는 쌍무유상계약이라는 점을 고려하면, 근로의 대가성(근로제공과의 직접·밀접 관련성)은 근로의 제공이 있으면 별도의 조건이나 외부적인 요인 등에 좌우되지 않고 그 지급의무가 발생하는 것을 의미한다고 볼 수 있다.46

어떤 기업이 일정 규모 이상의 영업이익이 발생하면 근로자들에게 지급하기로

---

45 대법원 2018. 12. 13. 선고 2018다231536 판결(한국공항공사 사건).

46 권혁, 앞의 논문(註 20), 202면.

한 금품이 있는데, 거래처로부터 주문량이 늘어 근로자들이 연장근로를 하였고 마침 제품 가격도 올라 일정 규모 이상의 영업이익이 발생한 경우를 가정해 보기로 한다. 이 경우 근로자들의 연장근로에 대하여 사용자가 지급하는 연장근로수당은 연장근로를 하기만 하면 지급의무가 발생하는 것이므로 임금에 해당하지만, 상승한 제품 가격 등으로 인하여 기업에 일정 규모 이상의 영업이익이 발생하여 근로자들에게 지급한 금품은 별도의 조건이나 외부적인 요인, 특별한 사정 등으로 인하여 지급되는 금품이므로 임금에 해당한다고 볼 수 없는 것이다. 다시 말해서, 제품 가격 상승 등의 요인이 없었다면 근로자들의 근로제공이 있었더라도 지급되지 않았을 금품은 근로제공과의 쌍무적 견련관계가 인정되지 않고, 따라서 근로의 대가성(근로제공과의 직접·밀접 관련성)이 인정되지 않아 임금이라고 볼 수 없는 것이다.

역으로 말하면, 지급 여부나 지급 금액 등이 근로의 제공 외에 별도의 조건이나 외부적인 요인, 특별한 사정 등에 좌우되는 금품은 임금이라고 볼 수 없는 것이다. 다만, 근로제공 외 어떠한 조건도 없어야 임금으로 볼 수 있는 것은 아니다. 예를 들어, 재직자 조건(지급일에 재직 중일 것이라는 조건)이 부가된 개인연금지원금 등은 고정성이 결여되어 통상임금에는 해당하지 않지만 임금에는 해당하기 때문이다.[47] 결국, 별도의 조건이나 외부적인 요인, 특별한 사정 등은 개별 근로자가 통제할 수 없는 것에 한정된다고 보는 것이 타당할 것이다.

(2) 경영성과급의 임금성

경영성과급은 집단성과급 즉, 부서·기업의 경영성과에 따라 지급되는 성과급이다. 따라서, 근로의 대가성(근로제공과의 직접·밀접 관련성)을 근로의 제공이 있으면 별도의 조건이나 외부적인 요인 등에 좌우되지 않고 그 지급의무가 발생하는 것을 의미한다고 본다면, 집단성과급인 경영성과급의 임금성은 부정될 수밖에 없다.

대부분의 판례도 경영성과급의 임금성이 문제된 사안에서 그 임금성을 부정하고 있다.

대법원은 '성과배분상여금'의 평균임금 산입 여부가 문제된 사안에서 생산목표를 95% 이상 달성하는 경우에만 지급되고 그 미만일 경우에는 지급되지 않는 점 등을 이유로 성과배분상여금이 임금에 해당하지 않는다고 판단하였고,[48] '생산목표달

---

47 대법원 2013. 12. 18. 선고 2012다94643 전원합의체 판결.
48 대법원 2002. 5. 31. 선고 2002다1700 판결.

성성과금'의 평균임금 산입 여부가 문제된 사안에서 해당 금원이 생산목표 달성 여부와 무관하게 확정적으로 지급하기로 합의된 것이 아니라면 평균임금에 산입되지 않는다고 보았다.[49]

또한 대법원은 매년 임금협약에 따라 생산목표 달성, 무쟁의 등을 조건으로 그 지급률이 달리 정하여져 온 성과금에 대해서도 임금성을 부정하였으며,[50] '목표달성 격려금'이 평균임금에 해당하는지가 문제된 사안에서 생산량 목표달성, 경영목표 달성 등 근로제공과 직접 관련이 없는 지급조건이 부가되어 있고, 그 조건이 충족됨에 따라 지급이 이루어진 점 등에 비추어 이는 평균임금 산정 대상이 되는 임금에 해당하지 않는다고 판단하였다.[51]

(3) 성과 배분으로서의 경영성과급

근로의 대가성(근로제공과의 직접·밀접 관련성)을 근로의 제공이 있으면 별도의 조건이나 외부적인 요인 등에 좌우되지 않고 그 지급의무가 발생하는 것을 의미한다고 본다면, 부서·기업의 경영성과에 따라 지급되는 집단성과급인 경영성과급은 근로제공과의 직접·밀접 관련성이 인정되지 않기 때문에 임금이라고 할 수 없다.

이러한 경영성과급의 본질은 일정한 성과의 발생을 전제로 그 일부를 근로자들에게 나누어주는 것이라는 점에서 경영성과의 일부 분배 즉, 성과 배분에 해당하는 것이라고 보아야 한다. 대법원도 피고 회사가 원고들에게 지급한 성과금은 경영실적이나 무쟁의 달성 여부에 따라 그 지급 여부나 지급 금액이 달라지는 경영성과의 일부 분배로 볼 수 있을 뿐, 근로의 대상으로서의 임금이라 할 수 없으므로 퇴직금 산정의 기초가 되는 평균임금에 포함되지 않는다고 판단하였다.[52]

한편, 복지포인트의 임금성에 관한 최근의 대법원 전원합의체 판결[53]도 살펴 볼 필요가 있다. 이 전원합의체 판결에서 대법원은 임금성의 판단 기준에 관하여 기존 입장(계속적·정기적으로 지급된 것이라 하더라도 근로의 대상으로 지급된 것으로 볼 수 없으면 임금에 해당한다고 할 수 없다. 어떤 금품이 근로의 대상으로 지급된 것이냐를 판단함에 있어서는 그 금품지급의무의 발생이 근로제공과 직접적으로 관련되거나 그것과 밀접하게 관련된 것으

---

49   대법원 2005. 10. 13. 선고 2004다13755 판결.

50   대법원 2006. 5. 26. 선고 2003다54322 판결.

51   대법원 2011. 6. 9. 선고 2010다50236, 50243 판결.

52   대법원 2006. 2. 23. 선고 2005다54029 판결.

53   대법원 2019. 8. 22. 선고 2016다48785 전원합의체 판결.

로 볼 수 있어야 한다)을 다시 한번 명확하게 확인하면서, 복지포인트와 같은 선택적 복지제도는 근로복지기본법 제3장 기업근로복지 중 제3절에 규정된 근로복지제도인데, 근로복지기본법은 근로복지의 개념에서 임금이 명시적으로 제외된다고 규정하고 있으므로(제3조 제1항), 근로복지기본법에 규정된 선택적 복지제도인 복지포인트는 임금으로 보지 않는 것이 타당한 규범해석이라는 점을 임금성 부정의 주요 근거 중 하나로 들었다.

> "근로복지기본법상 기업근로복지를 구성하는 선택적 복지제도에 기초한 복지포인트는 임금과 같은 근로조건에서 제외된다고 보는 것이 타당한 규범 해석이다. 물론 근로기준법의 관점에서 복지포인트가 임금인지 여부가 판단되어야 한다는 논의는 타당하다. 하지만 복지포인트의 임금성 여부를 판단할 때 관련 법률의 규정 역시 충분히 고려하여 규범조화적으로 판단함이 타당하다. 위와 같은 근로복지기본법의 규정 내용에서 알 수 있는 선택적 복지제도에 대한 입법자의 기본적인 규율 내용은 복지포인트가 임금이 아니라는 점에 기초하고 있음은 분명하고, 이는 임금성을 긍정하기 어려운 중요한 사정이다."[54]

그런데, 근로복지기본법 제84조는 '성과 배분'이라는 조문 제목 하에 "사업주는 해당 사업의 근로자와 협의하여 정한 해당 연도 이익 등의 경영목표가 초과 달성된 경우 그 초과된 성과를 근로자에게 지급하거나 근로자의 복지증진을 위하여 사용하도록 노력하여야 한다"고 규정하고 있다. 즉, 이러한 '성과 배분' 역시 복지포인트의 전제가 되는 '선택적 복지제도'와 마찬가지로 근로복지기본법 제3장 기업근로복지 중 제3절에서 근로복지의 하나로 규율되고 있는 것이다.

경영성과급의 본질은 일정한 기업 성과의 발생을 전제로 그 일부를 근로자들에게 나누어주는 것이라는 점에서 근로복지기본법 제84조의 '성과 배분'에 포섭된다고 볼 수 있고, 결국 위 대법원 전원합의체 판결의 법리에 의하면 '성과 배분'에 해당하는 경영성과급 역시 근로복지기본법에 규정된 근로복지제도의 하나이므로 동법 제3조 제1항에 따라 임금성을 인정하지 않는 것이 규범조화적 해석이라고 볼 수 있다.

(4) 소 결

근로기준법상 임금의 핵심 개념은 '근로의 대가'이며, 근로계약이 근로자의 근로

---

54 대법원 2019. 8. 22. 선고 2016다48785 전원합의체 판결.

제공 의무와 사용자의 임금지급 의무가 쌍무적 견련관계에 있는 쌍무유상계약이라는 점을 고려하면, 근로의 대가성(근로제공과의 직접·밀접 관련성)은 근로의 제공이 있으면 별도의 조건이나 외부적인 요인 등에 좌우되지 않고 그 지급의무가 발생하는 것을 의미한다고 볼 수 있다.

다시 말해서, 지급 여부나 지급 금액 등이 근로의 제공 외에 별도의 조건이나 외부적인 요인, 특별한 사정 등에 좌우되는 금품은 임금이라고 볼 수 없는 것이다. 다만, 근로제공 외 어떠한 조건도 없어야 임금으로 볼 수 있는 것은 아니며, 별도의 조건이나 외부적인 요인, 특별한 사정 등은 개별 근로자가 통제할 수 없는 것에 한정된다고 보는 것이 타당할 것이다.

따라서, 부서·기업의 경영성과에 따라 지급되는 집단성과급인 경영성과급은 근로제공과의 직접·밀접 관련성이 인정되지 않기 때문에 임금이라고 할 수 없다. 이러한 경영성과급의 본질은 임금이 아닌 경영성과를 일부 분배하는 것, 즉 '성과 배분'에 해당한다고 보아야 한다.

3. 경영성과급의 임금성에 관한 최근 하급심 판례

'18년 하반기 대법원에서 공공기관 경영평가성과급의 임금성을 인정하는 판결들이 선고되자, 경영성과급을 지급하는 회사에서 퇴직한 근로자들이 해당 회사들을 상대로 퇴직급여 산정 시 경영성과급을 포함시키지 않은 점이 부당하다며 이를 포함시켜 재산정한 퇴직급여와 기 지급 퇴직급여의 차액 및 지연이자를 청구하는 소송을 연달아 제기하였는데, 최근 하급심 판결들은 한 건을 제외하고 모두 경영성과급의 임금성을 부정하였다.

(1) 경영성과급의 임금성을 부정한 판례

수원지방법원 여주지원은 에스케이 하이닉스 퇴직자들이 경영성과급(PI 및 PS)이 평균임금에 해당됨을 전제로 이를 평균임금에 산입하여 재산정한 퇴직급여와 기 지급 퇴직급여의 차액 및 지연이자를 회사에 청구한 사건에서 근로의 대가성(근로제공과의 직접·밀접 관련성), 지급의무성 등을 부인하며 그 임금성을 부정하였다.[55]

항소심인 수원지방법원도 1심과 동일한 취지에서 다음과 같이 경영성과급(PI 및 PS)의 지급조건이 동종 업계의 동향, 전체 시장의 상황, 피고 회사의 영업상황이나

---

55 수원지방법원 여주지원 2020. 1. 21. 선고 2019가단50590 판결.

재무상태 등을 비롯하여 사용자의 우연하고 특수한 사정에 의하여 좌우되는 요소들을 그 내용으로 하고 있는 바, 금품의 지급 여부가 근로의 제공과는 직접적인 관련이 없는 불확정적인 조건에 의존하는 경우 해당 금품을 근로의 대가라고 평가하기 어렵다고 판단하였다.

> "불확정적인 조건의 성취 여부에 따라 금품의 지급 여부가 결정되는 경우, 해당 금품을 근로의 대가라고 보게 되면 근로자로서는 근로를 제공하고도 위와 같은 조건의 성취 여부에 따라 근로의 대가를 받지 못하게 된다는 점에서 불합리가 발생하게 된다. 따라서 금품의 지급 여부가 근로의 제공과는 직접적인 관련이 없는 불확정적인 조건에 의존하는 경우 해당 금품에 근로의 대가성이 있다고 보기는 어렵다."[56]

한편, 수원지방법원은 삼성전자 퇴직자들이 회사를 상대로 경영성과급을 평균임금에 산입하여 재산정한 퇴직급여와 기 지급 퇴직급여의 차액 및 지연이자를 청구한 사건에서 경영성과급이 근로제공과 직접적이거나 밀접하게 관련되어 있다고 볼 수 없고, 이는 근로자들이 제공한 근로의 양이나 질에 대한 평가를 기초로 지급된 것이라기보다는 회사의 전반적인 경영성과에 대한 평가를 기초로 그에 따른 이익 중 일부를 근로자들에게 배분하는 것이라고 보아야 한다면서 그 임금성을 부정하였다.[57]

또한, 서울남부지방법원은 엘지디스플레이 퇴직자들이 회사를 상대로 경영성과급을 평균임금에 산입하여 재산정한 퇴직급여와 기 지급 퇴직급여의 차액 및 지연이자를 청구한 사건에서 그 경영성과급의 임금성을 부정하였고,[58] 서울중앙지방법원은 삼성디스플레이가 직원들에게 지급한 경영성과급의 임금성을 부정하고 평균임금에 해당되지 않는다고 판결하였다.[59]

(2) 경영성과급의 임금성을 인정한 판례

최근 서울중앙지방법원은 현대해상화재보험 퇴직자들이 회사를 상대로 경영성과급을 평균임금에 산입하여 재산정한 퇴직급여와 기 지급 퇴직급여의 차액 및 지연

이자를 청구한 사건에서 경영성과급이 근로의 대가로 지급되는 임금의 성질을 가지므로 평균임금에 해당한다고 판결하였다.[60]

위 판결은 ① 경영성과급이 매년 1회씩 지급되는 것으로 관례화되어 있어 이를 우발적·일시적 급여라고 할 수 없고, ② 경영실적을 달성하면 미리 정한 지급기준에 따른 경영성과급 지급을 거절할 수 없어 이를 은혜적인 급부하고 보기 어려우며, ③ 12년 이상 해마다 1회씩 경영성과급을 지급하여 왔으므로 경영성과급이 실질적으로 생활임금으로 기능하였다고 볼 수 있고, ④ 회사 목표나 성과 달성을 위한 근로 동기와 의욕을 고취하고 장려하기 위해 집단성과급을 지급했다면 이는 근로의 질을 높인 것에 대한 대가로도 볼 수 있으므로 경영실적에 따른 지급이라고 하여 근로제공과 밀접한 관련이 없다고 단정하기 어려우며, ⑤ 매년 1회씩 경영실적에 따라 경영성과급을 지급한다는 노동관행이 성립하였다고 볼 수 있다는 것을 임금성 인정의 이유로 설시하였다.

이는 경영성과급이 지속적으로 지급된 사실(계속적·정기적 지급)과 일정한 조건을 충족하면 회사가 지급을 거절할 수 없는 사실(지급의무)을 토대로 하여 임금성을 인정한 공공기관 경영평가성과급 대법원 판결의 판시 구조를 취한 것으로 볼 수 있다.

한편, 위 판결에서 특히 주목할 만한 것은 집단성과급인 경영성과급의 근로의 대가성(근로제공과의 직접·밀접 관련성)을 인정한 부분인데, 이는 집단 성과도 개별 근로자들의 노동 제공을 통해 이뤄졌으므로 집단성과급도 근로의 대가인 임금으로 보는 것이 타당하다는 견해[61]와 일맥 상통하는 것으로 보이며, 특히 집단성과급은 협업의 질까지를 포함하여 회사가 요구하는 근로의 질을 높인 것에 대한 대가이므로 임금성이 인정된다는 견해[62]를 그대로 수용한 것으로 보인다.

즉, 위 판결의 의의는 '근로제공과 밀접한 관련이 없다고 단정하기 어렵다'는 약간은 애매한 표현을 쓰면서도 위와 같은 일부 학설의 견해와 궤를 같이 하여 집단성과급인 경영성과급의 근로의 대가성(근로제공과의 직접·밀접 관련성)을 인정하고 집단성과급인 경영성과급이 임금에 해당한다는 판결을 하였다는 것이다.

"사용자가 근로자 집단에 대하여 회사의 목표나 성과 달성을 위한 근로 동기와 의

---

60 서울중앙지방법원 2021. 4. 15. 선고 2019가합538253 판결.

61 김홍영, 앞의 논문(註 23), 76면.

62 심재진, 앞의 논문(註 22), 82면.

욕을 고취하고 장려하기 위하여 집단적인 성과급을 지급하였다면, 이는 협업의 질
까지 포함하여 회사가 요구하는 근로의 질을 높인 것에 대한 대가로도 볼 수 있으
므로, 경영실적에 기초하여 지급되었다는 사정만으로 이 사건 경영성과급이 근로
제공과 밀접한 관련이 없다고 단정하기 어렵다."[63]

그러나, 위 판결 사안의 경영성과급은 일정 규모 이상의 당기순이익 발생을 전
제로 지급된 것인데, 이러한 당기순이익 발생 여부 및 그 규모는 단순히 근로자들이
제공하는 근로의 양과 질에 따라 결정될 수 있는 것이 아니다.

이러한 경영성과급이 지급되려면 근로제공 외에 당기순이익 발생이라는 근로자
가 통제할 수 없는 별도의 조건이 성취되어야 하므로, 당기순이익 발생과 연동되어
있는 경영성과급의 근로의 대가성(근로제공과의 직접·밀접 관련성)을 인정하고 임금에
해당한다고 판결한 것은 임금성에 관한 법리를 오해한 것이고 집단성과급의 임금성
을 부정한 기존의 대법원 판례에도 배치되는 것이다.

한편, 위 판결은 경영성과급이 근로제공과 밀접한 관련이 없다고 단정하기 어렵
다면서 사기업의 성과배분상여금에 관한 대법원 2011. 10. 27. 선고 2011다42324 판
결을 원용하였는데, 이 판결의 사안은 위에서 검토한 바와 같이 집단성과급(경영성과
급)인 성과배분상여금이 부당해고 기간 동안 지급받았어야 할 임금에 해당하는지에
관한 사안이다.

불법행위로 인해 근무를 하지 못했을 경우는 '차액설'에 따라 정상 근무하였더
라면 받을 수 있었던 모든 금품이 손해배상액에 포함되는데, 부당해고의 경우에만
사용자가 지급해야 하는 미지급 금품이 근로기준법상 '임금'에 한정된다고 보아야
할 법적 근거는 없기 때문에, 이러한 '부당해고 기간의 임금'에 대한 위 대법원 판결
이 집단성과급(경영성과급)인 성과배분상여금이 임금이라고 판단한 것은 부당해고 근
로자에 대한 전보배상 차원에서 판단한 것이라고 이해하는 것이 타당할 것이다.

V. 결론

대법원 1995. 12. 21. 선고 94다26721 전원합의체 판결을 통해 임금이분설이 폐
기된 이후 생활보장적 임금으로 분류되었던 항목들이 임금으로 인정되었고, 대법원

---

63 서울중앙지방법원 2021. 4. 15. 선고 2019가합538253 판결.

2013. 12. 18. 선고 2012다89399 전원합의체 판결 등을 통해 매월 지급되지 않는 임금이라도 정기성, 일률성, 고정성이 인정되면 통상임금에 포함되게 되었다.

최근에는 통상임금의 '고정성'과 관련하여 통상임금의 범위를 확대하는 방향의 하급심 판결들이 선고되고 있는 한편, 논란이 되었던 복지포인트의 임금성은 대법원 2019. 8. 22. 선고 2016다48785 전원합의체 판결로 그 임금성이 부정되었다. 또한 '18년 하반기 대법원에서 공공기관 경영평가성과급의 임금성을 인정하는 판결들이 선고되자, 그 동안 임금의 범위에서 제외되어 왔던 집단성과급(경영성과급)의 임금성에 대한 분쟁이 계속하여 발생하고 있다.

즉, 근로관계의 가장 기본이라고 할 수 있는 '임금'에 관하여 아직도 혼란이 계속되고 있는 것이다.

집단 성과도 개별 근로자들의 노동 제공을 통해 이뤄졌으므로 집단성과급도 근로의 대가인 임금으로 보는 것이 타당하는 견해와 집단성과급은 협업의 질까지를 포함하여 회사가 요구하는 근로의 질을 높인 것에 대한 대가이므로 임금성이 인정된다는 견해도 있고, 최근 집단성과급(경영성과급)인 공공기관 경영평가성과급의 임금성을 인정하는 대법원 판결들이 선고되기도 하였다.

그러나, 임금은 체불 시 형사처벌이나 행정적 제재 등 다양한 규제의 대상이 될 뿐만 아니라, 최종 3개월분의 임금은 사용자의 총재산에 대하여 질권·저당권 등 담보권에 따라 담보된 채권에 대하여 최우선적인 변제권이 인정되는 등(근로기준법 제38조) 어떤 금품이 임금인지 여부는 사용자의 일반채권자들과의 관계에 있어서도 상당히 중요한 문제에 해당한다.

그렇기 때문에 어떠한 금품에 대한 임금성 판단은 근로기준법이 정한 기준에 따라 엄격하게 이루어져야 한다. 근로기준법상 임금의 핵심 개념은 '근로의 대가'이며, 근로계약이 근로자의 근로제공 의무와 사용자의 임금지급 의무가 쌍무적 견련관계에 있는 쌍무유상계약이라는 점을 고려하면, 근로의 대가성(근로제공과의 직접·밀접 관련성)은 근로의 제공이 있으면 별도의 조건이나 외부적인 요인 등에 좌우되지 않고 그 지급의무가 발생하는 것을 의미한다고 볼 수 있다. 다만, 근로제공 외 어떠한 조건도 없어야 임금으로 볼 수 있는 것은 아니며, 별도의 조건이나 외부적인 요인, 특별한 사정 등은 개별 근로자가 통제할 수 없는 것에 한정된다고 보는 것이 타당할 것이다. 그러므로, 부서·기업의 경영성과에 따라 지급되는 집단성과급인 경영성과급은 근로제공과의 직접·밀접 관련성이 인정되지 않아 임금이라고 볼 수 없다.

종래 대법원 판례도 공공기관 경영평가성과급에 대한 판례와 부당해고 기간의 임금에 대한 판례 외에는 집단성과급(경영성과급)의 임금성을 인정하지 않고 있다. 공공기관 경영평가성과급의 임금성을 인정하는 대법원 판결들이 최근 선고되었으나, 대법원이 임금성 판단에 관한 기존의 입장을 변경하였다고 보는 것은 타당하지 않다. 위 대법원 판결들이 선고된 이후 대법원은 전원합의체 판결을 통해 임금성 판단에 관한 기존의 입장을 재확인하였으며, 따라서 집단성과급인 공공기관 경영평가성과급의 임금성이 인정된 원인은 공공기관 경영평가성과급의 특성에서 찾는 것이 타당할 것이다. 또한, '부당해고 기간의 임금'에 대하여는 부당해고 근로자에 대한 전보배상이라는 차원에서 판단한 것이라고 이해하는 것이 타당할 것이므로, 결국 대법원 판례도 집단성과급(경영성과급)의 임금성을 인정하지 않고 있다고 볼 수 있다.

결론적으로, 부서·기업의 경영성과에 따라 지급되는 집단성과급인 경영성과급은 임금에 해당한다고 볼 수 없다. 이러한 경영성과급의 본질은 경영성과를 일부 분배하는 것 즉, '성과 배분'에 해당한다고 보아야 할 것이다.

이른바 기회상실에 대한 손해배상 소고(小考)

이 동 진*

I. 서론

　　우리 손해배상법은 이른바 차액설에 따라 현재의 재산상태와 가해행위(불법행위 또는 채무불이행)가 없었더라면 있었을 가정적(假定的) 재산상태의 차이를 배상한다. 그러므로 피해자는 손해배상을 받기 위하여 현재의 재산상태와 가정적 재산상태를 증명하여야 한다. 그런데 현재의 재산상태가 대개 곧바로 직접 증명될 수 있는 것과 달리 가정적 재산상태는 직접 증명될 수 없고 여러 가정과 추론에 의존하므로 100% 확실하게 증명되기 어려울 수도 있다. 결과적으로 가정적 재산상태(들)의 증명이 민사소송법에서 정하는 증명도에 미치지 못하면 손해배상은 좌절된다. 우리 민사소송법은 원칙적으로 의심을 품지 아니할 정도의 증명을 요구하므로,[1] 그에 못 미치는 정도의 가정적 시나리오는 손해배상의 근거가 될 수 없다.

　　그런데 이는 종종 부당한 결과를 낳는다. 환자가 의사의 오진(誤診)으로 수술을 받을 기회를 놓쳤고 별다른 치료방법이 없어 곧 사망하였는데, 만일 제때 정확한 진단이 이루어져 수술을 받았더라면 20%의 생존확률이 있었던 경우, 진단이 이루어졌다 하여 살 수 있었으리라고 볼 수는 없겠지만, 그렇다고 아무런 배상도 안 해주는

---

* 서울대학교 법학전문대학원 교수.
1　전원열, 민사소송법 강의, 2020, 350면.

것은 납득하기 어렵다. 진료는, 진료계약과 진료를 둘러싼 주의의무는 바로 그 20%의 확률을 위한 것이기 때문이다.

이른바 기회상실(loss of chance; perte d'une chance)에 대한 손해배상은 바로 이러한 경우 사망이라는 확정적 결과를 손해로 보는 대신 20%의 확률로 살 기회(수술 받을 기회)를 독자적인 손해로 파악함으로써 부족한 증명도 문제를 피하고 배상을 인정하는 구성을 말한다. 그러나 사망이라는 확정적 결과를 손해로 보되 증명도를 완화하고 증명도에 비례하여 배상해주는 대안(이른바 확률적 증명, 비율적 배상; proportional liability)도 같은 기능을 한다.2 이 두 구성방식은 어느 것이나 법도그마틱적으로 문제가 없지 아니하나, 그 현실적 필요성 또한 부정하기 어렵다.

확률적 증명 내지 비율적 배상의 전면적 수용은, 이론적으로는 논의되나, 아직까지 현실적 대안이라고 하기는 어렵고, 앞으로도 현실적 대안이 될 수 있을지 의문스럽다. 이러한 점에서 실천적으로 좀 더 중요한 문제는 어느 범위에서 기회상실에 대한 손해배상 내지 비율적 배상을 인정할 것인가 하는 경계설정이라고 생각된다.3 이 글에서는 우선 비교법적 고찰을 통하여 기회상실에 대한 손해배상의 (가능한) 경계와 사안유형을 탐색해보고(아래 II.), 이어서 우리 법에서 이를 어떠한 방식으로 어느 범위에서 수용할 수 있을지 살펴보고자 한다(아래 III.).

II. 비교법적 고찰

1. 프랑스

(1) 판례의 발전

이른바 기회상실에 대한 손해배상이 가장 널리 활용되고 있는 곳은 프랑스이다. 프랑스법은 손해배상의 원칙으로 완전배상(réparation intégrale)과 손해의 확실성(certitude; dommage certain)을 요구하면서도,4 이른바 기회상실(perte d'une chance)을 독

---

2 Bolko Ehlgen, Probabilistische Proportionalhaftung und Haftung für den Verlust von Chancen, 2013, S. 10 ff.

3 Gilead, Green and Koch, "General Report: Causal Uncertainty and Proportional Liability: Analytical and Comparative Report", Gilead, Green and Koch (eds) Proportional Liability: Analytical Comparative Perspectives, 2013, pp. 6 f.

4 Viney, Jourdain et Carval, Traité de droit civil. Les conditions de la responsabilité, 4e éd., 2013, n° 275 et s.

자적인 손해로 파악함으로써 이러한 경우를 구제할 길을 열었다. 이러한 손해배상은 1940년대만 해도 간헐적으로 인정되었으나 1950년대부터는 프랑스손해배상법의 확고한 일부가 되었다고 한다.[5]

(가) 고전적 사안유형

프랑스판례상 기회상실에 대한 손해배상의 리딩케이스(leading case)는 항소장 제출기간 내에 적법한 항소를 하지 아니한 데 대한 집행관(hussier de justice)의 책임에 관한 것이었다. 파기원은 적법하게 항소하였더라면 항소심에서 제1심판결이 취소되어 승소하였으리라고 단정하기도, 그렇다고 항소가 기각되었으리라고 단정하기도 어렵다고 하면서도, 집행관의 과책(faute)으로 승소할 가능성을 잃은 것 자체를 손해로 파악하였다.[6]

소송상 승소 기회의 상실은 오늘날에 이르기까지 기회상실배상의 확고한 사안군을 형성하고 있다. 패소한 당사자 측 소송대리인이 적법한 항소·상고를 하지 아니하여 원심판결을 취소·파기할 기회를 잃은 경우가 대표적이지만,[7] 그 이외에도 소송대리인이 변론기일에 출석하지 아니하는 등 그 과책으로 특정 주장을 할 기회를 잃은 경우,[8] 승소 가능성이 있음에도 없다고 잘못 조언하여 필요한 조치를 시도조차 하지 아니한 경우,[9] 기간제한을 알려주지 아니한 결과 적시에 필요한 조치를 취하지 못한 경우[10] 등에서 배상을 인정한다.

판례는 이러한 사안유형의 기회상실은 "현실적이고 진지한 기회(chances réelles et sérieuses)"가 존재하였을 때에 한하여 배상된다는 입장을 취한다.[11] 그중 진지한 기회인지가 중요하다. 판례는 단순한 판례변경 가능성만으로는 진지한 기회가 존재한다고 할 수 없고,[12] 승소에 필요한 증거를 구하여 제출하기 어렵다면 진지한 기회가 아

5　이하의 사안유형과 판례의 대체적 경향은 Großerichter, Hypothetischer Geschehensverlauf und Schandensfeststellung. Eine rechtsvergleichende Untersuchung vor dem Hintergrund der perte d'une chance, 2001, S. 93 ff.; Viney, Jourdain et Carval(주 4), n° 280을 참조하였다.

6　Cass. req., 17 juill. 1889, S. 1891 I 399.

7　Cass. ass. plén., 3 juin 1988, RTDciv. 1989, 81; Cass. civ. 1re, 16 juillet 1998, JCP. 1998 II 143.

8　Cass. civ. 1re, 4 mars 1980, Bull. civ. I, n° 72 = JCP. 1980 IV 197; Cass. civ. 1re, 8 juillet 1997, Bull. civ. I, n° 237.

9　Cass. civ. 1re, 18 nov. 1975, D. 1976 IR 38.

10　CA Paris, 4 juillet 1977, JCP 1978 II 18975.

11　Cass. ass. plén., 3 juin 1988, RTDciv. 1989, 81.

12　Cass. ass. plén., 3 juin 1988, RTDciv. 1989, 81.

니며,13 사실관계에 비추어 승소가 거의 확실하거나 적어도 승소 가능성이 더 커야 한다고 한다. 다수의 하급심 재판례는 50% 이상의 배상액을 인정하고 있고,14 심지어는 전액 배상해준 예도15 있어, 이러한 경향을 확인해준다. 승소 가능성이 그에 미치지 못함에도 지출비용의 배상16 또는 압박수단의 상실에 대한 (비재산적) 손해배상을17 인정한 예가 있으나, 이는 기회상실배상이라고 하기 어려울 뿐 아니라, 근래에는 이러한 경우 청구를 기각하는 실무가 정착되고 있다.18

기회상실에 대한 손해배상이 이루어지는 경우 배상액은 통상 승소 가능성(확률)만큼 할인된 금액으로 정해진다.

이후 이러한 법리는 다른 사안유형으로 확대되었다.

먼저 경쟁에 참여하여 이길 기회를 상실한 경우 당초 배상이 부정되다가19 50년대 하급심에서 인정된 재판례가 여럿 나오고,20 70년대에 이르러 파기원도 배상을 인정하였다.21 판례는 여기에서도 "현실적이고 진지한 기회"를 언급하나 이 사안유형에서는 우승 가능성이 50%를 넘을 필요는 없고 오히려 그보다 훨씬 적은 경우에도 경쟁자(참가자)의 수로 나눈 금액의 배상을 인정하곤 한다.22

또한, 계약체결이 가해자의 과책으로 좌절된 경우에도 기회상실의 배상이 논의된다. 여기에는 피해자가 불특정 다수의 거래를 하지 못한 경우와 특정 계약의 체결이 좌절된 경우가 있는데, 전자와 관련하여서는 기회상실의 배상이 고려되지 아니하

---

13 Cass. civ. 1re, 18 oct. 1978, Gaz.Pal. 1979, 1, 118.

14 CA Poithier, 12 nov. 1969, RTDciv. 1970, 572 (3/5); Paris, 19 jan. 1996, Gaz.Pal. 1996, 1 somm. 253 (1/2).

15 CA Bourges, 27 mars 1984, Gaz.Pal. 1984, 1, 376 (기회상실을 명시적으로 언급한다).

16 Cass. civ. 1re, 11 mai 1964, JCP. 1964 II 13708.

17 Cass. civ. 1re, 9 oct. 1976, Gaz.Pal. 1976, 2, pan. 274.

18 Cass. ass. plén., 3 juin 1988, RTDciv. 1989, 81.

19 경마가 문제 된 Rouen, 8 aôut 1903, D. 1904 II 175; Trib. com. Seine, 3 juillet 1913, Gaz.Pal. 1913, 2, 406. 앞의 사건의 경우 실제로 피해자가 경마에서 우승할 것으로 다들 예상하고 있던 경우임에도 배상을 부정하였다.

20 Trib. civ. Seine, 16. déc. 1953, Gaz.Pal. 1954, 1, 80 (문학공모전 출품 기회의 상실); CA Grenoble, 25 mai 1964, RTDciv. 1964, 550 (병원설계공모).

21 Cass. civ. 2re, 4 mai 1972, RTDciv. 1972, 783 (경마). 또한, Cass. com., 3 mai 1979, Bull. civ. IV, n° 137; Cass. crim., 6 juin 1990, RTDciv. 1991, 121.

22 Jourdan, "De quelques manifestations du contrôle de la Cour de cassation sur l'appréciation du préjudice", RTDciv. 1991, 121.

나,23 후자에 대하여는 이미 50년대부터 전액배상이 아닌 기회상실에 대한 배상이 인정되어왔다.24

그러나 이 사안유형에서 기회상실의 배상이 가장 자주 쓰이는 것은 인신(人身)사고손해배상에서 피해자의 취업·전직·승진 가능성과 관련하여서이다. 피해자가 소득활동을 개시하기 전 사고를 당한 경우 하급심 재판례는 당초 장래의 취업 등 가능성을 대담하게 고려하였다. 가령 파리항소법원은 13세의 피해자에게 평균수준을 넘는 소득을 얻을 가능성에 터 잡아 배상을 인정한 바 있고,25 다수의 법원이 피해자의 교육 기타 취업준비상황이 이후 특정 직업 취업 가능성을 예측하기에 턱없이 부족한 사안에서도 기회상실배상을 인정하였다.26 그런데 1966년 파기원은 이러한 하급심 재판실무에 제동을 걸었다. 당해 사건에서는 19세 피해자의 손해배상청구가 문제 되었는데, 파기원 상사부는 피해자의 교육단계에 비추어볼 때 "구체적으로" 특정 직업(여기에서는 약사)을 얻을 수 있었다고 할 수 없고, 그 기회의 상실에 대하여 배상할 수 없다고 한 것이다.27 곧이어 파기원 형사부가 이를 따라,28 확고한 판례가 되었다. 요컨대 단순한 가능성으로는 부족하고 특정 직업을 취득할 것으로 보이는 교육훈련 등 구체적인 사정이 있어야 한다는 취지이다.29 같은 맥락에서 전직(轉職) 기회의 경우 통계적 가능성만으로는 충분하지 아니하고 전직의 구체적 단서가 있어야 하고,30 승진 가능성과 관련하여서는 승진을 직접 앞두고 있거나 구체적 단서가 있거나 기업에 이미 확정된 계획이 있는 경우, 또는 특별 교육절차에 들어간 경우 등이어야 한다고 한다.31

이 사안유형에서는 기회상실배상이 인정되기도, 전손해배상이 인정되기도 하는

---

23 Cass. civ. 1re, 12 juin 1987, Bull. civ. II, nº 128. 그러나 과거에는, 기회상실을 언급하지 아니한 채, 배상을 인정한 예도 있었다. Cass. com., 22 mars 1955, JCP. 1955 II 8686.

24 CA Colmar, 20 avr. 1955, D. 1956, 723; Cass. civ. 3ème, 16 avr. 1973, Bull. civ. III, nº 287; Cass. com., 22 mai 1979, D. 1980 IR 217.

25 CA Paris, 10 mars 1920, D. 1920 II 137.

26 CA Paris, 10 nov. 1969, Gaz.Pal. 1970, 1, 38.

27 Cass. civ. 2re, 12 mai 1966, D. 1967, 3. Capitant, Terré et Lequette, Les grands arrêts de la jurisprudence civile, Tome 2, 11e éd., 2000, nº 180.

28 Cass. com., 21 nov. 1968, Gaz.Pal. 1969, 1, 100 = RTDciv. 1969, 778.

29 Cass. crim., 19 janv. 1972, JCP. 1972 IV 55 (의대 6학년생).

30 CA Paris, 22 janv. 1976, D. 1976 IR 31; Cass. civ. 2re, 27 févr. 1985, Bull. civ. II, nº 52 = RTDciv. 1986, 117; Cass. crim., 15 juin 1982, JCP. 1982 IV 308.

31 Cass. civ. 2re, 14 oct. 1992, Bull. civ. II, nº 241; Cass. civ. 2re, 13 nov. 1985, Bull. civ. II, nº 172; Cass. crim., 9 déc. 1980, JCP. 1980 IV 80.

데, 어느 쪽을 인정할지는 사실심법관의 재량에 맡겨져 있다. 파기원은 전손해배상이든 기회상실배상이든 인정되어야 함에도 이를 인정하지 아니한 경우 원심판결을 파기하고 있으나, 거꾸로 하급심이 (과도한) 배상을 인정하였다고 파기한 예는 찾아볼 수 없다고 한다.[32]

(나) 새로운 사안유형

이러한 프랑스의 기회상실배상에 새로운 사안유형, 즉 치료 또는 생존 기회의 상실(perte d'une chance de guérison ou de survie)에 대한 배상이 추가된 것은 1962년 그르노블(Grenoble) 항소법원의 판결이 그 계기가 되었다.[33] 당해 사안에서는 의사가 X-ray 촬영의 골절상을 발견하지 못하여 환자가 치료 없이 무리한 활동을 계속한 결과 장애로 진전한 것이 문제 되었는데, 법원은 정확히 진단하였다 하더라도 장애로 진전하지 아니하였을 것인지 확실하지 아니하였음을 들어 전손해배상은 부정하고 기회상실에 대한 배상을 인정하였다. 파기원도 1965년 이와 유사한 사건에서 기회상실에 대한 배상을 인정하였고,[34] 같은 법리는 이후 여러 재판례에서 거듭 확인되어 확고한 판례가 되었다. 이는 앞서 본 고전적 사안유형과 달리 이미 손해(악결과; 惡結果)가 발생한 상황에서 인과관계의 존부가 불분명한 경우 기회상실에 대한 배상을 인정한 것이어서, 새로운 사안유형이라고 이해되었다.

그런데 이러한 판례는 1977년 파기원 형사부가 제1민사부의 판례를 거부함에 따라[35] 동요하였다. 같은 판례는 의사의 부주의로 피해자에게서 생존 가능성을 빼앗아 사망 위험을 창출하였다는 점을 들어 기회상실에 대한 배상이 아닌 전손해배상을 인정한 것이다.[36] 하급심에서도 정당화되지 아니한 위험(risque non justifié)이라는 관점에서 전손해배상을 인정한 예가 늘었고, 파기원도 이를 승인하였다.[37] 반대로 악결과

---

32 Großerichter(주 5), S. 105 f.

33 CA Grenoble, 24 oct. 1962, RTDciv. 1963, 334.

34 Cass. civ. 1re, 14 déc. 1965, JCP. 1966 II 14753 = RTDciv. 1967, 181.

35 Cass. crim., 9 juin 1977, JCP. 1978 II 18839.

36 Cass. civ. 1re, 9 mai 1973., JCP. 1974 II 17643은 출산과정에서 태아가 산소공급부족으로 뇌손상을 입은 사안에서 의사가 출산과정을 잘 살폈다 하여도 뇌손상을 입었을 가능성이 있었다면서도 태아가 건강하게 태어날 상당한 가능성이 있었음을 들어 전손해배상을 명한 항소법원 판결을 파기하면서 기회상실에 대한 (부분적) 손해배상을 명하였다. 이에 파기 후 원심이 기회상실이 아닌 사망 자체에 대하여 전손해배상을 명하였고, 다시 상고되었으나 파기원은 원심을 유지하였다. Cass. civ. 1re, 1 juin 1976, JCP. 1976 II 18483.

37 Cass. civ. 1re, 13 févr. 1978, JCP. 1978 IV 255; Cass. civ. 1re, 20 févr. 1979, D. 1979 IR 250.

와 사이에 인과관계가 인정되지 아니하면 기회상실에 대한 손해배상도 부정되었다.**38**

그러나 하급심 재판실무는 정당화되지 아니한 위험에 근거한 전손해배상과 함께 기회상실에 대한 (감액된) 손해배상도 여전히 활용하였다. 1982년 파기원 제1민사부는 "기회상실은 손해액의 산정에만 관계하고 가해행위와 발생한 손해 사이의 인과관계가 증명되지 아니한 경우에는 적용될 수 없다"면서 이러한 사안유형에서 기회상실에 대한 손해배상의 활용을 다시 부정하였으나,**39** 기회상실의 배상을 인정하는 판례도 계속되고 있다. 인과관계가 확립되지는 아니하였음을 들어 손해액을 감액하여야 한다거나 악결과와 사이의 인과관계가 인정되지 아니하여도 기회상실과 사이의 인과관계를 검토하여야 한다는 판례들이**40** 그 예이다.

판례는 70년대 이러한 법리를 의사의 설명의무 위반,**41** 보험중개인의 설명의무 위반**42** 등에 확장 적용한 바 있다. 파기원 제1민사부는 앞서 본 치료 또는 생존기회상실에 대한 입장을 일관하여 전손해배상을 인정하는 한편,**43** 기회상실에 대한 배상은 "장래의 불확실한 사태로서 그 발생이 피해자의 의사에 의존하지 아니하는 경우" 인정되고, 인과관계는 있거나 없을 수 있을 뿐이라고 하였으나,**44** 제2민사부는 스포츠 행사 주관자가 보험에 가입되어 있지 아니하다는 점을 설명하지 아니하여 보험을 가입하여 손해를 회피할 기회를 상실하였는지를 문제 삼았고,**45** 파기원 상사부도 선물거래에 투자한 것이 위험해졌음을 알려주어 "보다 합리적인 결정으로 손실을 회피할 기회"를 부여하지 아니한 데 대하여 손해배상을 인정하였다.**46** 그밖에 공증인, 집행관, 파산절차의 기관 등의 과책으로 피해자가 다른 채권자보다 선순위로 배당받거

---

38 Cass. civ. 1re, 2 mai 1978, JCP. 1978 IV 205.

39 Cass. civ. 1re, 17 nov. 1982, D. 1983 IR 380. 같은 취지로, Cass. civ. 1re, 11 févr. 1986, JCP. 1987 II 20775; Cass. civ. 1re, 27 mars 1985 D. 1986, 390.

40 Cass. civ. 1re, 7 févr. 1990, D. 1991 somm. 183; Cass. civ. 1re, 12 nov. 1985, Bull. civ. I, n° 298; Cass. civ. 1re, 12 nov. 1987, Bull. civ. I, n° 291. 좀 더 근래의 판례들은 Jourdain, "Sur la perte d'une chance", RTDciv. 1992, 109.

41 Cass. civ. 1re, 5 nov. 1974, JCP. 1974 IV 417.

42 Rennes, 9 juillet 1975, RTDciv. 1976, 547.

43 Cass. civ. 1re, 4 oct. 1978, Bull. civ. I, n° 292; Cass. civ. 1re, 3 nov. 1983, Gaz.Pal. 1984, 1 pan. 97 = JCP. 1984 II 20147 = RTDciv. 1984, 322.

44 Cass. civ. 1re, 11 févr. 1986, D. 1991 somm. 183.

45 Cass. civ. 3ème, 19 mars 1997, D. 1997 IR 109.

46 Cass. com., 10 juin 1996, D. 1997 IR 15.

나 지급불능 전 만족을 얻을 수 있었음에도 그리하지 못한 경우를 "채권실현기회"의 상실로 파악하고, 기회상실에 대한 배상을 인정한다. 가령 파기원은 공증인이 저당권등기를 갱신하지 아니하여 저당권을 상실하게 된 데 대하여 제때 갱신하였다면 실현되었을 가능성을 25%로 보고 그에 상응하는 배상을 명하였다.[47]

(다) 국가배상의 경우

다른 한편 1950년대부터 국참사원도 국가배상에서 기회상실에 대한 손해배상을 인정하였다. 국참사원의 기회상실에 대한 손해배상은 "진지한 기회(chance sérieuse)"를 요건으로 하여 상당한 개연성으로 문턱을 높이는 대신, 위 요건을 갖추면 아예 전손해배상을 인정하였다는 데 특징이 있다.[48] 그러나 이러한 국가배상책임의 법리는 민사사건[및 형사소송에 부대하는 사소(私訴)]에는 영향을 주지 못하고 있다.

(2) 학설의 반응과 채권법 개정안

그렇다면 프랑스의 학설은 이러한 기회상실배상에 대하여 어떠한 입장인가? 적어도 민법학에서 통설은 고전적 사안유형에서 기회상실에 대한 손해배상에는 일반적으로 찬성하고 있다. 나아가 프랑스채권법 개정과 관련하여 마련된 까탈라(Calata) 초안 제1346조는 "기회상실은 독자적인 손해를 이룬다"고 규정하였고, 떼레(Terré)의 책임법 초안 제9조는 "불확실한 결과를 발생시키는 과정의 중단은 그것이 유리한 결과를 낳을 현실적이고 진지한 기회가 존재할 때에 한하여 손해를 이룬다"고 정하였다. 현재 발의된 책임법 개정안 제1237조는 "기회상실은 유리한 사태의 현재의 확실한 소멸(la disparition actuelle et certaine)인 때에 한하여 배상 가능한 손해를 이룬다"는 규정을 포함하고 있다.

그러나 새로운 사안유형, 특히 치료 내지 생존 기회의 상실에 대한 배상에 관하여는 견해가 분분하다. 인과관계에 관하여 명확한 감정의견을 받기 어려운 사안에서 증명곤란을 구제하는 기능을 한다며 찬성하는 견해도[49] 있으나, 다수는 이때에는 기회가 상실된 것이 아닌 악결과가 손해이고 인과관계를 추정하는 셈이며,[50] 기회상실

---

47 Cass. civ. 1re, 17 juillet 1996, JCP. 1996 IV 2178.

48 CE., 5 avr. 1957, Rec. CE 244.

49 Durry, "La faute du médecin diminuant "les chances de guérison" du malade", obs., RTDciv. 1969, 797. 그밖에 찬성하는 취지로, Boré, "L'indemnisation pour les chances perdues: une forme d'appréciation quantitative de la causalité d'un fait dommageable", JCP. 1974 I 2620, n° 23 et s.

50 Chabas, "Vers un changement de nature de l'obligation médicale", JCP. 1973 I 2541.

은 가해행위가 장래의 (독립적인) 유리한 사태전개 가능성을 차단한 경우에 인정되는
데 의료과오책임에서는 치료 내지 생존이 의사의 과책에 의존하므로 (독립적) 기회
자체가 존재하지 아니한다는 등[51] 이에 비판적이다. 그밖에 부작위의 경우 성질상
인과관계가 가정적 사태진행을 통해서만 인정되어 증명이 어려우므로 예외적으로
기회상실에 대한 배상이 인정될 수 있다는 견해도[52] 있다.

2. 그 밖의 나라

(1) 영국과 미국

(가) 영국

영국판례는 일찍부터 계약위반으로 인하여 상실한 경제적 이익 기회의 배상을
인정해왔다. 1911년의 Chaplin v Hicks 사건 판결은,[53] 극장을 운영하는 피고가 미인
대회를 열어 선발된 12명을 3년간 고용하겠다고 광고하여 지원자 중 본선진출자 50
명을 결정한 뒤 그들에게 본선 면접일정을 통지하는 과정에서 원고에 대한 통지가
늦어져 원고가 면접에 참가하지 못한 사안에서 '경쟁기회' 자체의 상실에 대한 배상
을 명하였다. 원고는 결승진출 가능성 등을 고려하여 최종적으로 100파운드의 배상
을 받았다.

이러한 법리는 역시 당사자 사이에 계약관계가 인정되는 변호사책임에 연장되었
다. Kitchen v Royal Air Force Association 사건 판결은[54] 법정(法庭)변호사(barrister)의
과실로 제소기간이 도과한 사건에서 원고에게 "실제적이거나 실질적인(real or
substantial)" 승소기회가 있었는지 여부와 그 정도에 따라 배상받아야 한다면서, 배상
액을 전손해의 2/3인 2,000파운드로 정하였다. 그리고 Allied Maples Group Ltd v
Simmons & Simmons 사건 판결은 지분양도거래에서 우발채무에 대하여는 매도인이
책임지기로 하는 조항을 삽입하면서 사안에서 문제 된 임차인책임에 관하여는 매도
인책임조항을 삽입하지 아니하여 매수인이 손해를 입게 된 데 대하여 이에 관하여
조언하지 아니한 데 대한 사무변호사(solicitor)의 책임을 인정하였다. 사안에서 피고

---

51 Savatier, "Une faute reut-elle engendre la responsabilité d'un dommage sans l'avoir causé?", D.
   1970, 123. 치료 기회상실의 경우 의사의 과책이 없었더라도 통계적 치유가능성이 존재할 뿐, 구체적·
   개별적인 치료 기회가 확인되지 아니한다는 Penneau, note, D. 1973, 595도 참조.

52 Vacarie, "La perte d'une chance", RRJ 1987, 903.

53 [1911] 2KB. 786.

54 [1995] 1 WLR. 563 (C.A). 비슷한 취지로, Pearson v Sanders Witherspoon [2000] PNLR. 110.

는 그러한 사정을 원고에게 알렸다 하더라도 계약조항이 달라지지 아니하였을 것이라고 주장하였으나, 법원은 교섭에 성공하여 보호조항을 삽입하였을 '가능성'을 고려하여 손해액을 평가하여야 한다고 하였다.[55]

나아가 Spring v Guardian Assurance plc. 사건 판결에서는[56] 사용자가 그 전 피용자의 취업과 관련하여 부당한 경력증명서(references)를 보내 취업이 좌절된 데 대한 손해배상을 인정하면서, "고용의 기회를 상실하였다는 점만 증명하면 되고 잘못된 경력증명서가 아니라면 채용되었을 것이라는 점을 증명할 필요는 없다"고 하였다. 당해 사안은 앞의 사안들과 달리 명백히 불법행위책임을 물은 것이었다.[57]

반면 의료과오책임과 관련하여서는 기회상실에 대한 손해배상을 인정하지 아니하고 있다. 영국에서 NHS를 상대로 한 의료과오소송은 불법행위법에 의하여 추구되고 있는데, Hotson v East Berks Area Health Authority 사건 판결에서 귀족원은 진단과오로 골절을 치료하지 아니하여 장애를 입게 된 사안에서 바로 수술을 받았더라도 25%의 성공 가능성밖에 없었다면 우월한 개연성 있는 증명이 이루어지지 아니한 것이라면서 청구를 기각하였다. 같은 판결은 기회상실에 대한 배상을 인정한 제1심 및 항소원 판결에 대하여 기회상실은 인과관계가 인정된 뒤에야 가능한데 사안은 그렇지 아니하므로 전부 또는 전무(all or nothing)로 판단되어야 한다고 하였다. 그리고 Gregg v Scott 사건 판결에서는[58] 림프종을 진단하지 못하여 치료가 지연됨에 따라 생존가능성이 42%에서 25%로 감소한 데 대한 배상을 부정하면서 사안의 경우 아직 원고가 생존할지 여부가 확정되지 아니하여 불확실성이 존재하므로 기회상실배상은 인정될 수 없다고 하였다. 영국의 학설은 대체로 판례의 조심스러운 태도에 대하여 이는 소송범람을 막기 위한 타당한 조치라면서 찬성하는 입장을 취한다.[59]

(나) 미국

기회상실에 대한 배상은 미국에서도 인정되고 있다. 흥미를 끄는 점은 인정하는 사안유형이 다르거나 어떤 의미에서는 영국과 반대된다는 사실이다.

---

55 [1987] AC. 750 (C.A. and H.L.)

56 [1995] 2 AC. 296.

57 다만, 이는 Hedley Byrne & Co Ltd v Heller & Partners Ltd. [1964] AC. 465에 따라 제3자가 부실표시의 책임을 물을 수 있는 경우로서, 피해자와 가해자 사이에 일정한 관계를 전제한다.

58 [2005] 2 WLR. 268,

59 Hill, "A Lost Chance for Compensation in the Tort of Negligence by the House of Lords", (1991) 54 MLR 511, 523; Peel, "Loss of a chance in medical negligence", (2005) 121 LQR. 364.

미국판례에서 기회상실(loss of chance)에 대한 손해배상은 의료과오를 중심으로 인정되고 있다. 기회상실에 대한 독자적 배상을 인정하여야 한다는 King 교수의 1981년 논문의[60] 영향 아래 워싱턴 주(州) 대법원이 1983년 폐암진단이 늦어져 생존확률이 39%에서 25%로 감소한 사안에서 사망한 피해자의 유족에게 기회상실에 대한 배상을 인정하는[61] 등 오늘날 과반수의 주(州)에서 의료과오가 없었더라면 치료되거나 생존하였을 가능성이 50%에 미치지 못하더라도 기회상실에 대한 배상을 인정한다.[62] 그러나 이때에도 생존가능성이 50%를 넘어 증거의 우월이 인정되는 경우에는 전손해배상이 명해지고 있고, 100%에 미치지 못한다 하여 비율적 배상을 하지는 아니하며, 악결과 없이 기회상실에 대한 배상을 인정하지도 아니한다.[63] 한편 적지 아니한 주(州)가 기회상실에 대한 배상을 부정하고 있고,[64] 제정법으로 기회상실에 대한 배상을 금한 주도 있다는 점에도 유의할 필요가 있다.[65]

반면 변호사책임에서는 기회상실에 대한 배상을 인정하지 아니하고 있다.[66] 이에 대하여는 승소 가능성을 산정하기 어렵다거나,[67] 법관으로서는 소송결과가 예견

---

[60] King, "Causation, Valuation, and Chance in Personal Injury Torts Involving Preexisting Conditions and Future Consequences", 90 Yale L. J. 1353 (1981).

[61] Herkovits v. Group Health Cooperative of Puget Sound, 664 P.2d 474 (Wash. 1983).

[62] Aasheim v. Humberger, 695 P.2d 824 (Mont. 1985); DeBukarte v. Louvar, 393 NW.2d 131 (Iowa 1986); Delaney v. Cade, 873 P.2d 175 (Kan. 1994); Roberts v. Ohio Permanente Medical Group, 668 NE.2d 480 (Ohio 1996) 등. Mahon, "Medical malpractice: measure and elements of damages in actions based on loss of chance", 81 ALR.4th 485도 참조.

[63] Boody v. United States, 706 F.Supp. 1458, 1464 (D.Kan. 1989); Scafidi v. Seiler, 574 A.2d 398, 407 (N.J. 1990); Gordon v. Willis Knighton Med. Ctr., 661 So.2d 991, 1000 (La.App. 2 Cir. 6/21/95); Alberts v. Schultz, 975 P.2d 1279, 1282 (N.M. 1999).

[64] Gooding v. University Hospital Building, Inc., 445 So.2d 1015 (Fla. 1984); Pillsbury-Flood v. Portsmouth Hospital, 512 A.2d 1126, 1129 (N.H. 1986); Ladner v. Campbell, 515 S.2d 882, 889 (Miss. 1987); Fennel v. Southern Maryland Hospital Center, Inc., 580 A.2d 206 (Md. 1990); Kramer v. Lewisville Memorial Hospital, 858 SW.2d 397, 400 (Tex. 1993);

[65] S.D.C.L. § 20-9-1.1; M.C.L.A. § 600.2912a(2).

[66] 소송에 관하여, Daugert v. Papas, 704 P.2d 600, 605 (Wash. 1985); Sheppard v. Krol, 578 NE.2d 212, 217 (Ill. 1991); Singleton v. Stegall, 580 So.2d 1242, 1247 (Miss. 1991); Nielson v. Eisenhower & Carlson, 999 P.2d 42, 47 (Wash. 2000); Canaan v. Bartee, 72 P.3d 911, 918 (Kan. 2003). 자문에 관하여, Hazel & Thomas, P.C. v. Yavari, 465 SE.2d 812, 815 (Va. 1996); Szuroy v. Olderman, 530 SE.2d 783, 785 (Ga.Ct.App. 2000); Rivers v. Moore, Myes & Garland, LLC, 236 P.3d 284, 293 (Wyo. 2010).

[67] Campbell v. Margana, 184 Cal.App.2d 751, 757 (Cal.Ct.App. 1960); Fuschetti v. Bierman, 319

불가능하다는 것보다는 치료결과가 예견 불가능하다는 것이 더 받아들이기 쉬웠을 것이라는 설명이 있다.[68] 그러나 변호사책임에서도 기회상실에 대한 배상을 인정하여야 한다는 견해도[69] 있다.

마지막으로 미국에도 경쟁 기회의 상실에 대하여 대담하게 배상을 인정한 재판례가 있다. 잡지가 실시한 구독자 공모에서 이길 기회를 박탈당한 것이나,[70] 백과사전 퀴즈 공모에 참가할 기회를 박탈당한 것도 배상될 수 있는 손해라고 한다.[71]

(2) 독일, 스위스, 오스트리아

반면 독일에서는 기회상실에 대한 배상이 인정되지 아니한다. 독일연방대법원은 (아직 연방행정판례가 없어) 상고가 받아들여질 가능성이 있음에도 상고하지 아니한 변호사에게 배상을 구한 사건에서 일응의 증명으로 인과관계가 인정된다면서 전손해배상을 명하였고,[72] 건축설계 공모에 다른 41명의 경쟁자와 함께 참가한 원고가 출품이 늦어졌다는 이유로 심사에서 배제되자 손해배상을 구한 사건에서 독일민사소송법 제287조 제1항에 따라 "참여에 따른 경제적 이익, 특히 당선되어 수주할 기회"에 대한 배상으로 지출비용을 인정한 원심에 대하여 심사를 받았더라면 당선되었을 것임을 확정하지 아니한 채 기회 자체에 대하여 배상을 명한 것으로 부당하다고 판시하는[73] 등 기회상실에 대한 배상을 부정해왔다. 이 점은 의료과오책임에서도 같으나, 다만 판례가 중대한 진료과오가 있으면 인과관계의 증명책임을 전환해오다가,[74] 2013년 개정 독일민법 제630조의h 제5항으로 "중대한 진료과오가 존재하고 그것이 실제로 일어난 종류의 생명, 신체 또는 건강 침해에 원칙적으로 적절한 것인 때에는 그 진료과오가 이 침해의 발생을 야기한 것으로 추정한다"로 규정하여 이를 입법화하였다. 학설상으로는 증명도감경이나 증명책임전환을 논하는 것이 보통이고, 기회

A.2d 781, 784 (N.J. 1974); Kessler, "Alternative Liability in Litigation Malpractice Actions: Eradicating the Last Resort of Scoundrels", 37 San Diego L. Rev. 401, 512 (2000).

[68] Leubsdorf, "Legal Malpractice and Professional Responsibility", 48 Rutgers L. Rev. 101, 149 (1995-1996).

[69] Kessler(주 67), p. 509; Leubsdorf(주 68), p. 149.

[70] Wachtel v. National Alfalfa Journal Co., 176 NW. 801 (Iowa 1920).

[71] Mange v. Unicorn Press, Inc., 129 F.Supp. 727 (S.D.N.Y. 1955).

[72] BGH NJW 2003, 2022.

[73] BGH NJW 1983, 443.

[74] BGH NJW 1965, 345.

상실배상을 언급하는 예는 소수에 그친다.[75]

스위스도 같다. 스위스에서는 과거 학설상 기회상실에 대한 배상을 인정하여야 한다는 견해가 유력하였고,[76] 1989년 취리히고등법원이 암으로 사망한 환자의 유족이 진단이 늦어져 제때 치료받을 기회를 상실한 데 대하여 손해배상을 구한 사건에서 기회상실의 배상을 인정한 바도 있다고 한다.[77] 그러나 최근 연방대법원은 역시 치료기회상실이 문제 된 사건에서 기회가 경제적 가치를 갖는다 하더라도 "기회는 그 성질상 잠정적이고 실현을 향하여 나아가는 것이어서 결국 이익이 되거나 무(無)가 되는바, 그 동적 또는 진화적 성격에 비추어볼 때, 기회는 재산에 그대로 남아 있지 아니"한다고 지적하였다. 그리고 "스위스법에서 손해액 산정에 적용되는 차액설은 두 특정 시점의 재산상태의 비교에 기초"하므로 "기회상실을 경제적으로 포착하는 것은 불가능하다"고 하여 기회상실에 대한 배상을 부정하였다.[78]

오스트리아에서는 일찍부터 복수의 잠재적 가해자 중 누가 실제로 손해를 야기하였는지 불분명할 때 연대책임을 인정하는 오스트리아일반민법 제1302조를 유추하여 일응 책임을 인정하되 배상액을 감액할 수 있다는 견해가 주장되었다.[79] 야기의 개연성만으로 책임을 인정하는 대신, 과실상계에서와 같이 손해액을 감액할 수 있다는 것이다.[80] 1995년 최고법원 제4부는 태아가 분만 중 과실로 분만 전 신생아 가사

75 학설의 개관은 Mäsch, Chance und Schaden. Zur Dienstleisterhaftung bei unaufklärbaren Kausalverläufen, 2004, S. 127 ff., 특히 149 ff. 경쟁기회상실 유형에 한하여 인정하는 견해로, Fleischer, "Schadensersatz für verlorene Chancen im Vertrags- und Deliktsrecht", JZ 1999, 766, 775, 일반적으로 인정하는 견해로, Jansen, "The Idea of a Lost Chance", 19 OJLS 272, 292 (1999).

76 BK/Brehm, 4. Aufl., 2013, Art. 42 OR, N. 56a. 아래 연방대법원 판결 4.3.도 참조.

77 ZR 88/1989, N 66 (筆者 未見). 다만, 아래 보는 연방대법원 판결은 취리히고등법원의 판결도 60%의 확률로, 즉 우월한 증명만으로 인과관계를 인정할 수 있다고 한 것일 뿐, 기회상실에 대한 배상을 인정한 것은 아니라고 설명한다. 위 판결은 손해액을 40% 감액하였으므로, 이는 법리 구성상의 측면, 즉 기회상실을 독자적 손해항목으로 파악한 것은 아니라는 취지로 이해된다.

78 BGE 133 III 462. 특히 4.4.3.

79 대표적으로 F. Bydlinski, Probleme der Schandensverursachung nach deutschem und österreichischem Recht, 1964, S. 77 ff. und 103. 이미 비슷한 견해로, Wilburg, Die Elemente des Schadensrechts, 1941, S. 74 f.

80 이 견해는 오스트리아는 물론, 독일에서도 일부 지지를 얻었다. 가령 Koziol, "Schadensersatz für den Verlust einer Chance?", Festschrift für Stoll zum 75. Geburtstag, 2001, S. 247 ff.; ders, Österreichiches Haftpflichtrecht, Bd. I, 3. Aufl., 1997, Rn. 3/36 ff. und 57.; Gottwald, Schadenszurechnung und Schadensschätzung, 1979, S. 120. 그밖에 (독일법을 참조하여) 비슷한 취지로, Porat and Stein, Tort Liability under Uncertainty, 2001, pp. 167 f.

(假死)를 겪은 것인지 여부가 불분명한 사안에서 이러한 입장을 수용하였다.[81] 그러나 최고법원의 다른 부는 이를 따르지 아니하고 증명도를 낮추거나 증명책임을 전환하고 있어,[82] 그 입장이 확고하다고 할 수는 없다.

III. 우리 손해배상법에서 기회상실의 배상

1. 판례와 학설

(1) 판례

(가) 치료 또는 생존 기회

판례가 기회상실을 독자적인 손해항목으로 인정한 예는 찾아보기 어렵다. 그러나 그 기능 내지 실질에 있어서 기회상실배상이나 확률적 배상에 해당한다고 보이는 예는 몇몇 존재한다. 그중 가장 두드러지는 사안유형은 의료과오이다.

먼저, 대법원 1989. 7. 11. 선고 88다카26246 판결은 일반외과전문의인 피고가 자전거에 들이받혀 넘어진 망인의 두부 상처를 진단함에 있어 두부 방사선 촬영을 하고도 우측 두부의 약 15cm 가량의 선상골절을 발견하지 못하여 위 망인이 뇌실질내출혈을 입었음을 예상하지 못하고 단순히 뇌부종과 뇌좌상 등의 증세로 판단한 결과 제때 약물치료나 개두수술 등을 행하지 아니하였다는 사실을 인정한 다음, 손해배상을 명하였다. 주목되는 부분은, 대법원이 "뇌실질내출혈이 시작된 환자에 대하여 위와 같은 치료를 하지 아니할 경우 거의 사망에 이르게 되고 제때에 약물치료나 개두수술을 시행할 경우 그 환자가 사망하지 않거나 생명이 연장될 가능성은 뇌출혈의 정도 등 환자의 상태에 따라 상이하나 위 망인의 경우 이러한 가능성이 50퍼센트 정도에 불과"하다면서 인과관계를 부정한 원심판결에 대하여, "방사선사진을 정확히 판독하여 최선의 응급조치를 취한 후 신경외과 전문의가 있는 병원으로 전원하여 적절한 치료를 받게 하였더라면 위 장갑진이 사망하지 않거나 생명을 연장시킬수 있었을 것이며 그 경우에 구명율은 50퍼센트의 가능성이 있었다는 취지이고, 여기에 위에서 본 원심이 확정한 사실, 즉 피고가 위 장갑진을 진찰함에 있어서 방사선사진상에 나타나 있는 우측두부의 약 15센티미터 가량의 선상골절을 발견하지 못하고 뇌손상을 입은 중상의 환자를 단순히 뇌부종과 이에 따른 뇌좌상, 뇌진탕 등의 증세가

81 OGH JBl. 1996, 181.
82 OGH JBl. 1997, 392; 1992, 522.

있는 것으로 오진하여 그에 관한 약물치료만을 한 점등의 사실관계를 종합하여 검토하여 보면 다른 특별한 사정이 없는 한 피고가 위 방사선사진상에 나타나 있는 선상골절상이나 이에 따른 뇌실질내출혈 등을 발견 내지 예견하지 못하여 망인을 제때에 신경외과 전문의가 있는 병원에 전원하여 확정적인 진단 및 수술을 받을 수 있는 필요한 조치를 취하지 아니한 사실과 위 장갑진의 사망과의 사이에는 인과관계를 인정함이 상당"하다고 하였다는 점이다. 이는 의무위반이 있고 50% 정도의 확률이 있다면 다른 특별한 사정이 없는 한 인과관계를 인정할 수 있다는 취지로서, 기회상실배상의 단초를 연 셈이다.

이후의 판례는 의료과오책임과 관련하여 일정한 경우 인과관계를 매우 너그럽게 인정하는 대신 손해액을 감경함으로써 사실상 기회상실에 대하여 배상을 해주고 있다. 대법원 1995. 4. 14. 선고 94다29218 판결은 조산한 저체중 쌍태아에 대하여 생존가능성이 없다고 보고 필요한 조치를 취하지 아니하였고 그중 한 명이 사망한 사건에서, 그 한 명도 "적절하고 집중적인 소생, 보육을 받았더라면 생존할 가능성이 50% 정도는 되었다고 봄이 상당"하다면서 의사의 과실과 "사망과의 사이의 인과관계"를 인정한 다음, 원심이 피해자의 "열악한 신체적 소인이 그의 사망에 기여한 정도를 원고측의 과실상계사유와 함께 참작하여 피고 인수참가인이 부담하여야 할 손해배상액을 위 손해액의 30% 정도로 정한 것은, 위 남아에게 발현될지도 모를 신체적 장애로 인한 여명 단축과 가동능력의 감퇴도 아울러 고려한 것으로서 적절한 조치"라 하였다. 또한 대법원 1998. 7. 24. 선고 98다12270 판결은 수술환자에게 폐혈증을 의심할 만한 고열, 항문 주위의 동통 및 피부괴사가 나타났다면 의사로서는 직장염이나 녹농균 등 감염에 의한 패혈증 발병을 의심하고 원인균 배양을 실시하여 항생제 교체 내지 투여량 증가 등의 조치를 취하여야 함에서 이를 게을리 한 채 망인의 패혈증에 대한 조속한 진단 및 그에 대한 응급치료시기를 놓친 과실로 패혈증 쇼크로 사망한 사실을 인정하면서도, 다른 사정과 함께 "녹농균에 의한 그람음성장관성 패혈증은 치사율이 40% 내지 60%의 치명적인 병인 점 등"을 참작, "망인의 사망으로 인한 손해를 치료를 담당하였던 의사측에게 전부 부담하게 하는 것은 공평의 원칙상 부당하다"면서 책임을 40%로 제한한 원심의 조치를 수긍하였다.[83]

---

[83] 또한 다른 사정들과 함께, "망인의 폐전색증을 적기에 진단하였다 하더라도 망인이 사망하였을 가능성을 배제할 수 없는 점"을 고려하여 손해배상책임을 40%로 제한한 원심을 수긍한 대법원 2000. 1. 21. 선고 98다50586 판결도 참조.

반면 생존가능성은 없고 연명 등의 가능성만 있는 경우에는 위자료배상만 인정하고 있는 듯하다. 가령 대법원 2001. 11. 13. 선고 2001다50623 판결은 만성 간염 환자의 간암 진단이 늦어져 이미 치유가 불가능한 상태에서야 진단이 이루어지고 사망에 이른 데 대하여 손해배상을 구한 사건에서 "간암의 진단 및 치료의 적기를 놓치게 한 과실"이 있다면서 위자료의 배상을 인정한 원심을 유지하였고, 2003. 2. 14. 선고 2002다53766 판결은 망인의 다발성 장기 부전증이 이미 사망에 이를 정도로 악화되었다면 기관절개 부위에 삽입한 관이 빠지지 않도록 하고 관이 빠져 있는 것을 발견한 경우 신속하고 정확하게 재삽관하였다 하더라도 생존기간을 다소 연장시킬 수 있을지언정 사망의 결과를 피하기는 어려웠을 것이라면서 인과관계를 부정하고 일실수입 및 장례비 상당의 손해배상청구를 기각한 원심을 유지하였다.[84]

(나) 승소 기회

그러나 변호사책임의 경우 기회상실에 대하여 배상을 인정한 예를 찾아보기 어렵다. 대법원 1972. 4. 25. 선고 72다56 판결은 소송수행을 위임받은 변호사가 항소기간을 도과하여 패소판결이 확정된 사안에서 주문의 금액과 집행비용 전액을 손해액으로 인정하고 과실상계를 한 원심판결에 대하여 "피고가 적법히 항소를 제기하였더라면 원고에게 어느정도 유리하게 변경될 수 있었을런지를 당사자에게 석명하여 이점을 좀더 자세히 심리하여 손해액의 범위를 결정함이 옳"다고 하였고, 1995. 5. 12. 선고 93다62508 판결은, 원심이 "피고가 전소송의 상고이유서제출기간 내에 상고이유서를 제출하였더라면 원심판결이 취소되고 원고가 승소하였을 것이라는 점에 관한 입증이 없다고 하여 원고의 청구를 이유 없다고 판단하였는바, 원심의 위와 같은 판단은 기록에 비추어 정당한 것으로 보이고 거기에 인과관계 및 민사소송법 제399조의 법리를 오해한 위법이 있다고 할 수 없다"고 하였다. 다만 대법원 1997. 5. 28. 선고 97다1822 판결은 변호사사무실 직원이 소송의뢰인에게 상고제기기간을 잘못 고지하여 상고하지 못하게 된 사안에서, "담당변호사로서 성실하게 위 소송사무를 처리하여야 함은 물론 이 사건 소송위임은 대법원까지로 되어 있으므로 소송이 종료된 후에도 원고가 자신의 의사에 의하지 아니하고 상급심의 판단을 받을 기회를 상실하는 일이 없도록 세심한 주의를 하여야 할 업무상 주의의무가 있음에도 불구하

84 이들 판결에 대하여 기회상실과 관련하여 적극적·소극적 손해배상은 부정하고 위자료만 인정하고 있다고 평가하는 것으로 박영호, "의료소송상 기회상실 이론의 도입에 대한 소고", 사법논집 제46집 (2008), 468-469면.

고 송무에 익숙치 아니한 소외 ○○○를 통하여 원고측에 판결문을 교부하고 상고 여부를 확인하도록 함으로써 위 ○○○가 원고측에게 상고제기기간을 잘못 고지하는 바람에 원고가 상고제기기간을 도과하여 상고의 기회를 잃게 되었다 할 것이므로, 피고는 이로 인하여 원고가 입은 손해를 배상할 책임이 있다"면서 위자료 배상을 인정한다.[85]

(다) 경쟁 기회

반면 경쟁 기회와 관련하여서는 곧바로 기회의 가치를 기준으로 손해액을 산정한 듯한 판례가 있다. 즉, 대법원 2014. 7. 10. 선고 2013다65710 판결은 아파트재건축조합의 조합원이 조합을 상대로 관리처분계획에 반하여 위법한 동·호수 배정으로 인한 손해배상을 구한 사건에서 대다수 조합원들이 소유권이전등기를 마친 이상 동·호수 재추첨의 이행을 구하는 것이 사회통념상 불가능하게 되어 손해가 구체적으로 확정되었다면서, "각 평형 및 방향, 층수에 따라 그 분양가가 달라지는 점 등을 참작하면, 피고의 위법한 이 사건 동·호수 배정으로 인하여 원고들이 입은 재산상 손해는 원고들의 위 손해발생시를 기준으로 이 사건 신축아파트 중 원고들이 배정받을 수 있었던 110세대 아파트의 각 시가와 각 분양가를 고려하여 산정한 평균 기대 수익에서 원고들이 취득한 각 아파트의 시가와 그 분양가를 고려하여 산정한 실제 수익을 뺀 차액이라고 봄이 상당하다(대법원 2007. 6. 15. 선고 2005다45605 판결)"고 하여, 원고들에게 남향 아파트가 배정되었으리라고 단정할 수 없다는 점 등을 들어 손해를 부정한 원심을 파기한 것이다. '평균 기대 수익'을 고려한 것은 각 동·호수를 배정받을 (각각은 매우 낮은) 기회의 합을 배상한 것으로서 기회상실에 대한 배상에 해당한다.[86]

---

85 그밖에 대법원 1959. 11. 26. 선고 4292민상271 판결도 변호사가 변론기일에 2회 불출석하여 항소취하로 간주됨으로써 패소판결이 확정된 사안에서 수임사건이 항소심에서 유리하게 변경될 가능성이 없다는 이유로 손해배상청구를 기각한 원심을 파기하였다. 반면 대법원 1996. 12. 10. 선고 96다36289 판결은 건물철거 및 대지인도 청구소송에서 패소한 원고가 변호사에게 항소를 의뢰하였으나 항소제기기간을 도과한 사건에서 지출비용배상을 인정하면서, 특별한 손해라는 이유로 위자료 청구는 기각하였다. 소송대리인이 임의로 소를 취하하여 패소판결이 확정된 경우 위자료 배상을 부정하면서 이는 특별한 사정으로 인한 손해로서, 변호사가 그러한 사정을 알았거나 알 수 있었어야 한다고 한 대법원 1980. 10. 14. 선고 80다1449 판결도 참조.

86 한편 대법원 2008. 10. 25. 선고 2016다16191 판결은 주식회사의 대표이사가 회사와 제3자 사이의 독점판매계약이 만료되자 회사로 하여금 제3자의 제품을 독점적으로 수입·판매할 수 있는 사업기회를 포기하도록 하는 대신 별도로 설립한 회사로 하여금 그 사업기회를 이용하도록 한 사안에서 2011년 개정 상법 제397조의2의 회사기회유용금지에 반하여 상법 제399조에 따라 손해배상책임을 짐을 전제로, 이때 손해액은 "스스로 창출한 가치에 해당하는 부분을 제외하고 ○○○○이 빼앗긴 사업

(2) 학설

우리나라에서 기회상실배상을 논의하는 견해는 대부분 명시적 또는 묵시적으로 의료과오와 관련하여, 즉 치료기회상실을 염두에 두고 논의하고 있다.

먼저 기회상실을 독자적인 손해항목으로 보아 그 배상을 인정할 수 있다는 견해가 주장되고 있다. 치료기회상실은 시간적으로 의사가 제때 치료를 하지 아니하였다는 과거의 사실로 볼 수도 있지만 의사가 제때 치료하였다면 건강을 회복할 수 있었는가 하는 장래의 사실로 볼 수도 있는데, 후자로 보는 경우 불확실성이 있는 한 기회 개념을 인정할 수 있고, 이는 독자적 손해가 될 수 있다면서, 기회상실을 독자적 손해로 파악하는 경우 치료기회가 50% 이하인 때에도 책임발생적 인과관계는 문제되지 아니하고 책임충족적 인과관계만 문제 된다고 한다.[87]

그러나 이에 대하여는 치료를 제때 받았다면 건강이 좋아졌을지를 불확실한 사실로 놓아둔 채 의사의 과실만을 이유로 결과 없이 책임을 묻는 것은 부당하다면서 기회상실을 독자적인 손해로 파악하는 것은 우리 민법과 조화되지 아니한다는 반론도[88] 있다. 기회는 전통적인 법 이론에서는 손해로 볼 수 없고, 통상손해만 배상하게 하고 차액설을 취하는 우리 법과 맞지 아니하다면서, 그렇다고 위자료만 인정하는 것도 적절하지 아니하므로, 인과관계의 증명부담을 가령 생존하였을 고도의 개연성 정도로 완화하는 대안이 바람직하다는 견해도[89] 비슷한 입장이라고 할 수 있다.

그밖에 변호사책임과 관련하여서도 승패를 떠나 재판받을 가능성의 상실 자체를 손해로 볼 수 있다는 견해,[90] 그러한 경우 위자료 배상은 인정해야 한다는 견해가[91]

기회의 가치 상당액을 산정하는 등의 방법을 통해" 산정하여야 한다고 한다. 그러나 당해 사안에서는 그 기회를 유용하지 아니하였더라면 회사가 그 기회를 이용할 수 있었을 것임이 확실함을 전제로 손해액을 산정한 것이어서 이때 "기회"에 우연성 내지 확률이라는 요소가 고려되지 아니하였고, 이 점에서 이 글의 주제와 직접 관련되어 있지는 아니하다.

87　정태윤, "기회상실의 손해에 관한 연구", 비교사법 제5권 제1호(1998), 206면 이하. 비슷한 취지로 보이는 것으로, 배성호, "의료과오소송과 기회상실", 인권과 정의 제310호(2002), 55면 이하.

88　강신웅, "미국 기회상실론의 수용 여부 검토", 비교사법 제9권 제4호(2002), 294-295면. 다만, 같은 견해는 이하에서도 보듯 이러한 주장을 민법 제393조의 제한배상주의와 연결시키면서, 완전배상주의를 취하는 미국법과 다르다고 주장하나, 이러한 논증은 매우 의문이다. 또한, 이 견해는 판례가 채택한 손해액감경 방식에 대하여는 유보적이거나 긍정적인 태도를 보인다.

89　박영호(주 84), 485면 이하. 같은 견해는 손해액 감액에 대하여는 직접 언급하지 아니하나 책임설정과 달리 책임범위의 결정에서는 법관의 재량을 너그럽게 인정할 수 있다는 견해를 인용한다.

90　양창수, "변호사의 과오와 책임", 법률가의 윤리와 책임, 2000 = 민법연구 제6권, 2001, 301면.

91　이재목, "변론과오와 변호사의 민사책임에 관한 일고", 충북대 법학연구 제14권(2003), 263-264, 266면.

주장되고 있다.

2. 검토

(1) 책임요건의 측면

(가) 의무위반

제1심과 항소심에서 패소한 당사자가 상고심에서 파기환송될 가능성이 매우 낮음을, 대개의 경우 50%에 훨씬 못 미침을 알면서도 상고사건을 다른 매우 유능한 변호사에게 위임하였다면 그 위임계약은 파기환송과 같은 결과가 아닌 낮은 확률의 기회를 살릴 수 있도록 적절한 주의를 기울이는 데 목적이 있고, 그것을 주의의무의 내용으로 한다. 그런데 변호사가 가령 상고이유서제출기간을 도과하여 그 기회를 살리지 못하였다면 제재가 부여되어야 비로소 계약이 의미를 갖는다. 제때 진단되더라도 치료가능성이 상당히 낮은, 50%에 훨씬 못 미치는 병이 의심되어 최고의 시설과 인력을 갖춘 종합병원에 가 여러 검사를 받는다면, 그 진료계약은 혹 그 중한 병에 이환되었다 하더라도 제때 발견하여 치료기회를 얻을 수 있으리라는 기대 때문이다. 이 경우 진단과정의 주의의무는 바로 그 낮은 확률을 위한 것이고, 주의의무 위반으로 진단이 늦어진 결과 그 기회를 살리지 못하였다면 제재가 부여되어야 계약이 의미를 갖는다.

어떤 계약은, 어떤 계약상 의무는 명백히 「기회」를 위하여 존재한다. 계약법에서는 손해액 산정이 어렵다는 등의 사정으로 제재가 확보되지 아니하는 경우 당사자가 손해배상액의 예정 등 적절한 제재를 약정으로 정할 수 있고, 계약법 자체가 그러한 약정을 미처 하지 못하였을 때 당사자의 의사를 보충하는 기능을 한다는 점에 비추면, 기회를 보장하기 위하여 계약을 한 경우 기회상실에 대한 배상을 인정하는 것이 타당하다고 할 수 있다.[92] 영국판례가 계약에서 우선 기회상실에 대한 배상을 인정한 데는 이러한 고려가 있었을 수 있다.

그러나 불법행위책임을 근거지우는 위법성의 기초가 되는 의무 중에도 「기회」를 위한 의무가 있다. 많은 나라에서 (의료인과 환자 사이에 대개 진료계약이 있음에도 불구하고) 의료과오책임이 불법행위책임으로 추구되고 있는데 그중 상당수는 기회에 관계한

---

92 Mäsch(주 75), S. 240 ff. Stoll, "Haftungsverlagerung durch beweisrechtliche Mittel", AcP 176 (1976), 145, 188 f.는 보다 일반적으로 손해액의 증명도를 경감하는 독일민사소송법 제287조를 참조하면서, 계약 기타 책임규범이 기회를 보호하는 한 그 배상에 아무런 장애가 없다고 한다.

다. 정당한 경쟁질서에 위반하여 기회를 박탈당한 데 대하여 경쟁자가 손해배상을 구
하는 경우도 그러하다. 정당한 경쟁질서는 경쟁자가 한 명이고 정당한 경쟁이 이루어
지는 경우 그가 이익을 얻을 가능성이 70%가 넘은 경우와 경쟁자가 매우 많고 정당
한 경쟁이 이루어지는 경우 그가 이익을 얻을 가능성이 10%인 경우를 가리지 아니하
기 때문이다.[93]

(나) 인과관계와 손해

물론 의무위반이 인정된다 하여, 그리고 그 의무위반이 기회상실의 손해를 보호
하기 위한 것이라 하여, 의무위반만으로 책임이 인정되지는 아니한다. 의무위반으로
인하여 실제로 손해가 발생하여야 한다. 즉 인과관계와 손해가 필요하다. 이와 관련
하여서는 프랑스에서 문제 된 기회상실배상의 두 유형을 검토할 필요가 있다.

먼저 악결과(惡結果)가 발생하였는데 이를 구제할 기회를 놓친 경우와 이익기회
가 상실된 경우를 구분하는 것은, 직관적으로는 호소력이 있을지 몰라도, 이론적으
로는 설득력이 없다. 손해는 「가해행위 후 존재하는 현재의 (총)재산상태」(A)와 「가
해행위가 없었더라면 존재하였을 가정적 (총)재산상태」(B)의 차이로 정의된다(차액
설). 악결과가 발생하였고 이를 피할 기회를 놓친 경우는 그중 (A)가 (B)에 비하여
(−)로 규정되는 반면, 이익기회를 놓친 경우는 (B)가 (A)에 비하여 (+)로 규정된다.
전자(前者)에서 손해는 구체적으로 보이는 악결과이나, 후자(後者)에서 손해는 얻지
못한 이익으로 어디까지나 가정적이므로 양자 사이에 차이가 있는 것처럼 보일 수
있다. 그러나 민법은 적극손해(damnum emergens)와 소극손해(lucrum cessans)를 구별하
지 아니한다. 그것(소극손해의 파악)이 차액설의 취지이기도 하다. 기회상실이라 하여
다를 이유가 없다.

악결과가 발생하거나 이익기회가 실현되지 아니한 것이 의무위반 때문인지 분명
하지 아니한 것은 다른, 책임주체에게 귀속시킬 수 없는 독자적 원인이[94] 개입하여
악결과가 발생하였거나 이익기회가 어차피 실현되지 아니할 가능성이 있기 때문이
다. 이와 관련하여서 중요한 것은 오히려 그러한 원인의 개입시점이 의무위반(가해행
위) 전인지 후인지이다. 그러한 독자적 원인이 의무위반(가해행위) 전에 존재하였다면
의무위반이 없었어도 어차피 악결과는 발생하였을 것이고 이익은 실현되지 아니하
였을 것이다. 그러므로 스위스연방대법원이 말한 것처럼 이때 주관적으로 인식된 (가

93 Mäsch(주 75), S. 296 ff.
94 제3의 원인일 수도 있고, 책임주체에 의한 것이지만 과실이라고 할 수 없는 사정일 수도 있다.

령 20%의)「기회」는 시간이 경과함에 따라 0% 또는 100%로 확정되고 기회는 독자적
으로 파악될 수 없다. 물론 독자적 원인이 존재하였는지 여부를 증명하기 어려울 수
있으나, 그렇다하여 이 경우 기회상실배상을 인정한다면 결과적으로 인과관계의 증
명을 피하게 해주는 셈이 된다. 증명도를 아무리 경감하여도 50%를 하회할 수는 없
고, 무과실책임은 있어도 인과관계 없는 책임은 없다는 점에서,[95] 이는 문제적이다.
한편, 오스트리아학설이 주목한 가해자불명의 불법행위책임(민법 제760조 제2항)은 복
수의 잠재적 책임주체가 있고 그들이 가능한 잠재적 가해자의 전부인 경우를 전제한
다.[96] 잠재적 가해자 외에 책임주체가 될 수 없는 (우연 등) 독자적 원인이 고려되는
경우에 이를 유추할 수는 없다.[97] 인과관계 없는 책임은 원칙적으로 부정된다.

반면 그러한 독자적 원인이 의무위반(가해행위) 전에 존재하지 아니하였고 오직
후에 개입할 수 있어서 문제라면, 가해행위로 인하여 추후 그러한 독자적 원인이 그
사건에 개입할지 여부를 기다릴 가능성 자체가 사라진다. 그 결과 가해행위와 독립
하여 가령 20%의「기회」가 0%로 귀착되는지 실현되는지(100%인지)를 따질 수 없게
된다. 즉, 이때 가해행위는 인과관계와 독립하여 존재하는 기회 자체를 상실시키는
셈인 것이다.

이미 악결과가 발생하였고 그러한 결과 발생을 방지할 수 있는 조치를 취하지 아
니하였다면 그 결과가 발생하지 아니하였을지 분명하지 아니하다면, 방지조치의 결여
와 독립하여 중첩적으로 결과를 발생시킬 독자적 원인은 방지조치가 취하여졌어야
했던 시점 이전에 존재하였을 수 있다. 반면 가정적인 이익기회를 상실한 경우 이익
기회 자체가 가정적인 만큼 독자적 원인의 개입도 의무위반 이전은 아닐 가능성이 높
다. 프랑스판례의 유형구분은 이러한 점과 관계가 있다. 그러나 독자적 원인의 개입
시점이 반드시 악결과의 방지인가, 이익기회의 상실인가에 직결되는 것은 아니다.

(2) 책임기능의 측면

(가) 미래기회

후자(後者), 즉 독자적 원인이 개입하기 전에 기회 자체를 차단한 경우 그에 대
한 배상은 문제가 적다. 이때에는 동종(同種) 가해행위로 인한 잠재적 피해자 중 특
정 비율, 가령 20% 상당의 특정인이 피해를 입는다고 하기 어렵다. 모든 피해자가

---

95 Bolko Ehlgen(주 2), S. 16 ff.

96 Mäsch(주 75), S. 136.

97 Mäsch(주 75), S. 137 ff.

특정 비율, 가령 20%의 확률로 피해를 입을 수 있고, 누가 피해를 입을지는, 단순한 증명곤란이 아니라, 그 구체화 과정 자체를 차단한 가해행위로 인하여 존재론적으로 확정될 수 없게 된 것이다. 이때 모든 (잠재적) 피해자에게 특정비율, 가령 20%의 기회상실배상을 해주면 그로써 책임법의 전보기능(轉補機能; Ausgleichsfunktion)을 다하게 된다. 이로써 아울러 예방기능(Präventionsfunktion)도 충족된다. 잠재적 가해자에게는 실제로 발생할 손해의 기댓값에 해당하는 책임위협이 가해질 것이기 때문이다.[98]

물론 이 경우 이른바 신뢰이익 또는 지출비용의 배상을 활용하거나 비재산적 손해배상을 통하여 우회할 수도 있다. 그러나 이른바 신뢰이익 또는 지출비용의 배상은 마침 그 가해행위와 관련하여 신뢰투자(reliance investment)가 이루어졌을 때에만 가능하여 문제가 되는 사안 중 일부만을, 다소 우연적으로, 파악할 뿐이다. 비재산적 손해배상은 일종의 가장적(假裝的) 구성에 불과하다. 기회상실이 이른바 순수재산적 손해(pure economic loss)로 나타나는 경우 적어도 그중 일부, 가령 특정 거래의 상실이 아닌 다수의 거래이익의 상실에서는 이미 풀링(pooling)을 통하여 곧바로 배상될 것이라는 점도 고려하여야 한다. 이 사안유형에서는 기회상실의 배상을 인정하는 것이 오히려 정직한 구성방법이다.

(나) 과거기회

반면 전자(前者), 즉 독자적 원인이 개입하였을 시점 이후에 의무위반이 있는 경우는 그렇지 아니하다. 이때 악결과가 발생한 피해자 중에는 의무위반으로 인한 피해자와 독자적 원인으로 인한 피해자가 뒤섞여있다. 이들 모두에게 기회상실을 배상한다면 의무위반으로 인한 피해자에게는 과소배상이 되고 독자적 원인으로 인한 피해자에게는 과다배상 내지 원인 없는 배상이 된다.[99] 즉, 이러한 배상은 책임법의 전보기능과 조화되지 아니한다. 나아가 증거법의 대원칙 중 하나인 현재의 상태를 변경하고자 하는 측, 즉 공격자가 우선 증명하여야 한다는 원칙도[100] 위반한다. 이때는

---

98 손해를 L, 손해발생확률을 p, 주의를 기울인 데 따른 부담을 B라 하면, 손해가 발생하였을 때(p) 전 손해(L)의 배상을 명하면 주의(B) 수준을 증가시키는 데 따른 추가적 비용부담(ΔB)이 잠재적 책임의 기댓값의 증분(ΔpL)과 같도록 주의수준을 조절하는 것이 잠재적 가해자의 총 부담을 최소화하는 길이고, 그것이 효율적이다(Hand's formula). 그러므로 전보배상은 예방기능을 수행한다.

99 Bolko Ehlgen(주 2), S. 73 ff.; Fischer, "Tort Recovery for Loss of A Chance", 36 Wake Forest L. Rev. 605, 631 ff. (2001); Hill(주 59), pp. 512 f.

100 이동진, "위험영역설과 증거법적 보증책임: 증명책임 전환의 기초와 한계", 저스티스 통권 제138호 (2013), 172-173면.

독자적 원인으로 인한 피해자가 오히려 다수 섞여 있음에도 불구하고 인과관계의 증명도를 허용되는 한계보다 낮춤으로써 사실상 증명책임을 전환한 셈이 되는 것이다. 이러한 사안에서 기회상실배상을 인정한다면 이는 전보기능은 어느 정도 포기하고 예방기능만을 추구하겠다는 뜻이 된다.[101] 그러한 접근이 불가능한 것은 아니나,[102] 좀 더 논쟁적임은 부인할 수 없다. 이러한 사안유형에서 프랑스판례가 기회상실배상에 부정적한 데, 영국판례가 의료과오책임에서 기회상실배상을 거부한 데는 이러한 이유가 있을 것이다.[103]

(3) 증거법적 측면

(가) 손해와 인과관계의 증명도

추가적인 고려요소는 증거법이다. 증명도와 증명책임은 누구에게 어느 정도의 증명부담을 지울 때 양 당사자가 진실을 제시할 유인(incentive)을 가질 것인가를 고려하여 결정되어야 한다.[104] 실체법은 사실, 진실에 기초하고 있기 때문이다.

이 점에서 단순한 통계 값에 기초하여 기회상실배상이 인정되어서는 안 된다. 통계는 통계작성자가 임의로 일정 변수를 선별하여 산정한 것이다. 그러나 현실에서는 통계에 고려되지 아니한 추가적인 변수의 값이 증명될 수 있고, 그 결과 통계에서 제시된 추상적 확률이 추가변수 값에 따른 조건부 확률로 변화하여 구체적 개연성을 통계 값보다 더 높이거나 더 낮추게 마련이다.[105] 일방 당사자에 의하여 합리적으로 증명이 가능한 추가변수가 있다면 이를 고려할 필요가 있다. 그것이 진실에 가까워지는 길이기 때문이다. 그리하여 충분히 높거나 낮은 개연성에 이르면 기회상실배상을 논할 필요 없이 전부배상하거나 배상을 부정할 수 있다. 그 결과 추상적인 통계수치와는 다르나 여전히 충분히 높지도, 충분히 낮지도 않은 개연성만이 인정되고, 어느 당사자도 더는 증명할 수도, 반증할 수도 없는 경우여야 비로소 기회상실배상을 검토할 수 있다.[106] 프랑스판례가 추상적 통계 값에 만족하지 아니하고, 추가변

---

101 Bolko Ehlgen(주 2), S. 80 ff.

102 이러한 구분이 분명하지 아니하고 종종 자의적이라는 비판으로 Mäsch(주 75), S. 261 ff.

103 Fleischer(주 75), S. 771; Hill(주 59), p. 513.

104 이동진(주 100), 172면.

105 (이 한도에서) 비슷한 취지로, M. Schweizer, Beweiswürdigung und Beweismaß. Rationalität und Intuition, 2015, S. 168 ff. 또한, Hill(주 59), p. 512 ff.(statistical chance와 personal chance, further evidence를 언급한다).

106 결론적으로, Mäsch(주 75), S. 257-259. 같은 곳은 영국의 의료과오책임에서 기회상실배상에 관한

수를 고려할 수 있는 한 구체적 사정에 비추어 진지하고 현실적인 기회가 존재하여야 한다고 한 이유, 그리고 여러 나라에서 그러한 추가적인 사정을 상정하기 어려운 단순한 경쟁배제의 경우 비교적 손쉽게 경쟁률에 따른 기회상실배상이 인정된 까닭을 이로부터 이해할 수 있다. 기회상실이 증거로 제시된 단순한 통계 값에 기초하여 배상을 인정하고 배상액을 결정하는 이론처럼 이해된다면 이는 당연히 지나치다. 장래를 예측하는 일반 과학모형과 구체적 사안에 대하여 결정하는 재판상 증명은 구별된다. 기회상실은 재판에서 요구되는 증명노력을 모두 다 한 뒤에도 여전히 무시할 수 없는, 그러나 여전히 기회에 그치는 수준의 가능성만이 남았을 때에 비로소 고려되는 것이다.

(나) 손해액의 산정

반면 손해액의 산정에 대하여는 다른 고려가 필요하다. 기회상실의 기초로서 일정한 통계값, 확률이 제시될 수 있다. 그러나 그러한 통계 값만으로 곧바로 기회상실 상당의 손해액을 산정할 수 있는 경우는 오히려 예외적이다. 대개의 경우 추가변수를 고려하여 다소간의 수정을 하여야 한다. 그런데 그러한 수정의 결과까지 수치화되어 제시될 수 있는 경우는 드물다. 대개는 법관이 직관적으로 적절히 조정하는 수밖에 없다. 즉, 손해액의 증명도는 완화되어야 하는 것이다. 판례도 통계 값을 중요하게 고려하고는 있지만 물건 등 유형적 이익이 침해된 경우처럼 기계적으로 손해액을 산정하지는 아니하고, 통계 값을 참고하여 적당한 할인율을 정한다. 손해액 산정에 관한 일정 수준의 사실상의 재량은 불가피할 것이다.[107]

Ⅳ. 결론

이른바 기회상실의 배상이 논리적으로 불가능하다는 일부 주장은 의무위반으로 인하여 기회가 실현될 것이었는지 아닌지를 기다려볼 수 없게 된 경우, 즉 의무위반

리딩케이스 중 하나인 Hotson v East Berkshire Area Health Authoriy [1987] 1 A.C. 750 중 769의 Croom-Johnson LJ의 비슷한 취지의 설명을 인용하면서, 그러나 그로부터 의료과오에서 기회상실배상을 거부하는 결론을 끌어낸 것은 잘못이라고 한다.

107 이 점에서는 "손해가 발생한 사실은 인정되나 구체적인 손해의 액수를 증명하는 것이 사안의 성질상 매우 어려운 경우에 법원은 변론 전체의 취지와 증거조사의 결과에 의하여 인정되는 모든 사정을 종합하여 상당하다고 인정되는 금액을 손해배상 액수로 정할 수 있다"고 한 2016년 개정 민사소송법 제202조의2가 참고가 된다.

으로 제3의 (중첩적) 원인이 개입하지 아니할 가능성조차 사라진 경우에는 타당하다고 할 수 없다. 이때에는 기회상실을 독자적 손해로 보고 기회상실과 의무위반 사이에 인과관계를 인정하는 접근이 설득력이 있다. 그러나 이때에도 추상적 통계 값만으로 확률 내지 기회를 측정해서는 안 되고 구체적인 사정을 고려하여 기회가 존재하였는지 그 정도는 어떠하였는지를 가능한 한 확인하여야 한다. 그럼에도 불구하고 충분히 낮거나 높은 개연성이 아닌 중간정도의 개연성만이 인정되는 경우 그러한 손해를 방지하기 위한 의무는 곧 기회를 보호하기 위한 의무이고, 계약이든 불법행위이든 기회에 대한 배상을 인정하는 것이 그 의무의 목적 내지 취지에 부합한다. 비교법적으로도 이러한 사안유형에서는 결과적으로 기회상실배상을 인정하는 예가 여럿 보인다. 반면 의무위반에도 불구하고 이미 독자적의 (중첩적) 원인이 작용하여 결과가 나타났을 가능성이 있는 경우 이른바 기회상실배상을 인정하면 이는 사실상 인과관계를 추정하는 것과 다를 바 없게 된다. 이때에는 인과관계와 독립하여, 결과와 독립하여 존재하는 기회를 관념할 수 없다. 다른 나라에서도 이러한 경우 기회상실배상을 주저하고 있음이 확인되는데, 그러한 이유에서라고 보인다. 이때 배상을 인정한다면 책임법의 전보기능을 다소간 무시하고 예방기능에 집중하는 셈이 된다. 이러한 배상이 인정되더라도 그럴 필요가 있는 특정 사안유형에 한하여 인정되기 쉬운 이유이다. 우리 판례에서 넓은 의미의 기회상실배상에 해당하는 사안유형은 대체로 이러한 기준에 부합한다. 그러나 이론적 구성과 그 근거는 매우 불투명한 상태이다. 이 점에서는, 그 또한 불투명하기는 하나, 외국의 판례와 학설도 참고할 바가 있을 것이다.

수익증권 매매계약 취소에 따른 부당이득의 법률관계와 이득소멸의 항변[*]

이 계 정[**]

I. 서론

자본시장과 금융투자업에 관한 법률(이하 '자본시장법'이라 한다)에 따르면 집합투자업자는 투자중개업자(증권회사)를 통해 수익증권을 판매하는데 투자중개업자는 수익증권을 매수한 투자자의 투자금을 신탁업자에게 교부하여야 한다(자본시장법 제71조 제6호, 제74조 제1항, 제3항, 제4항 참조). 그런데 수익증권 매매계약이 착오 등을 이유로 취소되는 경우가 있는바, 이 경우에 투자자가 투자중개업자(증권회사)를 상대로 부당이득반환청구를 할 수 있는지 문제가 된다.

위 쟁점과 관련하여 금융분쟁조정위원회는 투자중개업자의 부당이득반환의무를 전면적으로 인정한 바 있다.[1] 그러나 과연 투자중개업자의 부당이득반환의무가 인정되는지와 관련하여 다음의 두 가지 쟁점을 면밀히 고찰할 필요가 있다. 첫째, 투자중개업자가 수익증권 매매계약과 관련하여 당사자의 지위를 가지는지 대리인의 지위를

---

[*] 학문적 열정과 인간에 대한 애정이 넘치셨던 남효순 교수님의 정년을 누구보다 진심으로 축하드리고 싶다. '자신에게는 엄격하게, 타인에게는 관대하게'를 몸소 실천하셨던 교수님의 삶을 보며 늘 많은 것을 배울 수 있었다.

[**] 서울대학교 법학전문대학원 부교수·민법학박사.

[1] 금융분쟁조정위원회 2021. 4. 5. 제2021-4호 조정결정, 금융분쟁조정위원회 2020. 6. 30. 제2020-3호 조정결정(https://www.fss.or.kr/kr/mw/dpc/IFRAME_dpc_l.jsp, 2021. 7. 30. 방문).

가지는지 문제가 된다. 만약 후자라면 투자중개업자의 부당이득반환의무가 인정되지 않을 것이다. 둘째, 투자중개업자가 당사자의 지위를 가진다고 상정하는 경우에, 투자중개업자는 자본시장법에 따라 투자자로부터 받은 투자금을 보관하지 않으며 신탁업자에게 교부한다는 점을 근거로 투자중개업자의 부당이득반환의무를 부정할 수 있는 것이 아닌지 문제가 된다. 본 논문은 이 쟁점을 논하고자 하는바, 투자중개업자의 「이득소멸의 항변」이 문제가 된다. 이를 위해 「이득소멸의 항변」을 비교법적으로 검토하고 우리 민법상 「이득소멸의 항변」의 내용을 구체적으로 설명하고자 한다.

II. 투자중개업자의 법적 지위

1. 이중신탁을 통한 투자자 보호

투자중개업자의 법적 지위를 정확하게 파악하기 위해서는 투자신탁에서의 이중신탁의 구조를 이해할 필요가 있다.

투자자는 투자금을 입금함으로써 투자자를 위탁자 겸 수익자, 집합투자업자를 수탁자로 하는 신탁의 법률관계가 성립한다(이하 '제1신탁'이라고 한다).[2] 대법원도 "증권투자신탁에서 위탁회사가 판매회사와 수익증권 판매위탁계약을 체결함으로써 수익증권의 판매업무를 직접 담당하지 않는 경우에도, … 수탁회사와 함께 증권투자신탁계약을 체결함으로써 수탁회사와 공동으로 증권투자신탁을 설정하고, 투자신탁설명서를 작성하여 수익증권을 취득하고자 하는 자에게 제공하여야 하며, … 선량한 관리자로서 신탁재산을 관리할 책임을 지며 수익자의 이익을 보호하여야 하므로, 투자자에게 투자종목이나 대상 등에 관하여 올바른 정보를 제공함으로써 투자자가 그 정보를 바탕으로 합리적인 투자판단을 할 수 있도록 투자자를 배려하고 보호하여야 할 주의의무가 있다."라고 판시하여 수탁회사(신탁업자)뿐만 아니라 위탁회사(집합투자업자)도 신탁을 설정한다는 점, 위탁회사(집합투자업자)는 투자자에 대하여 보호의무를 부담한다는 점을 인정하였는바,[3] 이러한 대법원 판결은 집합투자업자와 투자자 사이에 직접적인 신탁관계를 인정한 것으로 볼 수 있다.[4] 제1신탁이 인정됨에 따라 투자

---

2 김건식·정순섭, 자본시장법, 제3판, 두성사(2013), 879면; 박근용, "신탁법 개정에 따른 자본시장법상 투자신탁의 신탁관계에 관한 고찰", 비교사법 제20권 제5호(2013), 915면.

3 대법원 2007. 9. 6. 선고 2004다53197 판결. 같은 취지의 판결로는 대법원 2011. 7. 28. 선고 2010다76368 판결.

자는 집합투자업자에 대하여 집합투자업자가 운용하여 생긴 수익에 대하여 이익의 교부를 청구할 수 있다. 나아가 제1신탁을 인정함으로써 수탁자인 집합투자업자는 수익자인 투자자에 대하여 신탁법상 충실의무, 선관주의 의무를 부담한다는 법리가 가능한바, 투자자 보호에 충실할 수 있다.5 또한, 투자자에게 신탁법상의 수익자의 지위를 부여함으로써 수탁자를 감독할 수 있는 강력한 권리인 '수익권'을 부여할 수 있다.6 이처럼 제1신탁은 투자신탁에 있어서 자칫 소홀하게 다룰 수 있는 투자자의 지위의 고양을 위한 중요한 법적 장치이자 투자자가 집합투자업자의 재량남용을 직접 통제할 수 있는 수단을 제공한다는 점에서 그 정책적 의의가 매우 크다.

한편, 제1신탁이 설정된 경우에 집합투자업자가 투자금을 교부받아야 하나 자본시장법은 집합투자업자의 방만한 자금집행 방지와 투자자 보호를 위하여 집합투자업자가 투자금을 신탁해야 함을 명확히 하고 있다. 구체적인 규정을 보면, ① 집합투자기구는 집합투자업자인 위탁자가 신탁업자에게 신탁한 재산을 신탁업자로 하여금 그 집합투자업자의 지시에 따라 투자·운용하게 하는 신탁 형태의 집합투자기구이며(자본시장법 제6조 제18항 제1호), ② 집합투자업자는 자신이 운용하는 집합투자재산을 보관·관리하는 신탁업자가 되어서는 아니 되며(자본시장법 제184조 제4항), ③ 투자신탁을 설정하고자 하는 집합투자업자는 신탁업자와 신탁계약을 체결하여야 하고(자본시장법 제188조 제1항), ④ 수익자는 신탁원본의 상환 및 이익의 분배 등에 관하여 수익증권의 좌수에 따라 균등한 권리를 가진다(자본시장법 제189조 제2항)고 규정하여 이 점을 명확히 하고 있다. 이에 따라 투자자가 투자금을 입금하는 경우에 집합투자업자는 신탁업자에게 투자금을 교부해야 하는바, 집합투자업자를 위탁자, 신탁업자를 수탁자, 투자자를 수익자로 하는 신탁의 법률관계가 성립한다(이하 '제2신탁'이라고 한다).7

---

4 김건식·정순섭(주 2), 879면.
5 수탁자가 부담하는 신탁법상 충실의무, 선관주의 의무에 대한 전반적인 설명으로 Graham Virgo, *The Principles of Equity & Trusts*, 2nd ed., Oxford(2015), p. 480 이하; Tamar Frankel, "Fiduciary Law", 71 *Cal. L. Rev.* 795, 797 (1983); James Edelman, "The Role of Status in the Law of Obligations: Common Callings, Implied Terms, and Lessons for Fiduciary Duties", *Philosophical Foundations of Fiduciary Law*(edited by Andrew S. Gold & Paul B. Miller), Oxford (2016), pp. 23-27; 이계정, "변호사 보수청구 제한의 근거로서 신의칙과 신인관계 - 법관의 합리적 재량 행사의 문제를 겸하여", 서울대학교 법학 제60권 제4호(2019. 12), 36면 이하; 이중기, 충실의무법, 삼우사(2016), 16면 이하.
6 신탁법상 수익자의 수익권에 대한 설명으로는 이계정, "신탁의 수익권의 성질에 관한 연구", 민사법학 제77호(2016. 12), 106면 이하.

이에 따라 투자자가 수익증권을 매수하면서 교부한 투자금은 결국 신탁업자에게 귀속되게 된다.

이러한 이중신탁의 법률관계를 그림으로 설명하면 다음과 같다.

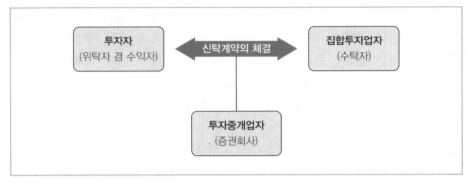

【그림 1】 제1신탁의 설정

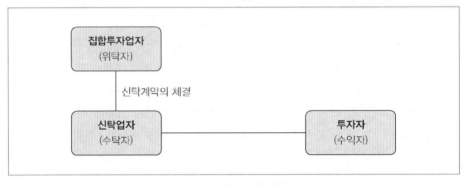

【그림 2】 제2신탁의 설정

2. 투자중개업자의 법적 지위

(1) 투자중개업의 의의

집합투자업자는 투자중개업자(증권회사)를 통해 수익증권을 판매하는데 자본시장

---

7 김병연, "펀드판매 관련 당사자의 법적 지위와 책임 – 옵티머스펀드 사건을 계기로", 증권법연구 제
   22권 제1호(2021), 51-52면; 박철영, "펀드 지배구조상 신탁업자와 일반사무관리회사의 지위", 금융
   법연구 제17권 제3호(2020), 177면.

법은 투자중개업에 대하여 '누구의 명의로 하든지 타인의 계산으로 금융투자상품의 매도·매수, 그 중개나 청약의 권유, 청약, 청약의 승낙 또는 증권의 발행·인수에 대한 청약의 권유, 청약, 청약의 승낙을 영업으로 하는 것을 말한다'라고 정의하고 있다(제6조 제3항). 종래부터 투자중개업자의 지위에 대하여 다음과 같이 견해가 대립되고 있다.

(2) 투자중개업자의 법적 지위에 대한 견해의 대립

투자중개업자의 법적 지위에 대하여 ① 집합투자업자는 투자중개업자에게 수익증권의 판매를 위탁하는 관계로 민법상의 위임계약관계이고 투자중개업자는 집합투자업자의 대리인의 지위를 갖는다는 '대리인설',[8] ② 투자중개업자는 자신의 명의로 그리고 집합투자업자의 계산으로 수익증권을 판매한다는 이유로 상법상의 위탁매매인에 해당한다는 '위탁매매인설'[9]이 대립하고 있다.

대법원은 구 간접투자자산 운용업법(2007. 8. 3. 법률 제8635호로 제정되어 2009. 2. 4.부터 시행된 자본시장과 금융투자업에 관한 법률 부칙 제2조에 의하여 폐지되기 전의 것, 이하 '구 간접투자법'이라 한다)이 적용된 사안에서 "구 간접투자법에서 규정하는 판매회사는 수익증권의 판매에 있어서 단순히 자산운용회사의 대리인에 불과한 것이 아니라 투자자의 거래상대방의 지위에서 판매회사 본인의 이름으로 투자자에게 투자를 권유하고 수익증권을 판매하는 지위에 있다."라고 판시하여 위탁매매인설을 지지한 바 있으나[10] 자본시장법이 시행된 이후에 이 쟁점에 대해서 명시적으로 판단한 판결은 아직 없다.

(3) 검토 - 대리인설의 타당성

(가) '위탁매매인설'은 다음과 같은 점에서 이론적인 문제가 있다.

첫째, 위탁매매인설에 따르면 투자자와 투자중개업자 사이에 매매계약이 성립하고 투자자와 집합투자업자 사이에는 아무런 법률관계가 형성되지 않는다. 왜냐하면 위탁매매의 법리에 따르면 집합투자업자의 매도의 위탁을 받아 투자중개업자가 투자자에게 수익증권을 판매한 경우에, 투자자의 거래 상대방은 투자중개업자가 될 뿐

---

8 김태병, "증권투자신탁 판매회사의 환매책임", 저스티스 통권 제84호, 126면(위탁매매인과 유사하다고 함); 이철송, "집합투자증권(수익증권)의 환매에 관한 판례이론의 평가", 증권법연구 제10권 제1호(2009. 6), 304면(상법상의 준위탁매매인에 해당한다고 함).

9 김건식, "수익증권 판매회사의 환매의무", BFL 제12호(2005. 7), 78면; 백태승, "증권투자신탁의 본질과 수익증권의 환매제도", 인권과 정의 302호(2001. 10), 36면; 권종호, "증권투자신탁 판매회사의 환매의무와 환매연기제도", 증권법연구 제8권 제2호(2007), 21-22면.

10 대법원 2011. 7. 28. 선고 2010다76382 판결.

이므로 투자자는 집합투자업자와 계약관계를 갖지 않기 때문이다(상법 제102조 참조). 따라서 투자자는 집합투자업자에 대하여 계약에 기하여 이행을 청구하거나 손해배상을 청구할 수 없다.[11]

그러나 이러한 위탁매매인설에 따른 법률구성은 앞서 본 '투자자 보호'에 중요성을 갖는 법률관계인 제1신탁을 설명할 수 없는 이론적 약점이 있다. 투자신탁의 중요한 법률관계는 투자자는 수익자의 지위에서 집합투자업자의 전횡을 통제할 수 있고, 집합투자업자에게 운용으로 인한 수익의 교부를 구할 수 있다는 점에 있다. 그런데 이러한 법률관계는 제1신탁에 의하지 아니하고는 제대로 설명하기 어렵다.

둘째, 위탁매매인설에 따르면 매매계약이 해지된 경우에 투자중개업자가 투자자에게 매매대금 상당액을 반환해야 한다(위탁매매인설은 매매계약의 주체를 투자중개업자와 투자자로 보기 때문이다). 투자신탁에서 해지에 해당하는 것이 바로 '환매'이다. 그런데 자본시장법에 따르면 투자자가 환매권을 행사한 경우에 환매의무를 부담하는 자는 집합투자업자이다.[12] 투자중개업자는 환매의 청구가 있는 경우에 이를 집합투자업자에게 전달하여 집합투자업자로 하여금 환매가 이루어지도록 배려할 의무가 있으나 투자중개업자가 자신의 재산으로 환매대금을 지급할 의무는 없다.[13] 과거에는 투자중개업자의 고유재산에 의한 환매조항이 있었으나 1998년 구 간접투자법이 개정되어 위 환매조항이 삭제되었다는 점을 유념할 필요가 있다. 이처럼 자본시장법은 투자중개업자가 아닌 집합투자업자로 하여금 환매대금지급의무를 부담하도록 하고 있는바, 위탁매매인설은 이러한 자본시장법의 내용과 맞지 않다.

셋째, 투자신탁의 핵심적인 목적에 비추어 보더라도 위탁매매인설은 타당하지 않다. 법률관계를 분석함에 있어서 당사자가 계약을 통해 달성하고자 하는 목적과 계약이 실제 구현한 내용이 중요하다. 당사자가 의도한 목적과 실제 구현된 내용은 「투자자는 집합투자업자에게 투자금을 교부하여 그 대가로 집합투자업자 발행의 수

---

11 위탁매매의 일반법리에 대하여는 이철송, 상법총칙·상행위, 제15판, 박영사(2018), 503면 이하.

12 대법원 2018. 8. 30. 선고 2017다281213 판결. 자본시장법 제235조 제3항은 "환매청구를 받은 투자매매업자 또는 투자중개업자는 … 집합투자업자에 대하여, … 각각 지체 없이 환매에 응할 것을 요구하여야 [한다]"라고 규정하고 있고, 제4항은 "… 환매청구를 받거나 환매에 응할 것을 요구받은 … 집합투자업자[는] … 투자자가 환매청구를 한 날부터 15일 이내에 집합투자규약에서 정한 환매일에 환매대금을 지급하여야 한다."라고 규정하고 있고, 제5항은 "…환매대금을 지급하는 경우에는 집합투자재산의 범위에서 집합투자재산으로 소유 중인 금전 또는 집합투자재산을 처분하여 조성한 금전으로만 하여야 한다."라고 규정하여 이 점을 명확히 하고 있다.

13 김건식·정순섭(주 2), 902-903면.

익증권을 취득한 다음, 집합투자업자에게 집합투자업자의 운용으로 얻은 이익의 교부를 구하는 것」이다. 즉 투자자는 집합투자업자에게 대금을 지급하고, 집합투자업자는 투자자에게 자신이 발행한 수익증권을 이전하는 것을 의욕하고 있는바, 투자자와 집합투자업자 사이에 수익증권에 대한 매매가 투자신탁의 핵심적인 목적이라고 할 수 있다. 그럼에도 불구하고 투자중개업자를 위탁매매인으로 해석하는 위탁매매인설은 위와 같은 당사자의 목적 및 실제 구현한 내용과 부합하지 않는다.

넷째, 만일 투자중개업자를 위탁매매인으로 본다면 발행되는 수익증권은 예탁결제원에서 투자중개업자의 예탁자 계정으로 입고된 다음 다시 투자자의 계정으로 이전하는 과정을 거쳐야 할 것이다. 그러나 실제로는 수익증권은 투자중개업자의 예탁자 계정을 거치지 않고 바로 투자자 계정분으로 입고되는바, 투자중개업자를 위탁매매인으로 보기 어렵다.[14]

(나) 결국 '대리인설'이 타당한바, 대리인설에 따라 투자신탁의 법률관계를 음미하면 다음과 같다.

제1신탁의 경우에 신탁의 성립은 계약, 유언, 신탁선언에 의해서 신탁이 설정된다는 점을 염두에 둘 필요가 있다(신탁법 제3조).[15] 투자자와 집합투자업자와 사이에 제1신탁이 성립하는 이유는 투자중개업자가 집합투자업자의 대리인으로 투자자와 신탁계약을 체결하였기 때문이다. 즉 투자중개업자는 집합투자규약, 신탁계약서 및 상품제안서의 설명을 통해 투자자가 수익증권의 취득을 통해 집합투자업자에 대하여 위탁자 겸 수익자로서 권리를 취득한다는 점을 설명하고 투자자가 이를 승낙하는 구조인바, 투자중개업자는 집합투자업자의 대리인의 역할을 한 것이다. 실제로도 투자중개업자는 집합투자업자가 만든 집합투자규약을 투자자에게 교부하고 설명함으로써 대리인의 역할을 하는바, 집합투자규약에는 투자자의 집합투자업자에 대한 환매권 등 권리 행사, 신탁법상 수익자로서 투자자의 지위, 집합투자업자의 투자신탁재산의 운용방법, 집합투자업자의 신탁업자에 대한 투자금 재신탁 등이 구체적으로 기재되어 있다(2021. 3. 25. 금융소비자 보호에 관한 법률이 시행됨에 따라 투자중개업자는 집합투자규약, 신탁계약 및 투자상품에 대한 중요 사항을 모은 「핵심상품설명서」를 작성·설명·교

부해야 하는바, 이전보다 투자중개업자의 투자자에 대한 설명의무가 강화되었다).[16]

한편, 앞서 본 바와 같이 제1신탁의 수탁자인 집합투자업자는 신탁업자에게 투자금을 신탁함으로써 제2신탁을 설정하는바, 이러한 제2신탁은 신탁법상 재신탁에 해당된다(신탁법 제3조 제5항). 수탁자가 자신이 이전받은 신탁재산을 다른 수탁자에게 신탁함으로써 새로운 신탁을 설정하는 것을 '재신탁'이라고 하는데,[17] 수탁자가 재신탁을하기 위해서는 ① 재신탁을 금지하지 않았을 것, ② 신탁목적의 달성을 위해 재신탁을설정할 필요가 있을 것, ③ 재신탁의 설정에 대한 수익자의 동의가 있을 것이 요구된다.[18] 집합투자업자의 재신탁과 관련하여 다른 요건은 문제가 되지 않고, 수익자(투자자)의 동의가 있는지 문제가 되는바, 앞서 본 바와 같이 투자자가 투자중개업자로부터집합투자업자가 만든 집합투자규약을 교부받고 설명을 들은 다음 수익증권을 매수하는바, 이러한 과정을 통해 투자자는 제1신탁의 재신탁에 대한 동의 내지 추인을 한 것으로 볼 수 있다.[19] 이처럼 재신탁의 성립을 인정함으로써 '집합투자업자는 신탁재산이 없으므로 제1신탁이 성립하지 않는다'는 주장은 더는 타당하지 않게 된다.

실제 투자자와 투자중개업자 사이에서 사용되는 약관에도 투자중개업자가 '대리인'이라는 점이 드러난다.[20] 위 약관에 따르면, 고객(투자자)은 회사(투자중개업자)에게매매거래를 위탁하며(제2조 제1항), 고객은 개별 상품에 관한 회사(집합투자업자)의 약관에 동의하여야 하며(제9조 제1항), 회사(투자중개업자)는 매매가 체결된 후 지체 없이거래 내용을 통지하여야 하는바(제15조 제1항 제1호), 회사(투자중개업자)는 매매거래 성립 시 수수료를 받는다(제18조)라고 규정하고 있는바, 이를 종합하여 보면 투자중개업자가 수익증권 판매에 있어서 매매당사자가 아니라 대리인으로서 보조적인 지위를 가진다는 점을 알 수 있다.

투자자는 집합투자업자와 사이에 수익증권 매매계약을 체결한 것이므로 매매계

---

16 대표적인 집합투자규약으로는 키움 플러스 법인 MMF 제1호(금융투자협회 펀드코드: 36706)(file:///C:/Users/user/Downloads/PLM_RF00000760_DS003_20210924101038000929.pdf(2021. 7. 30. 방문) 참조. 「핵심상품설명서」에 대하여는 https://m.fss.or.kr:4434/fss/board/admin Guide BoardDetail.do?page=36&regn=&judgmentYear=&searchKeyword=&seq=20100623144602164&mId=(2021. 9. 1. 방문) 참조.

17 온주 신탁법 제3조(2021. 6. 24.)(이연갑 집필부분).

18 최수정, 신탁법(개정판), 박영사(2019), 245-246면.

19 同旨 박근용(주 2), 921면 이하.

20 농협증권이 사용하고 있는 'QV 종합매매계좌 및 QV CMA 계좌 설정약관'을 분석한 것이다(http://download.nhqv.com/download/www/inform/cmaTerms_200907.pdf 2021. 7. 30. 방문).

약의 해지에 해당하는 투자자의 환매청구가 있는 경우에 집합투자업자가 매매계약
의 당사자로서 환매대금을 지급할 의무가 있다. 그리고 이러한 법리를 구현한 것이
바로 자본시장법 제235조 제5항이다.[21] 무엇보다 자본시장법은 수익증권을 판매대행
하는 회사에 대하여 '판매회사'제도를 폐지하면서 '판매회사'라는 용어를 쓰지 않고
'투자중개업자'라는 용어를 사용하고 있다. '판매회사'라고 할 경우에 위탁매매인으
로 비춰질 수 있는바, 이러한 용어 변경은 입법자의 의사, 즉 투자중개업자는 위탁매
매인으로 당사자 지위를 가지는 것이 아니라 매매계약의 대리인이라는 의사를 표현
한 것으로 추단할 수 있다.[22] 이처럼 '대리인설'은 실정법인 자본시장법에 부합하는
이론이다. 따라서 구 증권투자신탁업법을 적용하여 판매회사의 법적 지위가 대리인
이 아니라고 한 대법원 판결[23]은 위와 같이 환매의무의 주체 등 그 내용이 달라진
자본시장법이 적용되는 현 시점에서는 더는 유효하다고 보기 어렵다.

　　(다만, 투자중개업자와 투자자 사이에 중개계약이 체결되는 경우 투자중개업자는 투자자로
부터 판매수수료를 받으며, 이러한 판매수수료는 집합투자업자의 운용실적에 연동할 수 없는바
(자본시장법 제76조 제4항), 투자중개업자의 중개인으로서의 성격이 잘 드러나고 있다.[24] 투자중
개업자가 중개인으로서 지위와 '대리인'으로서의 지위는 서로 모순되는 것이 아님을 유의할 필
요가 있다.)

　　끝으로 투자중개업자를 '대리인'으로 본다고 하여 투자자에 대하여 아무런 책임
을 부담하지 않는 것은 아님을 유의할 필요가 있다. 투자중개업자가 설명을 잘못한
경우나 중개인으로서 선관주의 의무를 게을리한 경우에는 투자자에 대하여 불법행
위 책임을 지는 것은 당연하다(자본시장법 제185조 참조). 판례가 투자중개업자의 임직

21　자본시장법 제235조 제5항은 "…환매대금을 지급하는 경우에는 집합투자재산의 범위에서 집합투자재산으
　　로 소유 중인 금전 또는 집합투자재산을 처분하여 조성한 금전으로만 하여야 한다."라고 규정하고 있다.
22　구 간접투자법은 간접투자증권의 판매를 업으로 하는 자를 판매회사라고 하여 간접투자의 관계인으
　　로 규제하고 있었고(제26조), 동법상 판매회사가 될 수 있는 자는 증권회사·은행·보험회사·선물업
　　자·종합금융회사·증권금융회사로 한정되어 있었다. 그러나 자본시장법은 판매회사 개념을 폐지하
　　고, 집합투자증권의 판매를 영업으로 할 수 있는 자의 범위를 투자매매업이나 투자중개업 인가를 취
　　득한 자로 통일하였다(제184조 제5항).
23　대법원 2006. 12. 8. 선고 2002다19018 판결.
24　통상 부동산매매계약 체결시 부동산중개업자가 해당 부동산의 정보를 제공하고 설명을 하였다고 하
　　더라도 부동산중개업자를 매매계약 당사자라고 보지 않는 것과 마찬가지로 투자중개업자가 해당 투
　　자신탁의 정보를 제공하고 설명을 하였다고 하더라도 투자중개업자를 매매계약 당사자라고 보기 어
　　려운 것이다.

원이 고객에게 수익증권의 매수를 권유할 때에는 그 투자에 따르는 위험을 포함하여
당해 수익증권의 특성과 주요내용을 명확히 설명함으로써 고객이 그 정보를 바탕으
로 합리적인 투자판단을 할 수 있도록 고객을 보호하여야 할 주의의무가 있고, 경험
이 부족한 일반 투자자에게 거래행위에 필연적으로 수반되는 위험성에 관한 올바른
인식형성을 방해하거나 고객의 투자 상황에 비추어 과대한 위험성을 수반하는 거래
를 적극적으로 권유함으로써 투자자에 대한 보호의무를 위반한 위법행위를 하여 투
자자에게 손해를 가하는 경우, 투자중개업자는 불법행위로 인한 손해배상책임을 진
다고 판시한 것도 이러한 맥락이다.25

III. 수익증권 매매계약 취소와 투자중개업자의 부당이득반환의무 유무

1. 투자중개업자의 법적 지위에 따른 부당이득반환의무

수익증권을 매수한 투자자가 착오 등을 이유로 수익증권 매매계약을 취소한 경
우에 투자중개업자가 부당이득반환의무가 부담하는지 문제가 된다.

앞서 타당성을 인정받은 대리인설에 따르는 경우 투자자는 집합투자업자와 사이
에 수익증권 매매계약을 체결한 것이므로 집합투자업자에 투자금을 지급한 것이다.
투자중개업자는 집합투자업자의 대리인으로서 투자자로부터 매매대금을 수령한 것
인바, 투자자의 투자금은 집합투자업자에 귀속된 것으로 볼 수 있다. 따라서 투자자
는 매매계약의 상대방인 집합투자업자에 대하여 부당이득반환청구를 구할 수 있을
뿐 대리인에 불과한 투자중개업자에게는 부당이득을 구할 수 없다.

다만, 앞서 본 바와 같이 대법원은 구 간접투자법이 적용된 사안에서 위탁매매
인설에 입각한 판시를 한 바 있고 이러한 판시의 영향력을 무시할 수 없으므로, 이
하에서는 위탁매매인설을 전제로 투자중개업자의 부당이득반환의무 유무에 관하여
논하고자 한다.

2. 부당이득에서의 이득의 개념26

부당이득의 성립하려면 네 가지 요건, 첫째, 타인의 재산 또는 노무로 의하여 이

---

25 대법원 2012. 12. 26. 선고 2010다86815 판결.

26 이하의 논의는 이계정, "송금된 금원에 대한 예금 명의인의 부당이득반환의무 유무의 판단기준—부
당이득에 있어서 이득의 개념을 중심으로", 민사판례연구(35), 박영사(2013), 570면 이하 참조.

익을 얻을 것(이득 요건), 둘째, 그 이득으로 말미암아 그 타인에게 손해를 주었을 것(손해 요건), 셋째, 위의 이득과 손해 사이에 인과관계가 있을 것(인과관계 요건), 넷째, 그 이득에 법률상의 원인이 없을 것(법률상 원인의 흠결 요건)을 충족해야 한다. 투자중개업자의 부당이득반환의무 유무와 관련하여 가장 문제가 되는 쟁점은 과연 투자중개업자가 이득을 얻었는지에 있으므로 이에 관하여 살펴본다.

(1) 이득의 개념에 대한 견해의 대립

(가) 차액설[27]

차액설은 이득을 수익자가 취득한 구체적 대상이나 그 가액으로 보지 않고, 구체적인 취득과정의 결과로 생긴 수익자의 전체재산의 증가라고 이해하는 견해로 부당이득원인의 발생 전후에 전체 재산에 어떠한 변화가 일어났느냐에 착안하여, 그 전후의 차액을 이득으로 파악하는 것이다. 종래의 통설이라 할 수 있다. 차액설에 따르면, 이득은 현재의 재산과 수익의 과정이 없었다면 존재하였을 가정적 상황과의 재산의 가치 차이 즉 단순한 차액(Saldo)이라고 할 것으로 「수익자는 얻은 것 자체가 아니라 남은 것에 대해 반환의무를 진다」는 명제로 간명하게 정리할 수 있다.

차액설의 논리에 따르면, 선의의 수익자는 그 현존 이익을 반환하여야 한다는 민법 제748조 제1항의 규정은 당연한 내용으로 민법 제741조의 부당이득의 성립요건을 보충 내지 추가하는 규정에 불과하므로, '현존이익'에 대한 증명책임을 반환청구자가 부담하여야 할 것이다.

(나) 구체적 대상설[28]

구체적 대상설에 따르면, 부당이득반환의무의 내용은 1차적으로 수익자가 구체적으로 취득한 대상 그 자체이지 수익자가 현재 수익하고 있는 것이 아니다. 따라서 손실자는 수익자가 급부 등으로 인하여 구체적인 대상(etwas Erlangtes)을 취득하였음

---

27 차액설의 입장으로 곽윤직, 채권각론(제6판), 박영사(2012), 351면; 김석우, 채권법각론, 박영사(2007), 445면; 김기선, 한국채권법각론(전정제2판), 법문사(1982), 354면 참조. 독일에서 주장된 차액설에 대한 설명으로는 양창수, "독일민법상 이득개념의 형성과 그 구체적 적용", 법조 제34권 제3호(1985. 3) 참조.

28 구체적 대상설의 입장으로는 편집대표 곽윤직, 민법주해(XVII), 채권(10), 박영사(2005)(이하 '민법주해(XVII), 채권(10)'이라고만 한다), 534-537면(양창수 집필부분); 김형배, 사무관리·부당이득[채권각론 II], 박영사(2003), 225-226면; 김동훈, "부당이득에서 이득의 개념과 현존이익의 판단기준", 중앙법학 제11집 제4호, 중앙법학회(2009), 87면; 현병철, "부당이득효과에 관한 일고찰 - 유형론의 입장에서", 사법의 제문제; 경허김홍규박사 화갑기념 II, 삼영사(1992), 226면 이하.

을 입증하는 것으로 족하며 이득의 현존을 입증할 필요가 없다. 손실자의 청구에 대하여 선의의 수익자가 민법 제748조 제1항을 원용하여 이득의 소멸을 항변사항으로 주장하며 그 소멸사실을 증명하여야 하는 것이다.

이러한 구체적 대상설의 논리에 따르면, 선의의 수익자는 그 현존 이익을 반환하여야 한다는 민법 제748조 제1항의 규정은 원칙에 대한 예외로 중요한 의미를 가지는 규정이 되고, 선의의 수익자는 '이득 소멸'에 대한 증명책임을 부담한다.[29]

(다) 판례

대법원은 이득에 관하여 일반론으로 "부당이득은 그 수익의 방법에 제한이 없음은 물론, 그 수익에 있어서도 그 어떠한 사실에 의하여 재산이 적극적으로 증가하는 재산의 적극적 증가나 그 어떠한 사실의 발생으로 당연히 발생하였을 손실을 보지 않게 되는 재산의 소극적 증가를 가리지 않는 것"이라고 판시하고 있는바,[30] '재산의 증가'라는 표현은 차액설이 이득을 설명할 때 사용하는 표현인 점에 비추어 기본적으로 차액설의 입장에 있다고 볼 수 있다. 한편으로 판례는 "부당이득의 반환에 있어 이득이라 함은 실질적인 이익을 의미한다."라는 판시를 반복하여 오고 있는데,[31] 치밀한 법리 구성 없이 '이익의 실질성'이라는 부정형(不定形)의 개념을 사용하는 것에 대하여 많은 비판이 있다.[32]

(2) 검토 – 구체적 대상설의 타당성

(가) 의용민법은 부당이득에 관한 일반조항인 제703조에서 부당이득자는 '그 이익이 있는 한도에서' 반환책임을 진다고 규정하였으나, 우리 민법은 제741조에서 부

---

29 구체적 대상설은 폰 케머러(von Caemmerer)가 주창한 견해로 현재 독일에서 통설의 지위를 차지하고 있다. 독일 민법 제812조 제1항은 "타인의 급부(Leistung)로 인하여 또는 기타의 방법에 의하여 그의 손실로(auf dessen Kosten) 법적 원인 없이 <u>어떤 것(etwas)을 취득한 사람은 그에 대하여 반환의무를 진다.</u>"라고 규정하고 있으면서도 제818조 제3항에서는 "반환 또는 가액상환의 의무는 수령자가 더는 <u>이득하지 아니하는 한도에서 배제된다.</u>"라고 규정하고 있는바, 폰 케머러는 독일 민법에서의 부당이득반환청구권은 취득물을 대상으로 하며, 제818조 제3항이 이득자의 책임을 제한하는 것은 선의의 이득자를 위한 예외적인 특혜라고 하였다. E. von Caemmerer, "Bereicherung und unerlaubte Handlung", FS für Ernst Rabel, Bd 1. (1954), S. 368.

30 대법원 1995. 12. 5. 선고 95다22061 판결.

31 대법원 1992. 4. 14. 선고 91다45202, 45219 판결, 대법원 2001. 2. 9. 선고 2000다61398 판결, 대법원 2003. 4. 11. 선고 2002다59481 판결, 대법원 2011. 9. 8. 선고 2010다37325, 37332 판결, 대법원 2015. 5. 29. 선고 2012다92258 판결 등.

32 이계정, "삼각관계에서의 부당이득 법률관계와 질권자의 부당이득반환의무 유무", 법조 제721호 (2017. 2), 651면 이하.

당이득에 관한 일반조항을 두면서 위 문구를 삭제하였고, 의용민법에 없던 민법 제
747조 제1항[33]을 신설하여 수익자가 받은 목적물을 반환하는 것이 원칙임을 천명하
는 의미있는 변화를 일구어냈다. 즉 수익자는 1차적으로 '수익자는 급부 등으로 인하
여 취득한 대상 그 자체'를 반환하여야 한다는 원칙이 표현된 것으로 볼 수 있는 것
인바, 선의 수익자가 현존이익만을 반환하여야 한다는 규정(민법 제748조 제1항)은 원
칙에 대한 예외라고 할 것이다. 우리 민법의 부당이득에 관한 조문 체계와 그 문구
에 비추어 이러한 해석은 매우 설득력이 있고, 그러한 해석은 바로 구체적 대상설의
핵심적 내용인바, 구체적 대상설을 지지할 만한 실정법적 논거라고 할 것이다.

구체적 대상설은 증명책임의 분배에 있어서 합리적인 결과를 낳는다. 차액설의
논리에 따르면, 손실자가 '현존이익의 존재'에 대한 증명책임을 부담하여야 한다. 반
면, 구체적 대상설에 따르면, 손실자는 청구원인사실로 수익자가 손실자의 급부 등
으로 구체적인 대상을 취득하였다는 점을 입증하면, 일응 수익자는 이득 전부를 반
환할 책임이 있는 것이고, 수익자는 '이득 소멸 사실(현존이익으로 이익이 감소하였음)'
을 증명함으로써 자신의 책임을 감면받을 수 있다. 선의 수익자가 현존이익만을 반
환하여야 한다는 규정(민법 제748조 제1항)은 원칙에 대한 예외 규정이라는 점을 고려
하면 위 규정은 권리멸각규정으로 보아야 할 것인바, 구체적 대상설에 따라 증명책
임을 분배하는 것이 타당하다.

특히 차액설에 따르면, 수익자가 손실자의 급부 등으로 목적물을 취득하였고,
그로 인한 어떤 이득이 잔존함을 손실자가 증명하여야 하는데, 수익자가 대상을 취
득한 이후에 이득이 잔존하기까지의 과정은 기본적으로 수익자의 영역에서 발생하
는 일로 손실자가 이에 대한 증거를 수집하기가 매우 어렵고, 반면 수익자로서는 그
증거를 수집하기가 용이하다는 점에서 손실자에게 증명책임을 부담시키는 차액설은
문제가 있다.

(나) 부당이득을 급부부당이득과 비급부부당이득으로 나누어 살피는 유형론[34]과
접목하여 구체적 대상설을 살펴보면 다음과 같다. 급부가 있었으나 법률상 원인이
흠결된 급부부당이득의 경우에는 그 급부가 수익자의 이득이 된다. 따라서 수익자는

---

33 민법 제747조 제1항은 "수익자가 받은 목적물을 반환할 수 없는 때에는 그 가액을 반환하여야 한
다."라고 규정하고 있다.
34 유형론에 관한 설명으로는 민법주해(XVII), 채권(10), 161면 이하(양창수 집필부분); 김형배(주 28),
157면 이하; 지원림, 민법원론(제2판), 홍문사(2019), 797면 이하; 양창수/권영준, 권리의 변동과 구
제(민법II)(제4판), 박영사(2021), 504면 이하; 이은영, 채권각론(제5판), 박영사(2007), 686면 이하.

뒤에서 볼 이득소멸의 항변을 통해 이득이 소멸되었다는 주장을 함으로써 부당이득 반환청구를 배척하거나 반환범위를 축소할 수 있다. 침해부당이득에서는 특정인에게 배타적으로 할당된 이익이 이득이 된다.35 가령 타인의 부동산을 권한 없이 사용·수익하는 경우에 소유자에게 배타적으로 할당된 이익, 즉 임료 상당의 이익이 이득이 된다. 이 경우에 점유자는 이득소멸의 항변을 통해 부당이득반환의무를 면하거나 반환범위를 축소할 수 있다.

한편, 차액설에 따르는 경우에는 수익자의 이득이 소멸된 것임이 인정되는 경우에 처음부터 이득의 요건을 결하여 부당이득반환청구권이 성립하지 않는다고 설명한다.

결국 수익자가 이득소멸을 주장하는 경우에 차액설은 특별한 사정이 없는 한36 이를 부당이득의 성립단계(청구원인)에서 고려하는 반면, 구체적 대상설은 부당이득의 성립을 일단 인정하는 전제에서 이를 배척할 수 있는 수익자의 抗辯으로 파악하는 것이다.

3. 이득소멸의 항변

(1) 이득소멸의 항변의 의의

민법 제748조 제1항은 선의 수익자는 현존이익만을 반환하여야 한다고 규정함으로써 손실자로부터 받은 만큼 반환하는 것이 아님을 명백히 밝히고 있는바, 선의 수익자의 이득소멸의 항변을 규정하고 있다고 볼 수 있다.

이득소멸의 항변은 수익자가 이득을 취득하였으나 이득과 인과관계가 있는 손실을 입은 경우에 그 한도 내에서 수익자는 이득을 반환할 책임이 없다는 항변을 할 수 있음을 의미한다. 가령 선의의 수익자가 취득한 원물이 훼손·변질 등으로 가치가 감소하거나 소멸된 경우, 그러한 가치의 감소 내지 소멸이 우발적인 사정에 기인한

---

35 침해부당이득의 논거에 대한 독일의 통설인 할당이론(Zuweisungstheorie)에 기초한 설명이다. 할당이론에서는 해당 법적 지위의 할당내용(Zuweisungsgehalt)이 침해부당이득 성립 여부에 있어서 중요한 기준이 된다(Wilburg, Die Lehre von der ungerechtfertigthen Bereicherung nach österreichischem und deutschem Recht. Kritik und Aufbau (1933/34), S. 27f.; E. von Caemmerer(주 29), S. 352f.)

36 다만, 대법원은 법률상 원인 없이 금전상의 이득을 취득한 경우에는 현존이익이 추정된다고 하고 있는바(대법원 1996. 12. 10. 선고 96다32881 판결, 대법원 2009. 1. 15. 선고 2008다58367 판결), 수익자가 구체적으로 취득한 대상이 금전인 경우에는 차액설에 따르더라도 '이득이 소멸하였다'는 주장은 부인이 아니라 抗辯이 된다.

경우는 물론이고 수익자의 행위에 기한 경우에도 「이득소멸의 항변」을 통해 훼손·변질된 원물만 반환하거나 반환의무를 면할 수 있다.[37]

이하에서는 이득소멸의 항변에 관하여 비교법적 고찰을 함으로써 이득소멸의 항변이 매우 보편적으로 인정되는 법리임을 밝히고, 이를 통해 우리 민법상 이득소멸의 항변의 내용을 구체화하고자 한다.

(2) 이득소멸의 항변에 관한 비교법적 고찰

(가) 프랑스

프랑스민법전은 1804년 제정 당시 부당이득에 관한 일반 규정을 두지 않았다. 그러나 파기원은 1892. 6. 15. Boudier 판결을 통해 "부당이득의 소는 타인을 침해하여 이익을 누리는 것을 금지하는 형평의 원칙으로 도출된다."라고 판시함으로써 최초로 부당이득의 소(action de in rem verso)를 인정하였다.[38] 이후 학설과 판례가 부당이득제도를 발전시킨 결과 2016년 개정 프랑스민법 제1303조는 "사무관리와 비채변제 이외의 경우, 타인을 해하여 부당한 이득을 받은 자는 그것에 의하여 손실을 입은 자에 대하여 이득과 손실 중 적은 가액을 배상하여야 한다."라는 규정을 신설함으로써 부당이득(enrichissement injustifié)에 관한 일반 규정을 마련하였다.[39] 한편, 2016년 개정 프랑스민법전은 급부반환의 발생원인에 대하여는 무효(제1178조~1185조), 실효(제1186조~제1187조), 해제(제1224조~제1230조), 비채변제(제1302조~제1302-3조)에서 개별적으로 규정을 한 다음, 그 효과에 대하여는 제3편 제5장에서 "les restitution"이라는 표제하에 일률적으로 규율하고 있다. 즉 각 발생원인에 따른 효과에 대하여는 특별한 예외규정이 없는 한 급부반환관계(les restitution)에 관한 규정에 따르도록 하였다.

급부반환관계에 있어서 수익자가 선의인지 악의인지에 따라 반환범위가 달라지는데 이를 표현하고 있는 것이 프랑스민법 제1352-1조, 제1352-2조, 제1352-7조이며 「이득소멸의 항변」과 관련이 깊은 조문은 제1352-1조, 제1352-2조이다.

우선 프랑스민법 제1352-1조는 "물건을 반환하는 자는 물건의 가액을 감소시킨

---

37 이계정(주 32), 654면.

38 Req., 15 juin 1892.

39 프랑스민법전의 부당이득에 대한 일반적인 설명으로는 남효순/이동진/김형석/이상훈/이계정, 부당이득반환의 비교법적 연구, 박영사(2021), 7면 이하(남효순, "개정 프랑스민법전(채권법) 상의 비채변제와 (협의의) 부당이득", 저스티스 통권 제164호(2018. 2), 5면 이하와 같다).

손상과 훼손에 대해 책임이 있으나, 반환의무자가 선의이고 손실과 훼손이 반환의무자의 과책에 기인하지 않은 경우에는 그러하지 아니하다."라고 규정하고 있다. 위 규정은 선의의 반환의무자는 손상과 훼손에 있어서 과책이 없는 경우에는 가치감소액에 대하여 책임이 없다는 점을 밝힌 것이다. 본조는 손상과 훼손(dégradations et détériorations)에 대해서만 규정하고 있으나 물건 전체가 파괴(destruction)된 경우도 포함된다.[40] 자신을 소유자라고 생각한 선의의 수익자는 물건을 불합리한 방식으로 사용할 자유가 있고 심지어 파괴할 자유가 있으므로, 물건의 손실·훼손·파괴에 대하여 선의 수익자의 과책을 인정할 수 있는 경우를 찾기 힘들 것이라고 한다.[41]

이와 같이 제1352-1조를 보면 과책이 없는 선의의 수익자는 물건을 받은 이후에 물건에 손실·훼손·파괴가 발생한 경우에 그 부분에 대해서는 부당이득반환책임을 면하는바, 이득소멸의 항변을 규정한 것으로 평가할 수 있다. 과책이 없는 선의의 수익자는 이득을 취득한 후에 손실이 발생하였다는 점을 가지고 부당이득반환의무를 면하거나 반환범위의 축소를 꾀할 수 있는 것이다.

다음으로 프랑스민법 제1352-2조는 "① 선의로 물건을 수령하여 매각한 자는 매각대금만을 반환하여야 한다. ② 악의로 물건을 수령한 자는, 반환일의 가액이 매각대금보다 큰 경우에는 반환일의 가액을 부담한다."라고 규정함으로써 원물을 매각한 경우의 가액반환에 관하여 규정하고 있다. 이에 따라 선의로 물건을 수령하여 그 물건을 매각한 자는 매각대금을 반환하면 된다. 매각대금이 물건의 가액을 상회하든 그렇지 않든 대금만 반환하면 되는 것이다. 또한, 가액반환의 일반적인 경우와는 달리 매각시의 매각대금을 반환하면 된다. 선의로 물건을 수령한 자가 매각으로 인하여 이득을 얻는 것을 방지함과 동시에 매각으로 인하여 손실을 입는 것도 방지하고자 하는 것이다.[42]

이처럼 프랑스민법 제1352-2조 제1항은 선의의 수익자가 물건을 처분한 경우에 매각대금만을 반환하게 하고 있다. 이는 뒤에서 보는 DCFR의 입장처럼 이득소멸로 인하여 수익자가 대상(代償)을 취득한 경우에 이득소멸의 항변이 제한된다는 점과

---

40 O. Deshayes et al, Réforme du droit des contrats, du régime général et de la preuve des obligations, Lexis Nexis, 2016, p. 810.

41 Valerio Forti, Art. 1352 à 1352-9, JurisClasseur Civil Code, n° 33.

42 Valerio Forti, Art. 1352 à 1352-9, JurisClasseur Civil Code, n° 26. 참고로 프랑스민법 제1352-2조 제1항은 개정 전 프랑스민법 제1380조와 동일하다.

일맥상통한다. 이 경우에 수익자가 이득소멸의 항변을 할 수 있음을 주목할 필요가 있다. 위 제1352-2조 제1항의 적용에 의하여 선의의 수익자는 객관적 가치보다 저렴한 가격으로 처분하더라도 물건의 객관적 가치가 아닌 매각대금만을 반환하면 되는바, 그 범위 내에서 이득소멸의 항변의 효과를 누리게 되는 것이다.

결국 2016년 개정 프랑스민법전은 부당이득의 반환범위와 관련하여 「이득소멸의 항변」의 법리를 수용하고 있다고 평가할 수 있다.

(나) 독일

독일 부당이득법의 중심 규정은 독일민법(Bürgerliches Gesetzbuch) 제812조 제1항 제1문과 제818조 제3항인데 각각 다음과 같이 규정하고 있다.

> 제812조 제1항 제1문: "타인의 급부(Leistung)로 인하여 또는 기타의 방법에 의하여 그의 손실로(auf dessen Kosten) 법적 원인 없이 어떤 것(etwas)을 취득한 사람은 그에 대하여 반환의무를 진다."
>
> 제818조 제3항: "반환 또는 가액상환의 의무는 수령자가 더는 이득하지 아니하는 한도에서 배제된다."

독일의 통설인 구체적 대상설에 따르면, 손실자는 위 제812조 제1항의 요건, 그 중 「이득」과 관련하여 수익자가 급부 등으로 인하여 구체적인 대상(etwas Erlangtes)을 취득하였음을 입증함으로써 이를 증명한 것이 되며, 이에 대하여 수익자는 제818조 제3항에 의한 「이득소멸의 항변(Wegfall der Bereicherung)」을 함으로써 부당이득반환의무를 면하거나 반환범위를 감축할 수 있다.[43]

수익자가 이득소멸의 항변을 하기 위해서는 원칙적으로 ① 수취한 이득과 수익자의 손실 사이에 인과관계가 있을 것(인과관계), ② 수취한 이득의 유효성(Beständigkeit)을 신뢰하여 수익자의 지출이나 재산 감소가 이루어졌을 것(수익자의 신뢰 보호)을 충족해야 한다.[44] 후자의 요건 충족 여부와 관련하여 선의의 수익자가 자신의 이득의 취득이

---

43 E. von Caemmerer(주 29), S. 368.

44 MüKoBGB/Schwab, 8. Aufl. 2020, BGB § 818 Rn. 139-140; HK-BGB/Volker Wiese, 10. Aufl. 2019, BGB §818 Rn. 11; Staudinger/Lorenz, 2007, § 818 Rn. 38; BGHZ 1, 75 (81) = NJW 1951, 270. 다만, 물건이 우연한 사정에 의해 가치 하락, 멸실된 경우에도 이득소멸의 항변이 인정되는바, '수익자의 신뢰 보호'의 요건이 반드시 충족되어야 하는 것은 아니다(MüKoBGB/Schwab, 8. Aufl. 2020, BGB § 818 Rn. 176).

법률상 원인이 없다는 것을 제때 알았다면 어떤 상태에 있었을지 내지 어떤 행동을 취하였을 것인지를 핵심적으로 살펴야 한다.[45]

가령 수익자가 수취한 이득을 신뢰하여 제3자에 대하여 행사할 수 있는 권리를 행사하지 않아 그 권리가 소멸되었는데, 수취한 이득이 법률상 원인이 없다는 점이 판명된 경우에 수익자는 제818조 제3항에 따른 이득소멸의 항변을 통해 반환의무를 면할 수 있으며,[46] 수익자가 수취한 이득을 신뢰하여 담보를 포기하였는데 법률상 원인이 없이 이득을 얻었음을 이유로 부당이득반환의무를 부담하게 된 경우에도 담보 포기로 인하여 변제를 받지 못하게 된 범위 내에서 이득소멸의 항변을 할 수 있다.[47]

또한, 프랑스와 마찬가지로 선의의 수익자는 물건이 멸실되거나 또는 물건 사용으로 인하여 물건이 마모되어 물건의 가치가 하락된 경우에도 그 하락 부분에 대해서는 이득소멸의 항변을 통해 반환의무를 면할 수 있다. 선의의 수익자가 취득한 물건을 자신의 소유라고 생각한 이상, 해당 물건을 취급함에 있어 어떠한 주의의무를 부담한다고 보기 어려우므로 물건의 멸실이나 마모에 대해서 책임을 지지 않는 것이다.[48]

수익자가 금전을 취득한 경우에도 이득소멸의 항변이 인정된다. 수익자가 취득한 금전을 모두 지출한 경우에 그로 인하여 자기의 재산으로부터 지출하였어야 할 비용의 지출을 면하게 된 것(소위 '지출의 절약(Aufwendungsersparnis)')이라는 등의 사정이 없는 한 이득소멸의 항변을 할 수 있다.[49] 앞서 본 바와 같이 수익자가 자신의 이득의 취득이 법률상 원인이 없다는 것을 제때 알았다면 어떤 행동을 취하였을 것인지가 이득소멸의 항변의 인정 여부에 있어서 중요한바, 수익자는 법률상 원인이 없다는 것을 알았다면 그러한 지출을 하지 않았을 것임을 주장·증명함으로써 반환의무를 면할 수 있다. 대표적으로 선의의 수익자가 법률상 원인 없이 취득한 금전을 통해 사치성 지출(Luxusausgabe)을 한 경우이다.[50]

그러나 수익자가 법률상 원인이 없다는 것을 알았더라도 수익자의 다른 재산을

---

45 Larenz/Canaris, Lehrbuch des Shuldrechts, Band II/2 Besonderer Teil, 13. Aufl. 1994, S. 297.

46 BeckOK BGB/Wendehorst, 59. Ed. 1.8.2021, BGB § 818 Rn. 74.

47 MüKoBGB/Schwab, 8. Aufl. 2020, BGB § 818 Rn. 171.

48 Larenz/Canaris(주 45), S. 295.

49 MüKoBGB/Schwab, 8. Aufl. 2020, BGB § 818 Rn. 185 ff.

50 그 외에도 이혼소송에 있어서 임시로 지급이 명하여진 생활비의 액이 실체적 부양청구권상의 액보다 많은 경우 그 차액에 대하여 부당이득반환청구를 구한 사안에서, 수익자가 이를 전부 소비한 사안에서 이득소멸의 항변을 인정한 판결로는 BGH FamRZ 1984, 767 (768) = NJW 1984, 2095.

통해 마찬가지의 지출을 하였을 것임이 판명된 경우에는 지출을 절약한 것이 되므로 수익자는 이득소멸의 항변을 할 수 없다. 대표적으로 선의의 수익자가 일상생활에 필요한 비용을 지출한 경우이다.

선의의 수익자가 취득한 금전을 제3자에게 기부를 한 경우에 이득소멸의 항변이 인정되는지도 같은 관점에서 파악해야 한다. 수익자가 자신의 이득의 취득이 법률상 원인이 없다는 것을 알았더라도 여전히 기부를 하였을 것이라면 수익자는 지출을 절약한 것이 되어 이득소멸의 항변을 할 수 없고, 그렇지 않다면 이득소멸의 항변을 할 수 있다.[51] 선의의 수익자가 제3자에게 대여를 한 경우에도 같은 관점에서 파악해야 하는바, 취득한 금전을 신뢰하여 제3자에게 대여를 한 경우에 수익자는 제3자에 대한 변제받기 어려운 채권을 반환청구자에게 양도함으로써 이득소멸의 항변을 할 수 있다.[52]

만약, 선의의 수익자가 대상(代償, Surrogat)을 취득한 경우에 이득소멸 항변이 제한된다.[53] 독일 민법 제818조 제1항은 "반환의무는 수취한 수익 및 수령자가 취득한 권리에 기하여 얻은 것 또는 취득한 목적물의 멸실, 훼손 또는 침탈에 대한 배상으로 얻은 것에도 미친다."라고 규정하고 있기 때문이다. 따라서 제3자가 물건을 멸실하여 선의의 수익자가 제3자에 대하여 손해배상청구권을 가지는 경우에 부당이득반환청구권자에게 위 권리를 양도하여야 한다.

수익자가 처분을 하여 대금을 취득한 경우에 그 대금이 독일 민법 제818조 제1항의 대상(代償)에 해당되는지에 대해서는 부정하는 견해가 다수이며 판례도 이를 부정한다.[54] 수익자는 이 경우에 독일 민법 제818조 제2항에 따라 가액배상을 하여야

---

51 MüKoBGB/Schwab, 8. Aufl. 2020, BGB § 818 Rn. 191; BGH NJW-RR 2017, 111 Rn. 21.

52 BGHZ 72, 9 = NJW 1978, 2149.

53 MüKoBGB/Schwab, 8. Aufl. 2020, BGB § 818 Rn. 187; BVerwG FamRZ 1993, 323 (324); NJW 1992, 328 (330); BGH JZ 1994, 732 (733); BGHZ 205, 334 Rn. 27 = NJW 2015, 2725.

54 BGHZ 75, 203(206) = NJW 1980, 178; BGH, Urt. v. 10. 5. 2005 = NJW 2006, 2323; BeckOK BGB/Wendehorst, 59th Ed. 1.8.2021, BGB § 818 Rn. 9; MüKoBGB/Schwab, 8. Aufl. 2020, BGB § 818 Rn. 47; Larenz/Canaris(주 45), S. 266f; 성중모, "독일민법 제285조와 제818조 제1항에서의 대상원리", 한양법학 제21권 제2집(2010. 5), 126면. 독일 민법 제818조 제1항의 해석에 있어서 '취득한 권리에 기하여 얻은 것'에는 채권의 추심에서의 급부목적물처럼 권리의 통상적 행사를 통해서 얻은 것, 멸실로 인해 발생한 손해배상청구권, 보험금청구권이 해당되나 법률행위에 기한 대상 (rechtsgeschäftliche Surrogate) 내지 법률행위에 의한 대체이익(commodum ex negotiatione)은 포함되지 않는다고 보는 것이다.

하는바, 이 경우에 선의 수익자가 제818조 제3항에 따라 이득소멸을 원용할 수 있다는 견해에 따르면 선의의 수익자는 객관적 가치보다 저렴하게 목적물을 매각한 경우에 매각대금만을 반환하면 된다는 결론에 이른다.[55] 이러한 결론은 앞서 본 프랑스 민법 제1352－2조 제1항과 일맥상통한다.

끝으로 취득물로 인하여 수익자의 재산에 손해가 발생한 경우에 이를 근거로 이득소멸의 항변을 할 수 있는지 문제가 된다. 대표적으로 선의의 수익자가 강아지를 취득하였으나 그 강아지가 양탄자를 물어뜯어 수익자에게 손해가 발생한 경우이다. 이에 대해서는 수익자가 이득(사안에서는 '강아지')을 유효하게 취득하였다고 신뢰하여 위와 같은 손해가 발생한 것이 아니며, 수익자가 설령 악의라고 하더라도 위와 같은 손해는 발생하였을 것이라는 점을 이유로 수익자가 이득소멸의 항변을 할 수 없다고 보는 견해가 유력하다.[56]

(다) 영국

① 영국은 소송체계가 소권 단위로 나뉘어져 있고, 전반적인 법의 형태가 개별적인 소권형식의 기반 위에 발전하였는데, 부당이득 자체가 독자적인 소권을 이루지 않아 대륙법과 같은 일반적인 형태의 부당이득청구권은 오랫동안 인정되지 않았다.[57] 그러나 1991년 Lipkin Gorman v Karpnale Ltd. 사건[58]을 통해 영국은 공식적으

---

55 Larenz/Canaris(주 45), S. 301; BeckOK BGB/Wendehorst, 59th Ed. 1.8.2021, BGB § 818 Rn. 45. 독일에서도 위와 같은 결론에 대하여 이견이 있음을 밝혀둔다(MüKoBGB/Schwab, 8. Aufl. 2020, BGB § 818 Rn. 198, § 816 Rn. 52-54). 가령, 수익자가 처분을 함으로써 계약상대방에게 물건의 조달할 의무로부터 해방되는 이득을 얻었다고 보는 견해라든지 수익자의 자기 결정에 의한 재산적 처분의 성패를 손실자에게 전가하여서는 아니된다는 견해는 수익자는 독일 민법 제818조 제3항의 이득소멸의 항변을 원용할 수 없다고 한다. 한편, 위와 같은 논의는 독일 민법 제816조 제1항의 무권리자의 처분에 대해서도 적용된다. 독일 민법 제816조 제1항은 무권리자가 처분을 한 경우에 처분으로 인하여 취득한 것(durch die Verfügung Erlangte)을 반환하도록 규정하고 있는바, 판례는 '처분을 통해 얻은 반대급부'를 '처분으로 인하여 취득한 것'에 해당한다고 보고 있다(BGH NJW 1997, 190 (191); NZM 2005, 837). 이러한 판례에 따르면 무권리자는 처분으로 인하여 얻은 대금을 위 제816조 제1항에 기하여 반환하여야 하는데, 제818조 제3항의 이득소멸의 원용을 통해 객관적 가치보다 저렴하게 목적물을 매각한 경우에 매각대금만을 반환할 수 있다.

56 Larenz/Canaris(주 45), S. 300; MüKoBGB/Schwab, 8. Aufl. 2020, BGB § 818 Rn. 182. 위와 같은 경우 수익자가 이득소멸의 항변을 할 수 없다는 결론에 동의하면서도 위와 같은 손해는 수익자의 재산적 결단에 의해서 발생하였다는 점, 즉 위 손해는 수익자가 고양이를 소유하고자 하는 재산적 결단에 따른 고유한 위험이므로 이를 반환청구자에게 전가할 수 없다는 점을 근거로 삼는 견해로는 Flume, "Der Wegfall der Bereicherung in der Entwicklung vom römischen zum geltenden Recht", FS für Hans Niedermeyer(1953), S. 155f.

57 콘라트 츠바이게르트·하인 쾨츠, 양창수 역, 비교사법제도론, 대광문화사(1991), 409-410면.

로 부당이득반환의 법리를 인정하였고, 위 판결이 기폭제가 되어 부당이득법이 독자적인 영역을 구축하고 있다.[59]

영국 부당이득법에서 수익자는 상태변경의 항변(change of position)을 통해 자신의 반환책임을 감경하거나 면할 수 있는데, 상태변경의 항변이 앞서 본 대륙법의 이득소멸의 항변과 완전히 일치하는 것은 아니나 유사한 점이 많은바, 이에 대하여 살펴보면 다음과 같다.

상태변경의 항변(change of position)은 위에서 본 Lipkin Gorman v Karpnale Ltd. 사건을 통해 명시적으로 인정되었다. 위 사건의 사실관계는 다음과 같다. 원고는 로펌인데 로펌의 파트너 변호사 중 한 명인 카스(Cass)가 원고의 자금을 인출한 후 이를 피고가 운영하는 카지노 클럽에서 도박자금으로 사용하였다. 위 사건에서 귀족원(House of Lords)은 '도박 계약은 무효이고, 원고의 손실로 피고가 부당하게 이득을 취득하였으므로 원고는 피고에게 도박에 사용된 금원의 반환을 구할 수 있다'라는 취지로 판시하였다. 그러나 카스가 도박에서 승리한 경우에 피고가 지급했던 상금(winnings)[60]이 있으므로 이 부분까지 피고에게 반환을 명하는 것은 부당하다고 판단하였다. 위 판결에서 Goff 경은 수익자의 사정이 변경되어 수익자로 하여금 받은 금원 전부를 반환하게 하는 것이 형평에 어긋나는 경우에는 상태변경의 항변(change of position)을 통해 수익자의 반환범위를 제한할 수 있음을 정면으로 선언하였고, 위 사안에서도 피고는 카스(Cass)에게 지급한 상금과 관련하여 상태변경의 항변을 할 수 있다고 판시하였다.[61]

상태변경의 항변을 하기 위해서는 다음과 같은 요건이 충족되어야 한다.[62] 첫째,

---

58 [1991] 2 AC 548. 위 판결에서 Goff 경은 "부당이득에 근거한 금전의 반환청구는 일반적으로 법원의 재량으로 결정될 문제가 아니다. 금전의 반환청구는 권리의 문제이며, 금전 반환청구의 근거가 되는 법리는 부당이득의 법리로 그 반환청구가 기각되더라도 재량이 아니라 법리(legal principle)에 의하여 기각되어야 한다."라고 판시하였다. 참고로 고프 경(Lord Goff)은 가레스 존스(Gareth Jones)와 함께 1966년 『부당이득법(The Law of Restitution)』 초판을 출간하고 이후 꾸준히 개정판을 출간함으로써 부당이득법의 발전에 크게 기여하였다.

59 영국의 부당이득법에 대한 전반적인 설명으로는 이계정, "부당이득에 있어서 이득토출책임의 법리와 그 시사점", 저스티스 통권 제169호(2018. 12), 40면 이하.

60 카스(Cass)가 도박에서 이겨서 받은 돈을 의미한다.

61 위 판결에 대한 상세한 소개로는 최준규, "영국부당이득법상 Change of Position에 대한 연구", 서울대학교 석사학위논문(2007. 8), 36면 이하.

62 Lipkin Gorman v Karpnale Ltd. [1991] 2 AC 548 at 549; Graham Virgo(주 5), p. 682.

수익자의 이득 취득과 수익자의 상태변경 사이에 인과관계가 인정되어야 한다(因果關係). 즉, 수익자의 이득 취득이 없었다면 수익자의 상태변경은 발생하지 않았을 것임이 증명되어야 한다.[63] 둘째, 위와 같은 상태변경으로 인하여 수익자로 하여금 손실자에 대한 부당이득반환의무를 부담시키는 것이 형평에 반하는 것(inequitable)으로 인정되어야 한다(衡平에 反함).

상태변경의 항변의 인정 근거에 대해서는 이득 취득의 유효성에 대한 수익자의 신뢰를 보호해야 한다는 점,[64] 수익자의 수취한 이득에 대한 처분의 자유를 보호해야 한다는 점이 언급된다.[65] 그러나 상태변경의 항변이 반드시 수익자의 이득의 유효성에 대한 신뢰를 요건으로 하지 않는다.[66] 이에 상태변경의 항변은 부당이득의 기초를 이루는 교정적 정의(corrective justice)[67]와 균형을 맞추기 위한 법원리로 파악해야 한다는 견해가 주장되고 있다.[68] 부당이득은 교정적 정의에 입각하고 있기 때문에 수익자는 과실 여부와 관계없이 이득을 반환해야 하는 엄격한 책임을 지는바, 이를 상쇄하기 위해서 수익자가 수취한 이득의 반환에 의해서 재산손실이 발생하지 않도록 수익자의 상태변경을 고려하는 것이 정의에 부합한다고 설명한다. 앞서 본 Lipkin Gorman v Karpnale Ltd. 사건은 이러한 관점을 피력하였으며[69] 수익자의 손실이 제3자에 의한

---

63 Goff & Jones, The Law of Unjust Enrichment, 9th ed., Sweet & Maxwell(2016), pp. 787-788.

64 Graham Virgo(주 5), p. 680. 이러한 점을 강조하는 견해는 상태변경의 인정 근거를 '금반언(estoppel)'에서 찾는다. 상태변경의 항변이 금반언과 다른 점은 (손실자의) 표시(represetntation)가 없다는 점인바, 위 견해는 상태변경의 항변을 '표시 없는 금반언(estoppel minus the represetnation)'이라고 설명한다. 위 견해에 대해서는 상태변경의 항변이 반드시 수익자의 신뢰를 요구하는 것은 아니므로 금반언과 다르다는 비판이 있다(Andrew Burrows, The Law of Restitution, 3rd ed., Oxford(2011), p. 528 이하).

65 Grantham & Rickett, "A Normative Account of Defences to Restitutionary Liability", [2008] 67 CLJ 92, 121.

66 Andrew Burrows(주 64), p. 529.

67 아리스토텔레스는 「교정적 정의(corrective justice)」라는 개념을 통해 정당하지 않은 행위에 의하여 권리를 침해당한 자는 자신이 입은 손해만큼 침해자에게 이득의 반환을 구할 권리가 있고 이에 상응하여 침해자는 그 손해만큼 이득을 반환할 의무가 있으며, 이를 통해 균형이 회복된다는 점을 역설하였다(Francesco Giglio, The Foundations of Restitution for Wrongs, Hart Publishing(2007), p. 150 이하). 이러한 교정적 정의가 부당이득반환제도의 철학적 기초라는 점에 대하여는 Ernest J. Weinrib, Corrective Justice, Oxford(2012), p. 227 이하.

68 Graham Virgo(주 5), p. 682; Andrew Burrows(주 64), p. 526.

69 "상태변경의 항변은 수익자의 사정이 변경되어 수익자로 하여금 받은 금원 일부 또는 전부를 반환하게 하는 것이 상황을 고려할 때 형평에 어긋나는 경우에 적용된다(the defence is available to a

경우나 자연재해에 의한 경우 등에서도 상태변경의 항변이 가능하다.

② 구체적으로 수익자가 수취한 이득을 신뢰하여 비정상적인(extraordianry) 지출을 한 경우로 이득의 취득이 없었다면 그러한 지출을 하지 않았을 것임을 증명함으로써 상태변경의 항변을 할 수 있다.70 대표적으로 증여받은 것을 신뢰하여 수익자가 비싼 차를 구입하거나 세계일주여행을 한 경우가 이에 해당한다.71 의류, 가구 등 일상생활을 위해 지출한 경우에도 수익자가 이득이 없었다면 그러한 지출을 하지 않았을 것임을 증명함으로써 상태변경의 항변을 할 수 있다.72

또한, 정당화되지 않는 금원을 받은 수익자가 그 금원을 신뢰하여 취업을 포기한 경우나 비싼 차임을 지급해야 하는 10년 장기 임대차계약을 체결한 경우에도 상태변경의 항변이 가능하다.73 아울러 피고가 원고의 착오에 의해 입금된 금원을 근거로 피고의 채권의 채무자가 원고라고 착각하여 실제 채무자인 제3자에 아무런 권리행사를 하지 않았고 그 결과 제3자에 대한 권리가 소멸시효 등으로 소멸한 경우에도 피고는 상태변경의 항변을 할 수 있다.74

한편, 앞서 설명한 바와 같이 상태변경의 항변은 수익자의 손실을 수반하는 신뢰(detrimental reliance), 즉 이득의 유효성에 대한 신뢰에 기반한 재산감소행위를 요구하지는 않는다. 따라서 수취한 이득이 수익자의 행위에 의하지 않고 소멸된 경우, 예를 들면 제3자가 절취한 경우, 화재 등 자연재해에 기하여 수취한 이득이 멸실된 경우에도 상태변경의 항변이 가능하다.75

만약 수익자가 수취한 이득을 소비하여 제3자에 대한 권리만 남은 경우에도 상태변경의 항변을 할 수 있는지 문제가 된다. 가령 송금된 금원의 유효성을 신뢰하여 그 금원을 가지고 투자를 하여 금원은 전부 소진되고 투자를 유치한 제3자에 대한 손해배상청구권만을 가지는 경우에 수익자가 여전히 상태변경의 항변을 할 수 있는

---

person whose position has so changed that it would be inequitable in ail the circumstances to require him to make restitution, or alternatively to make restitution in full.)"라고 판시하였다.

70 Graham Virgo(주 5), pp. 685-686.

71 Lipkin Gorman v Karpnale Ltd. [1991] 2 AC 548, at 560 per Lord Templeman. 앞서 독일 논의에서 본 사치성 지출(Luxusausgabe)을 한 경우에 해당한다.

72 Avon County Council v Howlett [1983] 1 WLR 605.

73 Scottish Equitable plc v Derby [2001] 3 All ER 818.

74 Graham Virgo(주 5), p. 687.

75 Andrew Burrows(주 64), p. 529.

지 문제가 되는 것이다. 이에 대하여는 제3자에 대하여 권리행사를 하더라도 실제 변제를 받기 어려운 상황이라면 상태변경의 항변이 가능하다는 견해가 유력하다.[76] 다만, 이 경우에 손실자는 대위(subrogation)의 법리에 의해 수익자의 제3자에 대한 권리를 자신에게 귀속시킬 수 있다.

③ 앞서 본 바와 같이 수익자의 이득 취득이 없었다면 수익자의 상태변경은 발생하지 않았을 것임을 증명하더라도 수익자로 하여금 손실자에 대한 부당이득반환 의무를 부담시키는 것이 형평에 반하는 것으로 인정되어야 상태변경의 항변이 가능하다. 즉 정의의 관념이 상태변경의 항변의 적용을 제한할 수 있다.

대표적으로 악의의 수익자는 상태변경의 항변을 할 수 없다.[77] 여기서 악의(bad faith)는 부당이득의 원인이 되는 사실을 알았음을 의미하며, 부주의하게 부당이득의 원인이 되는 사실을 알지 못한 경우, 즉 수익자에게 과실(negligence)이 있는 경우를 포함하지는 않는다. 다만, Niru Battery Manufacturing Co v Milestone Trading Ltd 사건[78]은 악의의 개념을 확장하였는데, "거래관행상 용인될 수 있는 방식으로 행동하지 않는 것으로 명백한 부정직함에 해당하지 않더라도 교활한 행위[79](a failure to act in a commercially acceptable way and sharp practice that falls short of outright dishonesty)"도 악의에 포함된다고 판시함으로써 악의의 판단 기준으로 객관적인 부정직함(objective dishonesty)을 제시하였다.[80]

다음으로 수익자가 형사적으로 위법한 행위를 통해 상태변경을 한 경우에도 상태변경의 항변을 할 수 없다.[81] 민사상 위법행위를 저지른 자도 상태변경의 항변을 할 수 없는지 문제가 되나, 공서양속(public policy)에 반하는 행위를 한 자가 부당이득 반환청구를 할 수 없듯이 피고도 공서양속에 반하는 행위에 기하여 항변을 할 수 없다고 보아야 하므로 민사상 위법행위를 저지른 자는 상태변경의 항변을 할 수 없다고 보고 있다.[82]

---

76 Graham Virgo(주 5), p. 686.

77 Goff & Jones(주 63), pp. 792-795.

78 [2002] EWHC 1425 (Comm).

79 '교활한 행위(sharp practice)'는 법 위반은 아니나 누가 봐도 비난받을 만한 행위를 의미한다.

80 악의의 판단기준에 대해서 객관적인 부정직함(objective dishonesty)을 제시함으로서 악의의 판단에 있어서 보다 객관적인 기준이 중시된 것이다.

81 Barros Mattos Jnr v MacDaniels [2004] EWHC 1188 (Ch).

82 Graham Virgo(주 5), p. 693; Barros Mattos Jnr v MacDaniels [2004] EWHC 1188 (Ch).

④ 대리관계(agency)에 있어서 대리인이 이득을 수령하여 본인에게 전달한 경우에는 대리인의 항변(the agent's defence)이 가능하다.[83] 여기서 대리관계는 본인이 대리인으로 하여금 본인의 이익을 위하여 행사할 것을 조건으로 자신의 권한을 위임하는 관계로 본인이 대리인의 행동을 통제하고 지시하는 권한을 보유하고 있음을 전제로 하는바, 신인관계(fiduciary relationship)가 형성되는 관계라고 할 수 있다(우리 법상 대리관계와는 의미가 다르다).[84] 대리관계로 인정할 수 있는 전형적인 예는 신탁에서 수탁자와 수익자와의 관계, 변호사와 의뢰인과의 관계, 주식회사의 이사와 주식회사와의 관계, 대리인과 본인과의 관계이다.[85]

대리인의 항변이 인정되기 위해서는 다음과 같은 요건이 충족되어야 한다.[86]

첫째, 피고가 대리인으로서 이득을 수령해야 한다. 피고가 본인을 위하여 이득을 수령할 권한이 없었던 경우나, 피고가 본인을 위한 대리행위임을 표시하지 않음으로써 원고로서는 피고가 대리인이라는 사실을 알지 못하였던 경우에는 대리인의 항변을 할 수 없다. 둘째, 피고가 수취한 이득이 본인에게 전달되어야 한다. 셋째, 피고로서는 본인에게 이득을 전달할 때에 부당이득의 원인이 되는 사실을 알지 못했어야 한다. 넷째, 본인의 위법행위에 피고가 관여하지 않았어야 한다.

---

83 대리인의 항변은 '대리 수령의 항변(ministerial receipt)'이라는 용어로 표현되기도 한다. Jeremy D Stone Consultants Ltd & anr v National Westminster Bank [2013] EWHC 208 (Ch) 참조.

84 William A. Gregory, The Law of Agency and Partnership, 3rd ed., West(2001), p. 4 이하; Robert C. Clark, "Agency Costs versus Fiduciary Duties", Principals and Agents: The Structure of Business(edited by John W. Pratt and Richard J. Zeckhauser), Harvard(1991), p. 56. 민법에서의 대리관계는 대리인이 본인의 이름으로 법률행위를 하거나 또는 의사표시를 받음으로써 그 법률효과가 직접 본인에게 생기게 하는 법률관계를 의미하는데(곽윤직·김재형, 민법총칙(제9판), 제9판, 박영사(2014), 333-334면), 영미법상 대리관계는 민법의 대리관계와 구별되는 개념이다. 참고로 미국의 제3차 대리법 리스테이트먼트(Restatement (Third) of Agency(2006)) §1은 "대리관계란 본인이 대리인에 대해서 대리인이 본인을 위해서 그리고 본인의 감독하에 행위를 하는 것에 동의를 표시하고, 대리인도 그렇게 행위를 하는 것에 동의를 표시하거나 합의하는 경우에 발생하는 신인관계(Agency is the fiduciary relationship that arised when one person (a "principal") manifests assent to another person (an "agent") that the agent shall act on the principal's behalf and subject to the principal's control, and the agent manifests assent or otherwise consents so to act)."라고 정의하고 있다.

85 신인관계에 대한 설명으로는 이계정(주 5), 34면 이하.

86 Graham Virgo(주 5), p. 675 이하.

대리인의 항변의 인정근거에 대해서는 금반언(estoppel)으로 설명하는 견해가 유력하다.[87] 원고는 피고가 대리인으로서 거래에 관여한다는 사실을 알았으므로 수취한 이득을 본인에게 전달하는 것을 허락한 것인바, 이러한 원고의 표시행위를 신뢰하여 행위를 한 피고에 대하여 부당이득반환의무를 지우는 것은 금반언의 원칙상 허용될 수 없다는 것이다.

대리인의 항변은 상태변경이나 손실을 입증할 필요가 없다는 점에서 상태변경의 항변과 다르다. 단지 대리인으로서 본인에게 수취한 이득을 전달했다는 점만 입증하면 된다. 이러한 차이점으로 인하여 피고는 자신의 선택에 따라 상태변경의 항변 외에도 대리인의 항변을 별도로 주장할 수 있다.

Jeremy D Stone Consultants Ltd & anr v National Westminster Bank 사건[88]은 원고가 제3자의 기망에 의해 피고 은행에 투자금을 입금하여 피고 은행이 계좌명의인(고객)의 지시에 따라 입금된 금원을 송금한 사안이다. 영국 고등법원은, 피고 은행은 고객의 지시에 따라 행동을 할 의무가 있으므로 대리인에 해당하고 피고 은행은 대리인의 항변과 상태변경의 항변을 모두 주장할 수 있다고 보아 원고의 피고 은행에 대한 부당이득반환청구를 기각한 바 있다.[89]

(라) DCFR

유럽민사법 공통참조기준안(2009)(Draft Common Frame of Reference, 이하 'DCFR')은 DCFR 제7편에서 부당이득의 법률관계를 상세히 규정하고 있다.[90] DCFR은 유럽연합 회원국들의 비교법 연구 성과를 기반으로 하면서도 이와는 차별된 결정들을 토대로 새로운 체계와 접근법에 기초하였는바, 종합적인 부당이득에 관한 모델규정으로서 의미가 있다.[91] DCFR은 부당이득에 관한 단일한 기본규정(single basis norm)을 둠으로써 부당이득을 체계적으로 규율하고 있는 특징이 있는데,[92] 이득소멸의 항변에 대하

---

87 Graham Virgo(주 5), p. 678.

88 [2013] EWHC 208 (Ch).

89 우리나라에서 송금이 잘못 이루어진 경우에 수취은행에 대하여 부당이득반환청구를 할 수 없고 수취인에 대하여 청구를 하여야 한다는 판결로는 대법원 2007. 11. 29. 선고 2007다51239 판결 참조.

90 DCFR의 개관과 성안과정에 대하여는 권영준, "유럽사법통합의 현황과 시사점 - 유럽의 공통참조기준초안(Draft Common Frame of Reference)에 관한 논쟁을 관찰하며", 비교사법 제52권(2011. 3), 38면 이하.

91 이상훈, "유럽민사법 공통참조기준안(DCFR) 부당이득편 연구", 경인문화사(2017), 245면 이하.

92 Ⅶ.-1:101은 "타인의 손실에 해당하는 부당한 이득을 얻은 자는 그 타인에게 그 이득을 반환할 의무를 진다."라는 부당이득에 관한 기본규정을 두고 있다.

여 Ⅶ.-6:101에서 체계적이고도 상세하게 규정하고 있다.

【Ⅶ.-6:101: 이득소멸(Disenrichment)】

(1) 수익자가 이득의 처분 기타의 방법으로 손실을 입은 한도에서(이득소멸의 한도에서) 수익자는 이득을 반환할 책임이 없는데, 다만 이득과 무관하게 재산이 감소한 경우에는 그러하지 아니하다.

(2) 그러나 다음의 한도에서 이득소멸은 고려되지 않는다:

  (a) 수익자가 대상(代償)을 얻은 경우;

  (b) 수익자가 이득소멸 당시 선의가 아니었던 경우, 다만 다음의 경우에는 그러하지 아니하다.

    (ⅰ) 이득이 반환되었더라도 손실자가 이득소멸하였을 경우; 또는

    (ⅱ) 수익자가 이득 당시에는 선의였고, 이득반환의무 이행기 도래 전에 이득소멸을 입었고 또한 이득소멸이 수익자에게 책임이 없다고 여겨지는 위험의 실현으로 발생한 경우; 또는

  (c) 제5:102조 (이전불가능한 이득) (3)항이 적용되는 경우.

(3) 본조에 의하여 수익자가 제3자에 대한 처분의 결과로 손실자를 상대로 항변을 가지는 경우, 손실자의 제3자에 대한 권리에는 영향을 미치지 않는다.

이에 따르면 이득소멸의 항변이 인정되기 위하여 수익자는 다음과 같은 점을 증명해야 한다. 첫째, 수익자가 손실을 입었을 것, 둘째, 수익자가 이득을 얻지 않았다면 이러한 손실을 입지 않았을 것(이득과 소멸 사이의 연계(nexus)), 셋째, 이득소멸로 인하여 수익자가 얻은 대상(代償)이 없을 것, 넷째, 선의의 수익자일 것(다만, 동조 (2)(b)(i), (ii)의 경우에는 선의를 요구하지 않는다)이 증명되어야 한다.

앞서 본 독일의 이득소멸의 항변, 영국의 상태변경의 항변과 마찬가지로 수익자가 얻은 이득과 수익자의 손실 사이에 인과관계가 인정되어야 하는데, 수익자의 손실은 수취한 이득에 대한 수익자의 처분뿐만 아니라 다른 형태의 손실도 포함하며(예를 들면, 자연재해에 의한 멸실), Ⅶ-3:102(1)[93]에서 정의한 손실을 입었다면 수익자는

---

93 Ⅶ.-3:102: 손실

  (1) 다음의 경우에 손실자가 된다:

    (a) 재산의 감소 또는 채무의 증가;

    (b) 용역을 제공하거나 일을 한 경우; 또는

    (c) 손실자의 재산을 타인이 이용한 경우.

이득소멸의 항변이 가능하다.**94** 또한, 수익자는 원칙적으로 선의일 것을 요구하는데 선의는 단순한 부지가 아니라 "아는 것이 합리적으로 기대될 수 없는 경우"를 의미하는바**95** 수취한 이득이 정당하지 않음을 알았거나 알 수 있었던 수익자는 원칙적으로 이득소멸의 항변을 할 수 없다.**96**

DCFR의 위 규정에서 보듯이 이득소멸의 항변이 인정되는 경우가 앞서 본 독일, 영국의 예와 크게 다르지 않은바, ① 잘못 송금된 금원을 신뢰하여 친구에게 보석을 선물하는 경우나 불이익한 임대차 계약을 체결한 경우, ② X가 금원을 절취하였는데 X에 대하여 채권을 가지고 있는 선의의 수익자가 X로부터 채무 변제조로 수령한 경우,**97** ③ 착오로 송금된 금원을 신뢰하여 제3자에 대한 권리를 포기한 경우, ④ 선의의 수익자가 주식을 증여받았는데 그 주식이 국가에 의해 몰수된 경우 등을 대표적인 예로 언급하고 있다.**98**

DCFR은 이득소멸의 항변을 할 수 없는 네 가지 경우에 대하여 규정하고 있다. 첫째, 이득과 손실 사이에 연계(nexus) 내지 인과관계가 인정되지 않는 경우이다(VII.−6:101 (1) 단서). 수익자가 수취한 이득을 생활비에 지출한 경우와 같이 수취한 이득이 없었더라도 수익자가 지출을 하거나 손실을 입을 수밖에 없었다면 이득소멸

---

94   von Bar/Clive (eds.), Principles, Definitions and Model Rules of European Private Law: Draft Common Frame of Reference (DCFR), Full edition (2010)(이하 'DCFR 해설서'라고만 한다), pp. 4140, 4143.

95   DCFR VII.−5:101(5).

96   DCFR 해설서, p. 4152.

97   선의의 수익자가 금원을 수령하였으나 이로 인해 선의의 수익자의 채무도 소멸하므로(손실을 입었으므로) 이득소멸의 항변이 가능하다는 것이다. 반면, 우리나라 판례는 편취금전에 대한 변제의 수령이 부당이득인지 여부에 대하여 부당이득의 성립요건인 '법률상 원인'의 유무의 관점에서 다룬다. 즉 채무자가 절취한 금전으로 자신의 채권자에 대한 채무를 변제하는 경우 채권자가 그 변제를 수령함에 있어 악의 또는 중대한 과실이 있는 경우에는 채권자의 금전 취득은 피해자에 대한 관계에 있어서 법률상 원인을 결여한 것으로 봄이 상당하나, 채권자가 그 변제를 수령함에 있어 단순히 과실이 있는 경우에는 그 변제는 유효하고 채권자의 금전 취득이 피해자에 대한 관계에 있어서 법률상 원인을 결여한 것이 아니라는 것이다(2003. 6. 13. 선고 2003다8862 판결). 이에 대한 분석으로는 양창수, "금전의 부당이득으로 인한 반환의무 − 소위「편취금전에 의한 변제」문제 서설", 민법연구 제7권, 박영사(2012); 박세민, "부당이득법의 인과관계와 법률상 원인", 민사법학 제41호(2008. 6); 문형배, "편취 또는 횡령한 금전에 의한 변제와 변제수령자의 부당이득 성립 여부", 판례연구 제17집, 부산판례연구회(2006); 송경근, "편취한 금전에 의한 변제와 부당이득의 성립 여부", 대법원판례해설 제75호, 법원도서관(2008).

98   DCFR 해설서, pp. 4141-4143.

의 항변을 할 수 없다. 둘째, 이득소멸로 수익자가 대상(代償)을 취득한 경우이다. DCFR은 수익자가 이득을 처분하여 얻은 대상(代償)은 손실자에게 반환하여야 할 이득이라고 규정하고 있기 때문이다(Ⅶ.－5:101(4)). 선의 수익자의 경우 시가보다 싼 가격으로 처분하여도 손실자에게 그 매각대금만을 반환하면 족하므로 자유로운 처분의 자유, 즉 물건을 시가보다 싼 가격으로 처분할 자유가 보장된다.[99] 셋째, 수익자가 악의인 경우이다(Ⅶ.－6:101(2)(b)). 여기에는 두 가지 예외가 있는데 ① 손실자가 이득이 반환되더라도 손실을 입었을 것으로 인정할 수 있는 경우(가령 수익자의 수중에 있는 물건이 손실자의 수중에 있었더라도 손실자가 증여를 하려고 했던 경우), ② 수익자가 이득 당시에는 선의였고, 이득반환의무 이행기 도래 전에 이득소멸을 입었고 또한 이득소멸이 수익자에게 책임이 없다고 여겨지는 위험의 실현으로 발생한 경우이다 (동조 (2)(b)(i), (ii)). 이득소멸의 항변에 위험부담 법리를 접목하였다는 점에서 특징적이다. 넷째, 쌍무계약에서 가격 합의가 있었던 경우에는 쌍무계약 청산시 이득소멸의 항변이 배제된다(동조 (2)(c)). 이 경우에 수익자는 이득취득 당시에 어떤 경우가 발생하든(이득소멸이 발생하든) 합의하였던 가격만큼은 지불할 용의가 있었기 때문이다.[100]

한편, 수익자가 제3자에 대한 처분의 결과로 이득소멸의 항변에 의해 반환의무를 면한다고 하더라도 (수익자의 처분 상대방인) 제3자는 손실자의 손실에 의해 이득을 얻은 것이므로 손실자는 제3자에 대하여는 부당이득반환청구를 할 수 있는바, Ⅶ.－6:101(3)은 이 점을 명확히 밝히고 있다.[101]

(마) 일본

일본 부당이득법의 중심 규정은 일본 민법 제703조, 제704조인데 각각 다음과 같이 규정하고 있다:

> 제703조: "법률상 원인 없이 타인의 재산 또는 노무로 인하여 이익을 얻고 그로 인하여 타인에게 손실을 끼친 자(이하 이장에서는 '수익자'라 한다)는 그 이익이 있는 한도에서 이를 반환할 의무를 진다."

---

99 이상훈(주 91), 85면(수익자에게 Ⅶ.-5:101(4)(a)에 의한 선택권이 있기 때문이다). 앞서 본 프랑스 민법 제1352-2조 제1항의 내용과 일맥상통한다.

100 DCFR 해설서, p. 4155. 가격 합의가 있었던 쌍무계약에서 이득소멸의 항변이 제한된다는 점에 대한 상세한 논의로는 이상훈(주 91), 122면 이하; 최수정, "쌍무계약을 청산하는 법리", 21세기 한국민사법학의 과제와 전망(심당송상현선생화갑기념논문집), 159면 이하.

101 DCFR 해설서, p. 4156.

제704조: "악의의 수익자는 받은 이익에 이자를 붙여 반환하지 않으면 안 된다. 이 경우에 아직 손해가 있는 때에는 그 배상의 책임을 진다."

일본의 통설은 선의의 수익자는 위와 같이 이익이 있는 한도, 즉 현존이익만을 반환하면 된다는 규정을 들어 선의의 수익자는 이득소멸의 항변을 통해 소멸된 이득을 공제한 나머지만을 반환하면 족하다고 해석하고 있다.[102]

일본의 통설은 이득의 이동과 이득의 소멸 사이에 인과관계가 인정되면 이득소멸을 긍정한다.[103] 가령 B가 10만 엔의 와인을 착오로 A의 주소로 주문하였고, A가 자신이 주문한 1만 엔의 와인이 배달된 것으로 착각하여 이를 소비한 경우에 A는 이득소멸을 주장하여 1만 엔의 현존이익만 반환하면 되고, 선의의 급부수령자가 급부목적물을 시가 이하로 처분한 경우에도 이득소멸의 항변에 의해 급부의 객관적 가치를 반환할 필요는 없고 매각액을 반환하면 족하다고 설명한다.

급부목적물이 물리적으로 멸실·훼손된 경우에도 재산의 이동과 인과관계가 있고 수령자가 변제수령을 신뢰한 경우에는 이득소멸의 항변을 할 수 있다.[104] 만약 멸실에 의해 제3자에 대한 손해배상청구권을 취득한 경우 수익자가 대상(代償)을 취득한 경우이므로 위 손해배상청구권을 손실자에게 양도하여야 한다.

금전 이득자의 이득소멸과 관련하여 수취한 금전의 유효성을 신뢰하여 이를 처분하여 수중에 아무것도 남지 않은 상황에서는 이득 소멸의 항변이 가능하다. 가령 B가 C로부터 약속어음의 추심위임을 받아 자신이 거래하고 있는 은행 A에 위 약속어음의 추심위임을 하였는데 은행 A가 약속어음의 부도사실을 간과하고 B의 계좌에 어음금 상당액을 입금하였고, B가 선의인 상태에서 이를 C에게 교부한 경우에 B는 은행 A의 부당이득반환청구에 대하여 이득소멸의 항변을 할 수 있다. 이 경우에 B는 C에 대하여 가지는 권리(부당이득반환청구권)를 은행 A에게 양도하는 것으로 족하다.[105] 또한, 선의의 수익자가 수령한 금전을 가지고 처분행위를 한 경우에 '낭비'로

---

102 窪田充見 編集, 新注釋民法(15), 有斐閣, 2017(이하 '新注釋民法(15)' 이라고만 한다), 110頁 이하(藤原正則 執筆部分); 四宮和夫, 事務管理·不當利得·不法行爲 上卷, 靑林書院, 1995, 88-89頁; 藤原正則, 不當利得法, 信山社(2002), 146頁 이하.

103 新注釋民法(15), 111頁 이하(藤原正則 執筆部分).

104 新注釋民法(15), 112頁(藤原正則 執筆部分); 四宮和夫(주 102), 89頁.

105 日最判 1991. 11. 19.(민집 45-8, 1209) 사안를 변형한 것으로 위와 같은 사안에서 이득소멸의 항변을 할 수 있다는 점에 일본 학자의 견해는 대체로 일치하고 있다(藤原正則(주 102), 149-150頁).

인정되는 경우에는 이득 소멸의 항변이 가능하다.[106]

또한, 선의의 수익자가 처분행위를 한 바 없음에도 금전이 소멸된 경우에도 이득 소멸의 항변을 인정할 수 있다. 대표적으로 선의의 수익자가 수령한 금전을 보관하던 중에 제3자가 이를 절취·횡령하거나 화재로 위 금전이 소실된 경우, 취득한 금전을 은행에 예금하였는데 은행이 파산하여 예금을 찾을 수 없는 경우 등에는 이득 소멸의 항변이 인정된다.[107]

선의의 수익자가 제3자에게 증여를 한 경우에도 이득 소멸의 항변이 가능한지 문제가 된다. 금전의 증여는 수익자가 자신의 책임하에 한 행위이므로, 후에 법률상 원인이 흠결된 경우라도 여전히 수익자가 책임을 져야 하며 반환청구자에게 그 책임을 전가할 수 없다는 점을 이유로 이득 소멸의 항변을 부정하는 견해가 주장되고 있다.[108] 이에 대하여 제3자에 대한 증여가 금전의 낭비로 볼 수 있으면 이득 소멸의 항변이 가능하고, 이 경우에는 공평의 원칙상 손실자가 무상으로 금전을 취득한 수증자(受贈者)에게 직접 반환청구를 할 수 있다는 이견도 주장되고 있다.[109]

(3) 우리 민법상 이득소멸의 항변에 대한 해석

비교법적 고찰을 통해 살펴보았듯이 이득소멸의 항변은 매우 보편적으로 인정되는 법리인바, 우리 민법도 선의의 수익자는 현존이익만을 반환하여야 한다는 규정을 둠으로써 이득소멸의 항변을 구현하고 있다(민법 제748조 제1항 참조).

비교법적 고찰을 바탕으로 선의의 수익자에게 이득소멸의 항변을 인정할 수 있는 근거는 다음과 같으며 이는 우리 민법에도 적용된다. 첫째, 수취한 이득의 유효성에 대한 수익자의 신뢰를 보호해야 한다는 점, 둘째, 이러한 신뢰에 기한 수익자의 이득에 대한 처분의 자유를 보호해야 한다는 점, 셋째, 부당이득은 정당화할 수 없는 재화의 이전 내지 귀속을 교정하는 제도인바 그 교정 과정에서 더는 이득이 없는 선

---

106   藤原正則(주 102), 151頁.

107   四宮和夫(주 102), 88-89頁 참조. 일본에서 이득 소멸의 항변이 인정된 하급심 판결에 대하여는 藤原正則, "金錢の不當利得における返還義務の範圍", 現代判例民法學の理論と展望: 森泉章先生古稀祝賀論文集, 法學書院(1998), 500頁 참조. 위 하급심 판결 중 大阪地判 昭和 38(1963). 5. 24. 判決(判時 368号 60頁)은 '보험회사가 피보험자의 방화에 의하여 보험사고가 발생하였음에도 이를 모르고 보험금청구권자의 질권자에게 보험금을 지급하였고, 이에 질권자는 위 변제가 유효한 것을 믿고 저당권설정등기를 말소하였는데, 이후 해당 토지가 제3자에 의하여 가압류기입등기가 경료되었다면, 질권자는 현존 이익이 없으므로 보험회사에 부당이득반환의무가 없다'라고 판결하였다.

108   我妻榮, 債權各論 下卷(一), 岩波書店(1972), 1100頁.

109   四宮和夫(주 102), 121頁.

의의 수익자에게 반환의무를 부담하게 하는 것은 정의의 이념에 반한다는 점이다.

이러한 근거에 따라 우리 민법상 이득소멸의 항변의 인정요건을 살펴보면 다음과 같다.

첫째, 수익자는 선의이어야 한다. 수익자가 이득을 수령할 당시뿐만 아니라 이득을 처분할 때 또는 이득이 멸실된 시점에도 선의이어야 한다. 악의의 수익자가 된 시점에서는 현존이익이 확정된다고 할 것이므로,110 그 이후의 사정을 들어 이득소멸의 항변을 할 수 없기 때문이다.

둘째, 수취한 이득과 수익자의 손실 사이에 인과관계가 인정되어야 한다. 선의의 수익자가 수취한 이득이 법률상 원인이 없다는 것을 알았더라면 그와 같은 이득의 처분행위를 하지 않았을 것인지 아니면 마찬가지의 행위를 하였을 것인지가 인과관계 판단에 있어서 중요하다. 다만, 앞에서 본 바와 같이 수익자의 손실은 반드시 수익자의 처분행위에 기하여 발생할 것을 요건으로 하지 않는다. 수익자의 처분행위와 무관한 사정에 의해 수익자가 수취한 이득이 소멸된 경우에도 선의 수익자에 대해서 이득소멸의 항변을 인정하는 것이 앞서 본 인정근거에 부합한다.111 따라서 이득이 제3자에 의해서 소멸된 경우나 우발적인 사정에 의해 소멸된 경우에도 이득소멸의 항변이 가능하다.

셋째, 선의의 수익자가 이득소멸로 인하여 얻은 대상(代償)이 없어야 한다. 이러한 대상(代償)은 선의 수익자라도 손실자에게 반환해야 한다. 우리 법은 원물반환이 불가능한 경우 가액반환을 해야 함을 규정하고 있으나, 원물이 멸실되더라도 원물에 갈음하는 대상(代償)이 있는 경우에는 원물에 대한 권리가 대상(代償)에도 미치므로 대상반환(代償返還)을 구할 수 있기 때문이다. 다만, 대상(代償)의 가치가 원물의 객관적 가치보다 낮은 경우 그 범위 내에서는 이득소멸의 항변이 인정된다고 할 수 있다.

그런데 부당이득의 대상(代償)이 무엇인지와 관련하여 이견이 있을 수 있다. 보험금청구권, 손해배상청구권 등 법률행위에 의하지 않고 발생한 대체물이 대상(代償)에 해당된다는 점에는 이견이 없으나 법률행위로 발생한 대체물, 대표적으로 물건의 처분으로 인한 매각대금도 포함되는지 논란이 있기 때문이다. 이에 대하여 이행불능

---

110 대법원 1987. 1. 20. 선고 86다카1372 판결.

111 이득소멸의 항변의 인정근거와 관련하여 앞서 언급한 "부당이득은 정당화할 수 없는 재화의 이전 내지 귀속을 교정하는 제도인바 그 교정 과정에서 더는 이득이 없는 선의의 수익자에게 반환의무를 부담하게 하는 것은 정의의 이념에 반한다는 점"은 이러한 맥락에서 언급된 것이다.

으로 인한 대상청구권의 대상(代償)에는 매각대금이 포함되나 부당이득에서의 대상(代償)에는 매각대금이 포함되지 않는다는 주장이 있다.112 그러나 독일과 같은 명문의 규정이 없이 '대상(代償)'을 해석함에 있어서 굳이 이행불능에서의 대상(代償)과 부당이득에서의 대상(代償)의 개념을 달리 볼 논리필연적인 이유가 없고(오히려 위와 같은 개념 분리는 논리적 완결성이 약하다),113 대상(代償)은 원물의 가치가 투영된 변형된 물건 내지 권리인바 매각대금이야말로 대표적으로 원물의 가치가 투영된 물건이므로 대상(代償)의 개념에 부합한다는 점114에서 위 주장은 의문이 있다. 위 주장이 제기되는 근본적인 이유는 매각대금을 대상(代償)에 포함하는 경우에 수익자의 수완이나 노력에 의한 운용이익도 반환대상에 포함될 수 있다는 우려에 있다. 그러나 앞서 본 DCFR에서 시사하는 바와 같이 매각대금을 대상(代償)의 개념에 포섭하고 단지 그 반환범위를 조절함으로써 위와 같은 우려를 불식시킬 수 있다.115 즉 선의의 수익자는 이득소멸의 항변이 가능하므로 현존이익 한도 내에서 반환할 수 있는바 선의의 수익자가 시가보다 저렴하게 매각한 경우에는 그 매각대금만을 반환하면 족하고,116 악의의 수익자는 목적물의 객관적 가치를 상한으로 반환해야 하므로 악의의 수익자의 수완으로 시가보다 비싸게 매각한 경우에는 객관적 가치에 상응하는 매각대금만

---

112 안병하, "부당이득 반환의 대상에 관한 몇 가지 쟁점들", 민사법학 제93호(2020. 12), 265면 이하.

113 앞서 본 바와 같이 독일 민법 제816조 제1항은 무권리자가 처분을 한 경우에 처분으로 인하여 취득한 것(durch die Verfügung Erlangte)을 반환하도록 규정하고 있는바, 제818조 제1항의 대상(代償)에 매각대금이 포함된다고 볼 만한 근거가 약해진다. 그러나 우리는 독일 민법 제816조 제1항에 해당하는 규정이 없다.

114 대상(代償)에 권리가 미치는 이유에 대해서는 '형상의 변화는 특정을 어렵게 하는 것도 아니고 소유권을 변화시키는 것도 아니다(A change in property form does not hinder identification nor change ownership)'라는 명제에서 그 근거를 찾을 수 있는바(Bogert, Oaks, Hansen & Neeleman, Cases and Text on the Law of Trusts, 8th ed., Foundation Press, 2008, p. 521), 형상의 변화가 있어도 원물의 가치가 투영되어 있으면 대상(代償)에 해당한다고 할 수 있다. 영국의 경우 매각대금을 당연히 대상(代償)으로 인정하고 있다. Philip H. Pettit, Equity and the Law of Trusts, 12th ed., Oxford, 2012, p. 535 이하.

115 다만, DCFR의 경우 선의의 수익자의 처분권 보장의 관점에서 1차적으로 수익자에게 선택권을 부여하나(DCFR Ⅶ.-5:101(4)(a) 참조), 우리 민법의 대상반환(代償返還)은 원물반환의 연장이라는 관점에서 어디까지나 반환청구자에게 대상청구(代償請求)라는 선택권을 줄 것인지로 접근된다는 점에서 차이가 있다(이상훈, "부당이득반환에서 노무이득 반환과 선의수익자 보호", 부당이득반환의 비교법적 연구, 박영사(2021), 231면).

116 만약 선의의 수익자가 시가보다 비싸게 매각한 경우에는 이득소멸의 항변은 문제되지 않으며 목적물의 객관적 가치에 상응하는 매각대금만을 반환하면 족하다.

을 반환하면 족하다고 해석할 수 있다. 특히 선의의 수익자가 시가보다 저렴하게 매각한 경우에 그 매각대금만을 반환하면 족하다고 점에 대하여는 ① 선의의 수익자의 이득에 대한 처분의 자유를 존중해야 하는 점, ② 선의의 수익자의 과실을 고려하여서는 아니 되는 점(즉 시가보다 저렴하게 매각하였다는 점을 선의 수익자의 과실로 보더라도 이를 반환범위 산정에 있어서 고려할 수 없다), ③ 선의의 수익자가 증여를 한 경우에 지출의 절약이라는 사정이 없는 한 이득소멸의 항변에 의해 부당이득반환의무를 부담하지 않는다고 보아야 하는바, 저렴하게 매각한 경우에 이득소멸의 항변을 인정하지 않는 것은 위 증여 사안과 균형이 맞지 않는 점('대는 소를 포함한다'는 명제에 의하여 선의 수익자가 저렴하게 매각한 경우에 이득소멸의 항변을 정당화할 수 있다)을 근거로 언급할 수 있다.117

(4) 이득소멸의 항변에 기초한 판례의 음미

위에서 살펴본 이득소멸의 항변에 대한 해석론을 보다 구체적으로 설명하기 위하여 이득소멸의 항변의 관점에서 음미해야 할 판례를 살펴보면 다음과 같다.

(가) 대법원 2003. 12. 12. 선고 2001다37002 판결

위 판결의 사실관계는 다음과 같다. 을이 친구인 피고에게 원고 은행으로부터 대출을 받아야 하나 자기 명의로는 불가능하니 주채무자가 되어 줄 것을 요청하면서 자신이 충분한 담보를 제공하므로 피고에게는 아무런 피해가 없을 것이라고 피고를 기망하였다. 위 기망에 속은 피고는 원고 은행과 이 사건 대출계약을 체결하였는데, 원고 은행은 이 사건 대출계약에 따라 '피고 명의의 계좌'에 대출금 1억 원을 입금시켰고, 피고는 이를 을에게 주어 을이 사용하도록 하였다. 이 사건에서 원고 은행의 지점장인 甲이 을의 기망행위를 알았거나 알 수 있었던 것으로 인정되어 피고의 대출계약 취소의 항변은 인정되었다. 이에 원고 은행은 이 사건 대출계약이 취소된 이상 피고는 원고 은행에게 수령한 대출금을 반환하여야 한다고 주장하였다.

대법원은 다음과 같이 판시하며 원고 은행의 피고에 대한 부당이득반환청구를 기각하였다.

"법률상 원인 없이 타인의 재산 또는 노무로 인하여 이익을 얻고 이로 인하여 타

---

117 수익자가 원물의 시가보다 싸게 매각한 경우에는 그 대금 상당액을 반환하면 족하고, 이 점에서 대상(代償)의 반환은 이득소멸의 항변의 성격을 띤다는 점에 대한 일본의 논의로는 新注釋民法(15), 112頁 이하(藤原正則 執筆部分).

인에게 손해를 가한 경우 그 취득한 것이 금전상의 이득인 때에는 그 금전은 이를 취득한 자가 소비하였는가의 여부를 불문하고 현존하는 것으로 추정된다 할 것이지만, 이 사건에서는 원심판시와 같이 <u>이 사건 대출 즉시 피고가 원고 및 을과 사이에 사전 합의된 내용에 따라 그 대출금 1억 원이 입금된 피고 명의의 예금통장과 피고의 도장을 을에게 제공하여 을이 그 돈 전액을 인출 사용하였음이 명백하여 위 추정은 깨어졌다</u> 할 것이므로, 결국 피고가 을에게 가지는 위 대출금 상당의 반환채권(대여금채권) 자체 또는 그 평가액이 그 현존이익이 된다 할 것이다. 그러나 기록에 나타난 을의 자력에 비추어 위 대여금의 변제가능성이 지극히 불투명하므로 피고에게 곧 그 대여금 1억 원 상당의 이익이 현존한다고 볼 수는 없고 달리 그 평가액이 얼마인지에 관하여는 주장, 입증이 없으므로, 원고가 피고에 대하여 을에 대한 대여금채권의 양도를 구하는 것은 별론으로 하고 <u>그 대여금 1억 원이 현존 이익임을 전제로 하여 그 원리금의 지급을 구하는 이 사건 청구는 이유 없다.</u>"(밑줄 – 필자)

선의의 수익자가 수령한 금원을 대여한 경우에 언제나 이득소멸의 항변을 할 수 있는 것은 아니다. 선의의 수익자가 수취한 이득이 법률상 원인이 없다는 것을 알았더라면 그와 같은 대여행위를 하지 않았을 것인지 아니면 마찬가지의 행위를 하였을 것인지를 가정적으로 판단하여 '수취한 이득과 이득 소멸 사이의 인과관계'를 판단해야 한다.

선의인 피고가 원고 은행으로부터 수령한 대출금을 을에게 대여한 행위는 사실관계에 비추어 '수취한 이득을 신뢰한 재산감소행위'라고 볼 수 있어 인과관계를 인정할 수 있다. 이에 대법원은 피고의 이득소멸의 항변을 받아들인 것으로 분석할 수 있다.[118] 대상판결에서 '대여금채권의 양도를 구하는 것을 별론'으로 한다고 판시하였는바, 위 대여금채권은 이득소멸로 인한 대상(代償)에 해당하므로 이러한 판시는 타당하다고 할 것이다.

---

[118] 위 판결은 제3자에 대한 변제받기 어려운 채권을 반환청구자에게 양도함으로써 이득소멸의 항변이 가능하다는 독일의 판결(BGHZ 72, 9 = NJW 1978, 2149)을 연상시킨다. 이러한 입장에 대해서는 수익자가 한 경제적 결정에 대한 위험은 수익자가 부담하는 것이 타당하다는 반론이 있을 수 있으나 (John P. Dawson, "Restitution without Enrichment", 61 B.U. L. REV. 563, 300-304 (1981); 민법주해(XⅦ), 채권(10), 588면 이하(양창수 집필부분)), 이득소멸의 항변에 있어서 수익자는 선의이면 족하고 과실이 있는지 여부는 우리 법상 고려할 필요가 없다는 점에서 이러한 반론을 따르기 어렵다.

(나) 대법원 2011. 9. 8. 선고 2010다37325, 37332 판결

갑(피고)이 을(원고)의 무권대리인 A와 을 소유의 부동산을 3억 원에 매수하는 계약을 체결하고 을 명의의 예금계좌에 매매대금을 송금하였는데, 을을 기망하여 을 명의의 통장을 소지하고 비밀번호를 알고 있던 A가 송금 당일 위 통장을 이용하여 을 몰래 송금한 돈을 모두 인출하여 소비한 사안이다. 갑은 을과의 매매계약이 무권대리에 해당되어 무효라면 을은 갑이 송금한 매매대금을 부당이득으로 반환할 의무가 있다고 주장하였다. 대법원은 다음과 같이 판시하며 갑의 주장을 배척하였다.

"피고(갑)가 송금한 위 각 금원이 원고(을)의 이 사건 농협계좌로 입금되었다고 하더라도, 그로 인하여 원고(을)가 위 각 금원 상당을 이득하였다고 하기 위해서는 원고(을)가 위 각 금원을 사실상 지배할 수 있는 상태에까지 이르러 실질적인 이득자가 되었다고 볼 만한 사정이 인정되어야 할 것인데, 원심이 인정한 피고(갑)의 위 각 금원의 송금 경위 및 A가 이를 인출한 경위 등에 비추어 볼 때 원고(을)가 위 각 금원을 송금 받아 실질적으로 이익의 귀속자가 되었다고 보기 어렵다."

대법원은 갑의 주장을 배척하면서 을에게 실질적인 이득이 없다는 취지로 판시하였는바, 결론에 있어서는 타당하지만 '이득의 실질성'은 부정형(不定形)의 개념이라는 점에서 모호하고 재판규범으로서 적정하지 않다는 점, 반환청구자(손실자)에게 실질적 이익의 존재에 대한 증명책임을 부과하였다는 점에서 비판받을 소지가 있다.[119]

위 판결은 이득소멸의 항변의 관점에서 분석을 하는 것이 타당하다. 매수인인 갑이 송금한 금원이 을의 계좌로 입금된 이상 을을 급부의 상대방으로 보아야 하며[120] 을이 송금된 금원에 대하여 예금채권을 취득하였음이 인정되는 이상,[121] 을의

---

119 이계정(주 26), 572면 이하.
120 급부당사자가 누구인지를 결정함에 있어서는 출연자와 급부자 중 누구를 보호할 것인가 규범적 판단이 개입될 수밖에 없다. 예금명의자와 예금주를 일치해서 파악해야 한다는 규범적 관점에 비추어 금전이 예금명의인의 계좌로 입금된 경우에는 예금명의인이 이를 사용·수익하였다고 보는 것이 타당하고, 예금명의인은 자신의 통장을 자기책임 하에 적정하게 관리하는 것이 요구된다는 점에서 예금명의인을 급부의 상대방으로 보는 것이 타당하다. 이 점에서 출연자관점설(위 2010다37325, 37332 판결에서 갑은 을에게 급부를 하였다고 보는 견해)에 따르는 것이 타당하다. 이 점에 대한 논의로는 Flume, "Anmerkung zu BGH", Juristenzeitung, 1962, S. 282; E. von Caemmerer, "Irrtümliche Zahlung fremder Schulden", FS Dölle, 1963, S. 157 ff.; Jahn, Der Bereicherungsausgleich im Mehrpersonenverhältnis, 2014, 138 f.; Medicus, Bürgerliches Recht, 20. Aufl., 2004, Rn. 687 ff; 김수정, "무권대리인이 수령한 급여에 대해 본인을 상대방으로 한 부당이득반환청구", 법조 제67권

현존이익이 추정된다.[122] 따라서 매도인인 을은 수취한 금원으로 인한 이득이 소멸되었다는 이득소멸의 항변을 해야 하는데 무권대리인 A가 을 몰래 입금된 금원을 소비하였음이 인정되므로, 마치 우연적 사정에 의하여 원물의 멸실이 발생한 것과 같이, 이득 소멸의 항변을 할 수 있고 결국 갑의 청구를 기각해야 한다.[123]

(다) 대법원 2009. 1. 15. 선고 2008다58367 판결

의사무능력자인 원고가 병과 함께 피고 조합에 방문하여 피고 조합과 사이에 대출거래약정과 근저당권설정계약을 체결한 후 피고 조합으로부터 대출금 5,000만 원을 받아 병에게 대여한 사안이다. 원고는 의사무능력을 주장하며 대출금채무의 부존재확인과 근저당권설정계약의 말소를 구하였고, 피고 조합은 이 사건 약정이 무효라고 하더라도 원고는 피고 조합으로부터 근저당권설정등기를 말소받음과 동시에 피고 조합에게 대출금 5,000만 원을 반환하여야 한다는 동시이행의 항변을 하였다.

이에 대하여 대법원은 원고가 무자력자인 병에게 경솔하게 분수에 맞지 않는 대여행위를 한 것은 금전을 낭비한 것과 다를 바 없어 위 대출금 자체는 이미 모두 소비하였다고 볼 것이지만, 병에 대하여 대여금채권 등을 가지고 있는 이상 원고가 이 사건 대출로써 받은 이익은 그와 같은 채권의 형태로 현존한다 할 것이므로, 피고 조합은 대출금 자체의 반환을 구할 수는 없으나 현존 이익인 위 채권의 양도를 구할 수 있다고 판시하였다.[124]

앞서 본 바와 같이 수취한 이득과 수익자의 손실 사이에 인과관계가 인정되어야 이득소멸의 항변이 가능한데, 위 사실관계에 비추어 원고의 대출금의 취득과 원고의

제1호(2018. 2), 698면 이하; 김형석, "오상채무자의 변제와 수령자의 급부자에 대한 착오", 채무불이행과 부당이득의 최근 동향, 박영사(2013), 349면 이하; 정태윤, "부당이득과 선의취득-급부당사자에 관한 이해에 차이가 있는 경우를 중심으로." 법학논총 제36권 제1호(2016. 3), 전남대학교 법학연구소, 648면 이하.

121 대법원 2007. 11. 29. 선고 2007다51239 판결(송금의뢰인이 수취인의 예금구좌에 계좌이체를 한 때에는, 송금의뢰인과 수취인 사이에 계좌이체의 원인인 법률관계가 존재하는지 여부에 관계없이 수취인이 수취은행에 대하여 위 금액 상당의 예금채권을 취득한다고 판시).

122 대법원 1996. 12. 10. 선고 96다32881 판결, 대법원 2003. 12. 12. 선고 2001다37002 판결(부당이득으로 취득한 금전은 그 소비 여부를 불문하고 현존하는 것으로 추정).

123 이계정(주 26), 600면. 쌍무계약의 경우 이득소멸의 항변이 제한될 수 있으나 그 경우는 쌍방이 가격에 대한 합의가 있었던 경우이다(DCFR VII.-6:101(2)(c); 이상훈(주 91), 122면 이하). 위와 같은 무권대리 사안은 그러한 합의가 없었으므로 이득소멸의 항변이 가능하다.

124 위 판결에 대한 해설로는 이흥권, "무능력자의 부당이득의 반환 범위", 대법원판례해설 79호, 법원도서관(2009) 참조.

병에 대한 금전 대여 사이에 인과관계가 인정된다. 더군다나 의사무능력자는 애초부터 계약의 법적·경제적 의미를 이해할 정도의 정신적 능력을 흠결하고 있어서 금전을 유익한 용도로 사용할 것을 기대할 수 없다는 점에서 원고의 위와 같은 금전 대여는 '낭비'로 볼 수 있으며 지출을 절약한 경우에 해당되지 않는다.

따라서 원고는 이득소멸의 항변을 할 수 있다. 다만, 원고가 이득의 소멸로 얻은 대상(代償)이 있는 경우에는 이를 손실자인 피고 조합에 반환해야 한다. 원고는 대출금을 받자마자 병에게 대여를 하였는바 금전의 특정이 문제되지 않아[125] 갑이 병에 대하여 가지는 대여금채권은 대상(代償)에 해당하는바,[126] 피고 조합은 위 채권의 양도를 구할 수 있는 것으로 해석할 수 있다.

(라) 대법원 2018. 3. 15. 선고 2017다282391 판결

매도인에게 소유권이 유보된 자재가 본인(도급인)에게 효력이 없는 계약에 기초하여 매도인으로부터 무권대리인에게 이전되고, 무권대리인과 본인(도급인) 사이에 이루어진 도급계약의 이행으로 위 자재가 본인(도급인) 소유 건물의 건축에 사용되어 부합된 사안이다. 이에 매도인이 본인(도급인)에게 부당이득반환청구를 하였는데 원심은 매도인의 청구를 인용하였으나 대법원은 다음과 판시하며 원심을 파기하였다.

> "매도인에게 소유권이 유보된 자재가 제3자와 매수인 사이에 이루어진 도급계약의 이행으로 제3자 소유 건물의 건축에 사용되어 부합된 경우 보상청구를 거부할 법률상 원인이 있다고 할 수 없지만, 제3자가 도급계약에 의하여 제공된 자재의 소유권이 유보된 사실에 관하여 과실 없이 알지 못한 경우라면 선의취득의 경우와 마찬가지로 제3자가 그 자재의 귀속으로 인한 이익을 보유할 수 있는 법률상 원인이 있다고 봄이 상당하므로, 매도인으로서는 그에 관한 보상청구를 할 수 없다. 이러한 법리는 매도인에게 소유권이 유보된 자재가 본인에게 효력이 없는 계약에 기초하여 매도인으로부터 무권대리인에게 이전되고, 무권대리인과 본인 사이에 이루어진 도급계약의 이행으로 본인 소유 건물의 건축에 사용되어 부합된 경우에도 마찬가지로 적용된다."(밑줄-필자)

---

125 대위물의 반환청구가 인정되기 위해서는 애초의 이득이 특정성을 가져야 한다는 견해로는 민법주해 (XVII), 채권(10), 562면 이하(양창수 집필부분).

126 앞서 본 바와 같이 원물의 처분에 의하여 얻은 권리도 원물의 가치가 투영되어 있는 이상 대상(代償)에 해당하는바, 위 대여금채권도 대상(代償)에 해당된다고 보아야 할 것이다.

대법원은 자재의 소유권이 매도인에게 유보되어 있다는 사정을 본인(도급인)이 알았는지에 관하여 심리하지 않은 원심에는 심리미진의 위법이 있다고 보았다. 부언하면, 본인(도급인)의 부당이득반환의무 유무와 관련하여 매도인이 '소유권을 유보한 매매'를 한 경우에는 매도인의 소유권 침해를 정당화할 수 있는 사정이 있는지 여부를 검토해야 하는바, 대법원은 이 점에 착안하여 선의취득 법리의 유추적용을 설시한 것이다.

그러나 위 사안은 이득소멸의 관점에서도 검토할 수 있다.[127] 즉 본인(도급인)이 무권대리인이 도급계약의 이행으로 해당 자재를 건물의 건축에 사용하였다고 생각한 선의의 수익자이고, 그러한 신뢰에 기하여 무권대리인에게 자재 가격을 포함한 공사대금을 전부 지급하였다면 '수취한 이득을 신뢰하여 지출을 한 경우'에 해당하므로 이득소멸의 항변을 할 수 있다. 따라서 위와 같은 경우에 매도인의 본인(도급인)에 대한 부당이득반환청구는 이득소멸의 항변에 의해 배척된다.

4. 수익증권 매매계약 취소와 투자중개업자의 이득소멸의 항변 가부

(1) 문제점

위탁매매인설에 따르면 투자자와 투자중개업자 사이에 수익증권에 관한 매매계약이 성립한다고 보므로, 투자자의 투자금은 투자중개업자가 매매대금으로 수령한 것으로 볼 수 있다. 이에 투자자가 투자중개업자에 대하여 매매계약을 취소하고 부당이득반환청구를 하는 경우에 투자중개업자가 이득소멸의 항변을 할 수 있는지 문제가 된다. 앞서 투자신탁에서의 이중신탁의 구조에 대하여 설명한 바와 같이 투자자가 수익증권을 매수한 경우에 투자중개업자에게 교부한 투자금은 신탁업자에게 전달된다는 점을 주목해야 하는 것이 아닌지 검토할 필요가 있다.

(2) 투자중개업자의 이득소멸의 항변

(가) 투자자가 수익증권을 매수하면서 투자금을 투자중개업자의 계좌에 입금하지만 투자중개업자는 이를 보관하는 것이 아니라 집합투자업자와 신탁계약을 체결한 신탁업자에게 전달할 의무가 있다. 투자자가 투자중개업자의 사업에 투자를 한 것이 아니고 집합투자업자의 사업에 투자를 한 것인바 투자자가 투자중개업자에게

---

127 同旨 김수정, "오상채무자의 변제와 부당이득, 선의취득." 서울대학교 법학 제60권 제4호(2019. 12), 89면 이하.

투자금을 교부시 투자금의 전달을 지시한 것으로 볼 수 있으며, 투자중개업자도 이러한 지시에 동의하여 신탁업자에 투자금을 전달할 것으로 볼 수 있다. 나아가 법령상으로도 투자중개업자는 투자금을 자신의 고유재산과 구분하여 투자자의 재산이라는 점을 밝혀 예치(預置)하여야 하며, 반드시 집합투자업자 측에 예치된 투자금을 교부하여야 함을 명시하고 있다(자본시장법 제71조 제6호,[128] 제74조 제1항, 제3항, 제4항[129]).[130] 이러한 투자금의 흐름을 그림을 설명하면 다음과 같다.

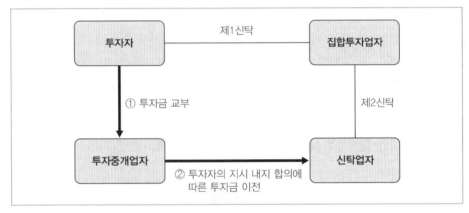

【그림 3】 위탁매매인설에 따른 투자금의 흐름

---

[128] 제71조 제6호는 투자중개업자가 '투자자로부터 금융투자상품에 대한 투자판단의 전부 또는 일부를 일임받아 투자자별로 구분하여 금융투자상품을 취득·처분, 그 밖의 방법으로 운용하는 행위'를 금지하고 있다.

[129] 제74조 제1항은 중개업자는 투자금을 고유재산과 구분하여 증권금융회사에 예치(預置) 또는 신탁하여야 한다는 점, 제3항은 투자금 예치시 예치금이 투자자의 재산이라는 뜻을 밝혀야 한다는 점, 제4항은 누구든지 예치금을 상계(相計)·압류(가압류를 포함한다)하지 못한다고 규정함으로써 예치금이 집합투자업체 측에 교부될 수 있도록 '특별히' 보호하고 있다. 이렇게 특별히 보호하고 있는 이유는 제1신탁이 성립함에 따라 투자금은 특정목적을 위해 사용되어야 하기 때문이다.

[130] 필자가 농협증권에 문의한 결과 다음과 같이 투자금 처리를 하는바 위 법령과 일치한다.
「① 매수주문일 : 통상적으로 펀드 설정 전날(혹은 당일) 투자자는 농협증권 본인 명의의 펀드투자 가능계좌로 펀드매수자금을 입금
② 매수주문일 : 예탁원세이프에서 오후 5시 이후 해당 펀드의 매수금액과 매수결제일 등을 농협증권이 업로드하면 집합투자업자가 이를 확인하여 승인.
③ 매수결제일 : 예탁원세이프에 정오 무렵 해당 펀드로 결제된 매수대금(=집합투자업자에 보내줄 매수대금)을 농협증권이 업로딩하면 집합투자업자가 확인하여 대금승인을 보고하고, 펀드의 신탁업자인 수탁은행 계좌로 집합투자업자가 확인한 매수대금을 송금(이전)함.
④ 집합투자업자가 입금 확인을 함과 거의 동시에 투자자 계좌에는 펀드 수익증권 좌수가 기재됨」

(나) 앞서 본 바와 같이 이득소멸의 항변이 인정되려면 ① 수익자가 선의이고, ② 수취한 이득과 수익자의 손실 사이에 인과관계가 인정되어야 하고, ③ 선의의 수익자가 이득소멸로 인하여 얻은 대상(代償)이 없어야 한다.

투자중개업자의 경우 수익증권에 관한 매매계약이 취소되지 않은 상태에서, 즉 선의인 상태에서 수취한 투자금의 유효성을 신뢰하여 이를 신탁업자에게 교부하였다. 투자중개업자가 수취한 이득이 법률상 원인이 없다는 것을 알았더라면 위와 같이 신탁업자에게 투자금을 이전하지는 않았을 것인바, 투자중개업자의 행위는 '수취한 이득을 신뢰한 재산감소행위'로 평가할 수 있다. 더군다나 투자중개업자는 투자자의 지시 내지 투자자와의 합의에 따라 투자자의 이익을 위하여 투자금을 신탁업자에 이전한 것이다. 나아가 투자중개업자가 이러한 투자금 이전에 의하여 얻은 대상(代償)은 없다.

따라서 앞서 본 이득소멸의 항변의 요건을 모두 충족하므로 투자중개업자는 이득소멸의 항변을 할 수 있고, 결론적으로 투자자의 투자중개업자에 대한 부당이득반환청구는 기각하는 것이 타당하다.

앞서 비교법적 고찰에서 본 바와 같이 금전 이득자의 이득소멸과 관련하여 수취한 금전의 유효성을 신뢰하여 이를 처분하여 수중에 아무것도 남지 않은 상황에서는 이득 소멸의 항변이 가능한바, 위와 같은 결론은 이러한 비교법적 고찰과도 부합한다.[131] 아울러 영국의 경우에는 대리관계(agency)에 있어서 대리인이 이득을 수령하여 본인에게 전달한 경우에는 대리인의 항변(the agent's defence)이 가능하다. 이는 금원을 교부한 손실자가 상대방이 그 금원을 보유하는 것이 아니라 단순히 금원을 전달하는 역할만을 한다는 점을 알았고, 그럼에도 불구하고 상대방에 대하여 부당이득을 구하는 것은 형평에 반한다는 점을 반영한 것이다. 투자자는 투자중개업자가 수령한 투자금이 신탁업자에게 전달된다는 점을 알면서 투자중개업자에게 투자금을 교부한 것인바, 대리인의 항변의 취지에 비추어 보더라도 투자중개업자의 부당이득반환책임을 부정하는 것이 타당하다.

---

131 가령 일본의 경우 B가 C로부터 약속어음의 추심위임을 받아 자신이 거래하고 있는 은행 A에 위 약속어음의 추심위임을 하였는데 은행 A가 약속어음의 부도사실을 간과하고 B의 계좌에 어음금 상당액을 입금하였고, B가 선의인 상태에서 이를 C에게 교부한 경우에 B는 은행 A의 부당이득반환청구에 대하여 이득소멸의 항변을 할 수 있다고 보고 있음은 앞에서 본 바와 같다.

Ⅳ. 결론

본 논문에서는 수익증권 매매계약이 취소된 경우에 투자중개업자의 부당이득반환의무가 인정되는지와 관련하여 이득소멸의 항변을 중심으로 검토하였다. 본 논문의 논의를 요약하면 다음과 같다.

첫째, 투자신탁에서의 이중신탁의 구조, 투자자에 대한 집합투자업자의 환매의무, 투자신탁 당사자의 목적과 실제에 비추어 투자중개업자를 집합투자업자의 대리인으로 보는 대리인설이 타당하다. 대리인설에 따르는 경우 투자자는 집합투자업자와 사이에 수익증권에 관한 매매계약을 체결한 것이 되므로, 투자자는 매매계약의 상대방인 집합투자업자에 대하여 부당이득을 구할 수 있을 뿐 대리인에 불과한 투자중개업자에게는 부당이득을 구할 수 없다.

둘째, 투자중개업자를 위탁매매인으로 보는 위탁매매인설에 따르는 경우 투자중개업자가 이득소멸의 항변을 할 수 있는지 문제가 된다. 비교법적 고찰을 통해 이득소멸의 항변은 매우 보편적으로 인정되는 법리이고 우리 민법 제748조 제1항도 이득소멸의 항변을 구현하고 있다는 점을 밝혔다. 이득소멸의 항변이 인정되려면 수익자가 선의이고, 수취한 이득과 수익자의 손실 사이에 인과관계가 인정되어야 하고, 선의의 수익자가 이득소멸로 인하여 얻은 대상(代償)이 없어야 한다. 투자중개업자의 경우 선의인 상태에서 수취한 투자금의 유효성을 신뢰하여 이를 신탁업자에게 이전하는 손실행위를 한 것인바, 이득소멸의 항변의 요건을 충족하므로 투자자의 투자중개업자에 대한 부당이득반환청구는 기각하는 것이 타당하다.

향후 투자중개업자의 이득소멸의 항변을 충실히 심리한 법원의 판단을 통해 수익증권 매매계약 취소에 따른 부당이득의 법률관계가 정확하게 규명되었으면 하는 바람이다.

민법상 부모와 자녀의 친자관계에 대한 현행규정의 구조와 한계

안 영 하*

I. 들어가며

혼인관계와 아울러 가족관계의 기초가 되는 부모와 자녀관계, 즉 친자관계는 혈연관계 뿐만 아니라 당사자의 의사에 의하여서도 발생할 수 있다. 이러한 의미에서 친자관계란 혈연적 관계만을 의미하는 것이 아니라 사회적 관계, 사실적 관계까지 포함하는 것이다.[1] 우리 민법은 친자관계의 성립과 그 효과에 대하여 규정하고 있다. 일단 친자관계가 인정이 되면 그 효과로서 미성년자녀에 대한 친권과 부모와 자식간의 부양 및 법정상속인으로 제1순위 및 제2순위 상속인으로 인정되는 등의 효과가 주어지고 있다. 현행 우리 민법의 구조는 일단 친자관계가 성립이 되면 이후 이러한 관계가 아무리 파탄이 되어 남보다도 못한 사이가 되었다고 하더라도, 법적으로 친자관계가 단절되지 않는 한[2] 법적으로 부모와 자녀라는 지위에 따른 효과가 주어지고 있다.[3] 따라서 친자관계의 확정은 부모와 자녀의 신분관계에 가장 핵심적인 사항이다.

---

* 법학박사. 국립목포대학교 법학과 교수.

1 김주수·김상용, 친족·상속법(제17판), 법문사, 2020, 287면.

2 친생자의 경우 친생추정을 받는 자는 친생부인의 소를 통하여, 친생추정을 받지 않는 자는 친생자관계부존재 확인의 소 등을 통하여, 양자의 경우 파양을 통하여 친자관계를 단절시킬 수 있다. 또한 친양자입양으로 기존의 친생친자관계를 법적으로 단절할 수도 있다.

3 물론 친자관계에 따른 효과는 획일적으로 인정되는 것이지만, 예컨대 친권과 관련하여서는 일정한 요건

법적으로 친자관계를 인정할 것인지 혹은 부정할 것인지의 여부와 친자관계가 인정될 때 어떠한 효과를 부여할 것인지는 입법적 결단이다. 우리 민법의 제정시에도 당시의 혼인관과 자녀관에 입각하여 친자관계에 대하여 규정하였을 것이다. 그런데 법 제정후 60여 년이 지난 오늘날에도 여전히 그 기능을 올곧이 발휘하고 있는지에 대하여는 의문이다. 돌이켜 보면 1960년 1월 1일부터 시행되어 60년이란 시간이 흐른 오늘날까지 가족법 규정은 많은 변화를 거쳐 지금에 이르렀다. 제정 당시와 비교하면 많은 변화가 있는데 부모와 자녀에 대한 부분도 예외는 아니어서 민법 제정당시 家 중심적이었고 부모가 불평등하였던 규정들은 많은 부분이 개정되었다.[4][5] 예컨대 친권과 관련하여서는 자녀의 복리를 근본으로 하여 많은 변화가 있었고 실질적으로도 많은 개선이 이루어졌다. 그런데 여기서 주목할 점은 친권 자체에 대한 제한과 상실제도 등을 통하여 자녀의 복리를 도모하고자 하는 개선들이 이루어져 왔지만, 친권의 원인이 되는 친자관계의 성립과 해소에 관련하여서는 근본적인 변화는 없었다는 것이다.

그렇다고 한다면 미성년자녀에게 신상의 변화나 영향이 생길 경우, 미성년자녀의 복리를 최우선으로 고려하고 있는 것으로 보이는 민법의 태도에 비추어 보아,[6]

하에 친권의 상실과 일시 정지 및 일부 제한과 같은 제도를 통하여 기존의 친자관계는 계속 인정하더라도 그 효과에 대한 일정한 제한을 두고 있다. 하지만 일단 이러한 심판이 있기 전에는 친자관계가 인정이 되면 기본적으로 일정한 효과가 확정적으로 부여되는 구조라는 것은 달라지지 않는다. 또한 친권에 제한이 가해지더라도, 나아가 친권을 상실하더라도 다른 친자관계의 효과에는 영향이 없다. 다만 친자관계가 있다는 이유만으로 획일적인 효력을 부여하고 있는 현행 법제계의 불합리성과 관련하여, 최근 논의되고 있는 소위 구하라법과 같이, 친자관계에 있다고 하더라도 일정한 경우 법적효과를 제한하려는 노력들이 계속되고 있다. 이와 관련된 부분은 논의의 집중을 위하여 본 연구에서는 다루지 않는다.

4 가족제도의 변화에 따른 친자관계 규정의 변천에 관하여 자세한 것은 이은정, "가족제도의 변화와 친자법 개정의 필요성", 법학논고 33, 경북대학교 법학연구원, 2010, 383면 이하 참조.

5 친자관계와 관련하여 제정 민법과 현행민법을 비교하자면 많은 부분이 변화되었겠지만, 개인적으로 가장 큰 변화는 2005년 도입된 친양자제도의 신설이라고 생각된다. 친양자제도는 그 제도 자체로도 많은 의미가 있지만, 무엇보다도 법적으로도 인정되었던 진정한 생물학적 친생친자관계를 단절시키는 효과를 부여하였다는 점에서 기존의 친자관계에 대한 태도에 큰 변혁을 가져왔다고 생각된다. 기존에 친생자관계를 단절시키는 것은 애초에 생물학적 친자관계가 없음에도 불구하고 친생추정 혹은 인지 등에 의하여 친자관계로 인정하였던 관계를 부정하는 것으로서, 일종의 혈연과 관련된 진실된 친자관계를 찾는 것에 불과했다고 생각된다. 그런데 친양자입양은 적법하고 사실에도 부합하게 성립한 친생자관계를 단절시키는 제도이다. 친양자제도의 도입은 부모와 자녀의 관계도 혈연진실여부를 떠나 절대적이 아닌 상대적인 관계라는 것을 법이 인정한 것이라고 생각된다. 자녀의 복리를 위하여는 친생자관계도 법적으로 단절시킬 수 있다는 것을 보여주는 결단이었다는 점에서 앞으로 친자관계의 개선에 시사하는 바가 크다고 생각된다.

6 미성년자녀의 신상에 변화가 생기는 것으로는 부모의 이혼과 입양 등을 들 수 있고, 영향과 관련하

친자관계의 확정에 대한 현행규정은 자녀의 복리라는 차원에서는 얼마나 부합하고 있는 것일까라는 의문도 생긴다. 자녀 신분의 가장 근간이 되는 친자관계의 성립 및 해소여부를 결정할 때 자녀의 복리를 고려하고 있지 않은 현행규정의 태도는 오늘날에 있어서는 그 타당성을 유지하기 힘들다고 생각된다. 즉 현행규정에 의한다면 경우에 따라서는 실제로는 혈연관계가 없지만 잘 유지되고 있는 기존의 법적인 친자관계를 자녀의 복리에 치명적인 해를 끼침에도 불구하고 친생부인 혹은 친생자관계부존재확인을 통하여 단절할 수도 있고, 반대로 형해화되고 유지하는 것이 오히려 자녀의 복리에 해를 가하고 있는 친자관계라고 하더라도 이를 단절하지 못하고 계속 유지할 수 밖에 없는 경우도 발생하게 된다.

본 연구에서는 구체적 상황에 대한 현행 규정의 타당성을 일일이 확인하고 검토하고자 하는 것은 아니다. 다만 현행 친자관계의 확정에 관한 구조에 대한 검토를 통하여 현행 구조가 자녀의 복리에 어떻게 작용하고 있는지를 살펴보고자 한다.7 자녀의 복리를 위하여 해석상 많은 노력을 하고 있지만 해석만으로는 근본적인 한계가 있다는 생각이다.8

따라서 이하에서는 친자관계의 확정과 관련된 현행규정의 구조와 그 해석상의 한계에 대하여 살펴본 후, 친자관계의 해소와 관련하여 자녀의 복리를 우선하는 방향의 입법론을 제시하고자 한다. 다만 현행 규정의 구조와 해석상의 한계를 살펴보기 위해서는 현행규정의 전체적인 모습을 개략적으로라도 살펴볼 필요가 있을 것이다. 이와 같은 개략적인 검토는, 일면 누구나 알고 있는 기본적인 내용일 수 있으므로 불

여서는 친권자의 친권의 행사를 들 수 있을 것이다. 민법은 제정당시와는 달리 이후 여러 차례의 개정을 통하여 미성년자녀를 둔 부모의 이혼, 미성년자의 입양 및 친권의 행사시 미성년자녀의 복리를 우선적으로 고려하는 규정을 두어 미성년자의 복리를 최우선으로 고려하는 입장을 취하고 있다.

7 친자관계를 검토할 때 고려하여야 할 기본대상으로는 자녀, 법률상의 부, 모, 그리고 생부라고 할 것이다. 그러나 본 연구에서는 자녀의 복리를 중심으로 검토하고, 필요한 경우에 범위를 넓혀 살펴보기로 한다.

8 지금까지 가족법 학계는 많은 선행연구를 통하여 현행 제도상의 문제점을 분석하고, 문제를 해결하기 위한 해석론을 제시하였으며, 궁극적으로는 입법으로 이를 해결하여야 한다는 점을 밝혀왔다. 하지만 이러한 많은 학자들의 수많은 노력에도 불구하고 현행법상 많은 문제가 여전히 남아있다. 본 연구는 새로운 해석론을 통하여 이러한 문제를 해결하고자 하는 것은 아니다. 이러한 해석론은 지금까지의 연구결과로도 충분히 차고 넘친다. 다만 이제 민법이 시행된지 60여년이 되었는데도 이러한 노력이 입법을 통한 결실을 맺지 못하고 있는 것에 대한 아쉬움으로, 다시 한번 친자관계의 확정에서 나타나는 문제점은 입법을 통하여 해결하여야 한다는 이야기를 하고 싶었고, 입법의 방향에 대한 필자의 견해를 제시하고자 한다.

필요한 언급일 수도 있을 것이다. 그렇지만 현재 발생하는 친자관계에서의 문제들은 근본적으로 현행규정의 구조적인 문제로 인하여 발생한다고 생각하는 필자의 입장에 서는 다소 일반적인 부분일지라도 간단히 검토하는 과정을 거치도록 하겠다.

II. 친자관계의 확정과 관련된 현행규정의 구조와 현실적 문제

자녀가 출생을 하면 필연적으로 부모와의 관계를 가진다. 모는 그 출산을 통하 여 자연스럽게 모자관계를 확정할 수 있지만, 자녀의 부가 누구인지는 항상 정확하 게 확인할 수 있는 것은 아니다. 따라서 부와의 관계에서는 법률상의 부가 누구인지 를 정할 필요가 있다. 우리 민법은 부모와 자녀의 장에서 자녀가 출생하면 그의 부 모를 누구로 할 것인가를 정하고 있다. 이러한 법적인 부모와 자녀관계의 성립은 친 자관계라는 법률관계의 시작이고 그 결과 일정한 효과를 받게 됨으로써 사람의 전 인생을 통하여 가장 중요한 부분 중의 하나라고 할 것이다. 친자관계가 확정이 되면 이를 기준으로 자에 대한 부양의 의무와 상속의 권리를 귀속시키므로 친자관계 확정 은 자녀의 입장에서는 생존에 대한 가장 일차적인 의무자를 확정하는 것이며 부와 모의 입장에서 친자관계는 자에 대한 양육의 의무를 귀속시키게 되는 기준이 된다.9

이에 우리 민법은 친족법 제4장 제1절 친생자와 제2절 양자부분에서 어떤 관계 를 부모와 자녀로 인정할 것인가와 관련된 규정을 두고 있고 이를 바탕으로 제4장 제3절 친권 등에서 부모 혹은 자녀인 것을 전제로 일정한 효력을10 부여하고 있다. 친자관계는 크게 친생친자관계와 양친자관계로 구분할 수 있다.11 일반적으로 양친 자관계는 입양이라는 절차를 통하여 확정되므로 부모와 자녀관계를 인정하는 것에 큰 어려움이 없다. 양친자관계에서는 오히려 입양을 통하여 부모와 자녀관계를 창출 하는 것이 자녀의 복리에 도움이 되는지의 여부가 오래된 논의의 대상이었고, 지금

---

9 차선자, "친생추정의 법리와 혈연 진정성", 가족법연구 제33권 2호, 2019, 2면.

10 친자관계가 인정이 되면, 자녀가 미성년자인 경우 부모가 친권자가 된다는 효과가 발생하고, 직계혈 족관계이므로 부양의무가 부여되며, 직계비속인 자녀는 1순위, 직계존속인 부모는 2순위 상속인으로 인정되고 있다. 이러한 효과는 현행규정상으로는 부모와 자식이라는 신분관계가 인정이 되면 별다른 고려없이 바로 적용되는 형태이다.

11 일단 친자관계가 성립이 되면 그 원인이 친생자이든 혹은 양자이든 이후 친자관계의 해소 부분을 제 외한다면 둘 사이의 효력의 차이는 없다. 친권 및 부양 혹은 상속에서도 친생자와 양자를 구별하고 있지는 않다. 다만 부양에서는 일반양자의 경우에는 자연혈족관계이든 법정혈족관계이든 모두 친족 으로서 양쪽 모두에 부양의 의무가 발생한다는 차이는 있다.

도 자녀의 복리를 입양제도의 가장 중요한 요소로 하고 있다.12

결국 친자관계의 확정문제는 친생자관계에 국한된 문제로 회귀하게 된다. 그렇다면 친자관계는 어떤 구조를 통하여 확정되는 것일까?

사람이라면 누구나 출생의 과정을 거치게 되고 누군가의 자식이 된다. 여기서 누구를 아버지로 정할 것인지가 문제인데, 이런 부자관계를 법률적으로 확정시키고 있는 우리 친자법은 부자관계를 확정확정함에 어떤 태도를 가지고 있는 것일까? 근본적으로 부자관계를 법적으로 확정하는 이유는 무엇일까? 단순히 혈연진실에 입각하여 진정한 혈연상의 부를 확인하고자 하는 의도인지, 아니면 출생한 자녀의 복리를 위하여 부자관계를 법률적으로 확정지으려는 것인지와 같이, 친생자관계와 관련된 우리 친자법의 입법의도를 검토해 볼 필요가 있다. 이러한 법의 의도를 파악해야 그에 맞는 해석을 할 수 있을 것이다. 만약 법제정시에 의도했던 바가 오늘날 시대의 변화로 인하여 적절하지 않다면 법의 개정을 통하여 시대에 맞게 바로잡을 필요도 있다. 친자법이 의도하는 바가 무엇인지를 확인하기 위하여 현행 규정의 구조를 살펴볼 필요가 있다. 개별규정이 의미하는 의도를 확인함으로써 친자법 전반의 입법의도를 확인할 수 있을 것이다. 이하에서는 친자관계에 있어서 우리 민법이 어떤 구조로 친자관계가 성립하는 것으로 규정을 하고, 친자관계를 해소하는데 어떤 과정을 거치고 있는지에 대한 친자관계성립과 해소의 구조에 관하여 간단히 살펴본 후13 이를 기초로 현행 친자관계의 확정과 관련한 입법의도를 검토해보고자 한다.

1. 친자관계의 확정에 관한 민법상의 구조

현행 민법은 친생자관계를 전통적인 혼인관에 따라 친생추정을 받는 자와 친생추정을 받지 않는 자로 구분하여 규정하고 있는데 이는 부성의 추정과 관련되어 있다.14

---

12 입양의 목적이 보호를 필요로 하는 아동에게 건강하게 성장할 수 있는 가정환경을 제공하는 데 있다면, 입양을 희망하는 사람이 이와 같은 환경을 갖추고 있는지에 대해서 사전에 국가가 개입하여 심사하는 제도를 마련하여야 하는데, 2012년 민법개정으로 미성년자를 입양할 때에는 가정법원의 허가를 받아야한다는 규정을 도입함으로써 이러한 부분에 대한 민법의 태도는 크게 진일보하였다고 하겠다(김주수·김상용, 전게서, 288면).

13 이 부분과 관련하여서는 많은 선행연구들이 이루어져 있다. 따라서 여기에서는 개별 논점과 관련하여 자세한 검토는 생략하고, 전체적 흐름과 구조와 관련된 몇가지 부분만 간략히 검토하기로 한다.

14 제정당시와 현재의 혼인관이 달라졌는데도 불구하고 혼인중의 자와 혼인외의 자를 구분하여 혼인외의 자에 부성추정규정을 두고 있지 않은 것에 대하여 비판하면서 현 규정체계를 비판하는 견해가 있다. 이은정, 전게 "가족제도의 변화와 친자법 개정의 필요성", 384면 이하 참조. 이 부분에 대하여는

일정범위의 혼인중의 출생자에 대하여는 부성추정의 규정을 두고 있지만, 부성추정을 받지 못하는 자녀에 대하여는 인지를 통하여 부자관계를 인정하고 있다.[15] 즉 친생자관계의 성립에 관하여는 어머니와 자녀의 친자관계는 출생을 통하여 당연히 성립되는 것으로 인정되고 있지만,[16] 부자지간의 친자관계의 인정에 관하여는 민법 제844조를 통하여 일정한 경우 아버지와 자녀 사이에 친자관계가 성립되는 것으로 추정하는 규정을 두고 있고, 이러한 추정을 받지 못하는 자녀는 인지를 통하여 부자관계를 인정하고 있다. 아울러 현행 민법상의 친생추정은 '혼인 중의 포태'라는 사실로부터 '부와 모의 성적교섭에 의한 포태'라는 사실을 추인하고 다시 이로부터 부자관계를 추정하는 혈연의 개연성 추정으로 법적부자관계의 혈연주의의 원칙을 반영하고 있는 구조이다.[17] 결국 부자관계를 확정하는 과정은 친생추정을 받는 자와 친생추정을 받지 못하는 자로 크게 구분할 수 있다. 이하에서는 친생추정을 받는 자녀와 그렇지 못한 자녀로 구분하여 각 규정이 어떻게 친자관계를 인정하고 해소하고 있는지에 대하여 살펴보고, 이 규정을 통한 입법의도가 무엇이었는지를 간단히 검토하기로 한다.

(1) 친생추정을 받는 혼인중의 출생자

(가) 친자관계의 성립

모자관계는 출산이라는 사실에 의하여 확정되지만, 부자관계는 그 생물학적 친자관계를 자연적으로 알 수 없기 때문에 친생을 추정하는 규정을 두고 있다.[18]

민법 제844조에 의하면 아내가 혼인 중에 임신한 자녀는 남편의 자녀로 추정하고, 혼인이 성립한 날부터 200일 후에 출생한 자녀는 혼인 중에 임신한 것으로 추정

뒷부분에서 다루기로 한다.

15　친생추정을 받지 못하는 혼인중의 출생자와 관련하여, 출생으로 부와의 친자관계가 인정되는가의 문제가 있다. 이에 대하여는 항을 달리하여 다시 검토하기로 한다.

16　여기서 주의할 점은 친생자관계란 생물학적인 의미의 친생자관계가 아니라 법률상의 친생자관계를 의미한다. 법률상의 친생자관계는 혼인외의 자와 생부와의 관계를 제외하면 출생에 의하여 당연히 발생하는 것이므로(모와 자녀 사이의 법률상 친생자관계는, 혼인중의 자이든 혼인외의 자이든 관계 없이, 출산에 의하여 당연히 발생한다. 법률상의 부자관계 역시 모가 혼인 중에 임신하여 자녀를 출산한 경우에는, 자녀의 출생과 더불어 발생한다. 제844조), 어떠한 사정에 의해서 등록부의 기록이 법률상의 친생자관계와 다르게 되어있다고 해도 자녀의 출생과 더불어 성립한 법률상의 친자관계는 이에 의해서 영향을 받지 않는다고 한다(김주수·김상용, 전게서, 337면).

17　차선자, "변화하는 가족관계에 따른 친자법의 과제", 한국여성정책연구권 제26차 젠더와 입법포럼·한국젠더법학회 동계세미나 자료집, 2019, 18-19면.

18　친생추정과 부성부인에 대한 비교법적 검토는 본 논문에서는 별도로 다루지는 않기로 한다. 비교법에 대한 자세한 내용은 차선자, 전게 "변화하는 가족관계에 따른 친자법의 과제", 7면 이하 참조.

하며, 혼인관계가 종료된 날부터 300일 이내에 출생한 자녀는 혼인 중에 임신한 것
으로 추정하고 있다. 제844조에 의하면 모가 혼인 중에 임신하여 출산한 자녀는 그
남편의 친생자로 추정되므로, 출생과 동시에 그들 사이에 부자관계가 발생하게 되
고, 이로써 자녀에게는 출생과 동시에 법률상의 모가 확정될 뿐만 아니라 법률상의
父도 정해지게 된다.[19]

　　이와 관련하여 자녀가 모의 남편의 친생자로 추정되는가의 여부는 임신한 때를
기준으로 하여야 한다는 견해[20]와 자녀의 출생시를 기준으로 하여야 한다는 견해로 나
뉘어 있다.[21] 생각건대 아내가 혼인중에 임신을 하였다면 제844조의 규정에 의하여 당
연히 남편의 자녀로 추정이 된다. 그러나 혼인 성립 후 얼마 되지 않아서 자녀를 출산
하였다면 아내가 혼인 중에 임신을 하였는지 아니면 혼인 전에 임신을 하였는지를 알
기 어렵다. 그래서 제844조 제2항에서 혼인이 성립한 날로부터 200일 후에 출생한 자
녀는 혼인 중에 임신한 것으로 추정하고 있는 것이다. 우리 민법이 친생추정의 규정을
두고 있는 이상, 자녀가 친생추정을 받는 기간 안에 태어났다면 제844조 제2항의 추정
규정을 통하여 혼인중에 임신한 것으로 추정하고, 결과적으로 남편의 자녀로 추정하여
야 한다. 만약 출생 이후의 사정이나 출생 후 밝혀진 사정이 친생추정에 영향을 미친
다면 이는 친생추정을 깨트리는 것이므로 친생부인의 소를 통하여 진위를 다투어야
할 것이다. 요컨대 친생추정을 받는 기간에 출생한 자녀는 이 기간에 출생하였다는 사
실만으로 추정을 받는 것이다. 따라서 친생자 추정은 자녀의 출생시를 기준으로 하여
추정을 받는 기간내에 출생을 하였는지를 통하여 결정하여야 할 것이다.[22]

(나) 친자관계의 해소

　　이렇게 친생추정을 받는 자녀는 추정을 통하여 정하여진 법률상의 부와 실제로
는 혈연관계가 없을 때에는 그 친자관계를 단절할 수 있는데, 이러한 관계의 단절은
원칙적으로 엄격한 친생부인의 소에 의하여서만 친생자임을 부인할 수 있다.[23] 다만

19　제844조의 입법목적은 모의 혼인중의 임신이라는 사정에 기초하여 모가 낳은 자녀를 그 남편의 자
　　녀로 추정함으로써 자녀의 출생과 동시에 그의 법률상의 아버지를 정하는 것이라고 한다(김주수·김
　　상용, 전게서, 297면).

20　김주수·김상용, 전게서, 296면.

21　윤진수, "친생추정에 관한 민법개정안", 가족법연구 제31권 1호, 2017, 11면.

22　윤진수, 전게 "친생추정에 관한 민법개정안", 11면.

23　친생부인의 소에 대하여는 별도의 자세한 검토는 생략하기로 한다. 친생부인의 소에 대하여 자세한
　　부분은 윤진수 편집대표, 주해친족법 제1권(권재문 집필부분), 박영사, 2015, 576면 이하 참조.

2017년에 신설된 854조의 2에 의하여 혼인관계가 종료된 날부터 300일 이내에 출생한 자녀에 대하여는 모 또는 모의 전남편은[24] 가정법원에 친생부인의 허가를 청구할 수 있다.[25] 이 때 가정법원은 혈액채취에 의한 혈액형 검사, 유전인자의 검사 등 과학적 방법에 따른 검사결과 또는 장기간의 별거 등 그 밖의 사정을 고려하여 허가 여부를 정한다. 친생부인의 심판의 확정에 의하여 친생부인의 효력이 발생하고, 자녀는 모의 혼인외의 출생자가 되고, 생부가 인지를 할 수 있다.[26]

(다) 친생추정을 통한 친자관계 확정제도의 입법의도

그렇다면 친자관계의 확정방법 중, 일정범위의 자에게만 인정되는 친생추정을 통한 친자관계의 성립과 친생추정을 받는 경우에는 엄격한 친생부인의 소를 통해서만 친자관계의 해소를 인정하고 있는 현행 규정이 의도하고 있는 것은 무엇일까? 친생추정의 입법목적과 관련하여 부자관계를 신속하게 확정하기 위한 제도로서 가정의 평화와 출생자의 지위를 보호하는 기능도 하고 있다라는 견해와,[27] 아내가 혼인 중에 포태한 자녀를 남편의 친생자로 추정하고 이러한 신분을 가지는 자녀에 대해서는 원칙적으로 요건이 엄격한 친생부인의 소에 의하여 부자관계를 소멸시킬 수 있도록 민법이 규정한 이유는 혈연진실주의뿐만 아니라 가정의 평화와 자녀의 복리(자녀의 신분 안정)도 보호하고자 하는데 있다는 견해[28] 및, 대체적으로 부자관계를 신속하게 확정하여 신분관계를 안정시키기 위한 제도로 보면서 이러한 친생추정의 제도가 가정의 평화를 지키고, 혼인 중의 출생자의 법적지위를 안정시키는 기능도 함께 수행하고 있는 견해가 있다.[29][30]

---

24 이 경우 출생한 자녀는 제844조에 의하여 모의 전남편의 친생자로 추정을 받는다.

25 물론 이때에도 혼인중의 자녀로 출생신고가 된 경우에는 친생부인의 허가를 청구할 수 없다(854조의2 제1항 단서).

26 김주수·김상용, 전게서, 312-313면.

27 송덕수, 친족상속법 제5판, 박영사, 2020, 138면; 윤진수, 친족상속법 강의 제3판, 박영사, 2020, 138면.

28 김주수·김상용, 전게서, 300면.

29 친생추정에 관한 조항의 입법취지와 관련하여 "우리 민법의 친생추정에 관한 조항의 입법취지는 제 정과정에서 명확하게 나타나고 있지 않으나 역시 혈연의 존부판별이 현실적으로 어려웠던 시기에 혼인 중의 포태라는 사실로부터 경험칙에 의하여 부자관계를 추정 혼인 중의 출생자와 부 사이의 혈연존부에 대한 다툼을 방지하여 자의 복리와 가정의 평화를 보호하는 데 기여하려는 것을 목적으로 한다고 할 수 있을 것이다."라고 하여 역시 자의 복리와 가정의 평화를 보호하는 제도로 보는 견해도 있다(차선자, 전게 "변화하는 가족관계에 따른 친자법의 과제", 18면).

30 친생추정의 목적과 관련된 자세한 설명은 현소혜, 전게 "부자관계의 결정기준: 혼인과 혈연", 45면 이하 참조.

생각건대 제844조의 친생추정규정과 제847조의 친생부인의 소의 규정의 입법의도를 분리하여 검토해보아야 한다. 제844조의 친생추정제도는 혈연관계의 증명이 어렵다는 점에서 시작한다. 친자관계의 성립은 이를 기준으로 하여 자녀의 양육과 보호와 관련된 친권과 자에 대한 부양의무의 발생 및 상속의 권리를 귀속시키는 신분관계의 시발점이 된다. 그러나 모와는 달리 부자지간의 혈연관계는 그 증명이 어렵기 때문에 자녀가 태어난 시점을 기준으로 혈연부일 개연성이 가장 높은 사람에게 일차적으로 법적인 부의 지위를 인정하기 위해 고안된 제도일 뿐이다.[31] 이러한 친생추정제도를 통하여 자녀에게 부의 공백상태로 인하여 발생할 수 있는 불이익을 방지할 수 있으므로[32][33] 궁극적으로는 자녀의 복리라는 입법목적을 가지고 있다고 생각된다.[34][35]

이와는 달리 제477조의 친생부인의 소의 기본적인 입법목적은 혈연진실주의를

---

[31] 현소혜, 전게 "부자관계의 결정기준: 혼인과 혈연", 46-47면.

[32] 친생추정 규정과 관련하여 판례는 친생추정규정을 두고 있는 이유를 혼인 중 출생한 자녀에게 출생과 동시에 안정된 법적 지위를 부여함으로써 법적 보호의 공백을 없애기 위함으로 보고 있다. "친생추정 규정은 혼인 중 출생한 자녀에 대해서 출생과 동시에 안정된 법적 지위를 부여하여 자녀의 출생 시 법적 보호의 공백을 없애고자 혼인관계에서 출생한 자녀라는 사실에 기초하여 친자관계를 인정하기 위한 것이다."(대법원 2019. 10. 23. 선고 2016므2510 전원합의체 판결).

[33] 친생추정 규정을 통하여 형성된 법률관계가 오랜 기간 유지되어 견고해진 경우 이와 같이 형성된 자녀의 지위에 대해서는 누구든 쉽게 침범할 수 없도록 하여 자녀의 지위를 안정적으로 보장할 사회적 필요성도 있다. 혈연관계가 없다는 점을 근거로 친생추정 규정의 적용을 배제하는 것은 친생추정 규정을 바탕으로 장기간 형성된 친자관계, 이와 밀접하게 관련되어 있는 혼인관계 등 사회생활의 기초가 되는 가족관계를 일시에 불안정한 상태로 만든다. **친자관계를 장기간 불안한 상태로 두는 것은 민법이 친생추정 규정을 두어 형성하고자 하였던 친자관계의 모습에 부합한다고 할 수 없고 안정을 요하는 신분질서의 본래 성격과 맞지 않는다**(대법원 2019. 10. 23. 선고 2016므2510 전원합의체 판결).

[34] 이와 관련하여 "친생추정 제도는 법률의 규정에 따라 '출생 당시 아버지로 기재될 자'를 획일적으로 결정하는 것, 그리고 이를 통해 추정 규정이 존재하지 않을 경우 발생할 수 있는 '부(父)의 공백' 상태를 해결하는 것을 주된 입법목적으로 한다."는 견해가 있다(현소혜, 전게 "부자관계의 결정기준: 혼인과 혈연", 47면). 이 견해에 기본적으로는 동의한다. 다만 부의 공백상태를 해결하는 것 자체가 입법목적이라는 점에는 동의하기 힘들다. 즉 부의 공백상태를 해결하는 것이 목적이 아니라, 부의 공백상태를 해결함으로써 자녀에게 법적인 부를 인정하는 것이 목적이라고 할 것이고, 이와 같은 법적인 부를 인정하는 것은 결과적으로는 친자관계로 인한 법적 효과를 자녀가 누리게 할 수 있게 되는 것이므로 궁극적으로는 자녀의 복리를 위한다는 입법목적을 가지고 있다고 생각된다. 또한 부의 공백상태를 해결하기 위한 것이 목적이라면 이후 진실한 혈연관계가 없다는 것이 입증이 되면 이러한 관계는 단절할 수 있어야 하는데 친생부인의 소의 제소기간을 단기간으로 정하였다는 것은 단지 진실한 부를 알 수가 없기 때문에 발생하는 공백을 메우기 위함만은 아니라고 생각된다.

[35] 여기서 주의할 점은 친생추정이 궁극적으로는 자녀의 복리를 위한 입법목적을 가졌다고 하더라도 친자관계귀속의 일차적인 기준은 혈연진실성이라는 점이다.

근본으로 하고 있지만, 이에 그치지 않고 자녀의 복리와 가정의 평화유지와 같은 의도고 가지고 있다고 생각된다. 즉 친생추정제도는 혈연관계의 증명의 어려움을 고려하여 자녀가 태어난 시점을 기준으로 실제 혈연관계가 있을 개연성이 가장 높은 사람에게 일차적으로 법적인 친자관계를 인정하기 위한 제도이고, 그 결과 진실된 혈연관계가 아닐 경우 친자관계를 해소할 수 있다. 친생부인의 소는 바로 법적으로 인정된 친자관계가 진실한 혈연관계가 아닐 때 이를 바로잡기 위한 제도이므로 기본적으로는 혈연진실주의에 바탕한 제도이다. 친생부인의 소가 제기되었을 때 원고는 부와 자 사이에 진실한 혈연관계가 존재하지 않는다는 것만 주장하고 입증하면 된다. 이 경우 자녀의 복리는 전혀 고려되지 않는다. 요컨대 친생부인의 소는 추정으로 인정된 친자관계를 혈연진실에 입각하여 부정하는 소송이므로 혈연진실주의를 기본으로 하고 있다. 다만 친자관계를 부정함에 있어서 친생추정을 받을 경우에는 친생자관계존부확인의 소가 아닌 제소권자와 제소기간이 제한되는 친생부인의 소를 통해서만 친자관계를 단절하게 함으로써 간접적으로 자녀의 법적 지위의 안정을 도모할 수 있으므로 자녀의 복리를 위한다는 측면도 있고, 또한 제소권자를 제한함으로써 원만한 가정을 유지하고 있을 때에는 기존에 인정된 가정의 평화를 유지시켜주는 효과도 거둘 수 있게 된다.36

(라) 친자관계확정과 관련된 문제

친생추정을 통하여 성립된 친자관계를 부정할 때는 친생부인의 소에 의하여 해소할 수 있도록 하고 있는데, 친생추정의 여부에 따라 해소방법이 달라짐에 따라, 자녀에게 친생추정을 인정하기 위한 혹은 반대로 친생추정을 부정하기 위한 해석론이 전개되고 있다. 이러한 해석론적 시도는 모두 자녀의 복리를 위한 노력이라고 생각된다. 그러나 친자관계의 성립의 문제와 해소의 문제는 구별하여야 된다고 생각한다. 앞에서 살펴본 바와 같이 친생추정을 조속한 친자관계의 성립을 통하여 자녀의 복리를 위하는 제도라고 본다면, 우연한 사건으로 인하여 성립된 자녀의 지위에 변동이 생기는 것은 그리 바람직하지 않다. 현행 민법의 구조상 이러한 해석론들의 전개는 기존 규정의 불합리를 해소하려는 어쩔 수 없는 노력이라고 생각되지만 궁극적으로는 입법을 통하여 해결하여야 하는 부분이다.

---

36 이러한 입법의도와는 달리 현행 규정은 제소권자와 제소기간의 제한으로 인하여 혈연진실과 반하게 되거나, 자녀의 복리를 심하게 해하는 결과를 초래하기도 한다. 이와 관련하여서는 관련된 부분에서 자세히 다루기로 한다.

① 친생추정과 사실혼

이런 문제가 잘 나타나는 것이 사실혼이 선행된 법률혼이다. 즉 친생추정을 받는 자의 범위와 관련하여 사실혼의 기간까지 혼인기간에 포함하여야 하는가의 여부와 관련하여 논의가 있다. 혼인신고 전에 사실혼이 선행하는 경우에는 그 출생이 사실혼성립의 날로부터 200일 후인 경우에는, 설령 혼인성립후 200일 이내에 출생하였다고 하더라도 친생자의 추정을 받는 혼인중의 출생자로 해석하는 견해가 있다.[37] 사실혼의 기간까지 혼인기간에 포함하여 친생추정을 받도록 하려는 해석은 현행법상 친생추정을 받는 자녀의 친자관계는 엄격한 친생부인의 소에 의해서만 해소할 수 있으므로 자녀를 더욱 보호하려는 의미로 해석된다. 그러나 이러한 해석과는 달리 혼인성립 후 200일 이내에 출생한 자는 설령 사실혼이 선행되었다고 하더라도 혼인 외의 출생자라고 해석하는 견해가 있다.[38] 이러한 해석은 민법이 혼인성립을 기준으로 하여 친생추정을 하는 것은 법적 안정성을 꾀하기 위함인데, 사실혼 성립의 날이 언제인지는 명백하지 않고, 당사자로 하여금 반드시 제소요건이 엄격한 친생부인의 소에 의하여야 한다는 것은 바람직하지 않다는 이유로 혼인중의 출생자가 아니라고 해석하고 있다.[39] 이 견해에 의하면 혼인성립 후 200일 이전에 출생하더라도 아내가 혼인 중에 임신하였음을 증명하면 제844조 제1항에 따라 부의 친생자로 추정되지만, 임신자체가 혼인 전이었고 출생이 혼인 성립 후 200일 이전이라면 부의 친생자로 추정을 받지 못한다고 한다.[40] 결과적으로 이러한 자녀는 친생추정을 받지 않는 이상 혼인 외의 자녀이고, 부에 대한 관계에서는 인지를 거쳐야만 친생자관계가 인정된다고 해석한다. 다만 부가 혼인 외의 자녀에 대하여 친생자출생신고를 하면 그 신고는 인지의 효력이 있고, 일단 인지가 되면 준정에 관한 제855조 제2항에 비추어 그 자녀는 혼인중의 자녀가 된다고 해석하고 있다.[41]

생각건대 앞에서 살펴본 이러한 해석의 가장 큰 차이는 무엇일까? 결국 혼인중에 출생하였다고 하더라도 혼인성립 후 200일 이내에 출생하여 부성추정을 받지 못하는 자녀의 친자관계를 해소할 때에 어떤 방법을 통하여 해소할 것인가, 즉 이러한

37 김주수·김상용, 전게서, 296-298면; 이경희, 가족법(9정판), 법원사, 2017, 185면.
38 양진섭, "친자관계의 결정에 관한 법적 쟁점 분석", 가족법연구 제33권 3호, 2019, 40면; 윤진수, 전게서, 165-166면.
39 윤진수, 전게서, 165-166면.
40 윤진수, 전게서, 166면.
41 윤진수, 전게서, 166면.

자녀에게 친생추정을 받는 자와 같은 공고한 지위를 인정할 것인가의 문제이다. 사실혼기간에 임신을 하고 혼인 성립후 200일 이내에 출산한 경우, 사실혼의 기간도 포함하여 친생추정을 받는다고 해석을 하면 설령 생부가 따로 있다고 하더라도 친생부인의 소에 의하여서만 해소할 수 있으므로 현행법상 자녀는 공고한 지위를 가지게 될 것이지만, 사실혼기간을 포함하지 않는다고 해석하면 친생부인의 소가 아닌 친생자관계부존재확인의 소에 의하여 친자관계를 단절할 수 있는 불안한 지위에 놓이게 되는 것이다. 기존의 논의를 보면 사실혼기간도 포함하여 친생추정을 받는다고 해석하는 견해는 친생추정을 통하여 친생부인의 소에 의해서만 친자관계를 해소할 수 있도록 함으로써 자녀에게 안정적인 지위를 보장할 수 있다는 것이 이러한 해석의 근저에 있다고 생각된다. 그러나 반대의 경우도 있다. 오히려 법률상의 부가 자를 양육할 의사가 없고 생부가 양육할 의사가 있다면 친생추정을 받지 않는 것으로 하여 친생자관계부존재확인의 소에 의하여 친자관계를 단절시킨 후 생부가 인지를 할 수 있도록 하는 것이 자녀의 복리에 더 좋을 수도 있는 것이다.

요컨대 친생추정을 받아 혼인중의 출생자로 인정받는 것은 출생과 동시에 친자관계가 공고히 성립된다는 순기능이 있고, 일반적으로 대부분의 경우 이러한 친자관계의 공고한 확정이 자녀의 복리에도 도움이 되는 것이 사실이지만, 반대로 친자관계가 형해화되어 실질적으로 친자관계의 단절이 필요할 때에도 엄격한 친생부인의 소에 의하여만 해소할 수 있으므로 자녀의 복리에 마이너스가 될 여지도 있다.[42] 결국 이러한 논의는 기존의 친자관계를 계속 유지하여야 하는가 아니면 해소하여야 하는가에 관한 친자관계의 해소의 문제인데, 자녀의 복리문제와 연관이 되어 친생추정의 성립의 문제에서 논의가 되고 있는 것이다. 이와 관련하여 뒤에서 다시 살펴보기로 한다.

② 친생추정이 미치지 않는 자

친생추정과 관련하여 논의가 가장 많은 부분은 친생자의 추정이 미치지 않는 子

---

42 이런 아이러니한 현상은 지금의 구조로서는 어쩔 수 없는 부분이라고 생각된다. 현행 구조상 친생추정을 받는 경우와 받지 않는 경우는 친자관계의 성립부분보다 이러한 관계를 해소할 때 문제가 발생할 수 있는데, 어떤 해석을 선택하더라도 불합리한 경우가 발행할 수 있다. 즉 친생추정을 인정할 때에는 친자관계를 단절시키는 것이 자녀복리에 유리할 때에 문제가 될 수 있고. 친생추정을 인정하지 않을 때에는 잘 유지되고 있는 친자관계가 당사자의 의사와는 전혀 무관하게 혈연진실을 이유로 타의에 의하여 해소될 수 있는 위험성이 있게 된다. 이러한 구조적 문제점에 대한 해결 방안은 뒤에서 다시 검토한다.

에 관한 부분이다. 제844조의 규정에 따라 친생자 추정을 받는 경우 부부의 별거 등
으로 처가 배우자의 자를 포태할 가능성이 전혀없는 경우에도 친생자추정을 인정하
여 견고한 친자관계를 인정할 수 있는지의 여부에 대하여 학설은 나누어져 있다. 먼
저 친생추정을 받는 자의 범위를 제한할 지의 여부와 만약 제한을 한다면 구체적으
로 어떤 범위에서 친생자 추정을 배제할 것인지에 관하여 견해가 나뉘고 있는 것이
다. 대체적으로 친생추정의 여부는 법문에 충실하게 출생시기만을 가지고 정하여야
한다는 무제한설과 동서의 결여로 처가 부의 자를 포태할 수 없는 것이 외관상 명백
한 사정이 있는 경우에는 그 추정이 미치지 않는다는 외관설, 객관적·과학적으로 부
자관계가 있을 수 없음이 증명된 경우에는 추정이 미치지 않는다는 혈연설 및 이미
지켜야 할 가정이 붕괴되고 있는 경우에 한하여 혈연주의를 우선시켜 추정이 미치지
않는다는 가정파탄설, 당사자나 관계인의 친생자가 아니라는 점에 대한 동의가 있는
경우에는 추정이 미치지 않는다는 동의설, 유전자 배치와 같이 남편과 자녀사이에
혈연관계가 존재하지 않음이 과학적으로 증명되고 남편과 자녀사이에 사회적 친자
관계도 소멸한 경우에는 친생추정이 미치지 않는다고 보는 사회적 친자관계설 등이
주장되고 있다.[43]

　　이러한 논의는 기본적으로 친생자 추정을 받으면 친생부인의 소에 의해서만 해
소가 가능하므로, 해석에 따라 혈연진실적 입장 혹은 자녀의 복리 및 가정의 평화
등을 위하여 결과적으로 어떤 소송에 의하여 친자관계를 단절시킬 수 있도록 해석하
는 것이 타당할까에 대한 고민이다. 이러한 해석은 친생추정규정 자체가 확실한 부
를 알 수 없으므로 인하여 개연성있는 추정을 통하여 부를 정한 것인데 자녀가 남편
의 자가 아닌 것이 확실한 경우에도 이러한 추정을 유지한다는 것은 불합리하다는
것을 전제로 하고 있다.

　　앞에서 살펴본 바와 같이 친생추정규정의 의도는 조속한 신분관계의 확정을 통
한 자녀의 보호인데, 이를 해소할 수 있는 친생부인의 소가 엄격한 요건을 요구하고
있음으로 인하여 예기치않게 자녀의 복리를 해하는 결과를 가져오게 된다는 점에서
해석론으로 이를 극복하기 위한 노력이다. 필자도 현행법상의 구조상 발생하는 문제
를 해결하기 위한 해석이 필요하다는 것에는 동의한다. 예컨대 친생추정에 의한 법
률상의 부가 자녀를 학대하는 경우에도 모가 사망하여 부만이 친생부인권을 가지고

---

43 친생추정에 관련된 기존의 논의에 대한 설명은 윤진수 편집대표, 주해친족법 제1권(권재문 집필부
분), 박영사, 2015, 560면 이하; 현소혜, 전게 "부자관계의 결정기준: 혼인과 혈연", 48면 이하 참조.

있다면 가능한한 이를 해소할 수 있는 방법을 모색해 볼 수 밖에 없을 것이고, 해석을 통하여 친생추정이 미치지 않는 자로 인정된다면 친생부인의 소가 아닌 친생자관계부존재확인의 소를 통하여 친자관계를 단절시킬 수 있을 것이다. 반대로 원만한 부자관계를 유지하고 있는 경우에는 설령 혈연상의 부자관계가 아니라고 하더라도 이를 유지하는 것이 바람직할 것인데, 친생추정이 미치지 않는 자의 범위를 넓게 해석한다면 친생부인의 소가 아닌 친생자관계부존재확인의 소를 통하여 친자관계를 단절할 수 있게 됨으로써 당사자의 의사와는 다른 불합리한 결과를 초래할 수도 있을 것이다.

다만 친생추정이 미치지 않는자에 대한 해석론은 일단 추정이 성립하여 부자관계가 성립하였지만, 자녀의 출생 후에 발생한 사실이나 알게 된 사정을 근거로 하여 추정이 미치지 않는다고 보는 것인데, 친생자로 추정되는지의 여부는 출생 당시에 객관적으로 확정되는 것이 바람직하다고 생각되기 때문에 선뜻 동의하기가 어려운 점도 있다. 결국 제도의 취지를 본다면 친생추정을 인정하는 것은 조속한 확정을 통한 자의 복리를 위한 제도이고, 여기서 잘못 인정된 것을 바로 잡아 해소시키는 소송이 친생부인의 소인데, 친생부인의 소의 제기권자와 제소기간의 제한으로 인하여 발생하고 있는 현실적인 문제의 해결은 해석론이 아닌 성립과 해소에 자녀의 복리라는 기준을 명확하게 함으로써 해결하여야 할 문제라고 생각된다.44 이 부분은 항을 달리하여 다시 검토하기로 한다.

(마) 소결

앞에서 제844조와 제847조를 기본으로 하여여 친생추정을 받는 자녀의 친자관계확정에 대한 기본 구조와 해석론상의 문제에 관하여 간단히 살펴보았다. 앞에서 살펴본 바와 같이 친생추정을 받는 혼인중의 출생자의 경우 친자관계의 성립과 해소에서 심한 모순점이 발생하고 있다는 것을 알 수 있다. 즉 조속한 친자관계의 성립으로 자의 복리를 위한다는 친생추정제도의 입법의도는, 기존의 법적친자관계를 유지하는 것이 자녀의 복리에 더 나은 경우라고 하더라도 혈연진실을 기초로 한 친

---

44 본 연구에서는 친생추정이 미치지 않는 자에 관한 해석론을 자세히 다루지 않기로 한다. 여기서 친생추정이 미치지 않는 자의 범위에 대하여 간단히 언급한 것은 이와 관련된 해석론은 결국 우리 현행법상 친자관계의 확정에 관한 규정상 발생할 수 밖에 없는 문제라고 생각되기 때문이다. 현행 구조상 친생추정을 인정하면 친생부인의 소, 친생추정을 부정하면 친생자관계부존재확인의 소에 의하여 친자관계를 해소할 수 있는데, 어떠한 입장을 취하더라도 일부 불합리한 상황은 도출되게 되어 있기 때문이다.

생부인의 소에 의하여 친자관계를 단절할 수 있음으로 자녀의 복리를 해칠 수도 있고, 반대로 제소권자와 제소기간을 제한함으로써 그 결과 친자관계가 형해화되고 가정이 파괴되어 자녀의 복리를 해침에도 불구하고 소의 제기요건이 엄격하기 때문에 오히려 기존의 법적친자관계를 계속 유지할 수밖에 없는 구조적 모순이 발생하게 된다.

이와 관련하여 민법 제정당시에는 夫에게만 친생부인권이 인정되었는데,**45** 이에 따르면 친생추정을 받아 성립한 친자관계를 해소하는 것은 사실상 부가 친자관계를 해소하겠다는 결심이 없으면 불가능하였다. 이러한 점에 비추어 볼 때 친생부인의 소는 혈연진실주의에 따라 법적친자관계를 부정할 수 있도록 하면서도 설령 친부와 모라고 하더라도 이미 발생한 친자관계를 해소할 수 없도록 하여 가장이 가정의 지키려는 의도가 있는 한 가정의 평화를 유지하고 자녀의 지위를 공고하게 보호하려는 의도가 있었다고 생각된다. 이러한 태도는 민법 제정당시를 보면 일면 타당하다고도 볼 수 있다.**46** 그러나 오늘날 현실에서는 가부장적 가정문화가 사라졌고, 입법의도와는 다르게 이러한 규정이 자녀의 복리를 오히려 침해할 수 있는 결과가 발생할 수도 있다. 예컨대 처의 외도로 夫 아닌 제3자의 자를 포태 출산하여 부부가 이혼한 경우와 같이 이미 지켜야 할 가정이 존재하지 않는 경우까지도 남편에게만 친생부인권을 인정하여 친자관계를 결정한다면 자의 복리에 심각한 해를 가할 수도 있었던 것이다. 이런 문제로 인하여 2005년 민법 개정으로 모에게도 친생부인권이 인정되고 있다.**47** 그러나 이러한 입법만으로는 자녀를 보호하는데 부족할 수 있다. 현행법은 남

---

45 이와 같이 제소권자를 제한한 이유에 대하여, 夫가 처의 간통사실을 알면서도 이를 용서하고 처가 낳은 자를 자신의 자식으로 받아들여 양육하고 있는 경우, 세월이 흐름에 따라 이들 사이에 실질적인 친자관계가 발생할 수도 있는데 만약 이러한 상태에서 자의 생부가 법원에 친생부인의 소를 제기한다면 이를 통하여 모의 사생활, 가정의 평화, 자의 복리 등은 더 이상 지켜질 수 없는 경우가 있을 수 있다는 예를 들면서 가정의 평화를 지키기 위한 의도로 풀이될 수 있다고 한다(김주수·김상용, 전게서, 305면).

46 제정당시의 우리 가정은 가부장적 가족제도라고 볼 수 있다. 따라서 가장이 가정을 지키겠다고 판단하였을 때 그 누구도 이러한 결정을 번복할 수 없도록 한 것이 동시대인의 감정으로서는 수용될 수도 있었을 것이다.

47 다음과 같은 예를 들어 기존에 남편에게만 친생부인권을 인정한 것에 대한 구조적 문제를 지적하는 견해도 있다. [남편 갑으로부터 학대를 받던 아내 을이 사회에서 자신을 이해해주는 남자 병을 알게 되어 교제하던 중 그 사이에서 정이 태어나는 경우, 정이 자신의 친생자가 아니라는 사실을 알게 된 갑은 을을 상대로 이혼소송을 제기하였다, 이혼으로 부부관계가 해소된 후 을은 병과 혼인하여 정을 양육하면서 새로운 가정을 이루었다. 그러나 갑은 친생부인의 소를 제기하지 않았기 때문에 정은 여

편뿐만 아니라 모에게까지 친생부인권을 인정하고 있지만, 어떤 이유에서건 친생추정을 통한 법률상의 부와 혈연상의 부가 다를 때, 가정이 파탄되어 법적인 친자관계를 해소할 필요가 있다고 하더라도 모가 친생부인권을 행사하지 않거나 이미 사망하여 친생부인권을 행사할 수 없다면 기존의 친자관계를 단절시키지 못한다. 생각건대 현행 친생부인의 소에서 제소권자를 제한한 입법취지가 가정의 평화와 자녀의 공고한 지위보호에 있다고 하더라도, 이제는 자녀의 복리를 위하여 생부와 자녀 자신에게도 친생부인권을 인정하는 것이 타당할 것이다. 물론 생부의 친생부인권의 행사로 기존의 친자관계를 해소시키는 것이 자녀의 복리를 해하는 경우에는 이를 제한할 수 있는 방안도 같이 마련하여야 한다.

　　요컨대 혼인중의 출생자에 대한 친생추정의 규정은 부자지간의 혈연관계는 그 증명이 어렵기 때문에 자녀가 태어난 시점을 기준으로 혈연부일 개연성이 가장 높은 사람에게 일차적으로 법적인 부의 지위를 인정하기 위해 고안된 제도일 뿐이고, 이러한 친생추정제도를 통하여 자녀에게 부의 공백상태로 인하여 발생할 수 있는 불이익을 방지할 수 있으므로 궁극적으로는 자녀의 복리를 위한다는 입법목적을 가지고 있다고 생각된다. 친생부인의 소의 입법의도는 추정으로 인정된 친자관계를 혈연진실에 입각하여 부정하는 혈연진실주의를 기본으로 하고 있지만, 제소권자와 제소기간의 제한을 통하여 간접적으로 자녀의 법적 지위의 조속한 안정이나 가정의 평화와 같은 효과를 거둘 수 있게 된다고 정리할 수 있다. 즉 친생추정의 목적은 조속한 **관계의 성립**이고, 친생부인의 목적은 성립된 친자관계의 **혈연진실**에 따른 **관계의 해소**에 있다. 다만 친생부인의 제한적인 진입장벽으로 인하여 친생부인의 소송과 관련된 불합리한 결과(친자관계의 해소로 인한 기존의 원만한 부자관계의 붕괴, 또는 반대로 형해화된 기존의 법적친자관계의 유지로 인한 자녀의 복리 침해)가 발생하고 있고, 이러한 문제의 해결을 위하여 이를 친생부인의 소의 적용을 회피하기 위하여 성립의 문제에서 해석론으로 해결하려고 하고 있는 것이다.**48** 결론적으로 해소의 문제는 성립의 부분이 아니라 해소의 부분에서 해결하여야 한다. 다만 현행 구조에서는 성립의 단계에서 해석론으로 문제를 해결할 수밖에 없는데 이는 앞에서 살펴본 바와 같이 현행 규정

전히 갑의 자로 되어 있다.](김주수·김상용, 전게서, 306면).

48 진실된 친자관계가 아님에도 불구하고 친생부인의 소에 의하여서만 해소할 수 밖에 없는 현실적 문제를 해결하기 위하여, 이를 친생부인의 소가 아닌 친생자관계부존재확인의 소의 대상으로 하기 위하여 확정의 단계에서 친생추정이 되지 않는 것으로 해석하는 시도를 하고 있다고 생각된다.

상의 한계 때문이라고 생각된다.

결론적으로 친자관계 성립은 그 목적에 맞도록 조속한 확정에 주안점을 두어야 하고, 친자관계의 해소에서는 혈연진실을 중시하더라도, 자녀의 복리 및 가정의 평화에 방점을 둔 입법적인 해결이 요구된다.

(2) 친생추정을 받지 않는 자
(가) 친자관계의 성립
① 혼인외의 출생자

친자관계의 성립면에서 보면 혼인외의 출생자의 친자관계는 모와의 관계에서는 원칙적으로 출생에 의하여 모자관계가 성립되지만,[49] 혼외자에 대하여는 부성추정규정이 없기 때문에[50] 생부와 혼인외의 출생자의 친자관계는 별도의 인지에 의하여 발생한다. 인지란 혼인외의 출생자의 생부나 생모가 이를 자기의 자로 승인하고 법률상의 친자관계를 발생시키는 단독의 요식행위이다.[51] 이 경우 인지는 생부가 언제든지 임의로 할 수 있고, 자나 모의 동의를 필요로 하지 않는다.[52] 다만 생부가 스스로 인지하지 않을 때에는 자와 그 직계비속 또는 그 법정대리인은 부를 상대로 하여 인지청구의 소를 제기할 수 있다(제863조). 결과적으로 혼인외의 출생자는 인지가 있기 전까지는 사실상의 인정여부와 상관없이 법적인 부로 인정되는 사람이 없기 때문에 부양 등의 문제에서 불안한 지위에 놓이게 된다.[53]

---

49 모와의 친자관계는 통상적으로 성립에 문제가 없지만 기아와 같이 일찍이 모를 잃어버린 경우에는 문제가 될 수 있다. 제855조 1항은 혼인 외의 출생자를 생모가 인지할 수 있도록 규정하고 있는데 이러한 생모에 의한 인지는 인지에 의하여 비로소 모자관계가 성립하는 것이 아니라 확인적인 의미를 가지고 있다(송덕수, 전게서, 149면; 윤진수, 전게서, 187면).

50 혼인외의 출생자에게 부성추정규정을 두고 있지 않은 것에 대하여, 법률혼의 보호를 전제로 혼중자의 법적 지위를 혼외자보다 우위에 두려는 입법태도로서, 이러한 입법태도에 따르면 혼외자에 대해서는 부성추정규정을 둘 이유가 없었기 때문이라고 한다(이은정, 전게 "가족제도의 변화와 친자법 개정의 필요성", 385면).

51 김주수·김상용, 전게서, 315면.

52 김주수·김상용, 전게서, 314-315면.

53 아래의 그림 1을 보면 1981년 이후 혼외자의 비율은 대체적으로 증가하고 있는 추세이다. 오늘날 그 비율은 2%를 넘고 있는데, 이 통계는 출생신고시 부모가 혼인관계에 있으면 혼인중의 출생자로 처리되기 때문에 실제 친생자관계를 추정받지 못하는 자의 비율은 훨씬 높을 것으로 생각된다.

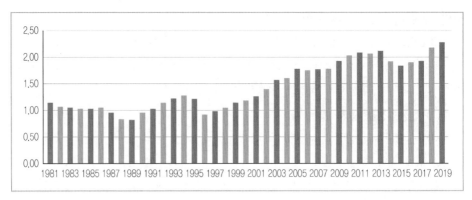

[그림 1] 1981년 이후 혼외자 비율(통계청 인구동향조사)

그렇다면 인지제도를 통하여 우리법이 추구하는 목적은 무었일까? 이와 관련하여 우리 민법의 제정당시의 입법의사는 명확하게 알 수 없으나 부자관계의 성립으로 자녀의 신분관계를 안정시켜 얻을 수 있는 자녀의 부양과 같은 자녀의 복리에 있다고 생각된다. 제정 당시의 문헌을 보면 인지제도의 도입배경과 관련하여, 법률혼주의로 전환하면서 첩의 신분을 친족의 범위에서 축출함으로써 일부일처제를 확립하였고, 이에 따라 필연적으로 혼외자에 대한 인지가 필요하게 되었다고 한다.**54** 또한 "사생자에 있어 가장 절실한 문제는 성년기에 이르기까지의 부양의 문제이다. 그리하여 경제적 능력없는 모에게 의탁하는 사생자는 먼저 모보다는 경제력이 나은 부를 수색하여 그로부터 부양을 받아야 하겠다. 부가에의 입적이라든지 호주상속 혹은 유산상속의 희망은 사생자에게 있어서는 제2의 문제이다. 따라서 사생자의 보호를 위하여는 부에게 대한 인지의 청구와 부양의 신청의 간편하고 또 확실성있는 방책을

---

54 혼인외의 출생자에 관한 인지제도의 도입배경에는 다음과 같은 설명이 있다. "부계사회에 있어서는 남계혈통으로 가계를 계승시키기 위하여 일부다처는 당연한 이유로 인정되는데 한국에 있어서는 전술한 바와 같이 남계혈통계속주의를 다른 법제에 있어서보다도 엄격히 고수하여 왔으므로 남계혈통의 계속을 위하여 출첩은 한국고래의 풍습을 이루고 그 첩의 양천을 불문하고 첩의 소생자는 부의 인지여부없이 당연히 부의 서자로 인정되고 또한 첩 이외의 여와 사통하여 출생한 자는 간생자라 하여 첩자보다는 일층 천시하였으나 그 부가 유언 기타의 형식으로 인지하거나 또는 부의 사망 후 그 처가 부(夫)의 자임을 인정하여 입가시키고 사당에 고유함으로써 서자의 신분을 취득하였으니 인지는 서자에게는 불필요하였고 첩자 이외의 간생자에게 한하여 필요하였고 인지의 방식은 일정한 법정 요식이 없었다. 그러나 개정법이 민사령 제11조 제2항으로써 혼인을 법률혼주의로 전환시키고 겸하여 첩의 신분을 친족의 범위에서 출출(黜出)하여 일부일처주의를 확립하니 필연 혼외자 즉 사생자의 인지제도가 필요하게 되어서 일본민법 제827조 이하의 원용을 규정한 것이다."(이희봉, 친족상속법연구, 일신사, 1957, 26-27면).

기필코 사생자에게 호구(護究)하여 주어야 하겠는데 사생자를 위한 인지의 방법에 관하여는 구주에 있어 자유혁명이후에 많은 곡절을 거쳐 지금에는 거의 완벽하게 되었고 초안도 그러한 입법을 참조하여 계수하였음으로 탓할 바 없으나 사생자의 부양에 관한 확실성있는 방법에 관하여는 현행법과 다름없이 원칙론적 해결을 함에 그치고 하등의 신미를 가하지 않았으나(초안 제775조 동 제854조 동 제904조 이하 참조) 사생자보호에 불완전하니 서구제국의 근년의 정책적 규정을 참조하여 계수하는 것이 요청된다."라고 하고 있다.[55] 이러한 기록을 보건대 제정 당시의 인지제도의 입법은 혼인외의 출생자의 부양을 위하여 친자관계의 확정이 필요하다는 고려가 있었음을 알 수 있다.

요컨대 종래 중국에서 수입된 종법제의 영향하에 처첩제가 보편화되었던 조선시대에는 혼인외의 출생자(서자)가 많이 출생하였고, 사회적으로 큰 차별을 받았으나, 오늘날에는 적어도 법의 영역에서는 혼인중의 출생자와 혼인외의 출생자 사이의 차별은 사라졌다고 한다.[56] 일단 친자관계가 인정이 된다면 그에 따라 주어지는 효과면에서는 법적으로 차별이 없다는 부분에서는 타당한 지적이다. 그러나 근본적으로 그 친자관계의 성립과 해소에 있어서는 친생추정을 받는 혼인중의 출생자와 친생추정을 받지 못하는 혼인외의 출생자 사이에는 신분의 안정면에서 큰 차이가 있다. 물론 신분관계를 인정함에 있어서 부성추정문제와 관련하여 이러한 차이는 당연한 것이라고 할 수도 있다. 그러나 친자관계를 인정하는 목적에 비추어 볼 때, 또한 변화된 사회의 혼인관습 등에 비추어 볼 때 여전히 이러한 차이를 두는 것이 여전히 정당한가 다시 검토해볼 필요가 있다. 부성추정규정을 두어 친자관계를 인정하는 이유가 조속한 성립을 통한 자녀의 복리보호라면 혼외자도 부성추정규정을 두어 출생과 동시에 안정된 법적 지위를 누릴 수 있는 방안을 모색할 필요가 있는 것이다.[57] 생각건대 일단 객관적인 상황이 있으면 추정을 통하여 친자관계를 확립하고 사실이 아닌 경우 친자관계를 부정하는 방향으로 나아가는 것이 자녀의 보호를 위하여 바람직하다고 생각된다.[58]

---

55 이희봉, 전게서, 117-118면.

56 김주수·김상용, 전게서, 287면.

57 이은정, 전게 "가족제도의 변화와 친자법 개정의 필요성", 385면.

58 다만 일반적인 추정규정을 두는 것은 현실적으로 힘든일이다. 혼중자의 경우는 부모의 혼인에 의하여 동서의 공연성, 명백성, 동서와 子의 출생과의 인과관계의 존재가 충족되므로 특별히 증명을 필요로 하지 않지만, 혼외자의 경우는 구체적 사정에 따라 이러한 요소를 개별적으로 검토하여야 할 것이다(이은정, 전게 "가족제도의 변화와 친자법 개정의 필요성", 385면).

② 친생추정을 받지 않는 혼인중의 출생자

혼인외의 출생자와 마찬가지로 혼인이 성립한 날로부터 200일이 되기 이전에 출생한 자는 비록 출생시 모가 혼인중이라고 하더라도 친생자 추정을 받지 못한다. 이렇게 친생자 추정을 받지 못하는 자의 친자관계는 어떻게 성립되는 것일까?

예컨대 자녀가 출생하였을 때 설령 모가 혼인한 상태라고 하더라도 그 혼인이 성립한지 200일이 되지 않았다면 친생자 추정을 받을 수가 없는데, 이와 같이 혼인 중에 출생하였다고 하더라도 친생추정을 받는 기간에 출생하지 않은 子에 대한 명시적인 규정은 없다. 단지 우리 민법은 아내가 혼인 중에 임신한 자녀는 남편의 자로 추정한다는 규정(제844조)과 혼인외의 출생자는 그 생부나 생모가 인지할 수 있다는 규정을 두고 있을 뿐이다. 그렇다면 혼인성립 후 200일 이내에 출생한 자는 혼인 중의 출생자인가 아니면 혼인외의 출생자인가.

대체적으로 기존의 학설은 혼인 중에 출생하기는 하였으나 혼인이 성립한 날로부터 200일이 되기 이전에 출생한 자녀는 친생자로 추정을 받지 못하는 혼인중의 출생자로 해석하였다. 이러한 자는 혼인중의 출생자이기는 하지만 친생추정을 받지 못하기 때문에 요건이 엄격한 친생부인의 소가 아니라 요건이 완화된 친생자관계부존재확인의 소에 의하여 등록부상의 부자관계를 해소할 수 있다고 한다.[59] 따라서 그 지위가 매우 불안정한 것으로 보았다.

반대로 비록 민법 제844조에서 명시적으로 규정하고 있는 것은 아니지만, 앞으로는 친생추정의 적용대상인 자녀만이 혼인 중의 출생자를 의미한다는 사실이 명확히 인식될 필요가 있다고 하여 혼인외의 출생자로 해석하는 견해도 있다.[60][61] 혼인성

---

59 김주수·김상용, 전게서, 298면.

60 양진섭, 전게 "친자관계의 결정에 관한 법적 쟁점 분석", 가족법연구 제33권 3호, 2019, 40면. 이러한 해석의 근거로는 "앞서 보았듯이 그동안 국내 학계의 주류적인 입장이 '혼인성립의 날부터 200일 이내에 출생한 자녀'를 혼인 중의 출생자라고 주장하는 가장 주된 근거는 '혼인 중(혼인관계 존속 중)에 출생한 자녀'라는 점에 있는 것으로 보이나, 이러한 자녀에 대하여는 민법 제844조에 따라 법적 부자관계가 성립될 수 없음에도 불구하고 위와 같은 주장이 타당한지 의문이다. 즉 우리 민법상 혼인 중의 출생자는 엄밀히 말하여 친생추정에 따른 법적 부자관계까지 인정되어야 하므로(혼인 중의 출생자로서 법적부자관계를 인정받을 수 있는 명시적 근거로는 현행 민법 제844조가 유일하다), '혼인 중(혼인관계 존속 중)에 출생한 자녀'가 아니라 '혼인 중에 임신하여 출생한 자녀'라고 보아야 하는 것이다. 그리하여 친생추정의 적용대상이 아니라면 설사 혼인성립의 날부터 200일 이내에 출생한 자녀라고 하더라도 혼인 중의 출생자가 아니라 혼인 외의 출생자로 취급되는 것이 타당하다. 이와 같이 파악함으로써 혼인 중의 출생자와 혼인 외의 출생자의 구별을 보다 간명하게 할 수 있다고 생각된다."고 하고 있다.

61 혼인성립 이후 200일 이내에 출생한 자녀를 비롯한 혼인 중의 출생자와 혼인 외의 출생자의 구별과

립 후 200일 이내에 출생한 자는 혼인중의 출생자로 보든 아니면 혼인외의 출생자로 보든 결과적으로는 친생추정을 받지 못하기 때문에 부자관계의 인정은 인지를 통하여 정해지며, 친생자관계부존재확인의 소를 통하여 해소할 수 있다는 점은 동일하다.

(나) 친자관계의 해소

그렇다면 이와 같은 혼인외의 출생자의 친자관계는 어떻게 해소되는 것일까? 친생자추정을 받지 못하는 자의 경우에는 친생부인의 소가 아닌 인지취소의 소, 인지에 대한 이의의 소, 인지 무효의 소 및 친생자관계부존재확인의 소에 의하여 단절할 수 있다.[62] 친생자관계부존재확인의 소는 특정인 사이의 친생자관계의 부존재의 확인을 구하는 소송이다. 이는 부의 결정, 친생부인, 인지에 대한 이의, 인지무효확인, 인지청구 등과 같이 친생자관계를 확정하는 다른 절차가 있으면 허용되지 않고, 이러한 소를 제기할 수 없을 경우에 한하여 제기할 수 있다.[63] 자연적인 혈연관계의 확인을 위한 이러한 소송에 의하여 원만한 가정생활을 향유하고 있던 부자관계도 진정한 혈연관계가 없다는 이유만으로 단절할 수 있다는 점에서 많은 비판이 제기되고 있다. 이와 관련하여서는 특히 제소권자의 범위를 제한하여야 한다는 견해가 제기되고 있다.[64]

현행 규정에 의한다면 친생자관계부존재확인의 소가 제기되면 그 판단기준은 혈연진실성이 유일하다. 아무리 부와 자녀가 법적친자관계를 유지하고자 하는 의도가

관련한 자세한 논의는 양진섭, 전게 "친자관계의 결정에 관한 법적 쟁점 분석", 34면 이하 참조

[62] 본 논문에서는 논의의 편의상 친생자관계부존재확인의 소에 국한하여 검토하기로 한다.

[63] 윤진수, 전게서, 197면.

[64] "자연적인 혈연의 확인을 위한 보충적 성격을 가진 이러한 소송은 혈연을 중심으로 가계를 계승하는 대가족형태의 구조에서는 존재가치가 있는 규정이라고 볼 수 있으나, 변화된 가족제도 아래에서는 사회적 친자관계의 보호에 지나친 제약으로 작용할 수 있을 것이다. 권리남용 금지나 신의칙을 적용하는 것도 사회적 친자관계 보호에는 충분하지 않다고 보여지므로, 제소권자의 범위를 제한할 필요가 있을 것이다. 친생관계존부 확인의 소를 다투는 데 있어서 주로 문제가 되는 권리는 부양청구권과 상속권이다. 예컨대, 허위의 친생자 출생신고의 경우, 동순위의 직계비속이나, 후순위 상속인인 형제자매가 해당하는 자(子)를 상속에서 배제하기 위하여 친생자관계부존재확인의 소를 제기하는 경우가 종종 있다. 상속의 본질을 일관되게 설명하기는 쉽지 않으나 오늘날은 주로 공동생활자인 가족의 유산에 대한 기여분의 청산과 생활보장적 의미에서의 사회적 요구 그리고 사유재산제의 유지라는 개인의사 등에서 그 근거를 찾을 수 있는데, 이러한 상속에 대한 관점에서 보면 당사자가 다투지 않는 사회적 친자관계를 설령 친족이라고 하더라도 당사자 아닌 제3자가 해소할 이익은 없다고 보는 것이 타당할 것이다. 따라서 친생관계존부확인의 소를 제기할 수 있는 자는 법률상의 부, 자녀, 모, 생부(라고 주장하고 자)로 제한하여야 할 것이다."(이은정, 전게 "가족제도의 변화와 친자법 개정의 필요성", 395-396면).

있다고 하더라도, 혹은 그러한 관계를 인정하는 것이 자녀의 복리에 도움이 된다고 하더라도 진실된 혈연관계가 없으면 친자관계는 단절되게 된다. 이러한 결과는 친자관계의 확정에 있어서 혈연진실이라는 가치에는 이바지할 수 있어도 자녀의 복리에는 치명적인 결과를 가져오게 된다. 더욱이 많은 경우 부가 사망한 후 상속 등의 목적으로 제기되는 소의 모습을 볼 때, 부모와 자식으로서 쌓아 온 관계를 상속이라는 이해관계에 의해 송두리째 부정하는 것이 과연 타당한 것인지에 대하여는 의문이다. 이와 관련하여서는 뒤에서 다시 검토하기로 한다.

그렇다면 친생자관계부존재확인의 소를 통하여 법이 얻고자 하는 것은 무엇인가? 이 소송의 목적 자체가 친생자관계가 있는지를 확인하는 제도이다. 따라서 인지에 의해 형성된 친자관계가 진정한 혈연관계인지를 확인하는 목적을 가진 소송이므로 제도의 목적은 혈연진실에 있다. 그 결과 소가 제기되면 원고는 부와 자사이에 진정한 혈연관계가 없음을 주장하고 입증하면 된다. 직권주의가 적용되므로 철저한 혈연진실주의를 표방하고 있다.**65** 또한 진실한 혈연관계가 있는지를 확인하기 위한 제도이므로 친생자관계부존재확인의 소의 제기권자는 夫 또는 처, 夫 또는 처의 성년후견인, 夫 또는 처의 유언집행자, 夫 또는 처의 직계존속 및 직계비속, 부 또는 모, 자, 자의 법정대리인, 자의 직계비속 및 기타 이해관계인으로 그 범위가 넓고 제소기간에도 제한이 없다. 이러한 제도의 형태를 볼 때 친생자관계부존재확인의 소의 존재목적은 오로지 진정한 혈연관계의 확인이라고 하겠다. 다만 이해관계인과 관련하여 종전의 판례는 제777조에 의한 친족이라면 누구나 원고로서 친생자관계존부확인의 소를 제기할 수 있는 소송상의 이익이 있다는 입장을 취하고 있었으나,**66** 이후 판례를 변경하여 제777조에 따른 친족이라는 사실만으로 당연히 친생자관계존부확인의 소를 제기할 수는 없으며, 친족이라는 신분관계가 있어도 이해관계인에 해당되어야만 친생자관계존부확인의 소를 제기할 수 있다고 하여 일부 해석을 통하여 제한을 가하고 있다.**67**

---

65 친생자관계존부확인의 소송에는 직권주의가 적용되므로, 법원은 당사자의 입증이 충분하지 못한 때에는 직권으로 필요한 사실조사 및 증거조사를 하여야 한다.

66 민법 제777조 소정의 친족은 특단의 사정이 없는 한, 그와 같은 신분관계를 가졌다는 사실만으로써 당연히 친자관계존부 확인의 소를 제기할 소송상의 이익이 있다(대법원 1981. 10. 13. 선고 80므60 전원합의체 판결).

67 판례는 이해관계인에 대하여 다른 사람들 사이의 친생자관계가 존재하거나 존재하지 않는다는 내용의 판결이 확정됨으로써 일정한 권리를 얻거나 의무를 면하는 등 법률상 이해관계가 있는 제3자를

요컨대 혼인외 출생자의 신분관계의 확정은 자녀의 복리를 목적으로 한 인지에 의한 성립과 혈연진실을 목적으로 하는 친생자관계존부확인의 소 등에 의한 해소로 구성되어 있다. 따라서 현 구조상으로는 법적인 친자관계를 유지할 필요가 있고, 이러한 친자관계의 해소가 자녀의 복리에 치명적인 결과를 초래한다고 하더라도 단순히 진정한 혈연관계가 없다는 이유만으로 친자관계가 해소되는 문제가 발생한다. 이와 관련된 문제는 뒤에서 다시 살펴보기로 한다.

Ⅲ. 친자관계 해소제도의 한계 및 제언

앞에서 현행 민법에서 친자관계가 성립하고 해소되는 구조를 간단히 살펴보았다. 이하에서는 친자관계의 이러한 구조가 타당한지의 여부와 만약 적절하지 않다면 어떤 방향으로 나아가야 할 것인가에 대해 살펴보겠다.

1. 현행 친자관계 해소제도의 한계

친자관계의 성립은 이를 기준으로 자에 대한 부양의 의무와 상속의 권리를 귀속시키므로 자녀의 입장에서는 생존에 대한 가장 일차적인 의무자를 확정하는 것이며 부와 모의 입장에서 친자관계는 자에 대한 양육의 의무를 귀속시키게 되는 기준이[68] 되는 것으로서 자녀로서는 조속한 신분관계의 성립이 무엇보다도 중요할 것이다. 또한 이러한 신분관계를 해소하는 것은 기존의 신분관계를 해소함과 동시에 새로운 신분관계를 창설할 수 있는 시발점이 되는 것이기 때문에 또한 중요한 문제이다. 이와 관련하여 앞에서 살펴 보았듯이 친자관계의 성립과 관련하여 우리 민법은 친생추정을 받는 자와 받지 않는 자로 구분하여 전자는 친생추정에 의하여 친자관계가 성립하고 친생부인의 소에 의하여 친자관계가 부정되는 형태를 취하였고, 후자는 인지에

뜻한다고 판시하고 있다. 아울러 "유전자검사 등으로 혈연관계의 증명이 어렵지 않게 된 현실을 고려할 때, 혈연의 진실을 위한다는 이유로 친생자관계의 존부를 다툴 수 있는 제3자의 범위를 넓게 보아 본안심리에 나아가도록 하는 것은 필연적으로 신분질서의 안정을 해치고 혼인과 가족생활에 관한 당사자의 자율적인 의사결정을 침해하는 결과를 가져올 가능성이 크다. 따라서 친생자관계의 존부를 다투는 소를 제기할 수 있는 제3자의 범위를 명문의 법률 규정 없이 해석을 통하여 함부로 확대하는 것은 바람직하지 않다."고 하여 제777조에 의한 친족이라고 하더라도 친생자관계존부확인의 소를 제기할 수 있는 범위를 일정한 권리를 얻거나 의무를 면하는 등 법률상 이해관계가 있는 범위로 제한하고 있다(대법원 2020. 6. 18. 선고 2015므8351 전원합의체 판결).

68 차선자, 전게 "친생추정의 법리와 혈연 진정성", 2면.

의하여 성립하고 친생자관계부존재확인의 소 등에 의하여 해소하는 구조를 가지고 있다.

그렇다고 한다면 우리의 친자관계를 확정하는 제도가 추구하는 목적은 무엇일까? 친자관계의 성립과 해소에 관한 각 제도의 목적은 앞에서 살펴보았는데, 제도 전반을 아우르고 있는 친자법 자체의 목적은 무엇이라고 보아야 할까?

친자제도 전반의 규정에 비추어 볼 때 친자관계의 성립의 부분은 자의 복리를 보장하기 위함이라고 생각된다. 앞에서 언급한 바와 같이 친생추정을 받지 않는 자는 인지를 통하여 부를 확정함으로써 자가 부양 등 보호를 받을 수 있게 하는 자녀의 복리를 위한 제도임이 명확하고, 친생추정의 규정은 부자지간의 혈연관계는 그 증명이 어렵기 때문에 자녀가 태어난 시점을 기준으로 혈연부일 개연성이 가장 높은 사람에게 일차적으로 법적인 부의 지위를 인정하기 위해 고안된 제도로서, 이러한 친생추정제도를 통하여 자녀에게 부의 공백상태로 인하여 발생할 수 있는 불이익을 방지할 수 있으므로 궁극적으로는 자녀의 복리를 위한 입법목적을 가지고 있다고 생각된다. 반면에 친자관계의 해소는 원칙적으로 혈연진실을 밝히려는 제도이다. 다만 친생부인의 소는 제소기간과 제소권자를 제한하여 간접적으로 자녀의 법적 지위의 조속한 안정이나 가정의 평화와 같은 효과를 거둘 수 있게 된다.

이와 같이 친자관계의 성립과 해소에 대한 입법목적이 다르고, 또한 친자관계의 성립과 해소를 친생추정을 받는 자와 친생추정을 받지 않는 자로 이분화하여 규정하고 있는 현행 친자법구조는 오늘날에 있어서는 불합리한 결과 발생의 원인으로 비판받고 있다.

친생부일 개연성이 높다는 이유로 인정한 친생추정을 받는 자의 경우 이를 해소하기 위하여는 반드시 친생부인의 소를 통하여서만 해소할 수 있다.**69** 따라서 친생추정을 받는 자는 친자관계를 해소하고 싶어도 엄격한 제소기간과 제소권자에 대한 제한으로 인하여 기존의 친자관계를 단절하고 싶어도 단절하기가 어렵고, 친생추정을 받지 않는 자로 되면 반대로 기존의 친자관계를 유지하려고 하여도 당사자의 의사와는 전혀 상관없이 기존의 친자관계가 단절될 위험에 노출되어 있는 것이다. 이는 기존에 논의되고 있는 친생추정이 미치지 않는 자의 경우를 보면 극명하다.

---

69 이에 관하여 친생부인의 소뿐만이 아니라 친생자관계존부확인의 소를 통하여 이를 해소할 수도 있다는 해석론이 있다(현소혜, 전게논문, 65면 이하). 다만 여기에서는 기존의 일반적인 해석론을 바탕으로 논의를 진행함을 밝혀둔다.

예컨대 갑남과 을녀는 혼인 5년차이다. 을녀가 아이 병을 출산하였는데 이는 을의 외도로 인한 출산이어서 아이의 생부는 남편 갑이 아닌 정이고 이 사실을 안 갑이 병을 학대한다고 가정하자. 사례의 단순화를 위하여 아내 을녀는 아이의 출산 후 사망하였다고 전제한다. 이 경우 병은 제844조에 의하여 갑이 부로 추정을 받기 때문에, 이후 갑과 병사이의 친자관계를 해소하기 위하여는 친생부인의 소에 의할 수 밖에 없다. 따라서 친부인 정이 학대당하는 정을 위하여 갑과 병사이의 친자관계를 해소시키고 자신의 자녀로 인지하려고 하여도 법적인 아버지인 갑이 친생부인의 소에 의하여 부자관계를 해소시키지 않는다면 이들사이의 친자관계는 해소되지 않는다. 이러한 경우에, 만약 동서의 결여로 처가 부의 자를 포태할 수 없음이 외관상 명백한 경우에는 그 추정이 미치지 않는다고 하여 결과적으로 친생부인의 소가 아닌 친생자관계부존재확인의 소에 의하여 정이 갑과 병사이의 친자관계를 단절시킬 수 있다는 것이 외관설이고, 더 나아가 객관적 과학적으로 부자관계가 있을 수 없음이 증명된 경우에는 추정이 미치지 않는다고 보는 것이 혈연설이다. 다른 학설들도 그 범위만 차이가 있을 뿐 기본 이론적 구성은 비슷한다. 이러한 논의들은 모두 친자관계를 해소하기 위하여 고려된 해석이다. 그러나 친생추정의 규정은 조속한 성립을 통하여 자녀의 복리를 위한 제도이고 그 해소의 방법인 친생부인의 소도 혈연진실을 바탕으로 하지만 요건을 엄격하게 제한함으로써 가정의 평화와 자녀의 안정적인 신분을 확정지으려는 목적을 가지고 있는 제도이다. 성립과 해소의 문제는 구분되어야 하고, 일단 성립의 문제는 출생당시에 객관적으로 확정되어야 할 것이다. 출생 후의 사정이나 출생 후에 알게 된 사정으로 인하여 객관적으로 성립된 친생추정의 미치지 않는다고 해석하는 것은 법이 의도한 조속한 확정과 자녀의 안정적 신분보장이라는 제도의 근본 목적에 어긋나게 된다. 물론 앞의 사례에서 갑이 병에 대하여 학대를 하면서 스스로 친생부인을 하지 않는다면 생부인 정이나 병 스스로가 이러한 관계를 해소할 수 있도록 하는 것이 바람직할 것이다.[70] 앞의 여러 해석들도 이런 문제점 때문에 주장되었으리라 생각된다.[71] 그러나 반대의 경우도 있다. 갑이 이러한 사실을 알고도 병을 사랑으로 대하여 친자관계를 바람직하게 유지하고 있고, 갑과 병 모두

---

70 필자도 해석론적으로는 친생추정이 미치지 않는 자의 이론적 구성방법에는 동의하는 편이다. 다만 이런 해석은 근본적인 문제가 있으니 입법을 통하여 개선하여야 한다는 입장임을 밝혀둔다.

71 이러한 해석을 통하더라도 제한론과 상관없이 확고히 친생추정을 받는 경우라면 이러한 논의도 소용이 없다.

지금의 관계를 유지하고자 할 때에도 일반적인 친생추정이 미치지 않는 자의 해석에 따르면 친생자관계부존재확인의 소에 의하여 친자관계가 해소될 수 있다는, 입법의 목적과는 전혀 부합하지 않는 불합리한 결과가 발생할 수도 있다.[72] 생각건대 현행 법상 친생추정제도의 목적은 조속한 관계의 확정이고, 친생부인의 소의 목적은 혈연 진실에 따른 관계의 해소에 있다. 다만 친생부인의 제한적인 진입장벽으로 인하여 부인의 소송과 관련된 불합리한 결과(친자관계의 유지로 인한 자녀의 복리 침해)가 발생 하고 있는데, 이를 해소하기 위하여 해소와 관련된 문제를 친자관계의 성립의 장으 로 끌어들여 해석론을 전개하고 있는 것이다. 결론적으로 친자관계의 해소의 문제는 친자관계의 성립의 부분이 아니라 해소의 부분에서 해결하여야 한다. 친자관계를 해 소할 수 있는 경우를 확대하되 자녀의 복리를 위하여 친자관계의 해소를 제한하는 형태로 나아갈 필요가 있다.

2. 친자관계 해소시 고려되어야 하는 자녀의 복리

그렇다고 한다면 친자관계의 성립에서 친생추정을 받는 자와 친생추정을 받지 않는 혼인외의 출생자로 구분하고, 그 해소 방법도 친생부인의 소와 친생자관계부존 재확인의 소 등으로 달리하고 있는 현행법의 태도가 오늘날에도 타당하다고 할 수 있을까? 앞에서도 살펴보았듯이 현행 규정에는 제도의 구조상 간접적으로 가정과 자 녀를 보호하겠다는 자녀의 복리적 입장과 진정한 혈연관계를 확립하겠다는 혈연진 실적 입장이 혼재되어 있다. 아울러 법률혼을 기본으로 하여[73] 혼인 중에 임신한 경

---

72 이러한 이유로 제한론에서도 친생추정이 미치지 않는 자의 범위를 다시 한정하여 친생부인의 소에 의하여서만 친자관계를 단절하여야 한다는 해석이 이루어지고 있는 것이다.

73 친생부인의 소를 통하여 자녀의 지위를 안정적으로 보장하려는 의도도 일관적이지는 않은 것 같다. 예컨대 무효인 혼인에서 출생한 자녀의 지위는 어떻게 될까? 출생신고시에는 혼인신고가 되어 있으 므로 외관상으로는 친생추정을 받는 혼인중의 출생자의 지위를 가지고 있는 것으로 보인다. 그러나 생부가 법률상의 친자관계를 단절하려고 할 때에는 어떻게 될까? 혼인이 무효인 때에는 출생자는 혼 인외의 출생자로 본다(제855조). 또한 혼인무효는 당연무효의 성격을 갖고 있으므로 생부는 친생부 인의 소가 아닌 친생자관계부존재확인의 소를 제기할 수 있다고 생각된다(당연무효라고 한다면 이해 관계인은 다른 소송에서 선결문제로 주장할 수 있으므로 친생자관계부존재확인의 소를 제기하면서 선결문제로 혼인무효를 주장할 수 있을 것이다). 그런데 혼인이 무효라고 하더라도 무효인 혼인이 성 립한 후 임신을 하였다면 남편의 자녀로 추정할 수 없는 것일까? 친생추정 및 친생부인의 소의 입법 의도를 본다면 혼인이 무효가 되었다고 하더라도 무효인 혼인에서 출생한 자녀를 혼인외의 출생자로 분류하여 공고한 지위에서 밀어내는 것이 타당한 것인지는 의문이다. 혼인의 무효의 효과를 자녀의 신분관계에까지 영향을 미치는 것이 타당한가? 특히 금혼범위내의 혼인에 의하여 혼인이 무효가 되

우 현재의 가정을 보호하겠다는 의지도 반영되어 있다. 다만 해소의 부분에서는 혈연진실성이 강조되고 있다. 결국 친자관계의 해소와 관련된 소가 제기되면 판단의 기준은 오직 혈연진실이다. 물론 친자관계의 확정의 일차적 기준이 혈연진실성인 것은 타당하다.[74] 그렇다고 하더라도 혈연진실만을 기준으로 기존의 친자관계를 단절시키는 현행 제도는 오늘날에도 타당성을 인정받을 수 있을까.

이를 검토하기 위해서는 현행 친자관계의 해소와 관련하여 당사자인 자녀가 어떻게 보호받고 있는가를 확인해 볼 필요가 있는데, 앞에서 살펴본 바와 같이 친자관계의 해소와 관련하여서는 자녀의 이익이 거의 반영되어 있지 않다. 친생자 추정을 받는 자녀는 자신의 생물학적 부모가 아닌 법적 부모가 그 책임을 제대로 수행하지도 않으면서 법적 부모로서의 지위를 부인하지도 않는 경우 자신의 법적친자관계를 해소할 수도 없고 따라서 자신의 생물학적 아버지와 친자관계를 회복할 길이 봉쇄되어 있다.[75] 또한 친생추정을 받지 않는 자는 이와는 반대로 친생자관계부존재확인의 소 등이 제기되면 기존의 법적친자관계의 상황이나 자신의 의사와는 상관없이 경제적·사회적·정서적으로 자녀의 복리를 해한다고 하더라도 기존의 법적친자관계는 해소되게 된다. 이와 같이 현행법상 친자관계의 해소시 전혀 고려되고 있지 않은 자녀의 복리부분을 계속해서 방치해 두는 것은 타당하지 않다.

대체적으로 오늘날 친족법에서는 미성년자녀가 있을 때 자녀의 신분관계와 관련된 변화가 있을 때에는 자녀의 복리를 최우선으로 고려하고 있다. 예컨대 미성년자녀가 있는 부부의 이혼(제836조의2)이나 미성년자녀의 입양(제867조) 및 친권(제912조)의 경우 자녀의 복리가 가장 핵심적인 사항이고 이를 규정으로 명시하고 있다. 그런데 왜 신분관계의 가장 핵심이라고 할 수 있는 친자관계의 확정문제에서는 자녀의 복리가 규정의 전면에 나타나고 있지 않은 것일까?[76] 물론 친자법 전반을 거쳐서 자

는 경우에는 자녀문제에 있어서는 일반 부부와 마찬가지로 취급하여야 하는 것이 아닐까라는 생각이 든다.

74 헌법재판소도 혈연진실성을 친자관계의 기준임을 밝히고 있다. "친자관계는 원래 자연적인 혈연관계를 바탕으로 성립되는 것이기 때문에 법률상의 친자관계를 진실한 혈연관계에 부합시키는 것이 헌법이 보장하고 있는 혼인과 가족제도의 원칙이라고 할 수 있다"(헌법재판소 1997. 3. 27. 선고 95헌가14, 96헌가7(병합) 결정).

75 제철웅, "생물학적 부모, 법적 부모, 그리고 사회적 부모", 비교사법 제26권 2호, 2019, 32면.

76 이미 우리 민법은 친양자제도를 인정하여 실체에 부합하고 합법적으로 인정받고 있는 친생자관계라고 하더라도 자녀의 복리를 위하여 친양자입양을 할 때에는 단절시키고 있다. 친양자제도에 한정하여 본다면 자녀의 복리를 혈연진실보다도 우위에 두고 있다고 생각된다, 그런데 자녀의 신분에 가장

녀의 복리를 고려한 모습은 여러군데서 찾아볼 수 있고,[77] 자녀의 복리를 기초로 한 해석을 통하여 자녀를 보호하려는 노력은 많이 이루어지고 있다. 하지만 현행제도의 테두리 내에서는 한계가 있을 수 밖에 없다. 앞에서도 살펴보았듯이 친생부인의 소에서는 제소기간과 제소권자를 제한함으로 인하여 부로부터 학대를 받고 있는 경우에도 제소권자가 친생부인의 소를 제기하지 않을 때에는 자녀의 복리에 치명적이라고 하더라도 친자관계는 계속 유지될 수 밖에 없고, 친생자관계부존재확인의 소의 경우는 반대로 제소기간도 제한이 없고, 폭넓게 제소권자를 인정하고 있음으로 인하여 언제든지 제3자의 이해관계[78]와 같은 이유로 친자관계를 해소할 수 있고, 그 결과 설령 진정한 혈연관계가 없었다고 하더라도 부모와 자식으로서 생활해 온 사회적 친자관계 생활 전반이 당사자의 의사와는 무관하게 송두리째 부정당할 수도 있는 것이다.[79]

또한 현실적인 문제도 있다.[80]

근본적인 친자관계에 있어서, 현행 친생부인의 소의 적용상 혈연진실에도 반하고 자녀의 복리에 부합하지 않는데도 불구하고 기존의 친자관계를 단절시킬 수 없는 경우가 생길 수 있다는 점과, 더 나아가 현재의 친자관계를 유지하는 것이 자녀의 복리에 도움이 되는 경우에도, 당사자의 의사와 상관없이 자녀의 복리가 희생될 수 있는데도 불구하고 혈연진실성을 위하여 친자관계를 단절시킬 수 있다는 것은 결코 타당하지 않다고 생각된다.

77 친자관계에서 자녀의 복리에 관한 자세한 내용은 양진석, "친자관계의 결정에 관한 연구", 서울대학교 박사학위논문, 2019, 17면 이하 참조.

78 이해관계인과 관련하여 해석을 통하여 이해관계인의 범위를 제한하려는 시도도 보인다. " 다수의견이 제시한 기준인 '일정한 권리를 얻거나 의무를 면하는지 여부'는 신분관계에는 영향이 없으면서 재산적 이해관계만을 갖는 경우(가령 보험금 수익자나 상속인의 채권자 등)까지 확장될 우려가 있어 타당한 기준이라고 하기 어렵다. 이해관계인에 해당하는지 여부가 원고의 주장이나 변론에 나타난 제반 사정을 토대로 법원이 원고의 권리 등에 미치는 구체적인 영향이 무엇인지를 판단해야 확정된다고 보게 되면 가정법원의 심리와 판단의 초점이 '혈연관계의 존부'가 아니라 '권리의무나 법적 지위에 미치는 영향'으로 옮겨가는 부작용이 발생할 우려가 있다(대법원 2020. 6. 18. 선고 2015므8351 전원합의체 판결 대법관 안철상, 대법관 민유숙의 별개의견)

79 "자연적인 혈연의 확인을 위한 보충적 성격을 가진 이러한 소송은 혈연을 중심으로 가계를 계승하는 대가족형태의 구조에서는 존재가치가 있는 규정이라고 볼 수 있으나, 변화된 가족제도 아래에서는 사회적 친자관계의 보호에 지나친 제약으로 작용할 수 있을 것이다."라는 이유로 제소권자의 범위를 제한할 필요가 있다는 견해도 있다(이은정, 전게논문, 395면),

80 아래의 그림 1을 보면 1981년 이후 혼외자의 비율은 지속적으로 증가하고 있다. 오늘날 그 비율은 2%를 넘고 있는데, 이 통계는 출생신고시 부모가 혼인관계에 있으면 혼인중의 출생자로 처리되기 때문에 실제 친생자관계를 추정받지 못하는 자의 비율은 훨씬 높을 것으로 생각된다.

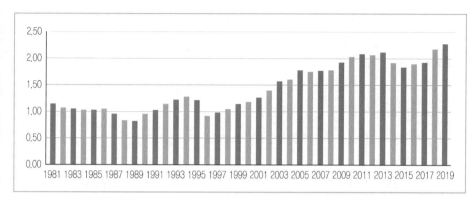

【그림 1】 1981년 이후 혼외자 비율(통계청 인구동향조사)

그림에서 보는 바와 같이 혼인외의 출생자의 비율은 과거와 비교하여 꾸준히 증가하고 있는데, 오늘날의 혼인관에 비추어 볼 때, 혼인중의 출생자로 처리되었지만, 실제 혼인성립 후 200일 이내에 출생하여 친생추정을 받지 못하는 자녀의 수는 더욱 많을 것이라고 생각된다. 이러한 자는 대부분 법률상의 부와 가정생활을 하고 있는 경우가 많다고 생각되는데, 이러한 관계 모두를 친생자관계부존재확인의 소에 의하여 당사자의 의사 및 자녀의 복리와 상관없이 친자관계를 단절할 수 있다는 것은 부당하다고 생각된다.[81]

결국 앞에서 살펴본 바와 같이. 과학적으로 부성을 확인하는 것이 쉽지 않았던 시절에는 친생부인의 소의 요건을 엄격히 하여 친생추정을 함부로 번복하지 못하도록 하는 것이야말로 증명 불가능한 사실에 대한 불필요한 분쟁을 방지하고, 가정의 평화와 자녀의 법적 지위 안정을 실현하기 위한 효과적인 수단이 될 수 있었을 것이다.[82] 또한 혈연진실적 입장에서 진실된 부자관계를 확정하는 것이 무엇보다 중요하였을 것이다. 그러나 지금은 과학의 발달로 진정한 혈연관계를 확인하는 것도 어려운 일이 아니고, 신분관계에서 자녀의 복리를 가장 중심으로 다루는 시대가 되었다.

생각건대 친자관계는 입법자가 헌법의 테두리 안에서 사회현실과 전통 관념을 고려하여 구체적으로 정할 수 있는 것이므로,[83] 오늘날 친자관계도 자녀의 복리에

---

81 필자는 혼인기간은 혼인신고일을 기준으로 판단하여야 한다는 입장이므로 친생자관계부존재확인의 소를 통하여 친자관계의 단절이 가능하다고 전제하였다.

82 현소혜, 전게논문, 59면.

83 대법원 2019. 10. 23. 선고 2016므2510 전원합의체 판결.

관한 부분을 해석에만 맡길 것이 아니라 입법을 통하여 친자관계의 기본중심으로 확
정할 필요가 있고, 혈연진실성을 고려하더라도 자녀의 복리를 해하지 않는 범위에서
혈연진실주의적 입장이 반영될 수 있도록 규정되어야 할 것이다.[84]

그렇다고 한다면 어떠한 방법으로 자녀의 복리를 친자법에 도입할 수 있을까.
두가지의 방법으로 진행될 수 있을 것이다.

(1) 친자관계의 해소시 결정기준으로 자녀[85]의 복리를 도입

먼저 친자관계를 단절하는 친생부인의 소와 친생자관계부존재확인의 소에서 결
정기준으로 자녀의 복리를 도입할 필요가 있다. 기존의 법적인 친자관계의 해소가
자녀의 복리를 해할 때에는 친자관계의 단절을 부정하는 규정의 도입을 검토해 볼
필요가 있다. 즉 혈연진실적 입장에서 부와 그 자녀가 진정한 혈연관계가 아닐 때에
는 그러한 관계를 단절시키는 현 제도를 유지하면서 오직 혈연진실성만을 기준으로
판단할 것이 아니라, 진정한 혈연관계가 없다고 하더라도 긴밀한 사회적 친자관계를
유지하고 있어서 현재의 친자관계를 유지하는 것이 단절시키는 것 보다 자녀의 복리
에 도움이 된다고 한다면 친생부인의 소[86]이든 혹은 친생자관계부존재확인의 소이든
어떤 소송이라고 하더라도 혈연진실에 반하더라도 자녀의 복리를 위하여 친자관계
를 유지할 수 있는 방향으로의 입법의 도입이 필요하다.[87] 다만 자녀의 복리를 해하

---

84 필자는 친자관계에서 혈연진실주의적 입장을 부정하는 것이 아니다. 친자관계의 확정에 있어서 진정
한 혈연관계를 발견하여 이를 인정하는 것은 너무나 중요한 부분이다. 다만 혈연진실주의적 입장에
경도될 필요는 없다고 생각한다. 따라서 혈연진실주의와 자녀의 복리라는 두 가치가 대립될 때에는
이제는 자녀의 복리를 우선하여야 한다고 생각하고 있을 뿐이다.

85 여기서 자녀는 미성년자녀에 국한되어야 한다. 혈연진실에 반하더라도 자녀의 복리를 검토하는 것은
보호받고 양육받아야 할 미성년자녀이기 때문이다. 성년자녀의 경우에는 정서적인 어려움이 있을 수
는 있겠지만 혈연진실에 반하면서까지 고려할 대상은 아니라고 생각된다.

86 친생부인의 소에도 자녀의 복리를 기준으로 할 필요가 있다. 일반적으로는 친생부인을 통하여 자녀
의 복리가 증진되는 경우가 많겠지만, 예컨대 처의 외도로 출생한 자와 부와의 사이에서, 부가 이러
한 사실을 알고도 자녀를 사랑으로 대하고 자녀도 부를 믿고 따르는 관계가 형성되어 있고, 생부는
자녀에 대하여 별다른 관심이 없다고 가정하자. 만약 처가 자녀의 생부와 재혼할 목적으로 친생부인
의 소를 제기한 경우 현행법상으로는 진정한 혈연관계가 없다는 것이 입증만 되면 친생부인이 인정
될 수 있다. 그러나 이 경우 부와 자 모두 현재의 친자관계를 깨고 싶어하지 않고 현재의 관계를 유
지하는 것이 자의 복리에도 유리하다면 이러한 청구를 부정할 필요가 있다. 또한 필자는 입법론으로
친생부인의 소의 제기권자에 생부도 포함하여야 한다고 생각하기 때문에 더더욱 친생부인의 소에도
자녀의 복리를 기준으로 삼아야 할 것이다.

87 예컨대 제847조 3항을 신설하여 "법원은 제1항과 제2항에 의하여 친생부인을 하는 것이 자녀의 복리
를 현저히 해하거나 해할 우려가 있을 때에는 이를 인정하지 않을 수 있다."는 규정이 가능할 것이다.

는 기준은 단순한 비교형량에 그칠 것이 아니라'친자관계의 단절이 자녀의 복리를 현저히 해하거나 해할 우려가 있을 때'로 할 필요가 있다고 생각된다.**88** 이와 같이 자녀의 복리를 친자관계의 해소의 기준으로 한다면 또 하나의 문제가 발생한다. 즉 자녀의 복리의 기준이 무엇인가이다. 이에 대하여는"막연히'자의 복리'를 기준으로 하여야 한다고 규정할 경우, 개별사안별 사실관계에 지나치게 의존하여 일관성 있는 적용기준이 되기 어렵고 법원에 지나치게 넓은 재량을 인정하기 때문에 불확정적이라는 점이 문제점으로 지적될 수도 있다. 하지만 구체적인 사실관계에 따라 정답이 달라질 수 있는 문제에 하나의 정답을 굳이 찾으려고 한다면 이는 혼란에 빠질 수밖에 없을 것이다. 법률상 친자관계와 혈연적 친자관계가 다른 경우, '자의 복리'를 기준으로 이를 바로잡을 수 있는 길을 남겨 놓는 것이 가족형태의 다양성을 인정하는 오늘날의 가족가치관에 합당하지 않을까 한다."는 지적이 있다.**89** 타당한 지적이라고 생각된다. 자녀의 복리를 기준으로 판단할 때에는 기존의 법적친자관계의 부자지간의 관계, 친밀도, 친자관계 단절 후의 자녀의 상황, 자녀의 양육문제, 정서적 안정문제, 생부와의 친밀도 등 여러 사항을 고려하여 종합적으로 자녀의 복리여부를 결정하여야 할 것이다.

(2) 친자관계의 해소시 제소권자의 조정

친자관계의 해소시 제소권자를 조정하여야 한다는 주장은 많이 제기되어 왔다. 나아가 친자관계를 해소하는 소송을 통합하자는 견해도 있다.**90**

---

88 기존 법적친자관계를 존속하는 것과 해소하는 것을 단순비교하여 기존의 관계를 유지하는 것이 자녀의 복리에 유리하면 해소를 부정할 수도 있을 것이다. 그러나 앞에서도 언급하였듯이 혈족관계를 결정하는 것은 혈연진실성이 근본이다. 따라서 자녀의 복리를 현저히 해한다면 혈연진실성을 포기할 수 있지만 단순한 비교형량으로 친자관계를 결정하여서는 안된다고 생각된다. 또한 진실된 혈연관계를 회복하려는 의지가 있는 생부의 권리도 존중받아야하기 때문이다. 이와 관련하여 기존의 관계를 유지하는 것이 자녀의 복리에도 도움이 되는 경우에는 친생친자관계는 해소하더라도 법정친자관계를 다시 인정하여 자녀의 복리를 위하는 방법도 생각해 볼 수 있다. 이에 관하여는 항을 달리하여 검토해보기로 한다.

89 이은정, 전게논문, 399-400면.

90 " '친생부인의 소'의 제소요건을 완화하고 '친생관계존부확인의 소'의 제소요건을 강화한다면 굳이 친자관계를 다루는 절차를 혼생추정을 받는 경우와 아닌 경우로 구분할 실익은 없다고 본다. 더 나아가서 혼중자와 혼외자의 차별을 두지 않는다면 친생부인의 소, 친생관계존부확인의 소, 인지에 대한 이의의 소 등 친자관계 소송은 하나의 제도로 통합할 수 있을 것이다. 제소권자는 법률상 부모, 자, 생부(라고 주장하는 자), 생모에 한정"하자는 주장이 있다(이은정, 전게논문, 398면). 그런데 필자는 친생부인의 소는 그 나름대로의 존재이유가 있다고 보기 때문에 여기에서는 논의의 집중을 위하여

앞에서 전제한 바와 같이 자녀의 복리를 위한 부분에 국한하여 현행 제도를 검토해보면 친생부인의 소와 친생자관계부존재확인의 소의 제기권자를 조정함으로써 자녀의 복리를 추구할 수 있다고 생각된다.

우선 친생부인의 소의 제기권자의 조정이 필요하다. 앞서 검토한 바와 같이 친생부인의 소의 경우 제소권자는 夫와 처에게만 인정되고 있기 때문에 만약 모가 사망한 경우(모가 어떠한 이유에서든 소를 제기하지 않는 경우도 포함된다) 친생부인의 소는 전적으로 夫에게만 의존하게 된다. 설령 부의 학대가 있다고 하더라도 부가 친생부인의 소를 제기하지 않으면 친자관계는 지속될 수 밖에 없다. 부의 학대로 설령 부가 친권상실의 선고를 받는다고 하더라도 친자관계의 효력에는 변화가 없다. 따라서 친생부인의 소의 제기권자로 생부와 자를 포함하는 방향으로 개정되어야 한다. 이 경우 생부의 청구로 인하여 가정의 평화와 자녀의 복리를 해할 위험도 있다. 이런 경우는 앞에서 언급한 자의 복리를 친생부인의 소의 판단기준으로 한다면 발생할 수 있는 문제를 해결할 수 있을 것이다.

친생자관계부존재확인의 소의 경우 현재는 제소권자의 범위가 친생부인의 소에 비하여 아주 넓다. 현재 인정되고 있는 법적친자관계를 해소함으로써 이익을 얻을 수 있는 이해관계인까지 소를 제기할 수 있도록 함으로써 친생추정을 받지 않는 자는 불안한 지위에 놓여있게 된다. 물론 혈연진실주의에 입각하여 진실에 어긋난 관계를 바로잡고 상속 등과 같은 이해관계가 충돌하는 부분에서 자신의 권리를 찾겠다는 것을 비난할 수는 없다. 그러나 단순히 이해관계만으로 당사자들의 친자관계를 부정한다는 것은 지나친 바가 있다. 친생자관계부존재확인의 소는 진실하지 못한 친자관계를 바로잡아 진실된 친자관계를 회복할 때 그 존재가치가 있다고 생각된다. 즉 진실된 친자관계 그 자체의 복원이 그 존재가치이지, 친자관계의 확정으로 인한 부수적 효과가 목적이 되어서는 안된다고 생각된다. 그런데 이해관계인이 소를 제기하는 때에는 많은 경우 친자관계가 단절됨으로써 발생하는 부수적 효과가 그 목적이라고 하겠다. 실제 동순위 혹은 후순위 상속인이 소의 당사자인 子를 상속에서 배제시킬 목적으로 소를 제기하고 있다. 당사자가 다투지 않던 법적인 친자관계를 이해관계만으로(설령 제777조에서 규정하고 있는 친족이라고 하더라도) 해소시키는 것은 타당하지 않다. 친생자관계부존재확인의 소를 제기할 수 있는 자는 소의 결과 직접적으

각 소송의 제소권자에 대한 조정만을 살펴보기로 한다.

로 친자관계와 관련성이 있는 법률상의 부와 자녀, 모 및 생부로 제한하는 것이 타당하리라 생각된다.

3. 친자관계의 해소를 위한 소의 인용시 경우에 따라 해소되는 기존의 친자관계를 법정혈족관계로 전환할 필요성 검토

앞에서 본 바와 같이 현행 제도상 친자관계의 해소를 위한 소가 제기되면 혈연관계가 없다는 것이 증명만 되면 당사자들이 아무리 친자관계의 유지를 원한다고 하더라도 이들의 친자관계는 해소될 수밖에 없다. 즉 현행 제도는 친자관계를 해소하는 소를 부인하여 기존의 친자관계를 그대로 유지하든지 아니면 기존의 친자관계를 해소하고 새로운 친자관계를 시작할 수 있도록 하든지의 양자택일 구조이다. 그러나 경우에 따라서는 해소될 수밖에 없는 기존의 친자관계도 당사자들의 여전히 유지하고 싶은 의사가 있고 결과적으로 자녀의 복리에도 도움이 된다면 새로운 친자관계와 양립하여 어떠한 방법으로든 계속 유지되었으면 하는 아쉬움도 남는다.[91][92] 물론 법적친자관계가 해소된 후 다시 입양절차를 거쳐서 법정혈족관계를 형성할 수도 있다. 그러나 이 때는 기존의 친자관계의 소멸 이후 법적인 친자관계를 형성한 혈연상의 부가 입양에 동의를 하면 별 문제가 없겠지만 일반적으로 이런 기대를 하기는 어렵다고 생각된다. 이와 관련하여 자녀의 생부가 모의 남편과 자녀 사이의 친생자관계 존부확인의 소를 제기한 경우에 자녀의 출생 후 사회적 친자관계를 형성해 온 모의

---

[91] 물론 친자관계가 해소되는 대부분의 경우는 기존의 친자관계를 해소하는 것이 자녀의 복리에 도움이 되는 경우가 많을 것이다. 그러나 기존의 친자관계가 사회적 친자관계로서 그 역할을 충분히 수행하고 있었다면 이러한 친자관계를 그냥 소멸하도록 하는 것이 자녀의 복리에 도움이 안될 경우도 있을 것이다. 예컨대 기존의 친자관계가 해소되었을 때 생부가 양육과 친권을 행사하는 것 보다는 기존의 법률상의 부가 계속 양육을 하는 것이 더 좋을 수도 있다. 또한 양쪽 다 부양의무는 유지할 수 있다는 장점도 있다. 이러한 경우 양육권과 친권 등의 문제는 이혼에 준하여 규정하면 될 것이다.

[92] 이와 같은 문제는 입법론으로 제시한 자의 복리를 기준으로 하였을 때에도 동일하게 적용될 수 있다. 기존의 친자관계를 해소하는 것이 자의 복리에 도움이 된다고 판단하여 친자관계를 해소하였다고 하더라도 경우에 따라서는 기존의 관계도 계속 유지하는 것이 자녀에게 도움이 될 수도 있기 때문이다. 자녀의 복리를 계량화할 수는 없지만 만약 유지가 90이고 해소가 100이라면 해소를 하는 것이 타당하다. 또한 앞에서 언급하였듯이 '현저히'라는 기준을 본다면 유지가 110이고 해소가 100이라고 하더라도 기존의 친자관계는 해소될 것이다. 그러나 그런 결정으로 유지하면 얻을 수 있었던 90 혹은 110이라는(물론 이후 이 이익이 그대로 유지되지는 않을 것이지만 완전히 사라지지도 않을 것이다) 효용을 완전히 포기할 필요는 없는 것이다. 새롭게 형성된 친생자관계를 인정하면서도 해소된 친자관계를 법정혈족관계로 새로이 전환할 수 있다면 경우에 따라서는 자녀의 복리에도 도움이 될 수 있다고 생각된다.

남편은 그 사회적 친자관계가 입양허가제 도입 전인 2013년 이전부터 계속되어 온 것이라면 허위의 친생자출생신고에 의한 입양 법리에 따라, 입양허가제 도입 후인 2013년 이후에 성립된 것이라면 별도로 입양허가심판이나 친양자입양허가심판을 받음에 따라 자신이 법률상 부로서의 지위를 확정적으로 취득하였음을 생부에게 항변할 수 있다는 견해가 있다.[93] 생각건대 이 견해는 생부에 의한 친생자관계부존재확인의 소가 제기되면 법률상의 부는 혈연상의 부가 아님이 입증되면 친자관계는 단절되지만 입양절차를 거쳐 자녀와의 친자관계를 공식화하면 친자관계를 유지할 수 있다는 주장으로 보인다.[94] 여기서의 입양절차는 소송 중에 항변할 수 있다는 표현으로 보아 소송이 종료되기 전에 입양을 완료하고 이를 토대로 항변하여 생부의 친생자관계부존재확인의 소를 기각할 수 있다는 해석으로 생각된다. 그러나 이러한 해석도 친생자관계확인의 소가 확정되기 전에 이미 입양의 절차를 통하여 법정혈족관계가 형성되었을 때 가능한 것이다. 부의 입장에서 자신과 자녀가 혈연관계가 없다는 것을 몰랐을 때에는 소송 전에 입양을 할 수는 없고, 소제기가 되었을 때 비로소 이러한 절차를 진행하는 것도 가능한지와 자신의 친생자로 추정되거나 등록부에 기재되어 있는 자를 상대로 입양을 할 수 있는지도 의문이다. 또한 이러한 주장의 결과는 친생자관계부존재확인의 소를 통하여 친자관계를 회복하려는 진정한 혈연상의 부의 권리도 침해할 수 있다. 생각건대 두 관계를 양립할 수 있는 것을 허용하는 것이 당사자들에게 유익할 수도 있을 것이다. 친자관계의 해소를 구하는 소가 인용되었을 때 새롭게 생부와의 사이에 친자관계가 형성되었다 하더라도 기존의 관계를 법정혈족관계로 전환하여 친생친자관계와 법정친자관계를 양립시킬 필요가 있는 경우에 대하여 살펴보기로 한다.

  우선 현행 제도상 친생부인의 소나 친생자관계부존재확인의 소가 제기되어 기존의 법적친자관계가 해소되었을 때, 기존의 친자관계를 계속해서 유지하는 것이 자녀의 복리에 도움이 될 때 기존의 친생친자관계를 법정친자관계로 전환시킬 실익이 있다.

  예컨대 ① 상대방이 임신하였다는 사실을 알고서도 이를 용인한 채 혼인한 후 자녀를 출산하여 서로 화목한 부자관계로 지냈는데 이후 생부가 뒤늦게 자녀가 있었

---

93 현소혜, 전게논문, 71면.

94 입양의 경우 입양이 유효하게 성립하기 위해서는 생부의 동의가 필요할 것이나, 이는 민법 제870조 제2항, 제871조 제2항 또는 제908조의2 제2항에서 정하고 있는 동의면제 제도를 통해 돌파할 수 있다고 한다(현소혜, 전게논문, 71면).

음을 알고 나타나서 친생자관계부존재확인의 소를 제기한 경우이다. 이 소송이 인용되어 친자관계가 소멸하고, 모에게 친권과 양육권이 인정되었을 때 친자관계가 단절된 부가 자녀의 모와 계속 부부관계를 유지하고 있다면 자녀는 여전히 친자관계가 단절된 과거의 법률상의 부와 생활을 하게 된다. 이 경우 법정친자관계를 유지시켜주는 것이 자녀에게도 도움이 될 것이다.[95]

② 혼인 중인 처가 외도로 자녀를 출산하였고, 남편은 그럼에도 불구하고[96] 자녀를 사랑으로 양육하여 정상적인 친자관계를 유지하고 있다고 가정한다. 만약 부인이 생부와 재혼할 목적으로 친생부인의 소를 제기하였고 인용되었다면 남편과 자녀 사이의 친자관계는 소멸하게 된다. 그러나 만약 남편과 자녀가 서로 부자지간을 유지하고 싶어하고 특히 남편이 자녀를 사랑으로 양육하려고 하며, 생부는 자녀의 양육에는 별 관심이 없다면, 기존의 친자관계를 유지하도록 하는 것이 오히려 자녀의 복리에 도움이 될 것이다.

③ 자녀의 출산시에 다른 부부와 아이가 바뀌어서 서로 자신의 아이로 알고 출생신고를 하고 사랑으로 키워왔는데, 훗날 서로 아이가 바뀐 것을 알고 일방이 자신의 친자식과 그 부모에 대하여 친생자관계부존재확인소송을 제기한 경우도 동일하다.

생각건대 위에서 살펴본 경우 특히 ①의 경우에 혈연상의 친자관계를 인정하기 위하여 법적인 친자관계를 단절하는 것만이 능사는 아닐 것이다. 그러나 현행법상으로는 둘 중의 하나를 선택하여야 한다. 법률적인 친자관계를 단절하여야만 혈연상의 진정한 친자관계를 인정할 수 있게 되고, 법률적인 친자관계를 단절하지 않으면 혈연상의 진정한 친자관계는 인정받을 수 없는 구조이다. 그러나 친자관계의 성립의 기초는 혈연에 있다고 하더라도 자녀의 복리를 기초로 한 기존의 사회적 관계도 역시 중요하다. 일단 기존의 법률적 친자관계를 부정한 후에는 아무리 그러한 관계가 현실적으로 유지되고 소중하다고 하더라도 다시 친자관계를 회복하는 것은 타방의 협력이 없으면 현실적으로 불가능하다. 입양을 통하여 다시 법정혈족관계를 성립하고자 하더라도, 일단 친자관계가 부정이 되고 생부가 인지를 하였다면 입양시 부모의 동의를 받아야 하므로 생부가 이에 동의하지 않는다면 현실적으로 친자관계의 새

---

95 이러한 경우 필자가 앞에서 주장한 바와 같이 친생자관계부존재확인의 소에서 자녀의 복리를 기준으로 도입한다면 많은 경우 친자관계를 유지할 수도 있을 것이다. 그러나 친자관계를 단절하기 위한 기준으로 자녀의 복리를 현저히 해할 때를 기준으로 판단한다면 친자관계가 단절될 수도 있다. 경우에 따라서는 친자관계를 단절한다고 하더라도 법정혈족관계를 인정할 실익은 있을 것이라고 생각된다.

96 이 경우 남편이 자녀가 자신의 친생자가 아님을 알았던 몰랐던 결과상 차이는 없다.

로운 형성은 불가능한 것이다.**97** 따라서 경우에 따라서는 자녀의 복리에 도움이 된다면 친자관계의 해소를 위한 소송이 제기되었을 때 생부에게 친자관계를 인정하는 한편 기존의 관계는 입양관계로 전환시켜 단절을 막을 필요성도 있다. 현행법에 의하면 둘 중의 하나를 선택할 수 밖에 없지만, 입법을 통하여 친자관계를 해소하는 판결을 할 때 기존의 친자관계를 법정친자관계로 전환하여 두 관계 다 친자관계로 인정하는 방법도 있을 수 있다고 생각된다.**98** 이 경우 생부는 이후 인지를 하였다면 친생자관계로서의 부가 되고, 기존의 법률상의 부는 양친자관계가 된다. 이 때 자녀가 미성년이라면 자녀의 양육권과 친권은 이혼의 경우에 비추어 보아 자녀의 복리를 기초로 하여 협의하여 정하도록 하고 협의가 되지 않으면 법원의 심판을 통해 결정하면 되리라 생각된다.**99**

IV. 나가며

앞에서 살펴본 바와 같이 친자관계의 성립은 이를 기준으로 자에 대한 부양의 의무와 상속의 권리를 귀속시키므로 자녀의 입장에서는 생존에 대한 가장 일차적인 의무자를 확정하는 것이며 부와 모의 입장에서 친자관계는 자에 대한 양육의 의무를

---

97 자녀가 성인인 경우에는 부모가 정당한 이유없이 입양에 동의를 하지 않는 경우에는 제871조 제2항에 따라 동의에 갈음하는 심판을 통하여 입양이 가능할 수도 있을 것이다. 그러나 본 논의에서 주된 부분은 미성년자녀인 경우이다. 미성년자의 경우 입양시 부모의 동의가 필요한데, 부모가 동의를 거부하는 경우에도 법원은 입양허가를 할 수는 있다. 그런데 그 사유는 부모가 3년 이상 자녀에 대한 부양의무를 이행하지 않거나 부모가 자녀를 학대 또는 유기하거나 그 밖에 자녀의 복리를 현저히 해친 경우로 제한하고 있다(제870조 제2항). 따라서 이러한 경우에 해당하지 않는다면 새로운 법정혈족관계의 성립은 현실적으로 어렵다고 생각된다.

98 이 때 입양의 요건을 모두 구비하여야 하는가는 검토대상이다. 과거 계모자관계처럼 당사자의 의사와 관계없이 법정혈족으로 인정할지와, 입양의 성립요건을 모두 갖추어야 할지가 문제된다. 만약 입양의 성립여건을 모두 갖추어야 된다면 법정대리인의 입양의 대락이 문제가 된다. 이 경우 일반적으로는 모가 입양에 동의하지 않을 가능성이 높기 때문이다. 친생부인의 소에서는 모가 친생부인의 소의 원고이므로(부가 소를 제기하였을 경우에는 이런 고려 자체가 필요가 없다) 이러한 입양에 동의할 가능성이 없다. 다만 친생자관계부존재확인의 소에서는 모가 아닌 생부와 같은 제3자가 소를 제기하였을 경우에는 원만한 부부생활을 유지하고 있다면 동의할 수도 있을 것이다. 생각건대 만약 기존의 관계를 법정혈족관계로 전환시킬 수 있다고 한다면, 당사자의 청구에 의하여 기존의 친자관계와 자녀의 복리를 종합적으로 고려하여 법원의 판단만으로 법정혈족관계를 인정하는 것이 타당하리라 생각된다.

99 이 경우 협의의 당사자는 모가 있다면 모와 법정친자관계인 양부(기존의 법률상의 부)와 인지 후의 친생친자관계의 부(생부)가 될 것이다. 인지 전이라면 모와 양부간의 협의로 족하다.

귀속시키게 되는 기준이100 되는 것으로서 자녀로서는 조속한 신분관계의 성립이 무엇보다도 중요하다. 또한 이러한 신분관계를 해소하는 것은 기존의 신분관계를 해소함과 동시에 새로운 신분관계를 창설할 수 있는 시발점이 되는 것이기 때문에 또한 중요한 문제이다.

　　앞에서 살펴본 바와 같이 현행법상 친자관계의 성립과 그 해소에 관하여 이중적 구조를 가지고 있는 한 실제 발생하고 있는 문제를 해결하는 것은 기존 규정에 대한 해석론만으로는 한계가 있다고 생각된다. 따라서 이러한 문제를 해결하기 위하여는 입법적 조치가 필요하다. 또한 이러한 친자관계의 해소와 관련하여 오로지 혈연진실만을 기준으로 삼아 자녀의 복리를 해함에도 불구하고 일률적으로 친자관계를 해소할 수 있도록 하고 있는 현행규정도 문제가 있다.

　　결론적으로 이러한 문제를 해결하기 위하여는 자녀의 복리가 친자관계의 기준으로 제시되어야 한다. 따라서 앞에서 검토한 바와 같이 자녀의 복리가 친자관계의 해소시 판단기준으로 제시되어야 하고, 소제기권자의 조정이 필요하며, 경우에 따라서는 자녀의 복리를 위하여 해소되는 기존의 법적 친자관계를 법정친자관계로 전환시켜줄 필요도 있다고 생각된다. 이러한 입법을 통하여 자녀의 복리를 증진하고 가정의 평화를 유지하는 방안을 모색하여야 할 것이다.

100　차선자, 전게 "친생추정의 법리와 혈연 진정성", 2면.

혼인 관계 사건에서의 국제재판관할*

현 소 혜**

I. 서론

　　다문화가정이 늘어나면서 국제혼인이나 이혼 관련 사건 역시 급격히 증가하고 있다. 하지만 재판상 이혼 등 혼인 관계 사건의 국제재판관할에 관해서는 여전히 해석론상 불분명한 부분이 많다. 혼인 관계 사건에 대해서도 국제재판관할에서의 실질적 관련성을 판단하기 위한 1차적 기준은 「가사소송법」상의 관할 규정인가. 실질적 관련성을 판단함에 있어 특별히 고려되어야 하는 혼인 관계 사건 고유의 요소에는 무엇이 있는가. 당사자들의 합의 또는 응소행위는 국제재판관할의 판단에 영향을 미칠 수 있는가. 2001년 개정 「국제사법」에 의해 국제재판관할에 관한 조문이 신설되기는 하였으나, 그 내용이 매우 추상적이고 일반적이어서 조문만으로는 혼인 관계 사건의 국제재판관할 유무를 짐작하기가 어렵다. 최근 선고된 대법원 2021. 2. 4. 선고 2017므12552 판결에 의해 위 각 쟁점들과 관련된 논란이 다소 정리되기는 하였으나, 혼인 관계 사건의 국제재판관할 쟁점을 다루는 판례의 논증 구조는 여전히 불분명해서 개별 사건에서 어떤 경우에 국제재판관할이 인정될 것인지를 예측하기는 쉽지 않다. 이하에서는 먼저 혼인 관계 사건의 국제재판관할을 둘러싼 현재의 난맥상

---

　*　본 논문은 2020. 12. 31. 법무부에 제출한 연구용역보고서 『헤이그 국제아동탈취협약의 아동반환청구 사건의 국내 및 국외 관할문제』 중 일부 내용을 수정한 것이다.
　**　성균관대학교 법학전문대학원 부교수

을 정리하고(Ⅱ), 혼인 관계 사건의 국제재판관할에 대해 일의적이고 명쾌한 기준을
제시하고 있는 이른바 '브뤼셀 Ⅱ ter 규칙'의 내용을 검토한 후(Ⅲ) 그로부터 우리나
라에서 혼인 관계 사건의 국제재판관할 판단기준 정립을 위한 시사점을 도출해보고
자 한다(Ⅳ).

Ⅱ. 현재의 상황

1. 2001년 「국제사법」 개정 전의 법상황

우리나라에서는 2001년 「국제사법」 제2조가 신설되기 전까지 국제재판관할의
판단기준에 관해 명문의 규정이 없었으므로, 혼인 관계 사건의 국제재판관할에 대해
서도 해석론에 의존하는 수밖에 없었다. 당시 국제재판관할의 판단기준에 관해 일부
견해는 「민사소송법」에 따라 국내 법원에 재판적이 있는 경우에 우리나라에 국제재
판관할이 인정된다고 주장한 반면(역추지설),[1] 이에 반대하는 견해는 「민사소송법」상
토지관할 규정을 국제재판관할에 그대로 적용하는 것은 적절하지 않으므로 재판의
적정·공평·신속 등을 고려하여 국제재판에 관해 적절한 관할 배분의 원칙을 정해야
한다고 주장하였다(관할배분설).[2] 이 중 관할배분설이 한동안 우리나라의 다수설이었
으나, 그 후 역추지설과 관할배분설을 절충하여 원칙적으로는 역추지설에 따라 국제
재판관할을 결정하되, 우리나라에서 재판하는 것이 부당한 특별한 사정이 있을 때에
는 달리 판단할 수 있다는 견해(수정 역추지설)가 등장하면서 위 견해가 다수의 지위
를 점하게 되었다.[3] 대법원 역시 재산 관계 사건에 대해서는 수정 역추지설을 지지
한 바 있다.[4]

1 이영섭, 「신민사소송법(하)」(제7개정판), 박영사, 1972, 61면.
2 강현중, 「민사소송법」(제7판), 박영사, 2018, 813면; 정동윤·유병현, 「민사소송법」(제4판), 법문사, 2014, 110면.
3 이시윤, 「신민사소송법」(제12판), 박영사, 2018, 56면; 송상현·박익환, 「민사소송법」(신정7판), 박영사, 2014, 61면. 그 밖에 국제재판관할권 판단기준에 관한 학설의 변천사에 대해 자세히는 김효정·장지용, 「외국재판의 승인과 집행에 관한 연구」, 사법정책연구원, 2020, 54-55면; 한숙희, "국제가사사건의 국제재판관할과 외국판결의 승인 및 집행—이혼을 중심으로—", 國際私法硏究 제12호 (2006), 11-12면 참조.
4 대법원 1995. 11. 21. 선고 93다39607 판결: "섭외사건의 국제 재판관할에 관하여 일반적으로 승인된 국제법상의 원칙이 아직 확립되어 있지 아니하고 이에 관한 우리나라의 성문법규도 없는 이상, 섭외사건에 관한 외국 법원의 재판관할권 유무는 당사자간의 공평, 재판의 적정, 신속을 기한다는 기

하지만 재산 관계 사건에서와 달리 혼인 관계 사건에서 대법원은 한동안 이른바 '피고 주소지주의'를 유지하였다. 가령 대법원 1975. 7. 22. 선고 74므22 판결은 부부 쌍방이 모두 미국 국적으로서 한국에 거주 중인 청구인이 미국에 거주 중인 피청구인을 상대로 우리나라에서 이혼 심판을 청구한 사건에서 "소송절차상 공평 및 정의 관념에 비추어 상대방인 피청구인이 행방불명 기타 이에 준하는 사정이 있거나 상대방이 적극적으로 응소하여 그 이익이 부당하게 침해될 우려가 없다고 보여져 그들에 대한 심판의 거부가 오히려 외국인에 대한 법의 보호를 거부하는 셈이 되어 정의에 반한다고 인정되는 예외적인 경우를 제외하고는 상대방인 피청구인의 주소가 우리나라에 있는 것을 요건으로 한다고 풀이하는 것이 상당하다고 볼 것"이라고 설시하면서 피청구인은 우리나라에서 거주한 사실조차 없는 사람이고, 우리나라에서 적극적으로 응소하려는 것도 아니라는 점을 들어 우리나라 법원에 국제재판관할을 부정한 바 있다.[5] 그 후 선고된 대법원 1988. 4. 12. 선고 85므71 판결 역시 피고 주소지주의를 원칙으로 하되, 상대방의 행방불명·적극적 응소 등의 예외적 사유가 있는 때에는 피고의 주소가 국내에 없는 경우라도 원고를 위해 우리나라에 국제재판관할을 인정할 수 있다고 보았다. 하급심 판결의 태도도 이와 같다.[6]

본이념에 따라 조리에 의하여 결정함이 상당하고, 이 경우 우리나라의 민사소송법의 토지관할에 관한 규정 또한 그 기본이념에 따라 제정된 것이므로, 그 규정에 의한 재판적이 외국에 있을 때에는 이에 따라 외국법원에서 심리하는 것이 조리에 반한다는 특별한 사정이 없는 한 그 외국 법원에 재판관할권이 있다고 봄이 상당하다." 위 판결이 택하고 있는 4단계 구조에 관해 자세히는 석광현, 「국제사법 해설」, 박영사, 2013(이하 "석광현, 해설" 형태로 인용한다), 62-64면; 석광현, "이혼 기타 혼인 관계사건의 국제재판관할에 관한 입법론", 國際私法研究 제19권 2호(2013), 103-104면 참조.

5 대법원 1975. 7. 22. 선고 74므22 판결의 의미에 대해 자세히는 석광현(2013), 105-110면; 이승미, "혼인관계사건의 국제재판관할에 관한 입법적 제안과 유럽재판소 및 독일 판례의 시사점", 國際私法研究 제21권 제1호(2015), 62-63면. 이러한 피고 주소지주의가 일본 판결의 영향을 받은 것이라는 견해로 권재문, "가사사건에 관한 국제재판관할규칙 — 친자관계에 관한 사건을 중심으로 —", 國際私法研究 제19권 제2호(2013), 7면; 이승미(2015), 63-64면; 장준혁, "한국 국제이혼관할법 판례의 현황 — 국제사법 제2조 신설 후의 판례를 중심으로 —", 민사소송 제13권 제1호(2009), 38면. 특히 권재문(2013), 8-9면은 가사사건의 경우에 원고나 피고가 아닌 사건본인과 밀접한 관련을 갖는 경우가 적지 않고, 특히 비대심적 비송사건의 경우에는 원고나 피고가 존재하지 않으므로 위 규칙을 적용하는 것 자체가 불가능하다는 이유로 이를 가사사건 전반에 대한 고유한 관할 규칙으로 삼는 것에 반대한다.

6 같은 법리를 원용하여 상대방의 주소지가 우리나라에 있고 행방불명이나 적극적 응소 같은 특별한 사정이 없는 한 우리나라에 국제재판관할이 있다는 이유로 이혼을 명한 외국판결의 효력을 부정한 하급심 판결로 서울가정법원 1984. 12. 4. 선고 84드57 판결 참조. 상대방 주소지가 우리나라에 없더라도 상대방이 대한민국 국적의 배우자를 유기한 후 행방불명 되었다면 우리나라에 국제재판관할이 있다고 본 사안으로 서울가정법원 1986. 12. 30. 선고 85드6506 판결; 서울가정법원 1989. 9. 20. 선

위와 같은 피고 주소지주의는 대법원 1994. 2. 21.자 92스26 결정에 의해 수정 역추지설의 태도로 사실상 전환 내지 흡수된 것으로 보인다(拙見).[7] 위 결정은, 친자 관계 사건에 관한 것이기는 하지만, "외국인 간의 가사사건에 관하여 우리나라의 법 원에 재판관할권이 있는지 여부는, 우리나라 가사소송법상의 국내토지관할에 관한 규정을 기초로 외국인 사이의 소송에서 생기는 특성을 참작하면서 당사자 간의 공평 과 함께 소송절차의 적정하고 원활한 운영과 소송경제 등을 고려하여 조리와 정의관 념에 의하여 이를 결정하여야 할 것"이라고 하여 수정 역추지설을 원칙으로 선언하 면서 "우리 가사소송법 제46조가 이혼부부간의 자의 양육에 관한 처분과 그 변경 및 친권을 행사할 자의 지정과 그 변경 등을 포함하는 마류 가사비송사건에 관하여 이 를 상대방의 보통재판적 소재지의 가정법원의 관할로 하도록 규정하고 있는 점을 참 작하여 볼 때"(강조점 필자 추가) 이러한 사건에서 "우리나라의 법원이 재판권을 행사 하기 위하여는, 상대방이 우리나라에 주소를 가지고 있을 것을 요하는 것이 원칙이 고, 그렇지 않는 한 상대방이 행방불명 또는 이에 준하는 사정이 있거나 상대방이 적극적으로 응소하고 있는 등의 예외적인 경우를 제외하고는, 우리나라의 법원에 재 판관할권이 없다고 해석하는 것이 상당하다"고 판시하였던 것이다. 피고 주소지를 국제재판관할 결정의 주된 기준으로 삼은 결론은 기존 판례와 동일하지만,[8] 논리구 조에는 큰 차이가 있다.

이는 아마도 1991. 1. 1.부터 시행된 「가사소송법」에 의해 혼인 관계 소송의 토 지관할 규정이 대대적으로 정비된 것과 관련이 있을 것이다. 「가사소송법」 제정 전 에 가사소송 절차를 규율하고 있었던 舊「인사소송법」 제25조는 "혼인의 무효나 취

고 88드65835 판결 참조. 상대방 주소지가 외국에 있더라도 부부가 우리나라에서 혼인생활을 하였고 청구인이 우리나라에 거주하고 있으며 상대방이 적극적으로 응소하고 있다면 우리나라에 국제재판관 할이 있다고 본 사안으로 서울고등법원 1985. 11. 4. 선고 84르285 판결 참조.

7 이와 달리 대법원이 계속 가사 관계 사건에 관해 피고 주소지주의를 택한 것으로 파악하고 있는 문 헌으로 석광현(2013), 105-107면; 이승미(2015), 67면 참조. 권재문(2013), 7-8면은 석광현(2013)과 마찬가지로 대법원이 가사사건에 관해서는 계속 역추지를 고려하지 않는다고 하면서도, 대법원이 「국제사법」 개정 전후를 불문하고 피고의 주소지가 아니라 실질적 관련성을 판단기준으로 삼고 있다 고 평가한다.

8 이런 이유 때문에 이 시기의 하급심 판결은 여전히 종래 대법원 판례와 같이 피고 주소지주의 법리 에 따라 국제재판관할을 판단하고 있다. 이 시기에 상대방의 주소지가 우리나라에 있고, 행방불명이 나 적극적 응소 같은 특별한 사정이 없는 한 우리나라에 국제재판관할이 있다는 이유로 이혼을 명한 외국판결의 효력을 부정한 하급심 판결로 서울가정법원 1996. 7. 16. 선고 96드5333 판결; 서울가정 법원 1996. 11. 1. 선고 95드27138 판결; 서울가정법원 1997. 10. 24. 선고 96드73619 판결 참조.

소, 이혼 또는 이혼의 무효나 취소 및 부부의 동거, 자의 양육 및 부부재산 약정의 변경에 관한 소는 夫의 보통재판적이 있는 地의 지방법원관할에 전속한다"고 규정하는 등 헌법에 위반되거나 부당한 규정이 적지 않았으므로, 이와 같은 당시의 토지관할 규정을 국제재판관할의 결정 기준으로 삼기에는 부족한 점이 있었다.9 하지만 1991년 「가사소송법」 제정에 의해 이러한 문제가 해결된 이래 대법원은 가사 관계 사건에 대해서도 재산 관계 사건과 마찬가지로 역추지설을 원칙으로 하되, 그 밖의 사정을 종합적으로 고려하여 국제재판관할을 판단하는 태도를 취하고 있었다고 평가할 수 있다.

2. 2001년 「국제사법」 개정 후의 법상황

2001. 4. 7. 개정된 「국제사법」 제2조는 국제재판관할에 관한 명문의 규정을 신설하였다. 동조 제1항은 "법원은 당사자 또는 분쟁이 된 사안이 대한민국과 실질적 관련이 있는 경우에 국제재판관할권을 가진다. 이 경우 법원은 실질적 관련의 유무를 판단함에 있어 국제재판관할 배분의 이념에 부합하는 합리적인 원칙에 따라야 한다"고 하여 이른바 '실질적 관련의 원칙'을 선언하는 한편, 제2항에서 "법원은 국내법의 관할 규정을 참작하여 국제재판관할권의 유무를 판단하되, 제1항의 규정의 취지에 비추어 국제재판관할의 특수성을 충분히 고려하여야 한다"고 규정하고 있다. 제1항에서 정한 실질적 관련성을 판단하기 위한 구체적 기준으로서 일차적으로는 국내법의 토지관할 규정을 제시하면서도 법원에 국제재판관할의 특수성을 고려하여 타당한 국제재판관할규칙을 정립할 권한을 부여한 것이다.10 따라서 법원은 토지관할 규정 중 그대로 국제재판관할규칙으로 사용할 수 있는 것과 수정하여 사용해야 하는 것, 국제재판관할규칙으로 사용하기에 적절치 않아 아예 배제되어야 하는 것으로 이를 구분하여 토지관할 외에 국제재판관할의 근거가 될 수 있는 사정에 대한 검토를 진행해야 한다.11

개정 「국제사법」 제2조 신설 후에 선고된 대법원 2005. 1. 27. 선고 2002다59788

---

9 같은 취지로 장준혁, "혼인관계사건의 국제재판관할 — 이혼사건을 중심으로 —", 國際私法硏究 제21권 1호(2015), 138면 참조. 당시 관할 규정에 여성차별의 문제가 있었음을 지적하면서도 이것이 우리 대법원이 피고 주소지주의를 택한 원인이라고 볼 수는 없다는 견해로 권재문(2013), 7-68면 참조.

10 석광현, 해설, 67면.

11 석광현, "한국의 국제재판관할규칙의 입법에 관하여", 국제거래법연구 제21권 2호(2012), 145면; 석광현, 해설, 68면; 장준혁(2015), 136면 등.

판결은 "국제재판관할을 결정함에 있어서는 당사자 간의 공평, 재판의 적정, 신속 및 경제를 기한다는 기본이념에 따라야 할 것이고, 구체적으로는 소송당사자들의 공평, 편의 그리고 예측가능성12과 같은 개인적인 이익뿐만 아니라 재판의 적정, 신속, 효율 및 판결의 실효성 등과 같은 법원 내지 국가의 이익도 함께 고려하여야 할 것이며, 이러한 다양한 이익 중 어떠한 이익을 보호할 필요가 있을지 여부는 개별 사건에서 법정지와 당사자와의 실질적 관련성 및 법정지와 분쟁이 된 사안과의 실질적 관련성을 객관적인 기준으로 삼아 합리적으로 판단하여야 할 것"이라고 판시하였다. 위 판결은 2001년 개정 전의 「국제사법」이 적용되는 사건이었음에도 불구하고, 기존의 수정 역추지설을 원용하는 대신 개정 「국제사법」상 실질적 관련의 원칙을 국제재판관할의 판단기준으로 제시하였다. 위 판결 선고 후 대법원은 개정 「국제사법」이 적용되는 사건들에서도 동일한 태도를 유지하고 있다.13 또한 대법원은, 개정 「국제사법」 제2조 제2항이 실질적 관련성의 일차적 판단기준으로 국내법상 관할 규정을 제시하고 있는 것과 마찬가지로, "민사소송법 관할 규정은 국제재판관할권을 판단하는 데 가장 중요한 판단기준으로 작용한다"고 보고 있다.14 물론 입법자가 의도한 바와 같이, 그리고 대법원이 지적하고 있는 바와 같이 이러한 관할 규정은 국내적 관점에서 마련된 재판적에 관한 규정이므로, 국제재판관할을 판단할 때에는 그 특수성을 고려하여 국제재판관할 배분의 이념에 부합하도록 수정하여 적용해야 한다.15

혼인 관계 사건에 관해서도 위 「국제사법」 제2조가 그대로 적용되어야 함은 물론이다.16 가령 「국제사법」 개정 이후 혼인 관계 사건의 국제재판관할 쟁점을 최초로 다룬 대법원 2006. 5. 26. 선고 2005므884 판결은 미국에 법률상 주소를 두고 있는 미

---

12 이때 소송당사자의 '예측 가능성'은 피고와 법정지 사이에 상당한 관련이 있어서 법정지 법원에 소가 제기되는 것에 대하여 합리적으로 예견할 수 있었는지를 기준으로 판단한다. 대법원 2019. 6. 13. 선고 2016다33752 판결 참조.

13 대법원 2008. 5. 29. 선고 2006다71908 등 판결; 대법원 2010. 7. 15. 선고 2010다18355 판결; 대법원 2012. 5. 24. 선고 2009다22549 판결 외 다수.

14 대법원 2019. 6. 13. 선고 2016다33752 판결.

15 가령 피고의 재산이 대한민국에 있어서 「민사소송법」 제11조에 따라 토지관할이 인정되는 경우라도 원고의 청구가 피고의 재산과 직접적인 관련이 없는 경우에는 그 재산이 대한민국에 있게 된 경위, 재산의 가액, 원고의 권리구제 필요성과 판결의 실효성 등을 고려하여 국제재판관할권을 판단해야 한다는 것이 판례의 태도이다. 대법원 2019. 6. 13. 선고 2016다33752 판결 참조.

16 권재문(2013), 6면; 한숙희(2006), 21면. 현재 판례의 태도는 그렇지 않으나, 앞으로는 위의 방향으로 변화해야 한다는 취지로 석광현(2013), 116-117면 참조.

국 국적의 원고가 대한민국 국적의 피고와 대한민국에서 혼인하였고, 그 후 미국 국
적을 취득한 피고와 계속 대한민국에서 거주하다가 대한민국 법원에 피고를 상대로
이혼을 청구한 사건에서 "원·피고는 거주기한을 정하지 아니하고 대한민국에 거주하
고 있으므로 쌍방 모두 대한민국에 상거소를 가지고 있다고 할 수 있고, 여기에 그
혼인이 대한민국에서 성립되었고 그 혼인생활의 대부분이 대한민국에서 형성되었다
는 점까지 고려한다면, 이 사건 이혼 청구 등은 대한민국과 실질적 관련이 있다고 볼
수 있으므로 국제사법 제2조 제1항의 규정에 의하여 대한민국 법원은 이 사건에 대하
여 재판관할권을 가진다고 할 수 있다"(강조점 필자 추가)고 판시한 바 있다.17

그럼에도 불구하고 위 2005므884 판결에 대해 일부 견해는 위 판결의 설시가 위
2002다59788 판결과 상이하다는 점을 들어 아직 혼인 관계 사건과 재산 관계 사건에
관한 국제재판관할 결정기준이 통일된 것으로 보기 힘들다고 평가한 바 있다.18 대
법원은 여전히 피고 주소지주의를 유지하고 있으며, 「국제사법」 제2조 하에서 그 근
거를 상술하고 있을 뿐이라는 것이다.19 반면 일부 견해는 위 판결로써 대법원이 재
산 관계 사건과 혼인 관계 사건에 대한 이원적 규율을 폐기하고, 국제재판관할 규칙
을 일원화한 것으로 파악해야 한다고 주장한다.20 이러한 견해들은 모두 위 92스26
결정에 의해 이미 재산 관계 사건과 혼인 관계 사건에 대한 국제재판관할규칙이 통
일되었다고 보는 본 논문의 태도와는 차이가 있다. 한 문헌이 정확하게 지적하고 있
는 바와 같이 과거 가사 관계 사건에 관한 판례가 수정 역추지설을 정면으로 논하지
않은 것은 "이중기능을 인정하거나 유추적용할 만한 토지관할규정이 [없었기]"때문일
뿐이므로, 이를 놓고 "재산관계와 가족법관계의 국제재판관할법이 기본원칙과 법발
견·해석방법론 자체를 달리한다고 보는 것이 종래 판례의 입장이었다고 하거나, 제2
조 하에서도 판례의 이런 태도가 유지될지를 문제삼을 필요는 없[다]."21

위 2005므884 판결이 혼인 관계 사건에 대해 실질적 관련성을 기초로 국제재판

---

17 그 밖에 혼인 관계 사건에서 국제재판관할 판단기준을 다룬 하급심 판결들을 소개하고 있는 문헌으
로 석광현(2013), 113-115면; 장준혁(2009), 47-49, 67-77면; 장준혁(2015), 144-151면; 한숙희
(2006), 16-20면 참조.

18 석광현, "2006년 국제사법 분야 대법원판례: 정리 및 해설", 國際私法硏究 제12호(2006), 600면 이
하; 석광현, 해설, 100면 참조.

19 장준혁(2009), 50-61, 66-67면; 장준혁(2015), 143-144면.

20 권재문(2013), 8-9면.

21 장준혁(2015), 159면.

관할을 판단한 것을 기화로 「국제사법」 제2조에 따른 국제재판관할권 판단기준이 혼인 관계 사건에도 동일하게 적용된다는 점, 따라서 혼인 관계 사건에 대해서도 수 정역추지설에 따라 국내 토지관할 규정이 일차적으로 검토될 수 있다는 점[22]을 일반 론으로서 명시하였다면 혼인 관계 사건에서 국제재판관할의 판단기준을 둘러싼 논 란을 일찍이 불식시킬 수 있었을 것이다.[23] 다행히 최근 선고된 대법원 2021. 2. 4. 선고 2017므12552 판결은 다음과 같은 판시를 통해 재산 관계 사건과 혼인 관계 사 건에서의 국제재판관할 판단기준의 이동(異同)에 대한 종전의 논란을 정리하였다.[24]:

> 국제사법 제2조 제2항은 "법원은 국내법의 관할 규정을 참작하여 국제재판관할권 의 유무를 판단하되, 제1항의 규정의 취지에 비추어 국제재판관할의 특수성을 충 분히 고려하여야 한다."라고 정하고 있다. 따라서 국제재판관할권을 판단할 때 국 내법의 관할 규정을 가장 기본적인 판단기준으로 삼되, 해당 사건의 법적 성격이 나 그 밖의 개별적·구체적 사정을 고려하여 국제재판관할 배분의 이념에 부합하 도록 합리적으로 수정할 수 있다. <u>국제재판관할에 관한 국제사법 제2조는 가사사 건에도 마찬가지로 적용된다. 따라서 가사사건에 대하여 대한민국 법원이 재판관 할권을 가지려면 대한민국이 해당 사건의 당사자 또는 분쟁이 된 사안과 실질적 관련이 있어야 한다.</u>

3. 혼인 관계 사건에서 실질적 관련성의 판단기준

위 2005므884 판결의 더 큰 한계는 「국제사법」 제2조 제2항에 따른 국제재판관 할의 특수성을 고려할 필요가 있다는 전제하에 대한민국과의 실질적 관련성을 판단 하기 위해 토지관할 외에 ① 원·피고의 본국법, ② 원·피고의 전주소지법, ③ 피고 의 응소까지 다양한 요소를 고려하면서도 관련되는 간접사실을 나열하는 데 그치고, 혼인 관계 사건에서 그러한 사정들이 어떠한 맥락에서 어떻게 고려될 수 있는지에

---

22 해당 사건에서는 원고와 피고가 모두 대한민국에 거주하고 있었으므로, 「가사소송법」 제22조 제1호 에 따라 우리나라에 토지관할이 인정된다.

23 같은 취지로 석광현(2013), 115-116면; 석광현, "2018년 국제사법 전부개정법률안에 따른 국제재판 관할규칙: 각칙을 중심으로", 國際去來와 法 제23호(2018)(이하 '석광현(2018a)'로 인용한다), 74면 참조.

24 위 판결에 의해 「국제사법」 제2조가 가사사건에도 적용됨이 명백해졌다는 취지의 평석으로 석광현, "외국인 부부의 이혼사건에서 이혼·재산분할의 국제재판관할과 준거법", 안암법학 제62권(2021), 653-655면 참조.

대해 정치한 논증 구조를 제시하지 않았다는 데 있다.25 그 결과 원·피고의 국적과
혼인생활지, 현재 주소지 등이 서로 다른 경우에 어느 나라에 국제재판관할이 인정
된다고 볼 것인지는 법관의 폭넓은 재량에 맡겨지게 되었다.

그 후 선고된 대법원 2014. 5. 16. 선고 2013므1196 판결은 이러한 혼란을 고스
란히 보여준다. 위 판결에서는 대한민국 국적의 아내가 스페인 국적의 남편과 대한
민국에서 혼인한 후 스페인에서 생활하다가 혼자 자녀를 데리고 대한민국으로 돌아
와 스페인에 거주 중인 남편을 상대로 이혼소송을 제기한 사안이 문제되었는데, 1심
법원이었던 서울가정법원 2012. 11. 1. 선고 2011드합9242 판결은 ① 피고였던 남편
의 주소지와 국적이 모두 스페인이고 부부가 함께 혼인생활을 한 장소도 스페인이었
던 점, ② 혼인관계 파탄 및 재산에 관한 대부분의 증거방법이 스페인에 존재하는
점, ③ 남편이 스페인에서 아내를 상대로 제기한 이혼 등 소송에 아내가 적극 응소
하고 있는 점 등을 고려하여 우리나라에 국제재판관할이 없다고 판단하였던 것에 반
하여 원심법원이었던 서울고등법원 2013. 2. 8. 선고 2012르3746 판결은 "국제재판관
할권은 배타적인 것이 아니라 병존할 수 있는 것이므로 지리상·언어상 증거수집 편
의 측면에서 외국 법원이 심리에 더 편리하다는 것만으로 대한민국 법원의 재판관할
권을 쉽게 부정해서는 안 [된다]"는 전제하에 ① 아내와 자녀가 대한민국 국적을 가
지고 있었던 점, ② 자녀가 대한민국에서 출생하여 대한민국에 있는 유치원에 다니
고 있으며, 결혼식과 혼인신고 등이 부부가 대한민국에 거주할 때 이루어졌으므로
남편도 이혼소송이 대한민국에 제기될 수 있음을 예측할 수 있었던 점, ③ 혼인 기
간 동안 대한민국에 아내의 주민등록지가 있었고, 상거소도 있었던 점, ④ 이 사건
청구에는 이혼 청구 외에 친권자 및 양육자 지정에 관한 사항도 포함되어 있는데 우
리나라에 국제재판관할을 인정하지 않는다면 대한민국 국적을 가지고 있고 대한민
국 내에 거주하며 대한민국 국민에 의해 양육되고 있는 사건본인에 대한 보호를 법
원이 포기하는 결과가 된다는 점, ⑤ 재산분할 대상 재산이 대한민국 내에 존재하므
로 실효성 있는 집행을 위해서도 대한민국에 이혼소송을 제기할 실익이 있다는 점
등을 고려하여 우리나라에 국제재판관할을 인정하였다.

---

25 대법원이 각각의 간접사실을 나열하기에 이른 이유에 대해 자세히는 김시철, "駐韓 美國人 夫婦의
離婚 및 未成年子女에 관한 養育處分 등에 대하여—離婚裁判管轄權 및 準據法에 관한 우리제도와
미국제도에 대한 比較法的 檢討를 중심으로—대법원 2006. 5. 26. 선고 2005므884 판결: 판례공보
2006. 7. 1.자 1157면", 저스티스 통권 제96호(2007), 270-274면 참조.

이에 대해 위 2013므1196 판결은 "국제재판관할은 당사자 간의 공평, 재판의 적정, 신속 및 경제를 기한다는 기본이념에 따라 결정하여야 하고, 구체적으로는 소송당사자들의 공평, 편의 그리고 예측 가능성과 같은 개인적인 이익뿐만 아니라, 재판의 적정, 신속, 효율 및 판결의 실효성 등과 같은 법원과 국가의 이익도 함께 고려하여야 한다. 그리고 이러한 다양한 이익 중 어떠한 이익을 보호할 필요가 있을지 여부는 개별 사건에서 법정지와 당사자의 실질적 관련성 및 법정지와 분쟁이 된 사안과의 실질적 관련성을 객관적인 기준으로 삼아 합리적으로 판단하여야 한다"는 일반론을 설시한 후 원심과 같은 이유로 ① 원고와 사건본인의 국적, ② 원고와 사건본인의 상거소, ③ 대한민국 국민인 원고의 이익과 의사, ④ 혼인생활의 장소, ⑤ 재산 소재지 등 관련되는 간접사실들을 나열하면서 대한민국과 실질적 관련성이 인정된다고 판시하였다. 위 2005므884 판결에서는 언급되지 않았던 ② 내지 ⑤의 요소를 새롭게 고려한 것이다. 실질적 관련성을 판단함에 있어 고려될 수 있는 요소는 그 후 더욱 확대되었다. 가령 위 2017므12552 판결은 가사사건에서 국제재판관할의 실질적 관련성을 판단할 때에는 다음과 같은 점을 고려할 필요가 있음을 강조하였다.:

"가사사건에 대하여 대한민국 법원이 재판관할권을 가지려면 대한민국이 해당 사건의 당사자 또는 분쟁이 된 사안과 실질적 관련이 있어야 한다. 그런데 가사사건은 일반 민사사건과 달리 공동생활의 근간이 되는 가족과 친족이라는 신분관계에 관한 사건이거나 신분관계와 밀접하게 관련된 재산, 권리, 그 밖의 법률관계에 관한 사건으로서 사회생활의 기본토대에 중대한 영향을 미친다. 가사사건에서는 피고의 방어권 보장뿐만 아니라 해당 쟁점에 대한 재판의 적정과 능률, 당사자의 정당한 이익 보호, 가족제도와 사회질서의 유지 등 공적 가치를 가지는 요소도 고려할 필요가 있다. 따라서 가사사건에서 '실질적 관련의 유무'는 국내법의 관할 규정뿐만 아니라 ① 당사자의 국적이나 주소 또는 상거소, ② 분쟁의 원인이 되는 사실관계가 이루어진 장소(예를 들어 혼인의 취소나 이혼 사유가 발생한 장소, 자녀의 양육권이 문제되는 경우 자녀가 생활하는 곳, 재산분할이 주요 쟁점인 경우 해당 재산의 소재지 등), ③ 해당 사건에 적용되는 준거법, ④ 사건 관련 자료(증인이나 물적 증거, 준거법 해석과 적용을 위한 자료, 그 밖의 소송자료 등) 수집의 용이성, ⑤ 당사자들 소송 수행의 편의와 권익보호의 필요성, ⑥ 판결의 실효성 등을 종합적으로 고려하여 판단하여야 한다."(원문자 필자 추가)

위 판결은 위 2005므884 판결 및 2013므1196 판결에서는 언급된 적이 없었던 ②

내지 ⑥을 실질적 관련성 판단을 위한 고려 요소로 새롭게 제시하면서 혼인 관계 사건에서 "대한민국에 당사자들의 국적이나 주소가 없어 대한민국 법원에 국내법의 관할 규정에 따른 관할이 인정되기 어려운 경우라도 이혼청구의 주요 원인이 된 사실관계가 대한민국에서 형성되었고(부부의 국적이나 주소가 해외에 있더라도 부부의 한쪽이 대한민국에 상당 기간 체류함으로써 부부의 별거상태가 형성되는 경우 등) 이혼과 함께 청구된 재산분할사건에서 대한민국에 있는 재산이 재산분할대상인지 여부가 첨예하게 다투어지고 있다면, 피고의 예측가능성, 당사자의 권리구제, 해당 쟁점의 심리 편의와 판결의 실효성 차원에서 대한민국과 해당 사안 간의 실질적 관련성을 인정할 여지가 크다. 나아가 피고가 소장 부분을 적법하게 송달받고 실제 적극적으로 응소하였다면 이러한 사정은 대한민국 법원에 관할권을 인정하는 데 긍정적으로 고려할 수 있다."고 하면서 원고와 피고의 국적과 주소지가 모두 캐나다이고, 피고가 대한민국에 머물면서 원고를 악의로 유기한 사안에서 ① 피고가 대한민국에 생활에 근거를 두고 실제 거주하고 있는 점, ② 원·피고 사이에 주된 다툼의 대상은 피고가 악의적 유기나 기망 등으로 원고에게 정신적 고통을 입히고 원고의 재산을 편취하였는지 여부와 대한민국에 존재하는 피고의 재산이 재산분할의 대상이 되는지 여부이므로 대한민국과 실질적으로 깊은 관련이 있는 점, ③ 피고에게 대한민국에서 소송을 하는 데 큰 어려움이 없을 것으로 보이며, 재산분할 대상 재산에 대한 실효성 있는 집행을 위해서도 원고가 대한민국 법원에서 재판을 받을 실익이 있다는 점, ④ 캐나다 국적인 원고가 피고를 상대로 스스로 대한민국 법원에 재판을 받겠다는 의사를 명백히 표시하여 재판을 청구하고 있고, 피고도 대한민국에서 소송대리인을 선임하여 응소하였으며, 상당 기간 대한민국 법원에서 본안에 관한 실질적 변론과 심리가 이루어졌다는 점, ⑤ 대한민국에서 소송을 하는 것이 피고에게 현저히 불리하다고 볼 수 없는 반면, 대한민국 법원의 국제재판관할을 부인하여 캐나다 법원에서만 심리해야 한다면 소송경제에 심각하게 반하는 결과를 가져온다는 점, ⑥ 이 사건 법률관계의 준거법이 캐나다법이더라도 그러한 사정만으로 실질적 관련성이 부정되지는 않는다는 점 등을 고려하여 우리나라에 국제재판관할을 인정하였다.

결국 현재까지 판례의 태도를 종합하면 법관은 혼인 관계 사건에서 우리 법원에 국제재판관할을 인정할 것인지를 결정하기 위해 다음과 같은 요소들을 두루 고려하여야 한다.

ⓐ 부부의 국적

ⓑ 부부의 주소 내지 상거소

ⓒ 분쟁의 원인이 되는 사실관계가 이루어진 장소

    - 혼인의 취소나 이혼 사유가 발생한 장소 (대개는 혼인생활의 장소)

    - 양육권이 문제되는 경우에는 자녀의 상거소지

    - 재산분할이 문제되는 경우에는 해당 재산의 소재지

ⓓ 소송 수행의 편의와 권익보호의 필요성

    - 특히 원고의 이익과 의사

ⓔ 해당 사건에 적용되는 준거법

ⓕ 사건 관련 자료 수집의 용이성

ⓖ 판결의 실효성

ⓗ 피고의 응소 여부

이러한 대법원의 태도는 혼인 관계 사건에 대해 우리나라에 국내 토지관할 규정에 따른 관할이 없더라도 실질적 관련성이 있는 경우에 법관의 재량에 의지하여 국제재판관할을 널리 인정하고자 한다는 점에서 긍정적으로 평가할만한 지점이 없는 것은 아니다. 하지만 세부적으로는 의문스러운 점이 적지 않다. 가령 ⓐ, ⓑ와 관련해서는 부부 중 일방의 국적이나 주소·상거소만 대한민국인 경우에도 우리나라에 국제재판관할을 인정할 수 있는지가, ⓒ와 관련해서는 혼인 취소 또는 이혼 사유가 발생한 장소인지는 본안 심리에 의해서만 밝혀질 수 있는 것인데 이를 소송요건 단계에서 고려하는 것이 적절한지, 그리고 양육권이나 재산분할 같이 이혼소송에 부대하는 사건과 관련된 요소가 이혼소송의 국제재판관할을 판단하는 데 영향을 미치는 것이 적절한지가,26 ⓓ와 관련해서는 우리나라에서 소송 수행을 원하는 원고의 이익과 우리나라에 거주하고 있지 않은 피고의 방어권 침해 간의 이익을 어떻게 형량할 것인지가, ⓔ와 관련해서는 준거법 결정과 국제재판관할 결정은 서로 다른 이념에 따라 지배되는 것인데, 국제재판관할을 결정함에 있어 실질 판단을 위한 준거법을 고려하는 것이 적절한지가,27 ⓗ와 관련해서는 가사 관계 사건에서도 합의관할 내지

---

26 이혼소송에 대한 국제재판관할 판단시 재산분할청구에 관한 사정을 너무 강조해서는 안 된다고 주장하는 견해로 석광현(2021), 668면 참조.

27 특히 가사사건에서는 국제재판관할 결정시 준거법이 고려요소로서 가지는 비중이 더 크다고 주장하는 견해로 석광현(2021), 672-674면 참조.

변론관할·응소관할 등을 인정할 수 있는지[28]가 문제될 수 있다. 하지만 가장 본질적인 문제는, 이 중 몇몇 요소는 우리나라 법원에 국제재판관할을 인정하는 데 긍정적 요소로 작용하고 있지만, 몇몇 요소는 부정적 요소로 작용하고 있을 때 각 요소들 간의 관계와 우열을 짐작할 수 없다는 것이다.[29]

국제재판관할은 당사자가 어느 국가에서 소를 제기할 것인지를 결정하기 위한 첫 번째 관문이 된다. 따라서 당사자들이 예기치 못하게 또는 본안 심리에 들어간 후 뒤늦게 국제재판관할 없음을 이유로 각하 당하는 일이 발생하지 않도록 사전에 가능한 한 명쾌하고 정교한 국제재판관할 규칙을 설정해 놓는 것이 중요하다. 그럼에도 불구하고 이상에서 살펴본 바와 같이 현재의 법률과 판례는 예측가능성이라는 측면에서 뚜렷한 한계가 있다. 이하에서는 이러한 문제를 해결하기 위해 브뤼셀 II ter 규칙이 혼인 관계 사건의 국제재판관할을 어떻게 규정하고 있는지 살펴본다.

III. 브뤼셀 II ter 규칙의 태도

1. 브뤼셀 II ter 규칙의 개정 경과

유럽은 일찍부터 국제혼인과 이혼의 증가에 대비하기 위한 국제규범을 개발해 왔다. 가령 혼인의 효력 관련 사건에 대해서는 「혼인의 효력에 관한 판결의 승인에 대한 1967. 9. 8.자 룩셈부르크 협약」(이하 '룩셈부르크 협약'이라고 한다)[30]이, 이혼 및 별거 관련 사건에 대해서는 「이혼 및 별거의 승인에 관한 1970. 6. 1.자 헤이그 협약」(이하 '1970년 헤이그 협약'이라고 한다)[31]이 체결되어 한 국가에서 선고된 혼인 무효 및 혼인 해소에 관한 재판이 다른 국가에서도 승인될 수 있도록 하였다. 그 후 유럽연합이 태동하면서 개인의 자유로운 국경 이동과 유럽 단일 시장의 건전한 작동을 위해서는 재판의 자동 승인과 신속한 집행이 전제되어야 하는데, 이를 위해서는 관할 충돌(conflict of jurisdiction)의 문제가 먼저 해결되어야 한다는 인식이 자리 잡게 되었고,[32]

28　위 논점에 대해 간략히 검토하고 있는 문헌으로 석광현(2021), 664-665면 참조.

29　같은 취지로 석광현(2021), 656-659면.

30　the Luxembourg Convention of 8 September 1967 on the Recognition of Decisions Relating to the Validity of Marriages.

31　the Hague Convention of 1 June 1970 on the Recognition of Divorce and Legal Separations.

32　Official Journal of the European Communities L 160/19(30.6.2000). 이하 'Official Journal of the

이는 가족법의 영역에도 영향을 미쳐 통일적 기준에 따른 국제재판관할의 결정, 재판의 승인과 집행을 포괄적으로 담보하기 위한 각종의 법규범이 등장하였다.

최초의 결실은 1998. 5. 28. 체결된 「혼인 관계 사항에 관한 재판관할, 승인 및 집행에 관한 협약」(이하 '브뤼셀 II 협약'이라고 한다.)[33]이었다.[34] 하지만 브뤼셀 II 협약은 회원국들의 비준 저조로 발효되지 못한 채 2000. 5. 29. 이른바 「암스테르담 협약」[35]에 의해 「혼인 관계 사항 및 부부 공동의 자녀에 대한 친권 관계 사항의 관할, 재판의 승인 및 집행에 관한 2000. 5. 29.자 이사회 규칙 1347/2000호」[36](이하 '브뤼셀 II 규칙'이라고 한다)로 전환되었고, 브뤼셀 II 규칙은 다시 불과 2년여 만에 「브뤼셀 II 규칙 폐지와 혼인 및 친권 관계 사항의 재판관할, 승인 및 집행에 관한 2003. 11. 27.자 이사회 규칙 2201/2003호」(이하 '브뤼셀 II bis 규칙'이라고 한다)[37]으로 개정되었다. 2004. 8. 1.부터 발효된 브뤼셀 II bis 규칙상 혼인 관계 사건의 국제재판관할 관련 규정에

European Communities'는 'OJ'로 약칭한다.

33 Convention on Jurisdiction and the Recognition and Enforcement of Judgments in Matrimonial Matters. OJ C 221(1998.7.16.).

34 반면 혼인 관계 사건의 준거법에 관해서는 「이혼과 별거의 준거법 영역에서의 협력 증진을 위한 2010. 10. 20.자 이사회 규칙 1259/2010호」(이하 '로마 III 규칙'이라고 한다)가 별도로 제정되었다. 로마 III 규칙은 이혼 및 별거 사건에 대해 ① 합의 당시 부부 공동의 상거소지법, ② 합의 당시 부부 중 일방이 아직 거주하고 있는 부부 최후 공동의 상거소지법, ③ 합의 당시 부부 중 일방의 본국법, ④ 법정지법 중 당사자들이 합의에 의해 지정한 준거법을 적용하도록 하되(규칙 제5조), 당사자들 사이에 준거법 합의가 없는 경우에는 ① 소 제기시 부부 공동의 상거소지법을, 그것이 없는 경우에는 ② 소 제기시 아직 부부 중 일방이 거주하고 있는 부부 최후 공동의 상거소지법(단, 마지막으로 공동으로 상거소를 가지고 있었던 시점이 소 제기 전 1년 내일 것)을, 그것이 없는 경우에는 ③ 소 제기시 부부 공동의 본국법을, 그것이 없는 경우에는 ④ 소가 제기된 국가의 법을 준거법으로 적용하도록 하고 있다(규칙 제8조). 로마 III 규칙의 제정 경위와 주된 내용에 대해 소개하고 있는 문헌으로 이승미, "이혼사건의 국제재판관할권에 관한 소고: 「EU의 Brüssel IIa 규칙」을 중심으로", 아주법학 제7권 제1호(2013), 186-187면; 이승미(2015), 92-93면 참조.

35 Treaty of Amsterdam Amending the Treaty on European Union, the Treaty Establishing the European Communities and Certain Related Acts. 암스테르담 협약은 EU 역내에서의 민사사법협력에 관한 입법권한을 유럽공동체에 부여하는 것을 목적으로 한다. 단, 덴마크는 제외된다.

36 Council Regulation(EC) No 1347/2000 of 29 May 2000 on Jurisdiction and the Recognition and Enforcement of Judgments in Matrimonial Matters and in Matters of Parental Responsibility for Children of Both Spouses. 위 규칙은 OJ L 160/19(30.6.2000)에서 확인할 수 있다.

37 Council Regulation(EC) No 2201/2003 of 27 November 2003 concerning Jurisdiction and the Recognition and Enforcement of Judgments in Matrimonial Matters and in Matters of Parental Responsibility, Repealing Regulation (EC) No 1347/2000. 위 규칙은 OJ L 338/1(23.12.2003)에서 확인할 수 있다. '브뤼셀 II a 규칙' 또는 '브뤼셀 개정 제2규정'으로 번역하는 문헌도 있다.

대해서는 이미 국내에 여러 편의 선행연구가 존재한다.**38**

그럼에도 불구하고 본 논문이 다시 한번 그 내용을 다루는 것은 유럽연합이사회가 「혼인 및 친권 관계 사항의 재판관할, 승인 및 집행과 국제적 아동 탈취에 관한 2019. 6. 25.자 이사회 규칙 2019/1111호」**39**(이하 '브뤼셀 II ter 규칙'이라고 한다.)에 의해 브뤼셀 II bis 규칙을 대대적으로 개정하였기 때문이다.**40** 브뤼셀 II ter 규칙은 혼인 및 친권 관계 사건에 대한 판결의 통용(circulation)을 촉진하기 위해서는 국제재판관할과 판결의 승인 및 집행에 관해 구속력 있고 직접 적용될 수 있는 EU 규정이 필요하다는 인식하에 기존에 그 의미가 불분명하여 해석상 논란을 야기하였던 조문들을 정교하게 가다듬는 한편, 회원국 간의 협력 체계를 공고화하기 위해 중앙당국의 역할과 권한 당국 간의 정보 교환 등에 관한 규정들도 신설하였다. 이로써 개정 전 총 72개에 불과하였던 브뤼셀 II bis 규칙의 조문 숫자는 총 105개로 확대되었다. 하지만 브뤼셀 II ter 규칙은 본 논문의 주제인 혼인 관계 사건의 국제재판관할 규정의 주된 내용에 대해서는 기존의 규율체계를 거의 변화 없이 유지하였다.**41** 기존 브뤼셀 II bis 규칙에 대한 비판이 없지 않았음에도 브뤼셀 II ter 규칙이 기존의 태도를 유지한 이유를 살펴보는 것은 우리 법제상 국제재판관할의 해석론과 입법론의 발전에도 시사하는 바가 크다. 따라서 이하에서는 본 논문의 주제인 혼인 관계 사건의 국제재판관할이라는 쟁점에 한정하여 브뤼셀 II ter 규칙의 주된 내용을 쟁점별로 살펴보되, 그 의미의 이해를 위해 필요한 한도에서 브뤼셀 II 규칙과 브뤼셀 II bis 규칙의 내용

---

38 브뤼셀 II bis 규칙의 제정경위와 내용에 대해 소개하고 있는 문헌으로 곽민희, "헤이그아동탈취협약과 유럽연합의 입법적 대응─브뤼셀 II bis 규칙·로마 수정안을 소재로─", 家族法研究 第25卷 2號(2011), 392-411면; 김두년, "부모일방의 자녀탈취와 양육권 확보를 위한 법적 과제", 法學研究 第57輯(2015), 6면; 석광현(2013), 117-123면; 이승미(2013), 181-186면; 이승미(2015), 72-79면; 장준혁(2015), 116-123면 참조.

39 Council Regulation(EU) 2019/1111 of 25 June 2019 on Jurisdiction, the Recognition and Enforcement of Decisions in Matrimonial Matters and the Matters of Parental Responsibility, and on International Child Abduction. 위 규칙은 OJ L 178/1(2.7.2019.)에서 확인할 수 있다. 브뤼셀 II ter 규칙의 특징을 소개하고 있는 문헌으로 Helen Blackburn/Marianna Michaelides, "The Advent of Brussels II bis Recast", LexisNexis PSL Family, 2019, pp. 1-6 참조. 위 문헌은 www.iflg.uk.com/blog/advent-brussels-ii-bis-recast에서 확인할 수 있다(최종방문일자: 2021. 12. 9.).

40 브뤼셀 II ter 규칙은 2022. 8. 1.부터 시행될 예정이다.

41 반면 친권 관계 사건의 국제재판관할과 재판의 승인·집행에 관해서는 대규모의 개정이 있었다. 이 점에 대해 자세히는 현소혜, "친권 관계 사건의 국제재판관할─2019년 브뤼셀 II ter 규칙에 대한 소개를 중심으로─", 家族法研究 第35卷 2號(2021), 227-238면 참조.

을 간략히 부기한다.

2. 적용범위

브뤼셀 II ter 규칙상 '혼인 관계 사건'이란 이혼, 별거(legal separation) 및 혼인 무효(marriage annulment)[42]에 관한 모든 민사 사건을 말한다(규칙 제1조 제1항). 혼인의 해소 자체에 관한 사건만 규칙의 적용대상이며, 이혼 사유나 재산분할 기타 부수적 조치에 관한 사항은 이에 포함되지 않는다.[43] 이혼 후 부양에 관한 사건들은 본래 규율대상이 아니지만(규칙 제1조 제4항 (e)), 혼인 관계 사건에 대해 국제재판관할을 가지고 있는 국가는 「부양 의무 관계 사항에 관한 재판관할, 준거법, 승인 및 집행과 협력에 관한 2008. 12. 18.자 이사회 규칙 제4/2009호」[44] 제3조 (c)에 따라 그에 병합된 이혼후 부양 사건에 대해서도 관할권을 행사할 수 있다.[45]

또한 브뤼셀 II ter 규칙은 혼인 관계 사건에 대한 모든 민사 절차를 포괄하여 규율하고자 하므로, 이하의 서술에서 '재판'이라 함은 이혼이나 별거, 혼인 무효에 관해 사법부에서 선고된 판결이나 결정, 행정부의 명령 등(judgement, decree, order)을 통칭하는 것이다(규칙 제2조 제1항). 브뤼셀 II 규칙과 브뤼셀 II bis 규칙은 이를 통칭하여 judgement라는 용어를 사용하였으나, 2019년 개정에 의해 공정증서 또는 당사자들의 협의서에도 재판에 준하는 승인과 집행의 효과를 부여하는 규정들이 신설되면서 그 용어가 decision으로 변경되었다.[46] 같은 맥락에서 '원고'란 좁은 의미의 원고뿐만 아니라 청구인 내지 신청인까지, '피고'란 청구 내지 신청의 상대방까지 아우르는 개념으로 넓게 사용한다.

---

[42] 이 때 혼인무효란 우리법상 혼인의 무효와 혼인의 취소를 포괄하는 넓은 개념이다. 장준혁(2015), 120면 참조.

[43] OJ L 178/2(2.7.2019.).

[44] Council Regulation (EC) No 4/2009 of 18 December 2008 on Jurisdiction, Applicable Law, Recognition, and Enforcement of Decisions and Cooperation in Matters Relating to Maintenance Obligations.

[45] 단, 그 국제재판관할권이 일방 당사자의 국적만을 연결점으로 인정된 경우에는 그러하지 아니하다.

[46] OJ L 178/3(2.7.2019.).

3. 국제재판관할의 결정 기준

(1) 법정관할

다음의 각 국가는 혼인 관계 사건에 대해 국제재판관할이 있다.

① 부부가 상거소를 가지고 있는 국가(규칙 제3조 (a) (i)). 소 제기 당시 부부가 공동으로 상거소를 가지고 있는 경우만 이에 해당한다.

② 부부가 마지막으로 상거소를 가지고 있었으며, 부부 중 한쪽이 여전히 거주하고 있는 국가(규칙 제3조 (a) (ii)). 이에 대해서는 혼인 파탄 후 다른 국가로 이주한 배우자에게 불리하다는 비판이 있다.[47]

③ 피고가 상거소를 가지고 있는 국가(규칙 제3조 (a) (iii)). 이는 브뤼셀 I 규칙이 민사 및 상사 사건에 관해 채택하고 있는 피고 관할의 원칙(forum rei)을 혼인 관계 사건에도 적용한 것으로서, 혼인 파탄 후 다른 국가로 이주한 배우자를 상대로 혼인 관계 소송을 제기할 때 그 이주한 배우자의 상거소지에서 재판 진행이 가능하도록 한다는 점에서 중요한 의미가 있다.[48]

④ 공동신청(joint application)의 경우에는 부부 중 일방이 상거소를 가지고 있는 국가(규칙 제3조 (a) (Ⅳ)). 이때 공동신청이란 이혼에 합의한 부부 쌍방이 함께 이혼을 청구하는 경우를 말한다. 우리나라의 협의상 이혼에 준하는 제도이나, 이혼신고만으로 이혼이 성립하는 것이 아니라, 별도의 이혼 재판이 필요하다는 점에서 협의상 이혼 제도와 차이가 있다.[49]

⑤ 원고가 상거소를 가지고 있으며, 신청 직전까지 최소 1년 이상 거주해 온 국가(규칙 제3조 (a) (Ⅴ)). 혼인 파탄 후 다른 국가로 이주한 배우자가 새로운 상거소지에서 혼인 관계 소송을 제기할 수 있도록 하는 제도로서 원고 관할주의(forum actoris)를 반영한 것이다. 혼인 파탄 후에도 부부 공동의 상거소국에 계속 거주하고 있는 배우자는 ②에 따라 즉시 해당 상거소국에서 소 제기가 가능한 반면, 다른 국가로 이주한 경우에는 일정 기간 이상의 거주 요건이

---

47 석광현(2013), 119면.

48 이에 대해서는 혼인 관계 사건에서 피고 관할의 원칙을 적용하는 것은 현대 혼인 소송법의 특징을 간과한 것이라거나, 어차피 부부의 상거소지에 관할을 인정하는 이상 피고 관할의 원칙은 불필요하다는 등의 비판이 있다. 이에 대해 자세히는 석광현(2013), 120면 참조.

49 이승미(2015), 87면은 위 조문이 합의관할 또는 변론관할에 준하는 기능을 수행한다고 서술하나, 공동신청에 의한 이혼 제도의 특징상 의문이다.

갖추어져야만 원고 관할을 주장할 수 있도록 한 것은 쟁송물과의 거리에서 차이가 있기 때문인 것으로 짐작된다.

⑥ 원고가 상거소를 가지고 있으며, 신청 직전까지 최소 6개월 이상 거주해 온 국가로서 해당 국가에 국적[50]을 가지고 있는 경우(규칙 제3조 (a) (ⅰ)). 원고가 상거소국에 국적도 가지고 있는 경우에는 원고 관할의 기간 요건을 완화해준 것이다.[51]

⑦ 부부가 국적[52]을 가지고 있는 국가(규칙 제3조 (b)). 부부 쌍방이 모두 해당 장소에 국적을 가지고 있어야 하므로, 부부 중 일방만 국적을 가지고 있는 국가에는, ① 내지 ⑥의 요건에 해당하지 않는 한, 관할권이 인정되지 않는다. 재산 관계 소송에서와 달리 혼인 관계 소송에서 부부 공동의 본국에 관할권을 인정한 것은 이미 회원국 대부분에 동일한 취지의 조문이 마련되어 있다는 점, 국적은 상거소보다 쉽게 확정할 수 있으므로 국제재판관할의 연결점으로서 우월하다는 점, 부부 중 일방만이 국적을 가지고 있는 경우와 달리 부부 쌍방이 모두 국적을 가지고 있는 국가에 관할을 인정하는 것은 차별적이지 않고 실제적인 단점도 없으며, 다른 국가로 이주한 부부가 자신들에게 익숙한 법원에서 자신들에게 익숙한 법제도에 따라 자신들에게 익숙한 언어로 혼인 관계 소송을 진행할 수 있도록 해준다는 점 등을 고려한 것이라고 한다.[53] 다만, 이에 대해서는 부부가 해당 국가에 공동의 국적을 갖게 된 이유가 혼인 또는 혈통에 의한 국적 취득 때문이었다면 해당 국가 법원이나 법제·언어 등에 대한 접근성이 절대 용이하다고 할 수 없으므로, 이를 정당화하기 어렵다는 비판이 있다.[54]

---

50 단, 해당 장소가 영국 또는 아일랜드인 경우에는 국적에 갈음하여 영국 또는 아일랜드법에 따른 주소(domicile)를 가지고 있어야 한다. 이하 규칙에서 '국적'이 문제되는 경우에는 모두 같다(규칙 제2조 제3항).

51 그것이 차별금지조항을 위반한 것인지를 둘러싼 논란에 대해서는 석광현(2013), 121면 및 각주 56)의 서술 참조.

52 복수국적인 경우에도 어느 쪽이든 원하는 국적을 선택하여 연결점으로 삼을 수 있다. 국적간에는 우열이 존재하지 않기 때문이다. Thalia Kruger/Liselot Samyn, "Brussel II bis: Successes and Suggested Improvements", Journal of Private International Law, 2016, p. 11 참조. 이와 관련된 독일의 태도를 소개하고 있는 문헌으로 이승미(2015), 91-92면.

53 석광현(2013), 121-122면 참조.

54 석광현(2013), 122면 참조.

위의 각 국제재판관할 간에는 우열이나 순위가 없으므로, 혼인 관계 소송을 하고자 하는 당사자는 이 중 어느 한 곳에 해당하는 법원이라면 어디에서라도 재판을 받을 수 있다.[55] 이와 같이 국제재판관할을 널리 인정하는 것은 "가능한 혼인의 해소를 용이하게 하려는 노력의 산물"(favor divortii)이나,[56] 자의적인 법정지 선택(forum shopping)이 가능해진다거나 혼인 관계 분쟁의 우호적 해결이나 조정의 가능성을 감소시킨다는 점[57]에서 비판을 받고 있다. 같은 맥락에서 각 국제재판관할권 간에 순위 규정을 두어야 한다는 주장도 있었으나,[58] 브뤼셀 II ter 규칙은 브뤼셀 II bis 규칙의 태도를 그대로 유지하여 당사자가 이혼소송을 제기할 국가를 폭넓게 선택할 수 있도록 하였다.

(2) 관련 사건의 관할

규칙 제3조에 따른 법정관할에 기해 재판을 진행 중인 법원은 그 반소에 대해서도, 그것이 위 규칙의 적용 범위 내에 속하는 한, 관할권을 갖는다(규칙 제4조). 또한 별거 재판을 한 회원국의 법원은, 규칙 제3조의 규정에 어긋나지 않는 한, 국내법에 따라 별거 재판을 이혼 재판으로 전환할 수 있는 관할권을 갖는다(규칙 제5조).

(3) 관할 규정의 보완

규칙 제3조 내지 제5조에 따라 국제재판관할이 인정되는 법원이 없는 경우에는 국내법에 따라 관할이 결정된다(규칙 제6조 제1항).[59] 즉 규칙은 국내법에 우선하여 적용된다. 브뤼셀 II bis 규칙은 피고가 회원국에 상거소 또는 국적을 가지고 있는 경우에 규칙 제3조 내지 제5조에 따른 국제재판관할에 전속성 내지 배타성을 인정하였다. 따라서 규칙 제3조 내지 제5조에 따라 국제재판관할이 인정되는 회원국이 있다면 다른 회원국이 자국의 국제사법 등을 기초로 국제재판관할을 행사하는 것은 허용

---

55 이 점에 대해 자세히는 장준혁(2015), 116-117면 참조.

56 석광현(2013), 118면.

57 Kruger/Samyn(2016), p. 11.

58 Ibid. 참조. 특히 위 문헌, p. 12는 현행 브뤼셀 II bis 규칙의 태도에 찬성하면서도 어느 법원에서 재판이 진행될지에 대한 예측 가능성을 확보하기 위해 지나치게 엄격하지 않은 정도에서 순위 규정을 두는 것이 바람직할 것이라고 서술하고 있다.

59 이승미(2015), 76면은 이를 '기타관할'이라고 번역한다. 석광현(2013), 123면은 "제3조, 제4조와 제5조에 의하여 재판관할이 인정되지 않더라도 회원국의 국내법에 따라 재판관할을 인정할 수 있다."고 하여 마치 브뤼셀 II bis 규칙과 국내법 규정에 따른 재판관할 규정이 같은 순위에서 적용될 수 있는 것처럼 서술하고 있으나, 오해의 여지가 있다.

되지 아니하였다. 하지만 이로 인해 혼인 관계 소송의 피고가 회원국 내에 상거소를 가지고 있지도 않고 국적도 없는 경우에도 원고는 오로지 규칙에 따라 국제재판관할 권을 가지고 있는 회원국에서만 혼인 관계 재판을 받을 수 있는지 또는 본국법을 원용하여 국제재판관할권을 판단해 줄 것을 주장할 수 있는지에 관해 논란이 발생하였다.[60] 이에 브뤼셀 II ter 규칙은 조문으로부터 "전속성"이라는 표현을 삭제하였다. 이로써 피고가 회원국에 상거소 또는 국적을 가지고 있는 경우에는 규칙에 따른 국제재판관할이 국내법에 우선하여 적용되지만, 회원국에 상거소도 국적도 가지고 있지 않은 피고를 상대로 혼인 관계 소송을 제기할 때에는 원고가 본국에 상거소를 가지고 있지 않은 경우라도 본국법에 따른 국제재판관할 규정의 적용을 주장할 수 있음이 분명해졌다(규칙 제6조 제3항). 원고의 법정지 선택 가능성을 보장하기 위함이다.

(4) 합의관할 등

브뤼셀 II ter 규칙은 브뤼셀 II bis 규칙과 마찬가지로 혼인 관계 사건에서 합의 관할이나 승인관할·변론관할 등을 인정하지 않는다.[61] 이에 대해 일부 견해는 협의상 이혼에서 유용하게 사용될 수 있다는 점, 당사자에게 예측 가능성과 법적 확실성을 보장해준다는 점 등을 근거로 혼인 관계 사건에 대해서도 합의관할 제도를 도입할 필요가 있다고 주장한다.[62] 2006년 7월경 제안되었던 브뤼셀 II bis 규칙 개정안 (이른바 '로마 개정안') 제3조의a 역시 일정한 요건 하에 합의관할을 허용한 바 있다.[63] 하지만 이러한 제안은 몇몇 국가들의 반대로 채택되지 아니하였다. 이는 사회적·경

---

60 자세한 내용은 Th.M.de Boer, "What we should not expect from a recast of the Brussels II bis Regulation", NiPR (2015), pp. 12-13; Kruger/Samyn(2016), pp. 7-9 참조. 실제로 유럽사법재판소 (European Court of Justice)의 Sundelind Lopez v. Lopez Lizazo 사건(ECLI:EU:C:2007:740)에서는 쿠바 국적의 부(夫)와 스웨덴 국적의 처가 프랑스에서 함께 혼인 생활을 하다가 그 관계가 파탄되자 부(夫)가 쿠바로 귀국하였고, 처는 계속 프랑스에서 생활한 사건이 문제된 바 있다. 처는 본국인 스웨덴에서 이혼소송을 제기하면서 피고인 부(夫)가 더이상 회원국에 상거소나 국적을 가지고 있지 않으므로, 규칙에 따른 전속적 국제재판관할권은 적용되지 않고, 따라서 반드시 부부 공동의 마지막 상거소국인 프랑스에서 이혼소송을 제기해야 하는 것은 아니며, 본국인 스웨덴법에 따라 국제재판관할권이 결정될 수 있다고 주장하였으나, 유럽사법재판소는 이러한 경우에도 브뤼셀 II bis 규칙에 따라 국제재판관할권을 가지고 있는 회원국(본건의 경우에는 프랑스)이 있을 때에는 국내법이 적용될 수 없다고 판시하였다.

61 Kruger/Samyn(2016), p. 10; 석광현(2013), 122-123면; 이승미(2015), 74면.

62 Kruger/Samyn(2016), pp. 12-14.

63 위 개정안의 구체적인 내용에 대해서는 곽민희(2011), 399-402면; Kruger/Samyn(2016), pp. 13-14 참조.

제적·문화적 가치와 깊게 연관된 영역이기 때문이라고 한다.[64]

4. 효과

회원국 영토 내에 상거소를 가지고 있는 자 또는 회원국의 국적을 가지고 있는 자는 규칙 제3조 내지 제5조의 규정에 따라 정해진 회원국에서만 혼인 관계 소송의 피고가 된다(규칙 제6조 제2항). 법원의 국제재판관할 심사 결과 해당 국가에 위 규정에 따른 국제재판관할이 없고, 다른 회원국에 국제재판관할이 있는 것으로 판단되는 경우에 그 법원은 직권으로 관할권 없음을 선언해야 한다(규칙 제18조, examination as to jurisdiction). 반면 규칙 제3조 내지 제5조의 규정에 따라 해당 회원국에 국제재판관할이 있는 것으로 판단된 경우에는 재판을 진행한다.[65] 다만, 그 회원국이 피고의 상거소국이 아닌 경우로서 피고가 출석하지 않았다면, 법원은 소장 그 밖에 이에 준하는 문서를 수령하여 방어를 준비하기에 충분한 시간을 확보하였다는 점 또는 이를 위해 필요한 모든 조치가 행해졌다는 점이 확인되지 않는 한 그 소송을 중단해야 한다(규칙 제19조 제1항, examination as to admissibility).[66] 규칙이 국적관할·원고관할 등을 넓게 인정한 결과 발생할 수 있는 방어권 침해로부터 피고를 보호하기 위함이다.

또한 규칙 제3조 내지 제5조의 규정에 따라 해당 회원국에 국제재판관할이 있는 것으로 판단되었더라도 동일한 당사자 간의 혼인 관계 소송이 서로 다른 여러 회원국 법원에 동시에 계류된 경우(국제재판관할의 경합)에 후소 법원은 전소 법원의 관할권이 확정될 때까지 절차를 중단해야 하며(규칙 제20조 제1항), 전소 법원에서 관할권이 있는 것으로 확정된 경우에 후소 법원은 직권으로 그 소를 각하해야 함을 명시하고 있다(규칙 제20조 제3항). 원고의 법정지 선택 가능성이 넓어질수록 국제적 소송경합이 발생할 위험이 커지므로, 이에 대비하여 규정을 정비해 놓은 것이다.

---

64 Boer(2015), p. 11 참조.

65 규칙에 따라 국제재판관할권 있는 법원에서 혼인 관계 사건에 대해 판결을 선고한 경우에 그 법원은 당사자의 신청에 따라 규칙 부록 II의 양식에 따른 혼인 관계 판결 증명서를 발급해 주어야 한다(규칙 제36조 제1항 (a)). 증명서 발급에 대한 이의제기는 허용되지 않으며, 오류가 있을 때 경정만이 가능할 뿐이다(규칙 제36조 제3항 및 제37조).

66 이승미(2015), 77면은 이를 "허용성 심사"라고 번역하고 있다.

Ⅳ. 혼인 관계 사건에서 국제재판관할권의 판단기준 정립

1. 해석론

Ⅱ.에서 살펴본 바와 같이 대법원 2021. 2. 4. 선고 2017므12552 판결에 의해 이제 혼인 관계 사건에서도 일차적으로는 국내법 관할 규정을 참작하여 국제재판관할권의 유무를 판단하되, 국제재판관할의 특수성을 충분히 고려하여 실질적 관련성 유무에 따라 그 원칙을 수정할 수 있음이 명백해졌다. 따라서 혼인 관계 사건에서 국제재판관할이 문제될 때에는 먼저 「가사소송법」 제22조에 따라 국내 법원에 토지관할이 인정되는지를 검토해 볼 필요가 있다.67 즉, ① 대한민국에 부부 쌍방의 주소지가 있는 경우(동조 제1호), ② 대한민국에 부부 쌍방의 마지막 주소지가 있고, 부부 중 일방이 계속 대한민국에 주소를 가지고 있는 경우(동조 제2호), ③ 위의 각 사안에 해당하지 않는 경우로서 대한민국에 피고(부부 모두가 피고인 경우에는 부부 쌍방)의 주소지가 있는 경우(동조 제3호), ④ 부부 중 일방이 사망한 경우로서 나머지 일방의 주소지가 대한민국에 있는 경우(동조 제4호), ⑤ 부부가 모두 사망한 경우로서 부부 중 어느 한쪽의 마지막 주소지가 대한민국에 있었던 경우(동조 제5호)에는 일응 우리나라 법원에 국제재판관할을 인정할 수 있다.

이러한 기준은 브뤼셀 Ⅱ ter 규칙에 따른 혼인 관계 사건의 국제재판관할 결정 기준과 대체로 일치하나, 크게 세 가지 쟁점에서 차이가 있다.68 ① 관할 조항 간에 순위가 인정된다는 점, ② 국적 관할을 인정하는 조문이 없다는 점, ③ 원고 관할은 부부 공동의 마지막 주소지에 아직 거주하고 있는 동안에만 인정된다는 점이 그것이다. 위 각 쟁점은 혼인 관계 사건의 국제재판관할 결정시 실질적 관련성을 판단함에 있어 국제재판관할의 특수성으로서 고려될 수 있는 요소들이기도 하다. 이하에서는 우리나라에서 혼인 관계 사건의 국제재판관할을 결정함에 있어 이러한 요소들을 고려할 필요가 있는지, 만약 고려한다면 어느 정도까지 고려할 수 있는지를 중심으로 검토한다.69

---

67 「가사소송법」상 토지관할 규정은 국제재판관할의 판단 요소로서는 비중이 상대적으로 약하다고 주장하는 견해로 석광현(2021), 659면 참조.

68 현행 「가사소송법」상 혼인 관계 사건의 토지관할 규정과 브뤼셀 Ⅱ bis 규칙상 혼인 관계 사건의 국제재판관할 규정 간의 세세한 차이점에 대해 지적하고 있는 문헌으로 석광현(2013), 124면 참조.

69 그 밖에 현재 판례의 태도와 같이 피고의 응소 여부를 가사 관계 사건의 국제재판관할의 결정 요소로 고려할 수 있는지도 중요한 쟁점이나, 위 쟁점까지 다룰 경우 지나친 방론으로 글의 전체적인 논지를 흐릴 우려가 있으므로 논의를 생략한다.

(1) 관할의 순위

「가사소송법」 제22조는 토지관할을 규정하는 각호 간에 순위를 예정하고 있다. 따라서 동조 제3호 사유(피고 관할)는 제1호 또는 제2호에 따른 관할법원이 존재하지 않을 때에만 보충적으로 등장할 수 있다. 대한민국에 ① 부부 쌍방의 주소지가 있거나 ② 부부 쌍방의 마지막 주소지가 있고, 부부 중 일방이 계속 대한민국에 주소를 가지고 있는 경우에는 피고 관할에 따라 우리나라 법원에 국제재판관할을 인정하는 것이 불가능한 것이다. 위 2017므12552 판결에서 피고가 대한민국에 상거소를 가지고 있었음에도 불구하고 대법원이 국제재판관할을 인정하기 위해 다양한 요소들을 고려하지 않을 수 없었던 것은 위와 같은 순위 규정에 연유한 것이다. 하지만 이와 같이 혼인 공동생활지 관할과 피고관할을 배타적으로 내지 우열을 정해 적용할 필요가 있는지는 의문이다. 피고 관할은 토지관할권의 가장 일반적·보편적 발생 근거로서 관할 배분에서 당사자의 공평에 부합할 뿐만 아니라,70 피고는 자기의 생활근거지에 소가 제기되리라고 쉽게 예측할 수 있고, 원고로서도 피고 주소지에서 소를 제기함으로써 발생할 수 있는 불이익을 스스로 감내한 것인 이상 피고의 상거소국 내지 주소지국에 국제재판관할을 인정하더라도 아무런 문제가 없다. 반면 피고의 상거소국 내지 주소지국에 국제재판관할을 인정하지 않는 경우에 원고가 겪는 불이익은 현저하다. 국내에서는 관할법원의 순위를 정하여 특정의 법원으로 토지관할을 집중시키더라도 관할 위반시 이송이 가능하므로 큰 문제가 없으나, 국제재판관할에서는 관할 위반시 각하하는 수밖에 없으며, 우리나라에서 소가 각하된 후 다른 국가에서 소를 제기하였다가 피고 상거소국 등이 아니라는 이유로 해당 국가에서도 국제재판관할을 인정받지 못하면 권리행사의 길이 봉쇄되어 버리기 때문이다.

브뤼셀 II ter 규칙이 혼인 관계 사건에 대해 피고 관할·원고 관할·국적 관할을 비롯하여 다양한 연결점을 인정하고 널리 국제재판관할을 허용하는 태도를 유지한 것은 바로 이러한 고려에 기초한 것이다. "국제재판관할권은 배타적인 것이 아니라 병존할 수도 있는 것"이며 "다른 나라 법원에 재판관할권이 인정될 수 있다는 이유만으로 대한민국 법원의 재판관할권을 쉽게 부정해서는 안 된다"는 것은 대법원도 이미 인정하고 있는 바다.71 위 2017므12552 판결과 같이 분쟁의 원인이 되는 사실

---

70 대법원 2019. 6. 13. 선고 2016다33752 판결.
71 대법원 2019. 6. 13. 선고 2016다33752 판결; 대법원 2021. 2. 4. 선고 2017므12552 판결.

관계가 이루어진 장소, 자료 수집의 용이성, 당사자들 소송 수행의 편의 등과 같은 요소를 종합적으로 고려하여 개별 사건마다 일일이 피고 상거소국에 국제재판관할이 인정되는지를 심사하기보다는, 혼인 관계 사건 국제재판관할의 특수성을 고려하여 위 조문 각 호가 열거하고 있는 지역이 소재하는 국가는 모두 혼인 관계 사건과 실질적 관련성이 인정된다는 점, 따라서 「가사소송법」 제22조가 예정하고 있는 순위에도 불구하고 피고 상거소국에는 언제나 국제재판관할이 인정됨을 일반론으로서 설시하는 것이 바람직하다.

(2) 국적 관할

「가사소송법」 제22조는 국적관할을 인정하지 않는다.[72] 이는 동법이 국제적 요소 있는 혼인 관계 사건을 규율하기 위해 제정된 법이 아니라는 점에서 당연한 귀결이다. 하지만 혼인의 무효·취소·재판상 이혼 등과 같이 혼인 관계의 해소가 문제되는 사건에서 국제재판관할 유무를 판단할 때에는 당사자의 주소 내지 상거소 뿐만 아니라 당사자의 국적도 중요하게 고려하여 실질적 관련성 유무를 판단할 필요가 있다. 「민사소송법」이 주소지를 보통재판적의 원칙으로 규정하고 있는 이유는 당사자와의 거리를 고려한 것이다. 하지만 재산 관계와 달리 가족관계는 그것을 구성하는 기본원리와 규율하는 방식, 그 문제를 다루는 사법부의 권한과 시각이 각국의 법률과 문화·역사에 따라 상이하며, 지리적 원근보다는 문화적 친소(親疏)가 당사자에게 더 중요한 의미를 갖는 경우가 많다. 우리나라와 같이 혼인 관계에 관한 준거법이 일차적으로 국적에 의해 정해지는 경우(「국제사법」 제36조 및 제39조)에는 해당 국가의 가족문화와 법규범에 정통한 법원에서 재판을 받는 것이 더 중요한 의미를 갖는다. 따라서 당사자에게 익숙한 가족구조를 전제로 익숙한 사법 체계에서 재판을 받을 권리를 보장할 필요가 있다. 부부 쌍방이 모두 동일한 국가에 국적을 갖고 있는 경우에는 더욱 그러하다. 무엇보다도 국적 관할을 인정하지 않는 경우에는 원고와 피고가 모두 마지막으로 혼인생활을 함께 하였던 국가를 떠나 제3국에서 거주하고 있고, 원고가 피고의 주소지를 알지 못하는 경우에 권리보호에 큰 흠결이 발생할 수 있다. 이러한 이유 때문에 브뤼셀 II ter 규칙 역시 혼인 관계 사건에서는 부부 공동의 본국에 언제나 국제재판관할을 인정한다.

학설상으로도 ① 본국의 재판에 대한 국민의 신뢰를 보장하고, 자국민의 이익을

---

72 이 점을 지적하고 있는 문헌으로 석광현(2021), 659면.

보호할 필요가 있다는 점, ② 「국제사법」이 혼인사건 등에 관하여 본국법주의를 택
하고 있다는 점, ③ 신분 관계는 본국과 밀접한 관련을 갖는다는 점, ④ 신분 관계를
공시하는 가족관계등록부를 정리할 필요가 있다는 점 등을 이유로 일부 가사사건에
대해서는 당사자의 국적에 근거하여 국제재판관할권을 인정해야 한다는 견해가 유
력하다.73 일반론으로서 명쾌하게 서술하고 있는 것은 아니지만, 판례도 예전부터 혼
인 관계 사건에서는 「국제사법」 제2조 제2항에 따른 국제재판관할의 특수성을 판단
함에 있어 당사자의 국적을 고려해왔다.74 하급심 판결 중에도 부부가 모두 대한민
국 국민으로 일본에서 결혼하여 일본에서 혼인 생활을 하였으며 주소지도 모두 일본
인 상황에서 대한민국에 거소를 두고 있는 원고가 우리나라에 이혼소송을 제기하자
"우리나라 국민의 신분관계는 우리나라 주권의 영향 아래 있으며, 국민의 신분을 관
리하는 호적도 우리나라에서 관리하고 있다"는 이유로 우리나라에 국제재판관할을
인정한 예가 있다.75 그렇다면 부부 쌍방이 모두 대한민국 국민인 경우에는 우리 법
원에 국제재판관할을 인정함이 여러 모로 타당할 것이다.

하지만 부부 중 일방만이 대한민국 국민인 경우에도 우리나라에 국제재판관할을
인정할 수 있는가. 이에 대해 일부 견해는 보호의 공백을 막을 필요가 있다는 점(원
고 국적관할의 경우) 및 한국 법질서 하에서 혼인 관계가 확실히 정리되는 데 대한 이
익을 누릴 수 있어야 한다는 점(피고 국적관할의 경우) 등을 들어 긍정한다.76 외국의

73 석광현(2012), 174면; 석광현, 해설, 97면; 석광현(2013), 110면; 석광현(2018a), 81면; 석광현(2021),
    659-660면; 이병화, "국제이혼에 관한 국제사법적 고찰", 저스티스 통권 제137호(2013), 392면; 이
    승미(2015), 87면; 장준혁(2015), 168면; 한숙희(2006), 21-22면 등. 그 밖에 석광현(2013), 135면 등
    은 본국 관할이 필요한 이유로 가능한 당사자와 가까운 법원에서 소송을 하는 데 대하여 당사자가
    가지는 지리상, 언어상 또는 통신상의 이익 및 신분등록에 관한 이해관계도 들고 있으나, 이러한 이
    점이 본국 관할과 직접적인 관련이 있는지는 의문이다. 그 밖에 김원태, "국제사법 전부개정법률안의
    검토—가사사건의 국제재판관할을 중심으로—", 民事訴訟 제22권 제2호(2018), 154면; 한숙희
    (2006), 22면 역시 호적정리나 가족관계등록부의 정정을 본국관할 인정의 근거로 제시한다.
74 대법원 2006. 5. 26. 선고 2005므884 판결 외 다수. 같은 취지로 석광현(2013), 113-116면 참조. 반
    면 장준혁(2009), 64면은 위 판결 전까지 대법원이 본국 관할 인정에 소극적이었다는 점을 들어 위
    와 같이 해석하는 것을 주저한다. 다만, 위 견해 역시 위 판결 선고 후의 하급심 판결들을 분석하면
    서 본국 관할에 대한 실무의 호의적 경향을 긍정하고 있다. 장준혁(2015), 158-159면의 태도도 이와
    같다.
75 서울가정법원 2006. 7. 19. 선고 2005드단46786 판결 참조.
76 장준혁(2015), 168-170, 178-180면. 김원태(2018), 154-155면 역시 부부 일방에 대한민국 국적이
    있는 것만으로 본국관할을 인정할 수 있다는 취지인 것으로 읽힌다. 이병화(2013), 392면도 부부의
    국적이 다를 경우에 부부 어느 일방의 국적을 타방의 국적에 우선시킬 아무런 이유가 없다는 이유로

입법례 중에도 법적 보호의 공백을 막는다는 이유로 부부 중 일방의 국적만을 연결점으로 국제재판관할을 긍정하는 경우가 있다.77 하지만 혼인 관계가 확실히 정리되는 것에 대한 이익은 외국 재판의 승인 및 집행 제도를 통해서도 충분히 달성될 수 있으므로, 그것만을 이유로 국제재판관할을 긍정하기에는 부족하다. 부부 중 일방이 본국에서 재판받을 이익을 갖는 만큼이나 다른 일방도 자신의 본국에서 재판받을 이익이 있음에도 불구하고 일방적으로 우리나라에 국제재판관할을 인정하는 것은 상호존중과 당사자 평등에 반한다는 점을 고려할 때, 부정설이 타당하다.78

법적 보호의 공백을 막기 위해 일방 배우자의 국적을 연결점으로 하여 국제재판관할을 인정하지 않을 수 없는 경우가 없는 것은 아니나, 이러한 경우에는 당사자 일방이 대한민국에 국적을 가지고 있다는 것 외에 대한민국에 국제재판관할을 인정할만한 별도의 실질적 관련성이 있는 것을 전제로 아래에서 살펴보는 원고관할을 인정하는 것으로도 필요한 보호를 제공할 수 있다.79 대법원 2014. 5. 16. 선고 2013므1196 판결은 대한민국 국민인 원고가 스페인에 상거소를 가지고 있는 스페인 국적의 피고를 상대로 대한민국에서 제기한 재판상 이혼 청구에 대해 "대한민국 국민인 원고의 이익"을 이유로 국제재판관할을 인정한 바 있으나, 해당 사건은 아래에서 살펴보는 원고관할이라는 관점에서도 대한민국에 국제재판관할을 인정할 수 있는 사안이었으므로, 이것만으로 대법원이 일방 배우자의 국적에 기초한 본국관할을 인정했다고 판단할 것은 아니다.80 브뤼셀 II ter 규칙도 아직 일방 배우자의 국적에 기초한

부부 각자의 본국 관할을 인정할 것을 제안한다.

77 가령 독일 「가사사건 및 비송사건 절차법」(FamFG) 제98조 제1호; 오스트리아 「재판관할법」 제76조 제2항 제1호 참조. 독일 및 오스트리아법상 혼인 관계 사건의 국제재판관할에 대해 자세히는 석광현 (2013), 126-128면; 장준혁(2015), 123-127면.

78 입법론이기는 하지만, 일방 배우자의 국적을 근거로 국제재판관할을 인정하는 것에 반대하는 견해로 이승미(2015), 87면; 유보적인 입장으로 석광현(2013), 135면.

79 한숙희(2006), 22, 24-26면에 따르면 "최근에는 국적만으로 국제재판관할을 인정하는 경우는 실무상 거의 없[으며]", 당사자 쌍방이 한국인인 경우 또는 원고가 한국인으로서 그의 상거소 또는 당사자 쌍방의 최후 주소가 우리나라에 있으면 우리나라에 국제재판관할이 인정되며, 당사자 일방이 우리나라 국민인 경우 융통성 있게 국제재판관할을 인정하는 것이 실무의 태도라고 한다.

80 위 판결 선고 전의 문헌이기는 하나, 장준혁(2009), 41면 역시 이혼 관계 사건에서 대법원이 본국 관할을 고려하는지는 불분명하다고 서술하고 있다. 위 판결의 원심판결이었던 서울고등법원 2013. 2. 8. 선고 2012르3746 판결을 소개하면서 원고도 혼인생활의 근거지였던 스페인에서 이혼소송이 제기될 수 있다는 예측이 가능하였음에도 불구하고 우리나라에 국제재판관할권을 인정하는 것은 상호주의와 평등의 이념에 어긋날 우려가 있을 뿐만 아니라, 준거법 조문을 국제재판관할의 결정의 근거로

본국관할은 인정하지 않는다.

(3) 원고 관할

「가사소송법」제22조는 부부가 함께 혼인 생활을 한 적이 없었던 장소에서는 원고 관할을 인정하지 않는다. 하지만 혼인 관계 사건에서 국제재판관할을 판단할 때에는 그 특수성을 반영하여 원고의 주소 내지 상거소를 함께 고려할 필요가 있다. 혼인 관계 재판은 양 당사자 모두에게 혼인 관계의 해소라는 동일한 효과를 발생시키는 것으로, 단순히 승패를 가르는 재산 관계 사건과는 성격이 다르다.[81] 특히 이혼 사건에서는 원고가 유기를 당했거나 가정폭력의 피해자인 등 취약한 지위에 있는 경우도 적지 않다. 국제재판관할의 특수성을 판단함에 있어 '당사자 간의 공평'은 단순히 피고의 방어권을 보장하는 것을 넘어 원고의 이혼할 자유를 실질적으로 보장한다는 측면도 함께 고려되어야 하는 것이다. 위에서 살펴본 대법원 1975. 7. 22. 선고 74므22 판결을 비롯한 다수의 하급심 판결에서 피고 주소지주의를 택하면서도 국민인 원고가 외국인 배우자로부터 유기당하거나 외국인 배우자가 행방불명된 경우에 우리나라에 국제재판관할을 인정했던 것은 같은 맥락에서 수긍할만하다.[82] 학설상으로도 권리보호청구권을 보장하기 위해 원고 관할을 인정할 필요가 있다는 견해가 유력하다.[83] 위 2013므1196 판결의 태도 역시 원고 관할을 고려한 것으로 해석할 여지가 있다.[84]

물론 단순히 원고의 현재 주소지라는 이유만으로 해당 국가에 국제재판관할을 인정하는 것은 원고의 법정지 쇼핑을 가능하게 하고, 혼인 관계와 실질적 관련성이 전혀

제시한 것은 부적절하다는 비판으로 이승미(2013), 179-180면 참조.

[81] 독일은 이와 같은 관점에서 원고나 피고 같은 당사자의 역할로부터 독립하여 혼인사건만을 위한 중립적인 관할 규칙을 정하고, 원고 관할과 피고 관할을 아무런 차별 없이 인정하고 있다. 이러한 독일 「가사 및 비송사건절차법」제98조 제1항의 태도에 대해 자세히 소개하고 있는 문헌으로 석광현(2013), 126-128면 참조.

[82] 이러한 취지의 하급심 판결을 정리하고 있는 문헌으로 이승미(2015), 65면 참조.

[83] 가령 장준혁(2015), 167면. 김원태(2018), 1533면; 한숙희(2006), 21면도 같은 취지인 것으로 보인다. 입법론으로서 이러한 주장을 하는 견해로 권재문(2013), 9-10면; 석광현(2012), 174면; 석광현(2013), 134-135면; 석광현(2018a), 76-77면도 참조. 이 중 석광현은 "가사사건의 국제재판관할권과 관련하여서는 재산관계 사건에서보다 원고의 구제에 유념할 필요가 있다."는 점을, 권재문은 "가사사건에서 실현되어야 하는 재판의 적정·공평의 이념에 비추어볼 때 원고가 보호되어야 하는 당사자이거나, 원고의 주소지가 증거수집 또는 사실판단을 하기에 더 적합한 장소라고 여겨지는 경우에는 피고에게 불리한 면이 있더라도 원고관할을 인정할 필요가 있다."는 점을 강조한다.

[84] 위 판결을 원고 관할의 관점에서 파악하고 있는 문헌으로 이승미(2015), 86면.

없는 국가에서 그 재판이 진행된다는 점에서 재판의 신속성과 효율성, 실효성을 저해할 우려가 적지 않다. 따라서 원고를 연결점으로 삼아 우리나라에 국제재판관할을 인정할 때에는 거주기간·국적·우리나라에서 소를 제기하게 된 동기 등을 종합적으로 고려하여 국제재판관할 유무를 판단하지 않을 수 없다.[85] 입법론으로서 혼인 관계 사건에 대해 원고 관할을 주장하는 견해 역시 대부분 일정 기간 이상의 상거소 유지 또는 국적 등을 요건으로 요구한다.[86] 브뤼셀 II ter 규칙도 혼인 관계 사건에서 원고 관할은 일정 기간 이상 거주를 조건으로 예외적으로만 인정하는 태도를 유지하고 있다.

2. 입법론

II.에서 살펴본 바와 같이 국제재판관할의 판단기준에 대해서는 여러 가지 논란이 있어 왔고, 특히 혼인 관계 사건의 경우에는 대법원의 태도를 둘러싸고 더 많은 이견이 있었다. 위 2017므12552 판결에 의해 재산 관계 사건에서의 국제재판관할 판단기준과의 정합성에 대한 논란은 일단락되었으나, 실질적 관련성 내지 국제재판관할의 특수성을 판단함에 있어 고려되어야 하는 요소들에는 여전히 불명확한 점이 많다. 이는 「국제사법」 제2조가 매우 추상적이고 일반적인 규정만을 두고 있는 것과 관련이 있다. 2001년 개정 「국제사법」이 이러한 태도를 택한 이유는 당시 헤이그 국제사법회의에서 국제재판관할에 관한 협약이 성안 중이어서 국내법에 완결된 내용을 둘 수 없는 상황이었기 때문이다.[87] 하지만 그 후 위 성안 작업은 각국 간의 견해

---

85 장준혁(2015), 167면 역시 해당 국가가 원고의 본국이자 주소지 또는 상거소지인 경우 또는 부부 최후의 공통주소지국이자 일방 배우자의 현재 주소지국인 경우에 원고 관할을 인정함이 타당하다고 주장한다. 이병화(2013), 391면은 종전 대법원 판결의 태도를 좇아 원고가 유기된 경우, 피고가 행방불명된 경우, 피고가 응소된 경우 등 특별한 사정이 있는 때에 한하여 원고 주소지국의 예외적 관할을 인정하고자 한다.

86 가령 석광현(2013), 134-135면은 원고가 일정 기간 동안 우리나라에 상거소를 유지한 경우 또는 우리나라에 국적이 있었던 경우에 원고 관할을 인정할 것을, 이승미(2013), 188면; 이승미(2015), 85-86면은 입법론으로서 브뤼셀 II bis 규칙과 같이 원고가 우리나라에 상거소를 두고 있고 1년 이상 거주하였거나, 6개월 이상 거주하면서 우리나라에 국적도 가지고 있는 경우에 혼인 관계 사건에 대해 우리나라의 국제재판관할을 인정할 것을 제안하였다. 장준혁(2015), 179-180면 역시 원고 관할을 넓게 인정하는 것은 혼인해소를 조장하는 것으로 이어질 수 있다는 관점에서 원고 관할을 입법하더라도 소제기 직전에 충분히 상당한 기간 동안 지속적으로 거주할 것을 요구하는 등의 접근이 필요하다고 서술하고 있다. 권재문(2013), 9-10면 역시 원고 관할 규정의 필요성을 역설한 바 있으나, 그 요건에 대해서는 침묵한다.

87 석광현, 해설, 59면.

차이로 무산되었고, 2005년 관할합의 협약의 체결로 마무리되었다.**88** 이로써 재판관할에 관한 범세계적 협약 체결은 요원한 일이 되었으므로, 국내법상으로라도 사건유형별로 상세한 국제재판관할의 근거 규정을 마련하여 당사자의 예측 가능성과 법적 안정성을 확보해야 한다는 주장이 대두되었다.**89** 이에 법무부는 2014년 「국제사법개정위원회」를 구성하여 논의된 결과를 토대로 「국제사법 전부 개정법률안」을 마련하여 2018. 11. 23. 정부안으로 제20대 국회에 제출하였으나 임기만료로 폐기되었고, 동일한 내용의 개정안을 2020. 8. 7. 다시 국회에 제출하여 2021. 12. 9. 수정가결되었다.**90** 혼인 관계 사건의 국제재판관할에 대한 개정 「국제사법」의 주된 내용은 다음과 같다.

제56조(혼인관계에 관한 사건의 특별관할)

① 혼인관계에 관한 사건에 대해서는 다음 각 호의 어느 하나에 해당하는 경우 법원에 국제재판관할이 있다.

1. 부부 중 한쪽의 일상거소가 대한민국에 있고 부부의 마지막 공동 일상거소가 대한민국에 있었던 경우
2. 원고와 미성년 자녀 전부 또는 일부의 일상거소가 대한민국에 있는 경우
3. 부부 모두가 대한민국 국민인 경우
4. 대한민국 국민으로서 대한민국에 일상거소를 둔 원고가 혼인관계 해소만을 목적으로 제기하는 사건의 경우

② 부부 모두를 상대로 하는 혼인관계에 관한 사건에 대해서는 다음 각 호의 어느 하나에 해당하는 경우 법원에 국제재판관할이 있다.

1. 부부 중 한쪽의 일상거소가 대한민국에 있는 경우
2. 부부 중 한쪽이 사망한 때에는 생존한 다른 한쪽의 일상거소가 대한민국에 있

---

88 이에 관해 자세히는 석광현, "2005년 헤이그 재판관할합의협약의 소개", 國際私法硏究 제11호(2005), 192-193면 이하; 장준혁, "2019년 헤이그 재판협약의 우리나라 입법, 해석, 실무에 대한 시사점과 가입방안", 國際私法硏究 제26권 제2호(2020), 144-149면.

89 권재문(2013), 9면; 석광현(2012), 143-144면; 석광현, 해설, 105면; 이승미(2013), 187면; 이승미(2015), 80면. 이승미(2015), 61면은 특히 혼인 관계 사건에서 국제재판관할은 재산 관계 사건에서와 같이 분쟁에 대비해 사전에 정해 놓은 계약이나 조약 등에 따른 해결이 불가능하므로, 예견가능성의 보장이 더욱 중요하다는 점을 강조한다.

90 2018년 「국제사법 전부개정법률안」의 자세한 제정 경위와 내용에 대해서는 김원태(2018), 137면; 김효정·장지용(2020), 65면; 노태악, "국제재판관할합의에 관한 2018년 국제사법 전부개정법률안의 검토", 國際私法硏究 제25권 제1호(2019), 153-161면 참조.

　　는 경우

3. 부부 모두가 사망한 때에는 부부 중 한쪽의 마지막 일상거소가 대한민국에 있
　　었던 경우

4. 부부가 모두 대한민국 국민인 경우

　　2021년 개정 「국제사법」(이하 '개정법'이라고 한다)은 혼인 관계 사건을 부부 중 일
방을 상대로 하는 혼인 관계 사건[91]과 부부 모두를 상대로 하는 혼인 관계 사건으로
분류하고, 전자 유형의 사건에 대해서는 ① 부부 중 한쪽의 일상거소가 대한민국에
있고 부부의 마지막 공동 일상거소가 대한민국에 있었던 경우, ② 원고와 미성년 자
녀 전부 또는 일부의 일상거소가 대한민국에 있는 경우, ③ 부부 모두가 대한민국
국민인 경우 및 ④ 대한민국 국민으로서 대한민국에 일상거소를 둔 원고가 혼인 관
계 해소만을 목적으로 제기하는 사건의 경우에(개정법 제56조 제1항), 후자 유형의 사
건에 대해서는 ① 부부 중 한쪽의 일상거소가 대한민국에 있는 경우, ② 부부 중 한
쪽이 사망한 때에는 생존한 다른 한쪽의 일상거소가 대한민국에 있는 경우, ③ 부부
모두가 사망한 때에는 부부 중 한쪽의 마지막 일상거소가 대한민국에 있었던 경우
및 ④ 부부가 모두 대한민국 국민인 경우에 우리나라에 국제재판관할을 인정한다(개
정법 제56조 제2항).

　　이 중 개정법이 부부 공동의 본국을 연결점으로 하는 본국 관할을 인정한 것 및
원고가 대한민국에 국적과 일상거소를 두고 있거나 원고와 미성년 자녀가 대한민국
에 일상거소를 두고 있는 것 등을 전제로 원고 관할을 인정한 것은 매우 환영할 만
하다.[92] 하지만 Ⅳ.1.에서 상술한 바와 같이 혼인 관계 사건에서는 국제재판관할의
특수성을 반영하여 본국관할 및 원고관할을 보다 적극적으로 인정할 필요가 있음에
도 불구하고 개정법이 이에 대해 침묵하고 있는 것은 아쉬운 일이다. 위에서는 해석

91　이때 혼인 관계 사건에는 혼인무효·취소 및 재판상 이혼 사건이 포함될 수 있다. 석광현(2013), 138
　　면 참조. 혼인 관계 사건에 혼인의 무효·취소, 이혼의 무효·취소, 재판상 이혼, 부부재산제가 포함됨
　　을 개정안에 명시해야 한다는 견해로 김원태(2018b), 152면 참조.

92　부부 중 한쪽의 일상거소가 대한민국에 있고, 부부의 마지막 공동 일상거소가 대한민국에 있었던 경
　　우에도 우리나라에 국제재판관할을 인정하는 조문 역시 사실상 원고 관할을 인정한 것이다. 피고의
　　일상거소만 대한민국에 있을 때에는 개정법 제3조에 따라 당연히 국제재판관할이 인정되기 때문이
　　다. 자세히는 석광현(2018a), 80면; 석광현, "2018년 국제사법 전부개정법률안[공청회안]에 따른 가
　　사사건의 국제재판관할규칙", 國際私法研究 제24권 제2호(2018)(이하 '석광현(2018b)'로 인용한다),
　　506면 참조.

론을 전제로 서술하였으나, 입법론으로서도 「국제사법」에 혼인 관계 사건에서 본국 관할 및 원고 관할이 인정된다는 점과 그 요건을 명시한다면 국제재판관할에 대한 당사자의 예측 가능성과 법적 가능성을 확보하는 데 큰 도움이 될 것이다.

또한 개정법이 대한민국 국민으로서 대한민국에 일상거소를 둔 원고를 위해 국제재판관할을 인정하면서 그 적용범위를 혼인관계 해소만을 목적으로 제기하는 사건으로 한정한 것은 의문이다. 이는 "한국인이 외국인과 혼인한 뒤 배우자인 외국인의 소재불명 등으로 재판할 수 없게 되는 사안을 고려하여 혼인관계 해소만을 위한 것이라면 한국의 관할을 인정함으로써 가족관계등록부를 정리할 수 있게 하려는 것"[93]이라고 하나, 현행 「민법」상 혼인관계 해소시에는 미성년 자녀의 친권·양육에 관한 판단이 반드시 수반되도록 규정되어 있으므로,[94] 미성년 자녀 있는 부부에게 오로지 혼인관계 해소만을 목적으로 하는 사건이라는 것은 존재할 수 없다. 가족관계등록부 정리를 위한 원고 관할을 허용하면서 재산분할이나 단독친권 확보 등을 위한 원고 관할을 허용하지 않을 특별한 이유도 없다.[95]

또한 개정법은 부부 공동의 일상거소가 대한민국에 있는 경우에 우리나라에 국제재판관할이 인정된다는 점을 명시하고 있지 않다.[96] 개정법 제56조 제1항 제1호는 "부부의 마지막 공동 일상거소가 대한민국에 있었던 경우"라고 규정하고 있으므로, 공동의 일상거소가 현재 존재하는 경우는 이에 포섭될 수 없을 뿐만 아니라, 설령 포섭될 수 있다고 할지라도 공연한 해석상의 논란을 피하기 위해서는 이를 명백히 규정하는 편이 낫다. 혼인 관계 사건의 피고가 대한민국에 일상거소를 가지고 있는 경우에 우리나라에 국제재판관할 있음이 개정법 제56조에 명시적으로 드러나지 않는 것도 아쉽다.[97] 개정법 제3조에 따라 피고가 대한민국에 일상거소를 가지고 있는

---

93 석광현(2018a), 80면; 석광현(2018b), 506-507면.

94 가정법원은 혼인의 취소 또는 재판상 이혼의 소의 경우에 직권으로 친권자를 정하여야 하며(「민법」 제909조 제5항), 양육에 관한 사항의 협의가 이루어지지 아니하거나 협의할 수 없는 때에도 직권으로 또는 당사자의 청구에 따라 이를 정해야 한다(「민법」 제843조에 의한 제837조 제4항의 준용). 법원이 이혼 판결을 선고하면서 미성년자인 자녀에 대한 친권자 및 양육자를 정하지 아니하였다면 재판의 누락이 된다(대법원 2015. 6. 23. 선고 2013므2397 판결).

95 이와 달리 대한민국 국민으로서 대한민국에 일상거소를 둔 원고를 위해 국제재판관할을 인정하는 조문을 둘 필요가 없다는 견해로 김원태(2018), 155면 참조. 이미 혼인 관계 사건에서 관할원인이 다양하게 인정되고 있기 때문이라고 한다.

96 입법론으로서 쌍방 배우자가 모두 우리나라에 상거소를 둔 경우에 우리나라에 국제재판관할권을 인정해야 한다고 주장한 견해로 이승미(2013), 188면; 이승미(2015), 84면; 장준혁(2015), 178면 참조.

경우에는 당연히 우리나라에 국제재판관할이 인정될 것[98]이나, 일반 국민의 입장에서 개정법 제56조만 보고 피고관할에 관한 별도의 규정이 있을 것으로 예측하기는 쉽지 않기 때문이다.

참고로 2018. 3. 2. 정부가 국회에 제출한 「가사소송법 전부개정법률안」[99] 제37조는 혼인 관계 사건에 대해 ① 부부가 같은 가정법원의 관할 구역 내에 보통재판적이 있을 때에는 그 가정법원에(제1호), 부부의 보통재판적이 서로 다른 가정법원 관할 구역에 있는 경우로서 ② 부부 중 한쪽 당사자만이 미성년 자녀 전부 또는 일부와 함께 거주하는 때에는 그들의 보통재판적이 있는 곳의 가정법원에(제2호), 이에 해당하지 않을 때에는 ③ 부부가 마지막으로 공동으로 생활하였던 곳을 관할하는 가정법원의 관할 구역 내에 부부 중 어느 한쪽의 보통재판적이 있을 때에는 그 가정법원에(제3호), 이 모든 경우에 해당하지 않는 경우로서 ④ 부부중 어느 한쪽이 다른 한쪽을 상대로 하는 경우에는 상대방이 보통재판적이 있는 곳의 가정법원에(제4호), ⑤ 상대방의 보통재판적이 국내에 없거나 알 수 없을 때에는 원고의 보통재판적이 있는 곳의 가정법원에(제4호) 토지관할을 인정한다.[100] 가사소송법 개정안은 국내 토지관할에 관한 규정이므로, 본국관할·원고관할 등 국제재판관할의 특수성이 충분히 반영되어 있지 않고, 위 관할마다 순위를 정하고 있다는 점에서 국제재판관할 규칙으로 삼기에는 부족한 부분이 있으나, 그 문구를 반영하여 개정법의 내용을 축조하였다면 체계정합성을 확보하는 데 보다 도움이 되었을 것이다.

V. 결론

국제재판관할은 우리나라 법원에 적법하게 소를 제기할 수 있는지를 결정짓는다는 점에서 당사자들에게 매우 중요한 의미가 있다. 어느 나라에서 재판이 진행되는지에 따라 그 재판절차와 준거법이 확연히 달라질 뿐만 아니라 지리적 거리나 언어

---

97 입법론으로서 피고가 우리나라에 상거소를 둔 경우에 우리나라에 국제재판관할권을 인정해야 한다고 주장한 견해로 석광현(2013), 133-134면; 석광현(2021), 660-661면; 이승미(2013), 188면; 이승미(2015), 84면; 장준혁(2015), 166, 178면 참조.

98 같은 취지로 석광현(2018b), 504면; 석광현(2021), 677-678면.

99 가사소송법 개정안 제출의 배경과 개정안의 특징에 대해 자세히는 김원태, "가사소송법 전부개정법률안의 특징과 주요내용", 法曹 통권 제723호(2017), 287-299면 참조.

100 이러한 가사소송법 개정안의 태도에 대해 자세히는 김원태(2017), 312-314면 참조.

적 장벽 등으로 인한 소송 수행의 난이도 역시 크게 좌우되기 때문이다.[101] 특히 가사사건의 경우에는 일반적인 민사재판과 달리 각국의 정책적 판단에 따라 법관의 역할이나 절차의 기본구조 자체가 달라지기 때문에 당사자에게 더욱 큰 영향을 미칠 수밖에 없다.[102] 국제재판관할은 외국에서 선고된 혼인 관계 판결의 승인 및 집행 요건이 된다는 점에서도 그 중요성을 간과할 수 없다.[103] 그럼에도 불구하고 현재 국제적 요소가 있는 혼인 관계 사건에 관한 국제재판관할의 법리는 지나치게 개별 사안의 심사에 의존하고 있고, 그 심사기준 내지 고려요소도 명확하지 않아 당사자들의 예측가능성을 담보할 수 없는 상황이다. 혼인 관계 사건은 원고와 피고 모두에게 혼인 관계의 해소라는 효과를 발생시키는 것으로서 여타의 사건에 비해 피고의 방어권만큼이나 원고 자신의 권리를 보장할 필요도 크다. 권리보호의 흠결이 발생하는 것을 방지하기 위해서라도 혼인 관계 사건에서 국제재판관할을 지나치게 협소하게 해석하거나 설정하는 것은 바람직하지 않다. 브뤼셀 II ter 규칙이 원고의 법정지 선택 가능성을 가능한 확대하는 방향으로 혼인 관계 사건의 국제재판관할 규칙을 유지한 것은 우리 법에도 많은 시사점을 준다. 2021년 개정 「국제사법」은 혼인 관계 사건의 국제재판관할에 대해 비교적 명쾌한 기준을 제시하고, 국적 관할 및 원고 관할을 일부 인정하였다는 점에서 과거에 비해 진일보한 것이기는 하지만, 혼인 관계 사건의 특수성을 충분히 반영하였다고 평가하기에는 부족한 점이 적지 않다. 해석론으로서라도 그 한계를 보완할 수 있기를 기대한다.

101　석광현, 해설, 60-61면 등.

102　권재문(2013), 4면.

103　다만, 외국법원의 이혼판결에 대해서는 가족관계등록예규 제419호(『외국법원의 이혼판결에 의한 가족관계등록사무 처리지침』)에 의해 집행판결이 면제되고 있으므로, 현실적으로 승인 요건이 다투어질 가능성은 매우 협소하다.

북한주민의 상속회복청구권 행사와 제척기간
- 대상판결: 대법원 2016.10.19. 선고 2014다46648
전원합의체 판결 -

지 원 림*

[사실관계 및 소송의 경과]

Ⅰ. 사실관계

A는 1924년 B와 혼인하여 슬하에 8명의 자녀를 두었는데, A의 차남 C는 한국전쟁 당시인 1950년 서울에서 실종된 이래 북한에서 거주하였다. A는 1961년 사망하였고, 배우자인 B 그리고 자녀들인 C, D, E, 피고1, 피고2가 A를 상속하였다.[1] 1977년 C에 대한 실종선고가 이루어져 제적말소되었고, 1978년 상속재산인 X 토지에 관하여 B, D, E, 피고1, 피고2 앞으로 소유권보존등기가 마쳐졌다. 한편 B는 1990년 사망하였고, C는 2006년 북한에서 사망하였다. C의 딸인 원고는 2007년 북한을 탈출하여 2009년 남한에 입국한 뒤 2013년 C에 대한 실종선고 취소심판을 받았고, 2011년 피고1과 피고2를 상대로 상속재산의 회복을 구하는 소를 제기하였다.[2]

---

* 고려대학교 법학전문대학원 교수

1 A의 장남과 4남 및 차녀는 모두 혼인하지 않은 채 A에 앞서 사망하였다.
2 원고의 소 제기 후 피고2가 사망하여, 피고2의 상속인들이 피고2의 재산을 상속받아 소송절차를 수계하였다.

II. 소송의 경과

(1) 제1심(서울남부지방법원 2014. 1. 21. 선고 2011가단83213 판결)은 남북 주민 사이의 가족관계와 상속 등에 관한 특례법(이하 맥락에 따라 '남북가족특례법'이라고 한다) 제11 조가 상속회복청구권의 제척기간에 관한 민법 제999조 제2항을 배제하는 취지라고 보아 원고의 청구를 인용하였고,3 이에 피고2의 소송수계인들이 항소하였다.

(2) 원심(서울남부지방법원 2014. 6. 19. 선고 2014나2179 판결)은 —제1심과 달리— 남 북가족특례법 제11조가 민법 제999조 제2항을 배제하는 취지라고 보기 어렵다고 하 며, 상속회복청구권의 제척기간이 도과하였음을 이유로 1심 판결을 취소하고 원고의 소를 각하하였다.4

---

3 김영기, "남한 내 북한주민 관련 가족법적 실무상 쟁점", 사법 제31호, 2014, 196-197면에 소개된 판 시내용은 다음과 같다.
① 분단이 장기화되면서 북한주민의 상속회복청구권의 침해행위가 있은 때로부터 10년이 지난 소가 제기되는 경우가 허다할 것이고 이 경우 분단이라는 역사적 특수성을 전혀 고려하지 않은 채 민법을 그대로 적용하게 되면 자신의 의사와 관계없이 분단이라는 특수한 상황 때문에 상속을 제때에 받을 수 없었던 상속인으로서는 사실상 상속권을 박탈당하는 등 다소 가혹한 결과가 초래된다는 점을 고 려하여 남북가족특례법이 제정된 것으로 보이는 점, ② '제척기간'이나 '소멸시효'제도의 각 취지 및 북한주민인 진정상속인으로서는 자신의 권리의 존재 자체를 알 수 없었거나 알지 못하였고, 설령 알 수 있었다 하더라도 권리를 회복하기 위한 구제수단을 사용하는 것이 원천적으로 불가능한 상황에 처해 있었던 사정을 고려할 때, 기존의 남한민법에 존재하던 제척기간이나 소멸시효의 효력은 북한 주민인 진정상속인에게는 원천적으로 미칠 수 없다고 보아야 하는 점, ③ 따라서 설령 남북가족특례 법에서 제8조, 제9조와 같은 특별규정으로 상속회복청구권에 관하여 권리행사기간을 따로 두더라도, 이는 북한주민으로서는 처음부터 위와 같은 본래적인 권리를 갖고 있음을 확인시켜 주는 확인적인 규정으로 해석해야 하는 점, ④ 남한의 피상속인으로서는 만약 북한상속인의 생존사실을 알았더라면 당연히 그에게도 재산을 나누어 주려는 의사를 가졌을 것이므로 북한상속인의 권리를 사후에라도 특 별히 보호하는 것이 남한 피상속인의 의사에도 어긋나는 것이 아닌 점, ⑤ 나아가 북한주민에 대하 여는 민법 제999조 제2항의 적용을 배제시키더라도 헌법 제13조 제2항에 따른 '재산권 박탈' 등 헌 법 위반의 소지가 없는 점 등의 사정을 모두 종합하여, 남북가족특례법 제11조는 민법 제999조에 대 한 특별법으로서 북한주민이 제기하는 상속회복청구사건에 대해서 우선 적용될 뿐 아니라 그 권리행 사기간 역시 민법 제999조 제2항에서 규정하는 '10년'의 제한을 받지 않는다고 해석하였다.
4 김영기, 앞의 글, 197-198면에 소개된 판시내용은 다음과 같다.
① 남북가족특례법 제8조, 제9조와 달리 남북가족특례법 제11조에서는 아무런 별도의 규정을 두고 있지 않으므로, 상속회복청구권의 행사에 대해서는 원칙으로 돌아가 민법 제999조 제2항에서 정한 '3년 또는 10년의 권리행사기간 제한'이 적용된다고 해석하여야 하는 점, ② 남북가족특례법 입법 시 가안에서는 북한주민에 대하여 상속회복청구권을 보장함과 동시에, 제척기간의 특례를 인정하며 반 환의 범위 제한 및 제3자 보호규정을 두었으며, 상속재산의 반환의무자는 상속재산반환청구권자 및 상속회복청구권자에게 시효취득을 주장할 수 없다는 규정들도 포함되어 있었던 점, ③ 위와 같이 상

Ⅲ. 대법원의 판단

(1) 다수의견은 '제척기간에 관한 특례의 인정은 입법의 영역에 속한다'는 입장에서 원심의 판단을 지지하였는데, 그 요지(판례공보에 실린)는 다음과 같다.

> 남북주민 사이의 가족관계와 상속 등에 관한 특례법(이하 '남북가족특례법'이라한다)은 상속회복청구와 관련하여서는, 제11조 제1항에서 남북이산으로 인하여 피상속인 남한주민으로부터 상속을 받지 못한 북한주민(북한주민이었던 사람을 포함한다) 또는 그 법정대리인은 민법 제999조 제1항에 따라 상속회복청구를 할 수 있다고 규정하고 있을 뿐, 친생자관계존재확인의 소나 인지청구의 소의 경우와 달리 민법 제999조 제2항에서 정한 제척기간에 관하여 특례를 인정하는 규정을 두고 있지 아니하다. 상속회복청구의 경우에도 친생자관계존재확인이나 인지청구의 경우와 마찬가지로 남북분단의 장기화·고착화로 인하여 북한주민의 권리행사에 상당한 장애가 있음을 충분히 예측할 수 있음에도, 이들 법률관계를 구분하여 상속회복청구에 관하여 제척기간의 특례를 인정하지 아니한 것은 입법적인 선택이다.
> 남·북한주민 사이의 상속과 관련된 분쟁에서 북한주민을 배려할 필요가 있더라도, 이는 민법상 상속회복청구권의 행사에 제척기간을 둔 취지나 남북가족특례법의 입법목적 및 관련 규정들을 감안하여 해당 규정에 관한 합리적인 법률해석의 범위 내에서 이루어져야 한다. 상속의 회복은 해당 상속인들 사이뿐 아니라 상속재산을 전득한 제3자에게까지 영향을 미치므로, 민법에서 정한 제척기간이 상당히 지났음에도 그에 대한 예외를 인정하는 것은 법률관계의 안정을 크게 해칠 우려가 있다. 상속회복청구의 제척기간이 훨씬 지났음에도 특례를 인정할 경우에는 그로 인한 혼란이 발생하지 않도록 예외적으로 제척기간의 연장이 인정되는 사유 및 기간 등에 관하여 구체적이고 명확하게 규정할 필요가 있고, 또한 법률관계의

속회복청구권의 제척기간에 대한 특례를 인정할 경우 기여분 인정 여부, 반환범위, 거래안전보호방안, 상속재산에 대한 가치유지·증가 비용 인정 여부 등 여러 부수적인 법률적 문제들이 파생되는바, 이는 모두 입법을 통한 해결이 필요한 부분임에도 남북가족특례법에서는 위와 같은 문제들에 대하여 아무런 규정이 없고, 특례가 인정된다고 해석할 경우 위와 같은 파생적인 법률적 쟁점들로 인하여 오히려 혼란을 가중시키는 측면이 있는 점, ④ 남북가족특례법 제정 당시에도 북한정권에 재산을 몰수당하고 월남한 남한주민의 북한 소재 재산 처리와의 형평문제 등을 고려할 때 특례를 인정하는 것이 사회적으로 많은 논란이 있을 수 있기 때문에 추후 법 개정을 통해 이를 해결하기로 하고 일단 제척기간에 관한 특례규정을 포함시키지 않은 채 법이 제정된 점 등을 종합하여 결국 북한주민이 제기하는 상속회복청구사건에 대해서도 위 제척기간이 적용된다고 판시하였다.

520 북한주민의 상속회복청구권 행사와 제척기간

불안정을 해소하고 여러 당사자들의 이해관계를 합리적으로 조정할 수 있는 제도의 보완이 수반되어야 하며, 결국 이는 법률해석의 한계를 넘는 것으로서 입법에 의한 통일적인 처리가 필요하다.

상속회복청구에 관한 제척기간의 취지, 남북가족특례법의 입법목적 및 관련 규정들의 내용, 가족관계와 재산적 법률관계의 차이, 법률해석의 한계 및 입법적 처리 필요성 등의 여러 사정을 종합하여 보면, 남북가족특례법 제11조 제1항은 피상속인인 남한주민으로부터 상속을 받지 못한 북한주민의 상속회복청구에 관한 법률관계에 관하여도 민법 제999조 제2항의 제척기간이 적용됨을 전제로 한 규정이며, 따라서 남한주민과 마찬가지로 북한주민의 경우에도 다른 특별한 사정이 없는 한 상속권이 침해된 날부터 10년이 경과하면 민법 제999조 제2항에 따라 상속회복청구권이 소멸한다.

(2) 반면 대법관 5인의 반대의견은 '해석(유추를 통한 법률 흠결의 보충)으로 제척기간을 연장할 수 있다'고 보았는데, 그 요지는 다음과 같다.

남북가족특례법이 북한을 이탈하여 남한에 입국한 사람(이하 '북한주민이었던 사람'이라고 한다)에 대하여서까지 단순히 상속권의 침해행위가 있은 날부터 10년이 경과하였으니 상속권이 소멸한 것으로 규정하였다고 해석하는 것은 제척기간에 내재된 전제와 부합하지 않고, 남·북한주민 사이에 단일민족으로서의 공감대를 형성하고 이를 통해 평화적 통일의 기반을 다져야 한다는 헌법의 정신에도 부합하지 아니한다.

남북가족특례법 제11조는 북한주민은 민법 제999조 제1항이 정하는 요건과 방식에 따라 상속회복청구를 할 수 있다고만 규정하고, 제척기간에 관하여는 명시적인 규정을 두지 아니함으로써 제척기간의 연장에 관하여 법률해석에 맡겨 둔 것으로 보아야 한다. 따라서 남북가족특례법 제11조에 행사기간에 관한 특례가 없다고 하여 반드시 민법 제999조 제2항이 북한주민의 상속회복청구에도 그대로 적용될 수는 없다. 남북가족특례법 제11조 제1항의 해석상 북한주민의 상속회복청구권의 제척기간의 연장에 관하여 별도의 규정이 없는 법률의 흠결이 존재하기 때문에 가장 유사한 취지의 규정을 유추하여 흠결된 부분을 보충하는 법률해석이 가능하다.

남북가족특례법 제11조 제1항의 해석상 남북이산으로 인하여 피상속인인 남한주민으로부터 상속을 받지 못한 북한주민이었던 사람은 남한의 참칭상속인에 의하여 상속권이 침해되어 10년이 경과한 경우에도 민법상 상속회복청구권의 제척기간이 연장되어 남한에 입국한 때부터 3년 내에 상속회복청구를 할 수 있다.

[연구]

Ⅰ. 들어가며

1. 문제의 소재

남북가족특례법 제11조 제1항 전문이 "남북이산으로 인하여 피상속인인 남한 주민으로부터 상속을 받지 못한 북한주민(북한주민이었던 사람을 포함한다) 또는 그 법정대리인은 「민법」 제999조 제1항에 따라 상속회복청구를 할 수 있다."고 하면서도 상속회복청구권의 행사기간(제척기간)에 대해서는 따로 규정하지 않았는데, 북한주민의 상속회복청구권도 민법 제999조 제2항 소정의 기간, 그 중에서도 특히 "상속권의 침해행위가 있은 날부터 10년"이 지나면 소멸하는지가 대상판결에서 주된 쟁점이다.

이에 대하여 다수의견은 친생자관계존재확인이나 인지청구와 달리 상속회복청구에 관하여 제척기간의 특례를 인정하지 않은 것은 입법적인 선택이고, 특례를 인정하기 위해서는 법률관계의 불안정을 해소하고 여러 당사자들의 이해관계를 합리적으로 조정할 수 있는 제도의 보완이 수반되어야 하며, 제척기간의 연장은 법률해석의 한계를 넘는 것으로서 입법에 의한 통일적인 처리가 필요하다는 점 등을 근거로 북한주민의 상속회복청구에도 민법 제999조 제2항이 적용된다는 입장인 반면, 대법관 5인의 반대의견은 북한주민의 상속회복청구권 행사 자체가 불가능하였다는 점에 더하여 제척기간에 관하여 명시적 규정을 두지 않음으로써 제척기간의 연장에 관하여 법률해석에 맡겨 둔 점 등을 들어 민법 제166조 제1항을 제척기간의 기산점에 유추할 수 있다고 한다.[5]

학설로도 북한주민의 상속회복청구에 민법 제999조 제2항이 적용되고 해석에 의한 제적기간의 연장은 허용될 수 없다는 것이 다수설의 입장[6]이지만, 같은 조의

5　권영준, "2016년 민법 판례 동향", 민사법학 제78호, 2017, 544면은 "다수의견은 법적 안정성, 반대의견은 구체적 타당성에 주목하였다. 다수의견은 입법의도, 반대의견은 입법목적에 주목하였다. 다수의견은 사법자제주의, 반대의견은 사법적극주의에 주목하였다. 이러한 근본적인 가치 대립이 제척기간의 기산점 문제에 고스란히 투영되었다."고 평가한다.

6　권영준, 앞의 글, 545-547면; 전경근, "북한주민의 상속에 관한 제문제", 아주법학 제8권 제4호, 2015, 27-28면; 정다영, "북한주민의 상속회복청구권 행사와 제척기간", 저스티스 제160호, 2017, 281-283면; 최성경, "북한주민의 상속회복청구권과 제척기간", 법조 제721호, 2017, 582-586면; 주해상속법, 2019, 61면(윤진수 집필부분) 등.

적용을 부정하는 견해7와 같은 항의 10년은 적용되지 않고 3년은 유추적용된다는 견해8 등도 주장된다.

이처럼 북한주민9의 상속회복청구권 행사의 시적 한계에 관하여 논란이 않은데, 이를 어떻게 해결해야 할까?

2. 선결과제로서 북한주민의 상속권

(1) 대상판결에서 문제되지는 않았지만, 북한주민의 상속회복청구는 그가 남한주민의 상속인지위를 인정받을 수 있음을 전제로 한다.10

(2) 북한주민의 상속과 관련하여 이미 대법원 1982. 12. 28. 선고 81다452, 453 판결이 —정당하게도— "망인의 직계비속인 딸이 이북에 있어 생사불명이라는 이유만으로는 재산상속인에서 제외될 수 없다"고 하여 상속인자격을 인정하였고,11 학설도 대체로 북한주민의 상속권을 인정한다.12

이에 더하여 남북가족특례법 제11조를 통해 북한주민의 상속권은 실정법적 근거를 획득하였다.

(3) 남북한은 국제적 차원에서 각자가 주권국가로 행세하는 것을 상호 묵인하게 되었으나 민족 내부적으로는 여전히 별개의 독립국가가 아닌(헌법상의 불법단체 또는 국가보안법상의 반국가단체) 이중적 지위를 가진다는 이른바 남북한 특수관계론13에 따

---

7 특히 김상훈, "북한주민의 상속회복청구권 행사와 제척기간", 가족법연구 제30권 3호, 2016, 505면 이하 참조.

8 가령 박근웅, "북한주민의 상속회복청구", 가천법학 제12권 제1호, 2019, 256면 이하; 정구태, "북한주민의 상속회복청구권 행사와 제척기간", 아주법학 제8권 제1호, 2014, 240-242면.

9 이 글에서 다루는 '북한주민'의 범주에는 현재 북한에 거주하는 주민뿐만 아니라 탈북하여 남한에 체류하는 북한이탈주민 나아가 중국 등에 거주하는 북한의 해외공민증 소지자를 포함된다.

10 북한주민의 상속권에 관한 본격적 검토로 이은정, "북한주민의 상속권", 가족법연구 제24권 1호, 2011, 166면 이하 참조.

11 이 판결에 대하여 최성경, 앞의 글, 586면은 북한주민이라는 이유만으로 남한에서 이루어지는 상속에 대한 상속인자격이 박탈되지는 않는다는 점을 최초로 판시한 선례적인 판결이라고 평가한다.

12 이에 관하여 우선 정다영, 앞의 글, 271면 참조.

13 남북분단의 상황에서 대한민국헌법 제3조(영토조항)와 제4조(통일조항)의 '규범'과 —남북한의 UN 동시가입, 남북 사이의 화해와 불가침 및 교류협력에 관한 합의, 남북관계 발전에 관한 법률 등을 통하여 지속적·점진적으로— 북한의 국가적 실체를 사실상 인정(묵인?)하게 됨에 따라 헌법의 규범력이 實效的으로 북한지역에 미치지 않는다는 '현실' 사이의 괴리를 해결하기 위한 이론으로, 통설적 입장이자 판례의 태도이다. 이에 관하여 우선 이효원, "북한이탈주민의 이혼소송과 북한주민의 법적 지위", 가족법연구 제22권 제3호, 2008, 426면 이하 참조.

르면, 북한주민은 외국인이 아니지만 현실적으로는 한국인으로서의 법적인 지위를 갖지 않는 특수한 지위인 북한적을 가진 주민이다.[14]

그런데 사법의 영역에서 북한주민에 대하여 한국법이 적용되지 않으므로,[15] 남·북한의 주민 또는 기업 사이의 사법상 법률관계에는 준국제사법적으로 결정되는 준거법이 적용되어야 하는데,[16] ―상속의 준거법은 사망 당시 피상속인의 본국법이므로(국제사법 제49조)― 북한주민도 우리 민법에 따라 남한주민의 상속인으로 될 수 있다.[17]

3. 논의의 범위 및 순서

(1) 법적 성질과 제척기간 등 상속회복청구권 자체에 관하여 검토할 점들이 적지 않지만, 이 글에서는 '일단' 다수설과 판례의 입장을 따르기로 한다.[18]

(2) 남북가족특례법 제11조가 북한이탈주민의 상속회복청구에 관하여 제척기간의 특례를 인정하지 않은 점을 어떻게 평가해야 하는지는 법이론과 당사자들의 이익형량이라는 두 관점에서 접근할 수 있다.

먼저 법이론적 관점에서 남북가족특례법 제정의 취지, 남북가족특례법 제11조의 해석 등을 검토한 후 상속회복청구권 행사의 시적 한계를 따져보아야 한다.

한편 이익형량의 관점에서 피상속인의 추정적 의사, 남한상속인과 북한주민의 보호가치의 형량 등을 살펴보아야 한다.

---

14 이효원, 앞의 글, 446면 이하 참조.

15 이에 대한 반증으로 국가와 무관한 법역(staatsfremdes Recht)에서는 어느 국가의 일부에 사실상 일반적으로 적용되는 규범(가령 종교법)도 (준)국제사법의 준거법으로 될 수 있고, 국제법적으로 승인되지 않은 사실상의(de facto) 국가의 법이라도 문제되지 않는다는 G. Kegel, Internationales Privatrecht, 6.Aufl., 1987, S.14f. 참조.

16 석광현, "남북한 주민 간 법률관계의 올바른 규율", 국제사법연구 제21권 제2호, 2015, 343면 이하 참조.

17 결국 남북가족특례법 제11조는 북한주민의 상속권을 확인하고 이를 보충하는 규정으로 보아야 하고(제1심의 판시도 참조), 그에 의하여 비로소 북한주민의 상속권이 창설되도록 하는 형성규정은 아니다. 이 점도 같은 조의 해석에서 법원이 너그러운 태도를 취해야 하는 근거로 될 수 있을 것이다.

18 다만 특이하게도 상속회복청구권 폐지론 및 소멸시효 전환론을 주장하는 견해로 김상훈, 앞의 글, 505-507면 및 김상훈, "북한주민의 상속회복청구권 행사와 제척기간 재론", 북한법연구 제20호, 2018, 115면 이하 참조.

II. 법이론적 검토

1. 남북가족특례법 제정의 취지와 해석의 방향

남북가족특례법 제1조는 "이 법은 남한주민과 북한주민 사이의 가족관계와 상속·유증 및 이와 관련된 사항을 규정함으로써 남한주민과 북한주민 사이의 가족관계와 상속·유증 등에 관한 법률관계의 안정을 도모하고, 북한주민이 상속이나 유증 등으로 소유하게 된 남한 내 재산의 효율적인 관리에 이바지함을 목적으로 한다."라고 규정한다.

이처럼 남북가족특례법이 남·북한주민 사이의 가족관계 및 상속 등에 관한 특례를 규정하지만, 뒤에서 보는 바와 같이 당사자들에게 보다 긴요한 관심사는 가족관계 자체가 아니라 상속 등으로 인한 재산관계일 수 있다. 여기에 위 제1조가 법률관계의 안정과 더불어 "북한주민이 […] 소유하게 된 남한 내 재산의 […] 관리"를 남북가족특례법의 입법목적으로 드는 점을 더하면, 남한주민에게 발생할 수 있는 법률관계의 불안정(아니면 침해?)을 가능한 한 줄이면서 북한주민의 상속권이 실현될 수 있도록 남북가족특례법을 해석해야 한다.19

(2) 북한주민이 상속회복청구에 관하여 제척기간의 특례를 두지 않은 점에 대하여 —대상판결의 다수의견이나 다수설처럼— 특별법인 남북가족특례법에 제척기간의 특례를 인정하는 규정이 없으므로 일반법인 민법 제999조 제2항을 적용해야 한다는 입론도 가능하다.

그러나 '특별법 우선의 원칙'은 해석을 통하여 특별법의 내용이 명확하게 된 후에도 餘白이 있어야 비로소 작동한다. 따라서 섣부르게 일반법으로 돌아갈 것이 아니라 특별법의 문언과 취지를 끝까지 탐구해야 한다(Zuendedenken!). 그렇다면 (일반법인) 민법 제999조 제2항을 적용하기에 앞서 ① 앞에서 본 것처럼 남북가족특례법 제11조에 의하여 비로소 북한주민의 상속권이 창설/부여되는 것이 아님에도, 민법 제999조 제2항의 제척기간을 적용하면 특수상황(분단과 탈북 등) 때문에 북한주민의 상속권이 박탈되는 결과에 이를 수 있다는 점, ② 실제로 피상속인의 사망일과 북한주민의 입국일이라는 우연한 사정에 따라 상속회복청구의 소의 적법 여부가 결정됨

---

19 대상판결의 다수의견처럼 제척기간에 관하여 형식적·기계적으로 접근한다면 따옴표 안의 재산이 존재할 가능성은 사실상 전무할 것이다.

은 적절하지 않다는 점 등을 고려하여 (특별법인) 남북가족특례법 제11조의 해석에 임해야 할 것이다.

2. 남북가족특례법 제11조의 해석

(1) 남북가족특례법 제11조 제1항 전문은 "남북이산으로 인하여 피상속인인 남한주민으로부터 상속을 받지 못한 북한주민(북한주민이었던 사람을 포함한다) 또는 그 법정대리인은 「민법」 제999조 제1항에 따라 상속회복청구를 할 수 있다."고 규정한다.

그리고 뒤에서 보는 당초안과 달리 제척기간에 관한 특례를 두지 않음에 따라, 대상판결의 다수의견과 다수설은 민법 제999조 제2항이 정한 제척기간이 북한주민의 상속회복청구에도 적용되어야 한다는 입장이다. 그러나 다수설도 입법론으로는 북한주민의 상속권을 실질적으로 보장하기 위하여 특례규정을 두어야 한다는 입장을 취하고,[20] 대상판결의 다수의견도 입법에 의한 해결을 전제하는 것으로 보이는데,[21] 이러한 사정은 민법 제999조 제2항의 적용이 불합리함을 반증한다.

(2) 북한주민의 상속회복청구에서 제척기간의 특례를 인정하는 것은 해석의 범주를 벗어나지 않고,[22] 따라서 법원으로서 제반 사정을 고려하여 합리적인 결론을 도출할 수 있다고 해야 한다. 그 이유는 다음과 같다. ① 먼저 대상판결의 반대의견이 적절히 지적하는 바와 같이 "남북가족특례법이 제11조 제1항에서 '민법 제999조'를 명시함으로써 북한주민의 상속회복청구권에도 민법 제999조 제2항이 적용된다는 것을 분명히 할 수 있었음에도 '민법 제999조 제1항'만을 명시한 것은, 민법 제999조 제2항을 적

---

20 전경근, 앞의 글, 26-27면; 정다영, 앞의 글, 289-290면('분단의 종료, 자유로운 왕래, 그 밖의 사유로 인하여 소의 제기에 장애사유가 없어진 날부터 4년 내'로 규정함이 상당하다는 입장); 최성경, 앞의 글, 591면; 주해상속법, 61면(윤진수 집필부분) 등.

21 정다영, 앞의 글, 266면에 의하면 다수의견의 지지를 받은 원심에 "(다만, 위와 같이 현행 남북가족특례법의 해석상 상속회복청구권에 대한 제척기간의 특례를 인정하지 않을 경우 남북가족특례법의 제정에도 불구하고 분단의 장기화로 인해 사실상 북한주민의 상속권을 부정하는 결과에 이르는바, 추후 북한주민에 대하여 일정기간 제척기간의 특례를 인정해 주는 방향으로 사회적 합의가 이루어진다면 남북가족특례법에 제척기간에 대한 특례규정을 포함시킴과 동시에 상속재산반환의 범위 제한, 거래안전보호 등 관련 규정을 함께 두어 그 부작용을 최소화하는 방향으로 남북가족특례법이 개정되어야 할 것이다)"라는 부분이 부기된 것으로 보인다.

22 사견으로 secundum legem(법률의 안에서)은 아니더라도 praeter legem(법률의 밖에서)에 그칠 뿐 contra legem(법률에 반하여)에까지 나아가지는 않는다고 판단된다. 즉 뒤에서 보는 '의도적 유보'라는 입법자의 구상을 실현하기 위한 법률내재적인 법형성(gesetzesimmanente Rechtsfortbildung. K. Larenz, Methodenlehre der Rechtswissenschaft, 6.Aufl., 1991, S.366 참조)에 속한다.

용함으로써 북한주민이 자신의 책임과 무관하게 제척기간의 경과로 상속권을 박탈당하는 부당함과, 민법상 상속회복청구권의 제척기간을 연장함으로써 남한주민이 입게 되는 불측의 손해 및 법적 안정성의 침해라는 상호 상반되는 이해가 충돌하는 국면에서 어느 것이 우월하다고 단정할 수 없으므로, 제척기간의 연장에 관하여 명시적인 규정을 두어 어느 한쪽의 희생을 강요하기 보다는 법률해석에 유보해 둠으로써 합리적인 법률해석을 통해 상반되는 이해가 적절히 조화를 이룰 수 있도록 하려는 입법자의 의사가 표현된 것으로 이해할 수 있다."[23] 입법자가 의도했든 아니든, 해석의 출발점으로서 文理解釋(Wortinterpretation)을 할 때 남북가족특례법이 제11조 제1항 전문이 민법 제999조 제1항만을 규정한 점을 무시 내지 간과해서는 안 된다. ② 법질서의 통일성이라는 관점에서도 대상판결의 다수의견이나 다수설의 이해에 동의하기 어렵다. 친생자관계존재확인이나 인지청구가 가족관계의 존부 내지 형성을 위한 제도이지만 실제로는 상속회복청구를 위한 '선결'과제의 의미를 가진다. 즉 이러한 소를 제기하는 실질적 이유는 상속재산의 회복에 있다고 해도 과언이 아니다. 그런데 선결과제에 관하여 제척기간의 특례("분단의 종료, 자유로운 왕래, 그 밖의 사유로 인하여 소의 제기에 장애사유가 없어진 날부터 2년 내")를 인정하면서 정작 북한주민의 주된 목적일 수 있는 상속회복청구에 관해서는 특례를 인정하지 않고 민법 제999조 제2항을 적용하면 본말이 전도되는 나아가 남북가족특례법의 입법취지에 반하는 결과에 이를 수 있다.[24]

(3) 남북가족특례법 제정과정에서 북한주민의 상속회복청구에 관하여 제척기간의 특례를 규정할 것인지를 둘러싸고 논란이 있었다. 찬성측에서 제척기간을 연장하는 특례를 인정하지 않으면 실질적으로 상속권을 박탈하는 결과를 초래한다는 점, 특례를 인정하는 것이 피상속인의 의사에 부합할 수 있다는 점 등을 근거로 제척기간의 연장 특례 및 관련 법률관계에 관한 특례를 인정하는 조문을 성안하였다.[25] 그러나 이미 상

---

23 이에 동조하는 견해로 김상훈, 앞의 글(재론), 111면.

24 가족·신분관계와 상속관계에 대하여 이원적 해결을 도모한 결과로 설명되지만, 이 또한 동의할 수 없음은 뒤에서 본다.

25 신영호, "남북주민간 가족관계 및 상속 관련 특례법의 쟁점과 개선과제", 북한법연구 제17호, 2017, 223면 주 11에 의하면 그 내용은 다음과 같다.
제12조(상속회복청구권에 대한 특례) ① 남북 이산으로 인하여 피상속인인 남한주민으로부터 상속을 받지 못한 북한주민이거나 북한주민이었던 사람 또는 그 각 법정대리인은 상속을 받은 자를 상대로 상속회복청구권(민법 제1014조의 경우를 포함한다)을 행사할 수 있다.
② 제1항의 청구권은 분단의 종료, 자유로운 왕래, 그 밖의 특별한 사유가 발생한 날 이전에 민법 제999조 제2항에서 정한 기간이 이미 경과하였거나 위 사유가 발생한 날 당시 위 기간이 3년 미만 남

속을 받은 남한주민의 입장에서 소급입법에 의한 재산권 박탈로 위헌의 소지가 있다
는 점, 상호주의(북한주민이 사망한 경우에 북한에 있는 재산에 대해서는 남한주민이 권리를
주장할 수 없다는 점) 등을 근거로 한 반대의견에 직면하여, 향후 다양한 의견을 수렴하
여 남북가족특례법 개정을 통해 입법을 추진하기로 하면서 보류되고,26 제정된 남북가
족특례법 제11조는 제척기간을 연장하는 특례를 두지 않았다.27 이처럼 상속회복청구
에서 제척기간의 특례를 규정하지 않은 것을 두고 민법 제999조 제2항을 적용하기로
하는 입법적인 선택이라는 견해가 주를 이루고28 대상판결의 다수의견도 같은 입장이
다.

그러면 제척기간의 특례에 관한 제정과정에서의 논의가 남북가족특례법 제11조
의 해석에 어떤 영향을 미칠까? 분단의 특수상황을 고려한, 제척기간에 관한 특례의
필요성을 인정하여 조문화까지 이루어졌으나 반대에 부딪혀 입법에 이르지 못했다
는(많은 논자들의 표현에 따르면 '최종적으로 삭제된') 결과만을 고려한다면, 북한주민의
상속회복청구에 대해서도 민법 제999조 제2항이 적용되어야 한다는 입법자의 의사
를 추론할 여지도 없지 않다. 그리고 '해석을 통한 입법'이 허용되어서는 안 된다.29
그러나 ① 제척기간에 관한 특례를 향후의 과제로 보류한 점은 민법 제999조 제2항

아 있는 경우에는 위 사유가 발생한 날로부터 3년간 상속회복청구권(민법 제1014조의 경우를 포함
한다)을 행사할 수 있다.
③ 상속회복청구권 행사 당시 민법 제999조 제2항에서 정한 기간이 경과한 경우에는 상속을 받은
자는 이 법 제정일 당시 그 받은 이익이 현존하는 한도에서 반환할 의무가 있고, 반환청구권자는 상
속재산을 취득한 제3자를 상대로 하여서는 반환청구를 할 수 없다.
제13조(시효취득의 배제) 제11조 제1항, 제2항 및 제12조 제1항의 경우에 상속재산의 반환의무자는
상속재산반환청구권자 및 상속회복청구권자에게 시효취득을 주장할 수 없다.
제14조(기여분에 관한 특례) ① 제12조의 규정에 따른 상속회복청구의 경우에 공동상속인 중에 상당
한 기간 동거·간호 그 밖의 방법으로 피상속인을 특별히 부양하거나 피상속인의 재산의 유지 또는
증가에 특별히 기여한 사람이 있을 때에는 상속개시 당시의 피상속인의 재산의 가액에서 공동상속인
의 협의로 정한 그 사람의 기여분을 공제한 것을 상속재산으로 보고 상속회복청구권자의 상속분을
산정한다.
② 제1항의 경우에 민법 제1008조의2 제2항부터 제4항까지의 규정을 준용한다.
③ 이 조는 1991년 1월 1일 이전에 개시된 상속의 경우에도 적용한다.
26 2011.11.15.자 제303회 국회(정기회) 법제사법위원회 회의록(법안심사 제1소위원회) 제3호 참조.
27 입법과정에 관하여 우선 신영호, 앞의 글, 220-227면 참조.
28 대표적으로 권영준, 앞의 글, 546면(입법부는 이를 향후 입법과제로 미룬 것이지 사법부의 해석과제
로 위임한 것이 아니라고까지 한다); 최성경, 앞의 글, 585면.
29 특히 북한주민의 상속재산 회복이라는 난제는 입법부의 몫으로 남겨놓는 것이 타당하다는 권영준,
앞의 글, 547면 참조.

의 적용 여부에 대한 판단을 '법관에 의한 법형성'의 영역에 맡긴 '의도적 유보'30로 보아야 하고, 법관은 유보된 영역으로서 제척기간의 판단에서 민법 제999조 제2항에 얽매일 필요가 없다.31 ② 민법 제999조 제2항이 적용되어야 한다는 입법의도를 인정하더라도, 입법의도가 입법자의 恣意를 정당화하지 않을 뿐만 아니라 법 전체의 입법목적과 어긋나는 입법의도에 기한 개별조항은 체계적 해석을 통하여 입법목적에 부합하게 수정해석되어야 한다. 여기서 앞에서 본 남북가족특례법 제정의 취지를 돌아보면, 해석을 통하여 민법 제999조 제2항의 적용으로 북한주민의 상속권을 실질적으로 부정하는 결과를 피해야 한다.32 결국 법원은 남북가족특례법 제정의 취지에 터 잡아 사안의 특수성을 고려하여 구체적 타당성 있는 결론을 도출해야 한다.

한편 대상판결의 다수의견은 "친생자관계존재확인이나 인지청구는 가족관계의 존부 내지 형성 그 자체에 영향을 미치는 사항으로서 재산에 관한 법률관계에 그치는 상속회복청구의 경우보다 보호의 필요성이 훨씬 크다고 할 수 있으므로, 남북가족특례법은 이러한 차이를 고려하여 입법에 반영한 것으로 보인다. 따라서 친생자관계존재확인이나 인지청구에 관한 특례를 이유로 들어 상속회복청구의 경우에도 반드시 동일하거나 유사한 처우를 하여야 한다고 단정하기 어렵고, 또한 그러한 처우를 하지 아니한다 하여 남북가족특례법의 입법취지에 위배된다고 할 수 없다."고 하였다.33 물론 친자관계 등 신분에 관한 사항과 상속 등 재산에 관한 사항을 구별하고 이원적 해결을 도모하는 것이 법정책적으로 잘못되었다고 단정할 수는 없다. 그러나 상속회복청구를 할 수 없다면(제척기간의 특례가 인정되지 않아서) 신분관계의 존재확인 내지 형성을 위한 소의 제기가 가능하더라도(제척기간의 특례가 인정됨에 따라) 작금의 세태에 비추어 사실상 무의미하다. 특히 북한주민의 경제적 상황에 비추어 그들의 내심의 솔직한/적나라한 관심사는 '족보보다는 현찰'이라고 해도 과언이 아닐 것이다.34

---

30 실제로는 민법 제999조 제2항의 적용배제에 대한 확신의 결여로 인한 '의도적 회피'?

31 "입법자가 '법제정 독점권'을 갖고 있지는 않지만, '우선권'은 갖고 있다. 입법자가 이러한 우선권을 행사하지 않는 한, 법관은 독자적으로 법을 창조할 권한을 갖는다."는 Kriele의 언명(Engisch, Karl, 안법영·윤재왕 옮김, 법학방법론, 2011, 158면 주 38) 참조.

32 법률이 입법자보다 더 현명할 수 있을 뿐만 아니라, 해석자가 법률 자체보다도 현명할 수 있는 가능성은 얼마든지 있다. Engisch, 앞의 책, 176면.

33 신영호, 앞의 글, 214-215면도 "남북한주민 사이의 친자관계 등 가족관계 문제는 천륜의 문제이므로 민법상의 제척기간과 상관없이 그 실체에 부합할 수 있는 방향으로 정하면서, 상속 등 재산적인 문제에 대해서는 정책적 측면의 고려가 개입될 수 있는 부분임을 감안하여 분단으로 인한 특수성을 반영하여 민법에 특례를 인정하되 법적 안정성을 고려하는 것"으로 남북가족특례법의 입장을´ 이해한다.

(4) 법률해석의 관점에서 학설은 대체로 특례규정을 두지 않으면 민법의 상속회복청구권 제척기간의 예외가 인정되지 않으므로 북한주민도 당연히 민법의 적용을 받는다는 입장이고,[35] 대법원도 제척기간 자체에 대한 특별규정이 없는 이상 민법 제999조 제2항이 적용됨을 전제하는 듯하다.

그러나 앞에서 본 것처럼 특별법의 해석을 통하여 보충되어야 하고 보충될 수 있는 부분에 대해서까지 일반법이 적용되는 것은 아니다. 그리고 유추가 금지되지 않는 사법의 영역에서는 법률규정을 문리적으로 해석한 바를 구체적 사안에 적용한 결과가 정당하지 않은 경우에 법률의 개정만 기다릴 것이 아니라 '법의 기본원리 내지 일반조항'을 통하여 타당한 결론을 도출하는 해석도 가능하다. 여기에 제척기간의 특례에 관하여 의도적 유보가 있었다는 사정을 더하면, 민법 제999조 제2항의 기계적 적용에 집착할 것은 아니다.

3. 상속회복청구권 행사의 시적 한계

(1) 앞에서 본 바와 같이 법원은 상속회복청구권의 행사와 제척기간에 관하여 남북가족특례법 제정의 취지에 터 잡아 개개사안의 특수성을 고려하여 구체적 타당성 있는 결론을 도출해야 하지만, 그렇다고 하여 법관의 恣意가 허용되는 것은 아니다.

한편 민법 제999조 제2항이 북한주민의 상속회복청구권 행사에 그대로 적용된다고 할 것은 아니지만, 역으로 남북가족특례법 제11조에 상속회복청구권의 행사기간에 대한 특례가 없으므로 북한주민은 아무런 기간 제한 없이 상속회복청구권을 행사할 수 있다고 보는 것 역시 형평의 관점에서 받아들이기 어렵다.

여기서 민법 제999조 제2항에서 출발하여 그에 적절한 수정을 가함으로써 북한주민의 상속회복청구권 행사의 시적 한계를 정함이 필요할 것이다.

(2) 상속회복청구권 행사의 시적 한계를 정하는 기준으로, 북한주민의 상속회복청구에 관해서도 제척기간의 기산점은 제척기간 일반의 법리[36]에 따라 다른 특별한 사정이 없는 한 상속권이 침해된 날부터 10년이 경과하면 상속회복청구권이 소멸한

---

34 물론 해외입양자들의 '뿌리를 찾으려는 노력' 등 반대방향의 움직임도 있지만, 생계문제로부터 자유로워야 비로소 누릴 수 있는 豪奢가 아닐까?

35 가령 권영준, 앞의 글, 545면은, 남북가족특례법은 민사관계에 관한 한 민법의 특별법이고, 특별법에 별다른 조항이 없다면 민법으로 회귀하는 것이 정상적인 경로라고 한다.

36 대법원 1997. 6. 27. 선고 97다12488 판결; 대법원 1995. 11. 10. 선고 94다22682·22699 판결 등 참조.

다는 대상판결의 다수의견과 북한주민의 상속회복청구에 관해서는 —상속권이 침해되어 10년이 경과한 경우에도 민법 제166조 제1항을 유추하여— '남한에 입국한 때'부터 민법 제999조 제2항 소정의 3년의 기간을 기산해야 한다는 대상판결의 소수의견37이 대립한다.38 그런데 다수의견은 앞에서 본 바와 같이 남북가족특례법 제정의 취지에 반하므로 제외하고, 반대의견의 입론가능성을 본다.

(3) 법적 안정성을 확보하기 위하여 권리자에게 불이익을 부과하는 제도라는 공통성에도 불구하고 소멸시효와 제척기간은 구별되어야 한다.39

그러나 ① 형성권이 아닌 경우에 소멸시효와 제척기간의 구분은 입법정책상의 문제일 뿐만 아니라40 소멸시효와 별도로 제척기간이 인정되는 이유는 그 권리를 둘러싼 법률관계를 조속히 확정하려는 데 있는데 북한주민의 상속회복청구에서 대부분의 경우에 남한상속인과 북한상속인 사이의 법률관계에만 영향을 미칠 뿐이어서41 실질적으로 소멸시효와 다를 바 없고, 나아가 ② 법은 누구에게도 불가능한 것을 요구할 수 없으므로, 제척기간에 걸리는 권리라도 그 행사가 "객관적으로" 불가능한 경우에 한하여42 기산점에 관한 예외를 인정할 것이고, 민법 제166조의 유추에 의하는 것이 정의와 형평의 이념에 부합할 것으로 생각된다.

(4) 한편 북한주민이 남한에 입국한 후 적법하게 친생자관계존재확인이나 인지청구를 하였다면, 그 판결로 상속인의 지위가 확정된 때부터43 민법 제999조 제2항

---

37 같은 취지의 것으로 김영기, 앞의 글, 199면 이하; 박근웅, 앞의 글, 256면 이하; 정구태, 앞의 글, 240-242면 등.

38 그 밖에 민법 제182조를 유추하자는 견해(신진화, "통일 전후의 신분법제 정비방안 — 혼인과 이혼, 부모와 자, 부양의무자, 상속을 중심으로", 통일사법정책연구 제1권, 2006, 299면: 최성경, 580-581면에서 재인용)도 있으나, 상속회복청구를 제때 하지 못한 북한주민의 사정을 "천재 기타 사변"과 동일시할 수 있는지 의문일 뿐만 아니라 "1월"의 기간도 '남한에 입국한 때'부터 기산한다면 북한주민을 위한 실질적인 구제책으로 된다고 하기 어렵다. 최성경, 앞의 글, 583면도 동지.

39 권영준, 앞의 글, 546면은, 권리관계의 조속한 확정을 통한 법적 안정성 도모라는 측면에서 과연 소멸시효와 제척기간이 동등하게 취급될 수 있는지도 곰곰이 따져보아야 할 문제라고 한다.

40 소멸시효와 제척기간의 본질적 차이에 대한 의문을 제기하는 양창수, 민법연구 제4권, 1997, 271면 참조. 학설은 대체로 "시효로 인하여"라는 법문의 존재 여부에 양자를 구별한다. 민법주해[III], 1992, 403-404면(윤진수 집필부분) 참조.

41 이론적으로 상속재산의 양수인 등 제3자에 대해서도 영향을 미칠 수 있지만, 실제로는 상속회복청구가 남북가족특례법 제11조 제1항 후문에 따라 남한상속인에 대한 가액지급청구의 모습으로 이루어질 것이다.

42 이러한 관점에서 민법 제495조를 제척기간에 유추한 대법원 2019. 3. 14. 선고 2018다255648 판결의 태도는 검토를 요한다.

소정의 3년의 제척기간이 적용된다고 해야 한다.

Ⅲ. 당사자들의 이익형량

1. 피상속인의 의사

(1) 앞에서 본 법이론적 검토를 당사자들의 이익형향이라는 관점에서 점검할 필요가 있는데, 그에 앞서 피상속인의 추정적 의사를 살펴본다.

(2) 피상속인의 의사[44]의 관점에서도 북한주민의 상속회복청구에서 제척기간의 특례가 인정되어야 한다. 즉 분단기간 동안 고생한 바에 대하여 재산으로나마 보상하려는 피상속인의 (추정적) 의사를 존중하여 가급적 북한주민을 보호하는 방향으로 남북가족특례법을 운용해야 하고, 상속회복청구에서도 가능한 한 제척기간의 도과로 북한주민이 상속인지위를 잃지 않도록 남북가족특례법 제11조를 해석할 것이다.

2. 남한상속인과 북한주민의 이익의 형량

(1) 상속회복청구에 관하여 제척기간의 특례를 두지 않는다면, 남북분단으로 인하여 진정상속인으로서 필요한 조치를 취할 수 없는 부득이한 상황 때문에 북한주민의 입장에서 '실제로는 아무 것도 얻지 못할 수 있다.'[45] 반면 제척기간을 연장하는 특례를 둔다면, 남한상속인의 입장에서 '이미 상속받은 것 중 일부를 빼앗길 수 있다.'

이러한 이해의 충돌을 어떻게 조절해야 할까? 앞에서 본 바와 같이 남북가족특

---

43 "민법 제1014조에 의한 피인지자 등의 상속분상당가액 지급청구권은 그 성질상 상속회복청구권의 일종이므로 같은 법 제999조 제2항에 정한 제척기간이 적용되고, 같은 항에서 3년의 제척기간의 기산일로 규정한 '그 침해를 안 날'이라 함은 피인지자가 자신이 진정상속인인 사실과 자신이 상속에서 제외된 사실을 안 때를 가리키는 것으로 혼인 외의 자가 법원의 인지판결 확정으로 공동상속인이 된 때에는 그 인지판결이 확정된 날에 상속권이 침해되었음을 알았다고 할 것"이라는 대법원 2007. 7. 26. 선고 2006므2757·2764 판결 참조..

44 상속의 근거에 관하여 의사설, 가산공유설, 사후부양설 등이 주장되는데, 유언의 자유를 인정하는 민법의 태도에 따라 피상속인의 의사를 주된 근거로 이해해야 한다. 지원림, 민법강의 제18판, 2021, 2095면 참조.

45 관련하여 주목할 만한 견해로, 당사자로서는 분단상황을 전혀 고려하지 않은 민법 제999조의 제척기간 규정에 대해 위헌 여부를 다투어 보는 것도 가능하리라는 임복규, "남북 주민 사이의 가족관계와 상속 등에 관한 특례법 중 상속 관련 규정에 대한 고찰", 통일과 사법[1], 2011, 350면: 김영기, 앞의 글, 199면 주 102에서 재인용.

례법이 북한주민을 보호하기 위하여 제정되었음을 감안하여 이미 상속을 받은 남한 상속인의 입장에서 검토한다.

(2) 먼저 제척기간의 예외를 인정하는 특례를 두는 것은 제척기간 도과로 소유권을 취득한 참칭상속인(남한상속인)의 재산권을 사후적으로 박탈하는 진정소급입법으로 위헌의 소지를 우려하는 주장이 있다.[46] 그러나 참칭상속인이 얻은 이익은 제척기간 도과로 인한 반사적 효과에 불과하여 헌법상 보호되는 재산권이라 하기 어렵다.[47][48]

(3) 그런데 적어도 상속재산에 관한 새로운 이해관계인이 나타나기 전이라면, 법률관계의 안정(실은 제척기간 도과로 얻은 남한상속인의 이익)보다 진정한 상속인인 북한주민의 보호를 중시할 필요가 있다.[49]

한편 남북교류의 증가로 인하여 북한상속인의 존재에 대한 남한상속인의 인식가능성이 높아졌는데, 북한상속인의 존재에 대하여 악의인 경우에도 제척기간의 도과를 주장하는 남한상속인들의 행태는 신의칙에 반하여 허용되지 않는다고 해야 한다.[50] 나아가 남한상속인이 북한상속인의 존재에 대하여 악의인 경우에 민법 제999조 제2항의 적용을 배제함으로써 북한상속인의 보호를 강화하는 특례규정을 신설하는 것도 진지하게 고민할 필요가 있다.[51]

---

46 윤영미, "상속회복청구권 제척기간에 관한 헌법적 쟁점", 고려법학 제74호, 2014, 216면 이하.

47 이인호, "북한 거주 상속인에게 상속회복청구권 제척기간의 연장특례를 인정하는 것에 대한 헌법적 평가", 통일과 법률 제8호(2011. 11), 117면 이하(북한주민의 소 제기에 장애가 없어지게 된 날까지 상속회복청구권에 관한 제척기간이 애당초 진행하지 않는다고 본다면, 제척기간에 관한 특례는 부진정소급입법으로서 허용된다고 한다); 주해상속법, 61-62면(윤진수 집필부분).

48 특례규정의 두는 당초안에 반대하는 논거의 하나로 상호주의도 제기되었는데, 북한 소재 재산의 상속이 문제될 여지가 전혀 없는 상황에서 큰 의미를 가지지 않는다고 생각된다.

49 이 경우 남한상속인이 '빼앗기는' 이익이 헌법상 보호되지 않을 뿐만 아니라 그것도 그가 얻은 이익의 '일부'의 박탈(실은 제자리를 찾아가는 것이라는 점에서 적절한 표현이라고 하기 매우 어렵지만)에 불과하다(반면 북한주민으로서는 얻어야 할 바를 전혀 얻지 못할 수 있다). 그에 더하여 남북가족특례법 제11조 제2항에 따라 기여분이 인정되므로(상속회복청구에서도 기여분 주장을 할 수 있는지에 관하여 주해상속법, 1497-1498면(이동진 집필부분) 참조) 남한상속인의 입장만 강조함은 적절하지 않은 것으로 보인다.

50 악의의 참칭상속인의 제척기간 도과주장은 신의칙에 비추어 허용되지 않아야 한다는 주장으로 윤진수, 민법논고 V, 2011, 108면 이하 참조.

51 실종선고의 취소에 따른 혼인의 효력과 관련하여 혼인당사자 중 어느 일방이라도 악의인 경우에 특례를 부정한 남북가족특례법 제7조 제1항 단서 참조.

Ⅳ. 나가며

지금까지 살펴본 것처럼 상속회복청구에 관한 제척기간의 특례를 규정하지 않았다고 하여 민법 제999조 제2항을 그대로 적용하는 것은 법이론적으로나 이익형량의 측면에서나 받아들이기 어렵고, 이러한 입장을 취하는 대상판결의 다수의견은 '법원의 법형성을 예정한 의도된 유보'를 외면한 결과로 직무를 유기한 것이라 비판받아 마땅하다.

제**2**부
프랑스민법

사진저작물에 있어서 저작권과 소유권의 충돌
- 저작권과 소유권(其二) -

이 준 형*

I. 들어가며

인간의 창조 활동의 산물인 저작물에 대한 보호, 특히 복제와 배포에 대한 보호는 15세기 출판인쇄술의 발명과 함께 법적 문제로 대두되어 독일(1684년)이나 영국(1710년)에서는 국가의 법적 보호를 받게 되었지만, 어디까지나 이는 국왕의 호혜에 따른 것이었고, 시민사회를 전제로 하는 근대적 의미의 저작권은 시민혁명의 나라, 문화의 나라인 프랑스에서 루이 16세가 단두대의 이슬로 사라지고 자코뱅파의 로베스피에르가 정권을 잡은 직후인 1793년 7월 공포된 데크레에서 비롯된다.[1] 한편 구

---

* 한양대학교 법학전문대학원 교수

1 작가, 음악작곡가, 화가 및 데생작가의 소유권에 관한 데크레(Décret relatif aux droits de propriété des auteurs, compositeurs de misiques, peintres et dessinateurs(19-24 juillet 1793). 제1조(저작자의 권리의 내용), 제2조(저작자의 상속인 또는 양수인은 저작자 사후 10년간 저작자와 동일한 권리를 향유), 제3조(저작자의 서명이 있는 정식 허락을 받지 아니한 사본에 대해서는 저작자의 요청이 있으면 모두 몰수), 제4조(위조자는 원본의 사본 3,000개 가격에 해당하는 금액을 진정한 소유자에 지급하여야), 제5조(위조자 아닌 단순 판매자는 원본의 사본 500개 가격에 해당하는 금액을 진정한 소유자에 지급하여야), 제6조(국립도서관 또는 판화박물관에 사본 2개를 제출하고 사서로부터 확인서를 발급받아야 위조자에 대한 사법적 구제를 받을 수 있어), 제7조(순수예술 작품을 남긴 저작자의 상속인은 10년간 작품에 대한 배타적 소유권을 보유) 총 7개의 조문으로 되어 있고, Armant Bigeon, La photographie et le droit(Nouvelle édition revue et augmentée), Paris: Charles Mendel, 1893, pp. 290-291에 전문이 실려 있다. 한편 이 책자의 출판연도는 프랑스 사진학회(Société française

체제(ancien régime) 붕괴 후 근대 민법전의 효시인 나폴레옹 민법전이 제정된 것이 1804년이니까 프랑스에서 새롭게 형성된 근대 시민사회를 배경으로 두 개의 권리, 즉 '배타적' 무체재산권2과 '절대적' 유체재산권3이 약 10년의 간격을 두고 차례로 법률(일반의지의 공식적 표현)로서 성립하였음을 알 수 있다.

　지금부터 약 15년 전 필자는 어떤 학회의 발표의뢰를 받고 저작권과 소유권이라고 하는 두 개의 절대권 사이의 충돌 문제를 미술저작물을 소재로 하여 다룬 글을 발표한 적이 있었다.4 거기서 주로 미술품 등 조형저작물을 대상으로 유체물에 대한 소유권과 정신적 산물에 대한 저작권의 분리로 인하여 발생하는 법률문제를 다루면서 저작권법이 민법의 특별법이라는 명제로부터는 아무런 해결책을 찾을 수 없고 개별사안마다 두 권리의 존재의미를 되새김질 하면서 양자 사이의 균형 있는 해법을 찾을 것을 주장하였고, 필자는 그것이 가능하려면 저작권법과 민법이 연결되는 부분에 대한 충분한 연구가 필요함을 절감하였다. 특히 이 글의 말미(V.)에서 동일성유지권과 소유권의 충돌의 극단적 예로서 다루었던 소유자에 의한 저작물의 고의적 멸실(반달리즘)은 그 후 도라산역사 벽화 훼손 사건5에서 현실화되면서 여러 연구논문에서 필자의 글이 인용되는 과분한 영광을 누리기도 하였다.6

---

　　de photographie) 도서관 목록에 따라 1893년으로 표시한다. 〈sfp.asso.fr/sfp-bibliotheque/opac_css/index.php?lvl=publisher_see&id=612〉(2021. 7. 30. 최종방문)

2　1793년 데크레 제1조: 모든 장르 서적의 작가, 음악작곡가, 회화작품이나 데생을 그린 화가와 데생작가는 전(全) 생애동안 공화국의 영토 안에서 그들 저작물을 판매하고 판매위탁 하고 유통할 배타적 권리와 그 소유권의 전부 또는 일부를 양도할 배타적 권리를 향유한다.

3　1804년 나폴레옹 민법 제544조: 소유권이란 법령에 의하여 금지된 용법으로 사용하지 않는 한 절대적인 방법으로 물건을 사용, 수익하고 처분할 수 있는 권리이다.

4　이준형, "미술저작물에 있어서 저작권과 소유권의 충돌: 저작권과 소유권(其一)", 스포츠엔터테인먼트와 법 제10권 제3호, 한국스포츠엔터테인먼트법학회, 2007. 8, 127-154면.

5　대법원 2015. 8. 27. 선고 2012다204587 판결.

6　구본진, 미술가의 저작인격권, 경인문화사, 2010, 381-382면; 이상정, "소유권과 저작권의 충돌과 조화에 관한 일고", 산업재산권 제33호, 2010. 12, 231-265, 237면; 김형렬, "미술 작품 등의 파괴와 저작인격권", 계간저작권 제25권 2호, 2012. 6, 161-200, 171면; 박성호, "국가에 의한 '예술 반달리즘'과 예술가의 인격권 침해", 계간저작권 제28권 4호, 2015. 12, 37-62, 47, 51면; 차상육, "미술저작물의 저작인격권과 소유권의 충돌과 조화를 위한 해결방안", 법학논고(경북대 법학연구원) 제55집, 2016. 8, 213-253, 229, 232, 234, 235, 236, 248면; 최상필, "미술작품 철거로 인한 저작인격권 침해", 산업재산권 제50호, 2016. 8, 241-269, 252면; 권태상, "예술품 파괴와 인격권", 법학논집(이화여대 법학연구소), 제21권 1호, 2016. 9, 33-65, 43, 54, 55면; 한지영, "예술작품의 폐기와 예술가의 권리침해", 법학연구(인하대 법학연구소) 제19집 3호, 2016. 9, 1-28면; 조채영, "문신의 저작권과 이용허락의 범위에 대한 검토", 스포츠엔터테인먼트와 법 제23권 4호, 2020. 11, 23-47, 33면; 박광선,

그런데 그 글을 쓸 당시에 '저작권과 소유권'이라고 부제를 붙이면서 거기에 호기롭게 '(其一)'이라고 쓰고 조만간 후속논문을 작성할 계획을 세웠었다. 그리고 2008년 12월부터 2009년 2월까지 생애 첫 연구년을 파리2대학 민법연구실에서 보내면서 추급권에 관한 짧은 글 한 편을 쓰고,[7] 다시 저작권과 소유권의 충돌 문제에 관한 자료를 찾아보던 중 우연히 사진저작물에 관한 저작권과 소유권의 다툼을 둘러싼 1999년과 2004년 2차례에 걸친 파기원의 중요한 판결과 그 판결들을 둘러싸고 프랑스 국외내의 논의가 있었음을 알게 되었다.[8] 그러나 귀국 후 근무하던 대학을 옮기고 또다시 일상의 번잡함에 휩쓸리면서 지금껏 그에 관한 글을 쓰지 못하였다. 이번에 남효순 교수님의 정년을 맞이하여 과거 파리 체류 시설의 즐거웠던 파리 팡테옹 앞 수플로 거리(Rue Soufflot)를 거닐던 추억을 떠올리며 오래된 숙제를 마무리하고자 한다.

II. 사진과 관련한 법적 쟁점

1. 사진의 등장과 예술성의 인정

사진의 아버지라 불리우는 프랑스의 루이 다게르(Louis Daguerre)가 촬영－현상－정착의 모든 과정(이른바 daguerreotype)을 1837년 완성하고 그 이정표가 된 사진 '예술가의 스튜디오'를 발표하면서 사진술이라는 새로운 기술을 둘러싸고 크게 2가지 문제가 제기되었는데, 하나는 과연 사진을 예술로서 법률상 보호하여야 하는가였고, 다른 하나는 거리에서 즉석으로 사진을 촬영하는 것이 과연 어디까지 허용되는가였다.

먼저 사진을 예술로서 법률상 보호하여야 하는가에 관하여는, 당시 저작자의 권리를 보호하는 법률적 근거였던 1793년 데크레는 그 기초 당시에 사진술이 존재하지 않았으므로, 동 데크레 제1조에서 언급한 '서적, 음악, 회화, 데생'과 사진을 법률상 동일하게 볼 것인지(그리하여 사진사에게 작가 등과 같은 권리를 부여할 것인지)가 다투어졌다. 이 문제에 관한 초기 논의에 가장 큰 영향을 미친 것은 '만화의 아버지'라 불리는 로돌프 퇴퍼의 "다게르의 감광판에 대하여"(1841)란 글이었다.[9] 그는 다음과 같

"거리미술의 법적 보호에 관한 연구", 사법 통권 54호, 2020. 12, 111-147, 129면.

7 이준형, "문화예술 시장과 법적·제도적 규제: 경매 시장과 추급권에 관한 최근 프랑스의 논의를 중심으로", 문화정책논총 제20집, 한국문화관광연구원, 2008. 11, 84-104면.

8 두 파기원 판결은 아래 III. 2.와 4.에서 소개한다.

9 Rodolphe Töpffer, "De la plaque de Daguerre, à propos des excursions daguerriennes)"(1841), in: Rodolphe Töpffer, Mélanges, Paris: Joël Cherbuliez, 1852, pp. 233-282. 이 글을 읽어보면 데

이 사진의 예술성을 정면으로 부정하였다. "무엇보다도 다게르의 기계가 멈춰있는 또는 움직이는 대상의 이미지를 색깔까지 재생하는 데까지 발전한다 해도 그것은 예술에 한 발자국도 다가가지 못한다. 왜냐하면 그러면 그럴수록 필연적으로 언제나 유사한 것이 아닌 동일한 것, 보이지 않는 것의 상징이 아니라 보이는 것의 이미지, 정신에 의한 정신을 위한 물질이 아니라 물질에 의한 물질을 위한 물질만 나올 수밖에 없기 때문이다."**10**

판례도 처음에는 같은 입장이었다. 1855년 프랑스 파리에서 개최된 최초의 만국박람회 당시 주전시장 역할을 맡았던 이른바 산업궁전(Palais de l'industrie)을 건설했던 회사로부터 사진촬영 기타 독점적 복제권을 양수한 르수르(Lesourd)란 사람이 자신의 허락 없이 산업궁전의 도감을 출판한 출판사를 상대로 제기한 소송에서 법원은 "산업궁전의 배타적 복제권이 있다는 원고의 주장은 아무런 정당성도 없다"고 선언하면서 특히 산업궁전은 공유물에 해당하므로 이를 찍은 사진 또한 공유물이라고 그 이유를 설시하였다.**11** 그 후 다른 재판에서 법원은 회화(＝예술)와 사진(＝산업)의 차이점에 주목하면서 사진에 대한 법률의 보호를 부정하였는바, 이에 따르면 "사진기술이란 주체 스스로가 만들어내는 창조에 있는 것이 아니라 감광판을 가지고 객체의 모든 이미지를 기계적 방법으로 맹목적으로 복제한 양화 현상 속에 존재한다. 이런 산업을 화가나 데생작가의 기술과 같다고 할 수 없다. 후자의 기술은 오로지 상상력을 유일한 재료로 하여 구도나 주제를 만들어 내거나 자연이 보여주는 풍경을 자신의 감정에 따라 해석함으로써 자신에게 이로운 소유물을 구성한다. 따라서 경관이나 공공건축물을 찍기 위하여 감광판을 설치하는 사진가는 산업적 도구를 만들어 내는 데에 지나지 않으므로 그에게 그리고 그로부터 그것을 양수한 사람에게 어떠한 특권도 주어지지 아니한다. 다시 말해서 공공재 중에 어떤 대상을 찍은 사진감광판과 판화가나 석판화가의 예술적인 도판은 비슷하다고 볼 수 없다."**12**

생작가, 만화가로서의 작가의 자긍심과 새로운 기술(사진술)의 등장으로 인한 위기의식을 곳곳에서 느낄 수 있다.

10   *Ibid.*, p. 255.

11   CA Paris, 5 juin 1855(Lesourd et la Compagnie du palais de l'industrie c. Goupil et Masson), D., 1857, II, pp. 28-29=Ann. prop. ind. 1855-1856, Paris: Bureau des annales, 1856, p. 57. 참고로 원심(Trib. civ. Seine, 30 avril 1855)도 같은 취지였다.

12   Trib. com. Seine, 7 mars 1861, D.P. 1861. 3. 32.=Jurisprudence générale du royaume en matière civile, commeriale et criminelle, 3ᵉ partie, 1861, p. 32.

하지만 상황은 곧 전변하였다. 이것은 갑자가 사진술이 예술이라는 인식이 확산되었기 때문이라기보다는 사진술의 발전과 보급, 그로 인하여 사진을 생업으로 하는 인구의 증가로 인하여[13] 이들에게 어떤 식으로든 법률적 보호를 해줄 필요성이 증대하였기 때문이다. 1861년 이탈리아 통일운동의 영웅 카보우르 백작이 사망하자 그의 사진을 구하려는 사람들이 많았는데, 특히 사망 직전인 1856년 메이어와 피어슨이 촬영한 사진이 인기 있었다. 그러자 벳베더란 사람이 이들이 찍은 사진을 조금 확대하고 브러시 리터치로 발의 자세 수정, 또 배경에 서가 넣고 장신구를 몇 개 추가하여 판매하였다. 메이어와 피어슨이 벳베더를 상대로 소를 제기하였고, 1심에서는 사진은 저작물이 아니고 따라서 위조자를 상대로 한 청구는 이유 없다고 기각되었지만 2심에서 법원은 "비록 암실의 도움과 빛의 영향을 받긴 하였지만 일정한 범위에서 어느 정도 작업자의 예지적 정신의 사고가 만들어낸 산출물이라 볼 수 있다"고 원고의 손을 들어주었다.[14] 그리고 드디어 파기원이 처음으로 사진에 대한 법적 보호를 판단하게 되었는데, 여기서 파기원은 형태상 작가의 개성을 확인할 수 없다고 보고 저작물에서 배제하거나 확인할 수 있다고 보고 포함시키거나 하는 어느 한쪽을 택하지 아니하고 제3의 방식, 즉 복잡하고 애매한 중간 입장(당해 사진이 예술인지 여부는 각 법관별로 판단한다는)을 취하면서[15] 다음과 같이 설시하였다. "어떤 저작물이 정신이나 예지의 창조에 해당하기 위한 특징이 무엇인지를 법률로 정의할 수 없는 일이기에 법관의 판단에 맡길 수밖에 없고, 그렇기 때문에 1793년 7월 19일 법률의 보호를 받는 저작물에 해당하는지 여부를 … 선언하는 것은 법관의 임무이다."[16]

---

13 Bernard Edelman, Quand les juristes inventent le réel, Paris: Hermann, 2007, p. 190을 보면 사진을 생계로 삼는 사람이 프랑스에 5만 명이 있다는 19세기 말의 증언(Jacques-Ernest Bulloz, La propriété photographique et loi française, 1898)이 나온다.

14 1심(Trib. corr. de la Seine, 9 janvier 1862, Ann. prop. ind. 1863, p. 75) 판결에 대해서는 Armant Bigeon(주 1), p. 47도 참조. 2심(CA Paris, 10 avril 1862, D. 1863. Ⅰ. 53) 판결에 대하여는 Erick Mengual, "Evolution du droit à l'image" 〈galerie-photo.com/evolution-droit-image.html〉 (최종방문 2021. 7. 30.) 각각 참조.

15 Armant Bigeon(주 1)도 사진의 예술성을 둘러싼 견해의 대립을 사진을 전적으로 산업이라고 보는 입장, 전면적으로 예술로 취급하는 입장, 그리고 일부 예술성을 인정하는 입장으로 3분하여 각각 pp. 36-48, 49-71, 72-83에서 소개하면서 마지막 입장이 '현재의 판례'라고 한다(p. 72).

16 Cass. civ. 28 novembre 1862, D. 1862. Ⅰ. 52=Ann. prop. ind. 1862, pp. 420-433, 특히 pp. 432-433(본문에 인용된 부분은 p. 432) 그리고 Frédéric Rideau, Commentaire sur la décision de la cour de cassation sur la photographie 〈www.copyrighthistory.org/cam/tools/request/show Record?id=commentary_f_1862〉 (최종방문 2021. 7. 30.)도 참조.

이렇게 하여 사진 중에는 예술에 해당하는 것이 인정되게 되었지만, 사진 중 어떤 것이 예술이냐는 판단을 법관이 한다는 위 파기원의 태도에 대하여는 법률가들조차 비판하였다. 당시 비판진영의 선두에 섰던 푸이예는 파기원판결 후 10여 년이 지난 시점에서 다음과 같이 썼다. "이건 예술이고 저건 예술이 아니라는 판단을 법원에 맡기는 것은 … 법정을 미술학교(académie)로 변질시키는 짓이다. … 그림, 소묘, 조각처럼 분명하게 1793년 법률의 보호 하에 있는 분야에서 우리 법원에 그와 같은 권한이 주어졌던가? 법관이 어떤 그림에 대하여 이것은 예술작품이고 다른 그림에 대해선 그것은 아직 예술적이지 않다고 말하거나 어떤 그림에는 법률의 보호를 인정하고 다른 그림에는 인정하지 않거나 할 수 있었는가? 그렇지 않았다. 법이란 가장 현명한 것이다. 좋든 나쁘든, 미학의 법칙에 부합하든 그렇지 않든 모든 그림, 모든 소묘, 모든 조각은 예술작품이다. … 1793년 법률은 정신의 산물이면 무엇이든 예술에 속하는 한 … 보호한다. 그리고 다른 모든 저자와 마찬가지로 우리 또한 가령 '모형(moulage)'[17] 작품이 비록 자연을 본떠서 만든 것이더라도 동법률의 범위 내에 속한다는 점을 인정한다. 어째서 그 뒤 사진을 그 범위에서 제외할 수 있었을까? 우리 시스템의 적대자들이 강조하는 것은 사진에서는 사진기가 중요한 역할, 지배적 역할을 한다는 것이다. 그것이 무엇을 해명하는가? 가령 화가가 그림을 구상한 다음에 그것을 생각한 대로 단숨에 화폭에 재생하는 방법을 찾아냈다고 해서 그 작품을 정신의 산물이 아니라고 할 사람이 있을까?"[18]

얼마 지나지 않아 이러한 견해는 결국 주류적인 입장이 되었다는 사실은 20세기 중반(1958년)에 나온 다음 판결이 잘 보여준다. "예술적 인물사진이란 특성을 순수하게 그냥 재현하는 것 이상의 무언가를 추구하고, 그런 사진에서 사진사는 고객이 돋보이고 좋아할 측면을 사진에 담으려는 개인적인 노력을 하며 이상(ideal)에 근접한 사진을 얻기 위하여 피사체의 특징을 가능한 한 최대로 이용하려고 노력한다."[19] 이

---

17 위키디피아(영문판)에 따르면 물라주는 그 어원이 '성형'을 뜻하는 라틴어로서 16세기 르네상스 시대에 제작되었던 밀랍인형에서 기원하고, 그 후 의료교육에 사용되다가(가령 천연두 환자의 다리 모형) 컬러사진의 발전으로 오늘날에는 음식점 입구의 음식모형에서 그 흔적을 찾아볼 수 있다(인용자 주).

18 인용부분은 Eugène Pouillet, Traité théorique et pratique de la propriété littéraire et artistique et du droit de représentation, Paris: L.G.D.J., 1879, pp. 97-98, 같은 책, p. 137에도 같은 취지의 서술이 나온다. 그밖에도 Renée-Pierre Lépaulle, Les droits de l'auteur sur son œuvre, Paris: Dalloz, 1927, p. 50 등도 같은 입장이다.

19 CA Lyon, 7 novembre 1958, D. 1959, 46=Ann. prop. ind. 1861, p. 46. 동 판결은 1985년 7월 3일 법률 개정으로 예술성 요건이 삭제되기까지 20세기 중반 당시 예술적 사진의 기준을 제시한 대표적

판결을 앞의 1862년 파기원판결(앞의 주 16)과 비교해보면 거기서 '정신', '예지'와 같은 거창한 단어는 여기서 '노력'이란 말로 바뀌었지만, 여전히 사진의 예술성이 법정에서 다투어졌던 것은 여전히 예술성이 사진에 저작권을 인정하기 위한 조건이었기 때문이다. 그리고 '노력'이라는 주관적 기준은 법관이 판단하기 어려운 것이기 때문에 사진사가 자기 사진을 예술적이라고 주장할 경우 법정에서 이를 부정하기란 곤란하다. 그 결과 모든 사진은 적어도 법률적으로는 잠재적으로 예술성을 갖고 있는 것처럼 다루어지게 된다.

반면에 관점을 달리하여 보면, 사진 기술이 1839년 은판(daguerreotype)에서 1851년 콜로디온 습판, 1871년 유리건판, 그리고 1892년 설립된 이스트먼 코닥 사에 의한 포켓용(1895년), 접이식(1897년), 셀룰로이드 필름(1899년), 브라우니 카메라(1900년)의 발명으로 이어지는 일련의 혁신을 거쳐 대중화되어 누구나 쉽게, 즉 별다른 '노력' 없이 사진을 찍을 수 있게 되면서 위 1958년 판결의 기준(사진을 저작물로 만드는 것은 사람의 노력이라는)에서 보면 오히려 사진의 예술성은 기술의 발전과 더불어 엷어지게 되었다고도 말할 수 있을는지 모른다. 그러나 이러한 기술의 발전에도 불구하고 사진의 본질이 변하였다고는 할 수 없다. 앞서 본 것처럼, 일찍이 1841년에 이미 퇴퍼는 "다게르의 기계가 … 움직이는 대상의 이미지를 색깔까지 재생하는 데까지 발전한다 해도 그것은 예술에 한 발자국도 다가가지 못한다[즉, 그 본질은 변하지 않는다. - 인용자 주]."고 갈파하였다.[20] 결국 법원을 포함한 사회가 사진을 전면적으로 저작물로서 인정하게 된 배경은 사진을 생계로 하는 인구의 증가와 이에 따른 법적 보호의 필요성 때문이라고 할 수밖에 없다.

2. 사진에서 인격권과 저작권

사진의 예술성이 부정되던, 다시 말해서 사진에 저작권이 인정되지 않았던 시대에 법률의 보호를 받았던 것은 주로, 뒷날 초상권이라 불리게 되는 피사체 쪽의 권리였다. 그 후 사진이 저작물로서(보다 정확히는 법률상 '회화'의 일종으로서) 저작권이 인정되게 된 다음에도 초상권은 그전까지와 마찬가지로, 아니 보기에 따라서는 더욱

인 판결로서 지금도 인용된다. 가령 André R. Bertrand, Droit d'auteur 2011/2012(Dalloz action), 3e éd., Dalloz, 2010, Titre 2, Chapitre 204, Section 1, § 4(1957년에서 1985년까지의 판례), p. 675 의 주 6 참조.

20 Rodolphe Töpffer(주 9), p. 255.

두텁게 보호되면서 저작권과 나란히 사진에서 2대 권리로서, 때로는 서로가 충돌하면서 각각 발전하였다. 비록 사진은 아니지만, 초기에 가장 유명했던 판결로는 유명 여배우(Rachel)가 병상에서 사망한 모습을 그린 데생의 공개를 금지하고 그 압수를 명한 센느 지방법원 판결을 들 수 있다. 그 뒤 1895년 앙듀즈 치안판사(juge de paix d'Anduze)는 피고가 그린 풍경화(유화)에 자신 모습이 그려졌다는 이유로 그 그림의 공개를 금지해달라는 원고의 청구에 대하여 자기 초상의 공개를 금지할 '다툼이 없는' 권리는 '사진뿐 아니라 회화에도 인정'된다고 하면서 회화의 사례에서 사진과의 공통성을 언급하면서 원고의 청구를 받아들였다.21 그리고 드디어 이듬해인 1896년 센느 지방법원은 바렌느(Barenne) 씨가 촬영한 자전거선수들의 인물사진이 한편으로는 "1798년 7월 19일 법률에서 보호하는 예술작품임은 의문의 여지가 없다"는 사실을 인정하면서도 "피사체가 된 인물은 누구에게도 복제를 허가할 수 있다."고 하면서 바렌느 씨의 허가 없이 선수들의 사진을 담은 카탈로그를 배포한 회사(Dunlop)의 행위가 잘못됐음을 인정하는 대신에 초상권을 저작권에 우선시킴으로써 사건을 해결하였다.22 이 판결보다 조금 앞서 출간된 비죤의 저서를 보면 '스냅사진의 권리는 어디까지 미치는가?'라는 문제에 대하여 이미 다음과 같이 결론짓고 있다. "그러므로 요약하자면 인물의 스냅사진을 금지하는 조문은 없고 따라서 그런 사진은 찍었다고 소송을 제기할 수 없다. 그렇기 때문에 남용이나 범죄, 중대한 손해가 있는 경우는 이들 행위를 규율할 법조문을 둘 필요가 있다. 이런 식의 유흥을 참지 못한다면 이들 조문에 기하여 자신이 해를 입었다고 생각하는 상황을 끝내면 된다. 우리가 볼 때 이것이야말로 사진의 역사에서 가장 중요하고도 가장 유명한 이 문제, 즉 스냅사진의 문제에 대한 가장 논리적이고 합리적이며 합법적이고 또한 올바른 해법이다."23

이러한 태도는 19세기가 끝나고 20세기로 접어 들어서도 여전히 실무와 학계 양쪽에서 그대로 유지되었다. 실무에서는 가령 나르본느 치안법원에서 거리 위에 존재하는 모든 것은 누구나 볼 수 있는 권리가 있고 따라서 보이는 모든 것을 스냅사진

---

21 Ann. prop. ind. 1896, p. 44. 반면에 원고의 신원을 인식하기란 물리적으로 불가능하다는 피고의 항변은 받아들여지지 아니하였다.

22 Trib. civ. Seine, 12 décembre 1896, Dr. auteur 1897, 69.

23 Armant Bigeon(주 1), pp. 178-179. 이 책의 본문은 제1편와 제2편로 되어 있는데, 제1편은 사진의 저작물 해당성(예술성), 제2편은 '그 밖의 문제'란 제목 하에 촬영한 필름의 귀속, 사진사의 상인성, 인물사진의 모델 동의 없는 공개 및 판매, 스냅사진의 한계, 외설사진, 촬영권, 이상 6가지 문제를 다룬다.

으로 찍어 우편엽서에 사용하거나 영화로 만들어 대중 잎에 상영할 권리가 있음을 부정할 수 없다고 판시하였고,[24] 학계에서도 가령 초상권에 관한 프랑스 최초의 체계적 단행본인『인물과 법』(1913년)의 저자 푸저롤은 길거리에서 우연하게 사진 찍힌 인물에게 초상권이 있느냐 하는 문제에 대하여 "그 인물이 단지 부수적으로만 사진에 찍혔을 뿐이고 의도된, 사진의 주된 대상은 아니었다면 문제될 것이 없다."고 하였다.[25]

이렇게 데생에서 처음 시작되어 사진에서 발전된 이러한 법리는 그 후 영화와 온라인, 캐리커처, 모형(피규어), 컴퓨터게임에 이르기까지 확대되었다.[26] 자크 라바나의 지적처럼 "오늘날 영화촬영과 방송 기술로 인하여 실재하는 피사체와 그 시각적 이미지의 분리를 기존의 회화나 조각, 판화보다 훨씬 더 대규모적으로 일어나게 되었다. 사진, 영화, 텔레비전 그리고 CD는 … 이미지의 생산과 마케팅, 소비를 훨씬 쉽게 만들었다.[27] 사실 라바나의 이러한 설명은 인물 사진에 대한 것이 아니라 사물 사진에 대한 것이다. 그리고 여기서 강조하듯이 실재하는 것(인물, 사물)과 그 이미지는 회화, 조각, 건축 등 전통적 조형예술의 형태뿐 아니라 사진, 영화, 온라인, 3D, 메타버스 등 현대적 이미지 포착 재현 기술의 발전과 함께 분리가 진전되었다. '인물'과 '사물'의 '이미지'를 분석하면 '인물'은 인격권, '사물'은 물권, '이미지'는 (모델의 입장에서) 인격권과 (저작자의 입장에서) 저작권의 체계에 각각 따르기 때문에 가령 인물 사진과 사물 사진 공히 피사체의 인격권과 사진작가의 저작권이라는 별개의 독립된 두 개의 절대권 체계의 적용을 받는데, 그로 인하여 사안에 따라서 양자의 충돌이 발생할 수 있다. 여기에 모델(사진의 경우 피사체)이 사물인 경우는 인격권이 직접적으로 인정되지 않고, 다만 이미지의 분리 및 이용으로 인하여 누군가의 인격권에 간접적으로 악영향을 주면 그때 비로소 인물 사진과 동일한 문제 상황이 발생한다.

여기서 우리는 다음과 같은 문제를 제기해볼 수 있다. 그렇다면 사물 사진이 그 누구의 인격권에도 아무런 악영향도 주지 않는 때에도 제3자에 의한 이미지의 분리

---

24 Tribunal de paix Narbonne, 4 mars 1905, D. 1905. Ⅱ. 389.

25 Henri Fougerol, La figure humaine et le droit, Paris: Arthur Rousseau, 1913, p. 73.

26 하나씩만 예를 들자면 CA Paris, 22 mars 1966, Gaz. Pal. 1966, Ⅰ, 133(영화), CA Paris, 10 février 1999, D. 1999, 389, obs. Mallet-Poujol=Gaz. Pal., 2000, Ⅰ, 19(온라인), CA Paris 28 janvier 1982, D. 1985, somm. 165(obs. Linden(캐리커처), CA Versaille, 30 juin 1994, D. 1995, 645, obs. Ravanas(피규어), CA Versailles, 8 mars 1996, Gaz. Pal. 1996, Ⅰ, 213(컴퓨터게임).

27 Jacques Ravanas, "L'image d'un bien saisie par le droit", D. 2000, 19, n° 1.

를 소유권에 기하여 차단할 수 있는가? 나아가 소유권에는 실재뿐 아니라 그 이미지에 대한 배타적 권리까지도 포함된다고 보아야 하는가? 실제로 다른 나라에서는 이와 같은 법률적 문제가 제기되어 법정에서 다투어졌는데, 다음 Ⅲ.에서는 그 대표적인 나라인 프랑스의 사례를 중심으로 살펴본다.28 이를 통하여 사물의 이미지를 분리(재현), 이용할 권리가 소유자에게만 있는지, 아니면 다른 사람에게도 그러한 권리를 인정할 것인지를 생각해보고자 한다. 주지하듯이 소유권이란 물건에 대한 배타적 지배권이다(우리 민법 제211조, 프랑스 민법 제544조). 어떤 물건의 이미지란 그 물건의 한 속성 내지 측면이므로 이 또한 소유자의 배타적 지배에 속한다고 볼 수 있다. 이러한 관점을 끝까지 밀고 나가면 가령 사진이나 영화, 방송으로 거리의 풍광을 담으면서 의도하든, 의도하지 않든 누군가의 건물(부동산) 혹은 자동차(동산)를 함께 찍혔다면 이것은 소유권에 대한 침해가 되어 금지 혹은 손해배상의 대상이 된다는 결론에 이르고, 그렇게 되면 소유자를 제외한 나머지 모든 사람의 일반적 행동, 창작, 언론의 자유는 크게 제한될 수 있다.29

---

28 저작자의 권리를 중심으로 하는 대륙법 국가의 대표적 예인 프랑스에서 사물의 이미지를 둘러싼 법적 다툼이 많은 것은 저작물이 동산이든, 부동산이든 소유 유무와 관계없이 복제권을 저작자가 갖도록 하고 있어서 제3자는 물론이고 심지어 소유자조차도 저작자의 동의 없이 그의 저작물을 복제할 수 없도록 한 데에서 어느 정도 기인한다고 할 수 있다. 이에 반하여 출판업자의 권리를 중심으로 하는 영미법 국가에서는 몇몇 예외(가령 설계도 등 건축도서)를 제외하면 저작자가 아닌 자에게도 복제권이 인정될 수 있어서 사물의 이미지에 대한 권리 다툼의 양상이 달라진다는 설명도 가능하다.

29 프랑스의 판례와 학설의 직접적인 영향을 받아서 캐나다 퀘벡에서는 지난 2003년 법안이 하나 의회에 제출되었다(Proposition de loi visant à donner un cadre juridique au droit à l'image et à concilier ce dernier avec la liberté d'expression, n° 1629, 16 juillet 2003). 동 법안은 비록 채택되지는 못했지만, 그 제안이유서를 보면 다음과 같이 문제의 상황을 잘 설명하고 있다. "순전히 판례에 의하여 우리 민법전의 매우 포괄적인 문언이 확대해석 됨으로서 이미지에 대한 절대권이 인정되고 그로 인하여 이미지를 업으로 하는 사람들에게 지금까지 맡겨져 왔던 교육과 문화, 정보의 임무 수행이 점점 더 어려워지고 있다. 표현의 자유가 짓눌려있다." 동 법안과 관련 논쟁의 진행 및 내용에 관하여는 Laurent Drai, "Vers la fin du droit absolu a l'image", L.P.A., 16 sept. 2005, p. 8; Emmanuel Dreye, "Pitié pour le Code civil!", L.P.A., 6 mai 2004, p. 3; Laure Marino, "Les maladresses de la proposition de loi sur le droit à l'image", D. 2004. somm. 1631 참조.

Ⅲ. 타인 소유물의 사진 촬영의 허용 여부를 둘러싼 프랑스 법의 전개

1. 인격권 법리의 확대와 소유권 법리의 대두

(1) 사회변화와 실무의 대응

앞서 Ⅱ.에서 살펴보았듯이 19세기 들어 사진술의 발명과 함께 이미지의 시대가 도래하면서 많은 새로운 법률문제가 등장하였는데, 소유자가 소유물의 이미지 활영을 금지할 법적인 근거가 있는지도 그 중 하나였다. 당시는 앞서 인용한 비죤의 설명(주 23)은 여기에도 그대로 적용되었다. 즉, 누구라도 공개된 장소에서 눈에 보이는 것을 자유롭게 촬영할 수 있으며 따라서 소유자는 자신의 물건의 이미지를 타인이 촬영하는 것을 막을 수 없다고 본 것이다. 1861년 센느 상사법원은 "도시와 농촌의 거리, 그림 같은 풍경을 사진업계에서 촬영하는 것은 공법규정에 따른다"고 보았다.30

자유로운 촬영을 허용하는 19세기 후반 이러한 관용적 태도의 배경에는 당시까지만 해도 사진기의 보급이 제한적이었고 따라서 타인 물건의 촬영 행위를 금지할만한 사회적 필요성도 크지 않았다는 사정이 존재한다. 20세기 초 나온 판례평석을 보면 당시의 목가적 상황을 확인할 수 있다. "풍광이란 만인의 것이며 누구나 마음껏 이를 음미할 수 있다. 누구나 그림을 그리거나 그 그림 또는 사진을 복제할 수 있다. 소유자는 소유물의 독점적 복제권을 주장할 수 없다. 무엇보다도 법문의 규정도 없이 어떻게 동산 및 부동산 소유권에 이러한 소위 독점권이 포함되어 있다고 할 수 있을까? 물건을 그리거나 그 사진을 찍는다고 해서 소유자에게 전통적으로 인정되어 온 어떤 권능도 영향을 받지 아니한다."31

하지만 이러한 20세기 들어 사진기술을 위시한 각종 이미지 기술의 비약적 발전과 함께 19세기의 평온은 막을 내리고 소유자 측의 반격이 시작되었다. 공개된 공간에 존재하는 물건의 이미지에 대한 일반의 자유로운 접근은 인정하면서도 소유자의 권리를 침해하는 이미지 사용은 법원에 의하여 금지되었다. 이 시기 제3자의 권리를 제한하는 유일한 근거는 인격권이었다. 제3자의 권리를 제한한 모든 판결례에서 사진이나 기타의 방법으로 포착한 이미지의 피사체(부동산)는 누구의 것인지 확인이 가능하였고, 그것이 불가능한 경우는 제3자의 촬영 등이 제한되지 않았다. 사물의 이미

---

30 Trib. com. Seine, 7 mars 1861, D.P. 1861. Ⅲ. 32.

31 CA Grenoble, 15 juillet 1919, D. 1920. Ⅱ. 9, note A. Rouast. 이 판결의 사안은 종교적 성지의 이미지를 해당 성지와 관련 있는 의약품의 광고에 사용한 것이었다.

지 공표가 제재를 받는 것이 그것이 소유자의 사생활 보호에 대한 침해에 해당하거나("지각없음, 괴롭힘, 심지어 악의적 행위의 위험"32) 아니면 소유자에 어울리지 않는 이미지 사용에 마치 그가 동의한 듯한 인상을 주어 전체적으로 맥락상 그의 인격을 손상하거나 평판에 해를 끼치는 경우였다. 특히 엘리즈 샤르팡티에는 이 시기 제3자의 자유를 예외적으로 제한하는 실무의 경향을 크게 2가지 흐름으로 정리하였는바, 하나는 직접적으로 그리고 유일하게 소유자의 인격권만을 그 근거로 한 것이고, 다른 하나는 1차적으로는 소유자의 동의가 없이 촬영 등을 하는 것은 소유권 침해이지만 종국적으로 그것이 소유자의 인격권 침해에 해당한다는 점에 근거한 것이다.33 그에 따르면 두 유형 사이에는 인격권과 소유권의 관계를 어떻게 보는지와 관련하여 커다란 차이가 있지만, 종국적인 보호법익은 결국 인격권이지 소유권이 아니라는 점에서는 양자가 공통되고, 심지어 사물의 이미지에 대한 소유자의 배타적 권리를 인정하더라도 제3자의 이미지 사용으로 인한 손해는 재산이 아닌 인격에 발생한 비재산적 손해로 보았다는 것이다.34

구체적인 재판례를 살펴보면 먼저 첫 번째 유형, 즉 타인의 사진 촬영을 제한하는 유일하고도 직접적인 근거를 소유자의 인격권 침해에 둔 재판례는 주로 언론에 개인의 거주 공간 사진과 함께 그 소유자의 성명과 주소를 알 수 있도록 기사 등이 실린 사례가 많다. 이러한 기사 등이 소유자 개인의 사생활 보호에 대한 위법한 침해라고 선언한 판결은 지방법원, 항소법원, 파기원 등 모든 심급에 걸쳐서 찾아볼 수 있다.35

반면에 두 번째 유형에 속하는 재판례를 보면 이유설시에서 소유권에 대한 언급

---

32 Trib. gr. inst. Paris, 2 juin 1976, D. 1977. 364(제3점), note R. Lindon.
33 Élise Charpentier, Entre droits de la personnalité et droit de propriété: un cadre juridique pour l'image des choses, 43 R.J.T. n.s. 531 (2009), 특히 538-539,
34 Élise Charpentier(주 33), 539.
35 지방법원 판결의 예로는 앞의 주 32 판결(왕실가족의 개인거주에 대한 사진과 함께 그 위치까지 노출된 경우) 외에도 TGI Paris, 8 janvier 1986, D. 1987. somm. 138, obs. R. Lindon et D. Amson(사진기자 여럿이 소유자가 자리를 비운 사이 피용자의 허락을 받고 수영장, 정원을 촬영한 경우), TGI Bordeaux, 19 avr. 1988, D. 1989. som. 93, obs. D. Amson; J.C.P. 1993. I.3707, note H. Perinet-Marquet(어떤 공동주택의 사진에서 특정 테라스에 건조하기 위해 널어놓은 속옷이 찍힌 경우)을 들 수 있고, 후자의 항소심인 CA Paris, 27 mars 1987, D. 1987. IR. 116은 항소법원 판결의 예에 해당한다. 끝으로 파기원 판결로는 Cass. civ. 5 juin 2003, D. 2003. jur. 2461, note E. Dreyer; Rev. trim. dr. civ. 2003. 681, obs. J. Hauser; Com. com. élect, oct. 2003, comm. n° 91, note C. Caron(소유자의 거주지 사진과 함께 그의 이름과 주소까지 언론에 공개한 경우).

이 나오긴 하지만, 그렇다고 첫 번째 유형과 배치되는 것은 아니다. 이미 1960년 초반에 나온 잘 알려진 판결을 보면 '지극히 자유로운(tres libre)'이란 제목의 사진소설에 사용하기 위하여 타인 소유의 토지를 촬영한 사안에서, 법원은 이러한 이미지의 사용이 일단 소유권 침해라고 먼저 선언하고 이어서 그로 인하여 원고의 인격이 손상되었다고 판시하면서 그 이유를 "그 대지 인근의 독자라면 소유자가 그의 성품과 도저히 맞지 않는 내용의 소설의 배경으로 자신의 토지를 제공했다는 사실에 경악할 수밖에 없을 것"이기 때문이라고 설시하였다,[36] 또 다른 판결 중에서는 소유자에게 제3자(사안에서는 임차인)가 자신의 건물(공동주택) 이미지를 동의 받지 않고 상업적으로 이용하는 것(광고에 사용)을 막을 수 있다고 인정하는 데서 한걸음 더 나아가 사물의 이미지에 대한 상업적 이용은 소유권의 속성이라는 선언까지도 한 것이 있긴 하지만, 동 판결에서도 그러나 사진을 광고에 사용하도록 한 제3자가 자신이 소유자인 듯 행동함으로써 마치 소유자가 건물의 이미지를 상업적으로 이용한 것처럼 믿게 하고 그로 인하여 소유자의 인격을 손상한 것이 진짜 이유이지 소유권이 그 근거는 아니라고 덧붙이는 것을 잊지 아니하였다.[37] 이들 판결에서는 소유자에 의한 손해배상 청구의 근거가 소유권의 침해가 아니라 프라이버시의 침해이고, 따라서 피고에 대한 배상판결을 내림에 있어서 그가 원고의 사생활 존중의 권리를 침해하였다는 사실만 증명되었다면 그것으로 충분하다고 보았다.

이처럼 20세기에 나온 대부분의 판결은 타인의 물건 이미지를 사용할 자유는 원칙적으로 인격권에 기해서만 제한할 수 있다는 입장을 취하였는데, 이는 이미지의 공표 자체는 원칙적으로 별다른 문제를 제기하지 않고 다만 그 전후의 사정 등에 비추어 개별적, 예외적으로 구제를 하면 족하는 태도라고 볼 수 있다. 일부 판결에서 소유권에 대한 언급이 이루어지기도 했지만, 그것은 어디까지나 인격권에 대한 침해를 인정하기 위한 중간단계에 불과하였다.[38] 그런데 이러한 고요한 법상황에 파문을 일으키는 판결이 그것도 파기원에서 내려졌는데, 바로 이어서 소개하는 파기부 민사 1부의 1999년 판결이 그것이다.

---

36 TGI Seine, 1 avril 1965, J.C.P. 1966. Ⅱ. 14572.

37 CA Metz, 26 novembre 1992, D. 1994. somm. 161, obs. A. Robert; J.C.P. 1993. Ⅰ. 3707, obs. H. Perinet-Marquet.

38 Élise Charpentier(주 33), 541-542의 각주 17을 보면 소유물을 인격의 확장으로 보는 원시사회의 흔적을 떠올릴 수 있다고 하면서 Jean Carbonnier, Droit civil - Monnaie, immeubles, meubles, 19ᵉ ed., Paris: P.U.F., 2000, p. 135를 인용한다.

2. 소유권 법리의 일시적 승리

(1) 1999년 3월 10일 프랑스 파기원 민사1부 판결[39]

프랑스 서북부 깡(Caen) 인근 베누빌(Bénouville) 소재 까페 꽁드레(Café Gondrée)는 1944년 6월 6일 노르망디 상륙작전 당시 연합군에 의해 처음으로 해방된 건물에 위치하고 있었다. 그 건물은 관광명소에 기재되어 있었고 까페 운영자의 딸은 건물 전면의 사진을 담은 우편엽서를 팔고 있었다. 그런데 1994년 상륙작전 50주년을 맞이하여 어떤 회사에서 까페와 그 건물의 모습을 담긴 사진을 우편엽서로 만들어 판매하였고, 까페 운영자는 자신의 허락이 없었다는 이유로 소송을 제기하였다.

파기원 민사1부는 여기서 아무런 유보조차 없이 명시적으로 프랑스 민법 제544조의 소유권 규정[40]을 그대로 인용하면서 소유자만이 소유물을 자유롭게 어떤 식으로든 사용할 권리를 가지기 때문에 "사진을 찍는 방식으로써 물건을 사용하는 것은 소유권 행사에 포함된다"고 하고 따라서 다른 사람이 사진으로 물건의 이미지를 사용하는 것은 소유자의 소유물 향유권을 침해하는 것이라고 판단하였다. 동 판결의 논리에 따르면 소유자의 권리는 물건에 대한 것이고 그 물건으로부터 획득한 이미지에 대한 것은 비록 아니지만, 그럼에도 불구하고 그 이미지는 물건의 재현에 지나지 않으므로 소유자의 동의 없이 이를 사용할 수 없다는 것이 된다. 이것은 마치 소유

---

39 Civ. 1re, 10 mars 1999, n° 96-18.699, Bull. civ. I, n° 87, p. 58; D. 1999. jur. 319, note E. Agostini et concl. J. Sainte-Rose; D. 1999, somm. 247, note S. Durrande; RTD com. 1999. 397, obs. A. Françon; RIDA 1999, n° 182, p. 149, note M. Cornu; RTD com. 1999. 397, note. A. Françon; JCP. 1999. II. 10078, note P. Y. Gautier; *ibid.* I, p. 175, n° 2, note H. Périnet-Marquet; JCP éd. E. 1999. n° 18-19, p. 819, note M. Serna; RTD civ. 1999. p. 859, n° 2, note F. Zénati; RD imm. 1999. 187, obs. J. L. Bergel et M. Bruschi; Com. com. électr. 1999, comm. 4, obs. Y. Gaubiac; D. 2000 somm. 281, obs. O. Tournafond; RTD civ. 2001, p. 618, obs. T. Revet; Christophe Caron, "Les virtualités dangereuses du droit de propriété", Defrénois 1999, art. 37028; Jacques Ravanas, "L'image d'un bien saisie par le droit", D. 2000, p. 19 ; R. Hamou, "Peut-il exister un droit de propriété sur l'image des biens?", Gaz. Pal. 15-16 décembre 2000, p. 2242; J. M. Bruguière et N. Mallet-Poujol, "Quand la Cour de cassation abuse du droit de propriété sur l'immatériel", Dr. et patrimoine 2001, n° 91, p. 84; Fabien Kenderian, "L'image des biens: nouveau droit subjectif ou faux débat?", D. 2002, 1161; Gérard Cornu, Droit civil: introduction. les personnes, les biens, 9e éd., Paris: Montchrestien, 1999, n° 1038.

40 "소유권이란 법령에 의하여 금지된 용법으로 사용하지 않는 한 절대적인 방법으로 물건을 사용, 수익하고 처분할 수 있는 권리를 말한다."

권에 "목적물의 이미지에 대한 배타적인 권리"가 포함되어 있는 듯한 인상을 주는 것이었다.[41] 참고로 물권적 청구권의 개념을 알지 못하는 프랑스 민법전 하에서는[42] 판례와 학설로써 소유물반환청구 및 방해배제청구를 긍정하는바, 이들 청구는 상대적 청구권이 아니라 절대적 권리, 즉 소유권 행사의 한 모습으로서 이해된다(이른바 統一說).[43]

한편 파기원 민사1부는 이 판결 이후 연이어 세 차례 같은 취지의 판결득 반복하였는데, 특히 불과 1년 뒤에 나온 같은 파기부 민사1부 판결을 보면 바지선 소유자에게 그 소유물의 이미지가 우편엽서에 사용되는 것을 막을 수 있는 권리가 있음을 분명히 인정하면서도 당해 사안에서는 그의 소유물이 이미지의 중심소재라는 것을 사실심판사가 확인하였다는 점을 강조하였다.[44]

3. 반향 그리고 변화의 조짐

위 판결 직후 학계, 특히 저작권 연구자들로부터, 그리고 심지어 실무에서조차 반대의 목소리가 높았다.[45] 그러자 파기원 민사1부는 2001년 5월 2일 판결에서 소유권의 행사에 추가적으로 '일정한 방해(trouble certain)'의 존재를 요구하고, 그 존재를 확인하지 않았다는 이유로 원심을 파기하였다.[46] 단순한 소유권의 존재를 증명한 것

---

41 까페는 public domain이므로 그 운영자가 사실은 소유자가 아니고 단지 사용권자에 불과하다는 설명으로는 Rouen, March 13, 2001, Légipresse, n° 182, p. 99, note. J.-M. Bruguière 참조.

42 동산의 경우는 제2279조: "동산의 경우에 점유는 權原이 된다."

43 Planiol-Ripert-Boulanger, Traité de Droit Civil d'après le Taité de Planiol, vol. Ⅱ, Paris: L.G.D.J., 1957, n° 2188은 "권리의 행사는 별도의 권리가 아니다. 그것은 권리 그 자체에 다름 아니다."고 이를 표현한다.

44 Cass. civ. 25 janvier 2000, Bull. Civ. I, n° 24; D. 2000. IR. 61; JCP 2001 Ⅱ 10554, note A. Tenenbaum. 그밖에도 브르타뉴 지방의 지역관광안내소가 관광홍보 목적으로 섬의 이미지를 안내판에 사용한 사안인 Cass. civ. 2 mai 2001, Bull. Civ. I, n° 114; D. 2001, 1973, note J.-P. Gridel, JCP 2001 Ⅱ 10553, note C. Caron 참조. 파기원 민사1부에서 연이어 내린 이들 세 판결에 대한 분석은 뒷날 2004년 대법정판결 당시 제출되었던 보고법관 Collomp의 보고에 나오는데, 그 내용은 파기원 홈페이지에서 확인할 수 있다. 〈www.courdecassation.fr/jurisprudence_2/assemblee_pleniere_22/collomp_conseiller_457.html〉 (최종방문 2021. 7. 30.)

45 저작권학계의 비판은 P. Y. Gautier(주 40) 및 C. Caron(주 40)에서 인용된 문헌을 참조. 다른 입장을 표명한 하급심으로는 별다른 설명 없이 중세의 성이 public domain이라고 보고 그 사진을 보고 그린 데생은 적법하다고 판시한 CA Paris, 31 mars 2000, D. 2001, 770, note B. Edelman이 있다.

46 Cass. civ. 2 mai 2001(주 45). 여기서 파기원은 영리 목적이 없었다는(지역관광사무소가 관광홍보 목적으로 이미지를 사용한 것이므로) 이유로 소유권침해를 인정했던 원심판결을 파기하였다.

만으로는 부족하고, 나아가 소유권 행사에 일정한 방해가 필요하다는 이러한 태도는 분명히 새로운 것이었다. 또한 2003년 6월 5일 판결에서는 '물건의 이미지에 대한 배타적인 권리'라는 독자적인 범주의 권리가 존재하는지가 다투어졌지만, 파기원(민사2부)은 이를 부정하였다.[47]

한편 파기원의 이러한 시도에도 불구하고 하급심 판결들은 여전히 저작권에 보다 우호적인 태도를 취하였는바, 통상의 소유권을 남용한 것이라고 볼 수 없는 경우에조차 소유권에 기한 청구를 기각하였다.[48] 요컨대 파기원 민사1부의 1999년 까페 꽁드레 판결은 거센 논쟁을 일으켰으며, 학계와 실무의 일부에서는 반대의 목소리가 존재하였다. 이러한 사정으로 2004년 이번에는 파기원 대법정이 나서게 되었다.[49]

4. 2004년 5월 7일 프랑스 파기원 대법정 판결

프랑스 북부 루앙(Rouen)시에 있는 17세기 문화재인 건물(Hôtel de Girancourt)을

---

47 Cass. civ. 5 juin 2003, D. 2003, 2461, note E. Dreyer.

48 여행안내책자에 실린 城의 사진이 문제되었던 TGI Paris 31 mai 2000, RIDA 191(2002), 253, 255-256; 고성의 사진을 보고 그린 데생의 사안인 CA Paris, 31 mars 2000(주 46) 참조.

49 Ass. plén. 7 mai 2004, n° 02-10.450, Éric Agostini, "Corporel et incorporel: Etre, voir et avoir", D. 2004. 821; Christian Atias, "Les biens en propre et au figuré", D. 2004. 1459; Fabien Kenderian, "Le fondement de la protection de l'image des biens: propriété ou responsabilité?", D. 2004. 1470; Jean-Michel Bruguière, "Image des biens: la troublante métamorphose", D. 2004. 1545; Emmanuel Dreyer, "L'image des biens devant l'Assemblée plénière: ce que je vois est à moi...", D. 2004. 1547; Nadège Reboul-Maupin, D. 2004. 2406; Revue Lamy Dr des affaires, juill. 2004, p. 9 et s., chron. J.-L. Bergel; Christophe Caron, "Requiem pour le droit à l'image des biens", J.C.P. 2004. II. 10085; Stéphane Piedelièvre et Aline Tenenbaum, "Le droit à l'image d'un bien: suite...", Defrénois, 30 novembre 2004, n° 22, p. 1554; Thierry Revet, "Image des biens", RTD Civ. 2004 p. 528; Jerry Sainte-Rose, "L'image des biens", L.P.A., 15 janvier 2005, p. 8; Jean-Baptiste Seube, "Le droit des biens hors le Code civil", L.P.A., 15 juin 2005, n° 118, p. 4; Gérard Cornu, Droit civil, les personnes, les biens, 12ᵉ éd., Paris: Montchrestien. 2005, n° 1038, p. 448.
한편 2004년 판결은 1999년 판결이라는 선례를 변경하는 것임에도 이 점에 대해서는 별다른 언급을 하지 않고 있는데, 이러한 숨은 선례변경은 프랑스의 파기원 결정 스타일에서 흔히 있는 일이라고 한다(Frédérique Ferrand, Cassation française et révision allemande, Paris: P.U.F., 1993, pp. 227 et ss.). 최근 나온 문헌에도 법률심, 즉 "파기원은 입장을 자유롭게 변경하는 듯하다"고 하면서 1999년 판결을 뒤집은 2004년 판결을 그 예로 든다(Répertoire de droit civil. Jurisprudence: Application de la jurisprudence, novembre 2017 (actualisation: Juillet 2019), par Pascale Deumier, § 2 Autorité sur la Cour de cassation / 101. Relativité des modèles 〈dalloz.fr.에서 2021. 8. 5. 최종 확인〉).

소유하는 원고회사는 많은 돈을 투자하여 이 건물 前面 등을 복원하고 그 사진을 담은 우편엽서를 판매 중이었는데, 피고회사(SCIR Normandie 부동산개발회사)가 원고의 동의 없이 자신들이 건설할 예정인 공동주택단지의 홍보를 위하여 신문 광고전단에 그 건물의 前面 사진을 다른 사진들과 함께 넣어 배포함으로써 자신의 소유권을 침해하였다고 소송을 제기하였다.[50]

프랑스 민법 제544조의 소유권에 기한 청구는 여러 가지 이유에서 세 차례 심급 모두에서 받아들여지지 않았다. 파기원은 사건을 곧바로 대법정(Assemblée plénière)에 배당함으로써 이 사건에 대한 중요성을 표시하였고,[51] 대법정은 정부측의 의견개진[52]에도 불구하고 원고의 청구를 기각하였다.

여기에서도 파기원은 '물건의 이미지에 대한 배타적인 권리'라는 범주를 거부하였다. 소유물의 형상에 대한 별도의 권리를 인정하면 저작자(화가나 사진작가)의 복제권과 전면적으로 배치되고, 만일 저작자 사후(post mortem auctoris) 보호기간[53]이 끝난 뒤에는 소유자가 물건의 형상에 대하여 영구적 (무체)재산권을 갖는다면 작품을 만든 창작자조차 단지 제한된 기간 동안에만 가지는 무체재산권을 소유자가 영구히 갖는다는 점에서 부당하기 때문이다. 저작물, 특히 공개된 공간에 있는 저작물에 대하여 일반의 접근을 허용하는 것이 헌법상 보호되는 일반적 행동자유와 의사소통의 자유에 비추어 독점될 수 없는 가치라고 보았다.

파기원은 여기서 더 한걸음 나아가서, 이제 물건의 소유자는 제3자가 '비정상적 장애(trouble anormal)'를 야기하지 않는 한[54] 그에게 사진의 이용을 금하게 할 수 없으며, 이 사안의 경우는 그와 같은 방해는 존재하지 않는다고 판단하였다.

---

50 피고는 프랑스 신민사소송법 제334조, 제335조에 기한 담보 목적의 강제적 소송참가(Appel en garanite) 절차에 따라서 그 전단 제작을 맡겼던 Soiciété Publicis(여기에서는 어떤 사진가로부터 그 사진을 구하였다)에 그 소송계속사실을 알리고 소송에 참가하도록 하였다.

51 프랑스 법원조직법 제L.131-2조 제2항 첫 번째 경우.

52 정부측 대표 Sainte-Rose의 의견서 또한 프랑스 파기원 인터넷 사이트에서 확인할 수 있다. 〈www.courdecassation.fr/jurisprudence_2/assemblee_pleniere_22/sainte_rose_458.html〉 (최종방문 2021. 7. 30.)

53 우리 저작권법 제39조 제1항 참조(70년).

54 앞서 파기원 민사1부의 2001년 판결에서는(주 47, 45) 소유권 행사의 요건으로서 '일정한 장애(trouble certain)'를 요구하였다.

Ⅳ. 평가와 시사점

이 글은 한편으로는 소유권과 저작권의 충돌이라는 필자의 문제의식의 연장이면서 다른 한편으로는 전작이 창작 이후 두 권리의 충돌을 다뤘다면 이번에는 창작 단계에서 두 권리의 충돌 모습을 살펴본다.

1. 소유권과의 관계

소유권은 전형적인 절대권의 예이다. 가령 프랑스 민법 제544조는 우리 민법 제211조와 매우 유사하게 소유권을 개념 규정한다.[55] 민법상의 제한뿐만 아니라 소유권의 사회적 제한(독일기본법 제14조 제2항)은 이러한 절대권조차도 무제한적으로 보장되는 것이 아님을 보여준다. 수개의 소유권이 공간적으로 심하게 충돌하는 경우는 이웃 부동산 소유자 사이에서 그 행사로 인하여 심지어 과책이 없더라도 손해배상청구권이 발생할 수 있는바, 특히 프랑스의 실무와 학설은 이러한 법리를 '상린방해(troubles de voisinage)'란 이름 아래에 발전시켰다.[56]

다른 한편 소유권은 정신적 산물에 대한 권리인 저작권과 충돌하기도 하는데, 그러한 충돌은 무엇보다도 정신적 산물이 유체적 물건(corpus mechanicum, 유체적 용기)에 담겨있는 경우에 발생한다.[57] 저작권 또한 절대권이란 점에서 소유권에 결코 뒤지지 아니하는데, 프랑스 지적재산권법(CPI) 제L.111-1조 제1항은 이 점을 다음과 같이 명시적으로 표현하고 있다.[58] "정신적 저작물의 저작자는 그가 저작물을 창작했다는 그 사실만으로도 저작물에 대하여 모든 사람에게 대항할 수 있는 배타적인 무형의 재산권을 갖는다."

동법 제L.111-3조 제1항의 정신에 따르면 정신적 산물에 대한 저작권과 유체적 용기(저작원본)에 대한 소유권은 서로 동등하고 "독립적"이며 "상호 독립적이고 따로 병존한다."[59] 소유권이 저작권 등 다른 절대권보다 언제나 우선한다는 주장은 무체

---

55   앞의 주 40 참조.

56   이에 관해서는 아래 2.에서 다시 검토한다. 일단 Christian von Bar, Gemeineuropäisches Deliktsrecht, Bd. Ⅰ, München: C.H. Beck, 1996, Rn. 543 참조. 독일민법 제906조 제2항 제2문, 특히 그 유추적용에 관하여는 Palandt BGB, 80. Aufl., München: C.H. Beck, 2021, § 906 Rn. 31, 37a(Herrler) 참조.

57   이준형(주 4), 132-133면 참조.

58   다른 대륙법계 국가도 정도의 차이는 있지만 대체로 이 원칙을 공유하는바, 가령 독일저작권법 제11조, 제15조 제1항 및 제2항도 같은 취지이다.

59   앞의 표현("독립적")은 프랑스 지적재산권법 제L.111조-3조 제1항(서달주 번역, 프랑스 저작권법, 한

재산권에 관한 몰이해를 보여준다.[60] 저작자와 소유자 사이의 관계에서 복제권과 배포권은 명백히 저작자에게 있고, 원칙적으로 소유자는 그러한 권리를 갖지 아니하다.[61] 따라서 유체적 용기를 매매하더라도 저작권의 양도는 일어나지 않으며, 아무리 소유자라도 저작자의 동의 없이는 저작물을 판매 목적으로 복제할 수 없다. 반면에 저작권자가 미리 원본을 복제해 놓지 않은 상태에서 자신의 권리 실행을 위하여 원본에 접근하고자 하지만 소유자가 이를 거부하더라도 원칙적으로 적법하고, 예외적으로 남용에 해당하는 때에만 법률의 규정에 따라서 법원을 통해 원본에 접근할 수 있을 뿐이다. 저작권법에 따른 보호기간이 종료하기 전까지 소유자는 단지 제3자의 복제행위가 저작자의 배타적 권리를 침해할 수 있다는 이유만으로 이를 금지할 수 없다.

저작자 사후 70년의 보호기간[62]이 만료하면 일반의 접근이 완전하게 보장되는데,[63] 달리 말하자면 누구라도 그 저작물을 자유롭고 제한 없이, 심지어 상업적으로도 이용할 수 있는데, 이처럼 저작물에 대한 일반의 접근이 가능해졌다고 해서 소유자가 그 전까지 갖고 있지 않았던 금지권을 갖게 된다고 보아야 하는 이유 또한 체계상 찾아보기 어렵다. 한편 저작권 보호기간이 진행되는 동안에는 원칙적으로 입법자가 특별한 제한을 둔 경우에 한하여 부분적으로 일반의 접근이 가능할 뿐이지만,

---

국저작권위원회, 2009, 7면은 이를 '별개의 개념'이라고 번역하였다.)에서 가져온 것이다. 동 조항에 관한 설명으로는 Gautier의 평석(주 39), n° 9를 참조. 뒤의 표현("상호 독립적이고 따로 병존한다.")은 독일연방최고법원의 판결에 나온 것이다(BGH 1974. 5. 31, BGHZ 62, 331, 333). 독일에서도 소유권과 저작권의 상호 독립 원칙은 마찬가지로 관철된다. 독일저작권법 제44조 제1항; Haimo Schack, Urheber- und Urhebervertragsrecht, 9. Aufl., Tübingen: Mohr Siebeck, 2019, Rn. 35 참조. 그리고 심지어 미국의 경우도 마찬가지이다. § 202 CA 1976 참조.

60 2004년 프랑스 파기원 대법정 판결 당시 정부대표(Sainte-Rose)의 견해(주 52) 참조.

61 프랑스 지적재산권법 제L.111-3조 제2항{서달주 번역(주 59), 7면은 제2항의 세 문장을 각각 제2항, 제3항, 제4항으로 나누고 있는데, 이는 명백한 잘못이다}, 독일저작권법 제44조 제1항, 우리 저작권법 제16조, 제20조. 매우 분명하게 밝힌 판결로는 CA Paris, 31 mars 2000(주 46), p. 256. 관련한 프랑스의 법상황에 관한 서술로는 François Rigaux, La protection de la vie privée et des autres biens de la personnalité, Brüssel: Bruylant, 1990, p. 331 참조. 독일저작권법의 경우는 주문한 초상화에 적용되는 예외규정(제60조)가 있는데, 이에 관한 설명으로는 Haimo Schack, Kunst und Recht: Bildende Kunst, Architektur, Design und Fotografie im deutschen und internationalen Recht, 3. Aufl., Tübingen: Mohr Siebeck, 2017, Rn. 847 참조.

62 프랑스 지적재산권법 제L.123-1조, 독일저작권법 제64조, 우리 저작권 제39조 제1항.

63 다만 프랑스의 경우 지적재산권법 제L.121-1조에서 영구적 저작인격권(droit moral)의 예외를 규정하고 있는데(스페인, 폴란드, 이탈리아도 이와 유사한 규정을 각각 두고 있다), 이에 관하여는 Schack(주 59), Rn. 358 참조.

이른바 파노라마의 자유(Panoramafreiheit, exception de panorama)가 인정되면 일반의 전면적인 접근이 예외적으로 허용된다.[64] 파노라마의 자유란 공개된 영역(domaine public)은 저작자의 각종 금지권으로부터 자유롭게 유지되어야 한다는 원칙을 말한다. 이에 따라 "누구나 접근할 수 있는 곳에서 통상적 수단으로 포착된 이미지라면"[65] 영화나 뉴스, 심지어 우편엽서나 광고판과 같은 곳에서 상업적으로 이를 이용하더라도 저작자는 이의를 제기할 수 없다. 이미 법률이 저작물에 대한 배타적 권리를 가진 저작자에게조차도 이러한 권리손실을 기대한 이상, 공개된 영역을 자유롭게 유지하기 위하여 더 이상 저작권의 보호를 받지 않는 저작원본의 소유자에 대해서도 동일한 결과를 인정하여야 마땅하다. 나아가 파노라마의 자유에 속하는 한, 그러한 저작물의 이미지에 대한 대중의 접근을 소유자의 물권적 청구권으로부터도 보호하여야 논리적으로 일관된다고 할 것이다. 나아가 다른 많은 나라에서도 동일한 결론에 도달하였다는 점도 이러한 주장을 뒷받침한다.[66]

여기서 흥미로운 사실은 프랑스에서는 2016년 10월 7일 법률 제1321호 제39조로 지적재산권법 제122조-5조 제1항에 11호가 신설되기 전까지 파노라마의 자유를 인정하지 않았고,[67] 따라서 당시는 원칙적으로 저작자(미술가, 건축사)의 권리를 사진작가나 영화제작자의 사용이익에 맞서 관철할 수 있었다는 점이다.[68] 다만 사안에 따라서 저작권의 보호를 받는 피사체가 단지 중요하지 않게 부수적으로 들어간 것에 불과하다고 볼 수 있는 경우는 판례가 주물/종물 이론에 따른 예외를 인정하였고,[69] 이러

---

64 일단 우리 저작권법 제35조, 일본 저작권법 제46조, 프랑스 저작권법 제122-5조 제1항 11호, 독일 저작권법 제59조 제1항. 김연수, "파노라마의 자유의 운용과 개정 방안에 대한 고찰: 초연결사회의 비대면 문화를 중심으로", 계간 저작권 2020 겨울호, 5-57면 참조.

65 BGH 2003. 6. 5, GRUR 2003, 1035, 1037=NJW 2004, 594(Hundertwasser-Haus 판결).

66 앞의 주 64에서 인용한 입법례 외에도 오스트리아에서는 최고법원의 판례(OGH 1988. 10. 25, SZ 61 Nr. 220, 282, 285)가 우편엽서에 城의 이미지를 사용한 사안에서 오스트리아 민법 제354조에 기한 청구에 대하여 오스트리아 저작권법 제54조 제1항 5호를 적용하였고, 덴마크에서는 1995년 저작권법 제24조 제2항 및 제3항에서 "건물은 자유롭게 模寫될 수 있다"고 규정하였다. 그밖에도 파노라마의 자유는 1992년 스위스 저작권법 제27조, 1996년 스페인 저작권법 제35조, 1988년 영국 저작권·디자인·특허법 제62조에서 모두 보장되고 있다.

67 이 점을 명시적으로 밝힌 판결로는 CA Versailles 15 janvier 1998, RIDA 177(1998) 267, 268.

68 CA Paris 23 octobre 1990, RIDA 150(1991), 134; JCP 1991 Ⅱ 21682(La Géode 판결), TGI Paris 12 juillet 1990, RIDA 147(1991), 359(La Grande Arche 판결), Bernard Edelman, "La rue et le droit d'auteur", D. 1992 Chron. 91, 93-94.

69 이러한 태도를 입법화한 예로 1994년 벨기에 저작권법 제22조 제1항 2호과 1912년(1973년 개정) 네

한 예외는 필요에 따라서 사진작가 등에게 유리하도록 상당히 탄력적으로 운용되었다.[70] 앞서 본 2004년 파기원 대법정 판결의 경우도 원심(루앙 항소법원)은 주물/종물 이론에 기대어 청구기각을 정당화하였지만, 이 사안에서는 건물(Hôtel de Girancourt)의 전면부는 쟁송의 다툼이 되었던 사진의 주된 대상이었으므로, 원심의 그와 같은 이론구성은 타당하지 않았다. 오히려 1999년 파기원 민사1부의 판결이 공개된 장소에서 존재하는 건물의 소유자가 그 사진촬영까지도 막을 수 있다고 한 것이 2016년 이전의 프랑스 법에서는 적어도 평가모순이 없었다고 볼 수 있다.

물론 이러한 설명은 오늘날에는 더 이상 타당하지 아니하다. 유럽연합의 소위 저작권 조화 지침[71]의 영향 아래 프랑스에서도 2016년 10월 7일 법률 제1321호로 지적재산권법 제122조-5조 제1항("공표된 저작물의 저작자는 다음 각호의 행위를 금지할 수 없다.")에 10호와 함께 11호가 신설되었기 때문이다("누구나 다닐 수 있는 길 위에 영구히 설치된 건축저작물과 조각을 자연인이 복제하고 재현하는 행위, 다만 영리를 목적으로 하는 행위는 일체 제외한다.").[72] 그렇지만 여전히 다른 나라와 비교하면 프랑스에서 인정되는 파노라마의 자유는 인적·물적 범위와 목적에 있어 매우 제한적인데, 건축저작물과 조각만을 대상으로 자연인에 대하여, 또한 영리를 전혀 추구하지 않는 행위에 대해서만 인정되기 때문이다.[73]

덜란드 저작권법 제18조를 들 수 있다. 반면에 minima non curat praetor 원칙에 근거하여 독일저작권법 제57조는 이른바 '중요하지 않은 부수적 저작물(unwesentlches Beiwerk)', 즉 본래 의도했던 대상이 아니었던 저작물에 관하여 규정을 따로 두었다. Schack(주 59), Rn. 566; Schricker/Loewenheim, Urheberrecht, 4. Aufl., München: C.H. Beck, 2010, § 57 Rz. 6-10(Vogel) 참조.

70 Cass. civ. 15 mars 2005, RIDA 205(2005), 459, 467; D. 2005, 1026, obs. J. Daleau(리용 시 Terreaux 광장 우편엽서 판결).

71 Directive 2001/29/EC of the European Parliament and of the Council of 22 May 2001 on the harmonisation of certain aspects of copyright and related rights in the information society, OJ L 167, 22 June 2001, p. 10-19. 파노라마의 자유는 그 중 제5조 제3항 h호에 해당한다.

72 입법의 경과는 Marine Ranouil, "L'exception de panorama consacrée par l'article 39 de la loi pour une République numérique", CCE 2017, Chron. 4, n° 2 참조.

73 반면에 가령 독일저작권법(UrhG) 제59조 제1항은 "공공의 보도나 차도, 광장에 지속적으로 존재하는 저작물은 그림이나 그래픽, 사진이나 영상물로 복제, 유포하거나 공개적으로 재현할 수 있다. 건축물의 경우는 그 외양에 대해서만 이러한 권한이 인정된다."고 규정하여 이와 같은 제한을 두고 있지 아니하다. Thomas Koch, "Von dreidimensionalen Vervielfältigungen und schwimmenden Kunstwerken: Die Panoramafreiheit in der Rechtsprechung des Bundesgerichtshofs" in: Hans-Jürgen Ahrens et al.(hrsg.), FS Büscher, Köln: Carl Heymanns Verlag, 2018, 197-206, 199는 독일법의 규정을 유럽연합의 지침보다 조금 더 확대된 것으로 평가한다. 독일의 실무도 가령 LG Mannheim GRIR

2. 소유권의 효력이 미치는 범위

2004년 파기원 대법정 판결을 보면 1999년 파기원 민사1부 판결, 그리고 당해 사안의 항소판결과는 달리 더 이상 프랑스 민법 제544조(우리 민법 제211조에 해당)를 명시적으로 인용하지 않았다. 그렇다면 과연 소유자는 손해발생과 과책(faute)을 요건으로 하는 프랑스 민법 제1382조(우리 민법 제750조, 독일민법 제823조 제1항·제1004조)의 일반불법행위책임을 물어 손해배상을 받는 데 그쳐야 하는지 하는 의문이 제기된다.74 하지만 2004년 판결에서 '비정상적 장애'를 소유자 구제의 요건으로서 요구하였고, 이러한 개념이 원래 프랑스 민법 제544조의 해석에 따른 '상린장애(troubles de voisinage)'에서 비롯된 것이므로, 여전히 파기원은 프랑스 민법 제544조의 틀 안에서, 우리식으로 표현하면 물권적 청구권의 틀 안에서 사고하고 있음을 엿볼 수 있다. 상린장애에 기한 청구권의 성립은 우리나라는 물론 프랑스에서도 과책 여부와 무관하다.75 그리고 "비정상적 장애"란 무엇보다도 소유자가 더 이상 참지 않아도 되는 침해, 즉 손해,76 다시 말해서 법적으로 보호되는 이익의 침해에 다름 아니다. 다만 법적으로 보호되는 이익이 어디까지인지는 개별사안에서 구체적으로 판단하여야 하지만, 2004년 판결에서 파기원은 여기까지 이르지는 않은 듯하다.

소유권에 대한 법률상 보호는 물건의 실체와 그 이용에 대한 것이다. 실체에 대한 침해는 소유자가 불법행위법을 통하여 별다른 어려움 없이 이를 방어할 수가 있다. 따라서 가령 특별히 빛에 약한 소재로 만들어진 저작물을 플래시를 써서 촬영하는 것은 그 자체가 재물손괴에 해당할 수 있다. 문제는 촬영 등의 복제행위가 소유자에게 배타적으로 귀속되는 사용권능에 대한 침해라고 볼 수 있는가이다. 타인의 부동산에 들어가지 않고 또 피사체와 물리적으로 어떠한 접촉도 하지 않은 사진촬영이라면 이를 소유자의 사용권능을 침해하였다고 보기란 도저히 어려울 것이다. 피사

1997, 364, 366에 따르면 직업사진작가가 우편엽서를 만들어 돈을 벌 생각으로 사진을 찍은 경우도 파노라마의 자유가 인정된다고 본다.

74 Murad Ferid/Hans Jürgen Sonnenberger, Das Französische Zivilrecht, Bd. Ⅱ, 2. Aufl., Heidelberg: Verlag Recht und Wirtschaft, 1986, Rn. 3 C 189 ff. 참조.

75 상린관계에 관한 우리나라의 문헌은 모두 이 점에서 일치하고, 프랑스의 경우도 마찬가지이다. 가령 Courtieu, Juris-Classeur civil art. 1382-1386, fasc. 2265-10, n° 58(2000). 한편 독일민법 제1004조 제2항은 "소유자가 참을 의무를 지는 경우는 제1항의 청구권[방해제거 및 부작위 청구권]은 배제된다."고 명문의 규정을 두고 있다.

76 수인한도론 역시 우리나라와 프랑스 모두에서 받아들여지고 있다. Courtieu(주 75), n° 27 et ss.

체에 어떠한 물리적 변경도 가하지 않았고 또 여전히 소유자가 피사체를 이용하는 (가령 사진을 찍어 그 사진을 상품화하는) 것도 가능하다. 물론 경쟁으로 인하여 소유자가 찍은 사진의 경제적 가치가 떨어질 수는 있겠지만, 이것은 물권법에 의해서도 또 불법행위법에 의해서도 보호를 받지 못하는 이른바 순수재산손해에 불과하다. 2004년 판결의 사안에서도, 비록 소유자가 그 전에 해당 건물의 복원에 상당한 비용을 지출했고, 또 스스로 우편엽서를 만들어 판매하고 있긴 했지만, 결국 청구를 기각한 것을 보면 파기원 또한 이러한 입장에 서있는 듯하다.

하지만 우리가 사진촬영에 대한 소유자의 방해배제청구를 부정해야 하는 진짜 이유는 따로 있다. 그것은 바로 물건의 이미지 복제로 인한 사용이익이 애초에 소유자가 아니라 전적으로 저작자(우리 저작권법 제35조 등 이른바 파노라마의 자유가 인정되는 경우는 일반공중)에게 있다는 점이다(앞의 1. 참조). 이처럼 애초부터 소유권의 범위에 속하지 않았던 권능이 저작물에 대한 저작권의 보호가 사후에 종료하였다거나 창작성의 결여로 저작권의 보호가 처음부터 부정되었다는 이유로 갑자기 소유자에게 생겨난다고 볼 수는 없다. 이 점만 보더라도 1999년 파기원 판결은 비판받아 마땅하다. 그런데 이러한 판결은 프랑스에만 국한된 것은 아니고, 독일에서는 이미 1974년에 이와 유사한 판결이 있었다.**77** 칼 프리드리히 쉰켈(Karl Friedrich Schinkel)이 19세기 초 개축한 테겔(Tegel)城은 공공도로와 광장에서 들여다볼 수 없도록 공원에 세워진 건물로 입장권을 구입하고 들어가면 사진촬영이 허용되는 곳이었는데, 피고(직업적 사진작가)가 입장권을 구입한 후 이곳에서 찍은 사진으로 우편엽서를 만들자 자신의 우편엽서를 판매하고 있던 원고(성의 소유주)가 독일민법 제1004조(우리 민법 제214조에 해당)를 들어서 금지(방해중지)를 청구하였고, 연방최고보통법원 민사1부가 이를 인용하였다.**78** 법률이 저작자에게조차 일정한 기간 동안에만 복제권만을 주었음에도 불구하고, 이런 식으로 소유자에게 저작물에 대한 영구적 독점권(금지권)을 인정하는 것은 결코 정당화될 수 없다.**79** 소유자는 사진촬영을 금지하는 등 관람계약의 내용을 정하는 과정에서 스스로 자신의 재산상 이익을 지킬 수 있고 그렇게 해서 계약책임

---

77 실제로 Thomas Dreier, "Sachfotografie, Urheberrecht und Eigentum", in: Peter Ganea et al.(hrsg.), FS Adolf Dietz, München: C.H. Beck, 2001, SS. 235-251, 248 ff.는 소유권에 의한 보호 범위의 확대를 옹호하면서 1999년 파기원 민사1부 판결을 인용하였다.

78 BGH 1974. 9. 20, NJW 1975, 778=GRUR 1975, 500. 이 판결에 반대하는 문헌의 소개는 Schack(주 59), Rn. 41 Fn. 24(S. 41) 참조.

79 Gautier(주 39), n° 16-17.

(채무불이행책임)을 물었어야 한다.[80]

3. 일반적 인격권과의 관계

그렇다면 이제 '비정상적 장애'로서 남아있는 것은 '사생활의 내밀함에 대한 침범'(프랑스 민법 제9조)이라는 일반적 인격권의 침해뿐이다.[81] 앞서 Ⅱ.에서 사진술과 특수한 인격권인 초상권의 충돌을 둘러싼 19세기 프랑스의 법발전을 소개하였는데, 프랑스에서는 1970년 7월 17일 법률로써 민법 제9조에 "모든 사람은 자신의 사생활을 존중받을 권리를 가진다."는 규정이 신설되었다.[82] 오늘날 선진화된 사회라면 누구도 자신의 초상이 영리 목적으로 이용되는 것을 좋아하지 않을 것이다.

하지만 물건을 소유자의 사생활과 연결시키기란 사람의 초상에 비하여 일반적으로 훨씬 어렵다. 자기 물건을 제3자가 볼 수 있는 곳에 내놓은 소유자라면 그 범위에서 자신의 사적 영역을 스스로 포기한 것으로 볼 수 있고,[83] 다만 개별적 관계에서 계약에 의하여 자신의 이익을 지킬 수 있을 뿐이다(앞의 2. 참조). 따라서 가령 소유자가 관람객에게 관람을 허용한 경우는 그 공간에 존재하는 예술작품은 원칙적으로 사진 촬영과 배포가 허용되지만, 사진촬영은 허용하되 그 배포는 허용하지 않았다면 그는 적어도 배포와 관련하여 자신의 이익을 계약에 의하여 보호한 것이고 따라서 그 범위에서 사생활을 존중받을 권리를 유보한 것으로 다루어져야 한다.

일반이 누구나 볼 수 있는 건물의 바깥 모습을 담은 그림이나 사진이라면 설령 그것이 개인의 주거용 건물이라고 하더라도 원칙적으로 인격권과 무관하다.[84] 하지만 왕실 가족이 거주하는 건물의 내부를 보여주면서 값비싼 예술작품이 어디에 있는

---

80 Schack(주 59), Rn. 41: "그 해결책은 오히려 계약법에 찾아야 한다."

81 일찍이 M. Cornu의 평석(주 39), pp. 165 et ss. 참조.

82 Loi n° 70-643 tendant à renforcer la garantie des droits individuels des citoyens, JO 19 juillet 1970, p. 6751. 한편 독일에서 특수인격권으로서 초상권은 구 예술저작권법(1907년 KUG) 제22조, 제23조로 비로소 근거규정을 가지게 되었다. 우리나라에서도 2000년대 초반 인격권을 민법에 규정하려는 시도가 있었으나 입법에 이르지는 못하였다. 반면에 올해 시행된 중국민법은 제4편에서 인격권에 관하여 6개의 장, 51개의 규정(제989조 내지 제1039조)을 두었다.

83 주지하듯이, 우리 판례에서 언론의 자유와 관련하여 채택한 이른바 '공적 인물'(최근 판결 중에는 '공적인 존재'라는 표현도 등장하였다)의 법리도 이러한 맥락과 닿아있음이 물론이다.

84 프랑스는 물론이고 독일이나 영국에서도 사정은 마찬가지이다. BGH 1989. 3. 9, NJW 1985, 2251=GRUR 1990, 390(1740년 지어진 띠 모양의 건축물장식이 있는 가옥의 사진이 장식용품 상품목록의 표지로 사용된 사안), Bernstein of Leigh v. Skyviews & General Ltd. [1977] 2 All English Law Reports 902, 908("사진 찍는 것을 금하는 법은 없다"는 이유로 청구기각).

지를 폭로하거나 집합건물의 관리단집회에서 배포된 사진에 구분소유자의 테라스가 찍혔고 거기에 속옷이 걸려있다면[85] 혹은 건물사진에 소유자의 이름이나 거리의 이름이 추가되어 익명성이 제거된 경우[86]라면 판단이 달라져야 할 것이다.

4. 결어

2004년 파기원 대법정 판결은 비록 무엇을 '비정상적 장애'로 볼 것인지 기준을 분명하지 않았고 여전히 많은 문제점을 남기긴 하였지만, 물건의 이미지에 대한 소유자의 배타적 권리를 부정하였다는 점에서 방향은 올바르다고 평가할 수 있다. 공적 공간은 사진작가, 화가, 영화제작자, 언론을 포함한 공중의 이익을 위하여 창작, 표현, 언론 활동이 자유롭게 이루어질 수 있도록 남아있어야 한다. 이를 위하여 무체재산권은 물론이고 소유권에 기한 금지청구는 제한적으로, 즉 사생활 보호 등 인격적 이익이 침해되거나 위협받는 예외적인 경우에 한하여 고려될 수 있을 뿐이다. 요컨대 "누구나 자기 소유물의 이미지를 존중받을 권리를 가진다. 그러나 타인이 그의 물건의 이미지를 사용하더라도 그로 인하여 소유자에게 아무런 장애도 일으키지 않은 때에는 책임을 물을 수 없다."[87]

타인 소유 물건의 이미지를 복제하고 공표, 배포하는 행위는 저작권을 침해하는 것이지 소유권(용익권능)을 침해하는 것은 아니고(따라서 소유권의 불가분성과는 관련이 없다),[88] 또 소유자의 인격적 이익을 반드시 침해한다고도 볼 수 없다. 물론 소유자는 저작물의 물리적 성상에 영향을 주어서, 가령 위치를 변경하거나 가름막을 설치하여 공공의 접근을 막을 수는 있지만,[89] 모든 사람이 자유롭게 볼 수 있는 상황을 그대로 유지하면서 그 이미지의 복제에 대한 배타적 독점권을 주장할 수는 없다. 대신에 타

---

[85] 전자는 TGI Tours 8 août 1986, D. 1987 somm. 138, 후자는 TGI Bordeaux 19 avril 1988(주 35)의 사안.

[86] Cass. civ. 5 juin 2003, D. 2003. 2461, note E. Dreyer("Bélisaire 선창가 부근 Ferret 곶에 있는 X씨 가족의 빌라"). 독일의 판결로는 OLG Hamburg 2004. 9. 28, NJW-RR 2005, 414("Berlin 시 Zehlendorf 지구에 있는 G씨의 으리으리한 별장"), KG 2005. 4. 14, NJW 2005, 2320=ZUM 2005, 561("Potsdam의 유일한 호화별장으로 J씨 가족이 이를 구입").

[87] 2003년 퀘벡 민법 개정안(주 29).

[88] 우리 저작권법 제35조는 복제권 등이 원칙적으로 저작자에게 있음을 전제로 그 제한을 규정한 것이다.

[89] 물론 이러한 행위가 저작권(가령 동일성유지권)을 침해할 가능성은 있는데, 특히 장소특정적 조형저작물의 경우에 그러하다(1999년 경 포스코와 프랭크 스텔라 사이에 있었던 건축물미술작품 '꽃피는 구조물-아마벨'을 둘러싼 분쟁을 상기해보라).

인에 의한 자기 물건의 이미지가 무단으로 복제 또는 배포됨으로서 물건의 재산적 가치(가령 교환가치) 또는 비재산적 가치(가령 평판)가 감소되는 때에는 소유자는 그로 인한 손해배상를 청구하거나 방해배제를 청구할 수 있다(민법 제390조, 제214조). 다만 이러한 이미지의 포착 및 이용행위가 소유자에게 직접적인 손해나 소유권행사의 장애를 가져다 주는 경우는 예외적이기에 그 사실은 소유자가 주장 증명하여야 할 것이고 또 그 판단은 개별적이어야 하기에 마치 상린관계에서처럼 참을 한도의 이론을 참조할 수 있을 것이다. 끝으로 저작권과 소유권은 각각 법질서에 의하여 고유한 권능이 할당되어 있고[90] 양자 중 어느 하나가 다른 하나보다 우월한 지위에 있는 것이 아니므로, 저작권의 존속기간 중에는 저작자의 권리를 소유자가 행사할 수 없고, 존속기간 후 저작자의 권리는 소유자에게 귀속하는 것이 아니라 절대적으로 소멸하여 만인이 그 저작물을 자유롭게 향유할 수 있어야 한다(따라서 저작권의 소멸이 소유권의 확대 내지 탄력적 복원을 가져오지 아니한다).

공개된 장소에 존재하는 물건을 포함하여 물건 일반의 이미지에 대하여 누구 어떠한 권리를 가지는가, 그리고 그 권리에 대해서는 어떠한 법률이 적용되어야 하는가는 적어도 프랑스의 경우 사진술의 등장과 함께 19세기 중반부터 꾸준히 학계와 실무에서 논의가 되어왔다. 프랑스의 판결 가운데에는 마치 물건 자체가 그러한 권리를 가지는 듯 표현된 판결이 있는가 하면,[91] 학설 가운데에는 이미지에 대한 소유권을 주장하거나[92] 생명공학의 발전과 더불어 人의 사물화에 주목하면서 아예 (초상을 포함한) 신체에 대한 소유권을 구상하는 시도까지 나오고 있다.[93]

2004년 파기원 대법정판결을 요약하면 소유자는 소유물의 이미지에 대한 배타적 지배권은 없지만 제3자의 이미지 이용행위가 소유권에 참을 한도 이상의 손해('비

---

90 우리 저작권법 제35조는 독일저작권법 제59조 제1항과 마찬가지로 저작권뿐 아니라 소유권의 할당 내용도 제한하는 것으로서 여기서 허용하는 파노라마의 자유를 소유권에 기하여 제한할 수 없음은 물론이고, 독일의 판례(BGH 1989. 3. 9, NJW 1989, 2251, 2252)처럼 침해부당이득 주장도 차단된다고 보아야 한다.

91 CA Paris, 18 février 1972, RIDA, 1972, 214(화가 베르나르 뷔페의 城 그림이 "城의 명성을 손상하지 않았다.") 1999년 파기원 판결의 배경에는 이처럼 물건의 이미지에 대한 새로운 권리가 형성되는 것을 막고 이를 소유권의 행사에 불과하다고 보려는 의도도 있었음은 공간된 관련 보고서(La documentation française, 2000)에서 엿볼 수 있다.

92 대표적으로 Daniel Gutmann, "La nature de l'image", in: Association Henri Capitant des amis de la culture juridique francaise, L'image, Journees nationales t. 8, Paris: Dalloz, 2005, pp. 5 et ss.

93 초기 대표적 논의로서 Roberto Andorno, La distinction juridique entre les personnes et les choses a l'épreuve des procréations artificielles, Paris: L.G.D.J., 1996.

정상적 장애')를 가져오면 소유권에 기하여 그 이용행위를 막을 수 있다는 것이다. 물론 이에 대하여 이미지와 물건을 과연 분리할 수 있는지, 또 이미지에 대한 배타권이 없는 소유자가 비정상적 장애가 있으면 갑자기 이를 막을 수 있는 권능을 갖는 것을 어떻게 설명할 것인지에 대한 비판이 없는 것은 아니지만,[94] 저작권과 소유권의 조화를 도모한 결정이고 또 그럼에도 소유권과 이미지를 완전히 절연시킨 것이 아니라 어느 정도의 연관성(가령 소유권의 외연의 한계로서의 이미지)을 인정하였다는 점에서 높이 평가할 수 있다. 나아가 저작권과 마찬가지로 소유권에도 재산적 측면 이외에 인격적 측면이 존재할 수 있다는 오래된 문제를 다시금 생각해보는 계기를 제공하기도 하였다. 이미지에 대한 권리(Droit à l'image)란 존재하는가, 존재한다면 어떠한 것인가라는 문제에 대한 대답은 사회의 발전과 함께 계속해서 변해갈 것이고, 그 과정에서 소유권과 저작권, 그리고 인격권은 다른 새로운 유형의 권리가 등장할 때까지 지금까지와 마찬가지로 앞으로도 핵심적 역할을 맡을 것이다.

---

[94] 이미 Frédéric Zénati(주 49), Thierry Revet(주 49) 등이 이러한 비판을 한 바가 있다.

프랑스법상 재고질권 및 영업질권제도[*]

조 인 영**

I. 서론

종래 우리나라에서의 담보는 보증과 같은 인적 담보나, 등기와 공시가 용이한 부동산 담보를 위주로 발전해 왔다. 동산 및 채권에 관해서는 질권 또는 양도담보 방식의 담보를 이용할 수 있으나, 전자는 질권자가 목적물을 점유해야 한다는 점유질 원칙 때문에, 후자는 공시의 불완전성 때문에 그 활용이 한정적이었다.[1] 이러한 문제점을 해결하기 위하여 '동산·채권 등의 담보에 관한 법률'이 2010년 제정되었으나, 그로부터 10여 년이 지난 현재까지도 위 법률에 따른 동산 및 채권 담보의 활용도는 저조한 편이다.[2] 이에 동산·채권·지식재산권 등에 대한 담보제도를 활성화하기 위하여 종류가 다른 두 가지 이상의 담보목적에 대해 담보권을 설정할 수 있도록 하는 일괄담보제도의 필요성이 논의되고 있고, 2019년 일괄담보제도를 신설하는 내

---

* 본 논문은 법학논고 제74집(2021. 7., 경북대학교 법학연구원)에 게재되었으며, II항 및 IV항 일부는 사단법인 한국민사집행법학회, "일괄담보권 집행방법에 대한 해외 법제도 연구", 법무부 정책연구용역, 2020. 12. 중 필자가 집필한 부분(프랑스에서의 일괄담보 관련 논의 및 유사제도, 27-51면)을 수정·보완한 것이다.

** 연세대학교 법학전문대학원 부교수

1 김형석, "동산·채권 등의 담보에 관한 법률」에 따른 동산담보권과 채권담보권", 서울대학교 법학 제52권 제3호(2011. 9.), 서울대학교 법학연구소, 192면.

2 이동진, "동산·채권 등 등기담보, 일괄담보, 기업담보", 법률신문, 2020. 9. 28.

용의 '동산·채권 등의 담보에 관한 법률' 개정안이 발의되기도 하였으나, 집행상의 난점 등을 이유로 아직 현실화되지 못하고 있다.

프랑스에서도 일괄담보 형태의 담보제도는 존재하지 아니한다.3 프랑스에서도 2006년 담보법 개정 당시 미국이나 영국과 같이 담보제도를 security interest라는 단일한 방식으로 통일할 것인지 여부에 관한 논의가 이루어졌으나, 프랑스 담보법이나 파산법 체계와 조화를 이루기 어렵다는 이유로 이를 받아들이지 아니하였다.4 대신 프랑스에서는 담보법을 현대화·체계화하고, 점유질권 뿐 아니라 비점유질권도 인정하는 등 보다 유연한 방식으로 담보권을 운용하기 위한 제도적 개혁을 단행하였다.5 동시에 프랑스에서는 재고질권(le gage des stocks), 영업질권(nantissement du fonds de commerce), 생산수단 및 생산설비질권(gage d'outillage ou du matériel d'équipment) 등 영업을 구성하는 동산 내지 채권의 유기적 결합체를 한꺼번에 담보목적으로 하는 다양한 특별 담보제도를 통하여 동산의 비중이 높은 중소기업들에게 영업자금 확보 기회를 제공하고 있으며, 2015. 8. 6.에는 소위 '마크롱법'6이라고 불리는 경제개혁법안에 의해 그 내용이 일부 수정·보완되기도 하였다.

이처럼 단일한 일괄담보제도를 채택하지 않으면서도 다양한 형태로 동산을 담보목적으로 활용할 수 있도록 하는 프랑스의 각종 제도들은, 아직 일괄담보제도가 도

---

3 이러한 점에서 Floating charge나 debenture, 또는 Blanket security와 같이 이종 재산 전부 또는 다수에 관한 일괄담보를 인정하는 영미법계의 담보제도와 차이가 있다. Samir Berlat 외 7인, "Credit support, collateral and creditors' committees-leveraged finance deals in France", European Leveraged Finance Alert Series: Issue 2, 2018, p.2; Ryan Bekkerus, Alexandra Kaplan and Marisa Stavenas(ed), 『Acquisition Finance 2015』, Law business Research, 2015 중 프랑스 편(by Arnaud Fromion, Frédéric Guilloux and Adrien Pauraud Shearman & Sterling LLP).

4 김현진, 『동산·채권 등의 담보에 관한 법률연구: 주요 내용과 현대화의 과제』, 서울대학교 박사학위 논문(2011), 104면; 유창호, "2006년 프랑스 담보법개정의 내용과 시사점", 법조 제628권(2009. 1.), 한국법학원, 156면.

5 2006년 담보법 개혁으로 변경된 내용 중에는 자동차질권제도도 포함된다. 남효순, "프랑스민법상 자동차질권의 설정과 실행 — 우리나라의 자동차인도명령 제도에 대한 시사점 —", 서울대학교 법학 제56권 2호(2015. 6.), 서울대학교 법학연구소 참조.

6 본래 법명은 '경제적 기회의 성장, 활동 및 평등을 위한 법률(La loi n° 2015-990 du 6 août 2015 pour la croissance, l'activité et l'égalité des chances économiques)'로, 친기업·친시장적인 정책을 추진하기 위한 개혁적 조치들이 다수 포함되어 있어 프랑스에서 논란의 대상이 되었다; 프랑스의 담보법 개정과정과 담보체계 일반에 대해서는, Dominique Legeais, "Synthèse - Garanties du crédit", JurisClasseur Commercial, 2020. 1. 1. 참조.

입되지 아니한 우리나라에도 시사점을 줄 수 있고, 향후 일괄담보제도 도입시 그 집행 과정에도 참고가 될 수 있다. 따라서 이하에서는 그 중 재고질권, 영업질권제도에 대해 살펴보되, 이해의 편의를 위하여 먼저 프랑스 담보법 개정 후 전체적인 담보법 체계와 개정과정에서의 재고질권에 관한 논의를 개략적으로 살펴보고(II), 이후 각 제도의 요건과 효과(III, IV)를 검토한 뒤, 우리 담보법제와의 비교점과 시사점(V)을 논하는 것으로 논의를 마무리하고자 한다.

II. 프랑스 담보법상 질권제도의 개요 및 개정 과정

고대 로마법의 "pignus(저당)" 제도로부터 발전한 질권제도는 1804년 나폴레옹 민법전 제정 이래 프랑스의 동산 담보법제 중 가장 중요한 유형이었다.[7] 종래 프랑스에서의 질권 계약은 프랑스민법 제2071조와 2072조에 의하여 규율되었고, 유체물에는 'gage', 무체물에는 'antichrèse'라는 용어를 사용하였다. 그러나 채권자에게 점유를 이전할 것을 요건으로 하는 종래의 질권제도는 우리나라에서와 마찬가지로 채무자가 목적물을 더 이상 이용할 수 없게 되는 단점이 있었다. 이에 19세기와 20세기에 들어서면서 점유를 이전하지 않고도 담보로 활용할 수 있는 비점유 질권으로서 생산수단 및 생산설비질권(nantissement du matériel et outillage, 이하 '생산수단·설비질권'이라 한다), 영업질권(nantissement du fonds de commerce), 독립보증(les warrants) 또는 자동차질권(le gage du vendeur à crédit d'automobile) 등의 특별 질권제도가 발전하게 되었고,[8] 새로운 담보법리를 법조문에 반영할 필요성 또한 증가하게 되었다.[9]

이후 프랑스에서는 나폴레옹 민법전 제정 200주년이 되던 2003년에 담보법을 전면개정하기로 하고, 그리말디(Grimaldi) 교수를 위원장으로 하는 담보법개정 작업그룹을 편성하여 그에 관한 대대적인 논의를 진행하였다. 위 개정과정에서 입법정책상 제기되었던 중요한 문제 중 하나가 미국의 UCC(Uniform Commercial Code) 제9조와 유사한 단일 담보제도를 택할 것인지 아니면 복수의 담보권이 특징인 프랑스식 시스템을 고수할 것인지의 문제였다. 미국식 제도는 모든 담보를 동일한 공시방법과 효과

---

7 Dominique Legeais, "Art. 2333 à 2336 -Fasc. unique: Gage de meuble corporels - Droit commun. Constitution", JurisClasseur Civil Code, 2013. 6. 24., n° 1.

8 Christophe Albiges et Marie-Pierre Dumont-Lefrand, 『Droit des Sûretés』, Dalloz, 2017, p. 311

9 Dominique Legeais, 각주 7), no 1-3.

에 따라 규율하므로 상대적으로 그 규율이 간명하지만, 미국식 담보제도를 도입하기 위해서는 채권자에게 보다 유리한 미국의 고유한 법제와 미국식의 파산절차를 함께 고려해야 하는데, 프랑스의 파산법제를 개정하지 않는 이상 미국식 방식을 채택하는 것은 채권자의 우선특권을 과도하게 축소시킬 것이라는 점에서 그에 대한 우려가 제기되었다.10 결국 담보법개정작업그룹은 단일한 담보권은 프랑스 민법 기본원리와 조화를 이루지 못하고 다양한 담보권자 사이에 존재하는 갈등을 일거에 해결하는 수단을 제시하지 못한다는 이유로 단일한 담보권을 채택하지 아니하고 복수의 담보권을 유지하되,11 종래의 담보체제를 대폭 개정하기로 하였다.

그리하여 결국 2005. 3. 28. 민법에 담보와 관련된 제4편을 신설하는 것을 골자로 하는 보고서(그리말디 보고서)가 마련되었고, 이를 토대로 2006. 3. 23.자 오르도낭스 제2006-346호에 의하여 민법상의 담보 관련 내용이 대폭 개정되었다. 먼저 2006년 민법 개정과정에서는, 질권에 관한 종래의 변화를 반영하고 담보법제를 통일적으로 규율하기 위하여, 점유이전을 요하지 않는 비점유질권에 관한 일반적인 조항을 신설하고, 유체동산에 관한 질권을 gage, 무체동산에 관한 질권을 nantissement으로 그 용어를 통일하였다. 또한 담보물의 범위에 관하여서도 현재 및 장래의 재고자산 등을 포괄하는 유동집합동산(민법 제2333조 내지 제2350조)과 현재 및 장래의 물건에 대한 소유권유보부 담보권을 인정하였고(민법 제2367조 내지 제2372조), 회사가 보유하는 재산, 권리, 담보권에 관하여 신탁계약을 체결하고 그 신탁재산을 담보로 금융을 조달할 수 있도록 하는 담보신탁(fiducie-sûreté) 제도를 도입하였다(민법 제2011조 내지 제2031조).12

그러나 프랑스 민법의 담보법 개정과정에서도 몇 가지 특별 질권(gages spéciaux)은 민법에 통합되지 않고 프랑스상법(이하 '상법'이라고만 한다) 등에서 별도로 규정하고 있는데, 재고질권, 영업질권, 생산수단·설비질권 등이 그 예이다. 이하 개정 프랑스법에 따른 담보제도를 유형 및 자산별로 대표적인 것을 중심으로 도식화해 보면 아래와 같다.13 14

---

10 Yves Picod et Pierre Crocq, 『Le Droit Des Sûretés à L'épreuve Des Réformes』, Édition juridiques et techniques, Paris, 2006, p. 17.

11 김현진, 각주 4), 104면; 유창호, 각주 4), 156면; Yves Picod et Pierre Crocq, ibid, p.17; Dominique Legeais, 각주 7), n° 3.

12 제철웅, "동산 및 채권 담보 제도의 개선방향: 특정성 또는 특정가능성 원칙의 선택", 인권과 정의 제392권(2009. 4.), 대한변호사협회, 28-29면.

13 이하의 도식화는 Yve Picod, 『Droit des sûretés(2ᵉ édition)』, Thémis droit, 2011; Marc Mignot,

인적담보 (Les sûreté personnelles)	• 보증(cautionnement, 프랑스민법, 이하 민법은 법명 생략, 제2288조 내지 제2320조) • 독립적 보증(garantie autonome, 제2321조) • 협력장(lettre d'intention, 제2321조)			
물적담보 (Les sûreté réelles)	동산	유체 동산	질권 (gages)	일반 동산(제2387조 내지 제2392조)
				자동차(제2351조 내지 제2353조)
				재고자산(gage des stocks, 상법 제L527-1조 이하)
				상사 질권(상법 제L521-1조 내지 제L521-3조)
				상품 보증(warrant de marchandises, 상법 제L522-24조 내지 제L522-37조)
				각종 특별 보증 • 농산물, 농기구 등(warrant agricole, 농업법 Code rural 제L342-1조 내지 제L342-17조) • 호텔재산(warrant hôtelier, 상법 제L523-1조 내지 제L523-15조) • 유류(warrant pétrolier, 상법 제L524-1조 내지 제L524-21조) 등
				생산수단·설비(gage du matériel et de l'outillage, 상법 제L525-1조 내지 제L525-20조)

『Droit des sûretés』, Montchrestien, 2010; Michel Cabrillac et al, 『Droit des sûretés(10ᵉ édition)』, LexisNexis, 2015; Christophe Albies et Marie-Pierre Duont-Lefrand, 각주 8); 알랭 구리오(남효순 번역), "무체재산에 대한 담보물권(새로운 재산)", 저스티스 통권 제141호, 한국법학원 (2014) 등의 분류를 참조로 하여 대표적인 것 위주로만 도식화한 것이다.

14 참고로, 이하 유형별 분류와 관련하여, 프랑스법상 부동산의 개념은 우리 민법에서의 부동산 개념과 차이가 있으므로 주의할 필요가 있다. 프랑스에서는 실질적으로는 동산이지만 물질적인 또는 기능적인 이유로 부동산으로 취급하는 것을 '용도에 의한 부동산'이라고 하여 부동산의 일종으로 본다(동산의 부동산화). 이른바 부동산의 부속물로서, ⅰ) 토지소유자가 경작을 위하여 임차인에게 제공한 동물로서 토지와 연관이 있는 것(제522조), ⅱ) 가옥 기타 부동산을 끌어오는데 사용되는 수도관(제523조), ⅲ) 토지소유자가 토지의 이용 및 경영을 위하여 토지에 설치한 동산(제524조), Ⅳ) 석고, 석회, 시멘트에 의하여 토지에 부착된 동산 또는 동산이 부착된 토지를 파괴 또는 훼손하지 아니하면 동산을 토지로부터 분리할 수 없는 것(제525조) 등이 이에 해당한다. 이러한 재산들은 '용도에 의한 부동산'으로, 영업질권 대상이 될 수 없고, 저당권의 목적물이 될 수 있을 뿐이다. 반면, 성질상으로는 부동산이지만 장차 토지로부터 분리가 예정되어 있어 동산으로 취급되는 부동산은 '용도에 의한 동산'이라고 하여 동산의 일종으로 본다(부동산의 동산화). 수확예정의 농작물 또는 미수확의 농작물, 벌채 예정인 산림, 채석장의 예정산출물, 건물의 철거예정물 등이 이에 해당한다. 이는 토지에 고착되어 있지만 프랑스법상 동산에 해당하므로 영업질권의 목적물이 될 수 있다. 남효순, "프랑스민법상 무체동산질권", 서울대학교 법학 제55권 제3호(2014. 9.), 서울대학교 법학연구소, 166면 이하 및 파기원 청원부 1913. 1. 12. 판결 등 참조.

무체 동산	질권 (nantisse ment)	채권 • 일반채권(제2355조 내지 제2366조) • 예금채권(제2360조)
		계좌증서(compte-titres)15 (통화금융법전 Code monétaire et financier, 제L211-1조)
		회사 지분(parts sociales, 제1866조) • 민사회사 지분(parts de sociétés civiles, 제1866조) • 상사회사 지분(parts de sociétés commerciales, 제2355조)
		생명보험계약(policies d'assurance-vie, 보험법전 제L132-20조)
		영업재산(nantissement du fonds de commerce, du artisanal, du agricole, 상법 제L142-1조 내지 제L142-5조, 농업법전 Code rural 제L311-3조)

		지적재산권
		• 산업재산권(제2355조, 지적재산권법전 Code de la propriété intellectuale 제L613-9조 등)
		• 저작권
		  − 소프트웨어이용권(지적재산권법전 제L132-34조, 제R132-8조)
		  − 영화필름(영화·만화영화법전 Code du cinéma et de l'image animée, 제L124-1조 내지 제L124-4조, 영화산업법 Code de 'industrie cinématographique 제3조)

부동산	• 부동산질권(gage immobilier, 제2387조 내지 제2392조)		
	• 저당권(hypothéques, 제2393조 내지 제2425조)		
기타 (동산 및 부동산 공통)	• 소유권유보(réserve de propriété, 제2367조, 제2373조) • 리스(crédit-bail, 상법 제L515-2조) • 환매권부 매도(vente à réméré, 제1659조) • 담보신탁(fiducie-sûreté, 제2018조, 제2372조의2, 제2488조의2) • 유치권(le droit de rétention, 제2286조, 제2391조)		

---

15 프랑스에서는 1981년 유가증권을 무형화하여 모든 유가증권을 계좌로 등록하도록 하고 있다. 이에
   따라 유가증권질권은 예금채권질권으로 변경되었다고 볼 수 있다. 알랭 구리오, 각주 13), 241면.

III. 재고질권(Gages des stocks) 제도

1. 재고질권의 의의 및 성립과정

재고질권은 프랑스 상법(이하 '상법'이라고만 한다) 제5권의 담보(Livre V, Titre II Des garanties)에 관한 제2편 중 7장 '재고자산에 관한 질권(Du gages des stocks, 이 글에서는 전술한 바와 같이 '재고질권'이라고만 한다)에 규정되어 있다. 상법 제L527-1조에 의하면, 재고질권이란 사단법인(personne morale de droit privé) 또는 개인이 그의 직업적 활동을 영위하는데 필요한 신용을 제공해 주기로 한 은행 또는 금융기관에 다른 채권자들보다 우선하여 재고자산으로 변제받을 우선특권(préférence)을 부여하기로 하는 합의를 말한다(동조 제1항).

프랑스 상법의 재고질권은 개정 프랑스 담보법이 개정된 2006. 3. 23. 처음으로 규정되었다. 종래 프랑스에서 점유이전을 질권의 성립요건으로 한 것은 고리대금업자로부터 질권설정자를 보호하기 위한 것이었다. 그러나 오히려 그러한 엄격한 성립요건이 질권을 설정하여 금융이익을 얻고자 하는 채무자의 이익을 침해하는 것으로 여겨지면서, 민법 개정위원회는 보다 융통성과 실효성이 있는 담보제도를 도입하고자 하였다. 그 결과 점유이전 여부를 당사자의 자발적인 의사에 따르도록 하는 내용으로 민법이 개정되었고, 상법에 재고자산에 관한 질권이 창설되었는데, 이러한 논의와 개정의 흐름상 재고자산에 관한 질권이 민법이 아닌 상법에 규정되어 있는 것은 잘못된 것이라는 비판적인 견해도 존재한다.[16]

이처럼 병렬적인 체계상 동일한 물건에 대하여 상법상의 재고질권뿐 아니라 민법상의 통상 질권을 이용하는 것도 가능한데, 재고질권은 통상질권에 비해 성립 요건이 엄격하고 유질계약이 금지되기 때문에 그 이용은 제한적이었다.[17] 한편, 개정전 프랑스민법은 점유를 이전하는 방식의 질권만을 인정하고 있었으나, 개정 후 프랑스 민법은 통상적인 질권의 경우 종래와 같이 점유를 이전하는 방식으로 하거나, 점유이전 없이도 합의만으로 성립할 수 있도록 하고 있어서, 재고질권의 경우에도 점유를 이전하는 방식 혹은 점유를 이전하지 않는 방식의 양자 중 어느 하나를 택일하여 설정하는 것이 가능한지, 혹은 재고질권은 민법의 특별 규정으로서 점유를 이

---

16 Dominique Legeais, 각주 7), n° 4, 17.

17 Marc Mignot, 각주 13), p. 417; Dominique Legeais, 각주 7), n° 22.

전하지 않는 방식으로만 가능한 것인지가 논란이 대상이 되었다.[18] 이에 관하여 프랑스 파기원은 2015년 전원합의체 판결로 "당사자들은 점유를 이전하지 않는 민법의 통상 질권(droit commun du gage) 관련 규정에 따라서는 재고질권 설정계약을 체결할 수 없다"고 판시하였다.[19] 위 판결로 인해 재고질권은 민법의 통상질권에 비해 그 존재 의미를 더욱 상실하게 되면서 비판이 가중되었고,[20] 그로 인해 재고질권 체계를 재정립할 필요가 생기게 되었다.[21] 그리하여 '마크롱법'이라고 알려진 2015. 8. 6. 법 제2015-990호 법률 제240조에 의해 재고질권 체계를 개정하기 위한 권한이 정부에 부여되었고, 그에 따라 2016. 1. 29. 오르도낭스 제2016-56호로 민법의 통상 질권에 보다 가까운 내용으로 재고질권 체계가 개정되었다. 이에 따라 재고질권 체계에 두 가지의 새로운 규율이 생겨났는데, 첫째는 특별 질권과 일반 질권 중 선택의 자유성이고,[22] 둘째는 유질계약(流質契約, pacte commissoire)의 가능성이다. 이하 재고질권의 요건과 효과에 대해 보다 상세히 살펴본다.

2. 재고질권의 성립요건

(1) 당사자 및 채무

프랑스 상법에 의한 재고질권은 개인이나 법인 중 누구라도 채무자가 될 수 있지만, 이를 이용할 수 있는 채권자는 은행 또는 금융기관에만 국한된다. 따라서 원자재 구입을 위해 기업간 자금 대여를 하는 일이 아무리 흔하다고 하더라도, 이러한 일반 기업이나 사인은 재고질권계약의 채권자가 될 수 없다.[23] 또한 채무자는 자신

---

18 이에 대해서는 Christophe Albiges et Marie-Pierre Dumont-Lefrand, 각주 8), p. 334; 점유의 필요성에 관한 종래의 논의에 대해서는 Emmanuelle Le Corre-Broly, "Gage - Le gage sur stocks et le Code de commerce: un mariage forcé?" La Semaine Juridique Entreprise et Affaires, 2014. 10. 23., n° 43; Nathalie Martial-Braz, "Gage - L'inévitable caractère exclusif du gage sur stock ou les conséquences des errements du législateur de 2006", La Semaine Juridique Edition Générale, 2013. 5. 6., n° 19-20 참조.

19 Cass. ass. plén., 7 déc. 2015, n° 14-18435, JCP G 2016. 57.

20 Patrice Bouteiller, "Fasc. 765: GAGE. WARRANT", JurisClasseur Banque - Crédit - Bourse, 2020. 9. 25., n° 70.

21 Yannick Blandin, "La réforme du gage des stocks par l'ordonnance n° 2016-56 du 29 janvier 2016", Revue de Droit bancaire et financier n° 4, Juillet 2016, étude 20, n° 2.

22 Dominique Legeais, "Fasc. 12: Gage et nantissement - Gage de meubles corporels. - Opposabilité du gage", *JurisClasseur Notarial Formulaire*, Mise à jour du 07/12/2016,

23 이와 같이 당사자의 범위를 한정하는 입법 태도에 대한 비판적 견해로는 Yannick Blandin, 각주

의 직업활동에 관계된 채무를 대상으로 하여야 하고, 제3자를 위한 재고질권을 설정할 수도 없다.[24] 채무는 영업활동에 필요하거나 영업행위에 속하는 채무이면 되고, 대여(prêt), 당좌대월(découvert), 어음할인(escompte) 등을 가리지 아니한다.[25]

(2) 목적물인 재고자산

프랑스 상법 제L527-3조에 의하면, "재고자산이란 원재료(matières premières et approvisionnements), 반제품, 부산품과 완제품(les produit intermédiaires, résiduels et finis) 등 채무자에게 속하는 것으로서 최종 재고조사일에 기재된 종류와 가치대로 평가된 재산"을 의미하며, 장래의 재산을 목적물로 하는 것도 가능하나(상법 제L527-1조 제3항, 민법 제2333조 제1항), 소유권유보의 대상이 된 재산은 재고질권의 목적물이 될 수 없다고 규정한다. 따라서 소유권유보의 목적물에 대해 질권을 설정받은 채권자는 매도인에게 대항할 수 없으며, 질권설정자를 상대로 별도의 책임을 물을 수 있을 뿐이다.[26] 소유권유보부 매매의 공시는 의무로 강제되는 것이 아니기 때문에, 질권의 대상으로 삼을 수 있는지를 확인하기에 어려움이 따른다.[27] 나아가, 타인 소유의 물건은 질권의 목적물이 될 수 없고, 이를 목적으로 하는 계약은 무효이다(상법 제L527-1조 제4항, 민법 제2335조).[28]

생산을 위한 재고자산의 특성상, 그 목적물은 증감변동을 전제로 한다. 상법 제L527-5조 제2항 역시 그러한 전제에서 '질권이 설정되었다가 양도된 재산 대신 취득한 재산(les biens acquis en remplacement des biens gagés et aliénés) 또한 당연히 질권의 목적물에 포함된다'고 규정한다.[29] 이 때 '대신 취득한 재산'의 구체적 의미에 관하여 '성질의 동일성'을 기준으로 할 것인지 또는 '가치의 동일성'을 기준으로 할 것인지가 문제될 수 있는데, 양자는 컴퓨터와 같은 전자기기의 신형 모델을 구형 모델과

21), n° 8 참조.
24 Patrice Bouteiller, "Fasc. 2970: Gage. Warrant", JurisClasseur Banque - Crédit - Bourse, 2020. 9. 25., n° 72.
25 Patrice Bouteiller, "Fasc. 765: GAGE. WARRANT", JurisClasseur Banque - Crédit - Bourse, 2020. 9. 25., n° 72.
26 Christophe Albiges et Marie-Pierre Dumont-Lefrand, 각주 8), p. 336.
27 Yves Picod, 각주 13), p. 307.
28 Marc Mignot, 각주 13), p.418; 김성수, "프랑스민법전의 담보제도에 관한 최근 동향―2006년 신설된 민법전 제4편의 물적담보와 인적담보의 개정을 중심으로―", 법조 59권 9호, 법조협회(2008), 231면.
29 Yannick Blandin, 각주 21), n° 13.

같이 볼 수 있는지 등과 관련하여 실제에 있어 상당한 차이를 가져올 수 있다.[30] 이에 대해 프랑스 파기원 판결은 성질이 매우 유사한 상품이라면 반드시 동일한 상품이 아니라도 당사자의 합의에 의해 대체 질물이 될 수 있다고 판시함으로써, 주관적 대체가능성(fongibilité subjective)을 인정한 바 있다.[31]

(3) 서면계약

재고질권은 서면계약으로만 체결될 수 있고, 서면에 의하지 않은 경우 무효이며, 서면계약에는 ① 피담보채권, ② 질권의 목적물, 현재 및 장래성 여부, 성질, 품질, 수량과 가치, 보관 장소, ③ 질권 설정기간(피담보채권의 존속기간이 무기한인 경우 질권의 존속기간도 무기한으로 한다), ④ 질권이 점유이전 없이 이루어지는 경우, 질물의 보관자가 될 수 있는 제3자의 신원이 기재되어야 한다(상법 제L527-2조).

이러한 서면계약성과 관련하여, 상법에서 명시하도록 규정하고 있는 요소들을 서면으로 기재하지 않은 경우 절대적으로 무효라는 데에는 이론이 없지만, 만일 그 중 한 가지를 누락한 경우 질권계약의 효력을 어떻게 볼 것인지에 대해서는 논란이 있다. 보증(cautionnement)의 경우에는 판례상 동의가 의사가 명확하다면 형식 요건을 완화하여 유효성을 유연하게 인정해 왔으나, 질권의 경우 상법에서 규정하는 요소들은 설정자의 동의 의사를 확인하기 위한 것이 아니기 때문에 상법에 규정된 요소를 누락하였다면 비록 채권자가 그러한 정보를 채무자에게 제공하였다거나 공증인이 조언을 하였다고 하더라도 무효라는 견해가 있다.[32]

(4) 점유이전 또는 등기

전술한 바와 같이, 상법 개정으로 인하여 재고질권은 종래와 같이 단순히 점유를 이전하는 방식 또는 점유를 이전하지 않고 등기하는 방법으로 성립할 수 있다(상법 제L527-1조 제2, 4항).[33] 재고질권은 이로써 요물계약성을 상실하게 되었으며, 이러한 개정과정에서 입법자들이 미국식 'security interest'의 영향을 받았다는 견해도 있다.[34] 따라서 점유이전 또는 등기는 이제 성립요건이 아니라 대항요건으로 분류된다.

---

30 Yannick Blandin, 각주 21), n° 14.

31 Cass. Civ. Chambre commercial, 26 mai 2010, 09-65.812. 위 사건은 가공 전의 햄 덩어리(noix des jambobs)와 절단하여 가공한 후의 햄에 관한 사건이었다.

32 Christophe Albiges et Marie-Pierre Dumont-Lefrand, 각주 8), p. 336.

33 Com. 1ᵉʳ mars 2016, n° 14-14401 참조.

34 Dominique Legeais, "Fasc. 12: Gage et nantissement - Gage de meubles corporels. - Opposabilité

재고질권에는 통상 질권에 관한 프랑스민법의 규정들이 적용된다(상법 제L527-1조 제3항). 당사자들은 상법에 기재된 상사질권 방식 또는 프랑스민법 제2333조 이하에 규정된 유체동산 질권의 방식 중 하나를 선택할 수 있다(동조 제4항).

재고질권은 점유의 이전으로써 제3자에 대한 대항력을 취득할 수 있다(상법 제L527-4조). 이 때 점유의 이전은 채권자가 직접 자신의 점유하에 있다는 안내문을 붙이는 등의 방법으로 하거나, 주로 창고업자 같은 제3자로 하여금 대신 점유하게 함으로써 이루어진다.[35]

다른 한편으로 재고질권은 점유 이전 없이도 채무자의 소재지나 주소 관할 상사법원의 서기(greffe)가 관리하는 공적장부에 기입함으로써 제3자에게 대항할 수 있다. 이는 통상 민법상의 질권 등기와는 구별되는 별도의 등기이다.[36] 구법상으로는 질권설정계약일로부터 15일 이내에 등기하지 아니하면 설정계약이 무효가 되도록 하였으나(개정 전 상법 제L527-4조 제1항), 이제 등기는 계약의 성립 요건이 아니라 대항요건일 뿐이다.[37] 2016. 10. 6.자 데크레에 의하면 등기부에는 피담보채무 액수, 이행기 또는 불확정기한인 경우 그러한 취지 및 유질계약이 존재하는 경우 그러한 약정의 존재에 대한 내용이 기재되어야 한다.[38] 점유를 이전하지 않고 등기하는 방식의 재고질권의 경우 공적 장부에 기재된 대로의 효력만을 갖는다. 채권자는 장부에 기입된 순서대로 우선순위를 가지며, 같은 날에 기입된 채권자들은 경합한다. 한편, 재고질권의 대상인 목적물은 민법에 의한 통상 질권의 목적물이 될 수도 있으므로, 민법상 점유이전 방식에 의한 통상 질권자와 상법상 장부에 기입한 채권자 사이에 누가 우선할 것인지에 대한 문제가 발생할 수 있는데, 이에 대해서는 프랑스에서도 논의만 있을 뿐 아직 판례는 존재하지 않는다.[39]

공적장부에의 기입은 종래와 같이 서면에 의할 수도 있고 전자적인 방식으로도 이루어질 수 있으며,[40] 기입의 내용과 효과는 통상 질권과 마찬가지이나, 제3자가 등

---

du gage", JurisClasseur Notarial Formulaire, 2016. 7. 12., n° 1, 2

35 Dominique Legeais, 각주 34), n° 25.

36 Dominique Legeais, "Art. 2337 à 2340 - Fasc. unique: Gage de meubles corporels. - Opposabilité du gage", JurisClasseur Civil Code, 2013. 6. 22., n° 5.

37 Yannick Blandin, 각주 23), n° 11; 민법 제2337조 제1항도 통상 질권에 대해 마찬가지로 규정한다.

38 D. n° 2016-1330, 6 Oct. 2016.

39 Christophe Albiges et Marie-Pierre Dumont-Lefrand, 각주 8), p. 337.

40 재고질권에 관한 2006. 12. 23.자 데크레(décret n° 2006-1803 du 23 décembre 2006 relatif au

록 내용을 볼 수 있는 방법에 있어서 차이가 있다. 즉, 통상 질권의 경우 인터넷에서 무료로 접근할 수 있는 중앙시스템이 마련되었으나, 재고질권의 경우 등록업무를 담당하는 서기관이 문의자의 비용으로 재고자산에 대한 질권의 기입상태를 문의하는 사람에게 사본이나 증명서 형식으로 질권의 기입 여부를 알려주도록 되어 있다.[41] 재고질권 등기는 5년간 유효하지만 갱신되지 않으면 자동으로 말소되며, 피담보채무가 소멸한 때에는 채무자의 신청에 의하여 말소된다.[42]

3. 재고질권의 효과

(1) 피담보채무의 만기 전

재고자산은 원칙적으로 불가분적인 성격을 갖고 대여금 전체 상환시까지 은행에 대한 담보물이 되나, 당사자들은 상환비율에 비례하여 담보물이 감소하는 것으로 합의할 수 있다(상법 제L527-5조 제1항). 질물의 처분대가로 취득한 재산은 당연히 질권의 목적물이 되며(동조 제2항), 채권자는 자신의 비용으로 언제든지 질물의 상태를 확인할 수 있다(동조 제3항). 질권설정자는 재고자산을 타인에게 양도할 수 있으나,[43] 질권계약에서 달리 규정하지 않는 이상 당초 재고자산과 같은 가치가 유지되는 한도에서 다른 상품 등의 대체물을 질물로 제공할 의무를 부담한다. 즉, 채권자의 우선변제특권은 양도되기 전의 질물에서 대체물로 이전된다.[44] 한편, 질권이 등기된 물건의 특정승계인은 선의취득을 주장할 수 없고(프랑스민법 제2337조, 2279조), 채권자는 제3자에 대해서도 본래 질권의 목적물에 대해 질권을 행사할 수 있다.[45]

비점유질권의 경우, 채무자는 민법 제1197조 및 상법 제L527-6조에 정해진 요건에 따라 질물의 수량과 품질을 보존할 선관주의 의무를 부담한다. 구법에서는 채무자에게 화재와 파손(incendie et destruction)으로부터 목적물의 안전을 보호할 의무도 부담하고 있었으나, 개정 후 그러한 규정은 폐지되었다. 다만, 당사자들이 합의에 따

---

gage des stocks). 이하 '2006. 12. 23.자 데크레'라 한다.

41 2006. 12. 23.자 데크레 제12조.

42 Dominique Legeais, 각주 34), n° 15. 16.

43 이와 달리 질권설정자는 질물 보존의무를 부담하므로, 양도가 금지된다고 보는 견해로는 Dominique Legeais, "Art. 2343 à 2349 - Fasc. unique: GAGE DE MEUBLES CORPORELS. - Effets", JurisClasseur Civil Code, 2016. 2. 8., n° 12, 19 참조.

44 Yves Picod, 각주 13), p.307; Dominique Legeais, 각주 34), n° 12.

45 Dominique Legeais, 각주 34), n° 20.

라 그러한 의무를 부담하는 것은 무방하다.**46** 따라서 채무자는 질물의 가치를 훼손하여서는 아니되며, 채권자에게 질물의 상태와 그에 관계되는 모든 회계자료를 제공하여야 한다(상법 제L527-6조 제2항).

만일 질물의 상태가 질권설정계약에서 언급된 가치보다 10% 이상 감소한 것으로 보이는 경우, 채권자는 채무자에게 이행을 최고한 후, 담보를 보충하든지, 감소된 비율에 상응하는 대출금의 상환을 청구할 수 있다(동조 제3항). 만일 질물의 가치가 20% 이상 감소한 것으로 보이는 경우, 채권자는 채무자에게 최고한 후, 만기에 도래한 것과 마찬가지로 채권 전체의 상환을 청구할 수 있다(동조 제4항). 그러나 당사자들은 이와 다른 더 높은 비율을 설정할 수도 있다(동조 제4항, L527-6 제2 내지 5항). 이 때 채무자는 최고를 받은 날로부터 15일 이내에 상환하여야 한다(2006. 12. 23.자 데크레 제18조). 질물의 가치 감소는 시장가치의 하락, 노후화 뿐 아니라 다양한 원인에 기인하기 때문에, 가치 감소시에 만기가 도래할 수 있다는 것은 이러한 유형의 담보를 설정하는 채무자에게는 중대한 위험 요소인 반면, 채권자에게는 유익적 요소이다.**47**

(2) 만기 후

질권은 원칙적으로 불가분이지만, 기업의 재무상태에 따라 당사자들이 기한전에 채무를 상환하는 것은 허용된다. 기한전 상환시, 채무자는 만기까지의 이자를 부담하지 않는다(상법 제L527-7조 제1항). 만일 채권자가 채무자의 상환을 거절하는 경우, 채무자는 이를 변제공탁할 수 있다(동조 제2항). 만기 상환시 질권의 기입은 채권자의 신청이나 합의에 의한 채무자의 신청 또는 해제신청에 의해 삭제된다(2006. 12. 23.자 데크레 제11조 제1항).

만일 만기 후에도 채무자가 피담보채무를 변제하지 않을 경우, 채권자는 민법이 정하는 바에 따라 경매(제2346조), 귀속정산(제2347조, l'attribution)**48** 또는 유질(제2348조)의 방법에 따라 질권을 실행할 수 있을 뿐 아니라(상법 제L527-8조), 민법 제2286조에 의하여 유치권(droit de rétention)도 행사할 수 있다.**49** 종래에는 재고질권에 대한

---

46 Christophe Albiges et Marie-Pierre Dumont-Lefrand, 각주 8), p. 338.

47 Christophe Albiges et Marie-Pierre Dumont-Lefrand, 각주 8), p. 338.

48 l'attribution judiciare. 이에 의하면 질권자는 채무의 변제 대신 질물의 소유권 취득을 법원에 청구할 수 있으며, 질물의 시가를 평가하여 차액이 있을 경우 채무자에게 지급하여야 한다. 이러한 측면에서 우리나라 가등기담보법상의 청산의무와 유사한 점이 있다.

유질 계약(pacte commissoire)이 금지되었으나, 민법상 통상 질권에서는 유질이 허용되었으므로, 이는 전문적 영업에 종사하는 상인을 상대적으로 법을 잘 알지 못하는 일반인보다도 오히려 더 보호하는 결과를 낳게 된다는 비판이 존재하였다.[50] 그러나 2016년 법 개정 이후에는 상법 제L527-8조에서 민법 제2348조를 준용하고 있으므로, 재고질권에 대해서도 유질계약이 명시적으로 허용된다. 그러나 개정 민법은 2016. 4. 1.부터 시행되므로, 그 이전에 체결된 유질계약은 여전히 무효이다.

Ⅳ. 영업질권 제도

1. 의의 및 등장배경

프랑스의 영업질권(nantissement du fonds de commerce) 제도는 상인의 영업을 포괄적 교환가치를 가지는 재화로 파악하여 이를 일괄하여 질권의 객체로 제공함으로써 기업이 필요한 자금을 조달할 수 있도록 하는 물적 담보제도이다.[51] 프랑스에서 영업질권은 신용획득에 있어서 중요한 수단이 되고 있으며, 유체동산과 무체동산을 포함한 영업재산 일체를 담보의 목적으로 함으로써, 영업재산의 분리로 인한 가치의 손실을 막고 영업재산의 소유자가 그 부가가치를 활용하여 영업에 필요한 자금을 손쉽게 확보할 수 있도록 하는 장점이 있다. 영업질권은 특히 실무상 영업장소의 확장, 지점의 창설, 영업의 수리 및 레노베이션 등에 있어서 중소기업의 주요한 자금조달 수단으로서 유용하게 활용되고 있다.[52]

프랑스에서 저당권은 부동산에만 설정할 수 있고, 질권은 설정자의 점유를 박탈하므로, 사업자가 영업을 계속 영위하면서 영업재산을 이용하여 담보를 제공하고 신용을 제공받기는 어려웠다.[53] 그러나 상공업의 발달로 중소상인들이 자신의 영업재산을 활용하여 자금을 조달할 필요성이 증가하게 됨에 따라, 점차 영업을 무체동산

---

49 Dominique Legeais, "Synthèse - Gage", JurisClasseur Civil Code, 2020. 5. 1., n° 46; Patrice Bouteiller, "Fasc. 30: Gage. Warrant", JurisClasseur Civil Code, 2020. 9. 25., n° 37-39.

50 Yannick Blandin, 각주 21), n° 17.

51 하현주, "프랑스 영업질권제도의 도입에 관한 연구", 기업법연구 제23권 제1호(통권 제36호), 한국기업법학회(2009. 3.) 415면.

52 Maria-Beatriz Salgado, "Fasc. 3750: NANTISSEMENT DU FONDS DE COMMERCE. - Notions générales. Conditions de validité", JurisClasseur Entreprise individuelle, 2015. 10. 8., n° 2.

53 정진세, "프랑스의 영업담보제도", 비교사법 제10권 4호(2003. 12.), 한국비교사법학회, 82면.

(meuble incorporel)의 집합체로 파악하여 영업의 소유를 증명하는 증서와 영업장소에 대한 임차권증서를 채권자에게 교부한 후 이를 임대인에게 통지함으로써 민법 제2075조상의 무체동산에 대한 질권을 설정하고자 하는 시도가 나타났다.**54** 그러나 본래 무체동산의 질권은 실질적으로 채권을 대상으로 한 규정이었기 때문에 영업을 무체동산으로 의제하는 것은 이론적인 난점이 있었고, 공시방법이나 제3채무자의 보호 관점에서도 문제가 있었다.**55** 그러나 파기원은 경제적 필요성을 인정하여 이러한 방식의 질권 설정도 유효하다고 판시하였고.**56** 이에 따라 영업질권은 상관습법으로 인정되어 왔다. 그러던 중, 1898. 3. 1. 민법 제2075조 제2항에서 "모든 영업에 대한 질권 설정은 원칙적으로 제3자에 대하여 무효이지만, 영업장소를 관할하는 상사법원 서기과에 비치된 공적장부에 등기한 경우에는 예외로 한다"는 규정이 마련됨으로써 그 유효성은 입법적으로 해결되었다. 그러나 구체적인 설정방식이나 범위에 대해서는 여전히 판례가 불투명하는 등의 문제가 있었으며 파기원과 상사법원의 입장이 충돌되기도 하였다.**57** 이에 1909. 3. 17. '영업재산의 매매와 담보에 관한 법(Loi relative à la vente et au nantissement des fonds de commerce)'이 제정되었고, 이후 2009. 9. 18.자 상법전 입법 부분에 관한 오르도낭스에 따라 그 내용이 상법 제141-1조 내지 145-60조로 편입되어 현재 영업질권 체계의 토대가 마련되었으며,**58** 2015. 8. 6. 전술한 '마크롱법'에 따라 그 내용이 일부 수정·보완되어 현재의 영업질권 제도를 이루고 있다.

---

54 하헌주, 각주 51), 418면.

55 하헌주, 각주 51), 419면.

56 파기원 청원부 1888. 3. 13., D.P. 88.1.351.

57 하헌주, "영업담보제도의 생성과정에 관한 비교법적 검토", 비교사법(2006. 6.), 한국비교사법학회, 329-336면.

58 원용수, "프랑스 상법상 영업재산의 양도·담보 및 이용대차제도의 어제와 오늘", 법학연구 제21권 제2호(2020. 12.), 충남대학교 법학연구소, 135면.

2. 영업질권의 성립요건[59]

(1) 당사자

영업재산[60]을 소유한 상인은 개인이나 법인을 불문하고 질권을 설정할 수 있다. 다만, 법인의 경우에는 법인설립등기를 마친 적법한 법인으로서, 그 소유로 등기된 재산에 대해서만 영업질권을 설정할 수 있다.[61] 이와 같이 영업질권 설정자는 영리 활동을 영위하는 영업재산의 소유자여야 하므로, 매매계약이 해제되어 소급적으로 소유권을 상실한 경우에도 영업질권 설정계약은 소급적으로 무효가 된다.[62] 그러나 이는 상대적인 무효이므로, 판결에 의해 질권이 무효로 선언되기 전에 설정자가 영 업재산에 대한 소유권을 취득하였다면 그 하자는 치유된다.[63] 영업재산이 불가분적 (indivis)인 성격을 가지는 경우, 지분이 아닌 그 재산 전체를 담보로 제공하기 위해서 는 모든 불가분지분권자(coïndivisaires)가 그 설정에 동의하여야 한다.[64]

한편, 프랑스에서는 고도의 인적 신뢰관계를 바탕으로 형성된 민사적 고객 (cliènteles civiles) 관계는 상업의 객체라고 할 수 없고 양도가능성도 없다는 확고한 판 례의 원칙에 근거하여,[65] 일정 범위의 자유업에 대한 영업재산(fonds "libéral")은 영업

---

59 프랑스법상 영업질권은 당사자의 합의 외에 법정질권(Nantissement judiciaire)으로도 성립할 수 있다. 영업재산에 관한 법정질권은 프랑스민사집행법상 계약상 채권, 불법행위, 준불법행위 등 그 청구 원인을 불문하고 적법한 채권발생원인이 있고 이를 변제받지 못할 위험이 있는 경우 채권의 보전을 위하여 채권자가 법원에 청구하여 그 허가를 얻는 방법으로 설정할 수 있다(프랑스 민사집행법 제 511-1 이하. 자세한 내용은 Maria-Beatriz Salgado, 각주 52), n° 85 이하 및 Nicolas Dissaux, "Fasc. 20: FONDS DE COMMERCE. - Nantissement", JurisClasseur Civil Code, 2010. 12. 15. n° 36 이하 참조). 그러나 이는 채권변제 확보를 위한 법정질권으로서 예외적으로 성립하는 것이므로, 이 하에서는 그에 대한 설명은 생략하고 당사자간 합의에 의한 통상의 영업질권에 대해서만 검토한다.

60 영업재산에 대해 법률상 별도의 정의 규정은 없지만, 통상 '상업적 활동에 제공된 동산 일체'를 의미 한다. Nicolas Dissaux, "Fasc. 201: FONDS DE COMMERCE. - Généralités", JurisClasseur Commercial, 2010. 10. 1. n° 1 참조.

61 Cass. 1re civ., 5 juill. 1989: Bull. civ. 1989, I, n° 277; 프랑스법상 지점(Succursales)은 본점과 별 개로 그 지점 영업을 위하여 별도로 재산을 소유하고 이를 질권의 목적물로 제공할 수 있다(프랑스 상법 제141-5조 이하) 참조. Maria-Beatriz Salgado, 각주 52), n° 18. 참조.

62 Cass. Com., Jan. 29, 1979, n° 77-11.001: JurisData n° 1979-097033; Bull. IV, n° 33.

63 Cass. com., 5 nov. 2002, n° 00-14.885: JurisData n° 2002-016250.

64 Maria-Beatriz Salgado, "Synthèse - Sûretés sur fonds de commerce: nantissement", JurisClasseur Entreprise individuelle, 2020 4. 11., n° 2; Maria-Beatriz Salgado, 각주 52), n° 34.

65 Cass. 1re civ., 7 nov. 2000: JurisData n° 2000-006729; Bull. civ. 2000, I, n° 283; Cass. 1re civ.,

질권의 대상이 될 수 없다고 본다.**66** 따라서 이러한 자유업자들이 정기적으로 영업
행위를 한다고 해도 그에 사용되는 재산에 관한 질권설정은 무효이며, 만일 질권을
설정하고자 한다면 상법이 아닌 민법상의 통상 질권을 이용해야 한다. 이러한 자유
업자의 예로는 의사, 건축사, 변호사, 치과의사, 공증인, 집행관, 수의사, 교육기관,
교사, 장인(artisans) 등이 주로 논의된다.**67**

참고로, 영업 임차인(locataire-gérant)은 영업질권을 설정할 수 없다. 선의취득은
유체동산에만 적용되고 무체동산인 영업에는 적용되지 않으므로, 상대방인 채권자가
선의더라도 영업의 소유자는 타인이 무단으로 설정한 질권의 적용을 받지 않는다.
예컨대, 영업의 현물출자를 받은 회사는 이 출자 후에 출자자가 그의 개인적인 채권
자에게 설정한 질권의 대항을 받지 않는다.**68** 그러나 이는 상대적 무효로서 채권자
만이 무효를 주장할 수 있고, 질권설정자가 소유권을 취득하면 질권은 유효하다. 영
업의 공유자는 지분 뿐만 아니라 영업 전체를 대상으로 영업질권을 설정할 수 있다.
그러나 상인은 지불정지 상태에 빠지면 파산선고 전이라도 그의 영업에 질권을 설정
할 수 없다(파산법 제107조).

(2) 피담보채무

영업질권의 피담보채무는 영업에 관한 것으로 한정되지 않으며, 기발생채무이
든, 조건부 채무이든, 유효한 채무라면 모두 영업질권의 피담보채무가 될 수 있다.**69**
영업재산은 영업의 소유자일 것을 요하지만, 담보하는 채무는 반드시 그의 채무일
필요는 없으며, 제3자의 채무를 위해서도 설정할 수 있다.**70** 영업질권은 담보물권으
로서 부종성을 가지므로 피담보채권이 무효이거나 소멸하면 질권도 무효가 된다.**71**

(3) 영업의 존재

영업질권을 설정하기 위해서는 당연히 질권의 목적물인 영업이 존재해야 한

---

2 mai 2001: Bull. civ. 2001, I, n° 110. 후자의 판례는 자유업을 영위하는 사람의 재료와 장소 및
고객관계는 모두 일체로서 자유업을 위한 영업재산에 해당한다고 보았다.

66 Maria-Beatriz Salgado, 각주 52), n° 27-29.
67 Maria-Beatriz Salgado, 각주 52), n° 29.
68 정진세, 각주 53), 98면.
69 Maria-Beatriz Salgado, 각주 64), n° 4; Maria-Beatriz Salgado, 각주 52), n° 56-59.
70 프랑스 민법 제2334조 및 CA Metz, 1re ch., 30 nov. 2000: JurisData n° 2000-153022 참조;
    Maria-Beatriz Salgado, 각주 52), n° 60.
71 하헌주, 각주 51), 431면.

다.[72] 영업이란 프랑스 상법상 영업이란 회사의 영리활동에 사용되는 여러 가지 요소들이 결합되어 형성된 고객관계(droit à la clientèle)를 중심으로 구성된 무체재산을 말한다.[73] 종래 영업의 개시 시점을 판단하는 기준에 대해서는 그 영업이 일반 공중에 개시된 때를 기준으로 한다는 견해(l'ouverture au public), 실제 그 이용을 시작한 때(le commencement d'exploitation)를 기준으로 한다는 견해, 영업에 적합한 실제 고객관계의 존재(l'existence d'une clientèle réelle et propre au fonds)를 기준으로 한다는 견해 등이 대립해 왔으나, 현재 통설과 판례는 일치하여 영업의 핵심요소인 실제 고객관계(une clientèle réelle)의 존재를 기준으로 삼고 있다.[74] 따라서 아직 고객관계가 완전히 형성되지 않은 영업은 형성 중의 영업에 불과하여 그에 대해 설정한 영업질권은 무효이다.[75] 다만 판례는 그와 같이 형성 중에 불과하여 존재하지 않는 영업에 대한 질권 설정은 무효이나 민법상 통상 질권으로서는 유효하고,[76] 장래 영업에 대한 질권설정의 예약은 가능하다고 본다.[77] 영업으로서의 요건을 갖추었다면 그 수익이 전체 활동에 비해서 경미하다고 하더라도 무방하다.[78]

(4) 영업질권의 목적물

영업질권은 상법 제L142−2조 제1항에 열거된 목적물로 한정되고, 당사자 사이의 명시적인 합의가 없으면 3항에 열거된 목적물로만 한정되는 것으로 본다. 다만, 1

---

72 영업은 전자적인 방법을 포함하므로, 전자상거래를 하는 상인의 영업도 포함된다. Nicolas Dissaux, 각주 60), n° 8.

73 Maria-Beatriz Salgado, 각주 52), n° 8.; Ripert/Roblot, Traité de Droit Commercial, tome Ⅰ, 17° èd., par Michel Germain et Louis Vogel, LGDJ 1998, n° 540, 하헌주, 각주 51), 415면에서 재인용.

74 Maria-Beatriz Salgado, 각주 64), n° 1; Maria-Beatriz Salgado, 각주 52), n° 10, 13; Cass. com., 7 mars 1978: D. 1978, inf. rap. p. 453; Cass. com., 31 mai 1988: Gaz. Pal. 1988, 2, jurispr. p. 228; 이에 대해서는 영업이 있어야 고객관계가 생기는 것이지, 고객관계가 영업 자체의 요소가 될 수 없다는 비판이 있다. Nicolas Dissaux, 각주 60), n° 63.

75 Cass. req., 30 janv. 1934: S. 1935, 1, p. 12; 단, 하급심 판례 중에는 "민법 제1130조에서는 장래의 물건은 채무의 목적이 될 수 있다고 하고 있으므로, 형성중인 영업이라고 하더라도 식별할 수 있는 이상 영리활동이 시작되지 않았다는 이유만으로 영업에 대한 질권설정의 합의를 금지할 이유가 없고, 또 질권의 설정은 금지할 성질의 것도 아니다"라고 한 것이 있는데, 이는 예외적인 것으로 보인다. 파리 항소법원 1963. 7. 3., D. 1964. 205 참조.

76 Cass. civ., 17 juin 1918: S. 1922, chr., p. 313; Maria-Beatriz Salgado, "Fasc. 3800: Nantissement du fonds de commerce. - Assiette, Effets", JurisClasseur Entreprise individuelle, 2015. 10. 8., n° 13.

77 CA Paris, 2e ch. B, 27 sept. 1996: D. 1996, IR, p. 240.

78 Cass. com., 4 déc. 2012, n° 11-24.814: JurisData n° 2012-028628.

항에 열거된 목적물 중에서도 일부로 제한하는 합의는 가능하다. 이하에서 상술한다.

(가) 포함되는 목적물

프랑스 상법 제L142-2조 제1항은 영업질권의 목적물에 포함될 수 있는 요소를 한정적으로 열거하면서, 이에 해당하지 않는 재산은 어떤 다른 합의에 의해서도 영업질권의 목적이 될 수 없도록 하고 있는데, 이는 재산 가치평가의 어려움, 가치의 계속적 변동가능성, 채권 보전의 어려움 등을 고려하여 입법자가 선택한 결과이다.[79] 위 규정에 따라 영업질권의 목적물이 될 수 있는 재산 목록은 아래와 같다.

- 간판과 상호(l'enseigne et le nom commercial)
- 임차권(le droit au bail)
- 고객관계(la clientèle et l'achalandage)
- 영업용 동산(le mobilier commercial)
- 영업에 사용되는 자재 및 설비(le matériel ou l'outillage servant à l'exploitation du fonds),
- 발명특허(les brevets d'invention)
- 라이센스(les licenses)
- 상표(les marques)
- 공업의장(les dessins et modèles industriels)
- 기타 이에 부착된 지적재산권(les droit de propriété intellectuelle qui y sont attachés)

영업질권 설정계약에서 명시적이고 정확하게 규정하고 있지 않는 경우, 간판과 상호, 임차권, 고객관계만이 영업질권의 목적물이 된다(상법 제L142-2조 제3항). 위 조문의 취지상 간판과 상호, 임차권과 고객관계는 반드시 영업질권에 포함되어야 하고, 이러한 요소가 빠진 담보권의 설정은 일반 민법상의 동산질권에 해당할 뿐이라는 견해도 있으나, 위 조문은 당사자간의 합의내용이 명확하지 않을 경우 그 대상을 위 세 가지로 한정한다는 것일 뿐, 이 중 일부가 제외되었다고 하여 영업질권을 무효로 볼 수 없다.[80] 따라서 영업의 필수적 요소인 고객관계가 존재하는 한 위 세 가

---

79 Maria-Beatriz Salgado, 각주 76), n° 3.

80 Stéphane Rezek, "Fasc. 410: Fonds de commerce. - Nantissement du fonds de commerce. - Assiette. Effets", JurisClasseur Notarial Formulaire, 2017. 3. 15., n° 13.

지 요소 중 일부를 합의로 제외하는 것도 가능하고, 영업의 소유자가 영업장소가 위치한 건물의 소유자로서의 지위를 겸하고 있어 별도의 임차권이 필요하지 않았던 경우 임차권은 영업질권의 목적물에서 제외되며, 임차권이 없었더라도 영업질권의 성립에는 방해가 되지 아니한다.[81] 나아가 이후 제3자가 경매에서 그 건물의 소유권을 취득하여 영업소유자가 그로부터 새로이 임차권을 취득하였다고 하더라도 채권자는 그 임차권에 대해 추급권(droit de suite)을 행사할 수는 없다.[82]

영업질권은 영업일체에 대해 설정하는 것이므로, 이 중 일부를 분리하여 영업질권을 설정할 수는 없고,[83] 영업 구성 요소 중 일부에 대해 질권 또는 양도담보를 설정하고자 할 때에는 민법상의 일반 질권설정에 관한 절차를 거쳐야 한다. 다만 숙박업자의 영업을 구성하는 동산, 영화필름, 농산물, 석유증권, 공업증권 등은 점유를 이전하지 않은 채로 영업의 구성요소 일부에 대해 질권을 설정할 수 있다.[84]

그 밖에 영업재산의 이용에 필수불가결한 행정허가(Licences administratives)는 판례상 영업질권의 목적물에 포함되며,[85] 각종 지적재산권은 상업등기소의 통상 등기 형식이 아니라 지적재산권등록기구(l'Institut de la propriété industrielle)의 등기 형식에 따라 등기되어야 하고, 이를 등기하지 아니하면 제3자에게 대항할 수 없다.[86] 한편, 상법 142-2조에는 열거되어있지 않지만 특별법상 영업질권의 목적물이 될 수 있는 것으로는 지적재산권법 제132-34조에 의한 소프트웨어 이용권, 특별법상 국립도매시장 상인이 가지는 전용매장점유권(국립도매시장에 관한 규칙의 개정과 법전화를 위한 1967. 9. 22. 위임명령 제67-808호 제12조 제2항), 상공업 또는 수공업에 사용되는 장기부동산사용권(1967. 12. 30. 법률 제67-1253호 제51조 제3항) 등이 있다.

---

81 ibid.

82 Cass. civ. 21 juillet 1937(JCP G 1937, II, 408); 임차권이 없는 영업이란 존재할 수 없으므로 영업질권 자체가 설정당시부터 무효라는 견해로는 Maria-Beatriz Salgado, 각주 76), n° 9.

83 따라서 재료만에 대한 질권 또는 임차권만에 대한 질권, 고객관계 없는 재료와 임차권에 대한 질권 등은 영업질권으로서 무효이고, 통상 질권으로서의 효력만 있다고 본다. Stéphane Rezek, "Fasc. 400: Fonds de commerce.- Nantissement du fonds de commerce. - Notions générales. - Conditions de validité", JurisClasseur Notarial Formulaire, 2017. 3. 15., n° 31; Stéphane Rezek, 각주 80), n° 12.

84 하헌주, 각주 51), 424면.

85 Cass. com., 8 févr. 1999: D. 1999, jurispr. p. 287; 하급심 판례상 주류업 허가는 필수적 허가로 인정된다고 한다. Maria-Beatriz Salgado, 각주 76), n° 6.

86 Cass. civ., 17 juin 1918: S. 1922, chr., p. 313; Maria-Beatriz Salgado, 각주 76), n° 19.

영업재산 목적물의 존재 여부는 영업질권의 설정 합의 당시를 기준으로 판단하여 평가하므로, 합의 당시 적법하게 질권이 설정된 이상, 이후 영업활동이 중지되어 고객관계가 상실되었다거나 임대차관계가 해제되어 종료되었다고 하더라도 그로 인해 상실되지 않은 나머지 영업재산에 관한 질권은 적법하게 존재한다.[87] 단, 임차권이 해제나 해지 등으로 소멸한 경우 질권자는 그로 인해 설정자가 취득한 권리를 대위(subrogation)할 수 있다.[88] 반대로, 영업질권설정 합의 당시에 이 중 일부가 실제로는 아직 존재하지 아니하였던 경우, 판례는 존재하지 아니하였던 목적물에 대해서는 질권이 설정되지 아니한다고 판시한 바 있다.[89][90]

(나) 제외되는 목적물

전술하였듯이 상법 제L142-2조는 영업질권의 목적물을 한정적으로 열거하는 것이므로, 그 밖의 것들은 영업에 사용된다고 하더라도 영업질권의 목적물에 해당하지 아니한다. 특히 상품, 부동산, 채권채무, 상업장부와 각종 영업증서 등은 영업재산의 목적물일 것이라고 생각하기 쉽지만, 이들은 영업질권의 대상이 되는 영업재산의 목적물에 해당하지 않고, 민법에 따른 각 담보권의 객체가 될 수 있을 뿐이다.[91]

① 상품(marchandises)

상품은 민법상의 통상 질권의 대상이 될 수 있으나, 영업질권의 대상은 될 수 없다. 상품은 보통 매각이 예정되어 있어서 질권을 설정하여 처분을 제한하는 것이 현실적으로 불가능하고, 또한 상품을 목적물에 포함하여 영업질권을 설정하게 되면 상품을 처분함으로써 목적물의 가치가 하락하여 영업질권이 취약해질 우려가 있기 때문이다.[92]

---

87 Maria-Beatriz Salgado, 각주 76), n° 5.

88 Maria-Beatriz Salgado, 각주 76), n° 8. 22-44.

89 Cass. req., March 12, 1928: DH 1928, p. 224; Gaz. Pal. 1928, 2, p. 132. - Cass. civ., 21 July 1937: DP 1940, 1, p. 17; Cass. civ., 17 juin 1918: S. 1922, chr., p. 313.

90 그러나 그와 반대로 142-2조 제3항에 따라 질권설정은 유효하고, 당사자들이 실제 존재하는 목적물에 대해서만 질권을 설정한다는 합의가 있는 경우에만 존재하지 않는 목적물에 대한 질권은 배제되는 것으로 보아야 한다는 견해도 존재한다. Maria-Beatriz Salgado, 각주 76), n° 14. 참조; 설정 계약 당시에는 존재하지 않았으나 추후 존재하게 된 목적물은 당사자가 달리 합의하였던 것이 아니라면 영업질권의 목적물에 포함된다는 견해로는 Maria-Beatriz Salgado, 각주 76), n° 7.

91 G. Ripert, Droit Commercial, vol. 1, 10° éd., L.G.D.J., 1991. pp. 434-435; Maria-Beatriz Salgado, 각주 64), n° 19.

92 하헌주, 각주 51), 426면.

② 부동산(biens immeubles)

영업질권은 '동산 질권'의 한 형태이므로 부동산에는 설정할 수 없다. 따라서 영업자가 자기 소유 부동산에서 영업을 하고 있다 해도 그 부동산은 영업질권의 목적물이 될 수 없고, 후에 그 부동산이 타에 매각되거나 경매처분 되었다고 해도 마찬가지이다.[93] 그러나 반대로 상인이 임차했던 부동산의 소유자가 된 경우, 혼동으로 인하여 임차인으로서의 지위를 소멸하지만, 영업질권자에 대해서는 혼동으로 대항할 수 없다.[94]

그런데 전술한 바와 같이[95] 프랑스에서는 실질적으로는 동산이라 하더라도 '용도에 의한 부동산'은 물질적·기능적인 이유로 부동산의 일종으로 보기 때문에이는 영업질권의 대상이 될 수 없고, 저당권의 목적물이 될 수 있을 뿐이다. 예컨대, 프랑스 판례에 의하면 아이스크림 가게의 냉장고,[96] 호텔 용도로 건축된 건물에 설치된 호텔 영업을 위한 동산[97] 등은 용도에 의한 부동산에 해당한다. 반면, 성질상으로는 부동산이지만 장차 토지로부터 분리가 예정되어 있어 동산으로 취급되는 '용도에 의한 동산'은 토지에 고착되어 있지만 프랑스법상 동산에 해당하므로 영업질권의 목적물이 될 수 있다. 이러한 동산 내지 부동산의 성질은 법률에 의해 정해지는 것이고 당사자들의 합의만으로는 그에 영향을 끼칠 수 없다.[98]

③ 채권채무

채권과 채무, 예컨대 상품거래계약이나 영업장소에 대한 임차채무 등은 영리활동에 관한 것이라도 영업질권의 목적물이 되지 않는다.[99] 다만 영업장소에 대한 임차권은 채권이지만 고객관계와 높은 관련성을 가지므로 앞서 살펴본 바와 같이 상법 제L142-2조에서 이를 영업재산으로 분류하고 있다. 참고로, 아래에서 살펴보는 바와 같이 영업재산 구성요소의 멸실로 인하여 취득한 재산 역시 물상대위에 의해 질권의 목적물이 될 수 있으나, 파기원은 임차권의 경우 임차권의 해제로 인하여 발생

---

93 Maria-Beatriz Salgado, 각주 76), n° 54-55.; Cass. civ., 21 juill. 1937: JCP G 1937, I, n° 408; DP 1940, I, p. 17.
94 Maria-Beatriz Salgado, 각주 76), n° 57.
95 각주 14) 참조.
96 Cass. 1re civ., 4 juin 1962: Bull. civ. 1962, I, n° 284.
97 Cass. req., 2 août 1886: DP 1887, 1, p. 293.
98 Cass. 1re civ., 26 juin 1991: Bull. civ. 1991, I, n° 197.
99 정진세, 각주 53), 93면.

하는 손해배상채권에 대해서는 우선변제권이나 추급권이 인정되지 않는다고 보고 있다.[100]

④ 기타

상업장부와 각종 영업증서는 영업소유자에게 이를 일정기간 보존할 법정 의무가 있으므로 목적물에서 제외된다. 독립된 지점의 영업은 주된 영업소에 있는 것과 마찬가지로 영업질권의 목적물이 될 수 있으나 그에 대해서는 어떤 지점인지를 특정하여 질권 설정 당시에 명시적인 합의를 하여야 한다(상법 제L142-2조 제4항). 반면 창고 등의 부속장소는 독립된 지점으로서의 성격을 갖지 아니하므로 당초에 합의된 영업재산 목적물에 당연히 포함된다.[101] 공업소유권의 실시허가나 문학 및 예술작품의 출판 계약도 영업에 부착된 지적재산권으로서 목적물에 포함된다(상법 제L142-2조).[102] 영업질권 설정 후 통상의 영업활동으로 영업에 유입되는 물건들은 영업질권의 목적물에 포함되고, 반대로 유출되는 물건들은 제외된다.

(다) 당사자의 합의 또는 물상대위에 의한 목적물의 추가·변경

상법 제L142-2조 제3항의 반대해석상, 상법 제L142-2조에서 규정하지 않은 물건이라도 당사자의 합의에 따라 질권설정계약서와 등기명세서에 기재함으로써 질권의 대상이 될 수 있고, 종래 질권을 설정한 목적물을 새로운 목적물로 대체하는 것도 가능하다.[103] 그러나 영업재산에 새로이 추가된 재산으로서 기존에 질권설정의 대상이 되지 아니하였고 기존 목적물을 대체하는 것으로 합의되지 아니한 것은 질권의 목적물에 해당하지 않는다. 즉, 질권자는 영업질권의 설정 후 영업재산에 추가된 재산에 대해서는 특별한 사정이 없는 한 우선변제권을 취득하지 못한다.[104]

질권설정 당시 질권 목적물의 멸실로 인하여 취득한 손해배상채권에도 질권이 연장되는 것으로 합의한 경우 영업질권은 그로 인해 취득한 재산에 대해서도 인정된다.[105] 이러한 물상대위성은 보험법에서 정하는 바에 따라 보험자대위로 취득한 손

---

100 "(le créancier nanti du fonds de commerce) ne bénéficie d'aucun droit de préférence ou de suite sur l'indemnité de résiliation du bail grâce auquel est exploité le fonds de commerce", Cass. 3e civ., 6 avr. 2005, n° 03-11.159: JurisData n° 2005-027925.

101 Maria-Beatriz Salgado, 각주 76), n° 52.

102 하헌주, 각주 51), 426면.

103 Maria-Beatriz Salgado, 각주 64), n° 14, 16.

104 Maria-Beatriz Salgado, 각주 64), n° 17.

105 Cass. civ., 15 janv. 1985: Gaz. Pal. Rec. 1985, 2, somm., p. 130.

해배상채권에 대해서도 적용되나,[106] 이는 영업질권의 목적물 중 일부가 멸실된 경우에만 적용되고, 그 이용의 상실(perte d'exploitation)을 담보하는 손해보험에 대해서는 적용되지 않는다.[107]

(5) 형식적 요건 및 등기의 효력

영업질권의 설정계약은 사서증서 또는 공정증서 형태의 서면으로 작성되어야 한다(상법 제L142-3조). 영업질권 설정 합의의 내용에 대해서는 상법에서 특별히 규정하고 있지 않지만, 이를 등기할 때에는 그 합의의 내용을 표시하도록 되어 있다(상법 제L143-8조). 따라서 채무자를 법인으로 기재하여야 하는데 개인으로 기재한 경우와 같이 채무자를 착오로 잘못 기재하면 그러한 등기로써 제3자에게 대항할 수 없다.[108]

영업질권은 당사자 사이에서는 서면계약의 작성만으로 효력을 발생하나, 이를 제3자에게 대항하기 위해서는 작성된 질권 설정증서와 명세서(bordereaux)를 영업재산이 이용되는 곳(dans le ressort duquel le fonds est exploité)을 관할하는 상사법원 서기과에 등기하여야 하는데(상법 제L142-3조 제2항), 파기원은 영업이 이용되는 장소란 영업재산이 고객들에게 실질적으로 개방된 곳이라고 판시한 바 있다.[109] 영업상 지점(succursales)이 있는 경우에는 각 지점 관할 상사법원에도 등기를 하여야 하며, 영업질권 설정시 그 지점을 특정하여 기재한 경우 본점에 대한 등기와 마찬가지로 지점의 재산에 대해서도 영업질권의 효력을 갖는다(동조 제3, 4항). 등기는 증서를 작성한 날로부터 30일 이내에 마쳐야 하며, 설정당사자 사이에 다른 합의가 있더라도 연장할 수 없고, 법정기간이 경과한 후의 등기는 무효이다(상법 제L142-4조 제1항).[110] 영업질이 상표, 의장, 특허 등에 관한 권리를 포함하는 경우에는 상사법관 서기과에서 발행받은 등기필증을 국립공업소유권국(Institut national de la propriété industrielle)에 2주 내에 제출하여 여기에도 등록해야만 제3자에 대한 효력을 갖는다(상법 제L143-17조).

영업질권의 채권자에게는 등기한 때로부터 우선변제권(Le privilège)이 부여되는데, 수인의 채권자가 있는 경우 그 등기의 우선순위에 따르고, 같은 날 등기한 채권자들은 동순위로 한다(상법 제L142-5조). 영업질권자는 채무 변제 대신 영업재산을 취

---

106 보험법전(Code des assurance) 제L121-13조.
107 Cass. 1re civ., 9 nov. 1999, n° 97-12.470: JurisData n° 1999-003917; Bull. civ. I, n° 296.
108 Cass. com., 6 mai 2008, n° 07-13.387: JurisData n° 2008-043851; Cass. com.,19 mai 1998.
109 Cass. com., 13 nov. 2003, n° 01-01.726: JurisData n° 2003-021018.
110 Cass. 3e civ., 15 févr. 2012, n° 10-25.443: JurisData n° 2012-002446.

득할 수 없다(상법 제L142-1조 제2항).111 만일 질권자가 해당 영업재산을 취득하고자 한다면 반드시 경매를 신청하여 최고가매각허가결정을 받아야 한다.112 영업질권 등 기의 유효기간은 등기일로부터 10년이며, 유효기간의 만료 전에 등기를 갱신하지 않 는 이상, 10년이 경과하면 질권의 효력은 소멸한다(상법 제L143-19조 제1항). 영업양 도, 파산 및 법정청산 등의 경우에도 등기를 갱신할 수 있으며, 갱신한 등기는 10년 간 유효하고, 순위는 이전등기의 순서를 따른다. 등기는 당사자의 합의나 채무자 또 는 제3자의 신청에 의한 법원의 명령에 의하여 말소된다.113

3. 질권의 효과

(1) 질권설정자의 권리의무

질권설정자는 그 소유의 재산을 관리하고 감독할 권리(droit d'administration)를 보 유한다. 그러나 질권설정계약에서 질권자에게 감독권(droit du surveillance)을 부여하는 것은 가능하다. 질권설정자는 또한 영업을 매도하거나 대차(location-gérance)할 수도 있으며, 영업의 매수인 또는 대차인과의 관계에서는 변경등기(l'inscription modificative) 를 하지 않더라도 우선변제권을 갖는다.114

(2) 질권자의 권리의무

(가) 영업에 대한 관여권

본래 유체동산에 대한 질권의 설정은 목적물의 점유를 이전해야만 가능하나, 영 업질권은 질권의 설정 후에도 질권설정자가 목적물인 영업을 계속 점유하면서 이를 사용 수익할 수 있으므로, 영업질권의 실효성을 확보하고 질권자가 담보 목적물을 보존하기 위해서는 질권자에게도 일정한 한도 내에서 설정자의 영업에 관여할 필요 성이 있다. 특히 영업질권의 목적물 중 중요한 요소인 임차권의 존속과 관련하여 프 랑스 상법은 질권자에게 몇 가지 권리를 부여하고 있다.

먼저, 질권설정자는 영업장소를 이전하고자 하는 경우 영업이전일 15일 전에 영 업장소를 이전하겠다는 의사와 새로운 영업장소를 질권자에게 통지하고 질권자로부 터 승낙을 받지 않아야 한다. 만일 질권설정자가 통지를 하지 않거나 질권자의 승낙

---

111 Cass. 3e civ., 6 avr. 2005, n° 03-11.159: JurisData n° 2005-027925; Bull. civ. III, n° 87.

112 Maria-Beatriz Salgado, 각주 76), n° 85.

113 정진세, 각주 53), 105, 106면.

114 Cass. com., 7 juill. 2009, n° 08-17.275: JurisData n° 2013-027323.

을 받지 못한 경우, 영업의 이전으로 가치가 하락한 때에는 질권설정자는 기한의 이익을 상실하고 질권자는 피담보채권의 상환을 청구할 수 있다(상법 제L143-1조 제1항, 제3항). 통지와 승낙이 있는 경우 매도인(질권설정자)이나 질권자는 통지일로부터 15일 이내 또는 이전을 알게 된 날로부터 15일 이내에 이전 장소 역시 기존 질권설정 등기에 부기할 수 있다(상법 제L143-1조 제2항).

질권자가 영업장소의 변경 이후 새로운 등기를 하지 않았다고 하더라도 그 질권을 상실하는 것은 아니다. 나아가, 파기원은 "영업장소의 이전을 상사법원 등기관에게 언급하는 것 자체만으로 채권자가 영업장소의 이전 사실을 알았다고 볼 수는 없다"고 판시한 바 있다.[115]

영업장소의 소유자가 임대차를 해제하는 경우, 질권설정자는 이를 질권자에게 통지하여야 한다. 임차인이 법정해제를 청구하고자 하는 경우 질권자에게도 이를 통지하여야 하며,[116] 임대인과 임차인이 합의에 의하여 해제하는 경우에는 질권자에게 통지한 후 1개월이 경과하지 아니하면 해제의 효력은 발생하지 않는다(상법 제L143-2조). 임차인이 임대인과 통모하여 질권자를 해하는 행위를 하는 것은 막기 위한 것이다.[117]

(나) 우선변제권(droit de préférence)

등기를 마친 영업질권자는 질물의 매각대금으로부터 채권과 그에 대한 2년간의 이자에 대한 우선변제권을 갖는다(상법 제L143-19조). 우선변제권은 영업재산 일체에 대해서만 인정되고, 영업재산으로부터 분리된 일부 재산에 대해서는 인정되지 아니한다.[118] 채권자가 수인인 경우 우선변제권의 순위는 등기일자에 의하고 동일자의 경우는 동순위로 본다.

한편, 프랑스법상 영업재산의 매도인은 등기 등 일정한 요건을 갖춘 경우 영업재산으로부터 그 양도대금을 우선변제받을 수 있는 우선변제권(privilège)을 갖는다(상법 제141-5조). 그런데 영업질권자도 우선변제권을 가지므로, 영업의 구성요소인 특정 동산에 대해서 매도인의 우선특권과 영업질권이 경합하는 경우 그 우선순위가 문제될 수 있는데, 프랑스에서는 동산양도인의 권리가 선의의 채권자보다 우선한다고 보고 있다. 따라서 영업양수인이 제3자에게 질권을 설정하여 당해 영업질권의 등기가

---

115 Cass. com., 29 janv. 2002, n° 99-18.098: JurisData n° 2002-012784.

116 Cass. 3e civ., 26 mars 2006, n° 04-16.747: JurisData n° 2006-032812.

117 하헌주, 각주 51), 436면.

118 Cass. com., 19 déc. 2006, n° 04-19.643: JurisData n° 2006-036660.

영업양도인의 등기보다 선순위에 해당한다고 하더라도 영업양도인의 권리가 우선한다.[119] 마찬가지로 파산관재인의 우선변제권(le privilège du Trésor), 점유이전방식의 통상질권(le gage constitué avec dépossession du débiteur)등에 대해서도 해당 권리자의 권리가 영업질권자에 우선한다.[120] 그러나 생산수단 및 설비질권(le nantissement du matériel et de l'outillage), 비용상환청구권에 기한 우선변제권(le privilège du conservateur du bien)에 대해서는 영업질권자가 우선하며, 부동산 임차인과의 관계에서는 영업질권 설정일과 임차일의 선후관계에 의한다.[121]

(다) 추급권(droit de suite)

영업질권자는 영업이 채무자의 소유인 경우 뿐만 아니라, 질권설정자가 제3자에게 영업을 이전한 때에도 추급권을 행사하여 영업의 매각을 청구할 수 있다(상법 제L143-12조).[122] 추급권은 영업재산을 구성하는 재산 일체에 대해 성립하고, 일부 분리된 재산(les biens isolés)에 대해서는 성립하지 아니한다.[123] 상인이 영업활동 중에 낡은 자산을 처분하거나 자산을 활용하여 상품을 판매하는 것은 당연하고 적법한 행위이기 때문이다.[124] 따라서 예컨대 영업재산 중 임차권만이 양도되었다면, 질권자는 임차권에 대해 우선변제권을 주장할 수는 있으나, 추급권을 주장할 수는 없다.[125] 그러나 만일 그 양도된 일부 재산이 고객관계에 있어서 필수 불가결한 부분일 경우에는 추급권을 행사할 수 있다.[126]

(라) 영업재산 매각권

영업질권설정자는 영업재산을 직접 취득할 수는 없고, 경매에 의한 매각을 청구

---

119 하헌주, 각주 51), 438면.

120 Maria-Beatriz Salgado, 각주 64), n° 26.

121 Maria-Beatriz Salgado, 각주 64), n° 117-118.

122 이러한 경우 제3자를 불측의 손해로부터 보호하기 위하여 프랑스상법은 제3자에게 척제(purge)권을 부여하고 있다(상법 제L143-13조). 척제권이란 제3자가 채권자에게 영업재산가액을 변제하고 추급권 행사를 하지 않도록 요청할 수 있는 권리를 말한다. Maria-Beatriz Salgado, 각주 64), n° 100-103.

123 Cass. com., 19 déc. 2006, n° 04-19.64: JurisData n° 2006-036660; Bull. civ. IV, n° 267; D. 2007, p. 369.

124 다만, 민법 제1167조, 2344, 2355조에 따라 그러한 처분으로 인해 질물의 가치가 훼손되었다면 이행기가 도래한 것으로 간주하여 채권의 변제를 요청할 수 있을 뿐이다. Stéphane Rezek, 각주 80), n° 58.

125 Cass. com., Nov. 5, 1963: Bull. civ. 1963, III, n° 459.

126 Cass. com., 20 oct. 1998, n° 96-15.107: JurisData n° 1998-003911; Bull. civ. IV, n° 248. 이는 주류면허가 남은 유일한 영업재산이었는데 이를 양도하였던 경우에 관한 판례이다.

할 수 있을 뿐이다(구체적 매각절차에 대해서는 아래 4.항 참조). 질권설정자의 다른 채권자들이 영업의 각 구성요소를 개별적으로 압류하는 경우, 그로 인한 매각은 통지일로부터 최소 15일 전에 질권설정 등기를 마친 채권자들에게 통지하여야 하고, 그와 같은 통지가 이루어진 날로부터 10일이 경과하여야 진행될 수 있다. 질권자는 위 10일의 기간 동안, 목적물인 영업의 해체로 인하여 질권대상인 영업의 가치가 하락하는 것을 방지하기 위하여 피담보채권의 변제기가 도래하지 않은 경우라고 하더라도 영업의 포괄매각을 청구할 수 있다(상법 제L143-10조).

(마) 기타

영업질권자는 유치권(droit de rétention)을 행사할 수 없고,[127] 귀속정산의 방식으로 질물의 소유권을 취득할 수도 없다.[128]

4. 영업질권의 실행

영업질권자는 본점 소재지의 상사법원에 영업재산의 압류와 매각을 신청할 수 있고, 상사법원은 이행기 내에 변제가 이루어지지 않을 경우 영업재산의 매각을 명할 수 있다(상법 제L143-3, 4, 8조). 상사법원은 필요한 경우 영업재산관리인을 선임하고, 최저매각가격과 경매에 필요한 주요 조건을 정할 수 있다(상법 제L143-4조). 사서증서에 의해 설정합의를 한 경우에도 마찬가지로, 등기한 질권자는 채무자에게 변제를 최고한 날로부터 8일이 지나도 그가 채무를 변제하지 아니하면 경매를 신청할 수 있다(상법 제L143-5조).

목적물인 영업은 동산으로 분류되므로 경매절차는 동산의 공경매절차에 따라야 하고, 재산관리인이 공시한 날로부터 최소 10일이 경과한 후 실시하여야 한다(상법 제L143-6, 143-13조). 경매의 결과 경락인은 영업의 소유자로부터 권리를 승계하지만, 소급효는 인정되지 않는다. 경락인이 경매신청서에 기재한 조건을 충족시키지 못하거나, 대가 등을 지급하지 않는 경우에는 재경매(folle enchère)를 실시하여야 한다. 경매를 청구한 영업질권자가 유일한 등기 채권자이고, 다른 채권자들의 이의가 없는 때에는 관할 상사법원이 피담보채권액과 이자 및 경매 비용 등을 우선 변제할 수 있다. 그러나 동순위 채권자들이 경합하거나 이의가 있으면 경매담당 공무원이

127 Cass. com., 26 nov. 2013, n° 12-27.390: JurisData n° 2013-027323; Maria-Beatriz Salgado, 각주 52), n° 6.; Maria-Beatriz Salgado, 각주 64), n° 93.
128 Stéphane Rezek, 각주 80), n° 62.

채권자들의 권리를 조정하여 배당 방안을 마련하여야 하고, 이 방안에 이의가 있는 때에는 경매지를 관할하는 집행법관에게 이의를 신청할 수 있다.[129]

5. 영업질권의 소멸 및 등기의 말소

영업질권은 담보물권의 부종성으로 인해 채권의 소멸시 소멸할 뿐 아니라, 변제, 무효, 해제, 혼동 또는 재산의 멸실 등으로 인해서도 소멸한다.[130] 명시적 또는 묵시적인 포기나 등기의 갱신거절의 경우에도 영업질권은 소멸한다.[131]

채권자 또는 그로부터 채권을 양수한 자는 임의로 영업질권등기의 말소를 청구할 수 있으며(상법 제143-20조 제2항), 이는 단독행위에 해당한다. 질권의 해제(mainlevée)는 질권설정의 의사와 동일한 방법으로 공표되어야 하므로, 판결에 기재되거나 사서증서 또는 공정증서에 의한 당사자간의 합의가 있어야 하고, 그러한 요건을 갖추지 못하면 채무자는 단독으로 그 말소를 청구할 수 없다.[132] 영업질권 등기는 영업재산의 소유자나 저당채권자와 같이 이해관계 있는 자라면 누구든지 등기를 관할하는 법원에 그 말소를 청구할 수 있고, 판결 확정시 말소된다(상법 제L143-20조 제1항).

V. 우리나라 동산담보법제와의 비교 및 시사점

1. 우리나라 동산담보법제의 개요

우리나라에서는 영미법계와 같은 일괄담보제도[133]를 인정하지 않고, 동산에 관

---

129 하헌주, 각주 51), 441, 442면.

130 Maria-Beatriz Salgado, 각주 64), n° 28; 파기원은 질권자가 채권의 변제기에 반드시 질권의 실행을 청구할 필요는 없다고 판시한 바 있다. Cass. com., 22 nov. 2017, n° 16-23.009: JurisData n° 2017-023701.

131 Maria-Beatriz Salgado, 각주 64), n° 29.

132 Cass. com., 4 mai 2017, n° 15-24.854: JurisData n° 2017-008388.

133 영국에서는 In Re Yorkshire Woolcombers Association, Ltd. 사건([1903] 2 Ch. 284) 이래로, "① 회사의 현재 및 미래의 일정범위의 재산에 대한 담보일 것, ② 일정한 범위의 재산은 당해 회사의 정상적인 영업과정에서 끊임없이 증감할 것, ③ 일정 범위의 재산에 대해 당해 회사는 정상적인 방법으로 영업을 계속할 수 있을 것"의 요건을 갖추었다면 형평법상 일괄담보(floating charge)를 인정해 왔으며, 장래 취득하는 재산은 특별한 의사표시 없이도 특정 가능한 경우 일괄담보 대상이 된다고 본다(Tailby v. Official Receiver, [1888] 13 App. Cas. 523); 미국에서는 UCC 제9조에 의해 채무자가 현재 소유하거나 향후 취득할 기계, 재고 등 유체동산, 매출채권 등 채권, 지식재산권 등의 모든

하여 민법 제329조 이하에 따라 점유이전에 따른 질권 설정의 방식으로만 담보를 설정할 수 있을 뿐이다. 다만, 이러한 민법상의 일물일권주의 및 점유이전에 의한 통상적인 질권설정 방법에 대한 예외로서, 공장재단이나 집합동산양도담보, 동산담보등기 등과 같이 일정한 범위 내의 동산을 포괄적으로 담보의 목적물로 하거나 점유이전 없이 담보로 활용할 수 있는 제도가 존재한다.

먼저 공장재단에 관하여 살펴보면, 공장재단이 설정되면 공장에 속하는 토지, 건물, 기계, 기구, 지상권 및 전세권, 임차권, 지식재산권 등은 일괄하여 1개의 부동산으로 간주되고, 이는 공장재단등기부에 등기하여야 한다(공장 및 광업재단저당법 제11조, 제12조). 그러나 실제에 있어서는 공장에 있는 수많은 동산의 증감변동을 등기해야 하는 어려움, 설정등기에 소요되는 과다한 비용, 물적 설비와 권리 외 채권, 노하우 기타 영업 구성물에 대한 재단등기방법의 부재 등으로 인해 그 활용도는 낮은 편이다.[134]

양도담보는 채권의 담보로 목적물의 소유권을 이전하되 채무를 이행하면 그 소유권을 다시 반환하는 것으로서, 특히 동산과 관련하여 판례는 증감변동하는 일단의 유동집합물을 일괄하여 담보의 목적물로 하는 집합동산양도담보 또한 적법한 것으로 인정해 왔다.[135] 그러나 양도담보는 통상 담보설정자가 목적물을 계속 점유하는 점유개정 방식으로 이루어지는 것이 일반적이어서, 담보권자의 입장에서는 담보물의 가치 확보와 신뢰도 측면에서 선호하기 어려운 측면이 있고, 경우에 따라 이중양도담보에 따른 선의취득 여부 등 복잡한 법률관계가 문제될 수 있어서, 대외적인 공시방법의 불완전성 문제가 지적되어 왔다.[136]

마지막으로 '동산·채권 등의 담보에 관한 법률(이하 '동산채권담보법'이라 한다)'에 의한 동산담보권은 양도담보 등 명목을 묻지 아니하고 동산·채권·지식재산권을 담보로 제공하기로 하는 약정에 따라 설정된 담보권을 의미한다(동법 제2조). 동산채권

자산을 포괄하여 담보로 설정하는 방식의 일괄 담보가 일반적으로 활용되고 있다. 권흥진, "동산 일괄담보제도: 해외사례 및 시사점", 주간금융브리프 제28권 7호(2019. 3. 30.), 한국금융연구원, p. 17.

134 류창호, "기업담보제도의 도입에 관한 연구 — 유동담보법리(floating charge)를 중심으로 —", 외법논집 제32집(2008. 11.), 한국외국어대학교 법학연구소, 298-300면.

135 대법원 2016. 4. 28. 선고 2015다221286 판결; 대법원 2003. 3. 14. 선고 2002다72385 판결; 대법원 2004. 11. 12. 선고 2004다22858 판결 등 참조.

136 김재형, "동산담보권의 법률관계", 저스티스 통권 137호(2013. 8.), 한국법학원, 10면; 지원림, 민법강의(제17판), 홍문사, 2020. 2. 20., 885면.

담보법은 동산담보의 활성화를 위해 종래의 동산담보법제에 비해 상당히 변화된 내용을 포함하여 2012. 6. 11.부터 시행되었는데, 이에 의하면 동산담보 또한 등기를 통하여 비점유 방식으로 설정될 수 있어 사용가치과 교환가치의 분리 이용이 가능하다.137 또한 목적물의 종류, 보관장소, 수량을 정하거나 그 외 방법으로 특정할 수 있는 경우에는 여러 개의 동산 또는 장래에 취득할 동산 또한 담보 목적물이 될 수 있다고 하여 유동집합담보도 가능함을 명시하고 있다(제2, 3조).138 그러나 이러한 다양한 개선에도 불구하고 동산담보제도는 제도 시행 초기 급격히 증가한 이후 점차 감소 추세를 면치 못하였고, 이를 제도적으로 보완하여 활성화하기 위한 개정 법률안이 마련되었으나 아직 입법으로까지 이어지지 못하고 있는 상태이다.

2. 비교 및 시사점

지금까지 살펴본 바와 같이, 프랑스와 우리나라는 모두 영미법에서와 같은 통일적인 일괄담보제도(security interest 내지 floating charge)를 채택하지 않고 있다. 그러나 프랑스에서는 재고자산, 영업재산, 생산자산 및 설비 등에 관하여; 우리나라에서는 공장재단 등에 관하여, 각 다수의 동산과 부동산을 포괄하는 형태의 담보 설정도 가능하도록 하고 있으며, 프랑스와 우리나라 모두 일정한 요건 하에 점유이전 뿐만 아니라 등기의 방식으로도 제3자에 대한 대항력을 취득하도록 하고, 장래에 취득할 물건을 포함하여 다수의 동산에 질권 설정이 가능하도록 하는 등, 영업자가 동산을 활용하여 금융을 조달할 수 있도록 하기 위해 그 범위를 점차 유연하게 확장하고 있다. 이처럼 프랑스와 우리나라는 모두 종래 민법의 통상 질권 제도로는 활용이 어려웠던 동산담보의 틈을 일괄담보라는 제도 없이도 각종 특별법과 제도로 보완하는 태도를 보이고 있다.

그러나 이러한 목적상의 공통점에도 불구하고, 각종 특별법상의 동산담보제도가 활발히 이용되고 있는 프랑스와 달리 우리나라의 동산 담보제도는 여전히 제대로 활용되지 못하고 있다. 동산채권담보법에 의한 담보는 시행초기 대폭 증가하였다가,

---

137   김재형, 각주 136), 10-11면.

138   여러 개의 동산을 종류와 보관장소로 특정하여 집합동산에 관한 담보권, 즉 집합동산 담보권을 설정한 경우 같은 보관장소에 있는 같은 종류의 동산 전부가 동산담보권의 목적물이 되고, 등기기록에 종류와 보관장소 외에 중량이 기록되었다고 하더라도 당사자가 중량을 지정하여 목적물을 제한하기로약정하였다는 등 특별한 사정이 없는 한 목적물이 그 중량으로 한정된다고 볼 수 없다. 대법원 2021. 4. 8.자 2020그872 결정 참조.

제3자에 의한 경매절차 사실을 질권자가 제 때에 알지 못하고 배당요구를 하지 아니하여 우선변제권이 있었음에도 배당금을 받지 못하는 사례가 발생[139]한 이후 계속 그 활용이 저조한 상태이다. 이러한 차이가 발생하는 이유는 무엇일까?

제도적인 측면에서, 우리 동산채권담보법에 의한 담보가 활성화되지 못하는 원인 중 하나로 법률적 개선 필요성이 지적되어 왔고, 이를 개선하기 위해서 인적 적용 범위 및 담보대상 자산의 확대, 5년의 담보권 존속기간 폐지, 일괄담보제도와 일괄 집행제도, 통지등기제도 도입, 담보목적물 처분 등에 대한 형사적 제재, 사적실행 활성화, 양도담보와의 관계 재설정등 다양한 측면에서의 개선 방향이 제시되고 있다.[140] 그러나 영업질권이 폭넓게 활용되는 프랑스에서조차, 질권설정자가 질물을 계속 보유하면서 그 영업에 계속 사용하도록 하는 영업질권의 특성상 영업질권 제도는 채권자의 보호에 취약하고, 영업이 잘 되지 않으면 그 가치 또한 감소할 수 밖에 없어 담보물로서 가치가 불안정하며, 파산관재인이나 생산자산·설비 질권자에 대해서는 우선변제권을 갖지 못하므로 우선변제권의 효력이 매우 낮다는 비판이 존재한다.[141] 또한 우리나라의 동산채권담보법은 동산·채권·지적재산권 등을 모두 포괄하고, 담보권자를 금융기관 등으로 제한하지 않고 있어 일응 제도적으로는 프랑스의 각종 특별제도보다도 포괄적으로 활용될 수 있는 측면이 있다. 따라서 제도적인 미비점만으로 동산담보의 비활성화를 설명하기는 어렵다.

생각건대, 동산질권을 활성화하기 위해서는 다양한 동산과 채권을 한꺼번에 활용할 수 있도록 하는 제도적 장치도 중요하지만, 동산의 가치를 보다 정확하게 평가하고 이를 주기적으로 점검하여 담보가치가 그대로 유지될 수 있도록 하고, 금융사고 발생시 신속히 자산을 매각할 수 있는 시장이 형성될 수 있도록 하는 실무적 운영과 금융상품 개발, 그리고 그에 따른 거래관행과 신뢰의 확대가 더 중요하다고 볼

---

139 이는 유체동산에는 부동산경매절차에서의 이해관계인 규정과 채권자가 당연히 배당받아야 하는 규정 (민사집행법 제90조, 제148조)이 준용되지 않아, 동산담보권자라 하더라도 압류물에 대한 배당요구의 종기까지 담보권의 실행을 위한 별도의 경매신청을 하거나 배당요구를 하지 않으면 매각절차에 참여할 수 없다는 문제점으로 인한 것이었다. 이후 2018. 4. 민사집행규칙 개정으로 집행관이 유체동산 압류시 채무자의 동산채권담보법상 담보등기가 있는지 여부를 확인하도록 민사집행규칙 제132조의2 가 개정되었다.

140 권영준, "국제 동향에 비추어 본 한국 동산채권담보법제", 법조 제69권 5호(2020. 10. 28.), 법조협회, 71면 이하; 김현진, "UNCITRAL 담보법 현대화와 동산·채권담보권의 개선안", 비교사법 제25권 제4 호(2018. 11.), 비교사법, 1175-1182면.

141 Maria-Beatriz Salgado, 각주 52), n° 6.

수 있다.[142] 프랑스에서 재고질권, 영업질권과 같은 다양한 동산담보제도가 활성화되어 있는 것 역시 프랑스의 제도가 우리나라 제도보다 더 정치하거나 우수해서라기보다는, 그러한 제도가 인정되어 온 오랜 역사와 그만큼 안정된 재고자산 및 영업의 가치 평가 방법, 자산 매각의 용이성 등이 원인일 것이다.[143] 우리나라에서 동산의 불법 반출 및 훼손의 용이성, 동산담보 평가 인프라 부족, 열악한 회수시장 등이 동산담보의 걸림돌로 지적되어 왔고, 최근 동산담보를 활성화하기 위한 실무적 개선노력의 일환으로 정부와 은행의 공동 지원하에 2020. 2. 한국발명진흥회가 지식재산담보회수지원기구로, 2020. 3. 캠코동산금융지원 주식회사가 동산담보 회수지원 전담기구로 설립되고, '동산담보대출 취급 가이드라인'이 마련되는 등 각종 제도적인 개선이 이루어지고 있으며,[144] 일괄담보의 실행을 위한 동산채권담보법 개정 노력도 진행 중인바, 향후 그 추이를 지켜보면서 동산담보의 안정적 활용을 위해 지속적인 노력을 기울일 필요가 있을 것이다.

---

[142] 同旨 권흥진, 각주 133), p. 18.

[143] 영업의 가치를 평가하는 구체적인 기준과 회계기법 등에 관하여는 Hubert Tubiana, "Fasc. 3200: FONDS DE COMMERCE. - Évaluation du fonds de commerce", *JurisClasseur Entreprise individuelle, 2019. 74. 15; Lexis360 Encyclop*édie, "Fasc. 210: ÉVALUATION DES BIENS. - Fonds de commerce. Entreprises. Droits sociaux non cotés. - Autres biens meubles", *JurisClasseur Impôt sur la fortune*, 2015. 9. 1. 등 참조.

[144] 차상휘·김형수, "중소자영업자의 금융 접근성 강화를 위한 동산담보 개선방안에 관한 연구", 소비자문제연구 제51권 제3호(2020. 12.), 한국소비자원, 35면.

개정 프랑스민법(채권법)의 비교법적 소개와 우리 민법 개정에 대한 시사점:
독일민법 편제와의 비교를 중심으로

김 상 중*

I. 프랑스민법(채권법)의 개정과 체계 개관

1. 들어가며

민법은 개인과 개인 사이의 재산관계와 가족관계를 규율하는 법률로서 개인의 법률관계를 둘러싼 사회·경제적 변화에 부합하는 규율내용을 제시하여야 한다. 물론 민법은 일반조항, 포괄적·탄력적 개념, 판례 법리와 특별법의 지속적 발전 등에 따라 끊임없는 사회변화에 유연하게 대응해 오고 있다. 그러나 이러한 대응에도 불구하고 한계는 있을 수 밖에 없으며, 우리의 민법이 20세기 중후반에 제정·시행되었지만 그 연혁에서는 농경사회를 기본으로 하는 18-19세기의 독일, 프랑스 등 유럽 근대민법전의 체계와 내용을 수용하고 있다는 점에서 현행 민법이 21세기 현대 거래사회의 기본법으로서 여전히 잘 기능하고 있는지는 의문이 들지 않을 수 없다. 이러한 타당한 의구심의 반증으로서 우리 민법에 큰 영향을 주었던 독일민법은 주지하듯이 2002년 채권법현대화의 대개정을 단행하였고[1] 이후에도 유럽법의 발전 등에 따라 몇차례 개정되었으며, 프랑스민법 역시 2016년 근본적 개정작업을 단행하여 계약법,

---

* 고려대학교 법학전문대학원 교수
1 김형배 외 5인 공역, 독일 채권법의 현대화, 법문사, 2003.

채권법 총론의 전반적 쇄신을 경험하고 있다.[2]

이 글은 우리의 현행 민법 역시 현대적 거래관계와 변화한 사회관념의 반영 등을 위하여 전면 검토와 개정·보완을 반드시 필요로 한다는 의식 하에 2016년 개정 프랑스민법의 내용을 개관해 보고자 한다. 물론 2016년 개정 프랑스민법에 관하여는 이미 국내에서도 상세한 해제서[3]가 출간되어 있다. 또한 프랑스민법의 개정내용 전부를 소상하게 파헤칠 만한 비교법적 능력의 불충분함 등에 따라 필자는 2016년 개정 프랑스민법의 체계와 주요 규정을 독일민법과 비교한다는 측면에서 소개, 분석하고[4] 이를 통하여 우리 민법의 개정에서 고려해야 할 주요 개정방향을 찾아보려고 한다. 원래는 집필자 본인의 자기만족적 정리를 목적으로 시작하였던 이 글이 프랑스민법의 연구와 소개에 전념해 오신 남효순 교수님께 일독할 내용거리가 되고 우리 민법 개정의 '현대화'에 대한 비교법적 시사점이 될 수 있기를 희망해 본다. 아래에서는 이해의 편의를 위하여 짧게나마 프랑스민법 개정의 경위와 개정 프랑스민법의 체계 개관으로 시작한다.

2. 프랑스민법 개정의 경위와 방침

프랑스민법은 1804년 제정 이래 여러 차례 개정되어 왔지만 채권법 영역에서는 2016년 대개정 이전까지는 무엇보다 담보법과 시효법에 한정하여 개정이 있었을 뿐이다.[5] 물론 프랑스민법 제정 이후 사회구조의 근본적 변화와 거래현실의 끊임없는

---

2 우리 민법에 큰 영향을 주어왔던 독일, 프랑스, 일본의 최근 민법(채권법) 개정에 관한 개괄적 소개로는 엄동섭, "민법개정, 무엇을 어떻게 할 것인가 — 최근의 외국의 사례를 참고하여", 민사법학 85호, 2018, 223면.

3 개정 프랑스채권법 해제, 한불민사법학회 (편), 박영사, 2021[이하 해제, 면수(집필자)]. 아래에서는 개정 프랑스민법의 규정 하나하나를 인용, 소개할 수 없는 관계로 이에 관하여는 위의 「해제」를 참고하시기 바라며, 이 글에서 사용하는 개정 프랑스민법의 용어와 규정내용은 독자의 혼란을 방지하기 위하여 「해제」에 따르고 있으며, 개정 전 민법의 경우에는 명순구 역, 프랑스민법전, 법문사, 2004도 함께 참고하였음.

4 2016년 개정 프랑스민법(채권법)에 관한 독일문헌의 상세한 소개와 독일민법과의 분석에 관하여는 Sonnenberger, Reform des französischen Schuldvertragsrechts (Teil 1, 2), ZEuP 2017, 6, 778 (이하 Sonnerberger, Reform 1 / 2, ZEuP 2017); 개정 프랑스민법 제3편의 계약법에 관하여는 Babusiaux/Witz, Das neue französische Vertragsrecht – Zur Reform des Code civil, JZ 2017, 496.

5 Sonnenberger, Reform 1, ZEuP 2017, 7에 따르면 프랑스에서는 1945년 민법전의 근본적 개정이 시도되었으나, 이러한 시도는 좌절되었다고 한다.

변화에 따라 프랑스는 소비법전(Code de la consommation)과 같은 개별 법률의 제정, 기존 법률의 해석과 법원의 판결 등을 통하여 대응하여 왔다. 그렇지만 민사관계의 기본법인 프랑스민법이 변화하는 규범현실에 적절한 준거로서 지속적으로 작용하는 데에는 어려움을 갖고 있었다. 또한 프랑스민법에 직접적인 영향을 받았던 여러 나라에서 행해진 민법전의 개정과 아울러 계약법의 국제적 통일화 과정 역시 2016년 프랑스민법전의 전면 개정에 중요한 동인으로 작용하였다.[6] 이와 같은 배경에서 프랑스는 2004년 프랑스민법 제정 200주년 기념식을 계기로 민법개정에 관한 본격적 논의를 진행하였고, 2004년 Catala 교수의 초안이 작성되는 한편, 2006년에는 Terré 교수가 주도하여 2008년 계약법초안, 2013년 채권일반법 초안이 작성되었다. 법무부는 이러한 초안들을 기초로 2013년 계약법초안과 채권법초안을 작성하면서 프랑스민법의 개정작업을 본격적으로 진행해 나갔다.

2016년 단행된 프랑스의 민법개정은 프랑스헌법에 따라 의회입법의 예외로서 인정되는 정부에의 수권 방식으로 진행되었는데,[7] 수권의 근거가 되는 2015년 의회의 수권법에 의하면 개정의 대상은 프랑스민법 제3권(「소유권을 취득하는 여러 양태」) 중 일반계약법, 사무관리와 부당이득, 채권관계에 관한 일반적 규율 및 증거법으로 정해져 있었다.[8] 그러면서 수권법은 민법의 현대화를 위한 총 13개의 주요 임무를 제시하고 있었는데, ① 전자계약을 포함한 계약체결 과정의 상세한 규정, ② 계약의 유효요건(정보제공의무, 남용금지조항 포함)과 무효·실효의 제재 내용, ③ 부합계약을 포함한 계약해석 규정의 정비, ④ 계약불이행 규정의 정비, ⑤ 계약, 계약외책임 이외의 채권발생 원인(사무관리, 비채변제와 부당이득)의 규정 체계화(이상 개정 프랑스민법 제3편의 신설내용), ⑥ 채권관계에 대한 일반규정의 도입, ⑦ 채권양도, 채무양도 등을 포함한 채권관계의 변경을 내용으로 하는 거래에 대한 규정 정비(이상 개정 프랑스민법

---

6 해제, 1-2면(남효순 교수 집필).

7 그 절차에 관한 개관으로는 해제, 3-4면(남효순 교수 집필); Sonnenberger, Reform 1, ZEuP 2017, 14-16.

8 2015년 2월 16일자 수권법 2015-177 제8조에 관한 설명으로는 해제, 3-4면(남효순 교수 집필); Sonnenberger, Reform 1, ZEuP 2017, 15-16. 위와 같은 2016년 민법개정의 대상 설정에 따라 채권법, 계약법 중에서도 계약외책임과 계약각론은 개정대상에 포함되어 있지 않았으며, 계약외책임 영역에 관하여는 별도의 개정작업을 예정하고 있다고 알려져 있다. 민사책임법 개정에 관한 프랑스의 최근 동향에 관하여는 김성수, "프랑스민법전의 불법행위법의 최근 개정동향과 우리민법의 시사점", 충남대 법학연구 제26권 제1호, 167면; 김현진, "프랑스민법상 채무불이행으로 제3자가 입은 손해에 대한 채무자의 책임", 인하대 법학연구 제24권 제1호, 2021, 549면.

제4편 신설내용) 그리고 ⑧ 채권의 증거에 관한 규정 정비(개정 프랑스민법 제4편의乙 신설내용)가 이에 해당하였다.9

이러한 수권에 따라 정부는 2016년 ordonnance를 제정하였는데,10 여기에 포함된 규정내용은 ① 법적 안정성 및 일반인이 읽기 쉽고 접근하기 편한 규정, ② 문체의 간결화, 표현의 명확화 및 현대화,11 ③ 교육적 편제에 따른 규정 체계의 단순화,12 ④ 법률용어의 정비와 주요 판례 법리의 수용, ⑤ 프랑스채권법의 국제적 영향력의 강화,13 ⑥ 새로운 거래현실의 반영, 기존 법제도의 간소화 내지 명료화,14 ⑦ 권리실현의 효율성 도모,15 그리고 ⑧ 계약당사자의 권리와 의무의 균형16을 추구하고 있다. 이상과 같은 2016년 ordonnance에 따라 프랑스민법(채권법)의 전면개정이 일단락된 후 그 개정내용에 대한 보완·비판을 수합하여 2018년 변경법률을 통하여 일부 규정의 표현과 내용을 수정, 보완하여 지금에 이르고 있다.17

---

9 해제, 4-5면(남효순 교수 집필).

10 해제, 7-9면(남효순 교수 집필); Sonnenberger, Reform 1, ZEuP 2017, 15-16.

11 표현의 현대화에 관한 예시로는 objet('객체')라는 표현에 대신하여 contenu('내용')이라는 표현, lesion의 표현에 대신하여 급부간의 불균형(défaut d'équivalence des prestations)이라는 표현, 선량한 가부(bon père de famille)라는 표현에 대신하여 합리적인 사람(personne raisonnable)이라는 표현을 사용하는 것 등에서 나타나고 있다.

12 개정 프랑스민법은 아래 II. 3.과 III. 1.에서 소개하듯이 가령 채권의 발생연원에 관한 일반규정(개정 프랑스민법 제1100조)을 편제의 시작에 위치해 둠으로써 해당 규정내용의 전반적 체계와 내용의 단순명료화를 시도하고 있는데, 이러한 입법방침은 계약법, 채권법에 관한 개정 프랑스민법 전반에 걸쳐 이루어지고 있다.

13 이러한 목표는 무엇보다 프랑스민법의 상징으로 이해되던 cause 요건을 국제적 통일법과의 조화를 위하여 삭제함에서 잘 드러나고 있다.

14 개정 프랑스민법에 따른 계약전단계의 합의 규정, 채무양도와 계약양도에 관한 규정의 신설 및 채권양도의 대항요건 간소화조치 등이 이에 해당한다.

15 이에 관하여는 무엇보다 계약불이행에 따른 일방적 해제권의 도입과 채무자의 이행지체에서 최고 요건의 완화조치 등을 들 수 있다.

16 권리와 의무의 균형과 관련하여 개정 프랑스민법은 계약자유의 원칙과 함께 계약 교섭단계의 법적 규율, 소비자의 보호를 위한 의존남용 조항 및 부합계약에서 권한남용 조항의 무효 등을 규정하고 있다.

17 이상의 2016년과 2018년 ordonnance에 따른 프랑스민법(채권법)의 조문은 프랑스 법무부에 의해 영어로 번역되어 있는데, 이 자료는 www.textes.justice.gouv.fr/art_pix/Translationrevised2018 final.pdf에서 내려받을 수 있다. 2016년 당시의 개정민법에 관한 독일어 번역본으로는 ZEuP 2017, 195(독일 Sonnerberger 교수 번역본).

3. 개정 프랑스민법(채권법) 제3편과 제4편의 체계 개관

개정 프랑스민법은 「소유권을 취득하는 여러 양태」라는 제목의 제3권 아래에 제3편, 제4편을 전면 개편하여 「채권관계의 발생연원 일반」, 「채권관계의 일반적 규율」이라는 연속된 편제를 두고,[18] 제3편에는 계약법 일반규정(제1부속편)과 계약 이외의 채권관계의 발생원인(제2부속편과 제3부속편), 그리고 제4편에서는 이들 발생원인을 묻지 않고 계약·비계약의 채권관계에 일반적으로 적용되는 규정을 마련하고 있다.

물론 2016년 개정 프랑스민법은 개정 전 민법과 마찬가지로 「인(人)」, 「물건 및 소유권의 변경」과 「소유권을 취득하는 여러 양태」라는 로마의 institution 법전편찬 방식을 따르고 있어서 계약을 포함한 채권관계를 여전히 소유권취득의 원인이라는 편제 하에서 규정하고 있다. 다만 개정 전 민법이 제3권 제3편에서 채권관계의 발생연원을 「계약 또는 합의에 의한 채권관계」라고 표현, 규정함으로써 사무관리와 비채변제(준계약), (준)불법행위와 같은 비계약적 채무에 대해서는 별도의 편제를 택할 수 밖에 없었던 반면, 2016년 개정 프랑스민법은 '채권'(obligation)을 상위개념으로 사용하면서 계약을 채권 발생연원의 하나로 규정하는 편제를 따르고 있다. 위와 같이 '계약'에 대신하여 '채권'이라는 상위개념에 의하여 제3권 제3편, 제4편을 재구성하면서, 개정 프랑스민법은 제3편 「채권관계의 발생연원」이라는 제목 하에는 계약(제1부속편), 계약외책임(제2부속편)과 사무관리·비채변제 등의 그 외 「채권관계의 다른 발생연원」을 차례로 규정함으로써 개정 전 민법과 비교하여 법전의 체계와 내용의 개관성을 높이고 있다. 그리고 이러한 계약 또는 비계약적 채권관계 모두에 적용될 수 있는 규정들을 한데 모아서 개정 프랑스민법은 제4편 「채권관계의 일반적 규율」이라는 제목 아래에 배치하고 있다. 이 같은 법전 체계의 재편 내지 구성의 정비를 통하여 개정 프랑스민법은 개정 전 민법에서는 여러 곳에 산재하여 규정하고 있었던 것을 관련된 편제 아래에 모아서 규정, 수정·보완할 수 있었고[19] 이로써 수범자의 접근과 이해를 용이하게 할 수 있었다는 점에서 법전구성의 측면에서 크게 개선되었

---

18 2016년 프랑스민법 개정은 제3편, 제4편과 함께 제4편의乙에서 「채무의 증거」에 관해서도 개정하였는데, 여기서는 계약법과 채권법 일반에 관한 제3편, 제4편에만 한정하도록 한다.

19 가령 개정 프랑스민법은 개정 전 민법과 달리 계약법 일반규정을 독립적으로 신설, 편제하고 있는데(제3편 제1부속편), 그 과정에서 많은 규정의 신설과 함께 여러 곳에 흩어져 있던 규정들을 한데 모아서 체계적으로 정비하였다. 프랑스민법의 개정 전 규정과 개정 규정의 조문 대비에 관하여는 해제, 735면.

다는 평가를 받고 있다.[20]

또한 개정 프랑스민법은 개정 전 민법과 달리 법전편제의 독립단위인 각 장(章) 또는 절(節)의 시작에 정의규정을 둠으로써[21] 규정내용의 명료화라는 방침을 실현하고자 하였다.[22] 또한 2016년 프랑스민법의 개정작업에서 문체 역시 개정 방침에서 의도한 바와 같이 종전의 문체를 유지한 채 너무 상세한 규정을 피하면서 간결하게 규정하는 것을 지향하여 규정 내용의 단순화를 시도하고자 하였다.[23] 참고로 개정 프랑스민법은 계약 전 계약, 부합계약·기본계약, 채무양도 등 거래사회의 수요에 따른 신설 규정을 포함하고 있음에도 개정 전 민법의 조문 숫자와 비교하여 큰 폭으로 증가하지는 않았는데, 이는 개정 전 민법 규정 중에서 불필요하거나 낡은 규정을 삭제함으로써 가능하였다고 한다.[24] 아래에서는 개정 프랑스민법 제3권 제3편과 제4편의 구성체계와 비교법적으로 관심가는 내용을 중심으로 살펴보도록 하겠다.

II. 개정 프랑스민법(채권법) 제3편의 체계와 주요 내용

1. 제3편의 구성체계 개관

개정 프랑스민법(채권법) 제3편은 바로 위에서 소개한 바와 같이 「계약」, 「계약외책임」 그리고 사무관리 등의 「채권관계의 다른 발생원인」이라는 3개의 부속편을 두고 있다. 제3편의 시작규정인 제1100조 제1항은 이 같은 채권관계의 발생연원을 법률행위, 법적 사실 또는 법률규정이라고 규정하면서,[25] '법률행위'라는 개념을 프랑스민법에서 처음으로 사용하였다.[26] 그러면서 개정 프랑스민법은 법률행위의 대표

---

20 Babusiaux/Witz, Das neue französische Vertragsrecht, JZ 2017, 498; Sonnenberger, Reform 1, ZEuP 2017, 10.

21 가령 계약의 정의에 관한 개정 프랑스민법 제1101조.

22 Babusiaux/Witz, Das neue französische Vertragsrecht, JZ 2017, 498.

23 물론 이 같은 표현의 단순·명료화, 더욱이 개정의 광범위함에 비추어 200여 년 이상 익숙했던 개정 전 민법으로부터 개정된 민법에 익숙해 지는 데에 있어서 학설과 판례에 의한 구체화가 필요할 것이라고 지적되고 있다.

24 Babusiaux/Witz, Das neue französische Vertragsrecht, JZ 2017, 498.

25 채권관계의 발생연원으로서 법률행위, 법적 사실 외에 법률규정을 별도로 규정하고 있는 것에 대하여는 비판이 있다고 하는데, 이에 관하여는 해제, 12면(남효순 교수 집필); Sonnenberger, Reform 1, ZEuP 2017, 9.

26 개정 프랑스민법의 '법률행위' 개념에 관하여는 바로 아래 2. (1) 참고.

인 계약에 관하여 제1부속편을 할여하여, 통칙(계약의 정의와 종류), 성립(청약과 승낙, 계약 전 계약), 유효(합의의 하자, 행위능력과 대리), 해석과 효력(당사자 및 제3자효, 계약불이행의 구제수단)이라는 계약 생애의 순서에 따라 규정내용을 구성하고 있다. 계약에 관한 제1부속편의 개정은 2016년 프랑스민법 개정 중의 핵심인 바, 이를 통하여 프랑스민법은 처음으로 계약법에 관한 일반규정을 갖게 되었을 뿐만 아니라 위와 같은 시간적 구성을 통하여 수범자의 가독성과 접근성을 높여주고 있다고 평가받고 있다. 또한 독일민법의 편제와 비교할 때에 2016년 개정 프랑스민법은 독일민법의 채권법 내용에 한정하지 않은 채 민법총칙의 법률행위 내용을 포함하고 있으며, 이런 점에서 2002년 독일 채권법 현대화와 비교하여 보다 폭넓은 개정이라고 여겨지고 있다.[27] 한편 제2부속편과 제3부속편은 계약과는 달리 일정한 '법적 사실'(제1100조 제1항)에 따라 발생하는 채권관계에 관한 규정이다. 제2부속편은 불법행위와 제조물책임 등을 포괄하여 「계약외책임」이라는 편제 아래에 구성하고 있는데, 개정 전 민법이 불법행위와 제조물책임을 독립한 편제에 두고 있었던 점에서 체계적 개선과 명료함을 가져 왔다고 평가된다. 그리고 제3편 역시 개정 전 민법에서 준계약이라는 제목 아래에 한데 모아두었던 사무관리와 비채변제를 독립한 장(章)으로 구성하는 한편 개정 전 민법에서는 성문민법의 근거가 없던 부당이득을 신설, 편제하였다는 점에서 긍정적으로 평가받고 있다.

2. 제3편 제1부속편 「계약」의 비교법적 주요 내용

(1) 계약의 통칙

계약에 관한 개정 프랑스민법 제3편 제1부속편은 제1장 「통칙」이라는 제목 아래에 계약의 정의,[28] 계약자유의 원칙과 공적질서 위반의 금지, 신의성실의 원칙과 각종 계약의 정의규정 등을 두고 있다.[29] 비교법적 관심에서 소개할 내용으로는 먼

---

27 Babusiaux/Witz, Das neue französische Vertragsrecht, JZ 2017, 498; Sonnenberger, Reform 1, ZEuP 2017, 9.

28 계약의 정의와 관련하여 부언할 바로, 개정 전 프랑스민법은 Pothier 이래로 계약과 합의의 개념을 달리 이해하여 '계약'에 대해서는 채무를 발생시키는 것만으로 한정하여 파악해 왔으나(개정 전 프랑스민법 제1101조 제1항), 개정 프랑스민법은 제1101조에서 채권관계의 발생 외에 변경, 이전 또는 소멸을 목적으로 하는 의사합치 모두를 포괄하고 있다. 이 같은 개정 프랑스민법 제1101조에 따른 계약의 개념정의가 계약과 함께 소유권 등의 권리이전의 효과(제1196조)를 충분히 고려하지 못한다는 지적도 있는데, 이에 관하여는 Babusiaux/Witz, Das neue französische Vertragsrecht, JZ 2017, 498.

29 이에 관하여는 남효순, "프랑스채권법의 개정과정과 계약의 통칙 및 당사자 사이의 효력에 관하여",

저, 개정 프랑스민법이 제1장 통칙에 앞선 제1100조에서 채권의 발생연원의 하나로 서 '법률행위'를 규정한 후 법률행위의 기본모습으로 제1부속편 제1101조 이하에서 계약의 일반규정을 둔 채 이를 계약 외의 법률행위에 준용하는 규정방식(제1100-1조 제2항 참조)을 택하고 있다. 또한 프랑스민법의 법률행위라는 개념은 의사표시와 구별 되지 않은 채 동일시 되고 있는데(제1100-1조 제1항), 이러한 점에서는 독일민법과 다 르다고 지적되고 있다.[30] 다음으로, 신의칙의 적용과 관련하여 개정 프랑스민법은 개 정 전 민법 제1134조 제3항과 달리 계약의 이행단계만이 아니라 계약의 협상과 성립 단계까지 신의칙의 적용을 확대하고 있다(제1104조). 신의칙의 이 같은 확대는 2016년 개정 중에서 의미있는 개혁의 하나로 지적되며,[31] 이에 따라 개정 프랑스민법은 계 약교섭 과정에서 정보제공의무(제1121-1조), 부작위의 기망에 따른 계약의 무효(제 1137조), 기본계약에서 가격결정에 대한 권한남용의 금지(제1165조) 등 여러 규정을 신 설하고 있다.[32] 셋째, 각종 계약의 종류에 관한 개념규정 역시 눈여겨 봐 지는데, 개 정 프랑스민법은 제정 당시부터 논의, 인정되어 오던 쌍무계약, 유상계약, 사행계약, 낙성계약의 유형만이 아니라 현대 거래생활에서 규율해야 할 필요가 높아진 부합계 약, 기본계약과 계속적 이행계약(제1110조~제1111-1조)에 관하여 별도의 규정을 마련 하고 있다. 특히 부합계약(contrats d'adhésion)과 관련하여 개정 프랑스민법은 계약 체 결 당시에 협상가능 여하에 따라 교섭계약과 대비되는 개념으로 받아들이면서[33] 현 대 거래사회에서 일정한 경우 사실상의 계약강제에 따른 열위(劣位)의 당사자 보호에 관한 민법적 근거와 함께 주요 내용[34]을 규정하고 있다. 또한 프랜차이즈와 같이 기 본계약에 따라 계약의 대강을 합의한 후 나중에 실행단계에서 그 이행의 내용을 구

민사법학 제75호, 2016, 167면 이하.

30 Babusiaux/Witz, Das neue französische Vertragsrecht, JZ 2017, 498; Sonnenberger, Reform 1, ZEuP 2017, 9.

31 Babusiaux/Witz, Das neue französische Vertragsrecht, JZ 2017, 498; Sonnenberger, Reform 1, ZEuP 2017, 20.

32 이에 관하여는 남궁술, "2016 개정 프랑스 민법에서의 신의칙의 지위", 법학논총 제35권 제4호, 2018, 309면.

33 프랑스민법에서 부합계약과 일반조항의 차이에 관하여는 해제, 74면(남궁술 교수 집필); 이 같은 구 별에 입각한 부합계약 규정의 적용상 어려움에 따른 독일 문헌의 비판적 견해로는 Babusiaux/Witz, Das neue französische Vertragsrecht, JZ 2017, 499.

34 무엇보다 부합계약에서 중대한 불균형 조항의 효력에 관한 제1171조, 작성자불리의 원칙에 관한 제 1190조. 그리고 더 나아가 일반조항의 계약편입에 관한 제1119조 참조.

체적으로 정하는 실행계약에 관한 규정도 신설하고 있다.

(2) 계약의 성립

다음으로 「계약」에 관한 개정 프랑스민법 제1부속편 제2장은 「계약의 성립」에 관한 규정인데, 위에서 언급한 바와 같이 독일민법의 법률행위 일반규정에 해당하는 내용이다. 제2장은 다시 그 아래에 「계약의 체결」, 「계약의 유효성」, 「계약의 형식」과 유효요건의 불비에 따른 무효와 같은 「제재」에 관한 독립된 절(節)을 두고 있다. 개정 전 민법이 「합의의 유효성에 관한 기본요건」(제1108조 이하)을 규정하고 있었을 뿐이라는 점에서 위와 같이 체계적·내용적 완결성을 갖추고 있는 「계약의 성립」에 관한 제2장의 신설은 2016년 민법개정에서 가장 큰 변화의 하나라고 평가받고 있다.35 제2장의 절(節)을 나누어 주요 내용을 살펴보면, 「계약의 체결」에 관한 제1절은 다시 ① 계약체결 전의 협상, ② 청약과 승낙에 의한 계약체결, ③ 계약 전 합의인 우선협약과 일방예약, 그리고 ④ 전자계약의 체결이라는 각 부속절로 구성되어 있다.36 계약체결 이전의 단계에 대한 체계적 규율이라는 점에서 관심의 대상이 되는데, 계약교섭의 원칙적 자유에도 불구하고 부당파기에 따른 손해배상책임과 계약체결 이전의 정보제공의무를 규정하고 있다(제1112조, 제1112-1조). 또한 청약의 철회와 같이 소비법전상의 규정을 일반 계약법에 도입하는 한편(제1122조), 원래의 계약 이전에 맺어진 前 계약(avant-contract)의 일종인 우선협약과 일방예약에 관한 규정도 신설하고 있다(제1123조, 제1124조). 그리고 프랑스의 경우 전자적 수단에 의한 계약체결에 관하여는 이미 2000년, 2005년 민법전에 수용하였던데, 그 내용을 일부 수정하면서 2016년 민법 개정시에 제4부속절로 개정하고 있다.

다음으로 「계약의 유효성」에 관한 제2절은 합의(합의의 존재와 하자), 행위능력과 대리, 계약의 내용(내용의 적법성과 확정성)의 순서로 독립한 부속절을 갖고 있다. 이들 규정 중에서 흥미로운 것은 프랑스민법의 상징이라고 여겨지던 cause 요건을 삭제하고 있다는 점이다. 이는 cause 요건이 종래에 의도, 원인, 내용 또는 목적 등 너무 다양한 의미로 이해되고 이로써 법원의 계약에 대한 자의적 개입의 위험을 초래한다는 비판을 수용함과 아울러 국제적 계약규범과의 조화를 추구하기 위한 획기적 노력으로 평가되고 있다.37 또한 개정 프랑스민법은 착오, 사기, 강박의 하자의 정도에 따

---

35 해제, 50면(남궁술 교수 집필); Sonnenberger, Reform 1, ZEuP 2017, 22.
36 이에 관한 개관으로는 이지은, "프랑스채권법상 계약의 체결", 민사법학 제75호, 2016, 203면.
37 해제, 101, 172-173면(이은희 교수, 김현진 교수 집필). 다만 이 같은 cause 요건의 삭제에도 불구하

라 합의의 하자, 즉 계약의 무효사유를 순서대로 규정하고 있는데, 이들 규정은 개정
전 민법에서 발전해 온 판례법리를 반영하고 규정체계의 명료화를 도모하고 있다고
여겨진다.**38** 한편 개정 프랑스민법은 개정 전 민법에서는 알지 못한 새로운 종류의
강박, 즉 계약 상대방에 대한 종속상태를 남용하여 행해진 과도한 의무부담행위에
대해서도 강박이라는 합의의 하자를 인정하고 있다.**39** 이 규정은 2002년 프랑스 파
기원의 판결례와 개별 법률규정에서 인정되던 법리를 보다 일반화한 규정이라고 하
는데, 독일문헌에서는 이 같은 방식보다는 유럽계약법원칙 제4:109조와 같은 폭리규
정의 신설 방식이 보다 바람직하였을 것이라는 지적이 있다.**40** 강박의 일반규정(제
1140조)과의 관계에서 위 규정의 적용범위에 관하여는 향후 프랑스 판례의 발전 등을
지켜보아야 할 것이다.**41**

이상의 「합의」에 관한 계약의 유효성 다음에 개정 프랑스민법은 행위능력과 대
리를 동일한 부속절 하에 편제하고 있다. 이러한 편제는 독일민법의 구성체계에 따
르면 특이하게 여겨지고 있다.**42** 그 내용적 측면에서 「행위능력」에 관한 개정 프랑
스민법은 대체로 개정 전 민법의 내용에 따르고 있지만, 특히 법인의 행위능력 규정
(제1145조 제2항)의 신설, 제한능력을 이유로 한 무효화소송에서 계약상대방의 항변(제
1151조 제1항**43**)은 비교법적으로 주목해 볼 만하다. 특히 2016년 개정 프랑스민법은
개정 전 민법과 달리 「대리」에 관한 규정을 신설하고 있는데, 이 역시 중요한 개혁
내용의 하나이다. 즉, 개정 프랑스민법은 제1153조 이하에서 대리의 요건과 대리권
의 범위, 무권대리와 월권대리의 효과, 대리권의 남용 등을 규정하여 약정대리, 재판

고 개정 프랑스민법은 제1162조~제1171조 등에서 계약 또는 채무의 '내용', '급부의 불균형'과 '대가
의 결정' 등이라는 요건을 통하여 여전히 계약 유효성의 통제를 수행하고 있다. 이에 관하여는 김현
진, "프랑스 민법상 꼬즈(cause)는 사라졌는가?", 인하대 법학연구 제20권 제1호, 2017, 193면.

38 Sonnenberger, Reform 1, ZEuP 2017, 32.
39 개정 민법 제1143조 일방 당사자가, 타방 당사자가 처한 자신에 대한 종속상태를 남용하여, 그 타방
당사자로 하여금 이러한 강요상태가 없었더라면 부담하지 않았을 의무를 부담하게 하고 그 의무부담
으로부터 명백히 과도한 이익을 얻은 경우에도 강박이 인정된다.
40 Babusiaux/Witz, Das neue französische Vertragsrecht, JZ 2017, 501.
41 해제, 127 (이은희 교수 집필); Sonnenberger, Reform 1, ZEuP 2017, 33.
42 Babusiaux/Witz, Das neue französische Vertragsrecht, JZ 2017, 501; Sonnenberger, Reform 1,
ZEuP 2017, 30.
43 개정 프랑스민법 제1151조 ① 행위능력이 있는 계약당사자는 무효화소송에서 당해 행위가 피보호자
에게 유용하고 급부불균형이 없다는 점 또는 당해 행위가 피보호자에게 이득이 되었다는 점을 증명
함으로써 대항할 수 있다.

상 대리, 법정대리 모두에 적용될 수 있는 공통된 규정을 마련하였다. 물론 프랑스 개정민법의 입법자가 이 같은 대리규정의 마련으로 독일민법에서 이해되는 바와 같이 대리와 위임의 준별을 의도하지는 않았다고 이해되고 있다.[44] 그렇지만 위와 같은 대리규정의 신설에 의하여 개정 프랑스민법 역시 위임과 독립한 대리의 규정을 갖게 되었고, 이로써 위임에 관한 민법규정은 내부관계에 적용되고 대외적 대리관계는 개정 민법 제1153조 이하의 신설 규정에 따라 규율되게 되었다.

계약의 유효성에 대한 제3부속절은 「계약의 내용」에 관하여 규정하고 있는데, 이미 소개한 바와 같이 개정 전 민법이 요구하던 cause 요건을 포기하면서 계약 내용의 적법성과 확정성을 유효요건으로 제시함(제1162조, 제1163조[45])과 아울러 계약의 종류에 따라 대가 등 급부의 적절성에 따른 내용통제에 관한 상세 규정(제1168조~제1171조)을 갖고 있다. 이에 따르면 개정 프랑스민법은 개정 전 민법에서와 마찬가지로 쌍무계약이 양 급부 사이의 등가성 결여만으로 무효로 되지 않음을 원칙으로 하지만, 유상계약의 경우에 약정된 반대급부가 헛되거나 미미한 경우에는 무효가 된다고 규정하고 있다. 또한 채무자가 부담하는 본질적 채무의 실질적 내용을 박탈하는 조항과 부합계약에서 양 당사자의 권리의무 사이에 중대한 불균형을 가져오는 조항은 '기재되지 않은 것'으로 간주하는 규정을 두고 있다. 이들 규정은 프랑스 파기원의 판결과 더불어 소비자보호의 취지에 따라서 남용조항을 통제하겠다는 일관된 목적을 갖고 있다. 현대의 계약법적 문제에 비추어 이 같은 규정은 그 취지에서 공감되는데, 다만 개정 프랑스민법이 그 전통에 따라 쌍무계약에서 등가성의 결여에 따른 무효를 배척함과 함께 유상계약에서 일정한 경우에 그 예외를 인정하고 있다는 점에서 향후 프랑스 법원에서 이들 규정을 어떻게 적용할 것인지는 좀 더 지켜보아야 할 것이다.[46]

이상에서 소개한 유효요건을 갖추지 못한 경우 그 계약은 개정 프랑스민법에 의하면 무효 또는 실효라는 법률효과를 갖는다. 「제재[47]」라는 제목의 제2장 제4절에 따

---

44 Sonnenberger, Reform 1, ZEuP 2017, 35.
45 개정 프랑스민법은 계약목적의 확정성 이외에 실현가능성을 유효요건으로 제시하고 있는데, 이에 대해서는 이미 극복된 전통법리의 고수라는 비판과 함께 향후 계약각론의 개정을 지켜볼 필요가 있다는 견해가 있다. Babusiaux/Witz, Das neue französische Vertragsrecht, JZ 2017, 502.
46 Sonnenberger, Reform 1, ZEuP 2017, 40.
47 프랑스민법에서는 계약이 법적 가치에 반하여 유효요건을 갖추지 못한 때에는 무효라는 법적 제재가 부과된다고 이해하고 있다고 한다. 해제, 205면(이은희 교수 집필).

르면 무효가 계약성립 시에 존재하는 유효요건의 흠결에 따른 법률효과라고 한다면, 실효는 목적의 후발적 불능과 같이 계약체결 이후의 사정으로 계약의 본질적 요소 중의 하나가 소멸하는 경우에 발생하는 법률효과를 뜻한다고 한다(제1186조 제1항).[48] 이 가운데 무효의 제재에 관하여 보다 많은 규정이 할여되었는데, 그 내용은 개정 전 민법과 비교하여 본질적으로 다르지 않으며 내용의 개관성을 높일 수 있도록 규정의 체계화를 도모하고 있다. 개정 전 민법과 마찬가지로 무효의 주장은 법원에 대한 소제기에 의하여 가능하며, 다만 당사자의 합의가 있는 경우에는 무효의 확인이 가능하다. 또한 무효규범의 보호목적에 따라 절대적 무효와 상대적 무효로 나누어져 있음은 개정 전 민법과 마찬가지이다. 무효와 비교하여「실효」의 법률효과에 대해서는 개정 프랑스민법이 종전의 판례를 반영하여 규정한 것이기는 하지만, 실효의 원인이 다양함을 고려할 때에 실효로 인한 법률관계의 구체적 내용형성의 어려움에 대한 지적[49]과 함께 실효의 사유가 후발적 사유로 인한 급부수행의 곤란함을 뜻하기도 하기에 계약의 유·무효라는 시각에서 다룰 것이 아니라 계약의 효력(=이행불능)과 관련하여 규율하였던 편이 더 적절하였을 것이라는 비판적 지적도 있다.[50] 한편 개정 프랑스민법은 수개의 계약이 상호의존적인 경우에 한 계약의 실효가 다른 계약에 미치는 영향에 대해서도 규정하고 있는데(제1186조 제2항[51]), 이는 현대 거래사회에서 신용제공과 상품판매가 결합하는 거래현상이 적지 않다는 점에서 비교법적으로도 관심을 끌고 있다.

(3) 계약의 해석과 효력

개정 프랑스민법은 계약에 관한 제1부속편 제2장「계약의 성립」다음에 제3장「계약의 해석」을 규정하고 있다. 개정 전 민법과 비교하여 개정 프랑스민법은 그 조문수를 축소하면서 내용의 명료화를 도모하고 있는데, 독일민법 제133조(표의자의 진의 존중), 제157조(신의칙과 거래관행의 고려)와 내용적으로 유사하게 계약당사자의 공통된 의사에 따른 해석(주관적 해석)과 합리적 인간의 시각에 따른 해석(객관적 해석)의 관점을 제시하고 있다. 그리고 위와 같은 관점에 따라 문언의 의미가 밝혀지지 않는

---

48 이에 관하여는 이은희, "개정 프랑스민법상 계약의 무효", 비교사법 제24권 제2호, 2017, 537면.

49 해제, 229면(이은희 교수 집필).

50 Sonnenberger, Reform 1, ZEuP 2017, 45.

51 위 규정에 따르면 하나의 계약이 실효함으로써 다른 계약의 이행이 불가능하거나 하나의 계약이 이행될 수 있음이 다른 계약을 합의함에 있어서 결정적 조건이 되는 경우에 다른 계약도 실효한다.

경우에 개정 프랑스민법은 교섭계약에서는 채권자의 불이익으로, 부합계약에서는 작성자의 불이익으로 해석하여야 한다는 지침을 제시하고 있다(제1190조).**52** 물론 이와 같은 해석에서 유념할 바는 개정 민법 제1192조가 "명확하고 정확한 조항을 해석함으로써 그 의미를 변질시켜서는 안 된다"는 것을 분명히 하고 있다는 점이다.

한편 개정 프랑스민법 제3편 제1부속편 「계약」은 「계약의 효력」을 마지막 제4장으로 규정하고 있는데, 제4장 역시 계약당사자 사이의 효력, 계약의 제3자에 대한 효력, 계약의 기간과 양도 및 계약의 불이행 순서에 따라 체계적으로 배치함으로써 규정내용의 명확성과 접근성을 높이고 있다. 이 가운데 「계약당사자의 효력」에 관한 제1절은 계약에 따른 구속적 효력과 권리이전적 효력을 각 부속절로 나누어 규정하고 있다. 비교법적으로 주목할 바는 특히 개정 프랑스민법이 국제적 계약법의 동향에 따라 사정변경의 법리를 명문규정으로 도입하고 있다는 점이다. 제1195조는 사정변경의 요건과 함께 일방 당사자의 재교섭 요구, 이러한 재교섭이 좌절된 경우에 양당사자의 합의에 의한 해제 또는 법원에의 조정신청, 그리고 합의가 이루어지지 않는 경우에는 일방의 청구에 따라 법원에 의한 수정 또는 종료의 효과를 인정하고 있다. 또한 개정 프랑스민법이 소유권 또는 그 외 권리의 양도를 목적으로 하는 계약에서 계약의 체결로 권리가 이전된다(제1196조 제1항)는 것을 명정하고 있다는 점도 특기할만하다. 이 규정을 통하여 '주는 채무'에 대한 개정 전 민법 제1138조 제1항**53**을 삭제·대체하면서, 계약에 따른 권리이전의 법정효력(제1196조)을 보다 명확하고 넓게 인정할 수 있게 되었다.**54** 이 같은 계약의 권리이전적 효력과 관련하여 동산 또는 부동산 이중양도에서 점유 또는 등기를 갖춘 선의 양수인의 보호(제1198조)에 관한 규정도 유의할 만하다.**55**

다음으로 「계약의 제3자효」에 관한 제2절은 총칙과 각칙으로 구성되어 있는데, 총칙 규정에서는 계약의 상대적 효력 외에 제3자에 의한 (타인 사이에 체결된) 계약의

---

52 이와 같은 해석지침에 대해서는 독일문헌의 비판적 지적이 있는데, 먼저 교섭계약에서 채권자 불이익의 해석지침은 쌍무계약에서 그 적용상의 의문이 있고, 부합계약에서 작성자 불이익의 해석지침은 부합계약에 한정하지 않고 개별계약에도 확대적용해야 할 필요가 있다는 지적이다. Babusiaux/Witz, Das neue französische Vertragsrecht, JZ 2017, 503.

53 개정 전 프랑스민법 제1138조 ① 물건을 인도할 채무는 계약당사자의 합의만으로 완성된다.

54 다만 채권양도에 대해서는 위 규정이 적용되지 않고 별도로 개정 민법 제1321조가 적용된다.

55 다만 위 규정이 처분자의 처분권을 전제로 한다는 점에서, 무권한자의 처분행위에 따른 권리이전의 효력 여하 또는 예외적 선의자 보호 여부에 대해서는 위 규정만을 통해서는 분명하게 알 수 없다. Sonnenberger, Reform 1, ZEuP 2017, 49.

존중(제1200조[56])을 규정하고 있다. 또한 독일민법의 편제에 따르면 특이하게 보이는 것은 가장(假裝)행위와 은닉행위의 당사자 및 제3자에 대한 효력 여하에 관한 규정을 총칙에 함께 규정하고 있는 점이다. 가장행위 역시 제3자에 대해서는 하나의 법적 사실로서 취급하여 당사자가 그 무효를 주장할 수 없도록 하는 규정(제1201조 제1문)은 그 내용에서는 타당하겠지만, 법전의 구성상 「계약의 효력」 총칙에서 규정해 두고 있음이 바람직한지에 대해서는 의문이 제기되고 있다.[57] 한편 「계약의 제3자효」의 각칙에서는 제3자의 행위를 약속하는 제3자 행위담보약정과 제3자를 위한 계약을 규정하고 있다. 다만 직접소권(action directe), 특히 물건의 전전매매에서 최종 매수인의 최초 매도인에 대한 직접소권에 관하여 2016년 개정 프랑스민법은 규정하지 않고 있는데,[58] 향후 프랑스 책임법의 개정을 지켜봐야 할 것이다.[59]

한편 개정 프랑스민법은 「계약의 기간」에 관하여 총 6개 조문을 신설하였다. 개정 전 민법이 매매계약을 모델로 삼고 있어서 이에 관하여 별도의 규정을 두지 않았던 것과 비교하여, 개정 민법은 계속적 계약관계라는 현대계약의 중요 특징의 하나를 일반사법의 규정에 반영하고 있다.[60] 또한 개정 프랑스민법은 합의에 의한 계약양도에 관한 규정을 신설하고 있으며 이로써 종래 규정의 부재로 인한 명확하지 못한 상황을 개선하고 있다. 계약양도에 관한 개정 프랑스민법의 편제에서 눈에 띄는 사항은 채권양도·채무양도와 같은 채권관계에 관한 거래(제4편 제2장)와 별개로 계약법의 일반규정에 위치시키고 있다는 점이다. 계약양도에 관한 신설규정은 계약양도의 일원적 성질("당사자지위의 이전")과 유효요건, 계약양도로 인한 양도인의 면책 여부와 더불어 피양도인(=채무자)을 상대로 한 양수인의 항변주장 여부(내재적 항변과 인적 항변의 구

---

56 개정 전 민법 제1165조에서 정한 "합의는 (···) 제3자의 이익을 해하지 못"한다는 표현이 적절하지 않다는 지적에 따라 개정민법 제1200조 제1항은 "제3자는 계약으로 창설된 법적 상황을 존중하여야 한다."고 표현을 변경하였다.

57 Babusiaux/Witz, Das neue französische Vertragsrecht, JZ 2017, 505.

58 제4편 제3장 「채권자에게 허용된 소권」에 관한 제1341-3조의 직접소권에 관해서는 아래 III. 3. 참고. 더불어 개정 전 민법은 「합의의 제3자에 대한 효력」이라는 편제 하에 제3자를 위한 계약 외에도 채권자대위권과 채권자취소권을 함께 규정하고 있었는데, 채권자대위권과 채권자취소권은 위의 직접 소권과 함께 「채권자에게 허용된 소권」이라는 제4편 제3장에 규정되어 있다.

59 Babusiaux/Witz, Das neue französische Vertragsrecht, JZ 2017, 505.

60 규정내용은 영구적인 계약의 금지원칙 신설(제1210조), 기간을 정하지 않은 계약에서 예고기간을 정한 계약의 종료(제1211조), 기간의 정함이 있는 계약에서 갱신과 연장에 관한 내용(제1212조~제1215조)이다.

별), 그리고 양도인의 면책 여하에 따른 종전 담보의 존속 여부(제1216-3조)를 규정하고 있다. 이들 규정은 합의에 의한 계약양도를 전제로 한다는 점에서 법률규정에 의한 채권양도에서 이들 규정의 유추적용 여부에 관하여는 향후 판례의 발전을 기다려야 할 것으로 생각된다. 어찌되었건 독일민법 역시 (합의에 의한) 계약양도에 관한 일반규정을 갖고 있지 않다는 점에서도 우리 민법의 해석과 개정에서 참고할 만한 내용이라고 여겨진다.

개정 프랑스민법의 「계약의 효력」에 관한 개정내용 중에서 무엇보다 제5절 「계약의 불이행」을 언급하지 않을 수 없다. 핵심개혁의 하나인데, 개정 전 민법이 계약불이행에 관하여 손해배상(제1146조 이하)을 제외하면 산발적으로 규정함으로써 완결된 일반규정의 부재로 인하여 이해하기 쉽지 않았던 것과 비교하여, 2016년 개정 프랑스민법은 국제적 통일규범의 영향에 따라 개관하고 이해하기 쉽게 계약불이행의 일반효과를 열거한 후에 개별 구제수단 별로 5개의 부속절을 두고 있다.[61] 우선, 편제와 관련하여 독일민법이 급부장애에 관한 총론규정(제273조~제292조)을 두고 쌍무계약에 관한 별도의 규정(제320~326조)을 두고 있는 것과 달리, 개정 프랑스민법은 이러한 분리방식을 따르지 않고 있다는 점이다.[62] 오히려 개정 프랑스민법은 제1217조 이하에서 불이행의 유형을 구분하지 않은 채 국제적 계약법의 동향에 따라 "채무가 이행되지 않거나 또는 불완전하게 이행된 경우"라는 일반요건을 전제로 하여 제반의 구제수단을 열거한 다음에 개별 구제수단[63]에 관한 부속절에서 그 세부내용을 규정하고 있다. 다음으로, 개정 프랑스민법은 불가항력에 관한 규정(제1218조)을 두어서 방해의 일시성·확정성 여하에 따라 이행의 정지 또는 해제와 채무면제의 법률효과를 명시하고 있다.[64] 불가항력에 따른 계약불이행 규정은 각종 제재수단에 관한

---

61 이에 관하여는 남효순, "개정 프랑스민법상의 계약불이행의 효과", 비교사법 제24권 제3호, 2017, 1309면.

62 Sonnenberger, Reform 1, ZEuP 2017, 54. 물론 이러한 편제방식이 개정 프랑스민법에 따른 계약불이행 규정 중의 일부가 (주로) 쌍무계약에서 의미를 갖고 있음을 부정하는 것은 결코 아니다. 예를 들어 개정 프랑스민법 제1119조가 일반규정으로 신설한 동시이행의 항변권은 개정 전 프랑스 판례에서는 매매 등의 쌍무계약에서 인정되기 시작하였으며, 제1224조 이하의 계약해제 역시 쌍무계약에서 중요한 의미를 가질 것이다. 다만 개정 전 판례와 이를 수용한 개정 민법에 따르면 이들 규정의 적용이 반드시 쌍무계약에 한정되는 것은 아니라고 한다. 이에 관하여는 해제, 312, 325면(남효순 교수, 김현진 교수 집필).

63 동시이행의 항변, 현실이행의 강제, 대금의 감액, 해제, 손해배상의 청구.

64 이에 관하여는 이은희, "프랑스민법상 불가항력에 의한 이행불능", 서울대 법학 제59권 제3호, 2018, 45면.

규정(제1219조 이하) 앞에 배치해 둠으로써 제재의 대상인 계약위반에 해당하지 않으며, 따라서 위의 제1218조에 의해서만 규율됨을 분명히 하고 있다. 셋째, 계약불이행에 따른 개별 구제수단의 내용 중에서는 현실이행 강제에 대한 원칙적 인정 규정(제1221조), 불완전이행에 따른 일반적 구제수단으로서 대금감액 규정(제1223조)의 신설을 들 수 있겠다. 대금감액 규정의 요건과 내용에 대한 프랑스민법 특유의 간결함에 따라 인정범위, 세부절차, 감액의 시기와 방법 등을 둘러싼 여러 문제에 대해서는 향후 판례의 발전을 지켜보아야 할 것이다.65 넷째, 개정 프랑스민법의 「해제」 규정 역시 개정 전 민법과 비교하여 큰 혁신으로 평가된다. 개정 전 민법이 해제조건에 관한 제1184조에서 채무불이행에 따른 계약해제를 묵시적 해제조건으로서 규율하고 있었던 것과 비교하여, 개정 민법은 계약해제에 관한 독립된 절 아래에 총 9개의 조문을 할여하고 있다.66 그 중에서 무엇보다 특기할 바는 해제의 근거 내지 방식에 관한 제1224조가 해제조항에 의한 해제와 재판상 해제의 방식 외에 독일민법에서 인정되는 바와 같이 계약불이행을 당한 일방 당사자의 해제통지에 의한 계약해제의 방식을 신설하고 있다는 점이다.67 끝으로 계약불이행에 따른 손해배상과 관련하여 개정 프랑스민법의 규정내용은 계약책임을 포함한 민사책임법의 개정을 별도로 계획하고 있음에 따라 개정 전 민법과 비교하여 크게 다르지 않게 규정되었다. 비교법적으로 특기할 바로는 계약불이행의 확정을 위한 사전최고의 원칙적 요건(제1231조),68 개정 전 민법이 고의로 한정한 요건을 중과실로 넓혀서 손해배상의 범위를 예견하지 못하였으나 계약불이행에 따라 직접적이고 즉각적으로 발생한 손해에 대해서도 확대하는 규정을 신설하고 있다(제1231-4조)는 점이다.

---

65 Sonnenberger, Reform 1, ZEuP 2017, 56.

66 이에 관하여는 김현진, "개정 프랑스 채권법상 계약의 해제·해지", 민사법학 제75호, 2016, 281면.

67 해제의 요건과 절차에 관한 규정과 더불어 해제에 관한 법원의 권한(제1228조) 및 해제에 따른 계약의 종료와 원상회복의무 등에 관한 규정(제1229조) 역시 유의할 바인데, 제1228조에 따르면 법원은 당해 사안에 따라 계약해제를 확인·선고하거나 계속적 이행을 명할 수 있으며, 계약해제 인정 여부와 관계없이 손해배상을 명할 수도 있다. 한편 제1229조에서는 해제로 인한 계약의 종료, 해제의 3가지 방식에 따른 효력의 발생시점과 원상회복의무를 규정하고 있는데, 이로 인하여 개정 전 민법에 따른 해제의 소급효와 완전히 결별한 것인지에 대해서는 여전히 논의되고 있는 것으로 보인다. 해제, 334-335면(김현진 교수 집필).

68 "불이행이 확정적이지 않는 한 채무자가 합리적인 기간 내에 이행할 것을 사전에 최고 받은 경우에만 손해배상의 의무가 있다"고 규정한 위 개정민법의 규정은 '주는 채무'와 '하는 채무'의 구별을 전제로 한 개정 전 민법 제1146조를 삭제, 대체하면서 최고의 요건을 일반화 함으로써 법문의 내용을 단순화하고 있다.

3. 계약외책임과 그 외의 발생연원(제3편 제2부속편, 제3부속편)

개정 프랑스민법은 제3편 「채권관계의 발생연원 일반」에서 제1부속편 「계약」 다음에 「계약외책임」, 「채권관계의 다른 발생연원」을 제2, 제3 부속편으로 편제하고 있다. 불법행위를 포함한 계약외책임에 관한 규정을 앞에 두고 개정 전 민법에서 준계약이라는 표제 아래에 규정하고 있던 사무관리, 비채변제와 함께 부당이득 조항을 신설하여 제3부속편에 배치하고 있는데, 이 같은 부속편 배치의 선후관계는 개정 전 프랑스민법 및 독일민법과 다른 점이다. 이 가운데 제2부속편 「계약외책임」은 프랑스에서 별도의 민사책임법 개정을 계획하고 있는 관계로 개정 전 민법과 내용에서 기본적으로 다르지 않다.[69] 다만 개정 전 민법이 불법행위와 제조물책임을 별도의 편으로 구성하고 있던 체계와 비교하여, 개정 프랑스민법은 이들을 「계약외책임」이라는 동일한 편제 하에 두고 있다는 점에서 체계적으로 개선되었다고 할 것이다.[70] 또한 개정 전 민법이 고의가 아니라 부주의로 인한 불법행위를 준불법행위라고 지칭하였던 것과 달리, 개정 민법은 고의와 과실을 함께 '일반 계약외책임'이라고 표현하고 있는 점도 판례 등을 반영함으로써 민법의 현대화를 도모하고 있다. 개정 프랑스민법은 2016년 개정 직전에 관련 법률을 통해 민법에 수용하였던 「생태손해에 대한 배상책임」 역시 그대로 반영하고 있다.[71]

한편 개정 프랑스민법 제3편 제3부속편은 「채권관계의 다른 발생연원」이라는 제목 아래에 무엇보다 「준계약」에 관한 여러 제도를 규정하고 있다.[72] 제3부속편의 시작규정 제1300조에 따르면 준계약이란 "전적으로 자발적인 행위로서, 아무런 권리 없이 이득을 얻은 자에게 의무를 발생시키고 그 행위자에게 때로는 타인에 대한 의무를 발생시킨다"고 정의하면서, 사무관리, 비채변제와 부당이득이 이에 해당한다고 규정하고 있다.[73] 이 같은 정의규정에 따르면 준계약의 공통점은 대체로 권리없이

---

69 해제, 352, 362면(박수곤 교수 집필); Sonnenberger, Reform 1, ZEuP 2017, 12-13.

70 해제, 362면(박수곤 교수 집필); 프랑스 제조물책임의 상세에 관하여는 박수곤, "프랑스민법상 제조물책임", 경희법학 제55권 제3호, 2020, 229면.

71 해제, 381면(정다영 교수 집필); 최준규, "프랑스 민법상 생태손해의 배상", 환경법과 정책 제23권, 2019, 71면.

72 이에 관하여는 정다영, "개정 프랑스 민법상 사무관리, 비채변제 및 부당이득", 재산법연구 제34권 제3호, 2017, 335면.

73 다만 위 제3부속편의 "다른 (…) 연원"이라는 표제어가 분명하게 말해 주고 있듯이 제1300조에서 열

받은 이익을 반환해야 할 의무를 발생시킨다는 것인데, 사무관리의 경우에는 자신의 사무를 관리받은 본인에게 그로 인한 이익의 상환의무를 발생시키는 것이 아니라 이와 반대로 관리자의 사무수행에 관한 의무를 부과시키고 있다는 점에서 비채변제·부당이득을 포괄하는 준계약의 개념에 합치되지는 않는다. 이런 배경에 따라 프랑스에서도 준계약의 일관된 개념과 그에 따른 공통의 규율내용을 찾기 쉽지 않다는 점에서 그 유용성에 대한 논의가 있으며,74 주지하듯이 독일민법과 우리민법은 사무관리와 부당이득을 별개의 법정채권관계로 규정하고 있다. 제3부속편의 개별 제도와 관련하여 비교법적으로 특기할만한 사항으로는 먼저, 제1장 「사무관리」에서는 사무관리의 요건과 효과를 규정하고 있는데 그 중에서도 "관리자의 행위가 사무관리의 요건을 충족하지 못하지만 사무의 본인에게 이익이 되는 경우"에는 부당이득 규정에 따른 관리자의 배상의무를 규정한 제1301−5조가 관심을 끌고 있다. 2016년 개정 과정에서 신설된 규정인데, 프랑스 문언에 따르면 관리자가 자신의 사무로 오신하여 타인의 사무를 관리한 경우에 적용을 예상한다고 하는데,75 '부진정 사무관리(unechte Geschäftsführung)'에 관한 독일민법 제687조의 명확하지 않은 적용례에 비추어 프랑스민법 제1305−1조 역시 그 법 문언의 포괄성에 비추어 향후 법원의 구체적 적용을 지켜보아야 할 것이다.76

　다음으로 개정 프랑스민법은 제3부속편 제2장, 제3장에서 비채변제와 부당이득을 나누어 편제하고 있는데 독일민법 제812조와 다른 구성방식을 나타내고 있다. 물론 개정 프랑스민법은 개정 전 민법과 달리 1892년 부디에 판결 이래로 발전해 온 부당이득을 독자적 제도로서 규정하고 있다(제1303조). 또한 부당이득의 기본요건(이득, 손실, 양 자의 인과관계 및 이득의 부당성)을 고려할 때에 비채변제 역시 부당이득의 일종으로 구성할 수 있었을 것임에도 불구하고 개정 프랑스민법은 비채변제와 부당이득을 별개로 편제하고 있다. 또한 비채변제와 부당이득의 법률효과 역시 개정 프

거한 준계약 유형만이 (계약과 계약외책임 이외의) 다른 채권관계의 발생연원에 속하는 것은 아니며, 예를 들어 부양관계와 법정지역권도 이러한 채권관계를 발생시킨다고 이해하고 있다. 해제, 392면(이은희 교수 집필); Sonnenberger, Reform 1, ZEuP 2017, 62.

74 준계약이라는 개념의 유용성에 대한 프랑스 논의의 소개로는 해제 393면(이은희 교수 집필). 다만 2016년 개정 프랑스민법은 개정 전 민법과는 달리 사무관리와 비채변제를 별도의 장으로 편제하고 있다.

75 해제, 407면(이은희 교수 집필).

76 Sonnenberger, Reform 1, ZEuP 2017, 64.

랑스민법에 따르면 서로 달라서, 비채변제의 경우에는 제4편 제5장에서 정한 급부반
환(제1352조~제1352-9조)에 따른 반환의무를 인정하는 반면(제1302-3조), 부당이득의
경우에는 급부반환의 적용을 받지 않은 채 "이득과 손실 중 보다 적은 가액에 상당
하는 배상"을 하여야 할 책임을 발생시키고 있다(제1303조).[77] 이런 배경에서 개정 프
랑스민법의 부당이득 일반규정이 독일민법의 경험과 같은 다양한 사례유형으로 적
용, 발전하게 될 것이라고 전망하기는 어려울 듯 하다.[78] 비채변제의 여러 유형(제
1302조~제1302-2조)[79]과 함께 부당이득에 관한 규정 중에는 손실자의 과책에 의한 손
실 발생에 있어서 법원에 의한 배상책임의 경감(제1303-2조 제2항), (수익자가 선의인
경우에) 이득과 손실의 '이중한도'의 배상책임 규정 및 부당이득에 따른 배상책임의
가치채무(dette de valuer)적 성격을 정한 신설 규정(제1303조, 제1303-4조) 등이 비교법
적으로 유의해볼 규정이라고 생각된다.

III. 개정 프랑스민법[채권법] 제4편의 체계와 주요 내용

1. 제4편의 구성체계 개관

개정 프랑스민법 제4편은 「채권관계의 일반적 규율」이라는 제목 아래에 계약,
비계약적 채권관계에 적용되는 일반규정을 마련하고 있다. 개정 전 민법은 채권의
효력에 관한 일반규정을 따로이 두지 않은 채, 제3편 「계약 또는 합의에 의한 채권
관계 일반」의 규정을 비계약적 채권관계에 대하여 유추적용하는 구성체계를 가지고
있었는데, 2016년 민법개정을 통하여 발생연원을 묻지 않고 채권관계 일반에 적용가
능한 통일된 규정을 마련한 것이다.[80] 제4편은 이러한 규정내용에 비추어 독일민법
의 채권총론에 상응하는 기능을 하게 되는데, 「채무의 태양」(조건과 기한, 다수의 목적

---

77 이러한 차이에 관하여는 Sonnenberger, Reform 1, ZEuP 2017, 66-67. 더 나아가 남효순, "개정 프
랑스민법전(채권법)상의 비채변제와 (협의의) 부당이득", 저스티스 제164호, 2018, 5면; 정다영, "부
당이득과 비채변제의 관계에 대한 연구", 민사법의 이론과 실무 제21권 제1호, 2017, 273면.

78 Sonnenberger, Reform 1, ZEuP 2017, 66.

79 채무 자체가 객관적으로 존재하지 않는 객관적 비채변제(제1302조), 변제자가 채무자이지만 수령자
가 진정한 채권자가 아닌 이른바 능동적 주관적 비채변제(제1302-1조) 그리고 채무자 아닌 자가 진
정한 채권자에게 변제한 수동적 주관적 비채변제(제1302-2조)의 유형.

80 해제, 433면(이상헌 변호사 집필); Babusiaux/Witz, Das neue französische Vertragsrecht, JZ 2017,
498.

과 다수의 주체), 「채권관계에 관한 거래」(채권양도, 채무인수, 경개와 채무참가), 「채권자에게 허용되는 소권」(이행청구와 강제이행, 대위소권과 사해소권), 「채무의 소멸」과 「급부반환」의 장(章) 구성을 하고 있다는 점에서 독일민법의 편제와는 상당한 차이를 보이고 있다. 또한 아래에서 소개하듯이 제4편의 규정 중에는 독일민법의 편제에 따르면 법률행위의 성립 또는 효력에 관한 규정(채무의 태양 중에서 조건과 기한), 계약각론의 규정(채권양도인의 담보책임에 관한 개정 프랑스민법 제1326조)을 포함하고 있다. 또한 개정 프랑스민법의 「채무참가」 규정은 독일민법의 채권총론에 위치한 채무인수(제414조 이하)와 관련되지만 지시(Anweisung)의 계약각론 규정(제783조 이하)과도 관련된 내용을 포함하고 있다.

2. 채무의 태양(제1장)

개정 프랑스민법 제4편 제1장은 「채무의 태양」이라는 제목 아래에서 조건, 기한 및 다수의 채권관계(다수의 목적과 다수의 주체)를 독립적으로 편제, 규정하고 있다. 본장의 구성과 관련하여 먼저 소개할 바는 개정 전 민법에서 중요한 역할을 하고 있던 '주는 채무'와 '하는 채무'에 관한 규정(제1146조)을 삭제하고 있다는 점이다. 양 채무의 구별에 관하여는 민법개정 이전에도 프랑스에서 논란이 되어 왔다고 하는데, 민법개정의 과정에서 규정내용의 명확화 등을 위하여 이를 구별하는 규정을 삭제하는 입법적 결단을 내리기에 이르렀다. 다만 양 채무의 구별이 계약불이행에 따른 손해배상책임 등에 있어서 과책에 대한 증명책임의 부담을 달리한다는 점에서 민사책임법의 개정 과정에서 이를 반영할 것인지 여부는 지켜볼 일이다.[81] 다음으로 「채권의 태양」이라는 제목 하에 「조건」과 「기한」의 규정을 두고 있는 것과 관련하여, 이는 위에서 언급한 바와 같이 법률행위의 성립 또는 효력으로서 다루고 있는 독일민법과 다른 특징이며 채권관계 이외의 법률관계, 특히 물권관계에의 적용 여부에 관하여 별도의 규정을 두고 있지 않다.[82]

(1) 조건부 채무와 기한부 채무

「조건」과 「기한」의 규정내용과 관련하여, 개정 프랑스민법은 대체로 개정 전 민

---

81 Sonnenberger, Reform 2, ZEuP 2017, 783.

82 Sonnenberger, Reform 2, ZEuP 2017, 783-784. 특히 프랑스민법에 따르면 계약의 권리이전적 효력을 인정한다는 점에서 조건이 계약의 유효 여부에 갖는 의미를 보다 분명하게 할 필요가 있다고 지적하고 있다.

법의 규정내용을 수용하면서 체계와 내용의 명확화를 도모하고 있다. 다만 특기할 바는 조건의 적법성은 유지하면서도 불능인 조건에 관한 규정을 삭제한 점(제1304-1조),**83** 그리고 정지조건의 성취 여부에 따른 유동적 상태에서 채권자의 법적 지위에 관한 규정(제1304-5조**84**)과 함께 정지조건 성취의 효과에 대하여 종전의 소급효 원칙을 폐기하고 있으며 다만 당사자의 약정에 의한 예외 규정(제1304-6조)을 두고 있다는 점이다. 이에 비하여 해제조건 성취의 경우에는 소급효가 인정되어서 조건성취에 따라 급부반환의무가 발생하는데(제1352-3조), 다만 보존·관리행위 또는 합의 및 상호이행에 따라 급부의 효용성을 요건으로 비소급효가 인정된다(제1304-7조). 이는 독일민법 제158조 제2항, 제159조와는 반대되는 규율방향이라는 점에서 비교법적으로도 관심을 갖게 한다. 한편 기한부 채무와 관련하여 개정 프랑스민법은 독일민법이 시기(始期)와 종기(終期)로 나누어 각 기한의 정지조건, 해제조건적 의미를 부여하고 있는 것과 달리, 채권자의 청구가능성과 관련하여 시기부 기한에 관한 규정만을 두고 있다는 점에서 그 특징이 있다. 시기에 관한 개정 프랑스민법의 규정내용은 개관성과 가독성을 높이기 위하여 기한의 개념 정의와 설정 방법 규정의 신설(제1305조, 제1305-1조)을 포함하고 있으며, 그 외의 내용은 대체로 개정 전 민법규정을 수용하면서 일부 보완하고 있다.

(2) 다수의 채권관계

개정 프랑스민법 제1장 제3절은 「다수의 채권관계」라는 제목으로 되어 있는데, 그 아래의 구성내용은 독일민법의 규정체계와 비교하면 상당한 특색이 있다. 즉 제3절은 연대채권·채무(=연대채권관계)와 같이 채권·채무가 여러 사람에 귀속하는 경우(「다수의 주체」. 제2부속절)만이 아니라 선택채권 등과 같이 채권·채무는 하나이지만 급부의 목적이 다수인 경우(「다수의 목적」. 제1부속절)를 포함하고 있다. 이 가운데 제1부속절은 개정 전 민법이 선택채권만을 규정하고 있었던 것과 달리 강학상 인정되던 병합채무와 임의채무의 규정을 신설하여 구성의 체계화를 도모하고 있다.**85** 그리고

---

83 해제, 438면(이주은 변호사 집필).

84 제1304-5조에 따르면 정지조건의 성취 이전에 채무자가 조건성취를 방해하는 행위를 금지하며 조건부 권리를 침해하는 채무자의 행위에 대하여 채권자가 다툴 수 있도록 규정하고 있다.

85 개정 프랑스민법에 따르면 병합채무는 다수의 급부에 대하여 하나의 채무가 성립하는 경우를 뜻하며(제1306조), 임의채무는 채무자에게 본래의 급부를 다른 급부로 대신할 수 있는 대용권이 인정되는 채무이다(제1308조).

선택채권에 관하여는 개정 전 민법과 마찬가지로 선택채무의 정의, 선택권의 귀속과 행사, 급부불능의 선택권에 대한 영향을 규정하고 있는데, 앞서 소개한 바와 같이 계약의 효력에 관한 제3편 제4장에서 불가항력에 의한 채무자의 면책 규정(제1218조)을 신설하고 있는 관계로 선택채권에서도 선택된 급부의 불가항력에 따른 면책 규정(제1307-2조)을 신설하고 있다.

이상과 같은 「다수의 목적」 다음에 개정 프랑스민법은 「다수의 주체」를 두면서, 채권·채무가 여러 사람에게 귀속하는 경우에 분할 채권·채무의 원칙(제1309조)을 신설규정한 후에 「연대채권관계」(제1관), 「불가분급부채권관계[86]」(제2절)의 순서로 규정하고 있다. 이 가운데 우선 연대채권관계에서 비교법적으로 관심가는 규정을 소개하면, 개정 프랑스민법은 개정 전 민법과 비교하여 내용에서는 크게 다르지 않지만 연대채권과 연대채무를 분리하지 않은 채 함께 규정하는 구성체계를 택함으로써 규정 내용의 명확화를 도모하고 있다. 그리고 연대채권관계의 시작규정은 연대채권, 연대채무의 성립에 있어서 법률규정에 의한 연대(법정연대)와 약정에 따른 연대(약정연대)가 있음을 밝히면서 독일민법 제427조과는 달리 연대의 추정을 인정하지 않고 있다(제1310조). 개정 프랑스민법에 따른 연대채권(적극적 연대), 연대채무(소극적 채무)에 관한 규정은 개념정의, 채권자와 채무자사이의 대외적 관계(전부의 이행청구와 이행의무 및 공동면책), 연대채권자 또는 연대채무자 1인에게 발생한 사유의 다른 연대채권자 또는 연대채무자에 대한 영향 등을 포함하고 있다. 여러모로 관심가는 규정은 연대채무에서 연대채무자 1인이 채권자에 대하여 다른 연대채무자가 갖는 항변을 주장할 수 있는지에 관한 내용인데, 독일민법의 경우에는 제422조~제425조에서 규정하고 있는 바를 개정 프랑스민법은 항변사유의 유형화와 함께 제1315조 한 조문에서 규정하고 있다.[87]

끝으로 제1장의 마지막 내용인 불가분급부채권관계와 관련하여 개정 프랑스민

---

86 개정 전 민법에서는 불가분채권관계라고 표현하고 있었으나, 개정 프랑스민법은 위와 같은 표현 변경으로 불가분의 대상이 채권·채무가 아니라 급부라는 사실을 표현하고 있다고 한다. 해제, 499면 (이은희 교수 집필).

87 개정 프랑스민법 제1315조 채권자로부터 이행청구를 받은 연대채무자는 무효 또는 해제와 같은 모든 공동채무자에게 공통되는 항변과 자신의 인적 항변으로 채권자에게 대항할 수 있다. 그는 기한의 허여와 같은 다른 공동채무자에게 고유한 항변으로 채권자에게 대항할 수 없다. 그러나 다른 공동채무자의 인적 항변으로 그의 부담 부분이 소멸하는 경우, 특히 상계, 면제의 경우에는, 연대채무자는 채무 전부에서 그 부분을 공제하기 위하여 이를 주장할 수 있다.

법은 단 한 개의 조문(제1320조)을 두고 있다. 개정 전 민법은 이와 비교하여 훨씬 많은 조문을 두고 있었는데, 가분·불가분급부의 구별(제1217조), 성질에 의한 불가분채무의 성립(제1218조), 불가분채무의 효력과 상속인에 대한 효과(제1222조~제1225조) 등에 관한 규정들이다. 개정 프랑스민법은 이 같은 규정들을 통합하여 제1320조를 두면서, 총 3개의 항에서 성질 또는 약정에 의한 성립, 불가분채권·채무의 내용 및 상속인에 대한 효력을 이해하기 쉽게 규정하고 있다.[88] 독일민법 제431조, 제432조와 달리 개정 프랑스민법은 위 규정의 제1항을 통하여 객관적, 주관적 불가분성, 다시 말해 성질 또는 약정에 의한 급부의 불가분성을 인정하는 한편 불가분채권관계에서 각 채권자의 급부 전부에 대한 청구·수령의 권능을 인정하고 있다.

3. 채권관계에 관한 거래와 채권자에게 허용된 소권(제2장, 제3장)

(1) 채권관계에 관한 거래

개정 프랑스민법 제4편 제2장은 「채권관계에 관한 거래」에 대한 규정인데, 채권양도, 채무양도, 경개와 채무참가를 각 독립한 절(節)로 마련하고 있다. 개정 전 민법이 이에 관한 별도의 편제를 갖지 않은 채 채권양도에 관해서는 매매의 규정(제1689조)에서, 경개(채무참가 포함)에 대해서는 채무의 소멸에서 규정(제1271조 이하)하고 있었던 것과 비교하여, 개정 프랑스민법은 이들 제도가 담보거래의 현실에서 중요하다는 것을 반영하여 별도의 구성을 두고 있다. 채권양도와 채무양도가 기존의 채권·채무를 양수인에게 이전하는 방식이라면, 경개와 채무참가는 새로운 채권·채무가 발생하는 방식이라고 말할 수 있다.

먼저, 채권양도와 관련하여 개정 프랑스민법은 무엇보다 채권양도의 제3자에 대한 대항요건 구비의 어려움을 해소하고 있다는 점을 특기할만하다.[89] 개정 전 민법에 따르면 채권양도는 양도인과 양수인 사이에서는 채권증서의 교부에 의하여 효력을 발생하지만(제1689조) 제3자에 대하여는 양수인이 채무자에게 집행관에 의한 통지

---

88 개정 프랑스민법 제1320조 ① 성질 또는 계약으로 불가분인 급부를 목적으로 하는 채권관계의 각 채권자는 전부의 변제를 청구하여 수령할 수 있으며, 다른 채권자에게 정산하여야 한다. 그러나 채권자는 단독으로 그 권리를 처분하거나 물건을 대신하여 대금을 수령할 수 없다.
    ② 이러한 채권관계의 각 채무자는 그 전부에 대해 채무를 부담한다. 그러나 다른 채무자에게 그들의 부담부분을 구상할 권리가 있다.
    ③ 위 채권자와 채무자의 각 상속인에 대하여도 마찬가지이다.
89 이에 관하여는 김은아, "개정 프랑스민법전에서의 채권양도", 아주법학 제12권 제3호, 2018, 105면.

를 하거나 채무자가 공정증서에 의해 양수인에게 승낙을 한 때에 채권양도를 주장할 수 있었다(제1690조).**90** 그러나 개정 프랑스민법에서는 채권양도계약의 요식성을 인정하면서(제1322조) 채권양도계약의 증서가 작성된 일자에 당사자 사이에서 양도의 효력을 인정하면서(제1323조 제1항) 그때부터 제3자에 대해서도 양도의 효력을 주장할 수 있도록 규정하고 있다(제1323조 제2항).**91** 이를 통하여 개정 프랑스민법은 개정 전 민법에 따라 양수인이 대항요건을 구비하는 데에 갖는 어려움을 해소함으로써 채권의 유통성을 개선하고 있다.

다만 이 같은 채권양도의 제3자에 대한 주장과 달리 채무자에 대한 양도의 효력에 관하여는 따로이 규정하여, 채무자의 사전동의가 없는 한 채권양도는 채무자에 대한 통지 또는 채무자의 승낙이 있는 때에 채무자에게 주장할 수 있다(제1324조 제1항).**92** 이 점은 독일민법이 제398조 제2문, 제404조, 제407조를 통하여 채권양도의 합의가 이루어진 때에 채무자에 대한 관계에서도 양도의 효력을 인정하되 양도 후 채무자의 양도인에 대한 변제행위의 효력에 대해서는 채무자의 선의·악의 여하에 따라 양수인에 대한 항변관철의 문제로서 다루고 있는 것과 비교된다. 그리고 개정 프랑스민법이 채권의 선의취득을 인정하지 않은 채 하나의 채권에 대한 여러 사람의 양수인이 있는 경우에 양도일자에 따라 우선순위를 결정하고 있는데(제1325조), 이 점은 독일민법과 마찬가지이다. 한편 채권양도에 관한 개정 프랑스민법 규정은 계약에 의한 채권양도에 대해서만 적용될 뿐 법정채권양도에 대하여는 적어도 직접적으로는 적용되지 않으며, 이 점에서는 독일민법 제412조가 법정채권양도에 대한 준용규정을 두고 있는 것과 대비되고 있다. 더 나아가 양도 객체와 관련하여 특기할만한 점은 개정 프랑스민법 제1321조 제2항은 "장래"의 "수 개"의 채권양도를 가능하도록 하고 있는데, 위에서 언급한 대항요건 구비의 간소화에 따라 개정 전 민법에서는 사실상

---

90 개정 전 민법의 적용에 따른 대항요건 구비의 어려움을 해소하기 위하여 개별 법률의 규정들이 시행되고 있었다고 하는데, 이들 규정은 2016년 프랑스민법의 개정 이후에도 여전히 적용된다고 한다. 이에 관하여는 해제, 503면(김은아 박사 집필); Sonnenberger, Reform 2, ZEuP 2017, 792.

91 다만 위 규정은 지명채권양도에 적용되며 예를 민사회사의 지분이전과 같은 경우에는 그렇지 않다고 하는데, 이에 관한 보다 자세한 내용에 대해서는 해제, 504면(김은아 박사 집필).

92 개정 민법이 채무자에 대한 대항력을 얻기 위하여 필요하다고 규정한 통지나 승낙은 개정 전 민법에서 요구되던 엄격함(집행관에 의한 통지 또는 공정증서에 의한 승낙)을 완화하여 단순한 통지나 승낙으로도 충분하며, 반드시 서면을 요하지는 않는다고 한다. 해제, 513-515면(김은아 박사 집필). 한편 묵시적 승낙의 방식도 인정될 수 있는지 여부는 분명하지 않다고 하는데, 이에 관해서는 Sonnenberger, Reform 2, ZEuP 2017, 796.

곤란하였던 장래의 집합채권에 대한 양도가 활성화될 것으로 전망하고 있다.[93]

　　다음으로 「채무양도」에 관한 개정 프랑스민법을 살펴보면, 채무양도는 개정 전 민법에서는 아무런 규정이 없었지만 사적 자치에 따라 널리 인정되어 왔는데, 2016년 민법 개정과정에서 마침내 「경개」, 「채무참가」와 함께 담보제도의 현대화를 위하여 신설 규정되었다. 민법 개정 이전에는 채무양도를 표현함에 있어서 독일민법의 채무인수(제414조)라는 표현의 영향을 받아서 reprise de dette라고 부르기도 하였는데, 개정 프랑스민법은 결국에는 채무양도(cession de dette)라는 개념을 택하였다. 이러한 표현의 다름은 프랑스와 독일에서 채무양도(채무인수)에 대한 접근상의 차이가 있지 않을까 하는 추정을 가능하게 한다. 이와 관련하여 독일민법 제414조 제1항이 채권자와 인수인 사이의 약정에 의한 채무인수를 출발점으로 하고 있다면, 개정 프랑스민법은 제1327조 제1항의 문언에 따르면 채무양수인(＝인수인)을 언급하지 않은 채 채권관계의 원래 당사자인 채권자와 채무자의 합의과정을 중심으로 규정하고 있을 뿐이다. 다만 개정 프랑스민법에 따르더라도 채무양수인(＝인수인)의 합의는 반드시 필요하므로,[94] 프랑스민법에서도 채무양도라는 표현보다는 채무인수라는 표현이 더 바람직하지 않았을까 하는 지적이 있다.[95] 채무의 동일성을 유지한 채 채무가 양수인에게 이전된다는 점에서 경개와 다르고 채무참가와 유사한 채무양도는 개정 민법에 따르면 채권자의 합의 여하에 따라 면책적 양도형태와 병존적 양도형태를 갖고 있다(제1327-2조).

　　한편 개정 프랑스민법은 「경개」에 관하여 개정 전 민법이 「채무의 소멸」에서 규정하고 있었던 것과 달리 「채권관계에 관한 거래」로 편제를 이동시킴과 아울러 경개에 포함되어 있던 채무참가(개정 전 민법 제1275조, 제1276조)를 별도의 절로 독립시키고 있다. 독일민법은 사적자치의 원리에 따라 경개를 허용하면서도 별도의 규정을 두지는 않고 있으며, 프랑스에서도 채권양도, 채무인수 등의 인정에 따라 굳이 경개의 독자성을 인정할 필요가 없다는 견해가 피력되기도 하였다. 그러나 개정 프랑스민법은 현실 실무의 필요를 이유로 하면서 경개 규정을 유지하고 있다. 개정 민법의

93　Sonnenberger, Reform 2, ZEuP 2017, 794-795.
94　채무양도에 관하여 프랑스에서는 3자간계약설과 2자간계약설이 대립한다고 하는데, 3자간계약설은 말할 것도 없고 2자간계약설에 따르더라도 다른 사람의 채무를 넘겨받는 인수인의 합의가 필요함은 당연하다고 할 것이다. 해제, 522-523면(정윤아 판사 집필).
95　Sonnenberger, Reform 2, ZEuP 2017, 800.

이러한 태도에 대해서는 전래의 관념을 유지하고자 하는 완고함에서 비롯된 것에 불과하며, 오히려 주체의 경개와 비교하여 정작 그 중요성이 여전한 채무내용의 경개와 관련해서는 채무내용의 중요변경이 무엇을 의미하는지에 대하여 규정하지 않고 있다는 비판적 지적이 있다.[96]

더 나아가 개정 프랑스민법은 현실 거래에서 자주 활용되는 「채무참가」에 관한 규정을 정비하고 있다.[97] 우선 채무참가의 개념에 대하여 '참가지시자'(délégant), '참가채무자'(délégué), '참가채권자'(délégataire) 사이의 의사합치라고 이해하면서, 참가지시자가 참가채무자에게 참가채권자에 대한 채무의 부담을 허락받고 참가채권자가 참가채무자의 채무참가, 즉 새로운 채무자로서 승낙하는 거래라고 정의하고 있다(제1336조 제1항). 채무참가는 이러한 거래당사자의 합의에 따라 참가자에게 새로운 채무를 부담하도록 한다는 점에서 채무양도와 같은 채권관계에 대한 거래, 즉 이미 존재하는 채권관계를 그 대상으로 하는 거래라고 파악하기 보다는 종전 채무자의 채무를 참가라는 방식으로 참가자가 이행하기로 하는 계약의 일종으로 여기어 계약각론에 편제하는 것도 입법적으로는 고려해 볼 수 있을 것이다. 실제로 독일민법은 이러한 기능을 하는 지시(Anweisung)의 관계를 계약각론에서 규정하고 있는 반면, 개정 프랑스민법은 채무양도와 함께 인적 담보의 역할을 한다는 기능적 측면을 고려하여 채무양도와 채무참가를 함께 규정하고 있는데,[98] 충분히 납득할만한 편제라고 생각된다. 또한 채무참가의 규정내용은 독일민법의 지시 규정과 비교하여 그 내용에서 보다 명료하다고 여겨지고 있다.[99]

(2) 채권자에게 허용된 소권

개정 프랑스민법 제4편 제3장은 「채권자에게 허용된 소권」이라는 제목 아래에 4개 조문을 규정하고 있다. 우선, 채권자의 채무이행 및 현실이행의 강제에 관한 권리를 규정하고 있으며(제1341조), 또한 개정 전 민법에서는 「합의의 제3자에 대한 효력」

---

96 Sonnenberger, Reform 2, ZEuP 2017, 801-802.
97 프랑스민법의 채무참가 전반에 관하여는 남효순, "프랑스민법상 '채무참가를 시키는 제도'(채무참가제도)(Délégation)", 민사법학 제71호, 2015, 315면.
98 참고로 개정 프랑스민법에 따른 채무참가의 특징 중의 하나는 채무양도와 달리 참가채무자가 참가채권자에 대한 관계에서 새로운 채무를 부담함으로써 참가지시지와 참가채권자 또는 참가채무자 자신과 참가지시지와의 관계에서 발생한 항변을 원칙적으로는 주장하지 못한다(제1336조 제2항)는 데에 있다.
99 Sonnenberger, Reform 2, ZEuP 2017, 805.

이라는 제목 아래에 배치해 두었던 채권자의 대위소권(l'action oblique)과 사해소권(l'action paulienne)에 관하여 규정하고 있다(제1341-1조, 제1341-2조). 한편 특기할 점은 개정 프랑스민법이 제1341-3조에서 "법률이 정하는 경우 채권자는 그의 채무자의 채무자에게 자신의 채권의 변제를 직접 청구할 수 있다"는 직접소권(l'action directe)의 근거규정을 마련하고 있다는 점이다. 건축공사의 도급인에 대한 노무자의 직접소권, 보험사에 대한 사고 피해자의 직접소권과 같이 개별 법률을 통해 인정되는 직접소권의 존재에 대한 일반 민법의 확인이라고 하겠다. 다만 "법률이 정하는 경우"와 "변제"를 직접소권의 근거 또는 요건으로서 정하고 있다는 점에서 전전매매에서 최초매도인에 대한 최종매수인의 손해배상 또는 담보책임의 청구가 위 규정에 의하여 인정되지는 않을 것으로 이해하고 있다.[100]

4. 채무의 소멸과 급부반환(제4장, 제5장)

「채무의 소멸」에 관한 개정 프랑스민법 제4편 제4장은 변제, 상계, 혼동, 채무면제와 이행불능 총 5개의 절로 구성되어 있다. 개정 전 민법이 경개, 무효, 해제조건 등을 함께 규정하고 있었던 것과 비교하여, 개정 민법은 이들 소멸사유에 관하여서는 이미 소개한 바와 같이 각각 다른 내용으로 옮겨서 규정하고 있다. 개정 프랑스민법에 따른 개별 채권소멸 사유 및 계약의 무효·해제 등에 따른 「급부반환」에 관한 규정내용을 차례대로 소개한다.

(1) 변제

개정 프랑스민법 제4편 제4장 제1절은 채무소멸의 원인 가운데 가장 일반적 사유인 「변제」에 관하여 규정하고 있는데, 제1절은 다시 「일반규정」, 「금전채무에 관한 특별규정」, 「지체」(채무자지체와 채권자지체), 그리고 「변제자대위」에 관한 부속절로 구성되어 있다. 변제 규정의 구성체계와 전반적 측면에서 보면, 금전채무에 관하여 별도의 편제를 하고 있음이 주목되는데 독일민법이 산발적 규정만을 갖고 있는 것과 비교하여 금전채무에 관한 한 포괄적이고 체계적 구성을 갖고 있다.[101] 또한 채무소멸의 원인인 변제에 관한 규정 내에 채무자의 이행지체와 채권자지체에 따른 법률관계를 규정하고 있다는 점도 특징적이다. 더 나아가 변제의 일반규정 구성에 있

100 해제, 557면(김태희 석사 집필).
101 Sonnenberger, Reform 2, ZEuP 2017, 812.

어서 독일민법이 급부(Leistung)의 이행(제266조 이하)과 변제에 따른 이행(Erfüllung)의 효력(제362조 이하)을 분리하여 규정한 것과 달리, 개정 프랑스민법은 양자를 한곳에 규정하고 있다(제1342조~제1342-5조).

변제에 관한 각 부속절의 규정내용 중에서 비교법적으로 주목할 내용을 소개하면, 먼저 제1부속절 「일반규정」은 누가, 누구에게 언제 어디에서 어떻게 변제하여야 하는지를 명확하게 규정하고 있다. 제3자의 변제(제1342-1조), 표현채권자에 대한 변제의 효력(제1342-3조), 대물변제 규정의 신설(제1342-4조 제2항), 특정물의 현상인도(재1342-5조),[102] 추심채무의 원칙(제1342-6조) 등을 그 내용으로 하고 있다. 개정 프랑스민법 역시 이행기의 변제의무를 명시하고 있는데(제1302조 제2항), 이행기가 언제인지에 관하여는 규정하고 있지 않다. 이에 대하여 이행기에 관한 규정을 채무자지체와 함께 규정하였더라면 하는 아쉬움이 지적되고 있다.[103] 또한 변제의 방법과 관련하여 금전채무에 있어서 현금 지급 이외에 계좌이체, 신용카드, 전자적 결제방식에 관한 규정을 두고 있지 않다.[104] 다음으로 「금전채무에 관한 특별규정」에 관하여는 개정 프랑스민법은 화폐명목가치에 따른 채무이행의 원칙과 함께 물가연동지수에 따른 변동가능성,[105] 그리고 가치채무, 즉 지급해야 할 금액이 채무의 내용[106]에 따라 정해지는 관계로 지급해야 할 순간의 가치에 상응하는 금액을 지급해야 하는 가치채무에 대한 규정을 신설하였다(제1343조). 또한 개정 프랑스민법은 금전채무의 이행과 관련해서는 지참채무의 성격을 인정하는 한편(제1343-4조), 특히 개정 전 민법 1244-1조~제1244-3조를 승계하여 사법적 은혜기간(제1343-5조[107])을 규정하고 있다.

---

102 개정 프랑스민법은 독일민법 제243조와 같이 종류물의 인도를 목적으로 하는 채무에서 인도해야 할 종류물의 품질에 관한 명시적 규정을 갖고 있지는 않다. 그러나 제3편 제2절 제3부속절 「계약의 내용」에서 급부의 품질이 확정되어 있지 않은 경우 채무자는 "당사자의 적법한 기대이익에 부합하는 품질의 급부"하여야 한다(제1166조)는 규정을 두고 있다.

103 Sonnenberger, Reform 2, ZEuP 2017, 809.

104 이와 관련하여 계좌이체, 신용카드 등에 의한 결제방법의 법적 성질(변제 ? 대물변제 ?)과 채무소멸 효력의 발생시기 등에 관하여 논의되고 있는데, 개정 프랑스민법이 이에 관한 입장을 제시하지 않고 있다는 지적으로 Sonnenberger, Reform 2, ZEuP 2017, 809-810.

105 물가연동지수에 따른 금전채무의 금액변동은 프랑스에서는 통화법전(code monétaire et financier)에서 규율하고 있는 관계로 2016년 민법개정에서는 물가연동지수에 따른 변동가능성만을 규정하는 형태로 반영되었다. 다만 이 같은 변동의 (약정 또는 법률 등에 의한) 허용 가능성에 대한 판단기준이 제시되었더라면 하는 아쉬움이 있다.

106 예를 들어 피해의 원상회복, 부당하게 수령한 급부의 반환.

107 개정 프랑스민법 제1343-5조 ① 법원은 채무자의 상황 및 채권자의 필요를 고려하여 의무 있는 금

「변제」에 관한 프랑스의 개정 민법에서 유념할만한 체계적·내용적 변화는 제3부속절 「지체」에 관한 규정이라고 할 것이다. 개정 전 민법이 채무자지체에 관하여는 여러 곳에서 산재하여 규정하고 있었고 채권자지체에 대해서는 별도의 규정을 갖고 있지 않았던 반면, 개정 프랑스민법은 독일민법과도 다르게 「채무자지체」, 「채권자지체」를 하나의 부속절 아래에 편제하는 독특한 입법방식을 택하면서 채무자지체의 '최고'요건과 효과(제1관) 및 채권자지체에 따른 단계적 효과(제2관)를 순서대로 규정하고 있다. 좀 더 설명하면, 채무자지체의 성립을 위하여 필요로 하는 '최고'의 요건과 관련하여 개정 프랑스민법은 개정 전 민법이 채무의 종류에 따라 여기저기 규정하였던 것(제1139조, 제1146조, 제1153조)과 달리 채무의 종류를 구별하지 않은 채 제1344조에서 통일적으로 규정하고 있다. 이 규정에 의하면 최고의 요건은 개정 전 민법 제1139조의 내용과 마찬가지로 집행관최고 또는 충분한 촉구의 뜻을 담은 문서에 의한 최고를 하거나 자동최고의 약정이 있는 때에는 이행기의 도래만으로 충분하다고 규정하고 있다. 한편 「채권자지체」와 관련하여 개정 전 민법이 변제제공, 공탁에 관한 규정을 통하여 단지 간접적으로 규율하고 있었던 반면, 2016년 개정 민법은 이를 명시적으로 규정하는 중대한 개혁을 시도하였다. 그 내용에 따르면 채권자가 정당한 이유없이 변제의 수령을 거절하거나 자신의 행위에 의해 이를 방해하는 경우에 채무자는 채권자에 대하여 변제의 수령을 최고할 수 있으며(제1345조 제1항), 이러한 최고에 따른 이른바 1단계의 채권자지체가 최고의 시점으로부터 2개월 이내에 종료하지 않는 경우 채무자는 공탁 등의 조치를 취할 수 있다(제1345-1조 제1항. 2단계의 채권자지체). 채권자지체에 따른 최고, 공탁 등에 소요되는 비용은 채권자가 부담하도록 규정하고 있는데(제1345-3조), 채무자의 채권자에 대한 손해배상청구권은 규정되어 있지 않다.[108]

한편 개정 프랑스민법은 「변제자대위」에 관하여 개정 전 민법의 규정(제1249조~제125조)을 단순화하면서도 일부 규정에서는 내용상의 변화를 도모하였다. 독일민법이 주지하듯이 변제자대위에 관한 일반규정을 갖고 있지 않는 반면,[109] 개정 프랑스

전채무의 변제를 2년의 한도 내에서 연기하거나 분할하도록 할 수 있다.

108 해제, 590면(남효순 교수 집필).

109 물론 독일민법은 변제자대위에 관하여 별도의 규정을 두고 있지는 않지만, 이러한 사정이 제3자가 채무자를 갈음하여 대위변제하는 경우에 채권자의 권리가 제3자에게 양도되는 제도가 없음을 뜻하지는 않는다. 당사자의 합의에 의한 대위 이외에 독일민법은 법정양도에 대해서는 제268조 제3항, 제774조에서 개별적으로 규정하고 있을 뿐이다.

민법은 개정 전 민법과 마찬가지로 법정대위와 합의대위를 인정하고 있다.[110] 이 가운데 법정대위와 관련하여 개정 전 민법이 일정한 경우에 한정하여 법정대위를 규정하고 있었던 것(제251조)과 달리, 개정 민법은 "변제의 정당한 이익이 있는 자가 변제를 하여 채무의 전부 또는 일부를 확정적으로 부담하는 채무자를 채권자에 대하여 면책시키는 때"라고 대위요건을 정함으로써 보다 일반적으로 규정하고 있다(제1346조). 또한 합의대위는 개정 전 민법 제1250조의 내용에 따라 제3의 자로 하여금 적극적으로 변제하도록 하는 '채권자의 주도에 의한 합의대위'(제1346-1조)와 자신의 채무를 변제하기 위하여 제3자의 자로부터 금전을 차용하는 '채무자의 주도에 의한 합의대위'(제1346-2조)를 각 조문으로 나누어 규정하고 있다. 2016년 민법개정 과정에서 법정대위가 일반화된 이상 합의대위의 조문이 필요하지 않다는 지적도 있었으나, 실무의 요청에 따라 합의대위의 규정을 유지하였다고 한다.[111]

(2) 상계

개정 프랑스민법은 제4장 제2절에서 상계에 관하여 규정하고 있으며 그 아래에 「일반규정」과 「특별규정」의 편제를 가지고 있다. 이 중에서 일반규정(제1부속절)은 법정상계, 즉 법률이 정하는 요건에 따라 양 당사자의 대립하는 채무의 동시소멸의 효과를 정하는 법정상계를 규정하고 있다. 개정 전 민법이 상계의 자동효를 명시하였던 것과 달리, 개정 프랑스민법은 상계자의 원용에 따른 효력발생을 규정하고 있다(제1347조 제2항).[112] 또한 개정 민법 제1347-6조 제1항, 제2항에 따르면 보증인, 공동연대채무자는 채권자와 주채무자 또는 다른 공동연대채무자 사이에 상계가 이루어진 때에 이를 원용하는 것을 넘어서 상계가 행해지지 않은 때에도 채권자가 이들에게 부담하는 채무의 상계를 주장할 수 있도록 규정하고 있다.[113] 한편 개정 프랑스민법은 개정 전 민법에서는 명시되지 않았지만 이미 널리 인정되어 오던 재판상

---

110 변제자대위에 관한 개정 프랑스민법을 이해함에 있어서 관련 당사자의 표현·명칭이 우리 민법의 그것과는 다르다는 점에서 그 표현을 소개한다면, 채무자를 대신하여 변제한 제3의 자는 그 변제로 인하여 채권자의 권리를 대위하게 된다는 점에서 피대위자(subrogé), 그 자로 하여금 대위하도록 하는 자(채권자 또는 채무자)는 대위지시자(subrogeant)라고 불리우고 있다.

111 Sonnenberger, Reform 2, ZEuP 2017, 818.

112 그 외에 상계에 관한 일반규정은 상계할 채무의 요건(제1347-1조), 압류금지 채권 등에 대한 상계의 허용 요건(제1347-2조), 채권양도나 연대채무·보증관계에서 항변주장 여부(제1347-5조, 제1347-6조), 그리고 상계에 의한 제3자 권리침해 금지(제1347-7조) 등을 규정하고 있다.

113 해제, 621면(김태희 석사 집필).

상계, 합의상계에 관한 특별규정을 신설하고 있다. 이들 상계에 대해서도 제1부속절의 일반규정이 적용되지만 특히 상계요건에 관한 별도의 규정을 갖고 있으며, 하나의 계약에서 발생한 상호대립하는 채무와 같이 견련관계(connexe)에 있는 채무[114]에 대해서도 특별히 규정하고 있다. 법정상계 이외에 재판상 상계와 합의상계의 방식을 상계의 시작규정에 함께 배치하였더라면 가독성의 차원에서 보다 좋지 않았을까 하는 지적이 있으며,[115] 프랑스민법은 금번 개정 과정에서도 고의의 불법행위로 인한 손해배상채권을 수동채권으로 하는 상계의 금지규정(독일민법 제393조, 한국민법 제495조)을 두고 있지 않다.

(3) 혼동, 채무면제와 이행불능

개정 프랑스민법은 변제, 상계 외에 혼동, 채무면제와 이행불능을 채무의 소멸사유로서 규정하고 있다. 그 중에서 혼동, 채무면제에 관하여 개정 프랑스민법은 각정의규정(제1349조, 제1350조)과 함께 공동연대채무, 보증관계에서 혼동, 채무면제의 효력을 규정하고 있다(제1349-1조, 제1350-1조). 채무면제는 개정 프랑스민법 제1350조에 따르면 개정 전 민법과 달리 채권자와 채무자의 계약으로 규정되어 있다. 한편 「이행불능」에 의한 채무소멸(제5절)은 개정 전 민법에서는 「채무목적물의 멸실」이라는 제목으로 규정하였던 바를 채무 일반으로 확대하여 규정하고 있다. 제1351조는 불가항력에 의한 급부의 (확정적) 이행불능으로 인한 채무의 소멸효를 규정하고 있는데, 면책사유인 불가항력에 관하여는 앞서 소개한 바와 같이 제1218조에서 규정하고 있다. 불가항력에 따른 이행불능이 궁극적으로는 계약불이행에 따른 채무자의 책임 여부라는 점에 비추어, 채무의 소멸에 관한 규정에서 계약불이행의 규정을 준용하면서 불가항력의 면책효를 규정하고 있음은 다소 이례적이라는 지적이 있다.[116] 개정 민법 제1351-1조 제2항은 이행불능에 갈음하여 채무자가 취득한 권리 등에 관한 채권자의 대상청구권을 규정하고 있다.

(4) 급부반환

2016년 개정 프랑스민법에서 중요한 개혁 중의 하나는 「급부반환(les restitutions)」에 관한 일반규정을 신설하였다는 점이다. 개정 전 민법은 여러 사유로 발생할 수

---

114 다만 견련관계의 인정요건에 대해서는 따로이 언급이 없으며, 이에 종전의 판례와 학설에 따라야 할 것으로 이해되고 있다. 해제, 626면(김태희 석사 집필).

115 Sonnenberger, Reform 2, ZEuP 2017, 819.

116 Sonnenberger, Reform 2, ZEuP 2017, 806.

있는 급부반환에 대한 통일규정을 마련하지 않은 채 해당되는 곳에서117 산발적으로 규정하고 있었을 뿐이다. 그런데 개정민법은 무효·실효, 해제와 비채변제 규정에서 급부반환의 발생원인에 대하여 개별적으로 정하면서, 급부반환의 법률효과에 관해서는 제1352조 이하에서 일반규정을 마련하고 있다.118 이 같은 규정체계는 독일민법, 한국민법이 계약의 무효, 취소와 비채변제에 관하여 부당이득에 따른 반환관계, 계약해제에 대해서는 별도의 원상회복 규정에 따른 반환내용을 규율하는 것과 비교될 수 있다.119

급부반환의 신설 규정내용과 관련하여 개정 프랑스민법은 원물반환의 원칙을 밝힌 후 예외적 가액반환의무에서 가액산정 기준시점(반환일. 제1352조)을 규정하고 있다. 또한 반환목적물의 훼손에 따른 책임, 반환목적물의 처분에 따른 반환내용(선의 등에 대한 고려. 제1352-1조, 제1352-2조), 과실과 사용이익의 반환원칙(제1352-3조) 및 물건의 보존과 가치증가에 소요된 비용(제1352-5조)에 관한 규정을 두고 있다. 그리고 금전의 급부반환에서는 법정이자를 포함할 것을 규정하고 있으며(제1352-6조), 노무급부의 반환관계에서는 용역급부가 제공된 일자를 기준으로 가액반환의무를 정하는 규정을 두고 있다(제1352-8조). 더 나아가 미성년·성년후견을 이유로 무효가 된 법률행위에서 미성년자, 피성년후견자의 반환의무를 감축하는 규정(제1352-4조), 그리고 원물 또는 금전의 급부반환에서 과실·사용이익의 반환 및 이자가산과 관련하여 수령자의 선의·악의 여부에 따라 반환내용을 달리하는 규정(제1352-7조)을 두고 있다. 이와 같은 급부반환에 관한 개정 프랑스민법은 간결하고 이해하기 용이한 내용이라고 여겨지면서도 급부반환의 다양한 계기와 여러 문제(가령 반환목적물의 무상처분, 반환목적물에 갈음하여 그 시가보다 높은 대금의 수령, 반환목적물의 멸실과 훼손에 양 당사자 모두가 관계되는 경우)에 관하여 향후 판례의 구체화를 필요로 한다고 평가되고 있다.120

---

117 가령 선의점유자의 과실 보유에 관한 개정 전 민법 제549조, 사무관리와 비채변제에서 제1376조, 제1377조 참조. 합의의 무효에 따른 반환에 관하여는 종래 독자적 법리를 세우거나 비채변제의 법리를 적용할 것이 제시되어 왔다고 하는데, 이에 관하여는 해제, 208면(이은희 교수 집필).

118 무효와 실효에 관한 제1178조 제3항, 제1187조, 해제에 관한 제1229조 제4항, 비채변제에 대한 제1302-3조. 한편 개정 프랑스민법에서 신설한 부당이득의 경우에는 이미 소개한 바와 같이 손실보상적 반환책임이라는 점에서 제1303조, 제1303-4조에서 반환내용에 대한 규정을 갖고 있다.

119 급부반환에 관한 전반적 내용으로는 이은희, "개정 프랑스민법전상 급부반환", 충북대 법학연구 제28권 제1호, 2017, 35면.

120 Sonnenberger, Reform 2, ZEuP 2017, 825-826.

Ⅳ. 맺는말 – 한국민법의 향후 개정에 관한 시사점

지금껏 2016년 개정 프랑스민법(채권법)의 구성체계와 주요 내용을 살펴 보았다. 계약법과 채권법 일반의 내용을 담고 있는 개정내용은 전체적으로 보았을 때에 계약과 채권의 생애에 따라 구성을 재정비하여 개관성을 높였을 뿐만 아니라 규정 내용의 단순명료화에 따라 이해의 편리함을 높이고 있다는 점 등에서 긍정적으로 평가되고 있다. 또한 개정 내용과 대상의 측면에서도 개정 프랑스민법은 종래 프랑스 법원의 판결례에 의하여 널리 인정되어 오던 법리를 수용하는 한편 비교법적 발전 등에 따른 혁신적 내용을 규정하여 전통과 현대의 적절한 결합을 도모하고 있으며,[121] 또한 여러 현대적 문제의 해결을 위한 지침을 확인 또는 새롭게 제공함으로써 민법이 갖는 사법의 기본법적 위상을 확고히 하고 있다. 2016년 개정 프랑스민법(채권법)의 내용을 일별하는 과정에서 「민법의 현대화」라는 입법과제는 무엇보다 ① 계약법의 현대화와 사회관념의 변천에 대한 대응, ② 다양한 계약·거래현실의 입법적 수용, ③ 법률관계의 명확화와 국제적 경향의 반영을 뜻한다고 생각되었는데,[122] 이를 좀 더 소개하면서 우리의 향후 민법 개정에 대한 시사점을 제시하고자 한다.

1. 계약법의 현대화와 사회관념의 변천에 대한 입법적 대응

무엇보다 개정 프랑스민법(채권법)은 계약법의 현대화를 통하여 사회관념의 변모에 입법적으로 조응하고 있다. 신의칙의 계약 전(前) 과정에 대한 적용, 계약 체결 이전의 정보제공의무, 그리고 여러 계약유형에서 계약내용 또는 가격결정 등에 관한 권한남용의 금지 규정 등이 신설되었다. 이들 규정은 현대사회에서 불가피한 힘의 불균형에 따른 약자의 보호 내지 실질적 계약자유와 공정거래의 보장이라는 목적을 위하여 판례가 발전시킨 법리를 수용한 것도 있으며 소비자보호를 위한 소비법전의 규정내용을 민법전의 일반규정으로 채용한 경우도 있다. 또한 개정 프랑스민법이 전자적 수단에 의한 계약체결에 대한 개정 전 민법의 규정을 계승하여 전자계약에 관한 규정을 갖고 있다는 점도 비교법적으로 주목해 볼 만하다.

물론 계약법의 현대적 과제, 즉 소비자계약, 전자계약을 포함한 다양한 판매형태

---

121 Babusiaux/Witz, Das neue französische Vertragsrecht, JZ 2017, 506.
122 2009년부터 2014년까지 진행된 법무부의 민법 재산법 개정작업에 대한 정리와 향후 개정방향의 모색에 관하여는 민사법학 제85호, 2018, 111-223면 수록 발표문과 토론문 참고.

(방문판매, 통신판매 등)에 대한 적절한 규율과 그 과정에서 소비자의 실질적 계약자유를 보장하기 위한 법질서의 절차적·내용적 관여를 위한 각 국가의 입법은 사회적·경제적 여건과 입법적 전통 등에 따라 서로 다를 수 있다. 가령 독일민법은 2002년 대개정 이래로 소비자의 개념 정의와 함께 각종 계약유형에 따른 사업자의 정보제공의무, 계약철회권 등을 규정함으로써 민법전 내에 현대적 계약에 관한 규정을 상당 부분 통합하는 방식을 택하고 있다. 이와 비교하여 개정 프랑스민법은 소비자계약에 관하여 소비법전이라는 별도의 법전이 존재하는 관계로 독일민법과 같은 전면적 수용의 방식을 따르지는 않고 있다. 그렇지만 개정 프랑스민법 역시 계약 체결 이전의 정보제공의무, 청약의 철회, 각종 계약유형에서 계약내용에 관한 권한남용 금지규정 등의 신설을 통하여 힘의 불균형 상황에서 소비자보호 등을 위한 민법상의 근거규정을 제공하고 있다.

　　현대적 계약문제와 변화하는 사회관념에 대한 이와 같은 입법적 대응은 개별 특별법에 의하여 주도될 수도 있을 것이다. 다만 우리의 민법전 역시 소비자계약, 전자계약을 포함한 현대의 다양한 판매방식 등에서 실질적 계약자유와 계약내용의 공정성을 보장하기 위한 일반규정을 마련함으로써 사법의 기본법적 지위를 관철 내지 회복해야만 할 것이다.[123] 이때 독일민법과 같이 각종 특별법의 주요내용을 민법전 내에 통합하는 방식도 생각할 수 있으며, 이와 달리 개정 프랑스민법과 같이 소비자계약에 관한 개별 법률을 그대로 유지한 채 핵심제도의 일반규정을 민법전 내에 마련하는 것도 우리나라의 여러 현실적 측면에서는 충분히 고려될 수 있는 방안이라고 할 것이다.[124]

---

[123] 이른바 민사특별법의 민법전에의 편입에 관하여는 비록 그 시급성과 편입의 방법과 정도 등에 대하여는 의견을 달리하고 있지만 그 필요성과 타당성에 대해서는 적어도 민사법학계내에서는 적지 않게 공감하고 있다고 판단되는데, 바로 위 각주에서 소개한 민사법학 제85호, 2017에 수록된 지원림, "민법개정: 이상과 현실", 125면; 송덕수, "사회변화와 민법 개정", 206-207면; 엄동섭, "민법개정, 무엇을 어떻게 할 것인가", 240면.

[124] 이와 관련하여 이병준, "특별법을 통한 소비자보호와 민법을 통한 소비자계약의 규율", 가천법학 제15호, 2013, 101면; 백경일, "소비자보호법의 민법전 내 편입문제에 관한 비판적 고찰", 재산법연구 제26권 제2호, 2009, 271면; 서희석, "소비자법의 민법전편입 방안", 전남대 법학논총 제31권 제1호, 2011, 249면. 더 나아가 전자계약과 방문판매 등의 특수판매 방식에 관한 일반사법적 규율 방식에 관하여는 고형석, "특수거래법의 민법편입에 관한 연구", 인하대 법학연구 제13권 제2호, 2010, 375면; 정진명, "전자거래 규정의 민법 편입 제안", 민사법학 제48호, 2010, 59면.

2. 다양한 계약·거래 현실의 입법적 반영

2016년 개정 프랑스민법(채권법)은 농경사회를 모델로 하였던 1800년대 제정 당시의 사회모습과는 전혀 달라진 현대의 복잡하고 다양한 거래현실에 대응하기 위한 입법적 노력이라고 평가된다. 이를 위하여 개정 프랑스민법은 민법전 내에 부합계약의 도입과 절차적·내용적 통제 규정, 프렌차이즈 또는 플랫폼 이용 등과 같이 기본계약과 실행계약으로 나누어지는 현대적 거래관계에 대한 규정을 새롭게 마련하였다. 또한 「계약의 기간」에 관한 규정을 신설하여 매매계약과 같은 일회적 계약관계 외에 장기간의 계속적 계약관계에 대한 신설 규정을 포함하고 있다. 그리고 채권양도, 채무인수에 대한 규정을 보완, 신설함으로써 개정민법은 신용담보의 현실거래를 입법적으로 반영하고자 하였으며, 계약인수 역시 신설하였다.

다양한 거래현실의 입법적 반영이라는 개정방향은 2009년부터 수년간 진행되었던 한국 민법 재산법의 전면개정에서도 마찬가지이었으며, 예를 들면 그 당시 채무인수와 계약인수 규정의 신설·보완 등이 이러한 노력의 일환이다. 다만 위에서 열거한 2016년 프랑스민법의 개정내용을 일별하면 그 개정의 범위가 훨씬 전면적이라는 생각을 하지 않을 수 없다. 물론 우리나라의 경우에는 금융리스, 프렌차이즈에 관한 상법규정과 같이 거래의 다양화 현상에 관하여는 상당 부분 민법 밖의 특별법이 대응·규율하고 있다. 이 같은 현상은 다른 나라에서도 크게 다르지 않을 것으로 추정되는데, 이와 관련하여 개정 프랑스민법이 다른 법률 등에서 개별적으로 발생하는 청약철회권, 직접소권 등의 근거규정을 민법전 내에 확보하고 이로써 사법의 일반법적 역할을 법질서 전체에서 관철해 가고 있는 것은 우리의 향후 민법 개정에서도 반드시 참고해야 할 것으로 생각된다. 한 발 더 나아가 자율자동차의 교통사고에 따른 자동차손해배상보장법의 적용문제와 마찬가지로 거래대상의 다양화, 예를 들어 big data와 같이 과거에는 생각할 수 없었지만 사회적 필요와 기술의 발전으로 유통이 가능하게 된 거래대상에 대해서도 현행 민법이 적절하게 대응하고 있는지도 검토되어야 할 것이다.[125]

---

[125] 민법 개정에서 "새로운 시대에 적합한 규칙의 설계"라는 지향점에 관한 소개로서 지원림, "민법개정: 이상과 현실", 민사법학 제85호, 2018, 117면.

3. 법률관계의 명확화와 국제적 입법의 반영

2016년 프랑스민법의 개정은 여타의 법률개정과 마찬가지로 판례와 학설의 발전 등에 따른 기존 법제도의 명료화와 더불어 국제거래의 일상에 따른 국제적 규범과의 조화 등을 실천하고 있다. 기존 법제도의 명료화 또는 법률관계의 단순화라는 측면에서 무엇보다 계약불이행법의 정비, 계약의 무효·실효·해제와 비채변제에 따른 급부반환에 관한 통일규정의 신설을 언급하지 않을 수 없다. 이와 함께 개정 프랑스민법이 채권양도의 효력요건을 비교적 명료한 내용으로 개정하고 있음은 2009년 우리나라 민법개정의 경험,[126] 최근 채권양도의 대항요건에 대한 국내의 활발한 논의[127] 등에 비추어 입법적으로 큰 관심을 갖도록 한다. 거래관계에 관한 민법규정이 거래의 rule을 마련함에 있어서 거래계의 부담을 줄여주면서 거래관계의 단순화·명료화에 이바지할 수 있어야 함은 당면의 과제라고 생각된다.

또한 바로 위에서 서술한 과제와 꼭 동일하지는 않지만, 법률관계 규율의 일반화·통일화 역시 개정에서 참고할 만한 방향이라고 생각된다. 물론 본질적으로 다른 사안을 똑같이 규율해서는 안 된다는 점은 너무 당연하지만, 2016년 개정 프랑스민법에서 급부반환의 일반규정을 신설하고 있는 것은 개인적으로는 참 바람직한 입법이라고 여기고 있다. 이와 관련하여 우리 민법의 경우에도 소유자·점유자 사이의 회복관계(제201조 이하), 계약해제의 원상회복관계(제548조 이하), 그리고 부당이득반환관계(제741조 이하)가 서로 분리되어 있을 뿐만 아니라 그 규정내용 역시 일부에서는 다르다는 점에서 향후 민법 개정 과정에서 급부반환에 관한 통일규정의 마련은 한 번 검토해 볼 필요가 있다고 생각된다.[128] 또한 개정 프랑스민법이 약정대리 외에 법정

---

126 이에 관하여는 윤철홍, "채권양도의 승낙과 통지의 효력(제451조)에 대한 개정론", 동아법학 제52권, 2011, 511면; 김상중, "한국 민법 개정시안의 채권총론 주요 개정내용", 토지법학 제34권 제2호, 2018, 74-80면.

127 전원열, "채권양도에 대한 이의보류없는 승낙에 있어서 대항사유의 단절", 재산법연구 제33권 제3호, 2016, 1면; 이동진, "지명채권양도에서 채무자의 이의보류 없는 승낙에 의한 항변차단", 재산법연구 제36권 제3호, 2019, 59면.

128 이와 관련하여 김상중, "쌍무계약의 무효·취소에 따른 과실·사용이익의 반환", 민사법학 제37호, 2007, 147면; 김상중, "민법 제203조의 비용상환청구권과 제741조, 제748조의 부당이득반환청구권의 적용관계", 민사법학 제47호, 2009, 3면; 이준현, "점유자·회복자 관계에 관한 민법개정 제안", 민사법학 제53호, 2011, 153면; 제철웅, "부당이득: 점유물로부터 수취한 과실 등과 관련된 부당이득법의 개정 제안", 채무불이행과 부당이득의 최근 동향, 2016, 269면.

대리와 재판상 대리에 관하여 통일적으로 적용될 수 있는 대리규정을 신설한 것 역시 우리 민법에서 대리권남용, 표현대리 등의 적용에 관한 해석론에서 참고할 가치가 있을 것이다.

끝으로 개정 프랑스민법이 꼬즈(cause) 요건을 삭제한 것과 함께 위임과 분리된 대리제도를 신설하고 있다는 점도 유념해 볼 만하다. 주지하듯이 꼬즈 요건, 위임과 대리의 일체적 파악(＝위임의 본질로서 대리)은 종래 독일민법 등과 다른 프랑스민법의 특징이라고 불리워진 제도들이다. 그러나 개정 프랑스민법은 꼬즈 요건의 경우에는 그 의미와 적용의 불명확함, 그리고 대리제도의 경우에는 위임의 약정대리 외에 법정대리와 재판상 대리에 관한 공통규정의 필요함과 더불어 국제적 경향과의 조화를 이룬다는 취지에서 과거의 전통법리와 결별하는 입법적 결단을 내리고 있다. 또한 개정 프랑스민법이 독일민법의 특징이라고 할 수 있는 법률행위의 개념을 프랑스 나름의 의미로 받아들인 후 이를 바탕으로 개정 전 민법에 따른 합의 내지 계약 중심의 구성 체계와 내용을 발전적으로 승계하고 있는 것 역시 비교법적으로 인상적이었다. 계약법의 국제적 통일화 경향은 향후 우리나라의 민법 개정에서도 마찬가지일 것이며, 사정변경의 법리를 포함한 계약불이행법의 체계와 내용 정비에 대해서는 이미 2009년 민법 재산법 개정 작업에서도 중요대상으로 다루어졌다.129

남효순 교수님의 정년을 기념하면서 지금까지 이 글에서 정리한 바가 개정 프랑스민법에 관한 비교법적 시각에 따른 일별에 도움이 되고, 이와 더불어 향후 우리 민법의 개정과정에서 고려해야 할 지침을 마련하는 데에 조금이나마 도움이 될 수 있기를 기대해 본다.

---

129 송덕수, "채무불이행에 관한 민법개정시안", 민사법학 제60호, 2012, 151면; 김상중, "한국 민법 개정시안의 채권총론 주요 개정내용", 토지법학 제34권 제2호, 2018, 74-80면.

프랑스민법상 제3자를 위한 계약

이 은 희*

I. 서

올 여름 정년을 맞이하신 남효순 선생님은 21세기에 들어서 이루어진 프랑스민법전 개정작업을 꾸준히 소개하여 오셨다. 특히 2016년에 이루어진 프랑스채권법 개정에 관하여는 더욱 각별한 노력을 기울이셔서 한불민사법학회의 이름으로 해제집[1]을 출간하였다. 필자도 회원으로서 그 집필에 참여하였는데, 제3자를 위한 계약은 필자가 집필한 주제 중 하나이다.[2] 프랑스민법전은 제1205조 내지 제1209조에서 제3자를 위한 계약(stipulation pour autrui)에 대하여 규정하고 있다. 제3자를 위한 계약은 세 사람이 관여하는 거래이다. 먼저 요약자(stipulant)와 낙약자(promettant) 사이에 합의를 하고 이에 따라 낙약자가 수익자(bénéficiaire)를 위해 급부를 한다.

선생님은 개정 프랑스민법상 계약의 제3자에 대한 효력에 관한 논문에서 제3자를 위한 계약을 소개하였다.[3] 제3자를 위한 계약의 목적은 제3자를 위한 권리를 창설하는 것이다. 그래서 제3자를 위한 계약은 계약의 상대효 원칙에 대한 예외에 해당한다고 보는 것이 프랑스의 다수설이다.[4] 프랑스민법 제1199조는 제1항에서 계약

---

* 충북대학교 법학전문대학원 교수
1 한불민사법학회, 개정 프랑스채권법 해제, 박영사, 2021.
2 한불민사법학회, 위의 책, 274~282면.
3 남효순, "개정 프랑스민법전(채권법)상의 계약의 제3자에 대한 효력", 비교사법 제25권 제1호(2018), 187면 이하.

이 당사자 사이에서만 채무를 발생시킨다고 규정한 후 제2항에서 제3자를 위한 계약에 대해서는 예외를 인정한다고 한다. 그런데 선생님은 프랑스민법상 제3자를 위한 계약은 계약의 상대효에 대한 예외를 구성하지 않는다고 주장하였다.[5] 프랑스민법 제1199조 제2항의 '본절의 유보하에'라는 문언이 곧 제3자를 위한 계약에 관한 '본절'이 계약의 채권적 구속력의 상대효에 대하여 예외를 구성한다는 것을 의미하지는 않는다고 한다. 프랑스민법 제1199조 제1항이 규정하고 있는 것은 당사자의 의사에 의하여 '당사자 사이에서만 채무를 발생'시킨다고 하는 것일 뿐, 당사자 의사에 의해서 '당사자 사이에서만' 채권채무가 발생하여야 함을 의미하지 않는다고 한다.[6]

선생님의 이러한 주장은 우리 민법학에서의 논의를 연상시킨다. 우리 민법은 제3자를 위한 계약에 관하여 단 4개의 조문만을 두고 있는데, 그 해석을 둘러싸고 학자들간에 견해의 대립이 심하다. 제3자를 위한 계약이 유효한 근거가 무엇인가에 관하여 다수설은 계약당사자의 의사에 기하여 효력이 생긴다고 설명하는 것으로 충분하다고 한다.[7] 우리 민법은 개정 전 프랑스민법과는 달리 제3자를 위한 계약을 일반적으로 허용하는 입장을 취하기 때문이다. 또한 개정 프랑스민법에서는 수익자가 즉시 권리를 취득하는 것과 달리, 우리 민법에서는 제3자가 수익의 의사표시를 하여야만 권리를 취득한다(민법 제539조 제2항). 그런데 선생님은 이 제539조 제2항은 강행규정이 아니라고 본다. 즉 제3자를 위한 계약에서 수익의 의사표시 없이 수익자가 당연히 권리를 취득하는 것으로 정할 수 있다고 한다.[8] 그러한 특약이 없는 경우 우리 민법상으로는 요약자가 낙약자의 의사를 묻지 않고 일방적으로 제3자약정을 철회할 수는 없다고 한다.[9] 또한 선생님은 제3자를 위한 계약에 즈음하여 제3자가 부수적인

4 M. Fabre-Magnan, *Droit des obligation, 1 - contrat et engagement unilatéral*, 4e éd., PUF, 2016, n° 531, p. 597; G. Chantepie et M. Latina, *La réforme du droit des obligations*, Dalloz, 2016, n° 575, p. 493; O. Deshayes, Th. Genicon et Y.-M. Laither, *Réforme du droit des contrat, du régime général et de la preuve obligations*, Lexis Nexis, 2016, p. 438.

5 남효순, 앞의 논문(주3), 171면.

6 남효순, 앞의 논문(주3), 170면.

7 곽윤직, 채권각론, 신정판, 박영사, 2000, 86면; 지원림, 민법강의, 제18판, 홍문사, 2021, 1393면. 그러나 계약당사자들이 행한 타인(제3자)의 권리취득 약정은 그들의 사적 자치에는 포함될지 몰라도 제3자의 사적자치에는 반한다는 점을 지적하면서 제3자를 위한 계약은 민법 제539조 제1항이라는 특별규정에 의하여 인정되는 것이라는 견해[곽윤직 편집대표, 민법주해 XIII, 123면 이하(송덕수 집필부분)]도 있다.

8 남효순, 앞의 논문(주3), 209면.

9 남효순, 앞의 논문(주3), 209면.

채무를 부담하는 것에 대해 요약자와 수익자가 합의를 하는 경우에는 제3자에 의한 의무부담이 가능하다고 주장하였다.[10]

필자는 위와 같은 선생님의 주장을 이해하기 위해, 제3자를 위한 계약의 발전사 (Ⅱ), 프랑스민법상 제3자를 위한 계약의 유효요건(Ⅲ)과 효과(Ⅳ)에 대해 살펴보고자 한다.

Ⅱ. 제3자를 위한 계약의 발전사

1. 로마법

로마법에서는 제3자를 위한 계약이 금지되었다. alteri stipulari nemo potest(타인을 위해서는 누구도 약정할 수 없다) 원칙의 근거는 다음 두 가지였다.[11] 첫째, 계약의 효과는 계약당사자에게만 발생한다는 근본원칙 때문이었다. 계약에 기한 권리와 의무는 계약당사자에게만 발생하며 제3자에게는 아무런 효과를 가질 수 없다는 것이다.[12] 로마법은 당사자가 문답의 형식으로 체결한 계약은 이러한 문답의 말을 시작한 당사자간에서만 채무관계를 발생시키고 문답에 참가하지 않은 제3자가 이에 의하여 채권을 취득한다는 것은 불가능한 것으로 보았다.[13] 둘째, 요약자와 낙약자 사이에서 제3자를 위한 계약은 아무런 실효성이 없었다. 요약자는 자신을 위해서가 아니라 제3자를 위해 약정하였기 때문에 아무런 이익을 받지 않으며[14] 이익이 없으므로 소권이 인정되지 않는다.

그러나 그 원칙에도 불구하고 현실에서는 제3자를 위한 계약이 행해졌다. 로마법상 가장과 그 휘하의 자식, 노예 등은 하나의 동일한 권리주체였다. 그 결과 가장이 가솔의 이익을 위하여 한 약정은 유효하였고 가솔이 가장의 이익을 위하여 한 약정도 유효하였다.[15] 이러한 상호대리는 가족 구성원 1인이 다른 구성원의 이익을 위

---

10 남효순, 앞의 논문, 209면.

11 Ph. Malaurie/L. Aynès/Ph. Stoffel-Munck, *Les Obligations*, LGDJ, 2013, n° 808, p. 411.

12 고대 로마법에서 계약관계는 폐쇄적인 사회 안에서 발생하였기 때문에 채권자와 채무자는 가족관계나 지인관계로 이미 아는 사이였다. 따라서 각 당사자의 개성이 계약의 결정적인 요소를 이루었다. 계약이 제3자에게 효과를 발생한다는 것은 생각할 수도 없었다.

13 장재현, "사후이행을 위한 제3자를 위한 계약", 비교사법 제1권(1994), 한국비교사법학회, 83면.

14 F. Terré/Ph. Simler/Y. Lequette/F. Chénedé, *Les obligations*, Dalloz, 2018, n° 701, p. 777.

15 장재현, 위의 논문, 83면, 각주 1 참조.

하여 한 약정을 모두 유효하게 만드는 역할을 하였다.

게다가 위의 금지원칙은 다음과 같은 여러 방법으로 일부 완화되었다. 첫째, 수령권자 지정(adjectus solutionis gratia)을 통해 alteri stipulari nemo potest 원칙을 일정 정도 우회할 수 있었다. 수령권자지정은 원래 변제의 수단인데, 이를 통해 제3자가 변제를 수령할 권한을 갖게 된다. 이 때 수령권자(adjectus)는 요약자의 수임인으로서 변제를 수령할 수 있을 뿐 변제를 청구할 수는 없다. 수령권자가 낙약자를 상대로 고유한 권리를 가진 것은 아니지만 요약자가 수령권자 지정을 철회할 권한은 없었다.16 수령권자지정은 변제에서만 활용된 것이 아니라 무상양여나 유상계약에서도 활용되었다. 둘째, 로마법은 제3자를 위한 위임(mandatum aliena gratia)이론을 활용하였다. 이는 제3자만의 이익을 위해 요약자와 낙약자 사이에 체결되는 위임계약이다. 요약자가 위임인이고 낙약자는 수임인이다. 수령권자지정에서와 달리 제3자가 계약의 유일한 수익자로서 전면에 나타난다. 그러나 로마법은 이 수익자에게 낙약자를 상대로 하는 이행청구소권을 인정하지 않았다. 게다가 요약자는 일방적으로 위임을 철회할 수 있었다.17 셋째, 제3자를 위한 계약을 금지하는 원칙을 우회하는 방법으로 위약금(stipulatio poenae)제도도 활용되었다. 일방이 타방에게 제3자의 이익을 위하여 변제하기로 약속하였다고 하자. 낙약자가 수익자인 제3자에게 불이행하는 경우 낙약자는 요약자에게 위약금을 지급하여야 했다. 그러나 제3자에게 낙약자를 상대로 한 직접 소권이 부여되지는 않았다. 넷째, 로마법에서는 무상양여를 받는 자가 제3자를 위한 부담을 지는 부담부 무상양여가 인정되었다. 이는 유증에서 먼저 인정되었고 그 후 생전증여에서도 인정되었다(donation sub modo). 후기에는 이 부담의 수혜자인 제3자가 수증자를 상대로 부담의 이행을 청구할 수 있는 준소권(actio utilis)도 인정되었다.18 이와 같이 금지원칙을 우회하기 위한 여러 가지 노력이 실무상 행하여졌으나 법적으로는 그 원칙이 계속 유지되었다.

2. 제정 프랑스민법전

"누구도 타인을 위하여 약정할 수 없다."는 로마법의 원칙은 프랑스의 구 시대에도 유지되었다.19 그리고 1804년 프랑스민법전 역시 제1119조에서 "원칙적으로는

---

16 위임에 관한 원칙을 통해서는 철회불가능성을 완화할 수 있었다.
17 후기에는 낙약자의 동의가 있어야만 요약자가 위임을 철회할 수 있었다.
18 윤철홍, "부담부증여에 관한 소고", 민사법학 제42호(2008), 한국민사법학회, 496면.
19 남효순, 앞의 논문(주3), 188면.

자신을 위해서만 자신의 이름으로 약정할 수 있다"고 규정함으로써 제3자를 위한 계약을 원칙적으로 금지하였다. 그러나 제정 프랑스민법전 제1121조 제1문은 "제3자의 이익을 위하여 약정할 수 있는 경우는 그것이 자신을 위한 약정 또는 타인에게 하는 증여의 조건이 되는 때이다."고 하여, 제3자를 위한 계약을 예외적으로 허용하였다. 즉 제3자를 위한 계약이 자기 자신의 이익을 위한 계약의 조건이거나 타인에게 하는 증여의 조건인 경우에만 인정했다. 첫 번째 경우, 즉 '자기 자신의 이익을 위한 계약의 조건인 경우'라 함은 요약자도 제3자를 위한 계약으로부터 금전적인 이득을 얻는 경우를 말한다. 가령 매도인이 매매대금의 일부는 자신이 수령하고 나머지는 제3자가 지급받도록 약정한 경우에 그러하다. 낙약자가 제3자의 이익을 위해 약속한 급부를 행하지 않는 때에는 요약자에게 위약금을 지급하기로 한 경우도 이에 해당한다. 두 번째 경우, 즉 '타인에게 하는 증여의 조건인 경우'라 함은 부담부증여를 말한다. 증여자가 수증자로 하여금 제3자에게 급부를 할 부담을 지게 하는 것을 말한다. 이 예외에 해당하지 않는 제3자를 위한 계약은 무효였다.[20]

제3자를 위한 계약의 효과에 관하여는 단 하나의 조문을 두고 있었다. 즉 제정 프랑스민법전 제1121조는 제2문에서 "제3자를 위한 계약을 한 요약자는 제3자가 그로부터 이익을 받겠다는 의사를 표시하였다면 더 이상 계약을 철회할 수 없다."고 규정하고 있었다. 그로부터 알 수 있었던 것은 제3자가 수익을 받기 위해서는 승인의 의사표시를 하여야 한다는 점과 제3자가 승인을 하기 전에는 요약자는 계약을 철회할 수 있다는 점이었다. 요약자에 의한 철회의 효과는 정확히 무엇인가? 요약자, 낙약자, 수익자 사이에 성립하는 법률관계는 정확히 무엇인가? 이런 문제에 대한 답은 판례에 맡겨져 있었다.[21]

3. 판례에 의한 확장

(1) 요약자의 정신적 이익

19세기 전반에는 제3자를 위한 계약이 문제된 사안이 거의 없었다.[22] 판례상 제3자를 위한 계약이 문제된 것은 1860년경에 이르러서였다.[23] 이 때 판례는 제정 프

---

20 남효순, 앞의 논문(주3), 167면.

21 남효순, 위의 논문, 191면.

22 Planiol et Ripert, *Traité élémentaire de droit civil*, t. II, 3e éd., 1949, n° 631, p. 219.

23 Demogue, *Obligations*, t. VII, n° 762 et s., p. 124 et s.

랑스민법 제1121조가 정하는 경우를 넘어서까지 제3자를 위한 계약을 인정하였는데 이는 생명보험의 유효성을 인정하기 위한 것이었다.[24]

보험회사와 생명보험계약을 맺은 피보험자는 보험료를 납입하고 그가 사망하면 보험회사가 보험금을 일시금이나 정기금의 형태로 제3자에게 지급하기로 하는데, 이 제3자는 피보험자가 지정한 자 또는 지정할 자(일반적으로는 배우자나 자녀)이다. 이 계약이 제3자를 위한 계약이라고 한다면 피보험자는 요약자, 보험자는 낙약자, 제3자는 수익자라고 할 수 있다. 그런데 피보험자는 아무런 금전적 이득을 얻지 않으므로 제정 프랑스민법전 제1121조 제1문이 규정하는 첫 번째 경우에 해당하지 않는다. 그렇다고 피보험자가 보험자에게 무상처분을 할 의사를 가진 것도 아니므로 두 번째 경우에도 해당하지 않는다.[25] 그런데 파기원은 1888년 1월 16일 판결에서 "일정한 경우에는 보험의 이익이 요약자에게 되돌아갈 수도 있다. 그리고 이익이 수익자에게 돌아가는 경우에도 요약자가 정신적 이익을 얻는 것이므로 계약을 성립시키기 위한 이익으로서 충분하다. 요약자가 보험회사에게 매년 보험료를 지급할 의무를 부담한다고 해서 요약자가 자기 자신을 위해 약정한 것이 아니라고, 즉 제1121조가 적용될 수 없다고 말할 수는 없다."고 판시하였다. 즉 요약자가 얻는 이익이 정신적 이익뿐이라고 해도 제3자를 위한 계약이 허용된다는 입장을 취했다.[26]

제정 프랑스민법이 규정한 제3자를 위한 계약은 주된 계약의 조건에 해당하는 종된 약정에 불과하였는데, 이제는 계약의 목적 자체가 되었다.[27] 낙약자인 보험자가 부담하는 의무는 제3자를 위한 계약 자체로부터 발생하였다.

(2) 묵시의 제3자를 위한 계약

제3자를 위한 계약은 명시적이어야 하는가 아니면 묵시적이어도 되는가? '묵시의 제3자를 위한 계약' 개념이 처음 창안된 것은 상품운송계약과 관련한 1891년 판결에서이다.[28] 상품운송계약의 당사자가 아닌 상품의 수취인이, 송하인의 개입 없이

---

24 Picard et Besson, *Traité des assurances terrestres*, t. I, *Le contrat d'assurance*, 5ᵉ éd, 1982, par A. Besson, 501, p. 784. - Picard, *La stipulation pour autrui et ses principales applications*, Trav. ass. H. Capitant, t. VII. 1952, p. 267 et s.

25 남효순, 앞의 논문(주3), 190면.

26 Cass civ. 16 janv. 1888: *DP* 1888, 1. p. 77; *S.* 88.1.121, note T.C.; *GAJC*, t.2, n° 171 - Req., 30 avr. 1888: *DP* 1888, 1, p. 291.

27 G. Flattet, Les contrats pour le compte d'autrui, thèse, Paris, 1950, n° 117, p. 156.

28 Cass. civ., 2 déc. 1891: *D.* 1892.I.161, note Sarraut. 26 janv. 1913, *DP* 1916. 1. p. 47; 4 nov.

운송인에게 직접 계약위반책임을 물 수 있게 하려는 것이었다. 프랑스에서도 일찍이 판례는 계약상의 채무의 불이행에 근거하여 제3자가 손해배상책임을 묻는 것을 거부하였고[29] 학설도 이에 찬동하였다.[30] 그러나 이를 절대적으로 부정하게 되면 계약이 존재한다는 이유로 가해자가 면책되는 결과가 될 수도 있다.[31] 그리하여 프랑스의 판례는 계약의 상대적 효력의 원칙을 해함이 없이 피해자를 구제할 수 있는 방법으로서 '묵시의 제3자를 위한 계약(stipulation pour autrui tacite)' 개념을 고안하였다.[32]

이 개념을 프랑스법원은 운송중에 사망한 승객의 유족이 운송회사에 계약위반책임을 물을 수 있게 하는 데에도 사용하였다. 1932년 판결에서 파기원은 운송회사가 승객에 대한 안전배려의무를 위반한 데 대하여 피해자의 상속인들이 손해배상청구를 할 수 있다고 판시하였는데, 그 근거는 승객이 자신의 상속인들을 위해 묵시적으로 제3자를 위한 계약을 체결하였다는 것이었다.[33] 그리고 1933년 판결에서 '묵시적 약정'은 사망한 피해자로부터 법적으로 부양받을 권리가 있는 혈족에 한하여 인정된다고 함으로써 그 적용기준을 명확히 하였다.[34]

그런데 파기원은 피해자의 가족들이 계약책임을 추궁할 수 있는 길을 열어준 이 '제3자를 위한 계약'을 활용하여 불법행위책임(개정 전 제1384조 제1항)을 추궁할 수 있는 길도 열어주었다.[35] 즉 제3자를 위한 계약의 수익자는 수익권을 거절하거나 포기

1930, *DH* 1931. 4; 12 avr. 1948, *S.* 1948. 1. 115.

29 Cass. civ., 18 nov. 1895: *D.* 1896.1.16. - Cass. civ., 27 juill. 1869, *DP* 1869.1.350 - Req., 25 fév. 1935, *S.* 1935.1.129, note Rousseau - Cass. civ., 11 mars 1949: *Gaz. Pal.*, 1940.2.15.; *Rev. trim. dr. civ.*, 1941, p. 267.

30 M. Planiol, note *D.* 1896.1.81; L. Ségur, La notion de faute contractuelle en droit civil francais, thèse, Bordeaux, 1954, p. 23 et s.

31 정태윤, "제3자에 대한 계약의 대항력", 법학논집 제15권 제3호(2011), 이화여대 법학연구소, 155면.

32 남궁술, "법규범의 발전과 판례", 민사법학 제28호(2005), 한국민사법학회, 315면.

33 Cass. civ. 6 déc. 1932: *DP* 1933, 1. 137, note Josserand; *S.* 1934. 1. 81, note P. Esmain(승객이 열차궤도에 떨어져 즉사한 사고에서 유족들이 철도회사를 상대로 계약상 손해배상책임을 청구한 사건); 여하윤, "프랑스민법상 계약책임과 불법행위책임의 관계", 서울대학교 법학 제50권 제2호(2009), 서울대 법학연구소, 582면 참조.

34 Cass. civ., 24 mai 1933, *D.* 1933. 1. 137, note Josserand(피해자로부터 전적으로 생활원조를 받고 있던 여동생이 소송을 제기하였으나, 피해자가 원고를 부양해야 할 법적 의무가 인정되지 않는다고 하여 원고의 청구를 기각한 사안); 남궁술, "법규범의 발전과 판례", 316면 참조.

35 프랑스에서는 계약책임과 불법행위책임 불경합의 원칙에 따라 계약책임을 물을 수 있는 경우에는 불법행위책임을 물을 수 없다.

할 수 있다는 원리에 의거하여, 파급손해피해자는 '묵시의 제3자를 위한 계약'의 혜택을 포기하고 불법행위책임소권을 행사할 수 있다고 하였다.36 결과적으로 운송 중 발생한 사고로 사망한 피해자의 가족은 계약책임 또는 불법행위책임 중 택일하여 운송인에게 손해배상청구를 할 수 있게 되었으며 이는 사실상 '불경합원칙'의 중요한 예외가 되었다. 그러나 이러한 가능성은 항공운송, 해상운송, 국제철도운송 등의 경우에는 입법에 의하여 제거되었다. 즉 이 세 영역에서는 파급손해피해자가 운송인을 상대로 행사하는 책임소권은, 일차적 피해자의 소권과 마찬가지로, 법률에 의해 정하진 특별한 책임체계의 규율을 받게 되었다.37

2003년에 파기원 제1민사부는 '묵시의 제3자를 위한 계약'을 근거로 한 계약책임소권을 운송사고 피해자의 승계인(ayants cause)에 한정하는 판시를 하였다. 즉 사망한 여행객의 근친이 여행사를 상대로 손해배상을 청구한 사안에서, 여행객과 여행사 사이의 '여행계약'에 제3자(여행객의 근친)을 위한 약정이 묵시적으로 포함되어 있다고 할 수 없다고 하였다.38 따라서 직접피해자의 채권양수인이나 상속인의 자격으로 청구하는 것이 아닌 간접피해자들(victimes par ricochet)은 직접피해자의 계약상대방에게 불법행위책임만을 추궁할 수 있다고 하였다.39

'묵시의 제3자를 위한 계약' 개념에 대해 학자들의 입장은 나뉘어 있다. 비판적인 학자들은 계약자가 자기 자신의 이익만을 고려하였을 뿐인 계약조차 제3자를 위한 계약으로 보는 것은 지나치게 인위적이라고 비판한다.40

(3) 수익자의 지정

제3자를 위한 계약에서 수익자가 누구인지를 정하는 것이 제3자를 위한 계약의 유효요건인지도 문제되었다. 파기원은 꼭 계약체결시에 확정하지 않더라도 계약이

---

36 Cass. com., 19 juin 1951, *D*. 1951, 717, note G. Ripert; *S*. 1952.1.89, note R. Nerson; Cass. civ., 23 janv. 1959, *D*. 1959,191, note R. Savatier; *D*. 1959.281, note R. Rodière.

37 가령 1957년 3월 2일 민간항공법(Code de l'Avitation Civile) 제2조: 운송인의 책임은, 소송을 제기하는 자가 누구이든지, 그리고 그가 어떠한 자격으로 소송을 제기하는지에 상관 없이, 이상에서 정하여진 조건과 범위 내에서만 물을 수 있다.

38 Cass. civ. 1re, 28 sep. 2003: *Défrénois* 2004.383, obs. Libchaber(메콩 사고); Cass. civ. 1re, 28 oct. 2003: *Bull. civ.* I, n° 219; *D*. 2004.233, note Ph. Delebecque; *CCC* 2004, n° 1, note L. Leveneur; *RTD civ.* 2004. 496, obs. Jourdain.

39 Cass. civ. 1, 28 oct. 2003, n° 00-18794, n° 00-20065.

40 Ph. Malaurie, L. Aynès et Ph. Stoffel-Munck, 앞의 책(주11), n° 811, p. 413.

효력을 가져야 하는 날에 제3자를 확정할 수 있으면 된다고 판시하였다.[41]

(4) 제3자의 의무부담

제3자를 위한 계약은 본디 그 개념상 제3자에게 이익을 줄 수 있을 뿐이며 권리에 부수하여 의무를 지울 수는 없다.[42] 하지만 파기원 제1민사부는 1987년 12월 8일 판결에서 수익자가 의무부담을 승낙한다면 제3자에게 의무를 지울 수도 있다고 인정하였다.[43] 달리 말하면 일정한 의무를 수반하는 제3자를 위한 계약은, 그 의무를 수익자가 승낙한다면 유효하다는 것이다.

파기원의 이러한 해석에 대하여 학자들의 견해는 대립되었다. 일부 학자들은 제정 프랑스민법 제1121조에 명백히 반한다고 주장한 반면, 다수의 학자들은 판례가 인정한 것은 제3자가 채무를 부담하는 데에 동의한 경우이므로 이 경우에는 제3자에게 채무를 부담시키는 것이 가능하다고 보았다.[44]

4. 학설상 개념의 정립

제3자를 위한 계약에서 제3자의 권리가 자신이 당사자로 참여하지 않은 계약으로부터 발생한다는 점을 어떻게 설명할 것인가? 이에 관하여는 이론적으로 세 가지 분석, 즉 청약 개념(1), 사무관리 개념(2), 단독행위개념(3)에 기반한 분석이 있었다.

(1) 청약설

청약설은 19세기의 주석학파 학자들이 주장하고 1888년까지의 판례가 채택하였던 입장이다. 이들은 제3자를 위한 계약은 요약자의 청약이라고 설명하였다.

(가) 요약자의 청약

19세기 말의 벨기에 민법학자 Laurant에 따르면 제3자를 위한 계약은 두 단계를 거쳐 성립한다. 먼저 요약자와 낙약자 사이에서 계약을 체결하는데 이 계약을 통해 요약자는 권리를 취득한다. 그 후 요약자는 자신이 취득한 권리를 수익자에게 제안

---

41 Cass. civ., 28 déc. 1927.

42 Cass. civ. 3ᵉ, 10 avril 1973, *D.* 1974. 21, note Larroumet. 이 판결에서 수익자를 위해 부동산을 구매함에 있어서 수익자에게 중개수수료 지급의무를 부담시킬 수 없다고 하였다.

43 이 사건에서 매수인이 매매목적물을 수익자에게 주되 수익자는 그 물건을 이용할 의무를 지는 것으로 매도인과 약속하였다. Cass. civ. 1ʳᵉ, 8 déc. 1987, n° 85-11.769, *Bull. civ.* I, n° 343.

44 Alain Bénabent, *Droit des obligations*, 17ᵉ éd., LGDJ, 2018, n° 251, p. 195; Philippe Malaurie/Laurent Aynès/Philippe Stoffel-Munck, n° 819, p. 430.

한다.**45** 이 청약을 제3자가 승낙하면 제3자는 요약자를 대체하여 낙약자의 채권자가 된다.

이러한 분석은 제3자를 위한 계약의 철회가능성을 잘 설명해 주는 장점이 있었다.**46** 청약은 승낙이 있기 전에는 철회할 수 있는 것이기 때문이다. 하지만 이 분석은 실무상 매우 곤란한 결과를 야기하는 단점이 있었다. 첫째, 청약설에 따르면 요약자가 사망한 후에는 제3자가 승인을 할 수 없다. 청약은 청약자가 사망하면 실효하는 것이기 때문이다. 하지만 이런 식의 처리는 실무상, 특히 보험실무상 받아들일 수 없는 것이었다. 사망보험의 수익자는 피보험자의 사망 후에야 자신이 수익자로 지정되어 있는 보험이 있었다는 사실을 알게 되는 경우가 흔하기 때문이다. 둘째, 수익자가 승인의 의사표시를 하지 않은 채 사망한 경우, 청약설에 따르면 수익자의 상속인은 승인을 할 수 없다. 청약은 그 상대방만이 승낙할 수 있는 일신전속적 성질을 갖기 때문이다. 셋째, 청약설에 따르면 제3자는 요약자의 승계인인 셈이다. 일단 요약자의 책임재산에 속하였던 권리를 제3자가 물려받게 된다. 그 결과 수익자는 요약자의 상속인들이나 채권자들과 경합하게 된다. 특히 요약자가 무자력인 상태로 사망하거나 "파산"한 때에 그 권리(bénéfice de la stipulation)는 상속재산에 속하거나 "파산"재단에 속하게 되고 수익자는 요약자의 채권자들과 경합하여야 한다. 이러한 난점 때문에 제3자를 위한 계약을 요약자의 청약으로 설명하는 견해는 더 이상 유지될 수 없었다.

(나) 낙약자의 청약

19세기 말의 프랑스 상법학자인 Thaller는 제3자를 위한 계약은 낙약자의 청약이라고 함으로써 낙약자와 제3자간의 직접적인 관계를 설명하였다.**47** 그런데 이 견해에 따르면 제3자가 승낙하기까지는 제3자의 권리는 불확정상태에 있다. 그 사이에 낙약자가 죽거나**48** 낙약자가 청약을 철회하면 제3자는 권리를 취득하지 못한다. 하지만 제3자를 위한 계약에 있어서 철회권은 낙약자가 아니라 요약자에게 있으므로 Thaller의 분석도 적절하지 않았다.

---

45 *Principes de droit civil*, t. XV, n° 559.
46 Terré, 앞의 책(주14), n° 708, p. 782
47 note au *DP* 1888.2.1., sous Besancon, 2 mars 1887.
48 이 경우 낙약자의 청약이 실효된다.

(2) 사무관리설

실무상의 필요에 부합하지 않는 결과를 피하기 위해 등장한 학설이 사무관리설이다.

19세기말의 프랑스 판례집 해설자 Labbé는, 요약자가 제3자에게 낙약자에 대한 권리를 부여함으로써 제3자의 사무를 관리하는 것이라고 주장하였다.[49] 그의 주장은 다음과 같다: 요약자는 수익자의 이익을 위해 행위를 한다. 제3자로부터 위임을 받지는 않았지만 만일 권한이 있다면 수임인으로서 하였을 거래를 한다. 따라서 요약자는 사무관리자이다. 제3자의 승인은 사실 요약자의 행위를 추인하는 것이고 요약자의 행위를 위임에 기한 행위로 변화시킨다. 그 결과 요약자가 제3자를 대리한 셈이고 제3자는 사실상 계약의 당사자이다. 수익자는 요약자의 승계인이 아니다. 수익자의 권리는 제3자를 위한 계약이 성립한 날로 소급하여 발생한다.

이러한 분석에 따르면, 제3자의 권리는 요약자의 파산재단이나 상속재산에 속하지 않으며 요약자가 사망한 후에도 제3자의 승인이 가능하고 수익자가 사망한 때에는 수익자의 상속인이 승인할 수 있다. 사무관리설은 실무상의 필요에 완벽히 부응하였다. 하지만 사무관리설은 제3자를 위한 계약의 성질을 왜곡하는 주장이다. 제3자를 위한 계약에서 요약자는 제3자의 대리인임을 주장하지 않고 "자기 자신의 이름"으로 계약을 체결하기 때문이다. 또한 사무관리설은 제3자를 위한 계약이 일종의 사무관리라고 주장하지만 제3자를 위한 계약에서는 사무관리의 효과 두 가지가 발생하지 않는다. 첫째, 사무관리자는 본인에게 비용의 상환을 청구할 수 있는데 요약자는 제3자에게 비용상환을 청구할 수 없다. 특히 생명보험의 수익자는 피보험자가 납부한 보험료를 피보험자의 상속재산에 상환할 의무가 없다. 둘째, 사무관리자는 일단 개시한 사무를 계속할 의무가 있는 반면 제3자를 위한 계약에서 요약자는 철회권을 갖는다. 이는 엄청난 차이이다.

(3) 일방적 의무부담설

일부 학자들은 제3자를 위한 약정을 낙약자의 일방적 의무부담이라고 보았다.[50] 이들에 따르면 낙약자의 의무부담은 수익자에게 의무를 부담하겠다고 하는 자신의

49 notes, S. 1877.1.193; S. 1885.1.1; S. 1888.2.49.

50 Worms, L'enbabement par volonté unilaterale, thèse, Paris, 1891, p. 114. - Baudry-Lacantinerie/Barde, I. n° 161 - B. Starck, *Obligations*, vol. 2., 3ᵉ éd., par H. Roland/L.Boyer, n° 1265.

일방적 의사에 기인한다. 수익자의 승인은 자신이 동의하지 않은 채 자신에게 귀속된 채권을 확정하는 역할을 한다. 그러므로 제3자의 낙약자에 대한 권리는 일종의 일방적 의무부담이다.

그러나 이는 잘못된 설명이다. 낙약자의 의무부담은 요약자와 낙약자 사이에 체결된 계약에 기한 것이기 때문이다. 낙약자의 의사는 요약자와의 계약에 포함되어 낙약자의 의무를 발생시키는 것이며 낙약자의 일방적 의사만으로 의무부담을 발생시키지 않는다.[51] 요약자는 낙약자의 의무부담을 취소시킬 권리와 수익자를 변경할 권리가 있다는 점, 낙약자는 요약자와의 관계에서 생긴 항변사유를 들어 수익자에게 대항할 수 있다는 점[52]에 관하여 일방적 의무부담설은 그 이유를 전혀 설명할 수 없다.

(4) 독자성의 인정

제3자를 위한 계약을 전통적인 제도에 기반하여 설명하고자 한 분석은 어느 것도 만족스럽지 않았다. 청약설은 요약자의 철회권을 설명할 수 있는 분석이지만 승인의 소급효를 설명하지 못하였고, 사무관리설은 승인의 소급효는 설명하였으나 요약자의 철회권을 설명하지 못하였다.

결국 제3자를 위한 계약은 독자적인 제도로 인정되었다.[53] 제3자를 위한 계약은 계약의 효력을 확장하여 제3자에게 낙약자에 대한 권리를 부여하며, 제3자의 이 권리를 떠받치는 것은 요약자의 이익과 낙약자에 대한 요약자의 채무이다.

5. 프랑스민법전의 개정

(1) 판례의 수용

개정 프랑스민법 제1205조는 판례를 받아들여서, 제3자를 위한 계약에 대해 아무런 특별조건을 요구하지 않는다(제1항).[54] "누구나 타인을 위하여 계약할 수 있다." 또 기존의 판례들을 수용하여 제3자를 위한 계약에 관한 상세한 규정을 두었다.

---

51 Terré, 앞의 책(주14), n° 710, p. 783.
52 따라서 보험회사는 수익자에게 피보험자가 보험료를 납부하지 않았다는 점을 들어 대항할 수 있다.
53 남효순, 앞의 논문(주3), 189면.
54 남효순, 위의 논문, 191면.

(2) 인접제도와의 구별

(가) 채무참가(délégation)와의 구별

개정 프랑스민법은 제1336조 내지 제1340조에서 채무참가에 관하여 규정하고 있다. 채무참가 는 세 사람의 합의에 의해 참가채무자가 채권자에 대하여 새로운 채무를 부담하는 것이다.[55] 채무참가와 제3자를 위한 계약은 다음과 같은 공통점이 있다. 첫째, 세 사람이 개입한다는 점이 같다. 둘째, 채무참가와 제3자를 위한 계약은 효과와 성립배경이 비슷하다. 채무참가로써 채권자는 참가채무자(délégué)를 상대로 한 권리를 취득하는데, 이는 참가를 시키는 채무자(délégant)는 채권자에 대해 이미 채무를 부담하고 있기 때문인 경우가 많다. 제3자를 위한 계약에서는 수익자가 낙약자를 상대로 한 권리를 취득하는데, 이는 요약자가 제3자에 대해 채무를 부담하고 있기 때문인 경우가 많다.

그러나 다음과 같은 차이점이 있다. 첫째, 채무참가는 당사자가 셋인 3면계약이지만 제3자를 위한 계약은 당사자가 둘인 2면계약이다. 둘째, 채무참가에서는 채권자의 의사표시가 있어야 채무참가가 성립하지만 제3자를 위한 계약에서는 수익자의 의사표시가 있기 전에 수익자의 권리가 발생한다. 셋째, 채무참가는 채무가 여러 개 존재하는 경우 이를 간결하게 소멸시키기 위한 법적 기술인 반면, 제3자를 위한 계약에서는 반드시 그러한 요소가 고려되는 것은 아니다.

(나) 직접소권(action directe)과의 구별

프랑스는 그 동안 채권자가 채무자를 대위하지 않고 제3채무자에게 직접 권리를 행사할 수 있도록 일정한 경우를 개별조문으로 규율해왔는데, 프랑스법에 직접소권이 도입된 것은 프랑스민법 제1753조, 제1798조, 제1994조가 최초이다.[56] 이 조문들은 각각 임대인에게 전차인에 대한 직접소권(제1753조)을, 수급인의 근로자에게 도급인에 대한 직접소권(제1798조)을, 위임인에게 복수임인에 대한 직접소권(제1994조)을 인정하였다. 이후 다수의 입법에 의하여 직접소권이 확대되었다. 가령 보험법은 피해자는 보험자를 상대방으로 하여 직접 소를 제기할 수 있도록 하였고(제L.124−3조), 하도급법은 하수급인이 일정한 요건 하에[57] 직접 도급인에게 보수지급을 청구할 수 있도록 하였다. 이후 판례에 의하여 매수인에게 중간 또는 최초매도인에 대한 직접

---

55 남효순, "프랑스민법상 '채무참가를 시키는 제도'", 민사법학 제71호(2015), 한국민사법학회, 316면.
56 이동진, "하도급법상 직접청구권에 관한 연구", 법조 제630호(2009), 법조협회, 84면.
57 하도급계약이 도급인에 의하여 거부되지 않았어야 한다.

담보소권이 인정되었다.

개정 프랑스민법은 제1341-3조에서 직접소권에 관하여 규정하고 있다. 직접소권과 제3자를 위한 계약은 공통적인 외관을 가지고 있다. 두 경우 모두 계약당사자가 아닌 제3자에게 계약당사자 일방을 상대로 하는 직접적 권리가 인정되기 때문이다. 그래서 파기원은 초기의 판결에서 직접소권의 논거로서 제3자를 위한 계약을 원용하였다. 공사도급계약에 노동자를 위한 계약조항을 집어넣는 경우가 있는데, 파기원은 이를 제3자를 위한 약정이라고 보았다.**58** 또한 수급인과 하수급인 사이에 체결된 도급계약에도 제3자(장인, 일꾼, 납품업자)를 위한 약정이 포함되어 있다고 판시하였다.**59** 또한 원운송인이 기차역에서 수령자의 주소지까지 상품을 운반할 화물차 운송인을 사용한 경우 그 화물차운송인도 제3자를 위한 계약에서의 제3자에 해당하므로 원운송인을 상대로 소구할 수 있다고 판시하였다. 판례는 은행과 현금운송인 사이의 운송계약에 있어서도 은행에 유가증권을 기탁한 소유자는 제3자를 위한 계약에서의 제3자에 해당하므로 현금운송인을 상대로 소구할 수 있다고 판시하였다.**60**

그러나 결국 널리 지지를 받게 된 것은 하나의 목적물을 대상으로 다수의 계약이 사슬처럼 연쇄적으로 체결되어 계약군이 집단적으로 존재하는 경우, 이 계약군에 속한 자는 자신과 계약의 직접 당사자가 아닌 자들에 대하여도 직접 소권을 행사할 수 있다는 계약집단이론이다.**61** 그에 따르면 직접소권은 계약상 예견가능성(prévisibilité contractuelle)이 있을 때 인정된다.

제3자를 위한 계약과 직접소권은 다음과 같은 차이가 있다. 첫째, 제3자를 위한 계약에서 낙약자는 요약자에 대한 항변으로 제3자에게 대항할 수 있으나, 직접소권에 있어서 직접지급의무자는 본래의 채무자에 대한 항변으로 직접소권자에게 대항할 수 없다. 직접소권의 이러한 특성은 계약의 상대효 또는 압류에 유사한 채권동결효로 설명될 수 있다. 책임보험에서 피해자가 보험자를 상대로 갖는 직접소권의 경우 직접소권 발생시에 동결효가 발생하는 반면, 하수급인이 도급인을 상대로 갖는 직접소권은 직접소권을 행사할 때에 동결효가 발생한다. 전자의 유형을 완전 직접소

---

58 Cass. civ., 23 déc. 1908: *DP* 1909. 1. p. 88; Cass. civ., 3 mars 1909: *S.* 1911. 1. 369, note R. Demogue; Cass. civ., 10 juin 1941: *S.* 1942. 1. 77.

59 Cass. civ. 3e, 28 mars 1968: *Bull. civ.* III, n° 745.

60 Cass. civ. 1re, 21 nov. 1978.

61 Teyssié, *Les groupes de contrats*, 1975, n° 520, p. 259 et s.; Néret, *Le sous-contrat*, 1979, n° 371, p. 267 et s.

권이라고 하고 후자의 유형을 불완전 직접소권이라고 한다.[62]

　　둘째, 제3자를 위한 계약에서 제3자의 권리가 성립하는 연원은 요약자와 낙약자 간의 계약이며, 요약자와 수익자 사이의 관계는 제3자를 위한 계약의 목적이다. 요약자와 낙약자가 제3자에게 급부를 주고자 제3자를 위한 계약을 체결하기 때문이다. 그런데 직접소권의 경우에는 권리의 내용 및 그 범위가 두 개의 법률관계, 즉 직접소권자와 채무자 사이의 법률관계 및 그 행사시의 제3채무자와 채무자 사이의 법률관계에 종속되어 있다. 채무자의 제3채무자에 대한 권리가 아직 그 이행기가 도래하지 아니하였거나 금액이 확정되지 아니한 상태에서 직접소권을 행사한 경우에는 직접지급을 받을 수 없고 항변차단 및 처분금지의 효력만 발생한다.

Ⅲ. 제3자를 위한 계약의 유효요건

　　제3자를 위한 계약은 계약이기 때문에 요약자와 낙약자 사이에 유효한 합의가 있어야 성립한다. 따라서 계약에 일반적으로 요구되는 유효요건(제1128조)을 갖추어야 한다.[63] 가령 약속된 "급부"는 확정적이거나 확정가능해야 한다(제1163조 제2항).

　　프랑스민법 제1205조 제2항 제2문은 제3자를 위한 계약에 특유한 유효요건을 정하고 있는데, 그것은 수익자에 관한 것이다. 수익자는 확정될 수 있어야 하며(1) 수익자의 승인은 제3자를 위한 계약을 철회불가한 것으로 만든다(2).

1. 수익자의 지정

　　제3자를 위한 계약은 수익자인 제3자의 존재를 전제로 한다. 그러므로 제3자를 위한 계약이 성립하기 위해서는 수익자가 지정되어야 한다. 따라서 제3자를 위한 약정이 "묵시적"으로 성립할 수는 없다.[64]

(1) 지정의 주체

　　수익자는 어떻게 지정하는가? 이는 요약자의 의사에 좌우되어서는 안되는가 아니면 요약자가 장래 시점에 수익자를 지정할 권리를 갖도록 하는 것이 가능한가? 이에 대해서는 요약자가 종국적으로 수익자를 선택할 권리를 갖도록 할 수 있다는 견

62　이동진, "하도급법상 직접청구권에 관한 연구", 90면.

63　이은희, "개정 프랑스민법전상 계약의 무효", 비교사법 제24권 2호(2017), 540면.

64　Alain Bénabent, 앞의 책(주44), n° 261, p. 225.

해[65]가 있다. 제3자의 지정을 특정인에게 위임하는 것도 가능하며 이 경우 그 특정인은 제3자를 위한 계약이 정하고 있는 지침[66]에 따라서 제3자를 지정하여야 할 것이다.

(2) 여러 가지 경우

제3자를 위한 계약에서의 제3자는 다음과 같이 여러 경우가 있을 수 있다.

(가) 살아있는 사람을 확정하여 수익자로 지정한 경우

살아있는 사람을 확정하여 수익자로 지정한 때에는 별다른 문제가 없다. 수익자에게 행위능력(capacité d'exercice)이 있어야 할 필요는 없다. 수익자는 계약 당사자가 아니고 권리를 취득하기 위해 의사를 표시할 필요도 없기 때문이다. 따라서 수익자가 미성년자이거나 피후견성년자이더라도 상관없다. 그러한 제한능력자도 요약자와 낙약자 사이에 체결된 계약에 기하여 권리를 취득할 수 있다.

한 가지 문제가 되는 것은 권리능력의 제한(incapacité de jouissance)이다. 권리능력이 제한되는 경우에는 특정한 권리를 취득할 자격이 없기 때문이다.[67] 가령 후견인은 피후견인의 재산을 취득할 권리가 없다(프랑스민법 제509-4조). 제3자를 위한 계약을 통하여 실질적으로 요약자가 수익자에게 무상양여를 하는 셈인 경우에는 제3자는 무상양여를 받을 자격이 있는 자여야 한다.

(나) 수익자를 지정하였으나 미확정인 경우

수익자를 지정하였으나 미확정인 제3자를 위한 계약도 유효하다. 그러나 계약이 효력을 가져야 할 때에는 수익자를 확정할 수 있어야 한다. 요약자와 낙약자 사이의 계약에서 수익자의 최종 결정을 허용하고 있으면 된다.

가령 상품운송 중의 사고에 대비하는 책임보험(assurance pour le compte de qui il appartiendra)은 운송중에 상품의 소유권을 취득하는 자들을 위한 것이다. 이 보험의 수익자는 물건의 소유자인데, 소유자는 여러 차례 변동될 것이므로 어느 누가 소유하는 동안에 물건이 멸실되더라도 사고 당시의 소유자가 보험회사를 상대로 보험금을 청구할 수 있도록 하는 보험이다. 해상운송중인 상품에 관하여 빈번히 이용되는 이 보험은, 계약체결시에는 수익자가 미정이지만 유효한 보험이다.[68]

---

65 C. Larroumet, D. Mondolini, v° Stipulation pour autrui, *Rép. civ.*, Dalloz, n° 36.

66 예: 모범학생 또는 우수학자를 위한 상

67 이은희, "프랑스민법상 미성년자의 법률행위", 민사법학 제67호(2014), 한국민사법학회, 336면.

68 Cass. civ., 5 mars 1888, *DP* 88. 1. 365, *S*. 88. 1. 313.

생명보험에 가입하는 피보험자가 자신의 '상속인'을 수익자로 지정하는 경우에
도 마찬가지이다. 이름을 기재하지 않고 단순히 '상속인'을 수익자로 지정하였기 때
문에 피보험자의 사망시에야 수익자를 알 수 있다. 상속인 중에는 보험계약 체결 후
에야 포태된 자도 있을 수 있다.

(다) 장래의 사람을 수익자로 지정한 경우

계약 체결시에 존재하지 않는 장래의 사람도 수익자가 될 수 있는지 여부는 오
랜 논쟁의 대상이었다. 제3자를 위한 계약은 수익자에게 즉각 권리를 부여하는 것이
므로, 장래의 사람을 수익자로 지정하게 되면 주인(titulaire) 없는 권리가 만들어지는
셈이다.[69] 하지만 계약의 효력이 수익자가 존재할 때까지 미루어지는 것이라고 말할
수 있다. 따라서 민사책임보험은 보험계약 체결시에 아직 태어나지 않은 사람을 수
익자로 지정해도 된다. 하지만 예전의 판례에 따르면 요약자가 수익자에게 무상으로
이익을 줄 의사를 가지고 한 때에는 프랑스민법 제906조가 문제되었다. 민법 제906
조 제1항은 누구든지 생전증여로 재산을 취득하기 위해서는 증여시에 적어도 포태되
어 있어야 한다고 규정하기 때문이다.[70] 그래서 파기원은 아버지가 "자신의 자녀와
태어날 자녀"를 수익자로 지정한 생명보험계약의 효력을 부정하였다.[71] 결국 1930년
7월 13일자 법률이 이를 깨뜨렸다. 현재는 프랑스보험법전 제L.132-8조 제3항이 "계
약자의 자녀 또는 태어날 자녀"를 생명보험의 수익자로 지정할 수 있다고 규정한다.

이제 2016년 프랑스민법 개정으로 제3자를 위한 계약에서 수익자는 "장래의 사
람일 수 있으나 정확히 지정되거나 약속의 이행시에는 결정될 수 있어야 한다"는 규
정이 마련되었다(제1205조 제2항 제2문).[72] 따라서 이에 관한 논란은 더 이상은 없게
되었다.

(라) 수익자가 없는 경우

수익자가 존재하지 않는 경우도 있을 수 있다. 요약자가 수익자를 지정할 권한
을 가지고 있다가 지정하지 않은 채 사망한 때, 요약자가 존재하지 않는 사람, 가령
'자신의 부인'을 수익자로 지정하였는데 혼인하지 않은 채 사망한 때에 그러하다.

---

69 남효순, 앞의 논문(주3), 193면.

70 이재우, "프랑스민법상의 생전증여", 법학연구 제27권 제1호(2019), 경상대 법학연구소, 76면.

71 Cass. civ., 7 févr. 1877: *DP* 77. 1. 337, *S.* 77. 1. 393; Cass. civ., 7 mars 1893: *DP* 94. 1. 77, *S.*
     94. 1. 161; Rennes, 5 déc. 1899: *DP* 1903. 2. 377, note Dupich, *S.* 1902. 1. 165.

72 G. Chantepie et M. Latina, *op. cit.,* n° 570, p. 520에 따르면 프랑스민법 제1205조 제2항 제2문은
     보험법의 특별규정을 계약법 일반에 도입한 것이다.

생명보험에 관하여는 보험법전에 규정이 마련되어 있다. 그에 따르면 "사망보험이 수익자를 지정하지 않은 채 체결된 때에는 확정 일시금이나 정기금(capital ou rente garantis)은 계약자의 책임재산 또는 상속재산에 속한다"(프랑스보험법 제L.132−11조). 이 규정은 제3자를 위한 계약 일반에 적용될 수 있다. 하지만 요약자가 수익자를 순서를 정하여 지정한 때에는 그러하지 아니하다.73

2. 수익자의 승인(acceptation)

수익자의 승인은 수익자의 권리취득을 안정적으로 만드는 효력이 있다. 프랑스민법 제1206조에 따르면 수익자의 승인의 의사표시가 요약자 또는 낙약자에게 도달하면 제3자를 위한 계약은 "철회불가"한 것이 된다.74 그리고 더 이상 변경될 수 없다.

이는 실무상 불편한 점이 없지 않다.75 생명보험계약의 경우에는 보험수익자의 승인은 보험계약자, 보험자, 보험수익자가 서명한 변경증서, 보험계약자 및 보험수익자가 서명한 공정증서, 사서증서를 통해 이루어져야 한다고 규정되어 있다(보험계약법 제L.132−9조 제2항 제1문).

(1) 승인의 주체

수익의 의사표시는 수익자 또는 그의 상속인이 할 수 있다(프랑스민법 제1208조 제1문). 낙약자에게 이행을 청구할 권리는 수익자가 수익의 의사표시를 하지 않더라도 수익자의 자산(patrimoine)에 속하기 때문에 수익자가 사망하면 그 권리는 상속인들에게 이전된다.76 권리자가 된 수익자의 상속인들은 수익의 의사표시를 함으로써 제3자를 위한 계약을 철회 불가한 것으로 만들 권한도 갖는다.

(2) 승인의 시기

제3자를 위한 계약이 철회되지 않은 한(제1206조 제2항과 제1207조 제3항), 승인은 언제라도 할 수 있다. 수익자의 사망 후에도 할 수 있고 요약자 또는 낙약자의 사망

---

73 Cass. civ. 1re, 9 juin 1998: *Defrénois* 1998. 1416, obs. Delebecque.
74 Cass. civ. 1re, 5 fév. 1978: *Bull. civ.*, I, 371; D. 1979.401, note Berr et Groutel. - 26 avril 1983: *Bull. civ.*, I, 129. - 22 mai 1984: *Bull. civ.*, I, 166.
75 생명보험에 관하여 Kyllmann, Pour le maintien du droit de rachat en dépit de l'acceptation du bénéficiaire, Mélanges Gavalda, 2001.199.
76 그런데 대통령에게 제출된 보고서에 따르면 계약법총칙규정은 원칙적으로 임의규정이므로 "반대의 약정"이 있는 때에는 그러하지 아니하다.

후에도 할 수 있다(제1208조 제3문). 사실 요약자가 사망한 후에 수익자가 제3자를 위한 계약의 존재를 알게 되는 경우가 드물지 않다. 요약자와 낙약자의 상속인들은 제3자를 위한 계약에 구속된다. 다만 요약자의 상속인들은 제3자를 위한 계약을 제1207조 제1항에 규정된 절차에 따라 철회할 수 있다.

(3) 승인의 방법

승인에는 아무런 방식이 요구되지 않는다. 제3자를 위한 계약이 제3자를 위한 요약자의 무상양여인 경우에도 마찬가지이다. 수익자의 승인은 명시적 또는 묵시적으로 할 수 있다(제1208조 제2문). 수익자는 승인의 의사표시를 하기 전에도 낙약자를 상대로 이행청구의 소를 제기할 수 있으며 이러한 청구는 묵시적 승인으로서의 효력이 있다.

IV. 제3자를 위한 계약의 효과

제3자를 위한 계약의 효과는 세 사람, 즉 요약자, 낙약자, 제3자가 서로에 대해 갖는 권리나 의무를 의미한다.

1. 요약자와 낙약자 사이의 법률관계

요약자와 낙악자는 계약의 당사자이므로 제3자를 위한 계약은 이들에게 계약의 효과를 발생시킨다. 특히 요약자는 채무를 불이행하는 낙약자를 상대로 이행을 청구할 수 있는 자격을 갖는다(제1209조).77 이는 종래의 확고한 판례78를 수용한 것이다.

요약자가 법관에게 청구할 수 있는 것은, 낙약자를 상대로 "수익자에게 의무를 이행"할 것을 명하는 것이다. 즉 제1209조의 엄밀한 의미는 요약자가 낙약자를 상대로 수익자의 이익을 위해 약속한 급부의 강제이행(제1221조)을 청구할 수 있다는 것

---

77 제1209조는 요약자 "자신도" 낙약자를 상대로 청구할 수 있다고 함으로써 수익자에게도 같은 권리가 있음(제1206조 제1항)을 상기시킨다.

78 Cass. civ., 12 juill. 1956: D. 1956. 749, note Radouant, *Grands arrets*, t. 2, n° 172 - Cass. com. 14 mai 1979: D. 1980. 157, note Larroumet. - Cass. civ. 1re, 7 juin 1989: *Bull. civ.* I, n° 233, p. 155, *Defrénois* 1989. 1057, obs. Aubert. - Cass. com., 1er avril et 7 oct. 1997: *Bull. civ.*, IV, n° 94 et 251(회사지분을 양도하는 사람이 회사의 부채에 관하여 담보책임을 부담한 경우 양수인은 양도인에게 회사에 자금을 투자할 것을 청구할 수 있다). - Cass. civ. 1re, 9 juin 1998, n° 96-10.794 - Cass. civ. 1re, 14 déc. 1999: *Bull. civ.*, I, n° 341(사용자가 피용자의 이익을 위해 여행사와 계약을 체결한 경우 사용자는 여행사에 계약의 이행을 청구할 수 있다).

이다. 그리고 요약자는 자신의 의무를 이행할 책임이 있다. 낙약자는 요약자를 상대로 동시이행의 항변(exception d'inexécution)을 할 수도 있다.

채무불이행의 경우 각 당사자는 계약의 해제나 손해배상을 청구할 수 있다.[79] 요약자는 낙약자에게 수익자의 손해를 배상할 것을 청구할 수도 있다. 가령 은행금고를 빌린 자가 제3자 소유의 유가증권을 넣어두었는데 도둑을 맞았다면 금고임차인은 은행에게 제3자의 손해를 배상할 것을 청구할 수 있다.[80]

2. 낙약자와 수익자 사이의 법률관계

프랑스민법 제1205조 제2항 제1문은 제3자를 위한 계약에 대한 정의규정이다. 그런데 이 정의규정에는 제3자의 "권리"에 대한 언급이 없다. 따라서 다음 두 가지의 생각이 가능하다. 하나는 제3자가 급부수령자로 지정되지만 그는 급부를 요구할 권리는 없으며, 채권은 요약자에게 속하고 요약자만이 채권을 (양도하는 등) 원하는 대로 처분할 수 있다는 생각이다. 다른 하나는 제3자 측의 의사표시와 상관없이 제3자가 권리를 갖는다는 생각이다. 정의규정은 불명확하지만 제1206조 제1항까지 고려하면 두 번째 생각이 타당한 것으로 보인다.[81] 즉 수익자는 제3자를 위한 계약이 성립하면 즉시 낙약자를 상대로 급부이행청구권을 갖는다(제1206조 제1항).[82] 낙약자가 이행하지 않을 때에는 수익자는 손해배상을 청구할 수 있다.[83]

이행청구권은 직접 수익자에게 귀속되며 요약자로부터 수익자에게 이전되는 것이 아니다. 특히 요약자의 사망으로 수익자가 수령하는 사망보험금은 요약자의 상속재산에 속하지 않으며 상속세의 부과대상이 아니다. 수익자는 요약자의 채권자들과 경합하지 않으며, 요약자의 상속인으로부터 감액청구(réduction)[84]를 당하지 않는다.

---

79 G. Chantepie et M. Latina, 앞의 책(주4), n° 575, p. 525에 따르면, 제1209조에서 다른 제재조치에 관하여 아무런 언급이 없는 것은, 프랑스민법 개정을 앞두고 요약자에게 강제이행이란 구제수단이 인정되는지 여부만이 논쟁의 대상이 되었기 때문이라고 한다.

80 Cass. civ. 1re, 29 mars 1989: *Bull. civ.*, I, n° 142.

81 O. Deshayes, Th. Genicon et Y.-M. Laithier, 앞의 책(주4), p. 493.

82 Cass. civ. 1re, 22 mai 2008: *Bull. civ.*, I, n° 145; *RDC* 2008.1135, obs. D. Mazeaud. - Cass. com., 13 avril 2010. 수익자가 승인하지 않은 채 사망한 때에도 수익자의 권리는 그 상속인에게 이전된다.

83 Cass. com., 23 mai 1989: *Bull. civ.*, IV, n° 164. - 그러나 수익자는 계약 당사자가 아니기 때문에 프랑스민법 제1341조가 정하는 방식에 구애되지 않고 모든 방법으로 증명할 수 있다(Cass. civ. 1re, 2 fév. 1988: *Bull. civ.*, I, n° 30).

84 유류분권자와 그 상속인 내지 승계인은 수유자를 상대로 감액청구권을 행사할 수 있다. 김현진, "프

프랑스민법 제1205조 제2항의 "제3자의 이익을 위한 급부"라는 표현은 수익자가 채무를 부담하는 것도 가능한지를 분명하게 알려주지 않지만, 기존의 판례를 부정하지는 않는다고 생각된다.[85] 이 때 수익자가 채무를 부담하는 것은 자신의 합의에 의한 것이므로 계약의 상대효에 꼭 반하는 것도 아니다. 수익자가 제3자약정을 승인하든 거절하든 자유이지만 수익자가 승인하는 경우에는 이익과 부담을 "한꺼번에 받아들여야" 한다. 이 경우 승인은 수익자의 직접청구권과 불가분적으로 연결되어 있는 채무를 부담하는 행위이기도 하다.

수익자의 권리는 요약자와 낙약자 사이에 형성된 관계로부터 발생하는 것이므로 낙약자는 수익자의 이행청구에 대해서 요약자를 상대로 갖는 모든 항변[86]으로 대항할 수 있다. 달리 말하면 수익자의 권리는 낙약자와 요약자간의 관계에 의해 좌우된다.[87] 가령 서면에 의한 승낙을 요하는 계약에서 요약자가 서면으로 승낙하지 않았다는 점을 낙약자가 주장할 수 있다.[88] 특히 낙약자는 요약자의 채무불이행을 이유로 계약을 해제할 수 있다.[89] 그러나 수익자는 계약당사자가 아니므로 계약을 해제할 수 없다.

3. 제3자와 요약자 사이의 관계

(1) 요약자의 철회권

프랑스민법 제1206조 제2항은 요약자에게 철회권이 있음을 규정한다. 철회는 일방적인 행위이다. 수익자의 권리는 요약자와 낙약자의 계약으로부터 발생하는 것이므로 요약자가 수익자로부터 권리를 빼앗을 권한을 갖는다고 해서 이상할 것이 없다.[90] 철회권은 낙약자가 아니라 "요약자"에게 있으나 이 권한을 행사함에 있어서 낙약자의 동의를 받도록 약정하는 것도 가능하다. 요약자가 마음이 바뀐 때에는 제3자를 위한 계약을 철회하는 방법 말고도 수익자를 자기 자신으로 하거나 다른 수익자를 지정하는 방법(제1207조 제2항)을 사용할 수도 있다.

랑스민법상 유증", 민사법학 제59호(2012), 한국민사법학회, 464면 이하.

85   O. Deshayes, Th. Genicon et Y.-M. Laithier, 앞의 책(주4), p. 494.

86   가령 요약자와 낙약자 사이의 계약에 내재한 상계의 항변.

87   G. Chantepie et M. Latina, 앞의 책(주4), n° 575, p. 525.

88   Cass. civ. 1re, 23 mars 1982, *Bull. civ.*, I, n° 119.

89   Cass. civ. 1re, 29 nov. 1994, *Bull. civ.*, I, n° 353.

90   O. Deshayes, Th. Genicon et Y.-M. Laithier, 앞의 책(주4), p. 496.

(가) 철회의 대상

(부담부 증여처럼) 요약자가 낙약자에 대해 의무를 부담하는 경우 철회는 요약자의 의무부담에는 영향을 미칠 수 없다.[91] 철회는 제3자를 위한 약정에만 해당된다.

(나) 철회의 주체

철회는 낙약자 또는 수익자를 상대로 하는 일방적 행위이며 요약자와 그 상속인만이 할 수 있고(제1206조 제2항) 낙약자는 할 수 없다. 낙약자는 자신이 요약자와 체결한 계약에 구속되므로 일방적으로 의무를 면할 수 없다. 요약자가 사망한 후에는 요약자의 상속인이 철회할 수 있다. 그러나 상속인은 수익자에게 그 승인 여부를 최고한 날로부터 3개월의 기간이 경과한 때에만 철회할 수 있다(제1207조 제1항). 이는 1930년 7월 13일자 법률에 의해 보험 분야에서 채택된 해결책[92]을 계약법 일반에 도입한 것이다.

철회권은 낙약자가 아니라 "요약자"에게 있으나 이 권한을 행사함에 있어서 낙약자의 동의를 받도록 약정하는 것도 가능하다. 요약자가 마음이 바뀐 때에는 제3자를 위한 계약을 철회하는 방법 말고도 수익자를 자기 자신으로 하거나 다른 수익자를 지정하는 방법(제1207조 제2항)을 사용할 수도 있다.

(다) 철회의 기한

앞서 말했듯이 수익자의 승인이 있으면 제3자를 위한 계약은 철회불가한 것이 된다. 하지만 철회와 승인이 동시에 행해진 때에는 어떻게 할 것인가? 그에 대한 답은 프랑스민법 제1206조 제3항과 제1207조 제3항에서 찾을 수 있다. 제1206조 제3항에 따르면 수익자의 승인의 의사표시가 요약자 또는 낙약자에게 도달한 때부터는 제3자를 위한 계약을 철회할 수 없다. 이는 요약자나 낙약자에게 수익자의 승인이 도달하기만 해도 제3자를 위한 계약이 철회불가한 것으로 된다는 뜻이다. 그런데 제1207조 제3항은 "철회는 수익자인 제3자 또는 낙약자가 이를 안 때부터 효력을 발생한다"고 규정하고 있다. 제1115조에 규정된 청약의 철회와는 달리, 여기서는 철회의 발신만으로는 제3자의 승인을 가로막기에 충분하지 않다. 낙약자나 수익자가 요약자의 철회를 "실제로 인식"하여야 한다. 제1206조 제3항과 제1207조 제3항으로부터 도출할 수 있는 결론은 다음과 같다. 수익자의 승인의 의사표시가 요약자나 낙약자에게 도달하기 전에 수익자나 낙약자가 요약자의 철회를 안 때에만 철회가 효력을 갖

---

91 A. Bénabent, 앞의 책(주4), n° 262, p. 225.

92 현재는 프랑스보험법 제L.132-9조 제3항에 나온다.

는다. 요약자나 낙약자가 수익자의 승인의 의사표시를 알았는지 여부는 중요하지 않다. 달리 말하면 요약자의 철회가 효력을 갖는지 여부는, 수익자의 승인의 의사표시가 요약자나 낙약자에게 도달하기 전에 낙약자나 수익자가 철회를 알았는지 여부에 달려있다.[93]

(라) 철회의 효력발생시기

수익자의 승인은 요약자 또는 낙약자에게 도달하는 시점에 제3자를 위한 계약을 철회불가한 것으로 만드는 반면(제1206조 제3항), 요약자의 철회는 "수익자인 제3자 또는 낙약자가 이를 안 때"에 효력을 발생한다(제1207조 제3항). 철회의 상대방은 수익자 또는 낙약자이다. 그 결과 낙약자에게만 철회를 알리고 비밀리에 수익자를 변경하는 것도 가능하다. 그러나 수익자인 제3자에게 철회를 알리는 경우에는 낙약자에게도 알려야만 낙약자가 이제는 수익자가 아니게 된 제3자에게 선의로 변제하는 것을 피할 수 있다.

철회를 유언으로 하는 때에는 철회가 효력을 발생하는 시점이 달라진다. 그 경우에는 철회의 효력이 "요약자의 사망시에 발생한다"(제1207조 제4항).[94] 그 경우 수익자나 낙약자가 철회를 알았는지는 불문한다. 하지만 요약자나 낙약자가 이미 수익자의 승인의 의사표시를 수령하였다면 유언에 의한 철회는 할 수 없다.

(마) 철회의 효력

철회로 말미암아 "원래 지정된 제3자"는 제3자를 위한 계약의 수혜, 즉 "급부청구권"(제1206조 제1항)을 잃게 된다(제1207조 제5항). 학설[95]을 충실히 좇아서, 제1207조는 이러한 권리소멸이 소급적임을 규정한다. 즉 그 제3자는 "자신의 이익을 위하여 체결된 제3자를 위한 계약의 수혜를 전혀 받지 않은 것으로 된다."

철회시에 요약자는 새로운 수익자를 지정할 수 있는데 그때부터는 새로운 수익자가 낙약자를 상대로 한 이행청구권을 갖는다. 그러나 새로운 수익자를 지정하지 않은 때에는 철회는 요약자 또는 그의 상속인의 이익으로 한다(제1207조 제2항). 달리 말하면 철회시 새로운 수익자를 지정하지 않으면 낙약자는 면책되지 않고 "요약자 자신을 위한 계약"이 되며 요약자의 상속인이 수혜를 받을 수도 있다.

---

93 O. Deshayes, Th. Genicon et Y.-M. Laithier, 앞의 책(주4), p. 496.

94 이는 유언이라는 행위의 성질 때문이다. 그러므로 요약자가 생전에 철회의 효력이 발생하기를 원한다면 유언이 아닌 방식으로 철회를 하여야 할 것이다.

95 가령 F. Terré, P. Simler et Y. Lequette, *Les obligations*, Dalloz, 2013, n° 528 끝부분 참조.

(2) 수익자의 권리취득의 성질

수익자는 요약자를 상대로 하는 직접소권을 취득하지 않는다.[96] 하지만 제3자를 위한 계약을 통해서 요약자가 수익자에게 권리를 이전하는 셈이 된다. 수익자의 권리취득은 유상으로도 무상으로도 행해질 수 있다. 그 성격은 요약자와 수익자 간의 관계에 달려 있다. 요약자는 제3자를 위한 계약을 통해 제3자에게 부담하던 채무를 변제하기도 하고 제3자에게 무상양여를 하기도 한다.

가령 어떤 사람이 물건을 매도하여 매수인에게 인도의무를 부담하는데 운송수단이 없어서 운송업자와 계약을 체결하여 매수인의 이익을 위하여 배달이 이루어져야 함을 약정하였다고 하자. 이 제3자를 위한 계약을 통해서 수익자인 매수인은 낙약자인 운송업자에 대한 권리를 취득하고 이로써 요약자인 매도인은 매수인에게 부담하던 의무를 면한다.[97]

반면 지인의 혼인선물목록에 올라와 있는 물건을 보낸다든가[98] 피보험자의 죽음에 대비하기 위해 생명보험에 가입한다든가 하는 때에는 요약자가 수익자에게 무상양여를 하게 된다. 생명보험계약에서는 피보험자가 보험료를 내고 수익자가 보험금을 받는다. 수익자가 보험회사로부터 받는 보험금은 피보험자의 재산에 속하였던 돈이 아니다(보험법 제L.132-12조 이하). 하지만 세무관서는 종종 생명보험계약을 간접증여로 보고 있다.[99] 실제로 국사원은 2004년 판결에서 이를 인정하였다.[100] 즉 "생명보험이 그 자체로서 민법 제894조가 정하는 증여의 성격을 갖는 것은 아니지만 생명보험계약이 체결된 경위를 고려할 때 가입자가 수익자에게 무상양여를 하고자 하는 의사가 나타나 있고 수익자가 승인하였다면 증여로서의 성격을 부여할 수 있다"고 판시하였다. 파기원도 2007년에 같은 입장을 취하였다.[101]

---

96 Cass. com., 25 mars 1969: *Bull. civ.*, IV, n° 118.

97 Cass. civ. 1re, 14 nov. 1995: *Bull. civ.* I, 404, p. 282, *D.* 1996. 434, note Billiau; *Defrénois* 1996. 750, obs. Delebecque; *RTD civ.* 1997. 122, obs. Mestre.

98 C. Beroujon, Variations sur la nature juridique de la liste de mariage, *D.* 1998. Chron. 10, sp. p. 11.

99 행정청이 계약자의 증여의사를 입증하면 이는 간접증여에 해당하여 양도세가 부과된다. 그런데 해지환급금을 받을 수 있는 생명보험(assurance-vie rachetable)의 경우에는 피보험자의 연령과 건강상태에 비추어 피보험자의 해지권이 유명무실한 때에만 간접증여에 해당한다.

100 CE, Section du Contentieux, 19 nov. 2004, 254797.

101 Cass. ch. mixte, 21 déc. 2007, n° 06-12769: *Bull. ch. mixte* n° 13.

그리고 차주(낙약자)가 대주(요약자)와의 계약을 통해 대여금을 대주의 미망인(수익자)에게 상환하기로 하는 경우에 요약자인 대주가 미망인에게 증여하는 것일 수도 있지만 그렇지 않을 수도 있다.

V. 결

1. 지금까지 프랑스민법상 제3자를 위한 계약의 발전사와 더불어 그 유효요건과 효과를 살펴보았다. 그 결과 프랑스민법과 우리 민법 사이에는 제3자를 위한 계약의 효과에 있어서 다음과 같은 차이가 있음을 확인할 수 있었다. 첫째, 프랑스민법에서는 수익자가 낙약자에 대한 권리를 즉시 취득하는 데 반하여 우리 민법에서는 수익의 의사표시를 한 때에 비로소 낙약자에 대한 권리를 취득한다(제539조 제2항). 둘째, 우리 민법에는 낙약자의 최고권이 규정되어 있으나(제540조) 프랑스민법에는 낙약자에게 최고권이 없다. 프랑스법상 수익자의 승인은 요약자의 철회에 의해 차단되기 때문이다.102 셋째, 프랑스민법에서는 요약자로 하여금 수익자의 승인이 있기 전까지 제3자약정을 철회할 수 있도록 하는 반면(제1207조), 우리 민법 제541조는 제3자의 권리가 생긴 후에는 당사자는 이를 변경 또는 소멸시키지 못한다고 규정한다. 우리 민법 제541조를 반대해석하면 제3자의 권리가 생기기 전에는 당사자는 이를 변경 또는 소멸시킬 수 있다.103

그러한 차이에도 불구하고 프랑스민법과 우리 민법 사이에는 다음과 같은 공통점이 있다. 즉 우리 민법은 제539조 제1항에서 "제3자는 채무자에게 직접 그 이행을 청구할 수 있다"고 규정함으로써 제3자가 요약자로부터 권리를 양도받는 것이 아님을 분명히 하고 있다.104 따라서 제3자는 낙약자에게 권리를 행사함에 있어서 요약자의 상속인이나 채권자와 경합하지 않는다.

2. 이와 같은 비교를 통해서 우리 민법상 제3자를 위한 계약에 관한 선생님의 주장에 대해 필자는 다음과 같이 이해한다.

첫째, 우리 민법상 제3자에게 권리를 주는 동시에 의무를 부담하게 하는 계약도

102　수익자가 승인으로써 요약자의 철회를 막을 수 있는 것과 마찬가지로 요약자는 철회로써 수익자의 승인을 막을 수 있다.

103　곽윤직 편집대표, 민법주해 [XIII], 215면(송덕수 집필부분).

104　곽윤직 편집대표, 위의 책, 157면(송덕수 집필부분); 지원림, 앞의 책(주7), 1395면.

유효한지에 대하여 선생님은 요약자와 수익자의 합의에 의한 의무부담이 가능하다고
한다.105 즉 제3자 약정으로 요약자가 수익자의 의무부담에 대한 청약이 있고 이에 대
하여 수익자가 승낙을 함으로써 제3자에게 의무를 부담시킬 수 있다고 한다. 이를 제3
자를 위한 계약에 포섭시킬 것인지 아니면 별도의 합의로 볼 것인지가 문제인데, 권리
취득과 이에 부수적인 의무부담이라는 관계에 비추어 볼 때 제3자를 위한 계약으로 포
섭하는 것도 가능하다고 한다. 선생님의 견해는 종래의 제한적 인정설106보다 더욱 제
한적으로 제3자의 의무부담을 인정하는 것이다. 이는 "누구나 자신을 위하여만 자신의
이름으로 의무부담을 할 수 있다"는 원칙107을 충분히 고려한 것이라고 생각한다.

둘째, 우리 민법상 수익의 의사표시가 제3자가 권리를 취득하기 위한 절대적 요
건인지에 관하여 학자들 사이에 의견이 대립하고 있다. 즉 수익의 의사표시 없이 수
익자가 당연히 권리를 취득한다는 요약자와 낙약자 사이의 특약은 원칙적으로 효력
이 없다는 견해108와, 그러한 특약이 유효하다는 견해109가 대립하고 있다. 전자의
견해는 이익이라도 수익자의 의사에 반하여 강요할 수 없다는 데 근거를 두고 있다.
반면 후자의 견해는 우리 민법 제539조 제2항의 성질을 임의규정으로 보는 것인데,
이는 민법 제541조의 적용범위를 줄이고자 하는 것이다.110 민법 제541조의 반대해
석에 의하면 제3자에게 권리가 생기기 전에는 요약자와 낙약자가 계약을 합의해제할
수 있기 때문이다. 선생님은 후자의 견해를 취하고 있으나 그 근거는 제시하고 있지
않다.111 그런데 선생님이 제3자를 위한 계약의 유효성 근거를 당사자의 자기결정의
원칙에서 구한다는 점, 우리 민법상 요약자가 낙약자의 의사를 묻지 않고 제3자약정
을 철회할 수는 없다고 주장하는 점에 비추어 제3자의 지위를 보호하려는 취지에서
후자의 견해를 취한다고 생각한다.

셋째, 학자들은 우리 민법 제541조에서 '당사자'란 요약자만을 말하는 것이 아니

---

105 남효순, 앞의 논문(주3), 210면.
106 이은영, 채권각론, 제4판, 2004, 199면.
107 이는 프랑스민법 제1203조에 규정되어 있다.
108 곽윤직 편집대표, 앞의 책, 160면(송덕수 집필부분), 김증한, 채권각론, 1988, 박영사, 69면; 지원림, 앞의 책, 1396면.
109 곽윤직, 채권각론, 92면; 최흥섭, "「제3자를 위한 계약」에 관한 대법원 판결에 대한 의문", 법학연구 제13집 제3호(2010), 인하대 법학연구소, 206면.
110 최흥섭, 위의 논문, 206면.
111 남효순, 앞의 논문(주3), 209면.

라 낙약자(채무자)를 포함하는 것으로 이해한다. 그 결과 민법 제541조는 제3자의 권리가 생긴 후에는 계약당사자의 합의로써 임의로 소멸시킬 수 없으며 그 전에는 계약당사자의 합의로써 소멸시킬 수 있다는 의미가 된다. 이와 달리 제3자가 수익의 의사표시를 하기 전에는 요약자가 일방적으로 제3자약정을 변경·소멸시킬 수 있다는 견해112는 다른 학자들로부터 지지를 얻지 못하고 있다.113 선생님은 요약자가 낙약자의 의사를 묻지 않고 제3자약정을 철회할 수는 없다는 주장의 근거를 프랑스민법과의 비교에서도 구하고 있다. 그에 따르면 프랑스민법상 제3자를 위한 계약에서의 제3자는 계약 성립과 동시에 권리를 취득하고 그 바탕 위에서 요약자에게는 '철회권'이라는 무기가, 수익자에게는 '승인'이라는 무기가 대등하게 주어진다.114 반면 우리 민법상 제3자를 위한 계약에서의 제3자는 계약성립과 동시에 권리를 취득하는 것이 아니고 수익의 의사표시를 한 때에 비로소 권리를 취득하는 것이므로 요약자에게 '철회권'이 부여될 이유가 없다는 것이다.115 필자도 민법 제541조에서의 '당사자'를 양 당사자의 의미로 새기는 데 찬성한다.

3. 끝으로 우리 민법상 제3자를 위한 계약에 관한 필자 나름의 제안을 덧붙이고자 한다. 우리 민법상 제3자의 권리취득을 차단시키는 효과를 발생시킬 수 있는 낙약자의 최고권(제540조)은 프랑스민법상 요약자의 철회권 만큼의 의미를 갖는 권리라고 할 수 있다. 프랑스민법상 요약자의 철회의 대상이 '제3자약정'에 한정되고 요약자의 의무부담에는 영향을 미치지 않는 것과 마찬가지로, 우리 민법상 낙약자가 최고권 행사를 통해 소멸시키는 것은 '제3자의 형성권'일 뿐 낙약자와 요약자 사이의 계약 자체가 아니다.116 프랑스민법은 요약자의 상속인은 수익자에게 그 승인 여부를 최고한 날로부터 3개월의 기간이 경과한 때에만 철회할 수 있도록 하고 있다(제1207조 제1항). 우리 민법에서도 제3자가 수익의 의사표시를 하기 전에 요약자가 사망한 경우에 낙약자의 최고를 제한할 필요가 있다. 낙약자가 요약자의 사망후에 최고하는 때에는 최고한 날로부터 가령 3개월의 기간 내에 확답을 받지 못한 때에 수익을 거절한 것으로 보는 등 '상당한 기간'에 대한 제한이 필요하다.

---

112 장재현, "제3자를 위한 계약에 관한 일 시론", 경북대 법학논고 제4권(1988), 537면.

113 곽윤직 편집대표, 앞의 책, 216면(송덕수 집필부분).

114 남효순, 앞의 논문(주3), 208면.

115 남효순, 위의 논문, 209면.

116 곽윤직 편집대표, 앞의 책, 214면(송덕수 집필부분) 참조.

프랑스민법상 건축예정건물의 매매 管見

김 은 아*

Ⅰ. 들어가며

우리 민법은 부동산의 물권변동에 관하여 제186조를 두고 "부동산에 관한 법률행위로 인한 물권의 득실변경은 등기하여야 그 효력이 생긴다."라고 정함으로써 성립요건주의 또는 형식주의를 채택하고 있다. 이는 독일법을 계수한 것으로, 많은 학자들이 이때의 법률행위를 물권행위라고 하며 물권행위와 등기가 있어야 부동산의 물권이 변동되는 것으로 해석하고 있다.[1]

학자들은 우리법과 대비되는 부동산물권변동제도를 대항요건주의 또는 의사주의라고 하며, 이를 채택하는 대표적인 국가로 프랑스를 들고 있다.[2] 이에 따르면 의사표시만으로 물권이 변동되지만 부동산물권에 관한 공시방법을 갖추어야 그 물권변동을 제3자에게 대항할 수 있는 것이다.[3]

그런데 의사주의적 전통을 도입한 프랑스에서도 필요에 따라 의사주의적 전통의

---

* 서울대학교 법학연구 객원연구원, 법학박사
1 대표적으로는 곽윤직 · 김재형, 물권법[민법강의Ⅱ], 제8판(전면개정)보정, 박영사, 2017, 97면.
2 곽윤직 · 김재형, 앞의 책, 45면.
3 사실 프랑스민법의 기초자들과 프랑스학자들은 자국의 물권변동제도에 관하여 계약으로 소유권이 변동되는 의사주의를 채택하고 있다고 할 뿐 대항요건주의라고 칭하지는 않는다. 프랑스법을 대항요건주의라고 하는 것은 독일민법과 프랑스민법상의 물권변동에서 공시방법이 갖는 효력의 차이에 착안하여 일본법학상 일컬어 오던 용어로 우리 학계에서도 자주 쓰이고 있다. 곽윤직 · 김재형, 앞의 책, 43면.

예외를 명문화한 경우가 있다. 그 예가 프랑스민법의 건축예정건물의 매매계약이다 (프랑스민법 제1601-1조 내지 제1601-4조). 건축예정건물의 매매란 프랑스민법상 부동 산매매의 특수한 형태로서, 아직 짓지 않은 건물을 미리 매매하는 것이다. 이는 장래 발생할 물건을 대상으로 한 매매로서, 주택과 상가 등을 분양함에 있어서 특히 대규 모의 개발계획 하에서 이루어질 때 장래 건설될 건물을 매매하는 것을 그 목적으로 하는 매매계약이다. 이는 건물이 완공될 때까지 종래의 법제하에서는 법적으로 드러 나지 않는 매수인을 보호하고, 부동산매매로 인한 물권변동상의 복잡한 과정을 명확 히 할 필요에 따라 프랑스민법에 새롭게 도입된 것이다.4

우리 법이 물권변동에 있어서 등기를 요함으로써 프랑스법과는 정반대의 법제를 취하고 있음에도 불구하고 프랑스의 건축예정매매계약을 연구대상으로 삼은 이유는 프랑스의 건축예정건물의 매매계약의 법률관계가 우리법상 분양계약을 체결하는 분 양자와 수분양자 사이의 법률관계 내지 미등기 건물의 소유권의 귀속관계와 유사하 기 때문이다. 단독주택은 물론 아파트와 같은 대규모 단지의 집합건물의 분양과정은 오랜 시간이 걸리며, 계약금과 중도금, 잔금까지 거액의 대금을 지급해야 함에도 불 구하고, 등기가 이루어지기 전까지는 법적으로 소유자의 지위를 보장받지 못한다. 건축예정건물의 매수인의 지위 및 물건이 멸실되었을 때의 위험부담, 그리고 하자 있는 건물을 인도받았을 때 매수인이 가지는 권리가 무엇인지 등의 문제는 우리법에 서도 그대로 발생하는 법률문제이다.

이 글에서는 등기가 없이도 물권변동이 이루어지는 프랑스법제상 건축 예정 건 물의 매매계약제도를 통하여 대규모의 건설과정에서의 건물분양계약의 법률문제를 어떻게 규율하는지 검토하고자 한다. 이를 위하여 아래에서는 프랑스의 의사주의 하 에서의 부동산매매의 일반에 관하여 살펴본 후, 건축예정건물의 매매계약의 도입배 경 및 성립과 효과를 차례로 검토한다.

II. 프랑스민법상 매매계약와 소유권변동

1. 프랑스민법의 의사주의 전통

1804년에 프랑스민법은 부동산물권변동에 대한 의사주의를 채택하였다(프랑스민

---

4 P. Puig, Contrats spéciaux, 6e éd., 2015, Dalloz, n° 299, p. 261.

법 제711조[5]와 개정전 제1138조).[6] 그로 인하여 매매계약이 체결되면 소유권이 즉시 이 전되었다(consensualime, "solo consensu").[7] 그 일반규정 외에도 개별규정을 통하여 증여(제938조), 매매(제1583조) 및 교환(제1707조)에서 의사주의 원칙이 관철되었다.[8] 이러한 프랑스의 혁신적인 태도에 대하여 다수의 견해는, 이 규정이 인도에 의한 소유권변동을 폐기하면서 프랑스민법상 의사주의를 선언한 것이라고 설명하고 있다.[9] 따라서 프랑스민법 제정으로 간이인도, 점유개정, 점유이전약정에 의한 인도와 같이 현실인도를 대체하는 합의에 의한 인도의 의제가 이제는 더이상 필수적인 것이 아니었다. 즉 프랑스에서의 의사주의의 채택은 물권변동의 요건으로서의 인도를 폐기한 데에 그 의의가 있다.[10] 판례도 매매계약에 따른 소유권이전에 관하여 매매계약의 효력으로 소유권이 이전된다고 판시함으로써 역시 물권변동에 관하여 인도가 필요하지 않다고 판시하고 있다.[11]

　　2016년 프랑스민법 중 채권법에 관한 개정으로 개정 전 제1138조는 현행 제1196조가 되었다.[12] 이 규정도 여전히 의사주의 원칙을 유지하고 있는 것으로 평가된

5　프랑스민법 제711조 물건의 소유권은 상속, 생전증여 또는 유증 그리고 채권의 효력으로 취득되고 이전된다, 개정 전 프랑스민법 제1138조 ① 물건의 인도의무는 계약당사자의 합의만으로 완성된다. ② 인도의무에 의하여 채권자는 물건이 인도되기로 한 때에 소유자가 되고 위험을 부담한다.

6　이에 관하여는 김은아, 소유권유보에 관한 연구, 경인문화사, 2021, 86면 이하 참조.

7　프랑스민법 제1582조 ① 매매는 일방이 물건을 인도하기로 하고, 타방이 그것을 변제하기로 하는 약정이다, 프랑스민법 제1583조 매매는 물건과 대금에 관하여 약정되어있는 한 물건이 인도되지 않았거나 대금이 변제되지 않더라도 당사자 사이에서 완성되며, 소유권은 매도인과의 관계에서 매수인에게 이전된다.

8　프랑스민법 제938조 정식으로 승낙된 증여는 당사자의 합의만으로 완성된다. 그리고 증여받은 물건의 소유권은 인도가 없더라도 수증인에게 이전된다, 프랑스민법 제1703조 교환은 매매와 마찬가지로 단순한 합의만으로 성립한다. H., L. et J. Mazeaud et F. Chabas, Leçons de droit civil, t. I ., Introduction à l'étude du droit, 12ᵉ éd., Montchrestien, 2000, n° 1617.

9　물권변동의 의사주의에 관한 프랑스민법 제정 전후의 학설대립에 관하여는 남효순, "프랑스민법의 물권변동법리 — 물건의 인도와 물권변동 —", 사법연구 제3집, 청림출판, 1995, 27면 이하 참조; G. Marty et P. Raynaud, Droit civil, Les biens, 2ᵉ éd., Sirey, 1980, n° 52, p.61; M. Planiol et G. Ripert, Traité pratique de droit civil français, Les biens, par M. Picard, 2ᵉ éd., t Ⅲ Paris, 1952, n°618; H., L. et J. Mazeaud et F. Chabas, op. cit., n° 1617.

10　남효순, 앞의 논문, 35면.

11　Cass. Com., 1968. 10. 29. Bull. civ. 1968, Ⅳ, n° 295, p. 264.

12　프랑스민법 제1196조 ① 소유권 또는 기타 권리의 양도를 목적으로 하는 계약에서, 권리의 이전은 계약의 체결 시에 이루어진다. ② 권리의 이전은 당사자의 의사, 물건의 성질 또는 법률의 규정에 의하여 유예될 수 있다. ③ 소유권의 이전은 물건의 위험을 수반한다. 그러나 인도의무의 채무자는 제

다.13 따라서 원칙적으로는 계약이 체결된 경우에 당사자의 의사합치가 있으면 다른 별도의 요건이 필요 없이 계약의 효력이 발생한다. 다만, 채권양도와 같이 요식계약인 경우에는 형식을 갖춘 때에, 요물계약인 경우에는 물건을 교부한 때에 소유권이 이전된다.14

그러나 이러한 의사주의는 당사자의 합의만으로 소유권이 이전된다는 점에서 제3자에 대한 관계에서 어려움을 초래한다. 이에 대비하여 부동산에 대해서는 순위의 우열을 정하기 위한 공시시스템이 구축되어 있으며, 동산에 대해서는 선의취득제도가 존재한다.15

2. 매매계약을 통한 소유권의 변동

우리법의 많은 학자들은 민법 제186조의 법률행위에 관하여 독일법과 같이 물권행위이론을 취하여 해석하고 있다. 우리와 같이 독일법의 성립요건주의, 즉 형식주의를 취하는 법계에서는 물권변동을 위한 물권행위와 그 원인행위인 매매계약을 분리하여 논의하고 있으나, 그와 달리 의사주의를 취하고 있는 프랑스에서는 계약이 체결되면 바로 그 계약을 통하여 소유권과 같은 물권이 이전하는 효력이 생긴다.16 프랑스에서는 물권행위 또는 원인행위를 따로 구분하지 않고, 매도인과 매수인의 매매계약이 있으면 바로 소유권이 이전하는 것이다. 이와 같이 계약이 물권을 변동시

1344-2조에 따라 그리고 제1351-1조에서 정한 규정의 경우를 제외하고 지체에 빠진 날부터 다시 위험을 부담하게 된다." B. Mercadal, *Réforme de droit des contrats*, Francis lefebvre, 2016, n° 628; O. Deshayes, Th. Genicon et Y.-M. Laithier, *op. cit.,* p. 421.

13 F. Chénedé, Le nouveau droit des obligations et des contrats, consolidations-innovations-perspectives, Dalloz, 2016, n° 25.121; O. Deshayes, Th. Genicon et Y.-M. Laithier, Réforme du droit des contrats, du régime général et de la preuve des obligations, commentaire article par article, LexisNexis, 2016, p. 421.

14 2016년 프랑스민법상의 채권법의 개정으로 채권양도가 더 이상 민법전 제1690조의 매매에 관한 규정에 따르지 않게 되었다. 개정법에 따르면 이제 채권양도에서는 제3자에 대하여 집행관에 의한 통지와 공정증서에 의한 승낙이라는 대항요건 선후가 아니라 양도증서의 성립 일자의 선후에 따라 대항력의 순위가 정해지게 된다. 그러한 의미에서 채권양도는 요식계약으로서의 의미를 가진다. 이에 관하여는 김은아, "개정 프랑스민법전에서의 채권양도", 아주법학 제12권 제3호, 2018, 103면 이하 참조.

15 O. Deshayes, Th. Genicon et Y.-M. Laithier, *op. cit.,* p. 422.

16 프랑스에서 논의된 독일 판덱텐체계의 물권·채권 준별론에 대한 비판에 관하여는, 남효순, "물권관계의 새로운 이해 — 물권 및 물권적 청구권 개념에 대한 새로운 이해의 단초 2", 민사법학 제63권 제1호, 2013, 342면 이하 참조.

키는 효력을 프랑스에서는 계약의 이전적 효력(effet translatif)이라고 한다.¹⁷

3. 부동산매매로 인한 소유권변동의 대항요건으로서의 등기

이는 매매의 목적물이 동산이든 부동산이든 관계없이 적용되는 물권변동의 이론이다. 프랑스의 동산과 부동산의 분류방법은 우리법상의 분류방법과 완전히 동일하지는 않으나, 토지와 건물을 성질에 의한 부동산으로 분류하여 규정하고 있다(제518조).[18] 매매계약만으로 부동산의 소유권이 이전되는 의사주의를 취하는 프랑스에서도 등기가 존재한다. 다만, 이는 대항요건일 뿐이며, 등기의 작성방법이 우리와 다르다. 프랑스에서는 우리와 달리 개별 부동산에 하나의 등기가 편성되는 것이 아니라, 개인별로 등기부가 작성된다. 등기에 있어서 물적편성주의를 취하는 우리와 달리, 프랑스는 인적편성주의를 취하는 것이다. 이는 등기로 공시되는 내용이 우리와 차이가 있음을 의미한다. 우리의 경우 어느 주소지의 부동산에 소유권에 관한 갑구와 그 밖의 물권에 관한 을구로 구분된 각 부동산의 등기부가 규격화되어 있는데 반하여, 프랑스에서는 등기소에 개인별로 그가 소유한 부동산의 권리증서, 예컨대 매매계약서, 저당권설정계약서 등이 있다면 그것이 편철되는 것이다. 프랑스법상 매매계약서와 같은 권리증서는 공증인에 의해서 공정증서로 작성된 것이어야 한다(1955. 1. 4. 데크레 제55-22호 제4조).[19] 그리고 매매로 인한 부동산의 소유권변동을 제3자에게 대항하기 위해서는 등기가 있어야 한다(1955. 1. 4. 데크레 제55-22호 제30조 제1호).[20]

---

17 2016년 프랑스민법 가운데에서 채권법이 개정될 때, 입법자는 개정 프랑스민법 제1196조가 속한 부속절의 명칭을 "주는 채무(de l'obligation de donner)"에서 "이전적 효력(effet translatif)"으로 변경하였다. 이에 대하여 프랑스민법의 개정으로 이제 프랑스에서 소유권의 이전은 계약의 직접적인 효력에 의하여 이루어지는 것이며, 종래의 해석과 같이 의사의 합치가 있으면 이행이 간주되는 것으로 보는 주는 채무의 결과로 소유권이 이전되는 것이 아니라는 것을 입법자가 선언한 것이라는 해석도 있다(F. Chénedé, *op. cit.*, n° 25.111).

18 이에 관하여는 김은아, 앞의 책, 110면 참조.

19 Ph. Malaurie, L. Aynès, P.-Y. Gautier, Droit des contrats spéciaux, 11e éd., 2020, n° 353, p. 285.

20 Décret n°55-22 du 4 janvier 1955 portant réforme de la publicité foncière.

III. 건축예정건물 매매계약의 도입배경 및 유사한 매매계약과의 구분

1. 도입배경

건축예정건물의 매매가 프랑스민법에 도입된 지는 그리 오래되지 않았다. 이 제도는 1967. 1. 3. 법률 제67-3호[21]에 의하여 신설되었고, 1967. 7. 7. 법률 제67-547호[22]에 의하여 수정되었으며, 1967. 12. 22. 데크레 제67-1166호[23] 및 1971. 7. 16. 법률 제71-579호[24] 및 1978. 1. 4. 법률 제78-12호와 1990. 12. 19. 법률 제90-1129호[25]에 의해서 그 체계가 완성되었다. 그리고 이러한 법률은 1067년에 곧바로 프랑스민법(제1601-1조 내지 제1601-4조) 및 프랑스건축주거법(Code de la construction et de l'habitation 제L. 261-1조 내지 L. 261-22조 및 제R. 261-1조 내지 제R. 261-33조)에 편입되었다.

이 법률의 구체적 입법목적은 한편으로는 건축물의 설계에 대한 법률체계와 규정을 두기 위한 것이고, 다른 한편으로는 주거용 건물이 주거목적으로 이용될 때까지 매수인을 보호하기 위한 것이다. 1967년 법률은 상사 및 산업용 건물에 대한 일반부문과 주거목적을 위한 보호부문을 구별하고 있다. 특히 주거목적을 위한 보호부문에는 몇몇 강행규정이 있다.[26]

1967년 법률에 따라 도입된 건축예정건물매매는 민법과 건축주거법에 동시에 편입되었다. 건축주거법에서는 건축예정건물에 관한 계약 전체를 규정하고 있다는 점에서 민법과 그 범위가 구별된다. 이때의 건축예정건물에 관한 계약은 매매계약인 것이 보통이나, 교환이나 회사의 출자계약도 체결될 수 있다.[27]

이에 따라 단순한 상사 및 산업용 건물에 관한 일반부문의 매매인 경우에는 민법상의 매매계약이 적용되나, 주거목적을 위한 보호부문의 매매계약에는 민법 이외에 건축주거법상의 여러 강행규정이 적용된다. 특히 아파트, 주택과 같은 주거목적

---

21 la Loi no° 67-3 du 3 janvier 1967.

22 la Loi no° 67-547 du 7 juillet 1967.

23 le Décret no° 67-1166 du 22 décembre 1967.

24 la Loi no° 71-579 du 16 juillet 1971.

25 la Loi no° 78-12 du 4 janv. 1978 sur la responsabilité des constructeurs.

26 O. Tournafond, Vente d'immeuble à construire, *Rép. civ.*, Dalloz, 2004, n° 3.

27 O. Tournafond, *op. cit.*, n° 16.

을 위한 건축예정건물의 경우에는 건축주거법상 L.261-10조는 완공 전에 계약상 매수인이 대금을 지급할 약정을 하는 경우에만 동법상의 계약을 체결한 것으로 인정한다. 따라서 이를 위반한 경우 당해 매매계약의 효력을 무효로 하는 것이다.

2. 혼합계약으로서의 성질

건축예정건물매매는 기한 내에 건물을 건축하여 소유권을 이전해야 한다는 점에서 매매계약과 도급계약의 혼합계약의 성질을 가진다.**28** 따라서 이 계약은 매매계약에 도급계약, 예를 들어 개개의 주택의 건설계약과 같은 도급계약과 결합한 것이다 (프랑스건축주거법 제L. 231-1조). 건축예정건물의 매매는 매매라고 명시되어 있기는 하지만, 특히 건물의 건축상의 하자를 담보한다는 점에서 도급계약적인 성질을 가지고 있다. 그 성질의 대표적인 예가 건축예정건물의 매도인은 도급인과 동일한 정도의 담보책임을 진다는 점이다(프랑스민법 제1646-1조, 프랑스건축주거법 제L. 261-6조).**29**

3. 유사한 계약과의 비교

(1) 매수임대차계약

매수임대차계약(location-vente)은 매매계약과 임대차계약의 혼합계약으로 프랑스민법 상의 전형계약은 아니나 일정한 기한의 경과로 임차인이 물건의 소유권을 취득하는 약정이다.**30** 이 계약은 계약체결시부터 소유권을 취득하는 효력을 발생시키나, 프랑스건축주거법 제L. 261-10조는 이를 건축예정건물매매와 구분하여, 그 적용대상에서 제외된다.**31**

(2) 임차인매입계약

임차인 매입계약(location-accession) 역시 건축예정 건물 매매와 구별될 수 있는데, 이는 임차인이 계약 시 소유자와 정한 기간 안에 임대차 후 임차물을 매수하기로 하는 계약을 말한다. 임차인 매입계약은 통상 그들이 임차하여 점유하고 있는 주거를 취득하기 위한 별도의 사적 도움을 받을 수 없는 가정을 위해 허용된 매매계약이다. 이는 1984. 7. 12. 법률 제84-595호에 의하여 도입된 특수한 주거대책을 위한

---

28 Ph. Malaurie, L. Aynès, P.-Y. Gautier, *op. cit.*, n° 180, p. 152.

29 O. Tournafond, *op. cit.*, n° 4.

30 R.-N. Schütz, Location-vente, Rép. civ., n° 1.

31 O. Tournafond, *op. cit.*, n° 17.

계약으로, 이는 프랑스건축주거법 제L. 261-10조의 건축예정건물의 계약의 적용에서 제외되는 특수한 계약의 하나이다.32

(3) 새로이 완공되어 즉시 사용가능한 건물의 매매

새롭게 완공되어 즉시 사용가능한 건물의 매매(vente clefs en main)도 건축예정건물의 매매와 구분된다. 건축예정건물의 매매계약은 완성되지 않은 건물을 매매목적물로 하고 있기 때문이다(프랑스민법 제1601-1조, 프랑스건축주거법 제L. 261-1조).33 다만, 건축예정건물의 매매에는 건설 중인 건물의 매매를 포함하고 있으므로, 반 완제품인 상태의 건물을 매매하고, 매수인이 공사의 마무리를 부담하는 계약은 건축예정건물매매로서 자유로이 체결될 수 있다. 반면, 매도인이 단순히 회반죽 공사를 완료할 것을 부담하는 매매는 통상의 매매가 된다.34 그에 따르면 건축개발업자가 파산의 위험에 빠진 경우에도 마찬가지이다. 건축개발업자는 타인에게 자신이 건설 중인 건물의 골조만을 양도할 수 있는데, 그 매매가 건축예정건물의 매매로 간주되기 위해서는, 매도인이 그 건물에 대한 작업을 중단하는 것이 기본이다.35

Ⅳ. 건축예정건물 매매계약의 요건 및 효과

1. 체결 방식

프랑스민법 제1601-1조에서 규정하는 바와 같이, 건축예정건물의 매매는 두 가지 방식으로 체결될 수 있다. 하나는 기한부 매매이고, 하나는 장래의 준공상태의 매매이다.

첫째, 기한부 매매는 소유권의 이전과 대금 지급이 건물의 준공일에 가서야 비로소 이루어지는 매매를 일컫는다. 따라서 매도인은 매수인으로부터 미리 변제받을 수 없고, 준공일 전에는 단지 출금이 금지된 계좌에 지급할 것을 약정할 수밖에 없다. 이것이 장래 준공 상태 매매에 비하여 기한부 매매가 덜 선호되는 이유이다. 둘째, 장래 준공상태의 매매는 소유권의 이전 및 금전의 지급이 건물의 기성고에 따라

---

32 O. Tournafond, *op. cit.*, n° 17.

33 Ph. Malaurie, L. Aynès, P.-Y. Gautier, *op. cit.*, n° 73, p. 66.

34 Cass. 3e civ. 22 févr. 1984, RD imm. 1984. 424, obs. J.-C. Groslière et P. Jestaz, Cité par O. Tournafond, *op. cit.*, n° 29.

35 O. Tournafond, *op. cit.*, n° 29.

이루어진다. 따라서 매도인은 공사의 진행상태에 상응한 금액을 지급받게 되며, 이는 건물에 대하여 자금을 조달할 수 있게 하는 역할을 한다. 이와 같이 매매대금의 지급의 정도에 따라서 점차적으로 매수인은 그에 상응하여 건축물의 소유자가 된다. 이 때문에 프랑스민법 제1601-3조 제2항은 매도인은 공사의 수령 시까지 공작물에 대한 도급인으로서의 권한을 가진다고 규정하고 있다.[36]

2. 요건

(1) 건축 예정의 건물일 것

프랑스민법 제1601-1조에 따른 건축예정건물의 건물은 그 용도를 제한하지 아니한다.[37] 따라서 이 건물은 영업을 위한 건물, 공장 등도 포함된다.

다만, 건축주거법상의 건축 예정건물은 주거용이거나 영업용이더라도 주거용으로 함께 쓰이는 건물만을 의미한다(프랑스건축주거법 제261-10조). 건물의 용도에 따라 그 적용법률이 달라진다는 점에서, 양자의 분별에 관한 많은 판례가 축적되었다. 분양받은 건물의 일정 구획부분이 주거 용도로 이용된다는 점에서, 건축주거법 제261-10조가 적용된다고 판시하였다.[38] 실무상 분양된 구획부분의 부속 부분의 성격은 주된 구획부분의 용도에 따라 결정된다. 따라서 소방서에 부속되어 있는 소방관의 주거용 시설은 건축주거법의 적용대상이 아니다.[39] 즉, 분양부분의 용도는 주된 용도를 고려하여 결정해야 하는 것이다.[40]

(2) 토지와 건물의 소유권이전을 목적으로 하는 계약일 것

건축예정건물이 주거용이어서 건축주거법상의 보호부문 내의 계약을 할 때에는, 건축물의 소유권을 이전하는 것만으로 충분하지 않고 토지의 소유권까지 이전되어야 한다. 건축개발업자가 고객소유의 토지 위에 건축하는 경우에, 이는 건물의 매매

---

36 O. Tournafond, *op. cit.*, n° 6.

37 Cass. com., 2 juin 2004, n° 03-11.707: JurisData n° 2004-024062 Cité par F. Magnin, Art. 1601-1 à 1601-4 - Fasc. 10, Vente d'immeubles à construire, Régime général, Lexis 360, 2011, n° 23.

38 Civ. 3e, 7 janv. 2016, no 14-29.655, Dalloz actualité, 15 janv. 2016, obs. Diab, O. Tournafond, *op. cit.*, n° 13.

39 Cass. 3e civ. 15 févr. 1978, Bull. civ. III, no 84, RD imm. 1979.86, obs. R. Saint-Alary, J.-C. Groslière et P. Jestaz.

40 O. Tournafond, op. cit., n° 15.

계약이라기 보다는 건축물의 도급계약 및 임대차 또는 건축개발계약에 불과하다. 그러나 건축주거법 제L. 261-10조 제2항은 개발업자가 토지를 제공하는 계약의 경우에는 반드시 건축예정 건물 매매계약을 체결해야 한다고 규정하였다. 이 규정은 보호부문상의 강행규범을 우회하고자 하는 건설업자를 규제하기 위하여 1971년에 새로 규정된 것이나, 이는 부동산개발계약 및 개별주택 건설계약이 등장한 이래로 더이상 유용성을 갖지 못한다. 이는 개별 주택의 건설계약시 적용되는 1990. 12. 19. 법률41이 적용되기 때문이다.42

(3) 기한부 매매의 경우 계약상 건물의 완성 기한을 정할 것

건물의 완성에 드는 기한은 당사자가 자유롭게 약정할 수 있으나, 동 계약에 반드시 포함되어 있어야 한다. 정확한 완공일을 적시할 것까지는 없으나, 적어도 연(年)단위로 이를 약정해야 한다. 본 계약은 매수인에게 매도인의 성실성을 담보하여 기한 내에 건물을 건축하여 준다는 점에 가장 중요한 특징이 있다.43 그 결과 기한을 약정하지 않은 계약은 계약의 본질적 성립요건을 결여하였다는 점에서 무효가 된다.44 매도인이 기한을 준수하지 못하는 경우 이는 프랑스민법 제1184조상의 채무불이행이 되어, 매수인은 계약에 대하여 강제이행을 청구하거나, 계약을 해제할 수 있다.45

(4) 준공 전 대금을 지급할 것

건축예정건물의 매매계약은 공사의 완성 전, 즉 준공 전에 대금이 모두 지급되기로 하는 것이어야 한다. 또한 매매계약 체결 전의 대금 지급은 금지된다. 다만, 매도인이 미리 이에 관하여 예약한 경우에는 그러하지 아니한다. 이에 대하여 판례는 엄격히 해석하고 있다. 즉, 건축예정 건물을 미리 인도할 것을 약정하고 인도한 경우에는 완공 전에 대금의 지급이 있었다고 판단하였다.46 반면, 건물이 아니라 토지만

---

41 la Loi no° 90-1129 du 19 décembre 1990 relative au contrat de construction d'une maison individuelle.

42 O. Tournafond, *op. cit.*, n° 18.

43 F. Magnin, *op. cit.*, n° 25.

44 F. Magnin, *op. cit.*, n° 26.

45 F. Magnin, *op. cit.*, n° 27.

46 Cass. 3e civ. 5 déc. 1978, préc. supra, no 16; CA Paris, 30 juin 1989, RD imm. 1989.473, obs. J.-C. Groslière et C. Saint-Alary-Houin; V. égal. Cass. 3e civ. 18 nov. 1992, Bull. civ. III, no 303, D. 1993, somm. 361, obs. F. Magnin, RD imm. 1993.89, obs. J.-C. Groslière et C.

인도한 것은 대금의 지급이 아닌 것으로 보았다.**47**

특히 프랑스민법 제1601-2조의 건축예정건물에 대한 기한부 매매의 경우에는 대금의 지급이 건물의 인도와 관계되어 있다.**48** 즉, 매도인이 기한 내에 건물을 건축하면 매수인이 대금을 지급함과 동시에 완공된 건물을 인도해야 하는 것이다(동조 제1항).

3. 효과

(1) 소유권변동

건축예정건물의 매매계약을 통하여 토지와 건물의 소유권이 모두 이전된다. 다만, 일반적인 매매계약과는 그 소유권변동 시점이 다름을 주의해야 한다. 즉, 기한부 매매의 경우에는 건물의 완공이 확인된 시점에 건물의 소유권이 매매계약시로 소급하여 매수인에게 변동되는 것으로 해석된다(프랑스민법 제1601-2조).**49** 반면, 장래 상태의 매매의 경우에는 건물의 기성고에 따라 매수인이 매매대금을 지급하는 경우에 소유권이 이전된다(프랑스민법 제1601-3조). 그에 따라 매수인은 건물에 설치되어 있는 공용 및 배타적 설비도 점진적으로 소유하게 된다.**50**

(2) 위험의 부담

프랑스민법상 물건의 멸실위험은 원칙적으로 소유자에게 있다.**51** 따라서 통상 소유권의 이전 즉시 매수인이 그 위험을 부담한다. 그러나 최근 법원은 일정한 경우 목적물에 대한 위험이 여전히 매도인에게 있음을 판시하기도 하였다.**52** 건물의 장래 상태에 대한 매매의 경우 건축물이 인도될 때까지로 위험의 이전이 연기된다고 판단한 것이다.**53** 그밖에도 법원은 장래 완성 상태의 매매의 대상인 건설 중인 건물이 눈

Saint-Alary-Houin.

47 O. Tournafond, *op. cit.*, n° 20.

48 F. Magnin, *op. cit.*, n° 55.

49 F. Magnin, *op. cit.*, n° 50.

50 F. Magnin, *op. cit.*, n° 39.

51 프랑스민법 제1196조 ① 소유권 또는 기타 권리의 양도를 목적으로 하는 계약에서, 권리의 이전은 계약의 체결 시에 이루어진다. ② 권리의 이전은 당사자의 의사, 물건의 성질 또는 법률의 규정에 의하여 유예될 수 있다. ③ 소유권의 이전은 물건의 위험을 수반한다. 그러나 인도의무의 채무자는 제1344-2조에 따라 그리고 제1351-1조에서 정한 규정의 경우를 제외하고 지체에 빠진 날부터 다시 위험을 부담하게 된다.

52 F. Magnin, *op. cit.*, n° 43.

사태로 파괴되었고, 토지가 더 이상 건축이 불가능한 상태가 되어, 매도인이 더 이상 그 건물을 건축할 의무를 이행할 수 없다는 이유로 매수인의 청구에 따라 매매계약의 해제를 인정하기도 하였다.[54] 이를 통하여 법원이 적어도 장래상태에 대한 매매에 있어서 물건의 위험에 관한 예외를 인정하고 있다는 것을 알 수 있다.

(3) 매도인의 의무

이때의 매도인은 통상의 매매에서와 같이 목적물의 인도의무, 담보책임을 부담한다.[55] 다만, 이때의 담보책임은 도급인의 담보책임과 같다. 그에 따라 건축 예정 건물의 매도인은 공사를 수령한 때부터 도급인이 부담하는 것과 동일한 책임을 진다. 매도인은 이러한 담보책임을 건물의 소유권을 승계한 자들에게도 부담한다. 그러한 점에서 이 경우 승계인의 직접소권에 해당한다.[56] 매도인이 도급계약상의 손해의 배상과 도급인의 담보책임을 부담하는 경우에는 매매계약을 해제하거나 대금을 감액할 수 없다(프랑스민법 제1646-1조). 이때의 손해배상책임은 매도인이 과책이 없더라도 부담하는 일종의 무과실책임이라는 점(프랑스민법 제1792조의 준용)에서 일반적인 매매계약상의 매수인보다 더욱 유리하다.

다만, 해제의 원인이 되는 하자로 인한 소는 하자를 발견한 때부터 2년의 기간 내에 매수인에 의해 제기되어야 하며, 매도인이 명백한 하자나 적합성의 결여에 대하여 면책될 수 있는 날로부터 1년 내에 소가 제기되어야 하며, 기한 내에 소가 제기되지 아니하면 담보책임에 관한 권리는 소멸한다(프랑스민법 제1648조).

그 밖에 판례는 매도인의 의무의 하나로 매수인에 대한 정보제공의무를 판시하고 있다.[57] 그에 따라 건축주거법 제L. 271-1조상의 철회가능성에 대해 통지하지 않은 것에 대하여 매도인의 정보제공 불이행으로 인하여 해당 계약을 무효라고 판시하였다.[58]

---

53 CA Paris, 24 sept. 1998, n° 1996/86112: JurisData n° 1998-022303; Constr.-urb. 1999, comm. 82, obs. C. Sizaire.

54 CA Chambéry, 8 août 1990: RD imm. 1992, p. 81, obs. J.-C. Groslière et C. Saint-Alary-Houin.

55 F. Magnin, *op. cit.*, n° 59.

56 이와 같이 전득자와 같은 목적물의 권리의 승계인이 직접 매도인에게 담보책임을 물을 수 있다는 점에서 담보책임으로 인한 권리는 승계인의 직접소권에 해당한다(F. Magnin, *op. cit.*, n° 137.).

57 Cass. 3e civ., 6 nov. 1979: JurisData n° 1979-700559; RD imm. 1981, p. 85. - Cass. 3e civ., 13 janv. 1982: JCP N 1982, II, p. 261, note Stemmer. - Cass. 3e civ., 19 oct. 1982: RD imm. 1983, p. 465. - Cass. 3e civ., 18 avr. 1984, n° 83-11.552: JurisData n° 1984-700853; Bull. civ. 1984, III, n° 89; D. 1986, inf. rap. p. 41, obs. Magnin.

58 A Versailles, 8 janv. 1999, n° 97/00000424: JurisData n° 1999-040039; RD imm. 1999, p. 268,

(4) 매수인의 의무

매수인은 기한부 매매의 경우에는 건물의 완공으로 이를 인도받는 시점에 대금을 지급해야 하며(프랑스민법 제1601-2조), 장래 상태에 관한 매매의 경우에는 건물의 기성고에 따라 대금을 지급할 의무가 있다(프랑스민법 제1601-3조).

V. 나가며

이상으로 프랑스민법상 건축예정건물의 매매계약을 살펴보았다. 프랑스에서 이는 매매대금을 통하여 건축비용을 조달받고자 하는 개발업자의 금융수단으로 유용하게 이용되고 있다. 이는 매매계약과 도급계약의 혼합계약적 성질로 인하여 매수인에게 도급계약상의 담보책임에 관한 권리를 부여하여 매수인을 보호하고 장래의 부동산을 매매함으로써 문제되는 소유권의 이전시기와 위험부담 등을 명확히 하기 위한 목적에서 도입되었다.

동시에 이 제도는 의사주의를 취하고 있는 프랑스법상 매매계약의 효력으로 바로 소유권이 변동되는 일반적 매매에 관한 예외에 해당하는 것이기도 하다. 이는 20세기에 프랑스에서 도시환경의 개선을 위하여 아파트와 빌딩 등 대규모의 개발사업의 필요에 대응한 것이지만, 그 대상이 개인의 주거에 해당하여 건축주거법상의 보호부문에 해당하는 경우 개인의 보호를 위해 강력한 규제가 가해지는 것이다. 이 글을 통해 국토의 개발과 주거의 안정이라는 두 가지 가치를 형량하여 제도화한 프랑스법의 태도를 십분 확인할 수 있을 것이다.

---

obs. C. Saint-Alary-Houin.

[부록]

Chapitre III-1: De la vente d'immeubles à construire.
제3-1장 건축 예정 건물의 매매

Article 1601-1 La vente d'immeubles à construire est celle par laquelle le vendeur s'oblige à édifier un immeuble dans un délai déterminé par le contrat.

Elle peut être conclue à terme ou en l'état futur d'achèvement.

제1601-1조 ① 건축 예정 건물의 매매는 매도인이 계약에 의하여 정해진 기간 내에 건물을 건축하기로 하는 의무를 부담하는 매매를 말한다.

② 건축 예정 건물의 매매는 기한부로 또는 장래의 준공 상태에 관하여 체결될 수 있다.

Article 1601-2 La vente à terme est le contrat par lequel le vendeur s'engage à livrer l'immeuble à son achèvement, l'acheteur s'engage à en prendre livraison et à en payer le prix à la date de livraison.

Le transfert de propriété s'opère de plein droit par la constatation par acte authentique de l'achèvement de l'immeuble; il produit ses effets rétroactivement au jour de la vente.

제1601-2조 ① 기한부 매매는 매도인이 완공 시에 건물을 인도할 의무를 부담하고, 매수인은 인도일에 이를 인도받고 그 대금을 지급할 의무를 부담하는 계약이다.

② 소유권의 이전은 공정증서에 의한 건물의 완공확인에 의하여 당연히 이루어지며, 매매계약일로 소급하여 그 효력이 발생한다.

Article 1601-3 La vente en l'état futur d'achèvement est le contrat par lequel le vendeur transfère immédiatement à l'acquéreur ses droits sur le sol ainsi que la propriété des constructions existantes. Les ouvrages à venir deviennent la propriété de l'acquéreur au fur et à mesure de leur exécution; l'acquéreur est tenu d'en payer le prix à mesure de l'avancement des travaux.

Le vendeur conserve les pouvoirs de maître de l'ouvrage jusqu'à la réception des travaux.

제1601-3조 ① 장래 준공상태의 매매는 매도인이 토지에 관한 권리뿐 아니라 현존 상태의 건축물의 소유권을 매수인에게 즉시 이전하는 계약이다. 장래의 공작물은 그 이행의 정도에 따라서 매수인의 소유가 된다. 매수인은 공사의 진행 정도에 따라 대금을 지급할 의무를 진다.

② 매도인은 공사의 수령 시까지 공작물에 대한 도급인으로서의 권한을 가진다.

Article 1601-4 La cession par l'acquéreur des droits qu'il tient d'une vente d'immeuble à construire substitue de plein droit le cessionnaire dans les obligations de l'acquéreur envers le vendeur.

Si la vente a été assortie d'un mandat, celui-ci se poursuit entre le vendeur et le cessionnaire.

Ces dispositions s'appliquent à toute mutation entre vifs, volontaire ou forcée, ou à cause de mort.

제1601-4조 ① 매수인이 건축 예정 건물의 매매로부터 취득한 권리를 양도하는 것은 매도인에 대한 매수인의 의무를 양수인으로 하여금 당연히 대위하게 한다.

② 매매에 위임이 부가된 경우, 위임은 매도인과 양수인 사이에서 계속된다.

③ 제1항과 제2항은 자발적이거나 강제적으로 이루어진 모든 생전양도 이외에 사망을 원인으로 한 양도의 경우에도 적용된다.

프랑스법상 집합건물 법체계 및 관리체계

박 수 곤[*]

I. 들어가며

　　프랑스에서도 건물의 구분소유에 관한 규정을 민법제정시에 두고 있었다. 즉 제 정 프랑스민법 제664조에 의하면 한 건물의 각 층이 복수의 소유자에게 귀속할 경 우, 벽체와 지붕의 수리 및 개축에 대해서는 모든 소유자가 공동으로 그 비용을 부 담하나 각 층의 수리 및 개축에 대해서는 각 소유자가 개별적으로 그 비용을 부담하 는 것으로 규정하고 있었다. 그러나 세계대전에 의한 도시의 황폐화와 주택난 그리 고 이로 인한 집합건물의 수리 및 증개축 수요의 증가 등의 요인에 의해 집합건물의 소유 및 관리에 관한 실효성 있는 제도정비가 필요하게 되었다. 특히, 그 이유는 집 합건물의 수리 및 증개축과 같은 건물의 관리 또는 개량행위를 함에 있어서 다른 구 분소유자의 협조를 얻기가 쉽지 않아 수리 및 증개축을 원하는 사람이 자기 비용으 로 이와 같은 행위를 완료한 후 다른 구분소유자를 상대로 구상권을 행사하는 절차 를 통하여 비용상환을 받을 수는 있었으나, 구상권 행사의 전제로서 비용상환청구권 이 인정될 수 있는지에 대한 구분소유자 상호간의 다툼이 발생할 수 있기 때문에 집 합건물의 관리 또는 개량행위 자체를 기도하는 것에는 상당한 위험이 수반될 수 있 었기 때문이라고 한다.[1] 따라서 이러한 사정으로 인하여 1938년 6월 10일에는 "아파

---

* 경희대학교 법학전문대학원 교수
1 이와 같은 취지의 설명에 대해서는, 이지은, "프랑스법상 집합건물 공용부분의 관리", 민사법학 제64

트로 구분된 건물의 구분소유관계를 규율하기 위한 법률"2을 제정하면서 1938년 6월 28일의 법 제13조에 의해 프랑스 민법 제664조를 삭제하게 된다. 그리고 1938년의 구분소유에 관한 법률에서는 집합건물의 전유부분과 공용부분에 대한 개념 정의 이외에도 집합건물의 관리주체에 대한 규정과 구분소유자에 의해 작성된 규약에 의해 구분소유관계를 규율하도록 하였다는 점에서 의의가 있다. 그러나 1938년 법의 규정 대부분이 임의규정이어서 그 실효성이 여전히 의문시되었기에 건물의 구분소유에 관한 1965년 7월 10일의 법률을 제정하여 1938년 법을 폐지하게 된다.3

한편, "건물의 구분소유관계를 정하는 1965년 7월 10일의 법"(이하, '구분소유법')4 에서는 규정 내용의 상당부분을 강행규정으로 하였는데, 대표적으로는 구분소유자 총회(assemblée générale)의 결의요건과 관련한 규정을 예로 들 수 있다. 1965년 법의 내용 중 특징적인 것은 집합건물의 관리주체로서의 관리단의 구성 및 조직을 위한 방안에 대해 상당한 내용을 할애하고 있다는 것이며, 이후에도 여러 차례의 개정을 통하여 그 내용을 발전시키고 있다. 이후의 개정내용 중에서도 특이할 만한 점은 의결권의 남용을 방지하기 위한 조치(1965년 법 제22조 제2항), 의결방식의 다원화를 통하여 구분소유건물의 개량과 같은 행위에 대해서는 단순과반수나 만장일치의 의결방식이 아닌 의결권자의 2/3라는 절대다수요건의 도입(1965년 법 제26조), 관리인의 의무 및 감독체계에 관한 규정의 정비(1965년 법 제18조의 1 내지 2, 제21조), 집합건물의 관리가 제대로 이루어지지 않는 경우에 대한 임시관리인제도의 도입(1965년 법 제29조의 1 내지 15) 등을 들 수 있다. 이하에서는 프랑스 구분소유법에서의 규정내용을 개관한 뒤(II), 프랑스법상 집합건물의 관리를 위한 단체에 대해 살펴보는 한편(III), 집합건물의 관리를 위한 사업수행방식을 검토한 뒤(IV), 이를 토대로 우리 법에서의 관련 분야에 대한 시사점을 모색하고자 한다.

호(2013. 9), 522면 이하 참조.

2 Loi du 28 juin 1938 tendant à régler le statut de la copropriété des immeubles divisés par appartements.

3 1965년 법 제48조 참조.

4 Loi du 10 juillet 1965 fixant le statut de la copropriété des immeubles bâtis.

II. 프랑스 구분소유법의 규정 개관

프랑스에서 집합건물을 규율하는 법률인 '구분소유법'은 총 5개의 장, 50여 개의 조문으로 구성되어 있다. 제1장에서는 '구분소유의 개념 및 기관'에 대하여 규정하고 있으며, 제2장에서는 '구분소유(관계)의 관리'에 대하여 규정하고 있다. 제3장에서는 '전유부분의 개량과 추가, 증축권의 실행'에 대하여 규정하고 있으며, 제4장에서는 '재건축'에 대하여 규정하는 한편, 제4-1장에서는 '주거서비스'에 대하여 규정하고 있다. 그리고 제5장에서는 '일반규정'이라는 표제 하에서 기타의 일반적인 사항을 다루고 있다. 각 장의 구체적인 내용은 다음과 같다.

제1장에서는 '구분소유의 개념정의 및 기관'이라는 표제 하에서 그 제1조에서 동법의 적용범위에 대해 규정하고 있다. 우선, 제1조 제1항에서는 "본법은 여러 사람에게 각각의 전유부분(partie privative) 및 공용부분(partie commune)의 지분을 포함하는 구분소유부분(lot)으로 소유권이 배분된 건물 또는 건물의 집합에 적용된다."고 규정하는 한편, 동조 제2항에서는 "다른 내용의 구분소유에 관한 기관을 창설하는 반대의 약정이 없는 한, 동법은 공동으로 사용하는 토지나 정비구역 및 용역을 넘어 사소유권의 객체로 되는 토지부분(건축여부를 불문함)을 포함하는 전체 부동산에도 적용된다"고 규정하고 있다. 요컨대, 동조 제1항에서는 집합건물이나 부동산의 유형이나 용도를 불문하고 어느 부동산이 구분소유라는 형태로 이용되고 있는 경우에 적용될 수 있다는 점을 분명히 하고 있다. 다만, 동조 제2항에서는 구분소유자 상호간의 규약에 의해 1965년 법에서 정하는 유형의 구분소유와는 다른 유형의 구분소유가 가능할 수 있음도 분명히 하고 있다.

다음으로, 전유부분과 공용부분에 대해서는 프랑스 구분소유법 제2조 내지 제5조에서 이를 규정하고 있다. 즉 제2조 제1항에서는 "전유부분은 특정의 구분소유자가 배타적으로 이용하는(à l'usage exclusifd'un copropriétaire déterminé) 건물 및 토지부분을 말한다"라고 규정한 뒤, 동조 제2항에서는 "전유부분은 각 구분소유자가 배타적인 소유권(propriété exclusive)을 가진다"라고 규정하고 있다. 즉 제2조에서는 배타적으로 사용되는 전유부분은 구분소유자의 단독소유라는 점을 분명히 하고 있다. 다음으로 공용부분에 대해서는 제3조에서 "구분소유자 전원 또는 그 일부가 사용하거나 이용하는 건물부분 또는 토지부분은 공용부분에 해당한다."[5]라고 개념 정의하고 있다.

---

5 구분소유법 제3조 제1항 참조.

다만, 동조에서는 공용부분으로 추정될 수 있는 건물 또는 토지부분에 대해서도 구체적인 언급을 피하지 않고 있다. 즉, 구분소유권 취득권원에 해당하는 문서에 적시되지 않거나 그와 같은 문서에서 반대의 내용이 없는 한, "부지, 안뜰, 공원 및 정원, 통로, 건물의 몸체, 공용설비부분(여기에는 전유부분인 장소를 통과하여 이어지는 배관 부분도 포함된다), 벽난로의 아궁이, 연통, 굴뚝, 공용에 쓰이는 장소, 통로 및 복도"는 공용부분에 해당한다고 규정하고 있다.6 아울러 동조 제3항에서는 공용부분의 종된 권리에 대해서도 규정하고 있다. 즉, "공동의 사용에 속하는 건물 또는 서로 다른 전유부분을 구성하는 여러 장소를 포함하는 건물을 증축할 권리, 혹은 그 부지를 굴착할 권리; 공용부분을 구성하는 안뜰, 공원 또는 정원에 새로운 건축물을 조성할 권리; 공용부분을 구성하는 안뜰, 공원 또는 정원을 굴착할 권리; 공용부분에 관한 상호보유(mitoyenneté)의 권리"는 권원증서에서 특별한 언급이 없거나 반대되는 기재가 없으면 공용부분의 종된 권리에 해당한다고 한다. 이상과 같은 프랑스 구분소유법의 규정내용 중 우리 법과 비교하여 특이한 점은 공용부분에 대해서도 비교적 상세히 규정하고 있다는 점이다.7 그리고 프랑스 구분소유법 제4조에서는 "공용부분은 구분소유자 전원 또는 구분소유자 중 일부만의 공유의 대상이 된다. 다만, 그 관리 및 활용(leur administration et leur jouissance) 관해서는 본법의 규정에 따라 정하여야 한다"고 규정하고 있다. 요컨대, 프랑스 구분소유법 제1조 및 제4조의 내용을 종합할 경우, 프랑스에서는 집합건물의 유형을 불문하고 구분소유관계에 있는 집합건물에 대해서는 프랑스 구분소유법에 따라 그 관리 및 활용방법을 결정함이 원칙이라는 점을 천명하고 있는 것으로 평가할 수 있다. 한편, 동법 제5조에서는 공용부분에 대한 지분은 구분소유 성립시기를 기준으로 하여 전유부분의 가액에 비례하여 인정된다고 규정하고 있다는 점 또한 우리 법과 비교하여 차이가 발견되는 부분이다.8

한편, 구분소유 건물이나 토지의 전유부분과 공용부분의 용도 등에 대해서는 구

---

6 구분소유법 제3조 제2항 참조. 다만, 전유부분 상호간을 나누는 벽면이나 칸막이로서 건물의 몸체에 해당하지 않는 부분은 관련 구분소유자의 공유에 속한다고 한다(구분소유법 제7조 참조).

7 주의할 점은 프랑스에서는 물건의 개념에 권리도 포함시키고 있기 때문에 공용부분에 대한 종된 권리라는 개념을 인정할 수 있다는 것이다. 따라서 공용부분의 종된 권리에 대한 검토에 있어서는 애초에 프랑스와 우리가 물건의 개념에 있어서 차이가 있다는 점을 염두에 두고 참조할 필요가 있다(이에 대한 상세에 대해서는, 박수곤, "프랑스민법상 물건의 개념", 민사법학 제63-2호(2013. 6), 15면 이하 참조).

8 다만, 구분소유법 제6조에서는 전유부분과 공용부분을 분리하여 처분할 수 없다는 취지의 규정을 두고 있는데 이는 우리 집합건물법 제13조와 마찬가지의 내용이라고 평가할 수 있다.

분소유법 제8조 이하에서 이를 상세히 규정하고 있다. 특히, 제8조에서는 전유부분
및 공용부분의 용도에 대해 구분소유자들이 규약으로 이를 정할 수 있음을 분명히
하고 있다. 그리고 2014년 3월 24일의 법 제2014-366호 제54조[9]에 의해 신설된 구
분소유법 제8조의 2에서는 관리인의 임무 중 하나로서 구분소유종합등록부를 작성
하도록 하고 있다.[10] 제9조에서는 전유부분은 다른 구분소유자의 권리와 건물의 용
도를 침해하지 않는 한, 각 구분소유자가 자유로이 사용·수익 및 처분할 수 있으나,
공동의 이익을 위해서는 그와 같은 권능에 제한이 있을 수 있음을 분명히 하고 있
다.[11] 대체로 그 내용은 우리 집합건물법 제5조의 규정과 그 취지가 동일한 것으로
평가할 수 있을 것이다. 제9조의1에서는 민사책임 발생을 대비하여 구분소유자로 하
여금 책임보험에 가입할 것을 의무화하고 있다. 그리고 제10조에서는 공용부분에 발
생하는 관리 및 보존비용 등에 대해서는 각 구분소유자가 그 구분소유부분의 가액에
비례하여 책임을 지도록 하고 있다. 특히 제11조에서는 이와 같은 비용부담에 대한
변경을 위해서는 구분소유자 전원의 동의가 있어야 함을 원칙으로 하고 있다.[12] 그

---

9 Loi n° 2014-366 du 24 mars 2014, art. 54.

10 프랑스 구분소유법 제8조의2 제1항에서는 "관리인은 재정자금 및 건축물에 관한 중요한 기술을 재배
치하는 구분소유종합등록부를 만들고, 그 내용은 데크레에 의해 의해 정해진다. 관리인은 매년 구분소
유 종합등록부를 기재한다."고 규정한 뒤 제2항에서는 "관리인은 이 등록부를 구분소유자들에게 공개
한다."고 규정하고 있다. 동조 제3항에서는 "종합등록부를 실행하지 않은 것은 관리인 선임취소의 사
유가 된다. 관리계약은 의무적으로 청구가 있은 날로부터 2주 안에 구분소유자들에 종합등록부를 개
방하지 않은 때마다 관리인에 대해 당연히 금전적 징벌을 부과한다."고 규정한 다음 제4항에서는 "위
규정들은 거주 외 용도의 부동산을 관리하는 관리인에게는 적용되지 않는다."고 규정하고 있다.

11 프랑스 구분소유법 제9조에서는 "① 각 구분소유자는 자기의 구분소유부분에 포함된 전유부분을 처분할
수 있다. 구분소유자는 다른 구분소유자의 권리 및 부동산의 용도를 침해하지 않는다는 조건 하에, 전유
부분 및 공용부분을 자유롭게 사용 수익할 수 있다. ② 그러나 제24조 a, Ⅱ b, 제25조 f, g, o, 제30조에
의해 구분소유자총회에서 적법하게 공식적으로 결정된 공사는, 그것이 상황상 필요하고, 구분소유부분에
속하는 전유부분의 용도, 구성 이용이 수인할 수 없는 방식으로 변경되는 경우가 아니라면, 구분소유자
와 그 승계인은 그 전유부분 내에서 공사가 집행되는 경우라도 이를 막을 수 없다. ③ 공동의 이익을 위
한 공사의 집행이 전유부분에 대해 실행될 때, 관리단은 공사의 완료시까지 도급인의 권한을 행사한다.
④ 전유부분에의 진입을 초래하는 공사는 보안을 위해 또는 재산의 보존을 위해 반드시 필요한 경우
를 제외하고는 그 공사 개시의 적어도 일주일 전에 구분소유자에게 통지되어야 한다. ⑤ 공사 집행에
의해 손해를 입은 구분소유자는 그 원인이 구분소유부분의 확정적 감소인가, 일시적이더라도 중대한
이용상의 장애에 의한 것인가, 손상에 의한 것인가를 불문하고 보상을 받을 권리를 가진다. ⑥ 이 보
상은, 구분소유자 전원이 변제할 의무를 지며, 제24조 a, Ⅱ b, 제25조 f, g, o, 제30조에 규정된 요건
하에 결정된 공사의 경우, 공사비용에 대한 각 참여의 비율에 따라 분배된다."고 규정하고 있다.

12 프랑스 구분소유법 제11조에서는 "① 이하 제12조 규정을 유보하고, 경제적 부담의 배분은 구분소유
자 전원의 동의에 의해서만 변경될 수 있다. 그러나 공사 또는 취득·처분행위가 법률에 의해 다수결

리고 제13조에서는 공시되지 않은 구분소유 규약의 변경은 구분소유부분의 특정승계인에게 대항할 수 없는 것으로 규정하고 있다. 그리고 제14조 내지 제16조의2에서는 구분소유관계에 있는 건물의 관리를 위한 대표적이고 핵심적인 기관으로서 '관리단'(syndicat)에 대해 규정하고 있다.

다른 한편, 프랑스 구분소유법 제2장은 '구분소유(관계)의 관리'라는 표제 하에서 제1절 '총칙', 제2절 '어려움에 처한 구분소유'라는 표제의 두 절로 구성되어 있다. 제1절에서는 집합건물의 관리주체로서의 관리단의 업무수행방식과 구분소유자총회의 운영 및 의결방식, 관리인의 선임과 임무, 관리위원회의 임무 등에 대해 규정하고 있으며, 제2절에서는 집합건물이 제대로 관리가 되지 않는 상황에서의 응급조치로서 임시관리인을 둘 수 있는 방안에 대해 상세히 규정하고 있다. 다음으로, 프랑스 구분소유법 제3장에서는 '전유부분의 개량과 추가, 증축권의 실행'이라는 표제 하에서 어떠한 요건 하에서 전유부분을 개량하거나 증축할 수 있는지에 대해 규정하고 있다. 제4장에서는 '재건축'이라는 표제 하에서 재건축의 실행요건 등을 규정하고 있으며, 제4-1장에서는 '주거서비스'라는 표제 하에서 구분소유자 전원을 위한 특별한 주거서비스를 도입하고자 하는 경우에 어떠한 절차를 거쳐야 하는지에 대해 상세히 규정하고 있다. 그런데 이상과 같은 규정 내용은 집합건물의 관리주체와 사업수행방식과 관련한 내용이므로 다음의 장에서 상세히 살피기로 한다.

Ⅲ. 집합건물의 관리를 위한 단체

1. 관리단

(1) 관리단의 성립

프랑스법상 관리단(syndicat des copropriétaires)은 구분소유자 전원에 의해 구성되는 단체로서 법인격이 인정된다.[13] 특히 프랑스 구분소유법 제14조에 의하면, 관리단

이 요구되는 총회 결의에 의한 것인 때에는, 경제적 부담 배분의 변경 또한 동일한 다수결에 의해 총회에서 필요하다고 결의될 수 있다. ② 구분소유부분의 분리 양도 혹은 복수의 구분소유부분 분할이 있었던 경우, 분할된 부분 간 경제적 부담의 배분은, 구분소유규약에 의해 정해지지 않은 때에는 제24조에 정해진 다수결에 따른 총회의 동의를 요한다. ③ 전 2항에서 규정된 상황에 있어 경제적 부담 배분의 기초를 변경하는 총회결정이 없는 경우, 모든 구분소유자는 새로이 필요한 배분 절차를 진행시키는 것을 부동산소재지의 지방법원에 신청할 수 있다."고 규정하고 있다.

13 프랑스 구분소유법 제14조에서는 "① 구분소유자의 단체는 법인격을 갖는 관리단으로서 설립된다.

은 건물의 보존과 공용부분의 관리를 그 주된 목적으로 한다. 이러한 관리단은 집합
건물에 대해 구분소유관계가 성립되는 때로부터 구분소유자 전원에 의해 당연히 성
립된다. 그리고 법인격이 인정되기 때문에 다음과 같은 설명이 당연히 가능하게 된
다. 우선, 관리단은 스스로 구분소유자로 구성되는 구성원들의 것과는 구별되는 자
산(patrimoine)을 가지게 된다. 아울러, 관리단의 명의로 계약을 체결할 수 있으며, 공
용부분의 취득 및 양도도 가능하다.14 뿐만 아니라 구분소유관계와 관련한 소송과
관련하여 당사자능력이 인정된다.15

(2) 관리단의 유형

프랑스법상 관리단의 유형은 크게 세 가지로 분류할 수 있다.

우선, 협동조합형 관리단(syndicat coopératif)을 들 수 있다. 즉, 협동조합형 관리단
은 소위 '전문 관리인'(syndic professionnel)을 활용하지 않는 형태로서 자신의 기관을
통하여 스스로 관리행위를 하는 관리단을 가리킨다. 그리고 이러한 협동조합형 관리
단을 채택할 것인지가 구분소유자 규약에서 명시된 경우에는 구분소유자 총회에서
이를 결정한다. 그리고 이 경우에는 구분소유법 제25조에서 정한 의결방식을 따라야
한다. 협동조합형 관리단에는 반드시 관리위원회(conseil syndical)를 두어야 하는데,
그 이유는 관리인을 관리위원회 위원 중에서 선출하여야 하기 때문이다.

다음으로, 관리단연합(Union de syndicats)을 들 수 있다. 다수의 관리단이 결합된
단체인 관리단연합의 결성 목적은 전체 건물에 대한 공용부분 또는 공통서비스를 설
정하고 관리하며 유지하기 위함이다. 이와 같은 관리단연합에 대해서는 프랑스 구분
소유법 제29조에서 특별히 규정하고 있다.16 그리고 이러한 프랑스법상의 관리단연

---

② 관리단의 형태는 동법의 적용을 받는 협동조합의 형태를 취할 수 있다. ③ 관리단은 구분소유규
약을 정하고 필요한 경우 이를 변경할 수 있다. ④ 관리단은 건물을 보존하고 공용부분을 관리하는
것을 목적으로 한다. 관리단은 건축의 하자 또는 공용부분의 관리상 잘못으로 인하여 구분소유자나
제3자에게 발생한 손해를 배상할 책임이 있다."고 규정하고 있다.

14 프랑스 구분소유법 제15조에서는 "① 공용부분의 취득 혹은 양도행위 혹은 공용부분의 이익 혹은 부
담에 관한 부동산물권의 설정행위는, 제6조, 제25조 및 제26조 규정에 따라 결정되는 것을 요건으로
하여, 관리단이 주체로서 스스로 유효하게 행할 수 있다. ② 관리단은 전유부분의 전유적 성질이 상
실되지 않은 채로 무상 혹은 유상으로 전유부분을 취득할 수 있다. 관리단은 전항에서 정한 요건 하
에 전유부분을 양도할 수 있다. 관리단은 그가 취득한 전유부분의 명의로 총회에서 의결권을 갖지
않는다."고 규정하고 있다.

15 Dalloz, "Syndicat de copropriétaires", Fiches d'orientation, avril 2018, n° 1.

16 프랑스 구분소유법 제29조에서는 "① 구분소유자 관리단은 민사상 인격을 부여받은 집단인 관리단연

합은 우리 법에서의 단지관리단과 비교될 수 있을 것이다.

다음으로, 제2차 관리단(Syndicats decondaires)을 들 수 있다. 그리고 프랑스 구분소유법 제27조에서 이러한 제2차 관리단에 대해 특별히 규정하고 있다.[17] 동조의 규정에 의하면, 다수의 건물이 하나의 구분소유권의 객체가 된 경우에는 그 각각의 건물에 대하여 독자적으로 관리행위를 수행할 필요가 있을 것인데, 이러한 수요에 부응하기 위하여 결성되는 관리단을 제2차 관리단이라고 한다. 즉 주된 관리단은 단지 전체의 공통이익을 관심사항으로 다루며 개별적인 제2차 관리단이 독립된 법인격과 독자적인 권한으로써 관리행위를 수행하는 형태를 말한다. 다만, 이 경우에도 관련된 건물들의 특성은 존중하여야 한다. 아무튼, 각각의 제2차 관리단은 자신들의 건물과 관련한 비용에 대해서는 스스로 이를 부담하여야 한다.[18]

요컨대, 프랑스 법에서는 관리단의 유형과 관련하여 다양한 형태의 관리단을 인정하고 있을 뿐만 아니라 그 각각의 관리단이 독자적인 법인격을 가지고 집합건물에 대한 독자적인 관리행위를 할 수 있는 것으로 하고 있다는 점에서 우리 법과의 차이

합체의 구성원이 될 수 있으며, 이연합체의 목적은 공동의 이익을 위한 서비스 관리와 같은 공용 설비요소의 신설, 관리 및 유지에 있다. ② 이 연합체는 하나 또는 복수의 구분소유자 관리단, 부동산 조합, 건축 및 주거법전 제L.212-1조 이하에 의해 규율되는 조합 및 부동산이 인접하거나 이웃하고 있는 소유자들의 조합의 가입을 받을 수 있다. ③ 연합체 정관은 본법의 규정의 유보 하에 운영 요건을 정한다. 정관은 구성원 중 하나가 연합체로부터의 탈퇴하는 것을 금지할 수 없다. ④ 설립되었거나 설립 예정인 연합체에 가입하는 것은 제25조에서 정한 다수결에 의해 각 관리단의 총회에서 결정된다. 이 연합체에서 탈퇴하는 것은 제26조에서 정한 다수결에 의해 각 관리단의 총회에서 결정된다. ⑤ 연합체의 총회는 관리단의 관리인, 각 조합의 법정 대표자 및 연합체에 가입한 소유자들에 의해 구성된다. 관리인은 그가 대표하는 관리단의 수임인 자격으로 총회에 참여한다. ⑥ 연합체의 결정의 이행은 연합체 총회에 의해 선임된 연합체 회장에게 위임된다. ⑦ 회장을 보좌하고 관리를 통제하는 의무를 지는 연합체위원회가 구성된다. 이 위원회는 연합체의 각 구성원에 의해 지명된 대표자로 구성된다."고 규정하고 있다.

17 프랑스 구분소유법 제27조에서는 "① 부동산이 복수의 건물을 포함할 때에는 하나 또는 복수의 건물로 구성된 구분소유부분의 소유자는 특별총회를 개최하여 제25조에 정하는 다수결 요건에 따라 그들 사이에서 관리단, 소위 2차적 관리단의 설립을 결의할 수 있다. ② 이 관리단은 구분소유규약의 규정으로부터 발생한, 다른 구분소유자를 위한 권리를 제외하고는, 하나 또는 수 개의 건물의 관리, 유지, 내부개량을 확실히 하는 것을 목적으로 한다. 이 목적은 제24조에서 정한 다수결로 구분소유자 전체 총회의 승인에 의하여 확장될 수 있다. ③ 2차적 관리단은 민사상 법인격을 부여받는다. 관리단은 동법에서 정한 요건 하에서 활동한다. 2차적 관리단은 1차적 관리단의 관리위원회가 있으면 그 관리위원회에서 대표된다."고 규정하고 있다.

18 이상과 같은 설명에 대해서는 Dalloz, "Syndicat de copropriétaires", Fiches d'orientation, avril 2018, n° 3.

점이 인정될 뿐만 아니라 시사하는 점도 적지 않다고 평가할 수 있다.

(3) 관리단의 권한

관리단은 그 기관을 매개로 하여 자신에게 부여된 권한을 행사한다. 그리고 이러한 관리단의 기관으로는 구분소유자 총회, 관리인 그리고 관리위원회를 들 수 있다. 관리단의 권한에 대해 상술하면 다음과 같다. 우선, 예산수립권한을 들 수 있다. 즉 공용부분의 관리 및 보존에 필요한 때에는 관리단이 이를 위한 예산을 수립할 수 있다.[19] 다음으로, 관리단은 관리규약의 작성권한이 있다. 즉 구분소유관계가 성립할 당시에 규약이 존재하는 경우는 일반적이지 않으며 구분소유관계 성립시에 구분소유자 규약이 존재하지 않는다면 관리단이 관리규약을 작성할 수 있으며 이러한 규약도 구분소유법 제26조에서 정한 절차에 따라 변경이 가능하다.[20] 아울러, 법상 요구되는 절차를 거쳐 건물의 보존이나 공용부분의 관리 및 안전과 관련한 결정을 내릴 수 있다. 또한, 집합건물과 관련한 소송행위를 자신의 이름으로 수행할 수 있다.[21] 다만, 관리단은 전유부분에 대한 구분소유자의 권리를 존중하여야 한다. 즉, 구분소유자의 권리행사에 대한 제한을 초래하거나 전유부분과 공용부분 사이에 주어진 부담을 변경하도록 강요할 수는 없음이 원칙이다. 또한, 구분소유자 규약을 스스로 존중하여야 한다.[22]

(4) 관리단의 해산

관리단은 다음과 같은 경우에 소멸한다. 우선, 건물의 멸실을 상정할 수 있다, 다만, 이 경우에도 구분소유자 총회에서 재건축을 결의한 경우에는 그러하지 않다. 다음으로, 구분소유관계가 법적으로 소멸된 경우에도 그러하다. 대표적으로는 구분

---

19 프랑스 구분소유법 제14조의1에서는 "① 공용부분 및 부동산 공동시설의 유지, 운용, 관리에 소요되는 비용을 위하여, 관리단은 매년 예산을 결의한다. 예산 결의를 위한 구분소유자총회는 전년도 결산일로부터 6개월 이내에 소집된다. ② 구분소유자는 결의된 예산의 지분과 동일한 분담금을 납부한다. 그러나 총회는 다른 방법을 정할 수 있다. ③ 분담금은 각 4분기의 첫날 혹은 총회가 정한 기간의 첫날부터 청구될 수 있다."고 규정하고 있다.

20 프랑스 구분소유법 제14조 참조.

21 프랑스 구분소유법 제15조에서는 "① 관리단은 원고로서 혹은 피고로서, 구분소유자중 일부를 상대로 하는 경우에도, 소송 행위를 할 수 있는 자격을 가진다. 관리단은 특히 건물에 관한 권리의 보호를 목적으로, 구분소유자 중 일인 혹은 수인과 함께 혹은 단독으로 행위할 수 있다. ② 그러나 모든 구분소유자는 관리자에 통지하는 것을 요건으로 하여, 자신의 구분소유부분의 소유 또는 이용에 관한 소권을 단독으로 행사할 수 있다."고 규정하고 있다.

22 Dalloz, "Syndicat de copropriétaires", Fiches d'orientation, avril 2018, n° 2.

소유자 중 1인이 다른 구분소유자의 구분소유부분을 모두 양수한 경우라든가 집합건물이 수용의 대상이 된 경우를 들 수 있을 것이다. 다음으로 기존의 구분소유자들 중 일부가 토지분할이 가능한 경우를 전제로 하여 기존의 구분소유와는 구별되는 소유권의 성립을 목적으로 기존 관리단의 분할을 신청한 경우에도 그러하다. 아울러 관리단의 분할은 구분소유자 상호간의 분쟁 등으로 인하여 구분소유건물의 관리가 어렵게 된 경우, 즉 소위 '황폐화된 구분소유관계'에 있어서의 이해관계인의 청구에 의한 조치로서 법원의 판결에 의해서도 인정될 수 있다.[23]

2. 구분소유자 총회

(1) 개설

프랑스법에서의 구분소유자 총회(assemblée générale des copropriétaires)는 관리단의 기관으로서 구분소유자로 구성되며, 집합건물의 관리에 관한 사항을 의결한다. 특히, 집합건물과 관련한 일체의 사업수행과 관련하여 그에 대한 결정권한을 가진 의결기관이다.[24] 통상총회는 1년에 1회 이상 관리인에 의해 소집되며, 공지된 사항에 대해 의결을 한다. 의결권과 관련하여서는 각 구분소유자가 자신의 구분소유부분(lot)에 포함되어 있는 집합건물의 공용부분에 대한 지분의 가액에 따라 인정된다. 다만, 구분소유법에서는 의결방식에 있어서 문제된 각 사안에 따라 별개의 절차를 거치도록 규정하고 있다.[25]

(2) 구분소유자 총회의 구성과 성립

프랑스법에서의 구분소유자 총회는 구분소유자 전원으로 구성된다. 즉, 구분소유자 총회의 소집을 위해서는 구분소유자 전원을 상대로 한 소집통지가 전제되어야 한다. 다만, 구분소유자가 아닌 자라고 하더라도 구분소유자의 위임을 받아 구분소유자 총회에 참석할 수 있다. 구분소유자총회는 관리인이 직접 소집할 수도 있으나, 구분소유자 또는 관리위원회의 요청에 따라 관리인이 소집하는 경우도 있다. 총회의

---

23 Dalloz, "Syndicat de copropriétaires", Fiches d'orientation, avril 2018, n° 5.
24 구분소유자 총회의 권한으로는 예산이나 회계에 대한 승인, 집합건물의 관리를 위하여 필요한 공사의 실시여부에 대한 허가, 관리인의 선임 및 관리위원회 위원의 선임, 구분소유규약의 변경, 관리인의 인건비 결정 등 구분소유에 관한 법률관계 전반에 걸친다. 이상과 같은 설명에 대해서는, 이지은, 전게논문, 535면도 참조.
25 Dalloz, "Copropriété", Fiches d'orientation, mars 2018, n° 2.

소집통지는 총회가 개최되기 21일 전에 수취확인 우편으로 통지되어야 하나, 구분소유자의 동의가 있는 경우에는 전자적 방식으로 통지될 수 있다. 총회의 소집통지에는 총회에서 다룰 안건에 대해 적시하여야 하며, 통지에서 적시하지 않은 안건에 대해서는 이를 총회에서 심의할 수 없다. 만약 통지에서 적시되지 않은 사안에 대해 심의의결하였다 하더라도 그와 같은 의결은 무효로 된다. 일정한 안건에 대해서는 반드시 사전에 관련 자료가 제공되어야 하며, 그와 같은 자료가 제공되지 않은 경우에는 총회의 결의가 무효로 된다.**26**

(3) 구분소유자 총회에서의 의결

구분소유자들이 가지는 의결권은 집합건물의 공용부분에 대한 각 구분소유자의 지분비율에 따른다. 그러나 우리 집합건물법과 비교하여 특이한 점은 어느 구분소유자의 공용부분에 대한 지분이 전체 지분의 과반수를 넘는다 하더라도 그에 상응하는 의결권을 행사할 수 있는 것이 아니라, 다른 구분소유자의 의결권을 모두 합한 정도로 그 과반초과 지분권자의 의결권이 감축된다는 것이다.**27** 한편, 의결권의 행사와 관련하여서는 이를 타인에게 위임할 수 있으나, 타인의 범위에 대해서는 일정한 제한이 있다.**28** 프랑스법의 특징 중 하나는 의결정족수와 관련하여도 사안에 따라 차이를 둔다는 점인데, 이는 집합건물의 관리를 위한 사업수행방식과 관련된 사항이므로 이하에서 별도로 다루기로 한다. 아무튼, 구분소유자 총회의 의결에 대하여 반대하는 구분소유자 또는 총회에 결석하였으나 대리출석을 하지 못한 자는 집합건물 소재지 지방법원에 소집절차의 부적법 등을 이유로 이의를 제기할 수 있다. 이 경우, 소송의 상대방은 관리단을 상대로 하여야 하며, 총회 결의에 대한 통지가 있은 날로

---

26 Dalloz, "Assemblée générale de copropriétaires", Fiches d'orientation, mars 2018, n° 2.

27 프랑스 구분소유법 제22조 I 제2항 참조. 차명을 통하여 이와 같은 의결권제한을 위반한 행위가 있었다 하더라도 그러한 행위는 무효라는 판단으로는, Cass. civ. 3e, 6 juil. 1982, *Bull. civ.* III, n° 169.

28 프랑스 구분소유법 제22조 I 제3항 내지 제5항에서는 "③ 모든 구분소유자는 수임인이 관리단의 구성원인가 여부를 불문하고 그 의결권을 수임인에게 위임할 수 있다. 각 수임인은 명목을 불문하고 3 이상의 의결의 수권을 받을 수 없다. 그러나 수임인은 그가 보유한 의결권과 그의 위임인의 의결권의 총합이 관리단의 의결권의 5%를 넘지 않는다면 3 이상의 의결의 수권을 받을 수 있다. 그 외에도 수임인이 1차적 관리단의 총회에 참여하는 경우, 그의 모든 위임인이 2차적 관리단에 속한다면, 3 이상의 의결의 수권을 받을 수 있다. ④ 관리자와 그 배우자, 공동생활약정의 상대방 및 그 대행자는 총회를 주재하거나 구분소유자를 대리하기 위한 위임을 받을 수 없다. ⑤ 관리단의 피고용인, 그 배우자 또는 공동생활약정의 상대방, 그 존비속은 당해 건축부동산의 구분소유자인 경우에도 총회에서 의결하기 위해 다른 구분소유자의 권한을 가질 수 없다."고 규정하고 있다.

부터 2개월 내에 소를 제기하여야 한다. 법원의 결정이 있는 경우, 절차위반의 부적법한 총회결의는 무효로 된다.[29]

3. 관리인

(1) 개설

프랑스에서 관리인(syndic)은 관리단의 수임인으로서 집합건물의 관리와 관련하여 구분소유자 총회에서 의결된 사항을 관리단의 이름으로 집행하는 기관이다. 또한, 관리인은 집합건물과 관련한 행정업무와 재정 및 회계업무를 관리한다. 아울러 자신이 수행한 업무의 내용에 관하여 구분소유자 총회에서 이를 보고하여야 한다.[30]

(2) 관리인의 선임

프랑스법상 집합건물의 관리와 관련하여 관리인이 될 수 있는 자격에는 특별한 제한이 없어 보인다. 즉, 자연인이든 법인이건 불문하고 관리인이 될 수 있으며, 전문적인 자격을 갖춘 직업관리인은 물론이요 그와 같은 자격을 갖추지 않은 자도 관리인이 될 수 있다. 다만, 집합건물의 관리를 전문적인 업으로 하는 관리인(syndic professionnel)은 일정한 재정능력을 갖추어야 하고 책임보험에도 가입하여야 한다. 특히 전문직업인으로서의 관리인과 관련하여서는 국사원의 데크레를 통하여 일정한 자격요건이 요구되기도 한다. 반면, 직업관리인이 아닌 관리인은 구분소유자 또는 그 배우자일 수 있으며, 재정적 능력에 대한 담보나 책임보험에의 가입의무가 부과되지 않는다.[31]

한편, 관리인의 선임방식과 관련하여 최초의 관리인은 구분소유자 규약 또는 구분소유자 상호간의 협의에 의해 정해지게 된다. 따라서 이러한 관리인을 '잠정적 관리인'(syndic provisoire)이라고 부르기도 하는데, 그 이유는 이후의 구분소유자 총회에서 관리인을 다시 선출할 수 있기 때문이다.[32] 즉, 구분소유관계가 유지되는 동안에는 구분소유자 총회에서 구분소유법 제25조에서 정한 의결방식에 따라 관리인이 선

29 Dalloz, "Assemblée générale de copropriétaires", Fiches d'orientation, mars 2018, n° 5.
30 Dalloz, "Copropriété", Fiches d'orientation, mars 2018, n° 2.
31 Dalloz, "Syndic de copropriété", Fiches d'orientation, mars 2018, n° 1.
32 프랑스 구분소유법 제17조 제2항에서도 "구분소유 개시 후 최초의 총회가 소집되기 전에 잠정적 관리인(syndic provisoire)이 규약 혹은 기타의 합의에 의해 지명된 경우, 관리위원회가 있을 경우에는 관리위원회가 행한, 그렇지 않은 경우에는 구분소유자들이 행한 복수의 관리인계약의 경합을 선결적으로 거친 후 개최된 총회 결의에 의해서만 이 관리인직이 유지될 수 있다."고 규정하고 있다.

임되게 된다. 구분소유자 총회에서는 관리인의 임기와 보수, 관리인의 임무수행요건에 관한 사항이 담긴 관리인계약에 대해서도 승인한다. 다만, 구분소유자 총회에서 관리인을 선임하지 않은 경우에는 1인 또는 수인의 구분소유자의 청구에 따라 집합건물 소재지의 지방법원장이 관리인을 선임한다.[33] 아울러, 그 밖의 사정으로 관리인을 정하지 못하는 경우에는 이해관계인의 청구에 따라 법원이 관리인의 선임을 위한 임시관리인(administrateur provisoire)을 선임할 수 있다.[34]

(3) 관리인의 임무

프랑스법상 관리인의 임무에 대해서는 2015년 10월 22일의 오르도낭스 제2015-1324호 제5조에 의해 개정된 구분소유법 제18조 특히 동조 I, II에서 상세히 규정하고 있다. 그리고 관리인은 관리단의 수임인으로서 임무를 수행하며 그 내용을 요약하면 다음과 같다.

우선, 집합건물의 관리를 위한 행정행위와 건물의 보존행위 및 관리행위를 할 수 있으며, 급박한 경우에는 스스로의 판단에 따라 건물의 보수공사를 행할 수 있다. 다음으로, 관리단의 민사책임이 문제될 수 있는 위험을 분산하기 위하여 책임보험에 가입할 것을 결정하거나 관리단과 관련한 문서의 작성과 관련하여 이를 업으로 하는 전문적인 기업에 맡길 것인지를 결정도록 구분소유자 총회에 의결을 요청할 수 있다. 그리고 관리단의 법률행위 및 소송행위와 관련하여 관리단을 대리할 수 있다. 또한, 관리단과 관리인 또는 관리인과 연계된 사람이나 기업과의 모든 합의에 대해 구분소유자 총회의 허가를 요청할 수 있는데, 이러한 절차를 거치지 않은 경우에는 그와 같은 합의로써 관리단에 대항할 수 없는 것으로 하고 있다. 아울러, 집합건물의 관리대장을 작성하고 이를 구분소유자가 열람할 수 있도록 하여야 하고, 관리단의 등록과 관련한 업무를 수행하여야 하며, 구분소유건물에 거주하는 자들로 하여금 구분소유자 총회에서 의결한 사항에 대한 정보를 제공하여야 한다. 그리고 전문자격을 갖춘 직업관리인의 경우에는 구분소유자 총회에서 달리 정하지 않은 한, 집합건물의 관리와 관련한 문서에 안전한 방식으로 접근할 수 있는 방안을 제공하여야 한다. 뿐

---

33 프랑스 구분소유법 제17조 제3항 참조.

34 즉, 프랑스 구분소유법 제17조 제4항에서는 "관리단에 관리인이 없는 기타의 모든 경우에 있어서는 구분소유자 누구라도 관리인 선임을 목적으로 하는 구분소유자총회를 소집할 수 있다. 그러한 소집이 없는 경우에는, 이해관계인의 청구에 따라 지방법원장이 결정으로 관리인 선임 목적의 총회소집을 담당하는 임시관리인(administrateur provisoire)를 선임한다."고 규정하고 있다.

만 아니라, 집합건물의 관리와 관련한 회계 및 재정업무의 관리를 담당하여야 한다.[35] 따라서 관리인이 이상과 같은 자신의 임무를 제대로 수행하지 못한 경우에는 관리단에 대해 채무불이행책임을 지며, 직무수행과 관련하여 구분소유자 중 누구에게 손해를 가한 때에는 그에게 불법행위책임을 지게 된다.[36] 한편, 구분소유법 제18조 IV에서는 구분소유자 총회에서 범위를 정하여 허용한 경우가 아닌 한, 관리인에 대해서는 자기복무의 원칙이 적용됨을 분명히 하고 있다.

요컨대, 관리인의 임무와 관련하여서는 프랑스법에서의 태도와 우리 법에서의 태도가 기본적으로 큰 차이가 있다고 볼 수는 없다. 다만, 프랑스법에서는 관리인의 임무에 대해 보다 구체적이고 상세하게 규정하고 있다는 점에서 우리 법의 규정태도와 비교하여 다소의 차별성이 인정된다.

4. 관리위원회

프랑스 구분소유법 제17조의1[37]에 의하면, 프랑스법상 관리위원회(conseil syndical)는 원칙적으로 임의기관이기에 반드시 두어야 하는 것은 아니다. 프랑스 구분소유법 제21조[38]에 의하면, 관리위원회는 관리인의 관리행위를 감독하고, 관리인에게 조력하며, 구분소유자 총회에 조언을 하는 임무를 수행한다.[39] 프랑스법상 관리위원회는 우리 법에서의 관리위원회와 비교될 수 있을 것이다. 다만, 프랑스법에서는 관리위원회의 구성 및 임무와 관련하여 우리 법에서의 그것과 비교하여 상당히 상세한 규정을 두고 있는 것으로 평가될 수 있다.

---

35   프랑스 구분소유법 제18조 I, II 참조.
36   Dalloz, "Syndic de copropriété", Fiches d'orientation, mars 2018, n° 5.
37   프랑스 구분소유법 제17조의1에서는 "① 구분소유권의 관리가 협동조합적 관리단에 위임된 경우, 관리위원회의 설립은 의무적이며 관리인은 관리위원회 구성원 사이에서 선출된다. 관리인은 법률상 당연히 관리위원회 위원장의 역할을 한다. 또한 관리인의 임무수행에 장애가 있는 경우 관리인을 대체할 부위원장을 관리위원회에서 동일한 요건 하에 선출할 수 있다. ② 위원장 및 부위원장은 동일한 요건 하에 서로 해임할 수 있다. 총회는 구분소유자 중에서 혹은 외부에서 관리단 회계감사를 보장하기 위해 자격이 있는 1인 또는 수인의 자연인이나 법인을 선임한다. ③ 관리단에 협동조합 형태를 채용할 것인가 여부는 제25조, 경우에 따라 25-1조의 다수결에 의해 결정된다."라고 규정하고 있다.
38   특히, 프랑스 구분소유법 제21조 제1항 및 제2항에서는 "① 모든 유형의 관리단에서 관리위원회는 관리인을 보좌하고 그의 관리행위를 감독한다. ② 또한, 관리위원회는 관리단과 관련하여 자문을 요구 받았거나 스스로 검토한 모든 문제에 대한 견해를 관리인 또는 구분소유자 총회에 전달한다.…"고 규정하고 있다.
39   Dalloz, "Copropriété", Fiches d'orientation, mars 2018, n° 2.

Ⅳ. 집합건물의 관리를 위한 사업수행방식

1. 집합건물의 관리 및 보존을 위한 사업수행방식 일반

(1) 사업수행에 있어서의 의사결정 방식

전술한 바와 같이 프랑스법상 집합건물의 보존 및 관리와 관련한 사업수행에 있어서의 행위주체는 독자적인 법인격을 가진 관리단이라고 할 수 있다. 다만, 프랑스 구분소유법 제17조에서 규정하는 바와 같이 사업수행을 위한 구체적인 판단 및 결정 과정에서는 관리단의 기관에 해당하는 구분소유자 총회가 결정의 주체로 등장한다. 아울러, 구분소유자 총회에서 의결된 사항의 현실적인 집행에 있어서는 관리인을 통하여 이루어지는 것이 일반적이다. 따라서 구분소유자 총회는 관리단의 의결기관이라고 할 수 있으며, 관리인은 관리단의 집행기관이라고 평가할 수 있다.**40** 그러므로 집합건물의 사업수행에 있어서 가장 핵심적인 사항은 의사결정이 어떻게 이루어지느냐의 문제라고 할 수 있으며, 특히 의결기관인 구분소유자 총회의 의사결정방식이 어떠한지의 여부가 핵심적이라고 할 수 있다. 그런데 프랑스법상 구분소유자 총회의 의결방법은 원칙적으로 다수결(majorité)에 의한다. 아울러, 프랑스법상 구분소유자 총회에서는 문제되는 사안에 대해 개별적으로 의결절차를 거쳐야 하며, 복수의 의제를 하나로 결합하여 의결하는 것은 구분소유자의 자유를 침해하는 것으로 간주된다고 한다.**41**

한편, 프랑스 구분소유법 제24조 이하의 규정에 의하면, 프랑스에서는 다수결의 방식에 있어서도 이를 사안에 따라 다시 나누고 있다. 즉, 총회에서 의결대상인 사안에 따라 의결의 요건을 달리하고 있다는 것이다. 구체적으로는 ① 단순과반수의결, ② 구분소유자 중 과반수의결, ③ 절대다수의결, ④ 만장일치의 합의가 있다.

우선, 단순과반수의결은 총회에 직접 출석하거나 대리인을 통하여 의결권이 행사된 구분소유자의 의결권의 과반수에 의하여 결의하는 방식으로서, 구분소유법 제24조에서 상정하는 사안들에 대한 구분소유자 총회에서의 원칙적인 의결방식이며, 정족수(quorum)를 요구하지 않는다는 점에 특징이 있다. 대체로 집합건물의 보존행

---

40 Dalloz, "Copropriété", Fiches d'orientation, mars 2018, n° 2 참조. 그리고 이러한 평가는 "관리단의 결정은 구분소유자 총회에서 행해진다. 결정의 집행은 경우에 따라 관리위원회의 감독 하에 있는 관리인에 위임된다."고 규정하고 있는 구분소유법 제17조 제1항에 의해서도 가능하다.

41 Cass. civ. 3e, 26 fév. 2003, *Bull. civ.* III, n° 49.

위에 관한 사안들이 이러한 의결방식을 취한다고 할 것이다.[42]

　다음으로, 구분소유자 중 과반수의결(majorité des voix de tous les copropriétaires)은 사안이 다소 중요한 경우에 있어서의 의결방식으로서 구분소유법 제25조에서 상정하는 사안들에 대한 의결방식이며, 모든 구분소유자의 의결권의 과반수 찬성에 의해 결의하는 방식이다. 대체로 집합건물에 대한 보존행위의 수위를 넘어 집합건물에 대한 개량행위에 해당하거나 그에 상응하는 중요한 사안들이 이러한 의결방식을 취한다고 할 것이다.[43] 만약, 문제된 사안에서 총 구분소유자의 과반수에 의한 결의가 이루어지지 않았으나, 총 구분소유자의 1/3 이상의 찬성이 있는 경우에는 그 자리에서 구분소유법 제24조의 절차에 따른 제2차 투표를 치르는 방식으로 의결절차를 진행할 수 있으나, 1/3의 찬성을 얻지 못한 경우에는 새로이 구분소유자 총회를 소집하여야 한다.[44]

　다음으로, 절대다수의결은 앞의 것들보다 더 중요한 경우에 있어서의 의결방식으로서 구분소유법 제26조에서 상정하는 사안들에 대한 의결방식이며, 관리단을 구성하는 구분소유자 전체의 의결권의 2/3 이상의 찬성에 의해 결의하는 방식이다. 대체로 집합건물에 대한 상당한 변경을 초래하는 사안들이 이러한 의결방식을 취한다고 할 것이다.[45]

　다음으로, 총 구분소유자의 만장일치의 합의를 요하는 경우는 구분소유자들의 이익과 관련하여 가장 이해관계가 큰 사안들로서 예컨대, 구분소유자의 구분소유권에 대한 본질적 변경이라든가, 집합건물의 용도를 고려할 때 보존이 필요한 공용부분을 양도하는 행위, 분담금의 분배, 집합건물의 증축 및 용도변경 등이 이에 해당한다.[46]

42　프랑스 구분소유법 제24조에서는 단순과반수의결에 의하여 결의할 수 있는 보존행위의 유형에 관하여 상세히 규정하고 있다. 동법 제24조의1 내지 제24조의3에서는 전국적인 위성통신망의 설치와 관련하여서도 단순과반수의결에 의할 수 있다고 규정하고 있는데, 흥미로운 대목은 '통신의 자유'라는 관점에서 문제해결에 접근하고 있다는 점이다.

43　프랑스 구분소유법 제25조에 의하면, 구분소유자의 권한의 위임, 공용부분이나 집합건물의 외관공사, 관리인 및 관리위원회 위원의 선임 및 해임, 에너지절약 또는 가스배출 감소를 위한 공사, 쓰레기 수직통로의 제거, 전파망 확대시설의 설치공사, 분할된 정수계량기 설치, 열에너지 계량기 설치, 수도공급계약의 개별화를 위한 공사의 실행 등이 구분소유자 중 과반수의결을 요하는 사안에 해당한다. 동법 제28조에서 상정하는 사안들에 대해서도 마찬가지 방식의 의결이 요구된다.

44　프랑스 구분소유법 제25조의1 참조.

45　프랑스 구분소유법 제26조에 의하면, 공용부분의 사용·수익·관리와 관련한 방식에 대한 구분소유규약을 변경하거나, 집합건물의 출입문의 개방방식을 변경하거나 관리실 또는 경비실을 변경 또는 이전하는 행위 등이 절대다수의결 대상이다.

46　프랑스 구분소유법 제11조, 제35조 등 참조.

요컨대, 프랑스법에서는 집합건물의 관리 및 보존을 위한 사업수행의 내용이 무엇인가에 따라 구체적인 사업수행방식 특히 의결방식에 있어서도 차이가 발생한다고 평가할 수 있다. 그리고 이는 집합건물에 대한 소극적인 관리가 아니라 적극적으로 집합건물을 관리하고 개량할 수 있는 근거로 작용할 수 있다고 평가할 수 있다. 따라서 집합건물의 관리 등과 관련하여 관리단집회의 의결방식을 획일화함으로써 사업의 중대성이 고려되지 않는 우리 법의 태도와 비교하여 시사하는 바가 크다고 할 것이다.

(2) 개별적 사업수행방식에 따른 차별화

프랑스 구분소유법에서는 집합건물의 관리 및 보존을 위한 개별적인 사업유형에 따라 별도의 규정을 두고 있다.

우선, 구분소유법 제3장에서는 집합건물의 개량 및 증축에 대해 규정하면서, 집합건물의 용도를 변경시키지 않는 범위 내에서 기존의 부속설비를 개량하거나 새로운 설비를 추가하는 행위, 공용의 공간을 정비하거나 새로이 공용의 공간을 설치하는 행위에 대해서는 총 구분소유자의 과반수의결에 의하여 공사를 실행할 수 있는 것으로 하고 있다.[47] 아울러, 전유부분을 늘리기 위한 증축 또는 건축행위에 대해서는 구분소유자 총회의 절대다수의결에 의하여 공사를 실행할 수 있는 것으로 하고 있다.[48]

다음으로, 구분소유법 제4장에서는 멸실·훼손된 집합건물의 재건축에 대해 별도로 규정하고 있다. 재건축의 요건과 관련하여, 동법 제38조에서는 집합건물의 전부 또는 일부가 멸실된 경우를 상정하고 있으며, 총 구분소유자의 과반수의결에 의해 재건축을 결의할 수 있는 것으로 하고 있다. 다만, 멸실된 부분이 집합건물의 절반 이하인 경우, 재해를 입은 구분소유자의 재건축에 대한 요구가 있는 경우에는 반드시 재건축을 하여야 한다.[49]

다음으로, 구분소유법 제4-1장에서는 주거서비스(Résidences-services)라는 표제 하에서 집합건물에 거주하는 모든 자에게 이익이 되는 특정한 서비스를 제공하는 것을 규약으로 정할 수 있는 것으로 규정하고 있다. 다만, 주의할 것은 이와 같은 특정의 서비스가 특정의 거주자를 위한 개별적인 서비스여서는 안 된다는 것이다.[50]

---

47 프랑스 구분소유법 제30조 이하 참조.

48 프랑스 구분소유법 제35조 이하 참조.

49 프랑스 구분소유법 제38조 이하 참조.

50 구체적인 서비스의 유형에 대해서는 국사원의 데크레로 정하고 있다. 프랑스 구분소유법 제41조의1

요컨대, 프랑스법에서는 집합건물의 일반적인 관리보존 행위에 해당하지 않는 사업과 관련하여서는 별도의 장을 두어 이를 규율하고 있다는 점에서 우리 법의 태도와 비교되는 면이 있다. 다만, 건물의 멸실 및 훼손으로 인한 재건축과 같은 사안에 있어서는 우리 법상 의결요건이 다소 강화되어 있어서 집합건물의 관리라는 측면뿐만 아니라 사회경제적 측면에서도 손실을 초래하는 원인으로 작용할 수 있다.[51] 아울러, 우리나라에서도 고령화가 급속도로 진행되는 현 상황에서 집합건물 거주자 전원을 위한 다양한 새로운 서비스의 제공이 필요한 시기에 접어들었다고 평가할 수 있다. 따라서 고령자의 편익을 위한 서비스제공과 관련한 공사나 사업의 수행에 있어서도 집합건물의 관리라는 차원에서 접근할 필요가 있다. 따라서 재건축요건 및 주거서비스와 관련한 프랑스법의 태도는 우리 법에도 시사하는 바가 적지 않다.

2. 임시관리인 제도의 활용

(1) 의의

프랑스에서는 소위 '위험에 빠진 구분소유관계'(copropriété en difficulté)라는 용어를 사용하는 경우가 있다. 그리고 이는 집합건물의 관리단이 재정적인 측면에서 상당히 균형을 상실하였거나 아니면 관리단이 집합건물의 보존을 위한 조치를 더 이상 취할 수 없는 상태에 빠진 경우의 구분소유관계를 가리킨다. 그리고 이러한 경우에는 예방조치 이외에도 임시관리인(administrateur provisoire)의 선임을 법원에 청구할 수 있다. 이에 대해서는 특히 프랑스 구분소유법 제29조의1 내지 제29조의6에서 상세한 규정을 두고 있다.[52]

(2) 구분소유관계의 위험방지를 위한 예방조치

관리단의 회계기간의 종료시점을 기준으로 하여 집합건물의 공용부분의 관리 및 운용과 관련한 비용 또는 공사비용의 25% 이상이 미지급된 경우에는 예방조치를 취할 수 있다. 다만, 구분소유자가 200인 이상인 경우에는 위 수치는 15%로 조정될 수 있다.[53] 여기서의 예방조치는 특별수임인을 선임하는 것이며, 법원에 이를 청구할 수

이하 참조.

51 물론, 개인의 재산권보장이라는 측면에서 재건축 요건을 완화하는 것이 문제가 없지 않다는 문제인식은 항상 견지할 필요가 있다. 다만, 의결방식에서의 획일성을 어떤 경우에도 유지할 것인지에 대해서는 고민의 여지가 있다는 것이다.

52 Dalloz, "Copropriété en difficulté", Fiches d'orientation, mars 2018, n° 1.

있는 자는 다음과 같다. 우선, 관리인이 관리위원회에 이러한 사실을 알린 뒤 1개월 이내에 법원에 특별수임인의 선임을 신청할 수 있다. 다음으로, 전체 구분소유자의 15%에 달하는 구분소유자가 청구할 수 있다. 아울러 공사대금이나 에너지와 관련한 용역대금을 지급받지 못한 채권자도 청구할 수 있으며, 도지사나 검사, 꼬뮌의 시장, 꼬뮌간 협력을 위한 공공기관의 장도 법원에 특별수임인의 선임을 청구할 수 있다.[54]

한편, 특별수임인으로 선임될 수 있는 자는 사법관리인(administrateur judicaire)으로 등재된 자이어야 한다. 다만, 법원은 문제된 사안의 제반사정을 고려하여 해당 분야에서 경험과 자질이 인정되는 것으로 판단되는 자연인 또는 법인을 2015년 8월 17일의 데크레 제2015-999호에 따른 1967년 3월 17일의 데크레 제67-223호 제61조의 1-2 이하의 규정에서 정한 요건에 따라 특별수임인으로 선임할 수 있다.[55]

이와 같이 선임된 특별수임인이 존재한다고 하더라도 관리인의 권한이 소멸되는 것은 아니며, 특별수임의 권한은 법원이 정하게 된다. 대체로 특별수임인의 권한에는 관리단의 재정상태와 집합건물의 현황에 대한 분석을 포함하며, 관리단의 재정정상화를 위한 제언과 필요한 경우에는 집합건물의 안전을 담보하는 방안에 대한 제언을 포함한다. 특별수임인의 임무는 이해관계인과의 협상으로까지 확대될 수 있다. 따라서 이를 위해서는 관리인이 필요한 서류를 특별수임인에게 제공할 필요가 있다.[56] 특별수임인은 임무수행 후 3개월 이내에 법원에 보고서를 제출하여야 하며, 이 보고서는 관리인과 관리위원회, 시장, 공공기관의 장, 도지사 등에게도 전달된다. 그리고 관리인은 이 보고서에서 제안하는 해결방안의 채택여부를 차기 구분소유자 총회에 안건으로 상정하여야 한다. 다만, 통상총회의 개최가 6개월 이후로 예정된 경우

---

53 프랑스 구분소유법 제29조의1A에서는 제1항에서는 "회계년도 종료시 제14-1조 및 제14-2조의 미지급액이 25%에 달하는 경우, 관리자는 관리위원회에 이를 통지하고 법관에게 특별수임인(mandataire ad hoc)의 선임을 청구한다. 구분소유부분이 200호 이상인 경우에는 제소 가능한 미지급 비율은 15%로 정해진다."고 규정하고 있다.

54 프랑스 구분소유법 제29조의1A 제2항에서는 "회계년도 종료시로부터 1개월 기간 내에 관리인의 청구가 없으면 법원은 다음에 기재된 자의 청구를 받을 수 있다.: 1° 관리단 의결권의 최소 15% 이상을 대표하는 구분소유자들; 2° 수도 또는 에너지의 가입 및 사용요금 또는 총회에서 의결되고 집행된 공사대금이 6개월 이상 미지급되고 있고, 채권자가 관리인에게 변제의 집행명령을 통지했음에도 변제가 이루어지지 않고 있는 경우의 채권자; 3° 도지사 또는 지방법원 소속 검사; 4° 집합건물 소재지 꼬뮌의 시장; 5° 주거에 관하여 관할권 있는 꼬뮌 상호간의 협력을 위한 집합건물 소재지의 공공기관의 장"이라고 규정하고 있다.

55 프랑스 구분소유법 제29조의1C 참조.

56 프랑스 구분소유법 제29조의1B 제5항 참조.

에는 특별총회를 개최하여 이에 대한 의결을 하여야 한다.57

(3) 임시관리인의 선임과 임시관리인의 임무

위에서 언급한 바와 같이 관리단의 재정상황이 심각한 불균형 상태에 빠진 경우 또는 일단의 구분소유자의 반대로 인하여 집합건물에 대한 보존행위로서의 공사수행이 불가능한 경우에는 임시관리인을 선임할 수 있다.58

임시관리인의 임기는 12개월 이상이어야 하며 구체적인 임무는 관리단의 기능이 회복될 수 있는 방향으로 법원이 이를 정한다. 관리단이 겪고 있는 어려움과 관련하여 기존에 작성된 보고서가 없다면, 임시관리인은 임무수행 6개월 이후에 임시보고서를 제출하여야 한다. 반대의 경우에는 최종보고서로서 족하다. 아무튼, 임시관리인의 업무수행결과에 따라 법원은 임시관리인의 임무를 변경하거나 또는 그 기간을 연장하거나 아니면 임무수행을 종료시킬 수 있다.

한편, 임시관리인의 권한과 관련하여, 임시관리인은 기존 관리인의 권한 이외에도 구분소유자 총회의 권한의 전부 또는 일부, 그리고 관리위원회의 권한의 전부 또는 일부를 행사할 수 있다. 더 나아가 법원이나 도지사의 허가가 있는 경우에는 관리단의 채무변제계획도 수립할 수 있으며, 관리단의 적극재산의 양도나 2차 관리단의 설립, 관리단의 분할, 구분소유자 규약의 변경 등과 관련하여 권한을 행사할 수 있다.59 프랑스 구분소유법 제29조의1에서는 뿐만 아니라 집합건물의 수용과 관리단

---

57 Dalloz, "Copropriété en difficulté", Fiches d'orientation, mars 2018, n° 1.

58 프랑스 구분소유법 제29조의1, I, 제1항에서는 "관리단의 재정 형평이 중대하게 손상되었거나 관리단이 더 이상 집합건물을 보존할 능력이 없게 되면, 법원은 급속심리나 신청에 의하는 경우와 마찬가지의 결정으로써 관리단의 임시관리인(administrateur provisoire)을 선임할 수 있다. 법원은 관리단 의결권의 총 15%를 대표하는 구분소유자, 관리인, 집합건물 소재지 꼬뮌의 시장, 주거에 관하여 관할권 있는 꼬뮌 상호간의 협력을 위한 공공기관의 장, 도지사, 검사 또는 관리단이 제29-1A조 및 제29-1B조에 규정된 절차를 지켜야 하는 경우에는 특별수임인(mandataire ad hoc)에 의해서만 이러한 목적의 신청을 받을 수 있다."고 규정하고 있다.

59 프랑스 구분소유법 제29조의1, I, 제2항에서는 "법원은 구분소유건물의 정상적인 운영을 회복하기 위해 필요한 수단을 취할 의무를 임시관리인에게 부과한다. 이러한 목적의 달성을 위하여, 법원은 임시관리인에게 위임인이 법률상 당연히 보상 받지 않고 양도한 관리인의 모든 권한 및 제26조 a 및 b에 규정된 권한을 제외한 구분소유자총회의 권한의 전부 혹은 일부, 그리고 관리위원회의 권한의 전부 또는 일부를 부여한다. 임시관리인이 소집하여 주재하는 관리위원회와 총회는 임시관리인의 임무에 포함되지 않은 다른 권한을 계속해서 행사한다. 임시관리인은 그에게 부여된 임무를 직접 수행한다. 그러나 임시관리인에게 임무의 순조로운 진행이 요구될 때, 관리인의 제안에 의하여 법원이 선임하고 그의 보수로서 급여를 주는 제3자가 돕도록 할 수 있다. 어떤 경우에도, 현재의 관리인은 구분소유건물의 임시관리인으로 선임될 수 없다."고 규정하고 있다. 그리고 동법 제29조의1, I, 제3항에서는

의 해산을 위한 임시관리인의 선임에 대해서도 규정하고 있다.[60]

요컨대, 프랑스 법에서는 관리단의 권한행사가 제대로 이루어지지 않거나 관리단의 재정상황이 열악해진 경우를 대비하여 그 예방조치로서 특별수임인을 선임할 수 있게 하거나, 후속조치로서 임시관리인을 선임하여 그를 통하여 실질적인 문제해결을 꾀하게 하고 있다는 점에서 우리 법에도 시사하는 바가 있을 수 있다고 평가될 수 있다.

V. 한국의 법제도와의 비교 및 한국법에의 시사점

우선, 대상 연구에서의 문제인식의 출발점과 관련한 사항으로서, 우리 법에서는 집합건물의 유형에 따라 그 적용법규가 다양하다는 점에서 실무상으로도 상당한 혼선이 초래된다고 할 수 있다. 한편, 프랑스 구분소유법 제1조 및 제4조의 내용을 종합할 경우, 프랑스에서는 집합건물의 유형을 불문하고 구분소유관계에 있는 집합건물에 대해서는 프랑스 구분소유법에 따라 그 관리 및 활용방법을 결정함이 원칙이라는 점을 천명하고 있는 것으로 평가할 수 있다. 따라서 법정책적 관점에서도 관련 법령을 통일화하고 있는 프랑스법의 태도는 우리 법에의 시사점이 있다고 평가할 수 있다.

한편, 개별적인 프랑스법과 우리 법의 차이점 및 우리 법에의 시사점은 다음과 같이 요약될 수 있다. 먼저, 프랑스 구분소유법의 규정내용 중 우리 법과 비교하여 특이한 점은 공용부분에 대해서도 비교적 상세히 규정하고 있다는 점이다. 특히, 구분소유자들이 함께 나누고 있는 벽면 조차도 공유에 해당한다는 규정을 두고 있는 태도는 관련 분야에서의 분쟁을 신속히 해결할 수 있게 한다는 점에서도 우리 법에의 시사점이 있다.

"임시관리인의 선임 결의가 그 임무의 수행기간을 설정한 때, 이는 12개월을 하회할 수 없다. 만약 제29-1B조에 규정된 보고서가 전년도 회기에 작성되지 않았다면 임시관리인은 늦어도 그 임무 개시 후 6개월이 지난 후에 관리단의 재정상황을 복구하기 위해 채용할 수단을 보고하는 중간보고서를 작성하여야 한다. 임시관리인이 관리인선임을 위한 목적의 총회를 소집하기 위해서만 선임된 경우라 하더라도, 법원은 임시관리인의 청구에 의해, 또는 일인 또는 수인의 구분소유자, 도지사, 집합건물 소재지 꼬뮌의 시장, 주거에 관하여 관할권 있는 꼬뮌 상호간의 협력을 위한 집합건물 소재지 공공기관의 장, 검사의 청구가 있는 경우에는 언제라도 임시관리인의 임무를 변경하거나, 연장 또는 종료시킬 수 있다."고 규정하고 있다.

60 프랑스 구분소유법 제29조의1, I, 제4항 참조.

다음으로, 집합건물의 관리 및 보존을 위한 사업수행의 핵심적 주체로서, 프랑스 법에서는 관리단의 유형과 관련하여 다양한 형태의 관리단을 인정하고 있을 뿐만 아니라 그 각각의 관리단이 독자적인 법인격을 가지고 집합건물에 대한 독자적인 관리행위를 할 수 있는 것으로 하고 있다는 점에서 우리 법과의 차이점이 인정될 뿐만 아니라 시사하는 점도 적지 않다고 평가할 수 있다. 그리고 구분소유자 총회의 의결과 관련하여, 프랑스법상 구분소유자들은 집합건물의 공용부분에 대한 자신의 지분비율로 의결권을 가진다. 다만, 우리 법과 비교하여 특이한 점은 어느 구분소유자의 공유지분이 과반수를 넘는 경우에는 그의 의결권은 다른 구분소유자의 의결권의 총합으로 감축된다는 규정을 두고 있다. 그리고 이러한 규정태도는 다수 지분권자의 권리남용을 예방하고자 하였다는 점에서 우리 법에도 시사하는 바가 있다.

관리인의 임무와 관련하여서는 프랑스법에서의 태도와 우리 법에서의 태도가 기본적으로 큰 차이가 있다고 볼 수는 없다. 다만, 프랑스법에서는 관리인의 임무에 대해 보다 구체적이고 상세하게 규정하고 있다는 점에서 우리 법의 규정태도와 비교하여 다소의 차별성이 인정된다. 아울러, 프랑스법상 관리위원회 또한 우리 법에서의 관리위원회와 비교될 수 있을 것이다. 다만, 프랑스법에서는 관리위원회의 구성 및 임무와 관련하여 우리 법에서의 그것과 비교하여 상당히 상세한 규정을 두고 있는 것으로 평가될 수 있다.

다른 한편, 집합건물의 관리 및 보존을 위한 사업수행의 방식과 관련하여, 프랑스법에서는 집합건물의 관리 및 보존을 위한 사업수행의 내용이 무엇인가에 따라 구체적인 사업수행방식 특히 의결방식에 있어서도 차이가 발생한다고 평가할 수 있다. 그리고 이는 집합건물에 대한 소극적인 관리가 아니라 적극적으로 집합건물을 관리하고 개량할 수 있는 근거로 작용할 수 있다고 평가할 수 있다. 따라서 집합건물의 관리 등과 관련하여 관리단집회의 의결방식을 획일화함으로써 사업의 중대성이 고려되지 않는 우리 법의 태도와 비교하여 시사하는 바가 크다고 할 것이다.

또한, 프랑스법에서는 집합건물의 일반적인 관리보존 행위에 해당하지 않는 사업과 관련하여서는 별도의 장을 두어 이를 규율하고 있다는 점에서 우리 법의 태도와 비교되는 면이 있다. 다만, 건물의 멸실 및 훼손으로 인한 재건축과 같은 사안에 있어서는 우리 법상 의결요건이 다소 강화되어 있어서 집합건물의 관리라는 측면뿐만 아니라 사회경제적 측면에서도 손실을 초래하는 원인으로 작용할 수 있다. 아울러, 우리나라에서도 고령화가 급속도로 진행되는 현 상황에서 집합건물 거주자 전원을 위한 다양한 새로운 서비스의 제공이 필요한 시기에 접어들었다고 평가할 수 있다. 따라서 고령자의 편익을 위한 서비스제공과 관련한 공사나 사업의 수행에 있어서도 집합건물의 관리라는 차원에서 접근할 필요가 있다. 따라서 재건축요건 및 주거서비스와 관련한 프랑스법의 태도는 우리 법에도 시사하는 바가 적지 않다.

끝으로 프랑스에서는 관리단의 재정상황이 심각한 불균형 상태에 빠진 경우 또는 일단의 구분소유자의 반대로 인하여 집합건물에 대한 보존행위로서의 공사수행이 불가능한 경우에는 임시관리인을 선임할 수 있게 하고 있다. 즉, 관리단의 권한행사가 제대로 이루어지지 않거나 관리단의 재정상황이 열악해진 경우를 대비하여 그 예방조치로서 특별수임인을 선임할 수 있게 하거나, 후속조치로서 임시관리인을 선임하여 그를 통하여 실질적인 문제해결을 꾀하게 하고 있다는 점에서 우리 법에도 시사하는 바가 있을 수 있다고 평가될 수 있다.

집합건물의 관리에 대한 프랑스법의 동향
- 구분소유자 총회의 의결방법을 중심으로 -

이 지 은*

I. 序

주거의 형태에서 집합건물이 차지하는 비중이 점차 높아지고 있다. 집합건물의 규모가 커지는 한편 그 구조도 점차 복잡해지는 현상은 대도시를 중심으로 가속화되고 있다. 집합건물을 통해 사실상 집단적 거주형태를 갖게 되면서 각 소유자들은 다양한 인격과 공존하면서 가까운 거리에서 조화롭게 살아야 할 과제를 부여받는다. 필연적으로 구분소유자들은 공동의 공간과 설비를 집합적으로 관리할 책임을 가지게 된다.

집합건물의 개념은 두 사람 이상의 사람들이 공동으로 부동산을 소유하면서 발생하였다. 집합건물은 일찍이 로마시대부터 등장한 것으로 보이며 중세시대의 참고문헌에도 등장하는데, 그에 대한 법적 개념은 1804년 프랑스민법전에서 처음 성문화되었다.[1] 프랑스는 민법전 제정전부터 일종의 구분소유제도가 존재하였고 1804년 프랑스민법전은 구분소유의 관습을 받아들여 구획된 건물의 각 부분을 수인이 소유하는 경우 소유자의 부담을 정하는 규정을 두었다.[2] 그러나 프랑스민법은 로마법의 영

---

* 숭실대학교 법과대학 교수

1 Peter M. Dunbar, The Condominium Concept-a practical guide for officers, owners and directors of florida condominium, Sarasota Florida, Pineaple Pres, 2017, no 1.1.

향으로 '공동소유에 대해 적대적'이었기 때문에3 기본적으로 구분소유관계를 개인주의적 소유권이 중첩되어 존재하는 것으로 보아 구분소유자의 공동소유에 속하는 공용부분의 개념은 명확히 규정하지 않았다.

20세기 초 프랑스에서 집합건물 형태의 건물이 증가하자 집합건물의 소유와 관리에 관한 실효적 규정이 필요해졌다. 이에 '건물의 구분소유에 관한 법률(Loi du 28 juin 1938 statut de la copropriété des immeubles divisés par appartements, 이하 '1938년 법률')'로써 건물의 구분소유관계를 규율하였고 이후 '건물의 구분소유관계를 정하는 1965년 7월 10일 법률(loi du 10 juillet 1965 fixant le statut de la copropriété des immeubles bâtis 이하 '1965년 법률')'을 제정하였다. 1965년 법률은 현재까지 프랑스의 집합건물 구분소유에 적용되는 가장 중요한 기본법이다.4

프랑스민법상 구분소유의 개념은 연혁적으로 유럽 각국과 미국의 집합건물법에도 영향을 주었다.5 소유권의 대상을 전유부분과 공용부분으로 구분하고, 구분소유자 전체로 이루어지는 관리단이 존재하며 구분소유자 총회가 관리단의 의결기관이라는 점에서 프랑스법상 집합건물 관리의 구조는 우리 집합건물법과 유사하다.67

이 글에서는 프랑스 집합건물법의 연혁을 개관하고, 1965년 법률의 내용을 중심으로 집합건물 관리의 대상 및 그 주체에 대해 살펴본다. 그리고 프랑스법상 관리단(syndicat)과 구분소유자 총회의 의결방법을 최근의 프랑스법 개정내용과 함께 검토하고자 한다.

---

2 구 프랑스민법 제64조(1938년 법률(Loi 1938-06-28 art. 13 JORF 30 juin 1938)에 의해 삭제).
3 남효순, "나폴레옹법전(프랑스민법전)의 제정에 관한 연구", 법학 제35권 제1호, 283면 이하 참조.
4 François Terré, Philpe Simler, Droit civil : les biens, 10e éd. Daloz, 2018, no 612.
5 Peter M. Dunbar(주 1), no 1.1.
6 우리 집합건물법도 관리인, 관리위원회, 관리단집회를 관리단의 기관으로 하고 있다. 반면 공동주택관리법에서는 입주자대표회의와 회장이 관리업무를 담당하는 입주자단체의 기관이 된다.
7 미국의 통일 집합건물법(Uniform Condominium Act)상 이사회(Executive Board)는 관리단을 대신하여 활동하기 위해 선언문서나 규약에 의해 명시된 단체로서 관리단에 속하는 업무를 처리한다(UCA Section1-103(6)). 집합건물 관리방식을 크게 관리인방식과 이사회 방식으로 구분한다면 미국은 구분소유자들이 이사를 선임하여 이사회를 구성한 다음 그 이사회가 규약 또는 구분소유자 집회를 통해 결정된 사항을 집행하는 방식을 택하고 있으며 우리나라는 관리단집회가 관리에 대한 결정을 하고 이를 관리인이 집행하는 관리인 방식을 택하고 있다. 우리나라의 관리위원회가 관리단의 내부기관에 불과한 것과 달리 미국의 이사회는 구분소유자조합의 대표기관이다.

II. 프랑스 집합건물법의 연혁

1. 입법연혁

유럽에서는 두 차례의 대전에 의하여 도시가 황폐화되고 주택난이 발생하면서 집합건물 형태의 건물이 큰 폭으로 증가하였고 이에 관한 현실적인 문제가 다양하게 발생하였다. 그래서 이를 해결할 수 있는 방안으로 당시 많은 유럽국가들은 당사자 사이의 표준적인 합의를 도출할 수 있는 공동주택 소유자의 의무와 권리, 특히 공동부분에 대한 책임을 강력하게 규정하는 집합건물법령을 제정하게 되었다.[8]

구 프랑스민법 제664조(1938년 법률에 의해 삭제)는 한 건물의 각 층이 복수의 소유자에 귀속할 때 벽체와 지붕은 모든 소유자의 부담으로, 그리고 각 층은 각 소유자의 부담으로 그 수리 및 재축(再築)을 하도록 하고 있었는데, 집합건물에서 모든 구분소유자의 동의를 얻는 것이 쉽지 않기에 결국 건물 관리에 타인의 협조를 얻지 못하고 구분소유자 단독으로 비용을 부담하게 되는 경우가 많았다. 민법 규정으로 이를 해결하기에는 한계가 있다는 문제의식에서 1938년 법률이 제정되었고 프랑스민법 제664조는 삭제되었다. 1938년 법률은 1동의 건물에 대해 전유부분과 공용부분의 개념을 마련하고 구분소유건물의 건축, 관리 등을 목적으로 하는 단체를 규정하였으며, 등기에 의해 구속력을 가지는 규약에 의해 구분소유관계를 규율하도록 하였다. 그러나 규정의 대부분이 임의규정으로 해석되어 분쟁해결의 기준으로서는 실효성이 부족하다는 지적이 있었다.[9]

이후 제정된 1965년 법률은 1938년 법률을 폐지하고 구분소유자 총회(assemble générale)의 결의 요건에 관한 규정 등을 강행규정으로 두었다. 이 법률이 제정된 시기에는 주거용 건물 등의 소유형태로서 구분소유(copropriété)가 주요 규범으로 발전한 때였다. 1965년 법률은 특히 관리단 구성 및 조직을 위한 규정을 발전시켰고,[10] 이후 수차례의 개정을 거쳐 오늘날에 이른다.

---

8 J. Leyser, "The Ownership of flat-A Comparative Study", International and Comparative Law Quarterly, Vol.7, ICLQ, 1958. p. 31-3.

9 François Terré, Philippe Simler(주 4), no 613; Rep. civ. Dalloz, Copropriété des immeubles bâtis(Christian Atias), 2007, nos 13-15; François Givord, Claude Giverdon, Pierre Capoulade, La copropriété, 7e édition, Dalloz, 2010, no 9.

10 François Terré, Philippe Simler(주 4), no 614; Christian Atias(주 9), no 16; Philpe Malaurie, Laurent Aynes̀, Droit des biens, 7e edi̇ton, LGDJ-Lextenso, 2017, no 701.

1960년대와 1970년대의 법률 개정은 통상적인 건물의 유지·관리에 있어 구분소유자 간의 공평성을 유지하기 위해 필요한 규정을 보충하는 것이 주된 내용이었다. 예를 들면, 1966년에는 어느 구분소유자가 공용부분의 과반을 넘는 지분을 보유한 때에는 그 사람이 가지는 의결권의 수는 다른 구분소유자들의 의결권을 모두 합한 수로 감축되도록 개정하였는데, 이것은 의결권의 남용을 방지하기 위한 것이었다.[11]

1980년대에는 특히 관리단 운영에 있어 총회에서의 의결방법이 실효성을 거두지 못해 건물의 대규모 공사, 건물의 리모델링이 진행되지 않는 일이 빈번하였다. 그리하여 1985년 및 1986년의 법 개정에서는 구분소유건물의 개량을 위한 공사에서 총 의결권의 3분의 2의 찬성을 요하는 결의 요건이 새로 도입되었다(1965년 법률 제26조). 관리인의 부실한 건물관리, 특히 회계와 관련한 사무를 태만히 하여 구분소유자가 손해를 입는 일이 발생하는 경우, 그리고 관리비 체납으로 인한 관리단의 재정이 부실해지는 경우에 대처하기 위해 관리인의 의무를 명확히 하고, 회계 처리 등의 감독체제의 정비와 관리 업무의 적정한 인계 등에 관한 규정도 도입되었다(동법 제18조의1, 제18조의2, 및 제21조).

1994년에는 통상의 건물관리 이외의 공사로 인한 각 구분소유자의 부담은 민법상 특정부동산우선특권에 의해서 담보되도록 규정되었다. 관리단에 대해 구분소유자가 부담하는 채무를 담보하기 위한 법정저당권이 이미 규정되어 있었으나(1965년 법률 제19조), 이에 더하여 1994년 법 개정으로 강력한 부동산우선특권을 관리단에 인정하도록 한 것이다(동법 제19조의1).[12] 또 재정적인 이유로 인해 황폐화된 구분소유건물(copropriété en difficulté)의 적절한 관리상태를 회복하기 위하여 임시관리인(administrateur provisoire)을 두는 제도도 신설되었다.[13]

---

11 1966년 신설된 1965년 법률 제22조 2항은 "각 구분소유자는 공용부분에 있어서의 그 지분에 상응하는 수의 의결권(voix)을 가진다. 다만, 어느 구분소유자가 공용부분의 2분의 1을 넘는 지분을 보유할 때는 그 사람이 가지는 의결권의 수는 다른 구분소유자의 의결권의 총합으로 감축된다"고 한다.

12 이 부동산 우선특권은 1965년 법률 제10조 및 제30조에서 규정된 관리비나 설비의 교체·신설, 공용부분의 정비·신설 등의 공사비용을 담보한다(프랑스민법 제2374조 1호 bis). 구분소유자의 구분소유부분이 매각되었을 경우, 관리단은 매각된 구분소유부분의 매매대금에 대해 우선특권을 취득한다. 관리단에 인정되는 이 부동산 우선특권은 등기의 대상이 되지 않기에(프랑스민법 제2378조) 구분소유자의 다른 채권자를 위협하는 측면이 있다. 1965년 법률 제19조의 법정저당권은 관리단이 구분소유자에 대해서 가진 모든 성질의 채권을 담보하며, 구분소유부분의 매매를 실시하는 경우에 한정하지 않고 성립한다.

13 건물이나 건물 설비 자체가 황폐화된 때, 또는 관리단이 제 기능을 하지 못함으로써 건물이 제대로 관리되지 못한 채로 방치될 때 거주지가 슬럼화되는 등의 사회경제적 문제가 대두하여, 적절한 해결

2000년에는 황폐화된 구분소유건물의 관리에 대한 임시관리인의 권한을 강화하고 필요한 경우 사법기관과 행정기관이 협동할 수 있도록 하였으며, 또 단지를 형성하고 있는 건물 중 1동이 황폐화된 경우에 그 관리를 용이하게 하기 위해, 해당 건물을 분리해 별개의 구분소유 건물로 하는 것이 가능하도록 하였다.14 황폐 상태의 집합건물이란 회계년도 종료시 미납된 부분이 관리단의 예산에 비추어 일정한 비율에 다다르는 등 관리위원회의 재정악화로 관리단이 건물 보전에 적절한 조치를 취하지 못하게 되는 때를 의미하며, 이때 관리자는 관리위원회에 이와 같은 사실을 통지하여 임시관리인 선임 절차를 진행하도록 하여야 한다. 임시관리인은 집합건물의 정상적 기능을 회복하기 위해 필요한 조치를 취할 임무를 가진다. 2000년의 개정시에는 관리단이 고령자를 위해 식사제공을 비롯한 각종 서비스를 제공하는 서비스 주택(résidence‑services)에 관한 규정도 신설되었다.

요컨대 1960년대와 1970년대에는 건물의 통상의 유지·관리에 관한 구분소유자 사이의 공평성을 유지하기 위해 필요한 제 규정을 보충해 나가는 것을 주된 내용으로 했다면, 1980년대에는 건물의 유지·관리의 관점에서 개정이 이루어졌다. 특히 관리단의 운영과 관계되어 총회에서 단순과반수나 전원일치의 여부로 이루어지는 의결 방법이 실효적이지 못하여 건물을 현대화하는 공사가 진행되지 않는 일이 빈번하다는 문제 때문에 구분소유건축물의 관리와 개선에 대한 의결요건이 변경되었다.15 2000년 이후에는 집합건물의 슬럼화를 막기 위하여 법원과 행정청의 개입까지 가능하게 되었다. 이후 2018년 엘란 법(La loi ELAN du 23 novembre 2018)에 의한 개정은 공용부분의 관리와 재무관리에 초점을 두었던 관리단의 역할을 확대하여 건물의 증축과 관련한 적극적 역할을 가능하게 하였고 관리단의 손해배상책임 범위도 넓혔다. 엘란 법에 의한 집합건물법의 개정으로서 구분소유권에 관한 내용에도 수정이 가해졌다. 특히 주목할 만한 것은 구분소유부분의 개념에 관한 규정이 세분화되었고 잠재적 구분소유부분(lot transitoire)의 개념이 명문화되었다는 것이다.16

책을 제시하고자 마련된 제도이다.

14 1965년 법률 제28조 제1항.

15 François Terré, Philpe Simler(주 4), no 614 ; Christian Atias(주 9), no 16.

16 잠재적 구분소유부분(lot transitoire)에 대한 설명은 이지은, "프랑스 집합건물법상 구분소유의 성립에 관한 고찰", 집합건물법학 제33집, 2020, 9‑11면 참조.

2. 2019년 개정

최근에는 건물 구분소유권의 개정을 위한 2019년 10월 30일 오르도낭스 (l'ordonnance no 2019−1101 du 30 octobre 2019 portant réforme du droit de la copropriété des immeubles bâtis: 이하 2019년 오르도낭스)에 의한 개정이 있었다. 개정에 있어 구분소유의 각 기관, 즉 관리단, 관리인, 관리위원회의 특권, 그리고 집합적 경영의 용이화와 각 구분소유자의 사적 권리 간의 형평을 유지하는 것이 고려되었다. 구분소유의 대상인 부동산 경영(gestion)의 개선과 계쟁을 예방하는 것이 이번 개정의 주된 목표였다.

2019년 오르도낭스는 모두 6편, 전체 42개 조문으로 이루어져 있다. 제1편은 구분소유에 있어 부동산의 법적 구조에 관한 개정으로, 구분소유권의 적용범위를 분명하게 하고 공용부분의 법적 규칙을 명확하게 하였다. 제2편은 구분소유의 관리에 관한 것으로 관리단에 적용되는 규정을 개정하였다. 제3편은 구분소유에 있어 의결과정, 제4편은 특정 구분소유권, 제5편은 그 외 다양한 규정, 제6편은 잠재적 처분 및 종국적 처분에 관한 개정을 다룬다.17 이 논문에서는 총회의 의결을 원활하게 하기 위한 다양한 수단을 도입한 제3편의 내용을 비교적 상세히 소개할 것이다.

1965년 법률의 적용범위는 종래 강제적이고 일률적이었다. 구분소유의 대상인 건축물의 유형과 무관하게 수인 간에 구분소유부분에 의해 소유권이 형성되면 당연히 1965년 법률의 적용대상이 되었다. 그러나 오래전부터 학계와 실무에서는 단일한 공적 질서를 강제하는 것은 서로 다른 유형의 구분소유에 받아들이기가 너무 엄격하여 일정한 조건과 한계 내에서는 달리 평가되어야 한다고 지적하여 왔다. 그리하여 2019년 오르도낭스는 거주의 용도로 쓰이지 않는 구분소유, 소규모의 구분소유, 복합기능의 특정부동산 구조등을 고려하여 개정되었다. 그리고 입법적 조치에 있어서는, 관리위원회의 역할과 권한을 강화하는 것 또한 구분소유대상인 부동산의 경영을 개선하는 데 기여할 것이라는 생각을 바탕으로 하였다. 그리하여 2019년의 개정은 구분소유의 조직 및 통제, 관리단의 규정, 관리단에 의한 의결에 관한 규정들과 구분소유자, 관리단, 관리위원회, 관리인의 권리와 의무에 관한 규정들을 명확히 하고자 하였다.18

---

17 Rapport au Président de la République relatif à l'ordonnance no 2019-1101 du 30 octobre 2019 portant réforme du droit de la copropriété des immeubles bâtis, p. 3.

III. 구분소유의 대상과 집합건물의 관리

1. 구분소유권의 법적 성질

구분소유(copropriété)의 개념은 건물을 부분으로 구획하여 수인이 소유하는 한편 단체로서 공용부분을 사용하고 건물을 관리하는 경우의 법률관계를 설명하기 위하여 등장한 것이다. 구분소유적 관계는 각 구분소유자에게 배타적 권리를 발생시키는 동시에 단체적 소유로 인한 부담을 그들에게 지운다. 이와 같이 권리와 부담의 조합이라는 것이 구분소유권이 가지는 특징이다.[19] 구분소유자는 건물에 대해서 구분소유권(droit de la copropriété)을 가지는데, 구분소유권의 대상은 '구분소유부분(lot)'이다. 구분소유부분이란, 전유부분인 건물의 집합주택 부분만을 가리키는 것이 아니라, 공용 부분 및 공용 부분에 부속될 권리의 지분을 포함하는 것으로 해석되는, 구분소유자의 권리의 대상을 포괄적으로 파악하는 추상적인 개념이다.[20]

구분소유부분은 공시방법에 관한 부동산구획, 또는 분양에 있어서의 지분(quote-part)과 구분되어야 한다.[21] 공용부분과 전유부분은 단지 건축물의 물리적 구조에 대한 설명에 불과한 것이 아니다. 구분소유자는 전유부분의 배타적 소유자인 동시에 공용부분에 대한 구분소유자이지만 두 가지 이질적인 권리를 단순히 병렬하는 것은 구분소유의 상황에 대한 설명으로는 불완전하다. 두 종류의 권리는 분리불가능하게 연결된 것으로, 두 권리의 결합은 독립된 개체를 형성하며, 이것이 사실상 소유권의 객체가 된다. 프랑스의 실무는 오래전부터 '구분소유부분(lot)'이라는 특유한 명칭을 사용해 왔으며 1965년 법률에 의해 성문화하였다.[22]

구분소유부분(lot)의 개념은 구분소유관계의 핵심이다. 따라서 구분소유부분을 형성하지 않고서는 전유부분과 공용부분을 포함하는 건축물이 존재할 수 없다. 오로지 전유부분으로만 구성된 구분소유부분은 있을 수 없으며, 반대로, 공용부분의 지분이 귀속되어 있는 전유부분의 소유자가 아니라면 공용부분을 공유하는 구분소유권자가 될 수 없다는 것이 판례와 학설의 입장이었다.[23]

---

18 Rapport au Président de la République(주 17), p. 2.
19 Philpe Malaurie, Laurent Aynes(주 10), p. 250.
20 François Terré, Philpe Simler(주 4), no 61.
21 Piere Capoulade, Daniel Tomasin, La copropriété 2018/2019, 9e éd., Daloz, 2019, no 12.09.
22 François Terré, Philpe Simler(주 4), no 638.

요컨대 전유부분과 공용부분 지분의 분리불가능한 결합이라는 구분소유부분의 개념을 통해 각 구분소유자가 전유부분에 대해 가지는 권리와 공용부분에 대해 가지는 권리의 이중성을 극복하여 하나의 권리를 인정할 수 있게 된다. 이 권리는 전통적인 소유권과 달라서, 구분소유권자의 경우 소유권자로서 가지는 일정한 특권은 삭감되고 관리단으로 구성된 공동체성에 의해 제한을 받게 된다.[24]

현대 사회에서는 공동의 비용으로 목적한 바에 따라 건축물을 조성할 대지를 공유하는 경우가 흔히 있다. 그런데 수 개의 건축물이 점진적으로 건설되어 완공될 예정이나 아직 건축이 진행중인 경우, 미완성된 건축물에 대해 구분소유의 법리를 적용하는 것은 간단하지 않다. 프랑스에서는 건축이 예정된 건축단지의 부분에 상응하는 잠재적 구분소유부분의 개념이 발전하였는데, 이것이 소위 "잠재적(transitoire) 구분소유부분"이다. 이는 사실상 구분소유부분으로 다루어지며, 그 전유부분은 현존하는 건물의 구성부분이 아니라 건축할 권리(droit de construire)로 이루어진다.[25]

프랑스의 판례에 의하면, 구분소유규약에 따라 일정한 부지 위에 건축을 하기 위한 배타적인 권리와 공용부분의 지분을 유보한 미건축된 대지(terrains)가 있으면 특별법의 제한이 없는 한 1965년 법률상 구분소유에 해당한다고 하였다. 따라서 건물의 완공시에 이르러야 비로소 구분소유의 법리가 적용된다고 한 구분소유규약의 조항은 1965년 법률에 반한다고 판단하였다.[26] 1965년 법률에 대한 최근의 개정은 잠재적 구분소유부분을 명시적으로 인정하면서 위 판례들에 나타난 구분소유부분의 개념을 도입하였다. 잠재적 구분소유부분은 "부지의 특정된 구역에 건축을 실현시킬, 확실히 정해진 건축권(droit de construire)으로 구성된 전유부분 및 상응하는 공용부분의 지분으로 이루어진다.(1965년 법률 제1조 Ⅰ 제3항)" 그러므로 잠재적 구분소유부분의 소유자는 건축이 완공되기 이전에도 그 구분소유부분에 할당된 공용부분의 지분의 비율에 따라 분배된 공용부분의 보존, 유지, 관리에 관한 부담을 이행해야 한다. 잠재적 구분소유부분의 창설과 지속은 구분소유규약에서 정해진다(1965년 법률 제1조 Ⅰ 제4항).

---

23 Civ.3e,29 nov.1972, JCP 1973,I, 1738, note Guilot, RTD civ.1973.589, obs.Bredin.

24 François Terré, Philpe Simler(주 4), no 638.

25 François Terré, Philpe Simler(주 4), no 621.

26 Civ.3e, 14 nov.191, no 89-21.167, Bul.civ.II, no 275.

2. 집합건물의 관리

(1) 집합건물의 관리단과 운영

건물의 구분소유자들은 공동의 이해관계를 가지므로, 구분소유자간 혹은 구분소유자와 제3자와의 관계에서 집합적인 채무(obligations collectives)가 발생한다. 이에 따라 형성된 구분소유자의 집단에 법적지위를 인정하게 되었는데,[27] 이것을 "관리단(syndicat)"이라 한다.

집합건물 거주의 특성 중 하나는 주택의 마당, 울타리 등의 관리에 관한 개인적 책임이 제거되고 구분소유자 관리단이 공동체 전체를 위하여 집합건물 공용부분의 관리책임을 지게 된다는 것이다. 관리단의 구성원은 자신의 구분소유부분을 소유하지만 모든 구성원은 관리단에 의해 집합적으로 공유부분을 관리하고 유지할 것이 요구된다.

1965년 법률은 구분소유자 전원으로 구성되는 관리단을 구분소유 건물의 관리주체로 하고, 총회를 관리단의 의사결정기관으로 정함으로써 구분소유자 전원에 의한 관리의 체계를 구성하였다. 동법은 관리단이 결의한 사항의 집행을 관리인에게 위임할 수 있도록 규정하였기에(1965년 법률 제17조), 관리인은 관리단의 집행기관이라 할 수 있다. 관리단은 유효하게 소집된 집회에서 공식적인 결의를 통해 그 권한을 행사하며, 결의된 내용의 집행을 관리인에게 위임할 수 있는 것이다. 이처럼 집합건물의 관리에 관한 일정한 사항에 있어 구분소유자는 총회의 다수결(majorité)이라는 단체적 구속에 따르게 된다.[28]

집합건물 관리방식을 크게 관리인방식과 이사회 방식으로 구분한다면 미국에서는 구분소유자들이 이사를 선임하여 이사회를 구성한 다음 그 이사회가 규약 또는 구분소유자 집회를 통해 결정된 사항을 집행하는 방식을 택하는 것이 일반적이다.[29] 구분소유자 가운데 선출된 이사들이 재정정책을 수립하고 기록을 보관하며 예산과

---

27 François Terré, Philippe Simler(주 4), no 655.
28 구분소유권은 전유부분에 대한 소유권의 존재를 전제하고 있는 개념이다. 구분소유자가 자신의 의사에 반해 총회의 의결이라는 단체적 구속에 복종하는 것에 대한 이론적 설명에 대해서는, 이지은(주 16), 5-7면.
29 미국의 통일 집합건물법(Uniform Condominium Act)에서 이사회방식을 취하고 있고, 플로리다 콘도미니엄법(Florida Condominium Act)에서도 마찬가지이다. 구분소유자는 관리단의 구성원이 되지만 구성원으로서 이사를 선출하고, 관리단은 이사회에 의하여 통치된다. Peter M. Dunbar(주 2), no 1.3.

부담금 비율을 설정하고 공동체를 위해 필요한 사업을 기획한다.30 우리나라는 프랑
스 집합건물법과 마찬가지로 관리단집회가 관리에 대한 결정을 하고 이를 관리인이
집행하는 관리인 방식을 택하고 있다.

프랑스법상 관리단(syndicat des copropriétaires)은 최소한 2인 이상의 구분소유자만
있으면 법률의 규정에 따라 성립한다.31 관리단은 구분소유관계가 발생하는 즉시 법
인격을 취득하게 되며, 이를 위한 별도의 공시를 요하지 않는다. 1965년 법률은 관리
단에게 구분소유의 관리주체로서 명확한 법적 지위와 조직을 부여하고 총회의 의사
결정을 통한 적극적인 관리의무를 부여하고 있다. 구분소유권의 집합적 구조로 인하
여 각 구성원과 구분되는 법률적 인격으로서 관리단이 형성되는 것으로 볼 수 있는
데, 이것은 구분소유자 총회, 관리인, 관리위원회라는 규약상 기관에 의하여 표현된
다. 구분소유자 총회가 관리단의 의결기관이라면 관리인과 관리위원회는 집행기관이
라고 할 수 있다.

관리단은 관리규약의 작성, 관리인의 선임, 건물의 보존 및 공용부분의 관리를
할 의무가 있다(1965년 법률 제14조). 또한 관리단은 소송능력이 인정되어 원고 또는
피고로 재판상 행위를 할 수 있고 구분소유자의 일부와 공동으로 또는 단독으로 소
송을 할 수 있다(1965년 법률 제15조). 한편 1965년 법률은 구분소유의 대상이 복수의
건물을 포함한 경우, 특별 다수결(1965년 법률 제25조)에 의해 이차적 관리단(syndicat
secondaire)을 결성할 수 있다고 규정함으로써 단일한 관리단이 대규모 구분소유건물
에 포함되는 개별 건물을 관리할 때의 불편을 해소하고자 하였다(1965년 법률 제27조).
이 경우 이차적 관리단에도 법인격이 부여된다.

(가) 관리인

총회 결의의 집행은 관리인에게 맡길 수 있다(1965년 법률 제17조 제1항). 관리인
선임은 총회에서 구분소유자의 절대다수의 결정으로 선임되며, 총회에서 선임하지
않는 경우에는 하나 혹은 복수의 구분소유자의 신청에 의해 지방법원이 지명한다
(1965년 법률 제17조 제3항). 관리인은 반드시 구분소유자일 필요는 없으며 자연인인가
법인인가를 묻지 않는다. 관리인의 주된 업무는 총회에서 내려진 결정을 이행하는
것이다. 이로부터 관리인 고유의 회계권한이 인정되고, 법인의 이름으로 법인을 대

---

30 Donna S. Bennett, Condominium Homeownership in the United States: A Selected Annotated
    Bibliography of Legal Sources, 103 LAW LIBR. J.,2011, pp. 272-273.

31 1965년 법률 제14조 제1항 구분소유자의 집합체는 민사상 법인격을 갖는 관리단으로 형성된다.

표하여 행위한다. 또한 총회를 소집하고 구분소유자들의 목록을 작성하는 등의 관리 기능도 한다.32 프랑스에서는 건물의 관리업무가 복잡해짐에 따라 통상 건물 관리 전문업체를 관리인으로 고용한다. 그러나 적절한 업체 선정, 관리인과 관리단 간의 문제 조정, 관리비 체납 증가 등의 문제가 있다.

관리자에게 부여된 권한은 규약에 정해진 사항 및 총회 결의의 집행, 계약, 건물 의 관리 · 보전에 필요한 작업의 실시, 회계 계산서 · 예산서의 작성과 제출, 필요한 인 력의 고용과 해고, 소송단의 대표 등이며 이와 같은 사항에 대해서 관리자는 위임 계약에 근거하여 수임인이 되어 보수를 수령한다. 또한 관리업무에 대해 구분소유자 에게 보고, 설명할 의무가 있다. 관리자는 불가피한 사정이 없는 한 다른 사람으로 하여금 그를 대신하도록 할 수 없다(1965년 법률 제18조 제2항). 또 관리단에 대해서는 수임자로서 관리상의 과실과 관련 책임을 지고 구분소유자들에 대해서는 불법행위 책임을 진다.

(나) 관리위원회

관리위원회(conseil syndical)는 관리인의 관리 업무 집행을 보좌 감독하는 기관으 로서 모든 관리위원회에서 이를 설치하도록 되어 있다(1965년 법률 제21조 제1항). 다 만, 총회 결의로서 관리위원회를 두지 않도록 할 수 있다(동조 제9항). 관리위원회는 통상 복수의 구성원으로 이루어지지만, 감독자로서의 공정함을 확보하기 위해 1965 년 법률은 그 자격에 대해 소극적 요건을 정한 바, 관리인 및 관리인의 친족이나 사 무 담당자는 구성원이 될 수 없다고 하였다.

관리위원회의 의무는 관리인을 보좌하고 감독하는 외에, 관리자 및 총회에서 건 의하는 사항이나 스스로 필요하다고 관리단에 제기한 문제에 대해 의견을 진술하는 것이다. 관리위원회는 건물 관리에 대한 일체의 서류를 관리인으로부터 제출받을 수 있다.

(다) 총회

총회(assemble générale)의 권한은 회계, 예산의 승인, 공사의 허가 및 실시, 관리 인(syndic)의 선임 및 관리위원회의 선임, 구분소유 규약의 변경, 소송절차의 개시, 관 리인의 인건비 결정 등, 구분소유에 관한 중요 사항의 전반에 이른다. 총회에는 적어 도 연 1회 개최되는 통상 총회와 긴급한 경우 개최되는 임시총회가 있다.

---

32 Christian Atias(주 9), nos 507 et s.

총회에서 문제되는 사안은 각각에 대해 표결이 이루어져야 한다. 복수의 의제를 결합시키는 것은 구분소유자들의 자유를 침해하는 것으로 간주된다.[33]

(2) 총회의 의결과 의결방법

(가) 의결권

모든 의결권 있는 구분소유자들은 총회에서 제안된 사항에 대해 의결권을 가진다. 결의 요건은 법정되고 있어 규약으로 변경할 수 없다.

총회에서의 의결권(voix)은 전유부분의 가액비율의 총합에 따라 부여된다. 그러나 예외적으로 어느 구분소유자가 공용부분의 2분의 1을 넘는 지분을 보유할 때는 그 사람이 가지는 의결권의 수는 다른 구분소유자의 의결권의 총합으로 감축된다(1965년 법률 제22조 I 제2항). 단독으로 결정하는 것을 허용하면 권리 남용의 위험이 있기 때문이다. 만약 1965년 법률 제22조를 회피하기 위하여 차명으로 구분소유부분(lot)을 매도하였다면 그 제재로서, 매도인이 의도하였던 양도행위가 무효가 된다.[34]

구분소유자는 투표권(droit de vote)을 그가 수임한 사람에게 위임할 수 있다. 이것은 자신의 이익을 방어하는 것을 다른 사람에게 맡기고자 하는 것을 구분소유자의 근본적인 자유권으로 인정하는 것이다.[35] 수임인은 조합의 구성원일 필요가 없으나, 관리인과 그 배우자 및 관리인의 피고용인은 다른 구분소유자를 대표하기 위하여 위임을 받을 수 없다(1965년 법률 제22조 I 제3항 내지 제4항). 위임인이 구분소유자의 자격을 가질 것을 규약으로써 요구하는 것도 불가능하다.

(나) 의결방법 - 다수결

총회 의결의 방법으로는 다수결이 채택되어 있다. 이것은 구분소유자의 수에 의한 것이 아니라 의결권의 숫자에 의해 이루어진다. 총회는 통상총회인가 특별총회인가 여부에 따라 다수결에 차이를 두는 것이 아니다. 다만 일정한 사항에 따라 요구되는 다수결의 단계적 강약이 존재한다(1965년 법률 제24조 이하). 이에 대해서는 항을 바꾸어 상술한다.

주의해야 할 것은, 총회 의결에서는 정족수(quorum) 제도를 두지 않고 있다는 것이다. 총회에서 원칙적으로 행사되는 의결권의 수가 적다는 이유로 의결이 이루어지지 않는 일은 없다.[36] 이와 같은 규정의 입법 배경에는 관리사항에 대한 구분소유자

---

33 26 fevr. 2003, Bull. civ. III, no 49.

34 Cass. 3e civ. 6. juill. 1982, Bull. civ. III, no 169.

35 Christian Atias(주 9), no 359.

의 무관심, 비용 부담에 대한 저항 등으로 인하여 관리단의 기능이 저하되었다는 사회적 문제가 있었다. 이때문에 총회를 개최할 수 없는 일이 빈번하였고, 개최가 이루어져도 공사에 관한 의결을 할 수 없게 되어 건물을 양호한 상태로 유지 관리하기에 어려운 상황이 발생하고 있었다. 따라서 총회의 결의 요건을 세부 사안에 따라 완화하여 물건의 유지 관리에 필요한 각종 결의가 용이하게 진행될 수 있도록 1965년 법률의 개정이 이루어졌다.[37]

(다) 의결 사안에 따른 결의 요건의 다양화

프랑스의 법률은 네 가지 유형의 결의에 관하여 규정을 두는데, 그것은 단순다수결(majorité simple) 결의, 절대다수결(majorité absolue) 결의, 3분의 2 다수결(double majorité) 결의, 전원일치 결의이다. 통상결의는 집회에 직접 참석하거나 대리인을 보낸 구성원이 던진 표의 다수로써 할 수 있다(1965년 법률 제24조).

① 단순다수결

단순다수결은 출석하여 또는 대리하여(présentes ou représentés) 또는 원격투표에 의해(par correspondance) 행사된 구분소유자의 의결권의 과반수에 의해 결의되는 것을 의미한다. 구분소유자총회의 결의는 법률에 특별한 규정이 없는 한 단순다수결에 의해서 행해지므로(1965년 법률 제24조 I),[38] 단순다수결은 총회의 통상 결의에 원칙적으로 적용되는 의결방법이다. 그러나 구분소유규약이 건물의 유지 및 운영을 위한 지출을 특별히 일부 구분소유자의 부담으로 하는 때에는 이들 구분소유자만이 지출에 대한 결의를 할 수 있도록 규약으로 정할 수 있다(동조 제4항).

② 절대다수결

절대다수결은 모든 구분소유자의 의결권의 과반수로 결의하는 방법이다. 통상의 결의에 의사정족수가 요구되지 않아 참여 인원이 적더라도 결정이 이루어지는 것에 비하면 요건이 가중되어 있다고 할 수 있다. 절대다수결 방식에서 기권, 무효표 및 구분소유자의 결석은 반대표로 계산된다.[39]

구분소유자 전원의 절대다수의 찬성이 필요한 사안에는 개별 구분소유자에게 공

---

36 1965년 법률 제26조 등의 예외가 있다.

37 Christian Atias(주 9), no 359.

38 1965년 법률 제24조 I 총회의 결의는 법률에서 달리 규정하지 않는 한 출석하여 또는 대리하여 또는 원격투표에 의해 행사되는 구분소유자의 의결권의 다수에 의해 정해진다.

39 Sophie Schiller, Cours: Droit des biens, 4e édition, Dalloz, 2009 no 397.

용부분을 변경시키거나 건물의 외형을 건물의 목적에 맞게 변경시킬 수 있는 권한을 부여하는 경우, 관리인이나 관리위원회 구성원을 선임·해임하는 경우, 공용부분을 양도하거나 변경 혹은 물적담보의 대상으로 할 수 있는 요건을 정하는 경우, 법률이나 규약에서 정한 사업을 수행하는 방식을 정하는 경우, 하나 또는 수 개의 전유부분에서의 사용변경으로 인하여 공동부담의 분담을 적절하게 변경해야 할 필요가 있는 경우, 건물의 단열조치나 난방 및 수도 장치를 설치하는 경우, 라디오와 TV의 수신상태를 개선하기 위하여 공용안테나를 설치하는 경우가 있다(1965년 법률 제25조).

③ 가중된 다수결

좀더 중요한 사항은 구분소유자 전체의 의결권의 3분의 2 이상의 찬성으로 결의된다. 가중된 다수결을 요하는 사안에는 토지의 추가적 취득, 규약의 제정 및 개정, 공용부분의 일정한 변경으로서 제25조의 절대다수결에 포함되지 않는 경우, 건물에 대한 일정한 개선 또는 추가공사, 건물에 대한 보안장치 설치, 주야간 건물의 폐쇄시간 결정 등이 있다(1965년 법률 제26조). 이와 같은 규정들은 건물의 적극적인 관리(장소의 개량, 승강기 설치, 난방 구조 등)를 위해 도입되었다.**40**

④ 전원 일치 합의

가장 중대한 사안에서는 전원 일치의 결정이 요구된다. 여기에는 공용부분 중 집합건물의 목적을 유지하는 데에 필요한 부분을 양도하는 경우, 주야 중에 건물을 시건장치로 완전히 폐쇄하는 시간을 늘리기로 하는 경우(1965년 법률 제11조, 제26조 제3항, 제26조의2, 제35조) 등이 있다. 그리고 건물의 용도를 변경하는 결정 또한 전원 일치의 합의에 의해서만 의결될 수 있다.

3. 2019년 개정에 의한 집합건물 관리 규정의 변화

(1) 관리단의 손해배상책임

관리단은 건물을 보존하고 공용부분을 관리하는 것을 목적으로 한다. 종래 관리단은 건축의 하자 또는 공용부분 유지의 하자로 인해 구분소유자나 제3자에게 발생한 손해(dommages causés aux copropriétaires ou aux tiers par le vice de construction ou le défaut d'entretien)를 배상할 책임이 있다고 규정되었다(개정 전 1965년 법률 제14조 제4항). 2019년 오르도낭스 제2편에서는 이 부분을 수정하여 관리단은 공용부분에서 발

---

40 Philip Malaurie, Laurent Aynès(주 10), no 724.

생한 하자(dommages causés aux copropriétaires ou aux tiers ayant leur origine dans les parties communes)로 구분소유자 또는 제3자에 야기된 손해에 대해 책임을 지도록 되었다. 하자, 또는 결함이라는 개념을 삭제함으로써 관리단이 가지는 책임의 요건을 객관적으로 명확하게 한 것으로, 이로써 책임의 요건을 단순화하고 분쟁을 줄이는 효과를 가져오는 것을 목적으로 하였다.[41]

(2) 공동 수임인 선임

투표의 단일성 원칙(principe de l'unicité du vote)에 의해 하나의 구분소유부분 위에 수인의 권리자가 있을 때는 수인을 대표하여 의결에 참여할 공동의 수임인이 필요하다. 공동의 수임인을 선임하지 않은 경우에는 관리인이 구분소유부분 위에 물권을 가지는 모든 사람을 소환하여야 하고 그렇지 않으면 총회는 전부무효가 될 수도 있다. 이처럼 이해관계인 사이의 불합의로 인해 법적 불안정성이 야기되는 상황 때문에 2019년 오르도낭스 제3편에서 1965년 법률 제23조를 개정하였다. 용익물권 설정 후 용익권자와 소유자 사이에서 공동수임인 선임에 대한 불합의가 있을 때는 소유자가 공동의 수임인이 된다(1965년 법률 제23조 제3항). 이때 민법 제599조 제1항의 적용에 의해 소유자는 용익권자의 권리를 해할 수 없다. 재화의 소유권자에게 우선권을 주고자 하는 개정 취지에 따르면, 가령 민법 제625조 이하에 의해 규율되는 주거권이 설정된 구분소유부분의 경우에도 소유자가 공동의 수임인이 될 것이다.[42]

(3) 구분소유자의 총회 소집 청구권

2019년의 개정에 의하여 모든 구분소유자가 자신의 권리나 의무에 관한 문제를 총회에 상정하기 위하여 총회의 소집과 개최를 청구할 수 있다는 규정이 신설되었다(1965년 법률 제17-1AA조). 이때 총회의 소집과 개최에 드는 비용은 그 구분소유자의 부담으로 한다.

종래에는 특별한 경우가 아니면 총회는 관리인에 의해 소집되었다. 관리위원회의 요구에 의해 관리인이 소집하는 경우가 있고, 구분소유자 전원의 4분의 1 이상(구분소유규약이 이보다 적은 비율을 정하고 있다면 그에 따른다)을 대표하는 하나 또는 수인의 구분소유자에 의해 소집되었다. 그러나 구분소유자가 정기총회의 개최를 기다릴 충분한 여유가 없는 경우가 있다. 예를 들면 어떤 구분소유자의 구분소유부분에 내

---

41 Rapport au Président de la République(주 17), pp. 4-5.
42 Rapport au Président de la République(주 17), pp. 8-9.

력벽이 있고 그가 내력벽에 영향을 주는 공사를 실행하고자 한다면 공사의 진행을 늦추기 힘들 것이다. 한편 이 규정의 신설로 인해 총회의 회수가 증가하는 위험을 막기 위해 총회의 소집을 청구하는 자는 총회의 소집과 개최에 드는 비용 전부를 부담해야 한다는 규정을 두었다.[43]

(4) 다수결 의결사항의 변동

종래 단순다수결 의결을 요하던 일부 사안이 의결을 필요로 하지 않게 되었고, 제25조의 의결사안 중 몇 가지가 제24조의 의결사안이 되거나 전반적으로 의결요건이 완화되었다.

장애인의 부동산 접근성을 개선하기 위한 공사는 종래 단순다수결로 의결해야 하는 사안이었으나 이제는 각 구분소유자가 그의 비용으로 장애인 또는 거동이 제한된 사람에게 공용부분 또는 부동산 외벽에 영향을 주는 공사를 할 수 있게 되었다. 구분소유자는 차기 구분소유자총회에서 통지하기 위해 예상되는 공사의 세부사항 명세서를 첨부하여 고지한다. 다만 총회는 부동산의 구조, 필수적 설비요소에 그 공사가 미치는 침해 또는 부동산 용도에 부합하지 않음을 이유로 하여 구분소유자 전체의 의결권의 과반수로 공사 실행에 반대하는 의결을 할 수 있다.

위생을 위한 쓰레기 수직 투입구의 제거는 제25조에서 제24조로 변경되었다(1965년 법률 제24조 II e). 그리고 국내의 경찰 또는 군대가 부동산의 공용부분을 통과할 수 있도록 영구적으로 허가하는 사안도 제25조에서 제24조의 사안으로 변경되었다(1965년 법률 제24조 II h). 공적 이익을 위하여 강제적으로 적용되는 결정에 있어 사안의 적용을 원활하게 하고자 한 것이다.[44]

부동산 출입구의 개폐 방식은 제26조가 아닌 제25조의 의결방식에 의한다. 부동산 전체 폐쇄의 경우, 개방방식은 구분소유규약에 의해 허용된 업무수행과 양립가능하여야 한다(1965년 법률 제25조 g). 건물의 안전을 이유로 건물의 개폐방식이 정해지는 것을 원활하게 하고자 한 것이다.[45]

한편 종래 구분소유규약이 건물 일부분의 건축비용 또는 시설요소 설비의 건축비용을 특정 구분소유자만의 부담으로 할 때, 이 구분소유자만이 투표에 참여하도록 정할 수 있다는 규정은 삭제되었다(1965년 법률 제24조 III).

---

43 Rapport au Président de la République(주 17), p. 9.
44 Rapport au Président de la République(주 17), p. 9.
45 Rapport au Président de la République(주 17), p. 9.

(5) 결의의 원활화를 위한 가교(passerelle) 조항 신설

총회 의결은 구분소유자 본인이 직접 출석하거나 대리인에 의하거나 사전 원격 투표를 하는 세 가지 방식이 있다(1965년 법률 제23조 제1항). 그러나 구분소유자 전체 의결권의 과반수 이상을 요하는 의결사안에서 구분소유자들이 불참하는 경우 의결이 매우 어려워진다. 2019년 개정은 이런 상황에서 의결을 원활하게 하기 위해 가교 조항을 신설하였다.

구분소유자 총회가 제25조 또는 다른 규정의 적용에 의해 절대다수결에 의한 의결을 요하는 사안에서 모든 구분소유자 의결권의 다수로 의결하지는 못하였으나 안건이 최소한 3분의 1의 찬성을 획득한 경우에는, 동일 총회가 2차 투표를 진행하면서 제24조의 단순다수결에 의할 수 있다(1965년 법률 제25-1조). 대지의 분할 또는 구분소유공간의 분할의 경우에 분리된 소유권을 건축하기 위한 건물의 고유한 관리단을 구성하는 결정(1965년 법률 제28조), 건물 증축권리의 양도 결정(1965년 법률 제35조), 총회에 의해 선택된 은행계좌의 분리개설(1965년 법률 제18조 II)의 사안에도 가교조항과 같은 매커니즘이 적용된다.

구분소유자 총회가 모든 구분소유자의 의결권의 3분의 1을 얻지 못한 때에 단순다수결에 의거하여 의결하는 새 총회를 최대 3개월 내에 다시 소집할 가능성에 관한 기존 규정은 삭제되었다. 이 규정은 첫 번째 투표가 충분한 투표의 문턱을 넘지 못한 때에 강제로 해결책을 내리게 하려는 일종의 가교였으나 이로 인해 총회의 소집 및 개최 비용, 게다가 추가적 분쟁을 발생시키기도 했기 때문이다.[46]

구분소유자들의 불참으로 인해 총회가 제26조의 가중된 다수결의 문턱에 도달하는 것이 어렵게 되었을 때를 위한 가교조항도 신설되었다. 총회가 제26조의 가중된 다수결로 의결하지는 못하였으나 모든 구분소유자의 의결권의 3분의 1 이상이 출석, 대리, 또는 원격투표를 통하여 행사되었고 해당 안건이 관리단 구성원의 과반의 찬성을 얻은 경우, 동일 총회는 즉각 2차 투표를 진행하면서 모든 구분소유자 투표권의 과반, 즉 절대다수결에 의하여 의결할 수 있다. 이에 반하는 규약은 효력이 없다(1965년 법률 제26-1조).

---

46 Rapport au Président de la République(주 17), p. 11.

[표 1] 프랑스 집합건물법상 총회의 의결방법

	단순다수결 제24조	절대다수결 제25조	가중된 다수결 (3분의 2 다수결) 제26조	전원일치 제11조, 제26조 제3항, 제26조의2, 제35조
의결요건	총회에서 행사된 구분소유자의 의결권의 과반수의 찬성	모든 구분소유자의 의결권의 과반수의 찬성	모든 구분소유자의 의결권의 3분의 2 이상의 찬성	구분소유자 전원의 찬성
의결사안	• 부동산보존에 필요한 공사 • 주차장 출입구 정비 • 쓰레기 수직투입구 제거 • 장애인의 접근성 확보 위한 공사 삭제(2019년 개정) • 그 외 특별한 규정이 없으면 단순 다수결에 의함	• 공용부분의 변경 • 관리인 및 관리위원회 선임 해임 • 공용부분의 용도 변경에 있어 담보 요건을 정할 때 • 부동산출입구 개폐 방식(2019년 개정)	• 공용부분의 수익 사용 관리에 관한 구분소유규약의 변경 또는 작성	• 집합건물 용도 유지에 필요한 부분의 양도 • 건물의 완전폐쇄 • 건물의 용도변경
가교 조항 신설 (2019년 개정)		구분소유자 전체 의결권의 과반수의 찬성을 얻지 못했으나 3분의 1 이상의 찬성을 얻은 때, 제24조에 의한 2차 투표에 의해 의결	구분소유자 전체의결권의 3분의 2의 찬성을 얻지 못했으나 구분소유자 의결권의 3분의 1 이상이 출석 대리 또는 원격투표를 하였고 안건이 과반의 찬성을 얻은 때, 제25조에 의한 2차 투표에 의해 의결	

Ⅳ. 結語 - 최근 한국 집합건물법 개정내용의 검토를 겸하여

역사적 관점에서 볼 때, 관리단의 기능과 그 권한은 변화하고 있다. 관리단에 주어진 최초의 책임은 개방된 공원이나 계단과 같은 일부 공용부분의 관리 정도였을 것이나, 구분소유자 집단의 규모가 커짐에 따라 관리단은 집적된 자산의 경영까지 포함하여 그 역할이 확대되고 변화될 수밖에 없다.[47] 관리단에서 이사를 선출하여

---

47 Understanding Condominium Association Powers, 19 Prac. Real Est. Law, 2003, p. 48.

이사회가 의결, 집행 등 업무 수행 전반을 관장하도록 하는 이사회방식과 달리, 의결은 관리단총회에서 행하고 관리인은 집행을 하도록 하는 관리인 방식에서는 의결절차의 신속화가 중요한 문제로 대두될 수밖에 없다. 최근 한국의 집합건물법 개정이 그간의 주요개정내용에 비하여 관리단집회의 의결정족수를 본격적으로 다루고 있는 것은 이러한 흐름과 무관하지 않을 것이다.

2020년 4월의 한국 집합건물법 개정은 집합건물 관리의 원활화와 투명화를 취지로 하였다.**48** 집합건물 공용부분의 변경결의의 의결정족수를 합리화하고 권리변동을 일으키는 공용부분의 변경제도 등을 신설하여 집합건물의 원활한 관리를 도모하는 한편, 집합건물의 관리인 선임 신고제도를 도입하고 전유부분이 일정수 이상인 집합건물의 관리인은 감사인의 회계감사를 받도록 하였다.**49**

이번 한국 집합건물법 개정의 주요내용을 살펴보면, 먼저 임시관리인 선임 청구제도를 신설하여, 관리인이 없는 경우에 발생할 수 있는 집합건물 관리의 공백이나 관리인 선임을 둘러싼 분쟁을 예방하였다(집합건물법 제24조의2 신설). 또한 리모델링 요건을 신설하여 공용부분의 변경에 관한 사항을 관리단집회에서 구분소유자의 3분의 2 이상 및 의결권의 3분의 2 이상의 결의로써 결정하도록 의결정족수를 완화하였다(동법 제15조 제1항). 그리고 건물 노후화 억제 등을 위한 공용부분의 변경으로서 구분소유권 및 대지사용권의 범위나 내용에 변동을 일으키는 경우에는 구분소유자의 5분의 4 이상 및 그 의결권의 5분의 4 이상의 결의로써 의결하도록 하고 그 절차를 정하였다(동법 제15조의 2 신설).

관리단집회의 의결정족수 완화에 관하여 살펴보면, 기존에는 공용부분의 변경을 위해서는 관리단집회에서 구분소유자의 4분의 3 이상 및 의결권의 4분의 3 이상의 결의가 있어야 했는데,**50** 개정 집합건물법에서는 구분소유자의 3분의 2 이상 및 의결권의 3분의 2 이상의 결의로 가능하도록 하였다. 이러한 결의로 다른 구분소유자의 권리에 특별한 영향을 미칠 때에는 그 구분소유자의 승낙을 받아야 한다. 다만 집회를 개최하지 않고 서면 또는 전자적 방법에 의한 결의로 갈음하는 경우에는 구

---

48 법무부 집합건물의 소유 및 관리에 관한 법률 일부개정법률안 제안이유. https://www.moj.go.kr/moj/209/subview.do?enc=Zm5jdDF8QEB8JTJGYmJzJTJGbW9qJTJGMTU3JTJGNDg3MDU1JTJGYXJ0Y2xWaWV3LmRvJTNG.

49 개정내용에 대한 검토 및 비판으로 이준형,.2020년 개정 집합건물법의 성과와 한계 ─ 원활화 조치를 중심으로 ─. 집합건물법학, 38, 2021, pp. 1-2.

50 대법원 2008. 9. 25. 선고 2006다86597 판결; 대법원 2011. 3. 24. 선고 2010다85133 판결.

분소유자 및 의결권의 각 5분의 4 이상의 합의가 있어야 한다(동법 제41조 제1항). 건물의 수직증축과 같이 권리변동 있는 공용부분의 변경의 경우에는 현행 집합건물법에 의결정족수에 대한 규정이 별도로 없었지만, 판례를 바탕으로 구분소유자 전원의 동의를 받도록 하였는데,[51] 개정을 통하여 구분소유자 및 의결권의 5분의 4 이상의 결의를 통하여 변경하도록 명시적으로 규정하였다(동법 제15조의2 제1항). 이와 같은 개정은 집합건물의 관리를 원활히 하고 노후화된 건물이 자연재해에 대비할 수 있도록 리모델링 공사를 하고자 할 때 관리단집회의 의결정족수를 완화하고자 한 것으로 보인다. 구분소유자의 의결권만을 기준으로 하지 않고 구분소유자의 수의 일정 비율의 결의를 충족할 것을 요구한다는 점에서 프랑스의 집합건물법에 비하여 집회의 의결요건은 강화되어 있으나 개정을 통하여 전체적으로 의결정족수를 완화하는 동향은 유사하다. 요컨대 2021년의 우리 집합건물법 개정은 프랑스의 최근 집합건물법 개정의 동향과 궤를 같이 하는 것으로 보인다.

의결정족수의 완화에도 불구하고 집합건물의 관리에 무관심한 소유자의 참여 저조로 인해 건물의 관리가 원활하지 않은 경우가 많은바, 이는 노후화된 집합건물에서 중대한 문제를 야기할 수 있다. 프랑스 집합건물법에서 의결요건의 완화뿐 아니라 가교조항을 신설하였음을 참고하여 기왕에 소집된 관리단집회의 의결과정을 원활히 하는 방안도 강구하는 것이 바람직할 것이다.

---

51 대법원 2014. 9. 4. 선고 2013두25955 판결 참조.

프랑스 민법상 혼인의 요식성과 그 효과

남 궁 술*

I. 들어가며

가족은 한 사회를 구성하는 사람들의 최소한의 기본 조직이다. 그리고 이 가족을 구성하는 단초가 바로 혼인이다. 즉 혼인을 기반으로 새로운 가족관계와 친족관계가 형성되기 때문에 어느 시대이든 어느 나라이든 혼인은 매우 중시되고 있으며, 혼인의 성립에 엄격한 요건과 절차가 요구되고 있기도 하다.

이와 관련하여 우리나라도, 민법 제807조에서 제814조까지 혼인의 요건과 성립절차를 규정하고, 당사자 쌍방과 성년인 증인 2인이 연서한 혼인신고서의 제출과 이에 대한 담당공무원의 수리로 혼인이 성립한 것으로 보고 있다(민법 제812조). 그런데 사회적 비중 뿐 아니라 개인의 삶에도 큰 영향을 미치는 혼인을 이러한 신고만으로 그 성립을 인정하는 것이 과연 충분한지 의문이 든다. 본인도 모르는 사이에 혼인신고가 되어 있어 문제가 된 사건이 종종 보도된 바 있기 때문이다.

그런데 프랑스 민법상 혼인의 성립 요건은 우리의 입장에서는 지나치다 싶을 정도로 엄격하고 까다롭다. 혼인의 의사에 관한 요건은 차치(且置)하더라도, 프랑스는 절차상으로, 우선 혼인 전에 당사자의 신분에 관한 서류를 제출하고 일정기간 동안에 혼인 공고 및 장래 배우자들에 대한 민적관의 실질 신문이 행해져야 한다. 이러한 사전적 심사가 완료된 후에야 혼인을 거행할 수 있는데, 혼인의 거행도 법률이 정한 장소와 절차에 의거해야 한다.1 혼인신고서 하나만 제출하면 끝나는 것으로 아

---

* 경상국립대학교 법과대학 법학과 교수

1 그런데 사실 프랑스뿐 아니라 독일도 혼인에 이와 유사한 절차를 요구하고 있다. 윤진수, "혼인 성립

는 우리나라 사람에게 이런 절차를 요구한다면 몹시 당황할 것이다.

프랑스와 같이 혼인의 성립에 엄격한 절차를 요구하는 것이 현대사회에서 적절한가의 여부를, 각 국가마다 사회규범의 역사적 전개와 사회의 제반 상황이 다를 수 있기 때문에, 쉽게 판단하지 못할 것이다. 특히 오늘날과 같이 혼인율이 매우 감소하고 있는 추세를 고려하면 그 판단은 더욱 어려워진다. 그러나 우리나라처럼 혼인의 성립 절차가 너무나 간명한 것은 문제가 아닐 수 없다.[2]

이러한 기본인식 하에서 본고는 우선 우리나라의 혼인 성립 요건, 특히 절차적 요건에 관하여 간단히 살피고 다음으로 이에 관한 프랑스의 제도를 구체적으로 살펴보기로 한다. 프랑스 제도의 일반적인 이해를 위해, 현재의 프랑스 혼인제도가 설립되게 된 역사적·사회적 배경을 살핀 후에, 현행 프랑스 민법상 혼인의 성립 요건과 절차를 소개하고자 한다. 본고는 프랑스의 혼인제도에 대한 법리적 접근보다는 사회적 이해에 비중을 둔다. 우리나라 혼인제도의 재정비 문제는, 보다 심층적인 검토를 요하기 때문에, 추후의 연구과제로 남기기로 한다.

II. 우리나라의 혼인 성립의 요건

우리나라는 민법 제807조 이하와 가족관계의 등록 등에 관한 법률[3]에서 혼인의 성립 및 유효요건에 관하여 규정하고 있다. 혼인 성립의 요건에는 실체적 요건과 절차적 요건이 있다. 우리나라의 혼인 성립 요건은 간단하여 잘 알려진 사항이기 때문에 간단히 소개하기로 한다.

에 관한 독일 민법의 개정에 관한 고찰", 가족법연구 제13호, 한국가족법학회, 1999 참조.

2 더욱이 우리나라도 크게 증가하고 있는 국제 혼인으로 인해 많은 사회적 문제가 야기되고 있기 때문에, 혼인 제도의 재정비 필요성이 제기되고 있다. 임영수, "국제혼인에 대한 재판상 대응과 그 가정의 해체에 따른 문제", 법학논총 27(3), 국민대학교 법학연구소, 2015. 2; 임영수, "혼인이주자의 보호법제에 관한 고찰 —해석상의 문제점을 중심으로—", 동아법학 (58), 동아대학교 법학연구소, 2013. 2; 김두년, "혼인신고의 법적문제와 개선방안—국제혼인을 중심으로—", 법학연구 (46), 한국법학회, 2012. 5 등 참조. 프랑스의 경우에도, 1804년 민법전 제정 이후에 가족법도 여러 차례 개정되었는데, 특히 2003년과 2006년의 개정은 국제 혼인을 이용한 가장혼인을 규제하기 위한 것이었다. (후술)

3 이하 '가족관계법'이라 칭한다.

1. 혼인 성립의 실체적 요건

(1) 혼인의사의 합치

혼인의 성립에서 당사자들의 혼인의사의 합치가 있어야 한다는 것은 현대 사회에서 너무나도 당연한 핵심 요건이다. 그러기에 우리나라도 이것이 없는 경우에 혼인을 무효로 하고 있다(민법 제815조 제1호). 혼인의 의사표시는 민법 일반의 의사표시와 그 속성을 같이 하지만, 혼인이 당사자의 삶에 미치는 영향이 워낙 크기 때문에, 그 효력요건에 관하여는 민법 총칙상의 규정이 아닌 '혼인의 무효와 취소'에 관한 민법 제815조 이하에서 별도로 다루고 있다. 즉 착오와 관련하여, 민법 제109조는 "법률행위 내용의 중요부분의 착오"라는 비교적 추상적인 기준으로 취소할 수 있다고 하고 있으나, 제816조 제2호는 "혼인당시 당사자 일방에 부부생활을 계속할 수 없는 악질 기타 중대사유 있음을 알지 못한 때"라는 보다 구체적인 기준을 제시하고 있다. 또한 사기·강박의 경우, 제816조 제3호는 "사기 또는 강박으로 인하여 혼인의 의사표시를 한 때"로 하여 민법 제110조 제1항과 그 기준을 같이 하고 있으나, 제110조 제2항과 같은 '제3자에 의한 사기·강박' 규정을 별도로 두지 않음으로써, 이러한 경우에서 상대방이 선의·무과실일지라도 혼인을 취소할 수 있다.[4]

(2) 혼인적령 및 행위능력상의 요건

당연히 성년자(만 19세)만이 자유로이 혼인할 있다(제807조). 그리고 미성년자는 만18세 이상인 경우에 한하여 법정대리인의 동의를 받아 혼인할 수 있다. 그러나 법정 제한능력자 중에서 피성년후견인만이 후견인의 동의를 요할 뿐, 피한정후견인은 단독의 자유로운 의사로 혼인할 수 있다(제808조).

(3) 강행규범의 준수

위와 같은 인적 요건 외에, 혼인 당사자들이 반드시 지켜야 할 규범으로서, 근친혼의 금지(제809조)와 중혼의 금지(제810조)가 있다. 즉 이에 위반한 혼인은 무효이다.

---

4 지원림, 민법강의, 홍문사, 제14판, 1794면 이하; 조은희, "사기에 의한 혼인취소에 있어서 고지의무", 법과 정책 제23권 제1호, 제주대학교 법과정책연구원, 2017 등 참조.

2. 혼인 성립의 절차적 요건

주지(周知)의 사실과 같이 우리나라의 혼인 성립의 절차적 요건은 매우 간단하다.[5]

(1) 혼인신고

우리나라의 혼인신고는 당사자 쌍방과 성년자인 증인 2인이 연서한 서면으로 하는 것이 원칙이나(민법 제812조 제2항), 가족관계법은 구술로도 가능한 것으로 하고 있다(법 제23조 제1항).[6] 구술에 의한 신고의 경우, 신고인은 시·읍·면의 사무소에 출석하여 신고서에 기재하여야 할 사항을 진술하여야 하고, 시·읍·면의 장은 신고인의 진술 및 신고연월일을 기록하여 신고인에게 읽어서 들려주고 신고인으로 하여금 그 서면에 서명하거나 기명날인하게 하여야 한다(법 제31조). 또한 혼인당사자 쌍방이 혼인신고서를 작성하고 기명날인하여 우송하거나 사자(使者)를 통해 제출하는 것도 가능하다.[7]

그리고 가족관계법은 대리인에 의해서도 혼인신고를 할 수 있는 것으로 하고 있다. 이 경우, 신고사건 본인의 신분증명서를 제시하거나 신고서에 신고사건 본인의 인감증명서를 첨부하여야 한다(법 제23조). 그러나 구술에 의한 신고인 경우, 신고인이 질병 또는 그 밖의 사고로 출석할 수 없는 때에 한하여 대리신고가 가능하다(법 제31조 제3항).

물론 혼인의사가 혼인신고가 수리될 때까지 존재해야 하지만,[8] 혼인당사자가 생전에 혼인신고서를 우송하였고, 당사자 일방이 사망한 후에 신고서가 도착하여도 법

---

5 전통적으로 혼인식을 거행하고 사실혼관계를 유지하면 정당한 부부로 인정하는 의식혼주의와 사실혼주의였던 우리나라가 간단한 신고주의로 전환되게 된 것은 일제 통치 시절에 일본이 유럽의 제도를 도입하는 과정에서 비롯되었다고 한다. 즉 우리나라와 마찬가지로 의식혼주의와 사실혼주의였던 일본이 형식혼주의로 전환하면서 전통 유럽의 복잡한 혼인신고 절차를 국민들이 잘 이행하지 않을 것으로 예상하여 매우 간단한 신고절차를 통해 법률혼이 인정되도록 하였고, 해방 후에 우리나라 제정 민법이 이를 답습하였기 때문이라고 한다. 전원열·현소혜, "혼인신고에서의 쌍방출석주의와 공증 — 제도 도입의 필요성과 예외의 설정을 중심으로", 가족법연구 제31권 3호, 한국가족법학회, 2017.12, 5-7면; 이화숙, 가족-사회와 가족법, 세창출판사, 2012, 134면 등 참조.

6 우리나라 민법 조문의 소개는 '민법 제**조'로, 가족관계법 조문의 소개는 '법 제**조'로 표기하기로 한다.

7 김주수·김상용, 친족상속법, 법문사, 제17판, 2020, 107면; 정주수, "혼인방식 법제의 사례연구(1)", 사법행정, 2013. 9, 53면; 양형우, 민법의 세계, 정독, 2021, 1666면; 이화숙, 전게서, 133면 참조.

8 대법원 1996. 6. 28. 선고 94므1089 판결.

은 신고인의 사망시에 신고한 것으로 하여 이를 수리하도록 하고 있다(법 제41조).

(2) 신고의 수리

혼인신고는 혼인당사자 본인의 등록기준지 또는 신고인의 주소지나 현재지 시·읍·면의 사무소에 한다(법 제20조). 신고 시에 해당 시·읍·면의 장은 그 혼인이 제807조 내지 제810조 및 제812조 제2항의 규정 기타 법령에 위반함이 없는 때에는 이를 수리하여야 한다(민법 제813조). 여기에서 시·읍·면의 장은 형식적 심사권만을 가질 뿐이어서 혼인의사의 여부를 확인하는 등의 실질적 심사는 하지 않는다.

증인의 연서(連書)가 없거나 당사자 일방이나 동의권자의 서명이 없는 경우 등과 같이, 흠결이 있는 신고가 행해진 경우, 시·읍·면의 장은 그 수리를 거부해야 한다. 그렇지만 일단 수리가 되었다면, 이러한 흠결 자체가 혼인의 무효나 취소 사유가 아니기 때문에, 증인의 연서가 없더라도 그 혼인은 유효하게 성립된다고 하고(가족관계 등록 예규 제144호), 당사자 일방이나 동의권자의 서명이 없는 경우하도 당사자의 혼인의사나 동의권자의 동의가 있었음이 인정되면 혼인은 유효하게 인정된다고 한다(동 예규 제149호).[9]

이상과 같이 우리나라의 혼인신고의 절차와 그 수리는 매우 간단하고 편의적이다. 형식적 심사를 통해 신고서가 수리되면 그 혼인은 일단 효력을 가지게 된다.[10] 더욱이 '당사자의 혼인의사의 합치 유무'(민법 제815조), '사기·강박에 의한 혼인의사 표시'(민법 제816조 제3호)는 민법 제813조의 심사대상이 아니다. 이러한 여건으로 인해, 우리나라에서는 허위의 혼인신고나 가장혼인이 얼마든지 가능하게 된다.[11]

Ⅲ. 프랑스에서의 혼인의 역사적 전개와 의미

프랑스 현행 혼인제도는 프랑스 역사의 전개와 긴밀한 관계가 있다. 유럽 대부분의 나라가 그렇듯이, 중세에는 기독교(가톨릭)의 강력한 영향력 아래 교회법에 기초하

---

9 정주수, 전게논문, 53-54면 참조.

10 대법원 1957. 6. 29. 선고 4290민상233 판결; 김주수·김상용, 전게서, 109면 참조.

11 정주수, 전게논문, 53-54면; 조은희, "가장혼인의 법률문제에 대한 고찰", 한양법학, 한양법학회, 2011. 5, 390면; 김두년, "혼인신고의 법적 문제와 개선방안 — 국제혼인을 중심으로", 법학연구, 한국법학회, 2012. 5, 82-84면; 강승묵, "국제결혼중개계약과 혼인신고의 문제점과 해결방안", 한양법학, 한양법학회, 2016. 8, 91-92면 등 참조.

여 혼인제도가 마련되었다. 그러나 르네상스 시대 전후로는 종교개혁운동과 더불어 기존의 교회혼에 대한 반발이 일어났고, 앙시앙레짐(l'Ancien Régime)[12] 시대에는 왕권이 강화되면서 교회혼과는 구별되는 세속혼제도를 만들자는 움직임이 일었으며, 이러한 경향은 프랑스 시민혁명과 더불어 법률혼 제도의 설립으로 이어진다. 프랑스의 혼인 제도를 나폴레옹 민법전 제정 전후(1)와 현대(2)로 나누어 간단히 살피기로 한다.

1. 1804년 민법전 제정 전후의 혼인

프랑스의 전통적인 혼인은 사실상 교회법의 지배를 받았던 중세에 기원을 두고 있다고 한다.[13]

(1) 중세 시대(4세기 전후~16세기 전)

중세 초기의 프랑스는 기본적으로는 로마법보다는 전통적인 게르만 관습법에 의해 규율되고 있었다. 혼인은 남편이 장래 아내의 부(父)에게 지참금(dot)을 주는 매수혼(le mariage à l'achat)이 일반적이었다고 한다.

카롤링거 왕조(Carolingiens) 시대(8~9세기) 이후부터는 교회법의 영향을 많이 받아 혼인에 종교규범은 물론 도덕규범이 많이 적용되었다. 10세기에서부터 16세기까지, 가톨릭교회는 혼인에 관하여 모든 사법적 권한을 행사하였다고 한다. 일부일처제(la monogamie), 혼인의 파기불가(l'indissolubilité du mariage), 족외혼제(l'exogamie)[14] 등의 원칙들이 이 시대에 정립되었다고 한다.[15]

12세기부터 교회법은 혼인의 자유를 인정하였으며 혼인에서 당사자들의 의사가 중요한 요소였다고 한다. 즉 사제에게 당사자들의 혼인 의사만 표명되면 족하였고 혼인의 형식적인 면은 중시하지 않았다고 한다.[16]

---

12 앙시앙레짐(l'Ancien Régime)이란 1789년 프랑스 시민혁명 발생 전의 절대왕정이 지배하던 구체제를 말한다.

13 그 이전의 로마법상의 혼인과 중세 교회법상의 혼인은 기본적으로 달랐다고 한다. 즉 로마법상의 혼인은 당사자들의 혼인 의사가 지속적으로 존재해야 한다고 함으로써, 도중에 혼인의사가 사라질 때에는 언제든 이혼할 수 있다고 하고 있다. 이에 반하여 교회법상의 혼인에서는 당사자들의 의사는 한번으로 확정되었다고 보기 때문에 이혼은 예정되지 않는다고 한다. Ph. Malaurie et H. Fulchiron, *Droit de la Famille*, LGDJ, 6e éd., 2017, p. 82, n°112 참조.

14 '족외혼제'란 자신이 속한 친족이나 집단 이외의 사람과 혼인하는 제도를 말한다.

15 F. Debove et R. Salomon et Th. Janville, *Droit de la famille*, Vuibert, 5e éd., 2010, p. 12 참조

16 Ph. Malaurie et H. Fulchiron, *op. cit.*, pp. 83-84, n°s 115-117 참조.

또한 중세시대에는 이전부터 존재하였던 신분점유(la possession d'état)[17]도 정착되었고, 부모의 자녀에 대한 부양의무를 포함하는 친권(l'autorité parentale) 개념도 중세 말기에 정립되었다고 한다.[18]

(2) 16세기 이후부터 앙시앙레짐(l'Ancien Régime) 시대

르네상스시대(15세기~16세기) 이후부터는 종교개혁운동과 더불어 구교(가톨릭)와 신교(프로테스탄트)의 대립과 충돌이 지속되었다. 그리고 이러한 상황에서 교권(교회권력)이 점차 약화되고 상대적으로 왕권이 강화되는 시기이기도 하였다. 따라서 구교, 신교, 왕권은 서로 경쟁관계에 있었고, 이러한 과정에서 가족은 이 권력들이 서로 충돌하는 주된 대척점이었다고 한다. 특히 혼인에 관한 부분이 그러하였다.

우선 혼인의 방식과 관련하여, 이전에는 사제에게 당사자들의 혼인의사만 표시하면 혼인의 유효성이 인정된다고 하는 의사주의를 택하고 있었는데, 이렇게 혼인의 방식이 간편하다 보니, 비공식적으로 거행된 '은밀혼'(le mariage clandestin)도 후에 당사자의 혼인의사가 확인되거나 추정되면 유효한 혼인으로 인정하는 결과에까지 이르게 되었다고 한다. 그리고 경우에 따라서 은밀혼을 한 후에 공식혼(le mariage public)을 하는 이중혼(중복혼)의 문제까지 발생하였다고 한다. 이러한 문제들을 해결하기 위해, 16세기에는 혼인의 의사 교환 시에는, 사제(le curé)뿐 아니라 2인의 증인도 출석하여야 하고, 사제도 장래 부부의 주거지를 관할하는 사제임을 요건으로 함으로써 혼인의 요식성을 강화하였다.[19] 나아가 16세기 말에는 왕령(l'ordonnance royale)에 따라 '혼인 공고'(la publication des bans)가 실시되었다고 한다.[20]

다음으로 혼인은, 당사자들의 혼인의 의사 합치라는 점에서, 일종의 계약이라 할 수 있다. 그러나 교회(가톨릭)의 입장에서는 혼인은 단순한 세속적인 계약이 아닌, 신의 은총을 부여받는 일종의 성사(聖事)(sacrément)였다. 그러나 신교의 종교개혁자들은 혼인에 성스러움을 부여할 아무런 성서적 근거가 없다면서 이를 부인하였다.[21] 왕실도, 혼인에 세속적 권한인 왕권이 미치도록 하기 위하여, 혼인계약을 성사(聖事)와

---

17 '신분점유'란 한 사람의 친족관계를 그의 가족이나 주변인들이 확인한 일정 사실에 기초하여 정할 수 있는 법적 추정을 말한다.

18 F. Debove et R. Salomon et Th. Janville, *op. cit.*, p. 13 참조.

19 Ph. Malaurie et H. Fulchiron, *op. cit.*, p. 85, n°118 참조.

20 F. Debove et R. Salomon et Th. Janville, *op. cit*, p. 13 참조.

21 M. Luther, *Prélude sur la captivité babylonienne de l'Eglise*, 1520, trad. R. Esnault, *Oeuvres*, Pléiade t. I, 1999, p. 791. Ph. Malaurie et H. Fulchiron, *ibid.*, p. 87, n°121에서 재인용.

구분하고자 하였다. 즉 왕실 법률가들은 '혼인의 세속화'(la sécularisation du mariage)를 준비하였으며, 이 세속혼은 후에 혁명을 거쳐 구체화되었다고 한다.22

한편 혼인의 성사(聖事)적 성격에 기초하여 확립되었던 '혼인의 파기불가'(l'indissolubilité du mariage) 원칙도, 혼인의 세속화 경향과 함께, 점차적으로 약화되었다. 즉 상당수의 성서학자들과 심지어는 가톨릭 교회법학자들도 '혼인의 파기불가 원칙'을 비판하면서 이를 제거하거나 완화시켜야 한다고 주장하였다. 그리고 혼인에서, 부부생활에서 실질적인 의미가 있는, '생활공동체', '부부간의 승낙(동의)' 등의 개념이 중심이 되어야 한다고 하였다. 이에 따라 교회도 그 완화책의 하나로써 별거를 인정하였으나, 별거는 혼인관계를 파기하는 것이 아니며 교회의 통제 하에서만 가능하도록 하였다. '혼인의 파기불가'는 가톨릭 교회법의 중요한 원칙이지만, 당시의 그리스 종교나 프로테스탄트 교회는 어느 정도 이혼을 인정하였다고 한다.23

(3) 나폴레옹 민법전 제정 직후

자유와 평등 그리고 정교분리(la laïcité)를 원칙으로 하는 프랑스 시민혁명의 이념 하에 제정된 1804년 나폴레옹 민법전은, 비록 혼인의 정의규정을 두지는 않았지만, 성사(聖事)적 의미의 혼인과는 분명한 선을 그었다. 혼인에 지속적으로 영향력을 행사하려고 했던 가톨릭교회와의 투쟁에 종지부를 찍으면서, 나폴레옹 민법전 입법자들은 혼인을 세속화하였다. 즉 과거에 사제 앞에서 행하던 혼인의 거행을 시청 청사에서 민적관(l'officier de l'état civil)의 주도로 행하도록 하였고 이에 4인의 증인의 출석을 요건으로 함으로써, 정교분리 원칙에 입각한 새로운 혼인 제도를 민법전에 설치하였다. 그리고 이 혼인에만 법적 효력을 부여함으로써(법률혼), 종교혼(le mariage religieux)은 당사자의 선택 사항이 되었다. 게다가 이 법률혼의 우선성을 보장하기 위하여, 종교혼은 법률혼이 거행된 이후에야 가능하도록 하였다. 이와 같이 법적으로 혼인은 세속화되었지만, 사실상 존재하는 교회의 영향력으로 인해, 혼인의 실질적 의미에서의 성사(聖事)적 성격은 사라지지 않았다고 한다.24

---

22   Ph. Malaurie et H. Fulchiron, *ibid.*, p. 87, n°121 참조.

23   Ph. Malaurie et H. Fulchiron, *ibid.*, pp. 88-89, n°123 참조.

24   그리고 민법전 제정 후 이혼이 인정되었으나, 1814년에서 1884년 전까지는 혼인의 파기불가로 돌아갔다가, 1884년부터는 다시 이혼이 점차적으로 인정되었다고 한다. 자세한 것은 Ph. Malaurie et H. Fulchiron, *ibid.*, pp. 89-90, n°124 참조.

2. 현대 프랑스 사회에서의 혼인

나폴레옹 민법전 제정 이후, 프랑스에서의 혼인 제도는 거의 변하지 않은 채 현대에 이르렀다. 그러나 20세기에 들어 새롭게 등장한 사회적 현상들은 전통적인 혼인제도에 변화를 요구하고 있다.

20세기에 들어 가족과 관련하여 프랑스에서 발생한 사회적 현상들은 첫째, 가족에서의 혼인의 비중이 약화되었다는 것이고, 둘째, 전통적인 혼인 이외에 새로운 결합 모델이 등장하였다는 것이다.

(1) 가족에서의 혼인의 비중 약화

프랑스에서 가족의 의미가 약화되기 시작한 것은 1972년부터라고 한다.

우선 친자관계에 관한 1972년 1월 3일 법률[25]을 계기로 혼인과 '혼중친자관계'(la filiation légitime)의 관련성이 많이 이완되었다는 것이다. 이 법률은 혼외자에게 혼중자와 동일한 권리를 부여함으로써, 후에 민법전에서 혼중자(l'enfant légitime)와 혼외자(l'enfant naturel)라는 용어를 완전히 사라지게 하였다고 한다. 따라서 가족제도의 근간으로서의 혼인의 의미는 많이 상실되었다는 것이다. 게다가 1975년 7월 11일 법률[26]의 제정이후, 이혼이 매우 용이해짐으로써, 혼인 자체의 안전성도 약화되었다고 한다. 그리고 1972년을 전후로 하여, 다른 산업화된 유럽의 국가들과 마찬가지로, 프랑스에서도 혼인비율이 급격히 하락하고(예: 1974년에는 394,000쌍이 혼인을 하였으나, 2016년에는 235,000쌍만이 혼인을 하였다고 한다.), 반대로 동거비율이나 독신비율은 증가하기 시작하였다고 한다. 이와 같이 사회는 물론 개인의 삶에서도 혼인의 비중의 약화는 물론 그 의미도 많이 상실되었다고 한다.[27]

(2) 새로운 결합 유형의 등장: PACS

위에서 본 바와 같이, 사회에서 혼인의 비중과 의미가 약화되면서, 유럽에서는 새로운 유형의 결합체가 등장한다. 즉 종래부터 있어 왔던 단순동거(l'union libre) 이외에, 프랑스가 1999년에 새롭게 설치한 PACS(Pacte civil de solidarité)[28]가 바로 그것

---

25 Loi n°72-3 du 3 janvier 1972 sur la filiation.

26 Loi n°75-617 du 11 juillet 1975 portant réforme du divorce. 이 법률 이전에는, 배우자의 과책(faute)만이 이혼의 사유였으나, 이 법률을 통해 배우자들의 합의나 공동생활의 파탄도 이혼의 사유로 인정되었다고 한다. F. Debove et R. Salomon et Th. Janville, *op. cit.*, p. 168 참조.

27 Ph. Malaurie et H. Fulchiron, *op. cit.*, pp. 90-91, n°s125-127 참조.

28 우리나라는 PACS를 일반적으로 '시민연대계약'이라 번역하여 칭하고 있다. 이는 PACS에서 활용된

이다. 이성(異性) 간의 결합 뿐 아니라 동성(同性) 간의 결합도 인정하는 PACS는, 법적 효력의 면에서, 혼인과 단순동거의 중간적 지위에 있다고 볼 수 있다. 즉 PACS는 커플 간의 생활비용부담의 면에서는 혼인과 유사한 효과를 가지지만, 그 성립과 해소는 혼인보다 간편하다고 한다.29

PACS가 설치된 초창기인 2001년에는 PACS의 체결 건수가 20,000여 건이었으나, 2016년에는 191,537 건으로 확대되었다고 한다(이는 위 2016년 혼인 건수와 비교할 때, 동년에 5쌍이 혼인을 하였다면, 4쌍이 PACS를 체결한 것이 된다.). 비록 2013년에 동성(同性) 간의 혼인도 인정되었지만30 실제로 동성혼의 비율은 매우 낮은 편이며, 동성결합과 이성결합을 포함하여, PACS는 혼인과 경쟁할 정도로 사회적 비중이 높아지고 있다고 한다.31

IV. 현행 프랑스 민법상 혼인 성립의 요건과 절차

프랑스에서의 혼인은 철저한 요식행위이다. 이를 혼인의 성립에 요구되는 기본적인 요건과 그 실행에 필요한 절차를 중심으로 살피고자 한다.

1. 혼인의 기본 요건

혼인에 필요한 기본 요건은 크게, 신체에 관한 요건, 의사에 관한 요건, 도덕적·사회적 질서에 관한 요건으로 나누어 살핀다.

(1) 신체에 관한 요건

신체에 관한 요건은 당연히, 성별과 나이에 관한 요건이다. 나이에 관한 요건은 물론 혼인적령(婚姻適齡)에 관한 것이다. 성별에 관하여는 최근에 프랑스가 동성혼(同

단어를 직역한 결과라 생각된다. 그러나 '시민연대계약'은 PACS의 법적 의미를 제대로 전달하지 못하고 있다. PACS는 실제로는 법적인 의미에서 '법적결합계약'에 해당한다. 따라서 본고는 이를 번역하지 않고 PACS라는 원어 약칭 그대로 사용하기로 한다.

29 혼인과 PACS 그리고 단순동거의 법적 효력 상의 차이는 전영, "프랑스에서의 혼인과 가족생활 보호에 관한 연구—팍스제도와 동성혼을 중심으로—", 비교헌법연구 2017-B-5, 헌법재판소 헌법재판연구원, 34-36면 참조.

30 간단히 후술함.

31 Ph. Malaurie et H. Fulchiron, *op. cit.*, p. 91, n°128; F. Terré et Ch. Goldie-Genicon et D. Fenouillet, Droit civil, *La famille, Dalloz,* 9ᵉ éd., 2018, p. 60, n°71 참조.

姓婚)을 합법화함으로써 유럽을 중심으로 자리 잡은 동성혼의 공식적 인정에 합류하였다.

(가) 성별

동서고금을 막론하고 전통적으로 혼인은 남녀의 결합을 의미하였다. 그러나 이러한 개념은 성소수자들을 제도권 밖으로 밀어내는 결과를 가져왔으며, 이 상황은 아직도 지속되고 있다. 그러나 20세기 중반부터 유럽을 중심으로 확산되기 시작한 인권운동은 2000년 "유럽연합 기본권 헌장"(la Charte des droits fondamentaux de l'UE)에서 이 문제를 본격적으로 다루도록 하였다. 즉 본 헌장 제9조는 "혼인할 권리와 한 가족을 형성할 권리는 그 행사를 규제하는 국내법에 따라 보장된다."고 함으로써, 명시적은 아니지만, 원하는 국가로 하여금 동성 간의 혼인이 가능함을 암묵적으로 선언한 것이라 평가되고 있다.[32]

물론 1999년에 PACS의 설립을 통해 동성 간의 결합을 인정하였지만, 이는 혼인과는 구별된다. 유럽에서는 네덜란드가 2000년에 세계 최초로 동성혼을 합법화 하였고 다음으로 벨기에가 2004년에 동성혼을 인정하였다.[33] 그러나 프랑스는 비교적 최근까지 동성혼을 인정하지 않았다.[34] 즉 파기원은 2007년 판결에서, "프랑스법에 의하면, 혼인은 남성과 여성의 결합이며, 이 원칙은 유럽인권협약(la Convention européenne des droits de l'homme)이나 유럽연합 기본권 헌장(la Charte des droits fondamentaux de l'UE)의 어느 규정에도 반하지 않는다."[35]고 하였다. 그리고 헌법위원회(le conseil constitutionnel)에서도 "평범한 가정생활을 이끌 권리에 동성인 커플이 혼인할 권리가 내포되지는 않는다."[36]고 하였다.[37]

그러다가 2012년 대선에서 동성혼 문제가 이슈가 되었고, 이를 계기로 동성 간의 혼인을 인정하는 법률안이 프랑스 정부에 의해 2012년 11월에 의회에 제출되었

---

32 Ph. Malaurie et H. Fulchiron, *op. cit.*, p. 114, n°163 참조.
33 2019년을 기준으로 세계에서 동성혼을 인정한 나라는 모두 28개국이다.
34 2013년 동성혼을 인정하는 민법 개정이 이루어지기 전까지, 프랑스 민법전에서 이성(異性) 간의 결합만을 혼인으로 인정하는 명문 규정은 없었다. 다만 (구) 민법전 제144조의 "18세에 달하지 못한 남자와 15세에 달하지 못한 여자는 혼인(계약)을 체결할 수 없다."고 한 규정이 이성혼만을 전제로 한 것으로 해석되고 적용되어 왔다. F. Debove et R. Salomon et Th. Janville, *op. cit.*, p. 90 참조.
35 Cass. civ. 1re, 13 mars 2007, Bull. civ. I, n°113.
36 Déc. n°2010-92 du 28 janv. 2011.
37 Ph. Malaurie et H. Fulchiron, *op. cit.*, p. 115, n°164 참조.

다.38 이 법률안으로 인해, 특히 동성 커플 사이에서의 친자관계 형성 문제와 관련하여, 프랑스 사회에 많은 논쟁이 있었으나, 우여곡절 끝에 2013년 5월 17일 법률39을 통해 프랑스는 결국 동성혼을 합법화하였다. 현행 프랑스민법전 제143조는 다음과 같이 규정하고 있다.; "혼인계약은 이성(異性) 또는 동성(同性)인 두 사람에 의해 체결된다."40 이로써, 프랑스법상 혼인에서 성별(性別)은 공식적으로 사라졌다.41

(나) 나이

현행 프랑스 민법은 18세를 혼인적령으로 보고 있다.42 그러나 이 제한은 '중대한 사유'가 있는 경우에 혼인거행지의 검사장(le Procureur de la République)에 의해 낮춰질 수 있다.43 중대한 사유로 인정되는 것으로는 주로 여자가 임신한 경우라고 한다. 이러한 연령상의 제한은, 한 가정을 이루기 위해, 어느 정도의 사회적·지적 경험과 육체상·정신상으로 최소한의 성숙도를 갖추어야 하고 명백한 의사를 표시할 수 있는 심리적인 능력도 갖추어야 하기 때문이다.44

(2) 의사에 관한 요건

대부분의 법률행위가 그러하듯이, 혼인도 장래 배우자들의 의사에 기초하고 있음은 물론이다. 그러나 혼인이 당사자는 물론 사회에 미치는 영향을 고려할 때, 혼인의 성립에 당사자들의 혼인 의사의 단순한 확인만으로는 충분하지 않고, 때론 의사의 존재에 대한 보다 철저한 증명이나 보충을 요하기도 하며, 일정한 경우에 법은 부모의 동의를 요구하기도 한다.

---

38 Projet de loi ouvrant le mariage aux couples de personnes de même sexe, n°344 AN, novembre 2012.

39 La loi n°2013-404 du 17 mai 2013.

40 프랑스에서의 동성혼을 허용하는 입법 과정과 효과에 관한 자세한 내용은, 진영, "프랑스에서의 혼인과 가족생활 보호에 관한 연구―팍스제도와 동성혼을 중심으로", 비교헌법연구 2017-B-5, 헌법재판소 헌법재판연구원, 2017; Ph. Malaurie et H. Fulchiron, *op. cit.*, pp. 114-123, n^{os}163-173; F. Terré et Ch. Goldie-Genicon et D. Fenouillet, *op. cit.*, pp. 80-85, n°s 86-90 참조.

41 2016년에 프랑스에서 거행된 동성혼의 수는 약 7,000여 건이라고 한다. 이는 당해의 전체 혼인 건수의 약 3%에 해당하는 수치라고 한다. Ph. Malaurie et H. Fulchiron, *op. cit.*, p. 117, n°166 참조.

42 프랑스 민법전(이하 '불민'이라 약칭함) 제144조: "혼인계약은 만 18세에 달하지 않으면 체결될 수 없다."

43 불민 제145조: "그러나 혼인거행지의 검사장은 중대한 사유가 있으면 연령제한의 면제를 허가할 수 있다."

44 Ph. Malaurie et H. Fulchiron, *op. cit.*, p. 123, n°174 참조.

(가) 배우자들의 합의

혼인에서 배우자들의 의사는 가장 핵심적인 요소이다. 즉 당사자인 배우자들의 혼인 의사가 존재하여야 하고, 이 의사는 자유롭고 분명하게 결정되어야 한다. 이 두 요건을 갖추어야 혼인이 비로소 유효하다고 할 수 있다. 이러한 이유로 불민 제146조는 "합의가 없는 경우에는 혼인은 없다."고 선언하고 있다.

① 혼인의사의 존재와 가장혼인의 문제

일반적으로 두 사람이 혼인하는데 있어서 그들의 혼인의사가 존재한다는 것은 추론되고 있다. 그런데 이와 관련하여 프랑스에서 사회적으로 문제되는 것 중의 하나가 바로 가장혼인(le mariage fictif)의 증가이다. 실질적으로는 한 가정이나 가족을 이루겠다는 혼인의 의사가 전혀 없으면서 당사자들이 혼인과는 별개의 목적을 성취하기 위하여 혼인을 하는 것이다. 가장혼인을 하는 사람들이 추구하는 목적을 보면, 혼인한 부부에게만 주어지는 사회적·재정적 혜택을 받을 목적으로 혼인을 하는 경우도 있지만, 주로 배우자 일방의 프랑스 국적 취득을 위함이라고 한다. 즉 점점 높아지고 있는 이민 장벽을 우회하기 위해 많은 외국인들이 재외 프랑스인과의 혼인으로 프랑스 국적을 취득하고자 한다는 것이다.[45] 이러한 문제에 대처하기 위해 프랑스는 2003년과 2006년의 입법[46]을 통해 혼인 전에 까다로운 신문(訊問) 절차를 도입하고 필요한 경우 검사장이 혼인에 대한 이의제기를 할 수 있도록 하였다.[47]

가장혼인의 핵심은 본래 혼인과는 무관한 목적을 성취하기 위해 혼인을 한다는 데 있다. 따라서 혼인의 당사자들이 추구하는 목적이 혼인과 완전히 별개의 것이라면, 프랑스 법원은, 혼인의사의 결여(faute de consentement)를 이유로, 해당 혼인을 절대적 무효로 보고 있다. 이는 '완전한 가장혼인'으로써, 예를 들어 상속상의 이득[48]이나 배우자의 국적취득[49] 또는 불법체류 상태의 정상화[50]를 유일한 목적으로 하는

---

45 일례로 2003년에는 재외 프랑스 외교관이나 영사관에서 낭트(Nante)의 검사장(procureur de la République)에게 총 1,085건에 달하는 혼인관련 서류의 조사를 의뢰하였다고 한다. F. Debove et R. Salomon et Th. Janville, *op. cit.*, p. 99 참조.

46 2003년 11월 26일 법률 제2003-1119호(Loi n°2003-1119 du 26 nov. 2003), 2006년 7월 24일 법률 제2006-911호(Loi n°2006-911 du 24 juill. 2006), 2006년 11월 14일 데크레 제2006-542호(Décret n°2006-542 du 11 nov. 2006).

47 후술.

48 Cass. civ. 1re, 28 oct. 2003, Dr. Fam. 2004, comm. n°15.

49 Versailles, 15 juin 1990, JCP 1991, II, 21759 ; Cass. civ. 1re, 9 juillet 2008, JCP 2008, IV, 2742.

50 Toulouse, 5 avril 1994, JCP 1995, II, 22462.

혼인 등이 이에 해당한다. 그러나 당사자들의 목적이 부분적으로 혼인과 연관된 경우에는 해당 혼인을 유효하게 보고 있다. 이는 '합의에 의한 제한적 효력의 혼인'으로서, 예를 들어, 1972년의 민법 개정 이전에, 공동의 자녀에게 혼중자(l'enfant légitime)의 신분을 부여할 목적으로만 혼인을 한 경우가 이에 해당한다.51 '완전한 가장혼인'과 '합의에 의한 제한적 효력의 혼인'의 이러한 구분은 법원의 자율적 판단에 의하고 있다고 한다.52

② 의사 결정 및 표시의 자유와 하자

혼인의 의사는 그 결정과 표시에 있어서 아무런 결함 없이 자유롭게 행해져야 한다. 따라서 이러한 의사에 하자가 있으면 이는 혼인의 무효 사유가 된다.

계약이면서도 제도이기도 한 혼인에서 의사의 하자는 당연히 일반 계약법상 의사의 하자에 관한 일반조항인 불민 제1130조의 착오(erreur)나 사기(dol) 또는 강박(violence)의 법리를 적용할 수 있다. 그러나 프랑스는 혼인의 경우에 별도의 규정53을 두어 혼인의 무효사유에서 사기를 배제하고 있다.

이렇게 프랑스가 여기에서 사기를 배제하는 것은 전통에서 비롯됐다고 한다. 즉 앙시앙레짐 시대의 "혼인에서 나올 수 있는 경적(요란한 소리)"(En mariage, trompe qui peut)이라는 오래된 관습이라는 것이다. 즉 혼인에서 사기에 의한 무효를 인정한다면, 혼인의 목적으로 상대방을 유혹하기 위해 보통 비난받을 수 있는 책략을 많이 부리기 때문에, 유효한 혼인을 그리 많지 않게 된다는 것이다. 그리고 법원의 입장에서도 일반 법률행위와 같은 기준으로 혼인을 무효화시키는 것은 부담으로 작용하기 때문에, 사기를 혼인의 무효사유로 하기 보다는 하나의 이혼 사유로 다루는 것을 선호하였다고 한다.54

우선 제180조 제1항에 규정된 강박은 신체적이거나 정신적일 수도 있다. 혼인의사의 표시는 민적관 앞에서 해야 하는데, 이 경우에 신체적 강박은 사실상 어렵기

---

51 Cass. civ. 1re, 20 nov. 1963, JCP 1964, II 13464.
52 F. Debove et R. Salomon et Th. Janville, *op. cit.*, p. 98 참조.
53 불민 제180조: "① 혼인계약이 배우자 쌍방 또는 배우자 중 일방의 자유로운 혼인의사 없이 체결된 때에는 당사자 쌍방 또는 당사자 중 자유로운 혼인의사를 표시하지 못한 일방 또는 검사만이 혼인의 무효를 주장할 수 있다. 배우자 쌍방 또는 배우자 일방에 대한 강박에 의해 이루어진 혼인은 혼인무효의 사유가 되며, 여기에는 직계존속에 대한 두려움에 의해 혼인한 경우도 포함된다.
② 사람의 동일성 또는 사람의 본질적 자격에 관한 착오가 있는 때에 다른 일방의 배우자는 혼인의 무효를 청구할 수 있다."
54 F. Debove et R. Salomon et Th. Janville, *op. cit.*, p. 106 참조.

때문에 정신적 강박이 행해질 가능성이 높다. 의사의 결정에 영향을 미치는 현재의 중대한 고통이나 압박이기 때문에, 정신적 강박은 주로 행사에 초대된 자[55]나 장래 배우자의 부모[56]와 같이 제3자에 의해 행해지는 경우가 많다고 한다. 특히 양쪽 부모의 압력으로 혼인이 행해지는 경우도 있기 때문에, 제180조 제1항은 "혼인계약이 배우자 쌍방 또는 배우자 중 일방의 자유로운 혼인의사 없이 체결된 때에는 당사자 쌍방 또는 당사자 중 자유로운 혼인의사를 표시하지 못한 일방 또는 검사만이 혼인의 무효를 주장할 수 있다. 배우자 쌍방 또는 배우자 일방에 대한 강박에 의해 이루어진 혼인은 혼인무효의 사유가 되며, 여기에는 직계존속에 대한 두려움에 의해 혼인한 경우도 포함된다."고 규정하였다. 그리고 이러한 상황을 고려하여 검사에게도 무효청구소권을 부여하였다.[57]

혼인에서의 착오도 일반 계약법상의 착오와 구별되는 특징을 가지고 있다고 한다. 즉 일반 계약법에서의 착오는 계약의 상대방이나 계약의 목적물에 관한 착오를 인정하는데 비해, 혼인에서의 착오는 오로지 상대 배우자에 대한 인적 착오만을 인정하고 있기 때문이다. 즉 제180조 제2항은 "사람의 동일성 또는 사람의 본질적 자격에 관한 착오가 있는 때에 다른 일방의 배우자는 혼인의 무효를 청구할 수 있다."고 하고 있다. 착오의 인정 기준은 물론 의사의 형성에 결정적 영향을 미친 착오이어야 하고, 그 판단은 법원의 자율적 영역에 속한다고 하고 있다. 프랑스 법원에서 인용된 혼인에 대한 착오의 예로, 이중생활의 속임,[58] 전혼에서의 자녀의 존재,[59] 배우자의 정신 건강,[60] 과거의 범죄 전력[61] 등으로 다양하다.[62]

2. 혼인의 절차

프랑스에서 혼인의 성립이 까다로운 것은 바로 그 절차에 있다. 이를 혼인 전에 이행해야 할 절차와 혼인 거행 시에 준수해야 할 절차로 나누어 살핀다.

---

55 Cass. civ. 1re, 2 déc. 1997, Defrénois 1998, 1017.

56 Bastia, 27 juin 1949, D. 1949, 417.

57 F. Debove et R. Salomon et Th. Janville, *op. cit.*, p. 106 참조.

58 Rennes, 11 déc. 2000, Dr. fam. 2006, comm. n° 22.

59 Paris, 17 déc. 1998, Dr. fam. 1999, n°121.

60 TGI Vesoul, 28 nov. 1989, D. 1990, 590.

61 TGI Paris, 23 mars 1982, Defrénois 1983, 313.

62 F. Debove et R. Salomon et Th. Janville, *op. cit.*, p. 109 참조.

(1) 혼인 전의 절차

혼인 거행 전에 요구되는 절차는 장래의 배우자들이 사전에 혼인에 필요한 기본적인 요건을 모두 충족할 수 있도록 하는데 그 목적이 있다고 한다. 이를 크게 필요 서류의 제출, 혼인 공고, 민적관에 의한 신문으로 나누어 살핀다.

(가) 서류의 제출

혼인의 거행 전에 장래의 배우자 각자는 일정한 서류를 민적관에게 제출해야 한다. 이들 서류의 심사를 통해 민적관은 장래 배우자들이 혼인에 필요한 요건을 잘 갖추었는지를 확인하게 된다.

당사자들이 제출해야 할 서류로서 출생증명서 초본을 들 수 있다. 이 출생증명서는 프랑스에서 발부되는 경우 3개월 이내의 것으로, 영사(consulat)를 통해 발부되는 경우 6개월 이내의 것이어야 한다.[63]

이 서류의 제출 대상자는 혼인이 거행될 장소의 담당 민적관이다. 이 민적관은 이를 통해 장래 배우자들의 성(性)과 나이 및, 필요한 경우, 전혼의 존재 등도 확인할 수 있다.

또한 장래 배우자들은, 혼인이 외국에서 거행될 경우를 제외하고, 혼인 거행에 출석할 증인의 이름과 성, 출생지와 출생일, 직업, 등이 기재된 서류도 제출해야 한다.[64]

---

[63] 불민 제70조 "① 장래의 배우자들 각자는 혼인을 거행해야 하는 민적관에게 친자관계가 명시된 자신의 출생증서 초본을 제출해야 하고, 이 초본이 프랑스 민적관에 의해 발부된 때에는 발부일이 3개월을 경과하지 않아야 한다.
② 그러나 민적관은, 장래의 배우자에게 이를 미리 알린 후에, 장래의 배우자의 출생증서 보관담당자에게 출생증서에 포함된 장래 배우자의 개인적 특성을 지닌 정보의 검증을 청구할 수 있다. 이에 따라 해당 장래 배우자는 자신의 출생증서 사본의 제출이 면제된다.
③ 출생증서가 프랑스 민적관에 의해 소지되지 않은 경우, 이 증서의 초본 발부일이 6개월을 경과하지 않아야 한다. 이러한 기간의 요건은 증서의 갱신 절차가 진행되지 않은 외국의 민적체제에서 증서가 발행된 경우에는 적용되지 않는다."

[64] 불민 제63조:
"② 제1항에 규정된 공고 또는, 제169조의 규정에 따라 인정된 공고 면제의 경우, 혼인의 거행은 다음 각 호의 요건을 갖추어야 한다.
1. 각 미래의 배우자들에 관한 아래의 사항이나 서류의 제출
   - 제70조나 제71조가 요구하는 서류들
   - 공공기관이 발부한 서류에 의한 신원의 증명
   - 혼인이 외국 기관에 의해 거행되어야 하는 경우를 제외한, 증인들의 이름, 성(姓), 직업, 주소에 관한 사항
   - 필요한 경우, 제460조에 규정된 보호조치를 담당하는 사람에 관한 정보의 증명서

(나) 혼인 공고(la publication des bans)

전술한 바와 같이, 혼인 공고는 중세 교회법에서 비롯된 유럽의 오래된 전통이다. 이 혼인 공고는 일정한 다른 사람들에게 무효가 될 수 있는 혼인을 저지하고 이의를 제기할 수 있는 기회를 부여하기 위함이다.

혼인 공고는 혼인이 거행되기 전에 10일 동안에 혼인이 거행될 기초자치단체의 청사 외부에 부착되는 형식으로 행해지며,[65] 또한 이들이 다른 기초자치단체에 주소를 두고자 하는 경우에 장래 배우자들의 주소가 있는 기초자치단체의 청사 외부에도 행해진다.

이러한 공고 후에, 장래 배우자들은 공고의 종료 시부터 1년 이내에 혼인을 거행할 수 있게 된다.[66]

이 혼인 공고가 행해지지 않으면, 원칙적으로 장래 배우자들은 혼인을 거행할 수 없다. 그러나 이 공고가 결여되었다고 해서 혼인 자체가 무효로 되는 것은 아니다. 즉 공고의 결여에 대한 유일한 제재는 담당자에 대한 지극히 상징적인 4,5 유로의 과태료의 부과이며, 혼인의 당사자들에게는 그들의 재산에 상응하는 과태료의 부과에 그치고 있다.[67] 더욱이 공고의 결여가 과책(faute)으로 인한 것이어야 이러한 과태료가 부과된다. 즉 이 혼인 공고가 검사장에 의해 면제된 경우에는 그러하지 아니하다.

검사장은 중대한 원인(des causes graves)이 있는 경우에 공고를 면제할 수 있는데,[68]

---

2. 불가능한 경우 또는, 제시된 서류들을 검토하여, 제146조와 제180조에 비추어 신문(訊問)이 필요하지 않다고 판단되는 경우를 제외한, 장래의 배우자들에 대한 공동 신문(訊問)"

[65] 불민 제63조: "① 혼인의 거행 전에, 민적관은 기초자치단체 청사 외부에 부착된 게시문의 방식으로 공고를 한다. 이 공고에는 장래의 배우자들의 이름, 성(姓), 직업, 주소와 거소는 물론, 혼인이 거행될 장소가 기재된다."
제64조: "① 전조에 규정된 게시문은 기초자치단체 청사 외부에 10일 동안 부착된다.
② 혼인은 공고일을 포함하지 않은 다음 날부터 10일이 경과하기 전에는 거행될 수 없다.
③ 이 기간의 만료 전에 게시가 중단되면, 기초자치단체 청사 외부에 부착되는 것이 중단되는 게시문에 이를 기재한다."
[66] 불민 제65조: "공고의 기간이 종료된 때부터 1년 이내에 혼인이 거행되지 않았다면, 혼인은 위의 형식에 따라 행해진 재공고 이후에야 거행될 수 있다."
[67] 불민 제192조: "혼인이 필요한 공고절차를 거치지 않았거나 법률상 허여된 면제를 받지 못했거나 공고와 혼인식 사이의 정해진 시간적 간격이 준수되지 않은 경우, 검사장은 담당공무수행자에게 4.5유로 이하의 과태료를 부과하게 할 수 있고 혼인 당사자들 또는 그 권한 하에서 혼인을 거행시킨 자들에게는 그들의 재산에 상응하여 과태료를 부과하도록 수 있다."

그 원인의 예로, 배우자들 중 일인의 사망의 위험, 급박한 출산 등을 들고 있다.[69]

혼인 공고가 행해지면, 해당 혼인은 대중에게 공지되므로, 이를 인지한 제3자에게 이의제기의 기회가 부여된다.

(다) 장래 배우자들에 대한 민적관의 신문

혼인의 거행에 앞서 혼인 당사자들의 혼인의 의사에 대한 민적관의 실질 심사가 신문(訊問)의 형식으로 행해진다. 이 신문과정을 통해 민적관은 당사자들의 혼인 의사가 강제되었는지 또는 허위가 아닌지 등을 판단하기 때문에 이에는 민적관의 상당한 주의력을 요한다. 더욱이 오늘날 가장 혼인이 증가하고 있기 때문에 프랑스는 3차례에 걸친 민법 개정을 통해,[70][71] 신문 절차를 원칙적으로 의무화하였고(제63조 제2항 제2호), 필요한 경우, 분리 신문(동조 제3항)도 가능하도록 하였다.

그리고 혼인의 당사자가 미성년자인 경우, 부모나 가족의 강요에 의한 혼인인지를 확인하기 위하여, 미성년인 장래의 배우자에 대한 신문(訊問)은 그의 부모나 법정대리인 및 그의 장래의 배우자가 참석하지 않은 상태에서 행하도록 하였다(동조 제4항).

---

68 불민 제169조: "혼인이 거행될 구(區)의 검사장은, 중대한 원인이 있으면, 공고의 전(全) 기간 또는 공고게시만을 면제할 수 있다."

69 F. Debove et R. Salomon et Th. Janville, *op. cit.*, p. 121 참조.

70 2003년 1차례, 2006년 2차례. 이 입법을 통한 민법 개정 이전에는 민적관에게 장래배우자들에 대한 신문(訊問) 권한이 부여되지 않았다.

71 불민 제63조:
"② 제1항에 규정된 공고 또는, 제169조의 규정에 따라 인정된 공고 면제의 경우, 혼인의 거행은 다음 각 호의 요건을 갖추어야 한다. (⋯)
2. 불가능한 경우 또는, 제시된 서류들을 검토하여, 제146조와 제180조에 비추어 신문(訊問)이 필요하지 않다고 판단되는 경우를 제외한, 장래의 배우자들에 대한 공동 신문(訊問)
③ 민적관은, 그가 필요하다고 판단하는 경우, 장래의 배우자들 각각 분리하여 신문(訊問)한다.
④ 미성년인 장래의 배우자에 대한 신문(訊問)은 그의 부모나 법정대리인 및 그의 장래의 배우자가 참석하지 않은 상태에서 행해진다.
⑤ 민적관은 공동 신문(訊問) 또는 분리 신문(訊問)의 실행을 기초자치단체의 민적업무의 권한을 가진 1인 또는 수인의 공무원들에게 위임할 수 있다. 장래의 배우자들 중 1인이 외국에 거주할 경우, 민적관은 지역적으로 관할하는 외교 또는 영사 기관에 그에 대한 신문(訊問)을 진행할 것을 청구할 수 있다.
⑥ 외교 또는 영사 기관은 공동 신문(訊問) 또는 분리 신문(訊問)을 1인 또는 수인의 민적업무공무원 또는, 필요한 경우, 파견사무국을 지휘하는 공무원이나 프랑스 국적의 관할 명예 영사들에게 위임할 수 있다. 장래의 배우자들 중 1인이 혼인거행국 이외의 국가에 거주하는 경우, 외교 또는 영사 기관은 지역적으로 관할하는 민적관에게 그에 대한 신문(訊問)을 진행할 것을 청구할 수 있다.
⑦ 전항들의 규정을 따르지 않은 민적관은 지방법원에 소추되고 3유로에서 30유로까지의 벌금형에 처해진다."

또한 업무의 과다로 인해 민적관이 배우자들에 대한 신문에 부실해지는 것을 예방하기 위하여, 필요한 경우, 민적관은 신문 권한을 다른 공무원에게 위임할 수 있도록 하였다(동조 제5항 1문).

덧붙여, 늘어나는 국제 혼인을 고려하여, 장래 배우자들 중 1인이 외국에 거주하는 경우에 해당 국가의 외교관이나 영사관에 의해 신문이 진행될 수 있도록 하였다(동조 제5항 2문, 제6항).

장래의 배우자들에 대한 이러한 신문은 원칙적으로 혼인 공시 전에 행해져야 한다. 즉 불민 제63조 제2항은 혼인 공시에 "불가능한 경우 또는, 제시된 서류들을 검토하여, 제146조와 제180조에 비추어 신문(訊問)이 필요하지 않다고 판단되는 경우를 제외한, 장래의 배우자들에 대한 공동 신문(訊問)"의 요건을 갖출 것을 요구하고 있기 때문이다.

(2) 혼인의 거행

프랑스에서의 혼인의 거행은 상당한 형식을 갖추어야 한다. 당사자들은 혼인의 거행지나 혼인의 방식 등을 임의로 결정할 수 없으며, 법에 정해진 바에 따라야 한다.

(가) 혼인거행지

불민 제74조에 의거하면, "혼인은, 배우자들의 선택에 따라, 배우자들 중 1인, 또는 그들의 혈족들 중 1인이 주소를 두고 있거나 법률에 규정된 공고일에 최소 1개월의 주거가 계속되고 있음이 증명된 거소를 두고 있는 기초자치단체에서 거행"되어야 한다.

이렇게 혼인의 거행지를 제한하는 이유는 당사자들이 혹시 있을 혼인에 대한 이의제기(opposition)를 피하기 위하여 아무도 그들을 모르는 곳에서 혼인하고자 하는 시도를 예방하기 위함이다.

원칙적으로 혼인은 위에서 정해진 기초자치단체(commune)의 청사에서 장래의 배우자들, 민적관, 2인 이상의 증인이 출석한 상태에서 거행된다.[72] 그리고 혼인의 거행

---

72 불민 **제75조**: "① 공고 기간 이후에 당사자들이 정한 날에, 청사에서, 민적관은 최소 2인의 증인, 또는 4명 이상의 당사자들의 혈족이나 당사자들이 아닌 사람들이 참석한 상태에서 장래 배우자들에게 본 법전 제212조와 제213조, 제214조와 제215조의 제1항, 그리고 제371-1조를 낭독한다.
② 그러나 심각한 장애가 있는 경우, 혼인지의 검사장은 민적관에게 혼인을 거행하기 위해 당사자들 중 1인의 주소나 거소로 이동할 것을 요구할 수 있다. 장래 배우자들 중 1인의 절박한 사망 위험의 경우, 검사장의 어떠한 요구나 허가에 앞서, 민적관은 위의 주소나 거소로 이동할 수 있으며, 곧이어 최단의 기간 내에 기초자치단체 청사 밖에서 혼인을 거행하는 필요성을 검사장에게 알린다.

은 공개적으로 행해져야 하므로, 혼인이 거행되는 공간의 문은 개방되어야 한다.73

그러나 질병이나 사망의 임박함 등과 같이 중대한 장애가 있는 경우에 혼인은 배우자들 중 일인의 주거지 또는 병원74에서 행해질 수도 있다(제75조 제2항).

(나) 혼인의 시기

혼인의 시기와 관련하여, 세속혼인 법률혼(le mariage civil)은 반드시 종교혼(le mariage religieux)에 앞서 행해져야 한다. 그렇지 않은 경우 형사상의 처벌(6개월의 징역과 7,500 유로의 벌금)을 받는다.75 이 부분을 제외하고는 혼인 거행의 시기에 관하여는 당사자들이 자율적으로 정할 수 있도록 하고 있다. 다만 사전에 민적관의 신문과 혼인 공고가 행해져야 하고, 혼인 거행을 위한 기초자치단체와의 협의를 거쳐야 혼인일을 확정할 수 있을 것이다. 혼인일은 주말이라도 무관하며, 다만 공개혼의 형식을 갖추어야 하므로, 야간에 행하지는 못한다고 한다.76

(다) 혼인의 거행 방식

혼인 거행의 방식은 불민 제75조에 정해진 방식에 따라 행해져야 한다.

우선 혼인의 당사자는 물론 2인 이상의 증인이 출석해야 하고, 혼인은 민적관의 주도로 행해진다.

민적관은 이들에게 혼인의 효과에 관한 민법 제212조에서 제215조의 규정 그리고 친권에 관한 민법 제371-1조를 낭독한다. 그리고 혼인의 당사자들에게 혼인계약

---

③ 혼인증서에 이에 관한 기재가 행해진다.

④ 민적관은 장래 배우자들에게 그리고, 그들이 미성년인 경우, 혼인 거행에 참석하고 혼인을 허락한 그들의 직계존속에게 혼인계약을 체결하였는지 여부를 질문하고, 긍정의 경우에 이 계약의 체결일은 물론 이를 접수한 공증인의 성명과 거소를 질문한다.

⑤ 장래 배우자들 중 1인이 제출한 서류들 상호간에 성(姓)들의 철자법이나 이름들에 관하여 일치하지 않는 때에는, 민적관은 이에 관련된 사람에게, 그가 미성년인 경우, 혼인거행에 참석한 최측근의 직계존속에게 일치상의 하자가 누락 또는 착오로 발생한 것임을 설명할 것을 요구한다.

⑥ 민적관은 각 당사자들에게 차례로 서로의 배우자가 되기를 원한다는 선언을 받는다. 민적관은, 법의 이름으로, 이들이 혼인으로 결합되었음을 선언하며 현장에서 이에 관한 증서를 작성한다."

73 불민 제165조: "혼인은 제63조에 규정된 공고일에, 그리고 공고면제의 경우에는 제169조 이하에 규정된 면제일에, 배우자들 중의 1인 또는 그들의 부모 중의 1인의 주소나 거소가 있을 기초자치단체의 민적관에 의해 공화국 예식을 할 때에 공개적으로 거행된다."

74 TGI Paris, 10 nov. 1992, D. 1993, 467.

75 프랑스 형법전 제433-21조 M: "민적관에 의해 사전에 수리된 혼인증서를 확인하지 않은 채 통상의 방식으로 혼인의 종교의식을 주재(主宰)한 성직자는 6개월의 징역형과 7,500 유로의 벌금형에 처해진다."

76 F. Debove et R. Salomon et Th. Janville, *op. cit.*, p. 123 참조.

의 체결 여부를 질문하고, 긍정적일 경우에 체결일 및 이를 접수한 공증인의 신원에 관한 질문을 한다. 이후 문서상의 오타나 오류가 없는지를 확인한 후에 당사자들로 하여금 서로 상대방을 배우자로 맞이할 것임을 선서하게 하고 최종적으로 이들의 성혼을 선언하면서 혼인증서를 작성한다.

3. 혼인의 요건과 절차의 위반에 대한 제재

(1) 이의제기

혼인에 대한 이의제기(opposition)는 매우 중대한 행위이기 때문에 그 요건과 효과는 엄격하게 법률에 정해져 있다. 즉 이의제기는 혼인에 대한 장애가 존재함을 민적관에게 알림으로써 혼인의 거행을 연기시키거나 보류시킬 수 있기 때문이다.

(가) 이의제기권의 행사

이의제기의 남용을 막기 위해 프랑스 민법은 이의제기를 행할 수 있는 자를 제한하여 지정하고 있으며 그 행사도 사유가 매우 분명한 경우에 한하여 가능하도록 하고 있다. 이의제기권은 개인에 의해 행사될 수도 있고, 검찰에 의해 행사될 수도 있다.

① 사적 이의제기권자

우선 배우자들의 직계존속이 이에 속한다. 직계존속의 이의제기권은 특히 그 행사의 범위가 넓다. 즉 혼인에 대한 법적 장애에 관련된 것이면 어떠한 사유든지 그들은 이의를 제기할 수 있다.[77] 그러나 그 사유가 충분하리만큼 심각하고 정당한 것이어야 한다. 따라서 단순한 정신적 또는 종교적인 사유만으로는 이의제기의 요건을 충족시키지 못한다.[78]

그리고 이의제기권을 행사할 수 있는 직계존속의 범위가 넓지만, 이들에게 동시에 이의제기권이 부여되는 것은 아니다. 우선 부모가 이를 행사할 수 있고, 부모가 없는 경우에 조부모가 이를 행사할 수 있다.

직계존속 이외에 다른 사람들도 엄격한 조건 하에서 다음과 같이 이의제기를 할 수 있다.

---

[77] 불민 제173조: "① 부, 모, 부모가 없는 경우에 조부와 조모는, 성년자일지라도, 그들의 자녀와 직계비속의 혼인에 이의제기를 할 수 있다.
② 직계존속에 의한 혼인에 대한 이의제기의 재판상 취소 후에는 직계존속에 의한 어떠한 새로운 이의제기도 접수되지 않으며 혼인 거행을 지연시킬 수도 없다."

[78] Aix-en-Provence, 22 nov. 1993, JCP 1994, IV, 627.

첫째, 제172조에 의거하여, 이중혼의 경우에 한하여, 장래의 배우자들 중 1인과 아직 미 이혼 상태인 배우자는 해당 혼인에 대한 이의제기를 할 수 있다.[79][80]

둘째, 직계존속이 없는 경우, 최 측근의 방계혈족(형제자매, 숙부나 숙모, 사촌형제자매)도, 해당 혼인이 친족회의 동의를 요함에도 불구하고 이를 받지 못하였거나 한 배우자의 개인적 능력 상실에 근거한 경우에 한하여, 이의제기를 할 수 있다.[81]

셋째, 장래 배우자들 중 1인이 성년보호제도의 대상자인 경우, 그의 후견인(tuteur)이나 부조인(curateur)은 제173조의 조건으로 혼인에 대한 이의제기를 할 수 있다.[82]

② 공적 이의제기권자: 검찰

그밖에 혼인 무효의 사유가 있는 경우, 검찰(le ministère public)도 이의제기권을 행사할 수 있다.[83] 이에 관하여, 파기원은 2007년의 한 판결을 통해, "공적 질서의 보호를 위하여, 검찰은 이를 해하는 행위에 대응할 수 있다. 따라서 혼인에 관한 공정 질서를 위협하는 상황에 기초한 모든 이의제기는 접수 가능하다."[84]고 선언하고 있다.

민적관에게는 이의제기권이 부여되어 있지는 않다. 그러나 민적관은, 혼인의 무효를 추정할 수 있는 심각한 상황증거가 있는 경우에, 이를 검사장에게 고발할 수 있다.[85]

---

79 불민 제172조: "혼인 거행에 대한 이의제기권은 혼인 계약의 두 당사자 중의 1인과 혼인으로 연루된 자에게 있다."

80 불민 제147조: "누구든지 전혼의 해소 전에는 후혼계약을 체결할 수 없다."

81 불민 제174조: "직계존속이 없는 경우, 형제자매, 숙부나 숙모, 사촌형제자매는 성년자로서 다음의 두 경우에만 이의제기를 할 수 있다.
   1. 제159조가 요구하는 친족회의 동의를 얻지 못한 경우.
   2. 이의제기가 장래의 배우자의 개인적 능력의 손상에 근거한 경우. 법원에 의해 단순취소선고를 받을 수 있는 이러한 이의제기는 이의제기자가 재판상 보호조치의 개시를 청구하거나 청구하게 할 것을 부담하는 조건으로만 접수된다."

82 불민 제175조: "후견인이나 부조인은 제173조에 명시된 조건으로 자신이 부조하거나 대리하는 자의 혼인에 이의를 제기할 수 있다."

83 불민 제175-1조: "검찰은 혼인무효를 청구할 수 있는 경우에 이의를 제기할 수 있다."

84 Cass. civ. 1ʳᵉ, 13 mars 2007, n°05.16.627.

85 불민 제175-2조: "① 심각한 상황증거로 인해, 필요한 경우 제63조에 명시된 신문(訊問)에 의거하여, 예견되는 혼인이 제146조나 제180조에 의해 무효로 될 수 있음이 추정되는 때에는, 민적관은 지체 없이 검사장에게 고발할 수 있다. 민적관은 이해관계인들에게 이를 통보한다.
   ② 고발로부터 15일 이내에, 검사장은 혼인이 진행되도록 하거나, 이의제기를 하게 하거나, 자신이 진행하는 조사의 결과를 기다리면서 혼인식을 연기하도록 결정하여야 한다. 검사장은 이유가 설시된

(나) 이의제기의 효과

이의제기가 법이 요구하는 요건과 절차86에 따라 행해진 경우, 혼인의 진행은 중단되어야 하기 때문에, 민적관은 즉시 혼인의 거행을 보류하여야 한다. 이를 어기고 혼인을 진행시키면 그는 불민 제68조87에 정해진 제재를 받는다.

그러나 이의제기가 수리되었다 할지라도 혼인이 즉시 무효로 되는 것은 아니다. 이는 제시된 이의제기 사유가 어느 정도 사실과 부합하는가에 관한 법원의 판단에 달렸다고 할 수 있다.

이의제기에도 불구하고, 장래의 배우자들이 혼인을 원한다면, 이들은 지방법원에 이의제기의 취소(la mainlevée)를 청구할 수 있으며, 이 경우에 지방법원은 이 청구가 있은 지 10일 이내에 이에 대한 판결을 하여야 한다.88

만약 지방법원이 이의제기가 근거가 있다고 판단하면, 항소법원(고등법원)의 반대결정이 없는 한, 장래 배우자들은 혼인을 거행할 수 없게 된다.89

(2) 혼인의 무효

전술한 이의제기가 혼인에 대한 일시적인 제재라면, 무효청구는 혼인에 대한 결

자신의 결정을 민적관과 이해관계인들에게 통지한다.
③ 검사장이 정한 연기의 기간은 1개월을 초과할 수 없으며, 이 기간은 특별한 이유가 설시된 결정에 의하여 1회에 한하여 갱신될 수 있다.
④ 연기가 종료되는 때, 검사장은 혼인이 진행되도록 할 것인지 또는 혼인 거행에 이의제기를 할 것인지에 관한 자신의 결정을 이유를 설시하여 민적관에게 통지한다.
⑤ 장래의 배우자들의 일방 또는 타방은, 미성년일지라도, 지방법원장 앞에서 연기 결정 또는 갱신 결정에 항변할 수 있으며, 지방법원장은 10일 이내에 판결한다. 지방법원장의 결정은 항소법원에 항소될 수 있으며, 항소법원은 동일한 기간 내에 판결한다."

86 불민 제176조: "① 이의신청서에는 이의제기자에게 이의신청권을 부여하는 자격을 기재하여야 한다. 이 신청서에는 또한 이의제기의 사유가 포함되어야 하고, 그 근거가 되는 법률규정이 명시되어야 하며, 혼인이 거행되어야 하는 곳에 있는 주소선정이 포함되어야 한다. 그러나 이의제기가 제171-4조의 적용에 의해 행해진 경우, 검찰은 법원의 소재지에서 주소선정을 해야 한다.
② 제1항에 명시된 규칙을 위반하는 것은 무효이며 이러한 이의신청서에 서명한 공무관은 정직된다.
③ 1년이 만기된 후, 이의신청서는 효력을 상실한다. 이의신청서는, 제173조 제2항에 해당하는 경우를 제외하고, 갱신될 수 있다.
④ 그러나 이의제기가 검찰에 의해 행해진 경우, 이의제기는 판결에 의해서만 효력을 상실한다."

87 불민 제68조: "이의제기의 경우, 민적관은 그에게 취소가 전달되기 전에는 혼인을 거행할 수 없으며, 이를 위반하면 3,000유로의 벌금과 모든 손해배상책임을 부담한다."

88 불민 제177조: "장래의 배우자들이, 미성년일지라도, 제기한 취소 청구에 대하여, 지방법원은 10일 이내에 판결하여야 한다."

89 F. Debove et R. Salomon et Th. Janville, *op. cit.*, p. 127 참조.

정적인 제재라 할 수 있다. 프랑스에서의 혼인의 무효를 그 사유와 절차 및 효과를 중심으로 살피고자 한다.

(가) 혼인 무효의 사유

혼인 무효의 사유는 그 침해 법익이 무엇이냐에 따라 절대적 무효 사유와 상대적 무효 사유로 나눌 수 있다.

① 절대적 무효 사유

혼인으로 인해 침해된 법익이 공적 질서에 해당한다면, 혼인은 절대적 무효에 해당하고, 이 경우 무효소송은 모든 이해관계인 및 검찰에 의해 청구될 수 있다.

프랑스민법에서 혼인의 절대적 무효 사유는 제184조[90]와 제191조[91]에 규정되어 있다.

ⓐ 배우자들 중 일인의 혼인의사의 결여(제146조)

이는 본래 혼인계약이 분별력을 상실한 정신적 장애에 이른 사람에 의해 체결된 경우를 예정하고 있다. 그러나 혼인의사의 결여는 전술한 바와 같이 가장혼인의 경우도 포함하고 있다.

ⓑ 혼인적령미달(제144조)

프랑스는 적령기(만 18세)에 달하지 않은 자에 의한 혼인을 공적 질서에 대한 침해로 보고, 이를 절대적 무효로 하고 있다.

ⓒ 중혼(제147조)

중혼은 프랑스에서 두 번째 혼인의 무효를 위해 가장 많이 원용되는 사유 중 하나라고 한다(년 평균 30여건). 이 무효의 소가 인정되기 위해서는 첫 번째 혼인이 유효해야 한다.[92] 그러나 무효 소송의 제기 당시에 첫째 혼인이, 이혼 등의 사유로, 해소되었을 지라도 소의 진행에는 문제가 되지 않는다고 한다. 즉 첫째 혼인이 유효할 당시에 두 번째 혼인이 거행된 것만으로도 무효 요건을 충족한다는 것이다. 중혼은 첫 번째 배우자에 대한 혼인상의 의무를 심각하게 위반한 것이기 때문에, 두 번째

---

90 불민 **제184조**: "제144조, 제146조, 제146-1조, 제147조, 제161조, 제162조 및 제163조에 위반하여 행해진 모든 혼인계약은 혼인의 거행 후 30년 내에 배우자, 혼인에 이해관계가 있는 모든 자 또는 검찰은 혼인무효의 소를 제기할 수 있다."

91 불민 **제191조**: "혼인이 공개적으로 이루어지지 않았거나 담당 공무수행자 앞에서 거행되지 않은 모든 경우, 혼인의 거행 후 30년 내에 배우자, 부모, 직계존속, 당해 혼인에 관하여 이미 발생한 현실적 이해관계를 가진 자 및 검찰은 혼인의 무효를 주장할 수 있다."

92 TGI Nanterre, 15 janv. 1975, Gaz. Pal. 1975, 2, 77.

혼인의 무효화와 동시에, 첫째 혼인의 이혼 사유가 된다.[93]

ⓓ 근친혼(제161조~제163조)

근친혼은 절대적 무효임은 물론이다.

ⓔ 은밀혼(제191조)

법률이 요구하는 혼인 공고를 결하였거나 증인이 없는 상태에서 행해진 결혼은 은밀혼(隱密婚)으로서 무효이다. 심지어는 혼인의 거행 장소에 대중이 접근할 수 없었던 경우도 은밀혼에 해당한다.[94]

ⓕ 민적관의 부적격(제191조)

혼인을 주관하는 민적관이 부적격에 해당하는 경우는 대략 다음과 같다고 한다.

첫째 민적관이 지역적 관할권을 가지지 않은 경우이다. 이는 민적관이 자기 관할이 아닌 지역에서 혼인을 주관한 경우이다. 둘째는, 본인의 관할인 지역에서 혼인을 주관하였지만 이 지역이 혼인 당사자들의 주소나 거소와 무관한 경우가 그러하다.[95]

② 상대적 무효 사유

혼인으로 인해 침해된 법익이 사적 이익에 해당할 때, 혼인은 상대적 무효가 된다. 프랑스민법이 상대적 무효 사유로 보는 경우는 다음의 두 가지이다.

ⓐ 배우자들 중 일방의 의사 상의 하자(제180조)

이는 앞에서 살핀 혼인 당사자 일방 또는 양방의 의사에 강박이 행해졌거나, 착오가 있었던 경우이다.

ⓑ 친족회의 동의 결여(제182조)[96]

이는 미성년자나 피성년후견인의 혼인과 같이, 부모나 법정대리인 또는 친족회의 동의가 필요함에도, 그 동의를 받지 않고 혼인한 경우이다.

(나) 혼인 무효화의 법적 절차

① 무효 소송의 제기

ⓐ 상대적 무효의 소제기

혼인의 상대적 무효의 소는 의사표시의 하자의 경우, 하자 있는 의사를 표시한

93 Nîmeᵉ, 20 juillet 2004, Dr. fqm. 2005, comm, n°22.
94 F. Debove et R. Salomon et Th. Janville, *op. cit.*, p. 129 참조.
95 F. Debove et R. Salomon et Th. Janville, *op. cit.*, p. 130 참조.
96 불민 제182조: "동의가 필요한 혼인의 경우, 부모, 그 밖의 직계존속 또는 친족회의 동의 없이 체결된 혼인계약은 동의권자 또는 배우자 중 동의가 필요한 자만이 혼인무효를 주장할 수 있다."

당사자 또는 검찰이다(제180조). 그리고 부모나 친족회의 동의가 결여된 경우(제182조)에는 동의권을 가진 자(부모, 친족회 등)나 그 동의를 요하는 자(미성년자, 피성년후견인 등)이다.

ⓑ 절대적 무효의 소제기

절대적 무효는 이해관계를 가진 모든 자에 의해 제기될 수 있음이 원칙이다. 그런데 혼인의 경우, 민법은 특별히 소를 제기할 이익이 있는 자를 명시하고 있다.

- 우선 배우자나 직계존속은 특별한 이해관계의 증명 없이 무효의 소를 제기할 수 있다(제184조, 제191조).
- 기타의 사람들은 현실의 이해관계를 증명해야 무효의 소를 제기할 수 있다.[97] 즉 배우자들이 생존하고 있는 동안의 방계혈족 또는 다른 혼인에서 출생한 자녀가 그러하다.
- 그밖에 검찰(le ministère public)도 절대적 무효의 소를 제기할 수 있다. 그러나 검찰은 공적 질서의 보호를 목적으로 소를 제기하는 것이기 때문에, 검찰도 두 배우자들의 생존 시에만 유효하게 소를 제기할 수 있다.[98]

② 혼인 무효의 효과

보통법상 법률행위의 무효의 효과는 해당 법률행위를 소급하여 소멸시킨다는데 있다. 그러나 혼인에 이러한 무효의 효과를 그대로 적용하게 되면 해결하기 어려운 난제에 직면할 우려가 있다. 특히 일정 기간 이상 가족관계가 유지되어 왔던 경우, 그동안 사용하여 왔던 가족성이나 부부재산제를 소급하여 실효시키는 것은 비현실적이다. 이러한 이유로 프랑스 입법자나 판례는 혼인 무효의 경우에 그 효과를 다음과 같이 제한하여 왔다.

첫째, 1972년 1월 3일 법률을 통해, 무효인 혼인에서 출생한 자녀가 있는 경우, 이들에 한하여 혼인의 효과는 유지되도록 하고 있다.[99] 즉 이들의 자녀는 공식적으로는 혼인한 부모로부터 출생한 것으로 간주된다. 그리고 그들 부모의 혼인의 무효는 단순한 해소의 효과만 가진다.

---

97 불민 제187조: "제184조에 의해 이해관계를 갖는 모든 사람이 혼인무효의 소를 제기할 수 있는 모든 경우, 배우자가 생존하고 있는 동안은 방계혈족 또는 다른 혼인에서의 자녀는 이미 발생한 현실적 이해관계가 있는 때에만 혼인무효의 소를 제기할 수 있다."

98 불민 제190조: "검사장은 제184조가 적용되는 모든 경우에, 배우자들이 생존하는 동안에, 혼인 무효의 청구를 하여야 하며, 별거의 선고를 받도록 청구하여야 한다."

99 제202조 ① 배우자 어느 누구도 선의가 아닐 지라도, 이들의 자녀에 대하여는 혼인의 효력을 발생한다.

V. 나가며

지금까지 프랑스 민법상 혼인의 요식성을 혼인 성립의 요건과 절차를 중심으로 살펴보았다. 혼인 성립의 요건에 관하여는 동성혼(同性婚)의 인정을 제외하고는 우리나라와 큰 차이가 없다. 그러나 혼인 성립의 절차를 보면, 우리의 입장에서는, 지나치게 까다롭고 복잡해 보인다.

우선 혼인 전에 반드시 거쳐야 할 절차가 있다. 즉 당사자의 출생증명서 제출과 일정 기간 동안의 '혼인 공고'이다. 이는 행여 있을 수 있는 이의제기를 위함이다. 그리고 당사자들에 대한 민적관의 신문(訊問)이 행해진다. 현대에 들어 늘어나는 가장 혼인을 방지하기 위해 프랑스는 수차례의 개정을 통해 신문절차를 강화하였음은 전술한 바와 같다. 여기에서 일정한 제3자에게 앞으로 있을 혼인에 대한 이의제기권을 부여한 것도 우리에게는 없는 독특한 제도이다.

다음으로 혼인의 거행이다. 이와 관련해서도, 당사자들은 혼인의 거행지나 혼인의 방식 등을 임의로 결정할 수 없으며, 법에 정해진 바에 따라야 한다. 즉 배우자들의 선택에 따라, 배우자들 중 1인, 또는 그들의 혈족들 중 1인이 주소를 두고 있거나 법률에 규정된 공고일에 최소 1개월의 주거가 계속되고 있음이 증명된 거소를 두고 있는 기초자치단체의 청사에서 혼인이 거행되어야 하고, 그 방식도 장래의 배우자들, 민적관, 2인 이상의 증인이 출석한 상태에서 민적관의 주도 하에 공개적으로 거행되어야 한다.

근대 시민혁명 이후 개인의 자유의지를 존중한 프랑스가 이러한 복잡하고 까다로운 혼인 절차를 고수하고 간섭받기 싫어하는 프랑스인들이 이를 기꺼이 따르는 이유는 교권과 왕권 그리고 시민권의 갈등 속에서 형성된 혼인제도의 역사적 전통에 있음도 전술한 바와 같다.[100]

이에 비하면, 우리나라의 혼인제도는 너무나 허술하다. 앞에서 잠깐 언급하였듯이,[101] 우리나라는 전통적으로 의식혼주의와 사실혼주의에 의거하기는 하였지만, 현대의 복잡한 사회에서 간단한 절차만으로 혼인을 성립시키는 것은 반드시 보정되어

---

100 프랑스뿐 아니라 유럽의 다른 국가들도 프랑스와 동일하지는 않지만 비교적 엄격한 혼인제도를 운영하고 있음도 이미 발표된 여러 논문을 통해 확인되었다. 김도년, 전게논문, 84-87면; 정주수, "혼인방식 법제의 사례연구(2)", 사법행정, 2012. 10, 55-61면 등 참조.

101 주 5 참조.

야 할 문제이다. 허위의 혼인신고나 가장혼인이 우리나라에서 많은 문제를 야기하고 있음은 주지의 사실이다. 그렇다고 하여 프랑스와 같이 복잡한 절차를 도입하는 것은 우리 국민의 의식이나 정서에 맞지 않을 뿐 아니라, 가뜩이나 혼인율이 줄어들고 있는 시대상황을 고려할 때, 매우 비현실적이다. 따라서 이에 대한 대안으로 혼인당사자 신고 시 출석의무화 및 담당공무원의 실질심사권 행사,[102] 공인호적사의 혼인식 참여 의무화를 전제로 한 혼인거행시에 혼인신고서 작성[103] 등이 제시되고 있다.

지금까지의 우리나라의 행정 관행과 현실을 볼 때, 담당공무원에게 실질심사권을 부여하는 것은 무리인 듯 하고, 공인호적사의 혼인식 참여 의무화를 전제로 한 혼인거행시에 혼인신고서 작성이 가장 현실적 대안이 아닌가 한다. 혼인식에는 당사자 쌍방 모두가 참석할 수밖에 없고, 그 현장에서 실질 심사는 아닐지라도 호적공무원이 이들에게 혼인의사를 직접 확인하여 혼인신고서를 작성할 수 있기 때문이다.

어찌되었든 우리나라의 현행 혼인제도는 반드시 교정되어야 할 대상이다. 혼인에 대한 사회적 인식이 어떻게 변화하든, 법적 혼인을 추구하는 당사자들을 위해서도, 훨씬 보완된 혼인제도가 전문가들의 연구·검토를 통해 빠른 시일 내에 마련되기를 기대한다.

---

102 전원열·현소혜, 전게논문, 11면 이하; 김도년, 전게논문, 95-96면; 강승묵, 전게논문, 93-96면 등 참조.
103 정주수, "혼인신고제도의 문제점과 개선방안", 사법행정, 제327호(1988), 123면; 이화숙, 전게서, 151면 등 참조.

프랑스 이혼법의 변천(變遷)과 전개(展開)

정 다 영*

I. 서론

　　1960년대에 들어서면서 각국에서 이혼사유가 개정되고 세계적으로 파탄주의를 기반으로 이혼을 인정하는 풍조가 강해졌다. 프랑스에서도 자본주의의 발전 및 여성의 사회진출과 경제력 향상에 따라 사회정세가 변화하고 이혼이 증가하였다. 특히 1962년 개헌에 의해 대통령 직선제가 도입되면서 여성 유권자의 표를 얻기 위해 이혼법을 개정하는 것이 중요한 과제로 대두하였다. 1965년에 이르러 프랑스 민법상 부부재산제가 개정되어 혼인재산에서의 남녀평등이 실현되고 이혼법 개정을 위한 토대가 마련되면서 파탄주의의 도입은 정치적으로도 큰 관심의 대상이 되었고, 이후 1975년 민법은 파탄주의를 도입하고 유책요건을 일반화하였다. 그러나 1975년 민법에 따라 혼인관계가 파탄되었다고 보기 위해서는 별거기간이 6년 이상일 것을 요구하였기 때문에 실제로 이 규정이 적용되기는 쉽지 않았다. 또한 1975년 민법은 협의이혼제도를 도입하였는데, 협의이혼이 이루어지기 위해서는 이혼 자체에 대한 협의 뿐 아니라 이혼이 가져올 결과에 대해 협의하였을 것을 필요로 하였다. 한편 파탄이혼 자체의 도입을 반대하는 야당과의 타협의 산물로서, 1975년 민법은 이른바 축출이혼을 방지하기 위한 가혹조항도 규정하였으며, 이혼 후 경제적 능력이 상대적으로 낮은 배우자에 대한 부양적 성격 뿐 아니라 보상적 성격을 띤 이혼 후 부양료를 인정하였다.

---

*　충남대학교 법학전문대학원 조교수, 변호사

2004년 민법은 이혼의 원인을 부부관계의 회복불가능한 파탄에 둔다는 사회당의 제안에서 출발하여, 그 목표를 이혼절차의 간소화와 자유화에 두었다. 특히 부부의 이혼의사가 합치한 경우 법원에 단 한 번만 출석하여 협의이혼을 할 수 있게 규정하였다. 또한 2004년 민법은 파탄이혼의 요건을 보다 간소하게 하여, 2년의 별거기간만으로 혼인관계가 완전히 파탄되었다고 보는 규정을 도입하였다. 다만, 파탄이혼과 유책이혼이 동시에 청구된 경우 법원은 유책이혼청구를 먼저 검토하도록 하여, 유책배우자의 파탄이혼청구는 실질적으로 제한하였다. 한편 이혼 후 부양료의 부양적 성격을 보다 강조하여, 혼인의 해소로 인하여 장래 생활조건의 격차가 발생할 것으로 예상된다면 유책배우자가 청구권자라고 하더라도 그에게 부양료를 지급하여야 한다고 보았다.

2016년에는 이혼의 자유화, 비법률화 및 계약화의 원리 하에서 협의이혼이 더욱 간단하게 이루어지도록 민법을 개정하였다. 2016년 민법은 당사자가 자유롭게 이혼을 선택하고, 법원은 이에 대해 판단을 하기보다는 이혼의 결과에 대한 당사자의 협의에 있어 자녀나 상대방의 복리를 보호하는 데 미흡한 부분에 대해서만 개입하는 형태로 되었다. 기존에는 협의이혼을 법정에서 확인받도록 하였던 데 비해, 이른바 '판사 없는 이혼' 내지 '재판 외 이혼'이라고 하여 당사자들의 상호합의가 이루어졌다면 이혼할 수 있게 하였다.

이하에서는 각 개정에 따른 프랑스 이혼법의 변천을 살펴보고(Ⅱ), 이혼의 효과를 재산 및 주거의 측면, 자녀양육 및 친권의 측면 등에서 검토하겠다(Ⅲ). 그리고 통계자료의 분석을 통해 이혼법의 실질적 영향을 살펴본 후(Ⅳ), 프랑스 이혼법의 변천과 전개 및 그 시사점을 간략히 정리하겠다(Ⅴ).

Ⅱ. 프랑스 이혼법의 변천

프랑스에서는 1975년 이혼사유를 다양화하고 이혼의 결과에 있어서 갈등적 요소를 제거한다는 목표 하에 이혼법을 법률 제75−617호로 전면개정하였다. 이후 2004년 법률 제2004−439호에서는 ① 이혼원인의 다양화, ② 이혼절차의 간이성 및 ③ 이혼의 결과에서 갈등적 요소의 제거라는 목표로 이혼법을 개정하였다. 또한 2010년 법률 제2010−1330호 및 2014년 법률 제2014−398호에서는 이혼 후 부양료(제271조, 제272조)에 관한 규정에 대하여, 2016년 법률 제2016−1547호에서는 이혼의 결과(제260조, 제262조, 제265조, 제267조) 및 이혼 후 부양료(제278조, 제279조)에 관한 규정에 대하여 전반적인 개정을 하였다. 그리고 2019년 법률 제2019-222호에서도 이혼의 결과에 관한 일부 규정(제262-1조, 제262-2조)을 추가하였다. 이하에서는 각 개정된 부분 중 핵심적인 내용을 중심으로 그 특징에 따라 설명하도록 하겠다.

1. 1975년 프랑스 민법

(1) 시대적 상황과 배경

(가) 사회적 경위

1960년대 들어 각국에서 이혼 원인이 개정됨에 따라 파탄주의를 기반으로 이혼을 인정하는 국가들이 점차 늘어나게 되었다. 프랑스에서도 사회적으로 이혼이 증가하였고, 또한 법률상 배우자와 사실상 별거하고 있는 경우로서 내연관계가 있는 경우에 사생아의 출산을 늘리는 것은 바람직하지 않다고 보아 파탄주의에 의한 이혼을 인정하라는 주장이 강하게 제기되었다.[1] 이러한 배경 하에 1972년 법무부, 국립인구통계학연구소, 파리제2대학 법사회학연구소는 공동으로 여론조사를 실시하였는데, 당시 여론은 이혼 자유의 원칙으로 전환할지 여부에 대해 찬성 48%, 반대 52%로 매우 근소한 차이만 있었고, 반대의 입장을 표명한 경우에도 상당수(전체의 20%)는 이혼 원인을 확대하거나 이혼을 보다 쉽게 인정하여야 한다고 보았다. 또한 절차의 간소화에는 89%가, 이혼사유 중 하나로 장기 별거를 규정하는 것에는 90%가 찬성하여, 이혼법제를 파탄주의로 전환하는 것에 찬성하는 경향이었다.[2]

(나) 정치적 경위

1962년 국민투표에 의해 대통령 직선제로 개헌한 후 여성유권자의 표를 얻기 위해 이혼법을 개정하는 것이 중요한 정치적 관심사로 대두되었다. 1965년 프랑스에서는 부부재산제의 개정이 이루어졌고, 이후 입법관계자 뿐 아니라 여러 당파에서 이혼법을 전면 재검토하는 것에 관심을 표하였다. 특히 1972년 뽕삐두(Georges Pompidou) 대통령이 서거하고 1974년 실시된 대통령 선거에서 중도우파인 독립공화당의 지스까르 데스땡(Valery Giscard d'Estaing)이 10.4%의 근소한 차이로 사회당의 미테랑(François Mitterrand) 후보를 누르고 당선되면서 이혼법 개정을 위한 정치적 움직임이 본격화되었다.[3]

---

1 Jacques Voulet, *Le Divorce et la séparation de corps,* 12e éd., Delmas, 1976, p. 5.

2 稲本洋之助, フランスの家族法, 東京大学出版会, 1985, 39項.

3 Roger Nerson, *Jurisprudence Française,* Rev. trim. dr. civ., 1980, p. 739.

(다) 사법적 경위

법원 실무에서 파탄주의적 사고가 널리 자리잡고 있었던 점도 이혼법의 개정을 부추겼다. 이 시기에 법원은 폭행, 학대, 모욕과 같은 같은 유책주의적 개념징표들을 상대적으로 넓게 해석하여 사실상 파탄주의적 기능을 수행할 수 있도록 하였다. 판례는 배우자 일방이 타방의 생활을 침해하여 그 생활을 위기에 빠뜨리는 행동이 있으면 이를 널리 '폭행'으로 보아 이혼사유로 인정하였다.4 '학대'의 경우 타격의 정도나 부상의 대소(大小)에 따라 판단하지 않고, 상해에 이르지 않는 폭행이라도 자주 반복될 경우 뿐 아니라, 부작위에 의한 폭력, 부정행위, 성관계의 거부, 언어에 의한 폭력 등 정신적 수단에 기한 경우도 이에 포함된다고 보았다.5 특히 전체 이혼사유 중 3/4 정도를 차지한6 '모욕'의 경우에는 불명예스러운 감정을 불러일으키는 경멸에 한정하지 않고, 보다 확장된 의미에서 혼인에서 발생하는 의무와 부부생활의 품위를 손상시키는 모든 언행을 지칭하는 것이라고 보았다. 파기원은 배우자의 모욕적인 행동을 바로 혼인 의무 위반이라고 본 것은 아니지만, 이혼사유를 판단함에 있어 특히 배우자에 대한 모욕적인 행위가 있을 경우 그 특성을 고려하여야 한다고 보았다.7 예를 들어 아내가 결혼 전에 정신병을 앓고 있었다는 사실을 남편에게 숨기고 결혼한 경우 이는 심각한 모욕에 해당한다고 보아 이혼사유로 인정하였다.8

구 프랑스 민법 하에서의 이혼사유는 유책주의의 이념을 바탕으로 한 것이기 때문에, 열거된 사유에 해당하지 않는 한 이혼청구는 할 수 없었다. 그런데 이혼사유에서의 개념징표들을 상대적으로 폭넓게 해석할 경우 실질적으로는 타방 배우자의 위법행위에 대한 제재로서의 의미라기보다는 부부관계를 지속할 수 없기 때문에 이혼을 원한다는 이른바 파탄주의적 사고방식과 통하는 면이 있게 된다. 실제로 이혼이 인정된 판결 중 일부는 부부간 이혼의 실질적 합의가 있어서 쌍방간 이혼사유를 공모하여 만들어내는 경우가 적지 않았던 것으로 분석된다. 부부 쌍방은 이혼에 대하여 합의한 후, 이혼사유를 만들기 위해 서로 상대방에 대하여 모욕이 되는 편지를 보내기도 하였다. 이러한 경우 결국 협의이혼을 인정하는 것과 같은 결과가

---

4 Marcel Planiol, *Traité élementaire de droit civil*, t. Ⅲ., 2e éd., Librairie Cotillon, 1903, p. 169.

5 Paris, 20 oct. 1886., *D. P.* 86. 2, pp. 101 et s.

6 Alain Duelz et François Rigaux, *Le Droit du Divorce*, 2e éd., De Boeck, 1989, p. 36.

7 Colmar, 25 janv. 1939., *D. H.* 1939, p. 172.

8 Marcel Planiol, Georges Ripert et Jean Boulanger, *Traité élementaire de droit civil*, Librairie génefale de droit et de jurisprudence, 1950, n° 1437.

되었다.9 따라서 당시에도 실질적으로 이혼의 자유화는 어느 정도 이루어지고 있었
던 것으로 보인다.

(2) 유책요건의 일반화

과거 프랑스에서는 거의 유일한 이혼사유로 유책이혼을 규정하고 있었다. 또한
간통, 체벌형 또는 불명예형, 심각한 상해, 학대나 남용과 같은 구체적인 유책사유가
있는 경우에만 이혼이 가능하다고 보았다. 그러다가 1975년 민법 개정을 통해 유책
요건을 객관화·일반화하였다. 이 과정에서 유책이혼 규정 자체를 삭제하고자 하는
논의도 있었으나 유책이혼은 현재까지도 유지되고 있다.

(3) 협의이혼 제도의 도입

1975년 민법은 1816년 이래 금지되었던 협의이혼 제도를 부활하였다. 1975년
개정에 의해 도입된 협의이혼은 이혼사유 내지 혼인 파탄의 사유를 불문하고 당사자
들의 의사 합치만에 의해 이혼을 허용한다는 특징이 있다. 특히 부부 쌍방이 공동으
로 이혼을 청구하는 경우에는 이혼사유를 명시할 필요도 없도록 하였다(1975년 민법
제230조 제1항). 다만, 부부가 공동으로 협의이혼을 신청하기 위해서는 이혼청구서와
함께 이혼의 효과에 대한 협의서를 법원에 제출해야 하고, 이혼 내지 혼인관계의 파
탄에 대해 부부의 자유롭고 진지한 의사합치가 있어야 하며, 그러한 협의이혼의 의
사에는 어떠한 사기나 강박도 없을 것이 전제된다. 또한 부부가 협의이혼을 신청하
기 위해서는 이혼신청서 뿐 아니라 양 배우자가 이혼의 결과에 대해 합의한 내용을
담은 서면을 법원에 제출할 것이 필요한데, 이 협의서에는 부부 사이의 재산적·일신
적 사항 뿐 아니라 미성년 자녀의 양육에 관한 사항이 담겨야 한다.

우선 ① 재산적 사항에는 부부의 주거, 재산의 청산, 이혼 후 부양료(prestation
compensatoire) 등에 관한 내용을 포함하고, ② 일신적 사항에는 이혼 후 성(姓)의 사용
에 관한 결정 등을 포함하며, ③ 미성년 자녀의 양육에 관한 사항에는 자녀의 거주지
나 면접교섭, 양육비 및 교육비와 그 지급 방법 등에 관한 사항을 포함한다. 프랑스의
경우 부모의 혼인과 무관하게 친권은 공동으로 부여되며, 공동으로 행사하여야 한다
는 원칙이 적용되므로, 이혼여부와 친권문제는 별개로 간주된다. 이 경우 부부가 제
출한 이혼의 결과에 대한 협의서가 부부 중 일방이나 자녀의 복리 보호에 부족하다고
판단할 경우, 법원은 이를 수정하거나 삭제할 것을 명할 수 있으며(프랑스 민사소송법

---

9 Francis Lemeunier, *Principes et Pratique du Droit Civil,* 9ᵉ éd., Delmas, 1991, pp. 89 et s.

제1099조 제2항), 협의이혼 청구를 기각할 수도 있다(1975년 민법 제232조 제2항).

협의이혼의 경우 이혼사유 내지 혼인파탄의 사유를 묻지 않는다. 부부간 이혼에 대한 합의가 있다면 이혼사유를 명시할 필요가 없다고 보는 것이다. 1975년 민법은 혼인 후 6개월간 협의이혼신청 금지, 부부에 대한 2회에 걸친 의무적 법원 출석 및 3개월의 숙려기간을 규정하였으나, 이후 2004년 민법은 이러한 절차규정을 삭제하였다.

(4) 파탄주의의 도입

1975년 민법은 이혼사유 중 하나로 혼인공동생활의 부존재를 원인으로 하는 파탄이혼을 규정하였다(1975년 민법 제237조). 다만, 파탄이혼이 이루어지기 위해서는 우선 부부공동생활의 파탄을 원인으로 하는 사실상의 별거기간이 6년 이상이거나 6년 이상의 불치의 정신병력에 따라 공동생활이 존재하지 않아야 한다고 보았다.[10] 이 경우 6년간의 별거사실 뿐 아니라 이혼을 원하는 의사 내지 혼인관계의 계속을 원하지 않는 의사가 계속되었는지에 따라 이혼의 가부(可否)를 판단하도록 하였다.[11] 또한 1975년 민법은 배우자의 나이 및 혼인기간을 고려하도록 하되, 이혼결정이 타방 배우자나 자녀에게 재산적·정신적으로 심히 가혹할 것으로 예상되는 경우에는 파탄이혼청구를 제한하였다.

(5) 가혹조항의 도입

가혹조항은 부부관계가 파탄된 경우에도 이혼이 인정되지 않을 여지가 있음을 규정한 것이다.[12] 이혼이 불행한 결혼에 대한 구제라고 하면, 파탄된 혼인에 대한 이혼을 인정한 후 발생한 여러 문제는 이혼의 효과로 파악하는 데 그치게 된다. 그런데 가혹조항을 인정하는 것은 이혼 후 효과가 이혼의 성패(成敗) 자체에 포함된 것이며, 이혼을 인정하는 데 내재적 제약이 있다고 보는 것이다. 당시 프랑스 정부에서는 가혹조항을 이혼이 강요되는 배우자를 보호하기 위해 필수적인 제도로 보았다.

이에 따라 이혼청구의 상대방과 자녀들의 나이, 혼인기간, 자녀에 대한 물질적·정신적 영향을 고려하여, 예외적으로 이혼이 가혹하다고 입증된 경우 법원이 이혼청구를 기각할 수 있도록 하였다(1975년 민법 제240조). 파탄주의의 이념이 파탄의 원인을 불문하는 것이라면 민법 제237조에 해당할 경우 당연히 이혼을 선언하여야 하는

---

10 이러한 요건은 이후 2004년 민법을 통해 단순히 혼인관계가 파탄된 경우에는 이혼을 청구할 수 있다고 개정되었다.

11 Journal officiel des débats, Ass. Nat., séance du 3 juin 1975, p. 1562.

12 Jean Hauser et Danièle Huet-Weiller, *Traité de Droit Civil, La famille*, 2e éd, L.G.D.J., 1991, n° 95.

것이 원칙이다. 파탄에 이른 원인이 어떻든간에 양 배우자의 혼인생활이 회복하기 어려운 정도로 파탄하였다는 객관적 사실에 근거를 두기 때문이다. 혼인관계가 객관적 파탄상태에 이르렀음에도 불구하고 이혼청구가 기각될 가능성이 있다고 볼 경우 파탄주의의 취지 자체를 몰각한 것이라는 비판에 직면할 수 있게 됨에도 불구하고, 1975년 개정 당시 입법관계자들은 가혹조항이 이혼을 강요당하는 배우자를 보호하기 위해 필수적인 제도라고 보았다. 이 점에서 가혹조항은 과거에 머무르는 것이 아니라, 미래지향적인 제도로 파악할 수 있다. 파탄과 유기(遺棄)의 상황을 고려하여 이혼을 거부할 것인지를 정하는 문제가 아니라, 장래에 이혼으로 인한 결과가 배우자 또는 자녀를 가혹한 상태에 빠지게 할 것이 인정된 경우에는 혼인의 법적 관계를 유지하도록 하기 때문이다. 이러한 점에서 가혹조항은 법원으로 하여금 파탄의 주도권을 잡은 원고와 파탄의 상황을 강요당한 피고 사이의 상반되는 이익의 균형을 맞추도록 한 형평조항이라고 설명된다.[13]

그런데 1975년 민법이 이혼의 자유화를 목표로 파탄주의의 이념을 도입하였다는 점을 고려하여 보면, 부부관계가 파탄되었음에도 이혼을 인정하지 않는다는 것은 모순된 것으로 보인다. 그럼에도 불구하고 가혹조항을 도입한 것은 6년 간의 별거에 의한 파탄이혼의 도입 자체를 반대하는 야당과의 타협의 산물이다.[14] 그러나 가혹조항은 실무에서는 그다지 사용되지 않았는데, 가혹 여부에 대한 판단이 법원의 재량에 맡겨져 있어 그 기준이 불명확하다는 점, 법원이 가혹조항을 매우 심각한 경우에만 예외적으로 적용하였다는 점 등이 원인으로 파악된다.[15]

(6) 이혼 후 부양료의 도입

이혼 후 부양료(prestation compensatoire)는 1975년 민법에서 최초로 규정되었는데, 이혼 후 갈등적 소지를 없애기 위해서 이혼에 대한 판결을 하면서 대부분 종신연금의 형태로 결정하였다. 당시 이혼 후 부양료에 대한 변경청구는 허용되지 아니하였으나, 배우자들의 재산상태가 변경된 경우나 필요비용의 중대한 사항에 변화가 있는 경우 등에 있어서는 변경해야 한다는 논의가 지속됨에 따라, 이후 이혼 시 부양료에 관한 2000. 6. 30. 법률 제2000-596호에 따라 부양료의 변경청구가 가능하게 되었다.

---

13 Journal officiel des débats(1975), p. 3497.

14 Journal officiel des débats(1975), pp. 1563, 3379.

15 Roger Nerson(1980), p. 739.

2. 2004년 프랑스 민법

1975년 민법 개정 이후로 협의이혼이 증가함에 따라 프랑스에서는 절차상 소송을 통하지 않고 협의로 이혼하고자 하는 당사자들이 보다 이혼에 쉽게 접근할 수 있도록 이혼사유를 단순화·자유화하기 위해 이혼법을 개정하였다. 이에 따라 2004년 민법 개정 이후 전체이혼 중 협의이혼의 비중이 더욱 증가하였다.

(1) 이혼절차의 간소화 및 이혼사유의 다양화

2004년 이래 현재까지도 이혼사유로는 ① 협의이혼, ② 수락이혼, ③ 유책이혼 및 ④ 파탄이혼의 4가지를 규정하고 있다(2004년 민법 제229조). 여기서 ① 협의이혼을 절차상 협의이혼이라고 하며, ② 수락이혼, ③ 유책이혼 및 ④ 파탄이혼을 소송이혼이라고 한다. 다만 ① 협의이혼도 판사의 판결에 의한 재판을 거친다는 점에서 재판상 이혼이라고도 볼 수 있다. 다만, 협의이혼의 경우에는 소송이 배제된 협의이혼절차가 독립적으로 존재한다. 한편, 소송이혼의 경우 이혼이나 이혼의 결과에 대하여 부부간 의사의 합치가 이루어지지 않는 경우에 청구할 수 있다.

(가) 협의이혼

당사자가 협의하고 법원이 확인하는 협의이혼의 경우 당사자들 간에 이혼 또는 결혼 붕괴가 있다는 전제에 대하여 뿐 아니라 이혼으로 발생하는 효과에 대해서도 의사의 합치가 있어야 한다. 2004년 민법은 이혼절차의 간이성을 목표로 하였는바, 혼인기간이 6개월 미만인 경우 협의이혼청구를 제한하는 규정(1975년 민법 제230조 제3항)과 협의이혼청구를 할 경우 3개월의 숙려기간을 둔 규정(1975년 민법 제231조)을 폐지하였다. 2004년 민법에 따라 이혼의사가 합치한 부부의 경우에는 법원에 단 한번만 출석하여 협의이혼을 할 수 있게 되었다. 이 경우 부부는 공동변호사를 선임할 수 있다. 협의이혼의 경우에는 손해배상청구가 인정되지 않는다.

(나) 수락이혼

부부 중 일방 또는 쌍방이 수락이혼을 청구하여 양 당사자가 혼인이 파탄되었음을 수락한 경우를 수락이혼(le divorce accepté) 내지 승락이혼, 혼인단절인정이혼 또는 파탄인정이혼이라고 한다(2004년 민법 제233조). 개정 논의과정에서는 수락이혼의 청구자인 부부 일방 또는 쌍방이 이혼사유를 명시할 필요가 없고 상대방의 과오나 책임을 물을 필요가 없다고 하여, 이를 '객관적인 이혼사유'라고 보았다.[16] 따라서 수락이혼의 경우에도 협의이혼과 마찬가지로 손해배상청구가 인정되지 않는다. 1975년 민법은 객관적으로 혼인공동생활의 불가능을 설명하는 의견서를 제출하여야 한다고 규정하였으나, 2004년 민법에서는 의견서 제출의무가 삭제되고, 수락이혼의 유일한 요건으로 혼인파탄에 대한 부부의 수락만을 규정하였다. 수락이혼은 절차상 소송이혼으로 파악되지만, 협의이혼적 성격 또한 띄고 있어 '절충적인 이혼' 내지 '불완전한 협의이혼'으로 불리기도 한다.[17] 부부 쌍방이 수락이혼을 청구한 경우라도, 여전히 이혼의 결과에 대한 불합치가 분쟁적 요소로 남아있기 때문에, 법원은 수락이혼 청구를 인용하는 것에 더하여 이혼의 결과에 대해서도 결정을 내려야 한다. 다만 수락이혼을 청구한 부부는 이혼판결이 있기 전에 수락이혼청구를 협의이혼으로 변경하는 것이 가능하다(2004년 민법 제247조).

(다) 유책이혼

유책이혼에 대하여는 이를 삭제하여야 한다거나 제한하여야 한다는 주장도 있었으나, 1975년에 구체적인 유책사유로 규정하던 '배우자의 형사상 실형선고시 유책이혼청구 허용' 규정을 삭제하였다. 이에 따라 유책이혼사유는 객관화·일반화되었다. 유책사유의 요건으로는 혼인의무의 위반이 요구된다. 배우자 일방은 타방 배우자에게 책임을 물을 수 있는 혼인의무의 중대하거나 반복적인 위반으로 생활공동체의 유지를 견딜 수 없는 경우 이혼을 청구할 수 있다(2004년 민법 제242조). 이러한 혼인의무위반은 배우자 본인의 자유로운 의지에 의한 것으로서 심각하고 반복적일 것이 요구되며,[18] 여기서 말하는 혼인의무에는 배우자 존중의무(2004년 민법 제212조), 부양 또는 협조의무, 정조의무, 가족의 물질적·정신적 부분과 자녀의 교육과 미래에 대한 준비의무(2004년 민법 제213조), 일상가사비용의 분담(2004년 민법 제214조) 및 동거의무(2004년 민법 제215조)가 포함된다. 그러나 단순히 이러한 혼인의무의 위반이 있었다고 하여 유책이혼을 청구할 수 있는 것은 아니고, 혼인의무 위반행위로 인하여 공동생활을 계속하는 것을 참을 수 없는 정도에 이를 것을 요한다.

(라) 파탄이혼

혼인관계가 파탄에 이른 경우, 이혼이 인정되기 위해서는 혼인관계가 절대적으로 악화상태에 이르렀을 것을 요하며, 이를 파탄이혼(le divorce faillite)이라고 한다. 파

---

16 Claude Colombet, *La famille,* 3e éd., PUF, 1994, pp. 289 et s.

17 Texte, Sénat, n° 389, 9 Juil. 2003, p. 4; Le rapport n° 1513 de M. Patrick Delnatte à l'Assemblée, 13 avr. 2004, pp. 43 et s.

18 Patrick Courbe, *Droit de la famille,* 5e éd., Dalloz, 2008, p. 155.

탄이혼은 1975년 개정을 통해 도입된 것이나, 과실없는 상대방을 축출할 수 있다는 점에서 비판을 받았다.[19] 그러나 2004년 민법은 파탄이혼의 요건을 보다 더 객관화하여, 파탄이혼의 청구자에게 부과되는 재정적 부담에 관한 규정을 삭제하였다. 혼인관계가 완전히 파탄된 경우 부부 중 일방은 이혼을 청구할 수 있고(2004년 민법 제237조), 혼인관계의 완전한 파탄은 2년의 별거기간을 통해 입증된다(2004년 민법 제238조 제1항). 다만 직업적인 이유로 인하여 별거하게 되었거나, 별거가 부부 중 일방의 실형(實刑) 또는 입원을 이유로 하는 경우에는 파탄이혼의 요건으로서 별거기간이 충족되지 않았다고 본다.[20] 과거 1975년 민법이 '부부공동생활의 파탄'이라는 불명확한 표현을 사용하여, 그 개념요소에 대해 논쟁의 소지가 있었던 데 비해, 2004년 민법은 혼인관계의 절대적인 악화를 증명하는 요건으로 '2년간의 별거'를 규정함으로써 파탄이혼사유를 객관화하였다. 다만, 파탄이혼과 유책이혼이 동시에 청구된 경우 법원은 유책이혼청구를 먼저 검토하도록 규정하여, 유책배우자의 파탄이혼청구는 실질적으로 제한하였다. 즉 법원은 유책이혼청구가 기각된 경우에야, 파탄이혼청구에 대해 선고할 수 있다(2004년 민법 제246조). 2004년에는 파탄이혼의 청구자에게 자녀와 배우자의 부양에 관한 책임을 두는 규정을 삭제하여, 파탄이혼의 중립적인 성격이 강조되었다.[21] 파탄이혼에 있어서도 이혼판결 전이라면 언제든지 소송상 이혼청구 대신 협의이혼이나 수락이혼으로 변경하는 것이 가능하게 하였다(2004년 민법 제247조).

(2) 가혹조항의 폐지

2년의 별거기간은 부부관계의 파탄을 추정하기 위한 기준으로 제안되었으며, 부부관계의 파탄을 주관적인 측면에서 추측하는 것은 곤란하므로 객관적인 요건으로만 판단하여야 한다고 보았다.[22] 당시 중도파에서는 가혹조항의 존속을 주장하였다. 그러나 2004년 민법은 이혼의 자유화와 단순화를 지향하는 것으로서 법원은 이혼의 허락 여부를 정하거나 개입하지 말아야 하며, 일방 배우자가 혹독한 상황에 처하게 될 경우에는 이혼 후 부양료 등으로 고려되어야 한다고 설명하면서 가혹조항을 폐지하였다.[23]

---

19 Dominique Fenouillet, La suppression du divorce pour faute ou feu le pluralisme en droit de la famille!, *Actualité juridique. Famille*, Dalloz, 2001, p. 82.

20 Patrick Courbe(2008), p. 155.

21 Jacques Massip, *Le nouveau droit du divorce*, Defrénois, 2005, p. 29.

22 Texte, Sénat, n° 41, 8 janv. 2004, p. 9.

23 Texte(2004), p. 3.

(3) 이혼 후 부양에서 부양적 성격의 강조

이혼은 배우자들 사이의 부조의무를 원칙적으로 종료시킨다. 이 경우 배우자들 중 이혼으로 인하여 생활여건에 상당한 격차가 초래될 것으로 예상되는 당사자는 이혼 후 부양료(prestation compensatoire)를 상대방에게 청구할 수 있다.

여기서 이혼 후 부양료는 부부의 혼인기간을 중심으로 하여 부부의 연령과 건강상태, 직업, 상대방의 경력이나 자녀양육을 위해 일방이 직업적 손실을 감수한 기간 등을 고려하여 산정된다. 타방 배우자의 직업이나 경력, 가사나 자녀양육을 위해 자신의 경력을 포기한 배우자는 이혼 후 경제적 곤란을 겪을 것으로 예상되기 때문에, 그러한 경제적 격차를 감소시키고자 인정하는 것이다. 2004년 민법에 따라 이혼 후 부양료는 이혼사유를 불문하고 모든 종류의 이혼에서 인정되게 되었다. 즉, 유책사유가 있는 배우자라고 하더라도 상대방에게 이혼 후 부양료를 청구하는 것이 가능하게 된 것이다.

이는 이혼 후 부양료의 성격을 어떻게 보느냐에 따른 것이다. 즉, 1975년 민법의 경우 부양료에는 단순히 이혼 후 경제적으로 생활수준의 격차가 발생할 것으로 예상되는 배우자에게 지급되는 부양적 성격 뿐 아니라 혼인파탄의 과실이 없는 당사자에게 주어지는 보상적 성격도 존재한다고 보았으나, 2004년 민법에서는 부양료의 부양적 성격을 보다 강조하여, 혼인의 해소로 인하여 생활조건의 격차가 발생할 것으로 예상된다면 유책배우자가 청구권자라고 하더라도 그에게 부양료를 지급하여야 한다고 보았다.

조문의 구조를 살펴보면 1975년에는 이혼에 전적으로 과실이 있는 유책배우자에게 부양료를 인정하지 않았고, 예외적으로 형평을 이유로 하여서만 부양료를 인정하였으나(1975년 민법 제280-1조), 2004년 민법에서는 부양료청구권자의 과실이 절대적인 경우 법원은 형평(équité)을 이유로 그의 부양료청구를 인정하지 않을 수 있다고 규정함으로써(2004년 민법 제270조 제3항), 1975년과 비교하여 볼 때 원칙과 예외가 뒤바뀐 형태로 규정하였다. 특히 2004년 민법에 따르면 부양료를 청구하고자 하는 당사자는 그들의 재산과 수입 뿐 아니라 장래에 예상되는 생활여건에 대한 신고서를 법원에 제출하여야 하는바(2004년 민법 제272조), 이는 이혼 후 부양적 성격을 보다 강조한 것이라고 평가된다.[24]

---

[24] Patrick Courbe(2008), p. 208.

이와 같은 부양료는 원칙적으로 정액(定額)으로 지급하도록 하며, 법원은 그 총액을 정한다(2004년 민법 제270조 제2항). 그 지급방식에 있어서는 일시금 지급이 원칙인바, 금전을 지급하는 방식에 의하거나 경우에 따라서는 재산을 우선적으로 분배하거나, 일시적 또는 종신적 사용권, 거주권 또는 점용권을 분배하는 방식으로 이루어지기도 한다. 판결로 채권자를 위하여 강제적 양도를 실행하는 경우도 있다(2004년 민법 제274조).

만약 부양료 채무자가 부양료 정액을 일시에 지급하는 것이 불가능할 경우, 법원은 8년의 범위 내에서 부양료에 적용되는 규정에 따라, 지수연동된 정기적 지급의 형태로, 원본의 지급방식을 정한다(2004년 민법 제275조 제1항). 다만 예외적으로 부양료 채권자의 연령 또는 건강상태로 인하여 자신이 필요로 하는 비용을 산정하기 어려울 경우, 법원은 이유를 설시한 형태의 특별한 결정을 통해, 종신정기금의 형태로 부양료를 지급하도록 명할 수 있다(2004년 민법 제276조 제1항). 또한 부양료의 지급에 있어서는 사정변경의 원칙이 적용되는바, 부양료 채무자는 자신이 처한 상황의 중대한 변화가 있을 경우에는 이혼 후 부양료의 지급 방식을 변경할 것을 청구할 수 있다(2004년 민법 제275조 제2항). 이는 부양료 청구가 장래의 생활여건을 고려하는 점과 일맥상통한다.

(4) 주거와 임차권의 설정 및 귀속

가족의 고소가 부부 일방의 고유재산 또는 특유재산인 경우로서 법원이 자녀의 복리를 위하여 그 주택을 자녀의 거주지로 결정한 경우, 자녀에 대해 친권을 행사하는 배우자는 가장 어린 자녀가 성년에 도달할 때까지 갱신하면서 임차권을 설정할 수 있다(2004년 민법 제285-1조 제2항).

한편 거소가 공동소유에 해당할 경우 일방은 거소에 대한 우선권을, 타방은 그와 동일한 가치의 재산을 분배받으며(2004년 민법 제831-2조), 공동임대차의 경우에는 별도의 분배가 필요 없이 임차권은 각각 공동으로 귀속한다고 본다(2004년 민법 제1751조).

(5) 재혼금지기간의 폐지

1975년 민법의 경우 자녀에 대한 아버지를 파악하는 것이 곤란하게 될 것을 방지하기 위해 여성은 이혼 후 300일 동안 재혼할 수 없다고 규정하고 있었다(1975년 민법 제261조). 이는 프랑스에서 자녀는 출생 전 300일부터 180일까지의 기간동안 포태된 것으로 추정하는 것과 맞물린 조항인데, 이와 같은 포태기간의 추정기간 규정은 프랑스 민법의 제정 이래 계속 유지되어 왔다. 자녀의 이익을 존중하기 위해, 임신시점에 대한 추정이 생물학적 진실에 반하는 경우라도 그 추정은 인정된다. 그런데 의학기술의 발전에 따라 포태기간이 180일 미만이거나 300일을 초과하는 경우도 있게 되었으며, 여성이 이혼 후 300일 이내에 포태하여 기간만 놓고 볼 때는 전남편의 자녀인지 혹은 새로운 남편의 자녀인지 불명확하더라도, 생물학적인 아버지를 판단하는 것이 가능하게 되었다. 이에 따라 여성에 대해서만 규정되었던 300일 동안의 재혼금지 규정은 2004년 민법에서 폐지되었다.

3. 2016년 프랑스 민법

2016년 법률 제2016-1547호로 개정된 민법은 판사의 확인 내지 승인이 필요없는 이른바 판사 없는 이혼(divorce sans juge) 내지 재판 외 이혼(divorce extrajudiciaire) 제도를 도입하여, 당사자 간의 상호 합의만으로도 법정 밖에서 이혼할 수 있게 되었다.25 이에 따라 2016년 민법 제229조 제1항을 부부가 혼인의 종료와 그 효과에 대해 상호협의하여 일정한 요건을 충족하고 변호사들이 연서한 사서증서로 협의를 확인한 경우로 개정하면서, 이를 '상호합의에 의한 이혼(le divorce par consentement mutuel)'이라고 하였다.

과거에는 법원을 이혼의 성부(成否)에 대해 판단하는 주체로 본 데 반해, 2016년 민법은 법원이 이혼 여부 자체에 대해 판단을 하기보다는, 이혼의 결과에 대한 당사자의 협의에 있어 자녀나 상대방의 복리를 보호하는 데 미흡한 부분에 대해서만 개입하도록 하였다. 이혼하려는 당사자 쌍방은 변호사를 선임하여 이혼절차를 진행하게 되는데, 변호사들은 연서한 사서증서 형식으로 협의를 확인하고, 부부 각자의 변호사가 입회한 상태에서 이혼 합의를 확인하는 절차가 이루어진다. 이와 같이 연서한 사서증서는 원본으로서 공증인이 보관하며(2016년 민법 제229-1조 제2항), 당사자들과 그 변호사들은 작성된 합의 내용이 상대방에게 도달한 후 15일이 경과하여야 서명할 수 있다고 하여(2016년 민법 제229-4조), 15일간의 숙려기간을 부여하였다. 이러한 협의서에는 부부재산제의 청산, 교육비 및 자녀의 양육 관련 사항, 부양료의 지급 등 이혼의 결과와 관련된 사항들이 모두 포함되어 있어야 한다(2016년 민법 제229-3조).

---

25 Jérémy Houssier, Le Divorce Extrajudiciaire: Premier Bilan des Avocats et des Notaires, Actualité Juridique Famille, fév. 2018, p. 71.

Ⅲ. 프랑스에서 이혼의 효과

1. 이혼의 효력 발생일

혼인은 ① 변호사들이 연서한 사서증서에 의하여 이혼합의서가 체결된 경우에는 그 합의서가 집행력을 취득한 날 또는 ② 이혼선고판결에 의하는 경우에는 그 판결이 확정력을 발하는 날부터 해소된다(민법 제260조).

이혼 합의서 또는 재판은 배우자들 사이의 관계에 있어서 그들의 재산에 대하여 ① 이혼이 변호사가 연서하고 공증인 기록의 일부로 등록된 사서증서에 의한 상호합의로 확인된 경우 이혼의 모든 결과를 정하는 합의서에서 달리 정하지 않는 한 그 합의서가 집행력을 가지는 날, ② 이혼이 민법 제229-2조 제1호에 규정된 경우에 상호합의에 의하여 선고된 경우 이혼의 모든 결과를 정하는 합의서에서 달리 정하지 않는 한 그 합의서가 승인된 날, 또는 ③ 이혼이 혼인 파기의 원칙에 대한 승낙, 혼인 관계의 파탄 또는 유책사유로 선고되는 경우 조정불성립 결정된 날부터 각 효력이 발생한다(민법 제262-1조 제1항). 다만 이혼의 소가 제기된 경우에는 법원은 배우자 일방의 청구에 따라 법원은 배우자들이 동거와 협력을 중단한 날부터 재판의 효력을 정할 수 있다. 이 경우 배우자 일방만이 혼인기간 중 부부 쌍방이 함께 거주하던 주거의 이익을 향유한다고 하더라도, 법원의 반대결정이 없는 한, 조정불성립 결정이 있을 때까지 그 주거에 대한 사용료 등을 낼 필요는 없고, 무상(無償)으로 거주할 수 있도록 한다(민법 제262-1조 제2항).

2. 재산의 청산

혼인 중 어떠한 부부재산제를 취하였는가에 무관하게, 이혼 시에는 재산을 청산하여야 한다. 당사자들 간 합의에서 정함이 없으면 법원이 이혼당사자들의 공동재산 유지, 우선분배, 공동부분의 선급, 공유재산에 관한 청구에 관하여 정한다(민법 제267조 제1항). 앞서 살펴본 바와 같이 부부는 이혼 심리 중에는 부부재산제의 청산과 분할을 위한 모든 합의를 체결할 수 있다. 소송이혼의 경우라도 양 배우자는 이혼 심리 중에는 부부재산제의 청산과 분할을 위한 모든 합의를 체결할 수 있다(민법 제265-2조 제1항). 다만, 청산이 부동산 공시의 대상이 되는 재산에 대한 경우에는 그러한 합의는 공정증서에 의해 체결되어야 한다(민법 제265-2조 제2항). 이 경우 법원은 부부재산제를 청산하고 분할될 몫을 정하는 초안을 만들기 위한 공증인을 선임할 수 있다(민법 제255조 제10호).

법원은 당사자 사이에 계속된 모든 형태의 불합의에 의하여 그것이 정당화되는 경우에는 민사소송법에 따른 요건 하에서 재산상 이익의 청산과 분할의 청구에 대하여 정할 수 있고 특히 배우자들 사이에 불일치 사항을 지적하면서 재판상 분할의 승낙에 대한 공동선언과 공증인에 의해 만들어진 초안을 정할 수 있으며(민법 제267조 제2항), 배우자들에게 적용될 수 있는 부부재산제의 결정사항에 대하여 직권으로도 정할 수 있다(민법 제267조 제3항).

다만, 이혼은 배우자 일방 또는 타방이 법률 또는 제3자와 체결한 합의로부터 얻은 권리에 영향을 미치지 아니한다(민법 제265-1조).

3. 이혼 후 부양료의 지급

원칙적으로 혼인의 해소는 부부간 부양·협조의무를 소멸시킨다(민법 제270조 제1항). 그러나 부부 중 일방이 자신의 직업이나 경력을 포기하고 가사와 자녀의 육아에 전담한 경우에는 타방 배우자에게 그와의 경제적 격차를 근거로 이혼 후 부양료를 청구할 수 있다.

프랑스 민법은 유책배우자에게도 이혼 후 부양료 청구권을 인정하고 있으며, 이혼한 부부의 생활격차가 클 경우에는 일방 배우자가 경제적으로 약자의 지위에 있는 타방 배우자에게 이혼 후 부양료를 지급하도록 규정하고 있다. 이 경우 이혼 후 부양료는 이혼사유를 불문하고 지급가능하며, 유책이혼의 과실 있는 배우자라고 하더라도 생활조건의 격차가 있는 경우라면 이혼 후 부양료를 청구할 수 있다.[26] 이 경우 이혼 후 부양료는 정액으로 지급하되, 그 총액이 법원에 의해 정해지는 원본의 형태를 취한다. 이혼 후 부양료는 일시금으로 지급하는 것이 원칙이나, 사정변경이 있는 경우 그에 대한 변경청구도 가능하다. 이혼 후 부양료 변경의 청구가 있는 경우, 당사자들은 자신들의 자력(資力), 소득, 재산과 생활여건이 정확하다는 것을 명예를 걸고 증명하는 신고서를 법원에 제출하여야 한다(민법 제272조). 한편, 이혼 후 부양료가 정기금의 형태로 지급된 경우로서 이혼 후 부양료지급의무자나 부양료청구권자에게 필요경비나 재산상 중요한 변화가 있는 경우에는 이혼 후 부양료에 대한 변경, 지급기일 연기 또는 취소가 가능하다. 다만 이 경우 이혼 후 부양료의 감액만이 허용된

---

26 Marie.-Bénédicte Maizy et Céline Cadars Beaufour, Conséquences patrimoniales liées à la faute, *Actualité Juridique, Famille*, 2011, p. 81.

다(민법 제276-3조). 또한 이혼 후 부양료지급의무자의 상속인은 언제든지 이혼 후 부양료 변경을 청구할 수 있다(민법 제280-1조).

이혼 후 부양료를 결정함에 있어서는 이혼 후 부양료는 이혼 당시의 사정과 그 사정의 예견 가능한 장래의 전개를 고려하여, 그것이 지급될 배우자의 필요와 상대방의 자력을 고려하여야 한다. 여기서 장래의 사정을 고려하도록 한 것은 원칙적으로 이혼 후 부양료는 불변적 성격을 띠기 때문이다.**27** 따라서 법원은 이혼 후 부양료를 결정할 때 특히 혼인의 기간, 배우자들의 연령과 건강상태, 배우자들의 직업적 자격과 사정, 공동생활 중 자녀들의 교육을 위하여 배우자들 중 일방이 한 직업상 선택으로 인한 결과 또는 자신의 경력을 희생하여 자신의 배우자의 경력을 돕기 위하여 필요한 기간으로 인한 결과, 부부재산제의 청산 후 원본과 소득으로 산정되었거나 예견 가능한 배우자들의 재산, 현존하고 예견 가능한 배우자들의 권리, 퇴직연금에 관한 그들 각자의 사정을 고려한다(민법 제271조 제2항). 협의이혼의 경우에는 이혼 후 부양료에 대한 의사의 합치가 있어야 하며, 다만 그러한 합의가 형평에 반할 경우 법원은 이를 승인하지 아니한다(민법 제278조).

법원은 형평에 따라 이혼이 이혼 후 부양료를 요구하는 배우자의 전적인 과실로 선고된 경우 등에는 해당 이혼 후 부양료 지급 청구 인용을 거부할 수 있다(민법 제270조). 즉, 배우자의 폭행이나 자녀에 대한 가혹행위와 같이 명백히 중대한 과실이 있는 경우에는 혼인파탄의 개별적인 상황에 비추어 이혼 후 부양료 지급 청구를 기각할 수 있는 것이다.**28**

소송이혼의 경우 이혼 후 부양료는 금전지급의 형태로 이루어지기도 하고, 거주, 사용 또는 용익에 대한 일시적·종신적 권리를 부여하는 형태로 이루어지기도 하며, 경우에 따라서는 소유재산을 양도하는 형태로 이루어진다(민법 제274조 제1항). 법원은 법률상·재판상 저당권과는 별개로, 부양료지급의무자에게 일시금 또는 연금에 대한 보증계약을 작성하게 할 수도 있고, 보증인 또는 질권 설정을 요구할 수도 있다(민법 제277조).

4. 손해배상의 청구

일방 배우자가 혼인관계의 파탄을 이유로 선고된 이혼에 대해 방어만 하였고 본

---

27 Patrick Courbe(2008), p. 208.
28 Patrick Courbe(2008), p. 206.

인은 어떠한 이혼 청구도 하지 않은 경우 또는 이혼이 타방 배우자의 전적인 불법행위로 선고된 경우에는 혼인 해소의 사실로부터 입은 특별히 중요한 결과에 대해 손해배상을 청구할 수 있다. 이러한 손해배상청구는 이혼의 소가 제기된 경우에만 할 수 있고(민법 제266조), 이혼 후 부양료청구와도 양립가능하다.[29] 따라서 협의이혼이나 수락이혼의 경우에는 손해배상청구가 허용되지 않는다. 이와 같은 손해배상청구는 손해에는 이혼으로 인한 거주의 변경 비용 등 물질적인 손해가 포함될 뿐 아니라, 이혼으로 인한 심리적 고통 등 정신적인 손해도 포함된다.[30] 한편, 제266조에 해당하지 않는 손해라고 하더라도 개인의 책임에 대한 일반적인 손해에 대해서도 배상을 청구할 수 있음은 물론이다(민법 제1382조).

5. 주거의 결정

거소가 부부의 공동소유인 경우, 부부 중 일방이 거소에 대한 우선권을 부여받고, 타방은 동일한 가치의 재산을 분배받되(민법 제831-2조), 분배할 재산이 충분하지 않은 경우 거소에 대한 우선권을 취득한 일방 배우자는 타방 배우자에게 그 차액을 가액(價額)으로 지급할 수 있다.

거소가 부부 공동으로 임차한 것일 경우, 임차권은 부부재산제의 유형이나 임대차계약의 시기와는 무관하게 부부에게 공동으로 귀속한다(민법 제1751조 제1항). 부부가 이혼하거나 법적으로 별거하는 경우, 법원은 가족적·사회적 복리를 고려하되 구체적으로는 자녀의 양육이나 일방 배우자의 직업수행 등이 참작하여 임차권을 부부 중 일방에게 귀속시킬 수 있다(민법 제1751조 제2항).

한편, 거소가 부부 일방의 고유재산 또는 특유재산인 경우라도, 자녀가 그 거소에 거주할 때에는 법원은 자녀에 대한 친권을 행사하는 다른 타방에게 임차권을 부여할 수 있다. 이 경우 법원은 임대기간을 정하고, 가장 어린 자녀가 성인이 될 때까지 그 임대기간은 갱신할 수 있으며, 만약에 임대차계약을 요하지 않은 새로운 상황이 발생하여 정당화될 경우 법원은 그 임대를 종료할 수 있다(민법 제285-1조).

---

29 Civ. 1re, 9 janv. 2007: Dr. fam. 2007, n° 37, note Virginie Larribau-Terneyre; *Actualité Juridique, Famille*, 2007, p. 272, note Stéphane David; RTD civ. 2007, p. 321, note Jean Hauser.

30 T. Garé, "D'ommages-intérêts en cas de divorce: quels sont les domaines d'application des articles 226 et 1382 du Code civil?", *RJPF(n° 5)*, 2004, p. 14.

6. 자녀의 양육 및 친권

협의이혼의 경우에는 이혼하려는 부부는 자녀의 양육 및 교육에 관한 사항, 즉 자녀의 거소, 면접교섭 및 양육비용 등에 관한 사항 등의 내용을 포함한 협의서를 제출해야 하며, 법원에서 당사자의 협의내용이 자녀의 복리를 침해하지 않는다고 판단한 경우에만 그 협의서를 승인한다. 소송상이혼의 경우에도 이혼하려는 부모는 친권에 관한 협의서를 작성할 수 있다(민법 제373-2-7조). 한편, 부모 중 일방, 검사 또는 제3자의 청구에 따라 협의서에 기재된 자녀의 양육 및 교육 관련 사항, 친권에 관한 결정은 언제든지 법원에서 수정되거나 보충될 수 있다(민법 제373-2-13조).

프랑스에서는 부모의 친권공동행사원칙을 규정하고 있으며, 이러한 친권행사는 이혼한 부모 중 일방 또는 각각의 거소에서 이루어진다. 부모 중 일방의 거소에 자녀가 거주할 것이 지정된 경우, 법원은 자녀와 거주하지 않는 타방 부모의 면접교섭권에 관한 사항을 정한다. 다만 면접교섭은 법원이 지정한 장소에서만 이루어질 수 있다(민법 제373-2-9조).

예외적으로 자녀의 복리보호를 위해 법원은 친권의 단독행사를 결정할 수 있다. 친권행사권을 가지지 못한 부모 중 일방이라고 하더라도 자녀의 교육·양육에 대한 감독과 관련하여 권리와 의무를 가지며, 친권행사권을 가지지 못한 것이 심각한 사유에서 기인한 것이 아니라면, 면접교섭권 또한 인정된다(민법 제373-2-1조).

미성년자녀의 양육비에 대한 의무는 생활비 내지 생계비의 지급을 의미한다. 부모가 서로 별거하거나 또는 부모와 자녀가 별거하는 경우에 자녀의 부양과 교육에 대한 부담은 경우에 따라 부모 중 1인에 의하여 다른 1인에게 지급되거나 자녀를 맡고 있는 사람에게 지급되는 부양정기금의 형식을 취한다. 이러한 부양정기금의 방식과 담보는 부모의 합의를 법원이 승인하거나 또는 법원의 결정에 따라 정해지며, 그 전부 또는 일부를 사용권 및 주거권의 형식으로 제공할 수 있고, 또한 그 전부 또는 일부를 자녀의 이익을 위한 비용의 직접적 부담 형식을 취할 수 있다. 만약 부양정기금을 지급하는 부모가 지급받는 부모 또는 자녀에 대한 위협 또는 고의적인 폭력의 결과로 제기 된 불만의 대상이 되거나 그러한 위협 또는 폭력에 대한 유죄판결을 받은 경우, 법원은 가족수당을 지급하는 기관의 장에게 정기금을 지급하도록 할 수 있다(민법 제373-2-2조).

Ⅳ. 프랑스 이혼법의 변천에 따른 실질적 영향

1. 혼인율과 조혼인율의 추이

가장 최근의 통계를 보면[31] 2019년 프랑스에서는 이성간 221,000건, 동성 간 6,000건을 포함하여 227,000건의 혼인이 이루어졌다. 이성커플의 혼인건수는 2013년부터 2018년까지 연간 약 23만건으로 안정적이었고, 2019년에 일부 감소하였다. 한편 동성혼인 건수는 2013년 동성혼인이 허용된 후 첫해인 2014년 1만건을 넘어섰다가 2015년부터 2017년까지는 7,000건 이상을 유지하였고, 2018년부터는 줄어들고 있다.[32]

프랑스는 대표적으로 조혼인율(인구 1,000명당 1년간 결혼 건수 비율)이 낮은 국가로 손꼽힌다. [그림 1]을 보면 프랑스는 오른쪽에서 7번째에 위치해있는데, 2017년의 조혼인율은 1995년보다도 감소한 것을 확인할 수 있다. 2017년의 경우 프랑스의 조혼인율은 3.5건에 불과하다.[33]

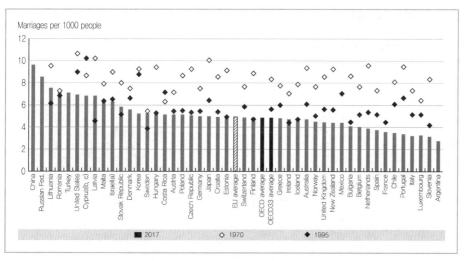

【그림 1】 각국의 조혼인율(1970년, 1995년 및 2017년)

---

31 프랑스 경제통계청의 통계에서 2019년 통계가 가장 최종적인 것으로 등록되어 있다.

32 〈https://www.insee.fr/fr/statistiques/4277624?sommaire=4318291&q=DIVORCE〉 (최종방문일자: 2021. 8. 31.이며, 이하 모두 동일하다)

33 〈http://www.oecd.org/els/family/SF_3_1_Marriage_and_divorce_rates.pdf〉

그러나 이는 이혼에 있어서 파탄주의를 취한 것 때문으로 보이지는 않으며 1999년 도입된 시민연대계약(PACS)의 영향이 적지 아니한 것으로 보인다. 프랑스에서는 혼인제도를 통하지 않고도 가족을 이룰 수 있는 대안이 있기 때문에, 조혼인율이 낮은 것이다. 2018년에는 약 209,000건의 시민연대계약이 체결되었고, 그 중 8,600건이 동성간에 이루어졌다. 시민연대계약은 1999년 도입된 이래 2010년까지 급격히 증가하였다. 오늘날 프랑스에서 시민연대계약 체결건수는 혼인건수와 거의 비슷하다. 한편, 프랑스에서 이루어지는 혼인의 25% 정도가 외국인 배우자와의 혼인임을 비추어볼 때, 프랑스에서 혼인은 오히려 외국국적 배우자의 체류를 보장하기 위해 활용되는 측면도 있다.

프랑스의 출생률은 낮지 않은 편인데, 프랑스에서 태어나는 신생아의 60% 정도는 혼외출생자녀이다. 이는 시민연대계약이 혼외출생자녀를 보호하기 때문인 것으로 보인다. 시민연대계약 도입 이전인 1994년 기준으로는 37.2%가 혼외출생자녀였던 반면, 2015년에는 56.7%가 혼외출생자녀이다.

2. 이혼율의 추이

(1) 이혼율 자체의 변화

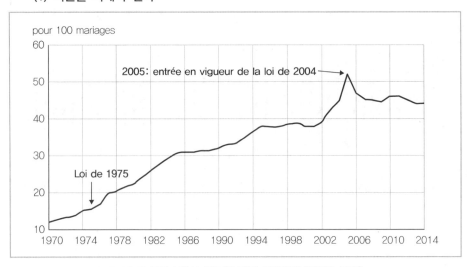

[그림 2] 프랑스에서 연도에 따른 이혼율(100건당 비율)

[그림 2]를 보면 1975년 민법 이래 프랑스의 이혼율을 점차 상승곡선을 그려온 것을 확인할 수 있다. 1980년대 후반부터는 증가세가 완만하였으나, 2002년대 초반

에 들어서 이혼율이 급격히 상승하여 특히 2004년 개정 직후인 2005년에는 100쌍 중 52쌍이 이혼하여 역사상 가장 높은 이혼율을 기록하였으나, 2014년에는 100쌍 중 44쌍이 이혼하여 2009년의 수치를 회복하였다.[34] 즉, 민법이 개정된 1975년과 2004년을 기점으로 이혼율이 큰 폭으로 변화하였지만, 이는 지속적인 경향이라기보다는 협의이혼의 도입 및 간이화에 따른 변화로 보인다.

한편 판사 없이 재판 외에서 이루어지는 상호합의에 의한 이혼이 도입된 2016년을 기준으로 이혼율이 변화하였는지 여부에 대하여 변호사들은 이혼율에는 영향이 없다고 답변하였다.[35] 이에 대해 공식적인 통계는 없으나, 판사 없는 이혼에서는 변호사 선임이 필수적이므로 변호사들의 답변이 어느 정도 기준이 될 것으로 보인다. 최근의 통계를 보면 2017년 11월부터 2018년까지 법원은 62,300건의 이혼을 선고하였다.[36]

[그림 3]은 1970년과 1995년, 2017년의 조이혼율(인구 1,000명당 1년간 이혼 건수 비율)을 나타내고 있다. 프랑스는 중간쯤에 위치하고 있는데, 1995년의 조이혼율은 2.2건인데 비해, 2017년의 경우 2건으로 크게 차이가 나지 않는다.[37]

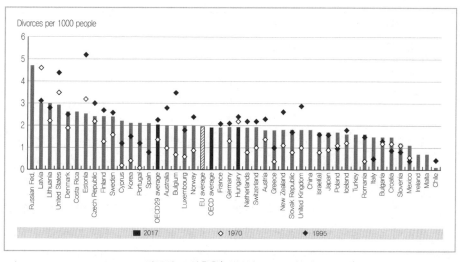

【그림 3】 각국의 조이혼율(1970년, 1995년 및 2017년)

34 프랑스 경제통계청 〈https://www.insee.fr/fr/statistiques/2121566〉

35 Jérémy Houssier(2018), p. 75.

36 〈https://www.insee.fr/fr/statistiques/3676592?sommaire=3696937&q=divorces〉

37 〈http://www.oecd.org/els/family/SF_3_1_Marriage_and_divorce_rates.pdf〉

(2) 협의이혼의 비율 변화

프랑스에서 협의이혼의 비율은 1975년을 기점으로 크게 변화하였다. 1970년대부터 프랑스의 이혼율은 급증하였고, 1975년 민법이 이에 크게 작용을 하였다.[38]

기존에는 유책이혼만 가능하다가 1975년 민법을 통해 협의이혼 제도를 도입하면서 협의이혼이 전체 이혼율의 약 45%를 차지하게 되었고, 2004년 개정으로 협의이혼 절차가 보다 간이화됨에 따라 2004년을 기점으로 하여 협의이혼이 전체이혼의 50%를 넘게 되었다.

1995년에는 협의이혼이 전체 이혼의 40% 정도를 구성하였고, 2002년에는 협의이혼은 전체 이혼의 45.8%에 이르렀다. 2004년 법률 개정 이후를 보면 2007년에는 협의이혼이 전체이혼의 50%를 구성하는 것으로 나타났다.[39]

【표 1】 이혼에 소요되는 평균기간 및 비율(2015년)

	평균 이혼소요기간	이혼건수	비율
협의이혼	3.5개월	67,875건	55.5%
수락이혼	22.7개월	29,656건	24.2%
파탄이혼	30개월	16,288건	13.3%
유책이혼	28.9개월	8,504건	7.0%
전체이혼건수		123,668건	

[표 1]을 보면 2016년 민법 개정 이전, 즉 2015년에 접수된 프랑스의 전체 이혼 건수 123,668건 중 협의이혼은 67,875건으로 전체 이혼의 55.5%를 차지하고 있었고, 이혼하는 데 평균적으로 3.5개월이 소요되었다.[40] 그런데 협의이혼의 경우에는 이미 당사자가 모든 사항에 대해 충분히 합의했음에도 불구하고, 판사의 확인 절차에 상당한 기간이 소요된다는 문제점이 있었다. 이에 따라 프랑스에서는 2016년 민법 개정을 통해 사법절차의 간략화(Simplicité)와 안전화(Sécurité)및 신속화(Célérité)라는 목적 하에 이혼제도를 개혁하였다.

---

38 UN 인구통계연감 참조.

39 Jean Hauser et Danièle Huet-Weiller(1991), p. 530; Jacqueline Rubellin-Devichi, *Le nouveau droit du divorce: Loi n° 2004-439 du 26 mai 2004*, JCP 2004, n° 24, p. 1037.

40 Jean Garrigue, *Droit de la famille*, 2ᵉ éd, Dalloz, 2018, p. 231.

이후 2016년 도입된 상호합의에 의한 이혼의 경우에는 이혼에 합의한 부부가 합의서를 작성하면 되고, 법률전문가로서 변호사가 개입하게 되므로 부부 중 일방에게만 불리한 경우는 발생하지 않는다. 또한 각 배우자에게 숙려기간으로 15일을 부여할 뿐이므로 이혼절차가 신속하게 종료되게 되어, 이혼에 소요되는 기간이 단축되었다.

V. 결론

파탄주의가 도입된 2004년을 기준으로 이혼율은 크게 증가하여 2005년에는 역사상 가장 높은 이혼율을 기록하기도 하였으나, 파탄주의 도입에 따른 효과로 보기보다는, 프랑스에서는 협의이혼절차를 간이화했기 때문으로 파악하여야 할 것이다. 실제로 2004년을 기점으로 협의이혼이 전체이혼의 50%를 넘게 되었다는 점도 이러한 추론을 뒷받침한다. 실제로 파탄이혼의 비중은 20%를 넘지 않는 것으로 보인다.

프랑스에서는 파탄주의 도입으로 인해 자녀의 복리나 일방 배우자의 지위 등이 크게 변화한 것으로 보이지는 않는다. 이는 기존에 원칙적으로 친권공동행사원칙을 취하고 있었고, 면접교섭권 등을 충분히 도입하고 있었던 점, 부부재산제 및 혼인전 계약 등이 기인한 것으로 파악된다.

프랑스 이혼법에서 특기할 만한 내용으로는 이른바 축출이혼을 방지하는 가혹조항이 1975년 도입되었다가 2004년 폐지된 것을 들 수 있다. 1975년 6년간의 별거에 의한 파탄주의를 도입하면서, 이를 반대하는 야당과의 타협의 산물로 가혹조항을 규정한 것인데, 실무에 있어 가혹조항이 실제로 활용되지 아니한 점 뿐 아니라 부부관계의 파탄을 객관적인 요건으로만 판단하여야 한다는 주장이 제기됨에 따라, 2004년에는 파탄을 추정하기 위한 별거기간을 2년으로 단축하면서 가혹조항 또한 폐지하였다.

한편 이혼 후 부양료에 관한 규정도 특이한데 이는 1975년 민법에서 부양적 성격과 보상적 성격을 띤 것으로서 원칙적으로 무책배우자에게 지급하는 형태로 규정되었다가, 2004년에는 원칙과 예외가 뒤바꾸어 유책배우자에게도 지급가능한 것으로 보되, 예외적으로 유책배우자의 과실이 절대적인 경우에는 지급하지 않도록 하였다.

2016년에는 판사 없는 이혼 제도를 채택하였는데, 이러한 프랑스 이혼법의 변천을 보면, 전체적으로 점차 개인의 자유를 중시하고, 이혼에 있어 비법률화, 계약화가 진행되고 있음을 확인할 수 있다. 이에 따라 법원은 후견적인 지위라기보다는 한 발물러나, 당사자의 협의에 있어 자녀나 상대방의 복리를 보호하는 데 미흡한 부분에 대해서만 개입하게 된다.

　이혼법에서 일정한 제도의 도입과 폐지는 이혼율에 영향을 미치게 된다. 우리나라에서는 이혼청구권자에 대해서는 유책주의를 채택하되, 유책배우자의 이혼청구는 예외적으로만 인정하여 왔고(대법원 1983. 3. 22. 선고 82므57 판결), 비교적 최근의 대법원 판례 또한 유책주의를 유지하되, 유책 배우자의 이혼청구를 허용하는 범위를 확대한다는 태도를 견지하고 있다(대법원 2015. 9. 15. 선고 2013므568 전원합의체 판결). 우리나라에서 이혼사유의 종류를 어떻게 규정할 것인지, 그리고 파탄주의를 전면적으로 도입할 것인지를 살펴보기 위해서는 우선 다른 나라에서의 비교법적 · 실증적 연구가 필요하다고 할 것이며, 이런 점에서 프랑스 이혼법의 변천(變遷)과 전개(展開)에 대한 고찰이 의미 있다고 보여진다.

프랑스 유류분 제도의 과거, 현재와 미래

김 현 진*

I. 들어가며

사람은 증여나 유언으로 자신의 재산을 무상으로 양도할 수 있다. 이러한 무상처분의 자유는 어디까지 보장되어야 할까? 생전과 사후의 처분의 자유를 같게 취급할 것인가? 프랑스 민법은 무상처분을 뜻하는 무상양여(les libéralités)라는 개념 하에 유증(legs)[1]과 생전증여(donations entre vifs)[2]를 함께 규율한다.[3] 그런데 유언 문화는 죽음에 대한 그 사회의 인식과 얽혀 있다. 일반적으로 커먼로 국가에서는 유언의 자유가 널리 보장되는 반면, 대륙법 국가에서는 유언의 자유가 제한되는 바, 유언의 자유

---

* 인하대학교 법학전문대학원 교수

1 프랑스민법상 유증 전반에 관한 국내문헌으로는 우선, 김현진, "프랑스민법상 유증," 한국민사법학회, 민사법학 제59호(2012. 6), 439면 이하 참조.

2 흥미로운 점은 증여 후 자녀의 출생은 증여의 철회 사유라는 점에서 확인할 수 있는 바와 같이 친자관계는 상속뿐만 아니라 증여에도 지대한 영향을 끼친다는 점이다(프랑스민법전 제953조 생전증여는 그것이 이루어진 조건의 불이행, 망은행위 및 증여 후 자녀의 출생을 이유로 하는 경우에만 철회될 수 있다).

3 프랑스민법전 제3권 소유권을 취득하는 다양한 양태(Livre III: Des différentes manières dont on acquiert la propriété) 아래 제1편 상속(Titre Ier: Des successions)과 제2편 무상양여(Titre II: Des libéralités)가 있고, 제2편 아래 제3장 유류분, 자유분과 감액청구권(De la réserve héréditaire, de la quotité disponible et de la réduction), 제4장 생전증여(De donations entre vifs), 제5장 유언(Des dipositions testamentaires)이 있다.

를 제한하는 대표적인 제도가 바로 유언자의 처분의 자유와 혈족에 의한 상속4이라
는 두 원칙 사이의 타협인 유류분(la réserve héréditaire)이다.

　　프랑스민법상 유류분은 "법에 의하여 어떠한 상속인(유류분권리자)에게 유보된 상
속분으로, 자유분(la quotité disponible)에 대응하며, 망인의 무상양여가 유류분권리자
를 해할 경우 반환되어야 할 상속재산의 일부5"이다. 그런데 프랑스민법상 망인이 무
상양여로 자유롭게 처분할 수 있는 자유분은 유류분권리자의 수에 따라 달라진다.6
이는 우리나라 민법상 유류분의 비율이 법정상속분의 1/2, 1/3인 것과 구별된다.

　　일반적으로 유류분의 취지는 다음과 같이 이해된다. 첫째, 유류분은 가족간 부
양의무의 연장으로 사후의 가족간 연대를 공고히 하고, 둘째, 유류분은 가족 내에 가
산을 보존하며, 마지막으로, 유류분은 자녀들 사이에 평등을 보장함으로써 가정의
평화를 유지한다.7 이와 같은 유류분이 프랑스에서 갖는 의미는 특별한데, 프랑스 혁
명 정신은 상속에 있어 장자상속의 폐지와 균분상속 원칙으로 발현되었고, 사회연대
의 평등정신이 구현되어 혁명세력을 구체제로부터 보호하기 위한 도구로서 유류분
이 확립되었다. 그런데 이러한 유류분의 전통적 취지는 가족 개념이 변화하고 고령
사회에 접어든 현대사회에서도 여전히 유효한가?

　　유언자의 처분의 자유와 상속인의 상속재산에 대한 권리의 교차점에 위치한 유
류분은 현재 프랑스에서 실무상 적어도 두 가지 위기에 처해 있다.8 첫째, 법정상속
인 중 1인에게 전 재산을 물려주거나 일부 법정상속인을 배제하기 위하여 유류분을
인정하지 않는 외국법의 적용을 받는 유언을 통해 국제상속을 하거나9 생명보험을

4　프랑스 유언의 자유를 정리한 문헌으로, 미셸 그리말디, 남효순 역, "유언의 자유," 한국법학원 저스
　　티스 제147권(2015. 4), 294면 이하 참조. 프랑스의 혈족상속에 대한 개관은 남효순, "프랑스상속법
　　에서의 혈족상속 ― 계통상속 및 대습상속," 서울대학교 법학 제38권 제3호(1997) 참조.

5　G. Cornu, *Dictionnaire juridique*, «réserve héréditaire», 9ᵉ éd., Puf, 2011, p. 943.

6　프랑스민법전 제913조 ① 생전행위 또는 유언에 의한 무상양여는 처분자가 그의 사망시에 1인의 자
　　녀를 남긴 때에는 그 재산의 1/2을 넘지 못한다. 2인의 자녀를 남긴 때에는 1/3을, 3인 이상의 자녀
　　를 남긴 때에는 1/4을 각각 넘지 못한다.
　　프랑스민법전 제914-1조 ② 직계비속이 없는 망인이 이혼하지 않은 생존배우자를 남긴 때에는, 생전
　　행위 또는 유언에 의한 무상양여는 재산의 3/4을 넘지 못한다.

7　Ph. Malaurie et C. Brenner, *Droit des successions et des libéralités*, 7ᵉ éd. LGDJ, 2016, nº 710,
　　p. 415 ef nº 293, pp. 229-230; Rapport de travail, *La réserve héréditaire*, Ministère de la
　　justice, 2020.

8　M. Pichard, "La réserve et enfant," *D. 2019*. nº 36, 2002.

9　가령, 2009년 미국 말리부에서 타계한 영화음악 작곡가 모리스 자르(Maurice Jarre)는 자신의 두 자

활용하여10 이를 우회하는 예가 늘고 있다는 점이다. 둘째, 유류분이 기업의 승계유지 뿐만 아니라 자선사업이나 예술후원의 발달에 걸림돌로 작용한다는 점이다. 그리하여 유류분의 개정 논의가 지속적으로 대두되어 왔다.

한국의 민법학자로서 프랑스의 상속법을 연구함은 세 가지 점에서 의미가 있다. 먼저 프랑스 상속법의 토대인 1804년 민법전은 프랑스 혁명의 산출물로 시민의 자유를 보장하기 위한 역사적 배경에서 등장하였고 상속법의 조문 수가 매우 방대하여 촘촘하게 규정되어 있다는 점에서 프랑스민법전 자체가 갖는 상징적 의미가 있다. 다음으로, 법제상 우리나라 상속법은 기본적으로 프랑스 상속법의 영향을 많이 받았다11는 점에서 프랑스 법 조문과 그에 대한 해석은 우리 법을 해석함에 있어 참고가 될 수 있다. 마지막으로, 프랑스 상속법은 2006년 합리적인 방향으로 상당 부분 개정되었을 뿐만 아니라 현재에도 개정 논의가 활발히 진행되고 있어 우리나라 상속법의 개정에 있어 이정표가 될 수 있다고 생각한다.

이하에서는 프랑스의 전통인 유류분이 어떻게 발전되어 왔는지 추적해보고(Ⅱ) 2006년 개정된 유류분의 현 조문을 검토한 후(Ⅲ), 유류분개정위원회의 보고서를 중심으로 유류분 제도 개혁을 둘러싼 논의를 찬반론으로 나누어 각 주장들을 분석함으로써 유류분의 미래를 그려본다(Ⅳ). 마지막으로, 헌법재판소에서 그 위헌여부에 대한 판단을 기다리고 있는 우리나라의 유류분 제도의 개정에 대한 시사점을 정리하면서 결론에 갈음하고자 한다(Ⅴ).

녀를 의도적이고 고의적으로 배제한다는 유언을 남겼고, 2017년 타계한 프랑스의 유명 록가수 조니 할리데이(Johnny Halliday)는 2013년 이후 미국 캘리포니아로 이주하여 네 번째 부인인 Læticia와 살면서, 모든 재산을 현 부인과 두 명의 입양한 딸들에게 준다는 유언을 남겼고, 이에 상속인에서 배제된 두 자녀가 제기한 법적 분쟁이 진행되고 있다.

10 C. Pères et Ch. Vernières, *Droit des successions*, puf (2018), n° 697, p. 620 et n° 742, p. 666 참조. 상속인이 아닌 보험수익자가 취득하는 생명보험금은 유류분 산정을 위한 기초재산인 피상속인의 상속개시시의 적극재산이나 증여재산으로 볼 수 없어 유류분반환청구의 대상이 되지 않는다. 그리고 보험계약자가 공동상속인 중 1인 또는 수인을 보험수익자로 지정한 경우에도 보험수익자가 받는 생명보험금은 유류분 산정의 기초재산인 상속재산이나 증여재산으로 볼 수 없어 유류분반환청구는 불가능할 것이다.

11 김형석, "우리 상속법의 비교법적 위치," 가족법연구 제23권 제2호(2009), 120-121면.

II. 유류분의 과거

1. 프랑스 유류분 제도의 뿌리

프랑스의 유류분을 역사적 맥락에서 이해하기 위하여 먼저 그 연혁을 살펴본다.

(1) 로마법 및 성문법 지방에서의 의무분(légitime): 재산의 일부

로마법상 상속은 유언상속(succession testamentaire)이 원칙이어서, 유언으로 상속인을 지정(instituere)할 수 있을 뿐만 아니라 일정한 상속인을 배제(exheredatio[12])시킬 수도 있었다.[13] 그러나 공화정 후기에 이르러 키케로 시대에는 망인이 정당한 이유 없이 가족의 권리를 박탈하는 것은 경건 의무(officium piétatis)를 이행하지 않는 것으로 그 유증은 광인의 행위로 취급되어 무효로 되었는데, 이를 주장하는 것이 의무위반 유언의 소(querela inofficiosi testamenti)였다. 그런데 이러한 유언의 무효는, 수유자가 유언자의 근친에게 상속재산의 일부를 포기한다면 피할 수 있었는바, 이를 의무분(quarte légitime)이라고 불렀다. 그리하여 의무분이라는 이름으로 유류분 개념이 로마법에 도입되었고, 상속의 근거는 유언자의 의사이지만 재판상 실무는 친족간 부양 명목으로 유언자의 의사를 제한하게 되었다. 이러한 의무분은 근친에 대하여 망인에게 부여된 사후적인 부양의무라고 해석되며, 이러한 권리는 그의 상속인 자격 여부와는 관계없이, 상속권이라기보다는 부양받을 권리자 내지 부조의무의 채권자로서, 망인의 재산의 일부분(pars bonorum)을 주장하는 것이었다.[14]

그 특징은 첫째, 의무분의 수혜자는 가까운 혈연, 즉 직계비속, 직계존속, 일정한 조건 하의 형제자매였고, 가사 그가 상속을 포기하였더라도 이를 주장할 수 있었다. 둘째, 의무분의 적용범위는 망인이 가족으로부터 받은 재산이든 그가 스스로 취득한 재산인지 여부에 관계없이 모든 재산의 일부로, 그 비율은 절반을 넘지 않았다. 셋째, 그 대상은 유증뿐만 아니라 증여된 재산도 포함되었다. 마지막으로, 의무분을 침해할 경우 제재는 의무분권자가 수혜자를 상대로 의무분 충당의 소를 제기하여 현

---

12 성중모, "유스티니아누스 법학제요 한글 초역," 법사학연구 제45호(2012), 132면.

13 M. Grimaldi, *Droit des successions*, n° 294, pp. 230-231; Ph. Malaurie et C. Brenner, *op. cit.*, n° 711, p. 415; H. L. ET J. Mazeaud et F. Chabas, *Leçons de droit civil, tomes IV, Deuxième volume Successions - Libéralités*, 5ᵉ éd. Monchrestien (1999), n° 863, p. 187; C. Pères et Ch. Vernières, *op. cit.*, n° 453, pp. 377 et s.

14 M. Grimaldi, *op. cit.*, n° 293, p. 229.

물반환이 아니라 자신의 의무분에 충당하기 위한 가액을 반환하도록 하는 것이었다.15 유언상속이 원칙인 로마법제 나아가 성문법제(les pays de droit écrit)에서 의무분은 예외로 작용하였다.

(2) 관습법 지방에서의 유류분(réserve): 상속분

한편, 게르만법의 영향을 받은 관습법 지방(les pays de coutume)에서는 유언의 자유가 인정되지 않고 **법정상속**(succession légal)이 원칙적인 모습이었다.16 가족적 고려가 상속을 정당화하여 법으로 상속인들이 정해질 뿐만 아니라 이러한 지정이 절대적이었다. 상속제도의 목적은 가족 내 고유재산의 보존이어서, 10세기와 12세기에는 피상속인은 가족의 동의 없이는 고유재산(les biens propres) 전부를 처분할 수 없었다. 이후 공동체 의식의 약화로 피상속인의 의사로 처분할 수 있는 몫(la quotité disponible)이 예외적으로 인정되기 시작하였는데, 그 몫은 지역마다 달랐다. 파리에서는 처분가능한 재산이 고유재산의 1/5이었고 그 결과 이를 뺀 4/5는 처분할 수 없는, 법정 상속인에게 유보된 재산이었고 이것이 프랑스 전역에 퍼지게 되면서 4/5 유류분(*réserve des quarte-quints*)이라고 명명되었다. 이러한 유류분은 상속귀속(dévolution)의 원칙으로서, 상속의 일부분(pars hereditatis)이었고 부양적 성격을 띠고 있지 않았다.

이러한 의미의 유류분은 성문법 지방의 의무분과 반대되는 성질을 가졌다.17 첫째, 유류분의 권리는 모든 법정상속인에게 부여되었으나 상속인의 자격이 요구되므로 상속을 포기하면 유류분도 인정되지 않았다. 둘째, 유류분의 적용범위는 가족으로부터 받은 고유재산에 한하여, 그가 스스로 취득한 재산은 제외된다. 그러나 그 비율은 4/5에 달한다. 셋째, 그 대상은 오직 망인의 상속재산의 목적인 유증에만 미치고, 생전증여된 재산은 포함되지 않았다. 이는 가족 내 고유재산의 보존을 목적으로 하였으며 그 대상은 부동산에 한하여 동산과 취득재산은 피상속인이 마음대로 처분할 수 있었다. 마지막으로, 제재로서 유류분권자는 원물로 그 재산의 반환을 청구할 수 있었다.

그런데 상속의 실제는 더욱 복잡하였는바, 지역에 따라서 위 로마법상 의무분과 관습법상 유류분의 영역이 겹쳐지기도 하였으나, 관습법상 유류분은 부동산에 한하여 취득재산은 대상으로 하지 않고 생전증여에 대해서는 적용되지 않는다는 점에서

---

15 M. Grimaldi, *op cit.*, n° 293, p. 230.

16 Ph. Malaurie et C. Brenner, *op. cit.*, n° 712, p. 416. H. L. ET J. Mazeaud et F. Chabas, *op. cit.*, n° 864, pp. 187 et s.; C. Pères et Ch. Vernières, *op. cit.* n° 454, pp. 379 et s.

17 M. Grimaldi, *op cit.*, n° 294, p. 231.

로마법상 의무분보다 상속인 보호 측면에서 미흡하였다.[18] 그리하여 어떤 지역에서는 친족을 더 보호하기 위하여, 상속을 포기한 자녀는 관습법상 유류분은 없었지만 의무분은 보유할 수 있었고, 또 다른 지역에서는 자유분은 자녀에게 처분될 수 없었고, 한편 일정한 요건 하에서 자녀가 상속에서 완전히 배제될 수 있었다.

(3) 프랑스혁명과 과도기 법률

프랑스혁명 세력은, 프랑스 법의 통일을 기원하였던 것과 같은 맥락에서, 유류분을 통일하고자 하였다. 그런데 혁명 시기의 입법자들은 근본적으로 유언에 대하여 부정적이었다.[19] 유언은 반동적인 아버지들의 귀족계급적 무기로 이해되었으므로, 입법자들은 신체제에 호의적인 젊은 세대들을 유언으로부터 보호하여야 하였다.[20] 그리하여 처분의 자유는 약화되고 유류분은 강화되어야 했다.

이러한 혁명 세력의 유언에 대한 반감은 혁명가 미라보(Mirabeau[21])가 1791년 혁명의회 앞에서 한 연설에서 잘 드러난다. "그리하여! 사회를 위하여, 살아있는 자들의 변덕과 열정으로 충분하지 않은가? 우리는 아직도 그들이 사망했음에도 불구하고 사망한 자들의 변덕과 열정까지 추구해 주어야 하는가? 우리 사회가, 현재 기억할 수 없는 때로부터 오늘까지 이어져 온 유언 독재로부터 초래된 문제들을 해결하도록 하는 것으로 충분하지 않은가? 나아가 장래 유언자들이 그들의 이상하고 부자연스러운 최종적 의사에 의한 해악을 추가할 것까지 대비해야 하는가? 우리는 때로는 교만이, 때로는 복수가, 여기서는 불공정한 반감이, 저기서는 눈먼 편애가 숨쉬는 많은 유언들을 목도하지 않았는가?[22]"

---

18 Ph. Malaurie et C. Brenner, *op. cit.*, n° 712, p. 416.

19 Rapport de travail, n° 26, p. 31.

20 C. Pères et Ch. Vernières, *op. cit.* n° 455, p. 381.

21 미라보(Honoré Gabriel Riqueti, Comte de Mirabeau, 1749-1791)는 1789년 프랑스 혁명이 일어나자, 제3신분인 평민, 즉 자유주의 귀족과 부르주아지를 대표하여 영국식 입헌 정치를 하여야 한다는 신념 하에 박식하고 유려한 웅변으로 삼부회의 지도적 인물로 활약하였다. 1791년 국민의회 의장이 되어, 민권의 신장과 왕권의 존립을 조화시키려고 노력하였다. 파리 16구에 기욤 아폴리네르(Guillaume Apollinaire, 1880-1918)의 동명의 시 "Le Pont Mirabeau"로 유명한 미라보 다리가 있을 만큼 그의 인기와 대중도는 매우 높아, 사망 후 1792년 팡테옹에 안장되었으나, 훗날 미라보가 왕궁에 매수되었음이 밝혀지자 그는 반역자로 낙인찍히는 역사의 재평가를 받게 되었고 결국 1794년 팡테옹에서 축출되는 불명예를 겪었다.

22 Mirabeau, *Discours sur l'égalité des partage dans les successions en ligne directe*, 2 avr. 1791, in Orateur de la Révolution française, Gallimand, coll. Bibl. de la Pléide, 1989, p. 849.

　　Loi du 17 nivôse an II(공화력 2년 설월 17일, 1774년 1월 10일 법률)은 유언으로 자유롭게 처분할 수 있는 상속재산(임의처분가능한 자유분)을 최소한으로 하였는바, 자유분을 직계상속인이 있는 경우 1/10, 방계혈족이 있는 경우 4/10로 하였다(제16조). 다만 배우자가 있는 경우 자유분을 다소 확대하였고, 상속인들 간에 ·완전한 평등을 보장하기 위하여 자유분은 자녀가 아닌 제3자를 위해서만 처분될 수 있었다. 그리고 모든 조치들에 소급효가 인정되자 대혼란이 초래되었고 남부지역은 이에 대항하였다.[23] 장자상속권과 남자상속권을 폐지한 1790년 3월 15일 데크레 이래, 유언이 없는 경우 상속인들 간에 평등을 규정한 1791년 4월 8일 데크레, 유언을 폐지한 1793년 3월 7일 데크레에 이르기까지 혁명 시기의 입법자들은 매우 정치적인 염려에 의해 새로운 세대들로 하여금 아버지의 처분에 대하여 투쟁하도록 하였다.[24]

　　이후 Loi du 4 germinal an VIII(공화력 8년 맹월 4일, 1800년 3월 25일 법률)은 자유분을 확대하여 직계비속이 있는 경우 1/4, 직계존속이나 형제자매, 조카가 있는 경우 1/2, 그 외 다른 친족이 있는 경우 3/4으로 정하였다.[25] 또한 평등의 완전한 실현이 혁명 사상의 핵심이어서, 자녀간 평등은 부모가 다른 자녀의 이익을 해하면서 한 자녀에게 이익을 주는 것을 금지하였고, 시민간 평등은 각 세대에게 재산을 분할하여 어느 한 세대에 대규모의 재산이 집중되는 것을 방지하였다. 그리하여 유류분은 혁명 시대에 제도적으로 사회적 불평등을 줄이고, 가산의 유지를 통한 귀족정신을 말살하고, 이를 각각의 소규모 재산으로 쪼갠 진보주의 사회로 대체하는 데 기여하는 도구로서 유용하게 기능하였다.[26]

2. 1804년 프랑스민법전상 유류분

(1) 혁명의 성과물인 유류분

　　프랑스 대혁명의 영향을 받아 제정된 1804년 나폴레옹 민법은 구체제(ancien régime)하 장자상속권(le droit d'aînesse)과 같은 특권을 폐지하고 균분상속을 확립하였다. 그리하여 출생 시기, 성별에 따른 차별이 폐지되어 자녀들은 똑같은 상속분을 인정받았다. 그리고 상속세가 도입되어 상속이라는 제도는 사회 전체적으로 자산을 재분배

23　Ph. Malaurie et C. Brenner, *op. cit.*, n° 713, p. 416.

24　M. Pichard, *op. cit.*, n° 36, 2004.

25　Ph. Malaurie et C. Brenner, *op. cit.*, n° 713, p. 417.

26　A. Tocqueville, *De la démocratie en Amérique*, t. I, Gallimard, Folio Histoire, 1961. p. 97.

하는 도구로 이용되었다. 한편, 유류분 제도는 대혁명을 통하여 쟁취한 평등에 관한 가장 위대한 성과 중의 하나라고 평가되었는바,27 유류분은 피상속인이 사후에 가족에 대한 부양의무를 이행하는 것으로 이해되었고, 특히 직계비속에 대한 유류분은 청년 상속인의 생활 및 자유를 보장하기 위한 것이었다. 즉 유류분은 자연권인 동시에 실정법의 근원이자 목적인 분배적 정의에 해당하였다. 유언상속과 법정상속을 동시에 인정하는 프랑스 민법전이 만든 독창적인 유류분제도는 로마법상의 의무분과 관습법 지역의 유류분을 합쳐 놓은 것이었다.28 그리하여 전자로부터는 가족 간의 부양의무라는 근거를, 후자로부터는 상속의 일부분(*pars hereditatis*)이라는 성질을 취하였다. 이와 같이 유류분은 두 전통의 화합의 산물로,29 재산을 가족에게 승계시킬 사회적 의무가 피상속인의 처분의 자유보다 우세하다고 보았다. 1804년 프랑스 민법상 유류분의 특징은 다음과 같다.

(2) 유류분권리자

유류분권리자는 망인의 상속인으로서의 최근친으로, 직계비속과 직계존속이다. 즉 유류분의 인정취지가 부양의무에 있으므로 망인이 부양해야 할 직계비속, 직계존속만 유류분권리자일뿐 망인의 형제, 자매나 그들의 직계비속, 방계혈족은 유류분권리자가 아니었고, 단순입양의 양자는 양친의 직계존속에 대하여는 유류분권리자에서 제외되었다.30 또한 유류분권리자인 직계비속은 반드시 혼인중 출생한 적법한 자녀에 한하였다. 그리하여, 간통 또는 근친상간으로 출생한 자녀는 예외적으로 법적친자관계가 인정되더라도 상속인의 지위가 부여되지 않았으므로 유류분권리자가 될 수 없었고, 부양료채권자에 머물렀다. 반면, 단순한 사생아에 대해서는 프랑스 민법전이 침묵한 가운데 판례에 의해 유류분권리자로 인정되었다.31

반면, 망인의 생존배우자에게는 유류분이 인정되지 않았다. 이유를 보면32 첫째, 배우자는 재혼할 위험이 있고, 둘째, 망인이 이미 무상양여로 재산을 마련해 주었을

---

27 Ph. Malaurie et C. Brenner, *op. cit.*, n° 714, p. 417.

28 M. Grimaldi, *op. cit.*, n° 295, p. 232

29 D. Borillo, «Réserve héréditaire: une entrave à la liberté, à l'égalité, à la solidarité et à l'esprit entrepreneurial», p. 82.

30 A. Sériaux, *Les successions, Les libéralités*, PUF, 1986, n° 121, p. 231

31 Civ. 15 mars 1847: *D.* 1847, 1, 138; *S.* 1827, 1, 178.

32 M. Grimaldi, *op. cit.*, n° 122, p. 232

가능성이 있고, 셋째, 극단적으로 배우자는 망인 가족의 일부가 아니라는 생각에서, 혈연에 의한 가족재산의 보호라는 상속법의 취지상 배우자의 유류분은 인정되지 않았고, 다만 부양의 필요성이 있는 경우 부양정기금으로 보호하고자 하였다. 나폴레옹 민법전상 망인의 생존배우자는 상속권이 있는 혈족이 없는 경우를 제외하고 원칙적으로 상속권자가 아니었으므로 그에 따른 유류분도 인정되지 않는 것이 당연한 결과였다.

(3) 유류분의 범위

유류분의 범위는 직계비속의 수에 따라 달라지는데, 민법전은 유류분액을 확정하지 않고, 자녀가 한 명이라면 상속재산의 1/2, 자녀가 두 명이라면 상속재산의 2/3, 자녀가 세 명이상이라면 상속재산의 3/4이 유류분에 의해 보장되도록 하였다. 즉 각각 1/2, 1/3, 1/4이 처분가능한 상속재산인 것이다. 직계존속에 있어서는 1촌이면 1/2, 2촌이면 1/4이 유류분으로 인정되었다(구 프랑스민법전 제914조 제1항). 상속포기의 경우 상속포기자의 동순위 직계존속이 이로 인한 이익을 누렸다. 부양의무라는 근거로부터 유류분에 산정되는 재산은 그 재산의 취득 유래에 관계없이 망인의 모든 재산에 미치고, 유류분 침해로 반환의 대상이 되는 행위는 유증뿐만 아니라 생전증여에 대하여도 미쳤다.

(4) 제재

마지막으로 유류분을 침해한 무상처분에 대한 제재는 그 성질로부터 유류분권은 단순한 채권이 아니라 상속재산에 대한 물권으로 과도한 무상양여에 대한 감액(réduction)[33]은 상속재산이 원물로 반환되도록 했다. 피상속인이 상속인에게 한 유증, 피상속인이 제3자에게 한 유증 내지 증여는 자유분을 초과한 경우 원물이 반환되어야 한다. 다만 피상속인이 상속인에게 한 증여는 예외적으로 가액반환이 허용되었다.

---

33 프랑스법상 réduction은 한국민법 제1112조 이하의 유류분반환과 유사하다. réduction은 라틴어 reduco를 어원으로 하는데(그 의미는 "다시 돌아오다"), 그 사전적 의미는 "더 작은 양으로 돌아가게 하다"라는 뜻으로 이러한 정의에 완전히 부합하는 것은 원물반환에 의한 유류분반환인 경우인데, 유류분을 침해하는 무상양여의 초과분 그 자체를 감축하는 것이 원물반환이기 때문이다. 그러나 후술하는 바와 같이, 2006년 개정으로 프랑스 민법이 유류분의 반환을 가액배상을 원칙으로 변경하였음에도 불구하고 réduction 용어를 바꾸지 아니하고 계속하여 사용하고 있다. 국내문헌들 중에는 프랑스의 réduction을 "감쇄"라고 번역한 것들이 있는바, 가령, 김형석, 앞의 논문, 116면; 李鳳敏, 프랑스법上 遺留分 制度 — 2006年 6月 23日 改正프랑스 民法을 中心으로 —, 서울대학교 석사학위논문, 2009이 그러하다. 그러나 일본민법이 법문에서 "감쇄"라는 용어를 사용하고 있어 일본어 느낌이 있음을 부인할 수 없다는 점에서 "감액"으로 번역하기로 한다.

3. 민법 제정 이후의 유류분의 변천

21세기 초에 이르기까지 이루어진 유류분에 관한 민법의 개정은 직계비속 간 평등을 추구하고 생존배우자의 상속분을 확대하는 것과 같이 유류분을 상속법의 진화에 부합하도록 하는 것이었다.[34]

(1) 유류분에 대한 비판

귀족들에게 허용되었던 장자의 특권인 세습재산(majorats)가 사라진 뒤, 유류분은 프랑스 제2제국(Le Second Empire) 하 르플레(Pierre Guillaume Frédéric Le Play)가 주도하는 사회개혁학파(École de la Réforme sociale)에 의해 비판의 대상이 되었다.[35] 르플레는 경험적이고 사회학적인 접근을 통해 유류분에 반대하고 유언자의 처분의 자유를 옹호하였다. 그는 당시의 유류분이 부권을 뒤흔들고, 토지를 잘게 쪼개고, 출산율저하를 유도함으로써, 가정과 사회를 도덕적으로 그리고 경제적으로 망가트린다고 비난하였다.[36] 그는 유류분의 폐지까지는 아니지만, 현재 공증인들의 주장과 마찬가지로, 유류분권리자인 직계비속의 수에 관계없이 유류분을 상속재산의 반으로 고정할 것을 주장하였다. 그리고 파기원이 유류분에 관하여 중요한 판결을 내렸던 전환점에서[37] 유언자의 처분의 자유의 확대를 주장하는 일련의 청원, 논쟁 및 제안이 뒤따랐다. 그러나 어떠한 정치가도 감히 상속의 평등이라는 혁명적 상징인 유류분을 직접적으로 공격하기를 원치 않았다.

(2) 직계비속의 자격 확대 및 평등 취급

1896년 3월 25일 법률은 유류분권자가 되는 직계비속의 자격을 혼인 외 출생자(enfants naturels)에게 확대하였다. 그러나 혼인 외 출생자의 상속법상 지위는 혼인 중 출생자(enfants legitime)의 지위보다 열후하여 그들의 유류분은 혼인 중의 출생자의 반에 불과하였다. 다음으로 1930년 6월 13일자 법률과 1963년 7월 13일자 법률은 배우자 간 특별한 자유분을 확대하였다(프랑스민법전 제1081조). 나아가 1971년 7월 3일 법률은 유류분의 평가와 초과된 무상처분의 감액에 적용되는 규정을 수정하여, 생전증

---

34 Rapport de travail, n° 33, p. 33.

35 C. Pères et Ch. Vernières, *op. cit.* n° 456, p. 382; Rapport de travail, n° 80, p. 53.

36 F. Le Play, «La Réforme sociale en France déduite de l'observation comparée des peuples européens», 1864, Revue de Droit, n° 7 (2014), La réserve héréditaire, p. 41 et s.

37 Cass. ch. reun., 27 nov. 1863, Lavialle, DP, 1864, 15; S, 1864.1.513.

여의 수증자와 유류분권리자가 합의한다면 원물반환이 아닌 가액반환이 가능하도록
하였다. 한편, '친자관계에 관한 1972년 1월 3일 법률38'은 혼생자와 혼외자를 상속
법상 평등하게 취급하였으나, 간통으로 출생한 혼외자에 대하여는 그들 몫의 반만을
인정하였다.39

(3) 생존배우자의 유류분 인정

한편, 생존배우자의 상속인 지위를 강화하기 위한 수 차례의 개정 후40 2001년
12월 3일자 법률은41 생존배우자의 지위에 대한 전면적인 개혁이 이루어졌다. 생존
배우자의 상속순위 및 상속분 나아가 생존배우자의 생활보장을 위한 고려 등 다각적
인 측면에서 개혁이 이루어졌는데, 그 중 하나로 배우자에게 유류분이 인정된 것이
다. 1804년 프랑스민법전이 직계존속과 직계비속만을 유류분의 수혜자로 인정한 지
거의 200년 만에 생존배우자에게도 유류분을 확대한 것이었다.42 다만 피상속인에게
직계비속과 직계존속이 없어야 하며, 생존배우자는 법률상 혼인한 자로 이혼하지 않
았어야 할 뿐만 아니라 이혼이나 별거 소송 중이어서도 안 되고 부부간 동거의무를
면제하는 별거 판결도 받지 않았어야 했다. 생존배우자에게 인정되는 유류분은 전체
상속재산의 1/4이다(제914−1조). 논쟁이 많은 제도인 유류분은 2006년 전면적으로 개
정되었다.43 항을 바꾸어 상세히 설명한다.

---

38 Loi n° 72-3 du 3 janvier 1972.

39 M. Planiol et G. Ripert, t. V. par A. Trasbot et Y. Louissouarn, n°s 45 et s.

40 2001년 개정 전까지 생존배우자의 상속법상 지위의 강화를 위한 경과를 간단히 정리하면, 1891년
    3월 9일 법률은 피상속인에게 직계비속이 있는 경우 생존배우자에게 1/4의 용익권을 인정하였고,
    1925년 4월 29일 법률은 피상속인에게 형제자매와 그의 직계비속 이외의 방계혈족만 있는 경우 생
    존배우자에게 상속재산 전체에 대한 용익권을 인정하였다(상속법상 용익권에 대하여는, S. Durand,
    L'usufruit successif, Defrénois, 2006. 참조). 그리고 1971년 12월 31일 법률에 이르러 비로소 생존배
    우자에게 상속재산에 대한 소유권을 인정하였고 1972년 1월 3일 법률은 피상속인에게 형제자매와 그
    의 직계비속 이외의 방계혈족만 있는 경우 생존배우자가 완전한 소유권을 취득할 수 있도록 하였다.

41 Loi n° 2001-1135 du 3 décembre 2001. 이 법률의 내용 및 입법과정에 대한 상세한 내용은, P.
    Catala, Proposition du loi relative droits du conjoint survivant (Adoptée par l'Assemblée
    nationale en première lecture le 8 fév. 2001), JCP G. ACT., n° 18, 2 mai 2001, pp. 861 et s. 참조.

42 La réforme des successions, Loi du 3 décembre 2001 Commentaire & formules, Defrénois,
    2002, n°s 50 et s, pp. 50 et s.

43 2001년 및 2006년 개정 전의 학설은, I. Kondily, La protection de la famille par la réserve
    héréditaire en droit français et grec comparé, préf. P. Catala, LGDJ, 1997; J-G.SéNéchal, Quel
    avenir pour la réserve? JCP N 1986, I, 249. 2006년 개정 이후의 학설은, F. Sauvage, Le déclin
    de la réserve héréditaire précipité par la loi du 23 juin 2006: JCP N 2008, I, 1243; La réserve

III. 유류분의 현재

1. 2006년 상속법 대개정에 따른 유류분

'상속과 무상양여의 개정을 위한 2006년 6월 23일자 법률'[44]은 유류분에 있어 큰 개혁을 가져 왔다.[45] 첫째, 유류분과 자유분에 대한 정의 규정을 신설하였다.[46] 즉 유류분은 상속재산 및 상속권리의 일부로서 유류분권리자인 상속인이 상속자격이 있고 상속을 승인한다면 그에게 귀속되도록 법률이 보장하는 부분이고, 자유분은 상속재산 및 상속권리 중 유류분을 제외한 부분으로 망인이 무상양여로 자유롭게 처분할 수 있었던 부분이라고 규정하였다. 둘째, 직계존속에 대한 유류분을 폐지하였고 이에 대한 보완으로 반환권을 도입하였다. 셋째 유류분권자의 상속포기시 조정에 따른 반환의무를 규정하였다. 넷째, 유류분의 감액소권의 행사방법에 있어 가액반환이 아닌 원물반환을 원칙으로 함과 동시에 감액소권의 소멸시효를 축소하였다. 마지막으로 유류분의 감액소권 행사에 대한 사전포기제도를 신설하였다.

2. 유류분권리자

유류분은 상속분의 일부이므로 법정상속인만이 상속재산에 대한 유류분을 주장할 수 있다. 따라서 유류분권리자인 직계비속과 생존배우자가 감액소권을 행사하기 위해서는 상속결격자가 아니어야 하고 또 상속을 포기하지 않아야 한다.

(1) 직계비속

모든 직계비속들은 피상속인과의 촌수에 관계없이 유류분권리자이다(제913-1

---

héréditaire: Rev. dr. H. Capitant 2014, n° 7.

44 Loi n° 2006-728 du 23 juin 2006 portant réforme des successions et des libéralités, 2007년 1월 1일부터 시행되었다.

45 2006년 개정된 프랑스의 유류분 제도에 대하여 상세하게 기술한 문헌으로, A. Delfosse et J.F. Peniguel, *La réforme des successions et des libéralités*, Lexisnexis, 2006; 프랑스 상속법 교과서에서 유류분은, M. Grimaldi, *op. cit.*, n°s 4 et s., pp. 3 et s.; Ph. Malaurie et C. Brenner, *op. cit.*, n°s 4 et s., pp. 3 et s.; H. L. ET J. Mazeaud et F. Chabas, *op. cit.*, pp. 183 et s.; C. Pères et Ch. Vernières, *op. cit.*, n°s 427 et s., pp. 349 et s.

46 프랑스민법전 제912조 ① 유류분은 상속 재산 및 권리의 일부로서, 유류분권자로 불리는 상속인이 상속에 참여하고 이를 승낙한다면, 법이 그 유류분권자에게 부담 없이 귀속되도록 보장하는 부분이다. ② 자유분은 상속재산 및 권리 중 법률에 의해 보장된 유류분이 아닌 부분으로서, 망인이 무상양여로 자유롭게 처분할 수 있었던 부분을 말한다.

조). 자녀, 손자, 증손자 등등. 다만, 직계비속이 유류분권리를 행사하기 위해서는 상속순위에 있어야 하므로, 차순위의 직계비속은 선순위 직계비속이 있는 한 유류분권리를 실현할 수 없다. 친자관계의 평등원칙에 따라 자연혈족 관계인 친생자와 법적 혈족 관계인 양자를 구별하지 않고, 친생자는 혼인 중의 자녀이든, 혼인 외의 자녀이든, 간통 또는 근친상간으로 출생한 자녀이든 차별하지 않는다.47 입양에 의한 양친자관계도 친생자관계와 마찬가지로 유류분에 대한 권리를 인정한다(제358조48 및 제368조). 그러나 단순입양(adoption simple)에 대한 예외가 있어서 양자와 그의 비속은 양친의 직계존속에 대하여는 유류분을 갖는 상속인이 아니다(제368조 제2항49). 양친의 직계존속의 유언의 자유는 자신의 자녀의 입양에 의해 영향을 받지 않아야 되기 때문이다. 만약 망인의 직계비속이 먼저 사망하였으나, 직계비속의 직계비속(대습자)이 있는 경우 그 직계비속(대습자)은 유류분권리자이고 유류분의 계산에 포함된다(제913-1조).

(2) 생존배우자

생존배우자가 유류분권리자가 되기 위하여는 먼저 상속권이 있고 또한 직계비속이 존재하지 않아야 한다. 첫째, 상속권이 있는 배우자는 법률상 혼인한 자로 이혼하지 않아야 한다(제914-1조). 따라서 이혼이나 별거 소송 중이더라도 또는 부부간 동거의무를 면제하는 별거 판결을 받았더라도 유류분권리자가 되는 데에 아무런 영향이 없다. 여기서 생존배우자는 법률상 혼인한 배우자로, pacte civil de solidaire(팍스, 시민연대계약)의 파트너나 내연관계인 자(concubin)는 법정상속인이 아니므로 유류분도 부여되지 않는다.50

둘째, 피상속인에게 직계비속이 없어야 한다. 그런데 직계비속이 없는 경우에만 배우자에게 유류분권리를 인정함은 배우자로 하여금 자녀를 낳지 않도록 하고 자녀가 있는 배우자는 오히려 유류분권리자에서 배제되는 불합리한 결과를 낳는다는 점에서 비판을 받는다. 생존배우자가 유류분의 수혜자가 되는 경우 유류분은 전체 상

---

47 M. Grimaldi, *op. cit.*, n° 306, p. 237.

48 프랑스민법전 제358조 양자는 양친의 가정에서, 제1권 제7편을 적용하여 성립된 친자관계를 갖는 자녀와 동일한 권리와 의무를 갖는다.

49 프랑스민법전 제368조 ① 양자와 그 직계비속은 양친의 친족 내에서 제3권 제1편 제3장에 규정된 상속권을 갖는다. ② 양자와 그 직계비속은 양친의 직계존속에 관하여서는 유류분을 갖는 상속인이 아니다.

50 M. Grimaldi, *op. cit.*, n° 310, p. 240.

속재산의 1/4이다(제914-1조). 생존배우자가 망인으로부터 받은 무상양여는 그가 상속재산으로부터 받을 권리에 충당된다. 그러한 무상양여가 제757조 및 제757-1조에서 정한 권리보다 적은 경우 권리의 보충을 청구할 수 있으나, 제1094-1조[51]에 정한 상속분을 초과하는 재산을 수령할 수는 없다.

(3) 직계존속에 대한 유류분 폐지와 반환청구권

피상속인의 직계존속은 유류분권리자가 아니다. 2006년 상속법의 개정으로 직계존속에 대한 유류분이 폐지되었는바, 직계존속은 민법에 따른 부양의무의 대상으로 다른 보호수단이 있다는 점, 다양한 형태의 가족이 등장함에 따라 법적 부모, 자연적 부모, 입양부모를 구별하지 않고,[52] 이혼과 재혼으로 재구성된 가족(familles recomposées)이 많다는 점을 근거로 하였다.[53]

한편, 직계존속의 유류분 폐지에 대한 보완책으로, 2006년 법률은 반환청구권(un droit de retour)을 도입하였다. 망인이 후손없이 사망하였으나 망인의 부모 또는 부모 중 1인이 생존하는 경우 부모는 상속분의 범위에서, 부모는 제738조 제1항의 범위 내에서 망인에게 증여한 재산을 반환받을 수 있도록 하여(제738-2조),[54] 피상속인의 부모에게 자신이 증여한 재산을 돌려받을 수 있도록 하였다.[55] 그리고 이러한 권리는 공서양속에 해당한다. 그리하여 망인이 후손을 남기지 않았으나 망인의 형제자매 또는 그들의 직계비속이 있는 경우, 망인의 부모가 생존한다면 상속재산은 4분의 1씩 부모 각자에게 귀속되고, 부모 중 1인만 생존한다면 상속재산의 4분의 1은 생존한 부모 중 1인에게 상속된다(제738조). 그러므로, 직계존속의 반환청구권은 상속재산이 4분의 1 범위 내에서 이루어지므로, 실질적으로 유류분을 일정부분 인정한 것과 같은 결과를 가져온다.

다른 한편, 망인에게 직계비속이나 부모가 없어서 생존배우자가 단독상속하거나

---

51 프랑스민법전 제1094-1조 ① 배우자에게 혼인 중 출생자이든 아니든 자녀나 직계비속이 있을 경우, 그는 타방배우자를 위하여 그가 타인에게 처분할 수 있는 재산에 대한 소유권, 혹은 그의 재산의 1/4에 대한 소유권과 3/4에 대한 용익권, 혹은 그의 전체재산에서 용익권만을 처분할 수 있다. ② 처분자의 반대 약정이 없는 한, 생존배우자는 그를 위해 처분된 재산의 일부로 그 상속취득분을 한정할 수 있다. 이러한 제한은 다른 상속인에 대한 무상양여로 볼 수 없다.

52 M. Grimaldi, *op. cit.*, n° 313, p. 241.

53 Rapport Sénat, n° 443 10 mai 2007 par de Richemont, pp. 35.

54 프랑스민법전 제738-2조.

55 M. Grimaldi, *op. cit.*, n° 314, p. 242.

피상속인의 부모 중 1인과 공동상속하여 생존배우자가 상속재산의 4분의 3을 차지하는 경우 상속에서 배제된 부모이외의 직계존속의 보호 내지 이해관계의 조정이 요구되었다. 그리하여 프랑스 민법 제758조는 피상속인의 부모 이외의 직계존속에 대한 부양이 필요한 경우, 그 부양의 필요성을 입증하여 피상속인의 상속재산에 대하여 부양료청구권(créance d'aliments)을 갖는다고 규정한다. 다른 한편, 자녀에게 증여한 뒤 자녀가 먼저 사망하거나 자녀의 직계비속이 먼저 사망하는 경우 증여자인 직계존속은 증여물을 반환받을 권리가 있다고 약정할 수 있다.[56]

3. 직계비속의 유류분의 산정

유류분이란 상속이 개시되면 일정한 범위의 상속인들이 상속재산에 대하여 일정한 비율을 확보할 수 있는 지위이다. 즉 전체재산액에서 유류분을 뺀 것이 자유분이다. 따라서 유증이 유류분권리자의 유류분을 침해하는지 여부를 판단하기 위해서는 우선, 자유분과 유류분의 비율을 결정하여 자유분과 유류분의 액수를 산정한다. 다음으로 그 유증을 포함한 무상양여가 자유분과 유류분 가운데 어디에 충당되는지 판단한다. 그 결과 무상양여가 자유분을 초과하여 행해졌다면 유류분이 침해된 것이므로 유류분권자는 그 무상양여에 대해 감액청구를 할 수 있다. 그런데 유류분을 포기한 유류분권자가 존재하는 경우 그 산정방법이 복잡해진다.

(1) 자유분과 총 유류분의 산정

유류분의 산정을 위해서는 먼저 피상속인의 상속재산이 의제적으로 재구성되어야 한다. 망인이 사망시 남긴 모든 재산 즉 현존재산을 평가한 뒤, 거기에서 상속채무(le passif successoral)를 공제하고, 일정한 범위의 증여재산을 의제적으로 합산(la réunion fictive)하는 세 단계를 거쳐 전체재산액을 산정한다.[57]

먼저 현존재산의 산정은 유언으로 처분한 재산은 물론 생전증여로 처분된 재산을 포함하고에(제922조 제1항), 다음으로 위 현존재산에서 망인이 사망시 부담하는 채무는 물론 사망이라는 사실로부터 발생하는 장례비용, 상속이행, 분할비용이 상속채

---

56   프랑스민법전 제951조 ① 증여자는 수증자만 먼저 사망한 경우 또는 수증자와 그의 직계비속이 먼저 사망하는 경우에 증여물을 반환받을 권리를 약정할 수 있다. ② 이 권리는 증여자만의 이익으로 약정될 수 있다.

57   A. Delfosse et J-F. Peniguel, *op. cit.*, n° 341 et ss,, pp.152 et ss; H. L. ET J. Mazeaud et F. Chabas, *op. cit.*, n°ˢ 911 et s., pp. 240 et s.

무로서 공제된다.**58** 여기에 피상속인이 증여한 재산을 의제적으로 합산한다(제922조 제2항). 이 조항은 강행규정으로서 원칙적으로 모든 증여가 포함되고, 수증자의 지위,**59** 증여의 성질,**60** 형식, 증여액수를 구분하지 않는다. 다만 양육비, 부양비, 통상적 선물 등은 포함되지 않는다.**61** 현존재산은 유류분이 침해되었더라면 인정될 날인 사망일에 평가되어야 하지만, 만약 상속인들간에 분할이 이루어졌다면, 분할시에 가장 가까운 날인 분할의 향유일이 기준일이다. 전자는 망인의 유류분의 일체성을, 후자는 상속인간의 평등을 보장한다는 점에서 각각 정당화된다. 그러나 이러한 평가일의 이중적 성격은 실무상 복잡함을 야기한다.**62**

피상속인이 유상으로 처분한 재산은 의제적 합산에 포함시키지 않는 것이 원칙이지만, 예외가 있다. 즉 망인이 직계상속인 중 한 명에게 종신정기금을 조건으로 또는 용익권을 유보하여 매도한 경우 그 매매목적물의 완전소유권의 가액은 유류분 산정을 위한 전체재산액에 의제적으로 합산된다.**63** 이와 같은 매매는 상속분 외의 증여라고 간주되는 것이다. 이러한 의제적 합산은 망인이 생전에 재산을 증여하지 않았다면 사망시 존재하였을 재산에 최대한 가깝게 상속재산을 평가하기 위한 것이므로, 합산되는 증여재산은 증여시 상태를 고려하여 사망시 가액에 따라 평가한다. 즉 증여시와 사망시 사이에 목적물의 가액변동이 있는 경우 수증자에 의해 이루어진 가액변동은 고려되지 않고 수증자와 관계없는 외부사정으로 인한 가액변동만 고려된다.**64** 만약 증여재산이 처분 등으로 양도된 경우 그로 인한 대위물이 존재한다면 대위물의 취득당시의 상태를 고려하여 상속개시시 가액을 계산하여야 한다.

(2) 직계비속 수에 따른 유류분 비율

이와 같이 상속재산을 재구성하여 전체재산액을 산정한 다음 유류분의 비율을

---

58 Civ. 1re, 10 dec. 1968, Bull. civ. I, n° 318; 파기원은 원심이 이러한 비용이 피상속인의 사망 이후에 발생한 채무라는 이유로 유류분 산정시 이를 고려하지 않은 위법이 있다고 하면서 원심을 파기하였다.

59 수증자가 법정상속인인지 여부를 불문한다.

60 증여가 법정상속인에게 행해진 경우 상속분이 선취분인지, 상속분 외의 것인지 불문한다.

61 A. Delfosse et J-F. Peniguel, *op. cit.*, n° 344, p. 154.

62 H. L. ET J. Mazeaud et F. Chabas, *op. cit.*, n° 914, p. 241.

63 프랑스민법전 제918조 종신정기금을 부담하거나 종신정기금을 지급하는 조건으로 또는 점용권을 유보하여 직계인 상속재산승계권자 중 1인에게 양도된 재산의 완전소유권의 가액은 임의처분가능분에 충당된다. 초과분이 있다면 이는 감액되어야 한다. 이러한 충당 및 감액은 오직 이 양도에 동의하지 않았던 다른 직계 상속권자에 의해서만 청구될 수 있다.

64 A. Delfosse et J-F. Peniguel, *op. cit.*, n° 346, p. 155.

곱한다. 피상속인의 자유분은 자녀의 수에 따라 달라진다. 자녀가 한 명인 경우 상속 재산의 1/2을 처분할 수 있고 총 유류분은 상속재산의 1/2이 된다. 자녀가 두 명인 경우 상속재산의 1/3을 처분할 수 있어 총 유류분은 상속재산의 2/3가 된다. 자녀가 세 명 이상인 경우 상속재산의 1/4을 처분할 수 있고 총 유류분은 상속재산의 3/4이 된다.[65] 자녀가 세 명 이상인 경우에 자유분이 세 명이었을 경우의 1/4과 동일한 것은, 자녀가 많다고 하더라도 피상속인의 재산처분의 자유에 대한 제한이 과도하지 않도록 한 것이다.

(3) 직계비속의 상속포기

만약 직계비속이 피상속인보다 먼저 사망하거나 상속을 포기하거나 상속결격자인 경우에는 총 유류분은 어떻게 결정되는가? 첫째, 직계비속이 먼저 사망하였더라도 직계비속의 직계비속(대습자)이 있는 경우 그 직계비속(대습자)은 유류분의 계산에 포함된다(제913-1조). 그러나 이 경우 유류분의 결정을 위한 인원수 계산은 분지(souche)에 따른다. 둘째, 직계비속이 상속을 포기하거나 결격인 경우 그 직계비속이나 직계비속의 직계비속은 유류분권리자가 아니지만, 이러한 우연한 사정에 의해 피상속인의 형제자매가 유리한 지위를 갖지는 않는다. 한편, 2006년 개정으로 상속포기도 대습상속의 원인이 되므로 만약 상속을 포기한 자에게 직계비속이 있다면 그 상속포기자도 유류분 산정을 위한 인원수에 포함되고 포기자의 유류분에 상응하는 몫은 그 대습상속인에게 귀속된다. 그런데 만약 이와 같은 대습자가 없다면 그 상속포기자는 유류분의 산정에 있어 인원수에 포함되지 않고 피상속인의 자유분이 증가된다.

4. 배우자의 유류분과 특별 자유분

직계비속이 없다면 생존배우자는 전체 상속재산의 4분의 1에 대하여 유류분을 주장할 수 있다. 민법은 배우자의 유류분을 산정하는 방법을 규정하고 있지 않으나, 제922조가 적용되어 유류분은 피상속인이 생전에 배우자에게 증여한 재산을 포함한 상속재산 전체를 기준으로 한다. 다만 전술한 바와 같이 피상속인의 부모가 법률상

---

65 프랑스민법전 제913조 ① 생전행위 또는 유언에 의한 무상양여는 처분자가 그의 사망시에 1인의 자녀를 남긴 때에는 그 재산의 1/2을 넘지 못한다. 2인의 자녀를 남긴 때에는 1/3을, 3인 이상의 자녀를 남긴 때에는 1/4을 각각 넘지 못한다. ② 상속을 포기한 자녀는 대습되는 경우나 제845조의 적용에 의해 무상양여의 반환 의무가 있는 경우에만 망인이 남긴 자녀 수에 포함된다.
프랑스민법전 제913-1조 직계비속들은 촌수에 관계없이 제913조에 따른 자녀에 포함되며, 처분자의 상속에서 이들이 자녀를 대습할 때에는 단지 그 자녀로 계산되어야 한다.

반환청구권을 행사한 경우 행사된 부분은 상속재산의 산정에서 제외된다.

그런데 부부 간에는 부부재산계약에 의해 증여가 이루어질 수 있고 민법전은 이에 대하여 특별하게 규율하고 있다.**66** 프랑스민법 **제1094-1조**에 따르면, 직계비속이 있을 경우에도, 배우자 일방은 그의 재산의 1/4에 대한 완전소유권과 3/4에 대한 용익권, 혹은 그의 전체재산에서 용익권만을 처분할 수 있는바,**67** 이는 배우자가 받은 증여가 그가 상속재산으로부터 받을 권리에 충당되는 기준이 되며 이를 배우자의 특별자유분이라고 한다.**68** 한편, 위 경우 처분자가 반대의 약정을 하지 않는 한, 처분자가 사망한 후 생존배우자는 그 상속취득분을 받은 재산의 일부로 한정할 수 있고, 이러한 한정행위는 다른 상속인에 대한 무상양여로 간주되지 않는다.**69** 생존배우자가 이와 같이 재산범위를 한정하는 이유는 자녀의 상속받을 몫을 크게 하는 한편, 자신의 사망으로 인한 두 번째 상속으로 발생할 세금을 절약하려는 것이다.

그런데 생존배우자와의 사이에서 태어나지 않은 피상속인의 자녀는 생존배우자를 상속하지 않으므로 피상속인의 위와 같은 특별자유분 행사의 경우, 배우자의 몫만큼 자신의 몫이 상속재산에서 감소되는 불이익을 받는다. 그리하여 프랑스민법은 두 배우자간에서 출생하지 않은 자녀는, 무상양여의 이행을 하지 않고 생존배우자가 없었더라면 그가 받을 수 있었던 상속분에 대한 용익권을 포기하는 것으로 대체할 수 있는 권한을 갖도록 하였다.**70** 그렇게 되면 생존배우자는 위 상속분에 대한 용익

---

66 C. Pères et Ch. Vernières, *op. cit.*, n°s 439 et s., pp. 359 et s.; Chapitre IX: Des dispositions entre époux, soit par contrat de mariage, soit pendant le mariage(제9장 부부재산계약에 의하거나 혼인 중 행해진 부부간 처분). 프랑스의 부부재산계약을 상세히 소개한 국내문헌으로, 우선, 김현진, "프랑스민법상 부부재산계약," 연세대학교 법학연구 제31권 제4호(2021. 12. 출간예정) 참조.

67 프랑스민법 제1094-1조 ① 배우자에게 혼후출생자녀든 아니든, 자녀나 직계비속이 있는 경우를 상정하여, 그는 타방배우자를 위하여 그가 타인에게 처분할 수 있는 재산에 대한 소유권, 혹은 그의 재산의 1/4에 대한 소유권과 3/4에 대한 용익권, 혹은 그의 전체재산에서 용익권만을 처분할 수 있다.

68 프랑스민법 제758-6조 생존배우자가 망인으로부터 받은 무상양여는 그가 상속재산으로부터 받을 권리에 충당된다. 그러한 무상양여가 제757조 및 제757-1조에 정한 권리보다 적을 경우에는 그 권리의 보충을 청구할 수 있으나, 생존배우자는 제1094-1조에 정한 상속분을 초과하는 재산 부분을 수령할 수 없다.

69 프랑스민법 제1094-1조 ② 처분자의 반대 약정이 없는 한, 생존배우자는 그를 위해 처분된 재산의 일부로 그 상속취득분을 한정할 수 있다. 이러한 제한은 다른 상속인에 대한 무상양여로 볼 수 없다.

70 프랑스민법 제1098조 ① 부부의 일방이 타방배우자에게 제1094-1조에서 정한 한도 안에서 소유권을 무상양여한 경우에, 이 두 배우자간에서 출생하지 않은 자녀 각자는, 처분자의 명백한 반대의사가 없는 한, 무상양여의 이행을 생존배우자가 없었더라면 그가 받을 수 있었던 상속분에 대한 용익권을 포기하여 대체할 권한을 갖는다. ② 전항의 권리를 행사하는 자는 제1094-3조의 규정의 적용을 주장

권만을 갖고 자녀는 허유권을 갖게 되어 이해관계가 조절되는 것이다.[71]

이와 같이 생존배우자의 상속법상 지위는 특별하다.[72] 생존배우자가 피상속인의 직계비속과 공동으로 상속하고 공동상속인인 자녀가 망인과 생존배우자 사이에서 태어난 자녀인 경우 생존배우자는 그의 선택에 따라 현존하는 재산 전체의 점용권 또는 재산의 4분의 1을 취득할 수 있다.[73] 이러한 점용권은 생존배우자에 의해 종신 정기금으로 전환될 수 있다(제759조). 반면, 공동상속인인 자녀가 망인과 생존배우자 사이에서 태어난 자녀가 아닌 경우 생존배우자는 현존하는 재산의 4분의 1을 취득할 수 있다(제757조). 다음으로, 망인에게 직계비속이 없고 부모가 있는 경우 생존배우자 는 재산의 2분의 1을 차지하고 나머지 2분의 1에 대해서는, 4분의 1씩 부모 각자에 게 귀속되고, 부모 중 1인만 생존한다면 먼저 사망한 부모에게 귀속되었을 상속분은 생존배우자에게 귀속된다(제757-1조). 마지막으로, 망인에게 직계비속과 부모가 없는 경우 생존배우자는 모든 상속재산을 갖는다(제757-2조). 망인에게 형제자매가 있거나 부모 이외의 직계존속이 있더라도 생존배우자가 이들에 우선하여 단독으로 상속을 받으므로, 망인의 형제자매나 부모 이외의 직계존속은 상속으로부터 배제된다.

5. 무상양여의 충당

위와 같이 유류분과 자유분이 산정되었다면, 이제 무상양여가 충당(imputation)[74] 되어야 하는데, 충당제도는 프랑스민법상 유류분 제도의 독특한 특징이다. 우선 무 상양여의 충당순서를 결정하고, 다음으로 충당대상을 결정한다.

(1) 충당의 순서

먼저 충당의 순서를 보자.[75] 피상속인이 여러 무상양여를 하고 그러한 무상양여

할 수 있다.

71 C. Pères et Ch. Vernières, *op. cit.*, n°s 445 et s., pp. 364 et s.

72 프랑스민법상 배우자의 상속법상 권리에 대한 국내문헌으로는, 곽민희, "프랑스에 있어서의 생존배우 자의 상속법상의 지위," 한국민사법학회, 민사법학 제59호(2012. 6), 325면 이하; 김미경, "프랑스상 속법에서의 배우자상속권," 중앙대학교 법학연구원, 법학논문집(2010), 63면 이하 참조.

73 선택의 증명은 특별한 방식을 요하지 않지만(제758-2조), 선택 전에는 그 권리를 양도할 수 없고, 모 든 상속인은 서면으로 생존배우자에게 그 행사를 최고할 수 있고 3개월 내에 서면에 의한 선택이 없 거나 선택권을 행사하지 않고 사망한 경우 용익권을 선택한 것으로 간주된다(제758-3조, 제758-4조).

74 라틴어 imputo에서 유래한 것으로, 계산에 넣는다는 의미를 갖는다(Ph. Malaurie et L. Aynés, *op. cit.*, p. 321. note 52).

75 Delfosse et J-F. Peniguel, *op. cit.*, n°s 360, p.161 이하; 김현진, 앞의 논문, 467면 이하 참조.

가 유류분을 침해하는 경우 충당의 순서를 정해야 한다. 충당순서가 앞선다는 것은 곧 감액순서는 나중이라는 것을 의미한다.76 그 기준은 시간에 앞선 자가 권리에 앞선다(*prior tempore potier jure*)는 원칙 및 같은 일시에 행해졌다면 안분비례한다는 원칙이다. 구체적으로는 증여가 유증보다 먼저 충당된다(제923조). 여러 개의 증여가 있다면, 오래된 증여부터 충당되는바, 이는 증여의 철회불가능성에 기인한다. 같은 일자의 증여는 안분비례된다.

유증이 먼저 감액대상이 되므로, 유증이 자유분 또는 그 중에서 생전증여가액을 공제한 후 남은 재산분을 초과할 때에는 포괄유증과 특정유증의 구별 없이 안분비례로 감액이 행해진다(제926조). 그러나 유언자가 명시적으로 특정한 유증이 다른 유증보다 먼저 이행되기를 원한다고 표시한 경우에는 그에 따르고, 이 경우 우선순위가 있는 유증은 다른 유증의 가액으로 유류분을 충족시키지 못한 때에만 감액된다(제927조).77

(2) 충당의 대상

다음으로 충당의 대상을 보자.78 상속인이 아닌 자에 대한 증여는 자유분에서 충당된다. 문제는 유류분권자에 대한 무상양여가 행해진 경우 이를 유류분과 자유분 중 어디에서 충당해야 할지이다. 이는 피상속인의 의사와 유류분권자가 상속을 승인하였는지 여부에 따라 달라진다. 먼저 상속을 승인한 유류분권자의 경우, 상속분의 선급(en avancement de part successorale)으로 행하여진 증여는 유류분에서 충당된다.79

---

76 감액의 순서를 규정하고 있으므로 충당의 순서는 간접적으로 정해지는 것이다(Delfosse et J-F. Peniguel, *op. cit.*, n° 360, p.161).

77 가령 피상속인 X가 A, B 두 자녀를 두고 사망하였는데, 유류분 산정을 위한 전체재산의 가액이 180이라고 하자. X는 유언으로 A에게 50, B에게 25를 각각 특정유증하였다. 이 경우 자유분은 60(=180×1/3)이고, 위 유증 합계의 충당 초과분은 15(=50+25-60)이다. 그렇다면 두 유증은 모두 80%(=60/75) 비율로만 행해질 수 있으므로 다시 말해 20%(=15/75)비율로 감액될 수 있다. 따라서 A는 10(=50의 20%), B는 5(25의 20%)만큼 각 감액으로 인한 배상의무가 있다. 이번에는 특정유증과 포괄유증이 있는 경우를 생각해보자. 피상속인 X는 세 자녀를 두고 사망하였다. 상속재산의 가액은 120인데, X는 A에게 30을 특정유증하고, B에게 포괄유증하였다. 이 경우 유류분이 없다면 A는 30, B는 90(=120-30)을 받을 것이다. 그러나 유류분은 90(=120×3/4)이다. 감액비율은 75%(=90/120)이고 유증의 이행비율은 25%(=30/120)이다. 따라서 A에 대한 유증은 7.5(30의 25%)만 이행되고 22.5(30의 75%)만큼 감액될 것이다. B에 대한 유증도 마찬가지로 22.5(90의 25%)만 이행되고 67.5(90의 75%)만큼 감액된다(M. Grimaldi, *op. cit.*, n° 741, p.725-6 사례).

78 Delfosse et J-F. Peniguel, *op. cit.*, n°s 365, pp. 162 et s.; 김현진, 앞의 논문, 468면 이하 참조.

79 프랑스민법전 제919-1조 ① 상속을 승인한 유류분권자에게 상속분의 선급으로 행하여진 증여는, 증

다음으로 상속분과 별개의 급부로서 상속분 외의 것(hors part successorale)으로 행해진 증여는 자유분에서 충당되는바,[80] 피상속인의 의사가 공동상속인들 간의 평등을 해하면서 그들 중 한 명의 이익을 위해 유증이나 증여를 한 것이라면 그 의사를 존중하는 것이다.[81] 그런데 이와 같은 피상속인의 지정충당은 상속인이 상속을 포기한 경우 무력화될 우려가 있다. 상속인이 상속을 포기하면 소급하여 상속인 지위에서 벗어나게 되므로 증여부분이 자유분에서 충당되기 때문이다. 그리하여 2006년 개정 법률은 형평 차원에서 **상속조정으로서의 반환**(rapport)을 도입하였다.[82] 그리하여 피상속인은 유류분권리자인 상속인이 상속포기하는 경우 상속조정의무를 부담시켜 충당의 범위에서는 여전히 유류분권리자로 의제되어 그가 받은 증여는, 상속포기에도 불구하고, 자유분이 아니라 유류분에서 우선충당되도록 하였다.[83]

6. 유류분감액소권의 행사 및 시효

(1) 유류분 침해의 효과

유류분을 침해하는 무상양여라고 하여 당연무효가 되는 것은 아니다. 피상속인이 자유분을 넘는 생전증여 또는 유증으로 유류분을 침해하였다면 유류분권리자, 그 상속인 내지 승계인은 그 무상처분에 대하여 감액소권을 행사할 수 있을 뿐이다.[84]

여문서에서 달리 정함이 없는 경우, 유류분에 충당하고, 보충적으로 자유분에서 충당하여야 한다. 초과분은 감액의 대상이 된다.

80 프랑스민법전 제919-2조 상속분 이외의 것으로 행해진 무상양여는 자유분에 충당된다. 초과분은 감액의 대상이 된다.

81 프랑스민법전 제919조 ② 증여가 상속분 외라는 의사표시는 그 처분행위를 포함하는 행위에 의해서, 또는 이후의 생전처분이나 유언에 관한 처분의 형식에 의해서 행해질 수 있다.

82 자세히는 김현진, 앞의 논문, 471면 이하 참조.

83 프랑스민법전 제845조 ① 그러나 상속을 포기한 상속인은 자유분의 한도 내에서 생전증여재산을 보유하거나 그에게 행해진 유증을 주장할 수 있으나, 처분자가 상속포기시 경우 그 반환을 명시적으로 요구하는 경우에는 그러하지 아니하다. ② 반환이 요구된 경우, 반환은 가액으로 행해진다. 반환된 가액이 포기상속자가 분할에 참여하였더라면 그가 얻었을 재산을 초과하는 경우, 포기상속자는 초과분의 한도 내에서 승인상속자에게 보상한다.
프랑스민법전 제919-1조 ② 상속을 포기한 유류분권자에게 상속분의 선급으로 행한 증여는 상속분 외의 증여처럼 취급된다. 그러나 제845조의 규정이 적용되어 반환해야 할 의무가 있는 경우, 상속을 포기한 상속인은 의제적 합산, 충당, 필요한 경우 무상양여의 감액에 있어 상속을 승인한 상속인으로 취급된다.

84 자세히는 Delfosse et J-F. Peniguel, *op. cit.*, n°s 384, pp. 174 et s; C. Pères et Ch. Vernières, *op. cit.*, n°s 705 et s., pp. 629 et s; H. L. ET J. Mazeaud et F. Chabas, *op. cit.*, n°s 924 et s., pp.

(2) 가액배상 원칙

2006년 법률은 유류분침해의 효과에 관하여 가액배상(réduction en valeur)을 원칙으로 개정하여, 무상양여가 자유분을 초과하는 경우 수익자는 상속인인지 여부에 관계없이, 그 초과한 액수만큼 유류분권리자에게 배상(indemnité)하여야 한다고 규정한다(제924조 제1항). 원물반환의 원칙에서 가액반환의 원칙으로의 개정은 큰 변혁이다. 피상속인이 굳이 특정한 재산을 지정해 증여 내지 유증을 한 의사를 고려한다면, 수증자 내지 수유자는 원물형태로 재산을 보유하되 유류분권리자에게는 돈으로 배상해 주는 것이 처분자의 의사도 존중되고 유류분권리자의 권리도 보호되는 균형적인 해결책이라고 본 것이다. 즉 무상양여인 경우 그것이 증여인지 유증인지, 상속분의 선급인지 상속분 외의 것인지, 목적물이 동산인지 부동산인지 불문하고 모두 원칙적으로 가액반환이 이루어지게 되었다. 따라서 수익자에게 가액배상의무가 발생하고, 유류분권리자는 채권적 권리로서 금전채권만을 가질 뿐이다.[85]

(3) 현물반환의 예외

다만 예외적으로 현물반환(réduction en nature)이 행해지는 경우가 있다.[86] 첫째, 무상양여의 목적물이 수익자에게 귀속하고 목적물에 무상양여시 존재하지 않았던 부담이 설정되지 않은 경우 수익자는 유류분권리자가 최고한 날부터 3월 내에 원물반환을 이행할 수 있다(제924-1조 제1항). 둘째, 수익자가 무자력인 경우에 제3취득자에 대하여 원물반환을 청구할 수 있다(제924-4조). 이 경우 감액되는 유증은 실효되는 것이고, 유증의 일부가 감액될 경우 수익자는 유류분권리자와 재산을 공유하게 된다.

한편, 감액소권의 시효는 상속개시 시점으로부터 5년, 또는 상속인들이 자신의 유류분에 대한 침해를 인식한 날로부터 2년으로 단축되었다. 후자는 사망일로부터

---

259 et s.

85 개정 이후 가액반환이 원칙이 되었고, 또한 상속인이 아닌 자에게 포괄유증이 이루어진 경우 그 목적물 자체에 대해서는 유류분권리자가 권리를 주장할 수 없다는 점에서 채권적 권리로 변경되었다고 본다(A. Delfosse et J. F. Péniguel, *op. cit.*, n° 389, p. 176.) 다만 이에 대하여, 유류분권리자는 유류분을 반환해야 할 채무자가 무자력인 경우 수익자로부터 무상양여의 대상 부동산을 양수받은 제3점유자에 대하여 감액소권 내지 반환소권을 행사할 수 있어 일종의 추급권을 가지는 등(제924-4조) 피상속인의 일반채권자보다 강하게 보호된다는 점에서 여전히 물권적 성질을 가진다는 견해(Ph. Malaurie, «La réforme des successions et des libéralités», LPA, 2007, n° 7)도 있다.

86 Delfosse et J-F. Peniguel, *op. cit.*, n°s 402, pp. 182 et s.

10년을 초과할 수 없다(제921조 제2항). 개정 전에는 시효가 30년이어서 수증자의 법적 안정성을 해친다는 비판이 있었다. 이와 같은 소멸시효 단축으로 수증자가 감액청구를 당할 법적 불확실성이 감소되었다고 하겠다.[87]

7. 유류분의 사전포기제도 인정

(1) 인정 취지

유류분권자는 상속이 개시되기 전에 유류분의 침해를 이유로 한 감액소권의 행사를 포기할 수 있다.[88] 개정 전에는 유류분의 사전 포기(la renonciation anticipée par l'héritier réservataire)는 장래의 상속에 대한 계약을 금지하는 원칙에 의하여 무효였으나, 법률은 사전포기자를 유언자의 권한 남용으로부터 보호하기 위하여 엄격한 형식과 내용의 요건을 갖춘 경우에 한하여 사전포기의 효력을 인정한다.[89] 유류분 사전포기제도의 취지는 상속재산을 효율적으로 분배하기 위함이다. 가령 장애를 가진 자녀를 둔 가정에서는 상속개시 전에 미리 가족 내 합의를 통해 다른 자녀들의 유류분 사전포기를 받아 부모인 피상속인의 사망 후에도 장애를 가진 자녀가 안정적으로 부양될 수 있도록 할 수 있다. 나아가 사후 기업승계나 유언으로 기부를 하려고 할 경우 자녀들의 유류분 사전포기를 받아 유류분 분쟁을 사전에 차단한다면 국가경제나 문화발전에도 도움이 될 수 있을 것이다.

(2) 사전포기의 대상

사전포기의 대상은 프랑스민법전 제929조 제2항에 따르면, 유류분 전체에 대한 침해분이나 그 일부에 대한 침해분을 대상으로 할 수도 있으며, 특정 재산에 대한 무상양여의 감액만을 대상으로 할 수도 있다. 사전포기는 그 의사를 분명하게 하기 위하여 특별한 공정증서에 의하여 작성되고, 2인의 공증인이 수령하고,[90] 포기자가 여

---

87 Delfosse et J-F. Peniguel, *op. cit.*, n° 415, pp. 188 et s.

88 프랑스민법전 제929조 ① 모든 추정 유류분권자는 개시되지 않은 상속에 대해서도 감액소권 행사를 포기할 수 있다. 이 포기는 특정한 1인 또는 수인의 이익을 위하여 행하여져야 한다. 포기는 포기자의 망인이 될 자가 승인한 날로부터만 포기자를 구속한다. ② 포기는 유류분 전체에 대한 침해분 또는 단지 그 일부에 대한 침해분을 대상으로 할 수 있다. 포기는 특정 재산에 대한 무상양여의 감액만을 대상으로 할 수도 있다.

89 자세히는 Delfosse et J-F. Peniguel, *op. cit.*, n°s 418, pp. 187 et s 참조.

90 프랑스민법전 제930조 ① 포기문서는 2명의 공증인이 수령한 특별공정증서에 의해 작성된다. 포기문서는 공증인들만 출석한 상태에서 각 포기자에 의해 개별적으로 서명된다. 포기문서에는 각 포기자에게 포기의 장래 법적 결과가 정확히 기재되어야 한다. ② 포기는 전항에서 정해진 요건 하에 행해

러 명이라면 각각 별개의 공정증서로 작성되어야 한다. 또한 포기 행위는 포기자의 망인이 될 자의 부담으로 하는 채무를 발생시킬 수 없고, 그의 일정한 행위를 조건으로 할 수 없도록 하여(제929조 제3항), 사망자가 사전포기자에게 부담하는 의무, 특히 그에게 시혜를 베푸는 유언자의 의무에 대한 대가로서 합의될 수 없다. 그리고 포기자는 생전증여를 할 수 있는 능력이 있어야 하지만, 미성년자는 그가 성년해방된 경우에도 유류분의 사전포기가 금지된다.[91]

(3) 사전포기의 철회

나아가 유류분의 사전포기에 대한 철회가 청구될 수 있는데, 프랑스민법전 제930–3조의 1) 포기자의 망인이 될 자가 포기자에 대하여 부양의무를 이행하지 않았을 때, 2) 상속개시일에 포기자가 자신의 유류분권을 포기하지 않았다면 없었을 궁핍상태에 있을 때,[92] 3) 포기의 수익자가 그에 대하여 중죄 또는 경죄의 유죄판결을 받았을 때와 같이 사유가 엄격하게 제한되어 있다.

Ⅳ. 유류분의 미래

1. 유류분 개정위원회

2019년 3월 28일 법무부장관 니꼴 벌루베(Mm. Nicole Belloubet)는 세실 뻬레스(Cècile Pères) 파리 2대학 교수와 공증인 필립 뽀땅티에(Phillipe Potentier)에게 유류분 제도 개혁을 위한 서신을 보내고 다양한 영역의 전문가들로 구성된 실무작업위원회에 개정작업을 맡겼다.[93] 그리고 정치적 일정상 신속한 재고를 위해 같은 해 10월 15

지지 않거나, 포기자의 의사에 착오, 사기 또는 강박에 의한 하자가 있다면 무효이다. ③ 포기는 수인의 유류분권자에 의하여 동일한 증서로 행하여질 수 있다.

91 프랑스민법전 제930-1조 ① 포기자에게는 생전증여를 할 수 있는 능력이 요구된다. 그러나 친권에서 해방된 미성년자는 사전에 감액소권을 포기할 수 없다. ② 포기는 그 양태가 어떠하든 무상양여에 해당하지 않는다.

92 프랑스민법전 제930-4조 ② 궁핍상태를 이유로 한 철회청구는 상속개시일로부터 1년 안에 제기되어야 한다. 그리고 철회의 청구가 부양의무의 불이행 또는 제930-3조 제3호에서 규정된 행위를 이유로 할 때에는, 포기자가 이유로 삼는 행위가 있은 날로부터 또는 그의 상속인이 그 행위를 알 수 있었던 날로부터 1년 안에 제기되어야 한다. ③ 제930-3조 제2호에 따른 철회는 포기자의 필요의 한도 내에서만 선언된다.

93 Lettre de mission de la Ministière de la justice à Madame Cécile PERES et Maître Phillipe POTENTIER du 28 mars 2019. 2019년 3월 28일 법무부장관의 편지.

일 까지 최종보고서를 법무부에 제출할 것을 요구하였다. 가족 개념의 현대적 진화에 직면하여, 현재의 유류분이라는 연대 모델의 유용성과 적절성에 대한 의문을 제기하면서, 재산을 처분할 자유를 확대할 수 있는, 더욱 선택적인 연대 모델로의 진화의 기회에 대하여 자문하였다. 법무부 장관은 직계존속에 대한 유류분의 폐지, 생존배우자의 권리에 대한 재평가, 순차이전부 무상양여, 유류분의 사전포기 등 가족간 합의에의 선호와 같은 최근의 유류분을 둘러싼 개혁을 언급하면서, 유류분 제도의 현재의 상황과 예상가능한 진화라는 두 축으로 유류분의 문제를 들여다 볼 임무를 위원회에 위탁하였다. 유류분의 존속을 옹호하는 견해와 폐지를 주장하는 견해 그리고 폐지에 대한 재반박을 하는 견해를 각각 주요한 논거를 들어 소개한다.

2. 옹호학자들의 논거

현재 유류분을 유지하자는 견해는 그 근거로서 유류분은 가족의 연대를 보장하고, 친자관계의 법적 효력이며, 피상속인으로부터 상속인의 생활방식의 자유를 보호하는 수단으로서, 상속에 있어 법적 안전성을 보장하고, 직계비속간의 형평성을 보장한다고 주장한다. 하나씩 논거를 살펴본다.

(1) 가족연대

첫째 유류분은 가족연대(solidarité familiale)를 보호하는 수단이자 가까운 가족 간의 경제적 부양의무의 표명이다.[94] 유류분은 가산의 보존을 보장하고 가족의 연대, 특히 세대 간의 부조의무를 공고히 한다고 주장한다. 유류분은 죽음 이후 가족 구성원들을 통합하여 가정의 평화와 사회적 평화를 가져와 상속을 둘러싼 분쟁을 최소화한다는 것이다.[95] 만약 유류분제도를 폐지한다면 이는 피상속인으로 하여금 그 재산을 제3자나 한 자녀에게 모두 물려주는 것을 허용하게 되는데, 역사적 경험상 피상속인의 처분의 자유를 행사함으로써 제3자나 사회단체의 이익보다는 한 자녀의 이익을 위해 다른 가족 구성원에게 불이익이 초래되는 결과를 많이 목도하여 왔고 이는 바람직하지 않다고 주장한다.

(2) 친자관계의 법적 효력

둘째, 유류분은 친자관계(filiation)를 보호한다. 자녀를 상속인으로부터 배제할 수

---

94 M. Grimaldi, *op. cit.*, n° 298, p. 233.

95 Rapport de travail, n° 118, p. 67.

있다면 이는 가정 내의 독재적 수단으로서 부모의 자녀에 대한 압박이 될 것이다. 그리하여 직계비속의 유류분의 폐지는 부모 앞에 선 미성년자녀들을 무장해제시키고 미래 세대의 자유보다 망인의 자유를 더 우선시하는 것으로, 친자관계에 관한 프랑스 개념을 뒤집어 엎게 될 것이라고 우려한다.96

성(姓)과 국적에서 드러나는 바와 같이, 친자관계의 계승은 개인의 지위와 관련되어 있다. 친자라는 사실로부터 발생하는 무조건적인 신성한 법적효력인 친자관계는 권리와 의무의 총체이다.97 그리하여 상속은 가족적 삶에 있어 무시할 수 없는 요소를 구성하여,98 친자관계는 법정상속인이 되도록 한다. 가족 내에서 자산의 이전이란 단순한 경제적 가치를 넘어 경제외적, 상징적, 심리적 환상의 가치가 있는 것이다.99 어렸을 때부터 자녀의 머릿속에서는 가산의 일부가 자신에게 승계되리라는 무의식적인 계산이 이루어진다.100 그러므로 상속인에서 배제된다는 것은 미성년자녀에게는 매우 고통스럽고 신경쓰이는 트라우마이다.101 그러므로 유류분을 폐지하거나 상당하게 그 비율을 축소하는 것은 프랑스법상 친자관계의 제도적 의미를 약화시킬 것이라고 주장한다.102

(3) 상속인의 개인의 자유

셋째, 유류분은 법정상속인들의 개인의 자유(liberté indivisuelle)를 보호한다.103 상속인으로부터의 배제의 위협은 자녀의 사상, 종교, 생활의 자유를 구속한다. 그리하여 유류분은 자녀들의 개인적 자유가 돈의 장벽 앞에서 산산히 부서짐을 막아준다.104 피상속인의 자유를 제한하는 유류분은, 역설적으로 상속인의 개인적 자유를 보호하는 것이다. 즉 자녀의 사상의 자유, 종교의 자유 또는 생활의 자유를 보장하여 피상속인과 사상이나 종교, 생활스타일이 다른 법정상속인이 상속에서 배제될 위협

---

96 M. Pichard, La réserve et enfant, *D.* 2019. n° 36, 2006.

97 Rapport de travail, n° 119, p. 67.

98 CEDH 13 juin 1979, n° 6833/74, Marcks c/Belgique, § 52.

99 Rapport de travail, n° 123, p. 69.

100 Rapport de travail, n° 125, p. 69.

101 Rapport de travail, n° 126, p. 70.

102 M. Pichard, *op cit.*, n° 36, 2006.

103 Rapport de travail, n° 136, p. 72; M. Grimaldi, *op cit.*, n° 299, p. 234.

104 M. Grimaldi, «Brèves réflexions sur l'ordre public et la réserve héréditaire», Défrenois 2012, n° DEF40563, p. 755 s, et n° 8, p. 758.

으로부터 보호한다.

(4) 법적 안정성

넷째, 법률에 의한 유류분은 법적 안정성을 보장한다. 유류분을 인정하지 않는 나라에서는 법정상속인들이 다른 메카니즘을 통해 보호받는데, 법관은 때로는 합의의 하자와 상속의 술책을 널리 인정하여 유언자가 취한 처분을 무효로 하고, 때로는 일정한 근친, 생존배우자, 동거인 기타 유언자를 보살폈던 모든 사람들에게 상속분의 일부분을 귀속시키는바, 이 방법들은 무상으로 처분할 수 있는 권한에 대한 간접적이고 불확실한 제한이라고 할 수 있다. 그런데 상속에 관한 규율을 법관의 판단에 맡기고 또 그 결과는 예측할 수 없음은 프랑스의 법 정신에는 부합하지 않는다. 유류분과 자유분을 설정하여 그 비율과 계산을 엄격하게 제한하는 것은 법률과 법관의 역할을 분명히 하고, 보다 일반적으로 말하면 법정 안전성을 보장하려는 의지를 반영하는 것이다. 그리하여 프랑스법은 친자관계와 일치하는 유류분권리자로서의 지위가 확립되어 있어 상속이 예견가능하다고 평가된다.

(5) 직계비속간의 평등

마지막으로, 유류분은 직계비속들 사이에 최소한의 평등(égalité)을 보장함으로써 가정의 평화를 유지한다.[105] 유류분은 아들, 장남 또는 혼생자에게만 모든 것을 유증하는 것을 금지하여 자녀의 성별, 태어난 순서, 혼인 중 출생 여부에 따른 차별을 배제한다. 상속법의 역사는 장자우선권의 폐지, 남자상속권의 폐지 등 계속하여 불평등을 철폐하였다, 그러한 연장선에서 유류분은 직계비속간의 평등을 보장하는 것이다.

3. 폐지론자의 논거

이에 반해 유류분을 폐지하거나 축소하자고 주장하는 자들의 논거는 다음과 같다. 현재의 유류분제도는 개인의 유언의 자유를 과도하게 침해하고, 사회적 관점에서 고령사회에서 피상속인의 부양의무는 유류분에 있어 더 이상 고려사항이 아니다. 한편, 정치적 관점에서 현대사회에서 유류분은 오히려 사회연대에 저해가 되고, 유류분제도는 경제적으로 해악을 초래한다. 마지막으로 생명보험과 국제사법상 유언과 같이 이미 유류분을 우회하는 수단이 널리 이용되고 있다. 하나씩 검토한다.

---

105 Rapport de travail, n° 146, p. 75; M. Grimaldi, *op. cit.*, n° 300, pp. 234-5.

(1) 피상속인의 자유의 침해

첫째, 현재의 유류분제도는 개인의 유언의 자유와 사적 자치에 대한 용인할 수 없는 침해라는 것이다.[106] 개인이 사망한 뒤 그 재산의 귀속을 결정하는 것은 국가가 아니라 개인의 의사여야 한다. 유언의 자유는, 개인이 살아있는 동안 자신의 감정과 인식을 표현할 수 있는 권리로서, 그러한 권리는 유류분을 해치지 않는 조건하에서만 유효하다고 할 수는 없다. 생전에 자신의 재산을 처분할 수 있는 것과 마찬가지로 사후에도 그의 재산처분 의사는 존중되어야 한다. "유언의 자유는 절대적이고 무제한이어야 한다."[107] 직계존속에 대하여 유류분을 폐지한 2006년 법률의 취지에서 드러난 바와 같이, 우리는 각자에게 자신의 상속을 기획할 더 많은 자유를 주기 위해 다시 한번 노력을 경주하여 생존배우자와 직계비속에 대한 유류분도 폐지하여야 한다.[108]

(2) 부양기능의 소멸

둘째, 사회적 요소로서, 사람의 평균 수명이 연장되고 고령사회에 진입함에 따라 유류분을 주장할 직계비속은 더 이상 미성년자가 아니어서 피상속인의 직계비속에 대한 부양의무는 고려될 필요가 없다.[109] 프랑스민법전이 만들어질 18세기에 상속인의 연령이 14세였다면 오늘날에는 평균 55세로, 이론적으로 이미 자신의 삶에 안착한 나이에 상속을 받는다는 것이다.[110] 그리하여 더 이상 가족의 부양기능으로 유류분을 정당화할 수 없다. 2006년 개정으로 직계존속에 대한 유류분을 폐지하면서, 미리 피상속인의 재산 승계를 허용하는 세대간 분할증여(la donation-partage transgénérationnelle), 유류분 감액소권의 사전포기, 사후 위임(le mandat à effet posthume)[111]의 제도를 신설하였지만, 그러한 제도 역시 재산권에 대한 제한에 다름아니고, 생명보험, 종신연기금, 똥띠식[112] 연금과 같이 유류분을 우회하는 방법이 존재하지만, 이를 이용하기 위해

---

106   Rapport de travail, n° 78, p. 52.

107   D. Borillo, *op cit.*, p. 82.

108   D. Borillo, *op cit.*, p. 85.

109   Rapport de travail, n° 92, p. 57.

110   D. Borillo, *op cit.*, p. 82.

111   이준형, "프랑스 민법상 수임인에 의한 상속재산의 관리 — 사후대비위임을 중심으로 —," 민사법학 제59호(2021. 6), 369면 이하 참조.

112   똥띠(곗돈)식 연금이란, 한 가입자의 사망시 그 지분을 나머지 가입자에게 넘겨주어 최후의 생존자가 전액을 다 받은 방식의 종신연금을 의미한다.

서는 여전히 전문적인 방법이 필요하다는 점에서 유류분은 폐지되어야 한다.

한편, 유류분은 현대의 가족 개념, 다양한 친자관계의 양태에 부합해야만 하는데, 현대에 들어 가족의 형태가 다양해지면서 가족연대의 개념은 약화되고 개인화되는 상황에 있다. 다른 한편, 가산의 개념이 사라지고 부부가 취득한 재산에 대하여는 생존배우자의 권리가 더욱 보장되는 것이 합리적이고 직계비속의 이익은 생존배우자의 권리에 비해 열위에 놓일 수밖에 없다.

(3) 사회불평등

셋째, 정치적 요소로서, 가족의 탈제도화가 이루어진 포스트모더니즘 및 신자유주의 하에서 유류분을 주장하는 것은 이미 구시대적 발상으로 우리의 시대정신과 간극이 있다.[113] 상속인이 피상속인의 재산의 일부로부터 혜택을 입으리라고 기대하는 것은 기본권이 아니다. 그런데 유류분에 해당하는 재산은 더 이상 피상속인이 아니라 상속인에게 속한다고 여겨진다. 상속은 경제적으로 동시에 상징적으로 재산의 자동취득의 양태를 구성하는데, 상속은 기업의 승계와 같은 경제적 권력뿐만 아니라 저작권 왕국과 같은 문화적 권력, 정치가문과 같은 정치적 권력이 문제가 된다는 점에서,[114] 사회적 동종교배의 주요한 근원으로 작용한다. 100미터 경기에서 어떤 선수가 이미 10미터 앞에서 출발한다면, 대체 공정은 어디에 있는가?[115] 마찬가지로 유류분은 사회에서 기회의 공정한 평등에 대한 침해가 된다. 가족이념의 산출물인 유류분은 재산이 개인이 아닌 가족에 속해야 한다는 개념에 기초한다. 토마 피케티(Thomas Piketty)가 지적한 바와 같이, 유류분은 재산이 가족 내부에서만 순환하게 묶여 둔다는 점에서 평등원칙에 반하고, 이러한 가족적 시각은 완전하게 사회적 정치적 결정론에 순응한다.[116] 이러한 시각은 유류분이 제도적으로 사회의 불평등을 감소시킨다는 프랑스 혁명시대의 시각과는 완전히 반대된다.[117] 오늘날 가족의 권리를 구성하는 총체 안에는 피상속인에게 더 큰 자유가 있다.[118] 그러한 의미에서 유류분은 사회적 불평등의 재생산 도구로서 기회의 공정한 평등을 침해한다.

---

113 Rapport de travail, n° 93, p. 58.

114 D. Borillo, *op. cit.*, p. 83.

115 D. Borillo, *op. cit.*, p. 83.

116 D. Borillo, *op. cit.*, p. 83.

117 Rapport de travail, n° 26, p. 31.

118 B. Beignier, Quelques idées pour une évolution sans révolution de la réserve héréditaire, p. 8

(4) 경제적 해악

넷째, 유류분 제도는 경제적으로 해악을 초래한다.[119] 유류분제도는 사업가의 도전정신과 창의성에 대한 장애물로서, 창업가가 자신이 죽은 뒤 상속인 이외의 자 또는 기업을 가장 잘 경영할 자격이 있는 자에게 경영권을 이전하는 것을 방해한다. 나아가, 부모로부터 상속재산의 일부를 물려받을 것이 보장된 상황은 자녀의 창업정신을 자극하지 못한다. 그리하여 유류분은 기업의 승계(la transmission d'entreprise)에 장애가 된다.

다른 한편, 유류분은 인류애(philanthrophie)적 목적의 재단설립이나 예술에의 기부활동(mécéna)에 장애물이 된다.[120] 역사적으로 프랑스 혁명은 딸이나 차남 이하 아들들에 대한 불평등 해소 및 광대한 사유농지(latifandium)의 집중을 방지하기 위한 재산의 분산을 이유로 유류분을 인정했었지만, 사회가 변화했고 이제 그러한 정당화는 완전히 힘을 잃었다.[121] 가령 어떤 부모가 양질의 대학교육을 제공함으로써 두 자녀의 경제적 미래를 보장하였고 그 자녀가 이미 성인이 되었다면, 그는 이제 남은 전 재산을 자신의 뜻에 따라 재단에 기부할 수 있어야 하는데, 현행법률은 유류분이라는 처분할 수 없는 공공질서 원칙에 따라 기부를 무효로 만든다. 위 두 자녀는 유류분 감액소권의 행사를 통해 아무런 노력 없이 부를 획득하고, 사회는 필요한 기부를 받지 못하는 결과가 초래되는 것이다. 그런 의미에서 유류분은 지배계급의 재생산이라는 사회적 기능을 충족시킨다. 워런 버핏과 빌 게이츠 주도로, 미국의 억만장자들로 하여금 인류를 위해 재산의 상당부분을 기부하도록 독려하는 the Giving Pledge 운동이 프랑스에서 이루어질 수 없는 이유가 바로 유류분이라는 장애물 때문이다.[122] 유류분을 폐지함으로써 재산의 재분배, 부의 순환, 인류애와 기업정신을 독려할 수 있고, 창업의 자유와 기회의 평등에 앞서, 세대 간 원점에서 다시 시작하도록 하여야 한다.

---

119 Rapport de travail, n° 79, p. 52; M. Grimaldi, *op. cit.*, n° 301, p. 235.

120 벌써 10년 전인 2011년 "왜 빌게이츠와 워런버핏은 프랑스에서 모방될 수 없는가?"라는 자극적인 제목의 노트에서 인류애와 상속을 화해를 목표로 하여야 한다고 하였다. Pourquoi Bill Gates et Warren Buffet ne peuvent pas faire d'émules en France, note Institut Montaigne, mai 2011(https://www.institutmontaigne.org/).

121 D. Borillo, *op. cit.*, p. 82.

122 D. Borillo, *op. cit.*, p. 83.

(5) 유류분의 우회수단

다섯째, 유류분을 우회하기 위해 생명보험(l'assurance-vie)이 널리 활용되고 있다. 생명보험의 보험수익자가 받은 보험금에 대하여 유류분 감액청구를 할 수 있을까? 이는 우리나라에서도 동일하게 문제되는 바, 가령 보험수익자를 법정상속인으로 한 경우와 특정인을 지정한 경우 그 결과는 달라질 수 있다.[123] 이에 대하여 파기원은 생명보험의 보험금을 자유분으로 보았고 그 결과 제2의 자유처분가능분으로 기능함으로서 유류분을 형해화하는 결과를 초래하였다.[124]

다른 한편, 현재 프랑스 다수설에 의하면 유류분은 "국제사법상 공서의 예외"로 인정되지 않는다.[125] 캘리포니아에 상거소지를 둔 프랑스인이 특정 자녀를 배제하는 유언을 남기고 사망한 사안에서 그 유언은 캘리포니아주법의 적용을 받아 그 자녀는 상속으로부터 완전히 배제되었다.[126] 프랑스 파기원 민사 1부는 2017년 9월 1일 두

---

[123] C. Pères et Ch. Vernières, *op. cit.*, n° 697, p. 620 et n° 742, p. 666 참조. 구체적으로 보면 우선, 보험계약자가 상속인 이외의 자를 보험수익자로 지정함으로써, 상속인인 유류분권리자들의 유류분이 침해된 경우가 있을 수 있다. 이 때 상속인이 아닌 보험수익자가 취득하는 생명보험금은 유류분 산정을 위한 기초재산인 피상속인의 상속개시시의 적극재산이나 증여재산으로 볼 수 없을 것이다 따라서 유류분반환청구의 대상이 되지 않는다고 생각된다. 그리고 보험계약자가 공동상속인 중 1인 또는 수인을 보험수익자로 지정할 수 있다 이 경우에도 보험수익자가 받는 생명보험금은 유류분 산정의 기초재산인 상속재산이나 증여재산으로 볼 수 없을 것이고 유류분반환청구는 불가능할 것이다. 홍진희·김판기, "생명보험금과 유류분반환청구에 관한 민·상법적 고찰," 재산법연구 29권(2012. 11),

[124] C. Pères et Ch. Vernières, *op. cit.*, n° 742, p. 666.

[125] Rapport de travail, n°s 65 et s, pp. 47 et s.

[126] 2009년 말리부에서 타계한 영화음악 작곡가 Maurice Jarre는 자신의 두 자녀를 의도적이고 고의적으로 배제한다는 유언을 남겼다. 1984년 30세 연하인 Fui Fong Khong과 네 번째 결혼한 그는, 2008년 파리 소재 아파트와 스위스 소재 집, 자신의 모든 곡에 대한 저작권을 그의 마지막 동반자에게 준다는 유언장을 작성한 것이다. 다만 그는 캘리포니아에서 30년 이상 거주하였으므로 그의 상거주지가 미국이라는 데에 대한 의문이 없었다. 2017년 9월 프랑스 항소법원은 그가 프랑스인임에도 불구하고 유언으로 자녀를 상속인에서 배제할 수 있다고 판시하였다. 이 판결에 대하여, 아들 Jean-Michel은 "상속인의 권리는 돈의 문제일 뿐만 아니라 가족 관계의 보호와 같은 훨씬 더 중요한 영역에 영향을 미치며 창작자의 경우 예술가의 인격권에 영향을 미친다. 우리 가족의 정체성, 기원을 만드는 것, 가족의 흔적, 부모, 조부모와 우리를 묶는 추억을 갑자기 지워버리도록 자유롭게 훼손할 수 있다는 것은 용납될 수 없다."고 비판하였다.
한편, 2017년 12월 6일 향년 74세로 타계한 프랑스의 유명 록가수 조니 할리데이(Johnny Halliday)는 2013년 이후 미국 캘리포니아로 이주하여 네 번째 부인인 Læticia와 살면서, 모든 재산을 현 부인과 두 명의 입양한 딸들에게 준다는 유언을 남겼고, 이에 상속인에서 배제된 두 자녀인 Laura Smet과 David가 제기한 법적 분쟁이 진행되고 있다. 이를 다룬 문헌으로, Eva Saulnier, Disinheriting Your Children: A "Non" "Non" in France, An Accepted Use of Testamentary

판결에서[127] "유류분을 무시하는 충돌규정에 의해 지정된 외국법은 그 자체로 프랑스의 국제공서양속에 반하는 것이 아니고 구체적 적용이 핵심으로 여겨지는 프랑스법의 원칙과 양립할 수 없는 상황에 이른 경우에만 배척될 수 있다."고 할 텐데, "상속에서 제외된 자녀도 경제적 변동과 필요로 하는 상황에 있다고 보여지지 않는한," 본 사안은 그런 경우가 아니라고 하였다. 즉 유류분을 알지 못하는 국가에 거소지가 인정되어 특정 상속인을 배제하는 유언을 통해 유류분제도를 형해화시킬 수 있다. 유류분이 프랑스 국내법상 공서양속에 해당하는 것과 국제공서양속 해당 여부는별개의 문제이기 때문이다.[128]

(6) 배우자의 특별자유분

생존배우자의 유류분은 2001년에 도입되었고 직계비속이 없는 경우에 비로소인정된다는 점에서 보충적이다. 그런데 현대의 가족문화는 직계비속의 상속에 대한기대권보다는 생존배우자의 권리를 우선시한다.

한편, 부부 간에 부부재산계약에 의해 증여가 이루어지는 경우 상속이 복잡해질수 있다. 직계비속이 있을 경우라도 배우자 일방은 타방 배우자에게 그의 재산의1/4에 대한 완전소유권과 3/4에 대한 용익권, 혹은 그의 전체재산에서 용익권만을증여할 수 있는바, 이는 배우자의 특별자유분으로, 배우자가 받은 증여는 그가 상속재산으로부터 받을 권리에 충당된다. 다른 한편, 생존배우자는, 자녀의 몫을 크게 하고 상속으로 발생할 세금을 절약할 목적으로 그 상속취득분을 받은 재산의 일부로한정할 수 있다. 그리고, 생존배우자와의 사이에서 태어나지 않은 피상속인의 자녀는 피상속인의 위와 같은 특별자유분 행사시 배우자의 몫만큼 자신의 몫이 상속재산에서 감소되는 불이익을 받을 수 있으므로 이러한 자녀로 하여금, 생존배우자가 없었더라면 그가 받을 수 있었던 상속분에 대한 용익권을 포기할 수 있도록 하는 등

Freedom in America, 52 Case W. Res. J. Int'l L. 669 (2020); Henry Samuel, Inheritance battle over Johnny Hallyday's €100m fortune after two children left nothing, The Telegraph (Feb. 12, 2018) 참조.

127 Civ 1re 27 sept. 2017, n° 16-17198 et n° 16-13151, *D.* 2017, note J. Guillaume et 2310 obs. H. Fulchron; *Dr. Fam.* 2017. comm. 230 M. Nicod; *RTD civ.* 2018. 189. obs M. Grimaldi.

128 이 문제는 2015. 8. 17. 이후에 개시될 상속에 대하여 적용될 2012. 7. 7 자 유럽규약이 채택된 이후에는 더욱 민감한 문제로 제기되고 있다. 도식적으로 보면 이 규약은 동산과 부동산을 구별하지 않고 유언자의 마지막 거소지의 법에 관할권을 부여하는데, 유언자가 자신의 자국법을 선택하는 경우에는 그러하지 않다. 그러나 이 규약은 "법정지의 공서와 명백하게 양립할 수 없는 경우" 법관은 관할권이 있을지라도 법률의 적용을 배제할 수 있다(제35조).

이해관계를 조정하려고 시도해 왔다. 위와 같이 생존배우자의 유류분은 특별자유분과 관련하여 복잡한 문제를 야기하고 유류분보다도 거주지에 대한 점용권의 필요성이 더 크다는 점에서 생존배우자의 유류분은 폐지하고 점용권을 널리 인정하는 방식으로 생존배우사의 상속법상 지위를 강화하는 방향으로 가야 한다.

4. 옹호론자의 반론

(1) 처분의 자유의 한계

생전의 자신의 재산에 대한 처분의 자유와 사후의 처분의 자유를 같게 볼 수 없다는 반론이 가능하다. 포르탈리스(Portalis)는, 상속권이 자연법에 근거한 것인지 단순히 실정법에 근거한 것인지 물으면서, 재산권은 그 자체로 자연으로부터 발생한 직접적인 제도이지만 재산권은 소유권자의 삶과 함께 끝나고, 상속할 권리는 사회적 제도라고 하였다.[129] 따라서 사후의 처분의 자유는 실정법에 의해 인정된 권리이므로, 입법으로 정할 수 있다. 즉 자연권은 아닌 것이다.[130]

(2) 공익에 기여함

유류분 제도는 우려와는 달리 오히려 가족 간 평화는 물론 나아가 사회 평화에 기여하고 상속분쟁을 최소화한다. 유류분 제도가 폐지되면 부모로 하여금 자녀 가운데 한 명에게만 그의 재산을 물려주게 되어 불평등을 야기할 것이고, 혁명시대에 제기했던 문제의식 즉 재산을 한 세대에 머무르지 않고 널리 분배한다는 유류분의 공익적 취지는 현재에도 살아있다고 반박한다.[131]

(3) 상속세의 기능

유류분이 인류애의 구현에 장애가 된다는 비판에 대하여는 비영리 사단법인에 의한 기부문화는 자본주의 미국 특유의 제도라고 반박한다.[132] 미국에서 기부문화가 활성화된 배경은 유류분이 존재하지 않기 때문이 아니라 역사적, 문화적, 종교적, 사회적, 정치적, 경제적 그리고 재정적인 이유에 있다고 주장한다. 미국인은 국가에 대한 신뢰가 없고 오히려 그들의 요구를 비정부기관에서 추구하는 등 연방국가의 개입

---

129 M. Grimaldi et P. Catala. *Le discours et le Code. Portalis deux siècles après le Code Napoléon*, Lites 2004, pp. 375 et s.

130 Rapport de travail, n° 104, p. 62.

131 Rapport de travail, n°s 81 et s, pp. 53 et s.

132 Rapport de travail, n°s 81 et s, pp. 53 et s.

에 대한 불신과 더불어 사적 조직이라는 공동체에 대한 특권이 미국의 정치사의 구조인 것이다. 반면 프랑스에서는 개인들의 집단은 국가와 경쟁할지 모른다는 의심속에서 비정부기관에 대한 신뢰가 싹트지 않았고 오히려 국가가 그러한 역할을 할 것으로 기대하여 강한 국가에 대한 관념이 역사로부터 도출되었다. 다른 한편, 미국의 자선적 유언의 자유에 대한 절대적 신봉은 이른바 mainmorte(dead hand)[133]로부터의 부의 축적을 초래하였다.

미국에서 기부를 하는 기업은 엄청난 인류애적인 희생을 하는 것으로 비춰지지만 실상은 그만큼 세금감면의 혜택을 받으므로, 자본주의 사회에서 기업은 절세목적으로 기부를 활용하는 것에 불과하다. 반면 프랑스는 비교적 높은 상속세를 부과하고 있는바, 망인은 국가에 의해 징수된 세금을 통해 이미 공익목적을 위해 공헌하였다고 보는 것이 합리적이다.[134]

(4) 기업승계에 장애가 되지 아니함

유류분이 프랑스의 기업승계에 장애물이라는 비판은 아주 오래된 것이지만 그 직접관련성은 존재하지 않고, 어떠한 연구결과도 유류분이 기업승계에 장애가 됨을 수치적으로 증명한 바 없고, 오늘날의 경제적 실제와 부합하지 않는다.[135] 사람들은 프랑스의 토지가 유류분에 의하여 세분화되어 경영이 황폐화된다고 말하지만, 프랑스의 농업생산력은 여전히 세계 제2위 내지 제3위이다. 나아가 프랑스의 가족영업은 프랑스 경제에서 매우 중요한 기능을 하여, 프랑스에서 가족영업의 비중은 약 83%이고 고용율도 매우 높다. 사업가의 사망에 따른 기업 소멸의 원인은 유류분의 문제가 아니라 사업가의 경쟁력, 기업승계를 예상하지 못하여 대비할 수 없었음에 있다고 설명한다.

(5) 유류분의 우회수단의 문제[136]

유류분의 사전포기제도는 그 이용률이 매우 저조함이 보여주듯, 형해화되어 거의 활용되고 있지 않다.[137] 이는 현행 사전포기제도가 추정적 유류분권리자를 해하

---

[133] 김현진, "수익자연속신탁과 Dead hand rule," 가족법연구 제31권 제2호(2017), 63면 이하 참조. Dead hand Rule(또는 영구구속금지원칙 Rule Against Perpetuities)이란 커먼로 국가에서 신탁의 존속기간과 관련하여, 사망한 자가 사후 영원히 자신의 재산을 지배해서는 안 된다는 원칙을 의미한다.

[134] Rapport de travail, n° 580, p. 194.

[135] Rapport de travail, n°s 557 et s, pp. 189 et s.

[136] Rapport de travail, n°s 99 et s, pp. 60 et s.

는 형평에 반하는 제도이고, 현실과 맞지 않는다는 점에 기인한다. 유류분의 사전포기는 유류분권리자의 권리가 아닌 감액배상에 대한 그의 몫만을 포기하는 것이어야 할 것이다. 한편, 유류분 우회수단으로서의 생명보험의 활용은 생명보험을 상속법에 따라 규율되도록 함으로써 이를 방지할 수 있다.

나아가 유류분은 국제공서의 예외로 인정되어야 한다. 그리말디(Michel Grimaldi) 교수는 프랑스 상속법 핵심 원칙인 국제공서로서 차별금지원칙과 유류분을 들고 있다.[138] 즉 차별금지원칙 및 유류분과 양립할 수 없는 유언은 배척될 수 있다. 2017년 파기원 민사1부의 두 판결에 대하여,[139] 마리 고레(Mari Goré) 교수를 비롯한 많은 법학자들은 판결에서 언급한 경제적 변동과 필요성의 상태가 도대체 무엇인지, 공서양속의 예외가 재판의 법적 질서와 근접한 관계를 가정하는 것인지, 가정의 결과에 대한 실제적 불확실성이 공서양속의 예외를 적용하는 것인지에 대하여 의문을 제기하는 등 강하게 비판하고 있다.[140][141]

(6) 프랑스의 국민의식

마지막으로 프랑스 국민을 상대로 진행된 유류분 제도에 대한 여론조사를 보면, 프랑스인들은 여전히 유류분의 존속을 선호한다.[142] "오늘날 프랑스에서 자녀 가운데 한 명을 상속인에서 배제하는 것은 불가능하다. 당신은 개인적으로 장래에 이러한 배제가 가능해지는 것과 불가능한 상태를 유지하는 것 가운데 어떤 것을 선호하는가?"라는 질문에 대해 답변자의 약 66%가 여전히 유언에 의한 상속인의 배제는 불가능하여야 한다는 유지 의견을 택했고, 30%만이 유언에 의한 상속인의 배제가 가능해질 것을 선호한다고 답했다.[143] 현행 유류분의 유지를 택한 의견이 직업적 분류

---

137 Rapport de travail, n° 460, pp. 166.

138 M. Grimaldi, «Brèves réflexions sur l'ordre public et la réserve héréditaire», Revue de Droit, n° 7 (2014), *La réserve héréditaire*, pp. 139 et s.

139 Civ 1re 27 sept. 2017, n° 16-17198 et n° 16-13151, *D.* 2017, note J. Guillaume et 2310 obs. H. Fulchron; *Dr. Fam.* 2017. comm. 230 M. Nicod; *RTD civ.* 2018. 189. obs M. Grimaldi.

140 C. Deneuville et S. Goderot-Patris, Le choix d'une loi étrangere ignorant la réserve héréditaire *JCP N* 2018, 1239; M. Goré, Réquiem pour réserve héréditaire, *Déf.* 12 oct. 2017, n° 22. p. 23; G. Fonteneau, Vers la suppression de la réserve héréditaire afin de mieux déshériter ses enfants, 30 nov. 2018 https://www.leblogpatrimoine.com/strategie/succession-vers-la-suppression-de-la-reserve-hereditaire-afin-de-mieux-desheriter-ses-enfants.html).

141 Rapport de travail, n°s 73-5, p. 50.

142 Rapport de travail, n° 110, pp. 64 et s; C. Pères et Ch. Vernières, *op. cit.*, n° 470, pp. 402 et s.

에 따르면, 사무직의 71%, 노동자의 61%에 달하였고, 정치적 성향에 따라 구분하면, 우파 73%, 좌파 71%에 달했다.[144]

5. 위원회의 결론

유류분 개정을 둘러싼 팽팽한 찬반 논쟁은 매우 흥미롭다. 법적 관점에서뿐만 아니라 경제적, 사회적, 정치적 관점에서 분석함은 유류분 제도를 더 넓은 시각에서 바라보게 하였는바, 이는 유류분 개정위원회를 소집하면서 한 분야에 편중되지 않도록 학자들을 배치하고 각 분야의 오피니언 리더들을 섭외했기에 가능한 것이다.[145] 법무부에 제출된 보고서에서,[146] 프랑스 개정위원회는 54조문에 달하는 제안을 하였다. 그 가운데 중요한 부분을 간단히 정리한다.[147]

① 직계비속에 대한 유류분을 유지한다(안 1). 직계비속의 유류분에 대한 근거는 완전히 실제적일 만큼 견고하다. 친자관계의 법적 효과로 유류분은 직계비속의 정체성 확립과 법적 지위에 기여한다. 세대간 연대는 늘 그래왔던 것처럼 오늘날에도 프랑스 사회의 중심에 있다. ② 직계비속의 수에 따른 자유분의 차등적 비율을 버리고 두 분지로, 즉 직계비속이 한 명이면 반을, 두 명 이상이면 2/3로 개정한다(안 19).[148] ③ 상속에 대한 국제사법은 유류분을 국제공서로 인정한다(안 2). ④ 생존배우자에 대한 유류분을 폐지하되, 그 대신 상속시에도 이혼시와 마찬가지로 재산을 청산하고 주거권 보장을 강화함으로써 생존배우자의 권리를 강화할 것을 제안한다(안 11, 12, 13). 현재의 생존배우자에 대한 유류분과 직계비속의 유류분은 다르게 취급되어야 한다. 고유의 근거를 찾는 것도 매우 어려운데, 혼인이란 이혼에 의해 쉽게 깨어질 수

---

143 *Les français et les questions de droit de la vie quotidienne*, sondage BVA pour la chambre des notaries de Paris, janv. 2012.

144 *Les français et les droits de al famille*, sondage BVA pour le conseil supérieur du notariat 6 dec 2002. https://www.caf.fr/sites/default/files/cnaf/Documents/Dser/dossier_etudes/dossier_44_-_sondages_2002.pdf.

145 프랑스의 이러한 위원회 구성은 바람직한데, 우리나라의 경우 환경관련한 입법은 환경법 교수들만으로 구성되어 손해배상에 있어 민법적 관점에서 보면 허점이 보이고, 최근 신탁법 개정 관련하여서도 민법 전공자와 세법 전공자들을 포함하지 않아 다른 법률과의 조화가 자연스럽지 않은 경향이 있었다.

146 위원회의 방대한 보고서는 법무부 사이트에서 다운로드받을 수 있다. http://www.justice.gouv.fr/art_pix/Rapport_reserve_hereditaire.pdf (2021. 8. 1. 최종방문)

147 Rapport de travail, «Synthèse de propositions», pp. 17 et s.

148 Rapport de travail, n°s 369 et s, pp. 146 et s. n°s 379 et s, pp. 149 et s

있는 법적 관계로, 생존배우자의 보조적인 성질도 만족스럽지 않다. 유류분은 생존배우자의 보호에 적절한 법적 도구가 아니므로 구체적인 필요성에 맞는 다른 수단을 강구하여야 한다.[149] ⑤ 직계존속의 반환청구권을 폐지하고, 그 대신 부모에게 부양이 필요한 경우 부양채권을 인정하고(제안 14), 연금권을 확대한다(안 16). ⑥ 유류분을 감액함에 있어 생전증여를 증여일자에 따라 차별하지 않는다(안 22).[150] ⑦ 생명보험을 상속 및 무상양여법에 따르게 하고, 생명보험을 민법상 무상양여로 추정하는 기준을 법 안에 규정한다(안 23 및 24).[151] ⑧ 유류분 상대방의 파산의 경우 제3취득자에 대한 현물반환을 유지한다(안 27). ⑨ 유류분 상대방이 증여받거나 유증받은 재산을 갖고 있으면서 가액배상을 하지 않는 경우 유류분 권리자는 현물반환을 청구할 수 있다(안 29). 보조적으로 유류분에 기한 유치권을 인정한다(안 30 bis). ⑩ 유류분의 사전포기는 유류분권리자의 권리가 아니라 가액배상에 대한 그의 몫만을 포기하는 것임을 분명히 한다(안 32). 그리고 감액소송에서 유류분의 사전포기의 의사표시를 동시에 표명할 수 있다(안 37).

Ⅳ. 나가며

프랑스의 유류분 제도는 시민혁명정신이 녹아 들어있는 프랑스의 독특한 문화적 산물이다. 로마법과 성문법 지역의 유언상속원칙에 대한 예외로서의 의무분 제도와 관습법 지역에서의 법정상속원칙의 예외로서의 유류분 제도가 혼합된 것으로 오랜 역사적 전통을 갖고 있다. 혁명기의 법률을 거쳐 1804년 나폴레옹 민법전에 명문화된 유류분 제도는 2006년 상속법의 대개정에 의하여 현재의 모습을 갖게 되었다.

본고는 최근 프랑스에서 벌어지고 있는 유류분 제도에 대한 개정 논의를 소개하면서 프랑스사회의 고민의 궤적을 좇아가 보았다. 이를 통해 프랑스 나아가 한국의 유류분 제도의 미래를 볼 수 있을까 하는 바램이었다. 예상했던 대로 각계의 의견은 분분하여 만장일치의 결론은 내려질 수 없었고, 다만 다수결에 의해 개정위원회는 생존배우자의 유류분은 폐지하고, 직계비속의 유류분은 세부적인 점에서 개정하되 큰 틀은 유지하는 것으로 결론내린 것을 확인할 수 있었다.

---

149 Rapport de travail, «Synthèse de propositions», n° 7, p. 15.

150 Rapport de travail, n°s 406 et s, p. 155.

151 Rapport de travail, n°s 409 et s, p. 155.

큰 그림에서 본다면, 1804년 이후 유류분권리자의 범위가 축소되어 유언의 자유가 확대되어 온 방향성을 볼 수 있었다. 처음에는 직계비속과 직계존속만 유류분권리자였다가, 2001년 생존배우자가 추가되었고, 2006년 직계존속에 대한 유류분이 폐지되었다. 그리고 개정위원회는 생존배우자에 대한 유류분도 폐지하자고 주장한다. 그런데 학자들의 다수가, 그리고 프랑스 국민들의 대다수는 여전히 직계비속의 유류분은 유지되어야 한다고 본다. 그렇다면 결국 직계비속의 유류분의 범위가 문제될 것이다.

이러한 방향성은 직계존속, 직계비속, 형제자매 및 배우자 모두에게 유류분을 인정하고 있는 우리나라 민법에 시사점을 준다. 주지하다시피, 1977년 민법에 명문화된 우리나라의 유류분 제도는 한국 전통의 산물은 아니다. 1950년 민법이 제정될 당시 검토자료에는 '법정 최저 상속분'이라는 개념은 우리나라 전통에서 찾아볼 수 없어 대한민국은 유언의 자유가 100% 보장되는 나라라고 기재되어 있다. 도입 경위를 보면, 당시 가부장적 사회 분위기에 따라 큰 아들이 전 재산을 물려받아 다른 아들이나 딸, 조강지처가 상속과정에서 소외되는 폐단이 있어 이를 시정하고자 한 것이다.[152] 유류분은 우리 민법에서 유언자의 유언의 자유와 상속인들의 이해관계를 조정하는 제도로서 매우 중요한 기능을 수행해 왔다. 이와 같이 시대적 요청에 부응하기 위해 등장한 유류분 제도는 본연의 기능도 하였지만 부작용도 있어 현재는 헌법재판소에서 유류분제도의 위헌 여부에 대한 판단을 기다리고 있다.[153]

프랑스 민법상 유류분제도의 영향을 받았지만, 우리 민법상 유류분은 프랑스의 그것과는 몇 가지 점에서 차이가 있다. 지면상 큰 틀에서 수혜자, 범위, 대상, 제재 측면을 간단히 정리한다.[154] 첫째, 유류분권리자는 프랑스는 직계비속, 및 직계비속이 없는 경우 보충적으로 배우자인데 반해, 우리나라는 직계존속, 직계비속, 형제자

---

152 입법자료에 따르면, "유족들의 공헌의 산물이라고 볼 수 있는 상속재산의 일부에 대하여 상속인이 취득하여야 할 권리를 인정해야 하며, 피상속인의 재력으로 생계를 유지하여 오던 생계능력이 없는 유족에 대한 사회정책적인 혜택이 인정되어야 한다는 점에서 유류분제도의 신설은 타당하다고 본다"는 의견이 제기됐었다. 이 같이 유류분 제도는 고인의 재산처분행위로부터 유족의 생존권을 보장하고 상속재산 형성에 대한 유족의 기여와 상속재산에 대한 유족의 기대를 보장하는 데 입법취지가 있었던 것이다. 당시에는 가족재산이라는 관념이 여전히 존재했을 때이고 남아선호사상도 팽배했던 시기였기 때문에 가산(家産)을 유지해 생존 유족들의 부양을 도모하고 자녀들 사이의 양성평등도 보장할 필요가 있었던 것이 사실이다."

153 현재 헌재에 계류된 유류분 관련 위헌법률심판사건과 헌법소원은 13건에 달한다.

154 프랑스와 우리나라의 유류분을 대략적으로 비교하여 표로 나타내면 다음과 같다.

매 및 배우자로 유류분권리자의 범위가 지나치게 넓다. 둘째, 반환의 대상이 되는 범위는 전체 상속재산이라는 점에서 동일하다. 하지만 프랑스는 애초에 상속재산이 유류분과 자유분으로 그 비율이 정해져 있는데 반해, 우리나라는 법정상속인이 무유언 상속이라면 받았을 상속분의 1/2 또는 1/3이라는 점에서 기본 구조가 차이가 있다. 셋째, 그 대상은 유증과 생전증여를 포함하고, 유증 먼저 증여 나중이라는 점에서 동일하나 구체적으로 들어가면 반환순서나 조건이 다르다. 넷째, 유류분 침해에 대한 제재는 프랑스는 가액반환이 원칙이지만 우리나라는 원물반환이 원칙이라는 점에서 커다란 차이가 있다. 마지막으로 프랑스는 유류분의 사전포기가 인정되지만 우리나라는 인정되지 않는다.

한국의 유류분의 개정논의를 본고에서 다루는 것은 지면관계상 적절하지 않지만 프랑스의 유류분 제도의 개정논의를 연구하면서 느끼는 감회를 간략하게 밝힌다. 우리나라의 유류분은 고유한 문화나 전통의 산물이 아니고, 도입취지를 고려할 때, 유류분의 인정은 상속인 간 평등에 방점이 찍혀 있지 상속인의 생활방식의 자유를 보장하기 위한 것은 아니다. 나아가 고령사회에서 유류분을 주장하는 상속인의 연령이 스스로 생활을 영위하고도 남을 40-50대라면 이는 가족의 연대를 주장하기에도 적절치 않아 보인다. 오히려 부의 가족 내의 세습이라는 측면에서 사회불평등을 야기하고 사회연대에 저해가 된다는 폐지론자의 주장이 더 설득력이 있다고 생각한다. 개인은 자신의 재산을 처분할 자유가 있고 이는 인류애 측면에서이든, 본인이 평생

	프랑스의 유류분	한국의 유류분
유류분권리자	1순위 직계비속 2순위 (직계비속이 없는 경우) 배우자	1순위 직계비속, 배우자 2순위 직계존속, 형제자매
범위	상속재산 전부	상속재산 전부
특징	유류분 제외한 부분만 임의처분가능 유류분권리자 간에 충당 및 조정	
유류분	자녀 1명이면 전체재산의 1/2 자녀 2명이면 2/3 자녀 3명 이상이면 3/4	직계비속 및 배우자는 무유언상속시 받을 수 있었던 몫의 1/2 직계존속, 형제자매는 무유언상속시 받을 수 있었던 몫의 1/3
대상	유증부터 소진 후 증여 유증은 안분비례, 증여는 예전 것부터	유증부터 소진 후 증여 유증, 증여 모두 안분비례 제3자에 대한 증여는 사망 1년 이내 제한 상속인에 대한 증여는 시기 제한없음
제재	가액반환 원칙	원물반환 원칙
성질	감액소권은 채권	유류분반환청구권의 물권 v. 채권 논의

을 일궈 온 기업의 측면에서이든 그 자유의 확보가 더욱 가치있고 중요한 것일 것이다. 부모가 양육과정에서 교육을 통해 이미 자녀에게 많은 것을 주었고 본인이 판단하기에 공정하게 미리 배분함으로써 죽기 전에 자신의 재산을 정리한 것을 사후에 자녀들이 유류분을 이유로 이를 뒤집는 시도를 하는 것은 무덤에 있는 망인을 일으키는 행위가 아닐까. 그리고 직계비속에 대한 유류분과 배우자에 대한 유류분의 인정취지는 다르다는 점이 프랑스의 개정위원회에서 분명하게 논의되었는데, 아주 적절한 지적으로 우리나라에서 유류분 개정시 적극 고려되어야 하고, 일찍이 이를 폐지한 프랑스민법과 같이 우리나라도 직계존속과 형제자매의 유류분은 폐지되어야 할 것이다.

　　1995년 무더웠던 여름학기 수업에서 남효순 교수님을 처음으로 뵈었다. 현재의 필자보다 훨씬 젊으셨던 교수님은 낮고 울림이 강한 특유의 목소리로 민법총칙 강의를 하셨고, 프랑스의 민법, 나아가 프랑스 유학시절, 브리 치즈와 메독 와인에 대하여 이야기를 들려주셨다. 그 때부터 필자는 프랑스 민법에 대한 막연한 동경을 마음속에 품게 되었다. 이러한 인연은 2001년 석사과정 입학과 동시에 교수님을 지도교수님으로 모시도록 하였고 필자의 프랑스 민법에 대한 연구는 자연스럽게 시작되었다. 2012년 앙리까삐땅협회의 한국지부를 설립하고 종종 세계대회에 한국보고자로 참여하면서 유명한 프랑스 교과서 저자들과 친분을 쌓으며 나눈 대화는 비교법학자로서 아주 소중한 자산이 되고 있다. 이 모든 것은 선생님으로부터 입은 학은의 극히 일부이다. 퇴임을 앞두고 선생님은 필자에게 프랑스 상속법을 깊이 연구하라고 당부하셨다. 어깨가 무거워짐을 느끼며, 이미 프랑스 상속법을 번역하고, 프랑스 유증에 관련된 논문을 쓰긴 했지만, 본격적 연구의 첫 주제로 유류분을 택했다. 유류분은 유언의 자유에 대한 막강한 제한으로, 프랑스혁명 정신이 1804년 민법전에 투영된 것이다. 1977년 우리나라에 유류분이 도입되었으나 현재 헌법재판소에서 유류분 제도의 위헌 여부에 대한 판단을 기다리고 있다는 점에서, 본 논문에서 다룬 프랑스의 논의가 우리나라 민법의 발전에 도움이 되기를 기대한다.

공동상속에 관한 입법론
- 프랑스법과의 비교 -

최 준 규*

I. 들어가며

상속인이 수인인 때에는 상속재산은 그 공유로 한다(민법 제1006조, 이하 법명 생략). 여기서 공유는 제262조 이하의 공유를 뜻하고, 합유를 뜻하지 않는다. 이는 — 반대하는 학설도 있지만[1] — 법문언 및 체계를 고려할 때 당연한 결론이다. 제1015조 단서는 상속재산분할의 소급효를 제한하고 있는데, 이는 상속재산분할 전에 공동상속인 중 1인이 상속재산에 속하는 개별 목적물에 대한 지분을 자유롭게 처분할 수 있음을 전제로 한다.[2] 공유와 합유의 결정적 차이 중 하나가 **지분처분의 자유**(강조는 필자, 이하 같음)이다. 현행법상 공동상속재산은 공동상속인의 공유로 볼 수밖에 없다. 공유자는 공유지분을 자유롭게 처분할 수 있고, 이러한 공유지분은 공유자의 채권자가 공취(攻取)할 수 있는 공유자의 책임재산이다. 따라서 공동상속인은 상속재산분할 전에도 상속재산에 대한 자신의 지분을 자유롭게 처분할 수 있다. 또한 공동상속인의 상속지분은 상속채권자와 상속인의 채권자가 채권자평등원칙에 따라 공취할 수 있다.

---

* 서울대학교 법학전문대학원 부교수
1 신영호, 공동상속론, (1987), 278-280면; 윤철홍, "공동상속재산의 법적 성질에 관한 소고", 사회과학논총6, (2004), 225-226면.
2 윤진수, 친족상속법강의, 제2판, (2018), 385면.

- 811 -

그런데 공동상속재산에 관하여 제262조 이하의 공유법리를 적용하는 것이 '입법
론'의 측면에서 바람직한지는 의문이다. 우리법의 공유규정은 — 일본민법을 통해 간
접적으로 — 프랑스법을 계수한 것이고,3 우리 민법의 공동상속제도는 프랑스 민법적
인 모습을 가지고 있다고4 설명된다. 하지만 구체적 내용을 살펴보면 프랑스법과 우
리법 사이에는 적지 않은 차이가 있다. 이 글에서는 이러한 **차이점에 주목**하여 프랑
스의 공동상속 법률관계를 소개하고,5 그로부터 어떠한 비교법적 시사점을 얻을 수
있는지 고민해 본다. 글의 순서는 다음과 같다. 우선 상속재산의 공유와 공유법리 일
반(一般) 사이에 어떠한 차이가 있는지 확인하고, 현행법에 대하여 필자가 갖고 있는
문제의식을 제시한다(Ⅱ). 이어서 프랑스에서 공동상속의 법률관계가 어떻게 규율되
는지 살펴보고 우리법과 비교해 본다(Ⅲ). 이러한 비교법적 검토를 토대로 우리법이
어떻게 개정되는 것이 바람직한지 필자의 졸견(拙見)을 밝힌다(Ⅳ).

상속법의 경우 이론이 실무를 따라가는데 급급하다는 인상을 받는다. 일본법의
압도적 영향을 받은 현행 상속법이 갖고 있는 문제점을 해석론으로 해결하는데 한계
가 있고, 실무의 해석론은 불완전한 현행법 체계 하에서 취할 수 있는 최선의 해법
인 경우가 많기 때문에, 이론이 실무의 태도에 덧붙일 수 있는 말이 별로 없어 보인
다. 이러한 상황에서 이론이 제 기능을 하려면 **입법론**에 대한 연구가 필요하다. 필자
가 이 글을 작성하게 된 까닭이다.

Ⅱ. 문제의 제기

1. 상속재산의 공유와 공유법리 일반(一般)의 차이점

상속개시에 따라 공동상속인들이 법정상속분에 따라 상속재산에 대한 공유지분
을 당연취득하는 것은 통상의 공유법리와 다음과 같은 점에서 차이가 있다.

---

3 윤진수(주 2), 385면.

4 김형석, "우리 상속법의 비교법적 위치", 가족법연구 23-2(2009), 96면; 신영호(주 1), 315면.

5 프랑스의 공유 법리 및 공동상속 법리에 대한 선행 연구로는 남효순, "프랑스민법상의 공동소유 —
   공유를 중심으로 —", 서울대법학 39-1(1998), 134면 이하("남효순1998"로 인용); 남효순, "프랑스민
   법상 상속재산 분할의 효력: 분할의 선언적 효력과 소급적 효력, 공동분할자의 담보책임 및 분할의
   무효화소권과 보충소권", 민사법학 59, (2012), 551면 이하("남효순2012"로 인용); 여하윤, "공유물분
   할청구권의 대위행사 허용 여부 — 프랑스 민법과 프랑스 재판례와의 비교를 중심으로 —", 비교사법
   26-1(2019), 93면 이하; 김형석(주 4), 90-91면.

첫째, 법정상속분에 따른 공유지분은 상속인의 **종국적이고 정당한 몫**이 아니다. 특별수익과 기여분을 고려하여 수정된 법정상속분, 즉 구체적 상속분이 상속인의 종국적이고 정당한 몫이다. 물론 공동상속인 1인이 상속재산분할 전에 법정상속분에 따른 공유지분을 제3자에게 임의처분한 경우, 나중에 상속재산분할이 있더라도 그 처분은 유효하다(제1015조 단서). 임의처분이 가능하다는 점을 고려하면, 법정상속분에 따른 공유지분이 공동상속인의 정당한 몫이 아니라고 말하긴 어렵다. 그러나 이는 어디까지나 예외적 현상이다. 또한 제3자에 대한 처분이 유효하더라도 공동상속인들 사이의 정산문제는 남는다. 이 경우 정산의 기준은 처분이 없었더라면 각 공동상속인들이 취득하였을 구체적 상속분이다.

둘째, 개별 상속재산에 대한 법정상속분에 따른 공유지분과 상속재산 전체에 대한 법정상속분에 따른 공유지분은 '질적'으로 구별된다. 즉 전자의 산술적 합이 후자가 되는 것이 아니다. 후자는 '상속인의 지위 자체'를 뜻하고, 후자가 양도되면("공동상속분의 양도"; 제1011조 제1항) 양수인이 상속재산분할의 당사자가 된다.[6] 양수인은 양도인과 동일한 상속채무를 부담한다.[7] 이후 상속재산분할이 이루어지면 양수인은 양도인의 특별수익과 기여분을 고려한 구체적 상속분에 따라 권리를 취득한다.

법정상속분과 구별되는 개념인 '구체적 상속분' 또는 '상속인의 지위'를 고려할 때, 공유자 개인의 지분처분의 자유를 인정하는 공유법리 일반(一般)을 공동상속의 법률관계에 적용하는 것이 타당한지 의문이다. 또한 다음 사례들을 보면, 우리 실무도 이러한 문제의식을 일정부분 공유하고 있다고 사료된다.

① 공동상속인 1인이 상속재산 관리비용을 부담하거나 장례비를 지출한 경우, 상속재산분할절차에서 이를 고려하여 청산하는 것이 실무의 입장이다.[8] 이러한 실무의 결론 — 필자가 생각하기에 지극히 타당한 결론 — 은 공유법리 일반(一般)을 기계적으로 적용하면 도출되기 어렵다. 공유물 관리비용은 공유자가 그 지분비율로 부담하므로(제266조 제1항), 공동상속인 1인은 나머지 공동상속인들에게 그들의 법정상속분에 따라 안분하여 관리비용상환을 청구할 수 있을 뿐이다. 결과적으로 (구체적 상속

---

6 윤진수(주 2), 417면.

7 통설은 양도인도 양수인과 함께 병존적·중첩적으로 상속채무를 부담한다고 본다. 주해상속법 1권 (2019)/이봉민, 281면.

8 주해상속법 1권(2019)/이봉민, 300-301면. 이러한 실무의 입장은 프랑스법이 상속재산채권자를 우대하는 것과 결과적으로 비슷하다. 본문 Ⅲ. 2. 가. 참조.

분에 따라 취득한 상속재산＋상속인의 고유재산)이 관리비용상환청구권자가 공취할 수 있는 책임재산이 된다. 한정승인·재산분리·상속재산의 파산으로 인해 상속재산과 상속인의 고유재산이 분리되어 2개의 책임재산이 된 경우, 상속에 관한 비용은 상속재산 중에서 지급되어야 하므로(제998조의2), 상속재산만이 위와 같은 관리비용상환청구권의 책임재산이 된다.

② 판례는 공동상속재산인 부동산의 분할이 완료되었는데 그 부동산으로부터 발생한 상속개시 후 분할 전까지의 차임채권은 상속재산분할 대상에 포함되지 않은 경우, 위 차임채권은 법정상속분이 아니라 구체적 상속분에 따라 공동상속인들에게 분할귀속된다고 보았다.9 이 또한 공유법리 일반(一般)을 기계적으로 적용하면 도출되기 어려운 결론이다. 상속개시 후 즉시 부동산에 대하여 법정상속분에 따른 공유지분을 취득한 공동상속인들은 자신의 공유지분만큼의 차임채권도 함께 취득한다고 봄이 자연스럽기 때문이다.

위 ①, ②와 같은 실무의 입장은 **공동상속재산 일체를 공동상속인들의 고유재산과 구별되는 별도의 재산**으로 보는 생각과 맥이 닿아 있다. 공동상속재산을 상속인들이 각각 공유지분을 보유하는 그들의 고유재산(ex. 공동상속인 3인이 함께 A부동산을 매수하고 각각 1/3 공유지분등기를 마친 경우)과 똑같이 취급하면, 위와 같은 결론이 나올 수 없다.

2. 가분채권의 상속재산분할 대상성

판례는 가분채권은 원칙적으로 상속재산분할의 대상이 될 수 없지만, 초과특별수익자가 있거나 특별수익자 또는 기여분권리자가 있는 경우에는 공동상속인들의 형평을 기하기 위해 예외적으로 상속재산분할의 대상이 된다는 입장이다.10 가분채권을 상속재산분할 대상에 포함시키는 판례의 결론 자체는 타당하다.11 그런데 이로 인해 **판도라의 상자가 열린다.** ① 분할의 대상이 되는 경우와 되지 않는 경우는 어떻게 구별하는가? 일단 가분채권인지 아닌지를 따져야 하고, 가분채권이더라도 분할 대상에 포함시킬 필요가 있는지를 따져야 한다. 그런데 종류가 다양하고 내용이 복

---

9 대법원 2018. 8. 30. 선고 2015다27132 판결.

10 대법원 2016. 5. 4.자 2014스122 결정.

11 가분채권은 '원칙적으로' 상속재산분할의 대상이 된다는 견해로는 박근웅, "가분채권과 상속재산분할", 가족법연구 34-1(2020), 22-25면.

잡한 금융상품 중에는 가분채권인지를 쉽게 판단하기 어려운 것도 많다. 또한 가분채권을 분할대상에 포함시킬 필요가 있는 경우가 필요가 없는 경우를 구분하는 것도 쉽지 않다. ② 공동상속인들 간의 형평을 기하기 위해 가분채권을 상속재산분할의 대상에 포함시켜야 하는 상황임에도 불구하고, 초과특별수익자인 공동상속인 1인이 자신의 법정상속분에 따른 가분채권을 이미 행사하여 변제를 받았다면 공동상속인들 사이의 법률관계는 어떻게 정리되는가? 분할대상이 되는 가분채권이 존재하지 않기 때문에, 상속재산분할은 더 이상 문제되지 않는가? 만약 그렇다면, 공동상속인들 간의 형평은 어떻게 기할 수 있는가? 공동상속인들 간의 형평을 기할 방법이 없다면, 가분채권을 상속재산분할 대상에 포함시킨 판례의 취지가 이렇게 쉽게 무력화되어도 괜찮은가? ③ 만약 채권을 행사하여 변제를 받은 공동상속인이 다른 공동상속인들에게 상환의무를 부담하고 이러한 상환금액을 고려해 상속재산분할이 이루어져야 한다고 가정해 보자. 이렇게 보면 공동상속인들 간의 형평을 기할 수 있다. 그런데 상환의무를 인정할 것이라면, 차라리 공동상속인 1인이 자신의 법정상속분에 따라 가분채권을 행사하는 것 자체를 막음이 간명하지 않는가? 왜 굳이 먼 길을 돌아가야만 하는가?[12]

문제의 근본원인은 공동상속재산의 '공유'구성에 있다. 공유구성을 바꾸지 않는 한 불완전한해석론, 논리적으로 일관되지 않은 해석론이 나올 수밖에 없다.

3. 가분채권과 가분채무의 차별취급

앞서 본 것처럼 가분채권은 상속재산분할의 대상이 될 수 있다. 그러나 가분채무는 상속재산분할의 대상이 될 수 없고, 법정상속분에 따라 공동상속인들에게 분할

---

12 최근 개정된 일본민법은 가분채권 중 '예저금채권'의 경우 상속재산분할 대상에 포함시키고 상속재산분할 전 공동상속인 1인의 권리행사를 원칙적으로 금지하되, 예외적으로 일정액에 한하여 공동상속인 1인의 예금인출을 허용하고 있다(제909조의2). 신설된 일본 가사사건절차법 제200조 제3항도 참조. 예저금채권을 상속재산분할 대상에 포함시키고 분할 전 예저금채권에 관한 공동상속 1인의 권리행사를 금지하는 것은 일본최고재판소 판례{最高決 2016(平成28). 12. 19. (民集70.8.2121)}를 반영한 것이다. 그런데 수많은 가분채권 중 유독 **'예저금채권'만을 달리 취급할 합리적 이유**가 있는지 의문이다. 상속재산분할 대상에 포함시킬 필요성이 있는 가분채권 대부분이 예저금채권이고(예금채권은 사실상 현금과 마찬가지이므로 상속재산분할 대상에 포함시켜 공동상속인들 사이의 형평을 기하는데 유용한 도구로 활용될 수 있다), 다른 가분채권까지 상속재산분할 대상에 포함시키면 상속재산분할절차가 장기화될 우려가 있다는 **현실적·실용적 이유**에서 이러한 입법을 한 것으로 보이는데, 문제해결의 정공법은 아니라고 사료된다. 필자의 구체적 생각은 본문 Ⅳ.에서 밝히기로 한다.

귀속된다는 것이 확고한 통설이자 판례이다.13 그런데 가분채무가 법정상속분에 따라 당연분할되면, 상속채권자는 불리한 입장에 놓인다. 상속재산분할 결과 구체적 상속분이 0인 공동상속인도 상속채무를 1/n만큼 부담하기 때문이다. 만약 위 공동상속인의 고유재산이 없다면, 상속채권자는 위 1/n만큼의 채권에 대해 상속개시 전이라면 확보할 수 있었던 피상속인 명의의 책임재산(=상속재산)을 박탈당한다.14 가분채무인 상속채무에 대하여 공동상속인들이 불가분채무로 부담한다는 견해15가 있는 까닭이다. 그런데 불가분채무설에 대해서는 공동상속인들에게 가혹하다는 반론이 제기될 수 있다. 상속적극재산 중 일부만을 취득하는 공동상속인 입장에서 상속채무 일체를 부담하는 것은 균형이 맞지 않는다고 볼 수도 있다. 한정승인·재산분리·상속재산 파산이 없는 한, 공동상속인의 고유재산도 상속채권자의 공취의 대상이 되기 때문이다.

이러한 견해대립의 평행선은, 상속채무가 가분채무인지 불가분채무인지 여부와 상관없이 상속재산분할에 앞서 상속재산으로부터 상속채무를 청산할 수 있게 하고 그 때까지 상속채권자들이 상속인의 고유재산을 공취할 수 없도록 하면, 쉽게 해소된다. 그런데 상속재산분할절차는 '상속적극재산' 중 공동상속인들의 정당한 몫을 찾아주는 절차일 뿐, 상속채무의 청산이 이루어지는 절차가 아니다. 우리의 경우 상속재산분할에 앞서 상속채무의 선(先)청산을 유도하는 제도, 법문화나 관행이 존재하지 않는다.

III. 프랑스법의 소개: 우리법과의 비교를 중심으로

우리 민법 제262조의 공유(共有)에 대응하는 프랑스민법상 용어는 불분할(不分割; indivision)이다. 자유주의와 개인주의의 강한 영향을 받은 1804년 프랑스민법전은 단독소유를 원칙적 소유형태로 보고, 공유는 분할을 통해 해소되어야 할 이례적·잠정적 법상태로 보았다.16 따라서 1804년 프랑스민법전은 공유에 관한 규정을 두지 않

---

13 주해상속법 1권(2019)/이봉민, 292면.

14 현행법 하에서 이러한 불이익을 입지 않으려면 상속채권자는 ㉠ 상속재산분할 전에 상속재산으로부터 채권만족을 얻거나, ㉡ 상속재산분할 전에 상속재산에 압류 등의 조치를 함으로써 상속재산분할의 효력에 대항할 수 있는 제3자(제1015조 단서)가 되어야 한다.

15 곽윤직, 상속법, (2004), 130-131면.

16 프랑스 고법(古法)에 따르면, 각 공유자는 공유물에 대한 독립된 권리를 갖지만 공유물의 관리는 공유

왔다.[17] 불분할이라는 단어에는 이러한 생각이 반영되어 있다.[18] 또한 1804년 프랑스
민법전 제815조[19]는 "누구도 공유상태로 남아있는 것을 강요당하지 않는다. 금지나
반대합의가 있더라도 언제나 분할을 청구할 수 있다."고 규정하였는데, 이 조문 역시
소유자가 자신이 소유하는 물건에 대하여 완전한 소유권을 행사할 수 없는 공유는
어디까지나 예외적 소유형태라는 생각을 반영하고 있다. 프랑스민법전은 1976년에
와서야 공유물 관리 등에 관한 규정을 마련하였고, 이후 2006년, 2009년 개정을 통해
그 내용을 보강하였다. '이념적으로는' 곧 해소되어야 할 이례적·잠정적 법상태이지
만, '현실적으로는' 오랜 기간 분할이 이루어지지 않은 채 공동상속재산인 상태로 유
지되는 경우가 많은 점을 고려하여, 공동상속재산의 관리에 관한 상세한 규정을 마
련한 것이다.[20] 현재 프랑스민법은 제815조 내지 제815-18조에서 공동상속재산의
공유(법정(法定)공유)에 관한 규정을 두고 있고, 제1873-1조 내지 제1873-18조에서
약정(約定)공유에 관한 규정을 두고 있다.[21]

아래에서는 프랑스민법상 공동상속재산 공유의 법률관계를 살펴보고, 우리 민법
상 공동상속재산 공유와 비교해 본다.

1. 공유지분처분의 효력

공동상속인 1인은 자신의 공유지분(전체 상속재산에 대한 공유지분 또는 특정 상속재
산에 대한 공유지분)을 양도하거나, 그 지분 위에 담보를 설정할 수 있다.[22] 이 점은 우
리법과 비슷하다. 그러나 프랑스법의 경우 상속재산분할의 소급효로 인해 지분양수

자들의 만장일치에 의해서만 가능하였다. '개인의 독립된 권리'와 '만장일치 원칙'이 병존하는 **'모순된'**
법상태는 **'이례적·잠정적'** 법상태일 수밖에 없었다. 이러한 생각이 1804년 프랑스민법전에 반영되었
다. Jean-Baptiste Donnier, *JurisClasseur Civil Code*, Art.815 à 815-18, Fasc.10, (2021), n°9. 프
랑스 공유(共有)제도 역사의 간략한 설명으로는 Jean-Baptiste Donnier(주 16), n°7-25.

17 남효순1998(주 5), 134-135.
18 이하에서는 이해의 편의를 위해 불분할이라는 용어를 사용하지 않고, 공유라는 단어만 사용한다.
19 현 프랑스민법 제815조는 "누구도 공유상태로 남아있는 것을 강요당하지 않는다. 재판이나 합의에
   의한 유예(sursis)가 없는 한 항상 분할을 청구할 수 있다."고 규정하고 있다.
20 Jean-Baptiste Donnier(주 16), n°3.
21 이러한 규정체계는 자칫 제815조 내지 제815-18조의 규정이 '공동상속재산'의 공유에만 적용되고,
   약정공유의 경우 계약자유의 원칙이 전적으로 지배한다는 오해를 야기할 수 있는데, 실제로는 그렇
   지 않다. 공동상속재산의 공유 관련 규정 상당수는 공유일반에 적용된다. 약정공유에 관한 프랑스민
   법 조문들은 공동상속재산의 공유에 관한 조문들 상당수를 준용하고 있다.
22 Christophe ALBIGES, "Indivision: régime légal", *Répertoire de droit civil*, (2011), n°145, n°153.

인이나 지분에 대한 담보권자의 권리가 부정될 수 있다는 점에서 우리법가 큰 차이가 있다. 우리법은 상속재산분할의 소급효를 들어 제3자의 권리를 해할 수 없지만(제1015조 단서), 상속재산분할의 소급효를 규정한 프랑스민법 제883조는 **제3자 보호규정을 두고 있지 않다.** 따라서 특정 상속재산에 대한 공유지분을 양도하거나 공유지분에 담보를 설정해 준 상속인 1인이 상속재산분할 후 해당 목적물을 취득하지 못하면, 양수인이나 담보권자는 종국적으로 권리를 취득하지 못한다.[23] 공동상속인 1인이 가분채권 중 자신의 법정상속분에 해당하는 부분을 양도한 경우에도, 상속재산분할결과 해당 공동상속인이 양도대상 채권을 취득하지 못하였다면, 채권양수인은 채권을 취득하지 못한다.[24] 공동상속인 1인이 상속재산분할 전 상속지분을 양도하거나 지분 위에 담보를 설정하는 경우는 드물다고 한다.

또한 프랑스민법은 공동상속인 1인의 지분처분으로 인해 제3자가 공유관계에 들어오는 것을 막기 위해, 다른 공동상속인들에게 선매권(先買權; le droit de préemption)과 대체권(代替權; le droit de substitution)을 인정한다. 제3자에게 (상속재산 전체에 대한 또는 상속재산에 속한 개별 재산들에 대한) 지분 일부 또는 전부를 '유상'양도하려는 공동상속인 1인은 다른 공동상속인들에게 예정된 매매대금과 매매조건, 매수희망자의 이름·주소·직업을 통지해야 하고, 통지를 받은 공동상속인들은 누구나 통지 후 1개월 내에 통지받은 대금과 조건으로 자신이 그 지분을 매수한다고 매도인에게 통지할 수 있다(프랑스민법 제815-14조 제1, 2항). 선매권을 행사한 공동상속인은 위와 같은 통지 후 2개월 내에 매매를 실행해야 하고, 복수의 공동상속인들이 선매권을 행사한 경우 다른 약정이 없는 한 그들의 법정상속분 비율에 따라 양도인 지분을 취득한다(프랑스민법 제815-14조 제3, 4항). 또한 공동상속인 1인의 지분 전부 또는 일부가 경매되는 경우, 변호사 또는 공증인은 경매예정일 1개월 전까지 다른 공동상속인들에게 이를 통지해야 한다(프랑스민법 제815-15조 제1항 제1문). 통지를 받은 공동상속인들은 누구나 경매개시 후 1개월 내에 법원서기나 공증인에게 의사를 표시함으로써 경매절차의 매수인으로 대체될 수 있다(프랑스민법 제815-15조 제1항 제2문). 이러한 선매권과 대체권을 통해 **공동상속인들 사이의 공유관계가 유지**되고, 공동상속인 1인의 지분처분의 자유는 제한된다. 우리 민법은 공동상속인 1인이 '상속지분전체'를 양도한 경우, 다

---

23 Christophe ALBIGES(주 22), n°148-149, n°155; Jean-Baptiste Donnier, *JurisClasseur Civil Code*, Art.815 à 815-18, Fasc.41, (2021), n°3. 프랑스민법 제2414조 제3항 제1문도 참조.

24 Jean-Baptiste Donnier(주 16), n°110.

른 공동상속인이 그 가액과 양도비용을 상환하고 그 상속분을 양수할 수 있지만(제
1011조 제1항), 공동상속인 1인이 '특정상속재산에 대한 지분'을 양도하는 경우에는
다른 공동상속인이 이를 양수할 수 있는 제도가 마련되어있지 않다. 1011조의 상속
분 양수는 '상속지분전체＝상속인 지위 자체'가 양도되는 경우를 전제로 한다. 우리
법에서 공동상속인 1인의 의사와 무관하게 그의 채권자에 의해 '상속지분전체＝상속
인 지위 자체'가 압류되어 경매절차에서 매각되는 것이 가능한지 의문이다. 또한 제
1011조의 '양도'가 경매에 의한 지분처분까지 포함하는 취지라고 해석하기도 어렵다.
그렇다면 우리민법의 경우 프랑스민법상 대체권과 같은 제도는 존재하지 않는다고
보아야 한다.

　　결론적으로 프랑스민법상 공동상속인은 상속재산분할 전 공유지분 처분의 자유
를 충분히 누리지 못하고, 공유자가 공동상속인 이외의 제3자로 변경되는 것은 폭넓
게 억제된다. 이러한 결론은 공동상속재산을 **특정 권리자들이 특정 목적달성을 위해
보유하는 별도의 재산**으로 보는 생각과 연결된다.

2. 공동상속재산에 대한 상속채권자 및 상속인의 채권자의 권리

가. 책임재산의 분리 vs. 책임재산의 혼합

　　상속채권자와 공동상속재산의 보존이나 관리[25]로 인해 채권을 취득한 자(이하
'상속재산채권자')[26]는 상속재산분할 전에 적극재산[27]으로부터 먼저 변제를 받는다(프
랑스민법 제815-17조 제1항 제1문). 또한 상속채권자와 상속재산채권자[28]는 공동상속재
산[29]을 압류하여 매각할 수 있다(프랑스민법 제815-17조 제1항 제2문). 공동상속인 중 1

25　공동상속재산의 관리과정에서 비용을 부담한 공동상속인은 관리과정에서 발생한 이익에서 먼저 비용
　　을 공제할 수 있다. 공동상속인은 공제 후 순이익(상속재산분할 대상이다)만 반환하면 된다(프랑스민
　　법 제815-12조 제1문).

26　프랑스입법자는 상속인의 채권자가 성급하게 상속재산분할을 청구함으로 인해 상속재산채권자가 전
　　부 변제를 받지 못하게 될 수 있는 점을 고려하여, 본문과 같이 상속재산채권자의 우선권을 인정하
　　였다고 한다. Michel Grimaldi, Droit des successions, 7e, (2017), 669면.

27　포괄유증의 목적이 된 동산이나 부동산은 본문에서 말하는 분할 전 적극재산에 포함되지 않는다.
　　Jean-Baptiste Donnier(주 23), n°83.

28　상속재산채권자는 공유자 1인에 대해서도 소를 제기할 수 있다. 공유자 1인이 다른 공유자들로부터
　　관리위임을 받은 사정이 없다면, 공유자 1인의 공동상속재산에 대한 권리비율에 한해서만 소를 제기
　　할 수 있다. Christophe ALBIGES(주 22), n°209.

29　상속재산뿐만 아니라 그로부터 발생한 과실(果實), 물상대위의 효력이 미치는 물건도 마찬가지이다.
　　다만 상속인이 상속재산을 활용하여 자기 개인 이름으로 구입한 물건에 대해서는 물상대위의 효력을

인에 대하여 도산절차가 개시되더라도, 상속채권자와 상속재산채권자는 도산절차 외
부에서 공동상속재산을 압류하여 매각함으로써 채권만족을 얻을 수 있고,[30] 공동상
속재산 자체 또는 공동상속재산에 대한 도산채무자의 공유지분은 도산재단에 포함
되지 않는다.[31] 상속재산채권자가 제815-17조 1항의 혜택을 누리려면, 보존이나 관
리행위가 적절히 이루어져 모든 상속인들에게 지분비율에 따른 상환을 청구할 수 있
어야 한다. 상속인 1인의 명백한 반대에도 불구하고 이루어진 관리행위에 따른 비용
채권은, 위와 같은 혜택을 누릴 수 없다.[32]

프랑스민법 제815-17조 제1항은 1912. 12. 24. 파기원 판결(Frécon 판결[33])의 판
시내용을 1976년 법개정을 통해 성문화하고 그 적용범위를 상속채권자뿐만 아니라
상속재산채권자에게도 확장한 것이다. 상속채권자는 채무자인 상속인에 대하여 그의
공유지분권을 압류하는 것이 아니고, 상속재산의 임시 점유자(détenteur)에 대하여 상
속채권자가 공취할 수 있는 책임재산을 압류하는 것이다. 이 경우 상속채권자는 **상
속인 전원을 상대로** 권리행사를 해야 한다.[34] 자신의 상속채무를 이미 변제한 상속
인도 권리행사 상대방에 포함된다. 이 경우 상속인은 채무자가 아니라 임시 점유자
지위에서 상대방이 되는 것이므로 그가 자기채무를 변제하였는지 여부는 관련이 없
다. 상속채권자와 상속재산채권자 사이에 우선순위는 없지만, 상속채권자가 재산분
리(프랑스민법 제878조 제1항)를 주장하면 상속재산채권자보다 우선권을 누릴 수 있다
(다만 상속채권자는 상속재산 보전을 위한 비용지출자보다 앞설 수 없다).[35]

상속채권자가 상속재산분할 전에 공동상속인의 고유재산에 대해 강제집행하는

그 상속인의 채권자에게 대항할 수 없다. 이 경우 상속채권자(및 상속재산채권자)는 상속인의 채권자
와 경합해야 한다. Grimaldi(주 26), 669면. 자발적 처분에 의한 물상대위가 인정되려면, 원칙적으로
공유관계를 위해 처분이 이루어져야 하고 공동상속인 전원의 동의가 필요하기 때문이다. 프랑스민법
제815-10조 1항 및 Jean-Baptiste Donnier(주 16), n°113 참조.

30 Jean-Baptiste Donnier(주 23), n°91.
31 Jacques Lafond/Fabrice Collard, *JurisClasseur Liquidations*, Partages, V° Indivision, Fasc.70, (2019), n°45.
32 Jean-Baptiste Donnier(주 23), n°79.
33 Cass. req., 24 dec. 1912: S.1914, 1, 201, 1re esp.: Frécon 판결은 판결이유에서 "피상속인의 채권
자가 피상속인이 살아있는 동안 활용할 수 있었던 책임재산은 피상속인 사후 상속재산분할 전까지
모든 상속인에 대하여 **불가분의 형태로 존속한다**(subsister d'une manière indivisible)."고 밝히고
있다.
34 Grimaldi(주 26), 666면.
35 Grimaldi(주 26), 669면.

것은 원칙적으로 가능하다.³⁶ 그러나 다음과 같은 세 가지 제한이 있다. 첫째, 상속인은 상속개시 후 4개월까지 단순승인, 상속포기, 한정승인 중 무엇을 선택할 것인지에 관하여 선택권 행사를 강요당하지 않고(프랑스민법 제771조 제1항), 상속개시 후 4개월이 지나면 상속채권자 등이 상속인에게 선택권 행사를 최고할 수 있으며(프랑스민법 제771조 제2항), 최고 후 2개월 내에 상속인이 선택권을 행사하지 않으면 단순승인을 한 것으로 간주한다(프랑스민법 제772조 제2항). 그러므로 결과적으로 상속개시 후 최소 6개월이 경과할 때까지 상속채권자가 상속인의 고유재산에 강제집행하는 것은 금지된다.³⁷ 둘째, 공동상속인 중 1명이라도 한정승인을 하면 모든 상속인들에 대하여 상속재산분할 완료시까지 한정승인에 관한 규정이 적용되므로(프랑스민법 제792-2조 제1항), 결과적으로 상속재산분할이 완료되기 전까지 모든 공동상속인들의 고유재산에 대한 강제집행이 허용되지 않는다. 셋째, 상속재산분할 전후를 불문하고 상속인의 채권자는 상속채권자에 대하여 상속인의 고유재산에 관한 자신의 우선권을 주장할 수 있다(프랑스민법 제878조 제2항).

한편 공동상속인 1인의 채권자는 그 1인의 공동상속재산에 대한 공유지분을 압류할 수 없다(프랑스민법 제815-17조 제2항). 상속인의 채권자는 공유지분에 상응하는 금원을 공탁받을 수도 없고, 공유재산에 보전처분을 할 수도 없다.³⁸ 공유지분 자체에 대한 압류를 금지한 이유는 ① 분할이 이루어지기 전까지 공유지분의 가치가 불명확하고, ② 상속재산분할의 소급효로 인해 압류가 효력을 상실할 위험이 있으며, ③ 지분의 시장가치는 목적물의 가치보다 현저히 낮으므로 지분의 압류로 인해 채권자와 채무자의 이익이 모두 침해되고, ④ 공동상속재산의 공유는 잠정적 법상태이기 때문이다.³⁹ 결과적으로 **상속재산분할 전까지 재산분리가 관철**되고, 상속재산에 대

---

36 즉 상속채권자가 상속인의 고유재산보다 상속재산에 대하여 먼저 강제집행을 할 의무를 부담하는 것은 아니다. Philippe Malaurie/Claude Brenner, Droit des successions et des liberalites, 7e, (2016), 847면.

37 Claude Brenner, *JurisClasseur Civil Code*, Art.870 à 877, Fasc.20, (2018), n°24.

38 Christophe ALBIGES(주 22), n°229. 다만 상속인의 채권자가 공유지분에 대하여 '약정저당권'이나 '법정저당권'을 취득하는 것은 가능하다. Christophe ALBIGES(주 22), n°230. 압류나 보전처분과 달리, 저당권이 설정된 경우에는 목적물을 '처분'하는데 아무런 지장이 없기 때문이다. Jean-Baptiste Donnier(주 23), n°97. 상속인 1인이 독점적으로 소유하는 물건이 아니고 분할 후 그가 취득하게 될지 알 수 없는 물건에 대하여, 그 상속인의 채권자가 — 압류나 보전처분을 통해 — 처분을 못하게 할 수는 없다. Jean-Baptiste Donnier(주 23), n°96.

39 Jean-Baptiste Donnier(주 23), n°94.

한 상속채권자(및 상속재산채권자)의 우선권이 보장된다.**40** 다만 공동상속인 1인의 채
권자는 상속재산분할 후 공동상속인이 취득하는 상속재산을 책임재산으로 확보하기
위해, 채권자대위를 통해**41** 상속재산분할을 신청하거나 진행되는 분할절차에 참가할
수 있다(프랑스민법 제815-17조 제3항 제1문). 또한 공동상속인의 채권자는 상속재산분
할로 사해행위가 이루어지는 것을 막기 위해 자신의 참여없이 진행되는 분할절차에
이의를 제기할 수 있다(프랑스민법 제882조 제1문).**42** 공동상속인들은 해당 채무를 변제
하고 채권자의 신청에 의해 진행 중인 분할절차를 중지시킬 수 있다(프랑스민법
815-17조 3항 2문). 채무를 대신 변제한 공동상속인은 공동상속재산(!)**43**으로부터 해
당 비용을 우선변제 받는다(프랑스민법 제815-17조 제3항 제3문).

프랑스민법에 따르면 분할 전 공동상속재산은 상속채권자 및 상속재산채권자의
책임재산일 뿐, 상속인의 채권자의 책임재산이 아니다. 따라서 **공동상속재산은 독립
된 책임재산**이다. 상속채권자가 공동상속인의 고유재산을 강제집행하는 것은 원칙
적으로 가능하지만 여러 제한이 있고, 상속인의 채권자는 상속채권자에 대하여 우
선권을 주장할 수 있다. 결과적으로 공동상속의 경우 — 한정승인이 이루어지지 않
더라도 — 쌍방향의 재산분리**44**가 일어날 가능성이 높지만, 그렇다고 해서 **쌍방향의
재산분리가 제도적으로 보장되는 것은 아니다.**

---

40 그러나 예외적으로 ① 모든 공동상속인들이 채무전체에 대하여 동일한 책임을 부담하는 경우에는,
    그 채권자가 상속채권자나 상속재산채권자가 아니더라도 공동상속재산을 압류할 수 있다는 것이 판
    례의 입장이다. Cass. civ. 1re, 6 nov. 2001, n°98-20.518, Bull. civ. I, n°271. 또한 ② 판례에 따르
    면 **공동상속인 전원이 동의하여 공동상속재산에 저당권을 설정**하면, 비록 저당권의 피담보채무자가
    공동상속인 중 1인에 불과하더라도, 저당권자는 상속재산분할 전 해당 공동상속재산을 압류할 수 있
    다. Cass. civ. 1re, 20 nov. 1990, n°89-13.876, Bull. civ. I, n°259 및 프랑스민법 제2414조 제2항
    제1문 참조.
41 약정공유의 경우, 공유자들 사이의 분할금지약정으로 인해 채무자인 공유자 1인이 공유물분할을 청
    구할 수 없어 결과적으로 채권자가 채권자대위의 형태로 공유물분할을 청구할 수 없다면, 해당 채무
    자에 대한 채권자는 채무자인 공유자 1인의 공유지분을 압류할 수 있다(프랑스민법 제1873-15조 제
    2항). 그런데 **법정공유인 '공동상속재산'의 경우 위와 같은 조문이 없다.** 따라서 상속인의 채권자가
    분할 전 상속지분을 압류하는 것은 항상 불가능할 것으로 보인다.
42 상속재산분할행위에 대한 사해행위취소를 통해 '사후적'으로 문제를 해결하는 우리법과 달리, 프랑스
    법은 채권자가 '사전에' 상속재산분할 단계에서 관여할 수 있도록 장치를 마련하고 있다.
43 다른 공동상속인의 채무를 대위변제한 공동상속인은 마치 상속채권자나 상속재산채권자처럼 취급된
    다! Jean-Baptiste Donnier(주 23), n°125.
44 상속재산은 오로지 상속채권자의 책임재산이 되고, 상속인의 고유재산은 오로지 상속인의 채권자의
    책임재산이 되는 현상.

우리법의 경우 한정승인·재산분리·상속재산의 파산이 없는 한, **상속재산과 상속인의 책임재산은 혼합**되고 책임재산의 분리가 일어나지 않는다. 공동소유의 경우도 마찬가지이다. 상속재산분할 전에 상속채권자와 상속인의 채권자는 자유롭게 상속인의 상속지분을 공취(攻取)할 수 있다. 상속채권자와 상속인의 채권자는 동순위이고, 분할 전 공동상속재산 자체를 상속채권자가 압류하는 것은 가능하지 않다. 상속지분과 구별되는 책임재산인 '공동상속재산'은 존재하지 않는다.

나. 상속채무의 선(先)청산과 공동상속인 간 정산의무

프랑스법의 경우 상속재산분할 전에 상속채무 일체가 상속재산을 통해 청산될 수 있다. 그런데 구체적 상속분이 0인 공동상속인이 있다면, 상속채무가 선(先)청산됨으로써 그가 법적 상속분에 따라 분할하여 부담하는 상속채무 일체가 다른 공동상속인들의 책임재산을 통해 변제되는 결과가 된다. 구체적 상속분이 0인 공동상속인은 상속재산분할에 따라 아무런 상속도 받지 못하는 것으로 정리되기 때문이다. 상속재산분할을 통해 상속재산 일체가 다른 공동상속인에게 귀속되어야 하는 상황에서, 그 공동상속인에게 돌아갔어야 할 책임재산의 일부가 타인채무의 변제를 위해 사용된 것이다. 프랑스학설은 이 경우 구체적 상속분이 0인 공동상속인이 정산의무를 부담한다고 설명한다.[45]

우리법에서도 이러한 정산의무가 인정되는가? 다른 공동상속인이 자신의 책임재산으로 구체적 상속분이 0인 공동상속인의 채무를 대신 변제해 준 것이므로, 정산의무가 일응 인정될 것으로 사료된다. 다만 상속재산분할절차에서 이러한 정산의무까지 고려할 수 있는지에 대해서는 논란이 있을 수 있다.[46]

공동상속인들 사이에서 법정상속분에 따라 상속채무가 당연분할 되는 한 위와 같은 결론은 불가피해 보인다. 그러나 입법론의 관점에서는 상속채무의 선(先)청산 후 남은 상속적극재산을 기준으로 상속재산분할을 하고, 이로써 공동상속인들 사이의 법률관계를 종결지음이 더 간명하지 않을까?[47][48]

---

45 Grimaldi(주 26), 667면.

46 참고로 일본판례 중에는 공동상속인 1인이 다른 공동상속인의 상속채무를 대신 변제해줌으로써 취득한 상환청구권은 민사소송절차로 해결해야 하고, 상속재산분할심판절차에서 고려될 수 없다고 판시한 것이 있다. 大阪高決 1956(昭和31). 10. 9. (家月8.10.43)

47 그러나 '구체적 상속분이 0인 공동상속인의 법정상속분'을 통해 '그 상속인의 채권자'가 채권만족을 얻은 경우에는 공동상속인들 사이의 정산을 인정함이 공평하다.

48 물론 현행 제도 하에서도 공동상속인들 '전원의 합의'에 따라 청산 후 나머지 상속재산만을 분할대상

3. 채권의 공동상속

프랑스법은 우리법과 마찬가지로 채권자가 여러 명인 경우 분할채권이 원칙이고, 법률이나 계약으로 달리 정하지 않는 한 균분(均分)이 원칙이다(프랑스민법 제1309조 제1항). 그런데 프랑스판례[49]는 채권이 공동상속된 경우, 상속인과 채무자 사이의 관계에서는 위 제1309조가 적용되지만,[50] 공동상속인들 사이의 내부관계에서는 상속재산분할의 소급효에 관한 프랑스민법 제883조 제1항[51]이 적용된다는 입장이다. 즉 공유상태에서 채무자가 공동상속인 1인에게 변제하면 그 법정상속분 범위 내에서 변제효가 있다(채무자–상속인 관계).[52] 한편 **가분채권도 상속재산분할 대상에 포함**되고 (공동상속인들 사이의 내부관계), 자기 지분범위에서 채무변제를 받은 공동상속인 1인은 상속재산분할 시 분할대상(對象) 현금재단(la masse des deniers encaissés)에 대하여 정산의무를 부담한다.[53] 상속재산분할 전에 공동상속인 1인이 해당 채권을 양도하는 것, 공동상속인 1인의 채권자가 해당 채권을 압류하는 것은 다른 공동상속인에게 대항할 수 없다. 이 양도나 압류가 유효한지는 상속재산분할 결과에 좌우된다. 프랑스 학설은 이러한 프랑스법의 태도를, 공동상속인들이 상속받은 채권도 원칙적으로 상속재산분할의 대상이지만 **채권의 '관리'는 공동상속인 1인이 자신의 지분 범위 내에서 할 수 있도록 허용**한 것이라고 설명한다.[54] 채권자가 채권을 행사하여 변제를 받는 것을 공동상속재산의 '관리'행위로 포섭하는 점이 특징적이다.

우리 판례 및 통설은 가분채권은 원칙적으로 각 공동상속인들의 법정상속분에

으로 삼고 공동상속인들이 더 이상의 정산을 원하지 않으면, 선 청산 후 분할이 이루어진다. 그러나 공동상속인 1인이 정산청구를 원하는 경우 이를 법적으로 막을 방법은 없다.

49 이른바 Chollet-Dumoulin 판결(Cass. ch. réun., 5 déc. 1907).

50 그러나 예금채권의 경우 계좌명의인이 된 공동상속인들 전원의 동의가 있어야 인출이 가능하다고 한다. Christophe ALBIGES(주 22), n°99.

51 "각 공동상속인은 그의 분할분(son lot)에 포함된 모든 재산 또는 경매에 의하여 그에게 귀속된 모든 재산을 단독으로 즉시 상속한 것으로 간주하고, 다른 상속재산에 관해서는 결코 소유권을 취득하지 않았던 것으로 간주한다."

52 공동상속인 1인은 해당 채권의 변제를 청구할 수 있고, 상속이 개시되더라도 채권의 소멸시효 진행에 장애가 되지 않는다. Philippe Malaurie/Claude Brenner(주 36), 850면. 또한 프랑스학설은 공동상속인 1인이 자신의 법정상속분을 초과하여 변제를 받은 경우 그 초과분은 다른 공동상속인들에게 반환해야 한다고 설명한다. Jean-Baptiste Donnier(주 16), n°110.

53 Grimaldi(주 26), 1034면.

54 Grimaldi(주 26), 1034면.

따라 당연분할된다는 입장이다.[55] 가분채권은 상속개시시점에 당연분할되므로 원칙적으로 상속재산분할대상에 포함될 수 없지만, 공동상속인들 사이에 공평을 기할 필요가 있는 경우에는 분할대상에 포함된다는 것이 판례의 입장임은 앞서 살펴보았다(본문 Ⅱ. 2).

상속재산분할 전에 공동상속인 1인이 가분채권 중 자신의 법정상속분에 해당하는 부분을 채무자로부터 변제받을 수 있다는 점은 우리법과 프랑스법이 동일하다. 그러나 공동상속인 1인이 해당부분을 **자유롭게 처분하거나**, 이를 그 공동상속인의 채권자가 **압류할 수 있는지 여부**에 관해서는 우리법과 프랑스법의 입장이 다르다. 프랑스법은 지분처분의 자유를 제한하고, (공동상속인 1인의 채권자에 대한 관계에서) 지분의 책임재산으로서의 성격을 인정하지 않는다.

4. 채무의 공동상속

프랑스법에 따르면 채무는 공동상속인들의 법정상속분 비율에 따라 당연분할되는 것이 원칙이고(프랑스민법 제873조, 제1309조 제1항),[56] 이 점은 우리법과 동일하다. 이로 인해 상속채권자가 불리해질 수 있다. 상속인이 채무초과인 경우 그에 따른 위험을 상속채권자가 부담하기 때문이다. 본문 Ⅱ. 3.에서 언급한 것처럼 **구체적 상속분이 0인 상속인도 법정상속분에 따라 분할된 채무를 부담**하므로 상속채권자 입장에서는 — 상속인의 고유재산이 없다고 가정하면 — 상속개시 전보다 책임재산이 감소하는 불이익을 입는다. 그런데 프랑스의 경우 실무상 상속채권자가 불리해지는 상황은 다음과 같은 이유로 인해 발생하지 않는다고 한다.[57] 첫째, 분할 후 상속재산에 대하여 상속채권자의 우선권 주장(재산분리; 프랑스민법 제878조 제1항)이 가능하다. 둘째, 상속채권자는 상속인의 채권자보다 우선하여 분할 전 상속재산 전체를 압류할 수 있고(프랑스민법 제815-17조 제1항),[58] 공증인에 의해 상속재산분할이 이루어지는

---

55 대법원 1962. 5. 3. 선고 4294민상1105 판결; 윤진수(주 2), 386면. 다만 법정상속인이 아닌 제3자에 대한 '비율적 포괄유증'이 있는 경우에는 비율적 포괄유증을 기준으로 채권이 당연분할된다.

56 Claude Brenner(주 37), n°74-75. 프랑스 문헌은 채무의 당연분할을 인정하는 이유로 ① 단순승인을 한 공동상속인 1인에게 과도한 부담을 지우지 않는 점, ② 공동상속인이 다른 공동상속인의 무자력 위험을 부담하지 않으므로 상속 관련 선택(단순승인, 한정승인 등)을 자율적이고 독립적으로 할 수 있는 점을 들고 있다. Claude Brenner(주 37), n°67.

57 Grimaldi(주 26), 641면.

58 상속채무의 법정상속분에 따른 당연분할로 인한 본문과 같은 명백한 불합리를 막기 위해 Frécon 판결(각주 33 참조)이 나왔고, 프랑스민법 제815-17조 제1항은 이러한 Frécon 판결의 판시를 입법화

과정에서 상속채무가 선(先)청산되는 경우가 대부분이다.

우리법은 어떠한가? ① 상속채권자는 상속개시 후 3월 내에 또는 상속인이 상속의 승인이나 포기를 하지 않는 동안 재산분리를 신청할 수 있다(제1045조 제1, 2항). 즉 상속개시 후 3월 내에는 항상 재산분리를 신청할 수 있고, 3개월이 지나더라도 제1019조 제1항에 따라 아직 상속승인이나 상속포기를 할 수 있고 상속재산분할로 인해 법정단순승인이 인정되는 경우가 아닌 한, 재산분리를 신청할 수 있다. 따라서 상속채권자는 재산분리 제도를 통해 일정부분 보호된다. 다만 우리법은 프랑스법과 달리 ⅰ) 재산분리 신청기간이 짧고(프랑스의 경우 상속재산이 현존하는 한 상속채권자가 우선권을 주장할 수 있다), ⅱ) 상속재산인 부동산에 대하여 재산분리를 등기하지 않으면 제3자에게 대항할 수 없다(제1049조)는 점에서, **상속채권자의 보호정도가 약하다**(프랑스의 경우 상속재산인 부동산에 대하여 상속개시 후 4개월 내에 우선권을 등기하면 그 등기 전에 이루어진 처분의 효력도 부정할 수 있다; 프랑스민법 제878조 제3항, 제2374조 제6호, 제2383조). ② 또한 우리법의 경우 한정승인·재산분리·상속재산의 파산이 없는 한 분할 전 공동상속재산에 대하여 상속채권자와 상속인의 채권자는 동순위이고, 상속재산 분할과정에서 상속채무가 선(先)청산되는 관행이 존재하지 않는다. 결론적으로 상속채권자는 상속채무가 당연분할됨으로 인해 불이익을 입을 수 있다. 물론 상속채권자는 상속인의 고유재산을 공취하는 망외의 이득을 누리므로 상속채무의 당연분할이 반드시 불합리한 것은 아니라는 반론도 가능하다. 상속채무를 연대채무로 구성하면 공동상속인은 피상속인의 무자력 위험뿐만 아니라 다른 공동상속인의 무자력 위험도 부담하는데 이는 가혹하다고 볼 수도 있다.[59] 피상속인 사망으로 인해 공동상속인 1인이 다른 공동상속인의 무자력 위험을 돌연 부담하는 것은 공동상속인 입장에서 부당할 수 있다.[60] 그러나 공동상속인의 이익보호와 상속채권자의 이익보호는 양자택일의 문제가 아니다. 두 이익을 모두 보호할 수 있는 **제3의 길**(책임재산 분리를 통한 선 청산·후 분할)이 있기 때문이다. 영미법처럼 인격대표자(personal representative)에 의한 상속재산 검인절차(probate proceeding)를 거치는 제도를 도입하지 않더라도, 공동상속재산의 선청산·후분할은 달성될 수 있다. 프랑스는 그러한 사례 중 하나이다. 프랑스법은 우리법과 마찬가지로 당연승계·포괄승계를 원칙으로

하면서도 **법률**(프랑스민법 제815−17조)**과 관행**(공증인에 의한 상속재산분할)에 의해 공동상속재산의 선 청산·후 분할을 실현하고 있다. 따라서 프랑스에서 가분채무의 분할상속이라는 법리는, 상속재산 분할과정에서 상속채권이 변제되지 않은 예외적 경우에나 실질적 의미가 있다.

참고로 프랑스 판례에 따르면 공동상속인 중 1인이 한정승인을 하고 다른 공동상속인은 단순승인을 한 경우, 상속채권자는 한정승인을 한 공동상속인에 대하여 그가 취득한 상속적극재산의 범위 내에서만 상속채권을 행사할 수 있고, 상속적극재산을 초과하는 상속채권은 한정승인을 한 공동상속인에 대해서뿐만 아니라 단순승인을 한 공동상속인에 대해서도 청구할 수 없다.[61] 이는 한정승인을 한 공동상속인 1인이 부담하는 분할된 상속채무와 단순승인을 한 공동상속인 1인이 부담하는 분할된 상속채무는 **별개의 채무**이므로, 전자로부터 변제받지 못한 부분을 후자로부터 보충할 수 없다는 취지이다. 이렇게 보면 상속채권자 입장에서는 불리할 수 있다. 그런데 상속채권자가 상속인의 채권자보다 우선하여 **분할 전 상속재산 전체를 압류**할 수 있고, 공증인에 의해 상속재산분할이 이루어지는 과정에서 상속채무가 선(先)청산되는 경우가 대부분이므로,[62] 상속채권자가 불리해지는 상황이 발생할 가능성은 낮다.

우리법에서 공동상속인 중 1인이 한정승인을 하고 다른 공동상속인들이 단순승인을 한 경우 법률관계를 어떻게 처리할 것인지에 대해서는 논란이 있다. 만약 한정승인을 한 상속인은 상속재산분할 후 취득한 재산의 한도에서 분할취득한 상속채무에 대한 책임을 부담한다고 보면(선분할·후청산[63]) 위 프랑스판례와 마찬가지 결론에 이를 여지가 있다. 이러한 결론은 상속채권자에게 부당하게 불리하다. 한편 공동상속인 중 1인이 한정승인을 하고 다른 공동상속인들이 단순승인을 한 경우, 공동상속인 전원이 한정승인을 한 것처럼 일단 청산절차를 밟은 다음, 남아 있는 상속채무에 관하여 단순승인한 상속인이 자신의 상속분에 따라 고유재산으로 책임을 진다는 견

---

61 Cass civ. 1re, 3 dec. 2002, n°00-13.785, 00-13.788, Bull. 2002, N°298 p.232.

62 공동상속인들 일부는 단순승인을 하고 다른 공동상속인은 한정승인을 한 경우 모든 상속인들에 대하여 상속재산분할 완료시까지 한정승인에 관한 규정이 적용되므로(프랑스민법 제792-2조 제1항), 상속채권자가 상속재산분할 전에 단순승인한 공동상속인의 고유재산을 압류하는 것은 원칙적으로 허용되지 않는다.

63 판례는 공동상속인 일부만 한정승인을 하고 다른 공동상속인은 단순승인을 한 경우, 한정승인에 따른 청산절차가 종료되기 전에 상속재산분할을 청구할 수 있다고 한다(대법원 2014. 7. 25.자 2011스226 결정).

해**64**에 따르면, 선청산·후분할이라는 바람직한 결론이 관철된다.

5. 공동상속재산의 관리·보존·처분 등에 대한 상세한 규정

프랑스민법은 공동상속재산의 관리·보존·처분, 사용·수익에 관하여 상세한 규정을 두고 있다(제815-2조 내지 제815-16조). 우리법에서 이 문제는 민법 제263조 내지 제266조에 의해 해결되는데, 해당 조문의 내용은 상대적으로 간략하다. 프랑스민법은 공유자들의 의사와 상관없이 공유의 법률관계가 형성되는 상황을 염두에 두고 후견적인 입장에서 상세한 규정을 둔 반면, 우리법의 공유규정은 기본적으로 약정(約定)공유를 전제로 한 것으로써 당사자들이 자발적으로 문제를 해결할 수 있으므로 굳이 법에서 상세한 규정을 두지 않은 것으로 사료된다. 아래에서는 공동상속재산의 관리·보존·처분에 관한 프랑스민법 규정 중 우리법의 시각에서 주목되는 것 위주로 살펴본다.

가. 보존행위

공동상속인 1인은 긴급성이 없더라도 단독으로 보존행위를 할 수 있다(프랑스민법 제815-2조 제1항). 보존행위를 하려는 공동상속인은 그가 점유하는 공동상속재산을(그가 해당 상속재산에 대하여 실제로 갖고 있는 권원과 관계없이) 유효하게 활용·처분하여 보존행위에 필요한 비용을 충당할 수 있다(프랑스민법 제815-2조 제2항). 충당할 공동상속재산이 없다면 다른 공동상속인들에게 필요비의 상환을 요구할 수 있다(프랑스민법 제815-2조 제3항).**65** 또한 보존행위를 한 공동상속인은 다른 공동상속인들로부터 비용을 반환받기 위해 상속재산분할 전 공유재산(공동상속재산)을 압류할 수 있다(프랑스민법 제815-17조 제1항).**66**

나. 관리·처분행위

프랑스민법전은 공유물의 관리·처분행위에 대해서는 공유자 전원의 동의가 필요하다는 원칙을 유지하면서도**67** 다음과 같은 예외를 마련하고 있다. 2/3 이상의 공유지분을 갖고 있는 공동상속인(들)은 다음 행위를 할 수 있다. ① 공동상속재산에 관한 관리행위를 하는 것, ② 1인 또는 수인의 공동상속인, 제3자에게 공동상속재산

---

64 곽윤직(주 15), 187면.

65 공동상속인들은 다른 합의가 없다면 공동상속재산에 대한 권리비율에 따라 상환의무를 부담한다. Jean-Baptiste Donnier, *JurisClasseur Civil Code*, Art.815 à 815-18, Fasc.20, (2021), n°40.

66 Christophe ALBIGES(주 22), n°258.

67 Jean-Baptiste Donnier(주 65), n°54.

의 관리를 포괄위임하는 것, ③ 공동상속재산 관련 채무와 부담을 변제하기 위해 동산인 공동상속재산을 매각하는 것, ④ 임대차계약의 체결 및 갱신(농업, 상업, 공업, 수공업에 사용되는 부동산 임대차계약 제외)(프랑스민법 제815-3조 1항). 다만 2/3 이상의 지분을 갖는 공동상속인(들)은 다른 공동상속인들에게 이러한 행위에 관해 미리 알려야 하고, 알리지 않고 이루어진 행위는 다른 공동상속인들에게 대항할 수 없다(프랑스민법 제815-3조 제2항).**68** 공동상속재산의 통상의 운영에 해당하지 않는 행위, 위 ③에서 언급한 매각을 제외한 모든 처분행위에 대해서는 공동상속인 전원의 동의가 필요하다(프랑스민법 제815-3조 제3항).

공유물의 관리·처분행위에 법원은 다음과 같이 간접적으로(①, ②, ③) 또는 직접적으로(④) 관여할 수 있다. ① 공동상속인 1인이 자신의 의사를 표시할 수 없는 경우 법원은 다른 공동상속인이 일반적인 방법으로 또는 특정행위에 관하여 그를 대리하도록, 법관이 조건과 범위를 정하여, 권한을 부여할 수 있다(프랑스민법 제815-4조 제1항). 법적 권한, 위임, 법원에 의한 권한부여가 없는 경우 공동상속인 1인이 다른 공동상속인을 대리하여 한 행위는, 다른 공동상속인에 대한 관계에서 사무관리 규정에 따라 효력을 갖는다(프랑스민법 제815-4조 제2항). ② 법원은 다른 공동상속인의 동의가 필요한 행위에 대하여 동의의 거절이 공동의 이익을 위협하는 경우, 공동상속인 1인이 그 행위를 하도록 허가할 수 있다(프랑스민법 제815-5조 제1항). 법원이 허가한 조건에 따라 이루어진 행위는, 동의하지 않은 공동상속인에게 대항할 수 있다(프랑스민법 제815-5조 제3항). 공동상속인 1인의 행위가 완료되기 전에 허가가 이루어져야 하고, 사후(事後)허가는 허용되지 않는다.**69** ③ (용익권 설정 등으로 인해) 소유권이 분할(démembrement)되지 않았고 공동상속인 중 1인이 프랑스민법 836조가 정한 경우**70**에 해당하지 않는 경우에는,**71** 1심 법원은 2/3 이상의 지분을 갖는 공동상속인(들)의 신청에 따라 공동상속재산의 양도를 허가할 수 있다(프랑스민법 제815-5-1조 제1항). 이를 통해 공동상속인 전원의 동의가 없어도 법원의 허가를 거쳐 공동상속재

---

68 따라서 소수지분권자에게 알리지 않고 2/3 지분권자가 단독으로 임대차계약을 체결하였다면 상속재산분할 전 소수지분권자는 임차인의 퇴거를 청구할 수 있다. Christophe ALBIGES(주 22), n°331.

69 Jean-Baptiste Donnier, *JurisClasseur Civil Code*, Art.815 à 815-18, Fasc.30, (2021), n°16.

70 공동상속인이 부재(不在)하는 것으로 추정되거나, 생사불명으로 인해 의사표시를 할 수 없는 경우, 요(要)보호자인 경우.

71 이러한 경우에는 용익권자나 요보호자인 공동상속인 측의 의사를 충실히 반영하여 공동상속재산을 처분함이 바람직하기 때문이다.

산을 처분하는 것이 가능해진다. 다만 법에서 정한 엄격한 절차를 따라야 하고(프랑스민법 제815-5-1조 제2 내지 제5항), 경매에 의한 매각만 가능하며 임의매매는 가능하지 않다(프랑스민법 제815-5-1조 제6항 제1문). 매각대금은 공동상속재산 관련 채무와 부담을 변제하는 경우를 제외하고는 재활용되지 않는다(프랑스민법 제815-5-1조 제6항 제2문).[72] ④ 1심 법원 재판장은 공동의 이익을 위해 필요한 모든 긴급한 조치(가령 긴급한 수요를 충족시키기 위해 — 추심·인출 후 사용조건을 지정하여 — 공동상속인 1인이 상속채권 추심, 상속예금계좌 인출을 할 수 있도록 하는 것)를 허가할 수 있다(프랑스민법 제815-6조 제1항, 제2항 제1문). 긴급한 조치에는 관리행위뿐만 아니라 처분행위도 포함될 수 있다.[73] 이러한 허가를 받아 행위를 한 경우 상속인이 상속을 (묵시적으로) 단순승인한 것으로 보지 않는다(프랑스민법 제815-6조 제2항 제1문).[74]

다. 자금의 선지급(avance en capital) 제도

1심 재판장은 처분가능한 자금[75]의 범위 내에서 향후 상속재산분할 시 공동상속인이 취득할 권리를 근거로 자금의 선지급을 명할 수 있다(프랑스민법 제815-11조 제4항).[76] 이를 통해 공동상속인은 분할 전 상속재산으로부터 재원(財源)을 마련할 수 있고, 상속재산을 분할하지 않은 채 상속인들이 이를 공동으로 관리·운영하는 것이 가능하다. 그러나 상속재산으로부터 발생하는 이익에 대하여 각 공동상속인들이 매년 이익분배를 요구할 '권리'를 가지는 것과 달리(본문 Ⅲ. 6. 참조), 자금의 선지급을 명할지 여부는 법관의 재량에 달려있다.[77] 만약 공동상속인이 매년 이익을 분배받음으로써 자금수요가 충족된다면, 법관은 자금의 선지급을 명하지 않을 수 있다.[78] 판례는 자금의

---

72 매각대금을 재활용하여 물건을 구입하는 것을 허용하면, 물건에 대하여 새로운 공유관계가 발생한다. 위 규정은 공유관계를 벗어나려고 하는 상속인들을 돕기 위해 마련된 것이므로, 이처럼 공유관계를 새롭게 창설하는 것은 허용되지 않는다. Christophe ALBIGES(주 22), n°338.

73 Jean-Baptiste Donnier(주 69), n°57, n°59.

74 Jean-Baptiste Donnier(주 69), n°76.

75 상속개시 당시 상속재산에 한정되지 않고 상속재산으로부터 발생한 과실(果實), 상속재산의 매각대금 등이 포함된다. Jean-Baptiste Donnier, *JurisClasseur Civil Code*, Art.815 à 815-18, Fasc.40, (2020), n°128. 나아가 판례는 공동상속인 1인 또는 수인의 유책사유(faute)로 상속재산으로부터 유동자금을 확보하는 것이 불가능해진 경우(상속재산을 임의사용한 경우), 처분가능한 공동상속재산이 없더라도 해당 공동상속인(들)을 상대로 자금의 선지급을 명할 수 있다고 한다. Jean-Baptiste Donnier(주 75), n°129.

76 공동상속인 전원의 동의가 있으면 자금의 선지급이 가능함은 당연하다. 공동상속인 전원의 동의가 없더라도 법관의 명령에 따라 자금의 선지급이 가능하다는 점에서 위 조문의 실익이 있다.

77 Jean-Baptiste Donnier(주 75), n°117.

선지급을 "상속재산 일부분할"(partage partiel)이 아니라 "반환되어야 할 채무"(dette rapportable)로 취급한다.[79][80]

라. 상속예금 인출 제도

프랑스통화금융법전 L.312-1-4조는 상속재산분할과 상관없이 상속예금을 인출할 수 있는 요건에 관하여 규정하고 있다.

피상속인의 장례를 치를 자격이 있는 자는 관련 청구서를 제출함으로써 장례비용의 일부 또는 전부에 관하여 경제담당 장관의 명령에서 정한 금액을 한도로(2021년 현재 5,000유로[81]) 피상속인 명의의 예금계좌로부터 인출할 수 있다(L.312-1-4조 1항).

상속자격을 증명한 어떠한 상속인도 ① 관련 청구서를 제출함으로써 프랑스민법 제784조 제1항에서 정한 상속재산의 보전조치에 필요한 비용(장례비, 피상속인의 의료비, 피상속인에 대한 세금, 차임 및 시급히 지급해야 할 다른 상속채무 등) 일부 또는 전부에 관하여 경제담당 장관의 명령에서 정한 금액을 한도로(2021년 현재 5,000유로)[82] 피상속인 명의의 예금계좌로부터 인출할 수 있다(L.312-1-4조 2항 1°). 또한 상속자격을 증명한 어떠한 상속인도 ② 특정 금융기관에 보유된 금액이 경제담당 장관의 명령에서 정한 금액에 미치지 못할 것을 전제로(2021년 현재 5,000유로)[83] 피상속인 명의의 계좌를 해약할 수 있다(L.312-1-4조 2항). 이러한 인출은 상속재산 중 부동산이 없는 경우에만 가능하다(L.312-1-4조 4항). 위 ①, ②의 경우 상속자격의 증명은 모든 상속인이 서명한 인증서, 또는 공정증서(un acte de notoriété)로 가능하다(L.312-1-4조 3항). 공정증서의 경우 법령상 상속인 전원의 동의를 요구하고 있지 않다. 그런데 실무상으로는 공증인이 공정증서를 작성하면서 상속인 전원의 서명을 요구하고 있고, 상속인 일부

---

78 Jean-Baptiste Donnier(주 75) n°122.

79 Cass. 1re civ. mai 6, 1997, n°94-18.304; JurisData n°1997-002126; JCP G 1997, II, 22932.

80 일부분할로 취급하면 최종분할시점을 기준으로 선지급금의 가치를 재평가하여 최종분할이 이루어지지만, 채무로 취급하면 (선지급금의 명목가치+최종분할시까지의 법정이자)를 고려하여 최종분할이 이루어진다. 다만 선지급금이 수령자에게 갖는 '효용'이 고려되어야 하므로, 그가 선지급금으로 물건을 구입하였다면 그 물건의 가치가 고려된다. Christophe ALBIGES(주 22), n°132, n°133.

81 Arrêté du 7 mai 2015 pris en application de l'article L. 312-1-4 du code monétaire et financier 제1조 제1항.

82 Arrêté du 7 mai 2015 pris en application de l'article L. 312-1-4 du code monétaire et financier 제1조 제2항.

83 Arrêté du 7 mai 2015 pris en application de l'article L. 312-1-4 du code monétaire et financier 제1조 제3항.

가 협력하지 않음에도 불구하고 공정증서가 작성되는 것은 예외적 상황이라고 한다.[84] 결과적으로 프랑스 실무상 위 ①, ②에 따른 예금인출은 공동상속인 전원이 동의하는 경우 이루어짐이 통상일 것으로 보인다.

6. 공동상속재산으로부터 발생하는 과실의 취급

공동상속재산으로부터 발생하는 과실(가령 공동상속재산인 부동산으로부터 발생하는 상속개시 후 차임채권)과 수익(revenus; 가령 공동상속재산인 부동산에서 상점을 운영하여 얻은 이익[85])은 상속재산을 증가시킨다{프랑스민법 제815−10조 제2항; 과실은 상속재산을 증가시킨다!(Fructus augent hereditatem)}. 따라서 위 과실은 상속재산분할 대상이 된다(프랑스민법 제825조 제1항).[86] 상속재산분할의 소급효를 논리적으로 일관하면, 상속재산분할에 따라 원물을 취득하는 자가 원물로부터 발생한 과실도 소급하여 취득하는 것이 맞다. 그러나 이렇게 보면 분할 전 공동상속재산의 '자율(autonomie)'을 해하고 공동상속인들 사이의 '연대(solidarité)'를 훼손할 수 있기 때문에, 프랑스법은 과실은 상속재산을 증가시킨다는 입장을 취하고 있다.[87] 과실에 해당하는 차임채권은 상속재산분할대상이 되므로 상속인들 사이에 당연분할되지 않는다.[88] 공동상속인들은 공동상속재산에 대한 각자의 권원비율에 따라 공동상속재산으로부터 발생하는 이익을 취득하고 손실을 부담한다(프랑스민법 제815−10조 제4항). 즉 특정 공동상속인이 상속재산을 관리하였거나 그의 노력으로 과실을 취득하였다고 해서, 그에게 과실이 귀속되는 것이 아니다.

그러나 다음 두 가지 경우에는 "과실은 상속재산을 증가시킨다"는 원칙이 적용

---

[84] 일본 민법개정 관련 회의록{法制審議会 民法(相続関係)部会 第11回会議 議事録(2016. 4. 12)} 23면의 浅田隆위원 발언 참조. 회의록은 (http://www.moj.go.jp/content/001201159.pdf)에서 검색 가능(최종검색일 2021. 5. 6).

[85] 이러한 수익이 상속재산분할의 대상이 되는 대신, 영업을 하여 수익을 창출한 공동상속인 1인은 공동상속인 전원의 합의 또는 법원의 결정으로 정해진 기준에 따라 자신의 활동에 대하여 보상을 청구할 수 있다(프랑스민법 제815-12조 제2문).

[86] 프랑스법에 따르면, 공동상속재산을 대체하는 채권과 손해배상금, '공동상속인 전원의 동의'에 따라 공동상속재산으로 또는 공동상속재산 처분대금으로 취득한 재산은 **물상대위의 효과에 따라 법률상 당연히 공동상속인의 공유이고**(프랑스민법 제815-10조 제1항), **상속재산분할대상**이 된다(프랑스민법 제825조 제1항).

[87] Jean-Baptiste Donnier(주 75), n°70.

[88] Jean-Baptiste Donnier(주 75), n°71.

되지 않는다. ① 상속인들이 전원이 합의하거나 임시 상속재산분할[89]이 있는 경우(프랑스민법 제815-10조 2항), 각 상속인들은 개별적으로 과실을 취득할 수 있다. ② 공동상속인은 누구나 그가 동의하였거나 그에게 대항가능한 행위로 인해 발생한 비용을 공제한 '이익'에 대하여 매년 자신의 몫을 주장할 수 있다(프랑스민법 제815-11조 1항). 매년 수익을 정산함으로써 상속인들은 공동상속재산을 분할하지 않은 채 이를 공동관리·운영할 수 있다.[90] 수익분배비율은 다른 권원이 없는 경우 공정증서(acte de notoriété) 또는 공증인이 작성한 재산목록의 머리말(intitulé d'inventaire)을 근거로 정한다(프랑스민법 제815-11조 2항). 이익분배에 관하여 다툼이 있는 경우 1심 재판장은 이익의 임시분할(répartition provisionnelle)을 명할 수 있고, 이러한 분할결과는 향후 종국적 상속재산분할과정에서 고려된다(프랑스민법 제815-11조 제3항). 상속재산 자체가 아니라 상속재산으로부터 발생한 이익만이 임시분할의 대상이 된다.[91]

공동상속인 중 1인이 상속재산분할 전에 공동상속재산으로부터 발생한 과실을 취득하였거나 과실을 취득하지 못한 경우, 그 과실을 취득한 날 또는 취득할 수 있었던 날로부터 5년이 지나면 다른 공동상속인들은 이에 대하여 자신의 몫을 주장할 수 없다(프랑스민법 제815-10조 제3항).

우리법상 공동상속재산으로부터 발생한 과실이 상속재산분할 대상이 될 수 있는지에 대해서는 논란이 있다.[92] 다만 우리 판례는 상속개시 후부터 상속재산분할심판 확정시까지 사이에 발생한 과실(상속재산인 부동산으로부터 발생한 차임채권)은 각 상속인들이 '구체적 상속분'에 따라 분할취득한다고 보는데,[93] 이는 상속재산분할 대상에 포함시키는 입장과 친화적이다. 이러한 입장이 과실은 상속재산을 증가시킨다는 프랑스법과 친화적임은 물론이다. 다만 판례의 위와 같은 결론이 — 그 결론의 당부(當否)는 별론으로 하고 — 우리법이 취하는 '공유구성'으로부터 자연스럽게 도출될 수 있는지 의문이다. 본문 Ⅱ.1.에서 언급한 것처럼 공유구성에 따르면, 공동상속인들이 상속개시시점부터 상속재산인 부동산의 공유지분을 '법정상속분'에 따라 당연취

---

89 다만 임시분할된 상속재산은 본 상속재산분할 절차에서는 아직 분할되지 않은 것으로 취급한다. Jean-Baptiste Donnier(주 75), n°90.

90 Jean-Baptiste Donnier(주 75), n°108.

91 Jean-Baptiste Donnier(주 75), n°115.

92 주해상속법 1권(2019)/이봉민 299-300면.

93 대법원 2018. 8. 30. 선고 2015다27132, 27149 판결(상속재산으로부터 발생한 과실을 고려하지 않고 상속재산 분할이 이루어진 사안이다).

득하고, 원물인 부동산으로부터 발생하는 과실인 차임채권도 '법정상속분'에 따라 상속개시시점부터 당연히 분할취득한다고 봄이 더 자연스럽다.[94]

상속개시 후 상속재산분할 전까지 사이에 피상속인 명의의 계좌에 입금(피상속인의 채무자가 채무변제 명목으로 송금)이 이루어진 경우는 어떠한가? 이러한 예금채권은 상속재산의 과실(果實)이 아니고 기존 상속재산(가분채권)의 변형물이다. 그러나 프랑스의 경우 앞서 본 것처럼 가분채권도 상속재산분할 대상에 포함시키므로 추가 입금된 금원을 포함한 예금채권 일체가 상속재산분할 과정에서 고려될 것이다. 우리법의 경우 가분채권의 상속형태 및 상속재산분할 대상성 관련 논의가 그대로 적용될 것이다.

Ⅳ. 소감(所感) 및 제언: 공유구성에서 합유구성으로

1. 프랑스법의 특징

가. 우리법과의 차이점

프랑스법에 따른 공동상속재산의 공유는 ① '공유자의 공유지분 처분의 자유'를 제한하고, ② 공동상속재산 및 그로부터 발생한 과실·수익을 상속채권자 및 상속재산채권자의 책임재산으로 보며 상속인의 채권자의 책임재산으로 보지 않는 점에서, 우리법상 공동상속재산의 공유와 다르고 오히려 독일식 '합유'구성과 비슷하다.

독일법에 따르면 공동상속인 1인은 '전체 상속재산'에 대한 지분을 처분하는 것(우리법상 상속분의 양도와 비슷하다)이 가능할 뿐, '개별 상속재산'에 대한 지분을 처분할 수 없다(독일민법 제2033조 제1, 2항). 상속인의 채권자는 '전체 상속재산'에 대한 지분을 책임재산으로 삼을 수 있을 뿐이고 개별상속재산은 책임재산으로 파악할 수 없는 반면, 상속채권자는 합유재산인 공동상속재산에 속하는 개별 목적물을 책임재산으로 삼을 수 있다.[95] 전체 상속재산에 대한 지분의 압류 및 환가를 통해 제3자가 상속분을 취득하더라도, 제3자는 종전 지분권자인 상속인이 상속채무에 대하여 부담하는 책임과 동일한 책임을 부담하므로,[96] 결과적으로 공동상속재산에 대한 상속채권자의 우선권은 관철될 것으로 사료된다.

---

94 이는 일본 최고재판소 판례의 입장이다. 最高判 2005(平成17) 9. 8. (民集 59.7.1931)

95 Lange/Kuchinke, Lehrbuch des Erbrechts, 4Aufl., (1995), §42 Ⅰ. 5. b).

96 압류목적물인 지분을 환가하는 방법, 지분취득자가 상속채무에 대하여 책임을 부담하는 근거에 관한 설명으로는 Münchener Kommentar zum BGB 8.Aufl. (2020)/Gergen §2033 Rn.39.

나. 우리법과의 유사점

프랑스법은 ① 공동상속인 1인이 자신의 법정상속분에 따라 분할취득한 상속채권을 단독으로 행사하여 변제받을 수 있고, ② 공동상속인들의 법정상속분에 따라 상속채무가 당연분할되는 점에서 우리법과 같고, 독일식 '합유'구성과 다르다.

독일법에 따르면 상속채권은 합유재산으로서 원칙적으로 공동상속인 전원이 행사해야 하고, 채무자는 공동상속인 전원에게 변제해야 한다. 다만 공동상속인 1인은 공동상속인 전원에게 변제할 것을 채무자에게 청구할 수 있다(독일민법 제2039조 제1문). 상속채무는 공동상속인들이 연대채무로 부담한다(독일민법 제2058조). 다만 공동상속인은 상속재산분할 전에는 자신의 고유재산에 대한 집행을 거절할 수 있다(독일민법 제2059조 제1항 제1문). 단순승인을 한 공동상속인은 상속재산분할 전에도 자신의 고유재산으로 책임을 부담하지만, 상속재산분할 전이라면 **자신의 법정상속분에 상응하는 분할된 상속채권에 대해서만** 무한책임을 진다(독일민법 2059조 1항 2문). 결과적으로 상속재산분할 전에는 공동상속인이 상속채무 전체에 관하여 자신의 고유재산으로 책임을 지는 일은 발생하지 않는다. 공동상속인들이 연대채무를 부담한다는 규정의 실익은 **상속재산분할 후에 비로소** 나타난다. 공동상속인들에게 연대채무라는 무거운 부담을 지운 이유는, ① 공동상속인들이 상속재산분할 전에 미리 상속채무를 변제하도록 유도하고, ② 상속채무의 선(先)청산없이 상속재산을 분할함으로써 상속채권자의 책임재산을 산일(散逸)시킨 공동상속인들을 '제재'하기 위함이다.[97] 독일민법은 상속재산으로부터 우선 상속채무를 변제한 후, 잉여분을 상속인들 사이에서 분할하도록 규정하고 있다(독일민법 제2046조, 제2047조 제1항). 다만 공시최고절차를 통해 상속채권자가 배제된 경우, 상속인들이 알 수 없었던 상속채권자가 너무 늦게 채권행사를 한 경우, 상속재산파산절차가 개시되어 배당절차 또는 도산계획절차에 의해 종료된 경우에는 공동상속인들은 자신의 법정상속분[98] 비율에 따라 분할된 상속채무를 부담한다(독일민법 제2060조).

다. 우리법의 관점에서 의문인 부분들

우리법의 관점에서 부적절하거나 단점이라고 생각되는 프랑스법의 특징도 있다.

---

97 Lange/Kuchinke(주 95), §50 V. 1.

98 구체적 상속분이 아니라 법정상속분을 기준으로 분할함으로써 문제가 발생할 수 있다는 점에 관해서는 Staudinger BGB §§1967-2063 (Rechtsstellung des Erben) (2016)/Wolfgang Marotzke §2060 Rn.19-26 참조.

① 상속재산분할 전 상속채권자는 상속재산과 상속인의 고유재산을 둘 다 책임재산으로 삼을 가능성이 있다. 상속개시 후 일정기간이 지나면 상속채권자는 상속인의 고유재산에 대하여 강제집행을 할 수 있고, 상속인의 채권자가 이에 대하여 우선권을 행사하지 않는 한 상속인이 위와 같은 강제집행을 막을 수 없다.99 이에 반해 상속재산분할 전 상속인의 채권자는 상속재산을 책임재산으로 삼는 것이 원천봉쇄된다. **쌍방향의 재산분리가 제도적으로 보장되지 않는 것**이다. 이에 반해 독일법은 상속재산분할 전 상속채권자가 상속인의 고유재산에 강제집행을 하는 경우 '상속인'이 이를 거절할 수 있으므로, 쌍방향의 재산분리가 보장된다.100 ② 프랑스법의 경우 상속재산분할 전 상속지분의 양도나 담보제공이 원천적으로 불가능한 것은 아니다. 다만 상속재산분할 후 그 효력이 부정될 가능성이 높을 뿐이다. 이에 반해 상속재산분할 전 상속지분에 대한 상속인의 채권자의 압류는 원천적으로 불가능하다. 상속지분의 양도나 담보제공은 가능한데 상속지분을 압류하는 것은 불가능하다는 결론은 우리법의 관점에서는 쉽게 이해하기 어렵다. 또한 프랑스법에 따르면 가분채권을 공동상속한 상속인 1인은 자신의 법정상속분에 해당하는 부분을 채무자로부터 변제받을 수 있는데, 이 경우에도 법정상속분에 해당하는 채권을 그 상속인의 채권자가 압류하는 것이 불가능하다고 보아야 하는지 의문이다.

2. 입법론의 제안: 공동상속재산의 '합유'

우리법이 취하고 있는 공동상속의 법률구성은 프랑스법과 여러모로 다르다는 점은 이미 확인하였다. 우리법과 일본법처럼 상속인 1인의 지분처분의 자유가 보장되고 상속채무가 당연분할되는 입법례는 로마법에서 찾을 수 있다.101 102 찬반양론이

---

99 본문 Ⅲ. 2. 가. 참조.

100 참고로 독일법과 마찬가지로 합유규성을 취하고 상속채무를 공동상속인들의 연대채무로 규정하는 스위스법의 경우, '**독일법과 달리(!)**' 상속재산분할 전에 상속채권자가 상속인의 고유재산에 강제집행하는 것을 막는 장치를 두고 있지 않다(우리법상 한정승인과 유사한 책임재산분리제도 — 관청에 의한 청산(amtliche Liquidation) — 및 상속재산 파산절차는 논의로 한다). 다만 상속인들이 상속재산분할 절차에서 분할 전에 **상속채무를 변제하거나 보장할 것을 요구**할 수 있으므로(스위스민법 제610조 제3항), '**사실상의**' 책임제한은 달성할 수 있다. 상속재산분할 과정 또는 상속채무의 인수과정에서 상속채권자가 '승인(Einwilligung)'하지 않는 한 공동상속인들은 상속재산분할 후에도 분할로 취득한 재산과 자신의 고유재산으로 상속채권자에 대하여 연대채무를 부담한다(스위스민법 제639조 제1항).

101 초기 로마법(공화정시기까지, 다만 제정(帝政)시기에도 인정된 사례가 일부 있었다)에서는, 분할되지 않은 상속재산을 전제로 한 합수(合手)적 상속공동체(consortium ercto non cito; 상속지분이 없는 상속인공동체)가 인정되었다. 상속지분이 존재하지 않으므로 상속인들의 지분처분은 인정되지 않았다(상속

있을 수 있지만, 필자는 다음과 같은 이유에서 '합유'구성이 입법론의 관점에서 바람
직하다고 생각한다.

첫째, 공동상속에서 상속인 1인의 법정상속분이 그가 종국적으로 취득하는 정당
한 권리가 아닌 이상, 상속재산분할 전 개별 상속재산에 대한 지분처분의 자유를 보
장할 필요성은 낮다. 상속재산이 부동산인 경우 상속인 1인에게 부동산 지분처분의
자유를 굳이 허용할 실익도 크지 않다.

둘째, 공유구성을 취하면 일견(一見) 공동상속재산의 청산이 빠르게 이루어지고
법률관계가 간소해질 것 같지만, 그렇지 않다. 상속재산분할 전 상속인 1인의 단독처
분은 공동상속인들 사이의 정산문제를 남길 가능성이 크다. 상속재산분할 전 상속인
1인의 지분을 상속인의 채권자가 압류한 경우에도 정산문제가 발생한다. 각자가 자
유롭게 권리를 행사할 수 있도록 함으로써 문제를 키우느니, 조금은 불편하더라도
일정기간 동안 개별적 권리행사를 못하게 하는 것이 바람직하지 않을까?

셋째, 공유구성과 상속채무의 가분(可分)채무화가 결합하면, 상속채권자가 불리
해질 수 있다. 상속채권자가 번거롭게 재산분리를 신청하지 않더라도, 공동상속재산
으로부터 일단 상속채권자가 먼저 변제받을 수 있도록 제도를 설계함이 바람직하다.
공동상속의 경우 선청산·후분할이 적극 장려되어야 한다. 합유구성을 취하면 비교
적 용이하게 선청산·후분할에 이를 수 있다. 상속인이 상속재산분할 전에 상속재산
을 개별적으로 처분하기 어렵고, 상속인의 채권자가 상속재산으로부터 채권만족을

재산분할을 근거로 비로소 지분이 발생한다). 다만 **개별 상속인은 상속재산을 처분할 수 있었는데**, 이
는 가족공동체라는 특성으로 인해 상속인들 사이에 광범위하고 포괄적인 신뢰가 존재한다는 점을 근
거로 정당화되었다. 그러나 농업의 중요성이 점차 감소하고 가옥과 농지 일체를 가산(家産)으로 보존
할 필요성이 감소함에 따라, 상속재산에 대한 상속인의 개별적 이익이 강조되기 시작하였다. 이에 따
라 상속인공동체는 가급적 빨리 청산되어야 할 중간단계로 인식되었고, 개별 상속재산에 대한 합수
적 구속은 더 이상 인정되지 않게 되었다. **개별 상속인이 단독 처분할 수 있는 상속지분이 인정되기**
에 이르렀고(그러나 '전체'상속지분의 처분은 알려지지 않았다), 상속재산분할 소권(actio familiae
erciscundae, actio communi dividundo)이 인정되었다. 상속재산은 특별재산으로 취급되지 않았다.
또한 이미 공화정 시기의 로마 12표법(기원전 450년 무렵)에 따르면 가분채권과 가분채무는 상속재
산에 포함되지 않고 상속인들에게 당연분할되었다. 이상의 내용은 Lange/Kuchinke(주 95), §42 I.
2. a) 및 Uwe Hoffmann, "Die geschichtliche Entwicklung der Erbengemeinschaft", Jura 1995,
125 참조.

102 공동상속의 법률관계를 합유가 아니라 지분적 공동(Bruchteilsgemeinschaft)으로 구성하는 나라로는
이태리, 네덜란드, 그리스, 오스트리아가 있다. Jasmin Lassen, Die Nachlassverwaltung in der
Erbengemeinschaft, (2020), 137면. 다만 이들 나라의 공유구성이 구체적으로 어떠한 의미인지에 관
해서는 — 이 글에서 프랑스법을 검토한 것과 마찬가지로 — 개별검토가 필요하다.

얻는 것이 어렵기 때문이다. 합유구성을 통해 독자성을 인정받은 상속재산에 대하여 선청산을 유도하는 제도가 마련되면, 선청산·후분할이 가능하게 된다.

넷째, 공유구성은 상속재산이 가분채권인 경우 누가 정당한 상속인인가에 대한 확인의무를 채무자에게 부과한다. 채무자로서는 채권을 행사하는 자가 법정상속인이라고 해서 그가 당연히 법정상속분에 따라 채권을 분할취득하였다고 단정할 수 없다. 상속포기, 한정승인, 상속결격, 유증 등 고려해야 할 변수가 많기 때문이다. 다른 공동상속인 등이 위와 같은 사유를 주장하면서 해당 법정상속인에게 채무변제를 해서는 안된다고 이의하는 경우가 아닌 한, 법정상속인 자격과 그의 법정상속분을 확인하고 채무를 변제한 채무자는 채권의 준점유자 변제법리(제470조)에 의해 보호되는 경우가 대부분일 것이다. 또한 위와 같이 이의를 제기하는 자가 있는 경우 채무자는 채권자불확지 공탁(제487조 제2문)을 함으로써 채무부담에서 벗어날 수 있다. 그런데 채권의 준점유자 변제법리와 채권자불확지 공탁은 모두 채무자의 '**무과실**'을 **요구**한다. 따라서 채무자의 과실이 인정되어 이중변제 위험 또는 지연손해금 지급 위험을 부담할 가능성이 전혀 없다고 할 수 없다. 설령 법원의 실무가 채무자의 무과실을 폭넓게 인정하더라도 채무자로서는 이러한 불확실성(개별 법관의 사실인정 및 법적평가에 따라 결론이 달라질 위험. 가령 은행이 다른 법정상속인들에게 유언의 존부, 상속재산분할 합의의 존부 등에 관하여 확인하지 않은 채 단독인출에 응하였다면, 은행이 무과실이라고 단정할 수 있는가?, 다른 법정상속인들에게 유언의 존부, 상속재산분할 합의의 존부 등에 관하여 확인한 결과 모두 부존재한다고 밝혀졌음에도 불구하고 은행이 공탁을 하였다면, 은행이 과연 과실 없이 채권자를 모른다고 단정할 수 있는가? 공탁을 하기 전까지 은행이 지연손해금을 부담하는 것은 문제가 없는가?)에 휘말리는 것 자체가 불만일 수 있다. 현재 은행실무상 피상속인의 예금계좌 인출과 관련하여 법정상속인 전원의 합의를 요구하는 까닭이다.103

물론 합유구성에도 단점이 있다.104 합유구성의 가장 큰 단점은 상속재산분할

---

103 공유구성에 따르면 상속개시 후 피상속인의 예금계좌가 동결되기 전에 예금의 무단인출(ATM을 통한)이 이루어진 뒤, 공동상속 중 1인(예금을 무단인출하였다고 의심할 정황이 충분한 1인)이 자신의 법정상속분에 따른 예금인출을 요구한 경우, 은행은 얼마를 인출해 주어야 하는지 문제된다. 합유구성을 취하면 은행은 이런 골치아픈 문제를 고민할 필요가 없다.

104 공유구성과 달리 합유구성을 취하면 상속재산인 채권의 행사가 지연됨으로써, 나중에 채무자가 무자력 상태에 빠질 위험이 있다는 비판도 있다. 그러나 이러한 비판은 타당하지 않다. 합유구성을 취하더라도 합유자 1인은 보존행위로서 소멸시효 진행을 막기 위해 단독으로 상속채권을 행사할 수 있기 때문이다(합유자 전원에게 변제를 하라고 청구할 수 있다).

절차가 장기화되고 절차비용이 많이 들 수 있다는 것이다. 상속재산분할절차가 무거워짐으로써 공동상속인 일부는 이득을 누릴 수 있고, 다른 공동상속인들은 손해를 볼 수 있다. 당장 분할이 이루어지지 않아도 특별히 생활에 지장이 없는 공동상속인이 전자에 속하고, 피상속인이 생전에 부양을 하고 있었다거나 그 밖에 생활이 어려운 공동상속인은 후자에 속한다. 전자에 속한 상속인은 이러한 상황을 악용해 후자에 속한 상속인에게 불리한 내용으로 상속재산분할합의를 할 수 있다. 또한 대부분의 상속사건에서 공증인이 관여하는 프랑스105와 달리 우리나라의 경우 상속재산분할'합의' 과정에서 객관적 제3자가 관여할 수 있는 제도나 문화가 존재하지 않는다. 법원에 의한 상속재산분할은 시간과 비용이 많이 드는 점을 고려할 때 수요자들에게 매력적 선택지가 아니다. 이러한 현실에서 합유구성을 취하면 개선(改善)이 아니라 개악(改惡)이 될 위험도 있다. 일본이 최근 민법개정을 통해 예저금 채권에 국한하여 상속인 1인의 권리행사를 제한하는 입법을 한 것은 이 점을 고려한 것이다. 그러나 필자는 합유구성의 단점은 보완할 수 있고, 일본과 같은 온건(?)하고 절충적(?)인 개정은 득(得)보다 실(失)이 크다고 생각한다. 풀어서 설명하면 다음과 같다.

첫째, 일본처럼 예저금 채권의 경우에만 '사실상'106 합유구성을 취하면, 공동상속인들 사이의 공평을 충분히 기하기 어렵다. 공동상속인들이 단독으로 상속예금을 인출하지 못하면 공동상속인들은 상속개시 사실이 은행에 알려져 은행이 피상속인의 예금계좌를 동결하기 전에 예금의 무단인출(가령 ATM을 통한)을 시도할 가능성이 높다. 일본 입법자는 이러한 점을 고려하여 상속재산분할 과정에서 무단인출자(상속개시 후 분할 전 상속재산을 처분한 자)의 정산의무를 인정하는 취지의 입법을 하였다(일본민법 wp906조의2). 그런데 상속인 1인은 피상속인 사망 직후뿐만 아니라 **사망 직전**

---

105 프랑스의 경우 공증인의 관여가 임의적이지만 상속사건의 88%가 공증인의 관여 하에 이루어진다는 지적으로는 デヴィ・ル・ドゥサール(Davy Le Doussal), "フランスにおける相続預金の法制度および実務", 金融法務事情2030(2015), 18의 각주 5 참조.

106 엄밀히 말하면 일본은 예저금 채권에 대해서도 '공유'구성을 유지하면서, 개별 상속인들의 예금인출만을 금지하였다. 이로 인해 예저금 채권의 '압류'와 '상계'는 인정될 수 있는지에 관해 해석론상 논란의 여지가 많은 문제 — 합유구성을 취한다면 별다른 어려움 없이 해결할 수 있는 문제 — 가 발생한다. 구체적 논의는 潮見佳男, 詳解 相続法, (2018), 166-167면 참조(일본은 공유구성을 유지하기 때문에 예저금채권의 압류에 관하여 상속채권자와 상속인의 채권자를 차별취급하기 어렵다. 다만 예저금채권과의 상계에 관해서는, 상속채권자 겸 예저금채무자인 은행은 보호가치 있는 상계기대가 상속개시 전부터 존재하였으므로 상계를 할 수 있지만, 상속인의 채권자 겸 예저금채무자인 은행은 상호대립성 요건이 결여되었으므로 상계를 할 수 없다고 한다. 합유구성을 취하면 분할 전 예저금채권의 압류에 관하여 상속채권자의 우선권을 인정할 수 있고, 이러한 결론이 공평하다).

에도 무단인출을 할 수 있다. 이 경우에는 피상속인이 무단인출자에 대하여 부당이득반환청구권/불법행위손해배상청구권을 취득하고, 이러한 청구권은 가분채권으로서 공동상속인들이 법정상속분에 따라 분할취득한다. 일본법에 따르면 이러한 채권은 상속재산분할 대상에 포함되지 않으므로 결국 공동상속인들 간의 공평한 청산은 불가능하다. 무단인출의 시기에 따라 이처럼 결론이 현저하게 달라지는 것이 과연 타당한가? 후자와 같은 가분채권도 공동상속인들의 개별적 행사를 금지하고107 상속재산분할 대상에 포함시키는 것이 타당하지 않은가? 채권의 존부 및 액수가 확정되기까지 시간이 오래 걸리는 가분채권(가령, 피상속인의 사망과 관련하여 불법행위 손해배상채권)이 있고 그로 인해 상속재산분할절차가 불필요하게 장기화될 우려가 있다면, 이러한 가분채권만을 제외하고 '일부분할'을 하는 것으로 합유구성의 문제점은 완화될 수 있다.

둘째, 프랑스처럼 상속인 전원의 동의가 없더라도 일정한 경우에 공동상속재산을 처분할 수 있도록 하고, 분할 전 공동상속재산으로부터 발생한 과실이나 수익을 정기적으로 분배할 수 있도록 하며, 상속재산분할 전에 법원의 허가를 받아 필요한 범위 내에서 상속예금 등을 선지급할 수 있도록 제도108를 마련하면, 상속재산분할절차가 장기화됨으로 인한 문제점을 상당부분 완화할 수 있다. 합유재산 처분을 일정한 경우 허용하는 법률조항을 마련함으로써 합유구성의 장점을 살리고 단점을 줄일 수 있는 것이다.

셋째, 합유구성이 제대로 구현되려면 상속재산분할절차가 공정하고 충실히 운영될 필요가 있다. 또한 상속재산분할절차에서 앞서 가급적 상속채무를 먼저 청산하도록 유도하고(상속채무를 원칙적으로 공동상속인들의 연대채무로 구성하고 상속재산분할 전에 상속채권자가 공동상속인의 고유재산에 대하여 공취하는 것을 불허하는 방법), 특별한 사정이 없는 한 조기에 상속재산을 분할하도록 유도하는 제도(가령 상속개시 후 일정기간 내에

---

107 현재 우리 판례의 태도에 따르면 이러한 가분채권은 상속재산분할 대상에 포함될 수 있지만, 분할 전까지 공동상속인들의 개별적 권리행사/상속인의 채권자에 의한 압류가 가능하다.

108 일본도 예저금 채권의 개별 행사를 원칙적으로 불허하는 대신 다음과 같은 보완책을 마련하고 있다. 우선 가사사건절차법 제200조 제3항은 상속재산분할사건 진행 중인 경우 가정법원이 예저금채권 가(假)분할 가(假)처분을 명할 수 있다고 규정한다. 또한 일본민법 제909조의2는 상속개시 당시 예저금채권의 1/3에 해당 법정상속인의 법정상속분을 곱한 금액의 한도에서 다른 공동상속인의 동의를 받지 않고 단독으로 인출을 할 수 있다고 규정한다. 공동상속인의 예금채권을 압류한 채권자는 위 제909조의2를 근거로 은행에 인출을 요구할 수 없다. 위 제도는 상속재산분할 전까지 예저금채권을 단독으로 행사할 수 없는 상속인에게 전형적으로 발생할 수 있는 불합리한 결과를 해소하기 위해 특별히 마련된 것이기 때문이다. 潮見佳男(주 106), 176면.

상속재산분할을 하면 상속재산만을 책임재산으로 하여 상속세를 부과하고, 일정기간이 지나면 상속인의 고유재산도 책임재산으로 하여 상속세를 부과하는 제도)가 마련되어야 한다. 공정한 분할, 상속채무의 선(先)청산이 이루어지는 분할을 위해서는 제3자(변호사, 국가 등)가 개입하는 것이 바람직한데, 이로 인해 지금보다 상속재산분할을 둘러싼 비용이 늘어날 수 있다. 그러나 이러한 비용증가가 두려워 지금처럼 공동상속재산을 둘러싼 법률관계를 전적으로 이해당사자들(공동상속인, 상속채권자, 상속적극재산인 채권의 채무자)에게 맡기는 것은 바람직하지 않다. 제3자의 개입을 제도적으로 보장하되 그 개입비용을 절감시키는 노력을 해야 한다. IT기술의 발전과 법조인 숫자 증가라는 한국의 현실을 고려할 때, 이러한 사회적 비용을 두려워 할 필요는 없지 않을까? 법률관계가 복잡하지 않은 대부분의 공동상속 사안의 경우 지금보다 법률비용이 증가할 수 있지만, 그로 인한 분쟁예방효과를 고려하면 이러한 법률비용은 낭비라기보다 필요비에 가깝다. 법률관계가 복잡하고 공동상속인들 사이에 다툼이 있는 사안이라면, 합유구성을 취한다고 해서 지금보다 법률비용이 증가한다고 단정하기 어려울 것이다. 또한 소규모 상속에 대해서는 국가가 사회복지서비스 차원에서 공동상속인들을 지원(상속인 자격 증명, 상속채무 선 청산 관련 안내, 한정승인 및 상속재산 파산 제도 안내 등)해 줌으로써 소규모 상속재산이 사실상 방치되는 것을 막을 필요가 있다.[109]

넷째, 합유구성을 취하더라도 피상속인은 유언을 하거나 다양한 금융상품에 가입함으로써 법정상속인 중 1인(가령 피상속인의 배우자)이 상속재산을 단독으로 자유롭게 처분하는 것을 허용할 수 있다. 가령, 자신의 배우자를 생명보험의 단독수익자로 지정하거나, 유언대용신탁의 수탁자로 지정하거나, 배우자와 자신의 공동명의예금계좌를 개설하거나, 배우자에게 상속예금을 특정유증하는 방법을 생각해 볼 수 있다.

필자가 주장하는 합유구성은 상속재산의 가산(家産)성을 인정하는 것도 아니고, 공동상속인들 사이의 '유대관계' 내지 '인적 결합관계'를 전제로 하는 것도 아니다. 필자는 합유구성이 공동체주의보다 오히려 개인주의와 더 어울리는 측면이 있다고 생각한다. 상속은 권리능력을 가진 **개인이 소멸**하는 사건이다. 법인이 해산하면 청

---

109 프랑스의 경우 실무상 상속예금금액이 일정규모 이하이면 지방자치단체가 발행하는 상속증명서(certificat de hérédité)를 제출하는 것으로 상속인자격 증명에 갈음할 수 있는데, 실제로는 지방자치단체가 충분한 정보가 제공되지 않았다는 이유로 상속증명서 발급을 거절하는 경우가 많고, 공증인이 작성한 진술서를 제출하도록 요구하는 경우가 많다고 한다. 이처럼 공증인의 관여가 사실상 강제되고 공증인 관련 비용부담이 사실상 강제되기 때문에, 소규모 상속재산은 방치되는 경우가 있다고 한다. デヴィ・ル・ドゥサール(Davy Le Doussal)(주 105), 19-20면.

산절차를 거쳐야 하는 것(제77조 내지 제96조)과 마찬가지로, 소멸한 개인이 종전에 부담하고 있던 빚은 상속을 계기로 청산되어야 한다. 상속재산을 소멸한 개인이 갖고 있던 재산이 아니라 가산(家産)으로 본다면 상속을 계기로 굳이 이러한 청산을 할 필요가 없지만, '소멸한 개인'에 주목한다면 그 빚은 먼저 청산됨이 자연스럽다. 이렇게 보는 것이 단체가 아니라 개인에 주목하는 근대상속법의 기본원리에 부합한다.110

V. 결론에 갈음하여

공동상속을 둘러싼 법률관계는 기본적으로 동적안정성보다 정적안정성을 중시할 필요가 있다. 공동상속인 1인의 개별적 권리행사의 편의 또는 실용적이고 효율적인 상속재산분할절차 운영을 위해, 공동상속인들 사이의 공평을 다소 훼손하여도 좋다는 사고방식은 본말전도(本末顚倒)이다. 공평을 우선하되 그로 인해 효율이 지나치게 저해되지 않도록 제도를 구상해야 한다. 상속의 법률관계에서도 사적자치 원칙이 준수되어야 하지만, 사적자치가 남용되어서는 안 된다. 공동상속재산의 청산 및 분할이라는 다수당사자들의 이해관계가 대립하는 국면에서는 제도적 통제가 이루어짐이 바람직하다. 그리고 이러한 제도는 저비용·고효율의 제도여야 한다. 현재 우리나라는 저비용·고효율의 제도를 구축할 충분한 역량을 가지고 있다고 사료된다. 이제 공동상속재산의 합유구성으로의 법개정에 대하여 진지한 고민을 시작해야 하지 않을까?

---

110 일본 민법개정 관련 회의록{法制審議会 民法(相続関係)部会 第24回会議 議事録(2017. 10. 17)} 20-21면의 水野紀子위원 발언 참조. 水野紀子교수는 일본은 메이지민법의 가독(家督)상속을 통해 청산이 필요없는 상속제도를 유지해 왔고, 따라서 상속재산분할은 가급적 가볍고 쉽게 정리될 수 있는 방향으로 운영해왔는데, 이는 근대상속법의 기본과 어울리지 않는다고 지적한다.
참고로 1947년 개정 전 일본민법 제1002조는 "유산상속인이 수인인 경우 상속재산은 그 공유에 속한다."고 규정하고 있었고 제1012조는 "유산의 분할은 상속개시시로 소급하여 효력이 있다."고 규정하고 있었다. 당시에는 위 제1002조의 공유를 합유로 해석하는 견해가 통설이었는데 1947년 일본민법이 개정되면서 제909조에 단서가 추가되어 "유산의 분할은 상속개시시로 소급하여 효력이 있다. 단 제3자의 권리를 해하지 못한다"라고 입법됨으로써 합유설이 해석론으로 제기될 여지는 봉쇄되었다. 1947년 개정된 일본민법 제909조는 우리민법에 그대로 반영되었다.
이처럼 일본에서 공유설이 채택되고 널리 받아들여지게 된 배경으로는, "안정적인 상속재산분할절차가 제도화되지 않은 점", "그러한 상태에서 합유설을 취하면 해당 집안의 후계자(跡取り)가 사실상 상속재산을 점유·사용함으로써 1947년 민법개정을 통해 폐지된 가독상속(家督相續)이 사실상 재현될 위험이 있는 점"이 지적된다.
이상의 내용은 일본 민법개정 관련 회의록{法制審議会 民法(相続関係)部会 第240回会議 議事録(2017. 4. 25)} 24-25면의 水野紀子 위원 발언 참조.

장 도마의 『자연질서에서의 민사법』의 의무(2)*
- 무효, 해제(제1장 제5절, 제6절)와 약정의 하자(제18장)
(번역)을 중심으로 -

김 성 수**

I. 들어가며¹

이 글은 프랑스 고법학자 장 도마의 민사법에 관한 체계적 저술인 『자연질서에서의 민사법』에 나온 '의무'에 관한 부분을 우리 말로 옮긴 것이다. 특히 그 중에서 무효와 해제에 해당하는 부분(제1장 제5절, 제6절)과 약정의 하자에 해당하는 부분(제18장)을 그 대상으로 하였다. 이 연구는 프랑스민법의 기초연구로 필자가 계획하고 있는 것을 구체적으로 실현하기 위한 것이다.

프랑스민법의 아버지에 해당하는 장 도마는 국내에서 그 저작활동에 대하여 직접적인 것은 전혀 없고 심지어는 간단한 소개조차 없는 것이 실정이다. 도마(1625-1696)는 프랑스의 고법학자로 빵세를 쓴 파스칼(1623-1662)과 절친 동료이었고 당시의 기독교 중 장세니즘(Jansénisme)을 믿으면서 기하학적 방법(Mos geometricus)을 법학

* 이 글은 필자가 계획하는 도마전집에 대한 연속연구의 일부이다. (1)에 해당하는 부분은 주 7, 16 참조.
** 국립경찰대학 법학과 교수
1 이 글은 올해 정년을 맞이하시는 남효순 교수님의 기념논문집을 위하여 마련한 것이다. 남 교수님은 국내에서 지금까지 프랑스민법에 관한 여러 내용을 연구하셨고 그 주축인 프랑스민법연구회를 만들어 이끌어 오시고 계신다. 프랑스민법에 대한 연구에 대하여 여러모로 귀감이 되시고 도전과 자극을 받고 있다. 필자와 남 교수님의 학문적 인연에 대하여는 글의 말미에 '여적'으로 간단하게 적었다.

에 접목하여 이를 구현하여 저술한 것이 '자연질서에서의 민사법'이다. 도마의 활동 후 약 100년 후에 『채무법』(Traité des obligations)(1761년)을 저술한 뽀띠에(Robert Joseph Pothier)(1699-1772)와 함께 프랑스 민법전의 기초를 쌓았다.[2] 이들은 로마법대전을 기초로 한 로마법과 당시의 관습법을 반영하여 프랑스 민법전이 제정되기 전에 프랑스의 '민법학'의 체계와 내용을 확립하는데 큰 영향을 미친 것이다.[3]

2016년 대개정과 그밖의 여러 개정을 거친 현행 프랑스민법전의 체계와 내용을 정확히 이해하기 위하여는 1804년 제정된 원래의 프랑스 민법전(Code civil des Français)의 체계와 내용을 알아야만 한다. 이러한 1804년 프랑스 민법전은 그 입법과정 뿐만 아니라 그 전의 프랑스 민사법의 상황도 알아야 한다.[4] 그러나 이러한 프랑스 민법전의 제정의 밑바탕은 장 도마와 뽀띠에를 빼놓을 수 없다.[5]

이러한 프랑스민법전 제정 전의 '민법'의 연구는 현행 프랑스 민법전과 연구에 필수적인 것인데 우리나라의 연구는 주로 현행 프랑스 민법전의 개정내용을 중심으로 주로 소개에 그쳐 아쉬움이 있고 프랑스 민법이 가진 개별제도의 그 '깊이'를 느낄 수 없다.[6] 프랑스 민법전의 내용을 바로 이해하기 위하여는 이러한 법제사 측면

---

2 뽀띠에가 채무론 외에 프랑스의 관습법(오를레앙 관습)이나 민사 계약 관련 책을 여러 권 집필한 것에 비하여 도마는 1권의 책만 저술하였다. 다만 이 책은 프랑스에서 인기가 있어 여러 판본이 간행되었다.

3 뽀띠에의 방법론은 도마와 같이 자연법의 이상적인 형태를 구축하는 것이 아니라 오히려 기존 법, 특히 로마법과 관습법을 합리적인(이성적인) 방법론에 적용으로 구성되어 있다고 하는 평가로는 예를 들면 Janwillem Oosterhuis, *Specific Performance in German, French and Dutch Law in the Nineteenth Century - Remedies in an Age of Fundamental Rights and Industrialisation*, Martinus Nijhoff Publishers, 2011(〈https://en.wikipedia.org/wiki/Robert_Joseph_Pothier#cite_ref-4〉에서 재인용).

4 이를 위하여는 깡바쎄레스(Cambacérès)(1753-1824)에 의한 3개의 민법전 초안 등의 입법초안이나 민법전 기초자의 저작인 뽀르딸리스(Portalis)(1746-1807)의 '민법전 초안에 대한 서론'(Discours préliminaire au premier projet de Code civil)이나 말빌(Maleville) 또는 민법전 입법과정자료로는 프네(Fenet)의 자료와 이를 기초로 한 말빌(Jacques de Maleville)(1741-1824)의 Analyse raisonnée de la discussion du Code civil au conseil d'État(1804-1805) 등을 살펴보아야 한다. 또한 입법과정에서의 논의도 알아야 한다.

5 물론 도마와 뽀띠에 이전에도 로마법이나 프랑스 관습법의 연구를 한 학자도 많이 있다. 예를 들면 퀴자스(Jacques Cujas), 도노(Hugues Doneau), 뒤물랭(Charles Dumoulin)이 그러하다. 도마와 뽀띠에도 로마법대전을 라틴어로 연구하였고 이를 그 전집에 각각 포함시키기도 하면서 당시에는 아직 '민법전'이 없었으므로 '민사법'으로서 민법의 체계와 내용을 나름대로의 체계로 저술한 점에서 프랑스민법전에 영향을 더 끼쳤다.

6 이러한 연구는 재산법에서는 주로 2106년 채권법 대개정(Ordonnance n° 2016-131 du 10 février

의 연구를 통하여 현행법의 내용을 종합적으로 이해할 필요가 있다. 이 글은 이러한 생각에서 프랑스 민법전의 기초자료로서 마련된 것이다.

이 글은 장 도마(1625-1696)의 대표적인 저술인 『자연질서에서의 민사법』(Loix civiles dans leur ordre naturel)을 '장 도마 전집'(Oeuvres complètes de J. Domat)에서 해당 부분을 우리 말로 옮긴 것이다.

이러한 작업을 위하여 여기서는 레미(Joseph Rémy)의 '도마 전집'(1835년)에 나오는 의무의 일부에 대하여 그 내용을 우리 말로 옮기고자 한다. 이를 위하여 우선 이 의무론이 나오는 제1권의 체계와 내용을 간략하게 살펴보고(Ⅱ) 이어서 구체적으로 '의무' 부분 중 해당 부분을 우리 말로 옮긴다(Ⅲ-Ⅴ). 마지막에는 간략한 소감을 덧붙이고자 한다(Ⅵ).

Ⅱ. 도마 전집(제1권)의 내용[7]

도마의 민사법에 관한 논의는 '자연질서에서의 민사법'이라는 저작에 들어 있고 이는 그 저작의 최종판이라고 할 수 있는 『장 도마 전집』(Oeuvres complètes de J. Domat) 신판(Nouvelle édition) 중 제1권을 차지하고 있다.[8][9]

1835년 레미(Joseph Rémy)가 편집한 레미판 도마전집 제1권은 법론과 자연법질서에서의 민사법의 제1부의 전반부로 되어 있다.

'법론'(Traité des Lois)은 다시 14개 장을 두어 법의 일반원칙(일반이론)을 설명한다.[10] 다음으로 자연법질서에서의 민사법의 본문으로 먼저 서편을 두고 이어서 2개

2016)을 중심으로 한 연구가, 친족상속법에서는 가족법의 개정에 대한 소개가 중심을 이루고 있다. 현행 프랑스민법을 이해하기 위하여는 적어도 민법 제정 후에 나온 주요한 민법 저작의 논의와 주석서는 기본적으로 살펴보아야 하지 않은가 생각된다.

7 장 도마 선집에 대한 국내 소개로는 우선 김성수, 장 도마(Jean Domat)의 『자연질서에서의 민사법』(Loix civiles dans leur ordre naturel) 연구 서설(1)-(7)-조제프 레미(Joseph Rémy)의 전집(Oeuvres complètes) 신판(1835년)을 중심으로 한 자료소개, 사법행정 2021.4-10(연재 중); 같은 저자, 장 도마의 '자연질서에서의 민사법'의 의무(engagements)(1), 『자율과 정의의 민법학』(양창수 교수님 고희기념논문집), 박영사, 2021.9, 125면 이하(게재 예정) 참조.

8 이러한 도마전집은 3가지 종류가 있다. 이에 대하여는 각주 7의 문헌 참조.

9 도마 생전에 『자연질서에서의 민사법』이라는 저작은 1689년 최초로 출간된 후 많은 판본으로 인쇄되었다. 도마에 대한 연구에 의하면 이 책은 적어도 64개 본(éditon)이 있다고 하기도 한다. 이 저작은 사후에 출간된 공법 및 연설문, 로마법문 선집을 통합하여 도마 전집으로 출간되었다.

10 각 장에 대한 소개는 필자, 앞의 글(사법행정(1)), 27면; 앞의 글(고희 기념논문집), 128면 이하 참조.

의 부(partie)를 두고 제1부를 제1권에 수록하고 있다.

자연법질서에서의 민사법은 서편과 제1부 의무, 제2부 상속으로 되어 있고 전자가 도마전집 최종판(1835년)의 제1권(1828-1830년 판의 제1권과 제2권 전반부)에 들어있고, 제2부가 제1권(1828-1830년판의 제2권 후반부)에 들어 있다.

제1부는 서편인 법론에 이어 제1편은 약정 일반을 두고 이에는 의무에 관한 장(제1장)을 두어 약정(계약)에 의한 의무(채무)를 설명하는데 이는 우리 민법의 채권총론의 일부에 해당하는 부분이다. 이어서 매매계약을 시작으로 전형계약에 대하여 차례로 설명한다(제2장-제17장). 마지막으로 약정의 하자(제18장)를 두고 있다. 제2편은 약정 없이 성립되는 의무로서 후견인, 성년후견인, 사무관리, 상린관계, 과실의 불법행위로 인한 손해(제8장), 우연한 사고로 인한 의무(제9장), 채권자의 사기(채권자취소) 등을 각각 규정한다.

제2부는 상속에 관한 것으로 전문에 이어 5개 편으로 되어 있다. 각각의 편은 상속 일반(제1편), 법정상속 또는 유언 없는 상속(제2편), 유언에 의한 상속(제3편), 유증과 사망을 원인으로 한 그밖의 처분(제4편)과 유언지정과 신탁유증(제5편)이다.

도마의 '자연질서에서의 민사법'의 각 부(Partie)는 편(livre), 장(Titre), 절(Section)로 나뉜다. 각 절은 조(article)를 두고 해당 내용을 개조식으로 설명한다.11 절의 앞부분이나 중간에 새로운 제도를 설명할 때에는 조를 붙이지 않은 문단을 두기도 한다.12 13

이를 정리하면 다음과 같다.

【서편 법원칙 일반, 사람과 물건에 관한 취급하는 편】

제1부 의무

　【원문】 PREMIER PARTIE. DES ENGAGEMENTS.[121면 이하]14

제1편 약정에 의한 의사에 의하고 상호적인 의무15[121-397면]

11　각 절은 별도의 절이나 조문표시가 없는 몇 개의 문단으로 된 서칙(序則)을 두고 그 다음에 해당 내용을 수 개의 조문 형식으로 된 단락을 두고 있다. 도마는 이 단락번호를 '조'(article)라고 인용한다.

12　이를 도마는 개소에 따라 전문(Préambule)이라고 인용하기도 한다.

13　이 글은 장 도마의 『자연질서에서의 민사법』의 레미판(1835년)을 대상으로 하여 그 목차를 편과 장을 중심으로 소개한 것이다. 【 】로 된 것은 해당 책에서의 쪽 수를 말한다. 향후 원문 참조의 편리를 위하여 역문과 원문에 모두 이를 표시하였다.

14　쪽수는 모두 레미판(1835년) 제1권의 것이다. 이하 같다.

15　engagements, conventions에 관한 역어는 추후에 해당 부분을 우리 말로 옮길 때 좀더 정확하게 선

【원문】 LIVRE PREMIER. Des engagements volontaires et mutuels par les conventions.

제1장 약정 일반[122-155면]16

【원문】 TITRE PREMIÈRE. Des conventions en général.

제1절 약정의 성질과 그 약정이 성립하는 방법[122-128면]

【원문】 SECTION PREMIÈRE De la nature de conventions, et des manières don't elles se forment.

제2절 약정의 성질에 의한 원칙 및 그를 해석하기 위한 원칙[128-134면]

【원문】 SECTION II. Des principes qui suivent de la nature des conventions, et des règles pour les interpréter.

제3절 명시되지 아니하더라도 약정에 자연적으로17따르는 의무[134-140면]

【원문】 SECTION III. Des engagements qui suivent naturellement des conventions, quoiqu'ils n'y soient pas exprimés.

제4절 합의에 추가할 수 있는 다양한 종류의 약정, 특히 조건[140-147면]

【원문】 SECTION IV. Des diverses sortes de pactes qu'on peut ajouter qux conventions, et particulièrement des conditions.

제5절 원시적으로 무효인 약정[147-152면]

【원문】 SECTION V. Des conventions qui sont nulles dans leur origine.

제6절 무효가 아닌 약정의 해제[152-155면]

【원문】 SECTION VI. De la résolution des conventions qui n'étaient pas nulles.

제2장 매매계약18
제3장 교환
제4장 임대차 및 다양한 종류의 대차
제5장 사용대차와 일시임대차
제6장 대차와 고리
제7장 임치와 계쟁물 임치

정하고자 한다.

16 본 글에서 다룬 부분은 이 장의 아래 표 부분을 우리 말로 역출한 것이다. 나머지 제1장 제1절부터 제4절까지는 이미 우리 말로 번역하였다. 이에 대하여는 필자, 앞의 글(고희기념논문집), 137면 이하 참조.

17 '당연히'로 할 수도 있다.

18 제12장-제17장은 채권각론의 전형계약과 상법과 관련된 것으로 추후에 같이 다루고자 한다.

> 제18장 약정의 하자[380-399면]
>
> **【원문】** TITRE XVIII Des vices des conventions.

제2편 약정 없이 성립되는 의무19

　　이 글은 이 중에서 특히 제1장 약정 일반 중에서 약정의 효력이 없는 경우에 대한 원시적으로 무효인 약정(제5절)(Ⅲ)과 무효가 아닌 약정의 해제(제6절)(Ⅳ) 및 이러한 효력이 상실하게 된 사유에 관한 약정의 하자(제18장)(Ⅳ)의 부분을 다룬다.20

　　도마는 약정의 하자를 전형계약 후에 이를 규정하고 있다. 이에 따르면 '약정' 또는 '채무'(의무)는 '약정 일반'-'전형계약'-'약정의 하자'라는 체계를 취하게 된다.21

19　이에 대한 소개는 필자, 앞의 글(사법행정), 34면 이하; 같은 저자, 앞의 글(고희기념논문집), 133면 이하 참조.

20　제1장 제1절과 제5절은 선행연구(주 7)에서 이미 다루었다; 그 외에 도마저작의 의무(engagements)에 관한 논의는 『자연질서에서의 민사법』 이외에도 법일반(법론)에서 다루는 것도 있다. 이에 대하여는 제1권 법론(法論)(Traité des Lois)의 다음 몇 개 장이 이를 다룬다: 제2장 2가지 종류의 의무에 의한 2가지 제1법의 기초에 관한 사회의 구상(CHAPITRE II. Plan de la société sur le fondement des deux premières lois par deux espèces d'engagements), 제3장 첫 번째 종류의 의무(CHAPITRE III. De la première espèce d'engagements), 제4장 두 번째 종류의 의무(CHAPITRE IV. De la seconde espèce d'engagements), 제5장 앞 장에서 말한 의무를 따르면서 마찬가지로 민사법의 원칙이기도 한, 몇 가지 일반 원칙(CHAPITRE V. De quelques règles générales qui suivent les engagements dont on a parlé dans le chapitre précédent, et qui sont autant de principes des lois civiles). 이에 대하여는 추후에 '법론'을 다루면서 같이 소개하고자 한다.

21　왜 이런 체계를 취하였는지는 명확하게 하지 않는다. 향후 다른 개소의 내용을 검토하면서 이 부분을 확인해보고자 한다.

Ⅲ. 원시적으로 무효인 약정[제1장 제5절]²²²³²⁴

제5절 원시적으로 무효인 약정*²⁵

【원문】 SECTION V. Des conventions qui sont nulles dans leur origine*.

1. [무효인 약정의 개념]²⁶ 무효인 약정은 몇 가지 본질적 특성이 없어서, 약정의 성질을 가지지 아니한다.²⁷(민법 제489조 이하). 계약 당사자 중 일방이 그가 의무를 부담하는 것에 대하여 인식할 수 없게 하는 정신적이나 신체적인 박약에 있는 것과 같은 경우가 그러하다. 어느 사람이 공물, 신성물[147면] 또는 그 거래가 되지 못하는 그밖의 것을 매도하거나 또는 매매 목적물이 이미 매수인에게 속한 경우가 그러하다(제1599조).²⁸

【원문】 1. [Définition des conventions nulles.] Les conventions nulles sont celles qui, manquant de quelque caractère essentiel, n'ont pas la nature d'une convention; comme si un des contractans était dans quelqu'imbécilité d'esprit ou

---

22 제1장 약정 일반의 후반부(마지막 2개 절)에 해당한다.

23 번역대상이 된 저본에 대하여는 필자, 앞의 글(사법행정)(1), 27면 참조. 그 외에도 주 26의 문헌도 참조.

24 번역은 향후 참조를 위하여 원문을 같이 병기하였고 원문의 주는 각주에 ( )로 하여 표시하였고 레미가 당시의 프랑스민법전을 적용한 판례 등을 판시사항과 함께 인용한 것은 관련사항만 적시하고 생략하였다. 기타의 번역과 관련된 것은 필자, 앞의 글(고희기념 논문집), 137면 이하를 참조하기 바란다.

25 레미판에는 없으나 이전 판에서는 '합의의 하자에 관한 장(135면)을 보라(V. le titre des vices des conventions, p. 135)가 있다.

26 각 조문의 제목은 레미판에는 없는데 이전 판에는 모두 이를 붙이고 있다. 이에 따라 다음 문헌을 참조하여 보충하였다: Jean Domat, *Les loix civiles dans leur ordre naturel, le droit public, et legum delectus*, Nouvelle édition, Revue, corrigée & augmentée des Troisiéme & Quatriéme Livres du Droit Public par M. De Hericourt, et des Notes de feu M. de Bouchevert, sur le Legum Delectus, qui ne se trouvent point dans les Editions précedentes, Tome 1, Chez Christophe David, 235면 이하; Narcisse Carré, *Oeuvres de J. Domat*, Première Édition in-octavo, Ornée d'un portrait, Revue, corrigée, et augmentée d'une Notice biographique sur Domat, Tome troisième, Chez Louis Tenré, Libraire, 1822; Jean Domat, *Les Loix civiles dans leur ordre naturel*, Tome 1, La Veuve de Jean Babtiste Coignard et Jean Baptiste Coignard Fils, 1691, 488면 이하(또한 1689년 판도 참조) 등을 비교하였다. 특히 후자의 것에서는 절 이외에도 각 장의 서두에 절이 시작하기 전에 설명하는 부분에도 일부 제목을 붙이고 있어 이를 보충하였다.

27 (1) § 8, iust. de inut. stip. 각주 번호가 (2)로 되어 있으나 본문은 (1)이다.

28 레미판에서는 당시의 프랑스 판례와 판결요지를 부기한다: 148면 주 2-6.

de corps qui le rendit incapable de connaître à quoi il s'engage(1). (C, civ. 489, s.) Si on avait vendu une chose publique, une [147] chose sacrée, ou autre qui ne fût point en commerce, ou si la chose vendue était déja propre à l'acheteur (1). (C. civ. 1599.)

2. [무효가 아직 인식되지 않더라도 무효인 약정] 원시적으로 무효인 약정은, 무효가 바로 알 수 있는 것이거나 약정이 존속하고 어떤 효력을 가지는 것처럼 보이는 것이든 그러한 효력이 있다. 이와 같이 정신병자가 그 상속한 것을 매도한 경우에 매수인이 소유하고 향유하고 매매할 때에 이러한 매도인의 상태가 알려지지 않았다고 하더라도 그 매매는 원시적으로 즉시 무효이다. 또한 계약 당사자 중 일방이 강박이 된 경우도 이와 같다.**29**(민법 제1112조 이하).

【원문】 2. [Conventions nulles, quoique la nullité ne soit pas encore reconnue.**30**] Les conventions qui sont nulles dans leur origine, sont en effet telles, soit que la nullité puisse d'abord être reconnue, ou que la convention paraisse subsister et avoir quelque effet. Ainsi, lorsqu'un insensé vend son héritage, le vente est d'abord nulle dans son origine, quoiqtie l'acheteur possède et jouisse, et qu'au temps de la vente cet état du vendeur ne fût pas connu. Et il en est de même, si l'un des contractans a été forcé (7). (C. civ. 1112, s.)**31**

3. [약정의 무효사유] 앞의 조문의 예에서와 같이 어느 사람의 무능력에 의하여 또는 그 약정이 선량한[149면] 풍속에 위반하여**32** 이행되어야 하는 경우와 같이 몇 가지 합의의 하자에 의하여(민법 제1133조) 또는 발생되지 아니할 조건의 사유에 의하여 그 약정이 이행되어야 하는 경우**33**와 같이 몇가지 그밖의 하자 또는 그밖의 사유**34**에 의하여(민법 제1169조) 그 약정은 무효이다.**35**

---

29 (7) § 2, inst. de inut. stip. Dict. § 2, L.1. Cod. de rescind. vend.
30 이전 판은 reconnuë로 되어 있다. 레미판과 그 이전판은 오늘날의 프랑스의 철자법과 다른 단어를 사용한 것이 있다. 원문은 레미판의 것을 그대로 인용하였다.
31 레미판에서는 당시의 프랑스 판례와 판결요지를 부기한다: 148면 주 8.
32 (1) § 2, eod. 제6절의 제1조 참조.
33 (1) L. 37, ff. de contr. empt. L. 8, ff. de peric. et com. rei. vend.
34 (2) 제1조 이하 참조.
35 레미판에서는 당시의 프랑스 판례와 판결요지를 부기한다: 149면 주 4-9.

【원문】 3. [Causes des nullitez des conventions,] Les conventions sont nulles, ou par l'incapacité des personnes, comme dans l'exemple de l'article précédent, ou par quelque vice de convention, comme si elle est contraire aux bonnes [149] mœurs (1) (C. civ, 1133.), ou par quelque autre défaut, comme si elle ne devait être accomplie que par l'événement d'une condition qui ne soit point arrivée (2), ou par d'autres causes (3). (C. civ, 1169.)

4. [사람의 무능력]36 사람은 그 성질에 의하여 또는 몇 가지 법률로 인하여 계약체결의 무능력이 될 수 있다. 따라서 성질에 의하여 정신이상자(insensés)37(민법 제491조 이하)와 몇가지 하자(défaut)로 자신을 표시할 수 없게 하는 사람38(민법 제936조)은 당연히 모든 종류의 약정에 무능력이다. 따라서 법률의 금지에 의하여 낭비자(prodigues interdits)는 그의 불이익으로 약정을 하는데 무능력이다39(제513조).

【원문】 4. [Incapacité des persornnes.] Les personnes peuvent être incapables de contracter, ou par la nature, ou pour quelque loi. Ainsi, par la nature les insensés (10)(C.civ. 491, s.), et les personnes que quelque défaut met dans l'impuissance de s'exprimer (11) (C.civ. 936.), sont naturellement incapables de toutes sortes de conventions. Ainsi par des défenses des lois, les prodigues interdits sont incapables de faire des conventions à leur préjudice (12). (513.)

5. [사람의 다양한 무능력] 사람의 무능력은 다르고 다양한 효력을 가진다. 어떤 것은 정신병자와 자신을 표시할 수 없는 사람과 같이 모든 약정이 무능력이다. 다른 것은 미성년자나 낭비자와 같이 그들 자신에게 불이익이 되는 것일 될 뿐이고 그 남편의 지배(puissance)를 받는 처는 어떤 관습이 적용되는 지방(coutumes)에서는 모든 것에 의무를 부담할 수 없고 다른 관습이 적용되는 지방에서는 남편이 이를 허락하지 아니하면 이를 할 수 없다(민법 제1124조 참조).

이것은 앞의 여러 조문에서 나온 것이다. 여기서 말하는 남편의 지배를 받는 처에 관한 것에 대하여는 제1절 사람의 제1조와 혼인지참재산의 장 제4절의 전문

36　(1) § 24, inst. de inut. stip. 제1절의 제3조 참조.
37　(10) § 8, inst. de inut. stip.
38　(11) Vid. § 7, eod.
39　(12) L. 1, ff. de cur. fur. L. 6, ff. de verb. obl. 사람에 관한 장 참조.

(préambule)에서 살펴본 것 참조.**40**

【원문】 5. [Differentes incapacitez des perſonnes.] Les incapacités des personnes
sont différentes, et ont divers effets. Quelques—uns sont incapables de toutes
conventions, comme les insensés et ceux qui ne peuvent s'exprimer. D'autres
seulement de celles qui leur nuisent, comme les mineurs et les prodigues, et les
femmes qui sont en puissance de mari, ne peuvent s'obliger du tout dans
quelques coutumes, et ne le peuvent dans les autres si le mari ne les autorise.
(V. C. civ. 1124.)

Ceci résulte des articles précédens. V. sur ce qui est dit ici de la femme en
puissance de mari, ce qui a été remarqué sur l'article 1 de la sect. 1, des
personnes, et dans le préambule de la sect. 4, du titre des dots.

6. [성질에 의한 것과 몇 가지 법률에 의한 2가지 종류의 무효] 약정의 무효는
당연한 것이거나 몇 가지 법률의 조항에 종속된다. 따라서 살아있는 사람의 장래의
상속에 관한 협약**41**(민법 제1600조)과 불능한 약정과 같이 선량한 풍속에 위반한 약정
은 당연히 하자가 있는 것으로 무효이다. 마찬가지로 법률에 의하여 상속인이 보충
지정된 재산**42**의 매매는 불법이 되고 무효가 된다.**43**

【원문】 6. [Deux sortes de nullitez, ou par la nature, ou par quelque loi.] Les
nullités des conventions sont ou naturelles, ou dépendantes de la disposition de
quelque loi. Ainsi les conventions contraires aux bonnes mœurs, comme un traité
sur la succession future d'une personne vivante (1) (C. civ. 1600.), et celles qui

40 레미판은 이 문단을 본문(150면)에 두고 있으나 다른 도마 판본에서는 이를 각주로 하고 있다. 예를
들면 영어본(188면 229번 주 1)도 같다.

41 (1) L. 4, Cod. de inut. stip. Vid. 1. 30, Cod. de pact.

42 원문은 bien substitué이다. 이는 신탁유증적 보충지정 또는 상속보충지정이 된 재산을 말한다. 상속
인 보충지정은 유증 또는 생전증여에서 유증자 또는 증여자가 수유자 또는 수증자(greve라고 한다)
에 대하여 해당 재산을 보전하고 수유자 등의 사망과 같은 일정한 사유가 발생한 때에는 미리 유증
자 등이 지정한 다른 보충지정자(substitue라고 함)에게 목적물을 제공할 의무를 부담시키는 특별한
처분을 말한다. 이 제도에 대하여는 포르탈리스 저, 양창수 역, 『민법전서론』, 박영사, 2003, 285면
주69 참조; 1804년 프랑스민법에서는 예외적으로 이를 인정하였고(프랑스민법 제896조, 제1048조).
그러나 프랑스민법은 2006년 보충지정을 포함한 무상양도의 개정으로 이러한 순차적 무상양도가 자
유롭게 인정되고 있다. 도마의 저작에서 상속인의 보충지정에 관하여는 제5편(Livre Cinquieme des
substitutions, et des Fidéicommis) 참조. 특히 제3장 직접적이고 신탁유증적 보충지정에 자세하다.

43 (2) L. 185, ff. de reg. jur. Vid. 1. 7. Cod. de reb. al. non. al.

sont impossibles sont naturellement vicieuses et nulles; ainsi c'est par une loi que la vente d'un bien substitué est illicite et nulle (2).

7. [한편으로 무효이지만 그 무효가 상호적이지는 아니한 약정] 계약 당사자 중 일방의 쪽에서는 무효로 표시될 수 있고 상대방의 쪽에서는 존속하고 취소될 수 없이 의무를 부담하는 약정이 있다. 따라서 성년자와 미성년자 사이의 계약은 그의 이익이 되지 아니하는 경우에는 미성년자에 대하여 무효가 될 수 있다.**44** 또한 미성년자가 구제를 청구하지 아니하면 그 계약은 성년자에 관하여는 존속한다.**45** 또한 계약 당사자의 이러한 조건의 불평등은 부당한 것은 전혀 없다. 왜냐하면 성년자는 그가 함께 거래한 사람의 조건을 알고 있었거나 알 수 있었기 때문이다.**46**(민법 제1125조 제2항)

【원문】 7. [Conventions nulles d'une part, et dont la nullité n'est pas récipreque.] Il y a des conventions qui peuvent être déclarées nulles de la part de l'un des contractans, et qui subsistent et obligent irrévocablement de la part de l'autre. Ainsi le contrat entre un majeur et un mineur peut être annulé à l'égard du mineur s'il n'est pas à son avantage (3): et il subsiste à l'égard du majeur si le mineur ne demande pas d'être relevé (4). Et cette inégalité de la condition des contractans n'a rien d'injuste; car le majeur a su ou dû savoir la condition de celui avec qui il traitait (5). (C. civ. 1125, 2e §.).

8. [유효하게 될 수 있는 무효의 약정] 사람의 무능력에 의하여 무효로 되게 되는 약정은 무능력이 중단된 경우에 그가 약정을 추인하거나 승인한 경우에는 그후에 유효하게 된다. 따라서 성년자가 된 미성년자가 추인하거나 미성년 상태에서 한 계약을 이행하는 때에는 그가 성년 상태에서 이를 한 것처럼 이 계약은 취소할 수 없게 된다.**47**

【원문】 8. [Conventions nulles qui peuvent être validées.] Les conventions qui

---

44 (3) L. 7, Cod. de reb. al. non al.

45 (4) L. 13, § 29, ff. de act. empt. et vend.

46 (5) L. 19, ff. de reg. jur.

47 (6) L. 5, § 2, ff. de auth. et const. tut. et cur. L. 2, Cod. si maj. fact. rat. bab. l. 3, § 1, ff. de min. 128면에 인용된 판결들 참조.

étaient sujettes à être annulées par l'incapacité des personnes, sont validées dans la suite, si l'incapacité cessant, elles ratifient, ou approuvent la convention. Ainsi, lorsque le mineur devenu majeur ratifie ou exécute le contrat qu'il avait fait en minorité, ce contrat devient irrévocable, comme s'il l'avait fait en majorité (6).

9. [자연채무] 본질에 의하여 계약체결을 할 수 없게 되고, 몇 가지 법률의 금지에 의하여만 그렇게 무능력이 된 사람은 그 약정에 의하여 자연채무를 부담하게 하지는 아니하고, 이 자연채무는 사정에 따라 그들이 약속한 것이 강제될 수는 없더라도 그들이 그 의무를 변제하면 그들은 이를 반환청구할 수 없는 그러한 결과를 가질 수 있다.**48** 따라서 예를 들면 로마법에서 가의 자녀는 성년자라도(민법 제488조) 대차를 이유로 자신이 의무를 부담할 수 없다. 그러나 그가 차용한 것을 변제한[151면] 경우에는 그는 이를 반환청구할 수 없다.**49** 따라서 혼인한 처가 그 남편의 허락이 있더라도 자신이 의무를 부담할 수 없는 관습이 있는 지방에서 그 남편 사망 후에 처가 자신이 약속한 것을 변제한 경우에는 처는 이를 반환청구하기 위하여 그의 의무의 무효를 원용할 수 없을 것이다(민법 제215조 이하).

【원문】 9. [Obligation naturelle.] Ceux que la nature ne rend pas incapables de contracter, et qui ne le sont que par la défense de quelque loi, ne laissent pas de s'engager par leur convention à une obligation naturelle, qui, selon les circonstances, peut avoir cet effet, qu'encore qu'ils ne puissent être condamnés à ce qu'ils ont promis, s'ils satisfont à leur engagement, ils ne peuvent en être relevés (7). Ainsi, par exemple, dans le droit romain, le fils de famille, même majeur(C. civ. 488.), ne peut s'obliger à cause de prêt; mais s'il paie ce [151] qu'il a emprunté, il ne peut le répéter (1). Ainsi, dans les coutumes où la femme mariée ne peut s'obliger, même avec l'autorisation de son mari, si après la mort du mari elle paie ce qu'elle avait promis, elle ne pourra se servir de la nullité de son engagement pour le répéter. (C. civ. 215, s.)

10. [착오와 약정을 무효가 되게 하는 힘] 사람이 계약을 체결할 능력이 있다고

---

48 (7) L. 10, ff. de obl. et act. 1. 16, § 4, ff. de fidejuss. L. 1, § 17, ff. ad. leg. falc. L. 94, § 3, ff. de sol. v. 1. l0, ff. de verb. sign. et 1. 84, § 1, de reg. jur.

49 (1) L. 9, in f, et 1. 10 ff, de Senat. Maced.

하더라도 그 의무가 성립하기에 필요한 것을 알지 못하였거나 그를 승낙할 자유를 가지지 못한 약정은 무효이다. 따라서 계약 당사자가 그 의미에 착오가 있거나 일방은 어느 물건을 상대방은 다른 물건을 거래하는 것으로 이해하는 약정은 동일한 물건에 대한 인식과 합의가 없어서 무효이다(민법 제1162조).**50** 마찬가지로 자유가 어떤 강박에 의하여 손상을 입은 약정도 무효이다(민법 제1111조).**51**

> 【원문】 10. [L'erreur & la force annullent les conventions.] Les conventions où les personnes, même capables de contracter, n'ont point connu ce qu'il était nécessaire de savoir pour former leur engagement, ou n'ont pas eu la liberté pour y consentir, sont nulles. Ainsi, les conventions où les contractans errent dans le sens, l'un entendant traiter d'une chose, et l'autre d'une autre, sont nulles par le défaut de connaissance et de consentement à la même chose (2). (C. civ. 1162.) Ainsi, celles où la liberté est blessée par quelques violences, sont nulles aussi (3). (C. civ. 1111.)

11. [거래될 수 없는 것에 관한 약정은 무효이다] 신성물, 공물과 같이 거래를 할 수 없는 것을 거래에 둔 약정은 무효이다.**52**

> 【원문】 11. [Les conventions sur ce qui n'est pas en commerce sont nulles.] Les conventions où l'on met en commerce ce qui n'y entre point, comme les choses sacrées, les choses publiques, sont nulles (4).

12. [매도된 물건의 변경에 의하여 무효가 된 약정] 약정에서 일방이 상대방에게 어느 물건을 줄 의무가 있고 인도하기 전 이를 주어야 할 사람의 행위 없이 그 물건이 거래를 하는 것이 중단된 경우에 약정은 무효가 된다.**53** 따라서 부동산의 매매가 효과가 없게 되면 무효가 될 것이고 이 상속재산이 매도인의 행위 없이 어떤 공공사업의 목적이 된 경우가 그러하다([1814년] 헌장 제10조 참조).**54**

---

50 (2) § 23, inst. de inut. stip. L. 57, ff. de obl. et act. L. 116, § 2, ff. de reg. jur. v. 1. 137, § 1, ff. de verb. obl. L. 83, § 1, ff. de verb. obl. L. 9, ff. de contr. empt.

51 (3) L. 1, Cod. de resc. vend. Dict. leg. 116, ff. de reg. jur. 약정의 하자의 장 참조.

52 (4) L. 83, ff. 5, ff. de verb. obl. § 2, inst. de inut. stip.

53 annulée. null이 용어가 사용된다. 후자는 원래부터 무효이고 전자는 '무효가 되게 하다'(무효화)라는 의미이다. 후자는 우리의 취소와 같은 것이다. 일단은 '무효가 되게 하다'로 한다.

54 (5) § 2, inst. de inut. stip. 1. 83, § 5, ff. de verb. obl.

【원문】 12. [Convention annullée par le changement de la chose venduë.] Si dans une convention l'un est obligé de donner une chose à l'autre, et qu'avant la délivrance, la chose cesse d'être en commerce sans le fait de celui qui devait la donner, la convention sera annulée. Ainsi, la vente d'un héritage demeurera sans effet et deviendra nulle, si cet héritage est destiné pour un ouvrage public sans le fait du vendeur (5). (V. Charte, art. 10.)

13. [원인 없는 채무는 무효이다] 어느 사람이 어떤 원인도 없이 의무를 부담하는 것이 된 약정에서는 그 채무는 무효이다(민법 제1131조).⁵⁵ 또한 그 원인이 중단되게 된 경우도 같다.⁵⁶ 그러나 사정에 의하여 그 채무가 그 원인이 있는가 없는가를 판단하여야 한다.

【원문】 13. [Les obligations sans cause sont nulles.] Dans les conventions où quelqu'un se trouve obligé sans aucune cause, l'obligation est nulle (6) (C. civ. 1131.); et il en est de même si la cause vient à cesser (7). Mais c'est par les circonstances qu'il faut juger si l'obligation a sa cause ou non.

14. [계약 당사자 중 일방의 행위에 의하여 무효인 약정의 효과] 계약 당사자 중 일방이 신성물이나 공물을 양도한 경우와 같이, 그가 책임을 부담하여야 할 어떤 사유에 의하여 무효가 된 약정은 무효이기는 하지만 그것이 발생한 사람에게 손해배상을 할 의무를 부담하는 그런 효과가 있다(민법 제1134조, 제1146조).⁵⁷

【원문】 14. [Effet des conventions nulles par le fait de l'un des contractans.] Les conventions qui se trouvent nulles par quelque cause dont un des contractans doive répondre, comme s'il a aliéné une chose sacrée ou publique, ont cet effet, quoique nulles, d'obliger aux dommages et intérêts celui qui y donne lieu (8). (C. civ. 1134, 1146.)

15. [무효가 된 약정의 결과] 약정이 무효이기는 하지만 어떤 결과나 어떤 효과를 가지거나 또는 그 약정이 무효가 된 경우에는 계약 당사자는 사정이 이를 허용하

---

55 (6) 제1절 제5조 참조.

56 (7) L. 4, ff. de condict. sine causa.

57 (8) § ult. inst. de emptione et venditione. Vid. 1. 3, Cod. de reb. alien. non alien.

는 한도에서 그에 대하여 의무가 있을 사람에 대하여 하게 할 수 있는 반환과 함께 약정이 없었다면 그들이 있게 될 상태로 회복된다.**58**

【원문】 15. [Suite des conventions annullées.] Si une convention, quoique nulle, a eu quelque suite, ou quelque effet, ou qu'elle soit annulée, les contractans sont remis dans l'état où ils auraient été s'il n'y avait pas eu de convention, autant que les circonstances peuvent le permettre, et avec les restitutions qui peuvent être à faire contre celui qui en sera tenu (9).

16. [약정을 무효가 되게 하기 위한 법무부장관] 약정이 무효가 되더라도 이를 원용하는 사람은[152면] 상대방이 이에 승낙하지 아니하면 그 권리를 그 자신이 회복할 수 없다. 그러나 그에 대하여 어떤 이의가 있는 경우에 무효로 판단하게 하여 그 권리에 대하여 그가 밝히도록 하거나 명해진 것을 이행하도록 하기 위하여 그는 법무당국에 구제를 요청하여야 한다.**59** 왜냐하면 힘을 사용하여야 할 때에는 정의는 그 자신이 이를 사용하도록 하지 않으면 그에 대하여 어떠한 고통을 겪지 않기 때문이다.

【원문】 16. [Ministere de la justice pour annuller les conventions.] Quoiqu'une convention se trouve nulle, celui qui s'en plaint[152] ne peut se remettre lui-même dans ses droits, si l'autre n'y consent. Mais il faut qu'il ait recours à l'autorité de la justice, soit pour faire juger de la nullité, et le rétablir en son droit, ou pour mettre à exécution ce qui sera ordonné, en cas qu'il s'y trouve quelque résistance (1). Car quand il faut user de la force, la justice n'en souffre aucune, si elle-même ne la met en usage.

17. [무효인 약정은 그로부터 이익을 얻어야 할 제3자에게는 무용하다] 제3자에게 어떠한 권리를 취득하게 하는 약정이 무효가 된 경우에 그 약정은 계약 당사자에게 뿐만 아니라 이 사람에 대하여 더 이상 효력이 없다. 따라서 채권자는 그 채무자가 무효인 계약에 의하여 취득한 상속재산에 관하여 어떤 저당권도 가지지 아니한다.

【원문】 17. [Les conventions nulles sont inutiles aux tierces personnes qui en

---

58 (9) L. 7, § I, ff. de in iut, restit.

59 (1) L. 13, ff. quod met. caus. L. 1, Cod. de resc. vend. Vid. 1. 9, Cod. sol. mat. Vid. 1. I, ff. uti possid. 다음 절이 제14조와 약정의 하자의 제2절 참조.

devoient profiter.] Si les conventions qui acquièrent quelque droit à des tierces personnes se trouvent nulles, elles n'ont pas plus d'effet à l'égard de ces personnes, qu'à l'égard des contractans. Ainsi le créancier n'a aucune hypothèque sur l'héritage que son débiteur avait acquis par un contrat nul.

IV. 무효 아닌 약정의 해제[제1장 제6절][60]

제6절 무효 아닌 약정의 해제

【원문】 SECTION VI. De la résolution des conventions qui n'étaient pas nulles.

1. [무효인 약정과 해제된 약정 사이의 차이] 약정의 무효와 해제 사이에는, 무효는 약정의 외관만 가지고[61] 해제는 존속한 약정을 무효가 되게 한다는[62] 점에 그 차이가 있다.

【원문】 1. [Differences entre les conventions nulles, et celles qui sont résoluës.] Il y a cette différence entre la nullité et la résolution des conventions, que la nullité fait qu'il n'y a eu que l'apparence d'une convention (2), et que la résolution anéantit une convention qui avait subsisté (3).

2. [다양한 약정해제 사유] 존속하였던 약정은. 의사를 변경하는 계약 당사자의 합의[63]에 의하여 또는 환매권[64](민법 제1659조), 해제조항[65]과 같이 합의 자체에 있는 어느 약정(pacte)에 의하여 또는 약정한 사실에 의하여[66] 또는 전부의 반환[67] 또는 사기 또는 매매에서 대금의 약소에 의한 것과 같이 사기 또는 그밖의 손해를 이유로 한 취소에 의하여[68](민법 제1674조) 또는 다음 조문들에서 이를 보는 것과 같이 그밖

---

60 이는 제1장 약정 일반의 후반부(마지막 2개 절)에 해당한다.

61 (2) § 2. lust. de inut. stip.

62 (3) L. 2, cod. de cond. ob. caus. dat.

63 (4) L. 35, ff. de reg. jur. § ult. inst. quib. mod. toll. obl.

64 (5) Vid. 1. 2. Cod. de pact. int. empt. et vend. L. 7, cod.

65 (6) 제3절 제15조와 제4절 제18조 참조.

66 (7) L. 2, ff. de in diem add.

67 (8) Tit. de in int. rest.

68 (9) Tit. de dolo. L. 2. Cod. de resc. vend.

의 사유에 의하여 해제될 수 있다.**69**

【원문】 2. [Diverses causes qui résolvent les conventions.] Les conventions qui ont subsisté peuvent se résoudre, ou par le consentement des contractans, qui changent de volonté (4), ou par l'effet de quelque pacte qui soit dans la convention même, comme d'une faculté de rachat (5) (C. civ. 1659.), d'une clause résolutoire (6), ou par l'événement d'une convention (7), ou par une restitution en entier (8), ou par une rescision à cause de quelque dol ou autre lésion, comme par la vilité du prix dans une vente (9) (C. civ. 1674), ou par d'autres causes, comme on le verra dans les articles suivans.

3. [최초의 것에 위반하는 마지막 약정] 앞의 것을 해제하거나 이를 변경하거나 또는 이를 위반한 마지막 약정은 약정된 것을 무효로 하기 위하여 또는 변경하기 위하여 계약 당사자가 원하는 효과를 가지고 이 약정은 사정이 이를 허용하는 것에 의하여 이 변경에 의하여 그 당사자가 자신이 있기를 원하는 상태에 그들이 있게 한다.**70**

【원문】 3. [Les dernieres conventions dérogent aux premieres.] Les dernières conventions qui résolvent les précédentes ou qui les changent, ou qui y dérogent, ont l'effet que veulent les contractans, soit pour annuler ou pour changer ce qui avait été convenu, et elles les mettent dans l'état où ils veulent se mettre par ces changemens, selon que les circonstances peuvent le permettre (11).

4. [새로운 약정은 제3자가 최초의 약정에 의하여 취득한 권리에 해를 줄 수 없다] 계약 당사자가 그 약정에 대하여 한 변경은 최초의 약정에 의하여 제3자가 취득한 권리에 어떠한 해를 줄 수 없다.[153면] 따라서 매매가 이미 이행되고 전체 이행이 뒤따라 있으면 매도인과 매수인의 의사로만 해제되므로 매매계약의 순수한 임의해제**71**(résolution purement volontaire)에 의하여 매수인의 채권자는 매도인에게 반환되는 상속재산에 대한 그의 저당권을 유지한다.**72** 그러나 조건의 사실(événement)에 의하여 또는 매매에서의 환매권에 의한 것과 같이 약정이 계약조항의 효과에 의하여 해

---

69 레미판에서는 당시의 프랑스 판례와 판결요지를 부기한다: 152면 주 10.

70 (11) L. 12. Cod. de pact.

71 아래의 제7조 참조.

72 (1) L. 63, ff. de jur. dot. L. 9, ff. de lib. caus. L. 10, ff. de jurejur. 매매계약의 절 제14조와 제15조 참조.

제된 경우에는 그들의 약정의 효력 자체에 의하여 이 저당권은 소실되고 계약 당사
자는 그들의 권리로 복귀된다.

【원문】 4. [Les nouvelles conventions ne peuvent faire préjudice au droit acquis par les premieres à des tierces personnes.] Les changemens que font les contractans à leurs conventions, par d'autres ensuite, ne sont aucun préjudice aux droits qui étaient acquis à des tierces personnes par les premières conventions.[153] Ainsi, une vente déjà accomplie, et suivie d'une entière exécution, n'étant résolue que par la seule volonté du vendeur et de l'acheteur, le créancier de l'acheteur conserve son hypothèque sur l'héritage qui retourne au vendeur, par la résolution purement volontaire du contrat de vente (1). Mais si la convention était résolue par l'effet d'une clause du contrat, comme par l'événement d'une condition, ou par une faculté de rachat dans une vente, cette hypothèque s'évanouirait, et les contractans rentreraient en leurs droits, par l'effet même de leur convention.

5. [조건의 사실73에 의하여 해제된 약정] 이행되었으나 그런 경우가 발생하면 그 약정이 해제될 것이라는 조건이 있는 약정은 조건이 발생하기 전까지 존속한다. 또한 그후에는 약정은 제4절 제14조와 제15조74에서 말한 원칙에 따라 해제된다.75

【원문】 5. [Convention résolue par l'évenement d'une condition.] Les conventions accomplies, mais sous une condition que si im tel cas arrive, elles seront résolues, subsistent jusqu'à ce que la condition soit arrivée; et alors elles sont résolues, suivant les règles expliquées dans les articles 14 et 15 de la section 4 (2).

6. [해제조항의 효력] 계약 당사자 중 1인이 어느 의무를 이행하지 않는 경우에 는 약정이 해제될 것이라는 것이 약정에 말해진 경우에는 이행의 부존재76는 제4절

---

73 Evénement은 '사건'으로 한다. 판결은 조건을 법률행위 효력의 발생 또는 소멸을 장래의 불확실한 '사실'의 성부에 의존하게 하는 법률행위의 부관이라고 한다(대법원 2018. 6. 28. 선고 2018다201702 판결 등).

74 도마 저작에서는 각 절 밑에 조문 형태로 개조식으로 서술하고 이를 '조문'(article)이라고 한다. 다만 구체적으로는 1, 2, 3으로 하고 이를 '조'라고 부른다. 이하 같다.

75 (2) 제4절 제14조와 제15조 및 같은 절(celle-ci)의 제14조 참조.

76 '불이행'이라고 할 수도 있으나 아래의 제11조의 불이행(inexecution)이라는 용어를 고려하여 원문에 충실하게 직역하였다.

제18조와 제19조에서 말한 원칙에 따라 해제되고 그 약정은 무효가 된다.**77**

【원문】 6. [Effet des clauses résolutoires.] Si dans une convention il est dit qu'elle sera résolue, en cas que l'un des contractans manque d'exécuter quelque engagement, le défaut d'exécution ne résout et n'annule la convention, que suivant les règles expliquées dans les articles 18 et 19 de la section 4 (3).

7. [약정해제] 약정이 계약 당사자 중 일방에게 일정한 기간에 해지할 자유를 남기거나 환매권이나 그밖의 어떤 절차에 의하여 약정을 해제하게 할 수 있는 그밖의 조항이 있는 경우에는 이 조항의 이행으로 약정이 해소되고 무효가 된다. 그 계약 당사자가 그에 대하여 약정한 것에 따라 이 조항의 이행으로 약정이 해소되고 무효가 된다.**78**

【원문】 7. [Resolution conventionnelle.] Si une convention laisse la liberté à un des contractans de résilier dans un certain temps, ou qu'il y ait une faculté de rachat, ou d'autres clauses qui puissent faire résoudre la convention par quelque autre voie, l'exécution de ces clauses résout et annule la convention, selon que les contractans en étaient convenus (4).

8. [사기에 의한 취소] 계약 당사자 중 일방이 상대방의 사기에 의하여 속고 기망되거나 몇 가지 그밖의 몇 가지 부당한 방법에 의한 약정은, 그가 그 사기에 이의를 제기하고 그 증명을 한 때에는 해제되고 무효화된다**79**(민법 제1109조).**80**

【원문】 8. [Rescision par le dol.] Les conventions où l'un des contractans est surpris et trompé par le dol de l'autre, ou par quelque autre mauvaise voie, sont résolues et annulées lorsqu'il s'en plaint, et qu'il en fait preuve (5). (C. civ. 1109.)

---

77 (3) 제4절의 제18조와 제19조와 같은 절의 제14조 참조.
78 (4) L. 31, § 22, ff. de adil. ed. L. 2, § 5, ff. pro empt. L. 2 et 7. Cod. de pact. iut. empt. et vend. 제5절의 제16조와 이 절의 마지막 조문 참조.
79 (5) Tot. tit. de dolo. 앞 절 제10조와 약정의 하자의 제3절 참조.
80 레미판에서는 당시의 프랑스 판례와 판결요지를 부기한다: 153면 주 6-8.

9. [그 자체 사기[81]라고 부르는 사기 없는 손해] 단순한 손해가 사기가 없더라도
【154면】 약정을 해제하기에 충분한 약정이 있다. 따라서 각각의 개소에서 설명될 원칙
에 따라 공동상속인 사이의 분할이 너무 과도한 불평등으로 해제되는 경우가 그러하
다[82](민법 제887조 이하). 또한 매매대금의 과소(vilité)[83]나 매매 목적물의 하자[84]에 의
한 매매가 그러하다.[85]

> 【원문】 9. [Lésion sans dol qu'on appelle dolus reipsâ.] Il y a des conventions où
> la simple lésion, quoique sans dol, 【154】 suffit pour résoutlrc la convention. Ainsi,
> par exemple, un partage entre cohéritiers est résolu par une trop grande inégalité
> (1) (C. civ. 887, s.); et une vente, par la vilité du prix (2), ou par le vice de la
> chose vendue (3), suivant les règles qui seront expliquées dans leurs lieux.

10. [약정을 해제하는 사정] 약정은 경우에 따라서는 어떤 사건의 단순한 효력으
로 해제된다. 따라서 예를 들면 주택 임대차에서 이웃이 그 햇볕을 어둡게 하는 경
우, 소유자가 붕괴의 위험이 있는 것을 수리하지 않는 경우,[86] 주택이 공공사업을 위
하여 철거되어야 할 경우[87]에 임차인은 이 모든 경우에 임대차를 해제하게 한다. 따
라서 매매가 추탈담보에 의하여 해제된 경우[88]가 그러하고 그 매매가 동일가족 상속

---

81 원문은 dolus re ipsa로서 매매계약에서 과다한 손해(laesio enormis)가 있는 경우에 그 대금의 불평
    등은 기망에 의한 거래의 결과로 보았고 이 경우에 '그 자체 사기'(dolus re ipsa)가 인정되었다. 이
    개념에 대한 자세한 설명은 Aleksander Grebieniow, *Die Laesio Enormis Und Der Dolus Re Ipsa
    Heute: Die Verschuldensfrage*. Tijdschrift voor Rechtsgeschiedenis 제85권 제1-2호, 2017.2,
    192-229면〈https://ssrn.com/abstract=2924036〉, 〈http://dx.doi.org/10.2139/ ssrn.2924036〉; Jan
    Hallebeek, *Some remarks on laesio enormis and proportionality in Roman-Dutch law and
    Calvinistic commercial ethics*, Fundamina (Pretoria) 제21권 제1호, 2015, 14-32면〈http://dx.
    doi.org/10.17159/2411-7870/2015/v21n1a2〉 참조. 1804년 프랑스민법전 제1118조 참조. 도마의 저
    작에서는 이 용어를 dolus reipsâ라고 한다. 예를 들면 Jean Domat, Les Loix Civiles Dans Leur
    Ordre Naturel, Le Droit Public, Et Legum Delectus, nouvelle editon revuë et corrigée, Volume
    1, Chez Michel Brunet, 1713, 32면.
82 (1) L. 3, Cod. comm. utr. jud. L. 36, ff. de verb. obl. 약정의 하자의 절 제4조 참조.
83 (2) L. 2, cod. de resc. vend.
84 (3) Tot. tit. de aedil. ed.
85 레미판에서는 당시의 프랑스 판례와 판결요지를 부기한다: 154면 주 4-5.
86 (6) L. 25, § 2, ff. locat. cond.
87 (7) L. 9, 1. 14, et aliis. Cod. de op. publ.
88 (8) Vid. Toto tit. de evict.

재산환매권89에 의하여 매수인에 대하여 해제되고 환매권자가 그 지위를 차지하게
된 경우에도 그러하다. 또한 수개의 다른 사건은 이 사건이 물건을 회복하는 상태에
따라 다양하게 해제된다.

【원문】 10. [Evenemens qui résolvent les conventions.] Les conventions sont
quelquefois résolues par le simple effet de quelque événement. Ainsi, par
exemple, dans un louage d'une maison, si le voisin en obscurcit les jours, si le
propriétaire ne rétablit que ce qui menace ruine (6), si la maison doit être
démolie pour un ouvrage public (7), le locataire dans tous ces cas fait résoudre
le bail. Ainsi une vente est résolue par une éviction (8), et elle l'est aussi à
l'égard de l'acheteur par un retrait lignager, et le retrayant est mis en sa place. Et
plusieurs autres événemens résolvent différemment les conventions, selon l'état
où ils mettent les choses.

11. [불이행에 의한 해제] 계약 당사자 중 일방의 쪽의 약정의 불이행은 매도인
이 매매 목적물을 인도하지 않는 것과 같이, 그가 그 의무를 이행할 수 없거나 이행
하고자 하지 않아 해제조건이 없더라도 해제가 발생될 수 있다. 또한 이 경우에 즉
시, 필요한 경우에는 상당한 기간이 지난 후 불이행이 야기할 수 있었던 손해배상과
함께 약정이 해제된다.90

【원문】 11. [Résolution par l'inexecution.] L'inexécution des conventions de la
part de l'un des contractans, peut donner lieu à la résolution, soit qu'il ne puisse
ou qu'il ne veuille exécuter son engagement, encore qu'il n'y ait pas de clause
résolutoire, comme si le vendeur ne délivre pas la chose vendue; et dans ces cas
la convention est résolue, ou d'abord, s'il y a lieu, ou après un délai arbitraire et

---

89 동일가족 상속재산환매권(retrait lignager)은 확대된 가계 구성원인 가족이 다른 가계의 구성원에게
매매목적물이 된 상속재산을 취득자가 구입한 대금을 지급하면서 이를 환매할 수 있는 관습민법의
제도이었다. 이 환매권을 행사하는 사람을 retrayant이라고 한다. retractus consanguinitatis라고도
하며 우리 말로는 가계환매권, 법정환매라고 옮기기도 한다. 예를 들면 양창수, 앞의 글, 279면(같은
저자의 책, 128면, 주 59). 이 제도는 1789년 프랑스에서는 폐지되었다. 프랑스의 이 제도에 대한 자
세한 내용은 Retrait lignager 〈https://fr.wikipedia.org/wiki/Retrait_lignager〉. 더 일반적인 것으로
는 Ray Abrahams, *Retrait Lignager-Some thoughts on an old european familial Institution*, The
Cambridge Journal of Anthropology, Vol. 29, 2011, 16-29면 참조.

90 (9) L, 1, ff. de act. empt. et vend. L. 4, Cod. eod. 다음 조문, 매매계약의 제5절 제14조와 제15조,
제2절 제17조와 제18조 참조.

avec les dommages et intérêts que l'inexécution peut avoir causés (9).

12. [약정의 해제의 효과와 결과] 약정이 해제된 경우에는 언제나 이것이 계약
당사자의 의사에 의한 것이라면, 그들이 서로의 의사로 회복하고자 한 상태로 상호
간에 회복된다. 이것이 재판상으로 되는 경우에는 그들은 사정에 따라 약정이 가져
야 할 효과와 다양한 해제에 의하여 원상회복, 손해배상과 그밖의 결과와 함께 다양
한[155면] 해제사유에 대하여 가져야 할 고려를 하면서 약정의 해제에 뒤따라야 할 상
태에 놓이게 된다. 이는 법관의 재량에 의하면서91 앞의 원칙과 취소와 원상회복의
장 전체에서 설명할 그밖의 것에 따른다.

【원문】 12. [Effets et suite de la résolution des conventions.] Dans tous les cas où
les conventions sont résolues, si c'est par la volonté des contractans, ils sont
remis réciproquement dans l'état où ils veulent se remettre de gré à gré; et si
c'est par justice, ils sont mis dans l'état qui doit suivre la résolution de la
convention, avec les restitutions, dommages et intérêts, et autres suites, selon les
effets que doit avoir la convention dans les circonstances, et les égards qu'on
doit avoir aux différentes causes[154] de la résolution; ce qui dépend de la
prudence du juge (1), suivant les règles précédentes, et les autres qui seront
expliquées dans le titre des rescisions et restitutions en entier.

13. [종된 약정은 주된 것과 함께 해제된다] 주된 약정이 해제되면 그 결과와 그
종된 것도 그러한 것이다.92

【원문】 13. [Conventions accessoires se résolvent avec les principales.] Les
conventions principales étant résolues, celles qui en étaient des suites et des
accessoires, le sont aussi (2).

14.93 [약정을 해제하고 이행하여야 할 것이 있기 위한 재판의 권위] 약정의 해
제가 임의적으로 부가되지 않은 경우에, 이의를 제기한 사람은 상대방을 방해할 수
없다. 그러나 약정을 해제하게 하고 명령될 것을 이행하게 하기 위하여는 재판상으

91　(1) L. 1, § 1, ff. de min. L. 135, § 2, ff. de verb. obl. L. 20, ff. de rei vend. L. 68, eod. tit.
92　(2) L. 1. Cod. de cond. ob. caus. dat.
93　이전 판은 제14조까지만 기재하고 있으나 레미판은 제14조-제16조를 추가하고 있다.

로 소제기를 하여야 한다.**94**

> 【원문】 14. [Autorité de la justice pour résoudre les conventions, et pour ce qu'il y a à executer.] Lorsque la résolution d'une convention n'est pas accordée volontairement, celui qui se plaint ne peut troubler l'autre; mais il doit se pourvoir en justice, pour faire résoudre la convention, et pour faire exécuter ce qui aura été ordonné (3).

15. 약정을 해제할 가장 자연적인 방법은 바로 약속한 물건을 변제하는 것이다.**95**

> 【원문】 15.**96** Le moyen le plus naturel de résoudre une convention, c'est de payer la chose promise (4).

16. 상계는 약정의 해제도 포함한다.**97**

> 【원문】 16.**98** La compensation emporte aussi la résolution de la convention (5).

V. 약정의 하자[제18장]

제18장 약정**99**의 하자**100** [380면]

> 【원문】 TITRE XVIII. Des vices des conventions.**101** [380]

---

94 (3) L. 68, ff. de rei vindic. L. 9, Cod. sol. mat. 제5절 제16조 참조.

95 (4) In principio. Inst. quibus modis tollitur oblig.

96 이전 판에는 없는 것으로 이에 따라 조문제목도 없다.

97 (5) L. 2, ff. de compensat.

98 이전 판에는 없는 조문으로 이에 따라 조문제목도 없다.

99 원문에서 conventions은 '약정'으로, consentment은 '합의'로, engagement은 '의무'로 하였다.

100 원문은 vices로 '하자, 흠(흠결), 결함'에 해당한다. 종래 의사표시의 하자는 사기, 강박에만 사용되는데 도마가 사용하는 용어는 사기, 강박 이외에 우리 법의 의사표시의 불일치의 모든 경우를 포함한다. 대륙법계 민법(독일민법, 프랑스민법 등)에서는 이러한 '하자'라는 용어가 의사표시의 불일치와 하자를 포함하는 포괄적인 의미로 사용된다. 우리 법에서는 아직 이러한 것을 포괄하는 용어는 정립되어 있지 아니한다. 최근에는 '비정상적 의사표시'라고 하기도 한다. 이하에서는 원어의 문자적 뜻에 따라 일단 '하자'로 하였다. 이와 달리 défauts는 '하자, 흠결, 부존재'의 의미이지만 이와 구별하기 위하여 '흠결'로 하였다.

101 원문은 모두 제목이 이탤릭체로 되어 있으나 우리 말 번역에서는 이를 고려하지 않았다. 이하 같다.

【약정의 하자는 무엇인가?】 합의의 성질과 그 필수적인 특징을 훼손하는 것을 합의의 하자라고 부른다. 따라서 그 합의를 하는 사람이 들어가야 할 의무를 형성하기 위하여 알아야 할 이성과 인식을 그들이 충분히 가질 것이 모든 종류의 합의에 필수적 특징이다.102 또한 정신병자와 같이 자연적 흠결103에 의하여 또는 후에 말하게 될 약정의 성질에 대한 어떤 착오에 의하여 계약 당사자 중 일방이 이러한 인식이 없는 경우가 약정의 하자이다.

> 【원문】 [Quels sont les vices des conventions.] On appelle vices de conventions ce qui blesse leur nature et leurs caractères essentiels. Ainsi, c'est un caractère essentiel à toute sorte de conventions, que ceux qui les font aient assez de raison et de connaissance de ce qu'il faut savoir pour former l'engagement où ils doivent entrer (3)104. Et c'est un vice dans une convention, si un des contractans a manqué de cette connaissance; soit par un défaut naturel, comme si c'était un insensé, ou par quelque erreur de la nature de celles dont il sera parlé dans la suite.

따라서 약정이 자유롭게 되는 것이 모든 약정의 필수적 특징이다.105 또한 계약 당사자 중 일방이 어떤 강박106에 의하여 그것이 강제되었다면 이는 약정의 하자이다(민법 제1112조).

> 【원문】 Ainsi, c'est un caractère essentiel à toutes conventions, qu'elles soient faites avec liberté (4)107; et c'est un vice dans une convention, si un des contractans y a été forcé par quelque violence. (C. civ. 1112.)

따라서 사람들이 진실하고 성실하게 이를 처리하는 것이 모든 약정의 또다른 필

---

102 (3) 약정에 관한 제2절 제2조 참조. (역주) 여기서 말하는 제0조는 도마전집의 본문이 장, 절 밑에 제0조(article)로 하고 있는데 이를 말한다. 원문은 1, 2, 3으로 하고 있다. 그 외에 각주에 괄호로 붙인 주(예를 들면 (3))는 원문의 각주를 말한다. 레미판에서는 원문이 'V. l'art. 2 de l'art. 2 des convent'으로 하고 있는데 뒤의 art.은 convent.(convention)으로 오자이다.

103 원문은 défaut로서 '부존재'라고 할 수도 있다.

104 (3) V. l'art. 2 de l'art. 2 des convent.

105 (4) 약정에 대한 같은 제2절 제2조 참조.

106 원문은 violence로서 '협박', '강박'의 의미이다.

107 (4) V. l'art. 2. de la même sect. 2 des convent.

수적 특징이다.[108] 또한 일방이 상대방을 어떤 사기와 어떤 기습으로 기망하는 경우에 이는 약정의 하자이다(민법 제1116조).

【원문】 Ainsi, c'est un autre caractère essentiel à toutes les conventions, que l'on y traite avec sincérité et fidélité (5)[109]: et c'est un vice dans une convention, si l'un trompe l'autre par quelque dol et quelque surprise. (C. civ. 1116.)

따라서 합의가 어떤 불법과 사회질서를 위반하는[110] 것이 아무 것도 없는 것도 합의에 대한 필수적 특징이다.[111] 또한 법률과 선량한 풍속에 위반하는 어떤 것이 추가되는 경우에 이는 약정의 하자이다(민법 제6조, 제686조, 제1133조,[112] 제1172조, 제1387조).

【원문】 Ainsi, c'est encore un[113] caractère essentiel aux conventions, qu'elles n'aient rien d'illicite et de malhonnête (6); et c'est un vice dans une convention, si on mêle quelque chose de contraire aux lois et aux bonnes moeurs.(C. civ. 6, 686, 900, 1133, 1172, 1387.)

따라서 마지막으로 약정을 한 사람이 계약을 체결할 능력이 있는 것이 모든 약정에 필수적인 특징이다. 또한 계약 당사자 중 일방이 그가 들어간 약정을 체결할 능력이 없는 경우에는 그 약정은 하자가 있다(제1123조, 제1124조, 제1125조).

---

108 (5) 약정에 관한 이러한 같은 제2절 제8조와 약정에 관한 제3절의 제12조 참조.

109 (5) V. l'art. 8 de cette même sect. 2 des convent., et l'art. 12 de la sect. 3 des convent.

110 원문은 malhonnête로서 '성실하지 못한, 정직하지 못한, 부정한'이라는 뜻이다. 다만 여기서는 법류행위의 내용이 선량한 풍속 기타 질서에 위반한 것(내용의 사회적 타당성)으로 우리 법의 '반사회적 법률행위' 또는 '사회질서 위반행위'에 해당한다. 레미판의 관련조문도 원래의 프랑스민법 제1133조를 인용한다. 예를 들면 해당 판의 380면, 제4절 397면. 우리나라의 민법총칙 교과서는 대부분 프랑스민법 제1131조만을 든다. 예를 들면 곽윤직, 김재형, 『민법총칙』, 제9판 중판, 박영사, 2013, 281면([131]); 그러나 제1131조와 제1133조를 드는 것도 있다. 예를 들면 송덕수, 『민법총칙』, 제2판, 박영사, 2013, 238면([122]); 제1133조가 이에 해당하므로 이를 '사회질서 위반행위'로 한다. 종래 '반사회적 법률행위'라고 하기도 하였다. 우리 민법은 '선량한 풍속 기타 사회질서에 위반한 사항을 내용으로 하는 법률행위'(제103조)라고 하는데 '사회질서'라는 넓은 의미의 용어보다는 '공공질서'(일본민법 제90조: 公の秩序; 중국민법전 제8조, 제10조, 제143조 등: 公序良俗; 대만민법[중화민국 민법] 제72조: 公共秩序)라는 것이 맞다. 여기서는 일단 우리 용어례를 따라 '사회질서에 위반'으로 하였다. 우리나라 헌법(제37조 제2항)은 '질서유지'라고 한다.

111 (6) 약정에 관한 제5절의 제1조 참조.

112 우리 나라에서는 프랑스 민법의 사회질서 위반행위를 제1131조만 드는 것이 많지만 제1133조도 같이 드는 경우도 있다. 이에 대하여는 앞의 주 110 참조.

113 (6) V. l'art. 1 de la sect. 5 des convent.

【원문】 Ainsi, enfin c'est un caractère essentiel à toutes les conventions, que les personnes qui les font soient capables de contracter: et la convention est vicieuse si un des contractans était incapable de l'engagement où il est entré. (1123, 1124, 1125.)

【약정의 하자의 효력이 더 많은 것과 더 적은 것의 차이】 약정의 하자는 이를 다양한 단계에서 볼 수 있다. 또한 더 많거나 더 적은 것에 따라 그 약정은 무효가 되거나 무효가 되지 아니하고 이는 손해배상의 결과의 의무를 부담하거나 이를 부담하지 아니한다.[381면]

【원문】 [Differences entre le plus ou le moins pour l'effet des vices des conventions.] Ces vices des conventions peuvent s'y trouver en différens degrés; et selon le plus ou le moins, ils annullent ou n'annullent pas les conventions, et ils engagent à des suites de dommages et intérêts, ou n'y engagent pas. [381]

따라서 인식의 흠결은 약정을 무효로 할 정도가 될 수 있고 그것이 합의가 존속하는 것을 방해하지 않을 정도가 될 수도 있다. 왜냐하면 예를 들면 무효인 유언변경서114에 의하여 그에게 주어진 유증물에 대하여 이 유증을 추인하고 무효가 되지

---

114 이는 '보충유언, 유언변경증서, 유언보충서' 등 다양한 용어로 번역된다. 우리 법에서도 유언자는 자신의 의사에 따라 자유롭게 유언할 수 있고 언제든지 이를 변경 또는 철회할 수 있다고 한다든지 유언에 문자의 삽입, 삭제, 변경을 할 때에는 유언자가 자필로 쓴다고 하므로 '유언의 변경'이라는 것을 살려 유언변경서로 하였다. 유언변경서는 현존하는 유언내용을 변경, 설명 또는 재해석 하는 등 보충적 합의를 적은 문서로 이는 결국 '유언을 변경'하는 것이다; 독일어로는 Kodizill, 영어로는 Codicil이라고 한다. 로마법에서 제정기 또는 전고전기의 codicillus에서 유래하였다. 이러한 점은 Heinrich Honsell, *Römisches Recht*, 5. Aufl., Springer, 2001, 192면; 2015년 상속법 개정법(Erbrechts-Änderungsgesetz 2015)에 의한 삭제 전의 오스트리아 민법전(ABGB)(제533조)에서는 명문으로 이를 규정하였다: § 533 Wird in einer letzten Anordnung ein Erbe eingesetzt, so heißt sie Testament; enthält sie aber nur andere Verfügungen, so heißt sie Codicill; 이러한 점은 〈https://de.wikipedia.org/wiki/ Kodizill〉, 〈https://en.wikipedia.org/wiki/Codicil_(will)〉; 도마에 의하면 유언변경서는 상속인 지정 없는 사망을 원인으로 한 처분을 포함한 증서라고 한다: Le codicille est un acte qui contient des dispositions à cause de mort sans institution d'héritier. Jean Domat, *Les Loix Civiles dans leur Ordre Naturel*, Seconde édition, Tome III, Paris, Jean Baptiste Coignard, 1695, 602면(〈https://fr.wikipedia.org/wiki/Codicille〉에서 재인용); André-Romain Bousquet, *Abrégé des lois civiles de Domat, conférées avec le Code, Titre premier. Des Codicilles, et des Donations à cause de mort, Section Prmière. De la Nature et de l'Usage des codicilles, et de leur forme*, H. Nicolle, J.B. Garnery, 1810의 첫 문장이다.

않게 된 제2의 유언변경서가 있는 것을 알지 못하고 수증인이 거래를 하고 상속인에 대하여 이를 포기한다. 이 수증인은 그가 알지 못한 제2의 유언변경서가 자기에게 준 권리를 상실하지 아니할 것이다. 또한 이 거래는 이런 사실의 인식의 흠결에 의하여 무효가 될 것이다. 그러나 인식의 흠결이 그가 부담하는 것이 무엇인지에 대하여 충분히 알지 못하게 되는 것을 방해하지는 아니하고 이 흠결은 약정을 무효로 하기에는 충분하지 아니하다. 따라서 모두 후에 발견할 어느 채무나 그밖의 부담을 알지 못한 동안에 그 공동상속인과 상속분에 대한 그들의 지분을 거래한 사람은 이 채무와 이 부담이 출현한 때에는 이 인식의 흠결이 약정을 무효로 하기에 충분하다고 주장할 수 없을 것이다. 왜냐하면 이는 그 약정의 기초가 된 상속의 권리와 부담의 상세한 것을 전부 정확하게 인식한 것에 근거한 것이 아니었기 때문이다. 그러나 아주 신중한 상속인도 종종 알지 못한 권리나 부담이 상속재산에 있다는 것을 그가 알았고 알 수 없었던 것을 다소간 불확실한 가운데 불확실하였던 재산의 성질 가운데 상실하든지 이익을 얻는 결정을 하였다면 그 약정을 확정되고 이를 취소할 수 없게 하기에 충분할 것이다.

【원문】Ainsi, le défaut de connaissance peut être tel qu'il annulle la convention, ou tel qu'il n'empêche pas qu'elle ne subsiste. Car, par exemple, si un légataire, à qui il a été donné par un codicille qui se trouve nul, traite sur son legs, et l'abandonne à l'héritier, ne sachant pas qu'il y avait un second codicille qui confirmait ce legs, et qui n'était pas nul; ce légataire ne perdra pas le droit que lui donnait un second codicille qui lui était inconnu, et ce traité demeurera nul par le défaut de la connaissance de ce fait; mais si le défaut de connaissance n'empêche pas qu'on ne sache assez à quoi on s'oblige, ce défaut ne suffira pas pour rendre nulle la convention. Ainsi, celui qui a traité avec ses cohéritiers de leurs portions de l'hérédité, pendant qu'ils ignorent tous quelques dettes ou d'autres charges qui se découvriront dans la suite, ne pourra pas prétendre que ce défaut de connaissance suffise pour annuler la convention, lorsque ces dettes et ces charges viendront à paraître; car ce n'était pas sur une connaissance exacte et entière du détail des droits et des charges de la succession qu'était fondé son engagement; mais il suffit pour l'affermir et le rendre irrévocable, qu'il connût qu'une hérédité consiste en droits et en charges, qui souvent sont inconnus aux héritiers les plus clairvoyans: et que, dans l'incertitude du plus ou du moins qu'on ne pouvait connaître, il ait pris le parti du hasard de perdre ou de profiter dans une nature de bien qui était incertain.

따라서 자유의 흠결은 계약 당사자 중 일방이 그가 채무를 부담하지 않으면 유괴되어 살해의 협박을 받은 경우와 같이 약정을 무효로 하는 정도가 될 수 있다. 그러나 이러한 사정이 없었으면 그가 하지 않았을 합의를 그가 하도록 하기에 이른 압력을 그가 거래한 사람의 존엄이나 권위가 주었다고만 이의를 제기하는 경우에 이런 종류의 압력에 강박도 협박도 수반되지 않으면 전적인 자유를 허용하는 것이고 약정을 무효로 하지 아니한다.

> **【원문】** Ainsi, le défaut de liberté peut être tel qu'il annulle la convention, comme si un des contractans a été enlevé et menacé de la mort, s'il ne s'obligeait. Mais s'il se plaint seulement que la dignité ou l'autorité de la personne avec qui il a traité, lui a fait des impressions qui l'ont porté à donner un consentement qu'il n'aurait pas donné sans cette circonstance, ces sortes d'impressions n'étant accompagnées, ni de force, ni de menaces, laissent la liberté entière et n'annullent pas la convention.

따라서 사기는 약정을 무효로 하기에 충분한 정도가 항상 되지는 아니한다. 왜냐하면 속이려는 의도로 어떤 좋지 않은 방법을 사용하고 기망을 당한 사람이 기망을 안 경우에는 그가 하지 않았을 합의를 할 의무를 그가 부담하는 경우에만 그 사기는 이런 효력을 가지기 때문이다. 그 부동산에 권원에 의하여 역권이 설정된 사람이 이 권원을 숨기고 그가 이 역권에 대하여 의무를 부담할 사람과 화해를 하여 그로 이를 포기하게 한 경우가 그러하다. 이 사기는 그 화해를 무효로 할 것이다. 그러나 사기가 의무를 부담하는 것이 아니고, 기망이 금지될 수 있는 것인 경우에는 이는 약정을 무효로 하기에 충분하지 않을 정도가 될 수 있다. 이는 말 한 필을 매도한 사람이 매수인에게 이 말이 병약하지 않다는 것이나 그 말이 매매를 무효로 하기에 충분하지 아니한 다른 유사한 흠결이 있다는 것을 설명하지 않은 경우에 그러하다. 왜냐하면 이런 종류의 사기는 처벌되지 아니하고,[382면] 정당한 가격보다 더 비싸게 매각하는 사람이나 더 저렴한 거래로 매수한 사람이 부당한 것도 아니기 때문이다. 경찰에 의하여 또는 상사관행에 의하여 어떤 물건이 그러한 것처럼 이 대금은 조정될 뿐이다. 그러나 이런 경우 외에는 대금이 더 많거나 더 적은 것 사이에서 적당한 점을 확정할 수는 없다. 그래서 로마법의 어느 법률에서는 정당한 대금보다 더 비싸게 파는 것과 더 저렴한 거래로 매수하는 것, 따라서 서로 속이는 것이 허용된다고 말한다.115 매도인이나 매수인이 대금에 대하여 일방이 상대방보다 가질 수 있는 이익은 사실 기망이 아니거나 다른 사정이 없으면 이는 처벌되지 아니한다는 것을 말하는 것이 이 법률이 표현하는 것이다.116

【원문】 Ainsi, le dol n'est pas toujours tel qu'il suffise pour annuler les conventions; car il n'a cet effet que lorsqu'on use de quelque mauvaise voie, dans le dessein de tromper, et qu'on engage celui qui est trompé à donner un consentement qu'il n'aurait pas donné si cette tromperie lui eût été connue. Comme si celui qui a en sa puissance le titre d'une servitude établie sur son héritage cache ce titre, et transige avec celui à qui il doit cette servitude, et l'en fait désister; ce dol annulera la transaction. Mais si le dol n'est pas ce qui engage, et qu'on pût se défendre de la tromperie, il pourra être tel qu'il ne suffira pas pour annuler la convention: comme si celui qui vend un cheval n'explique pas à l'acheteur que ce cheval n'est point sensible, ou qu'il a d'autres pareils défauts qui ne soient pas suffisans pour annuler la vente; car cette espèce de dol n'est pas réprimée, non plus que l'injus[382]tice de ceux qui vendent plus cher, ou qui achètent à meilleur marché que le juste prix; si ce n'est que ce prix fût réglé, comme il l'est de certaines choses par la police, ou par l'usage commun du commerce; mais hors ces cas il n'est pas possible de fixer le juste point entre le plus ou le moins du prix. C'est pourquoi il est dit dans une loi du droit romain, qu'il est naturellement mis de vendre plus cher, et d'acheter à meilleur marché que le juste prix, et ainsi de se tromper l'un l'autre (1)117. C'est l'expression de cette loi, qui signifie que l'avantage que le vendeur ou l'acheteur peuvent emporter l'un sur l'autre pour le prix, ou n'est pas en effet une tromperie, ou que, s'il n'y a pas d'autres circonstances, elle est impunie (2)118.

---

115   (1) L. 22. Sult. ff. loc.

116   (2) 매매계약에 관한 제3절의 처음과 제5절의 제5조 및 이 장의 제3절의 제2조 참조.

117   로마법의 법문을 인용하는 경우에는 역문에만 이를 표시하고 원문은 같은 내용이므로 이를 붙이지 아니한다. 이하 같다. 앞으로 이 원문의 내용도 프랑스법과의 관련 인용과 함께 우리 말로 옮기고자 한다.

118   (2) V. le commencement de la sect. 3, et l'art. 5 de la sect. 5 du contrat de vente, et l'art. 2 de la sect. 3 de ce tit.

따라서 사람의 무능력은 정신이상자의 약정과 같이 그 사람의 약정을 모두 무효로 할 정도가 되거나 어느 지방에서 혼인한 처와 채무가 그들에게 유리한 것이 되지 않으면 의무를 부담할 수 없는 미성년자와 같이 그들이 어느 약정에 대하여 무능력일 정도만 될 수 있지만 모든 것이 차이가 없는 것은 아니다.

【원문】 Ainsi, l'incapacité des personnes peut être telle, qu'elle annule toutes leurs conventions, comme celle d'un insensé, ou seulement telle, qu'ils soient incapables de quelques conventions, mais non pas de toutes indistinctement, comme les femmes mariées en quelques provinces, et les mineurs qui ne peuvent s'obliger si l'obligation ne tourne à leur avantage.

모든 약정이 예외 없이 무효가 되는 것으로는 불법하고 법률이나 선량한 풍속에 위반하는 약정만 있다. 왜냐하면 이 하자는 어떤 단계로 하는 것이 인정될 수 없기 때문이다.

【원문】 Il n'y a que les conventions illicites et contraires aux lois et aux bonnes meurs qui sont toutes nulles sans tempérament; car ce vice ne peut être souffert en aucun degré.

약정을 무효로 하기에 충분한 약정의 하자는 2가지 효력이 있다. 첫째는 이의를 제기한 사람이 그와 같이 이를 희망하는 경우에는 약정을 해제하게 하는 것이 발생한다. 또한 다른 하나는 약정이 무효가 되든지 존속하게 하든지 간에 어떤 좋지 않은 방법을 사용한 사람에게 그로 야기될 수 있는 손해를 배상할 의무를 부담하게 하는 것이다. 또한 경우에 따라서는 약정을 무효로 하기에 충분하지 아니한 하자도 사정에 따라 손해배상이 발생할 수 있다.

【원문】 Les vices des conventions qui suffisent pour les annuler ont deux effets: l'un de donner lieu à faire résoudre la convention, si celui qui s'en plaint le désire ainsi; et l'autre d'engager celui qui a usé de quelque mauvaise voie, à réparer le dommage qu'il peut avoir causé, soit qu'on annule ou qu'on laisse subsister la convention. Et quelquefois aussi les vices qui ne suffisent pas pour annuler les conventions, peuvent donner lieu à des dommages et intérêts, selon les circonstances.

여기서는 폭리에 의한 하자 있는 약정으로 고금리 대부계약이라고 부르는 것은 다루지 아니할 것이다. 원본에 이자를 산입하는 대차를 원인으로 한 채무와 고리를 완화하고 차용한 금전의 과실을 향유하도록 하기 위하여만 체결한 의무부담계약과 그밖의 유사한 것과 같은 것이 그러하다. 왜냐하면 대차의 장119에서 지적한 것과 같이 고금리의 금지는 로마법의 것이 아니고120 이 주제는 이 구상의 것이 아니고 이는 교회의 법률에서, 왕령에서, 관습에서 또는 우리 관행에서 그 규율을 한다.

【원문】 On ne parlera pas ici des conventions qui sont vicieuses par l'usure, et qu'on appelle contrats usuraires: comme sont les obligations à cause de prêt, où l'on accumule les intérêts au principal, et les contrats d'engagemens qui ne sont faits que pour pallier l'usure et donner une jouissance de fruits pour l'argent prêté, et les autres semblables; car, comme il a été remarqué dans le titre du prêt, que la défense de l'usure n'est pas du droit romain (1121), cette matière n'est pas de ce dessein, et elle a ses règles dans les lois de l'église, dans les ordonnances, dans les coutumes et dans notre usage.

그밖의 하자에 대하여 우리는 이 장에서 4가지 종류를 말하는 것으로 그칠 것이다. 첫째는 계약을 체결하기 위하여 필요한 인식에 반하는 것, 둘째는 자유를 침해하는 것, 셋째는 진실과[383면] 신의성실122에 반하는 것에 관한 것이다. 넷째는 법률과 선량한 풍속에 반하는 것이다. 그리고 이것이 이 장을 나누는 4개의 절의 내용이 될 것이다.

【원문】 Pour les autres vices, on réduira ceux dont il sera parlé dans ce titre à quatre espèces. La première, de ceux qui sont opposés à la connaissance nécessaire pour contracter: la seconde, de ceux qui blessent la liberté: la troisième, de ceux qui sont contraires [383] à la sincérité et à la bonne foi: la quatrième, de ceux qui blessent les lois et les bonnes meurs; et ce sera la matière des quatre sections qui divisent ce titre.

사람의 무능력에서 나오는 하자는 여기서 말하지 아니한다. 왜냐하면 미성년자,

---

119 도마 전집(자연질서에서의 민사법)에서 대차(prêt)의 장은 제1부 제1편 제6장(대차와 고리)이다.
120 (3) V.1.1, §3. L.11, §1, ff. de pign. L.39, ff. de pign. art. L.I. Cod. de usur.
121 원문의 본문은 각주 (1)로 되어 있으나 주에서는 (3)으로 하고 있다.
122 원문은 la bonne foi으로 '선의'와 '신의성실'의 뜻을 가지고 있다.

남편의 지배를 받고 있으면서 어떤 경우에는 모든 것에 의무를 부담할 수 없고, 다른 경우에는 그 남편의 허락이 있어야만 할 수 있는 처, 금치산인 낭비자, 정신이상자와 그밖의 사람과 같은 다양한 무능력인 사람이 있기 때문이다. 이 무능력의 각각은 그 개소에서 설명될 것이다. 또한 그 내용에 관하여는 사람에 관한 장, 약정에 관한 장 제5절, 후견인의 장, 보좌인의 장과 혼인지참재산에 관한 장을 볼 수 있다.

【원문】 On n'y parlera point du vice qui vient de l'incapacité des personnes: car, comme il y a de différentes incapacités, des mineurs, des femmes, qui, étant en puissance de mari, ne peuvent en quelques lieux s'obliger du tout, ni dans les autres qu'avec l'autorité de leurs maris, des prodigues qui sont interdits, des insensés et autres; chacune de ces incapacités sera expliquée en son lieu; et on peut voir sur cette matière le titre des Personnes, la section 5 de celui des Conventions, le titre des Tuteurs, celui des Curateurs, et celui des Dots.

제1절 사실 또는 법률의 부지 또는 착오[123][124]

【원문】 SECTION PREMIÈRE. De l'ignorance ou erreur de fait ou de droit (1[125]).

1. [사실의 착오의 개념] 사실의 착오나 부지는 있는 것을 알지 못한 것에 있다. 지정된 상속인이 자기를 상속인이 되게 하는 유언을 알지 못하거나 그 유언은 알았지만 그가 상속을 받게 될 사람의 죽음을 알지 못한 경우가 그러하다[126](민법 제1110조).[127][128]

【원문】 1. [Définition de l'erreur de fait.] L'erreur ou l'ignorance de fait consiste à ne pas savoir une chose qui est: comme si un héritier institué ignore le testament

---

123 (1) 이 주제에 관하여는 그에게 의무가 없는 것을 수령한 사람의 장의 제1절 참조.

124 레미판 이전의 도마전집에서는 모두 각 절 앞에 각 조문의 목차(Sommaires)를 붙이고 각 조문 앞에도 이를 붙이고 있다. 레미판은 이를 모두 삭제하였다. 이하에서는 이를 모두 비교하여 복원하였다. 다만 각 절 앞에는 목차를 붙이지 않고 각 조문 앞에만 이를 붙였다.

125 (1) V. sur cette matière la sect. 1 du titre de ceux qui reçoivent ce qui ne leur est pas dû.

126 (2) L. 1, § 1, ff. de jur. et fact. ign. Dict. leg. § ult.

127 레미판에는 본문에 다음 서술도 추가되어 있다: 141면 제3조에서 인용된 판결을 볼 것(V. les arrêts cités sous l'art. 3, page 141.).

128 레미판에서는 도마의 원문과 별도로 원래의 프랑스민법을 적용한 프랑스 판례에 관한 것을 본문에 작은 글씨로 부기한다: 주 3의 본문. 이하 같다.

qui le fait héritier, ou si, sachant le testament, il ignore la mort de celui à qui il succède (2). (C. civ. 1116, 1356.)

2. [법률의 착오의 개념] 법률의 착오나 부지는 법률이 명한 것을 알지 못한 것에 있다. 증여자가 증여를 등기[129]하여야 한다는 것을 알지 못한 경우와 상속인이 그 지위를 주는 권리가 무엇인지 모른 경우[130](민법 제1110조)[131]가 그러하다.[132]

【원문】 2. [Définition de l'erreur de droit.] L'erreur ou ignorance de droit consiste à ne pas savoir ce qu'une loi ordonne: comme si un donataire ignore qu'il faut insinuer la donation; si un héritier ignore quels sont les droits que donne cette qualité (4). (C. civ. 110.)

3. [사람은 자연법을 알지 못할 수 없다] 법률의 부지는 사람이 누구도 알지 못할 수 없는 자연법에 대한 것이 아닌 실정법에 대한 것으로 이해되어서는 안 된다.[133]

【원문】 3. [On ne peut ignorer le droit naturel.] L'ignorance de droit ne doit s'entendre que du droit positif, et non du droit naturel, que personne ne peut

---

129 증여계약의 등기를 말한다. 오늘날에는 증여계약의 등기는 publication(transcription)이라는 용어를 쓴다: Art. 941 Le défaut de publication(원래는 transcription) pourra être opposé par toutes personnes ayant intérêt, excepté toutefois celles qui sont chargées de faire faire la publication(원래는 transcription), ou leurs ayants cause, et le donateur. 이 현행민법 제941조는 증여에 관한 왕령(1731년)의 제27조, 제30조와 제31조를 차용한 것으로 오늘날의 등기에서 그것이 모든 효력을 가진 등기(inscription)로 보는 사람의 견해를 특히 선호하였다. 조문내용은 아래 문헌의 n° 1의 각주 참조. 그러나 현행법의 조문에서는 부동산 소유권의 모든 이전등서에 대한 프랑스 혁명력 7년(1799-1799년) 안개 달(霧月)(Brumaire)의 법률의 법률과 같은 효력을 등기는 증여에 대하여 발생한다고 본다. 예를 들면 *Jean-Baptiste-Cesar Coin-Delisle, Commentaire analytique du code civil, Livre III, Titre II, Donations et Testamens*, Second Edition, Imprimerie Le Normant, 1844, p.228, n° 1 참조. 프랑스 혁명 전후의 등기(insinuation)에 대하여는 〈https://www.lalanguefran caise.com/dictionnaire/definition/insinuation〉도 참조.

130 (4) L. 1, § ult. ff. de jur. et fact. ign.

131 레미판에는 본문에 다음 문구가 더 있다: 이 제2조의 내용에 관하여는 179면 제12조에서 인용한 판결도 참조.

132 레미판에는 본문 마지막에 다음의 문구가 있다: 이 제2조의 내용에 관하여는 179면 제12조에서 인용된 판결 참조(V. également sur la matière de ces 2 art. les arrêts cités sous l'art. 12, page 179).

133 (5) L. 2, C. de in jus voc. 법원칙에 관한 제1절 제9조 참조(V. l'art. 9 de la sect. 1 des règles du droit.). 법원칙(règles du droit)의 제1장의 제8절을 볼 것. (역주) 법원칙은 도마전집 제1권에서 '자연질서에서의 민사법'의 앞부분에 있다.

ignorer (5).

4. [사실에 착오가 있는 사람과 법률에 착오가 있는 사람의 차이] 자기가 취득한 어떤 권리를 알지 못한 사람은 사실의 착오에 의하여 또는 법률의 착오에 의하여 이러한 부지에 있을 수 있다. 왜냐하면 예를 들면 어느 사람이 자기에게 상속이 귀속되게 한 사람의 친족이라는 것을 알지 못한 경우에는 그 사람은 그 권리를 알지 못하였는데 이는 사실의 부지에 의한 것이다. 또한 그가 친족이라는 것을 알지만 더 가까운 근친으로 그가 배제된다고 생각하고 대습권이 그가 상속을 받도록 한다134는 것을 알지 못한 경우에는 이는 그가 상속받아야 한다는 것을 알지 못하는 것은 법률의 부지에 의한 것이다.135

【원문】 4. [Différence entre celui qui erre dans le fait, et celui qui erre dans le droit.] Celui qui ignore qu'un certain droit lui est acquis, peut se trouver dans cette ignorance, ou par une erreur de fait, ou par une erreur de droit; car si, par exemple, il ignore qu'il soit parent de celui de qui la succession lui est échue, il ignore son droit, mais par une ignorance de fait; et si, sachant qu'il est parent, il croit qu'un plus proche l'exclut, ne sachant pas que le droit de représentation l'appelle à la succession, c'est par une ignorance de droit qu'il ignore qu'il doit succéder (6).

5. [미성년자의 사실이나 법률에서의 착오는 결코 그들을 해하지 못한다.] 미성년자가 그가 들어갈 수 있는 의무부담의 결과와 효과를 변식하기 위한[384면] 충분히 확고하고 충분히 완전한 인식을 경험에 의하여 취득하지 못하면 그들은 자기들의 손해로 돌아올 약정으로부터 해방된다(민법 제1305조).136 취소와 전부에 대한 원상회복의 장137에서 설명되는 것과 같이 그들이 자기들의 미약이나 어떤 행위의 흠결로 손해를 입은 경우에도 같다.

【원문】 5. [Erreur des mineurs, soit dans le fait ou dans le droit, ne leur nuit

---

134 프랑스민법 제751조 대습상속은 대습상속인이 피대습자의 권리를 상속하도록 하는 효력을 가진 법적 의제이다. 원문은 다음과 같다: Art. 751. La représentation est une fiction juridique qui a pour effet d'appeler à la succession les représentants aux droits du représenté.

135 (6) L. 1, § 2, ff. de jur. et fact. ign.

136 (1) L. 9, ff. de juris et fact. ign.

137 이는 도마전집 제2권에 수록되어 있고 '자연질서에서의 민사법' 제1부 제4편 제6장에서 이를 다룬다.

jamais.] Les mineurs n'ayant pas acquis par l'expérience une con[384]naissance assez ferme et assez entière pour discerner la consequence et les suites des engagemens où ils peuvent entrer, ils sont relevés des conventions qui tournent à leur préjudice, soit qu'ils errent dans le droit ou dans le fait (1). (C. civ. 1305.) De même que lorsqu'ils se trouvent lésés par leur faiblesse, ou par quelque défaut de conduite, ainsi qu'il sera expliqué dans le titre des Rescisions et Restitutions en entier.

6. [다양한 효력이 있는 사실이나 법률에서의 성년자의 착오] 모든 종류의 약정에 자유를 가진 성년자는 그들에게 불이익이 되더라도 미성년자와 같이 그 약정에서 법률의 부지나 사실의 착오가 그들에게 가할 수 있는 손해를 항상 배상할 수는 없다. 그러나 다음에 나오는 원칙에서 설명되는 것과 같이 어떤 경우에 그들은 이 손해를 배상할 수 있고 그밖의 경우에는 그들은 이를 인용하여야 한다.**138**

【원문】 6. [Erreur des majeurs dans le fait ou dans le droit, a divers effets.] Les majeurs, qui ont la liberté de toutes sortes de conventions, quoiqu'elles leur soient même désavantageuses, ne peuvent pas toujours, comme les mineurs, réparer le préjudice que peut leur faire dans leurs conventions l'ignorance de droit ou l'erreur de fait. Mais en quelques cas ils peuvent réparer ce préjudice, et dans les autres il faut qu'ils le souffrent (3). Comme il sera expliqué dans les règles qui suivent.

7. [약정의 유일한 원인인 사실의 착오] 사실의 착오가 착오를 한 사람이 사실에 대한 진실을 알지 못하였기 때문에만 그 약정을 합의하였고 따라서 그 약정이 알지 못한 이러한 진실에 반하는 사실과 다른 기초는 가지지 않을 정도인 경우에 이 착오가 어떤 손해를 입고 의무를 부담하게 되든지 또는 그가 취득한 권리를 행사하지 않았는지에 관계 없이 그 착오는 무효로 하기에 충분할 것이다. 왜냐하면 약정이 원인 없을 뿐만 아니라**139** 그 약정이 허위의 원인에만 기초를 두기 때문이다(민법 제1110조). 따라서 그 생전에 변제를 하였고 그 영수증은 발견되지 않은 채무자의 상속인이 이 변제를 알지 못하고 채권자의 상속인에게 의무를 부담하는 경우에 그 영수증이

---

138 (3) L. 2, ff. de jur. et fact. ign.
139 (4) 약정에 관한 제1절 제5조 참조.

발견된 때에는 그 의무는 효력이 없을 것이다. 따라서 상속인 2명이 상속재산을 분할하는 경우에 일방이 상대방에게 유언변경서에 의하여 그에게 주어진 재산을 넘기고 후에 이 유언변경서가 허위로 발견된 경우에 그는 새로운 분할을 청구할 수 있을 것이다.140

> 【원문】 7. [De l'erreur de fait qui est la cause unique de la convention.] Si l'erreur de fait est telle, qu'il soit évident que celui qui a erré n'a consenti à la convention que pour avoir ignoré la vérité d'un fait, et de sorte que la convention se trouve n'avoir pas d'autre fondement qu'un fait contraire à cette vérité qui était inconnue; cette erreur suffira pour annuler la convention, soit qu'il se soit engagé dans quelque perte, ou qu'il ait manqué d'user d'un droit qui lui était acquis; car, non‒seulement la convention se trouve sans cause (4)141, mais elle n'a pour fondement qu'une fausse cause. (C. civ. 1110.) Ainsi, s'il arrive que l'héritier d'un débiteur, qui de son vivant avait payé, et dont la quittance ne s'est pas trouvée, s'oblige, envers l'héritier du créancier dans l'ignorance de ce paiement, l'obligation sera sans effet, lorsque la quittance aura été trouvée. Ainsi, s'il arrive que deux héritiers partageant une succession, l'un laisse à l'autre des biens qui lui étaient donnés par un codicille, et que dans la suite ce codicille se trouve faux, il pourra demander un nouveau partage (5).

8. [약정이 유일한 원인이 아닌 사실의 착오] 사실의 착오가 약정의 유일한 원인이 아니고 알지 못한 사실과 독립적인 그와 다른 어떤 원인을 가진 경우에는 이 착오는 약정을 그 모든 효력을 가지는 것을 방해하지 않을 것이다. 따라서 모든 일을 전체로 하여 화해한 사람은 특히 어느 하나의 사실에 착오가 있었다고 이의를 제기할 수 없다. 따라서 상속재산을 매도한 상속인은 그 일부를 구성하는 재산을 알지 못한 것으로 그로부터 면책될 수 없을 것이다.142 [385면]

> 【원문】 8. [Si l'erreur des faits n'est pas la seule cause de la convention.] Si l'erreur de fait n'a pas été la seule cause de la convention, et qu'elle en ait quelque autre indépendante du fait qu'on a ignoré, cette erreur n'empêchera pas

---

140 (5) L. 16, § 2, ff. de reg. jur. L. 8, ff. de jur. et fact. ign. L. 9, eod. L. 23, ff. de cond. ind. L. 4, Cod. de jur. et fact. ign. L. 3, § 1, ff. de trans. L. 12, in fine eod. L. 6, eod.

141 (4) V. l'art. 5 de la sect. 1 des convent.

142 (6) L. 29, C. de trans.

que la convention n'ait tout son effet. Ainsi, ceux qui transigent de toutes affaires en général, ne peuvent se plaindre d'avoir erré dans le fait de quelqu'une en particulier: ainsi, l'héritier qui a vendu l'hérédité n'en sera pas relevé pour avoir ignoré des effets qui en faisaient partie (6). [385]

9. [추정되는 사실의 무지] 사실의 부지는 그 반대 증거가 없는 경우에는 추정된다. 그러나 우리들과 관련이 없는 사실에서는 항상 당연한 이러한 추정은 우리와 관련된 것에 대하여 동일하게 되지는 않는다. 또한 그 자신의 행위로 인한 것은 각자가 아는 것으로 추정된다.**143**

【원문】 9. [Ignorance des faits est présumée.] L'ignorance des faits est présumée, lorsqu'il n'y a pas de preuves contraires; mais cette présomption toujours naturelle dans les faits qui ne nous touchent point, n'a pas lieu de même pour ceux qui nous regardent; et chacun est présumé savoir ce qui est de son fait (1).

10. [사기로 인한 착오] 이것이 일방이 상대방의 권원을 숨기고 인정한 경우와 같이, 계약 당사자 중 일방의 사기에 의하여 상대방이 사실의 착오에 의하여 기망된 경우인 경우에는 그 약정은 무효가 되고 이 권원을 인정한 사람은 이 사기로 인한 효과가 될 모든 손해에 배상할 책임이 있을 것이다.**144**

【원문】 10. [Erreur causée par un dol.] Si c'est par le dol de l'un des contractans que l'autre a trompé par une erreur de fait, comme si l'un retenait caché le titre de l'autre, la convention sera annulée, et celui qui a retenu ce titre sera tenu de tous les dommages et intérêts qui auront été les suites de ce dol (2).

11. [사정에 의하여 판단하는 착오의 효력] 계약 당사자 일방이 사실의 착오로 이의를 제기하는 모든 경우에는 사정에 따라 위에서 말한 원칙에 의하여 이를 판단하여야 한다. 착오의 성질과 결과, 계약당사자가 그들에게 보였고 진실에 반하였던 사실에 대하여 가졌던 관계, 그들에게 숨겨진 진실이 알게 되었다면 야기하였을 효과, 이 진실을 아는 것에 대하여 가졌을 용이함이나 어려움, 그것이 당사자 일방의 사기에 의하여 숨겨졌는지 여부, 알지 못하였다고 주장하는 것이 착오를 주장하는

---

143 (1) L. ult. in fin. ff. pro suo. L. 2, ff. de jur. et f. ign. L. 3, eod.

144 (2) L. 19. Cod. de trans.

사람의 행위 자체로 인한 것이었는지 여부 또는 그가 알 수 없을 수 있는 사실이었
는지 여부, 착오가 이를 야기된 것이 자연스러운 정도이었거나 또는 이를 추정하게
해서는 안 될 정도로 중대하였는지 여부[145] 및 착오의 이의제기를 인용할 것인지 아
니면 이를 기각할 것인지를 내리게 할 수 있는 그밖의 사정에 의한 것인지와 같은
것이 그러하다.

【원문】 11. [On juge de l'effet de l'erreur par les circonstances.] Dans tous les
cas où l'un des contractans se plaint d'une erreur de fait, il en faut juger par les
règles précédentes, selon les circonstances, comme de la qualité et de la
conséquence de l'erreur; de l'égard qu'ont eu les contractans au fait qui leur a
paru et qui était contraire à la vérité; de l'effet qu'aurait produit la vérité qui leur
était cachée, si elle avait été connue; de la facilité ou difficulté qu'il pouvait y
avoir de connaître cette vérité; si elle a été cachée par le dol d'une des parties;
si ce qu'on prétend avoir ignoré était du fait même de celui qui allègue l'erreur,
ou si c'était un fait qu'il pût ignorer; si l'erreur est telle, qu'il soit naturel qu'on
y soit tombé, ou qu'elle soit si grossière qu'on ne doive pas le présumer (3); et
par les autres circonstances qui pourront faire, ou qu'on écoute la plainte de
l'erreur, ou qu'on la rejette.

12. [계산의 착오] 계산의 착오는 사람이 계산하면서 두는 숫자가 이러한 오해가
없으면 두었을 참된 것과 다른 것 대신에 숫자를 두는 오해이다. 이는 항상 고쳐진
다는 점에서 다른 모든 착오와 다른 사실의 착오의 일종이다[146](민법 제2058조, 민사소
송법[147] 제514조). 왜냐하면 당사자가 적확한 숫자만 두려고 의도하였고, 그 자리를 차
지할 수 있는 다른 어떤 것을 하게 할 수 없었다는 것은 항상 분명하기 때문이다.[148]

【원문】 12. [Erreur de calcul.] L'erreur de calcul est la méprise qui fait qu'en
comptant on met un nombre au lieu d'un autre qui était le vrai, qu'on aurait mis
sans cette méprise. Ce qui est une espèce d'erreur de fait différente de toute

---

145 (3) L. 2, ff. de jur. et f. ign. L. 3, eod. L. ult. in fin. ff. pro suo. L. 6, ff. de jur. et f. ign. L.
3, § 1, eod. L. 9, § 2, eod.

146 (4) L. un. Cod. de err. calc.

147 'Pr.'은 민사소송법전(Code de procédure civile)을 말한다. 이 점은 도마전집 제1권 XI쪽의 약어표
참조. 약어표(Abréviations)에서는 'pr.'이라고 하는데 실제로는 'Pr.'로 한다.

148 레미판에는 프랑스 판례에 관한 것을 부기한다: 주 5의 본문.

autre erreur, en ce qu'elle est toujours réparée (4) (C. civ. 2058, Pr. 541.); car il est toujours certain que les parties n'ont voulu mettre que le juste nombre, et n'ont pu faire qu'aucun autre pût en tenir la place.

13. [법률의 착오의 효과] 법률의 착오는 사실의 착오와 같이 약정을 무효로 하기에 충분하지 아니하다.[149] 아주 능력 있는 사람도 사실을 알 수 없을 수 있기 때문이다.[150] 하지만 누구도 법률을 아는 것에서 면제되지 아니하고 이를 알지 못한다고 하더라도 이에 종속된다.[151] 이 법률의 착오[386면]나 무지는 다음에 나오는 원칙에 의하여 약정에 다른 효력이 있다.

【원문】 13. [Effets de l'erreur de droit.] L'erreur de droit ne suffit pas de même que l'erreur de fait pour annuler les conventions (6). Car les plus habiles peuvent ignorer les faits (7); mais personne n'est dispensé de savoir les lois, et l'on y est assujetti quoiqu'on les ignore (8)[152]. Cette erreur [386] ou ignorance du droit a ses effets différens dans les conventions par les règles qui suivent.

14. [법률의 착오가 약정의 유일한 원인인 경우] 법률이 부지 또는 착오가 어느 사람이 의무를 부담하지 않았을 것에 의무를 부담하는 약정의 유일한 원인이 되고 그 채무가 근거할 수 있는 그밖의 어떤 사유도 없었을 정도인 경우에 그 원인은 허위가 되고, 이는 무효가 될 것이다(민법 제1110조). 따라서 예를 들면 이러한 취득을 위하여 어떤 세금을 낼 의무가 없는 관습에서 영지를 매수한 사람이 영지를 지배하는 영주에게 찾아가서 그와 자기가 의무가 있다고 생각한 양도세[153]를 화해한 경우에 오직 이 착오 이외에 어떤 기초도 없는 이러한 약정은 그가 의무가 없었던 양도세에 대하여 의무를 부담하지 않을 것이다.[154](민법 제2053조, 제2057조, 제2059조, 형법[155] 제400조)

---

149 (6) L. 2, ff. de jur. et fact. ign.

150 (7) Dict. leg. 2.

151 (8) 법원칙에 관한 제1절 제9조 참조. 법원칙에 관하여는 앞의 주 133 참조.

152 (8) V. l'art. 9 de la sect. 1 des Règles de droit.

153 양도세(Droit de relief)는 프랑스에서 중세와 구체제에서 적용되던 것으로 귀족이나 평민이 소유권의 이전(mutations)에 대한 영주의 세금을 말한다. 양도세는 이전이 직계에 대한 상속이나 매매로 의무를 부담하는 것이 아니면 영주에게 지급하여야 한다. 양도세의 액은 재산의 1년 수입에 해당하는 것이었다. 직계에 대한 상속의 경우에 의무를 부담하는 것은 상속세(acapte)이었다. 이러한 점은 〈https://fr.wikipedia.org/wiki/Droit_de_relief〉 참조.

【원문】 14. [Si l'erreur de droit est la cause unique de la convention.] Si l'ignorance ou l'erreur de droit est telle, qu'elle soit la cause unique d'une convention, où l'on s'oblige à une chose qu'on ne devait pas, et qu'il n'y ait eu aucune autre cause qui pût fonder l'obligation, sa cause se trouvant fausse, elle sera nulle. (C. civ. 1110.) Ainsi, par exemple, si celui qui achète un fief dans une coutume où il n'est dû aucun droit pour cette acquisition, va trouver le seigneur du fief dominant, et compose avec lui d'un droit de relief qu'il croit être dû, cette convention, qui n'a aucun fondement que cette erreur seule, n'obligera pas à ce droit de relief qui n'était point dû (1). (C. civ. 2053, 2057, 2059, p. 400.).

Il faut remarquer sur l'exemple rapporté dans cet article et sur celui de l'art. 16, que l'ignorance des dispositions des coutumes est une ignorance de droit, de même que celle des ordonnances et des autres lois; car, encore que les dispositions des coutumes soient considérées comme des faits, parce que n'étant que du droit positif, et différentes en divers lieux,
이 조문에서 말한 예와 제16조의 예에 관하여는 그 관습의 규정을 알지 못한 것은 법률의 부지라는 것에 주의하여야 하고 왕령과 그밖의 법률의 규정도 마찬가지이다. 왜냐하면 그 관습의 규정을 사실로 본다고 하더라도 실정법의 것일 뿐이고, 다양한 지역에서 다를 것이기 때문에 그것이 모두 아주 주의 깊은 사람에게도 알려진 것은 아니고, 이를 아는 사람에게서와 같이 이를 알지 못하는 사람에게 그 효력이 있는 법률의 효력을 가지는 것으로 인정되지 않는다고 하는 것이 당연할 것이기 때문이다.
【원문】 Il faut remarquer sur l'exemple rapporté dans cet article et sur celui de l'art. 16, que l'ignorance des dispositions des coulumes est une ignorance de droit, de même que celle des ordonnances et des autres lois; car, encore que les dispositions des coutumes soient considérées comme des faits, parce que n'étant que du droit positif, et différentes en divers lieux, il est naturel qu'elles ne soient pas toutes connues, même aux plus habiles, elles ne laissent pas d'avoir la force de lois qui ont leur effet à l'égard de ceux qui les ignorent, comme à l'égard de ceux qui les savent.

---

154 (1) L. 8, ff. de jur. et fact. ign.
155 'p'는 형법전을 말한다. 이는 도마전집 제1권 XI쪽의 약어표 참조.

15. [앞에서 말한 원칙의 그밖의 효력] 앞에서 말한 원칙은 그에 대하여 설명한 경우에서와 같이 착오를 한 사람이 어떤 손해를 받는 것에서 보호하기 위하여 발생된 것일 뿐만 아니라 이는 그가 가진 것을 알지 못한 권리가 박탈되는 막기 위하여도 발생된다. 따라서 예를 들면 부재자의 조카가 그 사무를 처리하고 부재자가 죽게 되고 또한 상속인으로서 그 형제가 이 조카에게 사망자의 재산을 그가 관리한 것을 계산할 것을 요청하고 그 조카가 이 계산을 하고 피사망자의 형제인 그 아버지의 대습권에 의하여 그 사람과 함께 자기도 상속한 것을 알지 못하고 이 상속에서 그가 가졌던 모든 것을 그 삼촌에게 반환한 경우에는 그는 그후에 그 권리를 알게 되면 그 상속분을 청구할 수 있을 것이다.**156**

> 【원문】 15. [Autre effet de la règle précédente.] La règle précédente n'a pas seulement lieu pour garantir celui qui erre de souffrir une perte, comme dans le cas qui y est expliqué, mais elle a lieu aussi pour empêcher qu'il ne soit privé d'un droit qu'il ignore avoir. Ainsi, par exemple, si le neveu d'un absent prend soin de ses affaires, et que l'absent venant à mourir, et son frère, comme héritier, demandant à ce neveu le compte de ce qu'il avait géré des biens du défunt, le neveu rende ce compte, et restitue à son oncle tout ce qu'il avait de cette succession, faute de savoir qu'il succédait aussi avec lui, par le droit de représentation de son père, frère du défunt, il pourra dans la suite, étant averti de son droit, demander sa part de la succession (2).

16. [법률의 무지가 전혀 소용이 없는 경우] 법률이 착오나 부지에 의하여 어느 사람이 다른 사람의 권리를 침해하지 않고는 배상될 수 없는 어떤 손해가 있는 경우에 이 착오가 이 사람의 손해에 어떤 변경을 주지 않을 것이다. 따라서 예를 들면 어떤 사람이 20살에 성년인 관습에서 자란 사람이 20세보다 많은 것을 알고 이런 이유로 성년자라고 그가 믿은 25세의 미성년자와 다른 곳에서 거래를 하거나 또는 그가 그 미성년자에게 금전을 대차한 경우에 이 착오는 그에 대한 필요가 있다고 하더라도 이 미성년자의 반환을 방해하지 못할 것이다. 왜냐하면 그에게 법률에 의하여 취득된 것은 권리이고 그에 대하여 이러한 것을 알지 못한 것이 그 손해에 대한 효과를 변경하지 않기 때문이다. 또한 이 금전이 유용하게 사용되지 않았다고 하더라도

---

156 (2) L. 7, ff. de jur. et fact. ign. L. 36, in fin. ff. fam. ercise.

【387면】 빌려준 사람의 착오가 그 손해를 인정하는 것을 방해하지 못할 것이다. 따라서 정당한 가격의 절반 이상의 손해에 의하여 이를 회수하려는 생각에서 화해에 의한 변제로 부동산을 준 사람은 이러한 이유로 취득한 부동산에 이 손해에 의하여 무효로 하는 것을 법률이 허용하지 아니하는 권원에 의하여 그 상대방에게 이 취득한 부동산을 이러한 이유로 되돌아 갈 수 없을 것이다.157

【원문】 16. [Cas où l'ignorance de droit ne sert de rien.] Si par une erreur ou ignorance de droit on s'est fait quelque prejudice qui ne puisse être réparé sans blesser le droit d'une autre personne, cette erreur ne changera rien au préjudice de cette personne. Ainsi, par exemple, si celui qui a été élevé dans une coutume où l'on est majeur à vingt ans, traite ailleurs avec un mineur de vingt−cinq ans qu'il sait en avoir plus de vingt, et que par cette raison il croit être majeur; ou s'il lui prête de l'argent, cette erreur n'empêchera pas la restitution de ce mineur, s'il y en a lieu; car c'est un droit qui lui est acquis par une loi, dont cette ignorance ne change pas l'effet à son préjudice: et si cet argent n'a pas été utilement employé, l'erreur de celui qui l'a【387면】 prété n'empêchera pas qu'il n'en souffre la perte. Ainsi, celui qui aurait donné un héritage en paiement par une transaction, dans la pensée de le ravoir par la lésion de plus de moitié du juste prix, ne pourrait sous ce prétexte rentrer dans cet héritage acquis à sa partie par un titre que les lois ne permettent pas qu'on annulle par cette lésion (1).

17. [법률의 착오가 약정의 유일한 원인이 아닌 경우] 법률의 착오가 약정의 유일한 원인이 아니고, 어떤 손해가 있는 사람이 어떤 다른 동기로 가질 수 있는 경우에 그 착오는 그 약정을 무효로 하는데 충분하지 아니하다. 따라서 예를 들면 유언자가 법률에 의하여 또는 관습에 의하여 그에게 유증이 허용되는 것 이상으로 유증하였기 때문에 상속인이 그 일부를 뺄 권리가 있는 것을 알지 못하고, 상속인이 수증인과 거래하고 그 상속인이 그에게 그 유증물 전체를 지급하거나 지급할 의무를 부담하는 경우에 이 약정은 무효가 될 것이다. 왜냐하면 이 상속인은 그가 상속을 받는 피상속인의 의사를 완전하게 이행한다는 동기에 의하여 유증물 전체를 변제할 의무를 부담할 수 있었기 때문이다. 또한 등기하지 않아서 무효가 되는 것을 알지

---

157 (1) L. 3, de Senatusc. Maced. 제14조에 관한 설명 참조(V. la remarque sur l'art. 14).

못한 증여를 이행하거나 추인한 증여자의 상속인도 그와 동일하게 될 것이다.[158]

【원문】 17. [Si l'erreur de droit n'est pas la cause unique de la convention.] Si l'erreur de droit n'a pas été la cause unique de la convention, et que celui qui s'est fait quelque préjudice puisse avoir en quelque autre motif, l'erreur ne suffira pas pour annuler la convention. Ainsi, par exemple, si un héritier traite avec un légataire, et qu'il lui paie ou s'oblige à lui payer son legs entier, ignorant le droit qu'il avait d'en retrancher une partie, parce que le testateur avait légué au-delà de ce qu'il lui était permis de léguer, ou par la loi, ou par la coutume; cette convention ne sera pas nulle, car cet héritier a pu s'obliger à payer les legs entiers, par le motif d'exécuter pleinement la volonté du défunt à qui il succède; et il en serait de même de l'héritier d'un donateur, qui aurait exécuté ou approuvé une donation qu'il ignorait être nulle par le défaut d'insinuation (2).

제2절 강박[159]

【원문】 SECTION II. De la force.

[자유에 대한 강박의 성질과 효력] 약정에서 강박의 효과가 무엇이고 이를 무효로 하기 위하여 그것이 어떤 것이어야 하는가를 알기 위하여는 약정에 필수적인 자유가 무엇인가를 알아야만 하고, 우리 행동이 좋게 또는 좋지 않게 하는데 충분한 자유의 특징과 약정에 필수적인 자유의 특징 사이에 많은 차이가 있다는 것에 주목하여야 한다.

【원문】 [Nature et effets de la force sur la liberté.] Pour discerner quel est dans les conventions l'effet de la force, et quelle elle doit être pour les annuler, il faut connaître quelle est la liberté nécessaire dans les conventions, et remarquer qu'il y a bien de la différence entre le caractère de la liberté qui suffit pour rendre nos actions bonnes ou mauvaises, et le caractère de la liberté nécessaire dans les conventions.

---

158 (2) L. 9. Cod. ad leg. falc. L. 9, § 5, ff. de jur. et fact. ign.

159 도마 전집에서는 강박과 관련된 용어로 force와 violence가 같이 사용된다. 오늘날에는 전자는 '힘, 폭력'이고 후자는 '강박'이지만 여기서는 '약정의 하자'라는 측면에서 '강박'으로 하면서 문맥에 따라서는 전자를 '폭력'으로 하였다. 예를 들면 exercer la force는 '폭력의 행사'로 하였다. 형법의 '유형력의 행사'라고 할 수도 있다.

선악을 행하고 범죄, 부정, 악한 행동을 저지를 자유가 문제되는 때에 폭행은 물론 이 자유를 약하게 할 수 있으나 없앨 수는 없다. 또한 강박에 굴복되어 범죄를 저지르는 사람은 다른 성질의 악을 피하기 위하여 자발적으로 그 의무를 포기하는 것을 선택한 것이다. 따라서 강박은 그가 자유롭게 악을 행하는 것을 방해하는 것은 아니다. 그러나 약정에서 계약 당사자 중 일방이 그에 합의하는 것이 강제된 때에는 그 자유가 있는 상태가 그가 의무를 부담하고 그 약정을 유효하게 할 수 있을 합의를 하는데 필요한 그 행사를 그에게 인정하였던 것은 이니다.

【원문】 Quand il s'agit de la liberté de faire le bien ou le mal, de commettre un crime, une injustice, une méchante action, la violence peut bien affaiblir, mais non pas ruiner cette liberté. Et celui qui, cédant à la force, se porte à un crime, choisit volontairement d'abandonner son devoir, pour éviter le mal d'une autre nature. Ainsi, la force n'empêche pas qu'il ne se porte librement au mal; mais, dans les conventions, lorsqu'un des contractans a été forcé pour y consentir, l'état où était sa liberté ne lui en laissait pas l'usage nécessaire pour donner un consentement qui pût l'engager et valider la convention.

행위에 필요한 자유에 대하여와 합의에서 사람이 가져야만 하는 자유에 대하여 강박이 고려되는 이런 내용의 차이는 행위에서 신의성실에 위반하거나 풍속에 위반하여 범죄를 저지르지 않은 것에 관한 문제인 경우에[388면] 그러한 상황에서 강박에 굴복하여 악을 저지르는 사람은 그가 좋아했다면 그를 이끌 진실이나 정의에 자기가 책임이 있는 것을 하지 못하는 것보다는 차라리 그가 협박받은 악을 겪을 수 있었고 겪어야만 했을 것이고, 아주 필수적인 의무를 포기하는 것보다 다른 모든 악의 공포에 대하여 결연하게 이에 책임을 질 수 있었을 것이다. 따라서 강박이 그 자유를 없애지는 아니하였으나 이를 약화하게 하면서 그가 그 자유를 잘못 사용하고 고통을 받지 않도록 악을 행하게 하는 해결을 자유롭게 선택하게 할 의무를 부담하게 하였다. 그러나 어떤 의무를 위반하는 시험을 하는 것이 아니고 손해를 입을 필요에만 둘 뿐인 강박의 문제에 관한 것인 때에는 자기 이익을 포기하여야 하거나 이를 보존하기 위하여 강박의 효과에 직면하여야 하는 그런 상황에 있는 사람은, 사람들이 그에게 손해를 입게 하기 위하여 할 수 있는 것을 보존하는 해결을 취하기 위하여 그 자유를 행사할 수 없는 상태에 있다. 왜냐하면 그가 원하면 그를 협박하는 악을 겪을 수 있는 것은 사실이기는 하지만 이성은 손해를 입고 이 더 작은 악에 의하여 그 저항이 가져올 다른 더 큰 악으로부터 자신을 구하는 해결로 그 자유를 정하기 때문이다. 따라서 그는 자유롭지 못하고 강박되었다고 할 수 있다.160 그 재산을 보존하기 위하여 강박에 저항하고 살인이나 그밖의 악에 직면하는 해결을 선택하도록 현명하게 그가 그 자유를 사용할 수는 없기 때문이다. 왜냐하면 결국 의사가 이해와 분리될 수 없는 것같이, 이러한 정당한 사용은 이성과 분리될 수 없으므로 신중을 침해하는 것은 그 자유의 정당한 사용에 반하는 것이기 때문이다.

【원문】 La différence de ces matières, dont la force est considérée à l'égard de la liberté nécessaire dans les actions et à l'égard de la liberté qu'on doit avoir dans les conventions, consiste en ce que dans les actions, lorsqu'il s'agit de ne pas commettre un crime, ou contre la foi, ou contre les moeurs, celui qui,[388] dans une telle conjoncture, cède à la force et se porte au mal, pouvait et devait souffrir plutôt les maux dont il était menacé, que de manquer à ce qu'il devait, ou à la vérité, ou à la justice, dont l'attrait, s'il l'avait aimée, l'aurait tenu ferme contre la terreur de tout autre mal, que celui d'abandonner un devoir si essentiel. Ainsi, la force n'a pas ruiné sa liberté, mais, l'affaiblissant, l'a engagé à en faire un mauvais usage, et à choisir librement le parti de faire le mal pour ne point souffrir; mais quand il s'agit d'une force qui ne met pas à l'épreuve de violer quelque devoir, et qui met seulement dans la nécessité de faire une perte, celui qui se trouve dans une telle conjoncture, qu'il faut, ou qu'il abandonne son intérêt, ou que, pour le conserver, il s'expose aux effets de la violence, est dans un état où il ne peut user de sa liberté pour prendre le parti de conserver ce qu'on peut lui faire perdre; car, encore qu'il soit vrai qu'il pût, s'il voulait, souffrir le mal dont on le menace, la raison détermine sa liberté au parti de souffrir la perte, et se délivrer par ce moindre mal de l'autre plus grand, que sa résistance aurait attiré. Ainsi, on peut dire qu'il n'est pas libre, et qu'il est forcé (1); puisqu'il ne pourrait sagement user de sa liberté, pour choisir le parti de résister à la violence, et de s'exposer, ou à la mort, ou à d'autres maux, pour conserver son bien; car enfin, ce qui blesse la prudence est contraire au bon usage de la liberté, puisque ce bon usage est inséparable de la raison, comme la volonté est inséparable de l'entendement.

---

160 (1) L. 21, § 5, ff. quod. met. caus.

합의에 필요한 자유에 관한 이러한 설명에 의하여 신중과 이성이 저항하는 것보
다는 어느 물건, 어느 권리나 그밖의 이익을 강제로 포기하게 하고자 하는 사람에게
폭행이 의무를 부담하게 할 정도라면 그러한 강박으로부터 자신을 보호하기 위하여
그 재산에서 이를 박탈하는 약정을 하는 합의는 의무를 부담하기 위하여 필요한 자
유의 특징은 없고 이런 상태에서 그가 자기 이익에 반하여 한 것이 무효가 되어야
한다고 판단할 수 있다.

【원문】 On peut juger par cette remarque sur la liberté nécessaire dans les
conventions, que si la violence est telle que la prudence et la raison obligent
celui que l'on veut forcer d'abandonner quelque bien, quelque droit, ou autre
intérêt, plutôt que de résister, le consentement qu'il donne à une convention qui
le dépouille de son bien, pour se garantir d'une telle force, n'a pas le caractère
de la liberté nécessaire pour s'engager, et que ce qu'il fait dans cet état contre
son intérêt doit être annulé.

[어떤 강박이 약정을 무효가 되게 하는가?] 약정에서 강박의 효과라는 이러한
동일한 주제에 관하여는 모든 폭력행위, 모든 폭행, 모든 협박이 불법이라는 것을 주
의하여야 한다. 또한 법률은 생명을 위태롭게 하거나 신체에 어떤 고문을 하는 것
뿐만 아니라 모든 종류의 좋지 않은 대우나 폭력행위도 비난하는 것도 주목하여야
한다. 또한 마지막으로 모든 사람이 폭력이나 협박에 저항하기 위하여 동일한 단호
함을 가지고 있지 않고 많은 사람이 아주 사소한 압박에 대하여도 견딜 수 없을 만
큼 약하고 소심하기 때문에, 협박이나 폭행에 대한 법률이 보호를 아주 용감한 사람
을 쓰러뜨릴 수 있는 것만 막는 것으로 제한해서는 안 된다는 것도 주의해야 한다.
오히려 아주 약하고 아주 소심한 사람도 보호하는[389면] 것이 정당하고 법률이 모든
종류의 폭력행위와 억압을 처벌하는 것도 주로 이들을 위한 것이기도 하다.161 따라
서 어떤 사기나 어떤 기습으로 타인의 정직을 남용한 사람은, 그 사기가 허위나 그
밖의 과도한 것까지로 나가지는 않더라도162 법률이 처벌하는 것같이, 법률은 어떤
폭행으로 약한 사람에게 공포를 각인하게 하는 사람에 대하여 그 폭력이 생명을 위
태롭게 하는 것으로 나가지 않더라도 말할 것도 없이 처벌로 나갈 것이다.

161 (1) Levit. 6, 2, 19, 13.
162 (2) L. 1, ff. de dolo.

【원문】 [Quelle force annulle les conventions.] Il faut encore remarquer sur ce même sujet de l'effet de la force dans les conventions, que toutes les voies de fait, toutes les violences, toutes les menaces sont illicites; et que les lois condamnent, non—seulement celles qui mettent en péril de la vie ou de quelque tourment sur le corps, mais toutes sortes de mauvais traitemens, et de voies de fait. Et il faut enfin remarquer, que comme toutes les personnes n'ont pas la même fermeté pour résister à des violences et à des menaces, et que plusieurs sont si faibles et si timides, qu'ils ne peuvent se soutenir contre les moindres impressions, on ne doit pas borner la protection des lois contre les menaces et les violences, à ne réprimer que celles qui sont capables d'abattre les personnes les plus intrépides. Mais il est juste de protéger aussi les plus faibles et les plus timides, et [389] c'est même pour eux principalement que les lois punissent toute sorte de voies de fait, et d'oppressions (1). Ainsi, comme elles répriment ceux qui, par quelque dol ou quelque surprise, ont abusé de la simplicité des autres, encore que le dol n'aille pas jusqu'à des faussetés ou à d'autres excès (2), elles s'élèvent à plus forte raison contre ceux qui, par quelques violences impriment de la terreur aux personnes faibles, encore que la violence n'aille pas à mettre la vie en péril.

이 모든 원칙에서 도출되는 것은 이의를 제기하는 사람이 정의와 그의 이익에 반한 합의를 하게 한 어떤 폭력행위, 어떤 폭력, 어떤 협박이 약정보다 선행한 경우에 그를 거기서 벗어나게 하기 위하여 그 생명이 위험에 직면하였거나 그 신체에 대한 그밖의 중대한 폭행이 있다는 것을 그가 증명할 필요는 없을 것이다. 그러나 사람의 지위, 약정의 부당, 이의를 제기한 사람이 처한 상태, 폭행이나 협박 행위라는 사정에 의하여 그가 강박에 굴복하여서만 그 합의를 한 것으로 보이는 경우에는, 그것을 행사한 사람 쪽의 잘못된 방법과 정의와 그의 이익에 반하여 약정을 한 사람의 연약만을 원인으로 하는 약정은 무효로 하는 것이 정당할 것이다.

【원문】 Il s'ensuit de tous ces principes, que si une convention a été précédée de quelque voie de fait, de quelque violence, de quel—ques menaces qui aient obligé celui qui s'en plaint à donner un consentement contre la justice et son intérêt, il ne sera pas nécessaire pour l'en relever qu'il prouve qu'on l'ait exposé au péril de sa vie, ou de quelque autre grande violence sur sa personne; mais

s'il paraît par les circonstances de la qualité des personnes, de l'injustice de la
convention, de l'état où était la personne qui se plaint, des faits de la violence
ou des menaces, qu'il n'ait donné son consentement, qu'en cédant à la force, il
sera juste d'annuler une convention qui n'aura pour cause que cette mauvaise
voie de la part de celui qui l'a exercée, et la faiblesse de celui qu'on a engagé
contre la justice et son intérêt.

여기서는 이러한 내용에 관한 규정의 당연한 원칙을 회복하고 또한 약하고 소심
한 사람만 방해할 수 있었을 것은 합의를 무효로 하기 위한 충분한 폭력으로 보지
않지만 폭행이 아주 용감한 사람을 겁먹게 할 수 있는 공포를 각인할 수 있을 정도
이어야 하고,163 이는 또다른 원칙이 생명에 대한 위험이나 신체에 대한 고문으로 제
한한다고164 하는 로마법의 원칙을 이 절의 규정 중에 넣지 않은 근거를 대기 위하
여 이 모든 설명을 하였다. 왜냐하면 모든 폭행은 불법하므로 그처럼 극단으로 가지
아니한 것조차도 비난하고 아주 약한 사람에게 어떤 부당한 것을 하게 할 의무를 부
담하게 하고 그들의 이익에 반하는 폭행으로 야기될 수 있는 모든 손해를 배상하게
하는 것은 아주 정당하고 우리의 관행이기 때문이다. 이는 사람들이 그 행위를 그
자신에게 정의를 실현하게 하도록 이용되는 경우까지도 모든 강박이 불법이고 폭력
행위가 금지된 로마법의 어떤 원칙에 근거한 것이기도 하다.165 또한 이 원칙은 아주
작은 폭력도 억제되지 않으면 인간사회에 질서가 있을 수 없을 정도로 자연법적인
것이기도 하다.

【원문】 On a fait ici toutes ces remarques, pour rétablir les principes naturels des
règles de cette matière; et pour rendre raison de ce qu'on n'a pas mis, parmi les
règles de cette section, la règle du droit romain qui veut qu'on ne considère pas
comme des violences suffisantes pour annuler un consentement, celles qui ne
pourraient troubler que des personnes faibles et timides, mais qu'il faut que la
violence soit telle, qu'elle imprime une terreur capable d'intimider les personnes
les plus courageuses (3), ce qu'une autre règle réduit au péril de la vie, ou à
des tourmens sur la personne (4); car il est très−juste, et c'est notre usage, que

---

163   (3) P. 6, ff. quod met. caus.
164   (4) L. 13. Cod. de Trans. I. 8. Cod. de resc. vend.
165   (5) L. 1, S ff. quod met. caus.

toute violence étant illicite, on réprime celles même qui ne vont pas à de tels excès, et qu'on répare tout le préjudice que peuvent causer des violences qui engagent les plus faibles à quelque chose d'injuste, et de contraire à leur intérêt. Ce qui se trouve même fondé sur quelques règles du droit romain, où toute force était illicite, et où les voies de fait étaient défendnes, lors. meme qu'on les employait à se faire justice à soi—même (5). Et ces règles sont tellement du droit naturel, qu'il ne pourrait y avoir d'ordre dans la société des hommes, si les moindres violences n'étaient réprimées.

1. [강박의 개념] 강박은 어느 사람이 그 의사에 반하여 어떤 상당한 어떤 해악을 두려워하여[390면] 그 자유가 이러한 영향에서 벗어나면 하지 않았을 합의를 그에게 하게 하는 모든 불법한 압박을 말한다(민법 제1109조 이하).**166**

【원문】 1. [Définition de la force.] On appelle foree toute impression illicite, qui porte une personne contre son gré, par la crainte de quelque mal considérable, [390] à donner un consentement qu'elle ne donnerait pas, si sa liberté était dégagée de cette impression (1). (C. civ. 1109, s.)

2. 【약정에서 강박의 효력】 계약 당사자 중 일방이 강박으로만 합의를 한 모든 약정은 무효이다. 또한 강박을 행사한 사람은 행위의 성질에 따라 처벌되고 그가 야기한 모든 손해에 책임을 지게 될 것이다(민법 제1111조, 제1117조).**167**

【원문】 2. [Effet de la force.] Toute convention, où l'un des contractans n'a consenti que par force, est nulle; et celui qui a exercé la force en sera puni selon la qualité du fait, et sera tenu de tous les dommages et intérêts qu'il aura causés (2). (C. civ. 1111, 1117.)

3. [강박을 행사하는 다양한 방법] 어떤 사람이 생명을 위태롭게 하는 폭행도 협박도 당하지 않았지만, 그에게 요구하는 동의할 때까지 어느 사람을 감금하여 두는 경우와 같이 그밖의 불법한 방법을 사용한 경우, 그 정당한 두려움이 그를 강제로 합의하게 할 의무를 부담하게 하는 어떤 해악으로 그를 위험하게 하는 경우에는 이

---

166 (1) L. 2, ff. quod met. caus. L. 3, § 1, eod. L. 5, eod. L. 1, eod.
167 (2) L. 1, f. quod met. caus. L. 3, eod. L. 6, ff. de off. præs. L. 116, ff. de reg. jur.

합의는 효력이 없을 것이다. 또한 그러한 방법을 사용하는 사람은 손해배상과 사정에 따라 인정될 그밖의 형벌이 명해질 것이다. 따라서 서류나 그밖의 물건을 임치로 소지하는 사람이 임치를 부정하고 그가 돌려주어야 할 의무가 있는 것을 불태워 버린다고 협박한 경우가 그러하고 이는 이렇게 합의된 것이 무효가 될 것이다. 그러나 그에게 임치물이 반환되어야 할 사람이 그가 부당하게 요구한 금전이나 그밖의 물건을 그 사람에게 주는 경우에는 그러하지 아니하다. 또한 이 수치인은 사정에 따라서 그 불성실과 이러한 부당요구로 처벌될 것이다(민법 제1112조).**168**

> 【원문】 3. [Diverses manières d'exercer la force.] Quoiqu'on ne se porte pas à des violences, ni à des menaces qui mettent la vie en péril, si on use d'autres voies illicites, comme si on retient une personne enfermée jusqu'à ce qu'elle accorde ce qu'on lui demande; si on la met en péril de quelque mal, dont la juste crainte l'oblige à un consentement forcé, ce consentement sera sans effet; et celui qui aura usé d'une telle voie, sera condamné aux dommages et intérêts, et aux autres peines qu'il pourra mériter selon les circonstances. Ainsi, si celui qui tient en dépôt des papiers, ou d'autres choses, nie le dépôt, et menace de brûler ce qu'il est obligé de rendre, à moins que celui à qui le dépôt doit être rendu ne lui donne une somme d'argent, ou autre chose qu'il exige injustement, ce qu'on aura consenti de cette manière sera annulé; et ce dépositaire sera puni de son infidélité, et de cette exaction, selon les circonstances (3). (C. civ. 1112.)

법률은 어떠한 종류의 폭행도 어떠한 강박도 개인에게 행사하는 것을 인정하지 아니하고, 자신이 정의를 실행하는 것도 인정하지 아니한다. 따라서 부당한 주장에 대한 합의를 받아내기 위하여 폭력을 행하거나 협박하거나 겁을 주는 것도 인정하지 아니한다.

> 【원문】 Les lois ne souffrent aucune sorte de violence, ni l'usage d'aucune force aux particuliers, non pas même pour se faire justice. Ainsi elles souffrent encore moins qu'on force, qu'on menace, qu'on intimide pour extorquer un consentement à une prétention injuste.

4. [법관이 겁을 주어 약정을 끌어내기 위하여 그 권위를 남용하는 경우] 법관이

---

168 (3) L. 8, § 1, ff. quod met. caus. L. 1, eod. L. 22, eod. L. ult. § 2, eod. Levit. 6, 2.

나 그밖의 공무원이 그의 권한을 정의에 반하여 행사하고 협박이나 그밖의 좋지 않은 방법으로 다른 사람의 이익을 위하여 또는 자기 이익을 위하여 어느 사람이 합의하도록 의무를 부담하게 하고 그 합의가 그가 할 수 있는 해악의 두려움에 의한 것일 뿐인 경우에는 이 강박으로 받아낸 이 합의는 무효가 될 것이고[169] 그 공무원은 그가 가한 손해와 그러한 직무부정이 받게 될 수 있는 그밖의 형벌에 책임을 부담한다(형법 제183조, 제166조, 제167조, 형사소송법[170] 제483조, 제484조 이하).[171] [391면] [172]

【원문】 4. [Si un magistrat abuse de son autorité pour intimider et extorquer un consentement.] Si un magistrat, ou autre officier use de son autorité contre la justice, et que, par des menaces ou d'autres mauvaises voies, soit pour l'intérêt d'autres personnes, ou pour le sien, il engage quelque personne à donner un consentement, qui ne soit donné que par la crainte du mal qu'il peut faire, ce consentement extorqué par cette violence sera annulé, et l'officier tenu du dommage qu'il aura causé (4), et des autres peines qu'une telle malversation pourra mériter. (P. 183, 166, 167, i. 483, 484, s.)[173] [391]

5. [강제하고자 하는 사람이 아닌 사람에 대한 폭행] 폭행, 협박이나 그밖의 유사한 방법이 합의를 받아내고자 하는 사람이 아닌 사람에게 행사되고 그의 처나 그의 자녀 또는 그밖의 사람과 같이 그들에 대한 해악이 그에게 영향을 미치는 사람이 어떤 나쁜 대우를 직면하는 것을 보게 될 두려움을 그에게 주는 압박으로 그에게 겁을 주는 경우에 그러한 방법으로 한 합의는 무효가 될 것이고 사정에 따라 손해배상과 그밖의 형벌도 있게 될 것이다[174](형법 제400조).[175]

169　(4) L. 3, § 1, quod met. caus. L. ult. C. de his quæ vi metusve. c. g. s. 전문에 있는 매매계약에 관한 제8절 참조; 1320년 필립 르 벨 왕령 참조(V. la sect. 8 du Contrat de vente, dans le préamb. V. ord. de Philippe-le-Bel, en 1320).

170　'i'는 형사소송법(Code d'instruction criminelle)을 말한다. 이러한 점은 도마전집 제1권의 XI쪽의 약어표 참조: 프랑스 원래의 형사소송법을 말하는 것으로 종래 '치죄법'(治罪法)으로 옮기기도 하였다. 治罪法(ちざいほう)는 일본에서 1880년(明治13年)에 제정되어 1882년 시행된 일본 최초의 형사소송법을 이렇게 불렀다. 프랑스의 치죄법을 모범으로 한 브와쏘나드의 초안을 수정하여 공포한 것이다. 1890년(明治23年)에 형사소송법의 제정으로 폐지되었다. 우리 법의 용어례를 참조하여 형사소송법으로 한다.

171　레미판에는 프랑스 판례에 관한 것을 부기한다: 주 5, 6의 본문. 주 6에서는 1817년 1월 8일 왕령 (Ordonnance, 8 jauvier 1817)을 인용한다.

172　레미판에는 프랑스 판례에 관한 것을 부기한다: 주 1-3의 본문.

173　레미판에는 프랑스 판례에 관한 것을 부기한다: 391면 주 1-3.

【원문】 5. [Violence sur d'autres personnes que celui qu'on veut contraindre.] Si la violence, les menaces ou autres voies semblables sont exercées sur d'autres personnes que celui de qui on veut extorquer un consentement, et qu'on l'intimide par l'impression que fera sur lui la crainte de voir ces personnes exposées à quelque mauvais traitement, comme si c'est sa femme, ou son fils, ou une autre personne de qui le mal doive le toucher, le consentement donné par de telles voies sera annulé, avec les dommages et intérêts, et les autres peines selon les circonstances (4). (P. 400.)

6. [강박에 의하여 된 것은 이를 행사하지 않은 사람에게도 무효이다] 강박으로 된 모든 것은 이를 행사한 사람에게 무효가 될 뿐만 아니라 그 이용되었다고 주장하는 그밖의 모든 사람에게도 무효가 될 것이다. 왜냐하면 폭행을 행사한 사람 자신도 그로부터 이익을 얻지 못할 것이기는 하지만 그 자체 불법한 것은 누구에 대하여도 존속할 수 없는 것이기 때문이다.**176**

【원문】 6. [Ce qui est fait par force est nul à l'égard de ceux même qui ne l'ont pas exercée.] Tout ce qui aura été fait par force, ne sera pas seulement nul à l'égard de ceux qui l'auront exercée, mais à l'égard de toute autre personne qui prétendrait s'en servir; car ce qui de soi—même est illicite, ne peut subsister pour qui que ce soit; quoique même ceux qui ont exercé la violence n'en profitent point (6).

7. [사정에 의하여 판단되는 강박의 효력] 어떤 폭행이나 그밖의 좋지 않은 대우의 두려움에 의하여 주어진 것으로 주장하는 약정이나 어떤 합의에 대한 침해를 하는 것이[392면] 문제되는 경우에는 모두 다음과 같은 사정에 따라 이를 판단하여야 한다. 강박되었다고 주장하는 사람에게 한 부당, 사람의 지위, 강박이나 그밖의 압박의 수준이 그러하고, 사람들이 어느 여자에 대하여 그 명예를 위태롭게 한 경우, 폭행을 한 사람이 더 약한 사람에 대하여 협박을 사용하여 그에게 어떤 위험에 직면하게 한 경우, 그것이 밤이나 낮이었고 도시나 농촌에서 된 경우와 같은 것이 그러하다. 또한

---

174 (4) L. 8. ff. Sult. quod met. caus. Sult. inst. de uoxal. act.

175 레미판에는 프랑스 판례에 관한 것을 부기한다: 주 5의 본문.

176 (6) L. 14, § 3, ff. quod met. caus. L. 9. § 1, eod. L. 5. C. eod.

이러한 종류의 사정이나 그밖의 유사한 것에 의하고 모든 종류의 폭행과 좋지 않은 방법을 억제하는 결과에 의하여 이의를 제기한 사람이 가졌을 두려움과 그 이성과 그 자유에 대하여 행할 수 있었을 압박에 대하여 사람이 가져야 할 점에 대하여 판단하여야 한다177(민법 제1112조, 제1115조, 제892조, 제1117조, 제1338조).178[393면]

【원문】 7. [Les effets de la force se jugent par les circonstances.] Dans tous les cas où il s'agit de donner atteinte à une convention, ou à quelque consentement qu'on prétend donné par la[393면] crainte de quelque violence, ou autre mauvais traitement, il en faut juger par les circonstances, comme de l'injustice qui a été faite à celui qui prétend avoir été forcé, de la qualité des personnes, de celles des menaces, ou autres impressions, comme si on a mis une femme en péril de son honneur; si des personnes violentes ont usé de menaces contre une personne faible, et l'ont exposée à quelque péril; si c'était le jour ou la nuit, dans une ville ou à la campagne. Et c'est par ces sortes de circonstances, et les autres semblables, et par la conséquence de réprimer toute sorte de violences et de mauvaises voies, qu'il faut juger de l'égard qu'on doit avoir à la crainte où s'est trouvé celui qui se plaint, et à l'impression qu'elle a pu faire sur sa raison et sa liberté (1). (C. civ. 1112, 1115, 892, 1117, 1338.)[393]

8. [정당한 것을 의무부담하기 위한 강박] 채무자가 의무가 있는 것을 변제하게 하는 것과 같이, 정당한 것을 거절하는 사람에게 강제하기 위하여 사법절차를 대신하여 폭행이 행사된 경우에 이를 사용한 사람은 손해배상의 책임이 있고 폭력행위가 받게 될 수 있는 형벌로 처벌될 것이고, 그러한 방법으로 요구된 채무의 손해까지도 그 행위의 성질이 이를 발생하게 할 수 있는 것에 따라 책임이 있을 것이다.179[394면]

【원문】 8. [Force pour obliger à une chose juste.] Si la violence a été exercée au lieu des voies de la justice, pour forcer celui qui refusait une chose juste, comme un débiteur de payer ce qu'il devait, ceux qui en auront usé seront tenus des dommages et intérêts, et punis des peines que la voie du fait pourra mériter, et de la perte même d'une dette exigée par de telles voies, selon que la qualité du fait pourra y donner lieu (14). [394]

---

177 (1) L. 3, ff. ex quib. caus. maj. L. 8, § 2, quod met caus. L. ult. eod. L. 13, ff. quod met. caus.
178 레미판에는 프랑스 판례에 관한 것을 부기한다: 392면 주 2-9, 393면 주 1-13의 본문.
179 (14) L. 12. 2, ff. quod met. caus. L. 13, in fin. eod. Cod. de oblig. et act.

9. [권고와 권위는 강박하지 아니한다] 어떤 폭행과 부당한 것은 없지만 그밖의 적법하고 정당한180 동기에 의하여 의무부담하게 하기 위하여 압력만 준 방법은 모두 약정을 침해하기에는 충분하지 아니하다. 따라서 부친, 법관이나 어떤 존엄이 있는 그밖의 사람이 폭행이나 협박 없이 어떤 약정을 설득하여 의무부담하게 하는 것과 같이, 그 존경으로 나온 어떤 호의로 한 그런 사람의 충고나 권위는 그 압력이 자유에 위반하는 것이 없는 동기이고 약정을 침해하지 아니한다. 따라서 그 부친의 권유에 의하여 그를 위하여 의무부담을 하는 사람은 친권으로 그가 가진 존경이 그를 강박에 의하여 의무를 부담하게 하였다고 이의제기를 할 수 없다. 따라서 막강한 권위가 있는 사람에 대하여 의무부담을 하는 사람은 그 채무가 그보다 더 효력이 적다고 주장할 수 없다.181

【원문】 9. [Conseil et autorité ne forcent point.] Toutes les voies qui n'ont rien de la violence et de l'injustice, mais qui font seulement des impressions pour engager par d'autres motifs licites et honnêtes, ne suffisent pas pour donner atteinte aux conventions. Ainsi, le conseil et l'autorité des personnes, dont le respect engage à quelque condescendance, comme d'un père, d'un magistrat, ou d'autres personnes qui sont dans quelque dignité, et qui s'intéressent à exhorter et engager à quelque convention, sans violence, sans menaces, sont des motifs dont l'impression n'a rien de contraire à la liberté, et ne donnent pas d'atteinte aux conventions. Ainsi, le fils qui, par l'induction de son père, s'oblige pour lui, ne peut pas se plaindre que le respect qu'il a eu pour l'autorité paternelle l'ait engagé par force. Ainsi, celui qui s'oblige envers une personne de grande dignité, ne peut pas prétendre que son obligation en soit moins valide (1).

아버지의 의사에 대한 복종으로 아들이 한 것을 그 아들의 의사로 받아들여서는 안 된다고 하는 이와 다른 원칙을 무제한으로 이해해서는 안 된다는 것을 이 법률에 의하여 보게 된다.182

【원문】 On voit par cette loi qu'il ne faut pas entendre indéfiniment cette autre règle qui dit, que l'on ne doit pas prendre pour la volonté d'un fils ce qu'il fait

---

180 원문은 honnêtes(성실한)로서 '선량한 풍속에 맞는'의 의미이다.
181 (1) L. 6. C. de his quæ vi metusve c. g. V. I. 2. C. ne fiscus vel resp. L. 26, § 1, ff. de pigu.
182 (2) L. 4, ff. de reg. jur.

par obéissance à celle de son père (3).

10. [사법명령은 강박이 아니다] 사법의 권위와 법관이 그 직무범위 내에서 한 명령으로 강제로 복종하여 한 것은 모두 강박에 의하여 된 것으로 주장될 수 없다. 이성이 그것에 복종할 것을 요구하기 때문이다.**183**

【원문】 10. [Ordre de justice n'est pas force.] Tout ce qui se fait par l'obéissance qu'on doit à l'autorité de la justice et à l'ordre du juge, dans l'étendue de son ministère, ne peut être prétendu fait par violence; car la raison veut qu'on y obéisse (3)

제3절 사기와 이중양도사기184

【원문】 SECTION III. Du dol et du stellionat (4)**185**.

[stellionat] 이중양도사기**186**는 사기 일반과 구별된다. 왜냐하면 이것이 그 한 종류이기는 하지만 이중양도사기는 그 고유한 명칭을 가지고 있기 때문이다. 이 이중양도사기(stellionat)라는 명칭은 그 고유한 이름이 없었던 협잡(fourberies), 야바위(impostures)와 그밖의 형사사기행위를 이 명칭으로 불렸던 로마법에 그 기원이 있다.**187** 그러나 주로 어느 물건을 어떤 사람에게 약정하고 다른 사람에게는 이 약정을

---

183 (3) L. 3, § 1, ff. quod met. caus. 강제매매에 관하여는 매매계약에 관한 제13절 참조(V. la sect. 13 du Contrat de vente sur les ventes forcées).

184 (4) 이 절 제5조에 관하여 인용된 판결 참조.

185 (4) V. les arrêts cités sur l'art. 5 de cette sect.

186 이는 자기 것이 아닌 부동산을 매도하거나 저당권을 설정하거나 그가 매도한 재산이 그렇지 않음에도 어떠한 저당권도 설정되지 않은 것이라고 계약으로 표시한 사람이 범한 불법행위(Délit)를 말한다. 일단 '이중양도사기'로 한다. 이에 대하여는 〈https://www.dictionnaire-juridique.com/definition/stellionat.php〉, 〈https://fr.wikipedia.org/wiki/Stellionat〉; Adolf Berger, Encyclopedic Dictionary of Roman Law, 2002, 715면 오른쪽 부분 등 참조; 이에 관한 도마 당시의 문헌으로는 우선 Olivier-Jacques Chardon, *Traité du dol et de la fraude en matière civile et commerciale*, Librairie de jurisprudence de H. Tarlier, 1835, p.64 et s., n°s 104 et s.; Jean-Baptiste Sirey et L.M. de Villeneuve, *Les cinq codes annotes de toutes les decisions et dispositions interprétatives, modificatives et applicatives, jusqu'à l'anné courante, avec renvoi aux principaux recueils de jurisprudence*, Bureau d'admiatration du recueil général des lois et des arrêts, 1824, p. 319, n° 2066 등.

187 로마법의 스텔리오나투스(stellionatus)에 대하여는 최병조, 로마형법상의 사기(詐欺) 범죄 — D.47.20

은닉하면서 이를 그에게 매도한 사람이 범하는 그러한 종류의 사기나 범죄에 이 명칭을 부여하였다.**188**

> 【원문】 On distingue le stellionat du dol en général; car encore que ce n'en soit qu'une espèce, elle a son nom propre. Ce nom de stellionat a son origine dans le droit romain, où l'on appelait de ce nom les fourberies, impostures, et autres tromperies criminelles, qui n'avaient point de nom propre; mais on donnait principalement ce nom à cette espèce de dol ou de crime que commettent ceux qui, ayant engagé une chose à une personne, la vendent à une autre, lui dissimulant cet engagement (5).

　우리들은 프랑스에서 스텔리오나(stellionat)라는 명칭의 사용을 이 후자의 의미로 하여 어느 물건의 매도, 양도 또는 저당권 설정을 하고 이어서 이를 다른 사람이 그 약정을 알지 못하게 하면서 그 사람에게 매도, 양도하거나 의무를 부담한 사람의 이러한 종류의 사기로 한정하였다. 이는 범죄까지 이르는 사기의 특징을 가지는 것이고 사정에 따라 형벌로 처벌되는 것이다.[395면]

> 【원문】 Nous avons restreint en France l'usage du nom de stellionat à ce dernier sens, et à cette espèce de dol, de ceux qui, ayant vendu, cédé, ou hypothéqué une certaine chose, la vendent ensuite, cèdent ou engagent à un autre, sans lui faire savoir leur engagement. Ce qui fait un caractère de dol qui va jusqu'au

---

Stellionatus 역주, 법학(서울대) 제48권 제3호, 2007, 1-28면. 여기서는 로마 형법의 '사기'라고 하고 이는 dolo는 악의로 한다(actio de dolo: 악의소권). 프랑스법에서는 dol은 사기, 악의, 고의 등으로 사용된다. 본 번역에서는 일단 프랑스법의 용어례에 맞게 번역하였다. 국내 번역에서는 이를 '사기'라고 하기도 한다.

188 (5) L. 3, § 1, ff. Stellion. (역주) 오늘날의 인용으로는 (학설휘찬 제47편 제20장)이다. 이 장은 D. 47.20. Stellionatus으로 되어 있다. 이 장에 대한 설명은 최병조, 앞의 주, 1면 이하 참조. 해당 개소의 원문은 다음과 같다: Dig. 47.20.3.1. Ulpianus 8 de off. procons. Stellionatum autem obici posse his, qui dolo quid fecerunt, sciendum est, scilicet si aliud crimen non sit quod obiciatur: quod enim in privatis iudiciis est de dolo actio, hoc in criminibus stellionatus persecutio. ubicumque igitur titulus criminis deficit, illic stellionatus obiciemus. maxime autem in his locum habet: si quis forte rem alii obligatam dissimulata obligatione per calliditatem alii distraxerit vel permutaverit vel in solutum dederit: nam hae omnes species stellionatum continent. sed et si quis merces supposuerit vel obligatas averterit vel si corruperit, aeque stellionatus reus erit. item si quis imposturam fecerit vel collusionem in necem alterius, stellionatus poterit postulari. et ut generaliter dixerim, deficiente titulo criminis hoc crimen locum habet, nec est opus species enumerare.

crime, et qui est réprimé par des peines selon les circonstances.[395]

1. [강박의 개념] 사기는 어느 사람을 속이기 위한 모든 기습, 기망, 가장과 다른 모든 부당한 방법을 말한다.**189**

【원문】 1. [Définition du dol.] On appelle dol toute surprise, fraude, finesse, feintise, et toute autre mauvaise voie pour tromper quelqu'un (1).

2. [사실과 사정의 성질에 의하여 판단되는 강박] 기망하는 방법은 무한하므로 원칙으로 약정을 무효로 하기 위하여 또는 손해배상이 발생하기 위하여 충분한 사기가 무엇이어야 하는가와 법률이 숨겨놓은 세부적인 것이 무엇인가를 규정으로 축약할 수는 없다. 왜냐하면 어떤 것은 처벌되지 않고 약정에 어떤 침해를 주지 아니하는데 다른 것은 이를 무효로 하기 때문이다. 따라서 매매계약에서 매도인이 매도하는 물건을 평가하게 하기 위하여 그가 애매하게 말하는 것이 종종 진실에 반하는 것이고 따라서 정의에 반하는 것이기는 하지만 매수인이 방어될 수 있고 그 매매가 이에 의하지 않는 세부적인 것일 뿐인 경우에는, 매매를 무효로 할 수 있는 사기로 보이지는 아니한다. 그러나 매도인이 그 의무가 있어서는 안되는 역권이 있는 토지를 매도하는 경우와 같이, 매도인이 그가 매도하는 물건의 성질을 명시하고 그가 그에 의하여 매수인에게 의무를 부담하는 경우에 이는 매매를 무효로 하는데 충분한 수 있는 사기가 될 것이다. 따라서 사기가 있는가에 관하여 문제되는 경우는 모두, 사실의 성질과 사정에 따라 이를 인정하고 이를 부정할 것인가는 법관의 판단에 달려 있다. 또한 약정의 침해를 쉽게 인정해서는 안 되므로, 아주 신중한 범위에 있지 않을 모든 것에 대하여 단순함과 신의성실이 이중거래와 속임수에 직면되는 것을 인정하여서도 안 된다.**190**

【원문】 2. [Le dol se juge par la qualité du fait et des circonstances.] Les manières de tromper étant infinies, il n'est pas possible de réduire en règle quel doit être le dol qui suffise pour annuler une convention, ou pour donner lieu à des dommages et intérêts, et quelles sont les finesses que les lois dissimulent; car quelques-unes sont impunies et ne donnent aucune atteinte aux conventions, et

---

189 (1) L. 7, § 9, ff. de pact.

190 (2) L. 1, § 1, ff. de dolo. L. 1, § 2, ff. de doli mali et met. except. L. 1, § ff. de dolo. L. 37, ff. de ædil. ed. 매매계약에 관한 제11절 제12조 참조(v. l'art. 12 de la sect. 11 du Contrat de vente).

d'autres les annullent. Ainsi, dans un contrat de vente, ce que dit vaguement un vendeur pour faire estimer la chose qu'il vend, quoique souvent contre la vérité, et par conséquent contre la justice, n'est pas considéré comme un dol qui puisse annuler la vente, si ce ne sont que des finesses dont l'acheieur puisse se défendre et dont la vente ne dépende pas. Mais si le vendeur déclare une qualité de la chose qu'il vend, et qu'il engage par—là l'acheteur, comme s'il vend un fonds avec un droit de servitude qui n'y soit pas dû, ce sera un dol qui pourra suffire pour annuler la vente. Ainsi, dans tous les cas où il s'agit de savoir s'il y a du dol, il dépend de la prudence du juge de le reconnaître et le réprimer, selon la qualité du fait et les circonstances. Et comme on ne doit pas donner facilement atteinte aux conventions, pour tout ce qui ne serait pas dans les bornes d'une parfaite sincérité, on ne doit pas aussi souffrir que la simplicité et la bonne foi soient exposées à la duplicité et aux tromperies. (2)

3. [추정되지 아니하고 오히려 증명되어야 하는 사기] 사기는 일종의 불법행위191이므로 이는 그 증명이 없는 경우에는 추정되지 아니한다.192

【원문】 3. [Le dol n'est pas présumé, mais doit être prouvé.] Comme le dol est une espèce de délit, il n'est jamais présumé s'il n'y en a des preuves (3).

4. [사람의 사기와 당연사기라고 부르는 것의 차이] 여기서 말하는 사기는 계약 당사자의 행위 없이 발생되는 손해와 구분하여야 한다. 공동상속인이 그에게 귀속된 것을 과도한 평가로 인하여 또는 매도인이 그 하자를 알지 못하였지만 매수인이 매도한 물건의 하자로 인하여 손해가 있는 경우가 그러하다. 이러한 손해는 사람의 사기가 없는 것으로 당연사기라고 부른다. 왜냐하면 계약 당사자 중 일방이 상대방의 사기 없이 물건 그 자체에 의하여 기망되기 때문이다.193 194 그러나 이 장에서 말하

---

191 원문은 délit로서 '형사범죄'라는 의미도 있다. 프랑스에서 형사범죄는 중죄(crime)와 경범죄 (contravention)[위경죄라고도 함]의 중간에 해당하는 '경죄'=délit correctionnel)에 해당한다.

192 (3) L. 6. Cod. de dolo.

193 (4) L. 36, ff. de verb. obl. 약정에 관한 제6절 제10조 참조(V. l'art. 10 de la sect. 6 des convent).

194 이는 D.45.1.36의 문제이다. 이에 관한 논의는 Grebieniow, Aleksander, *Die Laesio Enormis Und Der Dolus Re Ipsa Heute: Die Verschuldensfrage*, Tijdschrift voor Rechtsgeschiedenis 제85권 제1-2호, 2017.2, 192-229면; John W. Baldwin, *The Medieval Theories of the Just Price: Romanists, Canonists, and Theologians in the Twelfth and Thirteenth Centuries*, Transactions

는 사람의 사기는 상대방을 속이려는 계약 당사자 중 일반의 의도와 그 속임수의 사실상 발생을 포함하기 때문이다.**195** 아들이 그 아버지의 유언서를 없애면서 이 유언으로 인정된 그 채권명의를 가진 채권자와 화해하고 이를 그 채권자에게서 소멸하게 한 경우가 그러하다. 이 두 가지 종류의 손해 사이에는 다음과 같은 차이가 있다. 즉, 사람의 사기가 없는 손해는 단지 약정을 해소하게만 하고 필요한 경우에는[396] 손해배상을 하게 하고**196** 사람에 의한 사기는 사정에 따라 때때로 형벌로 처벌될 수 있다.

【원문】 4. [Différence entre le dol personnel, et ce qu'on appelle dolus re ipsa.] Il faut distinguer le dol dont on parle ici, de la lésion qui arrive sans le fait des contractans; comme si un des copartageans se trouve lésé par une estimation excessive de ce qui lui est échu, ou un acheteur par le vice de la chose vendue, quoique le vendeur ignorât ce vice. C'est cette lésion, sans dol de personne, qu'on appelle *dolus re ipsâ***197**; parce que l'un des contractans se trouve trompé par la chose même, sans le dol de l'autre (4). Mais le dol personnel, qui est celui dont on parle dans ce titre, renferme le dessein de l'un des contractans de surprendre l'autre, et l'événement effectif de la tromperie (5). Comme si un fils, supprimant le testament de son père, transige avec un créancier qui avait le titre de sa créance reconnue par ce testament, et la lui fait perdre. Il y a cette différence entre ces deux espèces de lésion, que celle où il n'y a point de dol personnel fait simplement résoudre les conventions, avec les dommages et intérêts, [396] s'il y en a lieu (1)**198**; et que le dol personnel peut quelquefois être réprimé par des peines, selon les circonstances.

5. [이중양도사기의 개념] 이중양도사기는 그가 이미 다른 곳에 양도, 매도하거나 약정한 그 동일한 물건을 양도, 매도하거나 의무를 부담하는 사람이 사용하는 그런 종류의 사기이다(민법 제2136조, 제2059조, 제2193조).**199** 또한 구리를 도금이 된 은

---

of the American Philosophical Society, 제49권 제4호, 1959, 1-92면 등 참조.

195 (5) L. 10, § 1, ff. quæ in fraud. cred. L. 1, § 1, in fin. ff. de statu lib. L. 79, ff. de reg. jur.
196 (1) 매매계약에 관한 제11절 제6조 참조.
197 이전의 도마의 저작에서는 모두 ipsa로 하고 있다.
198 (1) V. l'art. 6 de la sect. 11 du Contrat de vente.
199 (2) L. 3, § 1, ff. stell. L. 1. c. cod.

대신에 도금한 구리와 같이,**200** 어느 물건을 담보로 다른 것을 설정하고 그 다른 것이 가치가 더 적은 경우나 타인의 물건을 담보로 제공한 것**201**도 이중양도사기가 된다.**202** [397면]

> **【원문】** 5. [Définition du stellionat.] Le stellionat est cette espèce de dol dont use celui qui cède, vend ou engage la même chose qu'il avait déja cédée, vendue ou engagée ailleurs; et qui dissimule cet engagement (2). (C. civ. 2136, 2059, 2193.) Et c'est aussi un stellionat de donner en gage une chose pour une autre, si elle vaut moins, comme du cuivre doré pour vermeil doré (3), ou de donner en gage la chose d'autrui (4).[397]

6. [앞의 원칙의 예외] 다른 사람에게 약정한**203** 의무를 부담한 후에 제2채권자에게 의무를 부담한 물건이 두 사람에게 충분한 경우에는 이는 이중양도사기가 되지 아니할 것이다.**204**

> **【원문】** 6. [Exception de la règle précédente.] Si la chose engagée à un second créancier, après avoir été engagée à un autre, suffit pour les deux, ce ne sera pas stellionat (3).

채무자가 다른 한편으로 자력이 있는 경우에는 채무자가 여러 채권자에게 그의 모든 재산을 제공하는 채무는 모두 이중양도사기로 보지 아니하고, 동일한 토지가 여러 사람에게 저당권이 설정되는 채무도 모두 그러하다. 그러나 그가 기망되었는지는 누가 그 채권자와 약정할 수 있었는가를 사정에 의하여 판단한다.

> **【원문】** On ne regarde pas comme stellionat toute obligation où un débiteur affecte tous ses biens à divers créanciers, ni même toutes celles où le même fonds se trouve hypothéqué à plusieurs personnes, si le débiteur est d'ailleurs solvable. Mais on juge par les circonstances qui ont pu engager le créancier, s'il se trouve irompé.

---

200 (3) L. 36, ff. de pigo. act.

201 (4) L. 36, § 1, cod.

202 레미판에는 프랑스 판례에 관한 것을 부기한다: 396면 주 5-13, 397면 주 1-2.

203 원문은 engagée로서 '의무를 부담하다'와 '약정하다'의 뜻이 있는데 여기서는 '매도, 양도, 저당권 설정' 등과 관련하여 '약정'으로 하였다.

204 (3) L. 36, § 1, ff. de pigo. act.

7. [이중양도사기의 효력] 이중양도사기는 그것이 존재하는 약정만 무효로 할 뿐만 아니라 더 나아가 사정에 따라 제한되거나 처벌된다(민법 제2059조, 제2060조 이하).**205**

> 【원문】 7. [Effets du stellionat.] Le stellionat n'annulle pas seulement les conventions où il se rencontre, mais il est de plus réprimé, et puni selon les circonstances (4). (C. civ. 2059, 2060, s.)

제4절 불법하거나 사회질서에 위반한**206** 약정

> 【원문】 SECTION IV. Des conventions illicites et malhonnêtes.

1. [2가지 종류의 불법한 약정] 불법한 약정은 법률을 침해하는 것이다. 또한 법률이 자연법에 의한 것과 실정법에 의한 것의 2가지 종류가 있기 때문에 불법한 약정도 2가지 종류가 있다. 즉, 자연법이나 선량한 풍속을 침해하는 약정과 실정법에 위반하는 약정이 그것이다. 따라서 절도나 살인을 범하여 처리되는 것은 자연법과 선량한 풍속에 위반하는 것이다. 또한 이러한 종류의 약정은 그 자체 형사의 것이고 항상 무효이다.**207** 따라서 모르는 사람에게 어떤 물품을 매도하는 것은 그것이 어느 법률에 의하여 금지된 경우에는 실정법에 의한 불법이다(민법 제6조, 제686조; 제900조, 제1133조, 제1172조와 제1387조 참조).**208 209**[398면]

> 【원문】 1. [Deux sortes de conventions illicites.] Les conventions illicites sont celles qui blessent les lois; et comme il y a deux sortes de lois, celles qui sont du droit naturel, et celles qni sont du droit positif, il y a aussi deux sortes de conventions illicites: celles qui blessent le droit naturel et les bonnes mœurs, et celles qui sont contraires au droit positif. Ainsi il est contre le droit naturel et les bonnes moeurs de traiter pour commettre un vol ou un assassinat; et ces sortes de conventions sont d'elles—mêmes criminelles, et toujours nulles (5). Ainsi, il

---

205   (4) L. 3, § 1, ff. Stell.

206   이러한 번역을 하게 된 이유에 대하여는 앞의 주 110 참조.

207   (5) L. 6. C. de pact.

208   (6) 매매계약에 관한 제9절 제9조 참조. (역주) 매매계약은 제1부 제1편 제2장에서 규정한다. 레미판 155면 이하 참조.

209   레미판에는 프랑스 판례에 관한 것을 부기한다: 397면 주 7-10; 398면 주 1-4.

est illicite par le droit positif de vendre aux étrangers de certaines marchandises, lorsqu'il y en a des défenses par quelque loi (6)**210**. (C. civ. 6, v. les art. 686, 900, 1133, 1172 et 1387.)[398]

2. [어떻게 약정이 법률에 위반하는가?] 법률에 위반하는 어느 물건을 약정하는 약정 모두 뿐만 아니라 법률의 정신이나 의사를 침해하고 법률이 이를 금지하는 그러한 약정을 법률에 위반하는 것으로서 불법한 약정의 숫자로 구별 없이 두어서는 안 된다. 따라서 매도인이 그의 행위나 약속만을 담보한다는 그러한 약정은 매도인과 매수인 사이에서 모든 하자담보책임을 매도인이 담보하도록 하는 법률의 원칙에 위반하는 것이 된다. 그러나 이러한 약정이 불법이 되게 하지는 아니한다. 왜냐하면 이 법률은 매수인에게 유리한 것에 지나지 않고 그는 법률이 그를 위하여 명한 것을 포기할 수 있다. 또한 바로 이것은 법률이 금지하지는 아니하는 것이다.211

【원문】 2. [Comment une convention est contraire aux lois.] Il ne faut pas mettre indistinctement au nombre des conventions illicites, comme contraires aux lois, toutes celles où l'on convient de quelque chose de contraire à une loi, mais seulement celles où l'on blesse l'esprit et l'intention de la loi, et qui sont telles que la loi le défend. Ainsi, cette convention, qu'un vendeur ne garantira que de ses faits et promesses, fait entre le vendeur et l'acheteur une règle contraire à celle de la loi qui veut que le vendeur garantisse de toutes evictions. Mais cette convention ne laisse pas d'être licite; car cette loi n'étant qu'en faveur de l'acheteur, il peut renoncer à ce qu'elle ordonnait pour lui; et c'est ce que les lois ne défendent pas (5).

3. [처벌될 수 있는 약정] 불법한 약정은 무효일 뿐만 아니라 이는 법률의 금지와 정신을 침해하는 것에 따라 처벌될 수도 있다.212

【원문】 3. [Conventions punissables.] Les conventions illicites ne sont pas seulement nulles, mais elles sont punissables selon qu'elles blessent les défenses et l'esprit des lois (6).

---

210 (6) V. l'art. 9 de la sect. 9 du Contrat de vente.
211 (5) L. 29. C. de pact. L. 1, S 10. ff. de oper. nov. nunt. 법원칙 일반에 관한 제2절 제27조 참조(V l'art. 27 de la sect. 2 des Règles du droit en général).
212 (6) L. 7, ff. de legib.

4. [불법한 약정의 효력] 불법한 약정은 그에 뒤따르는 해악을 배상하는 것과 이를 한 사람이 받아야 할 수 있는 형벌 이외에는 아무것도 의무를 부담하지 아니한다.【399면】

【원문】 4. [Effets des conventions illicites.] Les conventions illicites n'obligent à rien qu'à réparer le mal qui en suit, et aux peines que peuvent mériter ceux qui les ont faites. 【399】

5. [부당한 것은 언제 반환청구할 수 있는가 여부] 수치인이 임치물을 반환하는 데 금전을 요구하거나 도둑이 그가 훔친 것을 반환할 수 있는 경우와 같이, 약정이 이를 한 사람 쪽에서가 아니라 받는 사람 쪽만 불법한 경우에는, 그 금전을 준 사람은 이를 받은 사람이 그 약정을 이행하였다고 하더라도 이를 반환하게 할 수 있다.213 그러나 당사자 일방이 자기가 그 소송을 승소하게 하기 위하여 그 법관에게 금전을 주거나 어느 사람이 상대방에게 어떤 좋지 않은 소송을 할 의무를 부담하도록 하기 위하여 준 경우와 같이, 약정이 한 쪽과 다른 쪽이 불법한 경우에 준 사람은 그가 그러한 거래를 위하여 사용한 것이 정당하게 박탈된 것이고 그는 이를 반환청구할 수 없다. 또한 받은 사람은 그 범죄의 대가로부터 이익을 취할 수 없다. 그러나 그들 각자는 서로 그들이 받아야 할 수 있는 수익환부와 그밖의 형벌로 처벌될 것이다.214

【원문】 5. [Quand on peut répéter ou non ce qui est injustement.] Si la convention est illicite seulement de la part de celui qui reçoit, et non de celui qui donne, comme si un dépositaire exige de l'argent pour rendre le dépôt, ou un larron peut restituer ce qu'il a dérobé, celui qui a donné cet argent peut le faire rendre, encore que celui qui l'a reçu ait exécuté la convention (1). Mais si la convention est illicite de part et d'autre, comme si une partie donne de l'argent à son juge pour lui faire gagner sa cause, ou qu'une personne donne à une autre pour l'engager à quelque méchante action, celui qui a donné est justement dépouillé de ce qu'il avait employé pour un tel commerce, et il ne peut le répéter. Et celui qui a reçu ne peut profiter du prix de son crime; mais l'un et l'autre seront punis par les restitutions et les autres peines qu'ils pourront mériter (2).

---

213 (1) L. 1, § ult. et L. 2, ff. de condict. ob turpem vel injust. caus. L. 6. C. eod.
214 (2) L. 3, ff. eod.

이 조문에는 어떤 법률에서 말하는 것인, 약정이 일방과 상대방에게 불법한 경우에 수령한 사람의 조건이 준 사람의 조건보다 더 좋다는 것은 두지 아니한다. 이것이 의미하는 것은 그가 받은 것을 그에게 반환하게 하지 않고 이러한 의미에서 그 조건이 더 유리하다는 것이다. *급여자와 수령자가 불법원인이 있는 경우에는 점유자가 더 강하고 그래서 반환청구는 그친다*(Si et dantis et accipientis turpis causa sit, possessorem potiorem esse; et ideò repetitonem cessare)(L. 8, in fin. ff. de cond. ob. turp. caus. L. 2. Cod. eod. L. 9, ff. de dol. mal. et met. except.)[215] 그 조건을 더 좋게 하는 것은 정의도 아니고 이성도 아니다. 반대로 그러한 이익의 박탈 뿐만 아니라 그가 받았어야 될 수 있는 그밖의 형벌로 그가 처벌되는 것이 이성이나 정의에 의한 것이다. 또한 이 법률이 있는 같은 로마법에서는 다른 것에서 금전을 어떤 사람에게 가해,[216] 소송이나 고소를 하기 위하여 또는 이를 하지 않기 위하여 금전을 받은 사람은 4배로 배상이 명해진다고 하는 것(D.3.6.1 pr.[217]; Dict. leg. § 1[218] 참조)도 본다.

【원문】 On ne met pas dans cet article ce qui est dit dans quelques lois, que dans les cas où la convention est illicite de part et d'autre, la condition de celui qui a reçu est meilleure que celle de celui qui a donné; ce qui signifie qu'on ne lui fait pas rendre ce qu'il a reçu, et qu'en ce sens sa condition est plus avantageuse, Si et dantis et accipientis turpis cansa sir, possessorem potiorem esse: et ideò repetitionem cessare. (L. 8, in fin. ff. de cond. ob. turp. caus. L. 2.

---

215 원문에는 다음 3개의 개소가 인용되어 있다: ① L. 8, in fin. ff. de condi. ob. turp. caus.(오늘날의 인용방법으로는 D.12.5.8의 말미이다); ② L. 2, Cod. eod.(칙법휘찬 같은 장 제2문=C.4.7.2) ③ L. 9, ff. de dol. mal. et met. except(=D.44.4.9); ②는 다음과 같다: C.4.7.2 Imperator Antoninus. Cum te propter turpem causam contra disciplinam temporum meorum domum adversariae dedisse profitearis, frustra eam restitui tibi desideras, cum in pari causa possessoris melior condicio habeatur(칙법휘찬 제7편 제2장 안토니우스 황제: 너는 네가 부도덕한 원인으로 짐이 시대의 풍속에 반하여 건물을 상대방 여자에게 제공하였다고 고백하므로 너는 같은 가옥에 너에게 반환되기를 헛되이 청구하는 것이고 쌍방이 사정이 같은 때에는 점유자의 처지가 더 견고한 것으로 보기 때문이다). 이에 대하여는 최병조, 로마법의 불법원인급여, 법학(서울대) 제30권 제3, 4호, 1989, 184면 참조.

216 원문은 chicane으로 우리 법에서 권리남용의 주관적 요건으로 논의되는 시카네에 해당한다.

217 이는 D.3.6. De calumniatoribus을 말한다. 예를 들면 D.3.6.1 pr. lpianus 10 ad ed. In eum qui, ut calumniae causa negotium faceret vel non faceret, pecuniam accepisse dicetur, intra annum in quadruplum eius pecuniae, quam accepisse dicetur, post annum simpli in factum actio competit.

218 도마전집에서 인용되는 Dict. leg. § 1는 구체적으로 무엇을 말하는지 여러 조사를 거치고도 아직 확인하지 못하였다. Dict. leg 또는 Dict.가 여러 개소에서 인용된다. 향후 보완하려고 한다.

Cod. eod. L. 9, ff. de dol, mal. et met. except.) Ce n'est pas la justice ni la raison qui rendent sa condition meilleure; il est au contraire de la raison et de la justice qu'il soit puni, non-seulement de la privation d'un tel gain, mais des autres peines qu'il peut avoir méritées. Et aussi voit-on dans le même droit romain, où se trouvent ces lois, que dans une autre il est dit, que ceux qui reçoivent de l'argent pour faire à quelqu'un une chicane, un procès ou une accusation, ou pour n'en pas faire, sont condamnés au quadruple. (V. L. 1, ff. de calumniat. Dict. leg. § 1.)

VI. 나가며

이상에서 프랑스의 고법학자 장 도마의 『자연법질서에서의 민사법』의 의무 (engagements)에 관한 부분(제1부 제1편) 중 원시적으로 무효인 약정(제1장 5절), 무효가 아닌 약정의 해제(제1장 제6절)와 약정의 하자(제18장)에 대한 부분을 우리 말로 옮겨 보았다.

이는 도마 '민사법'의 핵심이라고 생각되는 의무(Engagements)에 대한 부분 중 그 의무의 효력이 없는 무효와 해제 및 그 원인이 되는 것 약정의 하자를 중심으로 한 내용이다. 프랑스민법에서는 무효와 취소 중 취소는 극히 제한적으로 이를 인정하고 주로 상대적 무효로 이를 규율하고 약정의 해제도 우리 법과 달리 원래의 프랑스민 법에서는 해제조건으로 이를 규정하였다. 그 원류로서 도마의 생각을 살펴볼 수 있 을 것이다. 또한 약정의 하자와 관련된 부분에서는 착오, 사기, 강박과 약정의 불법 과 선량한 풍속 위반을 차례로 다루고 있다.[219] 대체로 우리의 법률행위의 내용과 의 사표시의 불일치와 그 효력으로서의 무효에 해당하는 부분을 다루고 있다. 특히 우 리 법의 총칙에 해당하는 부분이다.

원래는 도마의 의무의 하자와 그 효력으로서의 무효, 해제에 대한 것을 다루고 뽀띠에의 채무론의 해당 내용을 비교하면서 향후 프랑스민법의 체계와 내용의 유래 (계수)를 살피려는 '거창한' 생각과는 달리 도마저작의 일부만을 번역하는데 그쳤다. 우리나라에 이에 대한 간단한 소개조차도 없고 관련 기초연구도 전혀 없었기 때문이

---

219 다만 약정의 하자를 약정 일반과 별도로 전형계약 다음에 별도로 다루는 점에서 체계의 특수성이 있 다. 이러한 구성을 하게 된 이유는 명확하지 않다. 향후 다른 개소의 내용을 살피면서 이를 규명하고 자 한다.

다. 향후에는 이 글을 시작으로 도마론의 의무론의 체계와 내용의 분석평가, 매매계약을 포함한 전형계약론, 상속법과 프랑스 민법전의 체계(법학제요식)의 기원이라고도 보이는 서편 및 법 일반론 등도 차례로 우리 말로 옮기고자 한다. 이러한 작업에 이어 또다른 프랑스민법전의 아버지라고 할 수 있는 뽀띠에의 채무론도 이와 같은 작업을 하고 이를 도마와 뽀띠에의 의무론(채무론) 및 계약론 등을 비교하고자 한다. 이외에도 이 두 학자 이전의 고법학자와 로마법학자의 논의와 원래의 프랑스민법전의 규정과도 비교해 보고자 한다.**220** 기초연구지만 오래 전부터 생각해온 작업을 존경하는 남효순 교수님의 정년을 축하하는 자리에서 시작하게 되어 기쁘게 생각한다. 5년 내로 도마저작의 번역작업을 마칠 수 있도록 준비 중이다.**221** 아무쪼록 우리나라의 프랑스민법을 소개하는데 온 힘을 다하여 오신 남효순 교수님에 이어 젊은 학자가 모두 분발하여 프랑스민법의 좀더 심도 있는 연구가 잇달아 있기를 기대한다.

【여적】

이 글은 2021년 정년을 앞둔 남효순 교수님을 축하하면서 마련한 글이다. 남 교수님은 국내 학계에서 드물게 프랑스에서 민법으로 박사학위를 취득하고 귀국한 후 프랑스민법에 관한 내용을 소개하고 그 연구를 활성화하시는데 온힘을 쏟으셨다. 필자도 대학원 당시에 막 귀국하신 남 교수님과 함께 프랑스법 강독을 시작으로

---

220 나아가 일본 구민법의 아버지 브와쏘나드 민법초안과 일본구민법과 일본민법과 우리 민법규정의 상호관계도 다루는 것이 이 작업의 그 다음 목표라고 할 수 있다.

221 도마전집은 민사법 이외에도 공법과 로마법의 법문 등이 같이 들어 있다. 일단 원래의 '자연질서에서의 민사법'을 중심으로 작업 중이고 5년을 목표로 도마의 평전도 같이 마련 중이다. 그 후에 역시 5년을 잡고 뽀띠에의 그 '채무법'을 중심으로 우리 말로 옮기고 그의 평전을 작성하고자 한다. 원래는 양 학자의 '채무법'에 대한 내용과 프랑스민법전의 체계와 내용을 비교하는 것도 염두에 두었는데 이것도 같이 하고자 한다; 그 다음에는 이 두 학자의 로마법대전에 대한 소개와 분석을 한다. 이어서 그 전의 프랑스의 고법학자나 프랑스민법 제정 전후의 주석학파와 입법자료(각주 4와 5의 것)를 우리 말로 옮기면서 프랑스민법의 기초자료로 제공하고 현행 프랑스민법과 비교해보고자 한다. '항상 전통적이고 본질적인 주제에 대하여 1가지, 현대적인 주제에 대하여 1가지 마음에 품고 있어야 한다'는 어느 가르침을 마음에 품으며 프랑스법에 대한 나의 전통적인 주제에 대한 '채무'를 이로 변제하고자 한다. 그 외에 프랑스법에 대하여 마음에 품은 현대적인 주제는 역시 우리 법과 관련하여 고민 중이고 우리에게 아직 없는 '프랑스민법 개론'에 대하여 작업을 해보고자 한다. 이는 프랑스민법의 권위서(각주 222의 것)를 우리 민법의 체계에 맞추어 재구성하여 만들어보고자 한다. 그 외에 이러한 마음은 우리 민법(전)에 대한 것과 내가 최근 수년 계속 작업 중인 중국민법과 대만민법에 대하여도 같다. 바라기는 지력과 건강이 이를 감당할 수 있기를 기도하면서 정진하고자 한다. 이러한 글을 쓸 수 있는 기회가 계속 있기를 고대한다; 현대의 프랑스민법의 개정작업과 심도있는 연구는 남 교수님이 이끄시는 프랑스법연구회가 더 잘할 수 있을 것이다.

계속적인 프랑스민법연구회(현행 앙리 까삐땅 학회) 초기에 프랑스법을 배우면서 자라서 오늘에 이르렀다. 당시 처음 읽었던 프랑스 끄쎄즈 문고(Que Sais-Je)의 민법 관련 시리즈 책자를 읽으면서 프랑스 원전을 읽으면서 느낀 감동이 아직도 새롭다. 이러한 학은을 생각하면서 이 글을 프랑스법 관련 중요한 시발점으로 하는 것을 하고 싶었다. 이런 점에서 남 교수님이 프랑스 민법의 소개에 전력하였다면 이제는 그 후학이 이를 계승발전하기 위하여 프랑스민법의 기초연구에 해당하는 작업이 필요하다고 생각되었다. 이에 따라 도마전집에 생각이 미친 것이다. 필자 연구실에는 프랑스에서 공부할 때 구입한 1권으로 된 책이 한 권 있다. 이를 구입하면서 언젠가는 이를 우리 말로 소개하고 그를 통하여 프랑스민법의 연원을 추적하고자 마음먹었는데 시간이 많이 흘러서야 이제야 시작한다.

국내 프랑스 민사법의 연구는 여러 학자들의 노력에도 아직 여러모로 부족하고 2016년의 프랑스민법전의 대개정을 중심으로 한 최신동향의 소개와 프랑스 친족법에 대한 최신 내용 소개 등과 민사 특별법의 소개 등이 주류를 이루고 있다. 이제 새롭게 이러한 것에서 더 나아가 오랜 프랑스민법의 전통을 살펴볼 필요가 있고 그러한 과정에서 현재에 이르는 프랑스 민법학을 탐구할 필요가 있다.[222] 또한 프랑스법계 국가에서의 프랑스민법전에 대한 수용과 변화에 대한 것도 지속적으로 연구할 필요가 있다. 최근에는 원래의 프랑스민법전을 계수하여 사용하던 벨기에도 민법전을 개정하고 있고 룩셈부르크도 2021년 개정을 시작하고 있다.[223] 프랑스 민법전도 원래의 민법전에 그 편별체계와 내용에서 여러 신설을 하고 있다. 국내에서는 여전히 프랑스민법의 최신의 것만 소개되고 있다. 앞으로 프랑스민법

---

[222] 이러한 작업은 프랑스 민법제정 초기의 여러 저작, 프랑스민법의 해석론으로 오브리와 로, 마조, 말로리와 애네스의 민법시리즈, 그 외에 여러 교수들의 민법의 Traité 시리즈 등을 순차적으로 살피고 그에 따라 오늘날의 동향을 주석서(Juris-classeur나 달로즈의 Repertoire 등)로 보충하면서 개별 단행본과 잡지 등을 살펴보는 볼 필요가 있다. 국내에 이러한 기본문헌도 경우에 따라 없는 경우도 있고 곳곳에 산재되어 있거나 열람이 제한되기도 한다. 하루 빨리 이런 기본문헌을 활용할 수 있는 여건이 마련되어야 할 것이다.

[223] 물론 종래의 프랑스민법전의 체계에서도 부분에 개정작업이 있기도 하였다. 예를 들면 현행 룩셈부르크 민법전은 원래의 프랑스민법전이나 벨기에민법전과 같이 서장(TITRE PRELIMINAIRE)을 두면서 6개의 조문 이외에 1987년 개정으로 권리남용에 관한 제6조의 1을 신설하였다. 종래 프랑스민법전이나 프랑스법계 국가의 민법전에 권리남용에 관한 규정이 없던 것을 신설한 것이다. 조문내용은 다음과 같다: Art. 6-1. (L. 2 juillet 1987) Tout acte ou tout fait qui excède manifestement, par l'intention de son auteur, par son objet ou par les circonstances dans lesquelles il est intervenu, l'exercice normal d'un droit, n'est pas protégé par la loi, engage la responsabilité de son auteur et peut donner lieu à une action en cessation pour empêcher la persistance dans l'abus.

연구에 내실화와 깊이 있는 연구가 필요하다. 이제 그 첫발로 '도마'의 글을 일부 번역하여 싣는 것이다. 또한 이러한 남 교수님의 연구를 이어서 발전시키는 것이 우리나라 프랑스법 연구자에게 주어진 사명이라고 할 수 있다. 소수이지만 계속적인 연구가 지속되기를 기대하고 나 자신의 정진도 다짐해 본다. 다시 한번 남효순 교수님의 정년을 축하드리며 이후에도 계속 후학을 격려하면서 한국의 프랑스민법이 발전을 위하여 이끌어주시기를 기대한다. Vive la Code Civil!

남효순 교수 정년기념논문집 간행위원회

위원장: 정태윤 이화여자대학교 법학전문대학원 교수
위 원: 김현진 인하대학교 법학전문대학원 교수
        박수곤 경희대학교 법학전문대학원 교수
        박인환 인하대학교 법학전문대학원 교수
        이상헌 경북대학교 법학전문대학원 교수
        이은희 충북대학교 법학전문대학원 교수
        이준형 한양대학교 법학전문대학원 교수
        이지은 숭실대학교 법과대학 교수
        장지용 수원지방법원 판사
        (가나다순)

남효순 교수 정년기념논문집
한국민법과 프랑스민법 연구

초판발행   2021년 12월 20일

지은이   남효순 교수 정년기념논문집 간행위원회
펴낸이   안종만·안상준

편 집   이승현
기획/마케팅   조성호
표지디자인   박현정
제 작   고철민·조영환

펴낸곳   (주) 박영사
             서울특별시 금천구 가산디지털2로 53, 210호(가산동, 한라시그마밸리)
             등록 1959. 3. 11. 제300-1959-1호(倫)

전 화   02)733-6771
f a x   02)736-4818
e-mail   pys@pybook.co.kr
homepage   www.pybook.co.kr
ISBN   979-11-303-4023-4   93360

정 가   59,000원